# 陇南市志

## （下册）

陇南市地方志编纂委员会 编

方志出版社
Publishing House of Local Records

# 《陇南市志》编纂委员会



# 《陇南市志》编辑部

# 下册目录

## 第二十九编 文 化


第一章 文化机构 …… 2081
第一节 行政管理 …… 2081
第二节 事业机构 …… 2082
第三节 公共文化服务 …… 2084
第四节 文化表演团体 …… 2089
第二章 文化发展 …… 2092
第一节 文化体制改革 …… 2092
第二节 文化基础建设 …… 2094
第三节 文化产业发展 …… 2097
第四节 群众文化活动 …… 2100
第五节 扫黄打非活动 …… 2103
第六节 新闻报刊发行 …… 2103
第三章 文艺工作 …… 2106
第一节 文化研讨交流 …… 2106
第二节 文艺采风 …… 2109
第三节 文艺创作 …… 2110
第四章 社会科学工作 …… 2120
第一节 国学经典教育 …… 2120
第二节 全民阅读活动 …… 2120
第三节 社科成果评奖 …… 2121
第四节 研究会建设 …… 2121
第五章 档案管理 …… 2123
第一节 管理机构 …… 2123
第二节 馆藏档案 …… 2125
第三节 业务指导 …… 2129
第六章 广播 电影 电视 …… 2130
第一节 广 播 …… 2130
第二节 电 影 …… 2133
第三节 电 视 …… 2134
第七章 旅 游 …… 2135
第一节 旅游资源 …… 2135
第二节 机构职责 …… 2136
第三节 主要工作 …… 2137


## 第三十编 文 物


第一章 文物保护 …… 2144
第一节 文物综述 …… 2144
第二节 文物保护 …… 2148
第二章 不可移动文物 …… 2149

第一节 国家级重点文物保护单位 ········ 2149
第二节 省级重点文物保护单位 ··········· 2152
第三节 市级重点文物保护单位 ··········· 2160
第三章 可移动文物 ··························· 2163
第一节 馆藏一级文物 ······················ 2163
第二节 其他重要文物 ······················ 2183

## 第三十一编 非物质文化遗产

第一章 国家级非物质文化遗产项目 ········ 2193
第一节 文县傩舞“池哥昼” ············· 2193
第二节 西和县乞巧习俗 ··················· 2195
第三节 武都高山戏 ························· 2196
第二章 省级非物质文化遗产项目 ··········· 2198
第一节 民间音乐类 ························· 2198
第二节 民间文学类 ························· 2201
第三节 传统戏剧类 ························· 2202
第四节 曲艺类 ······························· 2204
第五节 民间美术类 ························· 2206
第六节 民间习俗类 ························· 2206
第七节 民间舞蹈类 ························· 2207
第八节 传统手工技艺类 ··················· 2208
第三章 市级非物质文化遗产项目 ··········· 2212
第一节 民间文学类 ························· 2212
第二节 民间音乐类 ························· 2214
第三节 民间舞蹈类 ························· 2217
第四节 传统戏剧类 ························· 2222
第五节 曲艺类 ······························· 2223
第六节 民间美术类 ························· 2225
第七节 传统手工技艺类 ··················· 2230
第八节 民间习俗类 ························· 2237
第四章 县级非物质文化遗产 ··············· 2245
第一节 民间文学类 ························· 2245
第二节 民间音乐类 ························· 2251
第三节 传统戏剧类 ························· 2251
第四节 民间舞蹈类 ························· 2252
第五节 曲艺类 ······························· 2252
第六节 民间美术类 ························· 2253
第七节 传统手工技艺类 ··················· 2254
第八节 民间习俗类 ························· 2260

## 第三十二编 碑 铭

第一章 铭 文 ································· 2266
第一节 金 铭 ······························· 2267
第二节 砖 铭 ······························· 2276
第二章 碑 记 ································· 2277
第一节 成县碑记 ··························· 2277
第二节 宕昌县碑记 ························· 2302
第三节 徽县碑记 ··························· 2304
第四节 康县碑记 ··························· 2323
第五节 礼县碑铭 ··························· 2330
第六节 两当县碑记 ························· 2346
第七节 文县碑记 ··························· 2347
第八节 武都区碑记 ························· 2354
第九节 西和县碑记 ························· 2381
第三章 题记、诗碑、墓志铭 ··············· 2394
第一节 题 记 ······························· 2394
第二节 诗 碑 ······························· 2419
第三节 墓志铭 ····························· 2436

# 第三十三编　艺　文


第一章　诗　词…… 2467
　第一节　古代诗词…… 2467
　第二节　现代诗词…… 2536
第二章　赋　文…… 2572
　第一节　辞　赋…… 2572
　第二节　散　文…… 2580
　第三节　小　说…… 2633
第三章　民　歌…… 2681
　第一节　社火曲唱词…… 2681
　第二节　山　歌…… 2688
　第三节　曲　艺…… 2691
第四章　歌　谣…… 2698
　第一节　民　谣…… 2698
　第二节　歌　曲…… 2702


# 第三十四编　民族宗教


第一章　古代民族…… 2706
　第一节　古代主要民族…… 2706
　第二节　古代民族管理机构…… 2713
　第三节　茶马交易…… 2716
　第四节　民族矛盾和融合…… 2718
第二章　民族工作…… 2722
　第一节　红军长征时期《回民地区守则》…… 2722
　第二节　少数民族地区社会经济发展…… 2723
第三章　宗教事务…… 2728
　第一节　宗教活动…… 2728
　第二节　宗教工作…… 2735
　第三节　武都城区寺庙及民间信仰场所…… 2737


# 第三十五编　社会风俗


第一章　社会习俗…… 2747
　第一节　岁时习俗…… 2747
　第二节　宗教节日…… 2751
第二章　生活习俗…… 2752
　第一节　饮　食…… 2752
　第二节　服　饰…… 2755
　第三节　居　住…… 2759
　第四节　行　旅…… 2766
第三章　生产民俗…… 2767
　第一节　农业习俗…… 2767
　第二节　行业习俗…… 2768
第四章　婚丧习俗…… 2770
　第一节　婚嫁习俗…… 2770
　第二节　生育习俗…… 2775
　第三节　丧葬习俗…… 2776
第五章　伦礼习俗…… 2780
　第一节　家　族…… 2780
　第二节　称　谓…… 2781
　第三节　禁　忌…… 2782
　第四节　说礼词…… 2784
第六章　方　言…… 2787
　第一节　武都方言语音…… 2788
　第二节　武都方言同音字表…… 2793
　第三节　武都方言词汇…… 2808

第四节 武都方言语法 …………………… 2831
第七章 谚语 歇后语 …………………… 2833
第一节 谚 语 …………………… 2833
第二节 歇后语 …………………… 2842

# 第三十六编 人 物

第一章 人物传记 …………………… 2844
第一节 古代人物 …………………… 2844
第二节 中华民国人物 …………………… 2954
第三节 中华人民共和国人物 …………………… 2976
第二章 人物简介 …………………… 3016
第一节 在陇南任正地级职务人物 …………………… 3016
第二节 教育科技卫生体育界人物 …………………… 3029
第三节 文化艺术学术界人物 …………………… 3033
第四节 陇南籍在外任职人物 …………………… 3041
第五节 其他各界人物 …………………… 3059
第三章 人物表录 …………………… 3063
第一节 人物表 …………………… 3063
第二节 人物名录 …………………… 3076

附 录 …………………… 3086
编后记 …………………… 3160

# 第二十九编　文　化

## 第一章　文化机构

### 第一节　行政管理

#### 一、陇南市文化广播影视新闻出版局

1949年8月，武都分区行政督察专员公署成立后，初设秘书室、民政科、教育科等6个工作机构，有关文化工作由教育科负责。1955年11月，教育科、民政科、卫生科合并成立武都专署政教卫组。1956年7月，民政科分设，更名为武都专署文教卫生组。1958年4月，武都专区并入天水专区，武都专署文教卫生组撤销。1962年1月，武都专区恢复设立，5月恢复设立武都专署文卫科。1963年9月，更名为武都专署文教卫生局。“文化大革命”开始后武都专署文教卫生局撤销，职能并入武都专区革命委员会生产指挥部。1970年9月，成立武都地区文教卫生局革命领导小组。1971年1月，地区卫生局分设，改称武都地区文教局革命领导小组。1972年2月，改为武都地区教育局，1974年2月又恢复为武都地区文教局革命领导小组。1983年7月，改为武都地区文教处。

1985年12月，从陇南地区文教处分设，成立陇南地区文化处。1997年10月，改设为陇南地区文化出版处。2004年12月，陇南撤地设市后，更名为陇南市文化出版局。2012年5月，撤销陇南市文化出版局、陇南市广播电影电视局，合并组建陇南市文化广播影视新闻出版局。

#### 二、陇南市广播电影电视局

1975年，成立武都地区广播事业管理站，主要任务是抓好广播人员的政治思想教育，对本地区有线、无线、电视事业实行统一领导和规划，搞好建设、管理和宣传；组织广播设备、器材供应；做好广播人员的培训，设立广播技术服务门市部，负责各县站主要广

播设备的大修任务。配正副站长各 1 名，业务管理、财会人员等共 15 名。

1984 年 10 月，改为武都地区广播电视处，下设综合科、技术科、器材科、电视台。1985 年 12 月，更名为陇南地区广播电视处。2004 年 12 月，陇南撤地设市后，更名为陇南市广播电影电视局。2012 年 5 月，撤销陇南市广播电影电视局，组建陇南市文化广播影视新闻出版局。

西和县八峰崖石窟

## 第二节 事业机构

### 一、各县民众教育馆

中华人民共和国成立前，武都专区没有专门的文化事业机构。各县均设有民众教育馆。

武都县民众教育馆始建于 1935 年，初在城关中山街文庙前院（武都一中旧校区），占房 24 间，中院大成殿前修有简易戏台，院内设阅览、文化、健康三部，馆长为曹士惠，有馆员 1 人、干事 2 人、工友 1 人。1942 年，文庙全部划归省立武都师范学校。民众教育馆迁至城隍庙前院。1947 年，城关城隍庙被驻军所占，民众教育馆又迁往至喜神庙内（现县电影院门前），馆内设有阅览室、乒乓球活动室。

1949 年 12 月，武都县人民政府接管民众教育馆。1951 年 4 月 30 日，在城关新市街（原百货公司第一门市部北隔壁）成立武都县人民文化馆。同年 6 月 7 日，更名为武都县文化教育馆。1952 年，馆址迁至中山街 178 号院内。1953 年 8 月，更名为武都县文化馆。1956 年 7 月 3 日，县文化馆与图书馆正式分设。1957 年，县文化馆成立了木偶剧社。1969 年 2 月，县文化馆、广播站、电教放映管理站合并为“武都县毛泽东思想宣传站”。1976 年 1 月，撤销“武都县毛泽东思想宣传站”，成立武都县文化馆，下设图书、文化、文物三组。1979 年 4 月，恢复武都县文化馆。1982 年 7 月 20 日，县文化馆与图书馆分设。1989 年 11 月，成立武都县博物馆，馆藏文物 2000 余件，现已在莲湖公园独立建馆。

### 二、陇南市新华书店

陇南市新华书店成立于 1950 年 1 月 15 日，初建于武都县城关隍庙前院。1954 年，扩建于县城新市街，为专、县合一的图书发行管理体制。

1950—1952 年，名称为新华书店武都中心支店，由新华书店西北总分店管理，负责武都县境内及专区内尚未建店的县内图书发行工作。首任经理仇学敏。1952—1956 年，西北总分店撤销后，更名为新华书店武都支店，由新华书店甘肃省分店管理。1956 年，又更名为甘肃省新华书店武都中心支店，业务、财务权由省新华书店管理，人事权由地委宣传部管理。1958 年下半年武都中心支店完全下放地方，由专区文卫局领导，更名为甘肃省武都专区新华书店，同时明确了专区所在地的县不再设县级书店。1959 年，武都县专区并入天水专区，武都专区新华书店同康县书店合并为武都县新华书店。1962 年 1 月，武都专区恢复，同年 9 月，恢复武都专区新华书店，业务权由省新华书店领导，财务权由省书店同地方财政局共管，人员管理以专署文教局为主。1969 年，更名为武都地区新华书店，并受地区委托，管理区内所辖文、康、成、宕昌、岷县各县新华书店的业务工作。1979 年底，武都地区新华书店由省新华书店全权管理，实行党委领导下的经理负责制。1983 年，各县基层店内部试行经营责任制。1985 年 6 月，武都地区新华书店改为陇南地区新华书店，省新华书店将全区 8 个县新华书店人事、财务、业务的管理权下放到地区书店，实行经理负责制。1987 年，地区新华书店的建制由正科级升格为副处级。1988 年，实行招标经营承包制，承包期为 3 年。地区店有职工 120 名，县城销售点 9 处，下伸网点 12 处。2004 年 6 月，更名为陇南市新华书店。

陇南市新华书店主要经营图书、期刊杂志和部分文化用品。中华人民共和国建国初期，主要发行党和政府的法规、政策及马列和毛泽东著作、文学作品等，此后随着业务范围的扩大，大量发行中小学课本及政治书籍、画册、农业科学、医疗卫生图书等等。并负责康县、宕昌县、舟曲县和文县的图书供应。协助文县、康县、宕昌县和舟曲县建起了支店。

1950—1954 年，武都县城内有隍庙街营业门市部 1 处，三河乡代销店 1 处，流动供应员 3 人。有私人代销两处。1954 年，在城关莲湖建综合性营业门市部 1 处。1959 年，增建综合营业楼一幢。1980 年后，相继新建和改建综合营业大楼 1 处、办公楼和职工宿舍楼 2 处。营业大楼、办公楼和职工宿舍楼因在 2008 年“5·12”大地震受损严重，被拆除。

## 三、陇南广播电视台

1995 年 3 月，成立陇南地区电视台，副县级建制，隶属广播电视处。2004 年 12 月，撤地设市后，更名为陇南市电视台。隶属陇南市广播电影电视局。

2012 年 5 月，陇南市文化广播影视新闻出版局和陇南电视台实行局、台分设。同年 10 月，陇南电视台、陇南市人民广播电台合并，组建了陇南广播电视台，正县级建制。

## 四、陇南市博物馆

2012 年 5 月，成立陇南市博物馆，副县级建制，隶属陇南市文化广播影视新闻出版局。

## 五、陇南市文艺创作研究室

1979 年，武都地区成立文艺创作小组。后更名为武都地区文艺创作研究室，副县级建制，隶属地区文教局。1985 年 12 月，隶属陇南地区文化处。2004 年 12 月，隶属陇南市文化出版处。2012 年 5 月，隶属陇南市文化广播影视新闻出版局。先后主办有文学刊物《白龙江》《陇南》《陇南文学》。

## 六、陇南市文化市场稽查队

1995 年 5 月，成立了陇南地区文化市场稽查队。事业编制、科级建制，隶属地区文化出版处领导。2005 年 6 月，更名为陇南市文化市场稽查队。2012 年 5 月，又更名为陇南市文化市场综合执法支队。

### 七、陇南书画院

陇南书画院成立于1997年10月1日，下设展览部、教育学术部、交流服务部、综合办公室、陇南书画编辑部、陇南画派发展研究室、西狭颂书法艺术研究室、中国白马人民俗风情美术创作室、千里白龙江美术创作室、美术创作培训室、书法创作培训室、陇南美术志愿者服务团。副县级建制。隶属于市文化广播影视新闻出版局。

### 八、陇南市非物质文化遗产保护中心

2006年9月9日，成立陇南市非物质文化遗产保护中心，科级建制，这是甘肃省最早批准成立的非物质文化遗产保护中心。隶属于市文化广播影视新闻出版局。

## 第三节　公共文化服务

### 一、文化馆

（一）陇南市文化馆

1981年9月，成立武都地区群艺馆，科级建制，隶属武都地区文教处。1995年，隶属陇南地区文化处，升格为副县级建制。2004年12月，撤地设市后，更名为陇南市群艺馆。2006年9月，陇南市群艺馆更名为陇南市文化馆，隶属市文化出版局，设综合室、民间艺术室、群众艺术室。2012年5月，隶属陇南市文化广播影视新闻出版局。主要职责是组织开展群众文化活动和保障阵地文化活动，培养少儿艺术人才，组织节日文艺演出，指导全区文化活动开展，负责全区文化艺术作品的创作，参加省、市各项调演，送文化下乡，承担“五个一工程”的任务，促进“两个文明”建设。

陇南市文化馆位于市区城关东江新区

武都区文化馆位于市区城关钟楼滩

（二）武都区文化馆

武都区文化馆始建于1952年，原称武都县人民文化教育馆，是武都县开展社会宣传教育、普及科学文化知识、组织辅导群众文化艺术（娱乐）活动的综合性文化事业单位和活动场所，现隶属于武都区文广新局。文化馆建筑面积约2100平方米，设有办公室、群文部、音舞培训辅导部，书画摄影培训辅

导部等。常设项目7个，包括舞蹈培训、图书报刊阅览、民俗文化遗产展览、文艺讲座、书画培训、假期少儿舞蹈培训及假期青少年书画培训。

（三）宕昌县文化馆

宕昌县文化馆始建于1954年，现隶属于县文体局，馆舍建筑面积约2427平方米，馆内设有综合办公室、文艺部、文物部、展览部、图书资料室、文学创研室及非物质文化遗产保护中心等七个部门。担负着全县群众文化创作、调研、辅导、培训和各类文化活动的策划、组织及演出等职能，并协调、承办社会各类庆典活动。

（四）徽县文化馆

徽县文化馆原名徽县人民文化教育馆，始建于1951年，1953年7月更名为徽县文化馆，位于徽县城关镇和平路2号。建有办公大楼一幢，另有楼房和平房数间，建筑面积共计2860平方米。馆内常设免费服务项目有优秀传统文化名篇赏读、文化讲座、徽县历史碑文讲读、各类艺术交流展演、革命历史文化展演，以及音乐、舞蹈、美术、书法等艺术培训，可开展体育活动、阅览等。积极帮助社区、企（事）业、机关、学校等组建文艺团队，加强对文化站（室）工作的指导，辅导、培养文艺骨干，开展群众文艺创作活动，组织有关人员挖掘当地文化内涵，多次进行文化调研，搜集、整理、保护河池小曲、民间传说等民族民间文化艺术遗产。现隶属于县文体局。

康县建成茶马古道历史文化博览馆

（五）康县文化馆

康县文化馆成立于1952年，原称康县人民文化教育馆，1953年更名为康县文化馆。现设置机构有办公室、创研室、民俗文化研究室、音乐舞蹈培训教室、古筝培训教室、美术培训教室、书法培训教室、摄影培训教室、多媒体教室、游艺室、交流室、档案室和书画陈列室等，担负着组织、培训、指导全县群众文化艺术活动，创作文化艺术作品，培养业余文艺骨干，搜集、整理、研究、保护民族民间文化艺术和进行社会文化理论研究，为社会主义精神文明建设服务的综合性公共文化服务职能。康县文化馆成立以来，先后分立出了县图书馆、县文联、县白云书画院和县博物馆，并于1984年创办县级刊物《山溪》。现隶属于县文体局。

（六）礼县文化馆

礼县文化馆始建于20世纪50年代初，现馆舍建筑面积2600平方米，室外活动场地使用面积800平方米（包括新建王府大院），其中群众文化活动使用面积有2000平方米，设有文化活动厅8个（群文阅览室、美术、书法创作室、群文创作室、排练厅、展厅2个、多功能厅），主要开展送文化下乡、广场舞辅导、书画舞蹈培训、文化进社区、文学创作、戏剧

西和县文化馆位于城南小区

成县举行业余秦腔比赛

创作、地域文化的挖掘整理、基层文化干部的培训、民族民间文化的挖掘和保护、传承文化的培养和保护等。现隶属于县文体局。

（七）西和县文化馆

西和县文化馆成立于1953年，几经迁移，现馆址位于城南小区的文化大厦，全馆下设办公室、文学创作室、书法创作室、美术创作室、音乐舞蹈室、电子阅览室、培训中心、乞巧民俗非物质文化遗产传习所、书画院、仇池碑林管理组，承担着积极开展群众文化、组织展览、文艺交流、辅导培训、书画创作、队伍建设、保护当地文化遗产等工作。

（八）成县文化馆

1950年成立县文化馆，建筑面积135平方米。基本工作为宣传时事、文艺表演、书刊阅览、文物收藏。至20世纪60年代中叶，藏书约12000册，文物约400余件。“文化大革命”初期，藏书、文物焚烧尽净，而房舍亦破败不堪。1968年8月，县文化馆合并县电影院、县广播站设立县文化工作服务站。后更名为毛泽东思想宣传站，以摹画领袖像、摹写毛泽东主席诗词手迹、排演“革命样板戏”为日常工作。1980年，择地于莲湖西北隅筹建馆舍，1982年告竣，建筑面积642.17平方米。现隶属于县文体局。

（九）文县文化馆

文县文化馆成立于1953年。现馆舍位于韩家坝小区文广大厦，为灾后重建项目，建筑面积2100平方米，设有展览、培训、游艺等8个文化活动厅室，其中综合展厅1个，中型展厅2个，主要从事群众文化活动、民族民间文化保护、文物保护等工作。设有群众曲艺部、群众戏曲部、群众书法部、群众文学部、群众摄影部、群众美术部、群众舞蹈部、群众音乐部、非遗调研室等业务门类并配齐人员。现隶属于县文体局。

（十）两当县文化馆

两当县文化馆成立于1952年。新馆建于2006年，占地面积1750平方米。馆内设有50平方米的书画创作室、120平方米的舞蹈排练、文学创作室、音乐创作室、多媒体室、档案室等场所。办有文艺刊物《广香河》，每年出版4期。2012年，成立了云屏农民两当号子演唱队，已为游客演唱两当号子50余场（次）。现隶属于县文体局。

## 二、图书馆

### （一）陇南市图书馆

2012年5月，成立陇南市图书馆，副县级建制，隶属陇南市文化广播影视新闻出版局。

### （二）宕昌县图书馆

宕昌县图书馆成立1990年，是在原县文化馆图书室的基础上建立，馆址设在牛王寺庙内，2003年4月搬入文化体育局大楼，2009年10月，图书馆搬进了新建的图书馆大楼，全面开展了图书借阅、成人阅览、少儿阅览、资料查询，电子阅览及网络信息服务等业务工作。图书馆现有藏书41700册，馆藏期刊10500册，馆藏报纸28800份，馆藏电子图书12000册，各类光盘资料210盒，开展有图书借阅、阅览电子阅览室、编辑工作室、多媒体报告厅等业务工作，免费向读者服务。

### （三）康县图书馆

康县图书馆成立于1983年，2004年，在甘肃省基层县级图书馆中，第一家成立了电子阅览室，率先实现了基层图书馆资源共享。现搬入新建文化大厦，面积2400平方米。馆内设有采编室、资料室、借书室、书库、期刊阅览室、报纸阅览室、少儿阅览室、业务辅导室、过期报刊查阅室、展览厅、电子阅览室、多媒体讲座室、文化资源编辑制作室等功能室。图书报刊总藏量10万余册。

### （四）两当县图书馆

两当县图书馆始建于1988年，新馆位于县城东街，于2004年重新修建，2006年10月正式投入使用，使用面积达到750平方米。馆内设有图书借阅室、报刊阅览室、电子阅览室、少儿阅览室及报告厅。面向社会免费开放。馆内藏书46000余册，报刊100余种，拥有阅览席位120余座。

### （五）文县图书馆

文县图书馆始建于1953年，原来同文化馆两个牌子、一套人马。新馆现位于文县韩家坝小区，2009年开工建设，为灾后重建项目，独立修建，四层，2300平方米。馆内设行政办公室、财务室，业务部门设报刊部、开架图书部、少儿图书部、地方文献部、电子阅览部，全国文化共享工程文县支中心。现有图书50000册，可供读者查阅。

（六）西和县图书馆

西和县图书馆成立于1979年，原馆位于县城百货公司对面。2002年搬迁至县城步行街统办楼。后搬至城南小区的文化大厦。设有书库、成人阅览室、少儿阅览室、多媒体阅览室、资料室、地方文献室、古籍室等。馆藏图书7万余册，其中古籍有1345册，地方文献有260种。实行免费开放，增购图书、改善设施，提升服务。

成县图书馆坐落在风光旖旎的裴公湖畔

（七）成县图书馆

成县图书馆坐落在风光旖旎的裴公湖畔，图书馆大楼为四层仿汉建筑风格，建筑面积2000余平方米。内设机构有成人阅览室、少儿阅览室、社会科学书籍借阅室、自然科学书籍借阅室、地方文献资料室、电子阅览室、图文视听室（多功能报告厅）。2010年正式对外免费开放。

康县举行群众文艺表演活动

## 三、乡镇综合文化站

全市各级党委、政府把乡镇公共文化服务体系建设纳入经济社会发展的总体战略，认真抓好公共文化体系基础设施建设，促进了全市公共文化事业的繁荣发展。

（一）设施建设和机构设置

2012年，全市实现乡镇综合文化站的全覆盖，195个乡镇中118个为单独建站，77个为整合建站；村级文化室依托村级组织活动室建成2920个，覆盖率为91.2%；文化信息资源共享工程县级支中心8个，乡镇基层服务中心195个，覆盖率为100%，村级服务点2552个，覆盖率为80%；文化大院95个，文化广场356个，非遗传习所13个；农家书屋3287家，覆盖率为100%；

（二）乡镇文化队伍情况

全市共建乡镇文化站195个，乡镇文化站专干359名（其中临时人员114人）。此外，还有白马人民俗文化、先秦文化、乞巧文化、茶马古道文化、西狭文化、高山戏研究协会各1个，规模较大、运行良好的群众文化团体35个，民间舞蹈队80支。这些艺术团队集结了近万名艺术骨干，在全市的文化活动和节假日活动中发挥了积极作用。

## 第四节　文化表演团体

### 一、专业文化团体

（一）陇南市五一秦腔剧团

1949年8月，中共武都地委、行署进驻礼县。9月，筹建武都分区文化工作团。地委副书记黄恩明亲自主持选调演员、排剧目，庆祝开国大典。同年12月10日，武都分区文工团人员随地委、专署进入武都城关。1950年1月8日，武都分区文化工作团（简称文工团）在武都西关家佛殿（后为县佛教协会）正式宣布成立，约30多人，设剧务股、音乐股、总务股，团部设在家佛殿，地委专门拨出黄金10两，为剧团购置服装和舞台设备。并在武都接收了15名团员，全部供给制待遇。团长兼政治指导员段耀，魏绍武任副政治指导员。1950年5月左右，文工团要向企业化方向发展，编制限定40人，因此大部分不适应剧团工作的人员调出，团长由地委宣传部长郭宜民兼任，李立、刘涛为副团长，到文县、岷县吸收了一批秦腔艺人，团部迁至中山街武都师范附小（旧市一中后院），开始营业演出。1950年底又迁至内庙（现区政府后院），排练了很多新编历史剧、现代剧、优秀的传统剧目，经常巡回在各县乡镇为农民演出。主要演员有张喜生、姜成民、张兴裕、王福民、李化玲、刘忠民、张正乐、祝慕民、高如玉、岳王荣、鲁发民、史艺风、唐艺声、靳伟、崔敏勤、方为玉、任吉祥、杨夫锐等。

1950年8月，岷县分区撤销，其分区文艺工作队并入武都分区文工团，后改为武都专区文化工作团。1953年5月，改为武都专区五一秦剧团。以秦腔为主，演出传统剧目很多。

1955年7月，甘肃省举行甘肃省第一届戏剧观摩演出大会，五一秦腔剧团上演的大型历史剧《苏武》获剧本、演出三等奖，演员祝慕民获演出一等奖，张兴裕、王福民、张正乐、权建民以及老艺人张玉茹、史艺风亦获奖。同年秋，大型现代眉户戏《梁秋燕》搬上武都舞台，而且第一次采用电打布景，吸引了大量观众到场看戏。1956年1月，武都五一秦腔剧团与岷县五四剧团合并后分为一、二队，一队留驻武都，二队在岷县、宕昌、舟曲等地巡回演出。1958年8月，武都专区并入天水专区，武都五一秦剧团亦与天水专区剧团合并，团部设在天水市。1959年底，武都县委、县政府决定成立武都县人民剧团，从外地召收许多演员。1959年10月，康县并入武都县，康县剧团并入武都人民剧团。1960年1月16日，武都县人民剧团正式成立。1961年底，恢复武都专区，同时，恢复成立武都专区五一秦腔剧团，武都县人民剧团并入。1964年11月，武都专区五一秦腔剧团改称武都专区文艺工作队。从1949—1965年，五一秦腔剧团领导熟悉业务，编剧创作能力强，演员水平高，演出传统剧50多本，新编历史剧50多本，在全省排名次在前，被中共中央西北局认定为重点剧团之一。

1966年6月，武都专区文艺工作队更名为武都专区战斗文工队。1970年7月，战斗文工队与毛泽东思想宣传队合并成立武都地区文工团。1975年4月，武都地区文工团的高山剧《开锁记》进京演出。1977年，恢复武都地区五一秦腔剧团，副县级建制。1985年6月12日，更名为陇南地区五一秦腔剧团，员工53人。2004年6月，更名为陇南市五一秦腔剧团。2012年5月底，市五一秦腔剧团完成院团改制任务，成立陇南市百花演艺集团有限责任公司，为陇南市政府批准成立的国有文化企业，公司性质为企业管理，自负盈亏，走向市场，照章纳税，自主经营，兴衰自负。

（二）各县专业文化团体

西和县于1950年1月成立文工团（后改为剧团），徽县于1951年9月成立了“新中剧团”，礼县、康县于1951年先后成立了城关业余娱乐组，文县、成县于1952年先后成立了城关业余剧团和以文化馆为中心的业余文娱组。1952年10月成县小川镇成立了业余剧团，1953年9月文县碧口镇成立了全省唯一的业余川剧团等。这些剧团、娱乐组和业余剧团，经常为各地举行的物资交流大会或庆祝重要节日演出现代戏曲或传统戏曲。

西和县文工团在整理排演传统戏的同时，排出《穷人恨》《血泪仇》等大型现代秦腔戏，在全县各乡巡回演出。城关镇南关、北关几家业余目剧团，排演《白毛女》《大家喜欢》等。城区学校也排出现代戏曲《刘胡兰》《王秀鸾》《赤叶河》等，观众人山人海，盛况空前，一时形成了“现代戏热”。

成县师范文工团由校长山炯堂支持，派出教师李蕃、周道具体负责，用秦腔、眉户排出了现代戏《解放》《白毛女》《穷人恨》《一贯害人道》《保卫村政权》，新编历史剧《和平使者》《黄泥岗》《鱼腹山》《黄龙山起义》，传统剧《蝴蝶杯》《八件衣》《游西湖》等十多回本。剧团到城关、红川、店村、化垭、小川、苏元等区乡配合减租反霸、土地改革、抗美援朝等政治运动义演宣传，受到广大农民群众的热烈欢迎。

1955年3月成县“旭光剧团”成立，11月礼县“民乐剧团”成立。

陇南影子腔被搬上舞台，是陇南戏曲发展的一个里程碑。自明末清初西和、礼县农村皮影戏艺人们根据当地民间小调唱戏，形成了具有地方特色的西礼“灯调”，“影子腔”即由此而得名。西礼县挖掘流行于西礼民间的“灯调”，并于1959年元月举行业余文艺会演。西礼剧团将创作的现代小戏曲《一场斗争》用“灯调”排出，先后参加了县、地、省业余文艺会演，当时，西礼县把“灯调”定为“西礼戏”，成立了“西礼戏调查研究委员会”，组织马士伟、宋勤学、刘秉元等人，分赴红河、茨坝等地，收集整理西礼戏音乐曲谱40多首。“西礼戏”更名为“陇南影子腔”后，于1959年10月、1960年7月，先后两次创作演出大型陇南影子腔历史剧《碧血西城》、小戏《长乐驿》，大型现代戏《山林血案》《樊秀才》，参加了甘肃省庆祝建国十周年献礼演出和第二届现代戏观摩演出等。1959年秋，西礼县首次创办“西礼艺术学校”，由地方财政拨款，由政府委派教师7名，招收学员70名，分舞蹈、戏剧两个班级，为发展地方戏曲和农村文化培养艺术人才，后因缺乏师资，资金困难，只办了10个月即作为短期培训而结业。

在 1966—1976 年“文化大革命”中，各县剧团被解散，先后成立了文工队，以演小型节目和“样板戏”为主。

“文化大革命”结束后，各县剧团相继恢复，一批被处理回家、被迫改行的优秀演员重新归队。一批被禁锢了十年之久的历史剧、传统戏恢复上演。

到 1982 年，陇南共有专业剧团 8 个，业余剧团 473 个，其中礼县就有 230 个，西和县 120 个。

1985 年，成县文工队演出剧目达 230 余个，被《中央文化工作通讯》列为全国 38 个先进剧团之一，演职人员达 58 人，除在当地演出外，还远赴陕西、天水等地演出。

20 世纪 90 年代后期，由于受电影、电视的冲击，戏剧观众日益减少，剧团经济效益不景气，各县剧团演职人员流失严重，青黄不接。2012 年后，各县剧团陆续完成院团改革任务。

**二、群众文化团体**

1956 年，武都专区各地以高级农业社为基础，创建了许多俱乐部和业余剧团。如康县的岸门口、阳坝、平洛、长坝、大堡子等 13 个集镇和肖家山、花庙子等农业社都办起了俱乐部。武都县的隆兴、两水、汉王、金厂等地俱乐部，还参加过县上举办的业余戏曲调演并获奖。许多乡都建起了业余剧团，而且购置戏箱，修建舞台。当时的陇南，除盛行的春台庙会和秋台庙会外，每逢重要节日或春节，不论城镇或乡村，几乎到处都有戏看。

陇南丰富多彩的农村文化生活

20 世纪 80 年代，全区除专业剧团外，许多农村也先后恢复和成立业余剧团，购置戏箱，修建舞台，排戏演戏。特别是西和、礼县两县，几乎村村都有业余剧团，绝大部分有戏箱，重点村有舞台。号称“戏剧之乡”的西和县西高山乡，27 个行政村中 22 个有业余剧团，都有齐全的戏箱，18 个村建有戏台，村村都有“戏母子”，各村都有一批“唱把式”演出活跃，创新效果显著。

1994 年以来，宕昌县有 25 个农村业余剧团，演出剧本 50 余本，现代戏 10 余折，达到较高水平的主要有红光“兴隆社”“中胜社”、石磊剧团，哈达铺剧团、理川剧团等。

从 1982 年 8 月起，徽县永宁乡的唐庄与成县红川镇的韩庄，还相继成立了两家戏校。永宁戏校是唐庄农民李俊杰私人投资举办，共招收学员 40 人，从陕西请来 4 位秦腔艺人当教师，学员伙食、被褥自备，每人每月交学费 5 元，学制两年。韩庄戏校是韩庄行政村举办，招收学员 60 人，分三个班，学员伙食自备，行政村还拨出土地二亩辅助伙食，学制两年。这两家戏校办起时间不长，就能演出《三对面》《柜中缘》《二度梅》《游龟山》《打金技》《铡美案》等许多本戏和折戏，还多次出外演出。

至 2012 年，全市共有群众性艺术团体 38 个。其中，市上有 13 个，即白龙江艺术团、激情广场合唱团、奉献者之歌艺术团、心连心艺术团、山城秦腔艺术团、清韵健身舞艺术团、飞扬健身舞艺术团、欣悦艺术团、武术文化协会、山歌协会、弘毅高山戏协会、绚丽无限健身队、滨江中学园丁队。

各县（区）共 25 个。其中，武都区有 6 个，即油橄榄锅庄舞团、盘旋路健身团、文明志愿者艺术团、魏琴艺术团、两水村艺术团、崔家梁艺术团。宕昌县 4 个，即官鹅羌藏艺术团、银河演艺中心、电影院演艺中心、哈达铺花儿协会。康县 1 个，即艺峰歌舞团。成县 4 个，即舞之伽、亚丹佳舞蹈中心、馨悦琴行、万年青文艺队。徽县 5 个，即卡西欧音乐教室、九乐坊、青兰艺术社、银杏马山木偶剧团、俏新娘文化传媒有限公司。两当县 5 个，即文体健身队、律动健身队、阳光健身队、晨曦健身队、广香苑健身队艺术团。西和县 2 个，即凤山社区老年合唱队、许氏木偶剧团。礼县 1 个，即秦腔协会。

# 第二章　文化发展

## 第一节　文化体制改革

2006 年，全市文化体制改革试点工作正式启动。市委、市政府成立文化体制改革工作领导小组，下设办公室。2007 年，确定市五一剧团、市广电局为市级改革试点单位，由点到面、逐步扩大改革范围，完善文化管理体制，大力推进文化经营体制改革。2009 年，积极推广西和县、礼县、成县等专业艺术表演团体经营体制改革的成功经验，有效推进了文化事业单位和文化经营单位内以劳动、人事、分配制度为重点的体制改革。2010 年，完成了县（区）文化行政责任主体改革。2011 年，完成了市、县（区）文化市场综合执法机构改革。2012 年，完成了市、县（区）国有文艺院团改革和广电网络整合及电影公司改革。

### 一、院团改制

至 2012 年 5 月底，全市八县均已完成院团改革任务（武都区没有文艺院团）。市五秦腔一剧团及成县、康县、礼县、徽县、两当等县剧团转企改制后，将原有事业身份人员分流安置后，以院团资产为基础组建新的演艺公司，已注销原事业机构、核销事业编制，完成新公司的工商注册，办理了营业执照；西和县、文县依托国家级非物质文化遗产，实现院团改革划转。转制后新成立的 8 个演出公司除宕昌县官鹅羌藏民族艺术团没有正式运转外，其余 7 个演出公司已正常运营。成县、徽县、西和、礼县、两当、康县等 6 个县聘用了艺术总监。

按照省上统一要求，市上确定对陇南市百花演艺有限责任公司进行股份制改造试点。

### 二、电影公司改制

2012 年 5 月中旬，完成了市电影公司改制，根据实际撤销机构，对 5 名职工进行妥善安置。工作职能并入陇南市文化广播影视新闻出版局。

成县电影公司采用市场运作的方式筹资2000多万元建成影业中心，引进上海大光明数字院线，为全市电影事业的改革发展闯出了一条新路子。

至2010年底，全市9个县（区）电影公司全面完成改制。

**三、文化行政责任主体合并**

2012年4月17日，市委常委会议专题研究文化体制改革任务。为了落实省上文化体制改革“一把手工程”责任制，及时调整升格了市文化体制改革小组，由政府市长担任领导小组组长，建立和落实周通报机制、政策保障机制、倒逼推进机制。5月18日，省编办批复同意《陇南市文化广播影视新闻出版机构整合组建方案》。月底，全面完成了市级综合文化行政责任主体改革任务。2010年7月，市委、市政府明确将各县（区）文化、广电、体育等文化行政责任主体单位整合，将县（区）广播电影电视局职责划入县（区）文化体育局，加挂县（区）广播电影电视局牌子。10月底前，各县（区）完成了文化行政机构的整合任务。

武都区在钟楼公园举行文体活动展演

市文广新局与陇南广播电视台实现了管办分离、职能分开、机构分设、财务分离。各县（区）除武都区已实行局、台分设外，其余8八县均未分设。

**四、文化市场综合执法机构改革**

根据中宣部等五部委《关于加快推进文化市场综合执法改革工作的意见》、省委宣传部《关于加快推进全省市县文化市场综合执法改革工作的通知》精神，全市及时成立领导小组，制定下发实施意见，全面安排部署。2011年4月23日，组建陇南市文化市场综合执法支队（简称为执法支队），为副县级建制的事业单位，内设综合科、稽查科，核定事业编制12名，隶属于市文化出版局。

2011年8月19日，市委宣传部、市编办、市文化局、市广电局联合下发了《关于加快推进全市县区文化市场综合执法改革工作的通知》，对各县区文化市场综合执法改革进行了扎实部署。9月9日，批复所辖8个县成立文化市场综合执法大队，副科级建制，大县编制10—18人，小县5—7人。实行双重领导，以县为主的体制，为文化局下属参公管理的事业单位。

2011年12月，广电网络陇南分公司挂牌成立。2012年5月29日前，全市9个县区初步完成广电网络整合。截至2012年5月31日，广电网络陇南分公司及8县分公司全部挂牌成立。2012年底，全市9个分公司都完成了工商注册、营业执照、税务登记、机构代码证、银行开户等各种证件的办理工作。全市除宕昌县外，其他县区完成了资产移交、人员的认定接收，实现了人事管理统一。所有县区有线电视收费权均已上缴省广电网络公司，实现了财务统一。

## 第二节　文化基础建设

至 2012 年 6 月，全市市级文化工作机构有 7 个（市文化广播影视新闻出版局、文化馆、剧团、书画院、创研室、博物馆、文化市场稽查队）；县级图书馆 9 个、县级文化馆 9 个、县级博物馆 8 个（宕昌县无）、县级体育场（馆）9 个；非遗中心 4 个、非遗博物馆 5 个、非遗传习所 13 个、文化服务中心 1 个；乡镇图书馆 1 个、哈达铺红军长征纪念馆 1 个，文化站 194 个；农村文化大院 72 个，生态文明小广场 356 个，农家书屋 3287 家；文化信息资源共享中心 80 个（其中武都区 15 个、文县 8 个，宕昌县 1 个、成县 13 个、康县 12 个、徽县 13 个、两当县 10 个、西和县 10 个），在建的文化信息资源共享工程服务点 971 个（其中武都区 175 个、文县 235 个、成县 187 个、徽县 95 个，两当县 75 个、康县 174 个）。另外，有 177 个群众艺术团体活跃在全市城乡社区。

### 一、馆舍建设

20 世纪 90 年代初，礼县博物馆建成，建筑面积 900 平方米，馆藏文物 500 余件，其中三级以上珍贵文物 400 余件。

2005 年，两当县文化馆建成。2006 年，宕昌县图书馆建成。2005 和 2006 年，武都区、成县分别建成了宣传文化中心。2007 年，徽县文化馆建成。

2010 年，西和县文化馆大楼建成。礼县图书馆建成。同年，康县建成了建筑面积 660 平方米的文化活动中心。同年 12 月，文县文广大楼开工建设。全市各县基本实现了文化馆、图书馆、博物馆的建设目标。

市、县（区）图书馆积极开展服务宣传周活动，采取办专栏，散发宣传单、悬挂横幅标语等形式宣传读书活动和服务项目。

2010 年，建成甘肃秦文化博物馆。该博物馆坐落于礼县城关镇东新南路开发区，包括主体建筑和先秦文化广场两部分，总占地面积约 43864.7 平方米，总建筑面积为 20533 平方米，项目建设共投入资金 5960 万元。博物馆主体为仿古式三层建筑，坐西向东，充分体现厚重雄宏的秦汉建筑风格，建筑面积 8350 平方米，布展面积 3661 平方米，包括展厅、会议室、库房、学术厅等，现馆藏文物 5000 余件，其中国家一级文物近 150 件，古籍资料 10000 余册，集陈列展示、文物收藏、学术研究、文化旅游为一体，已被甘肃省委宣传部命名为爱国主义教育基地，免费向社会开放。

2011 年 4 月 9 日，位于武都区东江镇的陇南市“四馆四中心”（图书馆、文化馆、博物馆、档案馆以及非物质文化遗产保护中心、青少年活动中心、困难职工救助中心、妇女儿童活动中心）项目代建领导小组及办公室成立并投入运行。市“四馆四中心”建设是全市整合土地资源、整合服务功能的大型公共服务设施，整合了图书馆、文化馆、博物馆、档案馆、非物质文化遗产保护中心、青少年活动中心、困难职工救助中心、妇女儿童活动中心8个大项目以及文物中心库房、五一剧团排练厅、非物质文化遗产数据库、档案馆馆库楼4个子项目共12个灾后重建项目组成。2012年10月底，市“四馆四中心”主体工程竣工，总占地面积36600平方米，总建筑面积42417平方米，总投资7971万元（其中中央重建基金3918万元、深圳援建资金3771万元、中央预算内投资282万元）。

2011年11月底，市广电大厦主体楼15层土建工程完成竣工，建筑面积33600平方米，完成投资4000万元。

武都区农家小院演出高山戏

## 二、文化大院和农村文化小广场

2007年10月，徽县筹资50余万元，建成了集文化活动、健身娱乐、教育培训为一体的游龙文化大院，占地6000平方米、建筑面积1600平方米，覆盖15村74社，成为全市农村公共文化体系建设的模板。

2008年，各县（区）建成文化大院14个。2009年，新建文化大院32个。同年，市委宣传部和市文明办表彰命名了全市首届农村文化大院12个。

2010年，按照“县有文化中心，乡有文化站，村有文化大院或文化小广场”的公共文化服务体系建设目标，命名了全市第二批新建成的文化大院9个。

2011年2月27日，市委宣传部和市文明办命名了全市第三批新建成的农村文化大院10个、文化广场10个。同年5月，在世界读书日期间，由市委宣传部牵头组织开展了全市捐赠图书活动，向文县农村文化大院共捐赠资金近6万元的图书。2012年2月27日，命名了全市第五批新建成的农村文化大院23个、第三批生态文明小广场46个。

## 三、农家书屋

2006年，陇南市先后在徽县江洛镇街市村、文县尖山乡尚家村两处开展“农家书屋”建设试点。2007年，全市建成“农家书屋”10家。2008年，建成“农家书屋”630家（其中包括“5·12”汶川地震后，省新闻出版局为陇南市援建的30家书屋）。2009年，建成“农家书屋”600家。2010年，建“农家书屋”400家。2011年，建成“农家书屋”662家。截至2012年底，全市共建成“农家书屋”3287家。

## 四、文化陇南建设

2006年5月23日，市委召开纪念毛泽东《在延安文艺座谈会上的讲话》发表64周年座谈会，座谈会提出今后每年5月23日都要召开文艺发展大会。

2007年1月6日，市委书记王义在陇南市第二次党代会报告中指出，要着力打造文化陇南，为加快科学发展提供精神和智力支撑。5月23日，第二届繁荣文艺创作构建文化陇南大会在武都召开，会上对获得首届陇南文艺奖的11个门类106件文艺作品进行了表彰奖励，大会进一步明确了构建文化陇南的战略目标，并提出了文化陇南的总体思路和奋斗目标，从而在全市掀起了建设文化陇南的热潮。

2008年5月23日，市委、市政府召开了第三届繁荣文艺创作构建文化陇南大会，授予王天一、陆开华、黄英、杨立强、雷春、刘志清、雷雨田、包连庄等12名文艺界代表为“文化陇南建设终身艺术成就奖”，表彰文艺作品116件。命名表彰文化乡镇5个、民俗文化村10个、企业文化建设先进集体7个、先进文化社区7个，文化大院建设先进县3个、农村电影放映先进集体10个和民间工艺美术大师19名。市委宣传部下发了《文化陇南建设实施意见》和《文化陇南分年度实施计划》，初步建立了文化陇南测评体系。同月25日，市委宣传部召开学习会传达贯彻全市繁荣文艺创作构建文化陇南大会精神，提出了构建文化陇南要抓好的十个方面工作，即加强学习宣传，营造建设文化陇南的浓厚氛围；坚持集思广益，讨论制定文化陇南发展规划；倡导和谐理念，大力培育陇南精神；树立项目意识，加强文化基础设施建设；繁荣文艺创作，活跃群众文化生活；整合文化资源，打造特色文化品牌；发展文化产业，培育新的经济增长点；加强思想道德建设，全面提高人的素质；加快人才培养，建设一支高素质的人才队伍；加强组织领导，形成建设文化陇南的整体合力。10月，为了进一步督促各县区贯彻落实第三届繁荣文艺创作构建文化陇南大会精神，在西和县专门召开了现场促进会。

1987年副省长王世泰(左一)参观陇南地区书画展

2009年3月21日，市文联创办了《文化陇南报》，到2010年12月底，共发行36期。

2012年，举办了特色文化大市建设第三届“陇南文艺奖”表彰会议，表彰了7个精品创作先进集体和145件获奖作品。出版了陇南民俗文化丛书。音乐舞蹈史诗《池哥昼》在各县区巡回演出。8件作品获省第七届敦煌文艺奖。秦腔《七月七》《魏孝文帝》获第六届中国西北五省区秦腔艺术节优秀剧目奖和优秀表演奖。纪录片《寻秦》入选2012年中国十大纪录片。《党的政策暖人心》获全国中老年文艺会演银星奖。陇剧《苦乐村官》获中宣部“五个一”工程奖。

完成了914个农家书屋建设任务，实现了农家书屋行政村全覆盖，按时完成了34万户“户户通”工程建设任务，制订了提高市县广播电视信号覆盖率的实施方案。

按期完成了文艺院团改革、市级文化行政主体合并、电影公司改制和武都区文化综合执法改革等阶段性改革任务。按照“3341”项目工程的要求，编制华夏文明保护传承和创新发展示范区陇东南文化历史基地陇南文化项目规划，扎实推进文物保护、大遗址保护、非物质文化传承、红色文化弘扬、文化品牌打造、文化人才队伍建设、节庆赛事等“十三板块”工作任务。

以“绚丽甘肃·特色陇南·人文西和·魅力乞巧”为主题，举办了第四届中国西和乞巧文化旅游节。围绕地域特色文化保护和传承，成立了陇南地域特色文化研究会联席会，举办了首届中国白马人民俗文化研讨会和甘肃省秦文化研究会首届学术研讨会。

### 五、特色文化大市建设

2011年10月，市委印发了《中共陇南市委关于贯彻党的十七届六中全会精神努力推进陇南文化大发展的意见》，提出了建设特色文化大市的奋斗目标。

特色文化大市建设的基本思路是坚持以科学发展观为指导，发挥特色文化资源优势，强化大文化、大资源、大整合、大建设、大发展理念，抢抓国家实施文化强国战略、新一轮西部大开发、甘肃文化大省建设、秦巴山区连片特困地区扶贫开发等重大机遇，全面实施精神引领、精品打造、文化惠民、产业发展、改革创新、文化人才六大工程，着力打造历史文化、民俗文化、红色文化三大品牌，强化项目带动、组织领导、政策扶持三项保障。

特色文化大市建设还通过灾后重建精神的引领，开展了精神文明创建和思想政治建设工作。通过创作文艺精品，加强和改进新闻舆论工作，发展健康向上的网络文化，实施了文化精品工程的打造。通过构建公共文化服务体系，提高公共文化服务能力，实施了文化惠民工程，开展了公益性群众文化活动。通过发展现代文化产业，开发文化产业项目，培育骨干文化企业，建设文化产业园区基地，构建了现代文化产业体系。

## 第三节　文化产业发展

“十一五”以来，全市文化产业经过起步、发展、初成几个阶段，基本形成了文化娱乐业、艺术表演业、音像业、工艺美术品（文物复仿制业）、文化旅游业、艺术培训业等产业。截至2010年底，全市拥有各类文化产业单位141个，从业人员2767人，全市文化产业单位总资产为2.6亿元，年文化产业增加值为1.69亿元，占全市GDP169.43亿元的1%。

### 一、文化产业建设

2006年12月，市委宣传部编制了《陇南市“十一五”文化产业发展规划》(简称《规划》)。规划提出了重点发展对象，即重点区域为武都区、成县、徽县；重点行业为文化旅游产业、广播影视产业；重点品牌为宕昌县哈达铺红军长征纪念馆红色旅游和官鹅沟风光及氐羌族民俗村旅游品牌、礼县西垂秦陵园品牌、成县西狭颂品牌、武都万象洞品牌、文县洋汤天池品牌。

2008年，开展了全市文化产业项目的筛选报送工作。2009年，全市6个银企合作文化产业项目被列入《甘肃省银企合作重点推介文化产业项目册》。2010年开始了甘肃省文化产业发展专项资金贴息项目和甘肃省第二批文化产业园区（基地）申报工作，徽县天赐一秀根石艺术公司获得27万元专项资金贴息补助，并被认定为全省第二批文化产业示范基地。同年，开展了甘肃省“十二五”期间重点培育的骨干文化企业、重点文化建设项目、园区和基地筛选上报工作，全市1个产业文化园、1个重点建设项目、1个产业基地、1个

宕昌县发现《古藏文苯教文献》

骨干文化企业纳入全省“十二五”发展规划。

2012 年 2 月 15 日，中共陇南市委办公室陇南市人民政府办公室印发了《陇南市“十二五”时期文化改革发展规划纲要》，明确了“十二五”时期陇南市文化改革发展的重点，即按照培育现代文化产业体系的要求，重点发展现代传媒业、文化旅游业、文娱演艺业、广告会展业、艺术培训业、文化创意业。

同时，对接全省华夏文明保护传承和创新发展示范区陇东南文化历史基地建设，规划编制了“陇南先秦文化产业园区”（包括先秦文化产业园和乞巧民俗文化产业园）、“陇南红色文化产业园区”（包括两当兵变纪念园和宕昌哈达铺红色旅游文化产业园）、陇上江南文化产业园（包括白龙江文化传媒基地和“天赐一秀”文化产业园）、陇南生态民俗文化风情体验区（包括徽县三滩、文县天池、成县西狭、宕昌官鹅沟等景区开发）、陇南市文化遗产地保护项目（包括康县茶马古道沿途古迹遗址，宕昌县沙湾上堠梓潼文昌帝君庙、羊马城遗址，西和县仇池故国遗址、八峰崖石窟、法镜寺石窟，徽县《新修白水路记》摩崖石刻、佛爷崖石窟、安丙生祠碑亭、柳宗元《兴州江运记》廊亭、杜公祠、吴山唐宋历史文化碑廊，成县紫金山奎星楼及钟楼等保护维修），这五个重点项目涉及 19 个子项目，规划建设资金 693.93 亿元；规划编制了 10 类、122 个一般性项目，规划资金 360.58 亿元，规划总资金 1054.51 亿。

2012 年，全市充分利用重大节会宣传推介文化产业项目。先后利用第 8 届深圳文博会、第 18 届兰洽会、首届国际文化产业大会暨甘肃省第 5 届文博会等国家和省级重大会展的机会平台，筛选推介了 110 多个重点文化产业项目。同时，通过以商招商等各种有效途径和方式，在全市上下形成了大招商、招大商的氛围。同年 1 至 12 月，全市共签约 1000 万元以上的文化产业项目 18 个，签约资金 28.982 亿元。2012 年，签订了 18 个文化产业项目，其中 2 个当年建成并投入运营。

## 二、文化产业统计

2006 年，陇南市开展了文化产业统计工作，根据市统计局提供的调查数据资料，截至年底，陇南市共有文化产业单位 94 个，其中文化服务企业 13 个、行政事业单位 81 个。从所有制类型来看，国有单位 81 个、集体单位 2 个、有限责任公司 4 个、私营企业 7 个。其中，以文化艺术、新闻出版为主的“核心层”单位 81 个；以旅游、休闲娱乐、网络、广告会展等文化服务业为“外围层”的单位 10 个；以文化用品、设备及相关文化产品生产和销售为“相关层”的单位 3 个。

全市共有文化产业从业人员 2288 人、核心层单位从业人员 2044 人、外围层单位从业人员 209 人、相关层单位从业人员 35 人。国有单位的从业人员 2056 人、集体单位从业人员 50 人、其他经济类型单位从业人员 182 人。

全市文化产业单位的资产为 13628.3 万元，其中文化事业单位的资产为 11239 万元，文化企业单位的资产为 2389.3 万元。2006 年用于文化产业的投资 600 万元，占全市固定资产总投资的 0.2%。

2006—2010 年全市文化产业主要指标分别为：2006 年文化产业从业人员 2635 人，资产 18785.2 万元，增加值 5627 万元。2007 年分别为 2818 人、24364.86 万元、6527.63 万元。2008 年、2448 人、25454.1 万元、6788.73 万元。2009 年 2807 人、25624.12 万元、10137.45 万元。2010 年 2624 人、35613.12 万元、16969.1 万元。

2009 年 6 月 12—15 日，在兰州瑞德摩尔城市购物广场太平洋商城举办了甘肃省第四届文化产业博览会。在博览会上，陇南共推介展示了 11 类 120 多种文化产品，获得了甘肃省第四届文化产业博览会优秀展示奖，徽县的山核桃手工艺加工品、成县陈旭聪的栗亭雕砚两项展品荣获文化产品金奖。宕昌县的银河羌藏民族演艺文化传播中心项目、文县白马文化民俗旅游风情项目、陇南数字化多媒体传媒网络等三个文化产业项目在博览会上参加了集中签约，签约资金达 2475 万元。

2010 年 5 月 14—17 日，第六届中国（深圳）国际文化产业博会（简称为深圳文博会）在深圳举办。陇南市组团参加了文博会，展出特色文化产品 6 大类 120 多项，宣传推介文化产业 31 项目，会展期间，主场馆 1 号馆陇南展厅举行了文化产品展销和文化产业项目宣传推介活动，举办了兰州军区将军书画院“情系陇南、感恩深圳”将军书画展，开展了感恩深圳回访和对深圳市文化产业基地的考察学习活动。陇南共展出工艺品、图书、文物复仿制品、文化旅游产品、文艺表演、音像制品等 6 大类 120 多种文化产品，宣传推介了文化产业项目 31 个。陇南市展馆获第六届深圳文博会优秀展示奖，扩大了陇南文化的影响。

2012 年 5 月 18—21 日，在深圳举行第八届深圳（国际）文博会，陇南市组织招商引资小分队参加了文博会文化产品展示和文化产业项目推介会和签约会，签约资金 5000 万元。会展期间，宣传推介两当兵变指挥部旧址等 4 个建设项目、徽县天子山景区游客服务中心建设项目等 55 个重点文化项目，发放招商引资项目册、宣传册、宣传光碟等宣传资料。展出陇南文化产品 4 类 46 件，包括成县《西峡颂》拓片、礼县《水浒人物》泥塑、成县《栗亭雕砚》、徽县山核桃系列工艺品。在深洽会期间举办的“30 城市政商对接大会”上，给陇南安排 15 分钟时间宣传推介文化产业重点项目。

2012 年 1—6 月，全市文化产业实现增加值 17097.83 万元，完成年目标任务的 65%；完成投资额 72535 万元，完成年目标任务的 2.4 倍；从业人数达到 5328 人，完成年目标任务的 170%。法人单位 656 个。

2012 年 9 月 2—4 日，陇南市党政代表团参加了在嘉峪关举行的首届国际文化产业大会暨第五届甘肃省文博会。陇南与市外投资商共签约项目 13 个，签约资金 23.63 亿元。在项目签约仪式上，陇南市有两个项目参加集中签约，分别是徽县政府与北京亚特投资公司签订的3亿元的金徽酒文化产业基地建设项目和康县政府与陕西海达电力开发有限责任公司签订的1.2亿元的康县文化广场建设项目，签约总金额4.2亿元。会展期间，陇南文化形象展馆共展出工艺品、优秀出版物、文物复制品、文化旅游产品、音像制品、民俗文化展演等6大类53种文化产品，宣传推介文化产业招商引资72个，签约13个，发放了《陇南日报》《文化陇南》报文博会特刊。

## 第四节　群众文化活动

### 一、重大文艺演出活动

1962年5月23日，是毛泽东《在延安文艺座谈会上的讲话》发表二十周年纪念日。根据中央宣传部和西北局指示精神，武都地委宣传部举行了纪念会、报告会，组织广大文艺工作者继续学习毛泽东文艺思想和其他著作。另外，还组织开展了一些小型演出。

1963年1月，武都专区广大干部群众书写张贴对联，在经济比较好的地方开展了秧歌队、踩高脚、耍龙灯狮子和唱自乐班戏等文化活动。同年2月，武都五一秦腔剧团以排新戏为主兼顾历史剧目和现代剧目。全年分两队开展节目演出8个月，集中演出4个月，分队演出8个月，分队演出每月22场，8个月两队共演出352场。

1966年1月27日至2月4日，武都专区举办第一次农民、民兵业余文艺观摩大会。参加这次会演的有6个县的代表队和成县小川民兵连代表队，共演出的节目83个，如《阳山赞歌》《老牛回春》《春满人间》《葵花向阳》《高山青杠》《圈房门前》《苹果熟了的时间》等。在形式上也表现了地方特色，如文县的花灯戏、琵琶弹唱，康县的康南花鼓、山歌对唱，岷县的花儿，武都的高山戏，成县的小曲戏等，岷县的当归、康县和文县的油桐、茶叶等特产也上了戏。

1966年1月上旬至3月，武都专区积极筹备参加全省戏曲调演工作。组织了四个创作小组，分头到文县阳山和碧口、武都角弓和康县岸门口四个红旗单位深入实际，体验生活，进行创作。坚持以歌颂专区社会主义革命和建设中的红旗、英雄人物为主的原则，并要反映出武都山区特点，创作了《挡事》《茶山新春》《护秋夜哨》等剧本。

1966年，全区广大农村的社会主义文化室已经普遍建立。同年12月份，专区给每个大队发2份约8万字左右的春节文娱活动演唱材料（包括戏曲、快板、对口词等）。同时，各县又编选了一些文娱活动材料，印发到各大队演唱，各地都以专、县印发的演唱材料为主要演出内容。

2001年，地区文化局组织评选出第一届“万象”文艺奖。

2004年11月，地区文化局组织评出了陇南市“万象”文艺奖，沉静的小说《苍山梦》获得金奖，刘长江、赵殷获银奖，武路、张朋获铜奖。

2005年9月，市文化局组织全市小戏、小品调演。全区八县一区均有小戏、小品参加演出。西和影子腔《特殊寿礼》荣获调演一等奖。10月，组织全区文学作品辅导会，省文联副主席王家达主讲。

2006年7月，市委宣传部、市直机关工委、市文化局联合举办了纪念建党85周年和红军长征胜利70周年大型专题文艺晚会。举办了庆“七一”万人歌曲大演唱、《红军长征在陇南》大型画展、纪念红军长征胜利70周年专题文艺晚会等10项文化活动。举办全市民歌大奖赛。出版《陇南歌曲集》。

2007年春节期间，全市组织开展了110多项大型文化活动，特别是6县（区）的大型社火调演，近200万人次观看，盛况空前。

2008年春节期间，全市组织开展了送文化下乡、电影放映、理论宣讲、社火表演、焰火晚会等140多项大型文化活动。

2009年，中共陇南市委办公室、陇南市人民政府办公室下发了《关于2009年春节文化活动的安排意见》，组织开展了送文化下乡、社火表演、文艺演出、书画联谊会、体育活动、影视展播、戏剧公演、灾后重建图片展览、焰火晚会等120多项大型文化活动。同年，举办庆祝中华人民共和国成立60周年书画展、电影电视展播和摄影采风、网上征文等活动，评选表彰优秀文学作品，制作播出电视专题片，编辑出版文学专刊。

2010年，中共陇南市委办公室陇南市人民政府办公室印发《关于2010年春节文化活动的安排意见》，开展送文化下乡、社火表演、文艺演出、书画联谊会、影视展播、戏剧公演、发展成果展览、群众趣味活动、焰火晚会等13大类122项活动。同年5月，举办了“感恩之声”——陇南市纪念“5·12”地震二周年文艺晚会。同年8月，为隆重纪念抗日战争胜利65周年，在全市开展了座谈会、图片展等纪念活动50多场次。同年组织开展了市直及省驻陇单位庆祝新中国成立61周年暨“歌唱祖国、感恩深圳”文艺会演、“歌唱陇南”歌手大奖赛活动。省曲艺团联合市上有关单位举办了“庆祝新中国成立61周年”大型文艺晚会。中国文联“送欢乐、下基层”演出团赴陇南市武都区慰问演出活动。省委宣传部“赞歌献给建设者”赴武都区、文县、礼县、成县等地进行慰问演出活动8场。

2011年，中共陇南市委办公室、陇南市人民政府办公室《关于2011年春节文化活动的安排意见》。开展包括城区美化亮化、送文化下乡、社火表演、文艺演出、书画联谊会、影视展播、戏剧公演、发展成果展览、焰火晚会等13大类122项活动。同年，全市举办“5·12”三周年和感恩奋进文艺节目40多场、感恩奋进歌曲大家唱等共4个系列118项活动。举办全市庆祝中国共产党成立90周年“灾区人民感恩党”红歌合唱比赛和汇报演出。在东江新区“5·12”主题纪念园举办了“红七月·灾区人民感恩党——庆祝建党九十周年广场群众文化展演”活

武都高山戏表演“踩印”

动，4200 多名干部群众演出 30 场，观众达 20 多万人（次）。

2012 年，中共陇南市委办公室、陇南市人民政府办公室《关于 2012 年元旦春节文化活动的安排意见》。开展了包括城区绿化、亮化、净化、美化建设、传统民俗龙狮社火巡回表演、送科技文化卫生“三下乡”、职工象棋、乒乓球比赛、电影公演、影视精品展播、送戏剧精品下基层展演、大型群众性文艺演出、庆新春书画作品展、灯谜晚会、焰火晚会等多项活动。

## 二、“三下乡”暨“千台大戏送农村”活动

2007 年以来，全省各市州均全市各级党委、政府组织各有关部门坚持“三贴近”原则，组织实施“千台大戏送农村”战役，惠及百乡千村。全市共演出 278 场次，公益性演出 195 场次，商业性演出 83 场次，观众累计达 50 万人次，覆盖全市乡镇总数的 100%、乡村的 80%。

2008 年，“千台大戏送农村”惠及百乡千村。各文艺团体策划、创排了一批以全市交通大建设、扶贫开发、陇南骄子、感动陇南的先进典型和事迹为背景的文艺节目，共演出 75 场次，观众累计达 20 万人次，覆盖全市乡镇总数的 100%、村（社）的 60%。

2009 年，全市积极组织“千台大戏送农村”和“三下乡”活动，策划、创排了一批以全市抗震救灾、交通大建设、扶贫开发、陇南骄子、感动陇南的先进典型和事迹为主题的文艺节目。“千台大戏送农村”演出 203 场次、公益性演出 178 场次。开展了送书画进村等活动 50 多场次。

2010 年，全年开展“千台大戏送农村”演出 200 多场次，观众达 120 多万人次。在各县开展文化、科技、卫生“三下乡”等群众文化活动，为群众赠送图书 1 万册，创作赠送书画作品 2 千余幅，送对联 3 万幅，送文艺演出 30 场，发放宣传单 1 万余张，推介科技图书 5000 余册，观众达 5 万余人次。在此期间，共举办各类培训班 1000 多期，师资培训 2000 多人、农民技术员培训 48 万人、培训科技明白人 13 万人、普及培训 36 万多人次，下发各类科技资料和宣传单页 20 万余份（册）。

2011 年，全年开展“千台大戏送农村”演出 220 多场次，观众达 100 多万人次。开展文化、科技、卫生“三下乡”等群众文化活动多场，为群众赠送图书 1.5 万册、为生态文明村创作赠送书画作品 1000 余幅。培训农民科技带头人 3000 多人、农民技术员 30 万人、科技明白人 10 万人，配送医疗设备及药品价值达 100 多万元。下派县医院、卫生支农队员 800 名赴各乡镇村社为群众开展了义诊活动，诊治农民 4 万人次，举办各类培训班 60 次，培训人员达 6000 多人次。开展卫生知识讲座 70 期，散发健康和计生知识传单 2.5 万份以上。

2009 年 5 月 10 日，礼县“千台大戏”送农村慰问演出在礼县城关镇东台村演出

2012 年，由市文化局、市文联、市科技局、市卫生局、市计生局、市司法局等单位深入各个县区开展文化“三下乡”活动。为群众赠送图书 10000 册，创作赠送书画作品 2000 余幅，送对联 30000 幅，送文艺演出 30 场。在春节文

化大集和“送文化下乡”活动中，发放宣传单10000余张，推介科技图书5000余册；组织开展了“千台大戏送农村”演出活动150多场。在科技下乡方面，全市共举办中药材种植技术培训、新型农民科技培训等各类培训班1300多期，师资培训2000多人，农民技术员培训48万人，培训科技明白人13万人，普及培训36万多人次、外出务工人员20000余名。在卫生下乡方面，新建村卫生室200多个，配送医疗设备、药品，价值达130多万元。下派县医院、卫生支农队员600名赴各乡镇村社为群众开展了义诊活动，诊治农民30000人次。

## 第五节　扫黄打非活动

自2001年8月陇南地区“扫黄打非”工作领导小组办公室成立后，各县（区）都相应成立工作领导机构，市“扫黄打非”专项经费纳入市级财政预算。“扫黄打非”工作也纳入《精神文明建设责任书》的考核内容，年终实行统一考核。

2012年8月22日，市“扫黄打非”办下发了《关于迎接党的十八大深化“两个专项行动”工作方案的通知》，开展“扫黄打非”两个专项行动工作，部署了专项行动的重点地区、环节、部位和对象。文化市场综合部门组织人员开展集中行动，对书店、印刷厂、打字复印部、音像制品店等场所展开拉网式排查。在专项行动中，共出动执法人员85余人次，检查出版物经营摊点70家次，受理举报案件2起，办结案2件，责令整改4家警告7家，收缴非法音像品、电子出版物5033盘（张），淫秽色情（含低俗）出版物18本。检查印刷复制企业210家（次），对存在违规经营的印刷复制企业52家进行了行政处罚。依法检查规范各类文化经营场所60余家，县（区）文化行政主管部门配合专项行动执法检查2次，重点突击检查10家（次），受理群众举报案件3起，处理举报率达100%，其中检查网吧30余家、娱乐场所30余家、责令整改10余家，吊销网络文化经营许可证1家，处罚1家警告5家。集中开展了校园周边环境整治及教材教辅大检查专项行动，检查各类学校30多所，收缴各类盗版教辅读物1000多册。

同年9月13日，省“扫黄打非”办督查组对宕昌县、武都区、康县的出版物市场、印刷企业、音像制品经营单位进行了暗访，没有发现政治性非法出版物、邪教组织和非法宗教宣传品、淫秽色情出版物，但在部分个体书店发现了盗版教辅材料。

## 第六节　新闻报刊发行

### 一、新闻队伍

（一）陇南市委报道组

1957年成立武都地委报道组，1986年更名为陇南地委报道组，2006年6月更名为陇南市委报道组，为地委宣传部下属的科级单位。1993年单列为正科级全额拨款事业单位，编制6人。

（二）省级主流媒体驻陇南记者站

20世纪50年代，省级主流新闻媒体就开始在武都设立记者站；甘肃人民广播电台武都记者站于1956年建立，是在甘肃省14个市州中设立最早的站。甘肃日报驻陇南记者站于20世纪50年代建站；甘肃经济日报驻陇南记者站于80年代建站。

（三）陇南日报各县区记者站

2000年初，为了加大各县（区）宣传报道工作力度，便于沟通联络，及时采写新闻稿件。陇南日报社在全市9县（区）成立了“陇南报记者站”并予授牌，确定了记者站站长。记者站办公地点设在各县委报道组。

## 二、陇南日报

1953年，武都地委创办《武都报》，并于10月1日正式出刊向全区各地发行。部分县也创办了报纸，至1966年陆续停办。

1985年10月，时任中共中央总书记的胡耀邦来到陇南视察，挥毫题写了《陇南报》的报头。1986年陇南报社筹办成立，李百川任总编、唐志敏任副总编。报社设在武都区城关中山街武都印刷厂内，后迁至城关旧城路18号金泰世纪花园2楼。报纸在天水新华印刷厂印刷。同年3月15日，《陇南报》试刊发行，是中共陇南市委机关报。1987年1月《陇南报》改为周刊；1990年1月《陇南报》改为周二刊；1993年3月，增设了周末版；2001年1月，《陇南报》扩版为周四刊；2002年1月，《陇南报》扩版为周五刊；2005年1月，改为周六对开四版大报；2006年9月，实现彩报印刷，同年12月17日改为周七期，扩版为日报。

2007年2月12日，《陇南报》更名为《陇南日报》；2008年1月，《陇南日报》数字报正式开通；《陇南日报》周末版更名为《陇南日报·晚刊》，每期为8开8版小报。

2010年，相继创办了《陇南手机报》、陇南日报微博（新浪、腾讯）、陇南日报微信公众号、无限陇南客户端，成立了全媒体采集中心、全媒体发布中心、全媒体推广运营中心、全媒体督查考核中心，形成了立体化的新闻传播格局。

## 三、报刊订阅

1950年11月，武都地委成立了武都县及专署书报发行委员会，在各机关学校设立书报发行站，具体负责书报发行工作。1956年4月底，在全区开展《人民日报》的发行工作。同年12月底，地委对各县报发行工作进行了一次检查，协同邮电部门开展对报纸的宣传，动员广大群众自愿订阅。在检查中发现，武都汽车运输站有时不拉运信报邮件，导致岷县、文县、康县等地信报发生严重积压，引起有关组织查询和群众的不满。1959年9月，天水地委下发了《关于加强报刊发行工作的通知》《关于整顿报纸、杂志、图书（包括小册子）出版工作的通知》，进一步规范书报发行工作。

1986年，全区订阅党刊21595份，比上年净增7641份。到2000年，陇南地区报刊发行总量已达到66395份，2004年撤地设市时达到81213份。

市委、市政府高度重视重点党报党刊征订发行工作，每年召开重点党报党刊征订发行工作会议，进行专题安排部署，确保了工作任务的落实。按照《陇南市重点党报党刊发行工作实施办法（试行）》的规定，市委确定的“三报两刊”，即《人民日报》《甘肃日报》（含其农村版《甘肃农民报》）及《陇南日报》和《求是》《半月谈》杂志为每年党报党刊征订工作的刚性指标，必须足额完成征订发行。同时，要求做好《光明日报》《经济日报》《新华每日电讯》和《甘肃经济日报》等重点党报党刊的发行征订工作。

重点党报党刊的发行征订工作由市、县（区）宣传部门具体组织实施，党委办公室督促协调，各县（区）邮政局负责征订。市委组织部负责协调各县（区）组织部门，把15%的党费用于订阅重点党报党刊；各县（区）宣传部门负责本地所属乡镇、各行各业，包括垂直管理的行政企事业等单位的重点党报党刊发行任务落实；市直各单位重点党报党刊发行由市直机关工委负责督查落实；市财政局督促各县（区）财政部门，协调拨付重点党报党刊专项资金；市扶贫办积极协调筹措经费，为贫困乡村赠订重点党报党刊；市国资委落实国有企业发行任务；市非公经济党委做好重点党报党刊在非公有制企业中的发行工作；市、县（区）教育部门抓好本系统和学校的重点党报党刊征订工作；中央、省驻陇南企业和垂直管理单位党委加强对本行业重点党报党刊发行工作的指导和督查。

从2009年度开始，全市推行重点党报党刊征订“财政划拨，集订分送”的办法，根据下达的任务数对各级党政机关和全额拨款的事业单位所订阅的重点党报党刊的经费，由市、县（区）财政部门分级承担，统一支付。根据陇南市农村经济发展的实际水平，乡镇组织公费订阅重点党报党刊的额度为3000元，村级组织和农村实行九年义务教育阶段的中小学公费订阅党报党刊的额度各为600元，村级组织600元可从省财政村级组织公用经费中列支。规定订阅重点党报党刊的党费用于为离退休老干部、知识分子、贫困地区的村组、乡镇、中小学校、企业的党组织赠订重点党报党刊，由宣传、组织部部门集中征订，邮政部门分送。各县（区）自留党费参照上述办法进行。财政转移支付专项资金中村级组织600元的报刊订阅费要及时足额到位，专款专用。鼓励市、县（区）行政和企事业单位、金融部门积极为困难集体、贫困村社、农村中小学校赠订重点党报党刊。工商企业用于这方面的支出，通过非营利的社会团体、国家机关捐赠给贫困地区的，在年度应纳税所得额3%以内的部分允许在缴纳所得税前扣除。

重点党报党刊发行工作纳入陇南市宣传思想、精神文明建设工作考评范围。对全面完成重点党报党刊发行任务的县（区）和单位，列入工作实绩。连续两年没有完成任务的县（区）和单位，不能进入陇南市思想政治工作优秀等次和各级文明单位的评选。同时，进一步加大治理报刊散滥和利用职权发行的工作力度，严格规范征订行为，严禁行业报刊进行摊派发行，严禁各子报借重点党报党刊“搭车”发行，严禁用公费订阅消费、娱乐、生活服务类报刊。各级纪检监察部门纠正报刊发行工作中的不正之风，对个别影响恶劣的案件坚决查处。对基层群众反映不能及时投递的问题，邮政管理部门认真查证落实，针对具体问题，采取切实可行的措施，想方设法解决投递经费，安排专职投递人员，以不断提高投递时效和服务质量。2012年底，陇南市报刊发行总量已达到142614份。

# 第三章　文艺工作

## 第一节　文化研讨交流

1976年，武都地区文教局在康县召开文学戏剧作品讨论会，会后出版了《文学作品集》和《戏剧作品集》，这次讨论会是陇南历史上首次文学作品和戏剧作品讨论会，也是陇南第一次出刊文学戏剧作品集。

1981年，武都地区文教局在武都县召开文学作品、音乐、戏剧作品、摄影、书画作品讨论会，来自各县40多位文学艺术骨干参加了此次活动。同年，李百川的《冰桥》获《飞天》杂志一等奖。

1982年，武都地区文教局在成县召开全区文学作品讨论会。同年，龙青山的《收获》荣获全国小小说征文一等奖，是陇南首个获全国文学作品奖的作者。

1984年，陇南地区文教处组织全区文学作者于宕昌县召开文学采风及创作交流活动，全区23位作者参加了活动。

1986年5月4日，陇南地区文联选派12名作者参加天水、陇南、定西三地市文学创作笔会，创作短篇小说10篇、叙事诗一集、组诗一组，先后在《飞天》《陇苗》等杂志上发表，其中张董家的小说《白滩》获《陇苗》小说一等奖、龙青山的《收获》获优秀作品奖。

1988年1月12日，地委召开文艺座谈会，对1987年获得省级以上奖励的文艺工作者13人进行了表彰与奖励。同年6月15日至22日，市文联组织18人的书画观摩团到陕西汉中地区参观访问，交流了书画技艺。

1989年4月5日，地区文联召开如何创建陇南特色的文艺流派的研讨会，大家认为陇南创作力量逐渐壮大，完全有能力创造出一个风格鲜明的流派“陇南文学流派”来。同年8月30日，中国文艺研究所张炯一行4人到陇南讲学。

1990年10月，地区文联在武都县立亭桔园成功举办了第一届“金桔笔会”，参加作者30余人。

1991年4月28日，地区文联组织20名书画家和摄影家到文县碧口水电厂参加“陇南地区书画摄影创作研讨会”，创作书画作品800多幅、摄影作品200多幅。同年10月19日，在武都县立亭桔园举办第二届“金桔笔会”，50余名作者参加。

1992年1月2日，由地区文联组织的“全区企业文化联谊会”在碧口水电厂召开，全区 5 个文化事业单位和 10 家企业共 100 多人参加会议。会后成立了“陇南地区企业文化联谊会”，决定每年举办一次联谊活动。同年 5 月 8 日—20 日，全省文学创作笔会“同谷笔会”由省作协、地区文联、《飞天》编辑部、成县政府联合举办。同年地区文化处创研室在康县阳坝召开全区文学作品讨论会，会期 7 天，毛树林、赵殷、肖娴、苏宝珊、胡询之、赵金祥等一批作者脱颖而出。同年 6 月 6 日，在阳坝铜矿举办为期 5 天的“阳坝笔会”，到会的 15 位书画家共创作书画作品 700 余幅。

1992年1月阳坝笔会期间举行文学作品讨论会

2000年12月召开地区文联第三次代表大会

1993 年 6 月 15 日，地区文联组织 20 名书画家和作家，到武都县安化镇大鹿院村举办“米仓山笔会”。同年 12 月 4 至 8 日，国务院“三西工作座谈会”在武都召开，文联组织区内著名书画家陆开华、杨立强、雷春、高其曾等人为省内外与会领导创作书画作品 400 多幅。

1994 年 2 月 15—20 日，陆开华、夏青、雷春、高其曾应陕西汉中市文联邀请，到汉中地区和勉县、略阳、汉中市和留坝等县进行交流。同年 4 月 22 日—23 日，第二届企业文化联谊会在陇南春酒厂举行，全区 20 余名书画家参加会议。

1995 年 5 月 20—30 日，武都县水电公司承办第三届“企业文化联谊会”，40 余名书画家创作书画 1600 多幅。同年 6 月 1 日，武都城区作者 30 余人与“省作协赴陇南采风团”一行 16 人在举行座谈会上进行交流研讨。同年 11 月 3—5 日，地区文联和武都县文联共同举办第四届“金桔笔会”，全区有 30 余名作者参加。

1996 年 7 月 5—8 日，西和县邓家山铅锌矿承办了第五届企业文化联谊会。同年 9 月 3 至 6 日，地区文联赴四川广元参加“女儿节”，和广元市文联进行座谈，商议合作事宜。同年 9 月 20 至 23 日，举办“康县文学创作笔会”，全区共有 28 名作者参加，共创作讨论小说 22 篇、散文 18 篇、组诗 20 余首。

1999 年 3 月，中国文联把武都县确定为中国文联的扶贫点，中国文联党组书记处书记董良翚、胡珍等领导同志先后来到武都县。

2002 年 7 月 1 日，全区青年作家创作会在陇南地委党校举行，来自全区九县的 56 名青年作者参加了会议。9 月 20 日，省文联党组书记张炳玉率 7 位专家到西和县讨论沉静创作的长篇小说《苍山梦》。

2005 年 7 月 8 日，市文联在武都区召开了“全市文学创作座谈会”，市（区）文艺界

54 人与会。同年 8 月 27 日，市文联在武都召开了“全市诗词创作座谈会”。同年 7 月 8 日至 20 日，应市文联邀请，著名散文作家、百花文艺出版社副总编谢大江到武都讲学。

2006 年 5 月 18 日，市文联配合飞天杂志社，在成县举办了第二届“同谷笔会”，省文联副主席、省书协主席张改琴，飞天杂志主编陈德宏，副主编马青山及来自全省的 35 名作家诗人参加了笔会。同年 8 月 20 日，在陇南市委党校召开了“陇南市书法家协会一届一次理事会暨书法创作研讨会”。同年 10 月 18 日至 21 日，市文联邀请《散文选刊》主编王剑冰来武都开展了讲学活动。同年 11 月 8 日，市书协在武都召开了一届一次理事会暨书法创作研讨会，来自各县（区）的书法家 50 余人参加了这次活动。

2008 年“5·12”大地震后，5 月 15 日，市文联向全市广大文艺工作者发出倡议书，号召广大文艺工作者立即行动起来，切实担负起新时期文艺工作者的责任与使命。在抗震救灾期间，广大文艺工作者深入灾区采访，共创作出 6 篇 20 余万字反映陇南人民群众和社会各界开展抗震救灾的报告文学作品，120 篇 40 余万字的散文和小说作品，260 首诗歌和诗词作品，2 万余幅摄影作品，16 首歌曲（录制 MTV6 首）和 130 幅书法、美术作品，制作抗震救灾电视专题片 30 部。5 月 23 日，中国作协抗震救灾慰问采访团陈崎嵘一行 13 人到康县、武都、文县灾区慰问采访 10 天，中国作协向文县、武都区捐赠救灾款 10 万元，回到北京后，作家徐坤个人又向康县豆坪小学捐款 10 万元。采访团一行作家创作《陇南，你震撼了我们》《三声长哨与 147 条性命》等轰动全国的文章近 10 篇，在《中国作家》《文艺报》《中国作家网》等报刊发表。随后，中国作协向陇南市捐赠了价值 13 万元的抗震救灾文学作品图书。7 月 2 日，中国书协会员李鹏远将自己的 35 幅价值 5 万余元的作品义捐给武都区洛塘中学。10 月 14 日，召开了深圳市文联慰问帮扶陇南市文联灾后重建工作座谈会，讨论协商了关于深圳市文联对陇南市文联慰问帮扶和双方定期开展文艺交流活动的决定。同月中旬，陆开华、郑虎林、杨剑峰、王青彦、王林宝、赵元鹏、张机等市内书画家 17 人开展了陇南市长江大道栏杆碑刻书法创作活动，创作内容为著名诗人、文学家描写陇南的著名篇章的作品 152 幅，现已镌刻成近 2 公里长的书法长廊。

2007 年 5 月 13 日，兰州军区将军书画院“柳营试锋”将军书法展在陇南体育训练馆举行展览开幕式

2009 年 4 月 16 日，市文联联合有关单位举办了纪念“5·12”地震一周年“诗歌之夜—以陇南的名义”诗歌朗诵会，40 多位文艺界人士参加了朗诵会。同月中旬，市文联组织市县区作者 50 余人跟随甘肃省作家采访团参与到文县、武都区、康县等重灾区采访。创作作品 60 篇（首），其中在《光明日报》发表 2 篇、《飞天》第 6 期推出陇南灾后重建文学作品专辑、《甘肃日报》等省级刊物发表 28 篇。5 月 16 日，艾克拜尔·米吉提等 11 名全国著名作家组成的中国作家团访问陇南，采访团先后深入宕昌县、武都区、文县、康县、成县等灾后重建

点进行为期9天的实地采访，对陇南的抗震救灾和灾后重建工作做了深入采访。

2004年12月地区文联举办颉平海艺术作品展

2010年1月25日，市文联组织有关人员参加了武都区在鱼龙乡举办的国家级非物质文化遗产“武都高山戏”学术考察研讨活动，拍摄照片200幅，在《文化陇南》报出版了“武都高山戏”专号。2月10日，市文联在武都召开了夏青长篇小说爱情三部曲《年轻时不懂爱情》《中年时回避爱情》《老年时追逐爱情》作品研讨会，80余位文艺工作者参加了会议。

2011年12月4日，参加了由甘肃省地方文化艺术交流学会在兰州召开的白马人民俗文化研究、挖掘和保护协调汇报会，原省人大常委会副主任、省地方文化艺术交流学会会长吴碧莲，省人大常委会副主任、省地方文化艺术交流学会名誉会长崔玉琴，省政协副主席栗震亚，省人大常委会副秘书长、省地方文化艺术交流学会副会长朱雪明，省民间文艺家协会常务副主席杜芳等领导和白马人民俗文化研究会副会长张金生等11人参加了协调汇报会。会后，拟订了《关于将白马人歌曲等七个项目列入省和国家非物质文化遗产名录的提案》《关于对抢救性挖掘保护陇南白马人民俗文化给予帮助支持的建议》，上报市人大、市政协，并转报省人大、省政府。

2012年8月6—12日，市文联组织了中国作家回访陇南活动。活动中，作家徐坤再次向豆坪小学捐款20万元，设立了“作家爱心助学基金”，用于奖励和支助优秀及贫困学生。同时为武都区桔柑乡贺家坪教学点、康县豆坪乡豆坪小学“育才图书室”捐赠了图书。陇南市政府授予采访团成员陈崎嵘、孙得全、魏珂、徐坤、肖立军、阎强国、高晖、范党辉、刘戈9人“荣誉市民”称号。

## 第二节　文艺采风

1994年8月6—10日，地区文联组织12名作者和摄影家到徽县三滩采风。

2003年11月16—18日，市文联组织作家到宕昌县官鹅沟采风。12月16日至20日，书画家深入成州矿业公司和成县支旗庙湾村采风，为矿业公司职工和农民群众创作书法绘画作品200余幅。

2007年6—9月，市文联组织协调西和县、礼县、宕昌、康县、成县五县文艺工作者150多人次深入龙（坝）昌（河坝）公路建设工地建设现场采风。

2009年6月3日，甘肃“百名摄影家看陇原”陇南采风团抵达陇南，市文联组织陇南作者100余人参与了在礼县、西和县、成县、康县、徽县为期10天的采风活动，创作作品 18000 多幅。

2010 年 2 月 28 日，市文联组织陇南白马人民俗文化研究会会员 20 人调研考察白马人民俗文化，收集整理了白马民族服饰、音乐、舞蹈等方面的资料，拍摄了 4000 余幅民俗风情图片。7 月 10 日，再次组织人员到文县协助白马人民俗文化研究会完成了白马人音乐卷、舞蹈卷、服饰卷、民间文学卷的整理编辑工作。

2011 年 5 月下旬，市文联联合《飞天》编辑部在宕昌县哈达铺镇举办了红色文化采风活动，创作文学作品近 20 篇（首）。7—8 月，组织近 200 百名文艺工作者深入全市 9 县（区）重点旅游景区，开展了“百名文艺工作者深入景区采风创作”活动。

2012 年 7 月 16 日，在宕昌县召开的全市“特色文化大市建设陇南文艺奖表彰会议”期间，市文联组织文艺工作者到宕昌县哈达铺红军长征纪念馆、官鹅沟景区、城市建设示范点开展采风活动。

## 第三节　文艺创作

### 一、队伍建设

（一）诗歌

在中华人民共和国成立后三十余年里，以刘志清为代表的诗人创作出了许多反映时代风采的优秀诗篇，出版了诗集《红牧歌》，成为陇南诗坛的拓荒者。这一时期，现代诗歌作者队伍很不稳定。

到 20 世纪 80 年代中期以后，陇南现代诗歌才飞速崛起，涌现出了南山牛、刘长江、王怀钦、毛树林、高天佑、过河卒、朱泉雨、李希杰、赵金祥、波眠、雨子、包苞、王五星等一批成果突出、风格迥异的中青年诗人，其作品纷纷登上全国各大报刊。90 年代中期又涌现出如张晨、苟天晓、尚建荣、郭海滨、魏旭、朱金旭、苟长途、李业兰、朱小光、三月河、庞彩芹、张雄、赵本余、蒋敏、陈建云、牧野、李正志、张丽、张蓉、李永康、段靖、李如国、老三、张云、赵玉虎、尹玉会、冉创昌、寒星、陇上犁、王永刚、赵虎等人。2000 年后，又涌现出了樊樊、李祥林、刘彦林等人，成为陇南诗坛的生力军，樊樊、包苞先后出席了诗刊社主办的青春诗会。

（二）散文

陇南散文作者较多，自 20 世纪 80 年代起，李百川、黄英、田雪、张董家、娄炳成、龙青山等人陆续在省内外报刊杂志上发表作品。进入 2000 年后，作者和作品数量猛增，较为活跃的有正雨、小米、尚建荣、白金龙，以及文丕谟、赵文博、司跃宁、茹久恒、刘高潮、杨天斌、张筱、王新瑛、赵殷、罗曼、肖娴、李世仁、李正志、张丽、徐小英、王东祥、袁兴荣、王彦青、唐虹等人。

（三）小说

陇南小说创作，从1949年中华人民共和国成立起至1976年作品甚少。直到1979年，才有李百川的小说《冰桥》在《甘肃文艺》1979第10发表。20世纪80年代后，涌现出了夏青、黄英、田雪、张董家、娄炳成、龙青山、朱广贤、赵晓霞等作者，佳作迭出。短篇小说如张董家的《洁白的银耳花》（在《甘肃文艺》发表）、《红森林》（《飞天》1990.6），娄炳成的《新生》（《飞天》1988.10）、夏青的《古镜》（《飞天》1991.10）、龙青山的《回家过年》（《飞天》1992.4）、西宇的《龙蓂》（《飞天》1992.4）、小米的《给你一个梦》（《飞天》1992.8）、武路的《蓝瓦》（《飞天》1993.1）、朱广贤的《烧铁》（《飞天》1993.1）、王怀钦的《陈风》（《飞天》1993.11）、赵金祥的《乡村往事》（《飞天》1997.5）；长篇小说如西和县作家黄英《梦醒敦煌》《忧满黄河》，徽县作家田雪《铁血金戈》《红尘轶事》《乱世风尘》等。这一时期比较活跃的还有李涌泓、杨海帆、刘启舒、谷童、刘水、王帆棣、王青柏、张珏、澄碧、赵晓霞、崔珍康、刘满园、成志杰、啸鹰等。

进入21世纪以后，陇南小说创作进入了高峰阶段，主要有武诚、朱雅娟、沉静、苏宝山、沈文辉等人。武诚在《飞天》发表了中篇小说，如《槐树坝人物》（《飞天》2000.6）、《四扇屏》（《飞天》2004.5）、《飘零人家》（《飞天》2005.5）等。朱雅娟的小小说多次入围全国小小说“金麻雀”奖，陆续出版了《琉璃灯》《神箭手》《笑容盛开如花朵》三部作品；西和县作家沉静出版《苍山梦》，沈文辉出版长篇小说《同居年代》。夏青的爱情三部曲《年轻时不懂爱情》《中年时逃避爱情》《老年时追逐爱情》出版。龙青山的《龙青山小小说作品选》《龙青山中篇小说集》《龙青山中短篇小说集》出版。以及苏宝山的《红樱花、白樱花》，武路的《蓝瓦》，蝈蝈的《梦幻》，陈建云的《静水流深》等。涉足小说领域并较有影响的作者还有雨声、宋彬、柏菁、肖娴，以及后来的三道、罗曼、唐秀宁、王有库等。

（四）戏剧

陇南戏剧创作和演出在全省独树一帜，成果丰硕，极具影响力。1952年春季，武都分区文教科召开戏曲改革工作会议，传达贯彻全国戏曲改革会议精神和“五五指示”，推动了各种形式、体裁和题材作品的创作和演出，武都分区文工团、西和县文工团、成县师范文工团等演出单位，排演了很多现代剧和新编历史剧，如《鱼腹山》《穷人恨》《血泪仇》《大家喜欢》《保卫村政权》《一贯害人道》《赤叶河》《白毛女》《王秀鸾》《刘胡兰》《和平使者》《小二黑结婚》《梁秋燕》等，有秦腔，有眉户，也有歌剧；成县、徽县、礼县、文县先后成立了剧团，上山下乡为山区群众演戏，活跃了农村文化生活；武都专区五一秦剧团薛德元等整理、改编、移植了许多剧目，如《孔雀东南飞》《木兰从军》《乔太守乱点鸳鸯谱》《卖油郎独占花魁》《苏武》等，并排演出现代戏《白毛女》《穷人恨》《血泪仇》《刘胡兰》《穷人恨》《保卫村政权》《小二黑结婚》，以及新编历史剧《鱼腹山》《大破东平府》《四进士》《黑旋风李逵》《血溅鸳鸯楼》《花木兰》《孔雀东南飞》《将相和》《梁山伯与祝英台》《文天祥》《陈胜王》《七夕泪》，传统戏《群英会》《出五关》《情探》等，在武都、成县、宕昌、西和等地连续巡回演出。

1954年6月13—15日，全区第一次民族民间音乐舞蹈观摩演出大会在武都举行，参加大会的有五个演出队、87名艺人，演出的有高山戏、川戏、汉中桄桄、汉中曲子、眉户、皮影等剧种，有琵琶、唢呐、三弦、大筒子合奏、山歌、花儿、清唱等民间音乐，有扇鼓舞、高山舞、藏族面具舞等民间舞蹈。

1958年冬，天水、武都两地区合并，两地区剧团亦合并为“天水地区五一秦剧团”，驻天水市。与此同时，原武都地区的武都、康县、文县合并为武都县。成县、徽县、两当合并为徽成县。成县的“旭光剧团”与徽县的“新中剧团”合并为徽成县剧团。西和、礼县合并为西礼县，西和县的“红光剧团”与礼县的“民乐剧团”合并为西礼县剧团。康县1958年6月筹备，7月成立剧团。武都县原来没有剧团。地区剧团迁往天水后，武都县于1959年10月将康县剧团全部端来，经过扩充筹备，于1960年元月成立了“人民剧团”。1958年，文县也在城关业余剧团的基础上，成立了以演秦腔为主的文工队

1958年文化部召开了全国性的现代剧座谈会，提出了戏曲艺术第二次革新的号召。陇南各剧团都成立了戏剧创作组。1958年冬，全国水利现场会议在甘肃省天水地区礼县红河水库召开。天水地区五一秦剧团编剧杨夫锐，根据红河水库素材，创作演出大型现代眉户戏《移山造海》。1959年西北五省区举行首届戏剧会演，天水地区五一秦剧团组织包廷俊、杨夫锐、马尊文等人，根据武山县东梁渠的素材，创作大型现代秦腔戏《红旗插上东梁山》，赴西安参加会演。西礼县剧团创作的现代影子腔小戏《一场斗争》，参加地县文艺会演后，于1959年3月又参加了全省第一届业余文艺会演。1959 年10月，西礼县剧团创作演出大型影子腔爱国历史剧《碧血西城》、大型影子腔现代戏《山林血案》参加甘肃省庆祝建国十周年献礼演出，徽成县剧团创作大型秦腔现代戏《小河铁厂红旗飘》《激战龙王洞》参加天水地区献礼演出。

1960年7月，武都县人民剧团创作的大型现代眉户戏《白龙江岸红旗飘》、西礼剧团创作的中型影子腔现代戏《樊秀才》参加甘肃省第二届现代戏观摩演出大会。期间，地区剧团还创作演出大型秦腔现代戏《钢铁前线》，西礼县剧团创作演出古典影子腔小戏《长乐驿》，徽成县剧团创作演出现代秦腔小戏《江洛食堂好》《傻大嫂》《四害闯关》等。

1962年元月，天水、武都两专区分开，两专区剧团亦分开。徽成县剧团、西礼县剧团也随着县治的分开而分开。1962年2月，返回武都的原武都地区五一秦剧团与武都县“人民剧团”合并，重新组织力量，将新排的大型陇剧历史剧《旌表记》《枫洛池》搬上武都舞台。

1964年，地委宣传部派出两个工作组，分赴武都鱼龙乡与文县玉垒乡等地，挖掘整理高山剧和陇南花灯戏的戏曲音乐，刻印成册，为陇南戏曲音乐的研究提供了重要的第一手田野考察资料。

1966年2月，《部队文艺工作座谈会纪要》提出了“文艺黑线专政”论，在陇南除禁演历史剧、传统剧外，还疯狂地烧毁戏衣、戏帽，捣毁戏箱、道具，拆除古戏楼，砸碎戏曲文物古迹，只有极少数的旧戏箱和古戏楼幸存下来。在“横扫一切牛鬼蛇神”中，对各剧团的领导以及一些有名望的剧作家、导演进行残酷斗争，无情打击，有的被抄家，有的

被迫害致死，他们的作品也一概被批判。一些演传统戏的演员，有的被处理回家，有的被迫改行，有的被遣送“五七干校”或边远农村劳动，有的被打成“反革命”关进监狱。地区五一秦剧团及各县剧团被解散，地区成立了文工团，各县先后成立了文工队，以演小型节目为主。1970年后“样板戏”兴起。全区各县以及一些乡镇的业余剧团，大演“样板戏”《红灯记》《沙家浜》《智取威虎山》等，有的地方用秦腔表演。文县、西和、成县等地还用京剧演出过《红灯记》的选场《痛说革命家史》《赴宴斗鸠山》《沙家浜》的选场《茶馆斗智》等。

陇南高山剧的进京演出，是陇南戏剧发展史的一抹绚丽的亮色。1972年5月，甘肃省举行纪念毛泽东《在延安文艺座谈会上的讲话》发表30周年调演。地区文工团选送现代高山剧小戏《一把麦穗》《迎水桥》、陇剧《送籽种》、眉户戏《开锁记》和大型现代眉户戏《战洪曲》参加调演。1975年4月，武都地区文工团把杨智创作的现代眉户小戏《开锁记》改为高山剧，与平凉地区文工团的独幕话剧《毕业新歌》、甘肃省陇剧团的小型陇剧《牧场英姿》一起，组成甘肃省代表团小戏队进北京演出。陇南高山剧登上首都舞台后，赢得了广泛声誉，被确定为我国360多个剧种之一，载入《辞海·艺术分册》和《中国戏曲曲艺辞典》。

1978年十一届三中全会召开，原武都地区五一秦剧团以及成县、徽县、西和、礼县、康县、文县剧团恢复，一批被处理回家、被迫改行的优秀演员重新归队。连历史上没有剧团的两当县，也于1978年10月成立了剧团。全区除宕昌县、武都县没有剧团外，共有8家剧团，重新配备演员，重新购置戏箱，重新赶排剧目。各剧团首演《逼上梁山》《十五贯》《胭脂》《唐知县审诰命》《法门寺》《铡美案》等被禁锢了十年之久的历史剧、传统戏恢复上演，观众欢欣鼓舞，文化氛围欣欣向荣。

1979年中华人民共和国成立30周年国庆期间，甘肃省和武都地区都举行了献礼演出。地区五一秦剧团排演的独幕话剧《禁区》参加甘肃省献礼演出。地区五一秦剧团排演的高山剧《请婆婆》《清明时节》，成县文工队的秦腔古典剧《姊妹易嫁》，康县文工队的传统折子戏《秦香莲告状》和现代戏曲《启闸》，文县文工队根据曹禺同名话剧改编的秦腔历史剧《王昭君》，武都县文化馆业余演出队用眉户排演的大型现代戏《大燕与小燕》等参加了武都地区献礼演出。西和、礼县、徽县、两当剧团均到天水地区参加献礼演出。西和剧团用陇南影子腔演出移植的新编古典剧《胭脂》，新编秦腔历史剧《唐知县审诰命》，礼县剧团用陇南影子腔移植演出新编历史陇剧《枫洛池》等，都有突出表现。

在戏剧创作方面，最初是以地区创作组（即后来的地区创研室）的形式集体来完成的。1979年6月，创作组在康县召开了十一届三中全会以后的第一次创作会议，会后编辑刊印了《戏剧作品选集》，其中尹维新的《马成宪讨妻》在《陇苗》上发表。从1979年起，武都地区曾一年一度召开以剧本创作为主的作品讨论会，成员有杨智、杨夫锐、陈仁川，创作并演出的剧本有《战洪曲》《开锁记》《领路》《丰收哨》《鱼水情》《挡车》等。

1980年底，甘肃省剧目工作室和省剧协联合召开戏剧创作读书会，武都地区派剧作家杨智、邓剑秋和李诺参加。同年，杨智创作的现代秦腔《鱼水情》剧本由甘肃人民出版社出版。1982年3月，甘肃省剧本创作会议在文县碧口镇召开，地区派杨智、陆开华、邓剑秋、李逢春、张新天、李小安、景生魁、茹涛等参加。短短几年，在全国、全省有影响的陇南作家新剧作接连问世：薛德元、刘克明、杨智合写的大型新编秦腔历史剧《海瑞驯虎》，由陕西省戏曲研究院首排，剧本由国家级刊物《剧本》于1980年9期发表，获甘肃省1981年剧本创作一等奖，获全国1980至1981年优秀剧本奖，由甘肃人民出版社和中国戏剧出版社出版，全国有10多个省市剧团上演。金行健、邓剑秋、谢宠、李洁合写的大型现代陇剧《天麻沟传奇》，于1982年8月由中国戏曲现代戏研究会编、中国戏剧出版社出版。杨智创作的大型秦腔历史剧《鲍三娘》由《甘肃戏苑》发表，获甘肃省1982年剧本创作二等奖。陈仁川、杨智合写的大型现代眉户戏《认亲记》获甘肃省剧本创作二等奖，参加1981年冬甘肃省现代戏调演，剧本由甘肃人民出版社出版。1988年，包红梅创作的《白花曲》获全国剧本创作二等奖，1994年代表甘肃在第四届艺术节演出。从1979年到1988年底，陇南获省级奖的创作剧本还有：孙开全的现代小戏曲《九斤黄》，邓剑秋的现代小戏曲《巧换女》，景生魁的儿童剧小戏曲《星星闪亮》，还有参加1979年国庆献礼演出的获奖剧本《请婆婆》《禁区》等。在省级以上刊物发表出版的戏曲剧本有：黄英的《公路上》，杨智的《三满意》，张新天的《启闸》，邓剑秋的《智请梁环医》《梅香算卦》《银花公主》，尹维新的高山剧《老少换》，俞齐进、严世铭的《两家亲》等。陇南戏剧创作进一步繁荣，成果累累，被甘肃省的许多戏剧专家们喻为“戏剧之乡”。这个阶段，是陇南戏剧创作的高峰阶段，随后进入低谷。

2005年以后，武诚（武志学）在《剧本》连续发表话剧小品《地震》《领奖归来》和戏曲小品《老槐树下》，2009年，武诚话剧小品《永久的自行车》获第六届全国戏剧文学奖小剧本三等奖。王秋霞的话剧小品《天路》获全省现代小戏小品优秀奖。2011年，包红梅与他人合写的大型秦腔剧本《七月七》搬上舞台并进京演出。

2000年以来，陇南地区五一秦腔剧团继续对高山戏进行探索和研究，先后创作和排演了现代戏《婆媳情》和历史剧《西狭颂》，使高山戏的发展取得了新的成就。2008年6月，高山戏这一独特剧种被国家确定为第二批国家级非物质文化遗产保护项目。

（五）音乐舞蹈

市文化艺术工作者在音乐舞蹈创作方面也取得了可喜的成绩。据不完全统计，2008—2012年，全市共创作歌曲700多首，编排各类舞蹈近百台，其中代表性的有赞美陇南系列歌曲《故乡陇南》《梦回陇南》《向往陇南》《问君陇南》以及文县大型白马人民俗文化歌舞剧《白马·印记》等。

文县大型白马人民俗文化歌舞剧《白马·印记》，该剧共分序篇《古歌》、上篇《生命》、下篇《虔诚》、尾声《狂欢》四部分，以反映白马人历史文化为主线，用现代舞台表演艺术手法将传统歌舞元素进行提炼式的重构和创编，在还原白马人传统生产、生活、婚恋、宗教仪式场景的同时，以诗化的意境再现他们“人与自然和谐”的精神世界。

## 二、精品创作

1981年，黄英《九眼泉》（童话故事集）荣获全国少儿读物优秀奖，1984年，黄英《取宝记》荣获全国第三次连环画文学脚本二等奖。1986年8月，娄炳成《忽然有那么一天》发表于《中国电子报》，获全国电子文学二等奖。电视专题片《陇南在前进》录制完成，在甘肃电视台的展播中获一等奖。1987年，赵晓霞小说《归来时，春光正好》，荣获全国首届“当代农民”小说征文一等奖，刘绍棠为其写评论《秆砣虽小压千斤》。黄英《梦醒敦煌》（长篇历史小说）由甘肃省人民出版社出版、《绿色的传奇》（历史故事集）获全国优秀畅销书奖、《忧满黄河》（长篇传奇文学）评为甘肃省优秀图书。夏青创作的少儿读物《清代故事》由甘肃少儿出版社出版。同年12月，田雪创作的长篇小说《红尘轶事》由广西人民出版社出版。1988年12月，田雪创作的长篇小说《乱世风尘》由甘肃人民出版社出版，印刷10万册。

1990年，黄英创作的传记文学《忧满黄河—邓宝珊将军传》由甘肃人民出版社出版。1991年6月，《西狭研究论文集》第二辑出版，发表论文四篇。同年12月，《飞天》杂志全年共刊发陇南作者15人22篇作品。1997年3月，杨立强的作品《荷花》被选入江泽民题写书名的“江山万里图”，作为国家馈赠香港的礼品。1998年6月，地区文联主席文丕谟创作的散文集《绿色的梦》由兰州大学出版社出版发行。1999年4月，黄英长篇小说《梦醒敦煌》获全省第二届敦煌文艺奖；长篇传记文学《忧满黄河》获全省优秀文学作品奖、童话故事集获全国少儿读物优秀作品奖、甘肃省第一届优秀图书奖。

2000年1月，市文联完成《陇南文学五十年作品选》的编辑出版工作，共收录190多位作者的220多篇散文、小说、诗歌作品，分为小说卷28万字，散文卷25万字，诗歌卷7000行。10月，毛树林创作的1300行长诗《铜之歌》获北京文学研究所举办的“伯乐文学奖”。

2002年12月1日，由夏青、罗卫东等人撰写的五集描写陇南地下党活动的专题片《青山作证》在省电视台播出后，获展播一等奖，并被列为省委宣传部当年完成的十件大事之一。正雨的散文《陕北的月亮》在8月5日的甘肃日报《百花》副刊上发表后，被选入《散文选刊》，进入全国优秀散文排行榜。

2003年5月，正雨的散文集《逝去的裕河》由人民文学出版社出版。同年，全地区出版各类著作21部。

2004年，在文学创作方面，正雨的散文《陕北的月亮》又被选入《新时期散文精品》《百年散文精品选》等选本，其散文作品《思念董志塬》《阳坝的春天》《感悟官鹅沟》等发表在《甘肃日报》“百花”文艺副刊上。刘长江、郭海滨、包苞在《人民文学》杂志社举办的“德意杯”诗歌大奖赛中分别获得二、三等奖和优秀作品奖；南山牛创作的诗

文联举办“诗歌之夜”诗歌朗颂会

歌《小平啊，我一定努力种好粮食》在《诗刊》发表后引起强烈反响，并在中国作协等单位在北京召开的“邓小平诞辰一百年”的大型文艺晚会上朗诵；沉静的长篇小说《苍山梦》、波眠的诗歌《黄雪地带》获得甘肃省作协首届“黄河文学”优秀作品奖；赵殷的散文作品在《文艺报》《散文选刊》《甘肃日报》等刊物上发表。

同年，文丕谟《石海觅踪》、杨克栋的民歌集《仇池风》由作家出版社出版，包苞的诗集《汗水在金子上歌唱》由长征出版社出版，波眠的诗集《黑树上的花色》由中国文联出版社出版，朱泉雨的诗集《狂奔》、散文集《内心的版图》由中国文史出版社出版，牟耀武的歌词集《告诉你一个梦》由广西民族出版社出版，周耀的诗词集《春暖神州》、袁兴荣的报告文学集《走进康县》由中国文联出版社出版。罗卫东专著《陇南史话》由甘肃文化出版社出版，全国新华书店发行。

在书法创作方面，在中国书法家协会主办的“全国第一届大字书法艺术展”中，王青彦、马世峰、杨剑锋、张机的作品入展。在中国书法家协会主办的首届全国中青年书法篆刻展中，郑虎林作品获二等奖，王林宝、张机作品入展；在甘肃省第四届中青年书法篆刻展中，郑虎林、王林宝获二等奖，张机获提名奖。

在音乐舞蹈方面，曹旭在全国性的音乐歌词刊物上发表词曲作品 20 余首，其中《乡情》《打工的阿哥回来了》在“风采杯”第四届全国词曲比赛中分别获得二、三等奖，在“2004 年歌坛在行动”全国词曲创作比赛中，其歌词《乡情》《山里妹子实在俊》获得银奖。在甘肃省少儿艺术节中，寇莲英编导的少儿舞蹈《红风车，转转转》荣获舞蹈业余组一等奖，获编导奖。

2005 年，在文学创作方面，正雨的散文《农民党员》在《人民日报》等报刊发表；刘长江、郭海滨、包苞、牧野、波眠、南山牛诗歌在《诗刊》等刊物发表；正雨的散文集《怀念那棵树》由人民文学出版社出版、《加美手记》由新疆文学出版社出版发行陇上犁的诗集《每每有雪降临》由重庆人民出版社出版，黄英的长篇传记文学《邓宝珊将军传奇》由甘肃人民出版社再版，《夏青中短篇小说集》由中国文联出版社出版发行，刘兴汉的作品集《梦断芦河》由敦煌文艺出版社出版发行，《龙青山中篇小说集》由中国文化出版社出版发行，沈文辉的长篇小说《同居时代》由十月文艺出版社出版，刘宏钟《人物画集》《钟馗画集》由中华国际出版社出版，张雄诗集《向谁询问》由重庆出版社出版，张筱的散文集《青春行旅》由作家出版社出版。同年，市文联编辑出版四卷本《陇南文学 2000—2004 年作品选》，共收入 200 多位市内作者的 530 多篇（首）发表在省市以上各大报刊的优秀作品。

2006 年，在文学创作方面，小米、波眠、樊康琴、郭海滨、包苞、李永康、南山牛、陇上犁、魏旭、尚建荣、陈建云、贺朝举等诗歌在《诗刊》《诗选刊》《诗潮》《星星诗刊》《飞天》等刊物发表；白金龙散文 4 篇被《读者》登载。赵殷多篇散文在《青年文学》《中华散文》等刊发表；杨天斌散文在《散文选刊》《飞天》等刊物发表；李业兰、朱雅娟、肖娴、王新瑛、张丽等一批女作家作品在《飞天》《小小说》《甘肃日报》等刊物频频亮相。同年，杨立强散文随笔集《彼岸无岸》由人民美术出版社出版，陈启生编著的《宕昌历史文化研究》

由甘肃人民出版社出版。同年，市文联编辑出版了《2005年陇南文学作品选》（由作家出版社出版发行），共收入66位市内作者发表在全国各种刊物的小说、散文、诗歌作品。

在美术创作方面，杨立强、李明、崔鸿文、高玉强、孟小为、刘占勇、张跃进、赵贤刚、严凤威、严凤腾、王沛强、田瑞龙、靳春岱、郭向雷、韩坤、杨帆16人美术作品参加了“《西望敦煌》—甘肃美术作品晋京展”；李冰、罗晓忠的工笔画入选“全国第六届工笔画展”；李明国画作品入选“甘肃八城市纪念红军长征70周年书画展”；李明、董治强、赵贤刚、严凤威、严凤腾的作品入选“甘肃省杜甫陇右诗书画展”。在书法创作方面，张机行书作品荣获中国书协举办的“首届行书展”二等奖，获西泠印社举办的“首届国际书法展”扇面最佳作品奖、楹联最佳提名奖；郑虎林书法作品入展中国书协举办的第二届“书法兰亭奖”，草、行、楷5幅作品发表于《中国书法》杂志，本人被《中国书法》杂志评选为全国百强书法家；在甘肃省第二届书法张芝奖评审活动中，陇南市18人作品入展，赵贤刚获提名奖。在民间文艺方面，《仇池风—陇南山歌》获省委、省政府颁发的“敦煌文艺奖”民间文艺作品类二等奖。

在影视创作方面，孟小为摄像制作的《麻纸》获甘肃省首届电视“金鹰奖”纪录片类二等奖，最佳摄像奖。

2007年，焦红原专著《陇南文化》由甘肃文化出版社出版；朱雅娟的小小说入围第三届全国小小说“金麻雀奖”，10多篇作品被《中国微型小说年选（2006）》《小小说选刊》等报刊发表或转载；白金龙的作品在《读者》《美文》等刊发表；李永康在《散文》《星星诗刊》等刊物发表作品10多篇（首）；樊康琴在《诗刊》《星星诗刊》等刊物发表组诗；波眠诗歌被《中国诗选》《2006年中国精短美文》转载；杨天斌的散文被《散文选刊》《中华散文精粹》等转载。

在书法创作方面，郑虎林、王青彦二人的书法作品入展中国第九届书法展，贾摄新书法作品获入展提名。

在美术创作方面，李培源国画《雨润嘉陵》获“和谐之春”全国书法美术摄影大赛美术组金奖；杨清军国画作品入展“甘肃省中国画油画展”；康虎的美术作品在《中国书画报》发表；严凤腾国画获“甘肃省中国画油画大展铜奖”；张熙平国画在《中国国画报》发表。

在摄影创作方面：王开琮的摄影作品获第22届全国摄影展纪录类优秀作品奖，作品《赶集》入选第六届“影响中国”全国摄影艺术展；贾摄新获“甘肃省第一届奔马奖”优秀作品入选奖；马忠惠、式路等人的摄影作品入编《甘肃摄影家》（第二部）。

同年，在第二届甘肃黄河文学奖评奖中，茹久恒的作品集《我心蒙昧》获散文类二等奖，同年，沉静的长篇小说《苍山梦》三卷本、冯春晖的文学作品集《在路上》、王新瑛的散文集《心雨》、彭战获的《民间故事集》、杨海帆的《宕昌民族研究》、包红梅的《包红梅剧作选》、龚成洲的《武都高山戏研究》、李培源的《李培源画集》、杨剑锋的《杨剑锋书法集》出版。

2008年5月，为进一步贯彻落实市委关于文化陇南建设的精神，调动全市文艺工作者

中国文联抗震救灾采风团作家徐坤向康县豆坪小学捐款

的积极性和创造性，更加自觉、更加主动地推动社会主义文化大发展大繁荣。经过层层推荐和评选，市委、市政府授予王天一、包连庄等 12 人“文化陇南建设终身艺术成就奖”荣誉称号，人员名单：成县天一艺术馆馆长王天一、原西和县委宣传部副部长包连庄、礼县文化馆退休干部刘志清、文县县委宣传部主任科员刘启舒、原陇南市文联名誉主席陆开华、成县同谷书画院院长杨立强、原武都区文化馆馆长高其曾、陇南市文联名誉主席夏青、原西和县政协副主席黄英、原陇南市文联副主席寇莲英、原陇南公路总段工会主席雷雨田、原成县政协副主席雷春。

李业兰在《飞天》发表组诗《内心的绿》；赵新平的散文《歌唱生命的小草》等作品发表于《读者》《西部散文家》《甘肃日报》百花副刊等刊物。

在书法创作方面，郑虎林、张机入选全国第二届草书展；宕昌孙书诚书法入选由山西省文联、省书协举办的“和谐中华”首届全国书画展；赵健翎的书法作品参加《奥运有我》全国书画大赛获金奖。在美术创作方面：刘宏钟的国画《人物》、杨清君的工笔国画《老磨房》、卯风云的国画《白云山雨雾》入选省美协主办的“庆祝改革开放三十周年喜迎奥运—甘肃美术作品大展”。

在影视创作方面，宕昌县完成了 30 集电视连续剧《官鹅情歌》剧本大纲改编工作，陇剧《苦乐村官》编排完成。12 集大型史诗《哈达铺》电视系列片拍摄完毕。

同年 11 月，市政协罗卫东、田佐编辑出版了“铭记—陇南 5·12 抗震救灾记实”（上、下册），市文联编辑了抗震救灾题材的文学作品《不屈的脊梁》，收编了 165 位作者的 214 篇 40 万字的纪实文学、报告文学；编辑出版了《陇南市抗震救灾文学作品选》，精选了 54 位作者的 48 篇（首）28 万字散文和诗歌作品；编辑出版了《心灵的卷轴—陇南市纪念改革开放 30 年散文征文作品选》。

2009 年，在文学创作方面，《诗选刊》第 1 期下半月刊出陇南诗群，收入刘志清、波眠、包苞、过河卒等 21 位作者的诗歌作品；《飞天》第 12 期上半月刊出徽县诗群，肖娴、庞彩芹、荆秀成、刘彦林等 10 位作者的诗歌作品入选；包苞在《诗刊》半月刊上发表组诗《康县行吟：被水流走的花瓣》，在第三期《星星》诗刊发表《北方乡村》《红嘴鸦的上午》。

在音乐舞蹈方面，张雁林作词的《放生羊》参加了中国音协、中央人民广播电台、中央电视台联合举办的“全国优秀流行歌曲创作大赛”，获西南赛区优胜奖，并在中央电视台现场直播的总决赛中演唱，获提名奖。

在摄影创作方面，在“庆祝中华人民共和国成立 60 周年—多彩甘肃摄影作品晋京展”中，张军民的《陇南山河》、冉明的《黄金岁月》、王耀东的《谢谢叔叔们》、李伯祥的《文县碧口灾区儿童欢度春节》《军民共建家园》、赵德祥的《白马人抢救受地震惊吓的大熊猫》《茶园早春》、谈龙的《号角狩猎》、刘浪的《白马面舞》、毛树林的《欢腾》、马光宇的《喜上眉梢》、贾摄新的《草原上的雄鹰》共10人12幅作品入选。

陇南作家在宕昌县哈达铺采风

2010年，在文学创作方面，南山牛的《麦子啊，你慢点黄》等诗在《诗刊》等刊物发表，《白云深处》等诗收入“全国19位农民诗人诗集”。杜析璞、老三、刘浩等人的作品在由《中国作家》杂志社主办的“中国作家金秋笔会”征文活动中获一等奖。《龙青山文学作品集》获甘肃省黄河文学奖三等奖。在摄影创作方面，张红霞、周建军、王国珍、谈龙、张军民、刘辉加入中国摄影家协会。在影视、戏剧创作方面，康县袁兴荣创作的电影剧本《生死不离》开拍；何郑创作出大型历史剧剧本《西垂大夫》。刘志清主编的《礼县民间文学集》、康县文联主编的《康县民歌》出版。同年，开展了以深圳援建为题材的长篇纪实报告文学《大爱—深圳援建陇南纪实》的采访、撰写和出版发行工作，全书共7章20万字，于2010年10月由敦煌文艺出版社正式出版发行。

2011年，在文学创作方面，式路的散文《这些生灵们》等5篇发表于《中国散文家》等杂志，小小说《特别接待》发表于《杂文月刊》。南山牛的《春分》等10余首诗歌在《中国作家》新农村专栏刊发。在影视、戏剧、曲艺方面，西和县剧团创作演出的秦腔《七月七》获第三届甘肃戏剧红梅奖剧目一等奖。同年，市文联编印了《时代壮歌—陇南市灾后重建典型事迹报告集》，全书24万字，插图89幅。编辑了《感恩与铭记—陇南市灾后重建文学作品集》，全书22万字。同年，陇南白马人民俗文化研究会整理出版了《陇南白马人民俗文化研究》（调查资料卷、论文卷、音乐卷、语言卷、民间故事卷、舞蹈和服饰卷）。

2012年，在文学创作方面，毛树林、赵殷、三道合著的长篇报告文学《大爱—深圳援建陇南纪实》获得“黄河文学奖”二等奖，包苞的诗集《田野上的枝形烛台》获二等奖，郝炜的组诗《嘉峪关》获诗歌类青年奖。赵殷出版了散文集《回到固城》、杨天斌出版了散文集《大地上的事》、肖娴出版了散文集《一个人的青草山》、唐秀宁出版了散文集《田园之外》、庞彩芹出版了诗集《线装的女人》、鱼树雄出版了诗文集《春色荡漾》、何苇鸿出版了诗集《低语的芦苇》、胡家全出版了诗文集《唱词里的河流》、樊斌出版了诗集《静语流年》、田雪创作了历史小说《兑山传奇》。康县拍摄播出《古道寻踪》《康县土法造纸》《康北羊皮扇鼓舞》等电视专题片、纪录片9部。同年，市文联编辑出版了《第三届陇南文艺奖获奖作品集》（散文卷、诗歌卷、民间故事卷、小说卷、戏剧卷、山歌卷）。

# 第四章　社会科学工作

## 第一节　国学经典教育

2010 年 9 月 10 日，市委宣传部要求各县区、市直单位组织开展国学经典教育主题活动，要以国学经典教育为主题，以“我们的节日”为抓手，通过举办讲坛、讲座、演讲会、报告会，开展机关文化、校园文化、医院文化、企业文化，打造学习型社会，弘扬优秀传统文化，提升广大干部群众的文化素养。

2012 年 3 月 8 日，市委办、市政府办下发了关于深入开展“我们的节日”主题活动的安排意见。学校开展经典诗文诵读比赛、书画竞赛，唱校歌，办校刊；医院开展微笑服务和爱心奉献活动，办院刊，唱院歌；社区开展读书周、戏曲自乐班、学习讨论会；农村文化大院和文化小广场开展农家读书竞赛会、十星级文明户比赛和群众舞蹈练习。

学校是国学经典教育的重点核心区域，国学经典“进校园、进教材、进课堂”成为各类学校传统文化教育的重要抓手和主要内容，通过国学经典诵读表演比赛等形式展示学习教育成果。

## 第二节　全民阅读活动

2012 年，结合第 17 个“世界读书日”，陇南开展了以“读书好、读好书、好读书”为主题的全民阅读活动。由市委宣传部牵头组织开展陇南讲坛、“书香陇南”全民阅读座谈会、图书优惠、企业捐书、举行捐书仪式及全民阅读形象代言人基层行活动等。市委宣传部对市中级人民法院、礼县委宣传部、武都区教育局、宕昌县图书馆、两当县西坡镇竹林村农家书屋等 15 个单位授予 2012 年“陇南市全民阅读先进集体”荣誉称号。

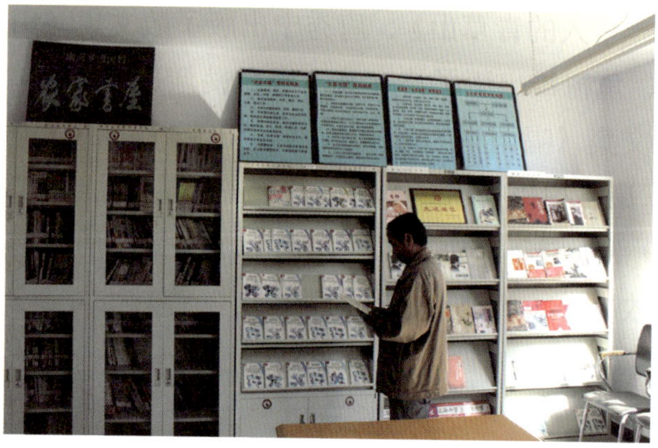

宕昌县南河乡农家书屋

在全市开展了以“爱读书、读好书、善读书”为主题的“全民读书月”活动。市上的示范性活动主要有：陇南市“爱读书、读好书、善读书”全民阅读座谈会、“书香家庭 · 八个一”主题实践系列活动、《陇南讲坛》、图书优惠活动、全民阅读形象代言人基层行活动。

## 第三节　社科成果评奖

2012年底,陇南市启动首届哲学社会科学优秀成果奖(以下简称为社科奖)的评奖工作。社会科学优秀成果奖每三年评选一次。此次参评成果有专著、论文和调研报告,涉及历史学、法学、经济学、管理学、社会学、哲学、教育学、文学、艺术学九门学科。评奖过程有初评、复评、终评、市委常委会研究、媒体公示五个环节。社会科学优秀成果奖评委会各学科组评委对全市315项申报成果进行了评审筛选,推荐112项复评成果。评委会通过集中审阅、讨论、投票表决的方式,共评选出获奖成果30项,其中一等奖成果5项、二等奖成果10项、三等奖成果15项,并进行了表彰奖励,颁发了证书和奖金。

## 第四节　研究会建设

### 一、成县西峡文化研究会

《西狭颂》摩崖石刻位于成县县城西部13公里处,镌刻于公元171年(东汉灵帝建宁四年),历经1840多年,仍保存完好。

1962年、2001年《西狭颂》摩崖石刻分别列为甘肃省、国家级重点文物保护单位。自20世纪90年代开始至2007年9月,成县县委、政府先后举办了四届《西狭颂》文化旅游节和两次"西狭颂学术研讨会"。成县一中教师樊军著有《西狭颂校注》、成县地方史志工作者胡祥庆主编了《西狭颂》等。

2006年9月,甘肃西狭颂文化促进会在兰州成立,甘肃省党史研究室原主任王廷钰任会长,甘肃省高级人民法院原院长郝洪涛担任名誉会长,西狭颂学术研究会创办了《西狭颂·文史季刊》。2011年底,甘肃西狭颂文化促进会第二届理事会成立,甘肃省总工会党组书记、常务副主席陈琳担任会长,郝洪涛担任名誉会长。2007年9月,经甘肃西狭颂文化促进理事会审定批复,甘肃西狭颂文化促进会成县分会成立。

### 二、陇南市白马人文化研究会

"白马人"居住在甘肃省陇南市文县和四川省绵阳市平武县、阿坝州九寨沟县交界的岷山东端摩天岭群山峻岭之中。20世纪50年代初,被登记为藏族,学术界认为这一族群为秦、汉时期白马氏的后裔。白马人民俗文化是陇南最具特色的文化,他们的信仰、习俗、服饰、歌曲、舞蹈、婚俗、民间美术、手工技艺、游艺活动等都有着与其他民族迥然不同的特点。

2008年12月23日,陇南白马人民俗文化研究会在武都区成立,选举了会长和副会长。2008年,白马人民俗文化研究会组织召开了首次白马人民俗文化保护研讨会。2009年1月,市政协与陇南白马人民俗文化研究会共同邀请专家学者，深入白马人村寨，采集了大量民俗文化资料，编辑出版了《陇南白马人民俗文化研究丛书》，通过白马人的语言、故事、服饰、舞蹈、歌曲，反映了白马人的历史、信仰、生产生活及文化生活。

### 三、武都区高山戏文化研究会

武都区鱼龙乡上尹村数百年来一直保持着春节演高山戏的优良传统。20 世纪 60 年代在“戏模子”尹维新的带领下，上尹村高山戏业余剧团曾多次参加省、区、县级调演，主要剧目有《人老心红》《夸队长》《更上一层楼》《老少换》等。

2005—2007 年，上尹村高山戏业余剧团排演了大型古典高山戏剧本《刘四告状》《夜逃》，积极配合武都区非物质文化遗产申报资料的录像、摄影工作。2008 年，武都高山戏被国务院文化部正式认定并确立为“第二批国家级非物质文化遗产保护名录”。2010 年 3 月，首届高山戏研讨会在武都区召开，并决定成立高山戏文化研究会。

### 四、甘肃秦文化研究会

2012 年 9 月 12 日上午，甘肃秦文化研究会在礼县成立。来自北京大学、国家博物馆、陕西省考古研究院、西北大学、兰州大学、西北师大、四川秦文化研究会、陇南师专等国内考古和高校的专家、学者共 150 多人参会。大会审议通过了《甘肃省秦文化研究会章程（草案）》、会徽、会费管理办法；选举产生了甘肃省秦文化研究会会长、副会长、秘书长、副秘书长、常务理事、理事；宣读了甘肃省民政厅批复。著名先秦史学者祝中熹当选为研究会会长、雍际春、南玄子、田佐为副会长。研究会成立后，将对甘肃秦文化展开全面、深入的研究，编纂、整理、出版甘肃秦文化史料和学术研究成果，并以甘肃秦文化为主题，进行多种形式的学术研究活动。

同日，举行的甘肃省秦文化研究会第一次学术研讨会，是陇南市近年来举办的规模最大、档次最高的学术活动。会议围绕秦早期（或早秦）文化研究的有关问题，开展了多方面、高层次的学术交流。北京大学考古文博学院教授、博士生导师、副院长赵化成，兰州大学历史文化学院教授刘光华等 18 位专家学者发言，表达自己的学术观点、介绍自己最新的相关研究进展。

### 五、陇南市民俗文化研究会

2012 年 10 月 25 日，陇南市文化广播影视新闻出版局批复同意成立陇南市民俗文化研究协会。12 月 25 日，陇南市民俗文化研究会召开成立大会。协会下设儒家文化分会、佛教文化分会、道教文化分会、周易文化分会、阴平文化及白马氐族文化分会、秦陇文化分会、巴蜀文化分会、乞巧文化分会、西峡文化分会、伏羲文化分会、陇南民间工艺美术文化分会、陇南地区地方戏曲文化分会、陇南民间公益美术文化分会、陇南节会文化分会、陇南民间村镇习俗文化分会 15 个分会。

### 六、康县北茶马古道研究会

康县茶马古道以望关乡茶马古道遗址为中心，沿古线路向四周延伸，途经 13 个乡镇，线路全长 300 余公里，沿途有历史古迹遗址 20 余处，有省、市、县三级文物保护单位 15 处，省、市、县三级非物质文化遗产保护项目 8 类 83 项。康县茶马古道是目前全国唯一发现的有现存石碑佐证的茶马古道线路。

2011 年 4 月康县委、县政府在阳坝召开茶马古道文化研讨会

2013 年 4 月，成立康县中国北茶马古道研究会。研究会协助康县文化体育局对康县茶马古道沿途的 8 处野外文物进行了初步维修，并征集流失在民间的文物 38 种 1200 余件。在康县第二届阳坝采茶节期间，举办了康县茶马古道文化学术研讨会，邀请全国茶马古道研究知名专家和省、市、县 50 多位专家学者对康县境内的茶马古道遗址进行了实地考察，撰写研究论文 60 余篇。研究会创办会刊《北茶马古道文化研究》，编辑出版了《中国北茶马古道研究》《发现北茶马古道》《康县境内的茶马古道》等书籍、图册。

# 第五章　档案管理

## 第一节　管理机构

### 一、机构沿革

1962 年 5 月，设立武都专区档案馆。1963 年 10 月，设立武都专区档案管理处，管理处、档案馆两块牌子，一套人马，为地委工作部门。1966 年“文化大革命”开始后，档案管理处工作陷于瘫痪。1970 年 9 月至 1975 年 6 月，档案工作由武都地区革命委员会办公室文档组代管。1975 年 7 月，恢复武都地区革命委员会档案管理处。1979 年 4 月，武都地区革命委员会档案管理处更名为武都地区档案管理处。1980 年 5 月，恢复武都地区档案馆，档案处、档案馆合署办公，隶属地委、行署领导。1983 年 5 月，档案处在机构改革中被撤销，业务由地委秘书处兼管，保留档案馆为科级单位。1984 年 4 月，恢复武都地区档案处，隶属地委、行署工作部门。1985 年 6 月，武都地区档案处、档案馆更名为陇南地区档案处、档案馆。1987 年 5 月，陇南地区档案处划归行署序列，地区档案馆归口地区档案处管理。1997 年 6 月，地区档案处、档案馆合并，保留档案处牌子，为事业单位，处、馆合署办公，隶属地委。2004 年，陇南地区撤地设市，陇南地区档案处（馆）随之更名为陇南市档案局（馆）。现档案局（馆）内设办公室、业务指导科、信息化建设科、收集整理科、档案管理科 5 个科室。

## 二、档案工作

中华民国时期，是武都专区机关档案工作建立和初步发展时期。20 世纪 30 年代中期，在文书档案改革运动的推动下，专、县、乡文书档案政府机关和部分事业单位设置了档案工作科室，都有专门部门或专人管理，并制定了档案管理行政规章。国民政府各级机构的文书运转和档案管理与行政效能的需要不相适应，公文手续烦琐，运转迟缓，管理紊乱。1949 年 12 月陇南解放前夕，档案损毁极多。

中华人民共和国成立后，专、县接收了旧政权全部档案，并妥善保存管理。20 世纪 50 年代中后期，开展了大规模清理积存文件材料，机关档案工作进一步规范。各县档案管理部门成立后，档案工作逐步从党政机关发展到企事业单位、街道和农村人民公社，从文书档案发展到科技档案和专门档案。

1958 年，全国开展“大跃进”运动，在“全党办档案，全民办档案”的口号下，地委、专署发动各机关干部群众，突击清理了中华人民共和国成立以来各单位未经整理立卷归档的文件材料，对档案工作起了一定的促进作用。

1963—1966 年，根据省委 1963 年 9 月 7 日的指示精神，全区档案部门除做好日常业务工作之外，把建立社会主义教育运动档案作为档案工作的中心任务，主要收集、整理土改以来历次政治运动中形成的阶级和阶级斗争档案材料。收集的内容为：反映土改、土改复查全面情况的总结报告、指示、决定及政策解释和划分阶级成分等材料，有关“三反”、“五反”斗争的材料，有关社会主义改造和社会主义教育方面的材料，合作化运动中城乡阶级成分变化情况、数字统计及反映合作化运动全貌的总结报告、政策规定等材料，历年行政区划变动、体制变化情况、土地面积、产量情况等材料。粉碎江青反革命集团后，档案为落实干部政策，平反冤、假、错案，解决土地纠纷积极提供利用。据统计，从 1977 年起至 1979 年底，地、县两级提供利用档案 6680 多次，发挥了档案应有的作用。

1966 年初，开展农村社队档案工作。为配合城乡“四清”运动，将公社和生产大队的档案整理工作纳入工作范围，开始清理鉴定全区社队积存的档案，但由于突出档案工作为政治服务，以及缺少档案专职人员的指导，工作走了过场。

1966 年 5 月“文化大革命”开始后，全区档案工作遭受到了严重的破坏。专县各级档案机构被撤销，干部被调离，档案无人管理，有些部门的档案被当成废纸烧掉，档案遭受到了严重的破坏。同时，1969 年林彪“1 号命令”发布后，武都地区一伙人也以“战备”为名紧密配合，按照所谓“少而精”原则，销毁了大量档案。

“文化大革命”结束后，拨乱反正，档案工作也逐步走上正轨。1976 年，开始突击完成公社和生产大队的建档工作。当时，全地区公社总数 171 个，这些公社自建立以来以及原来的区、乡档案都未整理过，成堆成捆地堆放。为了完成这一任务，全区抽调回乡、插队知识青年、公社干部、民办教师 600 多名，经过训练，由档案干部带队，一个公社一个公社的集中人力打“歼灭战”，在几个月内就使所有公社的档案都整理归档。在此基础上，一些公社还建立了包括文书、人事、财务、技术档案内容的综合档案室。

1977年，在公社建档任务完成后，紧接着进行生产大队的建档工作。参加这一工作的有文档工作干部70名，知识青年216名。当时，全地区共有生产大队2085个，对其中2067个大队从1949年解放以来到当年年底的档案进行了整理归档，占生产大队总数的98%以上，共组卷54657卷。许多大队做了档案柜，制定了档案查阅、保密制度，收、发文登记制度，使基层档案工作开始走上正规。

1980年，全国档案工作提出了“恢复、整顿、总结、提高”的方针和任务，部署档案恢复整顿工作。在恢复、整顿中拨乱反正，肃清“左”的思想影响，恢复、健全档案工作的规章制度。与此同时，恢复了武都地区档案馆和各机关档案室，党政机关、企业事业单位的文书档案工作和科技档案工作重新开展起来，对大量积存的档案开展了清理鉴定工作。各单位的党政档案和科技档案也恢复了集中统一管理，档案工作进入了一个新阶段。在恢复、整顿过程中，由于解放了思想，纠正了过分强调档案工作的政治性和机要性的片面认识，注重配备具有较高文化素质的档案人员，加强对档案人员的业务培训，重新组织建立了档案工作人员队伍，为发展档案事业从组织上提供保证。经过3年的努力，全地区基本完成了档案工作的恢复、整顿任务。

从1983年起，为贯彻中共十一届三中全会关于党的工作重点转移到经济建设上来的精神，根据国家档案局和国务院有关部门的部署，全区进行了农业科技档案工作、农业区划档案工作、清理积存会计档案、科研项目档案材料归档检查、企业档案工作普查和技术设备档案等专项工作，大大拓展了档案工作的领域。

文书材料立卷归档工作，在总结经验的基础上，建立了案卷质量标准，工作逐步规范化、标准化，并对文书立卷进行改革。机关、企事业单位的档案管理，从分散管理发展到文书档案、科技档案分别集中统一管理。

20世纪80年代后期，提倡档案综合管理和开展机关和企事业档案室达标升级活动后，档案的整理、检索、编研、利用等其他业务建设都有了较大发展。根据1980年《全国省以上档案馆工作会议关于开放历史档案》和1985年《全国档案馆工作会议关于满30年的档案分期分批向社会开放》的精神，武都地区档案馆对馆藏档案划分开放与控制使用的范围，1988年开始向社会开放。在编修地方志工作中，档案局馆也积极承担修志任务，配合提供档案资料。档案理论与实践的研究，从无到有，取得了一定的成果。

## 第二节　馆藏档案

### 一、馆藏简介

截至2012年底，市、县（区）两级共建10个综合档案馆，馆藏档案933个全宗，429485卷，224000件，资料73508册。其中中华人民共和国成立前档案12388卷、1066件，中华人民共和国成立后档案417097卷、222934件；录音、录像档案117盘，照片档案39621张，底图 1101 张。

市、县（区）馆藏清代档案共 585 卷，498 件，主要内容是乾隆、嘉庆、道光、咸丰、同治、光绪年间买卖田地、房屋、财产的契约等。最早的是康熙三十四年（1695）民间地契，藏于市档案馆。另有清光绪十一年（1885）盛隆号商铺账簿 1 册，光绪年间广香书院、香泉书院的考卷，清末两当县西坡开炭厂转让字据等藏于两当县档案馆。

**馆藏民国档案**（1913—1949）档案共 11803 卷，568 件，主要有甘肃省第八区行政督察专员兼保安司令公署、各县国民党县党部、三青团、县政府、警察局、地方法院、国税稽征、学校、成县师范、成县三等邮局、乡镇公所等机关、群众团体、企事业单位形成的档案。内容包括政治、经济、军事、民政、财政、司法、交通、金融、商业、文教、壮丁、土地、税务、邮务、户籍、人事、机构、禁毒等方面的指令、训令、委任状、条例、规章、公函、通告、布告、电报、花名册、会议记录、民事案件等。另有，藏于市档案馆的还有中华民国国民政府行政院长阎锡山写给甘肃省康县警备司令部刘化一的书信，国民党甘肃省政府主席郭寄峤写给陈超群公务书信；人民解放军武都军分区司令员刘殿英等人写给国民党部属负责人石福顺、赵生寿的劝降信等；民国时期原西固县县长孙铁峰、陇南中共地下党员龙一飞等个人和集体合影照片等，都十分珍贵。

市档案馆馆藏新中国成立以来的档案共 417097 卷、222934 件，主要为市、县、乡三级党政机关、群众团体、企事业单位在各项工作活动中形成重要的有参考利用保存价值的各种文件材料。这些档案是陇南各级档案馆馆藏的主体，它详实地记载了中华人民共和国成立以来陇南政治、经济、文化、社会事业等发展变化情况。共有照片档案 38075 张，主要是党和国家领导人视察陇南、各级各种代表会议、上级领导慰问、视察灾情、指导人民群众抗灾救灾、重建家园等方面的实况照片，还有音像、会计、科技、电子、实物档案等。

市、县（区）档案馆共收藏资料 73508 册，有志书、哲学、社会科学、政治、军事、经济、文化教育、农业、自然科学等方面的书、报、刊。历史文献书籍主要有《二十四史》《资治通鉴》以及人名、地名索引、图册等。古籍图书主要有《钦定仪礼仪疏》《皇朝经世文编》《钦定四库全书提要》《唐诗合解》《郑氏通志》《孟子正义》《修齐法言》《礼记》等。地方史志主要有清乾隆年间刊印的《礼县县志》《甘肃通志》《两当县新志》，清光绪年间刊印的《阶州直隶州续志》《武阶备志》《文县县志》。有解放后出版的各县县志、专业志、县党史、文史及地方出版的报刊等以及《阴平国考》《仇池国志》等。文献汇编主要有中共中央、中央人民政府、陕甘宁边区及省、市、县有关文件选集、汇编、选编等。工具书籍有辞海、辞典、年鉴、年表等，其他资料有古今经典小说、档案编研资料、检索工具、专业报刊书籍等。

**二、档案收集**

1949—1958 年，专、县各机关所形成的文书等档案资料由各部门收集。1962 年专、县档案馆机构成立后主要接收党、政机关档案，截至 1979 年底，全区档案馆共接收档案 34865 卷。

1982 年开始，各县档案馆加强了档案的接收工作，本年宕、成、康三县档案馆接收档案 3583 卷。1989 年，天水市公安局依据国务院办公厅〔1982〕20 号文件“旧政权地方机关的档案移交有关地方档案馆集中保管”的规定，将 4073 卷旧政权档案移交给徽县、礼县、西和县、两当县档案馆。2004 年，成县档案馆在丰泉村宋之春家征集到清代民间契约 26 件，最早为康熙三十四年（1695）。

2000 年以来，全市各级档案部门加大了档案资料的收集力度。两当县档案馆从民间征集到文献价值颇高的清版《钦定仪礼仪疏》，清光绪年间广香书院、陇南书院、香泉书院的考卷，清末西坡开炭厂转让字据，民国时期家谱图等一批珍贵历史档案。文县档案馆征集到文县籍名人齐培礼书籍 14 册，《韩定山文稿》《陇南白马人》《文县文史》等图书资料 50 余册。西和县档案馆接收王树立先生珍藏的剧本 3030 册，填补了陇南地方戏曲档案资料的空白。宕昌县档案馆征集到清嘉庆、咸丰、同治、光绪年间契约、买卖凭证等共计 19 件，另外征集笨教经文复印件 12 卷 2000 多页，笨教经文电子版图片 1554 张。

截至 2012 年底，全市各级档案馆保存档案 429485 卷，224000 件，资料 73508 册。

### 三、档案整理鉴定与销毁

1958 年，全国开展“大跃进”运动，在“全党办档案，全民办档案”的口号下，武都地委、专署发动各机关干部，突击清理了中华人民共和国成立以来各单位未经整理立卷归档的文件材料，对档案工作起了一定的促进作用。

1963—1966 年，把建立社教档案作为档案工作的中心任务，主要收集、整理土改以来历次政治运动中形成的档案材料。1964 年 5 月，专区档案处印发《关于集中兵力统一整理积存零散文件的计划》，要求集中力量彻底整理专县机关单位历年积存的零散文件和不能提供利用的案卷。同时组建了工作组，用八个月时间突击整理了 98 个部门 1949 至 1962 年的积存零散文件 1126618 件，剔除不立卷归档文件 286157 件，新立卷 36014 卷。1965 年，对专、县机关档案室现存案卷进行鉴定，并根据机关文书档案保管期限参考表，划出永久、长期、定期三种保管期限。

1970—1972 年，贯彻上级档案要求“少而精”的指示，70% 左右的档案经检查后被销毁。1977 年 3 月全区开展了社队建档工作，年底 2049 个生产大队共建永久档案 37779 卷，定期档案 16878 卷。1982 年，地区档案处印发了《地区机关文件立卷归档试行办法》和《关于印发地区机关文书档案案卷质量标准试行办法》。1983 年，根据国家档案局和国务院有关部门的部署，进行了农业科技档案、农业区划档案、清理积存会计档案、科研项目档案材料归档检查、企业档案工作普查和技术设备档案等专项工作，拓展了档案工作的领域。1986 年，档案处印发了《会计档案实施办法》《会计档案管理检查验收标准》。

2002 年 3 月，执行甘肃省《归档文件整理规则实施细则》，文书档案保存的纸质文件材料的整理，由之前的以卷为单位归档，变为以件为单位归档，开始在档案馆、室档案的统计单位卷、件共同存在。2004 年，全区开展“三农”（指农村、农业和农民）建档工作，使档案工作服务于“三农”。2005 年，市档案局会同工商、商务、经贸、乡镇企业局等部门联合印发《关于在非公有制企业中建立档案的实施意见》，加大对民营企业档案工作的指导，规范民营企业档案整理，提高民营企业档案管理水平。

2012 年，甘肃省档案局转发《国家档案局关于在档案开放利用中审慎进行划控、鉴定工作的通知》，随即市、县（区）档案局（馆）组织划控、鉴定小组成员对已开放的 52091 卷档案和网上公开的 12210 条文件目录，重新进行了一次审核，撤出暂不宜开放的档案 2175 卷，删除网上开放目录 169 条。

## 四、档案保管

1959 年 1 月 7 日，中央下发了《中央关于统一管理党、政档案工作的通知》，1962 年后，地、县相继建立了档案馆，地委、专署和各县委、人委都设立了机关档案室，开始实行党、政机关档案统一管理。

“文化大革命”期间，一些档案室被砸，部分档案被抢、烧、涂抹、撕毁和丢失。

市人大到两当县开展档案法执法检查

1980 年，地、县直机关单位开始重新设立机关档案室，截至 1982 年底，全区共设机关档案室 352 个，配备专兼职档案管理员 352 人（专职 16 人），逐步建立健全了档案馆、室的管理、查阅、保密、鉴定、统计等各项制度，制定加强落实了防火、防盗、防虫、防潮、防鼠等“八防”措施。

1985 年，开始实施档案规范化、标准化、法制化管理。部分县修建了新的档案馆，改善了保管条件。在装具上，推广使用无酸卷皮、档案盒和标准化铁皮柜、密集架等。普遍采用温湿度计、防虫药、通风、吸尘等手段保护馆室档案。开展档案执法检查和晋等升级等工作，促进档案保管和利用工作。档案现代化管理技术主要是档案数字化管理，2010 年以来，市、县（区）综合档案馆集中人力物力财力对馆藏档案进行数字化处理，建立档案数据库。2011 年，全省开展“档案安全体系建设年”活动，市、县（区）档案部门围绕主题，做好档案安全保管工作，杜绝事故发生。

## 五、档案抢救

1985 年，中央财政开始拨款支持国家综合档案馆的档案抢救工作，地县档案馆开始档案抢救工作。主要采取征集、抄写、复印、修裱等方式。随之对全区地、县 10 个综合档案馆馆藏档案资料和地县直机关档案室的文书档案、科技档案等进行全面普查，共清理出急需裱糊、抄写、去污、复印和恢复字迹的国家重点档案 10780 卷，至 2012 年全市已抢救 6891 卷。同时对珍贵照片档案进行了数字化处理。

## 六、档案利用

1962 年建馆之初，确定以“利用工作为纲”，改革开放以前，档案工作主要服务于政治。1978 年十一届三中全会以后，随着经济建设、拨乱反正、编史修志等工作的开展，档案利用工作出现了新局面。

2012 年，全省开展“档案利用体系建设年”活动，市、县（区）档案部门积极行动，制定了贯彻落实方案，改善了查阅环境，完善了档案利用制度，健全了档案资料检索体系，规范了档案服务窗口建设，确定专人积极开展档案查阅服务，当年共接待查阅利用者 13800 多人次，提供档案资料 15000 多卷（件、册），为领导决策、经济建设、编史修志、落实政策、社会保障、调解纠纷、工作查考等方面发挥了积极作用，为加快全市经济社会发展提供了良好的档案服务，赢得了社会各界的广泛好评。

### 七、档案编研

档案编研工作是档案系统提供档案利用服务的有效方式，也是提高档案馆工作水平的重要途径。主要包括编纂公布史料、汇编现行机关档案文集、编写档案参考资料、参加历史研究和编史修志、撰写专门著作等。“七五”期间地区档案馆完成了《组织史沿革》的编写。至 2012 年底，市档案局（馆）参与和自编完成《陇南地区大事记》《陇南地下党》《红军长征在陇南》《陇南地区组织史资料》《陇南地区档案馆介绍》《陇南地区自然灾害概况》《陇南抗震救灾纪实》《陇南图典》《跨越·陇南改革开放 30 年》等编研成果；宕昌县档案馆编纂了《宕昌县灾情资料》《宕昌县档案馆全宗指南》《第二轮省志·档案志（宕昌部分）》《宕昌档案史话》等；两当县档案馆编辑出版了《红色两当》《太阳红》《两当兵变暨红色革命文化园区建设纪实》等；成县档案馆编纂了《成县档案馆介绍》《成县农业合作化史》《成县县委历史考证表（1949—1980 年）》《成县历届党代会简况》《成县历届人代会简况》《成县五十年统计资料汇编》等；文县档案馆编纂了《文县历史建置沿革》《中共文县委组织沿革》《中共文县历届党代会》《文县组织机构》《自然灾害简表》《文县县情》《白马人文化》；西和县档案馆编纂《记忆—第四届中国乞巧文化旅游节档案图片展资料汇编》《沧桑岁月·辉煌历程—百年西和档案图片选编》《记忆—第四届中国乞巧文化旅游节档案图片资料汇编》；徽县档案馆编纂了《徽县志》《教育志》《徽郡志》；康县档案馆编纂了《感恩·康县抗震救灾恢复重建纪实》，2012 年被甘肃省档案局评为甘肃省档案文化十大精品（编研成果）；礼县档案馆协同相关单位编纂了《礼县地震志》《祁山胜迹》《红河汇要》《盐官集览》《西陲考稽》《礼县纪事》《礼县概览》《锦绣兰仓》《礼县文史资料》等。

## 第三节　业务指导

1963 年 10 月成立之初的武都专区档案处，按照国务院批转国家档案局《关于进一步加强技术档案工作的报告》精神，加强科技档案管理，改善档案保管条件；加强少数民族档案工作和进一步健全档案馆和机关档案室工作，专区档案事业处于建设初期阶段。

1966 年 5 月至 1976 年 10 月，“文化大革命”开始，档案工作体制、档案工作的集中

国家档案局领导在西和县档案馆查看馆藏档案

统一管理原则遭到了严重破坏，档案事业完全陷入瘫痪。

1978年党的十一届三中全会后，武都地区档案工作开始全面恢复，按照国家和省局有关精神指示，建立健全机关档案室和文书立卷归档制度和档案管理制度，并在机关企事业单位中开展档案业务交流和评比检查活动，档案业务工作在恢复中发展，在整顿中提高。区县各级档案部门解放思想，广泛开展档案利用工作，逐步开放历史档案，为落实政策、总结历史经验、制订档案事业发展规划、编史修志等提供了大量档案资料，起到了重要的作用。

1985年6月，按照国家档案局提出1983—1990年档案工作奋斗目标，各级档案部门要建立门类齐全、结构合理、管理科学、具有中国特色的档案事业体系；培养一支符合革命化、年轻化、知识化、专业化的干部队伍；把历史档案和社会主义建设中形成的档案收集、保存起来，进行科学整理、鉴定和编目；加大档案专业教育，加强档案业务培训，提高档案服务水平，在国家和省局的正确指引和精心指导下，陇南地区档案事业得到较快发展。

1992—2000年初，按照《甘肃省档案目标管理上等升级的意见》的通知精神，档案处在全区范围内开展了档案目标管理上等升级活动，这项工作是实现机关档案标准化、规范化、科学化管理的有效途径。至2010年全市共有1049个机关单位档案室达到省级标准。其中市直单位114个，企业4个，乡镇174个，县直机关757个。

为促进档案事业繁荣与发展，用科学档案理论指导实践，结合近年来档案资源建设的工作经验，积极探索新形势下档案工作发展的有效途径。2012年9月，成立了陇南市档案学会。

# 第六章 广播 电影 电视

## 第一节 广 播

### 一、机构沿革

1951年1月，武都专区建立广播站收音网，设专区有线广播站一处和收音站三处、县收音站八处，共有专职收音员13人、兼职收音员10人。10月，武都专区召开第一届收音工作会议，会议以训练班的方式和座谈会的形式进行，重点解决收音员的思想问题。

1955年1月，武都收音站改名为武都广播站，冯华任站长，仍由武都地委宣传部领导。

1953年后，各县收音站、广播站陆续建成，分别于1974年和1975年成立县广播事业管理局。1983年后半年和1984年初，改为县广播电视工作站，1984年3至9月，更名为县广播电视局。

1958年12月，武都专区与天水专区合并，武都广播站交由武都县委宣传部领导。1969年2月，武都县广播站、文化馆、电影放映管理站合并为武都县毛泽东思想宣传站。1977年4月又恢复为武都县广播站。1985年11月19日，成立武都县广播电视局。

1975年，成立武都地区广播事业管理站，没有广播设备，也没有播音任务，主要职责是做好各县广播人员的培训。1978年，武都地区广播事业管理站改为地区广播事业管理局，下设综合科、技术科、器材科、电视台。1979年，全区5个县配备了公社的宣传干事，整顿了8个公社的放大站，并派出技术人员在岷县观测、定点，做建立电视差转台的准备工作。1985年12月，更名为陇南地区广播电视处。2004年12月，更名为陇南市广播电视局。2012年5月，撤销陇南市广播电影电视局，组建陇南市文化广播影视新闻出版局。

1958年后，有部分公社建起了广播放大站。1985年乡镇广播放大站改为广播站。1988年乡镇广播站由县市广播电视局移交乡镇管理。至1993年，相继改为乡镇广播电视站。

## 二、业务工作

### （一）采编播音

武都县收音站筹建于1953年，站址在武都人民会堂楼上，李如珍负责业务、王瑾璧协助工作，隶属地委宣传部领导。因无电源，仅靠省上援助的一台200W手摇发电机供电，在人民会堂楼顶和西城门楼顶架设了2部25W高音喇叭，正式开始广播宣传。广播时间每天早晚共4小时，广播内容有转播中央和甘肃新闻外，还开办自办节目，选播重要文章，同时邀请艺人来站说唱。若有重大新闻时，收音站及时通知机关、学校、居民并组织收听。由于武都交通不便，报刊发行迟缓，收音站又创办了《广播快报》，除分送有关单位外，还在街头巷尾张贴，起到了快速传播信息的作用。

广播宣传和通讯员队伍的组织建设由地、县党委直接领导。1953年4月，召开专区第一届宣传员代表会议。会议采取短期训练的方式进行，地委宣传部部长苏星作了《怎样才能做好宣传工作》的报告、赵希敏专员作了《关于农村互助合作及生产救灾问题》的报告，会议重点解决宣传员的思想认识、组织领导和工作业务问题，全区七县220名宣传员代表参加这次会议。5月，武都专区举办了兼职收音员培训班，49人参加培训学习。各区、乡、社（包括企、事业单位、机关、学校）都建立了3人以上的通讯小组。

武都县收音站从1953年筹建到1955年7月武都县广播站正式建立，其间没有专职采编人员。自办节目主要是转播中央和省电台的新闻广播，仅1名收音员负责抄收中央记录新闻和联系指导各县市收音站工作。1955年7月以后，调李玉英任专职采编人员，正式开办地方新闻，开展新闻采访工作。之后，专职采编人员时有时无，很不稳定。1978年，专职采编人员增加到2人，1984年又增至5人，一般重要新闻、录音报道多由专职采编人员采访编辑。编排节目主要根据每次节目内容，安排播音时间，核定稿件篇数、字数（每分钟播出 200 个字），并编写开头语、串联词、结束语，然后每天按时发给播音员。1955—1986 年，每天播出的稿件由广播站站长审批签发。1987 年以后，实行编辑负责制，每天播出的稿件（节目）从政治、思想、内容到文字由编辑负责签发；重要新闻、评论和批评稿件，需送地、县委宣传部或主管书记审批同意才能播用。

从 1953 年起，武都及各县收音站、广播站即配备 2 至 3 名播音员。播音员拿到经编辑签字后的稿件，先行试播，以熟悉稿件内容，然后按照序制成完整的节目录音，或在指定的节目时间内直播。在熟悉稿件和录制过程中，如发现稿件内容、文字有错误、疑问或与规定时间有出入时，及时找编辑或审稿领导予以修正。录制完成的节目由播音员或编辑审听无误后方可播出。

（二）自办节目

各县广播站在自办节目中，一般设置有新闻、教育、文艺和服务节目等栏目。

**新闻性节目**　新闻性节目以宣传党的路线、方针、政策为主，配合党和政府各个时期的中心工作，宣传人民群众的活动和各种信息。1987 年以来，设置的《本地要闻》《新闻通讯》《听众信箱》《连续报道》各类《新闻专题》和《广播杂谈》等栏目，构成了县广站新闻广播的主体框架。

**教育性节目**　主要有广播讲座节目：属理论性专题节目，创办于 1958 年，由党政领导和有关部门负责人所作的学习辅导及各方面先进模范人物事迹报告。1982 年办有《法律、政策知识问答》，1985 年改称《法律知识》，1988 年又增设了《普法讲座》节目；学习节目：为配合各个时期的政治学习而设；农业科技知识节目：服务对象以农村干部、农业科技人员为主；对农村广播节目：是综合性节目，集新闻性、知识性、服务性、文艺性为一体，其主要对象是农民和农村基层干部；计划生育节目：宣传计划生育政策；临时性专题节目：是因时因事而临时设置的，如 20 世纪 50 年代的《农业合作化》《兴修水利》《大办钢铁》专题、60 年代的《社会主义教育》、70 年代的《农业学大寨》、80 年代的《五讲四美三热爱》《文明礼貌月活动》等专题节目。

**文艺性节目**　内容有歌剧、舞剧、戏剧的选场、选段、电影、电视主题歌、插曲及民歌等。

**服务性节目**　主要有节目预告、天气预报、广播体操、广告业务、听众信箱、为您服务等。

（三）广播设备

武都县收音站初建时，仅有由甘肃人民广播电台配发的一台 50 瓦扩音机、一只话筒、一台 200 瓦手摇发电机、2 只高音喇叭（纸蓬喇叭）和一部电唱机。1955 年底，甘肃人民广播电台又配发了一台 1.5 瓦发电机、一台 250 瓦扩音机和一部电唱机。1958 年，购买了 250 瓦扩音机一台。1963 年正式修建机房，由省广播事业局补助、县上投资，更新了机房广播设备，安装了 TY550 瓦扩音机一台、TY 型播音控制台一套、远程牌接收机一台。1970—1979 年，机房设备更新增加了徐州 GY2x 270 扩音机两台，瓦 430 II 型收信机两台，601 电子管盘式录音机三台。1980 年增加了上海 301 扩大机一台，SK 瓦三相自动稳压器一台。1978 年，省广播电视厅和县财政局投资购置了杭州西湖牌控制台一套（包括盘式录音机 3 台及各种话筒 4 套）。1988 年，省广播电视厅配发调频发射机 10 瓦、100 瓦各一台，在城南五凤山顶建立调频广播发射台一座，10 月 1 日正式试播。

（四）农村有线广播

20 世纪 50 年代，农村广播网采用一级传输体制，主要以电信线路传输为主，县广播站将扩音机输出的 120 伏或 240 伏音频电压降至 60 伏左右，通过邮电线路，直接送到接在电话线路上的舌簧喇叭。喇叭与电话线之间利用闸刀进行选择切换。广播及邮电部门协商用“时分制”开展各自业务，每天早、晚共用 3 小时开放广播。广播时间停止电话业务。截至 1956 年，武都专区五个县（武都县、岷县、宕昌县、文县、康县）共建有收音站 13 个、舌簧式八寸喇叭 1000 个。1959 年，武都专区并入天水专区后，天水地委下发了《天水专区一九五九年广播工作安排意见》《关于彻底整顿农村广播网的意见》等文件，对全区广播站规范化建设提出了具体意见。

20 世纪 70 年代初期，进行了一线多用的广播载波化的尝试，利用农话线路直接传送广播。后因农话线路质量差而停播。1973 年，全区载波大会战，广播信号用载波传送。1975 年又恢复利用邮电线路，按规定时间传送音频。

进入 80 年代，形成以县广播站为中心，以乡（镇）广播放大站为基础，以专线、邮电线路传输为主，有线广播和无线调频广播相结合的传输系统。

1999 年，开展广播电视“村村通”工程建设，广泛筹措资金，完成建设任务，全区广播电视综合覆盖率达到 90%以上。至 2012 年，又完成了 34 万户广播电视“户户通”工程建设。

## 第二节　电　影

民国 36 年（1947）8 月，省教育厅电化教育电影队首次到武都县城，在莲湖广场放映无声电影，连续放映了 3 场，城内及附近群众纷纷争相观看。

中华人民共和国成立后，省有关部门多次组织电影队到武都县及其他县放映电影。起初，为有声的黑白片子，后来有彩色电影。

20 世纪 50 年代初，武都专区尚无电站，放映电影时用专用的小型发电机发电。各地均没有电影院，多在露天广场放映。1955 年，武都县人民会堂落成，除在广场公映外，雨天或晚上在会堂放映。1958 人民会堂改为东风影院。1971 年，东风影院又进行了重修，提高地势并加长加宽，改为坡式影院。放映的影片有新闻纪录片、故事片、科教片、美术片等。20 世纪 50—80 年代初期群众看电影之风很盛，有的影片一天连映 6 场，场场满座，节假日时往往一票难求。各县都成立有流动电影放映队，经常深入农村基层巡回放映。80 年代后期，电视机逐渐普及，电影发行放映渐呈萧条之势。

20 世纪 50—60 年代，电影放映使用 16 毫米放映机。1970 年后，影院使用 35 毫米放映机，流动电影放映队多用 16 毫米放映机。

武都地区电影事业管理的机构设于20世纪50年代初，为甘肃省电影发行公司武都专区发行站，后改为电影放映管理站。1970年，各县先后成立电影放映管理站。1975年，地区电影放映管理站改为地区电影发行公司。1978年后，全区各县电影放映管理站均改为电影发行公司。2004年12月，陇南撤地设市后，电影发行职能并入陇南市广播电视电影局。

截至2010年，全市9县（区）电影公司全面完成改制。其中，成县电影公司采用市场运作的方式筹资2000多万元建成影业中心。

## 第三节 电视

1977年9月底，武都地区广播站在县境内麻崖子梁和南山砚观子各建差转台一座，收转从汉中传来的中央电视台节目，武都城郊群众第一次看到电视节目。后来又在城关建起一座500W电视录像放映台，主要放映从省台录制的电视节目和新闻，每晚放映3至4小时。

1983年，省、地共同投资200万元，在岷县东山建起一座1000W电视差转台。当年，在武都城关南山砚观子恢复安装50W和10W差转机各一台，收转从岷县转来的甘肃电视节目和从汉中转来的中央电视台节目，但信号微弱，不能保证正常收转。

1984年10月，成立武都地区广播电视处，下设电视科，负责管理全区电视工作。

1985年5月，武都县被省广播电视厅列为全国53个（甘肃3个）C频段、6米卫星电视地面接收试点站之一。6月下旬，在航天部二院704所和省广播电视厅、地区广播电视处指导下，经过台址测量和具体设计，于7月18日开始在城关北山海拔1290米处的牟烟坪（牧羊坪）动工修建地面接收站。由国家投资10万元，省上投资11万元，地方集资5万元，共征地1.6亩，建起砖木结构平房7间，站内编制16人，于9月5日正式播出了中央电视台第一套节目，成为甘肃省第一个卫星电视地面接收站。经国家电子振兴办公室的测试，电视图像指标4.2分，声音指标3.8分，均达到我国电视指标的一级标准。1988年2月1日，又正式转播中央电视台第二套节目。

北山卫星地面接收站的设备有：卫星接收机DX—600A型2台（日产），卫星接收机8300型1台（美产），北京牌839型电视信号监视器2台，JVC775录像机1台（日产），50W电视差转机2台（国产），高6米接收天线一座，天线自动控制器一套，发射天线铁塔一座。

1986年7月，地、县筹集资金近10万元，在海拔2270米的五凤山顶建起50W3频道差转台1座，于1987年4月正式使用，收转北山地面站6频道的电视节目，覆盖武都县7个乡（镇）达8万人口。由武都县广播电视局主管，编制5人。

1986年，白龙江林业管理局在两水镇后坝建立10瓦电视差转台1座，接收舟曲县传来的电视信号，随后也接受中央台的电视信号。1987年元月又建起地面接收站1座，有10瓦差转机2台，收转中央电视台的第一、二套电视节目，覆盖人口达1.5万人。1987年3月，黄鹿坝电厂建起了3米的卫星地面接收站1座，用10瓦发射机收转中央电视台第一套节目。

各县电视事业也迅速发展。1978 年，成县在鸡山建立电视差转台，差转机 1 台，发射功率 50 瓦。1987 年秋于城郊孙坝建起第一座卫星地面收转站，收转中央电视台第一套节目，小川、纸坊各建立小型差转台，功率为 10 瓦，电视彼盖率为 17%。同年，省、县于鸡山建立微波站。县广播电视局属台（站）功率一般为 0.15 千瓦，乡镇台（站）功率为 0. 28 千瓦，县属台（站）频道数为：中央一台 10 频道，中央二台 12 频道，省台 3 频道，乡镇频道数为 2、3、4、7、8、9、10、11 不等。至 1990 年，甘肃电视台覆盖率 70% 左右，凡是通了电的地区，差不多家家都有了电视机。

1993 年筹建陇南地区电视台，1995 年 3 月成立地区电视台，副县级建制，隶属地区广播电视处。2004 年 12 月，撤地设市后，更名为陇南市电视台，隶属市广播电影电视局。

2001 年 9 月，经国家广电总局批准正式建立陇南电视台，共开办两套电视节目，一频道为新闻综合频道，二频道为经济文化生活频道。

2008 年，国家广电总局同意陇南电视台更名为陇南广播电视台，增设广播业务，开办 1 套综合广播节目。广播业务播出时称“陇南人民广播电台”，电视业务播出时称“陇南电视台”，其节目设置不变。

2010 年，陇南人民广播电台为事业单位，正县级建制，核定人员编制 16 人，隶属市广播电影电视局。2011 年 3 月 15 日，陇南人民广播电台开始进行试播。

2012 年 5 月，陇南市文化广播影视新闻出版局和陇南电视台实行局、台分设。原台址位于武都区城关新村，新办公楼位于东江新区广电大厦。同年 10 月，根据中央关于文化体制改革的有关要求，陇南电视台、陇南市人民广播电台合并，组建陇南广播电视台，为全额拨款事业单位。核定陇南广播电视台编制总数为 80 人，核定领导职数 4 人，核定综合部、一频道总编室、二频道总编室、新闻部、焦点话题部、专题部、对外宣传部、技术播控部、广告部、经济信息部、社会教育部、财务部、媒体资料管理部等 13 个部室。开设《陇南新闻》《我在现场》《精彩陇南》《交警伴你平安行》《魅力陇南》《文化视野》《少儿风采》《天气预报》11 个自办电视栏目和《陇南新闻》《百姓生活》《品读经典》《岁月如歌》《音乐咖啡厅》《梨园漫步》《欢乐时光》《小说连播》《青春书场》《天气预报》10 个广播类节目。

# 第七章　旅 游

## 第一节　旅游资源

陇南市气候温和，风光秀美，自然景观独特，既有南国之灵秀，又具北国之雄奇，素有“陇上江南”之美称。陇南市被评为“全国生态文明示范市”“中国最佳生态旅游城市”“中国最佳休闲旅游目的地”等称号。

**一、旅游景点**

**（一）国家AAAA级旅游景区：**武都县万象洞、宕昌县官鹅沟森林公园、成县西狭颂风景名胜区、康县阳坝亚热带生态旅游风景区、康县花桥村、西和县晚霞湖、礼县甘肃秦文化博物馆、两当县两当兵变纪念馆、两当县云屏三峡、徽县金徽酒文化生态旅游景区。

**（二）国家湿地公园：**宕昌县官鹅沟国家森林公园、康县梅园沟国家湿地公园、文县天池国家森林公园、文县黄林沟国家湿地公园。

**（三）国家级、省级自然保护区：**甘肃白水江国家级自然保护区、甘肃小陇山国家级自然保护区、武都县裕河省级自然保护区、文县尖山省级自然保护区、礼县香山省级自然保护区、两当县黑河省级自然保护区、两当县灵官峡省级自然保护区、成县鸡峰山省级自然保护区、康县龙神沟省级自然保护区。

**（四）其他景区：**武都区五凤山、水濂洞、朝阳洞、九天圣母庙、龙华寺、普化寺、莲花寺、广严院、龙凤山寺、佛堂寺、琵琶寺、汉王寺、郛金寺、甘泉铁佛寺、崔家梁关公庙、角弓大禹庙、汉王大坪山；宕昌县哈达铺红军长征纪念馆；文县碧口水库、文昌楼；康县白云山公园、托河溶洞；礼县白雀寺、祁山武侯祠、大堡子山、红河水库；西和县仇池山、晚霞湖；两当县张果老登真洞、云屏三峡；徽县嘉陵江漂流、三滩、青泥岭；成县杜少陵祠、裴公湖。

**二、旅游线路**

（一）国内旅游线路：主要包括红色文化旅游线、先秦文化旅游线和三国文化旅游线3大系列游线。

（二）市内旅游线路：共有25条可选择的旅游线路，包括红色文化感悟游、陇上江南生态游、秦汉三国历史文化游、陇上江南休闲度假游、陇上江南民族民俗风情游、陇南特产美食游、茶乡品茗、酒乡考察体验游和科考探险游九大系列主题游线。

（三）区域合作旅游线路：包括东西（汉中一凤县一两当一西和一徽县一礼县一天水）、南北（绵阳一广元一九寨沟一文县一武都一天水、西安一陇南一九寨沟、兰州一陇南一四川）方向区域合作精品线路和特色自驾环游线路两大系列游线。

## 第二节　机构职责

1995年2月设立陇南地区外事旅游局，2002年更名为陇南地区旅游局，2004年12月撤地设市后，更名为陇南市旅游局。现内设办公室、规划发展科、行业管理科、宣传教育科4个科室；下属单位有陇南市旅游执法支队、陇南市旅游信息中心、陇南市旅游协会。各县（区）均设有旅游局。

2007年9月22日宕昌县第二届旅游文化艺术节开幕式大型歌舞晚会

主要职责一是贯彻落实国家、省上有关旅游业发展的方针、政策、各项法规、条例，结合陇南实际研究拟订全市旅游业发展的方针、政策、计划，并负责组织实施；指导各县（区）旅游工作。二是依法管理全市旅游行业。负责全市各类旅游社、旅游星级饭店、旅游定点单位、旅游景区（点）质量等级评定等经营旅游业的企事业单位的审查、申报、评定和管理工作；监督检查旅游安全、旅游市场秩序和服务质量，受理游客投诉，维护消费者合法权益。三是研究拟定全市旅游市场开发战略，培育和开拓国内、国际旅游市场，组织全市旅游整体形象的对外宣传和重大促销活动。四是组织、实施全市旅游资源的开发建设，会同有关部门审查、指导、申报旅游开发建设项目；监督、检查旅游建设发展资金的使用；负责全市旅游行业的统计、年检以及信息服务工作。五是组织、指导旅游商品的开发、生产和销售。六是组织、指导全市旅游教育、培训和资格认定工作；指导全市旅游行业精神文明建设。

## 第三节　主要工作

1986年国务院决定，陇南地区武都、宕昌、成县、文县列为对外开放县，外国人持证可前往4个县旅行。随后，市政府办公室设立外事旅游科，具体负责有关工作。1995年2月设立陇南地区外事旅游局，指导各县旅游工作。

2000年7月21—23日，秦人西垂文化研究和开发保护利用座谈会在礼县召开。来自北京、上海、西安和甘肃等院校专家教授通过实地考察后认为，礼县是秦先祖走向世界的第一步，是秦文明的摇篮，古文化遗存非常丰富。加强对西垂文化的保护、开发和利用工作，对促进陇南旅游经济的发展具有十分重要的意义。9月10日，地委书记邵明等领导对全区及周边地区的旅游开发进行全面考察后指出，陇南旅游资源非常丰富，是一个集自然风光、人文景观、历史古迹、少数民族风情等综合旅游资源为一体的地方，也是全省最具开发潜力的旅游地之一。各级领导要高瞻远瞩，树立超前意识，大打“陇南旅游牌”，在调整产业结构中，要把旅游业放在振兴陇南经济的战略地位来抓，作为一项支柱产业来培育和开发，使旅游业成为陇南最具魅力的特色经济。

2006年4月，组织全市主要景区（点）负责人赴陕西西安、宝鸡、汉中三市开展旅游“大篷车”宣传推介活动，取得了圆满成功。从5月启动全市旅游发展总体规划编制工作。

9月23日至10月5日全市首届旅游发展大会分三个阶段分别在四川九寨沟、康县阳坝、兰州市展开。会议在学习考察九寨沟旅游开发成功经验的基础上，科学分析陇南旅游产业开发面临的形势，对全市旅游产业进行了再认识，确立了全市发展旅游业的基本思路、指导思想、发展目标、开发步骤和开发重点，这次会议规格高、思路新、任务实，在我市旅游业发展史上具有里程碑意义。并成立了由市委书记任主任、四大班子主要领导和分管领导任副主任，市直30家相关部门主要负责人为成员的市旅游产业开发协调指导工作委员会，九县（区）成立了旅游产业开发服务管理委员会，作为各县（区）发展旅游产业的专门机构，同时调配了一批县级领导干部任主任、副主任。全市共开工旅游基础设施建设项目58项，投入资金11669万元。9月29日至10月5日在兰州市博物馆举办了“陇南市旅游风光大型摄影展”。各县（区）和部分市直单位投资一千多万元在兰州市区、国道212线、天馋高速、兰临高速、机场高速、市内及周边宝鸡、汉中、广元等接壤路段制作了一大批高质量、高档次的大型野外旅游宣传广告牌和标语，在省内外产生了巨大反响和轰动效应。

2007年5月，市旅游局组织各县（区）旅游产业开发服务管理委员会主任、副主任一行赴云南进行了为期7天的考察学习，实地考察了云南发展旅游业的先进经验和做法。加快了旅游规划编制工作进度，完成了全市旅游发展总体规划编制工作；进一步加强了旅游宣传促销工作，利用节会开展了一系列旅游宣传推介活动，组织了历时4个月规模空前的陇南首届陇上江南旅游形象大使选拔赛，先后在兰州举办了“陇南市旅游风光大型摄影展”，举办了陇南“首届采茶节暨康县阳坝首届旅游节”、首届“中国甘肃陇南花椒节”“中国乞巧文化旅游节”、首届“中国甘肃陇南核桃节暨成县第四届《西狭颂》文化旅游节”、武都区第五届“南山桃花旅游节”等节会；武都万象洞、宕昌官鹅沟、成县西狭等国家AAAA级景区顺利通过，完成了武都朝阳洞、水濂洞等AA级景区的创建、评定工作，对新建的武都东诚大酒店、成县成州国际大酒店进行了星级评定；陇南三家旅行社已正式注册登记后开展业务；全市已开发八大系列各类旅游商品250多种。各县（区）筹措资金3亿多元，加强了景区基础设施建设。

2008年3月组织参加了在陕西西安举办的“2008中国西部国际旅游交易会”，5月参加了“2008中国夏都（西宁）旅游博览会”，6月参加了省旅游局组织的甘肃东南片区“赴陕、晋、豫宣传促销活动”。按照市场导向和消费需求，充分调动社会各界、旅游企业、旅游景区和民间艺人的积极性，大力开发旅游纪念品、工艺品和特色旅游商品。

“5·12”地震发生后，迅速成立了陇南市旅游局抗震救灾工作领导小组，各县区旅管委也成立了相应的领导小组，全力以赴组织开展抗震救灾工作，及时关闭景区，疏导护送滞留游客；开展灾情调查，及时了解掌握灾情。市旅游业在地震中经济损失共13732.5万元，其中景区（点）7350.9万元、旅游道路572.2万元、水电通施292.3万元、24家旅游宾馆（未包括社会）和250户农家乐4359万元、市县（区）旅游局办公用房及设施设备132.2万元，其他服务设施损失1050万元，旅游业因灾减收4435万元。市、县区旅游部门精诚团结，全力开展抗震救灾工作，组织各景区职工清理路障、打扫卫生，排除险情，力所能及地开展灾后恢复工作，组织动员各旅游宾馆恢复接待能力，全系统有7人受到国家旅游局的表彰。并积极编制灾后重建规划，编制了《陇南市旅游业灾后重建规划》。

市、县区旅游部门全面开展规划编制，共完成《万象洞景区建设性详细规划》《瑶池天堂建设性详规》《盐井祠景区建设性详规》《祁山武侯祠建设性详规》《鸡峰山景区修建性详规》20余部；在服务设施建设、基础设施建设方面，各县（区）加快了现有宾馆、饭店的服务设施升级改造和星级评定工作，开工建设了一批星级宾馆；徽县为嘉陵江景区成功融资2800万元，成县与浙江客商达成了旅游商品开发协议，武都区已就“瑶池天堂”景区开发与开发商定了意向性协议。

2009年，市委、市政府领导班子高度重视旅游产业开发工作，把旅游开发作为全市社会经济发展的“五个重点”之一，放在与特色农业、工业强市、科教兴市、改善民生并列的高度来定位和安排部署，提出了“以生态旅游、人文旅游、红色旅游三大资源为依托，打造名牌景区点和精品旅游线路，完善配套设施，开发旅游商品，提高服务水平，构建甘陕川毗邻地区大旅游经济圈”的发展方向，并对加强旅游规划编制管理、加强旅游基础设施建设、推进旅游与文化的融合、建设高素质旅游人才队伍、发挥旅游业辐射带动功能等方面提出了具体要求。同时，为了加强对全市旅游产业开发工作的领导，市上调整了“旅游产业开发领导小组”，由市委副书记、市纪委书记李学春同志担任组长，市政府分管副市长和一位人大常委会副主任、两位政协副主席担任副组长，旅游局、发改委、交通局、文化局为成员单位，专抓全市旅游产业开发工作。领导小组每月召开一次专门会议，研究产业开发工作，每季度确定一个主题，推进一项重点工作。

全市在中央灾后重建基金项目中安排旅游开发项目17个，总投资达9474万元，受灾各县（区）紧紧依托灾后重建资金，积极实施十大名牌景区和重点景区基础设施建设项目。在规划编制方面，全市十大名牌景区和十大重点景区（点）中，7个名牌景区和4个重点景区修建性详规已全面完成，1个名牌景区已完成策划，其余2个名牌景区和6个重点景区规划编制工作已全面启动。

在灾后旅游交通可进入性极差，对开展旅游活动造成巨大影响的情况下，市、县区旅游部门开展了“2009陇南人游陇南”系列旅游宣传促销活动和一系列保障措施，一是组织参加第十三届中国西洽会旅游交易会，其间举行了“甘肃陇南旅游产品宣传推介会”，受到西安20多家新闻媒体的高度关注；二是参加了“兰洽会”“文博会”开展旅游宣传促销工作，获得“优秀展示奖”和两项参展商品金奖；三是组织参加了“全国百城旅游宣传周”暨“甘肃人游甘肃”旅游宣传周天水分会场启动仪式；四是参加了在四川省阆中市举行的“川陕甘渝‘三国文化旅游精品线路’启动仪式”；五是参加了在四川省遂宁市召开的由甘肃、四川、陕西三省旅游局联合主办的2009川陕甘旅游区域协作第六届年会和中国首届西部旅游交易会，陇南市正式加入了川陕甘旅游协作区。

全市旅游业呈现出恢复发展的良好态势，全市全年共接待游客260.32万人次，实现旅游综合收入5.4亿元，较去年分别增长25.6%和45.4%。

2010年，全市旅游工作认真贯彻落实《国务院关于加快发展旅游业的意见》、《甘肃省委、省政府关于加快发展旅游业的意见》和全省旅游发展大会精神，紧紧围绕市委、市政府确定的旅游重点工作，大抓旅游产业开发，全力推进旅游规划、基础设施建设、宣传促销、行业管理、旅游接待服务等各项工作，取得了一定的成绩，较好地完成了年初确定的各项工作任务。

全省首届旅游发展大会召开之后，市委常委会、市政府常务会议学习传达会议精神，安排部署贯彻落实工作责成有关部门组成旅游工作调研组，深入各县（区）就当前制约旅游业发展的突出问题进行专题调研。10月，召开了全市旅游工作会议，市四大班子所有领导，各县（区）委书记、县（区）长、分管旅游工作的县（区）长、旅游局长，市直所有单位负责人，中央、省驻陇南各单位负责人，三星级以上宾馆饭店经理、4A级景区负责人近200人参加了会议。会议讨论出台了《中共陇南市委、陇南市人民政府关于进一步加快发展旅游业的意见》，提出了今后五年旅游产业发展的思路、目标、重点和措施，对指导当前和今后一个时期全市旅游产业发展具有十分重要的意义。根据会议要求，市旅游局编制完成了《陇南市“十二五”旅游业发展规划》，所有精品景区、名牌景区按新的标准和要求修订完善编制规划。市的星级宾馆将达到20家，其中四星级4家、三星级7家、二星级9家。同时，全面完成了全市旅游饭店的星级复核工作，开办了三期宾馆饭店服务人员岗位培训班，举办了“陇南市首届导游服务技能大赛”和“陇南市第三届旅游饭店服务技能大赛”，进一步提高了旅游星级饭店的服务水平和服务质量。

市旅游局分两次组成工作组对9个县（区）的11项旅游重点工作进展情况和2010年旅游工作目标责任书任务落实情况进行了督查，及时指出了存在的问题与不足，有力地促进了各项工作的开展。并在过去创建工农业示范点的基础上，又确定抓了武都区大湾沟油橄榄示范园、文县马家山绿色茶园、康县阳坝龙神茶园3个工农业旅游示范点，武都区姚寨沟景区、文县白马民俗风情寨、西和县晚霞湖3个休闲旅游示范点和武都区、成县、礼县三个乡村旅游示范点建设。

2011年，年初召开了市旅游产业发展领导小组第一次会议，听取了“十二五”旅游业实现跨越式发展目标修订的建议，通过了《市旅游产业发展领导小组及成员单位工作职责及议事规则》《2011年旅游工作要点》《旅游示范点创建意见》《陇南市旅游产业发展绩效考核办法》和《陇南市旅游品牌创建与旅行社组团奖励办法》。随后，召开了全市旅游工作会议，对全年全市旅游工作进行了全面安排部署，表彰了2010年旅游工作目标考核先进县（区），与各县（区）签订了2011年旅游工作目标责任书和2011年旅

2007年9月22日，陇南市第二届旅游发展大会暨宕昌县第二届旅游文化艺术节隆重开幕

游安全工作责任书，并召开了市旅游协会第二届二次理事暨会员代表大会、全市旅游发展形势分析会。

在基础建设方面，各县（区）加大旅游开发建设力度，通过各种渠道筹集旅游基础服务设施建设资金，实施了一系列建设项目，成效明显，开工建设工程总投资 12.33 亿元。并对各县区负责实施的 9 个灾后重建旅游项目按照《陇南市灾后恢复重建项目竣工验收管理办法》规定的程序进行了验收。

在宣传活动方面，市旅游局组团参加了汉中旅游文化节、西安曲江“2011 中国国内旅游交易会”、第二十二届中国西部商品交易会暨中国天水伏羲文化旅游节、第十七届中国兰州投资贸易洽谈会，宣传了陇南市的旅游产品和旅游线路，使“陇上江南”旅游品牌形象在国内客源市场得到了进一步提升和推广。在武都区设立“中国旅游日”陇南分会场，各景区、星级宾馆饭店、旅行社在现场开展了旅游宣传活动，展出了“陇南旅游风光摄影优秀作品展”。积极参加全省旅游商品大赛，陇南共组织参赛商品 5 个品种，参展商品 8 个系列 50 多个品种。开展了百名文艺工作者赴旅游景区采风活动，共组织市县文艺工作者近百人深入全市主要旅游景区点进行历时了近 1 个月的采风创作。并开展了为期 2 个月的“金徽杯”陇南市第二届陇上江南旅游形象大使选拔赛，共产生“陇南旅游形象大使”冠亚季军、陇上江南旅游形象大使、陇南旅游和谐大使、“金徽之旅”传播大使、陇南旅游文化大使、陇南旅游友谊大使等五个大使奖项和“最佳才艺奖”等 5 个单项奖。

为确保旅游市场规范有序，市旅游局分别于“五一”前和六月份前两次组成两个检查组对全市旅游景点、星级饭店、农家乐、旅行社的旅游服务质量、旅游安全责任制及安全措施落实情况进行了全面检查。

全市全年共接待游客 390.78 万人次，同比增长 21.67%，实现综合收入 17.22 亿元，同比增长 28.5%，占 GDP 的比重为 9.06%，新增就业人数 4039 人，新增就业人数增长率为 36.8%；全年无重大旅游安全事故和旅游投诉发生。

2012 年 3 月 16 日，召开了全市旅游工作会议，总结了 2011 年工作，安排部署了 2012 年工作，市旅游局与各县（区）签订了 2012 年旅游安全生产工作目标管理责任书。6 月 4 日至 11 日，为了深入贯彻全省旅游经济形势分析会和全市经济形势分析会议精神，推进旅游产业加快发展，市政府在召开全市旅游工作现场观摩推进会。会议分两个阶段进行。第一阶段市、县（区）分管旅游工作的领导和旅游局长现场观摩了九县（区）的主要景区、星级宾馆和农家乐，并赴四川九寨沟景区、青川县唐家河景区、青溪古镇、阴平旅游新村进行了考察学习。第二阶段在礼县召开全市旅游工作现场观摩推进总结会，各县（区）分管领导从现场观摩的感受和认识，并通报了旅游重点工作进展情况和现场观摩考评情况。

多渠道筹措项目建设资金，加快旅游项目建设。市上确定了 2012 年“为民办实事”3000 万元旅游发展资金，为最大限度发挥项目资金效益，按照“突出重点、以奖代补、资金到项目和年底验收”的原则和“全力建设五大精品景区，完善提升四大名牌景区”的总体要求，市旅游局根据各县区申请提出了专项资金使用建议计划，主要用于五大精品景区和四大名牌景区基础设施建设等 13 个重点项目，有效地提升了景区功能和美誉度。全市通过各种渠道筹集旅游发展资金 16.32 亿元，其中市县财政投入建设资金 7600 万元，整合部门资金 4.1 亿元，招商引资 5.82 亿元，社会融资 5.64 亿元。各县区通过招商引资和社会融资，按照星级标准新建宾馆饭店 20 家，极大地提升了旅游接待能力。

积极向国家和有关方面争取旅游开发项目。陇南市向国家旅游局专题汇报了已申报的两当起义红色旅游建设项目和徽县三滩旅游景区建设、成县鸡峰山景区建设、礼县秦西垂陵园景区建设等项目。聘请“北京盛世唐人旅游规划设计院”编制《陇南市旅游业“提升发展”规划》，《县区旅游业发展规划》编制工作也有效推进。配合扶贫部门编制完成了《秦巴山区旅游扶贫规划》，向宣传文化部门申报了一批文化旅游项目。

为深入贯彻落实国家旅游局《旅游服务质量提升纲要（2009—2015）》《陇南市“十二五”旅游业发展规划》的相关精神，有效提升旅游服务质量，在全市开展了“优化旅游发展环境提升旅游服务质量”主题活动。通过开展活动，使旅游优质服务的理念更加深入人心，旅游服务标准体系和质量管理更加完善，旅游市场更加规范有序，旅游企业服务质量、旅游公共服务水平不断提高，旅游环境更加和谐，游客满意度稳步提升，旅游产业素质明显提升。一是开展了旅游服务质量与安全隐患排查治理专项督查活动。旅游局于 3 月份对全市旅游安全隐患治理安排部署情况、重大旅游接待单位旅游安全隐患排查治理情况、风险隐患、重大危险源监控整改情况、各旅游接待单位安全制度落实情况、各旅游接待单位应急预案制定等情况进行督查。二是开展了旅游行业安全生产检查工作，对全市旅游重点景（区）点、星级宾馆、星级农家乐、旅行社的旅游服务质量、旅游安全责任制及安全措施的落实等情况进行了全面检查。三是开展了旅行社安全专项检查，并与全市 5 家旅行社签订了《2012 年陇南市旅行社安全管理责任书》。

官鹅沟位于宕昌县，是一条长约 30 多公里的峡谷，人称“小九寨”

进一步整合旅游资源，加强旅游宣传促销。积极开展省、市、县（区）三级旅游整合宣传工作，加强旅游与文化融合发展。深挖全市旅游文化内涵，筛选了一批旅游文化开发项目，其中先秦文化旅游开发、三国文化旅游开发等 14 个项目已列入《陇南市文化产业项目规划》；制定了《陇南市 2012 年旅游整合宣传实施方案》。成功举办第四届中国乞巧文化旅游节，节会以“绚丽甘肃、特色陇南、人文西和、魅力乞巧”为主题，举办了甘肃省女性书画家邀请展、乞巧之乡刺绣剪纸展、文化遗存成果展及档案图片展、乞巧文化动漫展播及文化旅游产品展等活动。组成了 60 余人的陇南代表团参加了在兰州市东方红广场举行的甘肃省 2012 年“中国旅游日宣传周”暨“诚信兴旅宣传月”活动启动仪式。于 8 月 9—16 日在深圳举办了“陇南市旅游产业开发与旅游管理专题研讨班”，市委组织部、宣传部，市旅游、财政、发改、文广新、扶贫、林业等部门负责人和各县（区）分管旅游工作的领导、旅游局长以及 4A 级旅游景区、四星级旅游饭店负责人共 45 人参加研讨班学习。

加强旅游行业质量体系和标准化建设，全面开展了旅游饭店星级评定、复核工作，按照《陇南市“农家乐”旅游管理办法（试行）》《旅游服务质量陇南农家乐等级标准》，在全市开展了农家乐质量规范整顿工作；对武都区瑶池明珠等一批农家乐进行了星级评定，促进了农家乐规范有序发展，全市星级农家乐达到 23 家。同时，在各县区扶持发展了 19 家农家乐示范户，农家乐服务质量明显提升。

2012 年，市、县（区）旅游部门大抓旅游产业开发，全力推进旅游规划、基础设施建设、宣传促销、行业管理、旅游接待服务等各项工作，全市旅游产业开发工作稳步推进，取得了一定的成绩，较好地完成了年初确定的各项工作任务，旅游业呈现出稳步发展的良好态势。全市全年共接待游客 490.48 万人次，同比增长 25.51%；实现旅游综合收入 23.08 亿元，同比增长 34.01%。

# 第三十编　文　物

## 第一章　文物保护

### 第一节　文物综述

陇南气候温和湿润，林木葱郁，河流纵横，水草茂盛，形成古代动物活动和人类劳作生存的良好自然条件。

武都区马营镇龙家沟发现的“武都森林古猿”化石证明，早在一千多万年前，陇南就是古猿生活过的重要地区。森林古猿属于广义的小猿类，其中包括现代猿类和人类二者的祖先，于非洲裂谷的南端演化出来，及后扩展至非洲大陆，并远至亚洲及欧洲。森林古猿可能栖息于树上，主要以草莓及果实为食。多数学者认为，森林古猿这一类化石猿类包括现代大型猿类的祖先，也可能包括人类的祖先。1945—1947 年，西北大学教授、地质系主任王永焱等在武都县龙家沟地区进行地质考察时，发现了晚中新世紫红色砂质泥岩层的小型森林古猿化石，被命名为“武都森林古猿”，年代可与欧洲的 Turolian、印巴接壤的西瓦利克山区的 Nagri 带和中国云南禄丰古猿的时代相近。这是一个十分珍贵的青藏高原东北部的孤例。在这些紫红色砂质泥岩中他们还采到一批哺乳动物和龟化石，其中以三趾马、大唇犀和始柱鹿等为最多，其他有麒麟鹿类、剑齿虎、爪兽等，反映了当时以森林为主，同时也有草地和湖沼的环境。

礼县秦文化博物馆

从中华民国时期开始，考古工作者就在陇南开展了大量的文物调查和发掘工作，在西汉水、白龙江、白水江流域的河岸溪谷边发现了愈来愈多的原始人类的遗迹。这些丰富的古文化遗迹表明：早在七千多年以前，陇南的先民们就劳动、生息、繁衍在这块美丽富饶的土地上。

根据文物普查，陇南境内远古文化遗存相当丰富。新石器时代，主要有仰韶文化庙底沟类型、马家窑类型和寺洼文化安国类型。秦汉时期，由于经济、文化得到迅速发展，所以秦汉文化遗存分布极广，几乎遍布全区各地。

仰韶文化遗存主要分布在西汉水上游的西和县、礼县和北峪河流域的武都区安化、柏林、马街一带，大多属庙底沟类型。比较典型的有位于西和县长道镇的宁家庄遗址、礼县石桥乡高寺头遗址、武都区马街乡寺背坪遗址等。另外，还有数量众多的寺洼文化遗址，学者们普遍认为，寺洼文化是氐、羌民族的原始文化。

宁家庄遗址位于西和县北35公里处长道镇宁家庄，在西汉水与大柳河交汇处一级台地上，东至川口河，西至小路子，长约300米，南至朱家沟，北至平套，宽约200米，面积约6万平方米，出土的交叉绳纹陶片，与大地湾早期陶片完全一致，属早期陶器的典型特征，并有房址和灰坑发现，是一处新石器时代大型聚落中心，属于新石器早期文化马家窑文化遗址，这类遗存在甘肃仅发现三处，除宁家庄外，还有秦安县的大地湾和天水秦城区师赵村遗址。宁家庄遗址是迄今为止在陇南发现的最早的人类文化遗址，遗址中发现的新石器早期文化遗存证明，早在七千多年以前，陇南先民们就在西汉水上游一带生息繁衍了。

高寺头遗址位于礼县石桥乡高寺头村，属新石器时期仰韶文化半坡、庙底沟类型。在高寺头出土的文物中，尤为珍贵的是一件女性头部塑像（也称“少女头像”），塑像为陶质，色泽橙黄，现残存部分高为12.5厘米，宽8.5厘米，五官部分用堆塑与锥镂相结合的手法雕塑而成，双目深沉，鼻梁高挺，嘴唇微启，头戴一串珠状装饰物，双耳有耳环洞孔，十分美丽生动，该塑像以极为洗炼的艺术手法，塑造了母系氏族公社繁盛时期的少女形象，是原始社会遗存下来的一件极其珍贵的艺术珍品。该陶质“少女头像”属国家一级文物，被选入全国中学生美术教材，收入《中国美术辞典》。

高寺头遗址出土的红陶人头像

在白龙江、北峪河流域的仰韶文化遗址中，寺背坪遗址较为典型。寺背坪遗址位于武都县马街乡寺背村，从其文化遗存来看，该遗址也属于仰韶文化庙底沟类型，大致相当于中原仰韶文化晚期及龙山文化过渡阶段，时间约在公元前4000—3000年之间，距今五六千年。

庙底沟文化遗存，特别是遍布白龙江、西汉水、北峪河、白水江流域马家窑文化遗存的发现，表明陇南古代先民此时已进入了原始社会母系氏族社会的中、晚期阶段。

康县的平洛河流域属于西汉水下游之流，开发也较早，平洛镇下街发现双耳双马鞍型陶罐属寺洼文化安国类型。平洛镇中寨坪墓葬群，出土陶器、铜镜等，属齐家文化遗存。迷坝乡同县坝出土新石器晚期灰陶壶，太石乡李家山发现一古墓葬区，出土双耳夹砂灰陶罐、灰陶壶各一个，属寺洼文化遗存。

文县桥头乡庙坪马家窑文化遗址，有遗址三处，一为临江坪寺洼文化安国类型遗址，有灰坑、房屋址，灰坑深约2米，宽约1.5米，房屋址保存完好，采集到夹砂褐陶质罐、盆等。二为杨家湾齐家文化遗址，暴露灰坑3处，内含夹砂红陶罐残片、泥质灰陶罐残片、橙黄泥质陶罐残片。三为蒋家湾大坪寺洼文化遗址，东西长300米，南北宽约 50米，有灰坑、陶窑。

白水江流域古文化遗址分布有11处之多。一为尚德乡水坝坪石岭下文化遗址，暴露有灰坑、房屋、陶窑遗址，内含红砖、黄砖、褐、黑两色夹砂陶片，纹饰为网纹、线纹、弧纹、三角纹。二为尚德乡王家坪寺洼、齐家文化遗址，东西长100米，南北宽150米，有灰土层、灰坑，内含夹砂素面灰褐色陶片和绳纹红色交错陶片的罐、盆等器物遗迹。三为上丹乡张家上坪　马家窑、齐家文化遗址，有长约10米，厚约0.5米的灰坑，有房屋址，内含彩陶片、红陶片等。四为上丹乡天头坪寺洼文化遗址，南北长200米，东西宽80米，内含夹砂泥质灰色陶片。五为铁楼乡旧寨雷家大地马家窑文化遗址，暴露物有灰层、灰坑，内含陶片，为红、褐、灰3色。六为铁楼乡旧寨村草坪马家窑、齐家文化遗址，遗址面积1800平方米，南北灰坑宽1.3米，高0.3米，内含灰、红色陶片及木炭渣。七为刘家坪乡石岭下马家窑文化遗址，暴露有灰层、灰坑，内含尖底罐、罐口、彩陶等残片。八为横丹乡屈家沟小坪上石岭下文化遗址，灰坑深2.5米，宽5米，内含陶片为夹砂和泥质两种，呈红、灰、褐3色，为钵、盆、罐，网纹精细，并有石斧一把。九为横丹乡横丹村大坪上寺洼文化安国类型遗址，遗址长约200米，宽50米，内含陶片有夹砂、泥质两种，为线纹和篮纹罐型。十为堡子坝乡朱家台马家窑文化遗址。十一为石鸡坝乡哈南寨马家窑文化遗址。

在境内目前发现的远古文化遗存中，数量最多的是寺洼文化遗存，几乎遍布全市各地。武都区柏林乡冯家崖发现的任家坪墓群遗址，是其中规模较大，特征比较典型的寺洼文化安国类型文化遗存。除任家坪墓群外，还有安化镇司家坝上坪遗址、白龙江沿岸的宕昌县沙湾高崖坪墓群、武都区两水镇后村东坪遗址、白水江沿岸的文县尚德乡王家坪遗址、上丹乡天头坪遗址、横丹乡横丹村大坪上遗址以及西汉水沿岸的礼县陈家坪遗址等。学者们根据古籍中记载的氐、羌民族起源活动区域及发展情况判断，寺洼文化极有可能是氐、羌民族的早期文化，寺洼文化的分布区域，大致就是早期氐、羌民族的活动区域。寺洼文化，因最初发现于甘肃省临洮县寺洼山而得名，它的分布范围，主要在兰州以东地区，近年

马鞍口式双耳陶罐

在陕西省也有发现，其年代为公元前14到前11世纪，相当于中原地区的商周时期。

武都区城关镇教场吊阙梁墓群，南北长200米，东西宽150米，分布密集，间隔2—3米，出土大批完整的两侧呈马鞍型的紫灰陶双耳罐、单耳罐、高足豆、矮足鬲等，面积较大，保存完好，属新石器晚期寺洼文化安国类型。

武都区角弓镇白鹤桥料高坪遗址，位于白龙江南岸，遗址南北长150米，东西宽100米，暴露遗迹多为灰层，内含陶片、残石器、少量彩陶。地面采集物有彩陶三联罐、小红陶壶、泥质红陶单耳罐等。属新石器时代马家窑类型。遗址北还有新石器晚期寺洼文化安国类型墓葬。

陇南是秦人的发祥地。周初春秋时期，秦人曾长期在西汉水上游一带生活，促进了这一带社会经济的发展，并使其成为向东发展、控制关中的后方基地，这一点已为考古发掘所证明。近年来，在礼县东10公里处的大堡子山和圆顶山发现秦人早期墓葬群，据有关学者判定，系秦人先祖秦仲、秦庄公或秦襄公之墓。墓内发现大批珍贵的青铜器和金器，有青铜鼎、壶、钫、盘、编钟、金虎、金棺饰等，以及大量陶器，现已大多流失，据国内考古界学者从国外反馈回来的消息，有54件金棺饰，两只金虎，成对的秦公壶和成套的编钟，分别流失到英国、法国、美国和中国台湾、香港地区。从墓葬地域和出土文物可以判定，秦人早期都邑西犬丘、西垂宫及西县的具体方位大致就在大堡子山以东附近的永兴、长道一带。秦人具有很早的青铜器、金器冶炼制作技术，表明他们的生产力水平已发展到相当高的阶段，不亚于东方其他先进民族，同时，这也为秦人的由来提供了极其珍贵的实物研究资料。

秦汉时期，陇南社会经济发展迅速，人口大幅度增加，以生产工具、生活用品、装饰品为主的文物、古迹数量众多，尤其是钱币和青铜、陶器形式多样，品名繁多。三国时期，陇南是魏蜀争战之地，发生过许多著名的战事，古迹遗址及出土的兵戈弩箭等不胜枚举。代表性文物有20世纪70年代在宕昌县古城遗址出土的两方羊纽铜印，一方铭文“汉率义羌君”，一方铭文“魏率义羌伯长”。

魏晋南北朝时期，仇池五国前后延续近三百年，以出土于西和县“魏归义氐侯”金印、“晋归义氐王”和“晋归义羌侯”三枚金印（现存甘肃省博物馆）为代表的文物、古迹几乎遍及市内各地。

隋、唐以降至元、明、清时期，出土了大量精美的金、银、玉、石、铜、铁、陶、瓷等各类文物，品类繁富。

新民主主义革命时期，习仲勋等人发动两当兵变，红一、红二、红四方面军红二十五军长征经过陇南，中国共产党领导的地下武装斗争风起云涌，谱写了光辉篇章，留存了许多革命文物和革命纪念地。

## 第二节　文物保护

20 世纪 40 年代，甘肃省政府组织甘肃科学教育馆著名地质学家王永焱考查陇南地质情况，一些考古学家也到西汉水流域进行了文化遗址考查。

中华人民共和国成立后，党和国家对文物保护、管理、研究工作十分重视。省、地、县组织力量多次普查西汉水、白龙江、白水江、北峪河流域的古代文化遗址。

20 世纪 70—80 年代，甘肃省考古队、北京大学考古系就对西汉水流域、白龙江流域进行过考古调查。

1994 年 3—11 月，甘肃省文物考古研究所在大规模盗掘后的大堡子山进行了抢救性钻探、发掘，探明中小型墓葬 200 多座，中字形大墓 1 座，目字形大墓 1 座，瓦刀形车马坑 2 座，并对其中的 2 座大墓，1 座车马坑，9 座中小型墓葬进行了抢救性发掘。2001 年 7 月，该遗址及墓群被公布为全国重点文物保护单位。2004—2006 年，由国家文物局组织的西汉水上游早期秦文化五方联合考古队，探明总面积达 55 万平方米的大堡子山城址和 730 座墓葬，同时发现 52 处建筑基址、6 处车马坑、窑址 2 处以及水井、古道路、灰坑等，共包含各类遗迹单位 915 处。2006 年发掘的 21 号大型建筑基址和乐器祭祀坑被评为当年全国十大考古新发现。目前，国家文物局批复礼县大堡子山遗址及墓群保护与展示工程立项。礼县大堡子山遗址及墓群位于礼县城东 13 公里的永坪、永兴两乡交界处，总面积约 18 平方公里。

2004 年春，省文博部门组建联合考古队，对以礼县境内为中心的西汉水主流域及其支流部分区域进行了细致考察，基本摸清了秦文化遗存在该区域的分布状况，并且发掘了西山城址、墓葬及鸾亭山祭天遗址，2006 年，省文博部门组建联合考古队，再次对西汉水流域调查与钻探，发现城址 1 座、夯土建筑基址 26 处和中小型墓葬 400 余座。同年，徽县“新修白水路记摩崖石刻”被公布为第六批国家级文物保护单位。

礼县大堡子山遗址及墓群

2009 年，全市完成全国第三次文物普查第二阶段工作，共普查 1067 处文物点，其中新发现 560 处、消失 126 处，复查 507 处。

2009 年在全国第三次文物普查中发现一处茶马古道遗址，该遗址位于康县望关乡政府西北约 100 米处的石猫梁山垭，在遗址垭口处发现一块刻有文字的残缺石碑，几经省内外专家学者辨认，确定为明朝时期的路碑，是全国唯一的茶马古道碑刻。2011 年 12 月 2 日，康县茶马古道被公布为省级文物保护单位，并积极申报国家级文物保护单位，现已通过专家组审查。康县茶马古道以望关乡茶马古道遗址为中心，沿茶马古道古线路向四周延伸，途经13个乡镇，线路全长300余公里。茶马古道古线路沿途有窑坪古镇、平乐古道、镡河古渡口、大川坝古渡口、望关关隘、铁笼关关隘等历史古迹遗址20余处，有窑坪廊桥、龙凤桥、三功桥、巩家山廊桥、羊官岩栈道等省、市、县级文物保护单位15处。

2010年，对全市各级各类9个博物馆、纪念馆进行了年检登记，编制完成了文物工作“十二五”规划。有两处大遗址列入国家财政部、国家文物局保护规划项目库。

截至2012年，全市境内主要有新石器文化、秦早期文化、三国文化、西狭文化、氐羌文化、仇池文化、红色文化等特色文化。有不可移动文物881处，其中国家级文物保护单位6处，省级22处，市19处，县级328处；有可移动文物10373件。境内主要有古遗址359处、古墓葬77处、古建筑167处、石窟石刻144处、近现代文物127处。

# 第二章 不可移动文物

全市现有不可移动文物点881处，其中古遗址359处、古墓葬77处、古建筑167处、石窟石刻144处、近现代127处。共有各级重点文物保护单位363处，其中国家级重点文物保护单位6处（礼县大堡子山遗址及墓群、礼县石沟坪遗址、成县西狭颂摩崖石刻、宕昌县哈达铺会议旧址、徽县新修白水路记摩崖、徽县栗川砖塔）；省级重点文物保护单位22处，市级重点文物保护单位19处，县（区）级重点文物保护单位316处。

## 第一节 国家级重点文物保护单位

### 1. 大堡子山遗址及墓群

大堡子山墓葬区位于礼县县城以东13公里处的永兴乡、永坪乡境内，地处西汉水北南两岸，属大堡子山遗址及墓葬群中重点保护内容之一，墓地分大堡子山、赵坪圆顶山等几个墓区，遗址及墓群总面积19.98平方公里。1994年甘肃省文物考古研究所对大堡子山墓地进行了抢救性发掘，发掘应属于秦国国君级墓葬的“中”字形大墓2座，中型墓葬数十座，出土文物300多件，其中大

礼县大堡子山遗址及墓群

量的青铜器和金、玉器等高等级文物的发现使该遗址更为引人注目，确认该墓地为秦公西陲陵墓区，为国内外考古学界、史学界研究考证确认的秦西垂第一陵园。大堡子山秦公大墓的发现，确证这一带是西周至春秋时期秦人的活动中心之一，有关专家认为“秦西垂陵园的发掘是二十世纪继敦煌藏经洞和兵马俑之后的又一重大发现”，对研究先秦时期的政治、经济、军事、文化、冶金、铸造、礼制、陵寝制度等方面有关不可估量的历史价值和学术价值，填补了先秦文化研究的空缺。北京大学考古学系主任高崇文教授指出：“这对早期秦国考古具有突破性的重大发现，更为重要的是出现在礼县，必将揭开秦早期都城‘西垂宫’遗址之谜”。2001 年 7 月礼县大堡子山秦公墓地被国务院公布为全国重点文物保护单位。2012 年 7 月 17 日，《礼县大堡子山遗址及墓群文物保护总体规划》通过了甘肃省文物局组织的省级专家评审。

2. 石沟坪遗址

礼县石桥镇石沟坪遗址

该遗址位于礼县石桥镇圣泉村东北西汉水和干沟交汇处的台地上，一部分在圣泉村内。遗址地处西汉水南岸、东至干沟，西至圣泉村西，南至圣泉村东北侧，北至西汉水南岸第二级台地，整体平面呈不规则月牙形，东西宽 300—400 米，南北长 1000 米，面积约 40 万平方米。地势平坦，黄土堆积厚，台地面积大，水源充足，土质发育良好。文化层厚 0.85—2.8 米，历年有陶、石、骨器出土。遗址断崖上暴露有大量的灰坑、陶窑和大面积灰层，保存较完好。陶器有夹沙、泥制两种，有灰、褐、红、黄等色，纹饰有绳纹、旋纹、附加堆纹，彩陶为红陶黑彩，有勾叶圆点纹、网纹、鲵鱼纹等。地面散布陶片较多，器形有钵、盆、罐、瓶等等。出土完整器物有变体鲵鱼彩陶瓶一件，高 44 厘米，口径 9 厘米，侈口、平唇、细高直颈、圆肩、深斜腹、平底、腹中附双鼻耳，颈间绘二横线与数点，肩绘弧线三角和似双角样图案，腹绘双变体鲵鱼纹，弧线勾叶圆点纹。该遗址遗存比较丰富，多属仰韶文化半坡、庙底沟、石岭下类型，周代遗存次之。1947 年裴文中首次发现，遗址时代上起仰韶文化中期，包涵商周、秦汉各时期文化遗存。主要遗存属仰韶文化半坡、庙底沟、石岭下、马家窑类型。1962 年列为省级文物保护单位。2013 年被确定为国家级文物保护单位。

徽县栗川郇家庄白塔

3. 栗川砖塔

栗川白塔位于徽县栗川乡郇家庄，为多层叠涩檐承托平座的楼阁式砖筑空心塔，始建于宋，光绪十二年（1886）重修，第一层镶清道光十二年（1879）所立《修补塔序》。栗川砖塔为八面九级空心楼阁式砖塔，通高 25 米，塔基用石条砌筑。平面八角形，塔身底扩顶收，自底部向上逐渐缩小。底边长 2.7 米，塔身底层南面辟门，以上各层每面辟券龛或假龛，隔层真假相间，对称配置。第一层最高，约 7 米，残存仿木斗栱。第二层以上均施平座，勾栏、塔檐，出檐深度由下至上逐渐递减。四面雕菱形窗，塔顶坍塌无刹。各层塔檐均施三朵双杪华栱，转角出双杪挑角斜栱上承替木，有残木构痕。白塔整体筑砌精细、雕工玲珑、结构严谨。远望外观凌风潇洒、庄重挺拔；近观塔体筑砌精致、雕工玲珑。被确定为国家级文物保护单位。

成县天井山西狭颂摩崖石刻

### 4. 西狭颂摩崖石刻

《西狭颂》，全名为《汉武都太守汉阳阿阳李翕西狭颂》，位于成县城西 13 公里天井山麓崖壁上。摩崖石刻，高 2.2 米，宽 3.4 米。有额、图、颂、题名四部分，额篆“惠安西表”四字。图称五瑞，即黄龙、白鹿、嘉禾、木连理和承露人，阴刻于额之右。颂在图之左，阴刻隶书竖行 20 行，行 20 字，计 385 字，记载东汉武都郡太守李翕生平，歌颂其率民修复西峡栈道为民造福的政绩。颂之左为题名，隶书竖行 12 行，计 142 字，仇靖撰刻并书丹，尾题“建宁四年六月十三日造”。碑刻四周有北宋到民国年间一些文人官宦访古题刻 30 余处。“五瑞图”右上角有李可染题“东汉摩崖刻石 • 西狭颂”及一圆一方两颗印章。

《西狭颂》是“汉隶三颂”中保存最完整的一处汉代隶书典范作品，碑文和书法均有很高的考古研究和临摹鉴赏价值，它在中国金石学、文化史、书法史和交通史研究方面均占有重要位置，2001 年 6 月被国务院列为全国重点文物保护单位。

位于徽县大河店乡的《新修白水路记》摩崖

### 5. 新修白水路记摩崖

该摩崖石刻位于徽县城南 28 公里大河店乡王河行政村瓦泉自然村公路左侧的悬崖上，为宋代记录和赞颂青泥岭道路改建工程而制作的《新修白水路记》，俗称“大石碑”。于北宋嘉祐二年（1057）二月六日镌刻，雷简夫撰文并书。碑刻圆首长方形，通高 2.8 米，宽 1.88 米，额篆“新修白水路记”6 字，首题楷书“大宋兴州新开白水路记”。正文楷书，右起竖写，26 行，每行 37 字，共 962 字。笔力遒劲，字迹工稳。文字至今完好无缺。记载了白水路和青泥古蜀道的修筑及变迁史实。为宋宣德郎守殿中丞知雅州、军州、骑都尉雷简夫撰文并题。甘肃徽州知州宋洛刊石。摩崖右下方有明代万历二十一年（1594）陕西布政司陇右道按察司副使张应登的题诗石刻一方。此碑是反映古蜀道兴废变迁史实及古代交通运输状况不可多得的珍贵文物资料。2013年被国务院列为全国重点文物保护单位。

### 6. 哈达铺会议旧址

毛泽东、张闻天同志住室（“义和昌”药铺）

该旧址位于宕昌县哈达铺镇。哈达铺在红军长征史上具有极其重要的地位和作用。1935年9月、1936年8月，中国工农红军红一、二、四方面军长征中先后于两次到达哈达铺，在境内活动两月多时间。党中央、毛泽东在这里作出了把长征的落脚点放在陕北的重大决策，召开了团以上干部会议，将红一方面军正式改编为中国工农红军北上抗日陕甘支队，红二、四方面军成功发动了“岷洮西（固）战役”和“成徽两康战役”，实现了三大主力红军胜利会师。哈达铺既是红军长征的“加油站”，也是决定红军长征命运的决策地。

哈达铺会议旧址由红一方面军司令部及周恩来同志住室（同善社），毛泽东、张闻天同志住室（义和昌药铺）；邮政代办所，红军干部会议会址（关帝庙），红二方面军总指挥部及贺龙、任弼时、刘伯承、肖克、关向应、李达同志住室（张家大院），红三十军军部，哈达铺苏维埃政府，哈达铺游击队司令部等八处革命旧址和红军广场及展厅组成，总占地面积48000平方米，建筑面积7549平方米。在长征一条街上，留存着长征时期的原貌民宅建筑1209座3391间，总面积43306.87平方米，其中保护范围内重点建筑274座842间（包括二层楼建筑），面积11205.87平方米。

2001年6月，哈达铺会议旧址被中共中央宣传部命名为全国爱国主义教育示范基地；2001年6月，被国务院公布为全国重点文物保护单位。

## 第二节　省级重点文物保护单位

### 1. 将利遗址

该遗址位于成县镡河乡将利行政村西北侧堡子山下第四、五、六级台地中，为汉、唐、宋文化遗址。遗址位于西汉水北岸，高出河床约20米，遗址南北长约200米，东西宽约100米，面积20000平方米，文化层厚度0.6—2米不等；发现的遗迹有灰层、陶窑、大量的陶器以及灰色和褐色板瓦堆积层。采集的标本有橙红陶、褐色陶、灰色陶器残片，器形有盆、罐、瓶，陶器纹饰多为抛光素面，其次为绳纹和戳印纹。在文化层内上部还有许多唐、宋、元时期的瓷器残片，釉色多为黑釉，其次为酱釉，也有个别外白内黑釉，器形有碗、罐、盘等。2011 年 12 月，被公布为甘肃省第七批省级文物保护单位。

位于成县镡河乡将利行政村的古将利县遗址

### 2. 西狭古栈道遗址

该遗址位于成县抛沙镇丰泉村西南 1.2 公里。为汉代文化遗址。该遗址分布在两处:其一位于下峡峡口，此处共有 4 个栈道孔，为圆形孔，口略向上倾斜，孔径 0.17 米，深约 0.2 米，栈道遗迹共分布在长 13 米的石崖上，最南端的栈道孔距西入口大门 5.7 米，栈道孔距地面 0.3—0.5 米不等，位置较低，应为栈道下部支柱栈孔。其二距西入口约 800 米，位于“西狭十渡”第三拦水坝南 15 米处东侧崖壁上，现存栈道孔 2 处，栈道孔为长方形，边缘整齐，高 0.15 米，宽 0.2 米，深约 0.18 米，两孔相距约 1 米，距地面 5 米，位置较高，应为架设横木的栈孔。2011 年 12 月，被公布为甘肃省第七批省级文物保护单位。

礼县石桥镇高寺头遗址

### 3. 高寺头遗址

该遗址位于礼县石桥镇高寺头村，属仰韶半坡、庙底沟类型、齐家、周代等多种文化类型，是西汉水上游较为典型的原始社会母系氏族公社聚落遗址。遗址面积约 60000 平方米，1964 年出土了人首器形盖，1986 年又出土了石、陶、骨器多件。文化层厚 1.5—6 米，断面及地面暴露有大量灰坑、灰层和白灰面房址，灰坑、灰层中夹杂泥质红陶、灰陶和夹砂红陶，有一定数量的彩陶，陶片素面或饰绳纹、篮纹、乳钉纹，彩陶有弧线三角纹、平行线纹，器形可见高领罐、尖底瓶、钵、宽沿盆、器座底部等，另有石斧、石纺轮。出土的典型器物有“人首形器盖”(齐家文化)，是史前人像造型的代表之一，艺术价值很高。遗址高处为寺洼文化墓葬。1947 年裴文中首次发现，1962 年被公布为被公布为第三批省级重点文物保护单位。

### 4. 鸾亭山遗址

该遗址位于礼县城关镇后牌村北侧，为青铜时代至汉代文化遗址。遗址面积约 2000 平方米，山上和山下有汉墓。西面的刘家沟有墓葬，山的第三、四级台地上曾出土过玉戈，也曾采集到“长乐未央”瓦当和冥钱，山的最高点有祭祀坑和汉代建筑遗迹，2004 出土玉器 51 件。山腰有两个对称夯土台，散落大量的瓦片、陶片和骨头，有石头散水遗迹。瓦有板瓦和筒瓦。采集到乳状矮足高、素面泥质红陶鬲足、灰陶罐等。鸾亭山遗址系汉代皇家祭祀遗址。从遗址位置、祭坛形制、玉器组合及大量瓦当可见，鸾亭山祭祀遗址所在山头在西周时期就有人类居住和活动。到了汉代，这里已经成为专门的祭祀场所，修建了夯土围墙，并举行过隆重的祭祀活动，王莽时期，遗址被彻底废弃。秦汉祭天场所有两种，一种在国都近郊，一种远离国都。礼县为秦汉时期的西县之所在，鸾亭山遗址可能为此前一直没有发现的西畤。2011 年 12 月，被公布为甘肃省第七批省级文物保护单位。

### 5. 白马关遗址

该遗址位于康县云台镇。现存遗址为白马关城东城门门楼。城门及城墙为砖砌，城门为圆券形，起券五层（三平两竖），城外门洞顶上一米处在约 1.2 米 ×0.7 米长方形内阴刻“白马关”三字，门洞从外到里 2.3 米处两边各有二级台阶。洞深（城门墙厚）8.4 米，门洞外高 4 米，内高 5 米，中段安门处内外拱高差为 1 米。门洞宽 4.1 米，洞内北侧墙壁在深 10 厘米处镶一石碑，宽 82 厘米，高 140 厘米，厚 0.14 米。光绪八年（1882）立，首题“修筑白马关城垣碑记”，碑文楷书竖行 20 行，每行 39 字，约 780 余字，记载当时修建白马关城的事由及城 垣的规模。尾题“光绪八年（1882）拾壹月吉日立”城门墙高 4.5 米，长 10.4 米。残余城墙长 210 米。2003 年被公布为被列为第六批省级文物保护单位。

### 6. 茶马古道遗址

该遗址位于康县望关乡政府西北 100 米处山垭的石猫梁上，为古代成县至武都的客商通道。东面斜坡石路上开凿有石台阶，现存二十级，长 11 米。西南坡上有石上开凿台阶路和石砌路基共长 20 多米。山垭上现存半截石碑，青砂石质，圆首长方形。残宽 70 厘米，高 90 厘米，厚 18 厘米，碑文 7 行，楷体，现存 6 行上半部分，额横题“察院明□”，文为“巡按陕西监察（御史）……/ 示知一应经商人等……/ 茶马贩通番捷路……/ 旧规堵塞俱许由……/ 敢有仍前图便由……/ 官兵通□□旅者……”可知此为明代监察院告知茶马道上经商者的告示。包括望关茶马古道遗址、羊宫岩古栈道遗址、栈道崖古栈道遗址、窑坪桥、古洞流泓桥、巩家山廊桥、团庄龙凤桥、药铺沟龙凤桥（三功桥）等。2011 年 12 月，被公布为甘肃省第七批省级文物保护单位。

康县望关茶马古道遗址

### 7. 大李家坪—庙坪遗址

该遗址位于武都区马街镇大李家村南 100 米、北峪河南岸的黄土台地上，东西长 800 米，南北宽约 300 米，面积约 24 万平方米。文化层厚 2—4 米，暴露有灰坑、窖穴、房址、红烧土、窑址。采集有仰韶文化庙底沟类型的泥质红陶和夹砂红、灰陶片，纹饰有绳纹及施黑彩宽带纹、蛙纹、网纹，器形有直口或敛口弧壁圜底钵、卷唇折腹盆、敛口鼓腹平底罐、双唇口尖底瓶、陶环；马家窑文化马家窑类型的泥质桔黄陶和夹砂红陶片，以彩陶为主，纹样有施黑彩的大圆圈纹、漩涡纹、弧线三角纹，器形有碗、罐、盆等。另采集有磨制石刀、锥、环和骨锥、笄。该遗址为新石器时代庙地沟类型和马家窑类型遗存。1981年被甘肃省人民政府公布为第四批省级文物保护单位。

### 8. 冯家崖—任家坪遗址及墓葬

该遗址位于武都区柏林乡田家沟村东100米处，高出北峪河床25米的黄土台地上，为新石器时代至青铜时代古遗址。遗址东西长300米，南北宽200米，面积约6万平方米，文化层厚1—2米，暴露有灰坑、红烧土。采集有仰韶文化庙底沟类型的泥质红陶和夹砂红陶片，纹饰有绳纹及施黑彩勾叶圆点纹、变体鸟纹，器形有直口、敛口圜底钵及盆、罐、重唇口尖底瓶等。遗址南部为墓群，出土有寺洼文化的夹砂灰褐陶、灰陶浅绳纹马鞍口双耳罐、豆、鬲等。另采集有石刀、斧和陶环。1981年被甘肃省公布为第四批省级文物保护单位。

### 9. 西峪坪遗址

该遗址位于西和县西峪乡上坪村，在漾水河与苏家河交汇处一、二级台地上。东临祁西公路，西、南两面与西山相连，北依西峪河，大体呈西南/东北走向分布，长500米，宽200米，面积约10万平方米。遗址大部分为群众住房所覆盖，文化层厚度平均不到1米，暴露显明，内涵丰富，灰坑灰层随处可见，经常出土石斧、石刀、石铲、石削、石弹丸、磨光器、骨针、红陶、彩陶罐、盆、钵、盂等器物及彩陶残片。从采集标本分析，时代属仰韶文化、齐家文化类型，是分布在漾水河西岸新石器时代的大型聚落遗址。1959年公布为第二批省级文物保护单位。

### 10. 仇池国遗址

该遗址位于西和县大桥乡仇池山。仇池国是魏晋南北朝时期由氐族杨氏建立的以仇池山为中心的地方割据政权，自汉建安元年(196)至梁承圣元年(552)，中间屡蹶屡兴，事更数朝，仇池政权存在了300多年。仇池国当时所据有的土地，相当于今天甘肃陇南、天水地区，以及陕西汉中、四川广元部分地区。仇池国遗址是研究中国历史，特别是魏晋南北朝史及民族史的重要历史资料。1981年公布为第四批省级文物保护单位。

### 11. 宁家庄遗址

该遗址位于西和县长道镇宁家庄，东西长500米，南北宽350米，面积约175000平方米，地处西汉水与大柳河交汇地带，祁西公路由北向南在村西部穿过，交通便利。为新石器时代仰韶文化遗址，文化堆积暴露于田间地头，或覆压在村民房屋下，主要有灰坑、灰层、窑址、房屋白灰地面，遗址上分布有大量红陶片，彩陶片和少量石器。宁家庄遗址是一处新石器时代大型聚落中心，与秦安县大地湾、天水市赵村文化遗址同属，距今7000余年，是陇南地区迄今为止发现最早的人类遗址。2011年12月，被公布为甘肃省第七批省级文物保护单位。

### 12. 缆桥遗址

缆桥遗址位于西和县南50公里的篙林乡缆桥村。东至缆桥沟，西至蒲家沟，宽约50米，南临断崖，北依蒲家坪，长约20米，面积约1.2万平方米，属寺洼文化的古墓葬群。1982年甘肃省文物工作队、北京大学考古学系、西和县文化馆对遗址进行了联合发掘，发掘寺洼文化墓葬9座，出土陶、铜、石器200多件。墓尸有仰面直肢式，也有侧身屈肢式。陪葬品除彩陶外，有石斧、石凿、石镰、骨锥等，还发现羊只陪葬现象。陶器多为灰陶和泥质红陶，也有夹砂红陶，以罐、瓮容器为主，有绳纹、堆纹、彩绘。彩绘风格独特。罐口边沿为马鞍型侈口式，口侧有弧形双耳，罐上刻有手、X、△等符号，时间约在公元前1400—前1100年间，这种马鞍口式双耳陶罐，是寺洼文化的典型代表器形之一，应属古代氐羌文化遗存。2011年12月，被公布为甘肃省第七批省级文物保护单位。

位于成县城关镇石碑村的“世功保蜀忠德之碑”

### 13.吴挺墓及吴挺碑

吴挺墓位于成县城关镇石碑村南100米，墓前有碑，全名为“世功保蜀忠德之碑”，也称吴王碑。碑由整块青石雕刻成首、身、座三部分，通高4.41米，宽1.87米，厚0.46米。双螭碑座，长3.1米，宽2.2米，高1.85米。碑体高出地面6.18米。阴、阳两面均有碑文。碑阳额刻二龙图，篆“皇帝宸翰”，字径0.22米，碑身刻宋宁宗书“世功保蜀忠德之碑”八字，楷书竖行2行，行间刊有篆书“敕令宝玺”和楷书“修政殿书”八小字，四周环刻八龙腾云图。碑文刻吴挺之子吴曦自记《感恩表记》，碑文楷书竖行252字和“寿”字佛手图。碑阴额题为楷书竖行2行“世功保蜀忠德之碑”，首题“宋故太尉定江军节度使武功郡开国公食邑六千七百户食实封二千四百户致仕累赠太师卫国公谥武穆吴公神道碑”，碑文楷书竖行61行，每行120字，计8461字，内容记载了吴氏三代抗金保蜀的功绩。高文虎奉敕撰，陈宗召奉敕书，尾题“嘉泰三年”。碑文部分字有泐损。其周围有碑刻、华表及石翁像2尊。该碑由整块巨大青石雕刻而成，碑体雄奇高大，碑文翔实生动，图案精美华丽，书法遒劲挺拔，刻工流畅古朴。1981年，吴挺碑被甘肃省政府列为第四批省级重点文物保护单位。

### 14.吴玠墓碑

宋吴玠墓及“宋故开府吴公墓志铭碑”，坐落在徽县县城东北角钟楼山之上。钟楼山因吴玠墓而闻名，俗称吴山。吴山是一座高几十米的小土丘，山门上为吴玠仙人关大战的彩绘图。进山门拾阶而上，转折盘旋即到墓前。原有墓葬封土堆两座，一座已没有了墓葬痕迹，另一座在碑之正东约9米处，呈半球状，高1.4米．底部围长3.9米，底部以石块垒起。墓前立石碑“故开府吴忠烈墓志铭碑”，碑坐东朝西，高2.96米，宽1.53米，厚0.31米。碑文为南宋抗金名将四川宣抚使胡世将撰书。碑额下面篆刻“宋故开府吴忠烈墓志铭”十个大字，正文楷书共21行，每行70余字，大部已剥落不可辩。据碑文自叙：“吴玠卒归葬于德顺军水洛城北原先荣之地”，又《甘肃新通志》和《静宁县志》载:“玠墓在宁州南一百二十里水落城北塬”，该墓应为吴玠衣冠冢。墓周古柏笼罩，幽静肃穆。墓北有残留古城墙数百米，墓碑西南侧有徽县革命烈士纪念塔。1962 年 2 月 11 日，被公布为第三批省级重点文物保护单位，划定整个吴山及山上古柏皆在保护之列。现碑亭为 1978 年新建，加强了保护。1985 年，由省文物局拨专款对碑亭进行了重修。

### 15. 谈家院民居

谈家院民居位于康县豆坝乡栗子坪村，始建于清嘉庆年间，咸丰三年 (1853) 时重修。为坐北朝南四合院建筑，占地面积 875 平方米，由平房式上堂、倒台楼、东西楼房式偏房组成。上堂、倒台楼面阔均为五间，东西楼各面阔三间，均为硬山顶。院内铺石条。院内尚存石刻家谱一方，石刻花草、鱼虫、人物 15 方。大门在东南角。正房除正中一间外，其余四间为上下两层，东西偏房及南面房屋均为两层单面楼房。整个建筑为土木结构，正面为木质结构，所有门窗均有花卉、鸟兽等透雕图案，二楼楼道有 S 形立柱栏杆。正房地基高 1.5 米，立面用雕刻有动物花卉图案的石块砌成。2011 年 12 月，被公布为甘肃省第七批省级文物保护单位。

### 16. 团庄龙凤桥

康县平洛镇团庄龙凤桥

龙凤桥亦称风雨桥、廊桥，该桥位于康县平洛镇团庄（旧名龙家沟），属伸臂木梁建构，初建于明洪武三年 (1370)，后因山洪毁桥，清光绪三十年（甲辰年，1904）重建。1987 年整修。桥房、桥身全部彩绘。桥面两边有对称的 24 根房柱连接木栅栏。沿栅栏设置两行长凳供行人歇息乘凉，龙凤桥为伸臂木梁建筑风格，土木结构，三层伸臂木梁桥。桥长 16.9 米，宽 3.47 米，桥房 7 间，中间 5 间为木质结构，两边两间为土木结构的引桥。每间侧梁垫板上绘有花卉图案，中间镶雕刻件“象、龙、凤、龙、象”首，两侧主柱共 16 组，每组 2 根，共 32 根。侧梁，主柱，横梁在 1、3、5、9 主柱处有二方连续花卉图案，两侧连椅在 20 世纪 70 年代时被拆除用做学生课桌。2003 年被列为第六批省级文物保护单位。

### 17. 两当文庙大殿

该殿位于两当县城关镇西街城关小学院内，北为城关小学教学楼，西为原县面粉厂，南为西街，东为县教育局家属楼。大殿房屋坐西朝东，土木结构五开间，长 14.2 米，宽 8 米，高 12 米，总建筑面积 114 平方米。顶为琉璃瓦，檩椽门窗，通体彩绘，20 组斗拱 7 种造型。

文庙大殿始建于明朝，清顺治八年（1651）八月重新修建，2004 年 10 月又进行了全面维修。文庙大殿院内共有古柏 5 株。2003 年 7 月 10 日文庙大殿被甘肃省人民政府公布为第六批省级文物保护单位。

### 18. 文县文昌楼

文县文昌楼

该楼位于文县所城东南角。明代创建于县城墙东南角上，清道光年间迁建于所城东南角。1987 年由省文化厅拨款、地方集资进行修缮，2001 年由文县文化局、文化馆自筹资金进行修补。文昌楼占地面积 480 平方米，建筑面积 210 平方米，整个建筑坐南向北，为单檐宝顶式建筑，楼分三层，左边有一长廊，一楼为四角飞檐，里面四根大立柱直通二楼顶，外面有十二根较小立柱。正反两面各有四扇门窗，上面雕有花卉、飞禽、走兽以及人头像、“福”字等。一楼的两侧各有海棠菱角长窗，窗上下各有木雕纹样，梁柱交接处透雕龙、凤、莲花等。檐下正中悬“文昌楼”匾，为甘肃省美协主席陈伯希题写，梁上绘花卉、飞禽、走兽等彩画。四角飞檐下的单檩雕有龙头，下面系有铜铃。山顶覆黄色琉璃瓦，二楼也为四角飞檐，四根立柱歇山顶覆黄色琉璃瓦。檐下正中悬“文教昌明”匾。挑檩及随檩枋雕花卉、飞禽、走兽等。二楼窗为长条窗，飞檐下单檩木雕龙头，下面系有铜铃。三楼为八角飞檐，八根立柱悬空，楼顶为宝顶式结构。山顶覆黄色琉璃瓦。檐下正中悬“文光射斗”匾，书体系隶书。挑檩及随檩枋雕花卉、飞禽、走兽等。八角飞檐下单檩雕有龙头，下面系有铜铃。紧靠文昌楼北有一座长 7 米、宽 2.5 米的长廊。顶覆黄、绿色琉璃瓦。梁上绘有花卉等彩画。一、二层为四角飞檐，三层为八角飞檐。紧靠文昌楼北续建长 7 米、宽 2.5 米长廊 1 座。2003 年 7 月，公布为第六批省级文物保护单位。

### 19. 福津广严院

该院位于陇南市武都区三河镇柏林村，俗名柏林寺，始建于宋代，清代扩建，占地 2000 平方米，现存前殿、山门、两侧僧房。前殿坐北朝南，土木结构，面阔五间（20 米），进深四间（16 米），单檐桃角灰瓦歇山顶，九脊十兽，正脊两端鸱吻张嘴吞脊，脊面上嵌饰缠枝牡丹花卉砖雕，下嵌棋琴书画类砖雕，四角双抄双下昂，昂头华拱，昂嘴琴面，昂尾深入屋顶 3 米为直昂。柱头有卷刹琴面昂，昂后尾挑起斜杆与真昂后尾相似。山门、僧房为清代重修。院内存宋元丰元年（1078）、

武都区福津广严院

南宋淳熙十五年《新修广严院记》碑刻各1通。古柏3棵。广严院是甘肃现存宋代木结构三大建筑之一。1993年被甘肃省人民政府公布为第五批省级文物保护单位。

### 20. 王仁裕神道碑

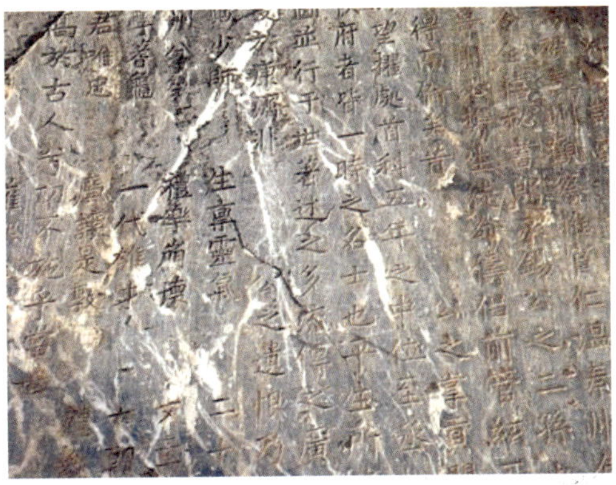

王仁裕神道碑局部

该碑位于礼县西南十五公里的石桥镇斩龙村，碑由碑首、碑身、碑趺三部分组成。碑首和碑身用一整块巨石雕成，碑高2.25米、宽1.18米、厚0.43米，碑趺座长1.3米，高0.4米，宽1.25米。碑额篆《周故少师五公神道碑》九字。上覆六龙盘踞，碑面两边阴刻缠枝牡丹与石榴花纹。碑面中间阴刻楷书碑文36行，行71字，计2500余字，记载王仁裕的家世及生平事迹。宋雍熙三年（986）立。李昉撰，张贺书丹、篆额。碑阴楷书竖行10行，行15字，记载明嘉靖二十八年（1549）梓潼□李钿修建碑亭之事。下有宋“绍圣三年（1096）七月十一日姚雄题姚东安同至”的留题。王仁裕为五代文学家，诗人，字德辇，礼县人，以文辞知名，入蜀为翰林学士，《新五代史》有传。1983年又在王仁裕神道碑附近出土王仁裕墓志铭，现由礼县博物馆保管。1993年，王仁裕神道碑被列为第五批省级文物保护单位。

### 21. 赵孟頫书赵世延家庙碑

该碑位于礼县城关镇南关村。赵世延其先世为雍古族人，故也称“雍古氏家庙碑”。碑由碑首，碑身、碑趺三部分组成，通高3.5米，宽1.3米，厚0.42米。碑首呈拱形，高1.3米，宽1.3米，上浮雕六龙盘踞左右。碑身高2米，宽1.3米，厚0.42米四周刻串枝莲纹。碑座为龟形，宽2米、厚1.3米，高0.2米。外观雄浑，整体宏丽。碑阳篆额“敕赐雍古氏家庙碑”，阴面楷书“大元敕赐之碑”，正面四周阴刻串枝莲纹，中间刻文皆为楷书，自右至左，竖行33行，每行64字，共1230余字，记述蒙古征行大元帅按竺迩世功及其孙鲁公赵世延奉诏立意之事，碑文记载了翰林学士承旨、中书平章政事赵世延祖孙三代六英，为建立和巩固元朝政权所创的功勋。刻建于元代延祐三年（1316），翰林学士程钜夫撰文，著名书法家赵孟頫书写。1981年被甘肃省人民政府列为第四批省级文物保护单位。

### 22. 万象洞碑刻题记

该题记位于陇南市武都区汉王镇白龙江南岸万象洞。万象洞为天然溶岩洞，深约5公里。自北周以降，历代游人不绝，碑刻、题记甚多。摩崖石刻有元祐六年（1091）秦凤路刑狱公事游师雄、南宋绍兴二十九年（1159）阶州知州高基景、万钟、宇文景仁等人的巡游题刻6方，明代巡按陕西监察御史、阶州知州巡游石碑2通。北周出巡大臣武定公、贺娄慈及宋、元、明、清墨书题记百余处。1981 年被公布为第四批省级文物保护单位。

## 第三节　市级重点文物保护单位

### 1. 八峰崖石窟

该石窟位于西和县饮马河与石峡河之间的八峰山，又名吉祥寺。石窟开创年代不详，宋、

元、明、清多次修建，该窟群利用长 60 余米，高 15 米天然洞穴所建，原有殿宇 14 间，1960 年木结构建筑全毁。现尚存大小窟龛 16 个，分上、中、下三层，上、中层各为 6 窟，下层为 4 窟，残损佛像 30 余尊，神像 60 余尊，10 多平方米的壁画。从其造像特点、壁画内容看有宋、元、明、清各个朝代。最大窟宽 3.5 米，高 3 米，深 16 米，窟内造像、壁画较完整，塑释迦牟尼佛，高 2.15 米，面残，着通肩袈裟，结跏趺坐于仰莲座上，左、右塑文殊、普贤，高 1.28 米，分别骑白象、白狮。窟内存清光绪四年（1878）、民国 15 年（1926）石碑各 1 通。

### 2. 王公仪神道碑

该碑出土于西和县西峪乡李家山村西 1 公里，长方形，通高 3.4 米，首高 0.88 米，身高 2.32 米，宽 1.11 米，厚 0.2 米。碑额浮雕二龙戏珠图，篆“宋故左中散大夫王公神道碑”，首题“宋故左中散大夫知□□□□王公神道碑铭并序”。碑阳阴刻楷书碑文竖行 17 行，约 2000 文，内容记载王公清廉创业的丰功伟绩及后人对其的评价。尾题“绍圣三年（1096）岁次丙子五月庚寅塑十二日辛丑”，吕大忠篆额、王森撰文、宋朴书。该碑现藏西和县博物馆。

### 3. “两当兵变”旧址

该旧址位于两当县城关镇老南街 20 号（上一号张家大院），为三进院建筑格局。据考证为清初建筑。现有房屋 5 座 20 间 418.74 平方米，搭建厦房 4 座 8 间 166.57 平方米，坐西朝东，东西长 34 米，南北宽 25 米，土木结构，三进院建筑格局。该院的前院为 1932 年 4 月初“两当兵变”时一连官兵驻地；中院二层阁楼为习仲勋、吕剑人等人的办公用房，后院为马厩和仓库。建筑主体为单檐硬山两坡水结构，总体风貌极具典型的民国时期的地方特色。1977 年“两当兵变”旧址由天水地区公布为地级文保单位，1980 年 1 月两当县革命委员会公布为县级文保单位，2009 年 5 月中宣部公布为第四批全国爱国主义教育基地。

### 4. 香泉寺

该寺位于两当县城关镇香泉村香泉组以西 100 米处的山坡下，寺院东面为香泉寺戏楼，西面为山坡，南面为田间道路，北面为菜地，东西长 13.3 米，南北宽 20.5 米，占地面积

为273平方米，坐东朝西，砖木结构，四合院建筑格局，始建于明代，于清代顺治八年（1651）八月重建，清雍正、乾隆时期增修，光绪癸巳年（1893）重修，由大殿，南厢房，北厢房，山门组成，大殿面阔三间长10米，进深6.5米，高6米“人”字形梁架，一斗三升，灰瓦硬山顶；南厢房面阔五间，长15米，进深4.5米，高3米，人字形梁架，砖墙硬山灰瓦顶；北厢房面阔3间10米，进深6米，高6.5米，人字形梁架，砖墙灰瓦硬山顶；山门面阔三间，长9米，进深6.5米，高8米，悬山二层楼，灰瓦硬山顶；总建筑面积为251平方米。另有清道光十四年（1834）重修香泉寺碑记一通，碑为卧式，高0.7米，长1.1米，厚0.2厘米，记述了重修香泉寺的过程以及募捐人姓名等。寺内存有古柏4株、紫薇树1株。

香泉寺于1991年10月7日公布为县级文物保护单位，2007年8月被公布为市级文物保护单位。

### 5. 合作化桥

该桥原名为广济桥，位于文县县城西15公里的石坊乡石坊村南。该桥始建于清朝，南北横跨白水江。20世纪50年代广济桥被毁，1955年文县政府在广济桥原址按原貌重建一座廊桥，当年11月开工，1956年4月完工，由于是合作化时期，所以改名合作化桥。该桥由桥墩、桥梁、桥廊构成。桥墩是由几十根十多米长、一米多粗的木材斜伸入石墩构成。桥梁由三节木材构成，中间为6根柏木，两端各为8根松木构成。桥廊由桥面、廊臂、廊顶及凉亭构成。桥面长31米，桥面宽3.8米，桥面距河面11米。桥面两边有栏杆，沿栏杆向外伸出檐臂即廊檐。廊顶梁架结构为五架梁。合作化桥于2006年公布为市级文物保护单位。

文县石坊乡合作化桥

文县石鸡坝乡岷堡沟村观音楼

### 6. 观音楼

观音楼位于文县石鸡坝乡岷堡沟村，距县城约30公里。坐落在高出地面0.98米的石砌台基上，坐北朝南，土木结构，占地面积1487平方米，建筑面积为162平方米。由主楼与抱厦构成，主楼为四层，抱厦为二层，主楼与抱厦平面布局均为正方形，底层有戏曲演出舞台。该楼始建于清光绪二十年（1887），以后屡经修缮。2008年汶川大地震后观音楼受损严重，2010年8月中旬开始动工修复。

### 7. 水濂洞红女祠

该祠位于陇南市武都区城关镇殿沟村。始建于明代，清乾隆年间重建，后有扩建，由红女祠、菩萨殿、三官殿、子孙殿、天王殿组成。红女祠，又名观音殿，坐北向南，依山悬空，立柱嵌于悬崖腰间，内有天然岩洞相通，面阔三间（10 米），进深二间（7 米），灰瓦歇山顶，五架梁，檐下施斗拱并有彩绘。菩萨殿、三官殿、子孙殿、天王殿，面阔均三间，进深二间，灰瓦歇山顶，五架梁檐下施斗拱并有彩绘，内有天然岩洞相通。1993 年进行维修。

### 8. 窑上坪墓群

该墓群位于武都区安化镇司家坝村北 100 米半山坡的黄土台地上，20 世纪 70 年代修梯田时发现墓葬几十处，有竖穴土洞墓、竖穴土坑墓、砖室墓。据出土物和墓制判断该墓群为战国至汉代时期，并有寺洼文化文化遗存。出土有寺洼文化夹砂灰褐陶马鞍口单耳罐、双耳罐、壶、高领罐、溜肩曲腹罐等；有战国墓葬，出土陶器有泥质灰陶长颈壶、有盖罐、圜底釜、高柄豆，铜器有蒜头壶、带盖鼎、壶、铜镜，兵器有戈、弩机、带扣、铜铃等；有汉代砖室墓、竖穴土坑墓，部分墓积木炭、石灰，出土有泥质灰陶绳纹罐、灶、大口盆、瓮等，1991 年北武都县人民政府公布为县级文物保护单位，2007 年被陇南市人民政府公布为市级文物保护单位。

### 9. 赤砂祥渊庙碑

该碑共三通，现存武都区安化镇中学。碑文记载了祥渊庙建修由来及阶州筑堤御洪情况。该碑高 180 厘米，宽 102 厘米，厚 23 厘米。据碑文内容及“淳熙十年”判断，立碑时间应当在南宋宋孝宗淳熙十一淳熙末年（1183—1189）之间。

### 10. 理川泰山庙

宕昌县理川镇泰山庙正殿

该庙位于宕昌县理川镇上街村境内任家山，原建于明代，后经兵火所焚，清末理川武举刘琉堂按原庙重新修建，该建筑群现分为泰山庙和子孙庙两部分，布局合理，占地面积 1025 方米，由主殿、前殿、厢房、钟楼组成，皆木土结构。前殿为大三间。钟楼二座，位于前殿的两侧，均为两层楼，每层两小间，攒尖顶。大殿面阔三间坐东朝西，“人”字形梁架，歇山顶。保存完好，造型独特。东、西厢房位于主殿前两侧，面阔各五间，卷棚顶。建筑木构部分和内壁均有彩绘人物、花鸟、兽禽等图案及砖雕的龙、虎等祥瑞图。子孙庙由主殿、厢房、钟鼓楼组成，皆土木结构，坐东朝西。主殿面阔三间，“人”字形梁架，歇山顶。钟鼓楼坐落在主殿两侧，面阔一间，楼阁式木建筑，四坡攒尖顶，土台平面正方形。建筑施彩绘人物、花鸟、兽禽等图案。西厢房面阔三间，两坡顶，东厢房已毁。

### 11. 羊马城遗址

该遗址位于宕昌县城关镇西南方的高山之巅，东临计子川，西临牙坪，南临官鹅沟，北对高庙山。古城分前、中、后三处，前城呈不规则的长方形，东西长 60 米，南北长约

150 米，残留东、南、西三处城墙，厚 2 米，高 4 至 6 米不等，有炮台 4 处。城门已毁，后城门边上有城壕，深 1 米，清晰可辨，城墙板筑，厚 20—30 厘米。中城建在高出地面 2.5 米的黄土台地上，两头小，中间大，呈椭圆形，城长 180 米，宽 27 米，最宽处 46 米，城墙底宽 3.5 米。后城长 130 米，宽 27 米，墙高 2.5 米，厚约 60 厘米，现残存城墙 6 处。

### 12. 文庙大成殿

该殿位于礼县城关镇东大街，清乾隆四年（1739）建，道光年间曾维修。据《秦州直隶州新志》载，文庙初建城东锦屏山麓，后迁县南之西关，顺治十三年（1656）改迁至现址。大成殿坐北朝南，土木结构，重檐九脊歇山顶风格，檐高 5 米，面阔 5 间，长 25 米，宽 17 米，深 15 米，总面积 425 平方米。

### 13. 武侯祠

该祠位于礼县祁山乡祁山村祁山堡之上，始建年代不详，现存建筑多为清代维修，占地约 800 平方米，自北向南依中轴线分布三殿三院，武侯祠卷棚、前殿和关帝殿 9 间为土木结构古建筑，遗存有明、清所造武侯、关帝塑像，后院大雄宝殿和东西厢房及塑像属新建。院内有古碑刻 3 通、古树 10 余株。

礼县祁山武侯祠

# 第三章 可移动文物

全市有各级博物馆 7 个、纪念馆 9 个，其中纳入国家免费开放的博物馆、纪念馆有 9 个，分别是成县博物馆、康县博物馆、两当县博物馆、西和县博物馆、礼县博物馆、宕昌哈达铺红军长征纪念馆、两当县两当兵变纪念馆、徽县徽成两康战役纪念馆、康县陇南根据地纪念馆。全市共有馆藏可移动文物 10373 件，其中一级文物 121 件，二级文物 316 件，三级文物 872 件，一般文物 9064 件。

## 第一节 馆藏一级文物

### 一、武都区博物馆藏一级文物

**1. 山字形柳叶剑** 战国，兵器，铜质，通长 52 厘米，属巴蜀文化。其剑呈柳叶形状，其脊高耸成凸弦状，近柄部突起铸有斜向篦纹，其外又有凹状护饰物，两端素面，中部直到柄部全铸高乳丁状纹6组，背面全铜，柄尾连接又有双“山”字钝刃式物，底部有槽，似有附件相衔接焊物，似巴蜀或氐人仪仗类器物。武都区洛塘镇出土。

**2. 大弯月状铜戟**　战国，兵器，铜质。长40厘米，宽40厘米，直刃三面刃，无脊，有穿。有弯月状刃式，稍部呈柳叶状，其脊明显，两部相接处樀档，并有一圆穿及三长穿，相接处顶端有尖饰。武都区安化镇出土。

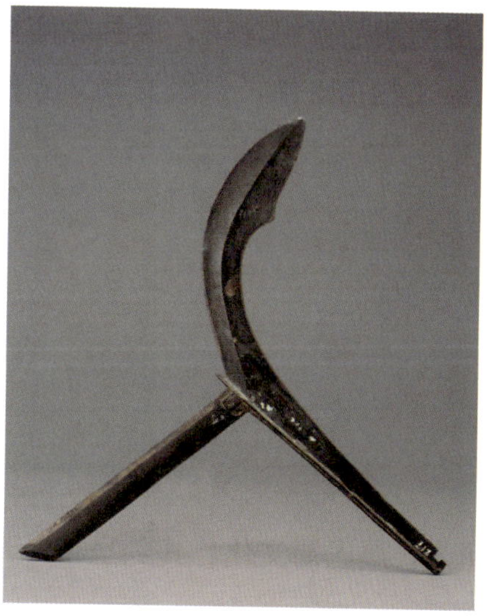

**3. 折带乳丁纹铜戈**　春秋，兵器，青铜质，长24厘米，戈呈剑状，刃、胡、穿齐全，柄部呈扁圆管状，并有4穿孔，其上饰3排孔丁，折带一组，脑部“T”字形，柄上刃身后并有5条穿孔及篦形纹饰。武都区外纳乡出土。

**4. 大铜壶**　战国，容酒器，铜质。口径16厘米，腹径35厘米，底经19厘米，高65厘米。铜壶为拱状圆顶，4环状龙鸟纹盖系，其下有牙子盖，壶体平口唇，长颈，圆鼓腹，高圈足。肩部有两铺首饰环，其一已失。唇带无饰。颈、肩、腹部全施

菱形交叉组合成之反复相间之变形凤纹之主体图案，其空间缀饰以花叶纹，勾连纹饰近底部有一圈宽固带纹，高圈足部有两道带纹，其中施以窃曲，成组云卷纹。武都区两水镇出土。

5. **三系彩陶罐** 商周，陶器。口径16厘米，腹径22厘米，高18厘米。红陶罐，敞口，略呈唇沿，短颈鼓腹，小平底。腹间有三系小耳，口及唇颈半部全涂红彩，间纹不规则双平行带纹，中饰短竖线，其腹上下各绘双“V”字形，近底部全施红彩，其上为红色大三角形纹。

6. **大铜铧** 战国，青铜质，农具。长34厘米，宽32厘米。大铜铧正面呈荞麦状，沿角有三道脊，形成两个刃部和凸状库壁，中有桃状凹饰及三乳丁，背面呈三角状平面，近库处圆顶饰两斜线纹，“V”状宽带纹，

其库无穿孔，刃面较锋利。武都区两水镇出土。

7. **长方形龙纹铜扁壶** 战国，铜质，容酒器。高25.5厘米，34厘米，口径10厘米。呈扁长方形，顶端接口部、肩部略呈拱桥状，短直颈，圈带唇，铸有一圈宽带锯齿纹，两侧有两铺首并饰环，其相接处抹角饰棱，整个五面铸有带状十方格纹，并在其格内全施“S”状连续纹样，遍布其中，朴素典雅相间。武都区角弓镇出土。

8. **连续旋涡纹三联罐** 新石器，陶器，生活用品。器物直径13厘米，底座直径6.5厘米，高10厘米。三联罐为平口微收颈，圆腹平底罐，在三腹及三底间相联，并在其间有三圆穿孔，其底为豆状空心台座，近底部饰一圈附加堆纹。三罐唇腹间施卷叶形连续旋涡纹。武都区角弓镇出土。

9. **兽面纹铜钺** 西周，青铜质。兵器。长10.5厘米，宽10厘米。钺呈半月形，

其口薄刃，有明显宽带半月状刃区，其后内收渐宽成空心，正面边饰下有对称眉状，孔丁圆，窝施纹，其下竖像山纹，似鼻，使之形成简约之兽面图案，背面无饰。武都区柏林乡出土。

**10. 铜钺**　战国，青铜器。长 15.5 厘米，宽 8 厘米。其矛呈排式双刃物，末端有对称半月孔，柄端成扁圆管状，尾端铸有环装弦纹，两排孔丁纹及宽带纹为饰，一侧有半圆形单环耳。征集。

## 二、宕昌县馆藏一级文物

**1. 葵花青铜镜**　唐代，青铜质，生活用品。长 21 厘米，宽 21 厘米，厚 1.1 厘米。征集。

**2. 伎乐飞天铭文镜**　隋唐，青铜质，生活用品。长 18 厘米，宽 18 厘米，厚 1.5 厘米。征集。

## 三、礼县馆藏一级文物

**1. 亚父辛鼎**　商晚期，青铜器，饪食器。高 22.1 厘米，口径 18 厘米，腹深 11.9 厘米。口稍敛，小折沿，平唇，双立耳较小，略外撇，直壁深腹微垂，圜底，三直柱足，足、耳呈五点式配置。鼎底有烟炱，颈下一周纹饰带，相间以浮雕圆涡纹和四瓣雷纹。纹饰十分模糊，表明此鼎被后世使用时间很长。腹内壁近口处铭有族徽一“亚”字形外框，内有“保父辛”三字，另有一动物形象，不识。礼县西山雷神庙遗址出土，1984 年征集。

**2. 乳钉纹簋**　西周，青铜器，盛食器。

高 16.1 厘米，口径 24.5 厘米，腹深 11.8 厘米。侈口，腹壁斜直内敛，高圈足，口沿饰凤鸟纹，间饰浮雕兽首及棱脊，腹饰乳钉纹，乳要置于斜方格雷纹之中，甚为密集。圈足亦饰鸟纹。礼县圆顶山秦贵族墓出土。征集于礼县乔川乡新庄村。

**3. 兽面纹鬲** 西周，青铜器，口径 12.6 厘米，高 17.1 厘米，征集。

**4. 垂鳞纹青铜鼎** 春秋，青铜器。口径 26.2 厘米，高 23.5 厘米，1998 年礼县永兴乡圆顶山发掘出土。

**5. 垂鳞纹青铜鼎** 春秋，青铜器，口径 23.6 厘米，高 21.2 厘米，1998 年礼县永兴乡圆顶山发掘出土。

**6. 窃曲波带纹青铜鼎** 春秋，青铜器，口径 31.1 厘米，高 27.9 厘米，口微敛，平折沿，方唇。沿上立厚方耳，略外撇。鼓形浅腹，园底近平，三蹄足粗壮，蹄部特大，足柱内收。足跟部与足柱间突起隔棱。腹上部饰含目而不对称窃曲纹。1998 年礼县永兴乡圆顶山发掘出土。

**7. 窃曲波带纹青铜鼎** 春秋，青铜器，口径 28.8 厘米，高 27.9 厘米，1998 年礼县永兴乡圆顶山发掘出土。

8. **蟠虺波带纹青铜鼎** 春秋，青铜器，口径26.2厘米，高23.3厘米，1998年礼县永兴乡圆顶山发掘出土。

9. **窃曲波带纹青铜鼎** 春秋，青铜器，口径24.1厘米，高21.9厘米，1998年礼县永兴乡圆顶山发掘出土。

10. **蟠虺瓦楞纹青铜簋** 春秋，青铜器，口径17.5厘米，高19.5厘米，1998年礼县永兴乡圆顶山发掘出土。

11. **蟠虺瓦楞纹青铜簋** 春秋，青铜器，盛食器。口径17.8厘米，高19厘米，腹深8.8厘米。弧面盖，盖顶圆握，微内敛，鼓形腹。双兽首耳，无珥，兽首突目，高方角，卷鼻。圈足外侈，下附三小兽首足。盖顶圆握内、盖沿坡、上腹部及圈足皆饰蟠虺纹，盖面及下腹部饰瓦棱纹。1998年礼县永兴乡圆顶山发掘出土。

12. **蟠虺瓦楞纹青铜簋** 春秋，青铜器，口径17.9厘米，高19.2厘米，1998年礼县永兴乡圆顶山发掘出土。

13. **卷云纹阔流青铜匜** 春秋，青铜器，口径31.5厘米，高16.7厘米，1998年礼县永兴乡圆顶山发掘出土。

14. **弦纹阔流青铜匜** 春秋，青铜器，口径37.3厘米，高16.3厘米，1998年礼县永兴乡圆顶山发掘出土。

15. **蟠虺纹附耳青铜盘** 春秋，青铜器，口径42.5厘米，高12.2厘米，1998年礼县永兴乡圆顶山发掘出土。

16. **勾云纹椭杯** 春秋，青铜器，酒器。高8.3厘米，最大口径31.2厘米，腹深8.1厘米。椭圆形，敞口，圆唇，略束颈，鼓腹，平底。腹部两大侧面有一对龙首环形錾，两小侧面颈下有一对小环形钮。錾上龙首突目、扬角、卷尾，龙身饰鳞纹。杯腹饰一周细密整齐的卷云纹，带下饰三角纹，三角内填以云纹。1998年礼县永兴乡圆顶山发掘出土。

17. **蟠虺纹青铜圆壶** 春秋，青铜器，容酒器。高27.2厘米，宽24.1厘米，口径9.2厘米。小直口，长颈，圆鼓腹，平底，底沿又设等距三乳状外突短足相辅，以增加器体的稳定性。颈下两侧有对称的陶纹环纽式耳，下腹两侧也有同型纽耳，但与颈下纽耳方向相反。近口沿处饰一周陶纹，颈部与上腹部各饰两周蟠虺纹带，下腹部饰一周波带纹，波谷间填以简化兽面，各纹饰带以素面带相隔。1998年礼县永兴乡圆顶山发掘出土。

**18. 对凤纹青铜方壶**　1套2件，春秋，青铜器，容酒器。通高49厘米，宽44厘米，口径14.5—19.3厘米，腹深35.8厘米。盖顶、圈足与璧形套环饰蟠虺纹，盖测、器颈、器腹饰已蟠虺化了的对凤纹，凤体虽已纠交缠绕如蟠虺，1998年礼县永兴乡圆顶山发掘出土。

**19. 蟠虺纹青铜方壶**　1套2件，春秋，青铜器，答酒器。通高52.8厘米，宽46厘米，口径16厘米。覆盘式盖，大圈项捉手，外敞深子口，长颈，束腰。高厚圈足内聚，圆足外廓小于器腹，前后两侧各附两卧虎为支足。颈部两侧出兽首耳套璧形环，环簿而小，纯系装饰。兽首高耸方角，突目，嘴角两侧展出一对上弯如角的獠牙，衔方折柱，高高支起镂空的凤首。凤首长冠，圆目，喙下也展一对獠牙。盖沿四周饰4只对称的长尾立虎，虎首向颈部前后两面各饰1只长尾立虎，虎首向上，虎身较盖沿立虎大而形态相同。垂腹四面各饰一突出的兽首，方角凸目，巨嘴露齿，两侧同样展上弯的獠牙。盖顶和璧形套环细密蟠虺纹，盖沿、器腹、圈足饰线条已完全图案化了的双勾蟠虺纹，颈部饰风格相同的波带纹，波谷中填简化兽面。全器在不同部位共附饰鸟、虎等动物18只。1998年礼县永兴乡圆顶山墓发掘出土。

**20. 蟠虺纹扁圆盉（1对两件）**　春秋，青铜器，盥器。通高32厘米，长35厘米，宽11厘米。长方形覆盘式高盖，圆顶式捉手，深子口，圆唇。盉身扁体，略呈椭圆形，圜底近平，下支蹲坐熊头顶行虎的4

足。盉腹一侧中部弯出兽流，兽头立双角，巨嘴圆张为流口，嘴两侧向外弯出如角的獠牙，兽腹与足爪外向。与流相对的盉腹另一侧为兽形鋬，鋬上部饰一仰身坐熊，双掌前举。盖项圈内中央饰一冠齿硕大的卧鸟，圆目长喙；四角饰与卧鸟同型的4只小鸟，鸟首皆外向。盖沿四角斜棱上各饰1只向上爬行的小虎，而在与鋬靠近的一侧饰1只前体附盖后悬空的大虎，耸耳回首，长尾上卷，两后足恰与鋬上仰坐之熊前举的双掌相嵌衔，构成控制器盖开合的旋钮，而虎体则成为联结盖与鋬的活链。盉肩部四圆角处各饰1只行虎，虎首外向，与盖棱之4行虎相对应。有流一侧部正中则饰一形体更大的回首虎。盉腹两面正中心各饰一双兽交盘的脐状圆突，以圆突为中心形成内外两个装饰区域，以数周以凸弦纹为界，域内饰细密蟠虺纹。该器设计构思巧妙，动物造型生动，铸造工艺精美。1998年礼县永兴乡圆顶山发掘出土。

**21. 蟠虺纹繁耳瓦楞纹盨** 春秋，青铜器，盛食器。通高21.5厘米，长40厘米，宽12.2厘米。椭方体，盖较深，可仰置使用。覆盘式深盖，圆顶为一圆角长方形平台，方唇，四园角处各饰一弯喙大尾巴图案化了的凤鸟，启盖部置4鸟充作踒足。盖颈部斜坡四圆角处及左右两侧各饰行虎1只，盖沿直壁前后两大侧面各饰行虎1只，虎首皆向下。器身前后两大侧面的口沿直壁也各饰行虎3只，虎首皆向上，与盖沿虎一一对应。器腹左右两侧图案繁丽的镂空巨耳，主体结构是双凤首共身套合，周边附缀5只小虎和1只小鸟。圈足高厚，四角大面一侧附1只行虎为支足，虎屈腿长尾，块状方爪以使器置平稳。虎背上各饰1只小鸟。盖与器身相互对应地装饰蟠虺纹和瓦棱级。1998年礼县永兴乡圆顶山发掘出土。

**22. 垂鳞纹带盖青铜圆壶** 春秋，青铜器，通高34厘米，宽22厘米。口微侈，兽钮平面子盖，短颈圆肩，肩部有对称的四环钮式耳，瓠形深圆腹，平底。腹正中与腹上部各饰一周细齿界纹，上腹部相错的4排垂式细重鳞纹，其上饰一周三角纹带，三角内填卷云纹。1998年礼县永兴乡圆顶山发掘出土。

**23. 素面青铜敦**　春秋，青铜器，口径8厘米，高11.7厘米，1998年礼县永兴乡圆顶山发掘出土。

**24. 金剑首、金剑格**　春秋，金器、铁器组合，宽3.4 厘米，高2.2厘米，宽3.7厘米，高1.7厘米，1998年礼县永兴乡圆顶山发掘出土。

**25. 曲腰柄短剑**　春秋，铜器，长26厘米，直径4.2厘米，1998年礼县永兴乡圆顶山发掘出土。

**26. 蟠虺纹车型器**　春秋，青铜器，蟠虺纹车型器，又名“四轮方车”“四轮方盒”等，通高8.8厘米，长11.1厘米，宽7.5厘米，轮径4厘米。该器由盒体和轮轴两部分组成，通体以繁缛的蟠虺纹为饰，整个器物构造十分精巧。四轮无辕，方舆有盖。舆厢呈方盒形，盖由中间纵向启缝的两扇合成。舆上四角各安装士只立鸟，鸟足可以旋动。当4鸟方向同舆向一致时，厢盖即可开启；当鸟向同舆向错位时，厢盖即被锁定。盖扇对接处，一侧为蹲坐的熊钮，一侧为跪坐屈臂的人形钮，人、熊相向。舆下四轮带轴，每轮辐条8根，车毂突出，辖俱全，至今仍可运行。舆身四侧及盖均饰细密蟠虺纹，是研究秦早期乃至春秋时期车舆制的珍贵文物，是甘肃秦文化博物馆的镇馆之宝。器物的性质和用途说法多种，一说为“车型盒”，是古代妇女放置首饰的首饰盒；一说为挽车的微型器。1998年礼县永兴乡圆顶山墓发掘出土。

**27. 绿松石窃曲纹镂空剑柄**　春秋，青铜器，长25.9厘米，高11.7厘米，1998年礼县永兴乡圆顶山发掘出土。

**28. 蟠龙纹编钟**　春秋，青铜器，乐器。一套九件，其中最大一件通高25.5厘米，铣宽16.8厘米，舞宽14.7厘米，鼓

距 12.6 厘米。合瓦式，钟体稍宽，于较浅，短方钮，篆区远大于鼓区。三排枚带，每排六枚，分列于钲部两侧，枚面饰螺纹。舞部和篆带饰蟠虺纹，钮面饰双勾交对纹，鼓部正中饰图案化对凤纹。1998 年礼县圆顶山秦贵族墓出土。

29. 铜人　战国，铜器，高 9.4 厘米，1959 年征集。

30. **右库工师戈**　战国，铜器，兵器。戈长21厘米，阑长11厘米，内7.2X3.5厘米。狭援微上扬，脊棱分明，前锋呈弧形尖削，中胡三短穿。有阑，下端出齿。长方形直内，内端边略斜，上部为圆角，内上侧稍低于援刃，内中部横置长条形穿。胡部旁有 14 字铭，可识者有“右库工师”及“西工造”之署，表明在秦都东移关中后，其故都西垂仍为一重要的武器铸造中心。礼县境内出土，1984 年礼县红河乡同心村征集。

31. **兽面纹扁銎钺**　巴蜀文化，铜器，长 10 厘米，宽 8.5 厘米，来源：征集。

**32. 直内弧刃戚**　商，铜器，长19厘米，援长11.7厘米，宽6.8厘米，征集。

**33. 圆首柱茎剑**　战国，铜器，长45.6厘米，格宽4.8厘米，征集于礼县永兴乡蒙张村。

**34. 联体红陶豆**　齐家文化，陶器，口径10.4厘米，高5.2厘米，侈口，浅腹，素面，口沿与足相连，使整器形联结为一体。1990年征集于礼县永坪乡衙里村。

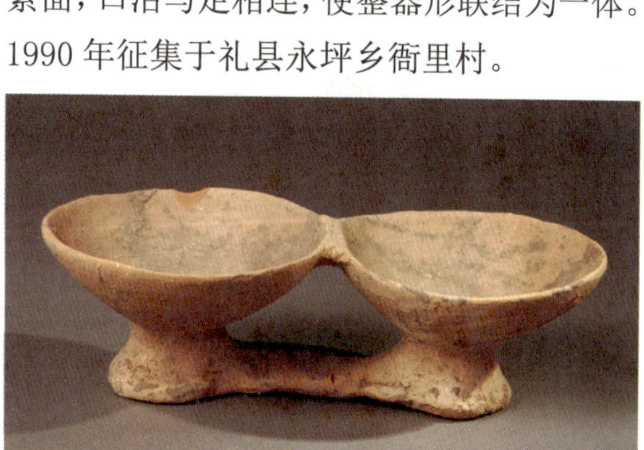

**35. 网格纹彩陶罐**　齐家文化，陶器，口径6.3厘米，高6厘米，泥质红陶。侈口、深腹，一侧口唇至腹有一单耳。器身施红色横线纹及网纹。1990年征集于礼县永坪乡衙里村。

**36. 带流陶壶**　齐家文化，陶器。口径5.8厘米，高8.6厘米，泥质红陶。敛口，椭圆状侧面有一圆柱流，器身素面无纹饰。1991年征集于礼县永坪乡崖城村。

**37. 猪首型陶器盖**　新石器时代，泥质红陶。直径4.5厘米，高7.7厘米。整个器物为变形猪首状，为新石器时代陶器中的珍品，1991年征集于礼县永坪乡永坪村。

**38. 灰陶塔** 宋代，陶器，高47.4厘米，分为塔刹、塔身和塔座三部分。1992年征集。

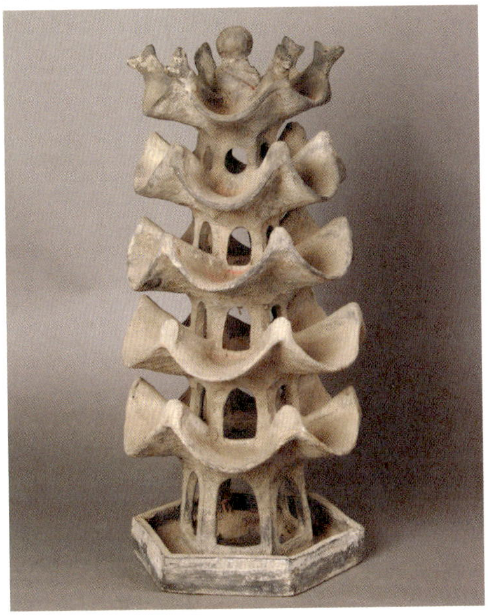

**39. 卷草纹镜** 战国，铜器，直径17.4厘米，征集。

**40. 生肖规矩镜** 汉代，铜器，直径16.1厘米，征集。

**41. 海兽葡萄镜** 唐代，铜器，直径14.7厘米，1958年征集于礼县祁山赵家村。

**42. 象牙筷箸** 汉代，长25.3厘米，直径0.6厘米，征集于礼县燕河乡东台韩庄。

**43. 叶柄型鐎斗** 汉代，铜器，高11.4厘米，口径15.1厘米，征集于礼县雷坝乡蒲陈村。

**44. 天水家马鼎** 秦早期，铜器，高22.5厘米，口径22厘米，盖及腹并有铭文“天水家马鼎，容三升，并重十九斤”，1971年永兴蒙张村出土。后文家村又出土一家马鼎，盖有相似铭文，器形略小，口径15.5厘米，高20.8厘米，两鼎对天水

地名由来，秦国养马制度以及礼县在秦国的地位提供了证据。

45. **带链提梁卣**　汉代，铜器，口径12厘米，高16.7厘米，1975年征集。

46. **提梁匜**　战国，口径16.9厘米，高24厘米，征集。

47. **圆壶**　汉代，铜器，口径7.4厘米，高19.7厘米，征集。

48. **青铜觯**　汉代，铜器，口径4.9厘米，高15.9厘米，征集。

49. **韦陀像**　明代，铜器，高37.8厘米，征集。

50. **豆绿瓷碟**　宋代，瓷器，口径13.7

厘米，高3.5厘米，征集。

**51.中华苏维埃红军特派员印章** 现代（长征时期），木质地印章，直径6.85厘米，厚3.2厘米，1958年征集于礼县三峪。

## 四、成县馆藏一级文物

**1.鎏金王公铜棺饰** 汉代，铜器，装饰品。直径27.5厘米，呈圈璧状。正中饰圆行带卷云饰，两侧自下至顶饰两层宝顶，饰脊瓦楞双阙楼；上层筑法成豆型，下层屋顶亦然，其下是阁，成三开间，阙基为

梯形柱状。双阙中树人字形阙门，上有九尾狐右接鸾凤。阙下端坐王公，头戴纱帽饰，肩披羽衣，宽衣大袖，盘膝端坐。人字阙下书“天门”二字。整个外圈饰一围带纹，空隙间均缀有灵芝瑞草及春云饰纹。成县城关镇出土。

**2.鎏金灵芝瑞草纹铜饰** 汉代，铜器，征集。

**3.双鱼纹青铜洗** 汉代，铜器，征集。

**4.尚方规矩灵兽乳丁铭文镜** 汉代，铜器，直径21厘米，厚0.8厘米。半球形圆钮，柿蒂纹钮座，座外一方框，四边具十二地支和十二乳钉；再外为一双线方框，四边各向外伸出一“T”形符足，两侧有两个小乳钉。与“T”形符号相对的是“L”形符号，方框的四个角与“X”符号相对将镜的内区分为四方八等份，青龙、白虎、朱雀、玄武、玉兔、白麟、三足鸟、羽人

各据一份。外区环绕一圈铭文，铭文为“上方作镜真大好，上有仙人不知老，渴饮玉泉饥食枣，浮游天下四海。寿如金石”，铭文带外一圈篦齿纹，再外为两圈三角形锯齿纹，锯齿纹中夹一圈水波纹。

**5. 高圈足窃曲云纹铺首壶**　战国。铜器，盛储器。高30厘米，口径9.5厘米，底径13厘米。侈口、束颈、溜肩、鼓腹、平底，高圈足，腹上部铺首衔环一对，肩部饰有六道凹弦纹，颈部饰育三角蝉翼纹一圈，肩腹部有三圈宽带三角云纹，足部饰一圈宽带云纹；一只环有云纹，一只素环。每一区间均饰窃曲纹，其边均饰云纹。成县店村乡大寨村出土。

**6. 镂空虎形柄青铜剑**　战国，铜器。兵器。长42.2厘米，刃宽3.2厘米。剑柄中空，镂空浮雕虎，格步两边有对称的1 2个方形穿孔，刃部前窄后宽，脊棱突起，两侧有对称的卷云纹并形成两血槽，与格相连，征集。

**7. 鎏金啄花虚线纹青铜钵**　汉代。铜器，征集。

**8. 鎏金青铜尺**　汉代，铜器。长23.7厘米，宽1.9厘米，厚0.1厘米，一端有小孔。成县城关镇出土。

9. **绿釉陶男俑** 汉代。征集。

10. **绿釉陶女俑** 汉代。征集。

11. **耀州窑刻花狮头流执壶** 宋代。

## 五、哈达铺长征纪念馆收藏一级文物

**川陕省苏维埃政府叁串布币**。质地：布。货币。年代：1936 年。尺寸：通长 15.4 厘米，通宽 8.5 厘米。征集。

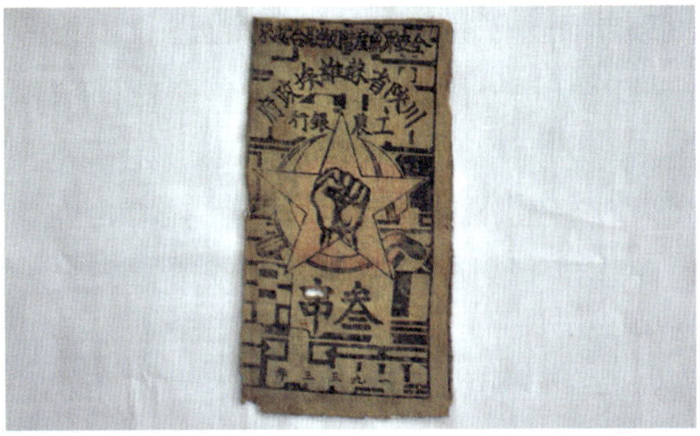

## 六、文县馆藏一级文物

1. **弦纹双系铜铣** 汉代，铜器。征集。

2. **火焰灵台镂空云涛铜观音像** 明代，铜器。征集。

## 七、徽县馆藏一级文物

**1.鸾凤衔草葵形镜** 唐朝，随葬品，铜器，直径28厘米，厚0.6厘米，重3.08公斤。质地铜，单色灰，含金属光泽。是1974年征集于徽县柳林镇。镜面8面葵形，外缘较窄，外区台面较宽，台壁低面成侧面，内区为中心部位，有半球形无钮座，区内画面东分四组，东西各饰有相向高浮雕合瑞草之鸾凤纹，上饰对称莲花曼草纹，花上有一对双栖托上双雀纹，下面饰莲花蔓草纹样，花上饰双鸳鸯纹，空间缀云纹，外区8 葵瓣间各饰以蔓草。

**2.雕刻牡丹纹画绘砖** 宋代，随葬品，长30厘米，宽30厘米，厚5.3厘米，重7.02公斤，质地砖1993年12月征集于徽县永宁镇吕河村。该牡丹浮雕砖为正方形，边框四周有阴刻线，图案为双枝牡丹，牡丹怒放并开。

**3.黄釉陶龟** 宋代，随葬品，高7厘米，长16厘米，宽10.5厘米，重0.62公斤。造型逼真，比例协调，工艺精细。质地陶出土地徽县水阳牟坝。

**4.绿釉父子俑（绿釉文官俑1—2）** 宋代，随葬品。父俑头戴文官帽，面部轮廓清晰逼真，唇侧有胡须，下颌须左右分三部分，身着文官服，右宽带束腰大衣，饰带搭于两膝间，足有云头靴，手持笏板，端坐于圆凳之上。另一绿釉仅胡须有异外，其他皆同。父俑通高32.5厘米，底长11.6厘米，底宽9.2厘米，俑厚8厘米，重1.68公斤；子俑通高33厘米，底长12.8厘米，底宽9.8厘米，俑厚10厘米，重1.90公斤。父俑后凳轻残，质地陶。1981年7月征集于徽县水阳乡牟坝村。

**5. 绿釉男坐俑** 宋代，随葬品。该男墓主坐佣方硕而大，面带微笑，和蔼安详，头戴四角巾帽式，身着圆领肩束带长衫便服，足登尖头靴，双手合拢于前，端坐一圆台上，气定神闲。通高 34 厘米，底宽 12.6 厘米，底长 13.2 厘米，俑厚 7 厘米，重 2.14 公斤，质地陶。1981 年 7 月征集于徽县水阳乡牟坝村。

**6. 绿釉女坐俑** 宋代，随葬品。此女墓主俑面带微笑，和蔼慈祥，头发梳理整体，并拢一发簪，身着绿袖对襟绣襦礼服，膝及膝左右露出白色裙饰，双手合拢于前。端坐一圆櫈上，绣鞋外露。通高 34.2 厘米，底宽 13 厘米，底长 13.5 厘米，俑厚 6.5 厘米，重 1.90 公斤，质地陶，1981 年 7 月征集于徽县水阳乡牟坝村。

**7. 绿釉立陶俑** 宋代，随葬品。立俑通体施绿釉，双手全握于胸前身，穿圆领窄袖长袍，系腰带，头发用帻巾包裹后戴风帽，系典型宋代服饰。通高 32.5 厘米，俑宽 8.5 厘米，俑厚 6.5 厘米，底座成正方形 10 厘米，重 1.14 公斤，质地陶。1981 年 7 月征集于徽县水阳乡牟坝村。

**8. 绿黄釉女立俑** 宋代，随葬品。该立俑除头部外，遍施绿釉，女性，身着圆领窄袖长袍，腰系黄色带，双手合握为行礼状站立。通高 21 厘米，俑宽 6.5 厘米，俑厚 3 厘米，底座正方形 6.5 厘米 ×6.5 厘米，重 0.32 公斤，质地陶。1981 年 7 月征集于徽县水阳乡牟坝村。

**9. 绿釉立文官俑(1—2)** 宋代，随葬品。此文官立俑头戴文官帽，帽翅缺失，身高圆领通肩官服，腰系饰带，足靴外露，两手合拢而肃立呈行礼状。单体通高32厘米，俑宽9厘米，俑厚6厘米，底座成正方形9厘米，单体重1.06公斤，质地陶，1981年7月征集于徽县水阳乡牟坝村。

**10. 绿釉坐俑（1—10）** 宋代，随葬品。头戴有角官帽，身着绿釉棉袄，斜肩官服束腰，膝前有饰带，怀抱牙笏裙服裤饰黄釉。此俑一组十俑，单体通高33厘米，宽13厘米，底宽9.5厘米，底长12厘米，俑厚6.5厘米，单体重1.76公斤，质地陶，1981年7月征集于徽县水阳乡牟坝村。

**11. 青釉刻画花纹三足炉** 宋代，耀州窑，青釉。直口，宽沿外折，束颈，略直腹，寰底，下承三足为三个高鼻大眼，怒目圆睁的怪兽，足底及炉内底部露灰白胎，施青釉，有玉质感，可见冰裂纹，颈部刻牡丹花瓣，腹部刻缠枝牡丹叶。高11.1厘米，口径11.2厘米，底径8.7厘米，厚0.5厘米，重0.46公斤，2004年3月25日嘉陵镇黄桥出土。

## 第二节　其他重要文物

**印模铭文秦公簋**　春秋早期，盛食器，铜器。通高19.8厘米，口径18厘米，腹径23厘米，弇口，圆腹，子母口盖，盖顶突起圆握，双兽首耳，无珥，圈足外侈。腹上部饰蟠虺纹，下部和盖面饰瓦棱纹，坡沿饰蟠虺纹；圈足饰上下两重波带纹。器、盖联铭，合文、重文总计器内铭十行54字，盖内铭五行51字，合而成篇，共105字。铭文歌颂了先秦十二公之丰功伟绩和襄公在礼县时的兴国之志。该器铜质精良，造型庄重典雅，纹饰华美，展现了我国青铜工艺的卓越成就。该器铭文由印模打就，制作方法新颖，在古代青铜器中独此一例，开创了早期活字模之先河。

1917年发现于礼县红河与天水杨家寺交界处秦宗庙遗址。现藏于中国历史博物馆。

**短胡戈**　西周，兵器，铜器。长21.2厘米，援宽4.8厘米。援呈长条状，援锋窄而略圆，援中部起开始加宽，至基部向下斜延成短胡。有阑，上下出齿，下齿稍长，阑边近胡处一小长方形穿。内呈长条形，出自援基上部，略下斜，内中部向阑侧稍扁处一小圆穿。援之下刃远较上刃为锋利，表明钩割功能已大大强化。这种戈形从商后期延续到西周早期。礼县出土，现藏礼县博物馆。

**铜钺**　商代，兵器，铜器。长17厘米，宽7.9厘米。钺体长方形，三分之二刃部呈圆形，三分之一为“T”形，“T”形的中间有一三角状几何形小孔，其间有隔，以固定钺体之用。徽县城关砖厂出土，现藏徽县博物馆。

**交龙纹椭方壶**　春秋，酒器，铜器。通高50.8厘米，腹宽29厘米。大圈顶盖，长颈，垂腹，宽边圆足，环形螺角兽首耳。盖圈顶内饰交蟠龙首龙纹，盖沿饰凤鸟形含目窃曲纹，颈饰宽波带纹，波谷间为简化兽面纹，腹饰双躯共首的大蟠龙纹，颈、腹间以3道弦纹相隔。礼县大堡子山秦公墓出土，现藏上海博物馆。

**鸷鸟形金饰片**　春秋，装饰品，一对，高52厘米，宽32厘米。造型为钩喙、环目，

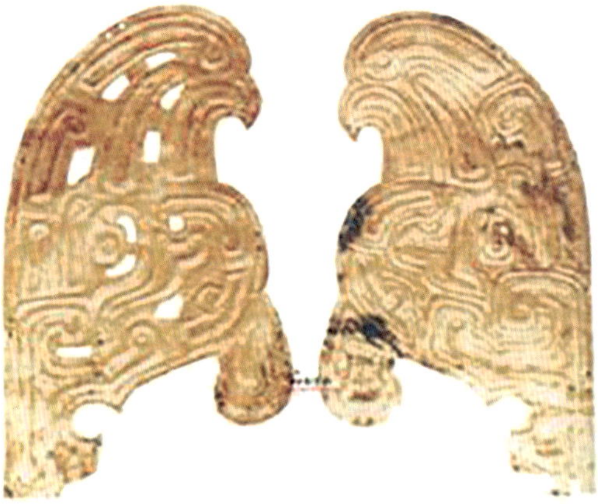

突胸、屈爪，满片不规划地凹凸勾云纹，以像羽毛。其中一件随纹样走势在图案空白中镂出 10 处形状各异的透孔，推测当初孔中可能有镶嵌物，这样的镂空镶嵌可能意在显示雌雄之别。饰片器表残存着涂过朱砂的痕迹，器周沿较均匀地分布着 9 组因附棺椁而留下的双眼钉孔。秦君以规格如此大的成对金鸷展布于棺椁之上，也足见墓室场景之辉煌。礼县大堡子山秦公墓出土，现藏海外。

**镂空鸷鸟形金饰片**　春秋，装饰品。2011 年 11 月，香港知名实业家郭炎在获悉其所收藏的两件大堡子山鸷鸟形金饰片和 1 套大堡子山金铠甲片是大堡子山流失文物后，将文物义无反顾地捐赠给国家。

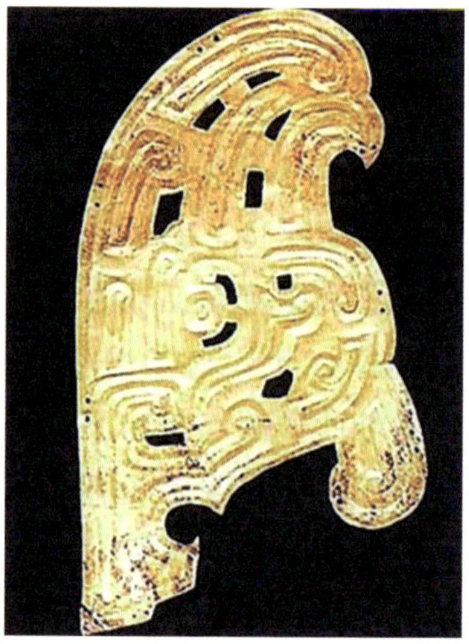

**口唇纹羽形金饰片**　春秋，装饰品。一对，高 11.7 厘米，宽 8.65 厘米，略呈长方形，一短边圆角，中部三角形外突。片内饰两组并列的口唇形重环纹，片上残存朱砂痕迹。另一端为直角，两角部位有规则的小洞眼，应是附棺椁的钉孔。礼县大堡子山秦公墓出土，现藏甘肃省博物馆。

**兽面纹盾形金饰片**　春秋，装饰品。高 20.3 厘米，宽 18.5 厘米。此种金饰片较为奇特，其中部凸起一道纵贯全片的宽条纹，作为上中下三组兽面共用的鼻脊，三组兽面各不相同，上下两组为变体，下组已接近几何图案，唯中间一组眉、目、角、耳、鼻俱全，边缘分布 8 个钉孔。礼县大堡子秦公墓山出土，现藏海外。

**云纹圭形金饰片**　春秋，装饰品。高 13.4 厘米，宽 7.1 厘米，中部竖向起脊，饰上下两组简化了的凹凸勾云纹，有朱砂残留。礼县大堡子山秦公墓出土，现藏海外。

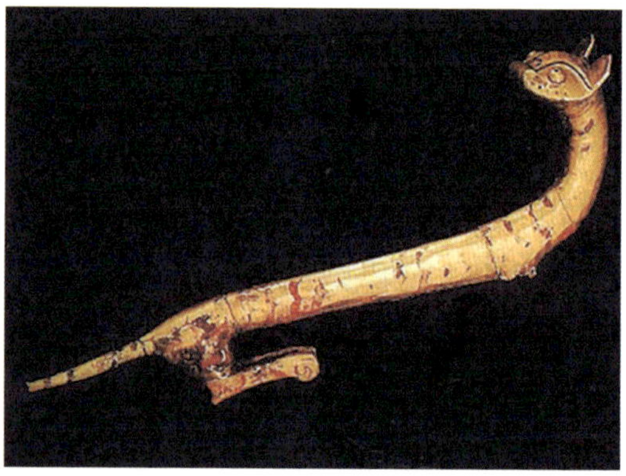

**金虎**　春秋，装饰品。通长 41 厘米，高 16 厘米，腹宽 3—4 厘米。木芯包镶用金箔，分段铆接而成，虎身与尾连成一直线，颈部作杖首式弯曲。虎顾首，足前屈。身、尾朱绘虎斑纹。礼县大堡子山秦公墓出土，现藏法国。

**大堡子山流失文物**　目前还有大量大堡子山流失文物被美国、法国、比利时、日本及我国香港、台湾地区的公私机构收藏。用金片来装饰车马并非秦人的传统，周秦还是崇尚青铜器及玉器，用金的传统在埃及、欧亚草原比较多见，这显示了早期秦国的兼容并包。大堡子山遗址被盗前并未有类似文物面世，在该遗址系统发掘后也未在国内外其他遗址发现过。

**大堡子山乐器坑** 2006年调查、钻探发现大型“乐器坑”一座。大型乐器坑长8.8米，宽2.1米，深1.6米，坑口距地表深约2.1米。坑内南排的木质钟架朽痕旁，依次成排放置有3件青铜镈、3件铜虎（附于镈）、8件甬钟，镈和钟各附带1件青铜挂钩；北排磬架（仅存朽痕）下有2组共10件石磬，均保存完好。青铜镈一大二小，最大的一件铜镈造型及纹饰华美，鼓部有铭文20余字，与过去发现的秦武公镈相似，年代为春秋早期。4座人祭坑每坑埋人骨架1—2具，肢体屈曲，其性质当为杀人祭祀。

图为已回归的金饰片；图为依然流失海外的大堡子山文物，分别为澳门珍秦斋藏秦子戈、日本MIHO博物馆藏铜虎、美国某收藏家藏秦式镈、美国某收藏家藏青铜匜。

**瓦棱纹秦公簋** 春秋，盛食器，铜器。通高23.5厘米，口径18.8厘米，弇口，盖握高大，盖沿坡度较陡，龙首耳丰伟有方珥，圈足下附3个卷角兽首支足，虎爪状趾。盖顶捉手内饰变形凤纹，盖坡沿与器口沿饰双凤首套合式窃曲纹，间隔浮雕小兽面牺首。盖沿8牺首向下，器沿6牺首向上，合盖后上下牺首正可两两相对。盖面与器腹饰瓦棱纹，圈足一周饰垂式重鳞纹。盖内与器内对铭两行5字：“秦公作宝簋。”“秦”字含“臼”。礼县大堡子山秦公墓出土，现藏上海博物馆。

**窃曲纹秦公鼎** 春秋，饪食器，铜器。高24.2厘米，口径24.2厘米。宽体，浅垂腹，平底微圜，三蹄足，足端微内敛，足上部有三齿扉棱，口沿外折，平唇，上立两宽厚耳，略外撇。沿下和腹部均饰有目窃细纹，耳外廓饰扁、圆相间的鳞纹，足上部饰以扉棱为鼻脊的兽面纹。兽面纹下饰凸弦纹为界。内壁铸铭文“秦公作铸用鼎”。该鼎通体饰窃曲纹，比较少见。沿下所饰窃曲纹乃腹部窃曲纹的简化，而腹部所饰窃曲纹则显然以凤鸟纹为母型：目作乳丁状突起，冠羽内卷于左侧，但和凤躯所形成的图案并不对称，巨大而向下弯钩的鸟喙，突出了鸟首形象。礼县大堡子山秦公墓出土，现藏上海博物馆。

**蟠虺纹軎、辖** 春秋，车马饰件，铜器。通长10.8厘米，外径4.2—5.5厘米，辖长10.7厘米。軎呈圆筒状，接毂的内端略粗，中部饰三周凸弦纹，贯辖一侧素面，远毂一侧蟠虺纹，端沿饰一周横式重鳞纹，軎端封闭面饰凤鸟纹。辖为扁长条形，尾部作斜角，销挡铸作双角兽首，兽首耳后有穿孔，为采系索以防脱失之用。辖销贯軎后尾部外露。礼县圆顶山秦贵族墓出土，现藏礼县博物馆。

**龙首衔环镳** 春秋，铜器，马镳。一对，通长12.9厘米，最宽处1.1厘米，厚0.6厘米。

弧形，体扁平。镳首为一圆目、展耳、长嘴的怪兽头，巨鼻衔环。镳正面浮雕蟠虺纹，背面中部并列两个半环形钮。形制灵巧，纹饰精美。镳是马络头的重要组成部件，配置在马首两侧，一端与衔环（马嚼子）套联，一端通过背钮带与勒额的缨络相接。现藏礼县博物馆。

**瓦棱纹簋** 春秋，盛食器，铜器。通高19.5厘米，口径17.5厘米，腹深8.8厘米。弧面盖，盖顶圆握，深子口，微内敛，鼓形腹。双兽首耳，无珥，兽首突目，高方角，卷鼻。圈足外侈，下附三小兽首足。盖顶圆握内、盖沿坡、上腹部及圈足皆饰蟠虺纹，盖面及下腹部饰瓦棱纹。礼县圆顶山秦贵族墓出土，现藏礼县博物馆。

**小捉手缺耳簋** 春秋，盛食器，铜器。通高16.4厘米，口径18.4厘米，腹深9.2厘米。弧形盖，顶较平而坡沿陡，盖顶中心细颈小圆握。深子口，内敛，鼓形圆腹。圈足外侈，边沿方折。腹部两侧设耳处各有两个乳头形突起。盖顶圆握内、盖面及坡沿、上腹部和圈足皆饰蟠虺纹，下腹部饰瓦棱纹。两耳部位的四个乳头状突起，实为镶嵌于耳内之接铆，耳已缺失。礼县圆顶山秦贵族墓出土，现藏礼县博物馆。

**四钮盖附耳鼎** 春秋，饪食器，铜器。通高23.3厘米，口径18.5厘米，腹深13厘米。敛子口，带方缘平盖，盖正中拱形钮，沿周等距分布三个矩形立块，实为鼎盖翻转使用时的三蹼足。两附耳高于盖面而且内收，深圆鼓腹，圜底近平，三蹄足蹼短且向中底聚集，使鼎腹大大宽于足距。盖面及上腹部饰双勾凹形纹，纹下一周凸弦纹为界。附耳外廓饰重环纹。此鼎附耳大角度内敛，比较少见。礼县圆顶山秦贵族墓出土，现藏礼县博物馆。

**垂鳞纹秦公鼎** 春秋，饪食器，铜器。高37.5厘米，口径38.5厘米。外折沿，平唇，双立耳宽厚，微外撇。敛口，浅腹下垂，圜底近平。三粗蹄足，足端微外收，足上部有山字形三齿扉棱。口沿下饰一周含目窃曲纹，目作乳钉状突起，腹部饰三周鳞片相错的垂式鳞纹，颈、腹部间隔两道凸弦纹，耳外廓饰扁、圆相间的重环纹，足上部以扉棱为鼻梁饰兽面纹。器腹内壁两行6字铭“秦公作铸用鼎”，字錾刻而成，字体略兼草率，笔画细浅。礼县大堡子山秦公墓出土，现藏甘肃省博物馆。

**龙纹繁钮秦公镈** 春秋，乐器，铜器，通高38.5厘米，铣间距24.5厘米，鼓间距20.5厘米。平于，椭圆口，舞面封实，器身略呈立鼓形。4条透雕扁连环龙纹扉棱均分器身，透雕扁龙纹繁钮与两条侧扉棱相连。顶端饰昂首翘尾的凤鸟。舞部饰对称的4组龙纹。被扉棱分为4区的器表也各饰繁复的龙纹，上下各有一周绊带。鼓部中央两行7字铭为“秦公作铸□□钟”，字画浅细。礼县大堡子山秦公墓出土，现藏上海博物馆。

**蟠虺纹附耳盘** 春秋，盥洗器，铜器。高16.2厘米，口径46.8厘米，腹深6.1厘米。敞口，平折沿，方唇，浅腹。喇叭口形圈足，下附三兽首支足，足端呈爪状。方附耳微外撇，耳下部又有横柱与器沿相连以固耳。通体饰蟠虺纹。礼县圆顶山秦贵族墓出土，现藏礼县博物馆。

**羊侯剑** 春秋，兵器，铜器。长55.5厘米，格宽5厘米，呈现出春秋秦式短剑向战国秦剑的过渡形态。扁圆柱茎，圆平首，无箍，茎身残留缑痕。剑身起脊，脊棱直锐分明，薄格。在距格约24厘米处，两刃渐内收，近锋处又微凸，再收成尖锋。格处剑脊两则刻有两行四字铭："羊侯永用"。剑身经过渡锡处理，至今无锈处仍光洁亮丽，刃部锋利异常，显示了秦剑先进的铸造水平。礼县永兴乡出土，现藏礼县博物馆。

**镂空虎形柄青铜剑** 战国，兵器，铜器。长 42.2 厘米，刃宽 3.2 厘米。剑柄中空，镂空浮雕虎，格步两边有对称的 12 个方形穿孔，刃部前窄后宽，脊棱突起，两侧有对称的卷云纹并形成两血槽，与格相连。现藏成县博物馆。

**窃曲纹铺首壶** 战国，盛储器，铜器。高 30 厘米，口径 9.5 厘米，底径 13 厘米。侈口、束颈，溜肩，鼓腹，平底高圈足，腹上部铺首衔环一对，肩部饰有六道凹弦纹，颈部饰有三角蝉翼纹一圈，肩腹部有三圈宽带三角云纹，足部饰一圈宽带云纹；一只环有云纹，一只素环。每一区间均饰窃曲纹，其边均饰云纹。成县店村乡大寨村出土，现藏成县博物馆。

**单耳矛** 战国，兵器，铜器。长 15.5 厘米，宽 8 厘米，呈挑式双刃，中脊不甚明显，末端有对称双半月孔，柄部成扁管状，尾端铸有环状弦纹和两排乳丁纹及宽带纹，一侧有半圆状单环耳。武都区外纳乡出土，现藏武都区博物馆。

**鐎斗** 汉代，铜器，口径 14 厘米，腹径 10 厘米，柄长 20 厘米。呈龙首，长直柄，铜洗状，撇口，平底直腹，口沿、壁、底部共有四组阴刻线纹。武都区柏林乡出土，现藏武都区博物馆。

**羚羊顶灯** 汉代，铜器，高 13.8 厘米，长 11.8 厘米。羚羊呈卧式，昂首挺胸，后颈、背、上臀部与躯干分离，下颌至胸有一细柱连接。点灯时，将盖掀起顶在羊头，羊后脑伸出两方片，片上各有圆孔，盖的颈部也有一圆孔镶入羊后脑，使掀盖时不分离，不用时便合成一个整体。徽县泥阳镇出土。现藏徽县博物馆。

**铜印** 汉代，铜质，宕昌县新城子藏族乡大河坝村出土。汉将军印式。篆刻"汉率善羌君"。现藏宕昌县博物馆。

**铜印** 汉魏，铜质，宕昌县阿坞乡阿坞村出土。汉将军印式。篆刻"魏率善羌伯长"。现藏宕昌县博物馆。

**七鋬长颈红陶壶** 仰韶文化，高 23.6 厘米，口径 12.2 厘米，腹径 15 厘米。泥质红陶，侈口，宽平斜沿，长颈，鼓腹部有一圈附加堆纹和一小圆孔，口沿下有七个鋬钉，鋬以下全身施不平整的蜗状纹饰，纹饰上多处施圆扁形附加堆纹。现藏西和县博物馆。

**旋涡纹彩陶罐** 马家窑文化，高 12.4 厘米，口经 7.4 厘米，腹经 11 厘米。泥质红陶，侈口，鼓腹平底，口沿下部至腹部用黑彩绘三组漩涡纹。现藏西和县博物馆。

**彩陶五乳罐** 马家窑文化，高 11 厘米，口径 12 厘米，底径 7 厘米。敛口，圆鼓肩，肩下内收平底，肩上有斜向五乳钉纹；腹有双耳，外壁全施黑彩；口沿一道带纹，由此而下平行方向共分四区，以四条纹带组成漩涡连续纹样，遍布壁直径处；双耳及乳钉外均饰有较宽带纹。武都区两水镇出土，现藏武都区博物馆。

**红陶鬲** 齐家文化，高 13.2 厘米。夹砂泥质红陶。敛口，三乳状足，一乳足腹及口沿有一单耳，口沿边施不规则的附加堆纹，器身整体施细绳纹。现藏礼县博物馆。

**仇池金印** 魏晋，方形，阴刻、篆书、羊钮。篆书，分别为"晋归义羌侯""魏归义氐王""晋归义氐侯"。西和县西高山出土，现藏甘肃省博物馆。

右：宕昌县城关镇出土的古宕昌羌铜印“汉率善羌君”

左：宕昌县城关镇出土的古宕昌羌铜印“魏率善羌伯长”

左：西和县仇池山出土的金印“魏归义氐侯”； 西和县仇池山出土的金印“晋归义羌王”羌；西和县仇池山出土的金印“晋归义羌侯”

**马鞍口灰陶罐**　寺洼文化，陶器，高 21.50 厘米，口径 10 厘米，腹径 15 厘米。因圆口形似马鞍而名。生活用器。现藏武都区博物馆。

**鸟形灰陶罐**　寺洼文化，陶器，高 8.8 厘米，口径 6.7 厘米，器形似小鸟而名。生活用器。现藏礼县博物馆。

**马鞍口双耳灰陶罐**　寺洼文化，陶器，高 9.1 厘米，口径 12 厘米。在双耳之间饰一圈带折线纹，中间加小圆点，美观、大方。现藏礼县博物馆。

**多弧沿四耳灰陶罐**　寺洼文化，陶器，高 17.6 厘米，口径 16.5 厘米。多弧形的口沿似一朵盛开的花朵。现藏礼县博物馆。

**鸟兽鋬灰陶鼎**　寺洼文化，饪食器，陶器。高 11.5 厘米。器型浑圆墩厚，稳定感极强。现藏礼县博物馆。

**人形灰陶瓶**　春秋，陪葬品，陶器，高 39.4 厘米，宽 13.7 厘米。头披饰物，笑口大开，胸乳坦露，两手交于袖内，憨态可掬。现藏礼县博物馆。

**陶俑**　秦代，陪葬品，陶器，高 30 厘米。头戴圆帽，身穿长衣，似在散步，两手插于衣兜，准确把握了寒冷气候中的人物动态，造型极其生动。现藏礼县博物馆。

**画像砖**　汉代，正方形，边长 37 厘米，厚 5.5 厘米。画面为狩猎图，森林中一猎人正弯弓欲射。现藏武都区博物馆。

**回形纹砖**　汉代，正方形，边长 37 厘米，厚 5.5 厘米。正面有四组“回”形纹。现藏武都区博物馆。

**陶水管**　汉代，陪葬品，陶器，大口为直沿，小口口沿内敛，接近小口 5 厘米处明显有内敛痕迹，为套管相接之处。为排水器。全长 30 厘米，大口径 16 厘米，小口径 12 厘米。现藏武都区博物馆。

**墨书盖罐**　汉代，陪葬品，陶器，一组四个，各罐大小略同，均为盘形平面盖，直沿短颈，圆肩，腹壁为细密竖向绳纹，大平底，口径 7.5 厘米，腹径 13 厘米，底径 9 厘米，高 12 厘米。

盖面涂白粉，分别以标准汉隶书写“禾米、小豆、大豆、黄豆”四类粮食名称。现藏武都区博物馆。

**陶羊** 汉代，陪葬品，陶器，残高7厘米。群羊中有的吃草，有的抬头张望，栩栩如生，体态生动。现藏西和县博物馆。

**陶马** 秦代，陪葬品，陶器，高27.2厘米，长20厘米。膘肥体壮，昂首傲立，一匹良驹正待奋蹄。现藏礼县博物馆。

**陶猪** 汉代，陪葬品，陶器，高10厘米，长18.5厘米。体态肥腴，膘圆肉厚。现藏礼县博物馆。

**陶犬** 汉代，陪葬品，陶器，高19厘米。陶犬警惕注视前方，忠实履行职责，造型生动。现藏礼县博物馆。

**绿釉陶鸡** 汉代，陪葬品，陶器，雌、雄各一只。雄高19厘米，长23.5厘米；雌高16.7厘米，长21厘米。现藏礼县博物馆。

**黄釉鸟兽纹陶罐** 汉代，陪葬品，陶器，高35厘米，口径11.5厘米。通体黄釉，肩和腹部之间饰一圈鸟兽纹。其纹千姿百态，惟妙惟肖。现藏两当县博物馆。

**绿釉大方耳杯** 汉代，陪葬品，陶器，高6.4厘米，口径8.5厘米。现藏礼县博物馆。

**陶屋** 汉代，陪葬品，陶器，高24厘米，长35厘米，宽23厘米。反映了当时的民居建筑特点。现藏西和县博物馆。

**陶井** 汉代，陪葬品，陶器，高21.8厘米，口径14.2厘米。现藏礼县博物馆。

**陶灶** 汉代，陪葬品，陶器，长29厘米，宽18.5厘米，高11.5厘米。灶面饰一圈折线纹及各种食品图案，并有两个大小不等、突出灶面的圆形锅台，现藏成县博物馆。

**灰陶塔** 汉代，陪葬品，陶器，高62厘米。分为塔刹和塔身两部分，塔身由莲瓣和镂空花纹装饰。现藏成县博物馆。

**鸟形灰陶熏炉** 汉代，陪葬品，陶器，高26.7厘米，腹径15.3厘米。顶部为一只鸟，中间为一球体，球体上半部有模印三角纹，并间以镂孔；下半部呈豆形。现藏西和县博物馆。

**三彩武士俑** 宋代，陪葬品，陶器，高32.8厘米，底宽16厘米。武士坐于巨石之上，左腿盘悬，右腿蹬地；左手捶膝握拳，右手横持佩剑，身披甲胄 ，内着战袍，昂首挺胸，怒目而视，气宇轩昂。以黄绿釉着彩。现藏徽县博物馆。

**浮雕武士砖** 宋代，一对，随葬品。均高30厘米，宽19厘米。两块砖各雕一武士。一武士身着盔甲，呈稍左侧立姿，左手持弓，右手握箭，整装待射；另一武士右肩扛斧钺，左臂弯曲，握拳左侧站立。两武士均着红袍，顶红缨，威风凛凛。现藏徽县博物馆。

**三彩釉陶皈依塔** 宋代，陶器，通高117厘米，底径42厘米。由塔刹、塔身和塔座三部分组成，以镂空和雕刻相结合的技法雕刻了精美的花纹图案和各种造型。现藏西和县博物馆。

**陶狮枕** 宋代，陶器，长38厘米，身高11.5厘米，陶狮呈蹲卧状，身躯微屈；头方眼大，鼻似悬胆，张口露齿，两耳垂聆；毛顺展，蹄爪聚全，造型生动逼真。现藏徽县博物馆。

**绿釉瓷瓶**　汉代，高23.3厘米，口径5.1厘米。小口圆肩，通体浑圆，绿釉厚润。现藏礼县博物馆。

**影青瓷碗**　宋代，亦名青白釉瓷碗，口呈喇叭状，斜深腹，小圈足，釉色青中带白，晶莹碧透，莹润如玉。为生活用器。现藏徽县博物馆。

**青瓷盖碗**　宋代，高8.5厘米，直径10.5厘米。碗口呈圆形，碗体通圆略大于碗口，碗底直径为碗口直径的一半，碗盖亦稍大于碗口，边沿向中央逐渐突起，盖中心有凸起的小圆顶（抓手）。通体施深绿豆釉，光洁润泽。现藏徽县博物馆。

**瓷碗**　宋代，高27厘米，口径64厘米，腹径13厘米。喇叭口，斜深腹，小圈足，内饰印花纹饰图案。现藏成县博物馆。

**龙泉凤耳瓶**　宋代，高18厘米，口径7厘米，底径7厘米。盘口细颈，斜肩直腹，颈部有两个变形凤耳，平底，浅圈足。釉呈浅蓝色，厚而光亮，如冰如玉，为龙泉窑佳品。现藏武都区博物馆。

**瓷酒器**　宋代，高15.1厘米，口径4厘米，底6厘米。竹筒状造型，小口短颈，身粗长，绕身有突起的环棱，底部圆形，釉豆绿色，有冰裂纹，光洁莹润。现藏徽县博物馆。

**齐寿瓷枕**　宋代，长27厘米，宽15厘米，高13厘米。呈不规则长方体，枕面凹弧，中间书“齐寿”二字；枕面及各侧均饰菊花图案。现藏西和县博物馆。

**红瓷盆**　明代，高4.7厘米，口径12.2厘米，底径3厘米。釉呈朱砂色，釉层肥厚莹润，釉面光亮。形状自下至上弧度逐渐加大，趋向颈部又向内凹进，口外翻，腹部有对称的两个棱成狮子头状突出。现藏徽县博物馆。

**荷叶黑釉瓷罐**　宋代，水器。高10厘米。口为正五边形荷叶状，花边外展内收。器身上半部呈圆柱体，下半部外鼓如碗状，外壁圆润，逐渐收拢于底，釉色黑亮，呈油脂光泽。距底约2厘米左右全未施釉，内壁底也未挂釉。现藏徽县博物馆。

**玉璧**　新石器，直径23.3厘米。璧面五彩缤纷，美丽如画。现藏礼县博物馆。

**玉铲**　新石器，长24厘米，刃部宽11厘米，上部宽9厘米。呈梯形状，刃宽背窄，背部一小圆孔，两边成斜直线，玉面满布色泽深浅不一，色块大小不等的沁。现藏西和县博物馆。

**玉璧**　齐家文化，礼器。直径14.5厘米。面有深褐和土黄色沁，极具美感。现藏成县博物馆。

**璜**　商周，装饰品。长13厘米，宽4.5厘米。由三块三分圆和一弧形片组成一个圆圈，器体虽小，但玉质好，光泽佳，半透明，脂质感强，有血沁和土沁块。现藏武都区博物馆。

**玉璧**　齐家文化，直径152厘米。呈青色。礼器。现藏成县博物馆。

**玉圭**　商周，长29.5厘米，宽4厘米，方首钝刃，角略圆，形如铲。一端有大小不等的两个对穿圆孔，在斜直线一边近方首处有半圆形小孔。现藏武都区博物馆。

**玉饰件**　春秋，现藏礼县博物馆。

**蜗纹缘玉璧**　战国，外径14厘米，内径4厘米，表面雕凸起的谷粒，谷粒上带有小螺旋形尖，似谷发芽，墨绿色，有土沁。现藏武都区博物馆。

**石祖** 新石器，长15.1厘米。形象逼真，质感极强。现藏礼县博物馆。

**石刀** 新石器，长13.5厘米，宽3.3厘米。两端呈月牙状，刀面有两个对穿小圆孔，表面光滑细腻。现藏徽县博物馆。

**石斧** 新石器，长22.3厘米，宽3.2厘米。两端呈圆弧状，刃部较宽，握手处较窄。现藏宕昌县文化馆。

**石铲** 新石器，长17.6厘米。铲首较窄呈方形，刃部较宽呈圆弧状，距铲首三分之一处有一小圆孔。现藏礼县博物馆。

**石圭** 春秋，石器，一组五器，最长12厘米，最短9厘米。长方形的顶部有一呈三角状的尖角，尖部较长，棱角方硬，无修饰，表面有玻璃感。现藏礼县博物馆。

**石钺** 战国，石器，长22厘米，宽20厘米。面呈“房”墙式，三面具刃，近底部有六个平行小穿孔，钺面磨制平正。现藏武都区博物馆。

**石磨** 汉代，石器，口部直径11厘米，磨盘直径17厘米，高13厘米，分上下两扇，下扇呈圆柱台体，面已磨平，中轴线存；上扇呈圆柱台体，台面凿两个半圆形凹面，凿时留有隔横，底部双孔。为沙岩石质，较粗糙。现藏武都区博物馆。

**骨鱼钩** 新石器，长4.6厘米，直径0.4厘米，竖钩状。鸡骨红，光泽圆润鲜亮。现藏礼县博物馆。

**骨刀** 新石器，长23.4厘米，柄宽3厘米，刃宽2.3厘米，从柄到刃尖由长方形逐渐缩小为弧状刀尖，中部有套管，具光泽，经磨制而成。现藏礼县博物馆。

**漆碗** 战国，盛食器。高7.3厘米，口径21厘米。造型浑圆，饰云纹，雍荣华贵。现藏成县博物馆。

**凤鸟纹漆盂** 战国，水器。高7.5厘米，口径24厘米，底部饰凤纹，线条流畅。现藏成县博物馆。

**铜扣足动物纹漆樽** 战国，铜器。高13.2厘米，口径11.8厘米。呈圆柱体，饰动物纹，有三个铜足。现藏成县博物馆。

**云纹漆耳杯** 战国，高5.5厘米，长16.5厘米。状似双耳，饰云纹。现藏成县博物馆。

**鸡蛋** 汉代，直径为3.5厘米，埋藏地下两千余年，尚色白透明，且内有小鸡阴影。现藏西和县博物馆。

# 第三十一编　非物质文化遗产

文化遗产包括物质文化遗产和非物质文化遗产两大类。物质文化遗产是指具有历史、艺术和科学价值的文物，包括古遗址、古墓葬、古建筑、石窟寺、石刻、壁画、近代现代重要史迹及代表性建筑等不可移动文物，以及历史上各时代的重要实物、艺术品、文献、手稿、图书资料等可移动文物和具有突出价值的历史文化名城（街区、村镇）。而非物质文化遗产是指各种以非物质形态存在的与群众生活密切相关、世代相承的传统文化表现形式，包括民间口头传说、传统表演艺术、传统手工艺技能、民俗活动和礼仪节庆等。

陇南非物质文化遗产作为甘肃非物质文化遗产的重要组成部分，有其独特性。首先，以早期秦文化为表现内容的非物质文化遗产具有独一无二性。秦人在西汉水上游一带生存了三百余年，建造了西垂陵园，有人认为西和乞巧节、迎喜神、抢快等都是秦人的文化遗俗。其次，今宕昌县城关镇官鹅沟和新城子乡大河坝沟藏族的羌傩舞和敬山神苯苯舞，充满古代氐、羌民族原始宗教的淳朴神秘，也是甘肃特有的非物质文化遗产。再次，陇南的高山剧、陇南影子腔、玉垒花灯戏、三仓灯戏等地方传统戏剧也独具特色。最后，康县、成县、西和县的土法造纸，康县阳坝、武都裕河、文县碧口茶叶制作技艺，康县的铸铧工艺，弥补了甘肃非物质文化遗产“空白”。

从 2005 年开始，陇南市在市、县（区）文化部门成立非物质文化遗产保护机构，专门负责非物质文化遗产的普查、登记、建档等工作，同时还抽调专业人士组成非物质文化遗产调查组，全面开展了市、县（区）的非物质文化遗产的普查工作。

2007 年 11 月 13 日，陇南市公布第一批非物质文化遗产名录，有 69 项非物质文化遗产项目入选。2008 年，陇南市非物质文化遗产保护中心成立。2009 年，基本完成了对全市非物质文化遗产保护项目的摸底、普查和登记工作，全市共收集非物质文化遗产线索747条，调查项目359个，经过积极申报，全市国家、省、市、县四级非物质文化遗产名录已初步建立起来。

2010年，完成了第三批省级非物质文化遗产保护项目及其传承人的申报工作。在全市范围内进行了非物质文化遗产展品征集，编辑出版了《陇南非物质文化遗产集锦》资料图书。

至2012年，陇南市非物质文化遗产被列入国家级非遗名录的3项、省级非遗名录的22项（其中，第一批6项、第二批13项、第三批3项），69个项目进入市级保护名录（第一批69项）。各县（区）政府也陆续公布了各自的县级非物质文化遗产名录，除文县、徽县公布了一批非物质文化遗产名录之外，其余7个县（区）均已公布了两批非物质文化遗产名录，累计公布的县级非物质文化遗产保护项目达340项，涉及民族语言、美术、音乐、舞蹈、戏曲、曲艺、礼俗、手工技艺等十多个方面。

# 第一章 国家级非物质文化遗产项目

截至2012年，陇南的国家级非物质文化遗产共计3项，其中民间舞蹈1项（文县“傩舞—池哥昼”），传统戏剧1项（武都区高山戏），民间习俗1项（西和县乞巧节），他们是陇南历史文化发展的集中见证和陇南文化传承的重要载体。

## 第一节 文县傩舞“池哥昼”

傩舞“池哥昼”是文县白马人的一种用于祭祀的传统民间面具舞蹈，属于傩舞的范畴。2006年5月被列入第一批国家级非物质文化遗产名录。2006年9月被列入第一批甘肃省非物质文化遗产民间舞蹈类名录，

每年正月十三至十七日，文县铁楼乡白马河畔白马人聚居的村村寨寨都要表演“池哥昼”。每年正月十二日，白马各村寨要由族长召开村民会议，商议部署“池哥昼”的活动事宜，譬如确定“跳手”、如何接待客人等。

文县铁楼乡白马人“池哥昼”表演

“池哥昼”正式表演的那天，全村男女老少都要穿上节日盛装。舞蹈队员装扮好后先在大场里预演，经寨子里的乡老“审定”，认为跳得合格后方可正式开场。白马人跳“池哥昼”一是敬神请神、撵鬼驱邪；二是演示白马人的生活与祖先的历史。一般清晨九时由炮手对空鸣放三声“三眼铳”，宣布“池哥昼”活动正

“池哥”兄弟

“池哥昼”表演

式开始。“池哥昼”队伍按惯例从传统的地点起步先绕村一周，接着从寨子的最高处开始，由东向西，自上而下，挨家逐户表演。“池哥昼”队伍每到一家，主人以鞭炮相迎，并摆上肉菜，拿出咂杆酒盛情款待。表演结束时，主人要送给“池哥昼”一升咂杆酒粕，由会首装在一个随身背的木桶里，还要送一个大蒸馍、一吊腊肉，所收的酒、肉、馍，供全寨子里的人正月十七日在大场里吃团圆饭。舞蹈队伍一般由男性九人或十人组成，表演者头戴面具，有“池哥”“池姆”“池玛”“知嘛”（猴娃子）和“趴贵”（野猪）角色，其中四人扮成山神，叫“池哥”，为四弟兄，象征白马人祖先达嘎、达玛的四个儿子，四人头戴青面獠牙的木雕彩绘面具，上插锦鸡翎，反穿羊皮袄，背负一串铜铃，足蹬牛皮靴，左手持宝剑，右手握牛尾刷，形象凶猛。“池哥昼”表演者舞步刚劲，双腿屈膝，随节拍连续作曲步交替半蹲起伏动作，晃臂摇肩四拍一次，扮神姑者双手在头部左上方合掌，然后顺胸滑下分开，双手叉腰，作虚步亮相，并始终作踮步动作。节奏明快，动作灵活，如吸腿跳步、弓箭步、屈膝步、厕身踮步等，意在表现白马人与邪恶抗争的精神风貌。舞蹈有杀野猪、打老虎、剥猴皮的动作，舞步遒劲粗犷，最具代表性的表演是“杀野猪”。两位“池姆”，名曰金姐银妹，头戴木雕菩萨面具，眉慈目善，端庄秀丽，身穿洒脱漂亮的宽袖对襟长裙，手持一方花手巾，腕戴玉镯，紧跟“池哥”之后，舞姿以模仿种庄稼和家务活为主，一步一合掌一屈腿，一步一转体扭腰，舞姿柔和优雅，轻盈飘逸，最具代表性的表演是“拜四方”和“擀面”。夫妻“池玛”，丈夫身穿麻布长衫，头戴草帽，妻子身着白马人一般妇女装束，唱说白马人的苦难和历史变迁，其舞蹈动作无定规，边舞边唱。“知嘛”由一名十多岁的儿童扮演，脸上抹锅灰，身穿破衣烂衫，相当于戏剧中的丑角，说笑话，唱怪歌，主要作用是逗乐，增加欢乐气氛。

“池哥昼”表演结束的深夜，全村男女老幼护送“池哥昼”前往祖先相传的圣地。众人手拿香纸，面向西跪拜叩首，呼唤四方神灵，对神祷告，祈祷新的一年六畜兴旺、五谷丰登、全寨安宁。送神之后，大家唱着“扎西德目，扎西德目”（即吉祥如意之意），兴高采烈地回到家中。

2008 年 5 月，甘肃省文化厅公布的第一批甘肃省非物质文化遗产名录部分项目代表性传承人名单中，铁楼乡入贡山村人班正联、余杨富、强曲村人余林机、入贡山村人班运民、班杰军被列为文县傩舞（池哥昼）的传承人。2009 年 6 月，文化部公布的第三批国家级非物质文化遗产项目代表性传承人名单中，余杨富被列为文县傩舞（池哥昼）的传承人。余杨富，男，82 岁，文县铁楼乡强曲村人，能口授、讲述、说唱白马人歌舞文化、历史传说等。

## 第二节　西和县乞巧习俗

西和县的乞巧民间风俗，被称之为中国古代乞巧风俗的活化石。

“乞巧”是向神灵讨要智慧的意思，乞是要，巧则是心灵手巧，有巧思妙想，其实质是说有智慧。乞巧是中国流传甚广、历史悠久的古老民俗。自 20 世纪 50 年代以来，由于极“左”思潮和现代文明的双重冲击，这一古老民俗在全国已经基本绝迹。

西和县乞巧活动

姑娘们迎送巧娘娘

西和县乞巧活动，源于牛郎织女的传说。当地乞巧中的“巧娘娘”据传是王母娘娘的女儿织女，又名七仙女，善织“云锦天衣”。赵逵夫先生认为，西和县的乞巧习俗其实是先秦民间祭祖文化的重要组成部分。西和县乞巧习俗分布在西汉水沿岸的西和县长道镇和礼县永兴镇一带，每年从农历六月三十开始拉开序幕，各村妇女们用七天八夜的时间（七月七日深夜结束）进行坐巧、迎巧、祭巧、拜巧、娱巧、卜巧、送巧七项仪式。每个环节均有歌舞相伴，又有几个各具特点的程式，其中大量的乞巧唱词、曲谱、舞蹈以及诸多与生活相关的服饰装扮、巧娘娘像和五谷供果制作等手艺在民间世代相传，极具观赏性。

乞巧歌主要以娱神（巧娘娘）为目的，歌词有传统和新编之分，一般表现包括天象崇拜、偶像崇拜、五谷植物崇拜、动物崇拜、水神崇拜等神灵崇拜，对心灵手巧、对美好姿容风度的乞求，对真挚爱情、自由婚姻、幸福生活的追求以及对历史人物、传说故事的颂扬和劝人向善、劝人和谐相处等一些内容。曲调也有正

歌与副歌之别，包括祈神祭祀类、生活劳动类和历史时政类三种。乞巧歌除了节前排练外，仅限于“乞巧节”上演唱，属于民歌的范畴，是西和县一代代姑娘们集体创作的结晶。

2005 年 9 月，西和县乞巧节被甘肃省政府公布为第一批省级非物质文化遗产保护名录；2006 年 12 月，西和县被中国民间文艺家协会命名为“中国乞巧文化之乡”。2008 年 6 月 14 日，西和乞巧节入选全国第二批非物质文化遗产名单。

2008 年 12 月，甘肃省文化厅公布的第二批甘肃省非物质文化遗产名录部分项目代表性传承人名单中，西和县卢河乡卢河村董丽琴、西和县汉源镇黄磨村雷希桂、西和县长道镇西团村张月兰为西和县乞巧节的传承人。

## 第三节　武都高山戏

武都高山戏，又名高山剧，当地人叫“演故事”“走过场”“唱红灯”“社火戏”“哟嗬咳”等，流传于武都区北部高山地区鱼龙、隆兴、金厂、龙坝、汉王等乡镇以及毗邻的西和县、礼县的边界地区，是从当地民间说唱、歌舞表演、民间祭祀和传统社火中孕育、演变、发展而来的戏曲剧种。1959 年 10 月定名为“高山戏”，1965 年其名见报后被陆续载入《辞海·艺术分册》《中国戏曲文化》《中国戏曲曲艺辞典》等，为甘肃省独有的两大特色剧种之一。2006 年 9 月被列入第一批甘肃省非物质文化遗产名录，2008 年 6 月被列入第二批国家级非物质文化遗产传统戏剧类名录。

据考，明代初年，因为元亡明兴的战事平息，武都的鱼龙、隆兴等地老百姓张灯结彩，载歌载舞庆祝。洪武十二年（1379），明大将曹国公李文忠与西平侯沐英进兵洮州（今甘肃临潭东）、平定起事番民时，曾征战此地，建洮州卫、阶州卫，留有部属屯驻于此，后驻军及百姓为了纪念李文忠，便在今武都区鱼龙镇杨坝村下边的孙家沟、尹家沟和洞房沟三股水源汇合处修建大安庙（又称鱼龙寺），尊李文忠为“福神”，一说为“傅王”，即明初大将傅友德，洪武四年统军十万，经由阶州文县伐蜀，拔广汉，克成都，其部属多戍守阶州、文县等地。并修建戏楼，每年农历四月十八为庙会。庙会时，各村把当地社火搬上舞台，用社火的小曲和当地民歌表演“故事”，后年复一年，代代相传，并融合了秦腔、川剧等戏曲元素，逐渐形成一种乡土气息十分浓

武都区鱼龙高山戏表演“走印”

厚的地方戏曲，习称高山戏。

高山戏表演

武都高山戏的演出场地以民间打麦场、农家院、庙会戏台、社火戏台为主，舞台演出程式一般分为“踩台”“开门帘”“打小唱”“演故事”等，其中“演故事”是高山戏的正式内容，还有带祈福娱神性质的“圆庄”“上庙”“走印”等表演。武都高山戏原始曲牌有300多种，其唱腔分为“欢音”和“伤音”两大类，“欢音”类唱腔如“古碌”“十把扇”“进状元”“状元回府”“进花园”“门墩儿”“太平年”等，“伤音”类唱腔如“胭脂泪”“滚白带哭腔”“旺哥”等缠绵凄楚、哀怨动人。演员服饰多为清兵或戏剧服装。高山戏的主要曲调可以归纳为“开门帘”“过板”“哭腔”“曲曲”“花花”“要要”“盏盏”“二簧”等10余个大类，每大类中又有若干小类。演出时，艺人根据需要插进唱词固定的腔调，如悲痛时唱“哭腔”，上路时唱“路曲”，过河时唱“船曲”，唱腔丰富多变，或激昂，或委婉，或浑厚，曲调高亢挺拔，活泼明快，委婉悠扬。高山戏还有一种叫帮腔的演唱形式尤其富有表现力，在演员演唱时观众随声哼唱“哟嗬嗨”的衬字，演员和观众融为一体，共同参与表演，颇具声势。高山戏的伴奏乐器分为武乐器和文乐器，武乐器有大鼓、大锣、四片瓦，文乐器有大筒子（四弦胡琴）、碟子、碰铃、土琵琶、二胡等，其中拉奏乐器高山胡是高山戏的主奏乐器，用竹筒、桐木面板、钢丝弦组成，音质响亮，穿透力强。碟琴是高山戏的特色伴奏乐器，由七声音阶十八度陶瓷碟子组成，音色清脆悦耳，演奏时气氛热烈。高山戏表演讲究“四功”（念、唱、做、打）、“五法”（手、眼、身、法、步）的基本要求，角色分生、旦、净、丑，男角表演以跳步与摇头为基本动作，女角表演重于扭腰和摆肩。高山戏的语言是以西北通用语为基调，吸收陇南方言中有特色的咬字、发音和词汇，对生僻字、方言土语进行加工提炼，生动活泼、幽默诙谐、通俗易懂。其唱词格式比较固定，有七字两句式的对联体，有五字四句式的绝句体，有山歌体、律诗体等。大量衬词和灵活的帮腔形式构成了高山戏独特的演唱风格。1956年，武都地区五一剧团根据“演故事”的形式和曲调编排的《咸阳讨账》参加甘肃省民间音乐舞蹈会演，人们称其为“武都曲子戏”；1959年，武都曲子戏《两朵红花》《尕女婿》参加了甘肃省国庆十周年献礼演出，专家们觉得称其为“武都曲子戏”不够确切，于是根据其发源地位于海拔1800米以上的高山地区的地理特征，便将其命名为“武都高山戏”。

武都高山戏传承剧目（故事）达600多个（折），其中《咸阳讨账》《刘四告状》《特殊党费》等剧目在省、地、县（区）历次戏剧会演中，受到群众的热烈欢迎，是凝结了当地劳动人民艺术创造的一种集歌、舞、剧为一体的综合舞台表演艺术。在2006年举行的全省新创剧目调演中，陇南市五一剧团创作演出的现代高山戏《山村别》和《醉虎》，又把这一古老剧种的改革和创新向前推进了一步。

2009年6月，文化部公布的第三批国家级非物质文化遗产项目代表性传承人名单中，尹维新被列为甘肃省武都高山戏的传承人。尹维新，67岁，武都区鱼龙镇上尹村人。他发起创建“上尹村高山戏业余剧团”，编写的大型古典高山戏剧本《老换少》，打破了数百年来高山戏“无本唱戏”的窘状，编写、表演和导演了《钉缸》《讨债》等，培养了如冯家小湾村的冯林应、张湾村的张佛宝、瓦房村的王称子等高山戏演员。

# 第二章　省级非物质文化遗产项目

截至2012年，甘肃省已公布了三批非物质文化遗产名录，陇南入选的项目总计22项（其中3项已入选国家级非物质文化遗产名录），其中民间文学类1项、民间音乐类4项、民间舞蹈类2项、传统戏剧类5项、曲艺类2项、民间美术类1项、传统手工技艺类5项、民间习俗类2项。

## 第一节　民间音乐类

### 一、康南毛山歌

康南毛山歌主要分布在康县南部地区的阳坝镇、两河镇、白杨乡、铜钱乡、三河乡等地。在旧社会，康南地广人稀，四川、陕西毗邻地区的穷苦百姓逃荒避难，逐渐逃到这些深山老林来谋生，处在社会的最底层，他们在田野劳动时为抒发情感，常即兴演唱歌曲，歌词内容广泛，曲调简短易唱，情感质朴、节奏自由。中华人民共和国成立后，翻身做了主人，就唱出对新生活的向往。毛，当地方言“小”之意，毛山歌即小曲小调。

康南毛山歌有独唱、男女对唱、合唱，基本内容有唱旧社会广大百姓苦难生活的，如：“不赶麦场赶惯了，提起麦场伤心难了，镰刀背架子齐了，要着吃着回来了。”有揭露地主阶级压迫穷苦人民的，如：“宁叫天打死磨，不给老地主做活，豌豆麦馍馍泣煞费苦心，蒸汽水救活。”有反应劳动生产的，如“锄草锄了整一天，眼看太阳快落山，扯根葛条绑太阳，草不锄完不下山。”有反映忠贞爱情的，如“铜绿盅子喝清茶，啥时与你成亲家，只要和你成了亲，肉连骨头心连心。”

康县阳坝镇群众即兴演唱毛山歌

康南毛山歌没有歌本，在生产劳动和生活中，即兴演唱，随着老一辈歌手相继去世和现代流行音乐的冲击，康南毛山歌也面临着难以延续的尴尬局面。近年来，康南毛山歌在县委、政府的重视保护下，于2007年被定为省级非物质文化遗产项目。

目前，毛山歌为传承人唐太芝、张世清、尹世成、何家珍、韩远英等。

## 二、康县豆坪唢呐

唢呐在康县有悠久的吹奏历史，康县北部的唢呐吹奏是由庆阳传入，而康县南部的唢呐吹奏是由陕西、川北传入，因而，康县境内不同地区有着各自的吹奏形式和曲调，其中尤为康县豆坪乡的唢呐吹奏声音洪亮，节奏明快，曲调丰富，地方特点浓郁。

康县豆坪唢呐吹奏形式有单吹、合奏等多种形式，合奏时可伴以司鼓、铜钹、锣、碰铃、大鼓等打击乐器效果更佳，打击乐与唢呐的完美结合可以使吹奏场面宏烈、壮观，有利于表演曲调的内涵，增加感染力。豆坪唢呐有许多曲牌，其中流行最广的就有一百多个，表现欢乐喜庆场面的曲调如《大门开》《开财门》《八仙上寿》《全家福》等。在悲苦的场面上选择哀婉、伤悲的曲调，如《哭长城》《哭五更》《吊孝》等。

康县豆坪群众吹奏唢呐

康县唢呐分布广泛，康县境内各乡镇村庄红白喜事都有请唢呐艺人吹奏唢呐吹奏的习俗。但现在的高水平老艺人已不多见，而潜心学习传统唢呐吹奏技艺的青年人更是少之又少。

2007年，康县唢呐被定为省级非物质文化遗产保护项目。政府大力发掘保护，现在康县21个乡镇都有唢呐吹奏艺人，代表性传承人有陈世元、柏凤岐、李万年、何成子。

## 三、康南锣鼓草

打锣鼓草，又叫薅草歌，康县牛头山以南地区（统称康南地区）农民习惯于在田间地头演唱打锣鼓草。

康南地区打锣鼓草类似于劳动号子，但又比一般的劳动号子更具有表演性。康南地区地广人稀，每个村子都形成了互帮互助的大集体劳作习惯，农民在田间地头集体劳动（薅草）时，一人敲锣，一人打鼓，大家随锣鼓手的指挥，一边干活，一边随着锣鼓的鼓点唱薅草歌，边唱歌，整片推进，互帮互助，场面热闹，气氛活跃，故称打锣鼓薅草歌，因“薅”字难写难认，遂简称打锣鼓草。

打锣鼓草表演大致分为：牵线子、扎盖子、起歌头，安五方、说正方、耍歌子、办交接等步骤。曲目有《牧牛打虎》《八仙图》《十二枝花》等，节拍有九拍、十二拍、花拍子几种。唱词分五字、七字、十字等。大家薅草时整片推进，一面山坡地自下而上，不论遇上那一户都要依次向前，薅完为止，体现了山里人友善共处、帮贫济困的纯朴民风（当地又称唐将班）。同时，群众还可以在锣鼓草的欢乐中得到愉悦的享受，从而鼓舞劳动干劲，提高劳动效率。

康南地区群众打锣鼓草表演

打锣鼓草演唱可以按照固定的唱本唱，也可以根据环境情景的变化，现编现唱，歌词通俗易懂，富有诗意，情趣横生。

近年来，一些颇有造诣的锣鼓草乐手年事已高，逐步退出舞台，加之青年大多外出打工，打锣鼓草已极为少见，濒临消失。为了尽快保护这十分珍贵的非物质文化遗产，2007 年，康南锣鼓草成功申报了甘肃省非物质文化遗产保护项目，县政府成立了有专业人员参与的康南锣鼓草保护领导小组，建立了乡村级锣鼓草乐队，发展“康南锣鼓草表演”文化产业。传承人为康县阳坝镇干江坝农民马贵祥。

**四、两当号子**

两当号子主要流行于两当县境内南部地区深山林区的站儿巷、云屏、泰山、广金等乡镇。据史料载，清乾隆末年，湖南、贵州的苗民起义，嘉庆元年的湖北白莲教起义以及后来的太平天国革命运动失败后，一大批来自湖广地区（今湖北、湖南）的义军为逃避清兵的追杀，相继进入陕、甘、川交界地区的荒山密林中，采木搭棚、挖坑筑炕、吊罐做饭、火塘取暖，从事耕种、狩猎、挖煤、冶铁的生计，被当地人称为“棚民”或“湖广广”。他们将湖广地区的汉江号子与本地的民间小曲调子相结合，于是便产生了声音高亢粗犷、调式丰富、音域宽广、节奏自由的“两当号子”。

“两当号子”有“花号子”和“排号子”两种。“花号子”是一种没有唱词，只用“咦、哟、哎、咳、啊、嗬、呀”等虚词来演唱的号子，其曲调高亢、音域宽广、旋律跳跃的幅度大，音调变化多，在民间演唱的曲目较多。

“花号子”又可分为“唢呐号子”和“鸡公号子”两种。“唢呐号子”是歌手用声音模仿唢呐吹奏的音调而演唱的号子，如在两当南部流传甚广的《大唢呐号子》《画眉鸟儿跳架上》等曲目。“鸡公号子”是歌手模拟公鸡报晓啼鸣的声音来演唱号子，有独唱、对唱、领唱、齐唱、合等表演形式，如《大鸡公号子》《生鸡公号子》等曲目。“鸡公号子”的对唱极为有趣，双方歌手站在山坡之上，一问一答的对唱，有时连续几天的对唱打擂台，直到有一方唱得张口结舌甘愿服输方才罢休。“排号子”有唱词，其歌词大多是即兴编唱的，曲调比“花号子”要低一些，旋律幅度的跳跃变化较小，也是当地较为普及的一种号子。排号子分“拉箱号子”和“山歌套号子”两种形式，一般都与当地人们的生产生活密切相关：明清以来一些外地客商在当地大山林中开办厂许多炼铁厂、采矿场，采矿冶炼过程中，需要很大的风箱向炉内鼓风，当四至六人合力推拉风箱时，他们手拉风箱，口唱号子，于是“拉箱号子”便运用而生，如现在幸存的《箱夫子歌》。而“山歌套号子”是当地歌手在长期的民歌演唱活动中传唱的号子，属地道的两当“土”号子。

两当号子的演唱形式不拘一格，朴实生动，习惯上以锣鼓为乐队，由四至六人组成，也可以引进锣鼓等传统民乐伴奏，以齐唱为主要表演形式。两当号子的演唱过程中特别讲求“接气”，即第一组歌手唱完一句要换气时，第二组歌手从这一句的末尾拖腔处接唱，前后配合默契，除了音色上的变化有区别之外，上句和下句换气相接中没有时间差的感觉，有一气呵成的艺术效果。

两当号子演唱

1957 年，“两当号子”曾作为甘肃民间歌曲赴北京参加全国民间歌曲会演；1975 年两当县业余文艺演出队以“两当号子”为基调创作的男声小合唱《丰收号子飞满山》，女声独唱《银耳献给毛主席》参加地省两级文艺调演，被评为优秀节目。

为抢救和挖掘两当号子，在不断组织参加各项重大演出活动的同时，20 世纪 70 年代末 80 年代初，民乐专家邸作人、周健等实地调查，整理两当号子 63 首，其中 40 余首选入《天水地区民歌集成》和《中国民歌集成甘肃分卷》。2011 年两当县文化体育出版局编辑出版了《两当民歌集成》。

## 第二节　民间文学类

### 康县木笼歌

康县木笼歌，亦名花儿姐，广泛流传康县北部，为民歌体叙事长诗。

木笼是古代专门押解犯人用的木制笼子。清朝道光八年（1828）八月，成县迷坝（现属康县）对对山贫苦农民的女子花儿姐，是民间歌手。花儿姐通过山歌对唱和同村小伙林秀订了亲。成县邱把总的儿子邱五德，听说花儿姐漂亮，便企图把花儿姐抢去当老婆，花儿姐坚决不从。在拉扯过程中，邱五德自己踩发地边用来捕杀猎物的弩箭而死，花儿姐被邱把总诬告为杀人犯，用木笼把花儿姐押解到成县。花儿姐的未婚夫林秀在阶州府告了邱把总的状，州官又下令把花儿姐押解阶州。邱把总给州官行贿，州官要杀花儿姐，但过堂时见花儿姐长得漂亮，便另找了一个人犯以“花儿姐”的名义杀了，准备娶花儿姐做小老婆，花儿姐誓死不从。州官又抓来林秀，提出花儿姐不从就杀死林秀。花儿姐为了救林秀，假装同意，州官放走林秀。在洞房里，花儿姐用计灌醉州官后逃离苦海，与林秀双双回到家乡，结为夫妻。花儿姐不论在押解途中或在州府大堂院里，都以歌唱的形式，尖刻的语言，深刻地揭露了旧社会的罪恶，唱出了劳动人民美好的愿望和忠贞不渝的爱情。

清代晚期至民国时期，木笼歌在康县迷坝乡、平洛河、望子关、大堡河、云台河，成县镡家河、小川、毛坝，以及武都区的甘泉、汉王、安化、两水等地广为流传，无论是春节社火或是群众劳作闲暇之余，都会演唱花儿姐。至 21 世纪初，能完整演唱“木笼歌”的艺人，仅剩一些垂暮的老人。2007 年，康县成立了康县木笼歌保护领导小组，建立了康县木笼歌演唱队，李争楠、冯生武等人对“木笼歌”民间演唱进行了收集整理。

## 第三节　传统戏剧类

### 一、玉垒花灯戏

玉垒花灯戏，是流传于文县玉垒乡一带由民间歌舞耍花灯发展形成的地方戏。2006 年 9 月被列入第一批甘肃省非物质文化遗产名录。

玉垒花灯戏起源于明朝万历年间，由四川（一说云南）迁居文县玉垒关的袁氏家族，将流传于四川的花灯戏带至文县与当地的民歌小调结合演唱而形成。在此之前，四川花灯戏是一种社火小戏，因为在春节正月十五开始演出，台前台后挂满各种彩灯，彩灯歌舞交相辉映，取名为“花灯戏”，其剧情比较简单，人物不多，唱腔也较单一。传入文县后，经过历代民间艺人的不断丰富完善，在表演程式上借鉴了秦腔、川调的特点，唱腔上吸取了陇南民歌、当地小曲等音乐曲调，使花灯戏从最初的秧歌剧中脱胎而出，生、旦、净、丑角色齐全，成为一种较大型的民间戏曲。

玉垒花灯戏演出时间一般从农历正月初二到正月十六，这一期间，花灯戏正式在神庙戏台上演出，祭祀祖先神灵，娱神娱人，以示喜庆。演员扮演生、旦、净、末、丑五个行当，扮戏主要用“三块瓦”的勾法勾画脸谱，红脸、黑眉入鬓、白鼻梁通顶、丑角只勾鼻窝和嘴角，也有些戏中不勾脸谱而使用木制面具。

文县玉垒坪花灯戏演出

玉垒花灯戏的唱法也比较独特，玉垒花灯戏融川剧和秦腔的特点为一体，又吸取了当地古老的山歌、傩戏的特色，既能表现秦腔的慷慨悲凉，又能表现川剧的俏皮，诙谐幽默。其唱腔起唱高亢，吐字刚强有力，粗犷豪迈，渐趋婉转细腻，悠扬转腔，起承转合，百折千回，余袅袅，荡气回肠。念白干脆利落，在适当的地方有拖音。最具典型的要数幕后帮腔，一人唱，众人相和，悠扬洒脱，气势雄宏，更能渲染演出气氛。玉垒花灯戏的音乐分文（以胡琴为主的弦乐）武（乐器有大鼓、大锣、大钹、小锣、马锣、边鼓、木筒、羊皮鼓、长号、牛角号、莽筒等）两个乐队，一般以铿锵有力极具感染力的武乐队锣鼓为主，锣鼓点曲牌主要有“三环子”“斗金壳”“戏锣”“唱锣”等几十种。

花灯鼓舞结束，花灯戏的戏曲才正式开始，花灯戏剧目取材广泛，较多源于民间日常生活和爱情题材，也有不少神话传说和历史故事题材。剧情曲折生动、风格质朴、简洁风趣，具有较强的大众性。传统剧目有《再世姻缘》《百花楼》《双陈平》《劈山救母》《铡美案》《柜中缘》《游龟山》等。新编秦腔现代戏有《三世仇》《春满人间》《茶山春早》等。

文县玉垒一带有专门表演花灯戏的业余剧团，各剧团的服装、乐器等道具齐全。

## 二、陇南影子腔

影子腔是又名“灯调”，流行于西和县、礼县一带，渊源于用兽皮刻画人形，借灯光在纱幕上显影的民间皮影戏，其历史悠久，流传很广，是当地艺人用陇南民间小调表演皮影而形成的腔调，介于秦腔和眉户、道情之间，属于北方梆子剧种。2006 年 9 月被列入第一批甘肃省非物质文化遗产名录。

影子腔音乐结构介于板式体与曲牌连缀体之间，其板路唱腔没有秦腔严谨系统，需采用一些秧歌曲调，如《泪涟涟》《卖杂货》《尼姑下山》等，其行腔咬字，采用当地方言，旋律较接近民间小调，悠扬婉转，乡土气息非常浓郁。所用曲调分为“花音”“苦音”两种。“花音”明快、开朗、欢悦，“苦音”压抑、抑郁、低沉。最突出的是有形成其独特风格的“冒腔”，即在唱词告一段落处，一人唱，满台和。在音乐伴奏上不是由鼓师指挥，而是以锣开头，文乐以三弦为主，四弦包音。传统的影子腔表演手段比较原始，搬上舞台后增加了伴奏乐器，在特技性的表演中显示了艺术感染力，表演效果独特。

陇南影子戏中的文武大臣

历史上的西和影子腔有专门进行演唱的皮影戏班，如石堡乡包集村、稍峪乡白杨树村、洛峪乡康河等村的戏班，剧目丰富，传承悠久，特别是包集村王老五戏班，享誉陇南。近年在稍峪乡白杨树村影子腔老艺人杨双才家发现了自明万历年间、清道光年间的影子腔手抄本 37 部，证明了影子腔流行历史的久远。

传统剧主要有《天官赐福》《五福捧寿》等。20 世纪 50 年代以来，西和、礼县剧团编排了多部影子腔现代及历史剧，先后创作剧本 30 多个，代表作有《一场斗争》《碧血西城》《九华山》《白蛇传》《蛟龙驹》《火化白雀寺》《胭脂》等，《碧血西城》参加甘肃省建国十周年献礼演出。从此，影子腔成为甘肃戏剧舞台上的一个重要戏种。

## 三、三仓灯戏

三仓灯戏，又称元宵灯戏，流传于武都区南部的三仓乡，历史悠久，特色鲜明，有着浓郁的地方风味。三仓灯戏是近年来武都新发现的很有文化价值的地方剧种，灯戏从每年

武都区三仓乡灯戏表演

农历六月六日开始准备到正月十六日结束，历时220天，其基本内容分晒衣、议事、排演、搭台、迎灯、唱戏、送灯等，内容多，场面大，特色鲜明。

三仓灯戏文化源远流长，其起源有两种说法：一为“祖传香火”说，一为“杨戬赶山”说。

“祖传香火”说：很久以前，三仓天灾不断，人们生活窘困，只好以耍红灯、唱大戏的方式祈求神灵的保佑，于是，年年正月唱戏的习俗得以产生。三仓灯戏主要是艺人们利用社火中的花灯唱曲自编、自导、自演一些小故事，这些故事多以娱神为目的，以老艺人们的口传心授为主要传承方式。

“杨戬赶山”说：相传，远古时期三仓群山环抱，贫瘠荒凉，人民生活窘困。二郎神杨戬闻讯后，奏请玉帝将山峦赶至荒芜之地，从而形成了八个近似盆地的产粮区，根据其地域特征，人们把它们叫“三仓”“五库”，意即屯放粮食的三个“仓”与五个“库”。于是，人们便在农闲时节大修庙宇，通过唱大戏的方式酬谢神灵、庆祝太平盛世。

三仓灯戏的剧目传承下来的有《草鞋》《抓丁》《老爷赶考》《孟姜女》《颂寿元》《怀胎歌》《送报条》《打彩》《闹五更》，移植、改编的有《白蛇传》《铡美案》《老换少》《小姑贤》《柳荫记》等。

## 第四节　曲艺类

### 一、礼县春官歌演唱

春官歌是流传于以礼县龙林乡川坝河谷地区为中心地带，广泛分布于礼县下四区及西和县部分乡镇的一种原始的说唱艺术。礼县春官歌演唱侧重于唱词唱调介绍，西和春官歌演唱侧重于民间习俗的诠释。礼县的春官歌演唱被列入曲艺类非物质文化遗产，西和县的春官歌演唱被列入民间习俗类非物质文化遗产。

相传远古时期，人们不知道按气候节令来种庄稼，常常有种无收，于是管天管地的“三皇爷”及“五帝”便骑着耕牛下农村向农民宣传气象知识和种田的技术，年年如此，便形成了后来的“春官说春”习俗。在礼县的许多地方普遍流传着这样的“说春”起源：据说唐朝初年，皇帝叫百姓把田地种好，多收粮食，专门封了一种“春官”，让他们到各地各户去送“节气表”（即后来的春帖）。“春官”们认为既然下农村送表，也该顺便说些吉利话，便慢慢兴起“说春”之俗。农民见“春官”远路送来春帖，并进行说唱表演，也就酬谢点钱财或粮食、茶叶。后来为生活贫困的人将“春官”作为一种乞讨形式而流传于民间。

春官两人一组，在每年农历十一月冬至前后外出说唱。每年的“冬至”节前，由大家选举出来的老春官主持，召集本地区的春官们开碰头会，共同协商春官们今年的活动路线，一旦商定后，就不能乱走分配给别人的活动路线，谁若违反规定，就会受到谴责。

春官的演唱多为二人，少为一人。两人演唱时，一人唱一歌调（两句唱词），交替不断唱下去。若一人演唱就得唱完一首完整歌谣为止。春官词的演唱，一般在开头先唱一段《开财门》，接着就按这家的职业情况演唱各种春歌。如遇农户，唱《二十四节气歌》及其他务农方面的歌；遇木匠，唱《木匠春》；遇铁匠，唱《铁匠春》。有时也根据主人要求，演唱一些其他内容的歌。他们除唱传统歌谣外，也根据眼前情况，即兴编词，出口成章，合辙押韵。说春唱词大致可分为以下九种类型：农时节令类：如《二十四节气》《十二月生产》《说采茶》；吉祥喜庆类：如《上梁大吉》等；婚丧嫁娶类：如《嫁女》《十月怀胎》等；历史典故类：如《抗金英雄岳飞》《梁山一百单八将》《桃园三结义》等；七十二行类：如《说药王》《说鲁班》《说铁匠》等；祝福祝寿类：如《八仙庆寿》《说花甲》等；劝人行善类：如《说二十四孝》《说尊老爱幼》《劝夫妻莫打架》等；时政宣传类：如《自由婚姻好》《包产到户好》《计划生育好》等；揭露丑恶类：如《说赌博》《说四大家族》等。

春官为游走说唱艺术表现形式，随身所相关器具较为简单，主要装束为以下四种东西：1. 春牛为木制，漆黑，牛背骑一仕女，春牛高 175 毫米，牛头至尾长 155 毫米，牛蹄踩于木板之上，木板长 120 毫米，宽 85 毫米，厚 12 毫米，这是“春官”的主要标志。2. 褡裢又叫二九，多用白色或蓝色土布制成，形似口袋，中间开缝，开缝处搭于肩上。是春倌用来装粮食和其他物品的。3. 春帖（即春历）的制作是用原始木刻印刷，分红、黄两种。黄色春帖较小，以二十四节气为主要内容。农历十月又称小阳春，此时春倌上门说春主要以二十四节气为说唱内容，告诉农人来年的时序节令和气候特征，送上黄色春帖。4. 送喜防身杨木棍一根，又名为蒙古棒，也称戳丧棒，该棒用周身长满疙瘩、奇形怪状的树木制成，漆黑，此棒一可探路，二可打狗防身。春倌不能将此棒带进主家室内，只可立在堂门外边。据说春官走后主人家的邪气、晦气就会随棒带走，主人家就会万事大吉。

### 二、河池小曲

河池小曲，又叫徽县社火曲。其内容丰富，曲目较多，词曲较定型化，多有完整的演唱文学脚本，艺术上较为成熟和完善。在徽县、两当、成县等地广泛流传。河池小曲就其宋元时期“勾栏”化的演唱形式及虞关老百姓即兴编唱的赞颂徽县籍人士郭御史的《罗汉洞》一曲来看，早在 400 多年前河池小曲就已广为流传。

河池小曲从曲式结构上看，多属分节歌形式。演唱形式有独唱、对唱、帮唱等，多在公众场合以坐唱形式演唱。具有演唱自由，节奏整齐，抒情优美，表现力强等特点。从文字结构上看，歌词格式多为七字式，也有长短句式，唱词丰富多变，富有格律。其内容多具叙事性特点，采用四季、五更、十二时等时序体，用饱含地方特色的文学语言描绘生动的艺术形象和丰富的生活画卷。

河池小曲是以说唱音乐为主，兼具文学、舞蹈、戏剧等特征的综合艺术。通过歌、乐、舞等形式表述故事内容，或唱、念、做、打的戏曲性表演体现人物性格、表情、神态、戏剧

徽县河池小曲演唱

情节等，具有一定的艺术渲染力和表现力。

河池小曲的演唱不同于山歌与号子，往往以地摊的形式出现，在农家小院、村社大场，摆上桌子、凳子，生上木炭柴火，煨上罐罐茶以坐唱形式进行演唱，别有一番情趣。河池小曲有独唱、对唱和帮唱等形式，由民乐队伴奏，有前奏、间奏、后奏、引子、尾声和曲牌。伴舞由蜡花作扭“8”字、走“十”字、攒粪堆、跑圆场等配合性表演，歌乐舞三种形式融为一体，呈现出丰富多彩的艺术场景。

河池小曲曲目较多，代表曲目有：咏歌类《八仙庆寿》《拜年》等。叙事类《关公保皇嫂》《赵匡胤送金妹》等，民间戏曲（小戏）类《钉缸》《买花线》等。

## 第五节　民间美术类

### 一、武都木雕

武都木雕的民间艺人众多，主要以武都区鱼龙镇王沟村王和平和蒲池乡杨沟村的张守学为代表，其木雕作品秉承了明清建筑和家具雕刻的遗风，刀法圆敦，线条浑厚，风格古雅，造型优美，题材多样。

木雕艺术源远流长，一般分为立体圆雕、根雕、浮雕三类。浮雕用于居民的房梁、檐头、窗棂，庙宇公园的回廊、门框和墙体装饰，根雕和圆雕技艺在民间颇具规模。武都木雕以立体圆雕见长，一件作品的完成要经过五道工序：一是画创意稿，要墨线勾画放大到木材上。二是凿粗坯，艺人用锯、砍、凿、挖等方法从上到下，由表及里，由浅入深，将木雕的雏形“显露”出来。三是修光，运用精雕细刻及薄刀法修去细坯中的刀痕凿垢，使表面细致完美，把作品意图准确地表现出来。四是打磨，将木雕用粗细不同的木工砂纸搓磨，直至理想效果。五是着色上光，用打蜡或刷漆等方式完美展现作品风貌。

## 第六节　民间习俗类

### 西和春官歌演唱

西和春官歌演唱主要集中于西和县石峡镇坛土村、青坝村，在西高山、太石河乡等乡镇也有遗存。

西和春官歌演唱被列入民间习俗类非物质文化遗产。每年冬至前后，说春人扮成“春倌”：

肩搭钱衩，手提环棍，抱上缠绕五彩线的木雕春牛，怀揣一迭木刻二十四节气表，两两结伴，走村串巷，挨门逐户的说唱，叫作“说春”。说春的内容十分丰富，按主家的身世、职业歌功颂德，迎喜接福，取悦主家，以求赏赐。说春完毕，临行给主家留一张二十四节气表，作为答谢。

西和春官歌演唱

春官说春属吟诵性唱腔。其音乐特点是字多腔、少节奏、旋律性不强，多为上下句结构，曲调以传统的五声徵调式为主，个别艺人偶尔会在五声徵调式上加入“清角”“变宫”的七声调式，但一般较少用。这种说与唱的结合，常表现为半说半唱，成为说唱音乐中独具风格的唱腔。

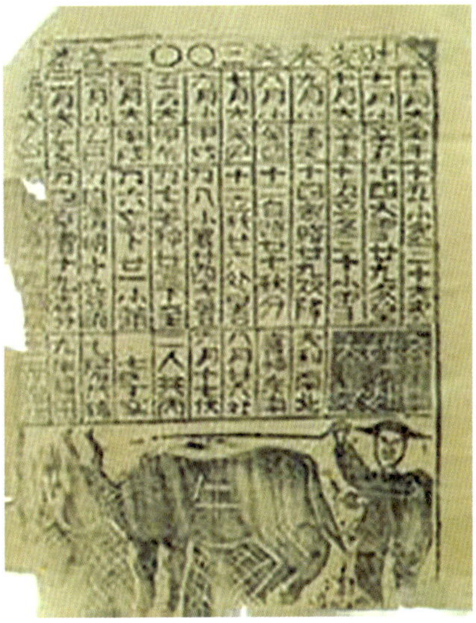

春贴图

说春的道具主要有春贴，又叫二十节气表。春牛，为木制，漆黑，牛背骑一芒神。褡裢，俗称“钱插子”，是春倌随身常带之物。环棍，俗称鞭杆，是春官携带之物，一可驱蛇拨草，二可打狗防身。

春官在长期的说唱活动中，不断进行口头创造、修改、丰富着歌词内容。现存曲目有《二十四节气歌》《大财门》《财门春》《五方财门》《干部春》《十二春》《铺子春》《店子春》《木匠春》《铁匠春》《食店春》《裁缝春》《药王春》《豆腐春》《祖师爷》《茶叶春》《劝世春》《迎新春》《新年春》《劝世文》《女儿春》《二十四孝》等。

## 第七节 民间舞蹈类

### 宕昌羌傩舞

羌傩舞，俗称“脑后吼”“牛头马面舞”“雄猛舞”，古称“羌巴舞”，是宕昌县城关镇官鹅沟、新城子乡大河坝沟以及临江、簸箕等乡的一些藏族村寨里居住的“木家番人”（现称“木家族”）表演的一种舞蹈。

羌傩舞舞队由15人组成，男性，其中乐队5人，演员10人。表演时队形分两排，前排5人，领舞者称老大名“贡巴”（其属相必须和当年的属相相同），头戴熊皮帽，上插锦鸡尾羽，身穿黑色长袍，胸前挂玛瑙串珠，左手拿翻天印，右手执拨云剑埘；老二名“苟巴”，头戴毡帽，身穿蓝色长袍，左手拿铜碟铃，右手执拨浪鼓；老三、老四、老五各戴

宕昌县官鹅沟羌傩舞

宕羌傩舞道具：皮鼓与法器

“五方佛冠”，手执挂珠、碟铃牙和牛角号。后排5人分别戴牛头、马面面具，身穿皮袄，腰间系一颗大铜铃，双手执木刀。舞蹈动作以腿部为主，双腿屈膝形成半屈蹲状，双手执兵器和法器，随着音乐的节拍，屈膝抬脚拧身，连续循环，组成一组舞蹈。单调的动作，配上简朴的节拍，更显出舞蹈的原始、粗犷、雄伟、古朴、端庄。每逢他们的民族传统节日或重大宗教祭祀活动，都要组织跳羌傩舞。同时，还有“苯苯”（宗教职业者）诵念《苯苯经》（即古“夷经”，也叫《曲经》），行法术祈佑风调雨顺、五谷丰登、六畜兴旺、族民健康。

“宕羌傩舞”源于宕昌古老羌藏民族的宗教祭祀活动，是由祭傩发展而成的傩舞，是一种宗教祭祀舞蹈，属傩文化的一种，有着十分悠久的历史。据史料记载，宕昌“木家”藏族是南北朝时期宕昌羌的后裔。北周田弘灭宕昌羌国改为宕州，其时称西羌。隋唐沿置。唐高宗显庆四年（659），宕州被吐蕃占领，由吐蕃鲁黎部大酋木令征（番名木琳沁）统领，故称“木家”蕃人。北宋熙宁六年（1073）宋将王韶收复洮岷五路，木令征投降宋庭。元朝以降，实行“以土官管土民”的政策，在哈达川（今宕昌县哈达铺镇）设土司“官理木家九族”。明朝封原哈达川土司马坤之后马纪为百户土司，移居现宕昌县城关，管理原木家十六族“西番人”，直到民国22年（1933）改土归流后才结束了600多年的土司统治制度，改“西番”为藏族。古代“木家”藏族居住在千沟万壑，交通闭塞，文化落后，过着刀耕火种和蛮荒狩猎的原始生活，物质生活极度匮乏，经常受到疾病、野兽的侵袭。为了驱邪祈福，族里的笨笨（巫师）便结队行法，祈求神灵护佑，带有浓厚宗教祭祀色彩的舞蹈“宕羌傩舞”便应运而生。“宕羌傩舞”自明末成熟以来，经过400多年的发展，形成了如下基本特征：伴随民间祭祀活动产生和发展而形成的对民间祭祀活动依存性，有浓厚的宗教祭祀色彩的特征。

## 第八节　传统手工技艺类

### 一、寺台造纸术

康县寺台手工造纸术，又叫“抄纸”，清康熙末年由陕西传习而来，至20世纪50年代，手工造纸一直是康县农民最主要的经济收入，并形成了一定规模，1919—1923 年，在大堡、巩集、寺台、云台、大南峪、贾安等乡镇，共有纸农六千余户，年造纸二万五千担，产品远销兰州、陇西、青海等地。1958 年，由于破除迷信，用作祭奠的土法造纸被迫停业，1979 年，私营造纸业又开始兴起，但受外来机器造纸成本小、产量大的影响，当地民间手工造纸呈现萎缩局势。

康县寺台手工造纸

寺台手工造纸是以构皮、竹穰、稻草、石灰、麦草、滑草藤、油柏叶、五味子藤等为原料。制作工序：一是制作皮料浆。先在构树上砍枝条，并把枝条经过蒸、浸泡之后，进行剥皮，然后将皮子进行淹、沤、榨、舂、洗等程序处理，最后制成皮纤维料。这一过程有砍条、蒸料、浸泡、剥皮、水浸、渍灰、腌沤、灰蒸、洗涤、摊晒、洗涤、压榨、拣皮、舂料、切皮、踩洗、淘洗、漂白等环节。二是制作草料浆。将稻草经过精选、切草、捣草、埋浸、洗涤、堆积、洗涤、晒成干草坯、洗涤、晒成燎草、鞭草、舂料、洗涤、漂白等环节，制成草纤维料。然后按将皮纤维料和草纤维料按一定的比例混合，再经过筛选、打勾、洗涤、制成混合纸浆。最后，将混合纸浆配水，添加五味子藤汁，再经过捞纸、压榨、剪纸、晒干、包装，即为成品。所谓“造纸七十二道手，上墙还要吹一口”。依据造纸工艺之粗细、原料之优劣，所造纸分为经板、改良、四才、二连等四种。每年造纸期为 10 月至翌年 3 月，多在农闲季节。1980 年以来，寺台庄子村造纸作坊，利用废纸、废书报、旧纸箱等作原料造纸，不仅增加了原料种类，并有效保护了环境。

康县手工造纸现已濒临失传，亟待抢救保护。目前，康县境内参与造纸人员，约为 120 人，主要传承人有大堡镇庄子村李家山村民李生武和子女。

## 二、礼县井盐制作工艺

礼县重镇盐官，井盐制作历史悠久。秦建国初，国力强盛，一统天下，为当时先进手工业工艺的传播及与巴蜀煮盐技术的交流提供了现实条件，使井盐生产工艺发展完善。东汉时在此设盐官管理盐业生产，历代相承，营煮不辍，郦道元《水经注》中有“水与岸齐”“味与海盐同”之记载。唐代诗人杜甫“卤中草木白，青者官盐烟”诗句反映了盐官地区的生产盛况。清光绪年间，盐民达 250 户，产销量达 2341540 斤，征银 2246 两。20 世纪 70 年代后，国家大力提倡盐业专卖，再加之井盐熬制成本高，逐渐被物美价廉的加碘盐取代，井盐加工退出历史舞台。

礼县盐官镇的盐井祠

礼县井盐制作技艺工序严谨，主要有：

礼县盐官井盐制作

（一）拌土：将上次淋漏过的泥土呈黑色软泥，堆放在盐土台（盐田）边角，稍待干散，用镢头挖开成小块，布撒开来，晾晒稍干，用刨子打碎，用铣翻过（称翻土），用耙子耙平。反复多次，直至生土变细。成为滤盐土，待用。

（二）浇灌盐水：用大小马勺把盐水向滤盐土泼洒均匀，待晒干后反复泼洒，以期水分蒸发盐分沉淀。晚上为了防雨，用木锨攒起来，白天又铺开晒。反复泼洒7—8天，生土吸附大量盐分，成为“熟土”（俗称“土落了”），再把熟土搬回盐房存放，以备淋用。

（三）淋水：淋水是将滤盐土中的盐分过滤的过程。方法是：（1）先将熟土用竹篓装成鸟窝状，然后将装好的“篓子”整齐地排放在槽板上。篓子数量不等。（2）再将井盐盐水缓慢地添加在篓子中（俗称“添篓子”），待其慢慢渗出，槽板下置步桶盛接滤下的盐水。

（四）熬盐：将淋滤出来的盐水添满一锅，用木柴烧煮，先用大火，使其锅开水沸，再改成小火，再添加盐水，又改大火。如此反复，待锅中起泡，加进玉米面约一两，锅中水分蒸发，成泥沙状，继而盐分析出，沉淀在锅中（俗称“盐干了”）。然后用粗瓷碗捞盛放入桶中储存。

### 三、成县竹篮寨泥塑制作工艺

成县抛沙镇强坝行政村竹篮寨泥塑作品起源于宋代，盛行于明清。其泥塑作品有三大类四十多种：玩具类作品辐被当地人称为“泥娃娃”，分为泥货和窑货，即烧制和未经烧制的泥塑作品，种类有福、禄、寿娃，公鸡打鸣、羊角哨、洋人打鼓、拨浪鼓、“扳不倒”、十二生肖动物等。陈列类有单件作品和成套作品两种，主要取材于民间吉祥文化的善财童子、麒麟送子、寿星老人、福禄寿喜等内容，也有三国、水浒等戏曲人物等，主要用于节日时陈列在居室内，也有用于祭祀的。壁挂类分以整体人物造型为主和以脸谱为主的两种，以装饰墙壁为目的，起年画的作用。

“竹篮寨泥塑”传承人赵维国

泥玩具制作是竹篮寨最具代表性的泥塑艺术，用当地黄胶黏土拌棉花做泥胎，捏塑而成，其显著特点是形态变异、造型简洁、物体圆润、手法夸张、憨态十足。泥塑作品制作包括取土、砸土、和泥、制泥胚、涂白和彩绘等环节，首先要在天气放晴的时候取土，然后晒干，再碾碎，加入上等的棉花，然后放入陶罐发酵，约需一周左右的时间。发酵好的泥要反复搓揉，分成鸡蛋大小的泥球。做好的作品最好是阴干，其光泽度和韧性相对较好，否则可能会产生裂纹或上的染料容易脱落。最后用蜡、胶和朱砂等搭配成各色染料进行染色。

## 四、武都栗玉砚制作

武都栗玉砚与徽县的栗亭砚在历史上早就负有盛名。北宋著名书画家和鉴藏家米芾在其所著的关于砚的专著《砚史》中对栗玉砚有详细记述："成州栗玉砚，理坚，色如栗，不甚着墨，为器甚佳。"可见这种石料制成的砚台纹理清晰，质地坚硬如玉，颜色如同野栗子色，极富使用和观赏性。

宋以前，武都栗玉砚的制作造型简单、工艺粗糙，"风"字砚较为流行。宋末，栗玉砚的造型设计、雕刻工艺有了明显的提高，代表性的"古琴砚""龙凤砚""核桃砚"等线条流畅自如、砚品端庄素雅。元代，战乱不断，武都栗玉砚走入低谷。明清两代，栗玉砚的发展时断时续，许多民间艺人改行从商、务农。改革开放后，特别是近些年，随着人们生活水平的改善和文化素质的不断提高，对室内装饰性工艺的需求越来越强烈，尤其是砚、笔筒、笔架、摆件、插屏等工艺品更让一些文人雅士爱不释手、珍爱把玩。

栗玉砚的雕刻分布于白龙江、西汉水、嘉陵江流域的武都城关镇、安化镇、龙坝乡和徽县的伏镇，西和县的大桥乡、龙凤乡等乡镇。武都区安化砚台制作艺人焦仁仁所作砚台贴近生活风格古朴自然，代表性传承人刘淑霞在武都区龙坝乡等地发现的砚石，所做砚台具有极高的艺术价值。

武都区角弓砸杆酒制作

## 五、角弓咂杆酒制作技艺

角弓砸杆酒主产地武都区角弓镇，始于唐代。

角弓砸杆酒制作方法：（1）将备好晒干的红谷子、青稞、高粱、小麦、荞麦或玉米等粮食除去秕粒及杂物，然后放入加热锅中煮，煮时掌握火候，火不可过大，也不能太小。（2）红谷子、青稞等粮食煮熟后马上摊凉在竹子编制的大蒲篮，不停地搅动散热，待凉冷后拌入酒曲。酒曲分两种：一种为山林里采摘的香马草、米革弯等，阴干后和麦麸、米糠加工而成，因为发酵慢称为"慢曲""慢曲"酿造的酒好喝不上头。发酵三天后转入大缸，密封一至三月后开封，盛入锅罐内加水即可饮用。

砸杆酒

饮用方法：咂杆酒的饮用不用酒杯，用咂杆。先从酒缸取出酒醅，盛入铜罐或瓦罐中，加入山泉水，放在火塘边煨煮焙热，再用一根约二尺长的铜咂杆或空心植物的茎秆插入罐中，众人围坐在火塘四周轮流吸饮，可以众人饮一罐，也可一人饮一罐。饮完后添水煮好后再饮，如此周而复始，直至酒味清淡为止。

砸杆酒浓度低、口感好、香气浓郁、酒体甘醇、风味独特、营养丰富。

# 第三章　市级非物质文化遗产项目

截至2012年，陇南市公布非物质文化遗产名录1次，总计69个项目（有已入选省级非物质文化遗产名录），其中民间文学类4项、民间音乐类12项、民间舞蹈类8项、传统戏剧类6项、曲艺类4项、民间美术类9项、传统手工技艺类14项、民间习俗类12项。

## 第一节　民间文学类

### 一、“天池”的传说

洋汤天池旧称天魏湫，位于文县以北约100公里处的天魏山下。远古时期，由于地质活动致使地壳断裂，洋汤河河道被堵截，形成状如葫芦的高山湖泊，学名叫山崩堰塞湖。但关于洋汤天池的形成在当地老百姓中流传着许多神话传说和民间故事。

第一个神话传说：很久以前，横行霸道的二郎神突然侵犯洋汤神的领地，洋汤神奋起还击，双方厮杀了三天三夜。二郎神不能取胜，于是挥剑劈岭，聚水为湖，妄图困死洋汤神。洋汤神大喝一声，挥手向湖坝猛戳一把，五个指头捅开了五个水口，挫败了二郎神的毒计。洋汤神戳出的五个水洞里流出来的水汇集成天池。

第二个神话传说：相传西山老母有一个女儿叫水珠，厌倦了西山寂寞的生活离家出走。当她来到文县深山峡谷上空，发现这里正闹旱灾，赤地千里，于是就地画了一个葫芦形的池子，把宝瓶中的水全部倾注进去。不料水量过大，眼看就要泛滥成水灾，她急忙用手指在大水横溢的壁上戳了五个窟窿，导流泄水，也造就了今天的天池和五指洞。水珠在天池在四周山涧种上花草树木，把它装点成人间仙境，因留恋这里的风光，她住在这里，天长日久，化作石头，变成天女石。西山老母不见女儿归来，便外出寻找，在天池发现水珠已变成巨石，也变成一座山崖，守在女儿身旁，即现在的老母崖，崖下有两汪泉水，永不枯竭，传说是西山老母思念女儿的眼泪。

第三个民间传说：在天魏山林荫深处，住着两位孤老，人称邱家爷、邱家婆。他们以看管水磨为生，过着神仙般的日子。一个晚上，有一位秀才打扮的人来到家中与老人攀谈聊天。老人问及客人的姓名，因何来此山中？客人笑而不答。问了多次才说他是陕西岐山人，姓蹇，不愿为官，来此山中采药。一天，客人突然对邱老夫妇说：“我有大事要给你们说，明天你们两位老人赶快离开这里，搬到高山顶上去住，这里要发大水，淹死好多人。”第二天，二老搬到一座大山顶上住下。晚上，黑天昏地，雷电交加，大雨倾盆而来，只见山沟一片汪洋，忽然从雷电中射出两道光柱，照得满山通亮，一条巨大的金龙张牙舞爪地上下翻滚，如此可怕的情景吓死了邱家二老。次日风定云散，天魏山下成了一片浩渺的大池，以后人们便将此池叫作“天池”。

文县洋汤天池

## 二、“石鸡”的传说

文县石鸡坝乡石鸡村坐落在白水江畔。江中有一块巨石，形如引吭报晓的雄鸡，故名石鸡。石鸡拥入沙中，深不可测，水面露出部分高 7 米，长 10 余米，宽 3 米。石鸡头高昂，背隆起，腹部丰腴，似高鸣，呈欲飞状。关于这只“石鸡”的来历，当地有两个美丽的传说。

第一个传说：相传白水江边上有一个山清水秀、物产丰富的村子，村边有一处肥腴的田地，历来种啥都会取得好收成，可惜就是没有种植过水稻，原因是没有种子。后来，村里的一大户人家为儿子从有水稻的地方订了一门亲事，期望在娶亲的时候能把稻谷作为陪嫁，但没有得到娘家的准许。新娘嫁到这个村子里后，打算借回娘家的时候偷些回来，但娘家人看护很紧，数次都没有成功。她灵机一动，带上自家的小狗回娘家，并唆使狗在娘家晒在院子里的稻谷上打滚，狗毛里沾上了几粒稻谷，回村后就开始了水稻种植。由于江边的田地肥沃，浇水方便，种植的水稻颗粒饱满，品质优越，远近闻名。后来被皇帝钦点为贡米，还在村里专门开辟了一块贡田。有一年，贡田里的水稻长势比往年还好，眼看就到收割稻谷的时候，人们却发现田里的稻谷竟有多一半被什么东西吃了，村民日夜守护贡田。一天夜里，守田人见一只大鸡在吃稻谷，村民立刻驱赶，惊慌的大鸡逃到江边就不动了，随之化作一座雄鸡状的石山。后来这里再没有发生鸡吃稻谷的事情，人们安心过着殷实的日子，这个地方也因此得名为石鸡坝。

第二个传说：很久以前，白水江畔有个小山村，村里有个叫岁翎的青年靠打鱼为生，一次，岁翎从江中打起一条金鱼，便放生让它游回江中。从此，每当岁翎来江边打鱼，这条金鱼便在他身边游来游去，依依不舍。岁翎刚撒下网，一只大雕朝江中的金鱼俯冲直下，岁翎用鹅卵石打死大雕，金鱼感谢他的救命之恩，便开口讲话，让岁翎把它带回家中。岁翎把金鱼它带回家养在瓦缸中，不料，金鱼呼出的气泡竟然变成了金豆子。岁翎用金豆子换来砖瓦木料分给众乡亲，全村家家盖起了新房。金鱼会吐金豆子的事，让黑叶寨的首领苏吉探听到了。夜晚，苏吉领着几个强盗溜进村里盗取金鱼，强盗们刚翻墙进入岁翎家的院子，突然岁翎家的雄鸡啼鸣“报警”了，接着全村的雄鸡也都一起啼鸣。村里群众都起来抓强盗，强盗趁着

20世纪60年代白水江上摆渡的木船

夜色仓皇逃跑。强盗们恨死了岁翎家的雄鸡，便盘算着除掉这只雄鸡。一天，苏吉和几个强盗化妆成要饭的“叫花子”溜进村，苏吉偷偷打开岁翎家的鸡圈，想一把抓住雄鸡。谁知雄鸡飞上天空，边飞边啼，全村的雄鸡也紧跟着啼鸣。村民纷纷拿起锄头朝村庄跑来，强盗们朝白水江畔奔逃。这时，只见雄鸡展翅跳进滔滔的白水江中，变成一只“石鸡”。打这以后，每当有强盗或贼人偷袭村子，石鸡便会啼鸣报警。乡亲们为了感谢石鸡的功德，把村子取名为石鸡坝村。

## 第二节　民间音乐类

### 一、洋汤号子

洋汤号子长期流传于文县洋汤河流域，是洋汤河人民群众在长期的生产生活中创造出来的劳动号子。

洋汤号子的节拍为2/4，节奏多为两小节，旋律高亢优美，一人领唱，众人唱和，气势磅礴，铿锵有力。特别是使用当地洋汤河流域的方言演唱更加富有节奏感和韵律感。

文县洋汤天池

20世纪60年代，洋汤号子经过文艺工作者的改编、整理、加工搬上了舞台，观众反响强烈，也得到了专家的认同，多次在全省文艺调演中获得大奖，享誉陇原。

### 二、三弦弹唱

秦汉时期我国北方先民发明创造了最古老的弹弦乐器，当时称为弦鼗，一般认为三弦就是由弦鼗演变而来，后来成为元曲的主要伴奏乐器，适合于独奏或乐队合奏使用，或为曲艺、戏曲和歌舞伴奏，尤其在说唱音乐伴奏方面，曲种广泛，演技较高，北方的各种说书、地方戏曲伴奏中，三弦是主要的伴奏乐器，在曲艺伴奏中也居于主弦地位。

康县三弦弹唱

三弦弹唱在康县中部、宕昌县岷江流域

和武都区白龙江、文县白水江流域广泛存在。阶州唱书、三仓灯戏，文县玉垒花灯戏，西和、礼县的影子腔等曲艺和地方戏演唱中三弦多用于伴奏，深受当地人们的喜爱。

## 三、花儿

“花儿”是流传在青海、甘肃、宁夏地区的民歌，“花儿”又称“少年”，男青年唱的叫“少年”，女青年唱的称“花儿”。“花儿”由古代羌族的牧歌发展而来，至少已有四百多年的历史。内容丰富多彩，形式自由活泼，语言生动形象，曲调高昂优美，具有浓郁的生活气息和乡土特色，深受回、汉、藏、东乡、土、撒拉等民族的喜爱。

宕昌县“花儿”演唱

根据“花儿”的流行地域，一般将其划分为三类：第一类是流行于西宁地区，即现在青海省的西宁、湟源、贵德、乐都、循化一带的“西宁花儿”，又称为“河湟花儿”。第二类是流行于宁夏中卫、海源一带的“宁夏花儿”，又称为“六盘山花儿”。第三类是流行于甘肃南部地区的“甘肃花儿”。“甘肃花儿”又有“河州花儿”“洮岷花儿”两大体系，“河州花儿”发源于河州地区，即今临夏市，遍及临洮、康乐、和政、广和、永靖、夏河等县，以康乐县莲花山为代表，称“莲花曲”。“洮岷花儿”流行于洮岷地区，即今临潭、岷县、卓尼一带，以岷县二郎山为代表，主要曲调有“啊呜令”，是花儿家族中最为古老的一支流派。

宕昌县也是“洮岷花儿”的流行地，一些学者认为“啊呜令”本身就是古代宕昌国的羌歌，其诞兰地应该在宕昌的哈达铺、理川、阿坞一带，由于这里是古代宕昌国的中心腹地，所以至今传唱不衰。其“花儿把式”能即兴编词对唱或领唱，最能表现当地田园牧歌式的农村生活。

## 四、仇池山歌

山歌是产生于播种、插秧、薅草、放牧和砍柴等农牧业劳动过程中的一种山野歌曲；山歌是民歌的主要组成部分，属于民间的一种“口碑”文化，口头传唱，曲调开朗质朴，节奏自由，旋律悠扬婉转，是山民生活经验和艺术感悟的结晶。

西和县仇池山山歌演唱

陇南农村男女老幼皆善歌，出门一串歌，进门一担柴，相沿成习。山歌在各地分布较为广泛，尤其传唱于西和县仇池山一带的山歌极富特色，内容广泛，感情表白直率，朴素简约，数量丰富，是当地农民生产生活的真实记录，也是一幅民俗风情长卷。

除西和县仇池山一带之外，武都县裕

河、康县豆坪、成县的苏元和王磨、礼县的雷坝和王坝等地都有独具地域特色的山歌，颇具生命力和影响力。

## 五、羊皮扇舞

羊皮扇舞是古代氐羌民族遗留下来的一种民间舞蹈。羊皮扇舞主要道具为羊皮扇鼓，扇鼓其形似扇非扇，周边以铁圈铸成，鼓面蒙羊皮，下有握柄，柄上缀以数枚形似古币铁环。舞时左手执鼓，右手执一细软皮制小槌，边舞边敲鼓面，其间上下摇动，使鼓音与铁环撞击声浑然一体，音声清脆嘹亮，动作粗犷剽悍。一般用于祈禳、祭祀，源于原始社会巫术表演活动。随着时代的变迁，羊皮鼓逐渐发展到有了舞蹈套路，成为表现劳动人民欢快情绪的娱乐活动。

西和石峡镇羊皮扇鼓舞表演

陇南是古代氐羌民族的摇篮，羊皮扇舞在文县、武都、康县、成县索池、徽县江洛、西和县西高山等地均广泛流传，其中西和县石峡镇羊皮扇鼓传承久远，形成一整套娱乐表演形式，成为陇南羊皮扇舞的典型代表。司职者称为“师家”（即巫师），男者为“师公”，女者为“师婆”，当地也将羊皮扇鼓舞称为“师公舞”。随着社会发展，羊皮扇鼓舞已经从原始状的祭祀、跳神中脱胎出来，演化成为原生态舞蹈，在欢庆丰收、逢年过节时，由群众自发组织表演。表演者额头绘一只竖眼，取“马王爷三只眼”之意，舞者身穿青衣、红裤，扎红腰带，表演形式有鞔头鼓（也叫缠头鼓）、踢脚鼓、鹞子翻身鼓、对持鼓、散跑鼓等基本套路，舞步质朴无饰，韵律深沉欢快，充满高亢、雄劲、豪放、热烈的气势。

西和石峡镇羊皮扇鼓舞配有唱词，内容有纪念祖先业绩，讲述古代战争场面、英雄人物事迹等。当几十人甚至上百人集体表演羊皮扇鼓舞时，鼓点如雨，舞式繁多，动作夸张，场面壮观。

## 六、大筒子演奏

大筒子又叫四弦胡琴，因琴杆上的弦轴为四根而得名。主要流行于武都米仓山一带。四弦胡琴琴杆的下部弯曲，底部斜插入琴筒，每一弦轴与琴筒底托之间连接一根琴弦。四弦胡琴在基本保持现有二弦胡琴音色的基础上解决了现有胡琴低音缺乏、高音音量小和不能演奏双音和声等问题。四弦胡琴演奏方便，不仅保留着现有胡琴的演奏技法，还增添了新的演奏技法，无论独奏、合奏、伴奏都能增强胡琴的表现力。

四弦胡琴在武都高山戏中多用于文场表演，因演奏的曲调深受当地民众喜爱，常在举办一些喜庆宴席时邀请四弦胡琴琴手演奏，主要曲牌有《喜满堂》《阳和调》《加冠调》等。

高山戏文场伴奏乐器“大筒子”

## 第三节　民间舞蹈类

### 一、傩舞十二相

傩舞十二相又称“十二生肖面具舞”，是文县石鸡坝乡岷堡沟白马人过年时表演的一种民间舞蹈。

傩舞十二相是一种男性群体祭祀舞，由十二个人分别戴上雕秘的十二生肖木质面具，模仿十二生肖动物的各种动作。舞蹈古朴刚毅，情趣盎然，旨在驱灾避祸，纳祥祈福。每年正月十五至十六日在村里固定的场坝围着篝火跳，跳者在场里，歌者在外围，锣鼓相伴，声势浩大。

傩舞十二相又分为“全堂”和“半堂”。“全堂”由十二人在大寺院里跳；“半堂”由六人在村寨里跳。当地一般跳“半堂”，即狮、牛、虎、龙、鸡、猪六个生肖，每个面具代表两个生肖，六个面具可以代表十二生肖：狮，白马语称“生梗”，代表鼠、兔；牛，白马语称“捞梗”，代表牛、蛇；虎，白马语称“达梗”，代表虎、马；鸡，白马语称“谢梗”，代表鸡、羊；龙，白马语称“主梗”，代表龙、猴；猪，白马语称“帕梗”，代表猪、狗。

十二相舞蹈共有十二大套，第一大套名叫“狭昼”，汉语叫“狮舞”；第二大套名叫“腰昼”，汉语叫“牛舞”；第三大套名叫“撬昼”，汉语叫“虎舞”；第四大套名叫“安昼”，汉语叫“兔舞”；第五大套名叫“搓昼”，汉语叫“龙舞”；第六大套名叫“山尼”，汉语叫“蛇舞”；第七大套名叫“报杰兰木”，汉语叫“马舞”；第八大套名叫“占昼”，汉语叫“羊舞”；第九大套名叫“世昼”，汉语叫“拜山神猴舞”；第十大套名叫“写昼”，汉语叫“鸡舞”；第十一大套名叫“雷杰瓦扎”，汉语叫“狗舞”；第十二大套名叫“帕昼”，汉语叫“猪舞”。每一大套中包括六小路，共七十二小路，也就是七十二种固定动作，还有各自的特定名称。另外，傩舞十二相的相数还与一年中的四季相关，其中鼠龙猴代表春季，鸡牛蛇代表夏季，狗虎马代表秋季，猪兔羊代表冬季。

傩舞十二相的面具由木质刻制彩绘而成，工艺精美，但较笨重，一般在 7.5—10 公斤左右。傩舞十二相由男人扮演，扮者上身穿翻羊皮袄，扎深褐色腰带，下身着深色长裤，小腿扎绑腿，脚穿自制皮靴，手持刀、锯、斧、钻、锤等。伴奏一般只用大鼓，击着“咚咚咚”单调的声音。表演时，演员按自己所戴面具扮相进行各自的个性动作，以踮步跳、端腿、扬手等动作为主，时而转圈，时而站立，忽而聚拢，忽而散开，形象凶猛，气势磅礴，具有浓烈、庄严的神秘气氛。

### 二、龙舞

龙舞，也称“舞龙”，民间又称“耍龙”“耍龙灯”或“舞龙灯”，是普遍流传于中国各地一种民间舞蹈形式。龙舞的表演历史悠久，史书记载，汉代时人们就舞起青、赤、黄、

西和县汉源镇的龙舞表演

黑各色长龙祈雨。龙舞也是陇南城乡各地逢年过节时必备表演节目，久盛不衰。西和县汉源镇、武都区城关镇、文县中寨乡、桥头乡的龙舞更是久负盛名。文县中寨乡兴隆村舞龙表演形式多样，最有代表性，主要有节目有《盘龙石》《卧龙岗》《龙展爪》《龙啃虱》《皇富阵》《八仙过海》《孔明接书》《药王点眼》《鲤鱼跃龙门》《双喜临门》《风调雨顺》等，表演时有黄、青两条龙，黄龙代表帝王，青龙代表帝后，每条龙身为九节，每节长 3 米，全长为 27 米。

龙舞表演的龙头用木架制作雕刻而成，龙身用竹篾扎成，有五、七、九节不等，外披彩布，画有鳞甲，每节都有灯烛照明。耍时一人掌龙头，数人掌龙身；一人扮演武士手持彩珠在前戏逗，做出上下翻滚、蜿蜒起伏、盘旋前进等动作，套数繁多。表演时，锣鼓齐鸣，伴以锣鼓、火炮、烟花，场面壮观。

在康县中部和文县碧口一带还有一种独具特色的“耍水龙”习俗，是过去祈雨时表演的一种民间舞蹈。“耍水龙”仅限于久旱不雨的年份，为祈求“龙王降雨”，参神拜庙后才能玩舞。水龙用柳条草枝扎成九节龙形，由一群青年赤臂短裤，举水龙在烈日下走街串巷，挨家舞耍。各家各户先备好水，水龙到时以水猛泼，舞龙者左遮右挡，直至水泼完方停，耍完后水龙将掷于山涧或河中。

### 三、狮舞

狮舞，又称“狮子舞”“舞狮”“舞狮子”。狮子象征着吉祥如意，从而在舞狮活动中寄托着民众消灾除害、求吉纳福的美好意愿。陇南各地均有狮舞表演。狮子一般用竹、木、彩布扎制裱糊而成，用着色大麻叶丝辫编成狮身，形象生动逼真。表演时一人掌顶狮头，一人“摇耍”狮尾，一名武士手持红灯在狮子前面引舞，表演一些诸如狮子滚绣球之类的舞蹈，狮子作猛扑、跳跃、打滚、抖毛、跳凳子、上桌子等各种动作，或轻柔缓慢、摇头摆尾，或张牙舞爪、热烈奔放，妙趣横生。有些舞狮队伍还有若干“小狮子”相随进行表演，气氛喜庆欢快。

### 四、划旱船

划旱船又称“跑旱船”，是一种模拟水中行船的民间舞蹈。旱船是依照船的外观形状，用木条、竹子扎成尖顶翘檐状如房盖的上顶，然后用彩布、纸花做成船身，套以窗帘、彩门、花束，下围缀绘有水波纹饰的棉布裙。船内有一少女，手扶船沿“坐”在船中，俗称“船姑娘”。表演时，由一名“艄公”在前头划桨引

文县社火“跑旱船”

船带路，做出各种划船动作，而驾船的“船姑娘”走碎步快速紧跟其后，随着“波浪”时伏、旋转、颠簸，颇为形象地表现出水面行船的真实情景。

“跑旱船”时，一般使用的伴奏乐器是锣、鼓、钹等打击乐器，有的地方也加上一至两支唢呐伴奏，或伴以小调演唱，气氛热烈，欢快热闹。

五、跳端公

跳端公又称为“师公舞”，是中国古代先民遗留下来的一种民俗活动，源于古代道教和地方巫术。在中华人民共和国成立以前，陇南乡村普遍存在“跳端公”活动，在人们的生活、生产中占有重要的地位，是老百姓酬谢神灵、祈求消灾避祸的民间活动。“跳端公”被武都、康县列为县级非物质文化遗产名录。其实，文县的羊皮祭祀舞、成县的羊皮鼓舞、徽县的羊皮扇舞和西和的羊皮扇鼓舞都是属于“跳端公”一类的民间祭神舞蹈。

“跳端公”在陇南一些地方又叫“扌专神”或“扌专老爷”，其表演形式一般分上下两坛，上坛是为龙王“扌专神”的仪式，下坛是给其余“老爷”“扌专神”的仪式。在民间，每一个家族都有一位护佑家族人丁兴旺、祛邪除恶、祈福纳祥的祖神，比如文县的白马爷、盘古爷等。人们在生活中遭遇到邪恶或困难，就会向神灵（多数为祖神）许愿，举行隆重的“扌专老爷”仪式。“扌专老爷”要杀猪宰羊大办筵席，四方乡邻都要来恭贺。

上坛“扌专老爷”一般有九项议程：一是开坛。在堂屋正墙上方悬挂老爷神案画像或法身（即木雕神像），两旁悬挂端公家的神案画像，堂屋中设坛，坛上设有装五谷的方斗，斗中插几杆纸花旗，有诸神牌位及牌带、令牌、铁刀、牛角号等物，并祭献猪头、羊、鸡供物。法师们头戴花冠，身穿八卦图案的红色长裙，腰系一串铜铃，净手焚香，燃蜡烧纸，手持羊皮鼓，在铜锣的配合下，演唱神曲、打鼓、拜谢神灵。二是请神，法师敲打羊皮鼓演唱，敬请四方神灵到会（包括邻近主要山头的山神及家族的祖神等）。三是斩马卢。法师将一束茅草放在堂屋门槛上，拿切面刀斩下一截，寓意斩除邪恶。四是放兵。法师吹响牛角号令，拍手掐诀念咒，挥舞纸旗放出神兵。五是收兵。放兵后，法师们短暂休息一下，然后开始收兵。收兵也是吹牛角号，掐诀念咒，挥舞纸旗，并坐在堂屋门口，用手做握棒状，然后到斗前做安放状。据说端公一般都会掐七八十种不同的诀，每一种诀都是一位定神灵的印心，拍手掐过，该神就会听从端公召唤。六是背本。一位法师身背一卷文书，跳出堂屋，绕屋穿行，然后再背回堂屋。七是背斗。这是用来验证“扌专老爷”的效果。到此“扌专老爷”的各项议程已过大半，被扌专的“老爷”已经兵强马壮，神力大增，主人则请四位小伙子，人称“脚马”，即“神”的替身。“脚马”把那只插有纸旗的方斗扛在肩上，每一人扛一只角，等法师吹过牛角号后，令牌一拍，小伙子开始神灵附体，腿

文县的“传老爷”仪式

脚发抖，接着越抖越厉害，最后抛开方斗，从地上蹦跳而起。据说厉害的“老爷”降下的“脚马”显神威后，能吃燃烧的香蜡、吃瓷碗、吃烧红炭火的。这期间，在法师指导下，人们可以向“脚马”问询今生前世的事，“脚马”会指点迷津，最后法师轻抚“脚马”后背，“脚马”会逐渐恢复正常，清醒过来，他说了什么连自己都不不知道。八是过刀关。这一环节一般是给经常生病的小孩祛邪祈福。在村里找12把切面刀，24个小伙子一人饮一碗冠烧酒后依次抬起刀具，法师与徒弟们洗净脚，用符纸封脚，法师手提雄鸡，赤足在刀刃上走过，后面依次是徒弟们通过，其中大弟子要身背生病的小孩子，在众人用米打、小孩子使劲哭闹的情况下走过。九是打头堂和安神。这是“抟老爷”的最后一道程序。进行完前面的各项程序，主人满意后，法师又诌诀念咒，送走各路神灵，将被抟的“老爷”放在神位上，意为让神灵护佑子孙，享受香火。

下坛“抟老爷”，一改上坛的庄重严肃，程序简单，显得轻松活泼。“抟老爷”陈设和上坛大致一样，但不再用羊皮鼓，而改用锣、鼓、钹、马锣、神锣等乐器，道具有面具、各种兵器和服装等，表演类似于“唱戏”。法师要装上妆，戴面具，背一把木制钺釜，边唱边舞，演出的剧目也比较多，一般唱些历史题材、传说、神怪戏等，所以下坛又称“傩戏”。最后，法师扮成赤面红须、手持竹节鞭的“王灵官”模样，给主人唱吉祥话而结束，此名“灵官镇台”。

“抟老爷”一般持续一天一夜，第二天主人家摆筵席待客，客人要送上钱、酒、米、面、香蜡、火纸等礼物。

六、霸王鞭

霸王鞭也称“棒棒鞭”“鞭子”，有的地方也叫“打花棍”“打钱串子”，原为祭祀活动中作为一种法器，后成为民间娱乐活动中一种器具。主要流行于康县长坝、城关、王坝乡一带。

霸王鞭用一根二尺许的木棍做成，鞭身中间留五寸手握，两端各留九寸，均匀各凿三个洞，穿铜钱六枚，再在木棍上彩绘花纹，两端头系上彩穗，彩穗用各种彩色毛线或丝线制作，舞动时不仅可以听到铜钱撞击的声音，更可以欣赏到彩穗飞舞的场景，是一种群众喜闻乐见的民间传统舞蹈节目，一般在传统节日、庆典活动及乡村庙会上进行演出。

康县霸王鞭表演

霸王鞭可几人表演，也可几十人共同表演，人数不等，队形如秧歌。霸王鞭表演者一人手执一根两端串有铜钱的竹棍，动作粗犷豪放，矫健洒脱，节奏流畅，气氛欢快，其表演动作主要有摇鞭、跌脚、跺脚、纵身、腰翻身、二踢脚、透鞭、击臂、击腋窝、击肩、叉腰、缭绕、滑鞭、跨步、挡鞭、抡鞭、挪鞭等十多种。在表演中，舞鞭者手持霸王鞭，随着锣鼓等乐器的节奏，忽上忽下，时左时右，或用鞭触肩头、脚尖、手掌、臂腕等不同身体部位，鞭杆绕身，彩穗飞舞，动作整齐多变，铜钱叮当作响，令人眼花缭乱，目不暇接。

霸王鞭表演时由三至四人执小镲、碟子、三弦等乐器伴奏并演唱，其唱词和曲调以康县民间小调为主，以分节歌的形式出现。唱词大多以说唱历史典故为主。演唱带浓厚的康县地方语言，纯朴浑厚，高亢明亮，韵味隽永，独具艺术魅力。

武都三河镇的“钱鞭舞”在内容和形式上与霸王鞭同属一种民间舞蹈。

### 七、康南花鼓

康南花鼓是康县南部阳坝一带流传的一种民间歌舞，由农民在田间插秧时击鼓演唱发展而来，形式是一男一女，男敲小镗锣，女打小花鼓，边歌边舞，有时花鼓表演可以演唱劳动山歌、民间小调，没有一定程式，现编现唱，随意性强，生活气息浓烈，活泼风趣。

康南花鼓表演

康南花鼓是花鼓表演具有浓厚的地方色彩和生活气息，其曲调优美动听，形式生动活泼，语言通俗易懂，表演朴实明快，并能很好地反映现实生活，弘扬社会的良好风尚，增添喜庆气氛，在当地有深厚的群众基础。

### 八、阳坝梅园神舞

“梅园神舞”是康县南部人民在长期的农耕生活中，为祈求神灵保护而形成的传统民间活动。祭祀敬奉的神灵叫梅山爷。梅山即梅园的山。

“梅园神舞”人员组成一般为四部分，有主持、器乐手、演唱者和表演者。每逢吉日，受村民邀请，便到指定地点表演，表演者头戴面具，衣着绣花红袍，分别手执扇鼓，伴随着锣鼓演唱节奏，轮番上场表演绝活，有木刀木枪对打，有赤手空拳杂耍，表演豪放热情，场面热闹。梅园神舞的表演共有五个部分，第一部分为请土地神。由五人戴着龇牙咧嘴、青面獠牙的面具，身穿各式长衣，手持宝剑，扮作土地神、灵宫、庞官、二郎神、小鬼等神将。土地神手持龙头拐杖出场，用戏耍逗笑的方式，将四位神将请上场；第二部分为跑公曹。穿红色法衣的土地神，手敲小铜锣，领着神将转圈，边走边唱，每转两圈，相对一拜；第三部分为砍五方路。土地神磨刀、耍刀、耍火棍、砍五方路；第四部分为打开山。土地神手持金冠月斧，五方挥舞，请出另外两位神将，一位用扫帚扫尘，另一位手拿牌花和土地神相拜后说唱。牌花，是村里妇女用五彩线绣织的类似于荷包的丝织物，上面绣着女人的名字和出生年月日，牌花有祈求平安、求子求福、还愿的意思；第五部分为伐木。由四五个人手牵手转圈、翻交，或三人抬轿、搭架，再现出当地劳动人民伐木劳动的场景。

由于“梅园神舞”多以师徒相授为主要传承方式，加之以彰显隆重而故意营造神秘色彩，故虽历史久远但鲜有文字记载。现阳坝镇梅园沟留存有较为完整的“神舞”体系，尹世成为传承代表人。白杨乡、铜钱乡、三河乡、两河镇等乡镇都有代表性艺人。

### 九、藏俗舞

藏俗舞流传于武都区坪垭乡的藏族村寨，坪垭乡藏族居住于白龙江南岸的半山地带，与宕昌县官鹅沟一带的藏族应该同属于古代羌族的后裔，是一个能歌善舞的群体。

武都区坪垭乡的藏族

藏俗舞比宕昌县官鹅沟的羌傩舞较为简单，是逢年过节或民间丧葬结束时跳的一种集体性舞蹈，类似于“锅庄”，有时也戴面具，男前女后，不限人数，围火塘或场院一圈，边歌边舞，保留着原始乐舞粗犷古朴的风格。

### 十、高跷

高跷俗称“踩高跷”，表演者站在两根木棍上，将双脚与木棍紧紧捆绑在一起，边行走边表演各种动作。

高跷源于古代百戏中的一种表演。表演者一般以集体表演的形式演唱，人数十多人至几十人不等，舞者大多扮演某个古代神话或历史故事中的角色，服饰多模仿戏曲行头，常用道具有扇子、手绢、木棍、刀、枪等。高跷的表演形式有“踩街”和“撂场”两种。“踩街”表演比较常见，在街道上行走；“撂场”有集体边舞边表演各种队形的“大场”和两三人表演的“小场”，多男女对舞，有时边舞边唱。由于踩跷演员比一般人高，便于远近观赏，因此深受群众喜爱。

高跷是陇南各县社火表演的重要组成内容之一。所使用的木跷从十五厘米至两米不等，故也有“高跷”与“低跷”之分。表演风格上，又分为“文跷”和“武跷”，“文跷”重行走和故事情节表演；“武跷”重技巧和功夫表演，形式活泼多样，极具观赏性。两当县、西和县将高跷列入县级非物质文化遗产名录。

## 第四节　传统戏剧类

### 木偶戏

木偶戏分掌中木偶戏和提线木偶戏两种，掌中木偶戏，民间俗称“布袋戏”，是把木偶头和木偶的衣服联结起来，衣服像一条口向下开的布袋，表演时，艺人把手伸进布袋型的衣服里，食指套进木偶头腔内，大拇指和另外三个指头套进在左右两个衣袖里，靠着灵活自如的手指，活灵活现表演各种木偶角色。提线木偶又称“悬丝傀儡”“悬丝线戏”“弦丝傀儡”，木偶身上系有数量不等的提线，由艺人在幕后操纵表演。

康县豆坪、大堡，成县红川以及西和县西峪、洛峪一带的木偶戏属提线木偶戏，当地称为“木脑壳”，与秦腔戏相比又叫“小戏”。其唱腔和道具乐器与秦腔戏相同，木偶头像由木质材料雕刻，眼睛安装弦轴，可以上下转动，左右顾盼，嘴部能张合，头能伸缩，制作奇巧，雕刻精湛。

木偶戏的演出一般以一家人为主，自制戏箱，也有主人请他人入班，利用农闲和庙会走村转户进行演出，颇受农村老人和小孩的喜爱。

康县大堡木偶戏

## 第五节　曲艺类

### 一、阶州唱书

明朝末年，四川的“唱故事”随甘川茶马古道商贸驮队传入阶州境内，后演变而成阶州唱书，主要流行于今武都县、文县、康县等地。艺人范坨子在文县碧口镇唱书，演唱书目主要有《邓召传》《过巴州》等，后定居在阶州。此后，阶州唱书这一演唱形式在甘肃南部地区便流传开来，经过多年的发展与完善，形成了“南路”唱书、“北路”唱书和“东路”唱书，并长期活跃于陇南和甘南藏区的各族群众之中。

文县石鸡坝乡土琵琶弹唱

阶州唱书以唱为主，以说为辅，所唱内容大多是民间故事，如老艺人安秀玉演唱的传统书目《琴房送灯》。当代阶州唱书艺人除演唱传统曲目以外，还演唱一些反映现实生活的曲目，如王青柏创作、杨怀忠演唱的现代书目《一把刀》，邓剑秋创作、刘金寿演唱的《娘儿俩辩理》等。

### 二、土琵琶弹唱

土琵琶弹唱是文县中路河一带的民众用自制土琵琶演唱的一种自娱自乐民间小调，主要流行于文县中寨、马营、石鸡坝及四川九寨沟县等汉族地区。据史料记载，文县历史上曾经有过大量的移民活动，中路河一带比较富裕，生产条件好，是外来移民的首选之地。随着各地移民的到来，各种小曲也流传到了这里，特别是山西、

文县石鸡坝乡土琵琶弹唱

陕西民歌和四川、云南民歌《采花调》音乐的并行流传，与当地民歌小调融合，逐渐形成了富有特色的土琵琶弹唱。四川九寨沟县旧称南坪县，故其土琵琶弹唱又称为“南坪小调”。

土琵琶由当地农民自己手工制作，其造型与敦煌壁画中的“反弹琵琶”中的琵琶非常相似，用上好的椴木制作，上方为一个五六十厘米长的“长把”，下方是一个宛若梨形的共鸣箱，有三根钢弦，其中外面的一根叫“子弦”，里面有两根称“啷弦”，两根内弦同音同高，发音清澈透亮，颇具艺术感染力。

土琵琶弹唱是当地群众的主要娱乐活动，主要在新春佳节或婚丧嫁娶时演唱。当地男女老少都会土琵琶弹唱，演唱形式颇多。表演的时候，一般分为独奏和合奏。演奏时，主人煨上咂杆子酒，众人围坐在火塘四周，或自弹自唱，或你弹他唱，更多的则是群体弹唱。弹唱乐器除土琵琶外，还有二胡、三弦、笛子、瓷碟、竹瓦、碰铃等乐器伴奏，音乐悠扬，唱腔婉转，极具地域特色。

土琵琶弹唱曲目丰富。有歌颂男女爱情的，如《十杯酒》《送郎歌》《月儿高照》《进兰房》《王歌》《绣裹肚》《送妹妹》《织手巾》等；有神话传说类的，如《八洞神仙》《韩湘子出家》《拜新年》《送喜神》等；有祝福贺喜类的，如《福禄寿喜》《进财神》《送喜财》等；有叙事类的，如《王祥卧冰》《皇姑出家》《马五哥》《肖家女子马家人》《点兵曲》《拔新兵》《光绪皇帝逃西安》《洛阳桥》等；有劳动类的，如《上茶山》《庄稼曲》《鱼樵耕读》《纺棉花》《打菜苔》《摘花椒》《打猪草》等；有劝善类的，如《十劝君》《骨碌子耍钱》《禁洋烟》《劝世文》《九家叶什》等；有社火花灯类的，如《十二花月》《挑花灯》《放风筝》《挂红灯》《船灯调》《碧口话灯调》《采茶曲》《中庙花灯调》《玉垒花灯》等；有悲歌类的，如《男鳏夫》《女寡妇》《单身汉》《哭五更》等。

### 三、碧口评书

碧口评书是流传于文县碧口镇的一种以四川方言为特点的说唱艺术。

碧口原名碧峪口，位于白龙江下游，距文县县城 85 公里。历史上，文县碧口与通渭县马营镇、永登县红城镇、华亭县安口镇并称为“甘肃四大名镇”，明清以来，碧口商船列队，号子震天，是白龙江上繁华的水运码头、甘川两省的物资集散地。碧口的语言、风俗习惯与一江之隔的四川极其相似，人们乐于在街市茶馆中休憩、品茶，碧口评书正是在此环境中产生和发展起来的。

文县碧口镇

碧口评书的表演内容主要分三大类，一类是叙说帝王将相、忠臣良将的历史故事，如《三国演义》《水浒传》《封神演义》《瓦岗寨》《杨家将》《岳飞传》等；一类是传奇类的民间故事，如《白蛇传》《孟姜女》《柳毅传书》等；一类是劝善教化类的故事，如《目连救母》《十二孝》等，也可以根据实际需要进行创作，教化人们远恶行善。

碧口评书的演出一般都在当街的茶馆，内设有长桌、板凳、藤椅、竹椅，喝茶的器具叫茶盏或者茶碗，茶老板用长嘴铜壶给客人添水。说书表演者身省长衫，手持折扇，桌上摆放一醒木。说书时非常讲究开头的为开场诗，也叫定场诗，俗称“四言八句”，起到烘托气氛的作用。说书语言几乎全用四川方言。在故事的讲叙中，每当在情节引人入胜时，一般都要留下“扣子”（悬念）。茶老板收听书钱。

## 第六节　民间美术类

### 一、傩舞面具彩绘

傩舞是祭神跳鬼、驱瘟避疫、表示安庆的娱神舞蹈与彩绘木雕相结合的艺术。

文县白马人的傩舞彩绘面具工艺精致，形象夸张。白马人的“池哥昼”“傩舞十二相”等民间舞蹈都有各自的彩绘面具，其制作一般要经过八道工序：一是选科，雕刻白马面具所用的木料主要有柳木、椴木、野麻柳等，每年夏季七八月先将木头砍成圆木，剥皮晾干，到第二年夏天才将木料背回放。二是设计，即按规格设计好样稿，对所雕塑面具有一个整体把握，白马面具规格一般都比实际的人头要大一倍多，这样才显得威严庄重。三是打坯，将木料固定在柱础上，按照设计好的样稿，先用墨线在木料上定好位置，再用大号宽凿打坯，打坯的时候，一定注意眼睛要小，鼻子要大，最后选用小一点的凿子逐步修理成形。四是铲细，用精细的凿、铲、刀、刨等工具细细刻画每一个部位，力求线条准确、匀称、流畅、细致。五是抛光，即用锉、细砂纸、绒布等工具打磨面具表面和每一个细部。六是彩绘，面具上色主要用红、黑、紫、黄、白、蓝等六种颜色，一般选用优质矿物质颜料。彩绘讲究色彩的搭配和对比，线条要朴实夸张，色彩要鲜明和谐。上好色以后，用漆刷两次，放置在阴凉处干透。七是配饰，雕塑、彩绘好的面具，还要经过配饰，主要在面具顶端配以彩色的（绿、黄、红）扇形纸花和锦鸡尾羽，以显得庄重肃穆。八是开光，开光是一种传统仪式，面具只有在开光后才可正式使用。开光这天，全村人要聚集在一起，请族长和面具师傅将面具摆放上位，准备供酒香烛，众人跪拜，鸣炮、口唱“朝呆”（敬神酒曲），族长口念“朝伟”（即祝神词），

文县白马人的傩舞彩绘面具

白马人的火圈舞

整个活动要举行一天一夜，开光后的面具便具有了神灵的威严。以后，在每一次动用之前都要举行焚香恭请的仪式，用完后还要焚香归位，妥善保管。

傩舞彩绘面具制作由当地民间艺人完成，他们画、剪、糊样通，是极受人尊重瓮工巧匠。制作的面具，武相气宇轩昂；文相端庄俊秀。“傩舞十二相”的各种动物面具神形兼备，眼睛凸起，活灵活现。傩舞面具有固定的样式，造型和色彩都有严格的规定，不能主观臆造。

## 二、农民画

农民画亦称现代民间绘画，陇南的农民画主要分布在徽县银杏乡、成县红川镇，所画内容以乡村生活和乡村风土人情为主要题材，如描绘田园风光、农家生活、劳动场面和节日庆典等，构思质朴，夸张多变，色彩浓烈、乡土气息浓厚。当地的农民画从20世纪60年代以来一直有阵容庞大的创作者队伍，作品多次展出、发表与获奖，获得了较高赞誉。

徽县泥阳镇成家庄成俊明绘画

成县红川镇农民画，以乡村风土人情为主要题材，构思质朴，不求形象逼真，用色明快，对比强烈，重视装饰效果，构图不受透视原理约束，平视和俯视结合，夸张变形，拙中藏巧。1974年，吴锡瑞创作的农民画《工地怒火》和《踊跃交售爱国粮》分别前后两次参加全省书画艺术展，均获奖并在《甘肃日报》发表。1977年，全省农民画在武都组织比赛，红川选送180多幅作品参赛，并在武都地区和其他6县间开展了巡回展出。1983年，全国首届农民画画展在京举行，甘肃省共选送了11副作品参展，其中红川有4幅作品入选，即吴锡瑞的《“包”字带来丰收年》、张翼的《青山绿水果飘香》、张旭的《夏月集日》、胡新武的《闹元宵》，四幅作品均获国家文化部、中国艺术家协会嘉奖。

## 三、泥塑

陇南泥塑艺术的历史悠久，如礼县高寺头遗址出土的原始社会“少女头像”以精湛的塑造手法和洗练的人物表现被载入中国美术史。各县博物馆也藏有一些烧制的精美动物造型泥塑，特别是各个庙宇中庄严肃穆的佛像、慈悲友善的菩萨、刚烈威武的武将、婀娜动人的仕女像更是数不胜数。

徽县泥阳民间泥塑

现今，除成县抛沙镇竹篮寨泥玩具制作工艺入选甘肃省非物质文化遗产名录之外，礼县红河乡、徽县泥阳镇的民间泥塑也备受世人关注。礼县红河民间泥塑多取材于神话传说、传统戏剧、古典小说，侧重于人物彩塑。泥塑内部先用木棍固定框架，再施以草泥，然后用有黏性的黄褐色泥土（当地叫坂坂土）经搅拌、发酵做原料捏塑，最后再施以胶泥和颜料而成。在泥塑过程中，先塑造人物的形体动态，再刻画五官、衣纹，表现质感。在绘色上采取工笔画手法，用勾描、渲染、烘托的表现，用色大胆、夸张，多施以对比强烈、纯度高的颜色。红河泥塑的民间艺术家多来自家族传承或师傅传教是，其作品在制作手法、工艺流程及造型、比例、色彩上有别于院校派，在细节的表现上善于刻画人物性格和塑造人物内心世界。

徽县泥阳镇泥塑

徽县泥阳民间泥塑也独具特色，旧时称“耍货”，其代表作品有“胖娃”“鸡咕咕”“黑狗哨”等。徽县泥阳泥塑与陕西凤翔塑同出一脉，民俗学者考证认为，其彩绘纹饰与西周时期的青铜器纹饰有相同之处，而以花鸟鱼虫、祥鸟瑞兽为主的创意造型，是中国古代图腾崇拜、神灵崇拜的遗存，反映出了图腾时代的文化特点。泥阳泥塑的制作以当地黄土调和成泥作胚料，经创作毛稿制模、翻胚、黏合成，再经抛光、彩绘、出线、上光等十数道工序精制而成。其以浓郁的乡土气息、大红大绿的色彩、浪漫神奇的纹饰以及粗犷夸张、简练概括的原始美而深受群众喜爱。

## 四、刺绣

刺绣在陇南各县（区）均普遍分布。昔日陇南城乡殷实之家多巧手之妇教女刺绣，凡枕、裙、袜等物皆绣花草图案，工艺精巧，设色浓艳，给生活增了美感。20世纪80年代后，刺绣艺术在城乡更为流行，且题材花样增多，妇女们除了在袖口、衣襟、枕头、肚兜、床门帘、香包、烟袋、鞋头、袜底上面用彩色线绣上各种图案之外，还在窗帘、床罩、台布、电器套、沙发罩上扎花绣字和绣上风景人物等，这些饰物有的馈赠亲友，有的上市场售卖，深受人们喜爱。

西和县稍峪乡符庄村妇女手工刺绣

## 五、剪纸

民间剪纸艺术在陇南各县（区）均有分布，其中武都区、宕昌县、西和等地方的剪纸艺术更具特色。陇南剪纸艺术既有北方剪纸粗犷奔放的特点，也有南方剪纸精细秀丽的神韵，古拙质朴、对比强烈、大胆夸张、随意装饰，造型花样反映了农民群众的生产生活状况和他们的思想、感情、信仰及情操。陇南民间剪纸具有三个明显特点：一是象征意味浓厚。如《鸳鸯戏荷》图案，鸳鸯形影相随，恩爱无比，象征爱情、婚姻幸福美满。《龙凤呈祥》图案有吉庆、吉祥的寓意，主要用来象征新婚夫妇和合恩爱；二是讲究装饰性，变形夸张不受物象真实比例的局限，充满浪漫色彩。三是剪纸作品与时俱进，时代气息浓郁。民间剪纸艺人在继承传统内容和风格的基础上，善于吸收现代画技法创作反映时代的作品。

西和县剪纸传承人卢海燕剪纸作品

六、家谱绘制

家谱又称家乘、家牒、玉牒、谱牒，是以图录传记的方式，记载直系血缘关系及其一家源流世系和重要人物事迹的历史文化典籍。家谱的形式有多种，在文字家谱出现之前有口授家谱和结绳家谱；后来，出现用图表裱制垂挂于中堂的家谱和装订成册供家人翻阅家谱。历史上，官宦人家一般都是采用装订成册的家谱，而平民百姓、经商士绅则多为悬挂供后人供奉的图表式家谱。

康县城关镇三官村过去曾保留着一种图像式家谱的绘制技艺，即用颜料和毛笔，将一个家族的先人按照辈序逐次绘制在一块布上，多为全身画像，有些为半身画像，画像比例协调、色彩柔和、面容清晰。每一幅画像下面有对该位先祖简历的说明文字，辈序清楚整齐，平时折叠存放，遇到逢年过节则悬挂于厅堂或家庙供族人供奉。据三官村现存的古家谱图像来看，这一族人先祖的衣着装扮不同于当地汉人，应该属少数民族服饰，由于这里历史上是古氐羌人繁衍生息之地，所以，一般认为这种家谱应为古代氐羌人绘制和流传的家谱。

康县南部民间家谱图

图像式家谱绘制主要工序是：

（1）列出家谱世系表草稿。（2）按照家庭人员的延续、分支的顺序，用毛笔誊写，用白描的技法绘制出人物绣像并装订成册。（3）选用手工织出的白土布，按照装订成册的家谱排列次序，逐步誊写于白土布上，并绘制画像。（4）校对修改文字。（5）选用天然染料，对画像进行上色。（6）进行防腐处理。

传家谱仪式：

即在长辈去世后选择三周年或另择吉日，把长辈名字写在家族的家谱上。其程序如下：(1) 恭请一位德高望重的读书人作为在家谱上写长辈名字的先生。(2) 备大席，招呼亲戚朋友前来参加仪式。(3) 把先生安置在村庄的大户人家。(4) 由礼官带孝男孝女，哀乐班前往大户人家请先生，一般须请二次。一请之前，先在家中的家谱前叩头上香，之后去请先生。先生回礼，但不前往。第二次请后，由礼官前引到传家谱之家。(5) 先生在礼官的引导下，在孝家家谱前洗手焚香，然后由孝子将家谱从正庭墙上取下，置于桌上，孝子依次在桌前跪定。(6) 先生在礼乐声中，提笔在家谱上写上亡人姓名，然后用朱砂点神位，意味着亡人已入家谱尊位。(7) 孝子在桌前给先生跪地叩头，给先生奉上仪礼金。(8) 将家谱再挂在正庭墙上，再叩头上香，敬献饭。礼毕。

## 七、根艺

根艺又称根雕，是利用树根、竹藤等材质的天然造型、纹理和色彩，经过打磨修饰，加工成家具、摆件及飞禽走兽、山水鱼虫等各种艺术作品。

陇南山大沟深，林木茂盛，根艺分布较为普遍，宕昌县沙湾镇、新寨乡，礼县湫山乡、红河镇和西和县、两当县部分乡镇都有根艺制作，尤以徽县麻沿乡的根艺颇具名气。20 世纪 70 年代初，徽县一些根艺爱好者参照有关书籍，通过雕琢、取舍、剪接、打磨、油漆等工艺，制成花架、笔架、笔筒等工艺品。麻沿乡牡丹村利用家门口的林木资源优势，家家户户搞根雕，作品种类繁多、造型生动，外销周边地区，成为一项致富产业。

徽县麻沿乡的根艺

## 八、根书

礼县盐官的根书产生于清乾隆年间。根书是以灌木的根系，经过选材、拼版、烘干消毒、去皮去污、抛光、打磨、着色上漆等工序，在一个平面上利用其天然神态拼接成独具特色的“书法作品”的艺术。既有根雕工艺的自然淳朴、含蓄凝重，还融汇了镂刻工艺的精细雅致，气韵恢宏，造型多变，极大地拓展了中国书法艺术的空间。

根书制作方法：首先确定拼版的内容，在树根材料中选取偏旁部首树根，经拼接、调换、截剪，形成初级树根文字毛坯。将树根文字毛坯送入烘干室内烘干，加上硫黄粉熏制，以防虫蛀；根据烘干消毒后的树根文字毛坯的天然形状，用工具整修，让树根达到纹理明晰、明亮光洁、意境自然。

将抛光打磨好的文字根材，用铁红粉、温水和熬好的木胶勾兑着色上漆。将上色上漆阴干后的文字根材，放置到预先设计好尺寸的框版中，排版定版后，将与版面黏合部位，在粗砂纸上磨出对接平面，用调制好的牛皮胶粘固即可。

## 九、转灯

宕昌县两河口乡化马村、沙湾镇下站村的转灯是一种传统的民俗活动。当地历史上有

"转灯踩道"和"迎灯送福"之说，保佑一方平安，盼来年福寿康宁、五谷丰登的特定内容。

每年腊月开始制作转灯，农民破竹扎灯，糊灯贴花，捆扎火把。正月初三日开始"转灯踩道"，只限男子参加，灯具各异，有手提宫灯、八卦灯及象形的鸡、鸭、鱼灯等，还有一种身后背灯，长约二尺，上端口略小，可插纸花，形态奇妙。夜幕降临时，转灯的人集合整队，接着鸣放三眼炮、烟花，敲锣打鼓，吹奏唢呐，数百转灯的人背起灯笼，手持火把响器，入场踩道。引路者称 "道头"，按提前定好的路线行进，转灯人相随，人们随锣鼓节奏，手舞足蹈，边唱边走。入村之后，熄灭火把，将灯笼排成一字形穿村而过，家家焚香，相互敬酒致意。午夜，转灯仪式方告结束。

## 第七节　传统手工技艺类

### 一、铁楼咂杆酒酿制技艺

酿制咂杆酒是文县铁楼乡、中寨乡白马人的一项传统手工技艺。咂杆酒白马语称"达嘎贝朝"，用青稞、燕麦、苦荞、小麦、糜谷、玉米等五色杂粮酿制而成，所以又叫"五色酒"，也称"泡酒"。白马语称酒为"朝"，称白酒为"朝嘎"，称五色酒为"朝玛"。相传白马人酿酒的酒曲是盘瓠爷传的。每年秋收秋播结束后的农历九月九日，白马人家家户户开始酿制咂杆酒，每逢贵客来临，客人被邀上首坐定，主人下首相陪，火塘中煨一酒罐，罐内装上发酵好的酒糟，兑以山泉水，插长约一尺的山中"火通"（一种中空植物茎秆做的吸管），边唱边饮。

咂杆酒的制作要经过选粮、淘洗、蒸煮、晾露、制曲、发酵、装缸、窖藏等几十道工序。其主要酿制环节有七个方面：一是选粮。精选本地生长的玉米、小麦和青稞三种原料，要求颗粒饱满均匀。二是淘洗；将选好的粮食放置在大木桶里淘洗，浸泡，然后用笊篱捞出，除去粮食中的杂物即可。三是蒸煮。用大铁锅盛装粮食约 80 公斤，掺上清水（水量控制在淹过粮食 15 厘米左右），用大火煮开后，改用中火再煮两个小时左右，达到八至九成熟起锅。四是晾露。将蒸煮好的粮食用笊篱捞出来，滤尽水分，晾晒一天一夜。五是制曲。酒曲必须用当地传统方法制作，并将酒曲磨细成粉待用。六是发酵。将煮晾好的粮食铺开，用酒曲粉拌匀，装入篾箕里，用棉布盖好，发酵三天能闻到酒香为宜。七是装缸窖藏。将发酵好的酒醅装入大陶缸中，缸口用棉布或桐叶缝制成的软垫盖好，上面用石头压紧，外面再用草泥密封，窖藏一至两年后即可饮用。

## 二、金徽酒酿造工艺

金徽酒属白酒，又称蒸馏酒。蒸馏酒传统技艺以粮食为原料，经原料浸润、蒸煮糊化、地穴蒸馏、存贮陈酿、勾兑调味而成。

蒸馏酒酿制过程有制曲、酿造、勾兑三大工序。制曲是将小麦或以小麦为主的原料踩制成块，再进行富集环境微生物的纯自然接种，并经自然发酵，制成酒曲；酿造包括“跑窖循环，续槽配料、泥窖固醇、混蒸混烧、量质摘酒、按质并坛”等工艺；勾兑是按照物理化原理对酒的调制，这一环节既可提升和改善酒的品质，又可使同一品牌的白酒能保持一以贯之的风格特征。

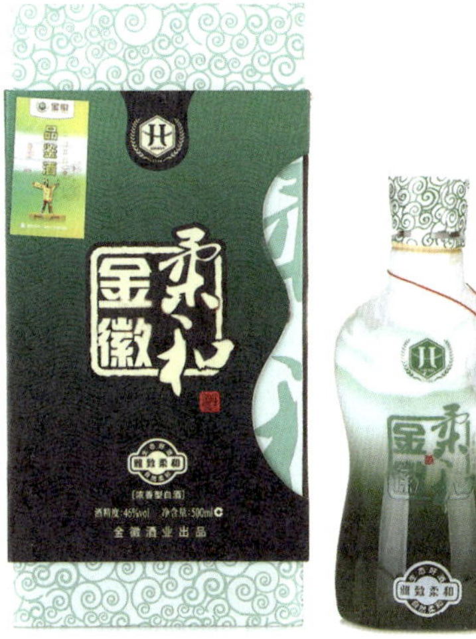


陇南白酒的生产源远流长，尤以徽县金徽酒与成县红川酒更以酿造技艺精湛、酒的品质优良而远近闻名。此两种酒都属于蒸馏酒，以曲类、酒母为糖化发酵剂，利用淀粉为原料，经蒸煮、糖化、发酵、蒸馏、陈酿和勾兑酿制而成。

金徽酒以高粱、大米、糯米、小麦、玉米为原料，配方合理，泥窖生香，工艺精细，因其发酵周期短、工艺和贮酒特殊、口味特别而自成风格，具有晶莹剔透、醇香典雅、诸味协调、甘润挺爽、尾净悠长的品质。

## 三、香醋酿造技艺

陇南制醋的历史悠久，尤其成县小川镇、徽县泥阳镇的香醋以色、酸、醇、浓俱全，质优味美、营养丰富，深受人们青睐。

当地香醋的酿造大致要经过六道工序：一是备料，选用当地出产的优质小麦、玉米、麦麸；二是制曲，将粉碎后的小麦粗粉用开水烫熟，用模型框夯成长方形块状，然后移入密室中四至五天后，开房晾干，再将房子密闭进行第二轮发酵，时间为十天左右，待水分完全蒸发后就制成曲子；三是拌曲，将玉米粉碎，然后上锅蒸煮，待完全熟后，拌入曲子；四是发酵，将拌有曲子的玉米放进发酵池，进行发酵，并多翻糟搅拌，使其发酵均匀；五是进沥池，把发酵好的原料放入沥池，加入适量的水，沥出半成品醋水；六是煮醋、加香料，将沥出的醋水上锅煮沸，同时加入自然香料，即为成品。

## 四、红川酒酿造工艺

成县红川镇，古名横川镇，当地酿酒的历史已有数百年。明末清初年间，横川镇一带酿已具相当规模，有烧酒作坊达三四十家。清乾隆六年（1741）编纂的《成县新志》载“横川，称都会于东，为百货所集，川之花棉，陕之布匹，悉货于是，而火酒之烈，尤四方之共推者矣”。横川酒以优质红高粱为主料，用珍珠龙泉井之水酿成。

今天的红川酒传承了历史上横川酒的酿造工艺，以高粱、小麦玉米、大大米、糯米为原料，用大麦、豌豆进行中高温制曲，采用传统的混蒸混烧法，把传统工艺与现代生物技术有机结合起来，经过立窖、破窖、顶窖、圆窖、插窖和挑窖六个过程和数十个生产环节，并精心勾调而成，具有浓香四溢、甘洌醇厚、回味悠长的独特风格。

## 五、罐罐酒酿造技艺

罐罐酒酿造是宕昌县沙湾一带的传统技艺。罐罐酒酿造以高粱、玉米、红谷、青稞、小麦为原料，先将其煮熟，晾至冷却后，再把曲子均匀撒在上面，然后装在酒缸中，密封发酵，一般需四十天左右，纯正的罐罐酒酿造即完成。

罐罐酒

罐罐酒的喝法很独特，首先要准备好一个土罐子，然后把经过发酵的酒醅装在土罐子里，再倒入适量的水，加热后，用一根空心竹管吸饮，与咂杆酒的制作工艺基本相同。

## 六、“二脑壳”酒酿造技艺

“二脑壳” 酒原名“老烤”，康县南部叫“老烤”为“脑壳”，其“二”是指料酒煮一次，烤酒一次，共两次而得名，是农家自己酿制的低度酒（酒精度一般在35—40度之间）。

康县三河坝乡土法酿造“二脑壳”酒

三河坝乡土法酿造“二脑壳”酒以玉米做原料，煮熟拌以自制酒曲（称快曲）短期发酵而成，热天发酵只需一周时间，冷天需要半月。烤酒的主要器具有圆孔锅盖、套杆、套缸、竹筒等，套杆起连接作用，套缸下面是一个圆通孔，用来连接两端的套杆和竹筒，通孔上面是冷却缸，用来装水冷却通孔里的酒蒸气。烤酒时，把酿制好的酒料放入大锅，盖上锅盖，将套杆与锅盖圆孔、套缸圆孔一端相连，竹筒从另一端相连。锅里的料酒煮开后，酒蒸气从锅盖孔传入套杆，再由套杆传到套缸，在套缸的通孔里，酒蒸气遇上部的水冷却变为酒，从竹筒里流出。烤制时要不断更换套缸里的水，以便保持较低的温度，火不能大，也不能小，大了酒出来后有焦味，小了出酒慢且味淡。酒的质量与高粱发酵程度有关，高粱若在酒缸里密封不好，烤出的酒就会有酸味。

## 七、康县太石雍坝铸铧术

铸铧工艺是康县太石乡雍家坝世代相传的一项民间“绝活”，当地称“倒铧”。康县太石乡雍坝铸铧术起源于明代后期，每年冬春农闲时节，雍坝人每家选择河滩空地翻砂制模，浇铸铁铧，也为附近寺院铸造钟磬。产品除销售本县外，还供给陇南其余各县及甘南、天水、陕西、平凉、定西等地。

康县太石乡雍家坝铸铧工艺

铸铧制作工艺流程：(1) 平场（选大小 2 亩左右的开阔地，要求交通、水源便利）。(2) 备料，主要原料有绵沙土（选面砂、皮砂、籽砂三种）、废铁、焦炭、木炭、铅水。(3) 选模（选择不同种类规范、标准的铧为模）。(4) 倒铸铝模具；(5) 制砂范，即翻砂倒模。首先将面砂覆盖于模上，在上一层皮砂，再手拍打使其与模密实结合，还要用木板击打，使其更加坚实，铧芯由籽砂制成，然后退模，将模在平地上摆放整齐，晾晒干。(6) 砂范由三部分组成：面范、底范、芯范。(7) 清理浮砂，刷铅粉。(8) 合模。先将铧芯范放在面扇上，再将槽扇盖上，然后用砂土混合泥摸缝，摆放成行，晾干。(9) 炼铁。按比例往煅烧炉中投入铁、炭两种原料。(10) 浇铸。向模中浇铸铁水。(11) 冷却、脱模。(12) 打磨：用铁钳、小铁锤对刨捡出的铧进行打磨，取掉凸起部分。

## 八、皮影制作技艺

皮影戏又称灯影戏或影戏。皮影戏是由艺人操纵道具，通过灯光将其投影于影窗，配以唱念等音乐表演的一种古老戏剧形式。

康县大堡乡艺人演出皮影戏

皮影戏材质有纸及驴皮、牛皮、猪皮和羊皮等，制作工艺复杂。动物毛皮一般要经过泡、刮、铲等工序，使之成半透明的皮子；后经过打磨、摹画、雕刻、着色、上胶、封色、熨缀、装订等诸多工序方能完成。

皮影制作是西和县石堡乡包集村民间艺人的一种传统技艺，其造型独特，刀法细腻精湛，色彩丽而不艳。当地皮影制作一般要经过五道工序：一是选皮。选用不满三岁口现宰杀的黄牛皮，然后把选好的皮浸入清水中，换水浸泡数日，至用手轻拽牛毛能掉为好。接着，将泡好的牛皮搭在一根碗口粗细、长约 1.5 米左右的木桩上，用刮刀先刮净脂肪，再刮净毛，直至薄厚均匀后，用绳子将其绷展在木框上阴干，然后根据所要雕刻图案的大小，将牛皮裁成块，用砂布反复打磨直至

礼县固城乡张家村皮影戏制作传承人杨树森

两面光滑，再用水清洗，待皮子湿软后，用特制的“推尺”加油汁推磨，使牛皮平展透明。二是雕刻。先将准备好的图谱放在加工好的皮子下面，用钢针在皮子上画出纹样，然后进行雕刻。雕刻的手法以推皮走刀法为主，即右手握刀扎于牛皮上不动，用左手五个指头灵活地推转牛皮来刻出各种栩栩如生的图案。三是染色。雕刻好的皮影经推平打光，用加温后的牛皮胶调制成透明颜料，根据皮影的图案进行平涂和烘染，切忌染色时颜色互窜，必须确保画面干净。四是熨烫。用两块加高温的土坯熨烙皮影，这也常被艺人们当作“绝招”来保密。熨烙皮影要恰到好处，火候不到则不展挺，火候过度则灼焦。五是装订。把雕刻好各个部件加以联结和固定，头部和影身的联络结是活的，根据需要可调换，各部件联结处要选好固定点。皮影人颈部加一根主签，两手腕处各加一根活动签。

在礼县固城、康县大堡一带，皮影制作和表演也至今流传。

### 九、大桥松香制作工艺

松香是将松树的树脂经高温熔化挥发掉松节油后制成的透明固体物质，呈黄色或棕色。

西和县大桥乡的松香是用采割的形式收集松脂，再加工提炼而成松香。一般多在夏季采收。在松树干上用刀挖成“V”字形或螺旋纹槽，油树脂自刀口流出，收集后置于铜锅中，用微火加热熔化，除去杂质后，将树脂倾倒入水中，待凉后取出，凝固干燥后即成。

### 十、陶瓷烧制工艺

陶瓷是陶器和瓷器的总称。陇南的陶瓷烧制技艺分布较广，两当县西坡、泰山、兴化等乡镇，成县沙坝镇尖川村，礼县城关镇贾胡窑、花儿沟等地烧制的缸、油壶、茶罐、咸菜坛、面盆、烧酒缸、淋醋缸等生产生活用品和房脊上的神兽远销周边县市。尤其是两当县西坡镇的陶瓷烧制始于明朝万历年间，传承有序，至今仍有生产规模，是陇南陶瓷烧制工艺的“领头羊”。

两当县西坡镇的陶瓷以当地一种有铝硅酸盐和石英为主要原料烧制而成。其烧制有五道工序：一是泥料制备。取专用陶瓷土，先用筛子过漏杂质、细小石子等杂物，再用搅拌设备进行搅拌；二是制坯。在轮盘上制作器物的生坯；三是干燥。为了防止在烧成时裂开，生坯要进行干燥，通常在室式或隧道式干燥室内进行；四是上釉。釉由石英、长石、硼砂、氧化锌调配而成，涂在陶器表面；五是烧窑。将已经成型、晾干并施好釉的陶瓷坯体送入窑内，高温燃烧，陶瓷坯体成为陶瓷制品。

### 十一、民间乐器制作工艺

武都民间艺人制作是的民间乐器种类除了二胡、板胡、低胡、琵琶、古筝、扬琴之外，还有专门为武都高山戏量身打制的“高山胡”与“高山琴”。

制作民间乐器一般要先行设计，然后选材、加工、打磨，最后上漆、调音便可完成。武都民间制作的板胡音域宽广，音色高亢瞭亮、热情豪放；古筝音质圆润丰厚，特色显明；扬琴音域宽厚，音色亮丽。近些年，经民间艺人制作的扬琴、板胡、二胡、低胡、古筝、琵琶等乐器远销新疆、西安、兰州等地。

## 十二、栗亭砚雕刻制作技艺

栗亭砚是中国历史上有文字记载的名砚之一。宋代米芾的《砚史》中记载“栗亭石，色青，有铜点，大如指，理慢，发墨不乏，亦有瓦砾之象”。栗亭，即今徽县西南栗川乡。

唐肃宗乾元二年（759）冬，大诗人杜甫自秦取青泥古道入蜀途中曾寓居栗亭，在《发秦州》中诗人称“栗亭名更佳，下有良田畴”之句。

栗亭砚石产于栗川乡南石峡中，其雕刻制作技艺与栗玉砚制作技艺大致相同。

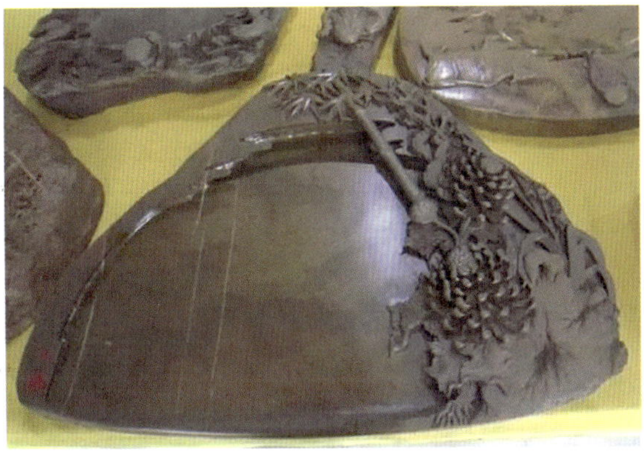

徽县栗亭砚

## 十三、中医接骨

中医接骨是文县天池乡、石鸡坝乡的民间艺人的“绝活”，中医接骨具有不开刀、外敷内服中草药、康复快、花钱少的特色，能治疗骨折、脱臼等疾病，被喻为不用刀子的接骨术。

中医接骨的常用技法：一是用“摸法”作初步诊断，通过触摸判断出是骨折、骨碎、摸裂，还是脱臼，有无并发症，然后再根据伤情进行治疗。二是用“提法”将陷下去的骨提起，使其恢复正常。三是用“接法”将已经折断的骨头合拢起来。四是用“端法”将脱臼的关节不偏不倚地恢复原位。五是用“推法”使病肢复原，用手掐定患处，缓缓复位。六是用“按摩法”使受伤部位气血畅通，消除臃肿。至于选择哪种手法治病，由接骨医生视病情而定。

## 十四、铨水大黄炮制工艺

炮制工艺大黄是中国四大名贵中药材之一。礼县铨水乡是我国大黄的主要严地，所产大黄因块大味香，色褐黄，质坚体重，药理性能好，品贡优良而称著。

铨水大黄炮制工艺被礼县列入县级非物质文化遗产名录。当地大部分大黄基本处于初级粗加工阶段，在秋末茎叶枯萎或次春发芽前采挖，除去细根，刮去外皮，切成瓣或段，

用麻绳穿成串用烟熏法（也可冻干）烘干后，经过筛选、机器刮光，再装箱销售，形成了一套比较规整的加工技艺。

当地还有一套“酒大黄”的炮制工艺，将生大黄用黄酒（大致按十比一到十比二的比例）喷淋、拌匀、焖润后，文火微炒，至色泽加深时，取出放凉；或者将生大黄用黄酒喷拌半焖，待酒吸尽后，入笼蒸三四小时，至表面微黑时取出，晒干或烘干，这种大黄饮片质坚实，深棕色或黑褐色，略有酒香。

## 十五、火锨馍制作技艺

康县火锨馍

火锨馍，顾名思义就是在火锨上制作的馍。火锨，即农村烧炕使用的铁锨，外形半圆，由熟铁锻打而成，长约二三十厘米，宽约20厘米，有木把。火锨馍广泛分布于康县西部的长坝、豆坝、店子、三河以及武都洛塘地区，被武都县和康县列入县级非物质文化遗产名录。

火锨馍的制作方法奇特，独具特色。一般是先将莜麦面、玉米、荞麦面用温水和成面团，用特制的形似乒乓球拍的木板拍压圆饼，再放在热锨上反复烧烤，待面饼两面均匀变硬结壳后，再埋入热灰中烧熟后取出，拍去灰即可食用。还有一种做法是将纯玉米面用开水烫后拍压成饼，先在火锨上烧烤，待烧硬后再埋进烫灰里烧熟，称“参火子” 。也有将纯荞面搅成糊状，倒在火锨上均匀烤熟，当地俗称“软饼子”。吃“软饼子”时，可将炒菜、酸菜、咸菜铺在饼上卷起来吃，有条件者还可卷上果酱或熟肉吃。火锨馍酥脆香软、营养丰富、携带方便、经久耐贮。

## 十六、石板房建造技艺

石板房是陇南部分山区老百姓利用当地石板建造的房屋，即在土墙上架梁，梁上盖石板。所用石质一般为页岩，层次均匀、石面平整，一些地方还用石条或石块砌墙。以石板盖顶，除檩条、椽子是木料外，其余全是石料。这种房屋冬暖夏凉，避风遮雨，防潮防火，但是采光较差。

武都区鱼龙镇石板房

石板房主要分布在武都区鱼龙镇，两当县站儿巷、云坪、广金寺乡镇。文县尚德马泉村、横丹以下的农村也多见石板房。石板房建造技艺被武都区、两当县列入县级非物质文化遗产名录。

## 第八节　民间习俗类

### 一、白马人婚礼

文县白马人婚礼独具特色。白马人青年男女从谈婚论嫁到结婚成家一般要经过四道程序：一是提亲，白马语称为“智朝”，男女双方相互爱慕之后，男方父母便选定媒婆（白马语称为“摆尼”）提上酒去女方家求婚，女方父母若同意这门婚事，则留下酒并款待媒婆，若不同意则等媒婆走时，把自家的酒送一壶给媒婆，托她把酒带给男方以示回绝。二是定亲，也叫户族酒，白马语称“愁朝”。一旦双方父母都同意儿女婚事，男方家就要选择一个族内德高望重的老者带上男方小伙提上酒，背上12—30个蒸馍，到女方家正式求婚。这一天，女方家则通知全村的妇女等候在村口，向来定亲的人撒灰，意即男方订亲人跋山涉水，路程迢迢，未免有邪妖鬼怪跟随，女方要用撒灰的习俗把鬼怪打阻在村外。男方客人进村后，女方家摆好酒宴款待客人。入席后，先由媒人带领男方认女方父母、亲戚，燃香烛祭拜天地、祖宗、神灵，然后双方对歌，并商定送彩礼、娶亲时间等事宜。三是过彩礼，白马语称“歌窄朝”。男方要提前三天通知女方过彩礼日期。并备酒饭招待户族亲人后，选长辈、族长二至四人，带上烟、酒、衣服、头饰等彩礼送往女家。女方要设酒宴款待男方宾客，并商定好结婚时间。四是举行婚礼仪式。

盛装的文县白马人

白马人婚礼最能体现其传统习俗。白马人的婚礼仪式一般选在冬月、腊月农闲时举行。由男方家请阴阳先生以男女方的八字推算吉日良辰。婚礼仪式规模视男方的家境情况而定，富则三到七天，贫则三到五天，非双日不娶，取双喜之意。主要议程有两个：一个是接亲。在迎娶新娘的前一天，由男方家召集户族开会商议后，具体事务由族长负责。接亲领队者一般为男女长辈各两对，白

唱酒曲的白马人

文县白马人独特的服饰文化(女装)

文县白马人独特的服饰文化(男装)

马语称为“皮外”。接亲队伍由五至十五人组成，由一名男童来牵马，一路燃放鞭炮到女方家。女方设宴款待男方接亲人员，之后，晚上女方村寨的姑娘们都来陪伴新娘，并唱嫁歌。另一个是送亲，白马语称为“唱斗西”。第二天清晨酒宴，中午十二点或下午三点，送亲正式开始。出发前，女方家族送亲队伍首先要在房中绕三圈，方可送新人出门，女方长辈将新娘扶上马背。新娘出了娘家门后，决不能回头。起程时，女方家还要有一个长者手持一舀饭勺，勺里舀一点酒，跟在新客队伍后面，意为奉请本家祖神和山神、土地保佑客人一路平安。

男方家要在门前设一祭台，供桌上置“五谷斗”(盛装小麦、包谷、青稞、大米、小米)，在五谷斗里插三炷香、一对蜡烛，放两壶接路酒，由村中长者伺祭。炮手端上三眼铳炮等待送亲队伍到来。当送亲队伍来到后，新郎手提酒壶、酒盅，向客人敬洗尘酒。长者点燃香蜡，斟酒颂祭词，祈求天神、地神、祖先。并向客人敬酒祝福。祭完仪式结束后鸣炮三声，由新郎亲戚将新娘和客人迎入家中。客人到家后，新郎家先用酸菜黄豆面招待，称“下马饭”，然后在堂屋中摆上桌子放八壶酒、八对蜡和一“五谷斗”，内插祖先流传下来的用木片做成的人字形令牌，宾主分南北方向就座，唱迎亲酒歌。唱毕，撤去“五谷斗”，放在楼上的天梁上。然后村里男女向客人们敬酒对歌，饮酒通宵。

第二天清早，客人在吃完早饭后由领队引路，到户内亲戚家赴宴。晚上，又在男方家饮酒对歌。第三天白天与第二天仪式一样，晚上则男方家召集户族，举行交亲仪式，由客人领队向男方家户族介绍新娘情况等，然后，双方对酒致谢，婚礼完毕。第四天早上，男方家设宴为送亲客人饯行，全村人放炮送客人返回。

## 二、白马人服饰

文县白马人至今仍保留着完整而独特的服饰文化，白马人的服饰造型美丽、色彩斑斓，是白马人最具民族风情的主要特征之一。

白马人的服饰主要包括沙嘎帽、五彩服、头饰、花彩带、腰带、蛙鞋、绣花鞋等，其中以沙嘎帽最具特色。白马人的男女青少年都戴沙嘎帽。沙嘎帽是羊毛制白色荷叶边毡帽，帽檐边缠绕有红、蓝、黄、紫色约丝线，帽顶前端装饰一簇锦鸡颈羽并插有白色雄鸡尾羽，是白马人的标志。男子插一支，女子插两三支。

图案复杂多样的白马人中青年妇女服装

白马人的衣服分为劳动服和礼服两类。劳动时穿着的衣服和礼服式样一样，均为偏襟长袍，夏天为麻制长袍，冬天为羊毛褐色长袍，穿着后将两前襟操拢，腰系一根大的羊毛腰带，膝下扎麻布绑腿，衣领、袖口和衫边镶有彩色条饰，衣领宽大，内可装物。颜色为白、黑或绛青色等；二者区在于长短和颜色不同。白马男子劳动时穿的袍子稍短，结实耐用，而礼服则为长过膝盖的长袍，较为华丽，色彩斑斓。白马语叫“叶嘎叶纳”“钵纳”，统称为“贵”。白马人的女性服装是五颜六色的布块镶拼成的百褶对襟长袖连衣裙，白马语称“钵哩”“叶哩”，服装上绣有图案，复杂多样，又称“五彩服”“花边衣”。衣服上的长袖绕上五色相间的布条，或缝上对顶三角形四方小布块，也可以制成“米”字形布条图案，背上是“米”字交叉条纹饰，条纹上有“星辰花朵”纹饰。腰部以下为百褶裙，裙边上缀成彩色布条，或缝上对顶三角形布块，拼合成四色对等的四方小布块，上套药坎肩，胸部佩戴“鱼骨牌”（由砗磲磨制成的方形块或圆形块）串缀在菱形红布上制成的抹胸，再系上象征为“腰缠万贯”的古铜钱串成的腰带。

另外，白马人的发饰也十分复杂。如成年妇女头缠长达三丈二尺或一丈八尺的黑色丝帕，丝帕紧裹着十几条长辫，编在黑色的毛线里，再串上五至八块“鱼骨牌”和红、蓝、白、黄等各色的珊瑚玛瑙珠，绾在头上，垂吊至右耳旁，显得端庄古朴，美丽大方。

### 三、徽县民间婚俗“插戴”

“插戴”是徽县境内的一种民间婚俗，在徽县城区又称为“喝大酒”，相传起源于唐末宋初，到明、清、民国时期更为浓郁，20 世纪 50 年代后，这一礼俗略有简化。

“插戴”是订婚之后、举行结婚仪式（迎娶）之前进行的一项礼仪。徽县民间婚俗十分复杂，仪式繁多。首先是提亲。若子女中意或经媒人缆合，男方即请媒人提亲；其次是相亲。双方同意攀亲后，遂请媒人领男方去女方家相亲，相中后男女互赠纪念品；第三是踩门。相亲后若女方满意，媒人便领女方去男方家踩门（观察男方家庭经济和家庭成员情况），踩门时男方父母要给对方见面礼，一般为钱，也可以给衣物；第四是盘八字。由媒人传言，双方交换“生辰八字”，请阴阳先生“合婚”，推算相生相克，若五行或属相不相克，便确定送酒日期。第五是送酒。送酒一般为三次，第一次送酒叫“稳壶”；第二次叫“开壶”，也叫“订婚”；第三“会亲”：第二次喝“开壶”酒时，一般要送两套衣物，商定彩礼（聘金），并交付部分彩礼，剩余彩礼在“会亲”时一并补齐，方可接亲；第六是“插戴”。

“插戴”主要包括：（1）结婚前男方由一长辈带领到女方家，女婿先祭拜女方家祖先，再拜女方父母及其他长辈，送上给女方父母的礼物（以衣物为主）。（2）女方父母回赠给女婿见面礼（也以衣物为主）。（3）双方长辈最后商定结婚迎娶当日的具体事宜，如男方给女方礼钱，有请客礼钱、养育费、席口钱（待客费）、离娘钱、珍宫盼女钱、上马（轿）钱、下马（轿）钱、赎（开）箱钱、拉羊钱、改口钱、迎娶车辆等，标准随行就市。（4）男方按女方提出的要求，备酒席招待女方宾客，吃会亲饭，酒席开支由男方承担。

“插戴”一般在结婚前一天举行，也有与接亲同日举行的。“插戴”结束后为“接亲”，由男方选择吉日，备车马、轿子到女方家迎娶新娘。

“插戴”原是中国东北满族的一种传统婚俗，即男家向女家提出订婚，将女子插戴的首饰送到女家，作为婚约信物，此后如无变故，两家正式商定结婚之事。徽县的“插戴”民间习俗虽然与满族不尽相同，但也透出浓郁的地域色彩。

## 四、抟拳

抟拳是宕昌县哈达铺镇一带和岷县秦许乡、麻子川等地流行的酒令，当地称团拳。抟拳原为清代宫廷内部的酒令，追溯抟拳传至哈达铺的来历，当地流传着两种说法，一种说法是清雍正年间，岷州来了一位名叫赫赫的道台，此人系皇亲贵族，赴任后，将此酒令带到岷州。还有一种传说认为清初重臣年羹尧被满门抄斩时，有后人逃出京城后隐姓埋名流落于岷县、哈达铺一带，并将抟拳带到此地，流传至今。可见，抟拳是一种清代宫廷内部的酒令。

抟拳是由一套独特的酒令语言与手势组合而成。划拳时，双方先伸出大拇指、食指和中指，以“高升”起令，喊出特定的酒令和手势，要连续出指对呼，一旦猜中，输者饮酒后，再以“高升”起令，如此反复。

抟拳特定手势和叫法分十九种：握拳可呼“内侍”“贝子一个”“半边月亮”“四红四喜”四种；出大拇指可呼“贝子一个”“双眼花翎”“黄马褂子”“顶戴大红”四种；出大拇指和食指可呼“半边月亮”“黄马褂子”“团团月亮”“二五七子”四种；出四指（不出大之拇指）可呼“四红四喜”“双红双喜”“九门提督”“大红顶戴”四种；出五指可呼“外侍”“五二七子”“九门提督”三种。

抟拳的手势令语也有十四种之多，具体包括“内侍手势”：双方均握拳，叫“内侍”者赢，叫其他令语者输，赢者只能呼“内侍双琳请酒”；“贝子手势”：一方伸大拇指，对方握拳，叫“贝子一个”者赢，叫其他令语者输，赢者只能呼“贝子一个双杯请酒”；“顶戴大红手势”：一方伸大拇指，对方伸四指，叫“顶戴大红”者赢，对方叫“大红顶戴”也赢，不计胜负，叫其他令语者输。赢者只能呼“顶戴大红双杯请酒”或“大红顶戴双杯请酒”。“双眼花翎手势”：双方均伸大拇指，叫“双眼花翎”者赢，叫其他令语者输，赢者只能呼“双眼花翎双杯请酒”。“黄马褂子手势”：一方伸大拇指，对方伸大拇指和食指，叫“黄马褂子”者赢，叫其他令语者输，赢者只能呼“黄马褂子三杯请酒”，如呼“双杯请酒”就是错代杯，喝罚酒：“半边月亮手势”：一方伸大拇指和食指，对方握拳，叫“半边月亮”者赢，叫其他令语者输，赢者只能呼“半边月亮双杯请酒”。“团团月亮手势”：双方均伸大拇指和食指，叫“团团月亮”者赢，叫其他令语者输，赢者只能呼“团团月亮四杯请酒”，呼双杯或三杯请酒是错代杯，喝罚酒：“二五七子手势”：一方伸大拇指和食指，对方伸五指，叫“二五七子”者赢，对方叫“五二七子”也赢，不计胜负，叫其他令语者输，赢者只能呼“二五七子双不请酒”或“五二七子双杯请酒”。“大红顶戴手势”：一方伸四指（不出大拇指），手心向下，对方伸大拇指，叫“大红顶戴”者赢，对方叫“顶戴大红”也赢，不分胜负，而叫其他令语者输；“四红四喜手势”：一方伸四指，对方握拳，叫“四红四喜”者赢，叫其他令语者输，赢者只能呼“四红四喜双杯请”；“双红双喜手势”：双方均伸四指，叫“双红双喜”者赢，叫其他令语者输，赢者只能呼“双红双喜双杯请酒”。“九门提督手势”：一方伸四指，对方伸五指，叫“九门提督”者赢，叫其他令语者输，赢者只能呼“九门提督双杯请酒”；“五二七子手势”：一方伸五指，对方伸大拇指和食指，叫“五二七子者”赢，对方叫“二五七子”也赢，不分胜负，叫其他令语者，赢者代杯与“二五七子”同。“外侍手势”：双方均伸五指，叫“外侍”赢，叫其他令语者输，赢者只能呼“外侍双杯请酒”。以上拳令中没三指手势，因在划拳时以“高升”起令，故而在划拳中绝不能出三指。巧对手势后，要立即呼出尾语，称为“代杯”，以上十四个令语中，除黄马褂子三杯、团团月亮四杯外，其余尾语均为二杯。划抟拳也可以品字数，由双方商定，有“三字清”“八字二清”和“十字清”。如“三字清”，赢者呼“四红双”“黄马三”“团团四”等；“八字清”，赢者必须呼出八个定数尾语，输的一方也要应呼，如赢的呼“四红四喜双杯请酒”或“内侍内侍双杯请酒”，输的应呼“我的”；还有“十字清”，在“八字清”上要加“先生”二字，如“四红四喜双杯先生请酒”，以增加猜拳难度。

抟拳拳令要求严格．如因错呼令语、错代杯和绕口停顿者都要喝罚酒，叫作“窝子”。窝子有红、白、青、蓝等，酒场常用的是红、白、青、蓝四种窝子。红窝子是拳赢未代杯；白窝子是拳未赢代杯；青窝子是双方叫法相同，一方代杯；蓝窝子是出错手势。两人猜多少拳，在当地一般是划四个抟拳，也有“抟四叫六”划“十大拳”的，即四个抟拳，再划六个叫拳，由双方商定。

抟拳的酒令反映丰富的清代宫内典章。内侍、外侍是清朝的内外侍卫。以领侍卫内大臣品级最高，领正一品：侍卫以御前侍卫等级最高，分为一、二、三等，分别领正三、四、五品，由皇帝直接管理的叫御前侍卫，由御前大臣管理的叫乾清门侍卫，均在宫廷内职守，称为内侍。大门侍卫，领正六品，饰蓝翎，由领侍卫内大臣统管，称为“外侍”，不能入乾清门。贝子全称“固山贝子”，清朝宗室之爵位，贝子位第六等。爵位立共十四等，最高等是“和硕亲王”，最低等是“奉恩将军”。双眼花翎是清朝官员用孔雀翎制成的帽饰，按品级有单眼、双眼和三眼之分。九门提督全称“提督九门巡捕五营步军统领”。在清朝，只让亲信大臣兼任，是负责北京军事治安的最高长官，保护清王朝都城安全，因为北京城有九个城门（前三门，东、西、北各二门），故俗称“九门提督”。半边月亮、团团月亮、四红四喜和双红双喜为祝愿性的吉祥用语。

## 五、“女婚男嫁”奇异婚俗

男婚女嫁是中华民族沿袭千年的婚姻方式，但在康县南部地区却流行“女婚男嫁”：

康县南部地区流行“女婚男嫁”

这种婚俗的核心是由女子来传递香火，每家每户登记在户口簿上的户主都是女人，家家户户都把女儿留在家里，把男孩嫁出去。

“女婚男嫁”大致有两种形式：一种是男方嫁到女方家后，一切遵从女方家庭的习俗规矩，按照女方家庭的姓氏辈序改名换姓，入户入籍，他们的孩子也要随女方的姓。另一种是“二门俱开，两来两去”，婚后男女双方各自保留原有的姓氏，男女都有继承双方父母遗产的权利和赡养双方父母的义务，婚后若生育两个子女，姓男女双方各自的姓，谓之“各自顶门立户”。

康县“女婚男嫁”婚礼仪式

“女婚男嫁”主要程式有：首先由女方找介绍人（红娘）到男方父母家提亲。男女双方父母同意后，由介绍人（红娘）领男方到女方家去相亲（见面）。双方同意亲事后，女方找先生选择黄道吉日，准备为一对新人办理婚礼，并请大总管，由大总管（婚礼主持人）负责举行婚宴。送亲前一天下午，备酒席，招待第二天在酒席上帮忙的人，并由大总管给大家分工。男方长辈教导新郎，如何在新娘家作一个好儿子，婚礼之日，男方请亲朋好友、家门户族等来座席。每一轮客人入席后，大总管都要讲感谢客人的话词。新郎接到新娘家后，女方大总管在大门外与男方大总管鞠躬行礼，相互对词交换红包，礼毕后，请送亲人员入席就座。婚姻程序与男方基本相同。搭春台，主要内容为新郎改名换姓，并立约为证。搭春台结束后，交钥匙，女方总管请男女各方的兄弟、各路亲戚看酒交钥匙，并相互行鞠躬礼，互相祝贺。酒席完毕，放鞭炮，送客，婚礼完毕。

## 六、“抢快”

“抢快”是流传于礼县红河地区的一种与商业文明密切相关的民间习俗：每年大年三十吃过晚饭后，村子里的小孩们聚集在一起，奔向各家铺面门店前，齐声高喊：“快！快！快！扬（yang，当地方言是分撒、散发的意思）出来”，主人则拿出核桃、枣子、糖果、钱币等分发给孩子们，并相互祝福，孩子们祝愿老板日进斗金，快点发财，老板祝愿孩子们好好学习，快点长大成人。

礼县红河地区的“抢快”

结束后小孩子们才各自回家开始“守岁”。在农村，商人唯利是图的本性与社会主流群体重农抑商的氛围和重义轻利的道德要求相违背。因此，通过“抢快”活动，商人主动把赚得的“钱财”拿出一部分象征性地予以“返还”，从而形成“抢快”习俗。“快”实质上是“款”字的谐音，意思是我把一年赚来的钱财最终分一些给大家，咱们就和睦相处吧。

## 七、“迎喜神”

礼县红河地区“迎喜神”

“迎喜神”是礼县红河地区的一种民俗活动。每年大年初一早上十点，礼县红河镇、盐官镇、祁山镇、永兴镇及周边地区各家各户先将经过精心“打扮”（牛羊角上扎绑彩色纸花，骡戴辔头，搭匹鞍鞯）的牲口集聚到村头，再请先生根据当天的天干地支，推算出“喜神”所在的方位，称“落脚台”，举行礼仪，会长在祭物圈内点燃三支黄蜡烛，左边的代表天神，中间的是喜神，右边的是地神，再在喜神前燃一炷香（三支）香，烧三沓“神方”（一种给神专用的纸钱），所有人三跪九拜，祈求风调雨顺，水土滋润，喜神祖佑，平安顺利。祭拜毕，鸣放鞭炮，一青年男子手握关公大刀，骑着枣红马，按顺时针方向绕村庄奔驰一圈。由村里德高望重的老人们焚香敬神，年轻人敲锣打鼓、放花鸣炮，将所有牲畜沿“喜神”所在的方位送出村子，然后绕到河（泉）边饮水，人们乘此机会捡柴（取谐音“捡财”），最后返回村子。接着老人则拿着香、蜡、纸还要到庙里敬神，希望能得到本村主神的德润，让生灵走出困境。小孩子则端上小木盘，放上香烛，挨家挨户给新逝者和先人烧香，给长者叩头。

“迎喜神”整个过程人欢马叫，充满乡下人过年时特有的诗情画意。

## 八、“点高山”

“点高山”是礼县县城周边乡村流行的一种风俗。端午节时，农民们在所住村庄的周围选择一个最高的山头，举行规模盛大的篝火晚会，名曰“点高山”。全村百姓倾家出动，锣鼓喧天，彩旗招展。先是每个人擎一火把沿村里的主要道路游行，当地人称为“绕庄”，据说能驱邪消灾，保佑全村人平安。“绕庄”结束后，村里的男女老幼便排着长长的队伍，打着用柴草捆扎的火把，敲锣打鼓，吹着牛角号和用柳条制成的喇叭赶往山顶。到达山顶之后，点燃在那里早已准备好的高大柴堆，小孩围着篝火尽情嬉闹，大人们比赛吹喇叭，锣鼓声，欢笑声此起彼伏。届时，各个村庄

礼县“点高山”

百姓都打着火把，赶往各自“点高山”的地点，远远望去就像一条条火龙在山上飞舞，场面非常壮观。此风俗在康县、西和县以及天水武山县、清水县一带也有流传，又称“点坛儿”。

据说，当地“点高山”的俗源与春秋战国时期一个叫介子推的人有关。介子推对落难中的晋国公子重耳忠心耿耿，重耳饥饿时他曾割大腿上的肉让重耳吃。后来，重耳做了晋国国君，为报答介子推，真诚邀请隐居于大山深处的介子推出来做官，但数次都未能如愿，于是放火烧山，想逼介子推下山，没想到竟将介子推烧死了。重耳后悔，便在烧死介子推的这一天，即农历五月初五日以点火把游行方式来纪念他，流传下来就成了现在的“点高山”习俗。

## 九、高台社火

高台表演作为民间社火的一种，最早来源于古代的祭祀活动。由人装扮成神的形象，先在庙内表演，然后走村串街。在本之不宽敞的街巷里游走时，由于站立于后面的人群难以观看，有人提出把神的扮演者设法固定在木板上抬起，方便观众欣赏，由此产生了“高台”，也即“高抬”。中国山西、陕西、河南、湖南、江西、云南、广东的一些地方都有这种民间艺术，其表现形式虽各有千秋，但大同小异。陇南许多地方都有规格不同的高台社火，其中礼县红河乡、永兴乡，徽县泥阳镇，成县北泉乡，文县城关的高台表演久负盛名。作品内容以历史剧目或故事传说为主，代表作品有《佛法无边》《普度众生》《童子拜观音》《唐僧取经》《黛玉葬花》《哪吒闹海》《周仁回府》《宝莲灯》《天女散花》《嫦娥奔月》等。

礼县高台社火表演

武都县原也有高台社火，清光绪九年（1883），阶州知州叶恩沛宣布《禁免春台示》：认为“阶州每年于迎春时，州城各行办高台社火七十二台”，因“所谓高台者，以丈余木杆，缚小儿女于上，饰以彩衣，装演成剧。时值隆冬，小儿不堪其苦，且索取折价之辈，假公济私”，劳民伤财，宣布“嗣后有人再于迎春时妄请演高台社火，滋累闾阖，即照违律治罪”。此后，阶州及所属各县再无高台社火表演。

高台制作工艺精细，程序复杂，必须要经过三道工序：一是根据设计先将钢筋通过弯曲、焊接，绑上木板棍棒，准备好支架。二是用木、草、泥、绳、布等材料，经捆扎、绘画、塑、刻等环节裱糊成需要的龙、蛇、鸟、鱼等动物或云、树、石等景物道具。三是选择6—10左右的儿童装扮各种人物角色，分层次设座于上，再用服装道具巧妙掩饰。高台社火被誉为是一种集戏剧、绘画、雕塑、铁木工艺和装饰工艺于一体的“空中立体艺术”。

# 第四章　县级非物质文化遗产

陇南各县（区）从 2007 年以来陆续公布的县级非物质文化遗产名录累计 340 项。除了入选市级非物质文化遗严名录的 69 项之外，县级非物质文化遗产项目达 271 项，比较全面地展现了陇南各地非物质文化遗产的基本面貌，其中有不少项目独具地域特点。现择其要者载录如后：

## 第一节　民间文学类

### 一、甘水泉的故事

陇南市武都区甘泉镇的名称由来与甘水泉有关。传说南北朝时期，氐人首领杨难当在经营仇池国政权时，因称藩于南朝刘宋，但却四处扩疆拓土，刘宋派军讨伐，双方多次激战。一日，杨难当率军经过此地，人疲马乏，休息期间派人找水，有经验的兵士在今甘泉镇后街东边悬崖处挖出一眼泉水，将士们饮用后，顿觉甘洌清爽，困意全消，异口同声称“甘泉！甘泉！”于是，此地便以“甘泉”二字得名。

另有一传说，北宋太尉杨业之孙、杨延昭之子杨文广任成州团练使时，行军路过此地，正值酷夏时节，将士们口干舌燥，暑热难当，寻饮此泉水后，连声赞誉“甘泉！甘泉！”故“甘泉”之名远播，一直沿用至今。

### 二、九眼泉的传说

九眼泉在宕昌县良恭山南麓的五指峰下，相传此地最初有十眼清澈甘洌爽口的泉水。玉皇大帝的七个女儿，耐不住天庭寂寞，看到人间有十面闪闪发亮的“镜子”，于是便暗暗相约，偷偷下凡，来到十眼泉边梳妆打扮，不觉天至拂晓。七妹贪恋梳妆，转身一瞧，六个姐姐已上天，她便偷偷将一面“镜子”揣在怀里，带回天庭，作了她私房镜子，从此十眼泉就变成了九眼泉。

玉皇大帝知道此事后，便指派太上老君，带上仙丹妙药下凡，在九眼泉内施下神药，酬谢人间生灵。从此，九眼泉变成能治“百病”的神泉。

宕昌县良恭山南麓的五指峰

### 三、凤凰山神的传说

宕昌县官鹅沟鹿仁村有一座寺庙，供奉

宕昌县官鹅沟鹿仁村

的是当地藏民信仰的凤凰山神。关于凤凰山神，当地村民中流传着一段美丽动人的故事。

传说远古时，吉苏（男）与勒梅（女）开天辟地，繁衍人类，创造万物。是时，经常大水茫茫，还有水怪兴风作浪，危害人类，勒梅与吉苏二人决意除妖救民。一日，他们将东、南、西、北、中五方土神招来，指着足前一青石说："能搬动这块大石头者，可灭水怪"。东方土神上前搬之，大石未动，脸色挣得发青。南方土神上前搬之，大石未动，脸色挣得发红。西方土神上前搬之，大石未动，脸色挣得发白。北方土神上前搬之，大石未动，脸色挣得发黑。中央土神上前搬之，大石未动，脸色挣得发黄。

这时，天空飞来一只凤凰，见此情景大笑。吉苏、勒梅问之"你能搬动大石吗？"凤凰点了点头。接着，只见它冲天而起，继而扇动其翼，狂风骤至，一瞬之间，凤凰一爪掀动大青石，又连扇数翅，顿时波涛汹涌，翻江倒海，水怪藏不住，慌忙将头伸出水面观望，凤凰旋即伸爪从水中提出水怪，原来是一条蟒蛇。此后，风平浪静，人间安宁。凤凰成了除妖灭害、保护人民的天神，受到世人的顶礼膜拜。

**四、"何道台"的传说**

"何道台"名叫何宗韩，字桐蕃，今文县上丹堡人。生于康熙十七年（1678），卒于乾隆十三年（1748），归葬于文县上城八台子坡。雍正二年（1724）进士，先在礼部任职，后被钦点为山西主考，升为少廷尉，雍正三年（1725）升为大理寺少卿，曾参加皇帝的耕籍礼（即初春的亲耕仪式），又升为经筵讲官，即皇帝的老师，后称足疾归，在家乡做了许多造福民众的事。

传说何道台的父亲是一名秀才，年近中年未生一子。在文县修建关帝庙时，何秀才在庙中题写关圣帝君败走麦城时竟然伏案而睡了，梦中有一高大魁伟、身穿金甲绿袍的人对何秀才打躬说道：请先生笔下留情，手送一子，光大门庭。何秀才悟出梦中人定是关圣帝，于是罢笔不写。何秀才在自家屋后山洞中供祭关帝神位，后来，妻子果然有了身孕，生下的男孩就是何宗韩。何宗韩出生不久，父亲殁了，只能靠母亲劳作度日，家境十分困难。在乡邻的热心帮助下，何宗韩在文县城南山的南崖寺中读书。何宗韩从小老实，有一天，随同学们到南崖寺旁的水涧中去打水，遇到一白发白须的老人，手提一水罐，递于何宗韩，叫他喝了罐中的水，何宗韩没有说什么话，接过来就喝了。等到他喝完以后，同学们都大笑起来，因为大家看到老汉在水罐中屙了尿，都嘲笑何宗韩遭到了捉弄。忽然，老汉瞬间隐身不见，后来寺中和尚说，何宗韩遇上神仙。此后，何宗韩学业突飞猛进。后人在他遇上老神仙的地方，还修建了"遇仙桥"。

何宗韩中了秀才以后，步行到西安参加省试。他走到一个荒村野店投宿，店家却坚持说自己客房已满。何宗韩发觉有一间客房窗门上锁，于是硬要求住下“对付”一宿。店家无奈，只好答应他的要求。何宗韩在灯下夜读，突然刮起一阵阴风，于是，他细细观察房内，在床下发现一处新刨的土，认真分辨，觉有腐气散出，又在床角发现有一妇人银钗。第二天一早，他召集众人，请来店主，经再三盘问，店主才说自己谋财谋色害了一过路留宿的妇女。何宗韩当众让他在供词上画押，送往官府，为冤者昭雪。

文县古建筑

何宗韩考中举人后，又上京考取了进士，被授礼部主事等职。一次，负责山西科考，中原士子一听说来的主考是甘肃人，便有瞧不起的意思，有不服气的人想专门为难何宗韩。何宗韩初到，山西士子有人出对:“黄河八百里，波滚滚浪滔滔，问公自何而至？”何宗韩答道:“巫山十二峰，云霭霭雾沉沉，本院从天而来！”对仗十分工整，士子们不得不佩服。后来，士子们又专门在城楼上设宴请何宗韩，何宗韩应邀而去。酒过三巡，众才子命人手捧托盘献上银子数锭，请何宗韩即景赋诗。何宗韩毫不推辞，赋了第一句：“一步一步上高楼，”他故意用大白话入诗，士子们一听，果然一片哗然，何宗韩又赋道：“手扶栏杆望斗牛。”士子们一听，即止住了笑声，“不是青山遮吾眼，望断江南十九州。”士子们扼腕折服。

何宗韩在江南主持修筑水利，办了许多造福于当地的好事，赢得了百姓的爱戴，但也得罪了一些江南的权贵。何宗韩离开时，江南一些官员、豪绅送到城郭外，何宗韩领了贴身随从一共七人，渡江而回，有一人借此讽喻曰：“七鸭渡江，数去三双一只。”何宗韩遂对曰：“尺雉负郭，量来九寸十分。”

### 五、红川酒与珍珠泉的传说

相传很久以前，成县红川镇北部有一眼泉水，泉边住着一个姓张的教书先生，张先生秉性儒雅，为人忠厚。

一天早上，他去村口的小河边散步，看见河岸上有一只老鹰正在追逐一条小蛇，眼看小蛇就要被鹰叼去，张先生见状连忙赶跑了老鹰。这条被救的小蛇见张先生救了它的命，连着三次将头举起又放下来，就像磕头致谢。这天晚上，张先生做了一个梦，梦见龙王来到自己家救下的那条小蛇正是自己的小儿子。为了感谢张先生，龙王送给张先生一颗龙珠，说这颗珠子要是藏在自己家里，家里就会日益兴盛，人丁兴旺，家财万贯。要是把珠子放进当地的泉水中，则这一方水土就会更加丰饶，物产更加丰富，人们更加富裕。龙王说完这一席话就不见了。

红川系列酒金成州

张先生从睡梦中惊醒，果然见怀里有一颗闪闪发光的明珠。

他再也睡不着觉了，于是起来在院子里走来走去，心里很矛盾。他一方面为自己家庭的贫寒而悲哀，一方面更感伤自己家乡的贫穷与落后，到底是把明珠留给自己还是拿出来给家乡的父老乡亲呢？思量很久，他把明珠投进了红川镇以北的泉水里。从此以后，这里的水非常好喝，而红川一带从此物产丰饶。当地人感念张先生和龙王的美德，就把这眼泉水称为珍珠龙泉。

到了明清时期，山西人杨某来到红川，用珍珠泉水酿酒，也就有了后来非常著名的横川烧酒。

## 六、鸡峰山的传说

相传很久以前，玉皇大帝饲养了两只金鸡，一只公鸡一只母鸡。母鸡每天下一枚鸡蛋，被青龙衔去敬奉给玉帝。

成县鸡山风光之一

成县鸡山风光之二

成县鸡山风光之三

有一个以砍柴谋生的张姓后生，每天砍柴卖柴赡养父母。一天，母亲得了重病，张生卖柴所得的钱却不够给他母亲买药治病，心里十分忧虑。金鸡知道后，为他的孝心感动，于是，偷偷给他送了两颗金蛋。可是张生认为为这不是自己的劳动所得，坚持不要。金鸡只好现身，诚恳地请求张生收下金蛋去侍奉母亲，张生这才收下拿回家。

不想这件事却被当地一位姓刘的富豪知道了，他也想得到金蛋，送给当今皇上以求得赏赐和封官。于是他就穿着破烂衣服，满面愁容地去见金鸡，金鸡看他可怜，就答应送他金蛋。可是刘某却拿了个口袋，往口袋里不停地装金蛋，正好青龙从天庭里回来看见了，青龙大怒，一口就将刘某吞进肚中，然后又用爪子将金鸡扑打而死。

金鸡死后，化做两座山峰屹立于成县西南，昂首望天，好像悲痛地向上天诉说自己的冤屈。玉帝知道后，一边为金鸡的惨死伤心，一边痛恨青龙的暴行，于是惩罚青龙去金鸡所变的山峰中间一个岩洞中修行，掌管本地风雨，这个岩洞也就是现在鸡峰山上的龙洞。

从那以后，成县境内风调雨顺，很少遭遇干旱灾害。每当龙洞上空云雾大起的时候，当地的乡亲们就会说是青龙在呼风唤雨。据说每年农历四月二十日黎明时分，还能听到金鸡报晓的声音。

## 七、伏羲与女娲的传说

相传古代，西和仇池山东崖有一幽深险怪的洞穴，当地人叫“麻姑仙洞”，洞里住着华胥氏姑娘。一天，华胥氏姑娘觉得心慌意乱，便溯西汉水而上，到了一个叫雷泽的地方（今礼县洛峪）游玩。忽然在河滩发现一个大人足迹。由于好奇，便去踩这个脚印，脚刚按下去，觉得心有所动，返回仇池后，有了身孕，后生子伏羲。（晋代皇甫谧《帝王世纪》记载：“有巨人迹出于雷泽，华胥以足履之有娠，生伏羲。”《诗含神雾》又载：“大人迹出雷泽，华胥履之生伏羲。”）

伏羲长大后，一天在仇池山巅游玩，忽然望见对面的一个小山峰上有个与自己不同的人在活动，走近一问，名叫女娲。伏羲便向女娲求婚，女娲不肯答应，但又不好拒绝便想出一条妙计。她对伏羲说：“你我各抱一块磨盘，分别从两个山头向下滚。如磨盘合拢，我们二人成婚；若磨盘各滚东西，我们就各奔前程。”伏羲同意，结果滚下的磨盘合拢。伏羲要求成亲，女娲总觉得难为情，又生一计。说：“我在这个山头拿一针，你在对面山头拿一线，飞线穿针，如线能穿过针孔，可做夫妻，不然就作罢。”伏羲又依计而行，还是如愿以偿。二人遂结为夫妻，成了人类始祖。

仇池山

仇池山水泉

伏羲与女娲成婚之后，伏羲忙于开辟天地，和女娲很少会面。女娲深感寂寞，到仇池山顶一个名叫“小有天”的岩洞消愁解闷。“小有天”内有清泉瀑布，洞顶开一缝隙，据说日月星辰都能通过石隙映在泉中。女娲走到泉边，发现水中映出了自己的身影。于是顺手抓了一把黄泥，照着自己的样子捏了个泥人，刚放到地上，泥人便活了，喜笑颜开，活蹦乱跳。女娲感到非常开心，一连又捏了几个，转眼之间都变成鲜活的生命。她觉得捏泥人太慢，便和了一摊泥，用藤条乱打，溅起的泥点都变成了人。女娲把他们称作“孩子”。一时仇池山巅，“孩子”成群，笑语喧阗，热闹非常，女娲顿解孤寂之情。可时隔不久，先是雷雨大作，水漫仇池，接着又是森林失火。女娲因忙于排水救火没顾上照料“孩子”，等水息火灭后，她发现“孩子”们已不见踪影，正在悲伤之际，不料远处一帮“孩子”踩泥淌水跑过来，女娲一看，正是她前几天走失的“孩子”。女娲又惊又喜，问其原因，才知道他们出外去玩，在附近的一个山洞里躲过大雨后，又遇大火，由于无处躲避经过大火煅烧烘烤，顿觉骨骼爽健，不怕雨淋水浸了。女娲非常高兴，把他们按性别配对成偶，繁衍生息。再后来人口日众，便建立了国家，为了纪念伏羲的母亲华胥氏，把这个国家命名为“华胥氏之国”，国都就设在仇池山。华胥氏之国的国民四野居住后，便成为人类的祖先。

## 八、二郎神斩蟒的传说

西和石堡乡刘家河东岸，一刀齐的石壁上，离地面十米处有一洞，人们称它“斩蟒洞”。洞口直径三米，洞深据说有五十里，直通塔子山巅。

塔子山顶峰直插云霄，为西和群峰之冠。传说从前有一条巨蟒成精，在此洞穴居住，它兴风驱雾，善于变化，时时伤牲害命，作恶多端。这个蟒洞正当蜀陇通道，许多商贾行旅，都被巨蟒吞食。行人不敢从此经过，就攀山越岭，另辟路径。巨蟒一时无人可食，便施展妖术，遇见小伙子就变成一个姿容俊美的姑娘，遇见姑娘就变成一个小伙，将村民、行人诱到洞中。因妖蟒残害，石堡一带的人远走他乡，到处一片荒凉景象

一天，二郎神杨戬的妹妹途经此地，遭遇巨蟒引诱。二郎神妹妹识破妖术，与之搏斗，战败被吃。二郎神决计报仇。二郎神乃仇池白马氏族的牧羊神，额开立眼，手执三尖两刃叉，前驱哮天猎犬，神通广大，法力无边。他策马来到洞前，恰遇蟒妖行虐，二郎神持叉便刺，蟒妖躲过后，惊慌地问道：“二郎神，因何在此？”二郎神怒斥：“残虐妖蟒，竟害吾妹，快快受死！”妖蟒自知理亏，向二郎神乞命说：“大神息怒，在下实不知尊神小妹途经此地。”“命丧你口者何止我小妹一人！你使多少百姓家破人亡！多少无辜妻离子散！你恶贯满盈，死有余辜！还有何说！”妖蟒理屈词穷，只好与二郎神拼死相搏。霎时间，风起云涌，天昏地暗。妖蟒哪里是二郎神的对手，抵敌不住，慌忙逃至塔子山洞中躲避。二郎神赶到洞尾，妖蟒又逃至洞口，这样来回折腾，使二郎神人困马乏。这时，风摇马铃“叮叮当当”响个不停。二郎神猛然心生一计，将马悄悄拴在洞尾，马儿走动，铃声不止。他到洞口隐蔽。妖蟒听到铃声，误以为二郎神守在洞尾，慌忙逃至洞口，恰好与二郎神照面。二郎神挥叉直取，连刺五叉，结果了妖蟒的性命。由于二郎神用力过猛，在石崖上也刺了五道印痕，并留存至今。

二郎神为民除了大害，石堡一带年年丰收，民众安居乐业，又呈现出物阜民康的景象。

## 九、香山宝卷

《香山宝卷》流行于礼县雷坝乡、滩坪乡、王坝乡、白河镇、桥头乡及周边地区。

《香山宝卷》传抄本分上、中、下三卷，即《太上慈悲香山宝卷第一卷》《太上慈悲香山宝卷第二卷》《太上慈悲香山宝卷第三卷》，共约五万八千余字，《香山宝卷》的作者没有留下姓名，传抄人也没有留下姓名。

《香山宝卷》详细记述了古代西峪国妙庄王之三女妙善的故事。妙善一心普度众生，遭到父王反对，以苦力、杀身、焚烧等手段胁迫，

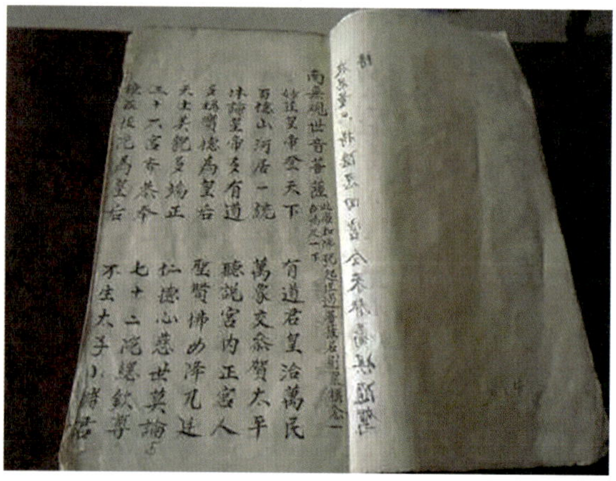

礼县保存的《香山宝卷》

但无法夺志，在太上老君、太白金星的指引下，妙善如愿在香山苦练，终于成为上洞仙长。妙庄王因其不善，染恶疾久治不愈，悬榜招医，经仙人点化，需亲人手、眼作药引方可医治，妙庄王亲人均不作声，万般无奈之际，妙庄王差人赶赴香山，向妙善索取。妙善献手、眼为妙庄王疗疾即愈，妙庄王向天而祈，妙善女遂有千手千眼。妙庄王受其女教化，遂举家归善，兴土木，修庙宇，俱成观世音菩萨。

## 第二节 民间音乐类

### 民歌《下四川》

民歌《下四川》（脚户令）又叫《夜夜的晚夕里梦见》，清代及民国时期流行于青甘川部分地区，被人们称为“黄土高原的恋曲”和“出门人心底的歌”。

甘肃、青海与四川有着密切的商贸往来，甘肃、青海盛产食盐、药材、鸦片，而四川以出产茶叶、丝绸、布匹闻名。甘肃、青海一带的人们千里迢迢下四川经商做买卖，这些经商的人被称为“脚户”。他们长年赶牲口翻山越岭奔波往返于西北高原到四川盆地的漫漫路途上，吟唱起自编自创的山歌，以驱走长途跋涉的寂寞和疲乏，久而久之，流传下来许多旋律优美的民歌，《下四川》就是反映脚户生活最扣人心弦的一首民歌。歌词唱道“一溜山（来着哟噢），两（噢）溜溜山，三溜溜山啊，脚户哥下了四川，（噢哟哟啊）脚户哥下了者四川”，这首脍炙人口的民歌是20世纪50年代青海“花儿王”朱仲禄先生来陇南礼县采风时，无意间从一位放羊老人的山歌里“淘得”的，他把词曲采集下来，返回歌舞团后，将当时唱的“羊吃路边的青草哩，我唱山歌调调哩，掌柜手拿菜刀哩，要宰我的羊羔哩”歌词进行改编，填上新内容，并取名为《下四川》。《下四川》韵律高亢嘹亮、抒情凄楚，传唱后，深受欢迎，一唱半个多世纪，现有多种版本，成为西北民歌的代表作之一。

脚户

## 第三节 传统戏剧类

### 藏戏《松赞干布迎亲记》

《松赞干布迎亲记》取材于唐贞观年间（627—649）唐太宗宗室之女文成公主嫁给吐蕃松赞干布的故事。目前在武都区坪牙藏族乡保留较完整的藏戏《松赞干布迎亲记》。坪牙藏族把藏戏表演称“南木特”“郎塔”“囊它”，都是人物故事传记之意，是一种具有一定程式化和歌舞化的舞台艺术。

## 第四节　民间舞蹈类

### 长鼓

“长鼓”又名“长坂鼓”，源于《三国演义》“赵子龙单骑救主”的故事。流行于礼县红河镇及周边地区。

长鼓的击鼓动作有72套，大多被引申为表现生产、生活内容，如建房造屋、犁田种地、摹仿禽兽动作等，形象生动，富有生活气息。击鼓有文打武打之分。文打动作柔和缓慢，武打粗犷豪放；有2人对打、4人对打，也可大群人围成圆圈打，气氛热烈，鼓声洪亮。演奏者大多是壮年男子。

## 第五节　曲艺类

### 一、西和县皮影戏

西和县皮影戏主要分布于西峪镇上寨村，稍峪乡白杨树村、马河村，石堡乡包集村、洛峪镇古塘村等村。历史悠久，在明万历年间就已有皮影戏班活动，清至民国期间达到全盛。近年来，随着非遗保护力度的加强，皮影戏走红城乡。

传统的西和县皮影戏属梆子唱腔，脱胎于当地民歌，说、唱咬字是地方音、方言，乡土气息浓郁。唱腔分为“上音”“下音”（即“刚音”“平音”）两类，由基本唱腔、小调组成。现皮影戏多以秦腔表演唱为主，演出剧目有《胭脂》《蛟龙驹》《铁牛图》《冰冻岐山》《临潼关》《渑池关》《四圣归天》《断阴曹》《单骑救主》《取四郡》《拜汉刀》《竹林会》《双龙珠》《九华山》《福寿图》等。演出场所多为庙会舞台或农家场院，用竹干在四角搭建一个小舞台，台口挂置“亮子”（纱幕），后面点燃油灯（现多用电灯），通过光线投影，将贴于“亮子”上的影人呈出给观众。艺人服饰无特殊要求。主要演出道具有亮子（纱幕）、丁楼、楗条、毛口袋、勾城绳、灯具等。管弦乐有竹笛、海笛、唢呐、木胡、二胡、蚂蚱子、扬琴等。打击乐有七罗锣、银锣、木鱼、马锣、梆子等。

### 二、陇南鞭杆

陇南鞭杆主要流传于西和县境内的汉源、十里、苏合、姜席、何坝等乡镇。

鞭杆实为传统棍术，鞭杆比长棍较短，长约1米，一般用枣木或白腊杆制成，便于携带，利于防身。其技法简约实用，有无武术基础者均可使用；其鞭法套路融刀、枪、剑、棍等器械的实用技法为一体，一招一式，非打即防，极富攻击性。

陇南鞭杆的传统套路有金丝缠腕鞭、紫金鞭、黑虎鞭、缠海鞭、闩子鞭、扑堂鞭、五虎群羊鞭、拔草寻蛇鞭、滚龙鞭、黑虎把洞门鞭等二十余种。其招式编排以“对口式”为主，即由一个或几个攻防动作组成一段，一段来回打两次。鞭杆既有条子和棍棒的勇猛、凶狠的风格，又深蕴刀剑等短兵器的技法

### 三、梅园叶笛

梅园叶笛就是当地群众在劳动间隙为消除劳累和排遣寂寞，从田间地头的树木上摘下树叶放在嘴中吹出模仿虫鸣鸟唱的声音。叶笛表演十分简单，只要摘下适合吹奏的树叶，就可以在任何地方吹奏。

梅园沟祖辈人就有用树叶吹奏模仿鸟虫叫声的习俗，代代相传，传至张世清时，潜心研究，能吹奏《幺幺妹》等山歌，声音清脆亮丽，委婉动听。

### 四、口弦子

康县口弦子又称“口琴”“响篾”或“弹篾”，用竹子、丝线制作，历史悠久，形式多样，可以独奏、齐奏、合奏或为歌舞伴奏，因演奏方法的不同，又有用手指弹拨和用丝线抖动的口弦，两种演奏方法分别流行于不同的地区。中国的傣族、哈尼族、景颇族、佤族、苗族、回族等兄弟民族流传的是手指弹拨的口弦，高山族流传的是抖动口弦，有部分地区的民族两种都流传。

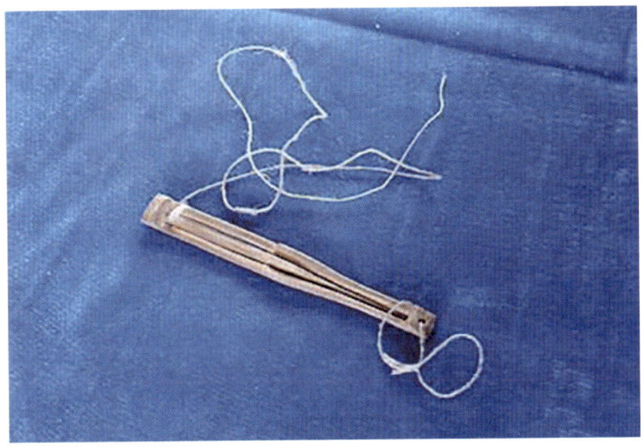

口弦子

演奏口弦时，左手拇指和食指夹住弦柄，多片弦则使其呈扇形，将簧舌部分置于两唇间，用右手拇指和食指来回拨动口弦尖端引起簧舌振动，便发出明亮的叮咚之音，另外的一种抖动口弦，在每个簧片的尖端系有一条丝线，演奏时将线头套在右手指上，以指牵线，使簧片振动发音，运用不同的奏法，既能发出余音袅袅的音色，也能发出较粗犷的音响。

康县口弦子传承人为康县城关镇苟家坝村民间艺人苟长斌及王美环，代表作有《南桥担水》《十二大将》《十二月花》等。

## 第六节　民间美术类

### 洋灯

洋灯又叫“孔明灯”或“天灯”“洋灯”，相传是由三国时的诸葛亮发明的。传说当年诸葛亮被司马懿围困于平阳，无法派兵出城求救。诸葛亮算准风向，制成会飘浮的纸灯笼，系上求救的消息，其后遇救脱险，世人就称这种灯笼为孔明灯。徽县泥阳一带乡村一直流传着春节期间放洋灯祈求平安的习俗。现在传统的泥阳洋灯已极为稀少，取而代之的是街头常见的新式孔明灯，其燃放原理与洋灯相同。

孔明灯

洋灯的结构分为主体与支架两部分。主体大都以竹篦编成，用薄白纸糊成开口朝下的灯罩，底部的支架则以竹削成的篦条组成，灯笼底部的横架上，用铁丝捆扎了沾满豆油的灯芯。徽县民间制作的孔明灯有大有小，大的直径 2 米有余，一般为圆筒形。

孔明灯放飞一般选择晴朗无风的夜晚，通过点燃灯笼底部横架上用铁丝捆扎的沾满豆油的布团，根据热气球原理，灯笼内空气受热膨胀产生的热力升空，依靠其自身携带的燃料在天空漂浮，待燃料烧尽后徐徐掉落。孔明灯火灾隐患极大，现多地已不容许燃放。

制作流程主要有：备料（主要是白纸或麻纸、竹篾、细线绳、棉花、燃油）、用缠好麻纸竹篾做三或五只直径 1—1.2 米圈；用绳子把圈平行固定成等距离桶状，中长度在 1.8 米内；圈外用纸糊好，封顶；在最下边圈上放上横梁（为铁丝之类）；在横梁中间拴上用燃油浸泡的棉花灯芯（称眼子）。

## 第七节 传统手工技艺类

### 一、礼县宽川麻鞋制作工艺

礼县宽川乡麻鞋以其历史悠久且做工精湛而独树一帜。

宽川麻鞋，用纯大麻料、麻布、棉布，以传统手工工艺制成。制做麻鞋时，先将大青麻编成辫，然后将麻辫置于平案，立辫状盘鞋底，盘成麻丝紧密的“千层底”，再用麻绳穿紧左右，固定鞋底；最后用编织钩针钩出麻花辫鞋面、鞋耳、鼻梁，组合时用木楦把鞋撑起来，帮梁、鞋耳、鼻梁贯穿耐力麻绳，麻鞋即成。式样有单边绳网的偏帮子与牛鼻梁，有以绳网代替鼻梁形成圆口秃顶的齐帮底、一只船，还有三根弦、布包边等。色彩除天然的白色外，还有染色的红、黄、黑诸色，集实用与观赏于一体。

礼县宽川乡农田

宽川麻鞋制成后，须在鞋底渗入厚厚一层稀牛粪以坚其质，风干后硬似牛皮，适宜在崎岖的山路上长途跋涉。

20 世纪 20 年代，于右任率靖国军兵败岐山，因东南受阻，绕道陇南赴粤去见孙中山，途经天水一带，穿上当地制作的麻鞋，写下了《麻鞋歌》：“老农自矜产麻好，并谓麻鞋制做巧。闻客明日西南行，愿助轻足赴蜀道”。

## 二、徽县水阳草编扎制

徽县草编主要分布于徽县水阳乡一带。

徽县草编为麦秆草编。小麦即将成熟之前，先将小麦的穗、叶自上而下至第一个节处去掉，然后捆绑存储起来。编制之前，先将麦干或叶皮喷洒清水至柔软，视编制物件需要将麦干分七根一组左右穿插编制，一般编一边取麦秆小头套插入前一根麦秆内，一般编一边盘，待编制一定量后，开始从头顶开始旋转沿上压下，逐步线缝至12—15厘米深时，又开始转折，继续往大线缝编，至直径40—50厘米止捆固定。

草编的作品主要有菜篮子、水果盘、锅盖、水缸盖、鸡蛋筐、草帽、坐垫等。另外，还有藤条编制的抬筐、背斗、鸡罩等。

## 三、徽县瓦当制作

徽县瓦当烧制工艺历史悠久，徽县博物馆收藏的汉代瓦当（长40厘米×宽30厘米）证实，早在汉代，徽县就有瓦当烧制了。现在主要分布在徽县泥阳镇、伏家镇部分地区。

瓦当烧制工艺流程：打烧制瓦当脊兽土窑一座，规格直径3.3米×高2.6米至直径4.2米至深3米，在土窑的下三分之一处用土坯筑炉条若干，间距30厘米左右，留出进柴、出灰和火苗满窑回旋空间。

瓦当

（1）取黏土，筛除黏土内石子杂物，加水和泥后堆放，使黏土“回性”。（2）在泥土中加入棉花，用木棰捣匀。（3）用手捏制成瓦和各类艺术品土坯，放置在荫凉处荫干，避免暴晒，以防干裂。（4）土坯入窑，并封闭窑口。（5）用灌木柴火高温烧制（小窑48小时、中窑62小时、大窑86小时）。（6）土坯烧好后，沿土窑顶边沿挖出小沟，将窑浸水冷却，对成品进行冷处理后出窑。

## 四、徽县仿景泰蓝贴画

景泰蓝起源于元朝，盛行于明朝景泰年间。仿景泰蓝工艺壁画是近代新兴的一门艺术品，传承了制作景泰蓝的精良技艺，并在其基础上又融入了现代科技。1999年由郑重先生将景泰蓝制作工艺带入徽县，先后在城关镇开店授徒，创办“尚艺轩”工艺美术公司。

仿景泰蓝贴画工艺流程有选底板、起稿、绘图、插丝、填色、染封、装框。

## 五、康县碾坝黄酒酿造技艺

康县碾坝家家都能制作黄酒，香气浓郁，醇香可口，主要供自己饮用，或用来招待亲朋好友。主要是家庭传承方式，以王学伟家的黄酒最为正宗。近年来，碾坝黄酒已走入市场，年产量达300余吨，产值1000万元以上，注册了商标，形成了规模性发展，远销周边县区及兰州、天水、汉中等地。

工艺流程：(1) 制作酒曲。主要有晒药、侧药、碾药、踩药、修曲、凉曲。(2) 泡制黄酒。主要有备料（玉米、高粱等）、筛选、冲洗、蒸煮、冷却、拌药曲、装缸、开缸、食用。

康县碾坝黄酒酿造

## 六、康南蓑衣、斗笠制作技艺

康县南部一带均产蓑草和棕榈树，当地许多老百姓都是从山中采集蓑草和棕片编织蓑衣，不透水也不透风，可以用来遮风挡雨。蓑衣编制历史悠久，至20世纪70年代雨衣、雨伞普及后始结束其历史使命。

蓑衣及斗笠

斗笠用竹篾编成的网格内夹笋壳或芦苇叶制成，其中以笋壳为最好，有尖顶的，也有圆顶的。康南盛产毛竹，为雨帽的制作提供了丰厚的资源。雨帽的遮雨部件为笋壳，包裹笋壳之物为竹篾。用竹篾编成正六边形网格上下两层，中间铺平笋壳或芦苇叶，边缘用竹篾锁边。斗笠制作技艺简便易学，代代相传。

蓑衣工艺流程：备料、发草、搓草绳、起头、顺沿向下编，徐徐添加蓑草或棕片、按大小绑扎收头。

斗笠工艺流程：备料（砍竹子、采笋壳、采芦苇叶）；破竹、划篾条、去竹瓤；编帽片（正六边形网格）；装笋叶或芦苇叶（铺在上下两层帽片之间）；锁帽檐；拴帽系。

## 七、大桥土香制作工艺

西和县大桥乡、西峪乡土香制作历史悠久，已有数百年生产历史。尤以大桥乡上下渭村较为著名，且以家庭作坊式生产已初具规模。因用途广泛，且品质优良，深受消费者喜爱。

土香主要原料有榆树皮、炭粉、杂木片、松香、山萘、木香、丁香、当归、陈香、乳香等。其工序为：（1）将制香用配料磨成粉状，用细箩精筛后，用水搅拌调和成团状。（2）将调制成团状的原料投入榨桩压制成盘状，用香板子盛放在香案，用擀板反复擀制成长条状。（3）将条状原料切割成片状连体成形。（4）晾晒，将片状成形原料放在烙上晾晒。（5）包装，经晒干后即制成成品香，包装后即可销售。制作工具有刀、石磨、细箩、盆、榨桩、香案、香板、擀板等。

## 八、西和县麻纸制作工艺

西和县麻纸主要产地为西高山乡朱河、刘河二村。当地麻纸制作源于何时，已无从考证。材料主要有构树皮、石灰等。工具有石碓、瓤床、瓤刀、扎帘、月尺、木扛等。

（1）备料，即将收集的构树皮进行初步筛选后，在水中浸泡约一周；（2）原料加工，即给浸泡后的构树皮加上生石灰泡制约一天；（3）蒸穰，即将大铁锅置于土窑中，倒入8

担水，放入泡制好的构树皮后，用泥土将顶周围抹裹成伞状，加火蒸8小时左右，再焖上2天，让树皮熟透，生料变成熟料，树皮中的纤维充分软化，达到了做纸浆的要求；（4）洗料，即将蒸煮好的构树皮放在活水中用脚不断地踩踏，洗掉石灰和其他杂质，在流动的水中浸泡3天；（5）砸穰，即将处理好的构树皮放在石碓上，用一个大木杵反复踩踏砸碾，并用手搓，最终使植物纤维变得更软更细后制成穰，再用穰刀切碎，放入一个石槽中，用碗口粗的圆木尽量掏碎，变成团糊状；（6）制浆，即将纸穰放入深1.5米的纸巢中加水搅拌淘浆，经浸泡后使其变成均匀的纸浆；（7）抄纸，即装满纸浆的纸巢上有一块长方形的木架子，上面摆好竹帘，用两根小木棍将竹帘卡住，双手握住木架两端，先用竹帘的一端稍微倾斜插入纸浆槽中，挑起来后，再将另一端完全缓缓地沉入，大约五六秒后，迅速将竹帘捞上来，将竹帘反扣，轻轻一揭，一张麻纸就造好了；（8）晾晒，即将打捞好的麻纸用麻钱记数后，利用杠杆榨掉水分，贴在光滑的土墙上进行晾晒；（9）成品加工，即将晾干后的麻纸在土墙上揭下扎捆，刀切剪齐后，即可为成品。

西高山乡麻纸制作传承人刘智慧在抄纸

麻纸制作锤打工序依然沿用

西和县麻纸为纯天然构树皮、纯手工制作，其特点是纸色古朴、纹脉细腻；纸质柔韧、耐磨抗损，不褶皱；手感绵滑，极富弹性。适用于书画创作、书画装裱，裱褙糊垫、各种纸活工艺制作、产品包装等。

## 九、木牛车

木牛车又叫高车，是20世纪70年代之前流行于宕昌县哈达铺、南阳、理川、兴化以及礼县湫山一带农村的一种主要交通运输工具。

木牛车是一种简易木轮车，制作成本小，运输效率高，深受当地老百姓喜爱。木牛车车体以当地椴木、桦木为原料做成，简单结实。两个木制轮子，每个车轮一般有十二根辐条，直径一米左右。车辕前直接驾牛拉动，车厢可坐人或放物，适合于半山丘陵地带运输货物。明清时期，在地势较为开阔的广大农村地区，每村户均一辆木牛车，直到20世纪70年代才逐渐被胶轮车（俗称“拉拉车”）替代。木牛车

木轮车

被宕昌县列入县级非物质文化遗产名录。

## 十、“气死狼”房修建技艺

“气死狼”房即用木头叠加搭建起来的木摞房，也叫木垒房，是将2—3米左右长、直径约10厘米的圆木两头锯成凹形，木头与木头垂直依凹相交，一根压一根摞起来的简易房屋，呈正方形或长方形，房顶上铺盖茅草、树皮、木板等。在文县西南一带的林区、康县南部山区以及武都洛塘地区过去比较常见，其形式古老，坚固耐用，一般用作家禽、家畜饲养。当地有“木摞房，透骨凉，冻死老牛气死狼”之称，意思是说木摞房结实不保暖，饿狼看得见房内的家禽家畜，但进不去，欲食而不得。这种房屋建造术被康县列入县级非物质文化遗产名录。

木摞房

## 十一、岸门口镇松花蛋制作

松花蛋又称皮蛋、变蛋，是我国一种传统的风味蛋制品，康县岸门口镇的松花蛋远销周边地区，其制作技艺被列入县级非物质文化遗产名录。当地松花蛋制作的主要原料是生石灰、纯碱、松枝灰（含有氧化钙，氢氧化钾）。制作的程序首先是精选鲜蛋，以鲜鸡蛋为原料，逐个通过灯光照验和敲验，要求蛋黄位于中心，蛋白浓厚澄清，无斑点及斑块，无暗影。其次为配料制泥，将松枝灰、食盐放入陶缸内，灌满热开水，使其泡开。随后分批放入石灰，边搅边加，直至均匀，凉后备用。第三是包泥，在选好的鸡蛋上包上拌好的泥料。第四是晾晒，将包好泥的鸡蛋放于半阴半阳的地方风干，晾晒一至两个月即可食用。

康县岸门口镇的松花蛋蛋黄部分外黄内绿，蛋心成棕红色固体，固而不硬，淡而不流，香味浓郁，食而不腻，经久耐存，深受食者欢迎。

## 十二、羊毛毡制作技艺

羊毛毡制作技艺也称“擀毡”，是文县桥头乡、尖山乡、中寨乡及康县中部地区的一项传统手工技艺，分别被文县、康县列入县级非物质文化遗产名录。

羊毛毡是北方人睡土炕时隔潮保暖的家庭必备用品。擀毡为手工操作完成，有弹毛、铺毛、喷水、喷油、撒豆面、铺毛、卷擀毡、捆毡连、擀连子、洗毡、整形、晒毡十三道工序，主要分弹毛、擀毡、洗毡三个环节，主要制作工具有弹弓、竹帘、沙柳条等。

## 十三、柿饼制作技艺

柿饼制作技艺是陇南盛产柿子地区乡村百姓的一项手工技艺，尤其以成县王磨和文县贾昌的柿饼远近闻名。

柿饼加工制作分四道工序：一是摘果。柿子大约熟到八九成时，用专用的工具从树上采摘下来，摘时连同挂果的枝柄一起摘下来，不能伤破果实，剪去多余的枝叶，使每一个柿子保留一个柄，以便串挂。二是旋皮。把采回来的柿子，拣表面完整没有污损的，用一个特制的竹旋刀（即用一根老金竹管，削去两边，形成两个长形的孔，一边削皮，一边出皮，如同刨床一样）削去柿子皮。注意不能用铁制工具来削皮，否则会影响柿子的颜色和口味。三是挂果。用细绳子拴住去皮柿子的柄，串成一串，然后挂在露天的架子上或者树杈上晾上一个月，直到柿子的颜色变暗变软。期间，要不断地对柿子用手揉压，使之形成饼状。待到秋天霜降后，柿子表面凝结一层白色的粉末状的糖，称柿霜。四是装窖。把起了柿霜的柿子在竹筐里一层柿饼一层柿皮的装好，上面用麻袋遮盖，最上面用塑料薄膜盖上，放在通风阴凉处储藏一月，再打开，柿子表面就会形成更多的柿霜，便可以食用了。

柿饼

## 十四、碧口茶制作技艺

陇南是甘肃唯一的产茶地，文县碧口、康县阳坝和武都裕河的茶叶生产颇具规模。

文县碧口茶制作技艺包括五个流程：一是采摘。要求采摘茶叶的手和装茶叶的容器干净无异味。采摘茶叶时间最好是上午，采摘的茶叶一般一芽或一芽一叶；二是摊晾。采回来的鲜叶，要及时摊开晾在竹席或茶箕里，不能堆放在一起，否则，茶叶发热沤坏，严重损坏茶叶品质；三是炒制。先将铁锅（直径约在1米大小，底深而阔）烧热后，在锅内均匀地抹一层茶油（用茶树的果实榨出来的油），将摊晾后的茶叶一次取约0.45公斤放在锅中，用手慢慢地翻炒。炒茶的手法有多种，包括拿、翻、掇、抖、匀、旋、揉、撺、压、磨等，要求手掌自然伸开，手指不能弯曲，用力要均匀，速度不紧不慢，控制好温度。随着茶叶变干、变色，由绿变黄，由大变小，渐渐变成了扁平状，散发出香味后，用棕刷和棉垫把茶叶从锅里扫到茶箕里，再晾约一小时。四是回锅。把晾好的茶叶取大约0.25公斤，重新回锅再炒，要求慢炒，用力要轻匀，着重整形、磨光，锅的温度要低，大约炒制十多分钟后出锅，在茶箕里晾上一天。五是包装。要选用合适的包装，贴上标签，放在通风阴凉的地方，不能与有异味的物品一起存放，容易串味。制茶不仅要掌握好温度、火候、色泽，而且还要把握水分、力量、时效、香气，按茶叶的叶芽、内质、含水量，用试、听、嗅、味、触等感觉，才能加工出品质上乘的茶叶。

采摘茶叶

## 第八节　民间习俗类

### 一、隆兴罐罐茶

罐罐茶是武都区隆兴乡一带流行的一种独特的风俗习惯。一年四季，常饮不辍。主要用具就是罐子，以前的罐子是小瓦罐，现已演变成小铁罐。

喝罐罐茶的时候，罐罐里倒上水在炉子上烧，同时在炉边烤上枣，等到罐罐里的水开了以后，将茶叶和烤好的枣，以及破壳的桂圆放到罐罐里熬煮（亦可加入冰糖），煮开后，倒进杯子，即可饮用。再给罐罐里续水，继续烧煮，边烧边喝。同时，在炉边烤上饼、馍，边喝边吃，即成早餐。

### 二、成县“九碗三行”流水席

成县各个乡镇都有“九碗三行”流水席的做法，是传统的正宗宴席，当地老百姓举办婚丧嫁娶活动时，都要请厨师做“九碗三行”流水席来招待客人和亲朋好友。参加这种宴席叫“吃席”。

所谓“九碗三行”，是指宴席上的菜全部用九只大碗来盛，并要把九只碗摆成每边三碗的正方形，这样从东、南、西、北各方向看都成三行，故名“九碗三行”。

“九碗三行”

宴席开始时先上凉菜，凉菜一般为六个，四素两荤，两荤一为炸排骨，一为炸鸡蛋疙瘩；四素为两个洋芋丝，两个洋芋片；两个荤菜放中间，四个素菜放外边，对角而放。

“九碗三行”均为热菜，盛热菜不用碟子，皆用大碗。一般为软炸蒸肉、清蒸排骨、粉蒸牛肉、蒸甲鱼、蒸浑鸡、蒸浑鸭、蒸肘子、夹沙肉、咸烧白，即“九碗三行子、一碗一样子”。热菜中间的一碗上层覆盖的是丸子，下层垫碗的为诵粉（即粉条）。其余的每碗上面皆盖八片肉片，上、下首中间的两碗为瘦肉，左、右首中间的两碗为肥肉，下层垫碗的分别为豆腐、干豆菜、萝卜、黄花菜等。如果是白事中的烧三年纸或埋坟时，每桌加一个菜，共十个菜，十个菜要摆成“一座山”，丸子要摆到上席面前，作为第一个菜，称为“山顶”，其余的菜则以山腰、山底的方式跟在丸子的后面，按二、三、四的顺序依次摆放。

做“九碗三行”时一定要遵行规程，如请厨师时须带三色礼品三种不同花色品种的东西组成一份礼品，通常是一听水果罐头、一袋白砂糖、一盒春尖茶。开席前要给厨师行开席礼，酒席总管要带一执事，由执事手掌一托盘，盘内放置点燃的一支蜡烛和两支燃香、两杯酒、四盒烟、一对毛巾、利市（现钱）若干。厨师将香蜡放置于灶角，然后将第一杯酒端上说声“敬火神及师爷、师父”，然后将酒洒入火中，第二杯由大师傅自饮。规程行结束后，即开始上菜开席。

制作“九碗三行”要先将肉和蔬菜加工成半成品，上菜前装入大海碗内，将煨罐内早已熬好的汤浇于碗中即可端上开席了。

康县“三层楼”面茶

客人入席后，先要上小麻花、油果、方块糖之类的点心和糖果，并请客人喝茶，稍后，便开始上“九碗三行”的菜。“九碗三行”席的主食有花卷、馍馍、米饭和油香。

“九碗三行”代表性传承人有成县王磨镇浪沟门的王千育。

### 三、康县“三层楼”面茶制作

康县北部民众传统习惯以面茶为早餐，也可配上饼子或馒头等，为民间传统美食。

“三层楼”面茶制作技艺，一般经过备料—炒制—熬茶—搅面等流程。需要材料为洋芋、红葱、鸡蛋、核桃仁、薄荷、茴香、香豆、草果、大香（八角）、花椒、食盐、茶叶、面粉。

面茶的烧制首先要在火膛生火备炒调料，当地称之为炒调和，即用炒勺或铁锅以清油、精盐、葱花依次炒鸡蛋、豆腐、核桃仁（去皮切碎）。一般要求鸡蛋要炒嫩，豆腐丁要炒至金黄色，

核桃仁要炒脆，麦面要炒熟。炒好的调和及麦面需置入容器中分别存放备用，不能混合。其次以清油、盐将茶叶炒熟后加水，再放人红葱皮、花椒叶、茴香杆、生姜片煮沸，然后放入炒熟的麦面。最后依次将备好的

豆腐丁、核桃仁、鸡蛋等调料混合搅拌即可。

康县“三层楼”面茶食饮相兼，以饮为主，香味浓郁、口感极佳。因炒制的洋芋丁、鸡蛋、核桃仁三种调料比重不同，洋芋丁沉于底，鸡蛋悬浮于中间，碎核桃仁浮在上面，故称“三层楼”面茶。也有根据个人口味，加入葱花、红辣椒，韭菜、豆腐丁或肉丁为调料的。

康北手工挂面

### 四、康北手工挂面

冬闲时节，康县北部地区平洛镇、豆坪乡、太石乡等乡镇家家制作手工挂面，所制挂面光滑细柔，洁白如玉，防腐防蛀，口感极佳，除自家食用外，还用来馈赠亲友、市场销售。手工挂面制作技艺相传始自北宋，千百年来，传承不息。

康北手工挂面的生产方式主要以传承家庭作坊为主，父传子，子传孙。工艺流程主要有和面—沤面—揉面—破大条—醒面—盘小条—醒面—上棍—醒面—初扯—出面—上架—再扯—晾晒—切面—包装。

近年来，康北手工挂面以用于自家食用、馈赠亲友、市场销售的传统方式上走向了产业化发展道路，形成了品牌，远销陇南周边地区。

### 五、豆花面

豆花面为武都区洛塘、文县碧口、康县南部地区民间家常饮食。手工擀制白面或杂面，配以豆花、酸菜（或加入洋芋块、丝），清香可口，经济实惠。

制作方法：（1）黄豆磨成豆浆，倒入锅内煮熟。（2）用适量的酸菜汤倒入豆浆点制成豆花，捞出备用。（3）将擀好的面条或面片煮熟，盛入碗中，配以豆花即可。（4）根据个人习惯随意搭配盐、辣椒等佐料。

### 六、“珍珍”饭

“珍珍”饭是康县南部阳坝及中部店子一带农家常年食用的一种饭食。其做法是把经凉水浸泡过的包谷（玉米）在石磨上磨，第一次磨去外皮，第二次磨后用粗筛子过筛，再用细筛过筛，筛下者为面，留在筛上者为“珍珍”，“珍珍”形如小米，晶莹光亮。

“珍珍”饭做法十分简单：水烧开后，加入“珍珍”，煮熟出后即可食用，辅以酸菜、炒菜、腌制青椒等小菜共食，清香淡甜，独具风味。

杠子面

### 七、西和县杠子面

杠子面是西和县最负盛名的早餐食品，

主要分布于县城及周边区域。以老麻家制作技艺最为精湛，其制作手艺及调配方式历代相传，且传内不传外。杠子面为麦面粉和入少量水后，置于案板，用木杠子压制和面，故称“杠子面”，源于清初，以其“劲道、滑溜、鲜香”的独特口味受到食客的青睐。

杠子面制作的原料有麦面粉、水、碱面、葱花、韭菜、调料等。相关器具有木杆子、案板、面刀等。“杠子面”是根据中国手工面条三大传统技法“压”“拉”“切”中研究出的“压面”和“切面”，综合而成的特色面，它采用精面粉和土鸡蛋按特殊的工艺配方合面揉成团，然后用一根1.8米长，直径约为10厘米的木杠碾压、折叠、碾压，如此反复多次，直到将面团碾压成厚度不足0.3毫米薄的面片时再折叠成垛，用刀切成细丝，成品煮熟后劲脆鲜香，并可任意搭配哨子，在陇南诸多风味小吃中独树一帜，食客送雅号“杠子面”。

西和街道上销售的锅盔

## 八、西和锅盔

西和县锅盔的制作源于何时已无从考究，相传古代用作士兵的军粮，主要分布西和县城及周边区域。

西和县锅盔因皮微焦、脆、瓤干香醇、保质期长、不易变质发霉，适合长期存放和携带。

相关的制作器具主要是烙锅、案板、擀面杖，原料有面粉（5千克）、碱面（30克）、酵母粉（夏季350克、冬季750克、春秋季500克），冷水（250毫升左右）。

## 九、大河店炉齿面制作工艺

徽县大河店炉齿面是富于地方特色的传统面食。相传大河店炉齿面始于宋代，1054年冬，青泥岭路改道白水路，当地人为感激修路人的艰辛，特为他们制作了炉齿面，传承至今。

工艺流程为：和面、醒面、揉面、打面胚、擀面、剁面、下面、做调饭菜菜（汤）等。

徽县流传歌谣：“要吃面，大河店；要喝汤，白水江；要吃包子，徽县城。”其中之“面”，就是大河店炉齿面。

## 十、徽县酒柿子

制作酒柿子

徽县酒柿子是当地人们非常喜爱的一种食品，历史源远流长。徽县气候湿润，柿子树随处可见，尤以伏家镇、银杏树乡一带居多。制做酒柿子最佳者为是“尖尖柿”，“尖尖柿”除了制做成柿饼外，最主要的食用方式就是将其拌上甜酒曲制成酒柿子。

徽县酒柿子制做方法简单：每年九月份，选用还未完全成熟的“尖尖柿”，用清水洗净后晾晒。选用优质高粱，煮熟晾冷后，拌以甜酒曲发酵。然后，将柿子和酒料放入大缸内，放一层柿子撒一层高粱，待缸装满后，用馍叶（一种树叶）和木板盖住，用泥密封。一两个月后，便可启封开缸食用。上等酒柿子皮肉呈橘黄色或深棕色，软硬适中，酒味浓郁醇正，色味俱佳。每到腊月、正月，当地果品稀少的时候，酒柿子便成为不可或缺的美味水果。民间谚语“出门好干粮，馍馍酒柿子”。

礼县大滩地区的酒柿子制作方法与徽县酒柿子大致相同，选用还未成熟的青柿子和用高粱煮的酒醅（或用低度白酒）混合装缸，密封数月后可启封食用。

**十一、“和尚挑担棋”棋艺**

“和尚挑担棋”流传在康县广大农村，也叫挑担棋。该棋不需特制棋盘、棋子，可在地上画一个正方形，中间画三条横线、三条竖线相交，中部上方画一菱形（称为庙），中间画一条横线、一条竖线相交，在正方形一边线画一条弧线与菱形一边线相接，称“烟筒”，即成棋盘。找16个小石子和一个大的石子，便可供二人对弈厮杀。执小石子的一方称“小兵”，执大石子的一方称“老爷”。“小兵”沿正方形四条边线摆布，每一横竖线交点摆一石子；“老爷”位居菱形图案正中。

对弈时双方用猜“石头、剪刀、布”的办法，确定“老爷”和“小兵”，“小兵”先开门（上面边线中间一子退后一格）让“老爷”出来，“老爷”出门后便自动吃掉旁边两个“小兵”。双方展开博弈，若“小兵”将“老爷”逼进菱形的庙里，“老爷”在走投无路时，还可利用“烟筒”飞出包围圈，逃出困境，“小兵”一方又要重新围堵，最后将“老爷”围在庙里无法活动，便可获胜。如“老爷”一方将“小兵”吃剩不足五子或将“老爷”逼不到庙里，双方可和棋。

# 第三十二编　碑铭

陇南自古就有树碑刻铭的传统，历朝历代传承不绝。铸刻在金属或石器器物上的文字称为铭。现今发现最早的青铜器铭文是商代青铜鼎的“亚”字形图标和秦人早期青铜器铭文，著名者有“不其簋”和“秦公簋”等。是东汉的《西狭颂》《耿勋碑》石碑，记载了地方官员们的文治武功，是东汉时期陇南地区社会、政治、经济、交通状况的真实反映。魏晋南北朝，有记载当地官员史迹的《薛广智墓志铭》和《芦苌墓志铭》问世。西和县出土的《晋归义氐王》《魏归义氐侯》《晋归义羌侯》金印和宕昌县出土的《汉率善羌君》《魏率善羌伯长》铜印，是仇池国和宕昌国的珍贵遗存。

唐宋之际，文化鼎盛，百业振兴。开元之后，战乱叠起，殃及陇南。《汉源县令厅壁记》记录了上禄县改汉源县和诸任县令的政绩。由唐代文学家柳宗元撰写的《兴州江运记》，记载了唐王朝疏浚嘉陵江、洛河，漕运军粮，以供抵御吐蕃戍守成州之用的史实。《周故少师王公神道碑》《王仁裕墓志铭并序》，反映了五代时期陇南社会的风云际幻。

宋代，吴玠、吴璘、吴挺及其诸将，在陇南抗金保蜀，威武雄壮，战功盖世。《世功保蜀忠德之碑》《宋故开府吴公墓志铭》《仙人关重建宣相安公生祠记》《鼎勋堂记》等碑铭对其人物和事迹有详细记载，可补正史之缺佚。《西和州筑城记》记录了西和州筑城以御金人的史实。《祥渊庙碑》和《万寿山观音祠记》，则是阶州城防屡筑屡圮的真实记录。宋代兴学建宫，崇文兴教，修建寺庙之风空前高涨，在《成州重建学记》《成州龙池湫潭庙碑》《鸡头山下生佛阁记》《重修香泉寺碑记》《阶州福津广严院记》等碑碣中都有反映。《成州同谷县杜工部祠堂记》记载了诗圣杜甫避难同谷，传递了安史叛乱祸及陇右，唐王朝由盛即衰的历史事实。《宋故崔公墓志铭》则对唐代张果老在陇南活动作了追述，弥足珍贵。

有元一代，碑铭稀见，陇南则有十多通（方）。主要有《大元敕赐雍古氏家庙碑》《新建西江灵济庙记》《大元崖石镇东岳庙之记》《礼店东山长生观碑记》《宣灵王庙碑》《重修北极宫记》《重修三清阁碑记》等。《大元敕赐雍古氏家庙碑》由皇帝敕旨、元代书法泰斗赵孟頫奉命书丹，记载了礼店军民元帅府灭金攻宋、威震一方的史实。

明清时期，社会经济发达，碑铭琳琅满目，碑石内容广泛。主要有《明故封嘉议大夫都察院右副都御史张公墓志铭》《大明重修梓潼文昌帝君宫碑记》《重修文王庙记》《重修礼拜寺碑记》《阶州创建三官殿功成碑记》《徽州重修庙学之记》《 重修盐官镇盐井碑记《府城里公馆记》《 重修杀贼桥碑记》等。《新修巡茶察院行台记》《□察院明文》记载了明王朝在徽县火钻镇修建巡茶院行台，开展茶马交易的史迹。《新建上城县治碑记》《重修城郭记》《重建阶州城碑记》《建修白马关城垣碑记》记载了成州、徽州、阶州、康县修城建衙，以利防守的史实。明清时期兴学之盛，胜于历代，碑石之多，难以尽述。修桥筑路碑铭遍及城乡，尤以青泥岭、飞龙峡、险崖坝、大河店道路为最。一批名胜古迹屡见于碑石，如武都万象洞、五凤山、水濂洞、朝阳洞，文县天池、玉虚山，成县、凤凰山、金莲洞，礼县祁山堡、翠峰山，西和县法镜寺石窟、八峰崖石窟等。

民国时期，碑铭较少，主要有《虞关义渡记》《开设集市暨置香地碑记《重修雷王庙碑记》《建修盐官盐神庙碑记》《礼县忠烈祠记》《仇池禁烟记事碑》《修建八府岩吉祥寺碑记》等。《建修寄骨塔碑记》记载了民国时期礼县屠城事件之经过，悲壮惨烈，不忍卒读。

中华人民共和国成立后，文物及历代碑铭得到保护。20世纪60年代，碑铭一度被视为“四旧”（指旧思想、旧文化、旧风俗、旧习惯的统称）而遭毁坏。20世纪80年代，改革开放，文化复兴，树碑立铭之风再度兴盛。主要有《重修鸡峰山二字殿暨瑶池宫记》《白云寺碑记》《牛头寺重建记》《红军战地纪念碑记》《石峡抗洪救灾碑记》《前川吊脚楼碑记《徽县东关清真寺沿革记》《陇南市5.12地震主题纪念园碑记》等，碑铭数量虽然不少，但文字、书法及刻制水平普遍不高，精品之作稀见。

现将全市古今碑铭精品予以选录。

# 第一章 铭 文

本章所收录器物铭文主要为金属器铭文，以礼县大堡子山秦公墓地出土青铜器为主。不其簋、秦公簋是目前所知秦人制作的最早的青铜器，且铭文很多，文物价值、史料价值极高，器物现虽收藏于他地，但出土于陇南，故亦将图录、铭文录入，以供研究。

亚父辛鼎是迄今为止陇南出土的最早的青铜器，也是甘肃出土的为数不多的有铭文的商代器物，故列为首篇。

甘肃省礼县大堡子山遗址为早期秦公陵园。大堡子山位于礼县永兴、永坪两乡交界处，距县城约13公里，因其西南山顶有清代修筑的土堡而得名。

1994年，甘肃省考古工作者在大堡子山发掘出四座周朝时期的大型古墓葬，被认定为先秦秦公墓葬。1号墓为曲尺形，最长一边为37米，深7米，为车马坑。2号墓为“中”字形，总长87米，墓室在中部，墓室面积为12米×11米，深11米。3号墓为中字型，长110米，宽10米，深9米。4号墓也是曲尺形车马坑。大堡子陵墓规模宏大，使用周朝诸侯等级的墓葬制度，对研究先秦时期的政治、经济、军事、文化、冶金、铸造、礼制、陵寝制度等方面有者不可估量的历史价值，填补了先秦文化研究的空缺。秦人先祖柏翳开始为舜主畜，伯益跟随夏禹治水，直至非子封为附庸，襄公封为诸侯，成为西垂之主。西周时，周宣王封庄公以秦仲、大骆故地西犬丘之地，称西垂大夫，号西垂宫。西垂在秦汉时期称西县。大堡子山是先秦早期的诸侯陵墓，礼县是秦人发祥地。有关专家认为“秦西垂陵园的发掘是 20 世纪继敦煌藏经洞和兵马俑之后的又一重大发现”，1997 年甘肃省人民政府又将大堡子山秦公墓地列为全省文物重点保护单位，并公布了大堡子山秦公墓地保持范围。2001 年 7 月礼县大堡子山秦公墓地被国务院正式列为全国第五批文物保护单位。

大堡子山秦公墓曾惨遭盗掘，出土有数千余件珍贵文物，其文物大量流落海内外，已知有六字以上铭文的钟、鼎、簋、壶达十八件，其中“秦公作铸用鼎”四件、“秦公作铸尊壶”两件、“秦公作宝簋”两件、“秦公作宝用鼎”两件、“秦公作和钟”四件、“秦子作和钟”四件。此批文物的时代，曾有秦仲、庄公、襄公、文公诸说。因秦公墓非科学挖掘，哪一件文物出于那号墓葬已无法弄清。一部分文物现藏上海博物馆、中国历史博物馆、甘肃省博物馆和礼县博物馆，还有一部分散存民间。

历代镜铭因其数量众多，且铭文多为吉祥、祝愿俗语，故未收录。

另外，还收有少量极具文物考古价值的砖铭，仅供研究。

## 第一节 金 铭

**礼县博物馆藏亚父辛鼎**（商）

**铭文释文：**

器底铸铭：保父辛口

〖题解〗亚父辛鼎为青铜质地，商代晚期遗物，器高19厘米，耳距18.6厘米。口稍敛，小折沿，平唇，双立耳较小，略外撇，直壁深腹微垂，圜底，三直柱足，足、耳呈五点式配置，属商末“直壁细柱足式”鼎。腹内壁一侧颈口处铭刻一“亚”字形长方形外框，代表家族之族徽，“亚”字框内铭文释文为“保父辛口”四字，故又称“亚徽保父辛鼎”，“父辛”为商时对父之称谓。另有一动物形象，似鹿又似虎，不识。亚父辛鼎为其宗庙内祭祀“父辛”而制此尊贵的盛食礼器。“保父辛口”四字铭文是陇南现存最早的金文，是研究商晚期文化及秦人族源的珍贵实物。亚父辛鼎是迄今为止甘肃出土的唯一一件有铭文的商鼎。现藏于礼县博物馆。

亚父辛鼎1974年出土于礼县城关镇西山雷神庙遗址。“保父辛口”铭文排列与1953年的河南安阳大司空村殷墓葬中出土的“亚口母朋钟”酷似。

## 中国历史博物馆藏不其簋器盖（西周）

### 不其簋铭文释文：

中国历史博物馆馆藏的不其簋器盖

山东滕县后荆沟墓葬中出土的不其簋器身(器盖后配)

唯九月初吉戊申，白（伯）氏曰：“不嬰（其），駇（朔）方玁允（狁）廣伐西俞（隅），王令我羞追于西，余来歸獻禽（擒）。余命汝禦追于𠭯，汝以我車宕伐玁允（狁）于高陶。汝多折（斩）首、執訊。戎大同，從追汝，汝彶（及）戎大敦搏。汝休，弗以我車函（陷）于艱，汝多禽（擒）、折（斩）首、執訊。”白（伯）氏曰：“不（其），汝小子，汝肇海（敏）于戎工。锡（赐）汝弓一，矢束，臣五家，田十田，用從乃事。”不其拜稽首，休，用作朕皇祖公伯、孟姬尊簋。用匃多福，眉壽無疆，永純靈終，子子孫孫，其永寶用享。

〖题解〗据考证，不其簋是周宣王时秦庄公“其”的器物。铭文记载的是周秦联军反击犬戎的几场战争，通过这几场战争，周秦联军取得了决定性的胜利，从根本上改变了秦嬴十二公长期以来被动于西戎的战略处境和地位。

不其簋是目前所知秦人制作的最早的一件青铜器。不其簋传世的只是一个器盖，此器盖出于何地，今已无考。王国维先生据铭文所记战事，推测当出自陕西省西部。清末，器盖发现于关中，初为杭人邹安所得，后由罗振玉收藏，捐献给故宫博物院，现藏中国历史博物馆。1980年在山东滕县后荆沟墓葬汉墓中出土了两个簋，有身有盖。其中一个簋器身与盖的纹饰风格，制作精粗迥然不同，值得注意的是，此簋器盖似是后配的，而簋身则与中国历史博物馆所藏不其簋盖完全吻合，直径均为23.2厘米；簋身

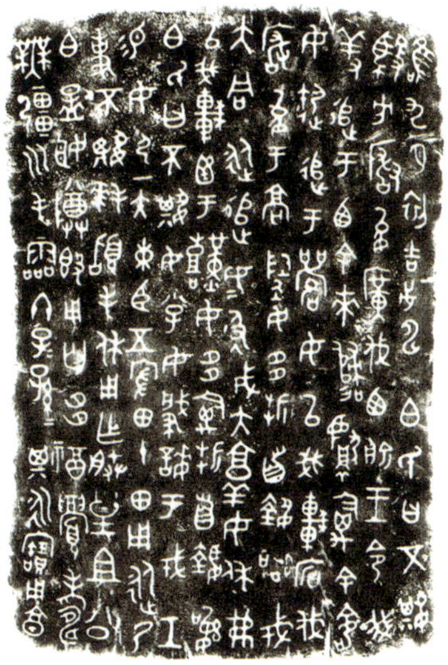

上的铭文也与中国历史博物馆馆藏的不其簋盖上的铭文完全一致（只是第6行“戎大敦”下少一“搏”字），均为152字，而且纹饰一致、字体也一致，应是同一簋而器身、器盖被分离在两地者。因此，人们认定，中国历史博物馆的不其簋盖正是后荆沟那个簋的原盖，也就是说，此簋器身与中国历史博物馆所藏簋盖原本一器，不其簋器身和器盖何时分离？秦国的铜器怎么会埋在鲁国呢？据推测，此簋应是汉初沛人樊哙“还定三秦，别击西丞”时，作为缴获的战利品，从西县带至关中，后来将器盖留在关中，将器身带至山东滕县，因而使器盖、器身被分离两地。

不其簋的时代，因铭文首言“唯九月初吉戊申”，据王国维考证应为周宣王三年（公元前825年），该年九月乙巳朔戊申日为九月初四。李学勤《新出青铜器研究》说：“不其簋的时代，应在公元前820年左右”，并说：“不其簋的器主不其是秦庄公”。铭文中的“严允”，是指西周西北部的犬戎，即汉时的匈奴。“白氏”当指虢文公，他当时任周宣王太师。“西俞”应读为“西隅”，是泛指西周以西之地西陲。“西”即秦之西犬丘，汉之陇西郡西县，其地在礼县。“洛”，即今庄浪县的水洛城。“高陵”，钱穆《史记地名考》云：“在今陕西高陵县西南一里。”此簋早于虢季子白盘9年，那时史籀大篆尚未通行，所以铭文的字体和西周晚期铭文的字体没有差别。

**中国历史博物馆藏秦公簋**（西周）

秦公簋器身铭文拓片一

**秦公簋铭文释文：**

**器盖铸铭：**秦公曰：不（丕）顯，朕皇且（祖），受天命，鼏（幂）宅禹责（迹），十又二公，才（在）帝之坏（坯）。嚴，恭夤天命，保□氒□（保業厥秦），虩（赫）事□（蠻）夏。余雖小子，穆穆帥秉明德，剌剌（烈）桓桓，迈（邁）民是敕。

**器身铸铭：**咸畜胤士，盍盍（蔼蔼）文武，镇静不（丕）廷，虔敬朕祀。乍（作）噚（寻）宗彝，以卲（昭）皇且（祖），其嚴御各，以受屯（纯）鲁多釐。眉壽無疆，畯疐才（在）天，高引又（有）麐（庆），竈囿（造有）四方。宜。

**器盖刻铭：**一斗七升大半升，盖

**器身刻铭：**西元器。一斗七升八拳（剩），□（簋），

〖**题解**〗秦公簋（本名吻宗彝）为春秋时秦青铜器，铭文歌颂了十二位先祖为周王室在西戎保业兼而开拓了秦版图的丰功伟业；记述了襄公奉周宣王之命在西犬丘之地设立西畤、建立宗庙，对白帝和秦先祖进行祭祀的缘由，同时也表达了秦襄公欲建立霸业、统一天下的宏愿。

秦公簋有铭文一百零五字，分铸于器及盖上。器身有铸铭54字，刻款9字；器盖有铸铭51字，刻款9字。铭文均由印模打就，青铜器的此种制作方法，仅见此例。铭文字体整饬严谨，微曲中求劲健，表现出强悍雄风。器高19.8厘米，口径18.5厘米，足径19.5厘米。圆腹，有盖。腹上部饰蟠虺纹，下部饰瓦楞纹；盖面饰瓦楞纹，坡沿饰蟠虬纹；圈足饰上下两重波带纹。器内壁又有秦汉间刻铭“西元器一斗七升八”，“西”指汉代陇西郡西县，即秦都西垂。此簋在春秋时，是秦公西垂宗庙的祭器，到了汉代成为西县作容器使用的官物，并凿款其上。“西元器”者，西垂古邑原有器也。

秦公簋于1917年出土于甘肃礼县横河乡（今红河镇）王家东台（丁楠编著《秦公簋铭文考释》上说秦公簋1919年出土于甘肃省天水市西南秦岭、红河交界处），初为横河“聚源当”商号作废铜收集，1919年此器流落至兰州，初为厨中盛残浆者，后被识者以数百金购去，后经国学大师王国维等考证系先秦祭器，按其铭文定名为“秦公簋”，并为其跋文，公之于世。1959年秦公簋被移交到新建成的中国历史博物馆。现藏于中国历史博物馆。

秦公簋的时代，曾有秦文公、德公、成公、穆公、桓公和景公诸说。礼县陈泽以为此簋作器是公元前770年，秦襄公在西垂始国、在宗庙祭祖时所作的开国纪元之器。铭文有“作嘉宗彝，以邵皇且（祖），其嚴御各，以受屯卤。”的内容。“其嚴”：“其”为庄公名，“严”是襄公对庄公的尊称。“作嘉宗彝”的是秦襄公，所的皇祖是中潏，“以受屯卤”的是秦庄公。

**上海博物馆藏秦公簋**（西周）

秦公簋拓片

**铭文释文：**

秦公作宝簋

〖**题解**〗该秦公簋为20世纪90年代初甘肃礼县大堡子山秦公墓地出土，该器造型具有西周晚期同

类器物的遗风。器高23.5厘米，口径18.8厘米。敛口鼓腹，兽首耳较大，圈足三兽首足，腹，盖有大捉手。盖缘和口下饰兽目交连纹，圈足饰鳞纹，余饰横条纹，盖沿和口沿每组纹饰间还设有上下相反的浮雕兽首，殊为奇特。盖、器同铭，铭“秦公作宝簋”5字，为秦公用器，具有重要的研究价值。该器流失香港古玩坊肆，被马承源先生抢救购回，现藏上海博物馆。

## 礼县“天水家马”鼎（战国）

天水家马鼎铭文，汉代镌刻于秦鼎器上的文字

**铭文释文：**

天水家马鼎容三升并重十九斤

〖**题解**〗“天水家马”鼎为青铜质地，高22.5厘米，口径22厘米，重4.5公斤。鼎为春秋时秦国西垂地区祠庙祭器，鼎盖、鼎腹上部各阴刻有篆隶书十三字“天水家马鼎容三升并重十九斤”。汉代时用作计量容器，故有此刻铭。1981年4月，礼县永兴乡蒙张村农民赵某在本村取土时挖出古墓，出土青铜器4件，交县文化馆，“天水家马鼎”为其中最为珍贵者，现藏于礼县博物馆。

## 礼县“右库工师”戈（战国）

**铭文释文：**

口命口文右库工师口口冶口造

〖题解〗右库工师戈属战国中期遗物，20 世纪 70 年代出土于礼县东北部的红河乡六八图村。铜戈胡部阴刻铭文十三字：“口命口文右库工师口口冶口造”。因文中有“右库工师”之称，故学者多称谓“右库工师”戈，铭尾曰“西工造”。这里的“西”，应指秦故都西垂之“西”，“西工造”，即西垂工官所造。该戈现藏礼县博物馆。

**西和县铜弩机**（东汉）

**铭文释文：**

永寿二年口月书。命诏书铸锻，郭工李，史祈相椽靳，牧丞艳，令简虎贲常，安顺伯

〖题解〗该弩机为铜质，1973 出土于西和县洛峪乡，机身镌刻着“永寿二年口月书。命诏书铸锻，郭工李，史祈相椽靳，牧丞艳，令简虎贲常，安顺伯”31 字。东汉汉桓帝永寿二年即公元 156 年。现存宕昌县文化馆。

**宕昌县“汉率善羌君”印**（汉）

**印文释文：**

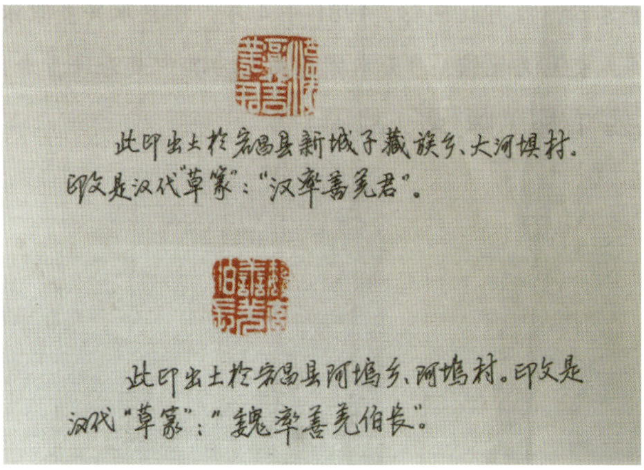


汉率善羌君

〖题解〗“汉率善羌君”印为铜质，1988 年发现于宕昌县新城子乡大河坝村，现存宕昌县文化馆。篆书阴文，文字精美，大方自然，印纽握柄为骆驼形状，属东汉时期朝廷赐给宕昌羌首领的官印。“率善”是一种官名，意思是“统率友善”。“率善羌君”当为宕昌羌大首领，地位应于郡太守相等。“汉率善羌君”印是羌族首领归顺中原后，汉代朝廷发给羌君的官印。《后汉书志》第二十八《百官》五说载：

边境少数民族归服朝廷的地区，则为“四夷国王，率众王、归义侯、邑君、邑长，皆有丞，比郡、县。”羌君驻宕昌县城关旧城治理宕昌军政。

## 宕昌县“魏率善羌佰长”印（魏）

**印文释文：**

魏率善羌佰长

〖题解〗“魏率善羌佰长”印为铜质，1989 年发现于宕昌县城关，现存宕昌县文化馆。篆书阴文，文字精美，大方自然，印纽握柄为骆驼形状，属曹魏时期中原朝廷赐给宕昌羌首领的官印。“善羌佰长”也就是百人之长，地位与乡有序相等。社会组织基本上是以种族部落为形式，如“王、候、君、长”并存，和内地行政机关乡、亭、里设置一样。

汉魏时期，今宕昌境内有宕昌羌，经常与汉魏政权发生战争，此印当是魏政权颁发给归附的宕昌羌族佰长的官印。传宕昌县贾河乡七垿村曾出土两方青铜印章，印文为“汉率义羌佰长”“汉率义羌千长”，《汉书·匈奴传》载“匈奴自左右贤王以下至当户，凡二十四长。“诸二十四长，亦各自置仟长、佰长、什长、裨小王”。“魏率善羌佰长”印的发现，说明宕昌羌早在汉魏时期就已归附中原朝廷，并设置了羌君、仟长、佰长等官员进行管理。

## 礼县“军司马”印（汉魏）

**印文释文：**

军司马

〖题解〗该印为铜质，正方形，鼻钮，印面边长 2.3 厘米，阴刻篆字。印台厚 0.9 厘米，通高 1.9 厘米，重 56 克。于 20 世纪 60 年代后期出土于礼县石桥镇铁笼山村，应为三国魏蜀交战时遗失之器物。山上还出土了十多件戟、箭、带钩等兵器，经专家鉴定，确为三国文物。1985 年为县文化馆收藏。该印现存礼县博物馆。

## 西和县“魏归义氐侯”金印（魏）

**印文释文：**

魏归义氐侯

“魏归义氐侯”金印，印高3厘米，印面正方形，尺寸为2.2厘米×2.2厘米，重量为153克，羊形钮。印面凿白文篆书“魏归义氐王”五字，分列三行，“魏”字独居一行。三国魏制。

**西和县“晋归义氐王”金印**（晋）

**印文释文：**

晋归义氐王

“晋归义氐王”金印，印高 3厘米，尺寸为2.3厘米×2.3厘米，重量为153克，西晋时期。方形，驼钮（有专家认定为羊钮，待考）。凿白文篆书“晋归义氐王”五字，分列三行，“晋”字独居一行。

**西和县“晋归义羌侯”金印**（晋）

**印文释文：**

晋归义羌侯

“晋归义羌侯”金印，印高 3厘米，尺寸为2.3厘米×2.3厘米，重量161克，西晋时期。方形，驼钮（有专家认定为羊钮，待考）。凿白文篆书“晋归义羌侯”五字，分列三行，“晋”字独居一行。

〖**题解**〗1961年，西和县西高山公社马莲大队草坝生产队的一尹姓农民取土时发现了两枚金印，其一篆文阴刻“晋归义氐王”五字；另一方亦篆文阴刻，文曰“晋归义羌侯” 五字。 1962年尹姓农民因生活困难，将这两枚金质印出售给西和县人民银行，经鉴定称重，每件作价120元。是年，省人民银行负责人来西和县检查工作，移交时，发现了两枚金印，省行负责人当即认定该金印有重要的文物价值。回兰州后，邀请文物专家进行鉴定，一致认为是具有重要历史及文物价值的两枚金质封印，遂移交甘肃省博物馆珍藏。

三枚金印原件现均藏于甘肃博物馆，均出土于西和县。这几枚金印是存世极少的少数民族王侯之印，属国家一级文物。

**徽县“渔关提领”印**（元）

**印文释文：**

渔关□（蘸）提领印

〖**题解**〗“渔关提领印”藏徽县文化馆。1979年从徽县农副公司收购门市部征集。铜质，正方印，直钮，边长5.3厘米、厚1.7厘米，重1.15斤，九叠篆印文“渔关□提领印”（ 熊国尧《元代“鱼关蘸提领印”浅证》释为：“渔关蘸提领印”）。印背右阴刻“行中书省发”，左阴刻“至元五年润正月监遣官□□□”。

**礼县盐官铁钟铭文**（清）

願此钟声超三界，铁围幽暗悉皆间。

门澄清净证圆通，一切众生成正觉。

唵伽啰地耶裟婆诃。

〖**题解**〗该钟铭为礼县盐官镇通明寺铁钟铭文，仅存残片，五行竖书，每行七至八字。清康熙十三年（1674）制。该铁钟残片钟现存礼县盐关镇盐井院内。

**西和县城隍庙钟铭**（清）周恒

城隍庙之建，大保障也。庙设鸣钟，肃辰昏也。我西邑，秦时之西垂，汉为西县，宋易以州，元仍之，明复改为县，迁城于今地。值明方季，屡遭寇变，县治乃建于山城。至仁皇四十有年，复移治旧址。隍庙在焉，第以迁变之故，钟鼓弗备。古昔先民，以明时所铸之巡河钟悬于隍庙，盖假需耳。岁逢辛巳，福德会总理、礼生麻逢春等同会募化通邑，雕像修轿，铸钹铁竿，制造伞扇外，铸鸣钟一口。伏祈神有正响著鉴，观之赫赫，庙有洪音，彰照临之，濯濯辰昏，肃而祝祀，丕应保障，整而警省，益周庶听，则声彻山川。祷则灵佑士民，未必非人之所同焉，感激者也。谨序。

知县吴宪青监制，生员周恒撰文，

时乾隆二十六年。

〖**题解**〗该钟铭记载了西和县城治变迁及城隍庙铸钟缘由经过。清乾隆二十六年（1761）邑生员周恒撰文。钟已佚。铭文录自民国《西和县志》。

**西和县城隍庙铁碑铭**（清）鱼志贤

盖闻设险以守国，故筑凿城池，斯立隍庙，使居其土者咸荷帡幪，永庆金汤。

西和，古秦时之西垂，汉为西县，宋为西和州。迨宝庆之年，元兵攻灭州治，明改曰县，移治今城。正神皆有祠宇，及明末兵燹之后，悉归灰烬。隍庙建于山城，至康熙乙酉，复迁旧治。隍庙虽较前改观，其行象、坐轿、伞扇等项缺落不备，且昔时门有木竿二枝，亦已朽颓。礼生麻逢春等于十年前合会，悉心铸鈒、铁竿、雕像、制轿并造伞扇，因功大费艰，久未如愿。

会逢今岁，政和民安，邑侯吴公乐善捐廉，十三里绅士民屯人等及客商、各会众姓，共输赀财铁斤，同成善举。伏望神像尊严，灵丕昭也；木轿浑坚，质乘辂也；伞扇旗帐，壮赫奕也；铁竿铜磬，永垂久也。爰勒铁碑，以志其祥，邑人士万众一心，其共荷帡幪，永固金汤，直当一日而千古云。谨记。

乾隆二十六年铸　　邑廪生　鱼志贤撰

〖题解〗该铁碑记载了西和县重修城隍庙经过。铁碑高四尺，宽一尺五寸，厚尺许，四面均有字，正面载碑文，两旁及背面均载人名。清乾隆二十六年（1761）铸制。邑廪生鱼志贤文。铁碑已佚。碑文录自民国《西和县志》。

〖撰者〗鱼志贤，邑廪生。

## 第二节　砖　铭

**礼县“长乐未央”瓦当**（东汉）

〖题解〗该批瓦当1994年出土于礼县燕河乡鸾亭山水湾村，属汉代建筑物筒瓦之首。铭文“长乐未央”，为汉代吉祥用语。瓦当灰色，字体有隶、篆书。

**康县“万岁不复”汉砖**（东汉）

〖题解〗该砖铭铸于砖侧，自右至左书写，为汉代吉祥用语。该砖为汉代坟墓用砖，砖长 35 厘米，宽 17 厘米，厚 7 厘米，灰色，字体为篆书，出土于康县平洛镇团庄村。

# 第二章　碑　记

在陇南丰富多彩的文化中，尤以碑铭文化极具特色。陇南碑铭兴起于秦汉，《西狭颂》《耿勋碑》记载了东汉时期陇南的社会、政治、经济、交通状况，无论是文章，或是书法、雕刻，均臻精美，为中国古代碑铭的典范。唐宋之后，碑铭之盛，蔚为大观，功德碑、桥道碑、城池碑、山水碑、墓道碑、祠庙碑、记事碑及诗碑和题记，或记文治武功，或记德政善行，文辞优美，叙事生动，涵盖了陇南历史发展的各个时期，是活生生的历史人文记录，陇南几千年的文明史，都能在碑铭中找到极好的印证（碑铭释文中“□”代表看不清的字）。

## 第一节　成县碑记

### 武都太守李翕西狭颂

（汉）仇靖

汉武都太守汉阳阿阳李君讳翕，字伯都。天姿明敏，敦诗悦礼，膺禄美厚。继世郎吏，幼而宿卫，弱冠典城。有阿郑之化，是以三剖符守，致黄龙、嘉禾、木连、甘露之瑞。动顺经古，先之以博爱，陈之以德义，示之以好恶。不肃而成，不严而治，朝中惟静，威仪抑抑。督邮部职，不出府门，政约令行。强不暴寡，知不诈愚。属县趋教，无对会之事。徼外来庭，面缚二千余人。年谷屡登，仓庾惟亿；百姓有蓄，粟、麦五钱。

郡西狭中道，危难阻峻。缘崖俾阁，两山壁立，隆崇造云，下有不测之溪，厄笮促迫，财容车骑，进不能济，息不得驻。数有颠覆霣坠之害，过者创楚，惴惴其慄。君践其险，若涉渊水，叹曰：“《诗》所谓‘如集于木，如临于谷’，斯其殆哉！困其事则为设备，今不图之，为患无已。”敕衡官有秩李瑾、椽仇审，因常繇道徒，鐉烧破析，刻臽磪嵬，减高就埤，平夷正曲，柙致土石，坚固广大，可以夜涉。四方无雍，行人懽悀。民歌德惠，穆如清风。乃刊斯石。曰：

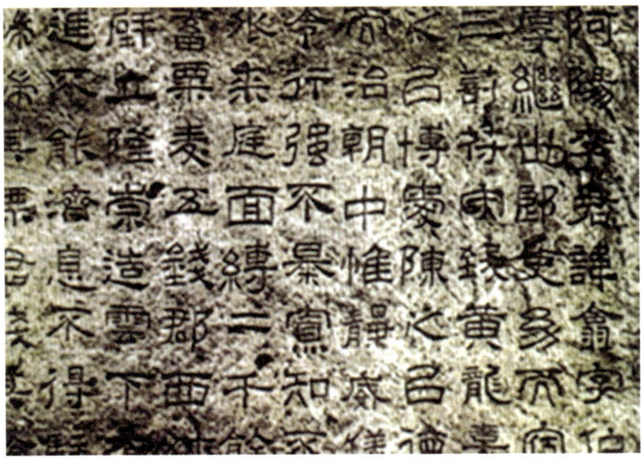

成县《西狭颂》摩崖（局部）

赫赫明后，柔嘉惟则。克长克君，牧守三国。三国清平，咏歌懿德。瑞降丰稔，民以货殖。威恩并隆，远人宾服。鐉山浚渎，路以安直。继禹之迹，奕世赖福。

建宁四年六月十三日壬寅造

时府丞、右扶风陈仓吕国、字文宝。

门下椽、下辨李雯、字子行。

故从事、议曹椽、下辨李旻、字仲齐。

故从事、主簿、下辨李遂、字子华。

故从事、主簿、上禄石祥、字元祺。

五官椽、上禄张亢、字惠叔。

故从事、功曹、下辨姜纳、字元嗣。

故从事、尉曹史、武都王尼、字孔光。

衡官、有秩、下辨李瑾、字玮甫。

从史位、下辨仇靖、字汉德书文。

下辨道长、广汉汁邡任诗、字幼起。

下辨丞、安定朝那皇甫彦、字子才。

成县《西狭颂》拓片

〖**题解**〗《西狭颂》全称《汉武都太守汉阳阿阳李翕西狭颂》，亦称《惠安西表》、《李翕颂》、《天井山磨崖碑》，俗称《黄龙碑》。在今甘肃成县抛沙镇东营庄子村丰泉峡南崖中段青龙头中下部崖壁上。摩崖石刻宽340厘米，高220厘米，上有“惠安西表”四字篆额，正文阴刻20行，385字，至今无甚泐损。碑文除记述东汉武都太守李翕的生平和屡任地方行政长官之政绩外，主要颂扬了他率领民众开通郡西狭中道路、为民造福之德政。东汉灵帝建宁四年（171）六月十三日造。碑右侧刻有黄龙、嘉禾、白鹿、木连理和承露人之图像，称为“渑池五瑞图”，题名中有“仇靖字汉德书文”，故认为撰文、书丹均为仇靖一人所为。碑刻周围还有宋代元符、乾道、淳熙年和清代光绪以及民国年间题刻十四方。刻在悬崖右侧的“东汉摩崖石刻西狭颂”9个大字，是当代著名国画大师李可染题写。《西狭颂》与陕西汉中的《石门颂》、略阳的《郙阁颂》同列为汉代书法“三颂”。1980年，被列为甘肃省级文物保护单位，由政府拨款兴修碑亭。2001年6月被国务院列为全国重点文物保护单位。

五瑞图摩崖：西狭颂“惠安西表”篆额右下方，刻有黄龙、白鹿、嘉禾、木连理、甘露降（承露人撑盘）画像。五瑞图纵1.1米，横2.1米，乃汉代石刻画中的珍品。图左为题记，竖排两行，刻文为：“君昔在黾池，修崤嵚之道，德治精通。致黄龙、白鹿之瑞，故图画其像。衡官掾上禄上官正字君选口口口口上禄杨嗣字文明，口口口口下辨李京字长都。”《五瑞图》有题款。这是中国绘画作品中遗留至今最早的比较成熟的题款，在中国绘画史上具有重要的艺术价值。

〖**撰者**〗仇靖，字汉德，武都郡下辨道（今甘肃成县人）人。善文工书，汉灵帝建宁中为武都郡从史。建宁四年太守李翕开通西狭道，仇靖撰文书丹，这是书学史上古代书迹中有明确置名的最早例证，从而也确立了仇靖在古代文学史和书学史上的大家地位。翌年，沮县之析里桥阁道（在今陕西略阳西北）成，复为颂以记其始末。《西狭颂》摩崖石刻，仇靖文、书皆高古有致。

## 武都太守李翕天井道碑

（汉）仇靖

盖除患蠲难为惠，鲜能行之。斯道狭阻，有坂危峻，天井临深之厄，冬雪则冻，渝夏雨滑汰，顿踬伤害。民苦拘驾推排之役，勤劳无已，过者战战，以为大戒。太守阿阳李君履之，若辟风雨。部西部道桥掾李祗（阙），鐉绝西坂，天井山止（阙），入丈四尺。坚无臽溃，安无倾复。四方赖之，民悦无彊。君德惠也，刊勒纪述，以示万载。

建宁五年四月廿五日己酉讫成

〖题解〗碑文记述东汉武都太守李翕、西部道桥掾李祗率领民众治理天井山道路之德政。造于东汉灵帝建宁五年（172）。宋 洪适《隶续》载："武都太守李翕天井道碑，今在成州，灵帝建宁五年造。李君以建宁三年到郡，明年治西狭，又明年治郙阁，治天井，可谓除患蠲难，心乎惠民者。"赵绍祖《古墨斋金石跋》："李翕为武都太守，治西狭、郙阁、天井三地之险以通行旅，可谓有惠政于民矣。"清岑建功《舆地纪胜补阙》："汉天井山记，亦汉阳太守李翕建宁五年造。今藏碑之家惟有前一碑四年所立者，后一碑五年所立者少有之。又老农云：往年雷震崖石仆地，此碑不知所在。是可惜也。"故该碑存佚无考。碑文录自洪适《隶续》。

〖撰者〗仇靖。有学者认为：建宁四年（171），太守李翕开西狭道，仇靖撰文并书写《西狭颂》，建宁五年（172）撰写《天井道碑》。次年又撰写《郙阁颂》。熹平二年（173）撰文并书写《耿勋碑》。

## 武都太守耿勋碑

（汉）仇靖

汉武都太守右扶风茂陵耿君，讳勋，字伯玮。其先本自钜鹿，世有令名。为汉建功，俾侯三国，卿守将帅，爵位相承，以迄于君。君敦诗说礼，家仍典军，压难和戎，武虑慷慨。以得奉贡上计，廷陈惠康安遏之谋。上纳其谟，拜郎、上党府丞。掌令考绩有成，符策口胙。熹平二年三月癸酉到官，奉宣诏书，哀闵垂恩。猛不残义，宽不宥奸，喜不纵慝，威不戮仁。赏恭罚否，畀奥口流。其于统系，宠存赠亡，笃之至也。岁在癸丑，厥运淫雨，伤害稼穑，率土普议，开仓振澹。身冒炎赫火星之热，至属县巡行；穷匮陟降山谷，经营跋涉。草止露宿，扶活餍餐千有余人。出奉钱市口口，作衣赐给贫乏。发荒田耕种，赋口寡独王佳、小男杨孝等三百余户。减省贪吏二百八十人。劝勉趋时，百姓乐业。老者得终其寿，

东汉《耿勋表》所在的成县西狭景区

幼者得以全育，甘棠之爱，不是过矣。又开故道铜官，铸作钱、器，兴利无极。外羌且口等怖威悔恶，重译乞降。修治狭道，分子效力，口口如农，得众兆之欢心，可谓仰之若明神者已。夫美政不纪，人无述焉。国人佥叹，刊勒斯石，表示无穷。其辞曰：

泰华惟岳，神曜吐精。育兹令德，既哲且明。寔谓耿君，天胙显荣。司牧莅政，布化惟成。柔嘉惟则，穆如风清。勤恤民隐，拯阨扶倾。匪皇启处，东抚西征。赤子遗慈，以活以生。山灵挺宝，匈灾乃平。恺悌父母，民赖以宁。

熹平三年四月廿日壬戌

西部道桥掾、下辨李祗造

〖**题解**〗简称《耿勋碑》，又称《武都太守耿勋表》，摩崖刻石，碑文记述了东汉武都太守耿勋治郡之德政。汉灵帝熹平三年（174）四月二十日造于下辩（今成县）西狭北壁，西距《西狭颂》约一公里处。《耿勋碑》汉隶碑刻，高 230 厘米，宽 206 厘米，阴刻十二行，满行 22 字，计 456 字。主要记述当时武都郡守武都耿勋政绩。惜已大半剥蚀，字迹不清。书势自然，但部分字迹为后人重凿。1980 年，甘肃省人民政府将《西狭颂》和《耿勋碑》列为省级文物保护单位，并拨款兴修了“耿勋碑遮檐”等保护设施。2001 年被公布为全国重点文物保护单位。

〖**撰者**〗仇靖。

## 汉李翕析里桥郙阁颂

（汉）仇靖

惟斯析里，处汉之右，溪源漂疾，横柱于道。涉秋霖漉，盆溢滔涌，涛波滂沛，激扬绝道，汉水逆让，稽滞商旅。路当二州，经用泞沮。沮县士民，或给州府。休谒往还，恒失日晷。行理咨嗟，郡县所苦。斯溪既然，郙阁尤甚，缘崖鑿石，处隐定柱，临深长渊，三百余丈，接木相连，号为万柱。过者慄慄，载乘为下，常车迎布，岁数千两，遭遇隤纳，人物俱堕，沉没洪渊。酷烈为祸，自古迄今，莫不创楚！

于是，太守汉阳阿阳李君讳翕，字伯都，以建宁三年二月辛巳到官，思维惠利，有以绥济。闻此为难，其日久矣！嘉念高帝之开石门，元功不朽，乃俾衡官椽下辨仇审，改解危殆，即便求隐。析里大桥，于今乃造，校致攻坚，结构工巧，虽昔鲁班，莫亦儗象。又驿配散关之崭漯，从朝阳之平惨，减西浚（之）高阁，就安宁之石道。禹导江河，以靖四海。经纪厥续，艾康万里。臣蔡□□勒石示后。乃作颂曰：

上帝绥□，降兹惠君。克明俊德，允武允文。躬俭尚约，化流若神。爱氓如子，遐尔平均。精通皓穹，三纳符银。所历垂勋，香风有邻。仍致瑞应，丰稔年登。居民安乐，行人夷欣。慕君靡己，乃咏新诗：析里之阁兮 SSS（音坤）兑之间。高山崔巍兮水流荡荡。地既嵴确兮与寇为邻。西陇鼎峙兮东以析分。或失绪业兮至于困贫。危危累卵兮圣朝闵怜。髦艾究□兮幼□□□。扶危救倾兮全育孑遗。劬劳日稷兮惟惠勤勤。黄邵朱龚兮盍不□□。闾阎充赢庶兮百姓欢欣。佥曰太平兮文翁复存。

建宁五年二月十八日癸卯时
衡官椽、下辨仇审、字孔信
从史位、下辨仇靖、字汉德为此颂
故吏下辨口口口子長書此頌
时
石师南口口口口威明。

〖题解〗《汉李翕析里桥郙阁颂》又称《郙阁颂》，亦称《析里桥郙阁颂》。碑文记述了东汉武都太守李翕、衡官椽仇审建修析里桥郙阁之功绩。东汉灵帝建宁五年（172 年，即熹平元年，是岁五月改元）二月刻。摩崖刻石原在略阳县徐家坪乡街口村郭家地（古名郙，又名白崖）嘉陵江边石崖上。摩崖高 170 厘米，宽 125 厘米，全文十九行，共计四百七十二字，现存陕西省略阳县灵岩寺。

〖撰者〗仇靖。

## 成州同谷县杜工部祠堂记

（宋）晁说之

自古王侯将相而庙祀者，皆乘时奋厉，冒败虎狼，死守以身，为天下临冲，或岩廊嚬笑，以治易乱，即危而安，其在鼎彝之外，而人有奉焉。否则，贤守令真为民之父母，斯民谣颂之不足，取其姓以名其子孙，久益不能忘，则一郡之邑祠之。否则，躬德高隐，崇仁笃行，若节妇孝女，有功于风俗者，一乡一社祠之。顾惟老儒士身屯丧乱，羁旅流寓，呻吟饥寒之余，数百年之后，即其故庐而祠焉，如吾同谷之于杜工部者，殆未之或有也。呜呼盛矣哉！曰：名高而得之欤？曰：非也！苟不务实而务名，则当时王维之名出杜之上，盖有天子宰相之目，且众方才李白而多之也。是天宝间，人物特盛，有如高适、岑参、孟浩然、云卿、崔颢、国辅、薛据、储光羲、綦毋潜、元结、韦应物、王昌龄、常建、陶翰、秦系、严维、畅当、阎防、祖咏、皇甫冉、弟曾、张继、刘【今上御名】虚、王季友、李颀、贺兰进明、崔曙、王湾、张谓、卢象、李嶷之诗，粲然振耀于世，未肯少自屈，而人亦莫敢致之也。非湜、籍辈于韩门比，然有良玉必有善贾，厚矣韩文公之德吾工部也，自是而工部嶷嶷绝去一代颉颃不可揉屈之士而岳立矣，然犹惜也，何庸李白之抗邪！昔夫子录秦诗而不录楚诗，盖秦有周之遗俗，如玉之人在板屋，则伤之也。楚则僭周而王矣，沧浪之水既以濯吾缨，虽浊忍以濯吾足哉。李则楚也，亦不得与杜并矣，况余子哉。彼元微之，谗谄小人也，身不知裴度、李宗闵之邪正，尚保有于李杜之优劣也邪？然前乎韩而诗名之重者钱起，后有李商隐、杜牧、张祜，晚惟司空图，是五子之诗，其源皆出诸杜者也。以

成县杜甫草堂旧貌

故杜之独尊于大夫学士，其论不易矣。而在本朝王元之学白公，杨大年矫之，专尚李义山，欧阳公又矫杨而归韩门，而梅圣俞则法韦苏州者也。实自王原叔始勤于工部之数集，定着一书，悬诸日月矣。然孰为真识者，靡徒以名得之欤。唯知其为人世济忠义，遭时艰难，所感者益深，则真识其诗之所以尊，而宜夫数百年之后，即其流寓之地而祠之不忘也。工部之诗，一发诸忠义之诚，虽取以配《国风》之怨，《大雅》之群可也。或玩其英华而不荐其实，或力索故事之微，而自谓有得者，不亦负乎！祠望凤凰台而临百丈潭，皆公昔日所为诗赋之所也。公去此而汗漫之游远矣哉。而此邦之人，思公因石林之虚徐，溪月之澄霁，则尚曰公之故庐，今公在是也。予尝北至鄜畤，观公三川之居，爱之矣，而此又其胜也。不知成都浣花之居，复又何如哉？信乎居室可以观士也已。同谷秀才赵惟恭捐地五亩，县令涑水郭慥始立祠，而属余为之记，使来者美其山川，而礼其像，忠其文。且知公自其十有一世之祖恕予而来，以忠许国矣，则其所感者既远，人亦远而莫之能忘，与夫王侯将相之祠未知果孰传邪？其像则本之成都之旧云。

宣和五年五月己未

朝请大夫、知成州晁说之记并书。

〖**题解**〗该碑文记述了宋成州同谷县杜工部祠堂修建缘由及过程。知州晁说之撰。文中盛赞韩愈推举杜甫的功德，但对韩愈将李白与杜甫并列表示不满，认为韩愈、钱起、李商隐、杜牧、张祜、司空图诸人诗皆出杜甫，“杜之独尊于大夫学士，其论不易”。碑镌于宋宣和五年（1123），已佚。碑文原存黄泳《成县新志》，今参以《嵩山文集》卷十六录入。

〖**撰者**〗晁说之。

## 发兴阁记

（宋）晁说之

唐成州治上禄县，同谷尤僻左，杜子美来自三川，谓可讬死焉。未几，土蕃之祸尤炽，子美不得有其居而舍去。予始因子美之故居而祠之。距祠堂而南还十步，有万丈潭，敕“利泽庙”，惜也陋甚，白日必持烛入，乃能有见；且碍眉触帽，使人俯不得仰。又复有可叹者，屋其山之美，正如据要路而蔽贤掩善，忌人出言而寝默之。予因正其神像南向之位，抗高纳明，使青壁之嵯峨硊磥，直上千仞，木章竹个，皆出以効其峭蒨，若一日来自它方者。而仍旧之三楹，则称地形而全民力也。庙之东有地，可建小阁，以尽山川之胜；其南，则栈道窈窕，抵凤凰台，望西崖以极白沙渡，实杜子美入蜀之道也。时方恶房绾而并弃杜子美，使终身不复入长安，则此道为可恨者也。北而水硙高下相闻，如笙镛，如鼓钟，不闭昼夜，则邦人安职乐生之具也。远而冈岭星耕，陇亩栖粮，则刺史、县令之尤所乐焉者也。四时异态，虎巡鹿守，猿猱腾倚，以植僧居清净之业，盖有不可胜言者。彼四方游子，假借须臾之适，各随所语而闻诸远迩，必得顾恺之、宗处士乃可图画，而诗则绝笔于杜子美矣。虽然，陶渊明、谢康乐、韦苏州辈复生焉，则不能自已于斯也。

阁今初成，予周览而惘然自失，不觉诵子美《万丈潭》之诗曰：“造幽无人境，发兴自我辈”。一叹而三致意焉。则以“发兴”名其阁。复念此州自宝应初没土蕃后，三置行州，初在泥公山，再从宝井堡，卒治同谷，得非有待于此阁之建欤！时方太上御名乱也，杜子美无以讬庐而阅岁。逮今承平之久，畴从子孙，白首俎豆，有终身不入城府者，岂不幸哉！予将投劾东归，辄记诸壁间，以视来者，使知昔人“此日良可惜”之所感而不惜登临之费云。

宣和六年甲辰三月二十四日壬申

朝请大夫、知成州、赐紫金鱼袋昭德晁说之记并书。

〖题解〗该碑文记述了宋成州发兴阁修建缘由及得名由来。镌于宋宣和六年（1124）。碑已佚。碑文原存黄泳《成县新志》，今参以《嵩山文集》卷十六录入。

〖撰者〗晁说之。

## 成州龙池湫潭庙碑

（宋）晁说之

成州今治同谷，距所治北十里而远有池，广可度而深不可规也。盖广焉仅逾寻丈，而渊沦窅然，莫有冬夏之异。其深何如？邦人谓“神龙是居”。方其吁雨泣灾而敏速，即无知者亦必曰：“神龙之居也。”彼董父所扰，嗜睡而多欲者安得而有此？面群山之嵯崿，后丛冈之逶迤，木老而竹秀，云物常异。则旅人过焉，敢不神而式之？然惜也，图史莫之有载。揆观其远，方嬴秦时，池名曰“湫”，礼币行焉，悉投文以诅楚。于是，大湫之灵，实与秦共为无道也！今斯名“池”而不名“湫”，则丑彼功首之国而不为之灵也。于是乎，王翦、白起不得称其武；而韩非、李斯辈又安在而智哉？实吾池之蛭蚓也欤？或责秦之士贱且拘者，不知当斯时果有士欤？今往往有死湫据形胜，徒慕其所谓《诅楚文》者，为人侮戏之，孰若吾池今日之荣耶？近在唐之中世，驱西兵以御燕寇，遂弃凤翔之西于吐番，末隶此邦。于李茂贞而西，则孟知祥有焉，又宜吾池之无闻焉尔也。说之假守无状，悼无年以自讼。走祠下蒙神之贶，默与心会。伏念莫有以为神之报，则以菲陋之文略志之曰：“不为乱邦而出，德也；知时以翔，智也；不广其居，俭也；能云以雨，仁也。顾彼残守贪令，可以赖是众美而少宽于刑书，岂不幸甚？若其吏也，竞前而不知危，乾殁而不自勉，崇边幅以侈丽，务为欺谩，不徒避课，而且求宠，则亦宜神之视而心知愧矣，又亦可俱也哉！”其庙额锡于崇宁二年，斯庙之役，则政和五年。逮宣和六年春，说之再荐之文，并刻于碑阴。系之铭曰：

下民失职频蒙辜，有仁上帝龙角趋。曰民无辜吏可诛，其雨泽之不须臾。龙恭帝命舞莫吁，吏论昭格何其愚？种食艰难仁者储，并不腹谗而肥腴。龙昔在秦蟠不舒，蛭起蚓斯德何如？我式铭之莫能誉。

朝请大夫、知成州、赐紫金鱼袋昭德晁说之撰并书。

邑人刘戬篆额。

〖题解〗该碑文记述了宋成州龙池湫潭庙修建缘由及得名由来。知州晁説之撰文，邑人刘戬篆额。镌于宋宣和六年（1124）。乾隆《成县新志》称：宋成州龙池湫潭庙碑，在成县西北十五里，前有湫池。《陇右金石录》载：此碑凡二十五行，行三十二字，额篆“龙池利泽庙碑”六字，前题“成州龙池湫潭庙碑”，碑阴再荐之文则拓时遗漏，亦可惜也。碑已佚。碑文原存黄泳《成县新志》。

〖撰者〗晁说之。

## 鸡头山下生佛阁记

（宋）丁彦师

同谷僻在秦陇之一隅，地连全蜀，富于山水。郡城之西南二十里许，一峰屹然独出，父老相传为鸡头山。旧有罗汉洞，极深邃，不得其底。里洞之左右有佛像，亦不知始于何时。其中有泉，渊源湛净，恬恬然流出洞外，声满岩谷，水旱不加损益，真斯境之胜绝处也。居民之好事者，亦或时往，以为游观之所。惟从义郎赵清臣笃于好善，奉佛尤谨。政和壬辰春，属以大旱，二麦垂槁，饥歉之患，近在朝夕。君遂同僧□□□率众诣洞请水，至诚所感，越三日大雨，人人欢喜无量，悉心归依。比其迎返也，几数千人。然山众草莽之间，尊像埋没，风雨剥蚀，岁月滋久，君视之恻然，念念不已。至政和丁酉岁，乃发誓愿，捐财出力，建修生佛阁，与僧□慈惠、谌宝□共为经营，阅数月而工毕。阁成之二年，忽一日，画父母兄嫂身容，背赴峨嵋山，于普贤示现处，力为忏悔，且复默祷，愿于吾州之鸡头山以显灵异。是年七月十四日，设大会于洞前。俄顷，布五色圆光，人所共睹。鸡山佛现，自兹始也。厥后，人益信法而住持者更五六人，惟善法义法证法，用洪雅之徒，前后相继，仅三十年，次第而普治之，曰殿曰堂，与夫寮舍厨库之属，亦略具矣。然非君倡之于始，则安能成此一段事哉？噫！西方之教，行于中华久矣，其大率以孝慈忠信为本，济时拯弱为心，诱人为善，恐其沦于恶道而不自知也。若究其所以然而不泥于末习，则可谓善学矣。赵氏以孝义著名乡里，是得佛之心法者，来求记于予，遂为之书其本末云。绍兴十四年正月二十八日金台丁彦师记。

修职郎、前岷州团练判官刘 戬篆额

从政郎、前阶州录事参军丁彦师撰文

男时升书丹

敕赐旌表门闾从义郎赵清臣长男成州州学正镇、次男武翼郎和、次男穆谨□

绍兴二十二年十月十五日谨立，石匠杜宏刊字。

〖题解〗该碑文记述了宋成州赵清臣等人建修生佛阁缘由及经过。撰文于绍兴十四年正月二十八日。又八年，彦师之子时升、清臣之子稹、和、穆等始为之书丹刻石，故该碑镌于宋绍兴二十二年（1152）。碑原在鸡山光祥寺，今佚。

〖撰者〗丁彦师，金台（在今江西省南昌市）人，宋绍兴年间阶州录事参军。

## 成州广化寺记

（宋）蒲舜举

西康人勤，生而啬施。盖其地硗、腴皆可耕，丝身谷腹之外，蜜、纸、枲漆、竹箭、材章，旁赡内郡。农桑既尽其力，而发贮鬻材，趋时射利，人弃我取，人取我予者，子孙皆修业而息之。廪藏赤仄，至累世不发，惟冠婚、丧葬许用之。地既饶，而俗习如是，虽欲矫揉磨淬，使之急病逊夷，施一钱以济贫赈乏，且不可得，而况奉佛、老者乎？虽然，民知敦本，是亦可嘉也。

广化寺在丰泉，距治城二十里，即绛帐台故址，于元丰四年，高氏务成捐财以建。门闳雄深，殿庑耽耽，斋庖库庾，钟鼓鱼螺，无不毕具。而高氏之赀中衰，人皆言曰："高氏未奉佛也，富且强；既奉佛也，田且荒。佛之因果，岂可信耶？"未几，务成之侄常，擢建炎四年进士第，仕至奉议郎。乡人始大感悟，知责报于天，固不爽也。

寺始于元丰，至隆兴初犹未赐额。遇中原乱离，泾僧宗奭怀赐书避乱来此。遂请于太守梅公，愿以"广化"之额补亡，且存古迹。自是高氏之孙愈念前功，仍像设诸佛，以增广之。巍巍轮轮，宏敞焕丽。一日，进来请曰："吾祖于是寺念之深矣。而八十七年之后，始有名称，若有数焉。愿托令辞，昭示来世。"顾予非佞佛，姑为本其土风，申其可言者宠嘉之，使刻示邦人，其有激也。

乾道九年中秋日

左从政郎、成州学教授蒲舜举记

进士张抡书丹。

〖题解〗该碑记记述了宋代高务成捐财以建成州广化寺及因果报应之经过。记。时在南宋乾道九年（1173）。碑原存成县广化寺。碑文录自黄泳《成县新志》。

〖撰者〗蒲舜举，南宋乾道九年成州州学教授。

## 世功保蜀忠德之碑

（宋）高文虎

**宋故太尉、定江军节度使、武功郡开国公、食邑六千七百户、食实封二千四百户、致仕累赐太师、卫国公、谥武穆吴公神道碑。**

中大夫、守中书舍人兼国子祭酒、直学士院兼实录院同修撰臣高文虎奉敕撰。

朝奉大夫、起居舍人兼实录院检讨官、兼权直学士院、赐绯鱼袋臣陈宗召奉敕书。

庆元三年十二月二十一日，殿前副都指挥使臣曦奏事殿中，泣而言曰："臣祖父璘，际遇高宗皇帝中兴，陈力西陲，赖国威灵，克保全蜀。孝宗皇帝亲洒奎翰，赐之'安民保蜀定功同德'之碑。先臣挺，获事三朝，备宣忠力。岁在辛巳，逆虏渝盟，瓦亭、德顺至于

成县《世功保蜀忠德之碑》

治平、东山、巩城之勋，频有战捷。虏卒畏遁，蜀赖以安。而提兵中外，世守西边者三十余载，不幸奄弃明世，五年于兹。今隧碑未立，惧无以宣焯前美，敢百拜昧死请。”上感怀祖烈，阐绎慈训。维时际会之臣．恩极褒表，迺顾谓曦曰：“惟汝父为国勋臣，固当有以旌宠之。”既取禁暴定众，布德执义之旨，谥曰“武穆”，又亲御翰墨，以“世功保蜀忠德”名其碑。而诏臣文虎曰：“汝以西掖直北门，其为之铭。”臣拜手奉诏。仰惟高宗皇帝以明谟赳断，大略雄材，受命于天，中兴复古；总揽文武，信威百夷，四方英豪，以忠义奋，酬功申誓，带励山河，如高祖白马之盟。孝宗皇帝以圣武聪文，神谋勇智，膺尧之禅，付托得人，内修外攘，志在殄虏。元勋宿将，驾驭有经，激节厉忠，天下风动，如孝宣麒阁之象。太上皇帝以广渊浚哲，睿德英图，嗣缵庆基，增光燕翼。上策至治，居安思危。选将训兵，以饬远备。植模垂范，砥砺方来，如明帝云台之登。公于是时，或以忠勇而建勋，或以智谋而广略，或以精虑而植摹，凡所著宣，可传悠久。故其克敌骋谋，用继迺父勋劳事业，并耀一时，非世功之大欤？保境筹边，兵弭民靖，惠爱仁和，洽于坤维，非保蜀之至欤？抗诚厉衷，报国卫上，笃有大节，侈于君亲，非忠诚之全欤？皇帝当馈以思，拊髀以叹，光酒奎画，揭之丰碑，以一门父子之功，被两朝褒表之异，视诸勋门，特盛矣！

谨按：太尉、定江军节度使、累赠太师、卫国公、谥武穆吴公挺，字仲烈，德顺陇干人也。曾大父遂，追封楚国公，累赠太师。大父扆，追封鲁国公，累赠太师。父璘，太傅、奉国军节度使、新安郡王，追封信王，赠太师，谥武顺。妣王氏，吴国夫人；刘氏，庆国夫人。公，信武顺王第五子，庆国夫人所生也。王守武阶日，生于守舍。始生日，目光炯然，顾瞻如成人。长，不好嬉弄，举止凝重。王奇之曰：“是儿必能绍吾家勋业者。”就学，通《左氏春秋》。至征伐会盟，究极其旨。倜傥，尚气节，有大志。以荫补忠训郎。年十七，慨然以功名奋。乃从军，为后部准备将，稍迁中军第一将，提振军马。会有诏选发西兵。公奉檄，部送阙下。高宗召对便殿，问西边形势、兵力与夫战守之宜，且及二父勋业。公仪度整华，言论激烈，占对如响。高宗惊喜，顾左右曰：“真名将家儿！”即日超授右武郎，改差浙西路兵马都监，赐金带。明年，扈带禁庭，复以金束带赐之。公妙年，以才略辩智，克世其家，起至远方，一见寤合，骤膺显拔，由是名声益彰，无不羡吴氏人门之盛者。旋以解带，恩转右武大夫，特差利州路兵马钤辖，以便定省。未几，易利州东路御前前军同统制，继移西路前军。

绍兴三十一年，虏亮渝盟，盛兵渭上。信武顺王以四川宣抚使总三路兵讨之。将以公摄兴州。公固请曰：“所愿自试军前，乘时以建功业”。王壮之，即以为中军统制，俾出师经略秦中。初，王师克复秦州，虏大酋合喜孛堇与战，我叛将张忠彦引兵欲争据之。宣抚司檄公，偕知文州向起深入探贼，至治平寨，遇虏与战，破之。已而，南市城贼来援，战至暮，未决。公视虏气惰，语向曰：“是可以奇取也。”乃以裨校领所部牙兵，直据城门，众皆莫喻，且惧力不敌。公曰：“汝第往无虑，事或不捷，吾与若俱死！”众感泣，皆殊死战。公率背嵬骑，尽易黄帜，绕出贼后，乘高冲之。虏哗曰：“黄旗军至矣！”皆错迕惊乱。进兵袭之，遂大败。横尸蔽野，俘馘甚众。获伪宣武将军安宁，斩阿乌孛堇、萧千户二（首）级。上功幕府，公推功其下，士益以此多公。宣抚司引嫌，亦乞不第赏。朝廷知公异勋，擢荣州刺史，旋拜熙河路经略安抚使。三十二年，公被檄同都统制姚仲率东西两路兵，攻德顺城。金人左都监拥师由张义堡驻摧沙。会平凉援兵亦至。大酋合喜继遣万户背奴孛堇等益精甲来，自凤翔与之合。贼怙众自骄，仲营六盘。公独率兵趋瓦亭。虏望公陈军肃整，恺甲戈铤耀日，气已夺，号我军曰“天兵”。公冒矢石，摧锋陷坚，士皆奋死力。虏窘不支，尽舍骑，操短兵斗。公麾别将旁出，悉夺其马，虏大奔溃，我师追北，蹀血三十余里，斩馘万计。军装器仗，委弃山积。及生缚千户耶律九斤孛堇，（其）他戎酋二百三十七人。当是时，虏几只轮不返。公威名大震。秦陇捷书闻，上嘉叹再三。虏惩前衄，将益兵求胜，悉趋德顺。会信武顺王单骑自秦州昼夜疾驰来视师，预据要为壁，力治夹河战地，处我师于利而致敌于不利也。迟一日，虏援兵果大至，合城中兵皆集，未明，布满山谷，弥望不绝。公先以数百骑尝虏，虏驰之不为动，徐诱虏致所治战地。贼鼓震天，公率骑士乘利摧坚，莫不一当十。虏折北穷蹙，还走壁。翌日，将出师，而虏不敢动。是时，天大风雨雪，虏幸休止，而力已穷矣，一夕遁去。时降帅有觇者曰：“吾自从虏百战，未尝见如此。吴公可谓神矣！”德顺既复，市不易肆，公功尤多。

巩州围久不下，公以选行，诸将或曰：“巩城小而坚，恐有备难下，盍先其易者？”公曰：“人臣趋事赴功，宁择难易？况去国远斗，岂问城之坚脆耶？今日之事，视吾旗所向。”即日引兵至城下，按视所攻，皆以西北隅陂陀可攻。公曰：“西北虽低而土坚，东南并河多砂砾，善圮。况以少众分攻坚城，城可得下乎？”诸将皆服，曰“非所及也。”于是，尽徙攻具齐集东南隅。公谈笑应变，创为攻具，发奇中巧，自出新意。不二日，楼橹俱尽。且遣间其酋，首皆怀猜无固志。有雷千户者，飞笴祈降。夜半，率其徒数十人见公，罗拜。公与语，明示大信，示以不疑。黎明城破，公入城抚定，人安堵如故，全活不可胜计。虏酋王千户雅不与雷协，以女真千人劫万户，斩西门而遁。公谍知之，先期设伏，尽歼之城下。以功特除正任团练使。制有曰：“陷阵攻城，何止一月而三捷；酬庸锡爵，殆将终岁而九迁。”皆书实也。录瓦亭功，为郢州防御使。

六月，孝宗皇帝受内禅。信武顺王兼陕西河东路招讨宣抚使。王度虏志在德顺，至自河池。已而，虏果大至，合完颜悉烈等兵十万余，列阵拒我三日。有酋先引数十骑睥睨东山，王遣公领精骑邀击之。虏弃曳走壁下，耻不胜，复尽锐索战。公鏖击，自旦至晡，虏大败，退入壁自守，不敢轻动。悍酋豁豁万户领兵自凤翔来援，既旦，率万骑猖獗城下，意自溢。公语诸将曰：“战以气为主。虏远来锐甚，不持其气而用之无余。彼竭我盈，破之必矣！”乃偃旗卧鼓，士皆休息。诸将请战，不答。日既昃，虏气已惰，令诸军忽鸣鼓，若将率兵趋其营者。虏大骇，亟走壁。袭击之，虏又败。公将以轻兵挑虏战，以奇兵捣其虚，令列阵城下调虏，虏益闭守。王遣公移军，筑堡东山。时雨雪，大寒裂肤，地冻不可施畚锸，则烧土而攻之。公躬役先士卒，连夜堡成，而虏兵大合，极力争之，杀伤虏兵几半，卒不可得，乃遁去。王还秦州，留公与诸将守。虏自失三路形胜，粮道梗艰。虽合喜亲提河南、陕西兵，而屡败屡北，未尝少得志。又东山扼其冲，北岭实其背，三路粮峙，士马皆我有。虏日愤恨，盛修攻具，规古轒辒车之制作大车，下虚上覆，载以四卑轮，内蔽卒五十人，横错大木，蒙以革，中穴天井，四维植竿，施巨绠为网御矢石，号“憨皮袋”。填隍而进，自谓无以破之。诸将失色。公曰：“是特易与耳！”抡三大木，蒙以铜铁，名曰“将军柱”，中道而植之。车至，碍不得前。亟发机石礫之，车中虏皆毙。虏愤甚，力欲害柱摧毁，百计不能坏。人皆服公智巧。公暴露久。一日，疾颇剧。咸谋以公归。公闻，矍然起曰：“吾父子受国重恩，日夜思所报。况坚敌在前，死，吾分耳！敢为身谋乎？复有言者斩！”翌日，病良愈。公振军深入，介西、北二虏间，惟与士卒同甘苦。凡故壤藩民以牛酒饋饘者，悉以食下，而又劳存之不辍，士略无惰志。上以公功绩显异，拜武昌军承宣使，寻加龙神卫四厢都指挥使、熙河路经略安抚使，依前中军统制。公春秋二十五岁，战多累勋，自致高华，人不以为幸。朝廷用和议，西师解严。

乾道元年，信武顺王入觐行在所，安抚司乞以公权知兴州。又自奏免熙河路安抚使。诏特升本军都统制。三年，王西还，以太傅宣威四川，遣公奏事阙廷。孝宗以公久事兵间，多勋劳，抚劳特宠。又问今日所以待虏之策。公敷奏详悉，志慨激切，至漏下十余刻。大略以为寓战于和，益修武备，无忘灭虏。上深然之。即日，拜侍卫亲军都指挥使，节制兴州军马。中道闻信武顺王薨，衔哀星奔，毁顿骨立。诏起复充金州驻劄御前诸军都统制，知金州，兼金、房、开、达州安抚使，马步军都总管。公抗章力辞，优诏不允。时方防秋，公不敢重上忧顾，单骑引道，即之官次，且上章乞终制。未几，易利州东路总管、兴元府驻劄。复力仲前请，上从之。服除，召为左卫上将军，依前侍卫亲军步军都指挥使、武昌军承宣使。

初，时相建议置神武中军，一军以五千人为籍，选江上诸军子弟年十五以上、二十以下者，不黥涅，不隶三衙，壹以属御前。上以公为都统制统之。公力陈其不可，且谓：“不当轻变祖宗军制”。上不乐。公曰：“臣不敢爱死。与其他日误国事，伏斧钺，与今日拂圣意死，均也。”上徐曰：“卿试思之，为朕条奏。”翌日，入对选德殿，公条具如前。诏寝其事。旋拜主管侍卫步军司公事。公既深达戎政，乃大铲宿弊，口将分以刊冗蠹，程伎能以区勤惰。严捡汰之条，申私占之令。纪明律修，军中悦服。公燕见从容，尝力言：“两淮地势绵袤，为备固不一。然备多则兵分，兵分则势弱。此言兵者流所深讲也。宜择形势，修城池，储粮粮，如诸葛亮所立围守者不过数处，皆重兵据之，凭籍险阻，抚背扼吭，我固有以制敌。虏万一送死，攻则不克，越我而南又不敢。我乘其弊，以全力破之，鲜不济矣。”又密奏军中事宜不一，上皆嘉纳。

八年，武昌谋帅。上以其地为今重镇，问公：“欲辍卿一行，可乎？”公即日奉命，为维驻劄口口口口口口口口口口口口口口口口口，蠹弊百出，剔垢锄荒，如治步军司时。凡冒请刍秣，贸易取赢，私置榷酤，一切革去；发奸摘伏，略无容贷，悉以闻于上，降诏奖谕。有曰“卿自膺重任，更革宿弊，杜绝私托，竭忠尽诚。”又曰：“其益懋勉，毋恤浮言。”上又轸念西陲，谓非公莫可付者。一日，诏曰：“卿在荆鄂，军务整肃，廉洁自持，朕甚嘉之。今除卿兴州驻劄御前诸军统制，依前侍卫亲军步军都指挥使，其分朕西顾之忧。”又赐公宸翰曰：“卿廉洁自持，临事不苟，屡为军帅，莅政严明，已降麻制，除卿定江军节度使，所以表著公正，率励四方。”是岁，淳熙改元也。公奉诏感涕，以为天子知之，可谓明见万里矣！至武兴，口口隳弊，十倍武昌，穷日之力，一一厘治之。族属在籍者，奏徙别路，避亲嫌。部曲尝薄礼于公者，置不复问，人服其公而安之。西边地控全秦，平原浅卑，风埃千里，实骑兵用长之利。信武顺王时，以金、缯诱致迭、宕诸羌，使之耕牧，并塞之田。自是益置互市于宕昌，故多得奇骏。辛巳之战，西路骑兵甲天下。自张松典榷牧，始奏绝军中互市，听其给拨，故所得皆下驷，数辄不充。公叹者：“马者，兵之用也。吾宁罢去，不忍一旦误国重事。”即条奏利害，以为军中市马行之三十余年，有骑兵精强之声，而无岁额侵损之害，不宜更变。今军口给口，非昨时比。祈许岁市匹五百，庶其可振矣。时，孝宗锐精内治，口远烛微，惟恐弗及，旨从中出，特许市七百匹。西陲骑军，于是复盛。签书枢密院事沈复使蜀，朝廷以公威略谋虑，倚以为重，命参赞军事。公曰：“吾以都统制居幕府，得无嫌乎？”累辞不获命，视事一日即还军。人以公为知体，依复亦寻罢。自朝廷和议始，武兴所部五军，合选锋一军凡六，就饷分屯，缭绕以千里，壁垒口口口口口张，而势不能绵属。幕府出奏，报辄期月。又伍籍将校，众寡不齐，公列其事，乞厘为一军，因其将、校、卒、乘，均而析之，使无相远。自边头至武兴列五军：曰踏白，曰摧锋，曰选锋，曰策选锋，曰游奕。而武兴所驻为前军，为中军；自是而西至巴西，则为左、右、后军。各口口屯，上易新号，不费一镪，不易一兵。口峦旌旗，先后相望。辕门号令，朝出而夕达矣。上俞其请。盖公精思绝人，虑深划远，皆以为无穷计也。

四年，公入觐，中道除兼知兴州。仍趋诣阙，既对，悉以西边便宜为上历言之，如进人才、绳贪墨、缮原堡、除戎器、贸战马、广营田、治强盗、旌死节，凡此之类，累至百牍。上览奏嘉叹，无不行者。除利州西路安抚使，辞，不许。陛辞之日，所以委注之意，尤淳淳也。公洊甚重，寄声望益重，伟然为时虎臣。及是，尽领信武顺王旧职，人以曹武惠、武穆王、武康、武恭方之。还武兴，益思所以报上者。皂郊堡为蜀悍蔽，距虏境三里。辛巳间，虏力攻皂郊堡。和好既成，疆吏惧虏，启皂郊堡弗及。公于暇时，密加营度，为修缮赀四万二千有畸，时补治之。常率戍兵趣成之合水寨，为堡者三，声势相接；又掘地得泉，为井者十有四，金汤之固，足以瞰秦壤而护蜀门，虽李允则暗拓雄州北城，不是过也。文州夷数扰塞，多杀掠人民。朝廷时时规划，然利于互市，不尚戎伐，夷情汹汹，畔伏不常。公曰：“蕞尔夷，不足顾，吾军惟围守。曲水民兵而器甲弓刀，彼习熟其地，且健捷，便于捕逐。又其乡邑自知捍护。夷且戢矣！”又乞增阶州踏白军二百人更戍，从之。公外申威仁，旁口明信，夷守条敛束，毋敢侵境，自是边方肃然。靖义、黑山两界，人素悍伎，无所臣口，口口力口，岁小不登，而口口依啸山谷间，民不得宁者。东口口忠政口口口口口口简之口，皆拥众立麾帜，私建官称。公设方略招捕，皆刺为胜兵，否则诛之。故环、洮、岷畏公威名，无一人敢盗者。公撙裁用度，大治戎器，冶铁取材，日以富羡，为之殳、矛、戈、盾、弓矢、甲胄、鞬韥、麾旗，至于钲鼓、毡裳、毛弁、附注、钩膺之属，而屋料储口时久，积如丘山，乃度地口亩于东西山之口，两口深沉。有口口口口口口口护典口惟谨，观者悚然，叹公之志常在乎虏，宿兵以来，所创见也。

十年冬，上以公整军护塞有劳，进公检校少保。时公子曦以忠谨侍天子左右。至是，令赍宸翰褒谕以告，及金器、香茶赐之。明年，成州、西和岁大祲，公口口口口口赈民，口檄二州，原为备亟以口口口口口口口口口所能论，请诸朝，诏计司发所在军储以口。公选择能吏，指授方策，分道拯救，全活者不资计。

十二年春，丁庆国夫人忧，公委节去，护葬同谷。诏起复，上表请终丧。上以近防秋，优诏不允。不得已，还军。每对口寮曰："挺不幸早失怙恃，今未死，口一心报国耳！"闻者口口口口口口口口口口略，既行之，未尝自以为言，世尤称其忠毖。蜀有宿师，诸郡士卒廪赐，官籴其三分之一，视其费之高下给之，名曰"折估"。于是有潼川、兴元府、兴、成，阶、西和、阆、绵、剑及其他州，总一十七等之贾是畴，随所屯地出入，相为乘除，士亦安之。岁久移屯，而军士之廪不易其旧，吏得高利，口口口口口口口口口口口口士卒之无所诉。公久知其弊，至是为之厘正，裒多益寡，立为中制。上大悦，令枢府传旨，旨曰："兹事众久病之，议者多以为言，而未得其策。今阅来奏，损多益寡，均使酌中，上无费财，下有定数。非忧国恤士，安能如此？"即降诏，士卒稟赐皆得其平。公所施口口口口口到口口口口口口口口口口口口口口。和议久，军中自一命以上，岁益凋落。乃诏内外诸军射，射铁帘许补转官资。公曰："爵禄，励世之具。今操强中坚，较之冒矢石争一旦之命，万不侔；尽窒倖路，精求实能，人不可以冒得。"

太上皇帝龙飞，熟公召口如礼口口，降御札曰："卿世代忠劳，任口口口口口口口口口口口口口口口口口口口口口，卒乘辑睦，军政边防，无不修饬；凡所倚重，如古长城。它日功名之会，岂惟勋在王室？亦增前人之光。恨无官酬卿耳！"旋降制授太尉，加井赋真食，遣官赐告。又颁御札，以公忠劳稔闻，克绍家世，虽口进口口切口口口口口口口口府口口口口口口口口口口口口口口口口口口口口口口口积不治，公曰："葺蠹坏，缀断烂，虽督之无益也。"乃大裒工饬材，悉创新之。朝廷方命公下诸郡督治，即上奏分给之，六州无苛扰之烦，而武备以饬。诏以玺书褒宠。

公驭军虽严，纪律不可犯，独察其有口驭口口口口口口口口口贫窭口口口口口恻然为口口口口口口口口口口口口口口口口口口口口口降诸军，视时其缓急假贷之，毋得取嬴。上从之。于是富民不敢以重息要士卒矣。军中赖之。

兴为郡，介嘉陵大江，江纳东、北谷二水。绍熙二年秋七月霖雨，江大溢，湍怒汹涌，合二谷水汇为一。夜漏半，水注城中，民庐口口口口口口口口，公分遣吏口口口拯民。民口口口口口口口口口口口口口口口口口口口口口口居之。水降，井邑尽坏。公为置场聚材瓦，贱售以纾民，业定而受其偿。贫不能者，裨之。未几而毕复旧观。先是，公知水之终为民害也，作二堤，西捍城，东捍武库。堤成，复虑水势洄激下顺政，又躬溯其源委，筑长堤一百三十丈，口口口口口口口，自是口口口怒口而州口口口口口口口口口口口口口口口口口口乎？又民屋庐据山蚁聚，往往葺茅居之，易致火。公始诱民易以陶瓦。又疏其衢巷之隘者，亦无火灾。武兴之民，家家有公像，饮食必祝焉。

公虽居无事，日为有事之备。每念高祖用蜀以成丰功，先主用之垂成辄败，口口口口与不口之分也。会有口口口备边急务，口口口口口口口口口口口口口口口口口口口为言，诏公同结保明来上。结去官，朝廷以命杨辅，而公条奏其事愈悉，朝廷即日施行，令仓廪相望，糗粮备足。盖自公发之。

四年春，公感疾上章，丐辞甚力。至夏，疾寖作，犹治事不少口。疾革，无一言及家口。以六月口口薨于州口之口口口口口口口口口口口口口口口口口口口口口市。讣闻，天子震悼，特赠少保，赙银、绢各千，钱五百万。薨之前一日，口授幕客草遗表，无非忧君爱国、备边养民、殄歼戎虏之策。以曦武贵，累赠太师、卫国公。公天资隽异，标望峻整，器度智谋，渊深岳峙，莫口口口口口口口口于口口口口而独口口口口口口口口口口口口口口口口口口之兵英伟俊口以学术材智称者，皆屈己以接之；小官贱吏，与之均礼。平居酬应，端恪少怠；虽席贵显，据重权，公事有檄他司者，必躬自裁定，著名细如芒，惟谨；先王旧部曲拜于庭者，辄下避之。及犯法，亦诛治无少贷。口口口口口口口口口口口口口口口口口口口口口口口口口口口口口口口口。驻跸兴州，兴利除害，禁暴去苛，捍筑堤防，口省绝纠，率有古贤牧之行。故其纪律精明，号令严肃，士有固志，人无怨心，足以宣国威灵。申守备御者，必言西师。至于固守封陲，申戢寇警，西南万里，鸡犬相闻，界之口口口口口口口口口口口口口口口口口口口口口口口口口口口口口口口口口口口口口口著，久屯德顺，虏气已慑。朝廷既从和议，父子奉诏旋军，功沮垂成，识者为之深太息于斯也。

孝宗以英谋远虑，图回斯世，未尝一日忘中原，故岁时遣使问。恩光口口口口口口口口口口口口口口口口口口口口口口口口口口口口口口口口口口口口口自以葬及王，亦以吴氏有子矣。孝宗尝命郭升问事于王，王因奏：“臣第五子挺忠智可任”。孝宗亦尝曰：“吴挺是朕千百人中亲选出者。”则公之才可见矣！属虏守盟，无以究公口口口口口口口口口口口口口口口口口口口口口口口口口口口口口口口口口口口口又诏之曰：“口政铲弊，备形奏陈，每叹究心宿虑周密。”又诏之曰：“总戎滋久，罄竭忠劳，师律整暇，军声甚振。”又曰：“持己甚廉，治军有法。”又曰：“莅政严明，临事不苟。”至谓：“自被选口，不负拔擢。”口口口口口口口口口口口口口口口口口口口口口口口口口口口口口口口口口口口口口口口口口口闻数千里，而祗惕勤劳，如在轩陛。每入觐上所，孝宗必俾侍禁中，待之如家人。及其去国，常问赉不绝。公亦感励图报，职思其忧，知无不言，言无不尽。是以孝宗尤口口口口口口口口口口口口口口口口口口口口口口口口口口口口口口口口口口口口口口口衣不解带者累月。及归葬，过青泥坂，涂淖陷胫，公扶畀上下，肩足皆胝，路人瞻望欷歔。娶李氏，右武大夫辉之女，令德淑行，为时阃范，封永嘉郡夫人，追赠卫国夫人，先公二十四年殁，子五人：旴，朝奉郎，直秘阁口口口口口口口口口口口口口口口口口口挥口口口口口口赐绯鱼袋、兼知口州，已降旨为口令；次晛，从义郎，阖门祗候；暐，成忠郎。

孙男一人，孙女一人。

臣既书其事，窃尝观诸周《诗》曰：“王命召虎，来旬来宣。文武受命，召公维翰。无曰予小子，召公是似。”美其子之克绍乃父也。又尝观诸唐《雅》曰：“皇曰咨愬，裕乃父功。昔我文祖，惟西平是庸。内诲于家，外刑于邦。孰是蔡人，而不率从。蔡人率止，惟西平有子。西平有子，惟我有臣。”美其父之能有是子也。呜呼！中兴以来，元勋宿将，威口口风云而依日月，书竹帛而铭旗常者，前后相望，若乃父子济美，功业一门，如周《诗》、唐《雅》所云者，唯吴氏耳！昔曦以父资侍公入觐，孝宗顾谓公曰：“卿子能鞍马乎？”口口口口口口口口口口口口口口口敢不闲。即召对便殿，命驰射禁廷。上大喜，遂易武阶，拔置环卫。自是久侍邃近，备承恩渥。今又以材能智略受知天子，峻列严陛，光前文人。三世四朝，提国兵柄，是岂吴氏光显，亦维我国家口口口口口口口口宜口口口口口口口口口口口口口口口口口口口口口口口口口口口口口口。宜铭曰：

皇矣上帝，享宋之仁。二百中天，其命维新。天历所归，既作之君。人谋咸赞，又生此臣。如虎啸风，如龙滃云。于赫厥宗，帝王有真。明谟雄断，炎正载炘。总揽文武，扫靖妖氛。至于功业，父子一门。再世保蜀，三世总军。忠德茂盛，人莫能伦。亦惟吴氏，独勋而勤。曰武顺王，允武且洵。瞻我皇灵，声震陇岷。王克有嗣，忠勇不群。济时艰难，父子奋身。自虏背盟，渭上揉纷。公独摧坚，六奇迭陈。虏目黄帜，慑退缩逡。我大破之，暴尸如棼。虏愤且耻，挈兵燥瞑。再攻德顺，进兵瓦亭。列陈釿釿，霍然警麢。两兵交锋，始旦及曛。我又破之，缚酋斩曛。巩州之围，以威束信。飞苛夜降，如火自焚。一月三捷，见于褒纶。孝宗受禅，以武济文。眷公勋力，有礼有恩。蠢蠢狂虏，意不克驯；来窥东山，囊括而吞。我又破之，蹀血川沦。虏失险要，志挫莫振。大作战车，如辒如輴。我用排木，铜铁韬馈。犁彼轨涂，轻轶乱奔。虏大惊骇，曰公如神。我又破之，返无只轮。虏卒震慑，和议乃申。公时振旅，内外董屯。至太上皇，继御帝宸。亦惟礼遇，锡问日频。公以忠义，父训所熏。勇于为国，报时君亲。扼兵以律，裕士于贫。甘苦必同，粮给必均。惟水之害，民壑是濒。公独障之，挈之渊沉。惟岁之饥，民死相因。公独全之，置之晏忻。民之怀爱，士乐抚循。有备无患，不忘宵晨。宕昌马政，有駱有駰。皂郊堡御，有城有闉。虽其兵械，铁石角筋。其大除戎，蜂舞彪分。高宗孝宗，赐见大昕。至太上皇，维训之遵。当其造朝，访问咨询。公奏方略，有怀必伸。宸翰之光，金玉之珍。三宫所赉，宠极缙绅。致位左棘，福禄蓁蓁。遽夺英武，孰问昊旻。皇上践祚，慨思忠纯。缅瞻仪型，流声垂芬。繄公有子，王亦有孙。方提劲旅，肃于阶轩。维公垂烈，世济父勋。维公障蜀，保绥厥民。曰忠曰德，光于前人。宣猷焯美，被之坚珉。奎画昭回，光丽三辰。锡以节惠，犹玮继彬。公虽既往，英气懔存。子孝而忠，武文孔賨。讦此铭词，镇彼西坤。荷千万年，宋德沄沄。

〔**题解**〕宋世功保蜀忠德之碑又称宋太师卫国公吴挺墓碑，俗称吴挺碑、吴王碑。该碑记述了宋太尉、定江军节度使、武功郡开国公吴挺的品德功绩及家族世系。南宋光宗绍熙四年（1193）六月，吴挺积劳成疾，病逝兴州（今陕西略阳），归葬于成州（今成县）。宋宁宗为追念吴挺世守南宋西陲、捍卫巴蜀之功，于庆元四年（1198）春，诏其子吴曦为吴挺在成州开始营建陵园。经过长达六年的施工，于嘉泰三年（1203）十月落成。陵园占地约一万平方米，石雕林立，气势宏伟。碑高 410 厘米，宽 187 厘米，厚 46 厘米。下为双螭碑座，高 185 厘米。碑阳篆额“皇帝宸翰”，中为宋宁宗书“世功保蜀忠德之碑”，有印二方：一曰“敕令宝玺”，一曰“修政殿书”，下为吴曦自撰“感恩表记”。碑阴为吴挺墓表，篆额“世功保蜀忠德之碑”，碑文今有泐损，约 7680 字。石碑镌造于宋宁宗嘉泰二年（1203）。碑在今成县城北郊石碑行政村之南。1980 年，吴挺碑被甘肃省政府列为省级重点文物保护单位。

〖**撰者**〗高文虎，字炳如，南宋明州（今浙江宁波市）人。绍兴间进士。任大学博士兼国史院编修，曾参与《四朝国史》之编修。后擢将作丞兼实录院检讨官，主修《高宗实录》。又兼任玉牒所检讨官，修《神宗玉牒》及《徽宗玉牒》。宁宗即位后，累迁国子祭酒、中书舍人、实录院同修撰、同修修国史等职。后授华文阁学士，知建宁府，以台臣弹劾而罢官。

## 五仙洞碑记

（宋）赵希渊

成县抛沙镇丰泉山五仙洞

同谷以景名者八，五仙洞其一也。世传公孙氏五子，尝於此学轻举之术，往往灵蛇暴日，神鱼泳渊，其事虽不经见，然意其林峦扶舆磅礴，必有如扬子云所谓山泽之癯者居之。闰八月，余被檄，虑囚武阶，因往游焉。爱其雪崖苍古，烟岩隐翳，翠筱寒松，流泉飞瀑，映带左右，萧然若离尘浊。有道者宗辩揖余而言曰：“昔吾晦庵禅师，崛起关西，道价甚高，飞锡南游，辄关禅林之口而夺之气。茶马赵公、太守毋公深相敬重，有语录行于世，游师门者众矣，而宗鉴实为上首。异时，五仙洞蔽于榛棘苍莽中，鹿豕昼游，狐狸夜嗥，蹊径不通，人迹罕至；独樵叟、猎师，斧斤置蔚，时肆蹂践。自鉴筚路蓝缕，以启山林，为之室庐，安处徒众。里人屈仕颜又举环洞之木章、竹个，愿助清供，气象蓊郁。于是五仙洞之胜，与鸡、凤争雄。继鉴者曰宗岳、曰宗显，显又造观音像，为阁三间以覆之。显既游方，乃命宗辩主洒扫之役。宗辩不量力，营新葺旧，辛苦累年，始克创塔亭，建重门、丈室、僧寮，粗若备具。且诱化信士，从成都置四大部经，归镇山门。繇鉴迄今，盖三十余年矣。每惟开山之勤，未有纪述，使来者无所考信，愿以为请。”则告之曰：“子之师晦庵，余不得而见之，于鉴也，又无晤言之暂。然尝读毋、赵二公若铭若赞，则知晦庵之为高；以其师，信其徒，则知鉴之为贤。自昔佛家流，草衣木食，宅幽而阻深，盖欲屏远嚣尘，离诸染着，以学苦空寂灭之道。末世比丘，知此者鲜。鉴也侍晦庵巾瓶最久，乃能于戒律陵迟之际，笃志自修，结茅崖洞，不与物接，其胸中所得，必有过人者。今子又增而大之，甍栋参差，户牖依约，炉香卷经，绝去俗累，视前人可谓无负。吾闻善学于师者，不于其迹于其心。谈空析妄，设为问答，剪荒除秽，化为殊胜，此言其迹而非其心也。子诚能不忘鉴之勤，与夫子之师所以付嘱，盍自其心焉者。求之精进不已，则晦庵一灯之传，虽与此洞相为无穷可也。”辩曰：“唯。”遂书之以为记。

时开禧改元南至日也。

宣教郎、通判成州军州事宗国赵希渊潜父撰并书。

朝奉大夫、知成州军州事嘉定辛熘之明父篆额。

〖**题解**〗该碑文记述了宋成州宗辩等人修建五仙洞寺庙缘由及经过。碑镌于宋宁宗开禧元年（1205），在成县抛沙镇西南之丰泉山五仙洞中，高130厘米，宽75厘米。阳刻宋宁宗嘉定八年（1215）尚书省牒，行书，凡14行，每行29字；阴刻“五仙洞记”，篆额“五仙洞记”，正文凡20行，今无损。另，该碑阴刻“遵奉圣旨住庵文据”八字，隶书，计456字，记述县（同谷）、州（成州）、路（利州西路）逐级伏乞朝廷，请准成州同谷县青渠堡税户屈仕颜等所立由五仙洞龙神阁住持董宗辩管护洞区林木之《捨状》及指挥契勘近准、提刑使衙牒准、四川安抚制置使牒、行在尚书刑部符准、敕中书门下省检会等机构批示和朝旨钦准的经过。

〖**撰者**〗赵希渊，字潜父。宋宣教郎、通判成州军州事。宗国，春秋时有偃姓宗国，在今安徽舒城东南。

## 重修北极宫记

（元）　盘溪子

同谷对景之南山，青璋环列，东顾凤凰，西接鸡峰，仰参云霄，俯瞰龙峡，壁立万仞，远眺如道士之容，此其所以得名也。转运游公留题云云，此诗写尽奇境。悬崖置屋，有玄帝及朱真人并和真人圣像。崖下旧有祥云观基，拟欲重修。

大宋乾道壬辰，甘露降於仙崖，龟蛇见于圣境，岂非真游之瑞应耶？自兵燹后，殿阁隤圮，道路荆棘，圣像虽存，香火之奉阙如也。有武信军蓬溪县谢先生者，因丙申蜀难，飘泊陇西、临洮间，见时世未宁，遂舍俗出家，后礼自然子为师，得通玄法，时以济生渡死为念，引符设药，治病救人，无不效者。见大兵经过处，横死满路，在在暴骨，动怵惕恻隐之心。自陇西、临洮诸州，遍巡道陧原野，自负畚锸，掩骼埋骸，十有余年，不知几千人矣。比至西康州，王老元帅武侯见其积功修行，请住道士崖，同陈先生焚献。不幸陈早归化。后得顺庆何意贞、垫江何正真协力同心，率徒众栉风沐雨，自效木石之功，补废支倾，修建玉皇殿、北极宫祠，厨房、仓库，一一全备。栋宇翚飞，楼阁壮丽，迥出烟霞之表，显昭仙灵之古迹，真西康之胜境也。迩来有游山荐香者，於崖壁间，时闻钟磬之声。此地於仇池不远，毋乃通於小有洞天者乎？落成，索予记。予不文，爰记其始末，以昭来兹云。

至元辛亥年秋。

普慈盘溪子记。

〖题解〗重修北极宫记刻在带圆首、桌形碑座的浮雕碑上，通高2.88米，宽1.12米，记载了元成州文武官员集资修建仙人崖北极宫的经过及有关事宜。碑镌于“至元辛亥年秋”，查“至元”是元世祖忽必烈的年号，至元年号从1264年到1294年，共30年，无“辛亥年”；另外元惠宗在位时有六年也是使用“至元”年号，也无“辛亥年”，故“至元辛亥年秋”应当为“至大辛亥年秋”。“至大”是元武宗孛儿只斤海山的年号，“至大辛亥”即至大四年（1311）。

〖撰者〗盘溪子，元武宗时道士。

## 新修九皇洞记

（明）崔观

乡贡进士、前四川叙州府儒学教授阶州崔观撰文

赐进士第、前户部郎中、知徽州事知州东鲁张鸾书丹

成县署县事、本县典史四川泸阳赵洪篆额

巩昌府徽州州治西六十五里有川，曰泥阳川。南入于山，过峻岭有洞，号金莲洞，盖洞中有金莲而因以得名也。且莲自开辟万亿年之前而生于红岩之上，琼茎玖藕，珠蕊玉葩，混然天成，无假雨露沾濡、风日暄畅之工，四时蓓蕾，千载敷荣，是固可谓奇矣。又有翠峰青嶂，曲水澄溪，茂林修竹，排闼环绕，森耸其间，秀异清绝，依稀乎天台、武陵之胜。夫岂下于罗浮、金华、灵鹫者哉！世传钟离洞，实诸仙子尝为蓬莱三岛别业，亦尝乘鸾麟跨鳌而遨游也。

我皇明永乐初，太宗皇帝接至人张三丰于宣政殿，才数语，忽瞑晦不知所之，即遣礼部尚书胡濙，遍天下名山古洞而旁访焉。摄迹至此，守洞者报曰：某年某月某日，有一赤脚道人披氅衣，曳九节杖，昂昂而来，憩半饷，问其姓名，不答径去，随有异香芬馥，经旬不散。公曰：“此非三丰仙师降临之时也！”即赍捧香书，惆怅留题而返。古今方士修真养性于斯地者，一则得夫佳境寂静之资，一则得夫真仙英杰之助，而每精于龙虎水火、吐故纳新之术。虽则未能羽化而上升，亦竟却老还童，延年益寿。至于龟龄鹤算而剑解也，视夭殇短折、生灭夜旦之人直蜉蝣耳，岂不大

九皇洞又名金莲洞，一名华阳洞，位于成县店村乡新村仙洞湾山腰

可伤哉！载观斯洞，幽深宏敞，规模亦远大矣，历汉、唐、宋几千余年，修而废，废而修，往绩虽不可考，遗址尚或可因。迄至于元贞丙申、大德壬寅间，道士刘道通、罗道隐者，当世伟人也。云游寻真于斯，慨然以复古为己责，乃募资觅工，抡材计料，建奉真之殿，构飞空之楼，圣贤有像，经典有阁，备豫有门，偃仰有舍，几尔百具，焕然维新。而又指授生徒，讲明道法，斯教为之一阐矣。

自元迄今，又二百有余岁矣。岁月积久，制度湮微，时无其人，谁与兴理？所以不能而不赖于奋发有为者。于是陕右道人樊正玄与其子教明者出，而得官僚士庶舍财缘助，于前丹青脱落者绘饰之，于前栋宇倾颓者补葺之。细微曲折，一皆因略致详、推旧为新也。至于九皇洞，则规画创始而增修焉。三清、四帝、二后及诸真尊，俱为型象，金容玉体，圣完仙标，凛凛起人敬畏。斧斫凿之功，尤为精致。肇端者张文进，叶谋者李明庆，克终者樊教明也。若三道士者，可谓追休先哲而启迪后进者欤！斯教于是又再阐矣。是役也，经始于弘治戊午，落成于正德丁卯，溯戊午距丁卯，盖十年也。是岁六月一日，父老吴廷秀、石林、张翱辈谓予尝修子夏之业，谒予请记。予嘉其事，遂纪其功而俾良工勒之坚珉，并功德主张文进、樊友德、王荣等若干人芳名附于碑阴，以共悠久，垂于不朽。

大明正德二年岁次丁卯孟秋七月吉旦

上清大洞法师本洞住持静真子樊教明

〖**题解**〗该碑文记述了明代道人樊正玄等建修九皇洞始末。碑高 195 厘米，宽 82 厘米；碑立于明正德二年（1507）。碑两面刻字，阳刻碑文，阴刻功力德主姓名。今字迹如初。九皇洞又名金莲洞，一名华阳洞，位于成县店村乡新村仙洞湾山腰，洞阔 400 余米，入则渐小，约 500 米深处仍有一小洞，人不能入，深不可测。洞内密布钟乳石，多呈莲花状，故名。

〖**撰者**〗崔观，阶州人，明正德年间成州儒学教授。

## 府城里公馆记

（明）胡缵宗

惟柱下御史巡按于诸郡县，诸郡县乃建御史行台；参政或参议、分守、宪佥分巡于诸郡县，诸郡县乃建布政、按察分司，盖行台、分司皆备以驻节。间有郡县程不能一日至者，于其中道，必建行馆，亦备以弭节。然驻节，则侍御观风，参知敷政，宪佥提刑；弭节，则侍御采访，参知、宪佥咨询。而台与司不徒建也。

陇西属邑礼、成、和之间，程非一日，每于礼邑府城镇暂止之，乃或俯邮舍，或就民舍。邮舍陋，民舍亵，上何以莅，下何以承，弗便有年矣！嘉靖甲辰，参知高君白之侍御朱君，乃下礼邑，度其处，云“礼之纸坊可”。乃属礼邑。高君光于其坊建侍御行台一。乙巳之初，高尹发所请赎金若干镒，鸠工及丁，伐木及石，贸坊中隙地分建之。中建行台，其堂，伟如；其退省堂，洞如；其内外左右序，翼如；其重门，凛如。左建布政分司，其堂、其退省堂、其内外左右序、其门，咸如行台，而丽次之。右建按察分司，其堂、其退省堂、其内外左右序、其门，严肃咸相若。起工于若年首夏，讫工于今岁暮春。不数月，诸行馆成。而参知君因属李节推惠酌，诸使节自成临若坊者，供仍属成；自西和临若坊者，供仍属礼；自平洛临若坊者，供仍属若驿。盖坊东七十里为成，西百有二十里为西和，南百有十里为平洛，乃著为规。高尹落成之，乃具以复于参知高君、宪佥贾君，咸曰：“可弭节哉！”转以复于侍御张君，亦曰：“可埋轮哉！”盖自是，诸侍御君止于其台，若少暇也，岂不思所以持纲执宪者，务求光明正大而监察之，下吏不归于正，民不归于厚哉！岂徒观美已哉！诸参知君止于其处，抑岂不思所以屏翰者而旬宣之，非公莫秉也；诸宪佥君止于其处，抑岂不思所以贞肃者而廉访之，非明莫察也。吏不服其贞，民不服其平哉！岂独止息已哉？高子谦尹礼，以礼教，以德化。循良之政不一，而建是台之完美，其一也。以予于嘉州有一日之雅，属予记，予嘉其作之之省，建之之速，原其始末记之。俾勒之石，以告夫嗣是宰礼者，俾勿堕！

〖题解〗该碑又称为《纸坊建行台记》。碑文记述了明分守陇右道高弼建修府城里公馆的缘由及过程。按碑内侍御朱君、张君即巡按御史南阳朱徵、东光张坪；参知高君，即分守陇右道武城高弼；宪佥贾君，即巡道商河贾枢。胡缵宗撰于明嘉靖二十三年（甲辰年，1544年）。碑已佚。碑文录自新修《成县志》。公馆在今成县纸坊镇府城村（原属礼县，民国时改属成县）。

〖撰者〗胡缵宗（1480—1560），字世甫，原字孝思，号可泉，别号鸟鼠山人，明陕西省巩昌府秦州秦安县兴国镇人。二十二岁时于西安乡试中举，被荐入京师入国子监。正德三年考中进士，特授一甲传胪、翰林院检讨。后累迁至山东、河南巡抚、右副都御史。著有《鸟鼠山人集》等著作多种，是明代著名的学者、诗人与书法家。

## 重修广化寺记

（明）蒋仕郎 张梦魏

邑致仕蒋仕郎、张梦魏撰文

邑老生员姚九德、许谦书丹

自佛入中国，大抵教人以慈悲为主。今天下王宫、国都以及郡邑、村镇口不树殿尊崇，无非绳人以超善喜。

邑广化寺，距城西二十里，口层口口拥环，水奇峰魁，翠秀山罗，列为古城州景。口宋元丰，高氏创建寺宇，续加雄丽，后子弟为建炎进士第乡人，咸谒天人相与不诬也。不幸遭金虏以火日侵以徹，于今可据而信者口古洞泉口而已。迨我明御极二百余年，衰敝日甚，谒者怜之，悉口口为重修口口口举事者。隆庆五年，邻耆老常环、田付口、周朝相、黄永辈，瞿杰有志，乃捐已赀，随募四方，士遂树殿成像功再凑，诸老皆告逝矣，识者有遗恨焉。至万历戊子岁，复有耆老者朱丰暨会首杨登、徐达、胡宁槐、韦尚恭、徐添登等，约乡会若干人口口口口口口口蛟，邻人张菊、马宰、徐行侯输金帛，完天王殿，仍建三门于山之下，虽不能比口于高口，而较前稍盛矣！杨子恐失其众之名，窃口其激于后，乃竖碑请予记。予口膺口居此，益幸身比于口，得酬夙志，故僭言曰：于嘻！起事动众，自古称难，诸子一旦聿成伟绩而鼎新之，厥功懋矣！自此一念之善口，之则几济饥援苦、扶颠持危、哀老恤孤，孰非是心之推耶。由是世代相传，必有继续而感发者，不可谓世无其人也。予闻之：百年之计树人。今子辈树功倍形于昔，异日子弟弘青云之业裔，叶衍蕃绵之庆是，既其根自将茂，其枝滋其种，必能硕其实，诚树人之本源也。高氏不得专美于前矣。《易》曰："积善之家，必有余庆。"吾以是知芳名佳誉，今古同声，阴德宁有极耶？用是记诸石，以永于不朽。

耆老杨仲斌、周朱臣、许世寅、徐添爵

万历拾陆年岁在戊子夏五日端阳之吉谨立石

住持僧人圆朗

会长朱丰、徐达、胡黄登、杨登、董自高、张信

会副郭持节、贾得其、周添叙、乔林、杨选、徐元、徐添魁、黄邦时

〖题解〗碑文记述了明成县乡绅耆老蒋仕郎、张梦魏等人重修广化寺缘由经过。蒋仕郎、张梦魏撰文，姚九德、许谦书丹。镌石于明神宗万历十六年（1573）。碑现存广化寺（即今成县抛沙镇广化小学）。

〖撰者〗蒋仕郎、张梦魏，成县人。

## 新建上城县治碑记

（明）谢镛

崇祯九年秋七月，镛承命起补于成。尔时仇池两经寇祸，民残地荒，城空事废，官衙焚毁，民舍丘墟，孑遗逃匿山谷，郊圻尽为荆棘，仅存者上城一块土，寥寥百余家而已。镛受事之日，杀伤残黎拥马首泣曰："成之不腊，不可支矣！贼骑尚未出境，其来叵测，君侯毋以身尝试，请居上城避其锋。"镛曰："不然。朝廷设官以为民也。封疆责重，与民守之，效死勿去，令之职也。若爱其身，不顾其民，是诿君命於草莽，毋乃不可乎！"遂率儿辈、家仆数十人，各佩弓刀，居于下城颓垣公廨。时值深秋，悲风怒号，木叶黄落，寒蛩满砌，愁云惨淡，惟见阴房鬼火。镛此时殚精拮据，枕戈城头者数月。招抚流移，食不下咽。七年之间，兵寇频仍，力保危疆，九里凋残始有起色。奈人丁半死锋镝，山田多系抛荒，摧科日急，敲扑难完。嗟乎！料理残邑，势同骑虎，如坐汤池。镛之谫劣，叨有今日者，实赖社稷之灵！镛今创建县衙一所于上城，未尝扰民间一文一粒，盖踵宋吴将军之旧址，仿唐杜工部之草堂，虽不能种河阳之花，亦可以弹宓子之琴。作者虽劳于一时，而居者实逸于后日。今镛量移东兖，旦暮且行，当事者虑成为孤悬之危地，檄催两

成县上城紫金山山门

当徐令君来署县事。令君与镛同谱兄弟，交称肝胆，其才品雄迈，愈镛十倍。成得一贤侯，可当数万甲兵。于是与君为平原十日饮，真千秋快事也！时方季夏，溽暑热甚，与君登城楼，凭栏乘风，具壶觞，促膝谈心，不觉耳热把臂。少顷，星光在天，凉月照地，酒酣茶话，吾两人相视而笑，莫逆于心，不知身在俗吏中也。镛言殊不文，聊笔之於石。

时崇祯十五年蕤宾月也。

〖**题解**〗该碑文记述了明成县知县谢镛新建上城县治的缘由过程。镌于明崇祯十五年（1642年）。碑已佚。碑文录自新修《成县志》。

〖**撰者**〗谢镛，字禹铭，应天府上元县人（今属南京市）人。明崇祯九年（1636）至十五年（1642）任成县县令，修建上城官廨。署理徽州（今徽县），有政绩，善诗文。主修有《成县志》一部。

## 重修普贤殿碑记

（清）胡光升

阶、成接壤之西南隅，有山曰“鸡头”，上有普贤宝刹，由来远矣！旧志轫启唐，踵以宋元，明为最盛。考厥遗址，飞栋凌霄，惊疑天半。鲁松落人间。烟云毋常，圣诞时显。白云缭绕于碧空，祥光闪烁于崖端。远近士女，翘首面圣。观口口口口口口，真可谓峨嵋外第一洞天，终南外无二名山也。口因释口口口口附口口口落九天，高口口口而蹊踊者不可更踞。夫清净之府口口岁口普渡众生口口口口口口口口，狞狂辈毁其像而爝室，千年古迹荡然一空矣。口口口口口口续口口至口口口兴焉入关，会首老口口口因睹心口口诸同会众肩朋曰口口口口之时，口为阶、成之具瞻，若构木庀财，口岳口灵则间气不绝口口月。采木甃石，总其事端，佅以募其口。不逾年，而宝殿以拔，围楼环槛，举可次第成也。四三襄工耆老乞余，并言以口不口会何言则亦言其兴废之由，轫替之自，以俟后之志继者增式廊、加丹垩口口而口家之未非鉴古证今之一助云。

成县鸡山《重修普贤大殿碑记》（局部）

成县城守副总兵官胡光升

文林郎、知成县事杨朝暹

千总姚皓光、王仕臣

随征官甯尚智

成邑武举人张口口

成邑生员汪嗣口

成邑恩贡口口、生员苏口书丹

阶州守御所官蔡国琮

百户官任口、王令明、尹先民、郭世巩会人（名略）

大周洪化元年岁次已未南吕望日

〖**题解**〗该碑记记述了重修成县鸡峰山普贤殿缘由过程。碑高100厘米，宽56厘米。正文凡12行，字径2厘米，楷书，字迹尚完好。吴三桂之孙吴世璠之大周洪化元年（1679）八月十五立石。今存成县鸡峰山之普贤殿前。

〖撰者〗胡光升，吴三桂成县城守副总兵官。

## 修理黑峪河道路记

（清）黄泳

治北三十里黑峪河，上通秦陇，下达县城，为山水隩区。其经黄渚关一带，层岩峭壁，耸翠临霄。木阴翳而蔽日，石突怒而人立，狐兔茸伏，蛇龙菹藏。旧有小径，于密林深菁嵯峨乱石中，仅堪托足。然穿幽谷，履巉岩，攀鸟道，临深渊，丰草遮路，交枝迷途，跋涉负担者，恒惴惴焉有颠蹶陨坠之虞。且也，路既僻，山用荒，于是虎肆其虐，往往群聚，白昼咥人，为地方害。

戊午秋，余承乏兹土，即闻其地崎岖，过云栈，道路以塞，行人多由他途避险至县，慨然思乎治之。恐工费浩繁，独力之难成也。适居人士某某与余同志，首为倡助，并请余言募诸商民。遂乃鸠工集众，烧石剪木，芟刈崇隆，疏凿险隘。残缺者补之，断绝者栈之，以辟以除，既廓既夷。向之暗者朗，险者平，蛇龙遁，狐兔逸，虎迹远。其有负嵎者，则募强弓毒矢毙之。害之既去，道以大辟。由是而通车马、便负载，熙熙攘攘，不独往来贸迁者，舍危殆而就安坦，即上下居民，亦得时以物产木植顺流，而通有无于县中。夫黑峪一隩区，一旦变而为乐壤，不可谓非道路之修治致之也。工既竣，居人士争执羔酒，以除道驱虎献功邑宰。余曰："是众庶之勤劳与乐输者之义举也，余何功之有？"第天下事待人以成，亦赖人以守。孟子曰：'山径之溪间，用之则成路，不用则茅塞。'吾虑居人士之复茅塞之也。"因为原其颠末并捐资者之姓名勒诸石，以劝后人之能继云。

〖题解〗该碑文记录了清乾隆成县修理黑峪河道路事宜。约镌于清乾隆七年（壬戌，1742年），碑已佚。碑文录自新修《成县志》。

〖撰者〗黄泳

## 重修鸡峰山二字殿暨瑶池宫记

（当代）胡祥庆

《南华真经》云："为之斗斛以量之，则并与斗斛而窃之；为之权衡而称之，则并与权衡而窃之；为之符玺以信之，则并与符玺而窃之；为之仁义以矫之，则并与仁义而窃之。"又云："彼窃钩者诛，窃国者为诸侯。诸侯之门而仁义存焉。"当其社会演进，物理纷纭之时，法宪之情伪，道德之情怖，生民之情悯，而道德天尊南华真人之言行。于是，人海澜翻，大道在前，悠悠钟磬，与生民之浩叹，萦迴于历史之太空。

鸡峰山为一方佳境，道家设坛醮而修法事，兴衰绵延，其来已久。己丑以还，移风易俗，日月维新。晨钟暮豉，绝响于三清之门。至于庚申改革，遁身法门者复有其人，荫蔽法门者亦复有其人。于是，首事赵瑞、董志国、杨俊杰诸君，集资觅材，重修二字殿暨瑶池宫，凡十又五楹，造像凡二十一尊，盖光大之也。初，道德天尊南华真人之设大道，欲自浑噩之世，保真性，求独立也，诸善士若以大道之本义砥砺之，以天下安居为己任，身体而力行，则九州之和煦可拭目以待，而道德天尊南华真人亦当侃侃而三致意焉。

公元一九九五年岁次乙亥七月十五日

邑人胡祥庆撰文

陈廷栋书丹

张南轩刻石

〖题解〗该碑文记录了重修成县鸡峰山二字殿暨瑶池宫事宜。碑高156厘米，宽55厘米。镌于1995年，今存成县鸡峰山二字殿。

〖撰者〗胡祥庆，成县人，曾任成县县志办公室主任，主编《成县志》。

## 重修天寿山庙碑记

（当代）牛民选

天寿山亦称万寿山，向以雄峻绝险、幽奇诡秀称冠于西邑。其庙史远溯于唐，实则史据难觅，唯乡谚云：“先有竹林寺，后有天寿山”。今可确考者，乃清代光绪世。察之清末《瑶池宫碑记》，参询于邑里长者，略可辨识。邑人张志俊为坛主，与何德福等承头兴庙。先于水洞前建金母殿，再于玉皇洞塑玉帝诸像。时水洞之上尚有释迦牟尼石雕像及孔圣塑像。继建普贤殿，为四合院，东塑观音、普贤、文殊菩萨，西塑云霄、碧霄、琼霄娘娘，南塑天宫、地宫、水部三官。至民国，有邑人台万益为功德主，又建新殿梁老君殿、圣帝庙及阎君十殿。并改水洞至玉皇洞之石栈为木栈，加护栏，拓宽廊道。其诸庙遂成由金母殿、普贤殿、新殿钟楼、僧舍遥相呼应的建筑群落。形成以道为主，儒、佛同奉之格局。

四月十八为庙会，时香客熙熙，游人络绎，钟鼓远闻，香烟缭绕，烛火灿照，极尽兴会之盛尔。近庙犹有巨树遮凉，洞泉逸爽，清幽之氛，令汝怡神而忘虑。惜文革数载，庙毁林斫。天物暴殄，殊不痛哉！

喜春风又度。一九七九年三月，王配合等率先筹民资，首开重修金母殿之工程，再由王彦科等主持重修普贤殿、碧霞宫、药王宫及新殿梁等庙宇。今历时廿五载，斥资三十余万，终得因其原址旧貌修复一新，并增设僧舍等设施，其规模、工艺亦有与时之进，遂臻古韵新风同辉。

为留迹传美，彰显功德，兹刻石为纪。

邑人牛民［选］撰叙。陈晓翌书，李晓明刻。

甲申孟春。

〖题解〗该碑刻记述了重修成县小川镇天寿山庙经过。邑人牛民选撰文、原康县县长陈晓翌书丹。

镌立于甲申年孟春，即公元2004年农历正月。碑末有“天寿山道教管理委员会印”篆印一方。碑现存于成县小川镇天寿山寺庙。

〖撰者〗牛民选：笔名乐耕。1943年12月生，成县小川镇人。中学高级教师，原成县第二中学副校长，《同谷》编委。

## 第二节　宕昌县碑记

### 大明重建梓潼文昌帝君庙记

（明）佚名

上御极之十五年夏五月，西与戎松、迭番壤（接），南有答牙众寇险处崖壁，北有秦家等族构垒林峦，犄角据援，夹河相峙，纠合党徒，掠攘阶城，屠刻众民，逋之流冗，罪逆滔天。升闻，帝于是秋七月，颁命岷州卫军民指挥马烨统领精兵，俘馘原恶。戎师一举，燔祀神灵。水陆并臻，遍于山谷。星罗綦布，直冲盗寇之区；雷震貔飞，获殄渠魁之首。捐生衍伏，释作良民。继以松、迭绝隘，堑岩塞，筑营壮堡，延袤周维四百余里，险陡悉平，设关相守。于时，振旅犒师，驻于西固城下，采摭土风，抚绥殊族。

由是，耆颐髫龀晏然，喜而进曰：“闉北之隅上堠，余有梓撞君庙，自宋至元，雨暘灾眚，祷吁钟鸣，福及民物，迄今益著，受及兵燹荐罹，仅存遗址。祠植二栢，修围数仞，蔚然苍翠，挺森天表，乔干屈柯，龙飞虎踞，思若甘棠，不忍剪伐。”是以指挥马侯远淮东六合人也，念神之灵有经于国，助我兴师，克全讨伐，宜当聿奖，以口戴依。据尔募工，断括墁瓦，飞甍楹栏，昂霄煊晕，丹臒绘像，庄严口口。重峦叠巘，江色浮轩，湍漾回流，潋光照牖。东连阶壤，西抵戎虏，南控迭松，北通岷郡。逺途相远，千有余堠，蜂房相聚，千有余家。张口口记，王化斯沾，群氓安堵。今年秋，栋宇落成，千户姚富洎幕属僚寀佥嘱予记。夫神圣功化，莫善昭彰；卫国佑民，寔惟植德，所以人酺厥功，腆斯永绩。指挥马侯恢庙规制，征显交孚，亘古耀今，念兹陈迹曰：

宕昌县沙湾镇上堠村文昌宫

“道本无方，默孚有体。渊鼋悬虚，影涵徵此。纬象厥明，万灵斯睹。赫仍玄勋，沃丰膏雨。民物尔依，千载崇祀。禳补遽颓，不蔽晹爕。奂然轮然，栋翼嵩峙。德政懋敷，城郭如砥。奖神深功，寔伊马氏。笙簧时祫，翕若萃市。永叶（谒）天朝，皇图亿纪”。

洪武十六年癸亥秋七月庚申三日甲辰创告

〖题解〗碑文记述了岷州卫指挥使马烨重修上堠梓潼文昌宫事宜。又作《重修上堠梓潼文昌帝君宫碑记》。该碑立于明洪武十六年（癸亥年，1383 年），现存宕昌县沙湾镇上堠村文昌宫。

〖撰者〗佚名。

## 重修杀贼桥碑记

（清）杨昌濬

阶州西固之境，有所谓杀贼桥者。其刱建不知始於何时，盖书缺有间，此邦之父老亦难言之矣。相传乾隆年间，尝被大水倾圯，沧桑变迁，遗址不可复得。民念其为要津也，爰设渡以通行人，而春秋汛涨，病涉者多。盖上为白龙江源，下即文邑临江之所出，沟渠归汇，流急奔腾，势则然也。关陇底定以来，百废具举，而徒杠舆梁，胥关民事，不及时修复，其曷由履险如夷哉？

光绪庚辰夏，湖北李镇军志刚领所部左路后营，会平瓜子沟番乱，遂留戍其地，目击行旅之苦，慨然以修复是任。相河流，度地势，为重建大桥，亲督营勇，鸠工庀材。经始于辛巳二月，旹番汉民人，闻而鼓舞。助木者轮囷雨集；助工者畚锸云兴。越百有六十日而功蒇。桥长二十一丈有六尺，高五丈一尺，宽丈有四尺。墩石下柱，雁齿上露，重阑凭倚，巍然大观。桥端竝立，扼守关门，环以雉堞、培堤、矶置。公所不惜数千百金以从事，匪惟利溥，而虑以周焉。余嘉其志，而更韪兹盛举也，因仍旧名，用纪此桥兴复之故。亦谓上年平番一役，所以杀贼保民，其功当与此桥同垂不朽耳。于是乎书。

钦差、头品顶戴、会办新疆善后事宜、护理陕甘总督兼管巡抚事湘乡杨昌濬谨譔

同知衔、留陕補用知县孝感余邦穀敬书

大清光绪七年岁次辛已九月吉旦蒋克成镌石

〖题解〗碑文记述了岷州重修杀贼桥缘由及过程。该碑立于清光绪七年（辛已，1881 年）。

〖撰者〗杨昌濬，字石泉，湖南省湘乡县神童乡丰乐三十八都（今湖南省娄底市大埠桥街道办事处宋家村）。咸丰六年（1856），升教授（府学教官）。光绪五年（1879）九月，署理甘肃布政使。次年十一月，护理陕甘总督。光绪七年（1881）八月，授甘肃布政使。光绪十年（1884）七月，杨昌浚为闽浙总督，领兵督防台湾；光绪十一年六月，兼署福建巡抚。光绪十四年（1888）二月，调补陕甘总督。

## 第三节　徽县碑记

### 大宋兴州新开白水路记

（宋）雷简夫

宣德郎、守殿中丞、知雅州军州兼管内桥道劝农事、管勾驻泊及提举黎州兵甲巡检贼盗公事、骑都尉、借绯雷简夫撰并书及篆额。

至和元年冬，利州路转运使、主客郎中李虞卿，以蜀道青泥岭旧路高峻，请开白水路。自凤州河池驿至兴州长举驿，五十一里有半，以便公私之行。具上未报，即预画财费，以待其可。明年春，遣兴州巡辖马递铺殿直乔达，领桥阁并邮兵五百余人，因山伐木，积于路处，遂籍其人用讫是役。又请知兴州军州事、虞部员外郎刘拱总护督作，一切仰给，悉令为具。命签署兴州判官厅公事、太子中舍李良祐，权知长举县事、顺政县令商应祥程度远近，按事险易，同督斯众。知凤州河池县事、殿中丞王令图首建路议，路占县地且十五余里部属陕西，即移文令图通干其事。至秋七月，始可其奏，然八月，行者已走新路矣，十二月诸功告毕。作阁道二千三百九间，邮亭、营屋、纲院三百八十三间；减旧路三十三里，废青泥一驿，除邮兵、驿马一百五十六人、骑；岁省驿廪、铺粮五千石，畜草一万围；放执事役夫三十余人。路未成，会李迁东川路，会转运使、工部郎中、集贤校理田谅至，审其绩状可成，故喜，犹己出，事益不懈。于是，斯役实肇于李而遂成于田也。嘉祐二年三月，田以状上，且曰："虞卿以至和二年仲春兴是役，仲夏移去，其经营建树之状，本与令图同。臣虽承之，在臣何力？愿朝廷旌虞卿、令图之劳，用劝来者。又拱之总役应用，良祐应之，按视修创达之，采造监领，皆有著效，亦乞升擢。至于军士、什长而下，并望赐与，以慰远心。"朝廷议依其请。

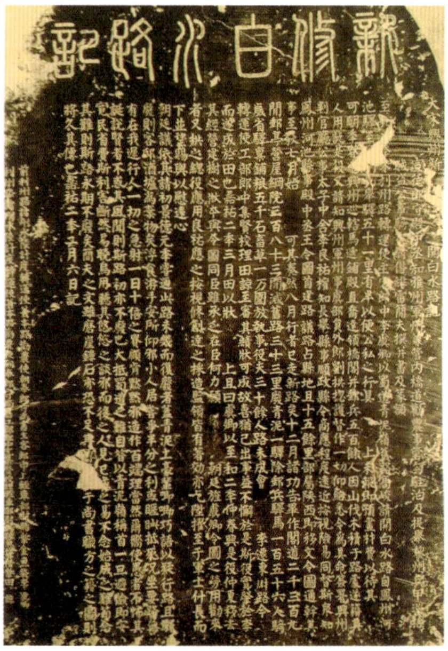

徽县《新修白水路记》碑

初，景德元年，尝通此路，未几而复废者，盖青泥土豪辈唧唧巧语，以疑行路。且驿废则客邸、酒垆为弃物矣，浮食、游手安所仰邪？小人居尝争半分之利，或睚眦抵死，况坐要路，无有在我，迟行人一切之急，射一日十倍之资，顾肯默默邪？造作百端，理当然尔。向使愚者不怖其诞说，贤者不惑其风闻，则斯路初亦不废也。大抵蜀道之难，自昔以青泥岭称首，一旦避险即安，宽民省费，斯利害断然易晓，乌用听其悠悠之谈邪！后之人见已成之易，不念始成之难。苟念其难，则斯路永期不废矣！简夫之文虽磨崖镂石，亦恐不足传，请附於《尚书》《职方》之籍之图，则将久其传也。

嘉祐二季二月六日记。

前利州路诸州水陆度转运使兼本路劝农使、朝奉郎、守尚书主客郎中、上轻车都尉、赐紫金鱼袋李虞卿

利州路诸州水陆计度转运使兼本路劝农使、朝奉郎、守尚书工部郎中、充集贤校理、轻车都尉、赐绯鱼袋借紫田谅

〖**题解**〗《新开白水路记》摩崖俗称“大石碑”，位于甘肃徽县大河乡瓦房村高家山与略阳县白水江镇小河村青岩湾交界处徽白公路左侧的悬崖上。碑文记载了宋至和、嘉佑间利州路主客郎中李虞卿和集贤校理田谅先后主持新修白水路、避开青泥岭的事迹。摩崖镌刻于北宋嘉祐二年（1057）二月六日，横额篆书“新修白水路记”，首题楷书“大宋兴州新开白水路记”。碑刻通高2.8米，宽1.88米，正文楷书，26行，每行37字，共962字。文字完好无缺。为宋宣德郎守殿中丞知雅州、军州、骑都尉雷简夫撰文并题，徽州知州宋洛刊石。又，文中有“嘉佑二年三月，田以状上”，文末“嘉祐二年二月六日记”，在时间上显然矛盾，雷简夫作文竟然早于田谅状上的嘉祐二年三月，但原刻如此，或为刻工之误，应为“嘉佑元年三月，田以状上”。

白水路属“故道”，“新修白水路”只是“故道”中从大河店到白沙渡口的一段改道工程。实际上早在宋真宗景德年间，已开始修筑白水路，《宋会要辑稿》载：“景德二年九月四日，诏兴州青泥旧路依旧置馆驿并驿马、递铺等，其新开白水路亦任商旅往来。先是，屡有言新路便近，亦有言青泥驿虽远一驿，然经久难于改易者，故下诏俱存之。”可见景德初年（1005）已通白水路，但“未几而复废者，盖青泥土豪辈唧唧巧语，以疑行路。且驿废则客邸、酒垆为弃物矣”，由于受到青泥一带土豪的反对、抵制，白水路废弃。五十多年后，李虞卿新开白水路，未及呈报就已积极筹备，在乔达、刘拱、李良祐、商应程、王令图等人的共同协助下，至和二年十月路成。

〖**撰者**〗雷简夫：字太简，陕西郃阳（今陕西合阳县）洼雷村人。进士。曾任岳麓书院和九峰书院教席，后历任秘书省校书郎、秦州观察判官、坊州（今黄陵）、简州（今四川简阳）、雅州（今四川雅安）、虢州、同州知州，升尚书职方员外郎。知雅州途中，经汉中府，时朝廷拨银修筑古蜀道白水路，嘱记此盛事，遂撰文并书《新修白水路记》。

## 忠烈吴公祠记

（宋）胡世将

仙人关，古用武之地，北控吐番，东连岐雍，西通蜀沔。忠烈吴公玠世守于此，以备金虏，西土之人免左衽之苦，得安且乐者，咸公所赐也。厚惠深恩，盍若为祠以报，不亦可乎？于是建祠三楹，请诸权宣抚使、宝文阁学士胡世将以记。

世将曰：“昔东汉张奂破南匈奴，制东龟、袭乌桓、降鲜卑，使天下之人不沦于左衽，而汉室以安，未闻郡邑以祠之者。既为武威太守，百姓以其平均赋敛，训谕义方，以止杀

子之俗，民乃为奂立生祠。夫安天下之功，孰与安一郡之功？止四夷之杀，孰与止一子之杀？然而，天下忘其功而失其所事，一郡思其德而恭其所祠，其故何哉？大抵存社稷者，天子有不能忘，故鼎彝之所铭，竹帛之所书，太常之所记，云台之所绘者，皆其所以旌其功也。至于德及生灵，而民心之所爱慕者，必生立其祠，盖祠所以寓其私耳！公之生祠，民建于此，是以武威之祠奂也。虽然，观公之功在社稷，则非奂之比也。金人犯陕时，忠烈公以一旅之众，攻百倍之师，所向克敌，公之勇冠三军。富平之役，议格不行，六路尽陷，忠烈公收散卒，保凤翔之西和尚原。敌乘胜急攻，谓可谈笑间破也。是时，军皆乌合，上下内外不相信。公为统领，与诸将誓以无忘国家，言出于诚，人人感泣。公知人皆可用，遂与弟璘定计而后战。敌大败，不能返，全军几陷，获杨哥孛堇。后一年，移屯青野原。明年，敌率瀚海契丹之师，虏燕、齐、秦、晋之众，奋势直攻，蜀地大震。忠烈主于内，璘率诸将力战以却之，而蜀遂以安。

暨忠烈公捐馆，命璘以都统出兵秦陇，恢复中原。而敌盛兵守秦，璘公亲冒矢石，率众攻之，一日而破。敌复会诸屯，陈于剡家湾，乘高击下，意气甚盛。公挥军渡渭，背水而阵，众以为不便，公曰："非尔所知！"夜潜师毕登，出其不意，敌已惊视。是时，五军成列，公复令匿其旗帜之物以疑之。敌谓大军在后，愈亦自笑。既战，命发弩弓，先破其骁锐，然后以短兵乘之，鏖战终日，敌不能支，歼敌殆尽。于是虏屯诸垒者，咸狼狈东走，其民亦日望王师之至。公乘势长驱，势若破竹。适与敌讲好，宣抚司檄诸将班师，公遂振旅而还。

呜呼！自古守蜀，或守汉中，或守涪城，皆弃险处内。弃险则易攻，处内则众摇。所以中原之兵一涉其境，而国以丧，未有忠烈公守蜀于咽喉之地，而安之不危也！至公则又复以所部出攻大敌，而连破之，敌始胆落而心惊矣。夫蜀处吴之上流，猿臂势也，保蜀所以保吴。自兵兴以来，有功社稷，孰与公大？天子以节钺之权赐之，尊礼加宠于公，其于报公至矣。然全蜀之民，离俘虏之震，遂生养之乐，其何以报其德哉？河池与敌接壤，德公尤甚，乃建立生祠，以见其诚。虽然，奂之功德具于一方有事之初，公之功德施于天下多事之际。奂虽不可与公俪，公则无愧于奂也。故为记，以勒其碑云。

〖题解〗《忠烈吴公祠记》碑约撰于南宋绍兴九年（1139）至绍兴十一年（1141），现存佚不详，该碑是研究宋金历史的重要文物资料。《忠烈吴公祠记》与西和绍兴十九年米居一撰《靖共堂碑记》内容基本相同，或为建靖共堂时抄用该碑。

〖撰者〗胡世将。

## 仙人关重建宣相安公生祠记

（宋）白知微

河池，春秋氐羌地也，提封百里，接梁、洋之境。自汉、唐迄我朝熙宁俱仍为县，或隶武都，或隶凤州，沿革靡常。绍兴初，金虏寇侵梁、洋，朝论以此邑为蜀门户，始制宣抚大司，以塞敌冲，颇得平焉。

开禧丙寅，虏复犯边，西人大恐。适丁卯之岁，逆曦不轨，焚荡其邑，僭称伪号，谋分虏酋出梁、洋，欲图全蜀为王畿地。而河池为曦父祖世守之地，入蜀间道，必首遭涂炭之患。人情汹汹，不堪其惨。

安公大资宣相倡忠义，诱豪客，排闼诛剪，迅于震霆。上以置宗社磐石之固，下以息士庶扰攘之苦，而吾人生命赖以保活，全蜀仰戴，而区区之诚莫之以报也。呜呼！敌人猖獗，逆曦窃据，为害甚大。微安公宣相削平僭叛，则郡邑为糜烂鱼腹，而庠序之乐，田亩之利，不可得也。

徽县虞关乡吴王城现存《仙人关重建宣相安公生祠记》残碑

夫有及人之德者，不可不祟；有被世之勋者，不可不报。安公勋德格天，恩惠及人，吾西土之人何忍忘言，筑祠以报，不亦美乎？佥皆忻诺，遂卜地于仙人关，乃公随军转运驻节之处。且地兼群山罗拱，众水环绕，草木森郁，烂若锦绮，真若古神仙迹也。乃推乡约以董其役，为祠三楹，周以垣墙，门栏之属靡不具备，焕然新一方之观览，于是为胜矣。工既落成，父老童稚争奉香火，拜瞻威仪。已而士庶相庆，举酒而歌之曰：“山如壁兮江秀深，秋锦烂兮仙人踪。祈公福寿兮愈炽荣，大成四海兮慰苍生。”歌毕，退而铭诸石，以识夫惠利之传于无穷也。公，广安人，名丙，字子文，资政殿学士、大中大夫、四川宣抚使。

宋嘉定二年三月清明日记。

〖**题解**〗该碑记载了南宋嘉定二年（1209）河池县（今甘肃徽县）在仙人关为安丙建修生祠事宜。《仙人关重建宣相安公生祠记》已残，现存徽县虞关乡西3公里处的穆家坪下吴王城，残碑高163厘米，宽119厘米，厚23厘米。额头篆书“仙人关重建宣相安公生祠记”十二字，石碑主体部分文字已漫灭无法辨认，而碑尾“嘉定十四年癸丑初吉”九字尚显，可知该碑立于宁宗嘉定十四年（1221）十二月（癸丑）。史载开禧三年（1207），吴曦叛，将兴州僭改兴德府。吴曦诛后，改兴州曰沔州，改顺政县名略阳县。

〖**撰者**〗白知微，事迹不详。时为河池县知县，一说为略阳县知县。待考。

## 宣灵王庙碑

（元）陈季

徽州，古河池也，旧隶凤州属邑。大元混一，区宇更置，郡县升为徽州。距州之西，层峦之上有古神庙，鸟革翚飞，规模壮观，前郡守陈侯之所重建也。郡人以为州主，岁时祭祀尽礼，水旱疾疠，必于是祷焉。庙有古碑，记神威灵。盖金兵寇宋之时，宋逆臣有吴曦者，驻大军于河池，包藏祸心，谋欲叛宋。曦党有梦谒于神者，见曦跪奠神前，神答曰：“可行则行，后段付之安丙。”翌日宣言之。时，安丙以随军转运使隶焉。其后吴曦果叛宋附金，安丙谋欲诛之，议未决，因忆前梦，乃悟曦之魄已为神所夺矣，遂决议诛曦。功成，既口口神之阴相也。于此见神之灵，有在于斯庙也，昭昭矣。神之事迹见于《图经》。

黄巢之乱，禧宗西幸至白石镇，有叟进醪醴。上问其来，曰：“父子谷。”因赐金帛，送至其谷。父子谷今在凤州梁泉东北，有庙在焉。盖彼乃本庙，此则行祠也。宋宣和中，初赐侯爵，曰“中护侯”、曰“中嗣侯”。自时厥后，凡有祷祈，应如影响，敕赐“灵威”庙额。屡荐加封至于王爵，曰“昭显孚佑忠应宣灵王”、曰“顺惠协济衍庆嗣利王”，父子并列祀典。

夫山谷间不无隐居子，如商山之老。秦之避世者不忘忧国之心，口而进建储嗣。矧禧宗末年，唐室危矣，岂无隐君子于山谷哉？黄口所临，假醪醴一奠，其尊君亲上之诚，天不没其实，而祀以永存，褒封之荣至于王爵。吁戏！草野不忘君，而效臣子之忠勤，其受报有如此者，百世之下闻其风者，莫不感慕而兴起也。旧时每岁春月，远近居民诣庙设祭者，皆以醪醴为献。虽禁酤之时，而有司以为弛其禁，所以示不忘本也。

宋末兵兴，庙祝李再兴，负神之封赠诰命一十通，避乱入蜀。暨四川平，再兴之子文秀还至斯庙。皇庆二年，关中口口同知徽州事，谒庙祀，披览前件封赠诰命，虑其久而忘失，庙无碑志，后世无所考据，乃命立石，书其事实，垂示不朽焉。铭曰：

国有大难，銮舆播迁。万里蒙尘，跋涉山川。百僚窜身，偷生苟活。谁念君王，道路饥渴。有隐居子，志不忘君。功献醪醴，供致殷勤。芜篓豆粥，滹沱麦饭。物薄情厚，拳拳忠恋。厚意必报，锡爵族忠。千载之下，庙食不穷。西山之阿，庄严庙貌。颜曰“灵威”，祷祈必效。曰雨而雨，曰旸而旸。保佑居民，永底安康。勒名刻石，垂示罔极。俾尔后人，知神勋德。

皇庆二年癸丑六月，徽州儒学陈季撰。

〖题解〗该碑记载了宣灵王传说由来及建碑缘由。撰于元仁宗皇庆二年（1313）。

〖撰者〗陈季，徽州儒学学正。

## 启圣公祠记

（明）康 海

圣天子以孝道理天下，凡典礼因循大义，疑似者辄厘正之。旧先师庙堂，尝以颜、曾配享矣。顾其父皆列庑下，数百年来居而弗思，以为当然。迩以廷议有感圣心，于是诏以“启圣公”建祠，庙廷之后，而以颜、路、曾晰配夫启圣公。笃生圣人，删述六经，师表万世，其有功于彝伦莫重也。凡名位勋伐之臣，莫不推恩以及其先人，况圣人之父乎？颜、曾子居父上，其心固不能自安矣！灌献虽隆，何以孝焉？圣天子推是心以裁正是典，所以敦厚彝伦，崇礼先师之意。真可度越百王，三代明辟，但可仿佛而已，于戏休哉。

河间周君，三代作守，克遵皇训，遄遂落成，以为绝世之典。当启后观，乃使征文，刻之贞石，海窃感焉。夫周君，关西良吏也，政修教举，吏畏民怀，近所罕睹。况事关名义，我何以辞？于是系之以辞。

曰：“维皇建极，克迈鸿猷。渊衷睿思，何训弗求。大礼之定，百王启羞。唐虞比德，况彼商周。汉宋罔稽。世乃效尤。言既不顺，名则胡由。是匡是即，皇履允迪。益求大颙，疑似靡袭。遂及群典，维正是亟。启圣之建，名义乃敕。既欣神理，亦示民极。闭宫窿窿，良守所缉。位序既严，享祀何忒。皇训在心，如彼朝日。允言念之，世万何致。”

〖题解〗碑文记载了明嘉靖年间建修徽州启圣公祠之经过。碑应立于明嘉靖六年（丁亥年，1527 年）。

〖撰者〗康海。

## 重修东岳神祠碑记

（明）任伦

徽州，古河池也。城南十里许，山峦环峙，耸汉辉空。中有一峰，突然而起，登至绝顶，四顾豁然，郡之溪山形胜，举在其目，而其龙蟠虎踞，拥翠推蓝，极一方之选，真福地也。云烟胜处，古有小祠一楹，肖像东岳神也。道士杨师者，云游至此，掘地得古铜铁敝器、断碑、石桑、瓦砾之类，知其祠始宋元之前，兵燹之废久矣，遂住持此山，观其风水殊异，可以兴作。乃构小庵以为栖身之所，募修殿宇，以为一方祈祷之瞻。四方人士知师在此岗，莫不敬慕于悉，怀协相之诚。师名崇惠，洞真其号，乾州人也，有道行，尝游秦鲁、蜀汉间，而甫缙绅多与之交，卜居吾徽有年矣。兴人言正心诚意而已，至于啬神显真之秘，非其人则不言。精洁勤俭，不以丝毫利己，以是乡士夫农、贾、耋、稚皆然而敬之。一旦于斯拓地开基，募材取石，鸠工命匠，人皆翕然助而力役，济饷绵绵。相继创建玉皇宫、岱岳殿，而廊庑、门庭、文室、厨库、轩槛悉皆备具。栋宇翚飞，象之多森严；藻绘金碧，一新而壮丽。始于正德辛己之春，成于嘉靖甲午之冬。师乃诚恳再拜，请余文石，以纪岁月。余惟东鲁祀兴有常，此间有庙，始自何人？盖青帝司春，有发生万物之仁。古人立庙之意，无乃假山灵之主，以为一方之望。欲其祈保、御灾、捍患，而庙貌威严，有以管摄人心、普化为善而已。今师不私己惑人，竭缘惟人是愿，而不强为重兴此者，亦无害于议也。余故书之，以告将云。

徽州东岳祠（今称泰山庙）

嘉靖十七年岁次戊戌正月下沅之吉，

敕封征仕郎、进阶文林郎、山东登州府推官、郡人古河池任伦撰。

并同奉直大夫知徽州知事汪时绘、儒学学正杨皋、从仕郎判官李

明、训导王柱、庠生张绶、任希奭谨书。

郡人程永周镌。

〖题解〗碑文记载了明嘉靖年间徽州重修东岳祠（今称泰山庙）之经过。建于嘉靖十七年（戊戌年，1538 年）。

〖**撰者**〗任伦：徽州人。查《明朝进士列表》有“任伦”，为成化二十三年（1487）丁未科殿试金榜第二甲赐进士出身。一说为明正德年间贡士。待考。

## 新修巡茶察院行台记

（明）吕柟

徽州火站镇，旧设批验所，与秦州骆驼巷、稍子镇同，后至巡茶刘君俱奏革去。惟火站镇，官虽革而印未缴也。嘉靖戊戌，犹铨注一大使，然而于所无衙，于官无事，如虚衔耳。

戊戌之秋，应天沈君中甫奉命巡茶陕西，至火站镇，叹曰：“此地去徽六十里程，去秦二百里程，而茶马由是通焉，岂可以无官守与公署哉？况虏酋一寇，众逾十万，近者吉囊俺答之种最号精强，而哈喇慎亦黠虏也，不时南侵，墙堵而来，虽有秦、巩、临、平、甘、宁、固、靖诸路之兵，然众寡不敌，又多软脆，望尘奔遁，莫敢支持，人徒以为虏强而我弱也。殊不知御虏在士，奋士在马，畜马在茶，行茶在公署。公署不立，而欲茶之行者鲜矣；茶课不足，而欲马之畜者鲜矣；马力不齐，而欲士之奋者鲜矣。军士不奋，外欲攘敌以却虏，内欲安夏以保邦者，未之前闻也。然则火站镇察院行台之建，岂可少且缓乎！”

君乃先行广宁、开城七苑查见，在大小儿骒驹马万有四千有零，其倒死、拐逃、被盗者皆备查，其数比之原额率亏损十三焉。如是而茶课犹缩，保寨犹敝，马之不寖耗以亡者几希。虽有塞源之心，其如云锦之群何哉？尔乃令汉中府岁办地亩课茶五十四万，依期起运；禁茶园、店户盗卖欺隐；而中茶商人领引之后，不得辗转兴贩，别务生理，久不完销，以稽国课。虽山西诸处，各该原籍亦必监候家属。又令洮、河、西宁三道督察三茶马（司）官吏，于运到茶斤，不得收粗恶者于库内以易马，而以甘美之茶给商人。又令守巡参将诸官责各衙门巡捕官，即理巡茶。而西戎土番，叠溪、松茂以至西宁、嘉峪诸处私贩茶徒，不得肆行潜通番人易其马。又令各驿递衙门于发到摆站瞭哨，茶徒纳工拘役及贫病者各有所处。又令甘肃二行太仆寺及陕西都行二司，严视官军马匹，不得走失。疮瘰而桩棚，地亩、马价亦皆及时完征。并禁官马不得驮载私物、减其粮料。又令派定空闲牧军守候，茶马一到，即时表领，勿得守至旬月，致马瘦损，至啮柱槛。其各苑亦必相水草之宜，而腾驹游牝，各得其所。围长、群头皆不得惰偷闲旷，以废其业。又令苑马寺通行分管三路官员，亲诣各该监苑，巡视寨堡，务必高墙深堑，坚实完厚，保障地方，收敛马匹，勿致损失。夫汉茶有招马之令，番人有市马之乐，监苑有饲马之实，寨堡有护马之所，行之数年，虽睐牝千亿，亦可睹也。比物四骊，不啻言矣。徽守刺史王时雍言：沈君存心正大，行事严明，合省官员皆敬慕之。宜其锡马，蕃庶强壮，边围如此也。

行台正厅三楹，东西厢房共六楹。后厅三楹，东西厢房亦六楹，二门、大门各三楹。若大使之宅第则行台之西，亦不下一二十楹，器用诸物皆具。

是役也，始于嘉靖十八年五月初十日，落成于本年九月二十七日。未几，沈君已竣事去还朝矣。去行台之第二年庚子七月，徽人来速记。予遂述其所闻美政一二，以告后来。

沈君讳越，中甫其字也，别号鹿村。南京锦衣卫人起家，嘉靖壬辰进士。

〖题解〗碑文记载了明嘉靖年间徽州新修巡茶察院行台之缘由经过。为研究明代茶马交易之重要资料，弥足珍贵。建于嘉靖十九年（庚子年，1540年）。徽州火站镇：即今甘肃徽县榆树乡火站村。

〖撰者〗吕柟（1479—1542），明学者、教育家。原字大栋，后改字仲木，号泾野，陕西高陵人。十七八岁时，以学识广博而被选入正学书院。正德三年戊辰科（1508），擢进士第一甲第一名，即状元。授翰林院编修。嘉靖六年（1527）升南京吏部考功郎中、尚宝司卿。十一年升南京太常寺少卿。十四年调国子监祭酒，次年升南京礼部右侍郎。

## 重修礼拜寺碑记

（明）马负图

夫教门之设，其来远矣。盛于胜国，明兴因之。虽不事法象天，只以敬天祝君口主，修心养性为事也。我皇朝金陵有三山街寺，长安有花靴巷寺，皆奉命以为敦礼地也。寺遍寰宇，惟徽未之建也。成化年间，有何楚英、舍容、马伦、马聪辈，关陕人也，商贩于徽，为山水之美，遂家焉。以为礼拜无所，或失在亵陋。其如敬天何？如修心养性何？遂卜吉于东郊三元宫之左，佥施金赀，置而创立焉，然岁久易湮。至嘉靖中祀，寺宇复祀，乡耆马文礼、金岁、高廷美、何清、丁文章、王臣、马万江、马霄相顾叹曰：“清净斋肃之地，使之至是，乃吾侪也。”各地，即书（输）金赀，鸠工庀材，因废拓新，宫墙严严，斋室翼翼，不数月而功用告成。乃请记于予。予曰：“寺之修复如此，而诸子心至矣。故以之敬天，则万物资始之功可报焉，报天则地可知矣；以之视君，则万年天子之寿可赞焉，赞君则亲可知焉；以资修心养性，则万境俱融贞可宁焉，宁贞则践形可知矣。且敦仁尚义，周急轸难，辅生助瘥，厚德殷殷，此其兴起。而科第缙绅，声名文物，礼乐衣冠，悉由此出，其教岂偏小焉哉？”遂识其始末以为记。

徽县东关清真寺

时万历岁次丙戌孟夏朔月，

徽州进士马负图撰。

〖题解〗碑文记载了明成化年间（1465—1487年）陕西回民何楚英、舍容等人行商到徽县，因喜当地山川之美，遂定居于此，并创建清真寺，是研究明代陇南回族形成的重要史料。该碑为徽县回族进士马负图撰文。明万历十四年（1586）镌立，现存甘肃徽县东关清真寺内。

〖撰者〗马负图：明徽州进士，生卒年不详。据西安慈恩寺“雁塔题名”资料载，有举人名马负图，泾阳县人，明嘉靖戊午年即嘉靖三十七年（1558）乡试，中举第二十名，遂雁塔题名。

## 白水石路记

（明）郭元桂

略阳、徽、阶之界地名大石碑，一曰小石碑。壁立百仞，长可十数里许。其上则铁石馋岩不可凿，其下则溪流湍急不可渡，其路则适当孔道不可断。唐宋时，架木为桥，久而倾圮，旅人甚苦之。强渡而溺者，更仆未易数。里民谋开路以通往来，垂久远而艰于资费，即有司犹或难之。戊子夏，直指钟公按部至彼，恻然在念，爰捐金二百，鸠工作路于石壁间。里民感公之德，争先赴役，不期月而告成，舆马仆卒履若坦途。自下望之，恍然云霄之上，盖奇绩也。行旅父老自置丰碑，请有司记其事，公檄止之。其略曰："古人为其事隐其名，顾予之所耻者名也。幸无以名归我。"弗获。已乃就石壁勒三大字，其名曰"钟公路"。

"白水石路记" 摩崖刻石

今年春，不佞行部历其地，行旅父老拥道而申前请。予尝以执事奉公左右，知公最深，义不可辞，夕因素笔序大都于左，以纪岁月。公，号文陆，浙之仁和人，立心操行以古圣贤为标准。初令闽之惠安，再令江右乐平，俱有异政。天子拜侍御史，钦取实授为天下第一。其巡行川陕也，适值地高灾祲，多方赈恤，饥者以银，病者以药，死者以塚。而又慎激扬，兴学校，议禁令，一切不便者，更为宽大惠利之法，与民宜之。两省军民鼓舞，德化翕然，号为"钟佛子"，青衿多士则以"钟夫子"称之，至缙绅评公者曰："古之人！古之人！"兹特其一事云。

万历己丑郭元桂记。

〖题解〗"白水石路记"碑文系徽、略官民为纪念钟御史捐资主修白水石路而作，由郭元桂所撰，摩崖刻石于明万历十七年（己丑年，1589 年）。"白水石路记"摩崖石刻又名"钟公路记"摩崖石刻，位于大河店乡王家河村瓦泉自然村《新修白水路记》摩崖东南约 500 米处，当地人称"小石碑"。摩崖正中刻"钟公路"三个阴文大字，字径 60 厘米。下款"邑民罗文光等商旅万事通等三百余名叩首镌石"。明神宗万历十六年（1588）御史钟化民（号文陆）巡案至徽略要道大河店王家河村一带白水路，见大小石碑间栈道年久失修，行人难走，应百姓请求，带头捐资并主持维修旧路，使其畅通。

〖撰者〗郭元桂：明万历十七年时任陕西按察司签事。

## 徽州调停驿站碑记

（清）杨三辰

巩昌府徽州为调停站法，以苏驿苦，以救民生事。照得驿站之设，以通邮符，以重皇华，俾行役劳人有代步之逸，军机捷报有星驰之便，恩致渥浤，甚善也。

近年以来，地方多事，差骑口午，最为难支。况州城之设，僻在万山，途路险阻，林莽纡迴。西上成县仅九十里，即为近差；东送两当无站，直抵凤州，为路二百里；北送秦州三百余里；南下略阳二百里。寸步是石，到处皆山。其上则如登天，其下则如坠井。一差往回，动辄七、八日。其在上差使客，悯念地残驿苦，无不恻隐为心、恤马爱卒者。有等猴冠虎翼之徒，一见驿卒，便使威风，怒骂未已，锁扣随之；鞭笞已重刀背继之，迨受苦不过，逃匿躲避，仍复怒吼到堂，辱官殴吏，无所不至。及马骡牵到，不曰鞍屉不整，则曰羸瘦不堪，刁蹬需索，必饱所欲始去。夫亦有送站银填此无厌虚索，在昔丰足，已云难继，况州城残破以后，民俱避居山寨，城市委为草莽。无岁不有贼兵，无处不经残毁。凡有养牛喂驴者即称富家，其视骡马如同麟豸之难求。自本州到任，查得残落马、骡、驴只为数不满五六匹头，亦俱脊破蹄穿，前跛后蹬，毫不堪用。续阅阖州士民公同酌议，每里各买马或骡一匹头，共买马骡一十八匹头，入站走递，其料豆及马夫工食在于原额站银内易买支给，马草各堡输纳。官养吏应，已经申详，守、巡两道，蒙批准如议行缴。前官沉阁未行，该本州查阅前卷，再四酌议，除原先在驿马骡并跛残驴头变价买补，找足一十二匹头，仍照前议，每里买备马骡共一十八头外，有存余银两不时添补，另买富裕马骡以防倒毙。又查本州五年闰四月十二日到任起，与阖州乡耆悉心筹划，欲照本州葺在晋中“官养官应”之法，相与讲求料理，月余而论始定，马骡方始买补完足。然后，细查本州该站银八百两，通盘打算，每一马骡日食料豆三升，三十匹头合支九斗，每十日合支九石，每一百日合支九十石，岁计用豆三百余石。每年正月起，先行酌派豌豆一百石，六月起再派豌豆一百石，至十月间再为打算。照不敷豆数，另派交兵房备支。每斗俱照时估坐算，正项站银卖销。喂养马骡，各里仍招喂马夫一名，除正项工食外，仍另帮米面些须，无使枵腹走递，俾应募者乐于赴。后又虑骡马众多不得里甲的，当人户着心看守，喂养料豆妨有尅减，水草恐不依时。今议上五甲每甲公议一人，仍择义民一人，以总其事。照管十日，交付下五甲照管十日。一甲止榻二日，一里止榻二十日，便已了结一年苦差。又恐距远里分一时传唤不到，于轮完日，酌定议民小头后，照里先令原差传唤到州，投递认保，分给小牌，各于接管先一日到州投认轮换。下里亦然，其马草照挨轮里甲随带贴补借用。至于过差使客，凡有索难及按察两院、道、府按临大差本州，悉自出站银以应之，不令重苦吾民。至残里滥甲穷民，又时出站银，令以官存备支用，以完十日之事，决不令其胡乱挪扯。常年俱于六月十五日为始，遇闰，挨该五月十五日为始，再闰亦然。本州为此一事调停区画，心血尽呕，仍恐与土宜民未能深契，今行已三年，阖州士民称便，欲勒之石以垂永久。余他无可言，亦止备举前事，而撮其要者有如此云。

奉直大夫、知徽州事、三韩古榆郡杨三辰。

判官李受磬。昔站官杜尚禄。兵工房吏书刘儒、魏宵、聂昌茂等。

儒学学正刘耀，阖学生员高权等。

大清顺治八年正月吉日。

一十八里乡民耆（略）。

〖题解〗该碑记载清初陕西徽州驿站管理状况。青石质，圆首长方形，通高134厘米、宽66厘米、厚19厘米。碑阳额题楷书“申革市民碑记”，明崇祯二年（1629）八月刻，碑文楷书竖行17行，每行30字，为时任徽州知州的张鹏□所刻。碑阴即该碑，额题篆书“徽州调停驿站碑记”，为清顺治八年（1651）所镌刻，尾题“大清顺治八年正月吉日”。碑文正文为楷书，竖行22行，每行约60字。该碑现存徽县文化馆。

〖撰者〗杨三辰：辽东恩贡生。辽东，指辽河以东地区，今辽宁省的东部和南部及吉林省的东南部地。清顺治六年（1649），杨三辰由浮山知县升任徽州知州，筑城垣，修学宫。时平西兵大举入川，于徽县统贮粮饷，转运于略阳。道路难行，民病已极，杨三辰乃组织民工疏通嘉陵江水道，造船只，通水运，输运乃便。著有《江河记略》。防城御寇，焯有声绩，后升任陕西关西道佥事，兼摄学正。顺治十六年（1659）迁为浙江按察使司佥事、分巡宁绍台兵备道。后调任陕西布政使司参议。康熙二年十月分守陇右道，驻秦州。

## 重建杜少陵先生祠堂记

（清）童华祖

今夫人生有闻于当时，殁有传于后代，世人学者无问乎识与不识，莫不仰望风徽而思慕不已者，孰有如少陵先生也哉！尝读先生年谱，按先生之筮仕之日少，遨游之日多，以故足迹遍秦楚。当其度陇客秦州也，于徽之城西三十里许，有栗亭川，结草为堂，栖迟偃息，遗迹载在邑州志内，以今为昭明。正德间，侍御史潘公因觌先生于梦中，遂就地建祠而崇祀之。万历中，州牧左公，慕其芳踪，又为之重修，迄今越百有余年。风雨飘摇，岁久剥蚀，唯余残壁颓垣，渐成瓦砾场矣！

予山阴末学，遭逢盛世，奉命观察陇右，康熙丁酉冬巡视其地，而见古迹堕废，低徊而不能去。绅士张子思敬等，慨然奋兴，以期协举，因相告语曰：“吾侪读书，讲书讲道，效法先贤，忍视少陵先生灵爽飘渺松桧而无凭依乎？”遂修祠以白署牧，详请各捐己资，以襄盛事。予亦捐俸以助，俟其落成，复请为记。余不禁喟然叹兴曰：“有是哉文化之入，人众且远也。”少陵先生不产于徽，非官于徽，亦无深泽厚惠及于徽，粤考当日，不过疏救房琯，出为华州司功，弃官度秦陇时，住矣东柯、河池间，就地停居数处，□而飘梗□□，又复□□寄适矣。何徽之人士，思之深，慕之切，于千载后犹同心发力□□□□□□□□□□□□□。

现存于徽县栗川乡杜公村的《重建杜少陵先生祠堂记》碑

先生之□文垂后，浸渍人心。观夫《咏怀》《古迹》以及《秋兴》诸章，而一腔忠爱再匕现于楮端。□□千载以下，读其诗而楷模是式，想其行则高山仰止，以视深泽厚惠及人，不又更出其右乎？□□使先生遗迹不致湮没于荒烟蔓草中，私心窃为喜焉。因为之记，勒诸贞珉，以示永久。口并口先生年谱于碑阴，俾后之学者覩斯碑也，而流连慨慕，相继修葺。则先生之祠，正不止聿新于今日，是亦予与徽之绅士所共望云尔。

康熙五十八年岁次己亥孟夏吉旦陕西按察使司整饬洮岷兼辖陇右等处地方督理茶马分巡屯田副使童华祖撰

徽州知州周元良

署徽州知州事于埏

〖题解〗徽县栗亭杜公祠堂，原在今徽县栗川乡杜公村。此地古称"栗亭"。该碑作于康熙五十八年（己亥年，1719 年），现存于山根村农户范玉家院内，该院是当年的杜公祠旧址。

〖撰者〗童华祖，字禹山，清绍兴山阴（今浙江省绍兴市）人。由乡荐中举，官拜刑部郎中。康熙四十九年（1710）出任贵州遵义知府。后任陕西按察使兼辖陇右督理。康熙五十八年（丁酉年，1718 年），童华祖莅临徽县栗亭，见杜公祠堂"古迹堕废"，遂召集当地绅士等人捐资修复，历时两年完工。

## 杜公祠记

（清）牛运震

栗亭川"拾遗祠"者，明御史潘公创建，以祀唐诗人杜少陵子美者也。昔唐中叶，帝京凌夷，垣城解散，子美亦不宁厥居，顾乃弃官挈家，蓬行茧步，间关秦陇，崎岖蜀道。今之栗亭川者，实为唐同谷之故界。子美历秦窜蜀，抚攘艰难，风尘之际，盖尝偃处息憩于兹。短衣山雪，乱发天风，负薪拾橡，号饥呻寒，文士穷愁，莫此为烈。然而悲慨时事，吟咏孤怀，伤中原板荡，盗贼纵横，欲归不得。眷顾宗国，恻恋兄弟，忧在君父，忘身贱贫。《国风》周京之思，《小雅》黄鸟之叹，千载同声，其可伤怀永慕者矣！

夫古来畸人骚侣，中有不能自已于人伦世道之隐，于以顿挫四时，激昂风物，既已舒忧而写郁矣。后之人览其作，悲其志，因思追表其遗迹，苟其室庐、壤土、树木，犹有什一存者，固将宝重爱惜，高望遐思。溯其所以兴怀，未尝不低徊三致意焉。虽坛社而尸祝之，诚非过也。矧如子美之激骚扬雅，出于忠爱贞意之至性，足以起兴百代者哉！尝试周览斯川之体势，翠岫迴环，平田广敞，秋沼双清，沃泉可稻。凡所谓竹木薯蓣之属，靡不繁衍周布其中，维子美之诗于今可征也。窃意子美有灵，千载后犹乐思此地。将以星月云雾之境，妥彼去国丧家之神。俾世之樵牧，咸知尊礼贤者之旧迹，以与东柯、浣花、瀼水诸草堂，标韵流徽，不亦舆壤之胜概，人伦之茂轨乎？然则潘公之为是祠，以存子美于栗亭也，可谓无关世教者哉？

乾隆六年，运震摄符是邑，按部之暇，控骖栗亭，穆然子美之高风，两造堂室，瞻拜遗像，迹其缭垣，置守祠二户，并购田十亩，以供春秋享祀之事，诚以伸余二十年来服膺子美之素，过其旅宇之土，犹将如聆其謦欬焉，谨而志之勿忘也。余终悲夫子美之遗文高节，固不免奔走穷饿，老病以死。而余生晚暮，不得陪子美杖履遨游万里，籍以发山水之奇迹。

又哀子美当日悲歌山谷，未获有如余者为之东道主人，得以脱其厄而猎其奇。

嗟乎！诗卷常留，子美安在？生乏箪瓢之供，殁有俎豆之褒。表遗韵于先贤，抚往迹而太息。不可谓非吏有司事也。因勒之于石，以俟后之守土君子得以览焉。

〖**题解**〗该碑记述了徽县杜公祠（又称拾遗祠）由来及维修经过。撰于清乾隆六年（1741年）。录自清乾隆费廷珍修《直隶秦州新志》卷之末补遗。

〖**撰者**〗牛运震（1706—1758），字阶平，号真谷，滋阳县马青（今兖州市新兖镇牛楼村）人。1732年应顺天试，次年进士及第。乾隆三年（1738），授秦安县知县，乾隆六年（1741），兼任徽县知县，乾隆八年（1743），又兼摄两当县县令。后调任平番（今永登县）知县。乾隆十二年（1747），摄古浪县县令。

## 铁山铸钟记

（清）张绶

铁山在城南四十里，双峰卓起，时出云雨，其色似铁，因以得名。刘子羽谓“蜀口栈道之隘”，即此焉。自下而上约十里，路仅容足，步步险绝。悬崖清泉涌出，深可十丈余。环腹有洞九，石门一。其下为太平庵、虞关、青泥岭、嘉陵江，林壑奇峭，我徽一大观也。峰间旧有玉皇阁地、祖师殿，创自宋淳化时。康熙戊辰，有瀛虚道人，年百六岁，从崂山来，筑茅山巅，与其徒道人任永祥募化十方，累石伐木，大扩旧址，增建圣母、观音、文昌、药王各宫，猗欤休哉！道人亦异人哉？越数十年风雨弗葺，仍就倾圮。道人李元式能踵其事，相继重修，厥功大矣。今岁夏五月，信士太学生李逢时等，道人赵至善又购炭募铁，铸钟一，醮炉一，牌一，佥曰：“是可以妥山灵而迓神府也”。事既成，乞余为记。乃具始末，以铸诸碑。而系之铭曰：

铁山岩岩，奠兹徽邑。毓秀钟灵，文笔拱揖。神所凭依，遐迩波及。亿万斯年，休征永集。

〖**题解**〗该碑记述了徽县铁山之险及寺庙建修经过。约作于清乾隆45年（1780）左右。

〖**撰者**〗张绶，字佩青，号南坡居士，徽县城关先农村人。清乾隆四十五年（1780）在省城试中举，第二年在京城殿试中考中进士，为翰林院庶吉士。后授翰林院检讨，并提任《四库全书》词垣分册校集编辑。嘉庆二年（1799）春，升任右春坊右赞善大夫、上书房行走。嘉庆四年春，张绶为嘉庆皇帝讲起居注。嘉庆五年，任国史纂修、文渊阁校理，九月迁升侍读学士，次年又任咸安宫总裁。嘉庆六年（1801）秋，出任广西学政。不久，逝于任上。

## 重修杜少陵祠堂记

（清）张伯魁

唐杜拾遗祠，在县城西栗亭川，先为古同谷县地。当拾遗处阽危，走巴蜀，于斯休驾焉。人第知残膏剩馥，沾丐于后人者无穷，而不知其忧深见远，盱衡天下国家之故，而流连愤发于君父之间者，其心至，今如见。前之人建祠栗亭，尊衣冠，肃俎豆，尸而祝之，茅茨鸟雀，松菊藩篱，非恃有司土者之护持欤？乾隆初，署邑令牛运震大加修葺，迄今又七十年。祠宇倾颓，享祀俱废，无人过而问之。余拜祠下，触目兴怀。适梁子负栋家于栗亭，爰与谋而新之。昔孟浩然墓碑坏，樊泽节度荆州，符载以笺叩泽曰："浩然文质杰美，殒落岁久，邱垄颓没，行路慨然，前公欲更筑，缙绅士闻风竦动。而今牵耗岁时，诚令好事者乘而为之，负公夙志矣。"泽乃更为封垄于凤林山南。是役也，予非为好事者也，诚亟以存千秋忠爱之遗云。祠成，咸属予为记。

按祠之南为木皮岭，东望青泥，若俯而即也。南六里许，元观峡、钓台皆遗迹也。稍西里许，则旧祠也。明御史潘公梦拾遗，始建祠宇，其遗址存焉。今重修，祀堂三间，明州牧左公建也；献宇三楹，国朝观察童公建也；赡祠田十亩，前令牛公置也，详于碑石，久为民占，今复归于祠。前有隙地，今为祠门，其左若右，各增盖耳房二间。予率众捐资重修，议始于丁卯之春，落成于己巳之秋也。董斯事者，邑诸生梁子负栋也。予又增置瞻祠田十亩，与牛公所置之十亩并以属之梁子，俾司春秋享祀，岁时修葺之事焉。

2012年5月19日栗川乡纪念杜甫诞辰1300周年会场

〖题解〗杜拾遗祠：又称杜少陵祠，旧址在今徽县栗亭乡杜公村，今有碑石可证（见前《重建杜少陵先生祠堂记》《杜公祠记》题注》。该碑溯源杜公祠建修历史。约立于清仁宗嘉庆十四年（己巳年，1809 年）。碑正面为"诗范永垂"四字。

〖撰者〗张伯魁，字春溪，浙江海盐人。清仁宗嘉庆七年（1802）至嘉庆十四年（1809）为徽县知事。

## 远通吴楚碑

（清）佚名

徽县至虞关之通道也。自石家峡至杏树崖二十余里，路皆崔嵬，险阻可畏。自明以来，虽崎岖如故，往来负载莫不寒心。且功力浩大，难以举动。己巳秋，四方左右奋发起念，同心协力，悉内一旦成功，爰立二碑，以示不朽云。

捐资人，首领（略）。

嘉庆十六年四月吉日。

徽县大河店乡青泥村远通吴楚碑

〖题解〗该碑记载了徽县大河店乡青泥村（又称青泥河店子）百姓整修青泥古路事宜。青石质，圆首长方形，碑首已残，残高 1.26 米、宽 0.7 米、厚 0.2 米，碑额楷书"远通吴楚"4 字，外阴线刻圆圈。碑身楷书竖行10行，约150字。碑立于系清代嘉庆十六年（1811），现置于青泥河村南前往李坝、铁山、太和庵的青泥古道左侧。另有“修路碑记”，为同期所立第二通碑，碑额横向楷书“修路碑记”，内容为刻载修路捐资人姓氏，在修筑徽县至武家坪公路时，毁为两截，文字模糊难识，今存于青泥村。青泥河村另有一清代残碑，上有“官道”字样，内容为记载因青泥路往来行人中时常有人病亡，无处可葬，乡人捐地一处，用于安葬亡者公地，特刊碑以记其事，碑存于青泥村某村民院内。

〖**撰者**〗佚名。

## 创修风山书院记

（清）张显渠

窃以正人心，善风俗，必先兴学校。学校之兴，书院为重。方今圣天子道统承绪，稽古右文，自省会以至各郡州县莫不有学，即莫不有书院。作人于斯，造士于斯。人心之正，风俗之善，靡不由斯。猗欤！何其盛欤？徽邑旧有书院，地址湫隘，斋舍窄狭，不能容栖多士。历任邑侯尝欲即其规模恢廓而更张之，弗果。壬寅夏，来石邑侯以滇南名孝廉莅任兹土。下车伊始，即以整饬文风为先务，于书院考课最严。数年来教泽所及风气，为之立变。士人素丝附朱邑侯也，而明师奉焉。

乙巳暮春之辰，传集地方绅士于公廨，慨然曰：“徽邑人心淳古，风俗庞（纯）厚，山川灵秀所钟，英杰代出。历稽往哲，掇巍科，登显仕，炳耀史册、辉煌邑乘者累累然，贝编珠贯。近今科第寥寥，文风渐颓，岂灵秀所钟、日即于薄欤？亦书院未宏，作育之故也。”抑又思县考之时，向在本署扃试各童生，转移桌凳诸多不便，入场后坐位纷淆，不惟文思不凝，亦非所以重斯文而昭大典。合议将旧有书院改作公所，另择阔大地基创修书院，兼修县试考棚。即以捐廉为首倡，众人闻命，唯唯称善。因阅邑之北街，国初考院旧址，爽恺端直，可修书院，即可举考棚而并修之。绅士等欢欣鼓舞，量力输财，客商、居民踊跃捐助，四乡富家大贾亦皆闻风响义，鼓力捐输。筮日动众，庀材鸠工，越丙午冬十月而告竣。其书院正中讲堂五楹，两廊书斋各六间，内斋各三间。院中牌坊一座，与考棚势相望，气相接，联地脉也。其考棚正中点名廨一座；左旁点名廨一间。居后左、右号房各九间，坐次排列，檐楹高朗，慎关防，示明净也。外面大门一座，二门三间，中有书院、院夫房各三间。自外而内，由卑而高，望之深邃，即之周密，加以黝垩丹雘，色泽鲜洁，询乎人文荟萃之所矣！士子鼓箧肄业，居肆成事，成人有德，小子有造，无不相观而善。县考则三年一次，各童生战胜文场，衔枚贾勇，争先出人头地。小成后，岁月舒长。地宇静广，号舍宽阔，之中无非读书讲习之地，书院考棚又何择焉？窃尝闻之程明道先生知扶沟，设庠序，聚邑人子弟教之；朱紫阳夫子知南康军，修复白鹿书院，教育生徒，立学规稗守之。其为风俗人心计，用意良深。来石邑侯学程、朱之学，即心程、朱之心。斯役之举，所以广造士、作人之化，属望于徽人士者，固不徒记诵词藻，趋时为文而已。徽人士可不自勉哉？爰勒石以志创修之由来。至一切章程地址，另勒贞珉，以垂不朽。是为记。

道光戊申，举人张显渠撰。

〖题解〗该碑记载了徽县创修凤山书院事宜。碑立于清道光二十八年（戊申年，1848年）。

〖撰者〗张显渠，徽县人，嘉庆戊寅科（即嘉庆二十三年，1818年）举人，曾为候补广西知县，借补米脂教谕，西宁教谕署县，后拔授官陕西汉中府教授。

## 重修大石碑路记

（清）杨昌濬

陇蜀踞天下之脊，山高而水激。徽县南六十五里曰白水驿，前明设驿丞，今革。其地为川陕要道。宋至和二年，转运使李虞卿以青泥岭旧路险峻，请开白水路，自河池（驿）至长举驿，未成而去。河池令王令图及工部郎中田谅等踵成之，迄于今近千年矣。

陵谷变迁，雨雪剥蚀，向之坦途，遂成峙径。亦因其所地左山而右江，水涨辄阻。山故多石，循山穿石罅以行，羊肠一线。石滑无以妥足，稍懈即仆，人与马滑落江，葬于鱼腹，行者苦之。每遇霪雨，恒弥月无行人。岁戊寅，（余）来襄西事，有为余言者，时方治军勿暇也。己丑春，奉天子命，移督关陇。又二年，檄知县龚炳奎权徽篆，以修路属之。饬总兵易顺胜率部勇，偕里夫、石工，举锄操畚，辟山斧石，或穴石实以硝磺屑，引以长线，火发石裂。于是凸者斩之，窄者展之，凹者补之，曲者直之，士人以为罕见云。是役也，始辛卯九月，迄癸巳十月，逾两年之久，乃蒇厥事。委秦州牧张珩勘验，全功共计程途五十五里，内修桥梁十四处，其尤险者以照壁岩、四道河、瓦全山、大石碑等处为最。昔之狭仅尺许，如循蚁垤者，今可并辔而驰矣；昔之高至数丈，杳入云集者，今周道如砥矣；昔之惴惴然涉春冰，蹈虎首尾者，今且歌于衢，舞于市矣。往者来者，肩其物、负其子者，相属诸道，庆幸同声。昔危而今安，行旅之欢呼，固应尔尔。然必守斯土者，随时修补，久而不废，则安者久安矣。任是责者，为龚令炳奎，竟不得睹其成。始终在事者为易顺胜，余嘉其勤。略阳方有路功，遣易顺胜往助焉。襄是役者，为哨弁曹松林、刘德贵、邹汉秋及邑绅吴来聘、李树模、赵崇德、黄协中、张景象、张裕惠。公用经费钱五千二百缗有奇，人捐款六千五百缗有奇，以其存者权子母，为岁修资。工成备书，以勒于石。

光绪二十年四月，总督、秦陇使者、湘乡杨昌濬撰。

〖题解〗该碑是清光绪十七年（1891）陕甘总督杨昌濬对徽县宋代以来的“白水路”约50余里进行整修之事的记事碑刻。碑位于徽县大河店乡王家河村南20米，花岗岩石质，碑文由四通碑并列组成，前三通石碑碑形制、大小相同，均为圆首长方形，通高2.5米，宽1.2米，厚0.3米，自右至左连刻在三通单碑上，碑文内容相接，额

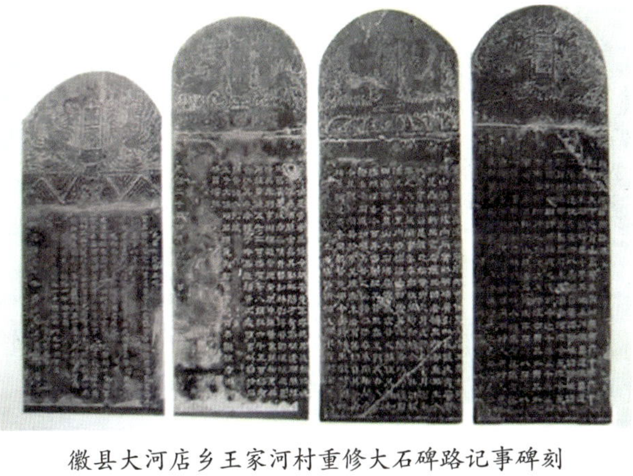
徽县大河店乡王家河村重修大石碑路记事碑刻

题“徽县大河店修路碑记”。碑文隶书竖行，每通碑约11行，每行20字，共38行。第四碑为捐资碑，高2.3米、宽1.2米，厚0.16米，碑身楷书捐资者姓名。尾题“光绪二十年四月□□”，杨昌濬撰，樊先珍刻。现存徽县文化馆。

〖**撰者**〗杨昌濬，字石泉，号镜涵，又号壶天老人，道光六年（1826）九月初九生于湖南省湘乡县神童乡丰乐三十八都（今湖南省娄底市大埠桥街道办事处宋家村）。历任为训导、教授、衢州府知府、浙江布政使、浙江巡抚。

## 徽县吴山革命烈士纪念塔碑

（当代）

徽县各族各界人民，为保护自己的胜利果实，为巩固人民民主专政，于一九五一年六月五日至九日，在中共徽县县委及人民政府领导下召开镇压反革命代表大会，会议除听取政府镇压反革命工作政策报告外，并由在蒋匪反动统治下死难烈士暨死难劳动人民家属，控诉恶霸、特务、土匪等反革命分子残害人民的血泪事实。全县代表和各机关干部及城关乡群众，举行了四千余人沉痛、庄严、肃穆的公祭追悼大会。本会决议：除展开全县规模的镇压反革命工作，彻底消灭反革命势力外，并在吴山修筑纪念塔，以作永久纪念。

徽县地处川陕甘交通要隘，在解放前，为蒋、胡、马等匪帮反革命活动军事据点之一，勾结本县反动势力，共同迫害劳动人民。我劳动人民被刀砍、枪杀、活埋，馇（铡）死、上吊、烧死的不计其数，受难情状，极尽悲惨。恶霸、特务、土匪等反革命分子，利用反动政权，如此横行不法，充分暴露了他们的残忍野蛮，卑劣无耻和罪恶滔天的封建反动阶级本质。我惨死在反动势力下的烈士及劳动人民，是无辜而冤屈的、壮烈而有功人民的。他们是社会幸福生活的创造者，我们在共产党、毛主席、人民政府号召全国人民起来镇压反革命之际，应替这些死难的阶级弟兄伸冤报仇，彻底肃清反革命。

徽县吴山革命烈士纪念塔

和其他地方同样，徽县在蒋匪反动统治时，豺狼横行，暗无天日，我死难烈士暨劳动人民冤死地下，血海深仇，何能瞌（合）目？伟大的共产党和英明的毛主席，是一切受屈含冤苦难人民的大救星，有了中国人民的胜利，有了人民民主政权的建立与巩固，才有了伸张正义，为冤死者申冤报仇的可能。因此，拥护共产党，热爱毛主席，巩固与加强人民民主专政，各族各界人民紧密团结，彻底肃清封建反动势力，完成当前土改、镇反、抗美援朝三大任务，建设独立、统一、民主、自由、繁荣、幸福的新中国，是对死难烈士暨死难劳动人民的最好纪念。

徽县各族各界镇压反革命代表大会

一九五一年六月

〖**题解**〗该碑文为徽县吴山革命烈士纪念塔（全称为“徽县在新民主主义革命时期革命烈士暨死难劳动人民纪念塔”）碑文正面（西面）碑文。该纪念塔初建于1951年6月，重建于1998年3月，高约8米，塔上部为四锥体，中间主体及塔基为正方体。

烈士纪念塔东面碑文为“徽县各族各界镇压反革命代表大会敬题：血腥统治几千年的封建阶级，已在我们面前崩溃，我们将在共产党的领导下创造幸福的将来，来纪念你们。”南面碑文为时任中共徽县县委书记王菁华题词“一切幸福的将来，勿忘这一正义的恩仇！”北面碑文为时任徽县政府县长司国权题词：“蒋匪一场皇帝梦，无辜人民遭不幸。土改反霸不封建，从此才消千古恨。”

## 徽县东关清真寺沿革记

（当代）马生桂、白崑

伊斯兰教创立久远，中国兴盛于元代。明成化年间，陕穆民经商来徽，因恋山水秀美而定居矣。然因礼拜无所，遂择小学之左为基建寺。明嘉靖中叶，寺宇破旧，教民拓新。明万历十四年，邑进士马负图出资增修房屋前后五楹。清末，规模更为壮观，街边唤礼楼三层六角，高峻宏伟。崇一殿明亮宽绰，寺内环境幽静典雅，古木参天，佳卉溢香。一九一一年（清宣统三年）辛亥革命席卷全国，清政府行将灭亡，时有同志会川军过境，满人县令徐登弟从中离间，制造事端，嫁祸于回，致教民惨遭杀劫，寺院民宅七百余间房屋化为灰烬。幸有诸多汉绅，力具真相苦谏，川军收敛杀戮之令。更有汉袍让房借居之举。横祸告熄后，回族先贤翰林哈锐轩鸣冤，状诉民国中央。翌年，即拨银派员修复清真寺。民国八年告竣，规模较前阔展，布局为二进四院，中间殿楼照壁构成主体，殿基四百余平方米，唤礼楼三层，高十五米，左为浴室、阿小，右为经堂、宿舍。砖木金石皆精雕细刻，虫鱼花卉，栩栩如生。殿侧花苑、凉亭对称竞美。微风吹过，但闻飞檐挑角处风铃叮当，令人心旷神怡。登楼遥瞰，山城美景尽收眼底，更是赏心悦目。

十年浩劫，崇一殿被拆，唤礼楼有幸尚存。一九八二年，国策复彰，教民欢欣鼓舞，献工献料，齐心修建清真寺，有远途伐运木料，废寝忘食、风餐露宿者；有自带干粮做工数十天不要报酬者；有精打细算、巧妙施工，为集体节约大批资金者；口口口、丁有德自设计、施工、领工、监理，直至竣工，未取分文报酬。即天涯游子亦献至诚之金。更有国家企事业单位，亦给于鼎力协助。俱此足见众穆民笃信教门之心，众志成城，挥汗成河，修建清真寺，兴盛教门之志。克服无援之难，群策群力，历时一年多，仅花五万多元，建成钢筋水泥结构礼拜大殿、教学楼，拓宽浴室，安装起唤礼楼雕花门窗等。而古建文化价值，仅留兴叹痛惜之慨。现教即兴，愿寺未芜，竖碑永志。

马生桂　白崑敬立

公元一九九九岁次已卯年冬月

〖题解〗该碑文记载了徽县东关清真寺历史沿革及重建过程。碑文楷书。碑立于1999年，现存徽县东关清真寺。

〖撰者〗马生桂、白崑，徽县人。

## 重修火焰山庙宇记

（当代）梁晓明

火焰山亦名青龙山，徽县南部嘉陵江边胜境也。山体古柏苍翠，草木葱郁，三面临水，犹如长龙蜿蜒东来，横卧于嘉江、永宁二水相交处。登其峰远眺，但见江水环绕足下，东南方石垒古堡掩映于丛莽之间，正南鹰嘴崖若苍鹰振翅欲飞，南面狮子崖如雄狮四方顾盼，嘉江对岸象山遥相呼应，众山相映成趣，故有古堡、苍鹰、青狮、白象、一条龙之说。山巅古庙甚多，四季香客不绝，游人如织，明清之际即为徽县道教重要的活动场所之一。惜世事纷繁，战乱、人事相扰，旧庙多已残破，胜景几不存在。欣逢二十世纪八十年代，改革开放，国泰民安。众会首商议修复火焰山之事，众乡民不辞辛苦，一呼百应，捐资投劳，历时八载，终将公路修至山顶，并修复重建了灵官、玉皇、祖师、圣母诸殿和山门、古堡等建筑群。各建筑均精雕细刻，错落有致，与天然山水浑然一体，使此山面貌焕然一新，成为县南旅游观光胜地。一九九七年古三月县人民政府并将古堡群列为县级文物保护单位。成此善事，实属不易，众乡民功不可没，乃刻石以记之。

徽县嘉陵镇火焰山庙宇

邑人梁晓明谨识　李中林书丹

凤翔刘伟刻石

岁在公元二零零零年正月十五日立

〖题解〗该碑文记载了徽县重修火焰山庙宇过程。额篆“火焰山”三字。碑文楷书。旁有功德碑，录重修火焰山庙宇功德主等姓名。碑立于2000年，现在徽县嘉陵镇火焰山寺庙。

〖撰者〗梁晓明，徽县人，徽县县志办主任，主编《徽县志》。

# 第四节 康县碑记

## 赐将利县仁济院牒

（宋）佚名

中书门下牒：阶州将利县仁济院

阶州将利县犀牛镇罗汉院牒

奉敕宜赐仁济院为额，牒至准敕，故牒。

嘉祐七年十二月一日牒

礼部侍郎参知政事赵

礼部侍郎参知政事欧阳

吏部侍郎平章事曾

刑部尚书平章事韩

犀牛寺碑刻拓片

将利县帖罗汉院，据状称：去乾宁五年，□□故右街兴圣寺出家后，于天复八年，随师到阶州犀牛镇，蒙百姓王师德舍得空闲土田一段，具界至□，东至横道，南至乾水沟，西至过道垠，北至瑶直上，据王师德舍到□□充，永为常住。修盖殿宇□舍，塑画功德佛像不少。□奉使帖□起省牒准敕，命指挥存留院舍，蒙使州指挥入省帐申奏，管系讫右据状奉判事，须出给文凭，帖罗汉院普明奉指挥住持，洒扫焚修，不得有违者。

显德叁年叁月拾伍日帖

权主簿颜

权县令马坤

右上件院舍自起置相承住持，至大宋癸卯岁嘉祐八年正月二十八日，降到敕黄一道，特赐仁济院为额，至癸丑熙宁六年九月八日立石碑记。院主住持　师侄德懿

三班奉职监将利县税务赵

将仕郎、权将利县尉兼主簿事王

商州军事推官、将仕郎、试秘书省校书郎、知将利县事韩。

〖题解〗碑文记载了北宋嘉祐七年（1062）朝庭敕赐阶州将利县犀牛镇罗汉院额为阶州将利县仁济院事宜。犀牛寺原称罗汉寺，后毁，遗址在今康县豆坪乡境内犀牛江（西汉水）与平洛河交汇处的南山坡上。参知政事赵，即赵概；欧阳，即欧阳修；曾，即曾公亮；韩，即韩琦。该碑立于北宋熙宁六年（1073）。

碑文前段为宋嘉祐七年（1062）所赐仁济院牒，中段为周显德三年（956）所赐罗汉院牒，后段是宋熙宁六年（1073）将利县立石人的题记。

〖撰者〗立碑者无考。

## □察院明文

（明）佚名

□巡按陕西监察…/

示知一应经商人等…/

茶马贩通番捷路…/

旧规诸察俱许□…/

□有仍前□便由…/

官兵通□□放者…/

□□

〖题解〗该刻石发现于康县望关乡政府西北约100米处的石猫梁上，现存康县文化馆。刻石有残缺，宽70厘米、高90厘米、厚18厘米，阴刻楷书，约49字，题额“□察院明文”，正文，竖书7行，现残存每行7—8字。残碑文字大部可识。由碑文中“茶马贩通番捷路”等字，可判定该残碑为记载古代有关茶马贸易事宜。立碑时间及立碑人均不详。从其内容考证，明嘉靖十五年（1536），巡茶御史刘良卿上奏“严禁边地茶贩私售”之后，“陕西巡茶御史督严各该边备、分巡、兵备等道，悉如本官所拟，申明律例，严加防守。仍书大字告示，翻刊印刷，发仰各该把截地方常川张挂，晓谕军民人等。”该碑便是巡按陕西监察御史即巡茶御史刘良卿命令察院以石碑形式发布的告喻“经商人等”的“大字告示”，立碑时间应为明嘉靖十五年（1536）。

康县望关乡发现的“□察院明文”刻石

〖撰者〗佚名。

## 关山书院罗星翁别驾德政碑

（清）柳万年、王建邦

千古之风化，千古之圣教维之也。圣教不隆，斯风俗日敝，倘不得其人以振兴之，而圣教于是乎息。今逢我罗公祖抚莅于兹，未期月而纲举目张，百度就范，道德齐礼，万姓景从。其所以急先务而敦化本者，犹谆谆于学校一事。邑属创修义学十余所，署文建修尽美，不惜烦冗，捐金百余，鸠工庀材，阅数月而告竣。惟特授读者济济，课艺者断断。同治癸酉，院试入庠而附佾者不下百奇，倘非敦学校以隆圣教，其何以桃李争妍，人文蔚起也哉！

彼都人士，咸相凫祝曰："恩加泽于编氓，先覃恩于多士，猗欤休哉！菁莪棫朴之雅化，宛然再见于今日治化之熙，如是焉，足矣。"而我公祖曰："未也。成人有德，小子有造，誉髦斯士，悬罄致叹。"又筹款四百贯以入息，为文生春秋两课试支。庶士子不虞囊空，乐观国光，共企大成，不屑小就，皆公祖之所鼓励诸生。培植人才者，非仅为子弟，计曲成实，并为风化，谋久远也。爰乃镌石永垂，胪列条款于万斯年，昭兹来许。谨列恩案如左：乡会试盘费。阳坝内补捐津贴钱四百串文，牒明州主，准作安宁、太平二里文生乡会两盘费，发岸门口富商朱登科立约领去，每月一分生息。礼书王芝芳存管，报州立案。举贡生柳万年、吴日章，增生王建邦、朱凤彩经理。逢科前月清算兑银，带到省城，照去应试文生名数均散，中式赴会，以存钱全邦。非科举外，分文不许提用。

书院庄基。系崔尚德所捐，右以山根，左以出入大路，后以堰渠，前以河心为界。价钱壹拾贰串文、粮叁合，立捐约粘卷，永作书院庄基，粮钱书院完纳。

修书院支用。恩主捐钱壹百六十千文，崔尚德捐私学内官钱四十二千五百文。

本关、窑坪、关沟、岸门口、两河口五处义学。每年每学由茶税项下发钱叁拾千文，牒明上宪立案。

大堡子义学。除充绺匪胡伪元帅所遗逆产，当借价四百六拾九千零，减让退所折，收钱式百五十千文，每月一分生息，满年获利钱叁拾千文归发。

梅子园义学。罚土棍唐业忠缴当地价钱式百五十千文，每年租课归发。

白杨滩义学。充办逆犯张九汀占张席德田地一分，招佃收租归发。

吴家河口义学。筹将集场斗佣拨发。

四月又奉上宪札，捐修兰省举院。关属除易银一千批解外，余钱六百千，经关主罗牒请洪州主饬，发成县隆升典商具领，生息长年一分，计获利六十千，作书院山长脩金，按季备文，派绅持取。长坝捐钱式百千，亦发隆升典商具领，计获息钱式拾千，作该处义学脩金，领取同书院照办。

各牌乡保，不准滥举匪棍。要绅耆公，举老成面验后充在乡，不得擅词拷磕。凡差役传案，按限日禀到，不准久押，背地磕索，酿成祸端。亦不准混派口食害民。以下田地、婚姻、账债、正经等案，不用锁拿者，百里以内准与差役钱六八百文；百里以外准与差役钱一二千文。凡奸盗命案、掳抢、抗官等匪案，不在此例，又不准捏办。

同治十三年四月初一日，郡贡生柳万年、山长增生王建邦顿首拜书。

〖**题解**〗该碑原存康县白马关（今康县云台镇）关山书院，现无考。关山书院始建于白马关西，光绪三十二年改为学堂，后移城内。碑立于清同治十三年（1874）。碑文录自民国王德新编《新纂康县县志》。

〖**撰者**〗柳万年（1813—1879），字朋三，康县云台镇柳家山人。清咸丰辛酉（1861）科岁贡，后为恩进士。平生从教，治学有方，桃李盈门，成绩卓著。桃李遍及全县各地。进士黄居中、贡生黄允中等人，都是其学生。

## 关圣帝君庙序

（清）陈再益

关圣帝君为本朝最尊之神，威灵特异，护国救民之功，屈指不可胜数。故上至天子，下至庶人，罔不岁时祭祀，以答神庥。若此处地处边隅，顽悍成俗，迩年兵燹之余，荒歉频仍，人民救死不赡，焉能事神？故河南有关圣尊神，香火冷落。益适奉宪命，带勇来筑城垣。将葳厥事，见城内分州治署东边有隙地，横竖数丈，可以修建庙宇，以妥神灵，用是不惜千金，鸠工庀材，刻期修举，不数月告成功焉。计正殿卷棚一架，戏楼一座，照壁一面，西偏房厅房屋七间，除招看守庙宇者住过一间外，尚有六间，以为每年致祭时官绅坐立之所，或陕甘两省会哨各大员及往来官幕经过借宿此内，但不准招惹闲杂人等占居焉。并於庙内修惜字炉一个。制祭品什物皆备，其祭祀费用所出除由围墙脚前至南城下以东铺户，应归庙中收租外，其余城内铺户尚有四十余间，以分州治署照壁之西归武弁收取月租，照壁之东归文员收取月租。时署分州事者西蜀胡公鸿逵，好义轻财，乐成人美，即将文员应得之月租捐入庙内，并行文各衙署存案。嗟乎！人之欲善，谁不如我胡公，诚亦善人也哉！其庙中神像，则仍其旧，只新塑关、周二将立於两旁，以为之辅。思忠孝节义，古人一体。后之视今亦犹今之视昔。所有出力阵亡将士，无非为国捐躯，异地招魂，情殊可悯，爰请友人开写姓名於木牌上，另作忠义祠於庙左供奉，附享血食，并由地方官春秋一例致祭，询足以励末俗而示将来也。是举也，虽曰崇报德功，不惮创修，於此日伏冀式凭，灵爽长绵，享祀於千秋。是为序。

位于康县云台镇的古白马关关楼

光绪七年岁在辛已季夏月吉日

头品顶戴记名提督督带安左营署阶州游击格洪额巴图鲁陈再益谨撰。

〖题解〗该碑记载了清阶州游击陈再益主持修建阶州白马关分州城垣、关帝庙及忠义祠事宜。白马关分州即今康县云台镇。碑文录自民国王德新编《新纂康县县志》。碑立于光绪七年（1881）。

〖撰者〗陈再益，上湘（即今湖南湘乡）人。任阶州游击。同治年间因攻四川青神县有功，赏一品封典。

## 建修白马关城垣碑记

（清）杨作舟

距阶州之东二百余里，有白马关，州别驾分驻之所。原无城，军兴以后，苦于蹂躏。又因地处边隅，匪徒易起，时虞滋事，官民惴惴不敢置眷口者。若无城，无以卫民。光绪三年，前州刺史石公心田，讳本清。石君本循吏之首，乃陈情禀请爵阁部堂左公，准奏，拨款创修城垣，以管带安左营陈梅村军门率部承其役。是年四月，即肇工焉。但关治狭隘近河，沙砾杂糅，难于施诸板筑，遂取材于山，全城胥甃以石，体重质坚，不可猝办，迨光绪七年十月始蒇厥工。城页崇二丈，厚一丈五尺，周围二百八十一丈，炮台四，门楼二，计需用匠工、砖石、铁器、灰料等项，共银三千余金。石城告成，民争聚处，诚以有恃而无恐也。庚申秋季，乞假回川。白马关城望之若太华削立，登之隅方而准平。时，军门已兼权阶营游纂，复捐资派弁，添设把总署及建修关帝庙、昭忠祠，更筹获庙前地租，供香火僧用之需，以为久计。商旅既集，廛市生色，虽斗大一城，居然气象维新矣。壬午夏，阶营来弁，为言城工竣后，地屡大震，其他城多倾毁，惟关石城毫无发损，是其可为金汤也者，请余记之。尝闻子舆氏之言：“天时不如地利，地利不如人和。”若徒以城为足恃，似不足昭后世。然军门之承是役也，因超距投石之暇而鼓舞之，仕伍不觉其劳。捐资建修庙宇，未派地方分厘之费。徐图之四年之久，军民杂居而无扰，虽古之善政无以如此。将谓区区一城，即足以视觇督军门乎？抑亦于斯城可徵军门之措施耳。后之任戎行膺民社者，苟循其念切民依，即下邑偏僻，必为之经营保障焉。斯城也，岂但凭恃于一隅，并可为千秋模范。余是以历叙始末，乐为记之。

花翎运同街甘肃直隶州西固州同、壬戌科举人、剑南华阳杨作舟撰。

头品顶戴记名提督军门管带安左营兼署阶州游击格洪额巴图鲁上湘陈再益率部署花翎总兵衔尽先补用副将、楚南长沙张万胜勒石

光绪八年十一月吉日立

〖题解〗该碑现立于康县云台镇（古称白马关）东城门内北侧。碑文记载了阶州白马关城的修建过程。碑立于清光绪八年（1882）。

〖撰者〗杨作舟，时任西固州同，事迹不详。

## 重修明珠山普贤大殿功德碑

（当代）鲍生贵等

明珠山普贤大殿界于陕甘毗邻，山寺虽小，遐迩闻名。不知昕于何时？而今无以为考证。多少年来，一直香火兴盛，每逢一年一度之四月十八日庙会，公演大戏三至五日，商旅云集，会场繁荣，善男信女烧香施主络绎接踵，众云“求之必应”，可谓神乎其神。

康县王坝乡鸡山坝村鸡山寺

嗟乎！自丙午之后，风云激荡，浊浪排空，茫茫十年浩劫，民受其灾，殃及神明，将其一座山不高而竣秀，寺不大而清幽之古代传统文化艺术建筑，及多年来精心培植成长之苍松翠

柏一旦毁之殆尽。尤其者，天然奇秀之山峰崖石开之炸之，剥去一层，望之秃然，触目伤情，有心人能不感慨系之矣！从来功之成者，莫难于创乎其前，而尤莫于继乎其后。有创自往古而废于今者，不有人以振兴而复修之，恐前无古而后无今矣。其寺之毁已有年矣！乃至戊申之后，时势机转，欣逢盛世，政通人和，百废俱兴，各地均有修复古迹名胜之举，以供旅游观光，搞活经济。爰有罗舒钱者，复举善念，续前缘，一唱百和，同集众议，是有重修之举，遂即请示政府有关部门，在县宗教局之指导支持下，便集资备料，施工修建，几经艰难挫折，耿耿苦心经营，时经十载，告厥功成，正殿三间，前殿三间，厢房、三霄殿三间，厢房过道三间，山门外土地庙一座，药王殿二间，僧舍三间，厨二间。目今因资金缺乏，力不从心，较之前者不足尤甚，而众姓皆表诚心，在今后继续修建，美中求美，精益求精，以当今之条件，定能超乎其前矣！

於乎其功告成，而今而后歌祀事之一孔明。跄跄济济，愿后来之勿替；继继承承，将后来之於今，亦犹今之于昔者，岂不懿欤。

鲍生贵、罗舒钱、陈举、金登喜（共 70 人，名略）

正殿画师马建民　画工张安玉、田得利

石匠崔明科　木匠张耀厚等

公元一九九五年岁次乙亥十月初五日立

〖题解〗碑文记载了创建康县重修明珠山鸡山寺普贤大殿过程。碑立于 1995 年，现存康县王坝乡鸡山坝村鸡山寺。

〖撰者〗鲍生贵、罗舒钱等。

## 白云寺碑记

（当代）

且闻事有前人为之，而后人述之者，亦有创自往古，而废于今者，不有人以振兴之，恐前无古而后无今矣！白云山寺原名凤头山观音古寺，始建于明代之初，历经年深日久，殿宇坍塌无存。迨至民国，爰有赵坝赵崇山合同嘴台杨生春等众好善乐施，存心虔诚，四方募化，重建修竣。后于文革破旧立新，岁逢丙午，毁于一旦。际此当今盛世，政通人和，百废俱兴，尤自党中央领袖胡耀邦总书记于一九八五年十月四日视察康县，为新建公园亲笔命名曰白云山公园。随之，将原古凤头山观音寺改为白云山白

康县白云山白云寺

云寺，为其山而兴之，增添锦绣光辉，以尽游者之兴，是有修复之举。今有好善人马玉珍请求我县领导，在宗教局、城建局、文化局的大力支持下，并同赵全顺、杨发印等众商议，一唱百和，大众集资备材，筹划施工，近乎五载，初告落成，其乃功归于众，感格神明。历来功之成者，莫难于创乎其前，而尤莫难于继乎其后。是寺几经兴废，而今幸又修成，以工而论，只是奠基开端，欲达之圆满完善，惟冀后继有人，跄跄济济，愿代代之勿替；继继承承，歌祀事之永兴。是以刻石铭志，万古长存。

公元一九九九年岁次已卯年二月十五日

主持人赵金顺、马志敬

〖题解〗碑文记载了康县城关白云山白云寺历史沿革及修建始末。额隶书“白云寺碑记”五字。下有一佛字。正文楷书。右侧书写“人民修复白云寺”，左侧书写“大众建设慈航宫”，隶书。碑立于1999年，现存康县城关白云山白云寺。碑有裂，有碑亭遮护。

〖撰者〗赵全顺、马志敬。

## 胡耀邦视察康县纪实

（当代）

一九八五年十月四日天朗气清，风和日丽。中共中央总书记胡耀邦一行沿当年红军长征路，视察到达康县，民众闻之，惊喜万分。年及古稀的胡耀邦同志虽长途奔波，而神采奕奕。下车后，即与县上负责人座谈，详细询问真情及工作情况，作了许多指示，特别强调县委书记的主要任务是如何让群众富起来。午餐后，应县上要求，他根据康县林业资源丰富的特点，挥毫题词：“创造营林致富的新经验。”并为新建的白云山公园题了园名。耀邦同志从上午十一时二十分到达，十二时四十分离开，时间虽短，给人们留下的印象颇深。他生活简朴，平易近人，豁达豪爽，谈笑风生，特别是快节奏、高效率的忘我工作精神，给全县人民以极大教育和鼓舞。今立碑铭志，以示永念。

康县人民政府敬立

公元二零零一年元月一日

设计撰文王守智　书写窦绍光

刊石傅丕忠

〖题解〗该碑记载了中共中央总书记胡耀邦视察康县始末。该碑文刻于碑阴，楷书。碑阳刻写胡耀邦题词“创造营林致富的新经验。胡耀邦　一九八五年十月四日”，为仿胡耀邦题词字体，草书，竖排两行。碑立于康县白云山公园，建有碑亭。

〖撰者〗王守智：康县人，任康县政协副主席、县文联名誉主席。

# 第五节　礼县碑铭

## 周故少师王公神道碑

（宋）李昉

周故通奉大夫、守太子少保、上柱国、太原县开国伯、食邑七百户、赐紫金鱼袋、故太子少师王公神道碑铭并序

门生、推忠协谋佐理功臣、金紫光禄大夫、中书侍郎兼工部尚书、同中书门下平章事、监修国史、上柱国、陇西郡开国侯、食邑一千一百户、实封四百戶李昉撰。

雄武军节度推官、将仕郎、试秘书省校书郎张贺书并篆额。

皇宋之启，昌运二十有五年，应运统天睿文英武大圣至明广孝皇帝嗣位之九载，三行郊祀之次月，故赠太子少师太原王公之孙秘书郎永锡，赍列祖行状，哀诉于赵郡李昉曰："伊我王父，世称哲人，仕历累朝，官登二品，耸缙绅之重望，留台阁之懿范。奄忽明代，垂三十年。虽马鬣之坟已封于故里，而龟趺之制未表于新阡。虑陵谷之变更，致声尘之销歇。奉先之道，是所阙焉。愿实录其芳猷，永垂名于终古！"

昉辱蓬丘邱之见托，感绛帐之旧恩，属文诚异于好词，颂德岂宜于多让。谨稽首抽毫而叙曰：王氏之宗，其来远矣。秉缑山之秀异，如淮水之灵长，或以儒雅称，或以门阀显。世济其美，代不乏贤。挺生我公，郁为人瑞。公讳仁裕，字德辇，其先太原人，后徙家秦陇，今为天水之人也。当童幼之年，失怙恃之爱，兄嫂所鞠，至于成人。唐季乱离，关右斯甚，俎豆之事，蔑无闻焉。既乏师友之规，但以畋游为事，二十有五，略未知书。因梦开腹浣肠，复睹西江碎石，皆有文字，梦中取而吞之，及觉，心识开悟。因慷慨自励，请受经于季父，《诗》《书》一览，有如宿习。凡诸义理，洞究玄微，下笔成章，不加点窜。岁余，著赋二十余首，甚得体物之妙，繇是乡里远近悉推重之。秦帅陇西公继崇闻之，以书币之礼辟为从事。寻属王氏僭窃，奄有两川，陇右封疆，遂成睽隔。公因兹入蜀，连佐大藩。

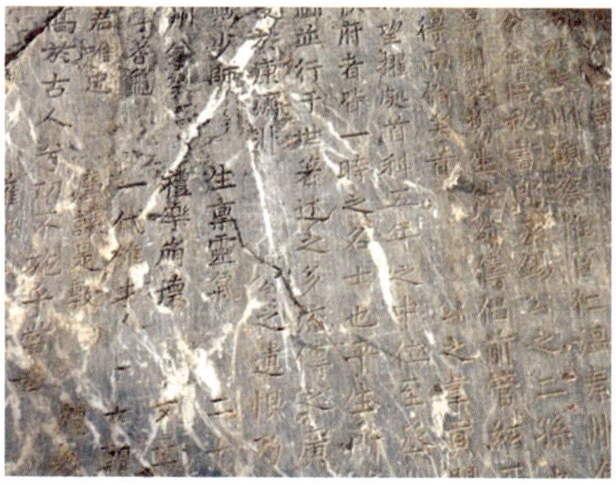
礼县石桥乡斩龙村王仁裕神道碑局部

历伪尚书、礼部郎中、中书舍人、翰林学士。蜀后主衍，好文攻诗，偏所亲狎，宴游和答，殆无虚日。后主昏湎日甚，政教大堕。公屡陈谠言，颇尽忠节，既割席以救难，竟舁榇而纳降。蜀亡，入朝，授雄武军节度判官。桑梓故里，樽俎上列，归与之乐，适我愿兮。职罢，归汉阳别墅，有终焉之志。著《归山集》五百首，以见其志。无何，南梁主帅王公思同，以旧知之故，逼而起之，密奏授兴元节度判官，不获。已而应命，

非其志也。洎居守镐京，复参赞留务。时岐帅潞王，据有坚城，将图义举，阴遣间使会兵于王公。王公依违之间，可否未决，犹豫方甚，召公谋之，公曰："事君尽忠，事父尽孝；忠孝之道，奈何弃之？"王公勃然而起曰："吾其效死于王室矣！"于是戮岐阳之使，驰驿上奏，忠规正论，闻者义之。俄而王师倒戈，奉潞王为主，王公果死于难，僚吏悉罹其祸。潞王下命军中曰："获王某者无得杀。"遂生至于麾下。潞王素闻公名，喜见公面，文翰之职，一以委之。公自陈曰："府主渝盟，臣所赞也。请就鼎镬，速死为幸！"词直色厉。潞王壮之，载以后车，俾随戎辂，教令诏诰，咸出于手。安慰京邑，先行榜谕，倚马吮笔，顷刻而成。潞王览之，大称厥旨！及即帝位，方将升玉堂之深严，备宣室之顾问。旋为近臣排斥，出为魏博支使，改汴州观察判官。数月，征拜尚书都官郎中，召入翰林，充学士，旌前劳也！晋祚初启，以本官归班，稍迁左司郎中，历左谏议大夫、给事中、左散骑常侍。晋室之季也，权臣用事，朝政多门，既荒歉以相仍，复干戈之莫戢。山河土地，遂强据于诸侯；礼乐征伐，政不出于天子！公痛纪纲之隳紊，抗章疏以指陈，屡叩天阍，极言时事。洪河方溃，非捧土之能堙；大树既颠，岂一绳之可制？以至胡兵孔炽，晋鼎寻移。怀直道而无所施张，览遗疏而诚堪叹息！汉高祖顺三灵之睠命，救四海之倒悬。大宝才登，中原亟定。有天下之逾月，拜公尚书、户部侍郎、充学士承旨。明年，带内署之职知贡举，制下之日，时论翕然！咸谓俊造孤平，将得路矣。举罢，转户部尚书，承旨如故。明年，以疾解职，授兵部尚书。周太祖即位，进位太子少保，尊名贤而宠旧德也。以显德三年七月十九日寝疾，终于东京宝积坊私第，享年七十有七。辍朝，赙赠，悉从优礼，诏赠太子少师。卜其年八月一日，权窆于开封县持中村。以大宋开宝七年三月十八日，秘书（郎）力护神柩，归葬于秦州长道县，祔于先茔，成夙志也。洋州录事参军讳约，公之曾祖也。成州军事判官、赠尚书屯田员外郎讳义甫，公之皇祖也。阶州军事判官、赠太子少傅讳实，公之皇考也。追封河南郡太夫人元氏，公之皇妣也。恒农（郡）杨氏，公之前夫人也。渤海郡夫人欧阳氏，公之后夫人也。并先公而殁。秦州观察推官仁温、秦州仓曹参军仁鲁，公之二兄也。成州军事判官傅珪、秦州长道县令傅璞，公之二子也。适校书郎党祟俊、适殿中丞刘湘、适河东薛升，公之三女也。绵州西昌令全禧、秘书郎永锡，公之二孙也。

公秉天地和气，负文章大名。义信著于交朋，仁孝被于姻族。闺门卒岁无闻诟詈之声；僮仆终身不知鞭挞之苦。可以见其为人也。每遇良辰美景，必携生童，命俦侣，前管弦而后琴筑，左笔砚而右壶觞，怡怡然！陶陶然！曾不以家事为意。旷达高怀，世无与比；篇章赋咏，尤是所长。行路深闺，无不讽诵。妙于音律，精于历象，又不可得而论矣。昔公之掌贡闱也，中进士第者凡二十有三人，时则有故宫师相国王公溥，今左谏议大夫、判度支许公仲宣，大司农李公恽，俱振美名，并升殊级。惟宫师王公，迥高时望，擢处首科，五年之中，位至宰相。小子固陋，亦预搜罗。玉堂冠于词臣，黄阁陪于元辅。逢时偶圣，何幸会以踰涯；自卵化翼，岂生成之可报！其余陟乌台，登雉省，内游谏署、外佐侯府者，皆一时之名士也。平生所著《秦亭编》《锦江集》《入洛记》《归山集》《南行记》《东南行》《紫泥集》《华夷百题》《西江集》共六百八十五卷。又撰《周易说卦验》三卷，《转轮迴纹金鑑铭》二十二样。诗、赋、图并行于世，著述之多，流传之广，近代以来，乐天而已。呜呼！位列三孤，名闻四海，享磻溪之寿考，绍阙里之风猷，高朗令终，可谓全福。然而生逢叔世，莫偶（遇）盛时，胸襟空贮于经纶，生灵不受于康济，非公之遗恨，乃时之不幸也。

昉门阑发迹，丘嶽在身。备位岩廊，讵敢忘于所自；垂文琬琰，理不在于他人。英魂懔懔以何归，宿草离离而永茂！洒涕挥翰，谨作铭云：

猗欤少师，生秉灵气！二十有五，方游于艺。浣肠得梦，吞石表异。先圣之书，一览而记。唐祚衰歇，广明播越。四海乱离，九州分裂。礼乐崩坏，文章断绝。若川无梁，若舟无揖。谁能启之，惟我少师。鸿笔丽藻，独步当时。纶言贡藉，是掌是司，缙绅领袖，儒学耆龟。一代雄才，七朝令誉。步骤九流，迴翔三署。以文骏位，非为不遇。以德藻身，动有阴助。诚信笃外，温润积中。行已以正，事君惟忠。谦让是敦，礼教是崇。台阁之内，蔼然清风。呜呼！明时不幸兮，哲人云逝！惊波不返兮，令名谁继？有磻溪之寿兮，无蹯溪之位！德空高于古人兮，功不施乎当世。茫茫长夜兮，古茔玄堂。离离宿草兮，夜月寒霜。任桑田之变海兮，播休问之无疆！

雍熙三年岁次丙戌七月丁卯朔十六日壬午建立。

〖题解〗该碑又名王仁裕神道碑、上柱国王公神道碑。碑文记载了五代时期著名政治家、文学家王仁裕家族世系及生平事迹。碑高3.05米，宽1.14米。碑现位于礼县石桥乡斩龙村王仁裕墓地前，立于北宋雍熙三年（986）七月。碑正文后有“大明嘉靖二十八年二月朔日文林郎伏羌令蜀王调元建碑亭泾州口非隐镌字监修吏麻九思”。碑阴有“少师祠下绍圣三年口月十一日知岷州姚雄题弟起男友仲侍行石州军事推官管勾洮东安抚司文字光钧同至恭谒按部过汉阳”刻字。

〖撰者〗李昉（925—996）字明远，深州饶阳（今河北饶阳县）五公村人。为王仁裕学生。官至右拾遗、集贤殿修撰。后周时任集贤殿直学士、翰林学士。宋初为中书舍人。宋太宗时任参知政事、平章事。雍熙元年（984）加中书侍郎。主编《太平御览》《太平广记》《文苑英华》，参编《旧五代史》。

## 盐官镇重修真武殿记

（宋）米居纯

盐官重修真武殿，功毕，太守王公光祖，字景先，谓下客米居纯曰：“予于乾道乙酉岁，捍御敌人至此，而井邑已皆焚荡，惟于灰烬中瞻见真君容像，巍然而坐，所饰丹青不变而鲜洁，所披之发不坏而具存，虽龟蛇之形状亦无所损。予钦仰其灵，已有重修之意，限力无及；适剖符来此，即计度鸠工，邦人闻之，不约而集。虞者木，陶者瓦，工自献技，匠自献巧，富者以财，贫者以力，不日而成。子可作记。”

居纯辞之不获，言曰：“尝闻明有礼乐，幽有鬼神。故子产论台骀之事，仲尼详汪芒之守。以祥而称者，五车践牧野之雪；以异而言者，二龙流夏庭之漦。神之格思理存言像之际，而况真君乃金阙应化之身，容像之所在，宜其显灵之若是乎？前敌人叛盟，意欲长驱而下蜀，至此而为官军所败，宁知非阴护之所致耶？敢不敬书。”

乾道八年十二月望日

同谷米居纯记，李德刊，石匠尹晖、张子忠，缘化主职医魏口，巩州天庆观授业道士王口。小师严口，云水道人员口、李口口；

武功大夫、兴州驻扎、御前右军统制军马、知西和州军州兼管内劝农事、边都巡检使、弹压军马王光祖立石。

〖题解〗该碑记述了宋长道知州王光祖重修盐官真武殿缘由和经过。所记金人南侵至盐官之事，可补史书之阙。碑长 130 厘米，宽 65 厘米，厚 1 8 厘米。米居纯撰文。镌于南宋孝宗乾道八年（1172），现嵌于礼县盐官镇旧卫生院正殿南侧墙上。

〖撰者〗米居纯：宋同谷县（即今成县）人。

礼县盐官镇盐神庙和盐井

## 两县二八分科后碑

（宋）李耆孙

乡贡进士县学谕李耆孙撰并书

口中李德刻

昔夏后氏治降（洚）水，别九州，克成厥功，万世永赖。史官记绩，孔子定书，以《禹贡》名篇。大禹之功，掀天地，揭日月，巍巍矣！述书者不言功而言过，岂非贡者生民戚休之所系！洪水虽平，贡赋不均，力屈财殚，人之主无日矣。此所以首称任土作贡，而以《禹贡》名篇，意以为治洪水，虽曰禹之功，至于口上贡，均民赋，尤为禹功之大也。窃尝口考其书口，则口地赋分口等，青、徐之贡，不以责之；荆、扬、梁、雍之赋，口以施之；冀、兖既定口上中下之等矣。于扬州田厥赋下上，上错；豫州田厥赋错上中；梁州田厥赋下中，三错。去民赋一也；约天下于同，可矣。今也乃立九等民赋，轻重上下，参差不齐。又于九等之中，错杂间出于上下之际，禹何为口口之倥偬区别哉？盖地有广狭之区别，民有多寡之不齐，故因其不一而归之于至一，因其不同而约之于大同，是以唐虞之民，雍熙泰和，乐输其上。口东作西成之功，大南风民财之阜，而为万世定法也。

西和，和政郡，古岷州，绍兴十三年移治白石，取今名，属县三：长道、大潭、佑川。长道为最，户口繁夥，州治在焉；其次大潭，介于河谷之间；佑川西连宕昌，尤为蕞尔。邑口口口口口口赋者口口口口口长道八分，大潭二分，佑川在所不足录焉。自口朝廷立市西戎之马于宕昌，马政刍秣之重首事于潭邑，五驿一监在其境内，曰临江、良恭、牛脊、本县、麻池驿口口口口口口止。本州一驿，其胥吏于郡者，又皆长道之民。口淫蠹币辄口旧坊，遂将马政刍秣不以二八分，均口口口口口口口县分应副，吾乡之民肟肟然，没于马政，困于赋役，诉于州家及监司者凡数载。第应虚文未口古口口口口口守西和之始年，大城李公令大

礼县太塘乡太塘村《两县二八分科后碑》

潭之二载，邑民王林、张辛等百余人诣郡再申旧例，而长道之民口口口口口口为一辞，牢不可破。王史宕水鉴其识，权衡其民，以为茶司委马政之责于州，州口口口之口口口口户口家业商确之。长道县户口见管七千户；大潭县户口见管一千四百户。又长道县家业钱除倚阁外，实管壹拾玖万二千五百捌拾贯捌百叁十柒文；大潭县除倚阁外，实管壹拾捌万叁千五百口口口口文。以口分口口，长道七分八厘，大潭二分二厘；以户口计之，则长道十分，大潭一分。而长道又口广谷大川，口口口口；大潭山高壑深，地皆险峻。绝长补短，长道八分，大潭二分，实为均一。及将麻池驿分隶长道，则知旧例二八分，深得古之定赋，不同之同，不齐之齐也。州家以其事上诸司，口口口宪史李公判其牒云："本州既将两县户口比较，又将两县家业钱皆口口口口，厚薄灼然易见，可谓口密，允当行，下示两县人户，从本州所定分数均科，永为则例，不得妄兴词诉。南山可移，判不可摇。"自此二八分赋后遂定，而长道之民亦贴然心服。今乃口学古前之为，邑之士民感守令之遗爱，复还旧赋之均一也，无以报德，绘史君令口口像于口口口西口永为口口口县邱之地。士民王楹，取碑材于山，口口立也。

今邑宰唐侯，为政之初，戾止泮宫，都（睹）碑石昔日口口口口口口者乎，爰命予为之记。仍将州家宪司行移公文并镂坚珉，以传永久。耆孙尝试以为通天地口口口口口口口口口已鸟长凫短，水舟陆车，万有事物之不齐，而会归于同者一也。故大禹因九州之贡不同，而成赋口邦，以全四海会同之功。先王之泽犹存，九祷之叙未泯。故宪史守令，因一郡两邑之异，宜而平赋役，为均齐之法，亦归于一而已。今皆位通显，历台阁，异时秉均衡，权造化，推一郡两邑不同之同，而致四海之同；维一郡两邑不一之一，而致天下之一可也。

宪使李公，大政其名。王使君，名朴，字之厚。李令君格南寿，其去政之十二年，贺刻诸石。

庆元二年正月吉日。秦亭李耆孙谨记。

迪功郎、县学长魏彦国篆额。

成忠郎、大潭县尉李璋，将仕郎、大潭县主簿姚荣之，忠训郎、奏辟知西和州大潭县主营劝农营田公事兼兵马监押唐文炳立石。

〖**题解**〗碑文记载了宋西和州大潭、长道二县二八分科承担税赋事由经过。碑长128厘米，宽74厘米，厚22厘米，立于南宋庆元二年（1196），1955年出土大潭古城遗址内。碑现在礼县太塘乡太塘村（南宋大潭县署旧址）。对研究南宋地方赋税制度、马政管理有一定史料价值。

〖**撰者**〗李耆孙，事迹不详。

## 南山妙胜廨院碑

（宋）佚名

**（碑额）大观敕书**

**尚书省牒：南山妙胜院惠应殿牒，奉敕宜赐惠应殿为名。牒至准敕。故牒。**

**中大夫守右丞徐　司空左仆射 大观元年九月六日**

秦州南山妙胜院，敕额古迹。唐朝贞观二十三年，赐额“昭玄院”“天水湖”。至本朝太祖皇帝登位，于建隆元年将“昭玄院”赐敕皇改“妙胜院”；“天水湖”改“天水池”。其水冬夏无增减。

至乾兴元年真宗皇帝登位，本院铸钟一颗。于元符三年十月二十七日，经略周淳（孛）夜梦本院降龙尊者具天水池，特奏朝廷，奉圣旨，每年遇天宁圣节，许度僧一名。至大观元年，秦凤路久愆雨泽，经略陶节夫奏：八月十二日降御封香，令侧近祈祷于天水池佛殿焚香。翊日，甘泽滂霈，三赤有余。本州奏朝廷，九月六日奉圣旨降到，敕皇天水池佛殿，可赐“惠应殿”为名，蠲免诸般税役。间岁，赐紫衣国师号一道。至宣和元年，经略郭思切见本州冬夕久旱，于“惠应殿”祈祷有感应，特奏朝廷。宣和三年正月十九日奉圣旨曰，将“惠应殿”系祖宗昌英郡望之地，改“法祥殿”，专令护持“天水灵泉无穷”一面给付。中尚书省牒已将敕先次给付讫，请一依前项圣旨，指挥疾速施行，须专指挥。右今帖南山“妙胜院”，仰详此照会。

礼县红河乡草坝村妙胜院和南山妙胜廨院碑

大观元年九月　日给。奉议郎、签书节度判官，奉议郎、通判，秦州军州使、龙图阁学士、左忠散大夫、秦州安抚使兼马步军都总管使郭思。

南山妙胜廨院在天水县茅城谷，有常住土田。至绍兴十四年，有檀信税户王楫同弟王宁，同男王光祖，孙王焘、王熙等，舍到院基一所，修立妙胜廨院：佛殿、法堂、三门、僧堂、厨舍共计三十余间，内有五百罗汉圣像，当中慈氏释迦等圣像。至丙辰正月一日，将本院敕皇碑文再录于妙胜廨院立石。

庆元二年岁次丙辰正月一日辛巳朔，住持主僧善登，前住持院主僧　洪口。

本院受业僧：善禧、善开、洪修、洪湛、洪满、洪晟、瑞珍、洪玉立石。

进士时日祥书，刊石匠吕全，石匠盖仲。

〖题解〗碑文记载了宋秦州南山妙胜院天水池佛殿奉敕改为“惠应殿”（继改为“法祥殿”）的经过。

1990 年，在礼县红河乡草坝村出土，碑高 95 厘米，宽 51 厘米，厚 12 厘米，竖书小字共 28 行 700 余字。碑立于南宋庆元二年（1196）。现置于礼县草坝乡草坝村。

〖撰者〗时日祥，进士。

## 大元敕赐雍古氏家庙碑

（元）程矩夫

翰林学士承旨、荣禄大夫、知制诰兼修国史臣程矩夫奉敕撰。

集贤学士、资德大夫臣赵孟頫岁奉敕书并篆题。

先王之制：诸侯庙五，大夫庙三。父为士、子为大夫，葬以士，祭以大夫，礼也。是以君子将营宫室，宗庙为先，祭器为次，宫室为后。而宗庙之器苟可铭者，而无不著焉。所以庆、所以劝也，忠孝之道备矣。今天子稽古右文，一本于礼。河洛之思，羹墙之见，慨然延念先正之臣。左右乱四方，其股肱心膂之绩，固已彰于彝，常焕乎其足征矣。乃若国家所以报往而劝来者，犹以为未居于极也。爰命公卿举先猷、展故实，而隧章之典行焉。于是陕西行御史台，以侍御史世延父祖勋伐，列上公章。有旨，集博士礼官议。议既上。诏赠故征行大元帅按竺迩为推忠佐运定远功臣、太傅、开府仪同三司、上柱国，追封秦国公，谥忠宣；配白氏，秦国夫人。故蒙古汉军元帅国宝为推诚佐理宣力功臣、太尉、银青荣禄大夫、上柱国，追封梁国公，谥忠宪；配云氏，梁国夫人。明年，公孙世延入参大政，政以咸熙，天子嘉焉。又赠其曾祖故群牧使〈黑旦〉公彰义保节衍庆功臣、资德大夫、御史中丞、上护军，追封冀郡公，谥忠毅；配韩氏，冀郡夫人。繇是参政之先三世六代俱蒙加恩。又明年，参政拜中丞，自中丞迁右，辖分治云南。天子顾中丞曰："非君不可，复拜中丞，以乃祖乃父勤劳皇家，宜最其生平，著之秘祀，庶几永启厥后。"爰诏臣钜夫，文其家庙丽牲之石。臣惟上之于下郅隆者，恩也；大复古始者，礼也。感激奉诏。谨按：忠宣公雍古氏，云中世族，幼孤，育于外家曰术要甲，因姓舅姓转乃为赵。忠宣智略深长，弓马绝世，弱冠材器已显，攻城略地，所向无前。扈太祖平河湟，从太宗下岐凤，取平凉、庆原、邠泾，如风陨箨。金人固守关河几二十载，一旦忠宣假道捣虚，如天坠地涌，良平之智不及施，贲育之勇无所用，心溃胆裂，莫之能支。睿宗深所嘉赏，金繇之遂墟。已而奉律西征，陇右遄定，进兵蜀道，首集阶文，守汉阳，制三边，纳土番，收后效。成都夔门之战，江油张掖之师，皆其功之皎然者。多谋尚义，爱下恤民，所至救殄戳、赎俘囚、辑降附，则所惠盖广矣。然则开国之功，不后诸将而略不满，

礼县城关镇南关村赵世延家庙碑

假退然若无，所谓劳谦君子者欤！

忠宪虽出将家，自幼学问，雍容闲雅，言貌甚笃。盖忠宣虽积苦兵间而敬礼儒生，恒戒军中无毁文籍，是宜有佳子弟之报。慷慨倜傥，能得人之欢心。勇于当敌，爱恤士卒，有古名将之风焉！重庆、删丹之战，皆居军锋，或降或歼，无不如志。火都授首，荣之弥精，思立奇功，以承先志。乃招属户修废州，虎视西南，别授元戎之寄。于是，徼外羌渠畏威宽塞，列于王会。初不自以为功，降羌爵命返出其上，殷勤逊谢，益简帝心。君子有终，世济其美，古之名将有不能及者焉！

窃尝究观，成功之臣弗居者百一，而矜以致败者何多也！若忠宣、忠宪，为而弗有，有而弗恃，簪组蝉联、式克宜于令闻，父子祖孙，并授显服。胙之秦梁，跻之庙祏，遂将为百世不迁之祖，非盛德，孰济登兹。尝闻云中据西北河山之奥，原野高博，风气凝厚，炳灵异而生其间者，不出则已，出则必瑰伟绝世之材。若雍古氏之达已数世，而方来者弥昌，其不谓之间气之钟欤！且家奋与韬钤，而中丞服膺诗书，动必以礼，高才姱节，负天下重望。尊天子之命，考先王之礼，于报本返始、教孝移忠之义，盖倦倦也。诗不云乎，以似以续，续古之人，斯可谓能似续者矣。揆厥渊委，宜有雄词；发扬蹈厉，老臣何能。然大君有命，谨摭其大者而系之铭。铭曰：

皇帝御寓，天盖地函。万有咸乶，施仁锡类。幽遐开通，恩明在上。矧兹世劳，崇功广业，礼有攸当。惟雍古氏，方升名口，父子相望。扬休缵庆，光于家邦。以将以相，桓圭玄兖。尔祖其从，同宗与享。馨香惟德，口口口口，子孝臣忠。刻此贞石，以昭渊猷，以迪永养。

至元丁丑孟秋初吉。

孙男奎章阁大学士、翰林学士承旨、银青荣禄大夫、知制诰兼修国史、中书平章政事、鲁国公世延启建。

〖题解〗该碑又称赵世延家庙碑。碑文记载了元征行大元帅按竺迩及中书平章政事赵世延家族世系及功绩。翰林学士承旨、荣禄大夫、知制诰兼修国史臣程矩夫奉敕撰文，集贤学士、资德大夫臣赵孟頫岁奉敕书并篆题。碑高 3.5 米，宽 1.3 米，厚 0.24 米，立于元顺帝（后）至元三年（1337），现位于礼县城关镇南关村。

〖撰者〗程钜夫：名文海。授宣武将军、管军千户。寻进翰林修撰，屡迁集贤直学士，兼秘书少监。至元二十年，加翰林集贤直学士，同领会同馆事。二十四年，诏拜侍御史，行御史台事。大德四年，迁江南湖北道肃政廉访使。八年，召拜翰林学士，商议中书省事。四年，拜浙东海右道肃政廉访使，留为翰林学士承旨。

## 新建西江灵济庙记

（元）张仲舒

古称天下山河，或从乎两界，而皆起于鹑首之次。鹑首未分也，居天下西南坤方，自秦陇西南，皆坤之维，则《禹贡》所遵之“南条”也。其山川灵异之气，郁为神明，生为显人。《记》称："地载神气，风霆流行。"《诗》称："维岳降神，生甫及申。"非虚语也。天地以正气，自鹑首而南融，方结错峙，如勇马奔放而回旋，百里一折，千里一曲，或起或伏，或斗或触，或倾或踽，欲去而不能去，有渤然怒张，浩然不可遏之势。行如方阵，止如列营，盘如长蛇。其精神所发，君蒿昭明，有不可掩者，故云为神之明隩，而五峙、寿宫、金马、碧鸡，耿在史册。类皆御大灾，捍大患，蒸云澍雨，水旱疾疫得祷焉。然特职其幽而显者，非神之所能为。及国家抚休明之运，为祭祀之典，而后天地之气通。故砺出若山石纽而降，世有其人焉。传曰：明则有礼乐，幽则有鬼神。其理潜通，不可诬也。当陇蜀之冲，有水名西汉，亦原嶓冢而出，至天水郡曰"西江"，大神居之。其峻极之势，南骛西折，英灵磅礴，蓄厚不泄，环山为壑，大江回潆，潜入于丙穴。有鱼神四，游泳其中，时出于江之浔，莫敢忤视，里不称曰"鱼"，曰"河神"。网而食者，其人立死，民愈神之，歌舞岁事唯谨。神以福其民，无干湿夭折之患。既以王爵，祀其土主，祠祀至今不懈益严。有唐之季年，翰林王公仁裕，实生其间。既弱冠，梦神剖其肠胃，倒西江之水浇之，中沙石皆篆文，勉取而吞之，自是文章焕发。任承旨，位少保，为世儒宗。尝知贡举，其门生则有若王溥、李昉、和凝、范质，其人皆为将相，佐兴运焉。夫当天地清明之期，山川鬼神其与知之，则必为出伟人，使之弥纶参赞，恢张一时政化之盛，以表异于天下来世，此理之当然，无足怪者。今翰林承旨赵公世延，秦人也。人物杰立，与王公相望三百年间。尝以事西江，有谒于神也，退而梦一异人，长裾幅巾，援图来见，视其图，前西山间，有大蛇飞跃而上者，领腹之际，红刻有光，烂如也。觉而异之，占者曰："是升腾之象，神告之矣。"既乃由郡牧历台省，率再六月一迁，以王公应梦是践，此岂偶然之故耶！夫自三代以上，神人之理为一，故其应于梦兆，协于正祥，如诗书记传所载，可信不诬。今公方都显位，用诗书礼乐，致明主于三代之隆，畴昔之梦，觉有徵矣。而兴科举于百年之废，实自公始。公知延祐二年贡举，得人之多，将与王公之事，辉映国史。今官虽与公略相似，而公享奋大一统之朝，秉均承明，黼黻文治，盖王公所不及。况于用才学显，膺膺不世知遇，为明时贤臣，方当介圭端揆，大摅其尊主安民之蓄，以文太平。则神人之所望于公者，当何如哉？会圣朝褒秩百祀，公以大神为请，加封"灵济惠应文泽王"，庙曰"灵济庙"。因为迎享送神乐章遗之，使岁时歌以祀焉。词曰：

陇山青青兮陇水泠泠，神拥玄云兮水立四溟。长剑竦天兮摩抚慧星，左操赤蛇兮右鞭紫霆。有来肃然兮文凤流铃，光如匹练兮下委我庭。戛丝撞撞兮二八窈婷，蒸惠奠桂兮有椒其馨。兰膏发焰兮气傍沓冥，神具醉止兮厌于羶羟。遭世升平兮有鬲有局，神属心气兮品物流行。明为正神兮显号大廷，灼灼神美兮濯濯汉灵。下炼金轴兮上馆遗经，两仪德一兮万薰清宁。惠我关陇兮岁无蝗螟，报事春秋兮何千亿龄。

〖**题解**〗该碑记载了礼县西江神庙神主事迹及请封西江神为"灵济惠应文泽王"、封其庙为"西江灵济庙"之由来。此碑存礼县石桥镇清水村西江神庙，惜于1973年夏天，暴雨将庙院冲毁，碑成残碑。庙炉、柱础铭文为元至元五年（1339）七月建。碑文又作建《西江庙记》，录自清乾隆《直隶秦州新志》卷之十一艺文。

〖**撰者**〗张仲舒。

# 大元崖石镇东岳庙之记

（元）周 夔

奉训大夫、江南诸道行御史台都事周夔撰文。

亚中大夫、河西陇北道肃政廉访司副使野峻台书并篆题。

圣人之制，祭祀也。法施于民则祀之，以死勤事则祀之，以劳定国则祀之，能御大灾则祀之，能捍大患则祀之。唯方岳见诸虞书，复见于周官，秦汉登封泰山，皆未见徽称。至唐秩封方岳“东岳天齐王。”宋加“天齐仁圣帝。”国朝加“大生天齐仁圣帝。”五岳视三公，四渎视诸侯，惟天子得而视之，其来远矣！独东岳祠庙遍海宇，诚未合于礼经，由其首冠群岳，方主生生仁育，浃洽民心之深感之也。

礼县崖城乡九泉山东岳庙

崖石，古岷之巨镇也。先是天戈西指，金虽亡，北而襄武，西有西戎，南接宋境，皆劲敌焉！丙申，上命秦国忠宣公按竺迩镇抚三方，开帅阃于西汉阳天嘉川冲要，是镇为属。旧□东岳灵祠，雨旸灾诊，有祷必应，有文实岳府纠察司也。国公思有以住持者，难其人。戊戌，经理川蜀，得昌州天庆观道士毋混先者，道行高洁，以祝被御患为心，喜而纳诸祠，命掌其事。唯时毋混先承命，焚修甚谨，继从其祠之前创“集真阁”，以栖九真，复道廊庑以居列圣，斋库庖福，咸集其事。一旦，命其徒慧昭曰：“尔子陵云，仍天缘地契，行化利物，超乎等辈，宜继斯焉！勉旃毋忽。”语毕而逝。自尔慧昭奉命愈励，夙夜孳孳，心靡适佗。复以岳祠居后，莫便祷祀，遂卜筑高冈，妥岳灵。自延佑丁已经始，至治辛酉落成，于是神各有栖，人怀其吉。一日，慧昭踵门跽请纪其始末，予嘉其意，《周书》有曰：“厥考作室，既底法，厥子乃弗肯堂，矧肯构？厥父灾，厥子乃弗播，矧肯获？”今毋混先一方外之士，严谨自持，以祝厘为务，一承忠宣之命，而竭心尽力，始终不渝，遂成其志。其徒严慧昭尤善，扩其师之心，成其之所未成，终其之所未终。岳祠一筑，遂得其所，捍灾御患，感而遂通，其规其随，守而不易。可谓善述人之事，善继人之志者也与夫“矧肯构、矧肯获”之流，亦可同日而语也！于是乎书。因铭曰：

岱宗磊磊，鲁邦是鉴。仁柄生生，海宇思御。崖石巨镇，人维至诚。中有祠宇，曰旸曰雨。忠宣维怀，隶求其主。曰毋居前，克张其矩。曰严居后，克接其武。神赫厥灵，赉我西土。与国同休，永永莫数。

至元五年岁在已卯季秋吉日。

本观住持金栏紫服希文凝妙玄微大师严惠昭建。

〖题解〗该碑由龙首、碑身、龟趺三部分组成。碑高3.1米，宽1.87米，厚0.3米。為元至元五年（1339）建。正面刻老君“清静经”和世居官僚名称，背面记载按竺迩镇抚崖城筹建东岳庙事迹现存礼县崖城乡街道村九泉山的东岳庙旧址。周夔撰文。野峻台书并篆题。

〖撰者〗周夔：元奉训大夫、江南诸道行御史台都事。

## 礼店东山长生观碑记

（元）牟守中

三洞讲经虚玄妙知闲真人牟守中撰。

大中大夫、兴元路总管府达鲁花赤兼管本路诸军奥鲁劝农事和尚书。

通议大夫、常州路总管兼管本路诸军奥鲁劝农事野峻台篆。

朝请大夫、同知巩昌等处都总帅府事贴木立朴花建。

窃闻神无方而易无体，至理难言；显诸用而藏诸仁，随时发现。粤自乾坤定位，日月著明，风霆动散以宣威，寒暑往来而成岁，若无主宰，孰掣纲维？是知运阴阳者莫过乎百灵，济国家者莫逾于大道。是以轩辕竖观，设祭酒以掌三牢；大舜省方，明典仪而修五礼。昭诰蒸民之则，殊分玄教之源。及老子之舜朝，出函关而传道，丹符万卷，道德五千，弘扬清净之风，振起仁慈之善。自此仙山灵洞，雾阙云宫，遍覆宇以连甍，锥遐荒而接景。

今兹礼店，雄镇西陲，有守土之功臣，膺平章之重职，明馨德教，优庇缁黄，垂范甘棠，赞襄大本。是郡也，东北掖乎秦、巩，西南跨被阶、文。汉阳、长道之清流，夹涤污染；红岫湫山之茂麓，两助祯祥。郡之震方，有川曰“天嘉”，四顾则秀入画图，六仪则合乎地理，岂让梁原之美，优增洪澳之猗。天朝甲辰年间，偶有高士姚大成，本贯西蜀，云游至此。其人业于儒道，兼治术医，博览诸经，尤精二宅，见景留心，罄其所积，买到周卜花地土一区，化其工费，锐意缮修。上蒙功德主平章恩府，高垂隆花，畏景无加，时沛甘膏，玄田沃足，于是建正殿，塑三清，立行廊，修请位，匾其观曰“长生”，题其殿曰“三清”。观乃焕然而可瞻，师则修然而辞世。其徒姚善能，乃孙姚洞玄继志述事，肯构肯堂，卜于殿后，再新基址。启创岳祠，皇帝主其庭，十王侧其庑，七十六司、六曹、九署，像皆完整，告厥成功。官员士庶祈祝伸诉者摩肩，还愿献香者踵庙，圣之彰灵，神之显验，不胜枚数。先于元统甲戌年间，有本府达鲁花赤和尚，刻妆行像，以备官民迎请，年例庆诞，设醮笺天。诚劝善之先容，最乡间之美事。目今弟巩昌路同知总帅贴木立补花，延请乃兄共议立碑，光传不朽。乃遣使来索其记，仆愧浅学，加

礼店东山即今礼县赤土山

之昏睑，又不能违命，忘其固陋，聊笔实勣云耳。铭曰：

洪帷聃圣，出处莫穹。眷言谁之，变化犹龙。指陈众妙，重立玄功。万邦化日，千古清风。身分五像，神具道通。光宅天下，洞观域中。雍州极广，礼店最雄。天嘉福地，环拱奇峰。兴修玄苑，严奉金容。羽人鹤氅，玉磬琼镜。朝参三圣，庆祝九重。世臣太宰，巨室华宗。绵绵宠耀，代代昌隆。老氏家风兮德大道，道人行素兮务增崇，彼我是非兮一扫空，死生夜旦兮任化工。

大元岁在辛卯至正十一年三月二十九日，天恩上吉。

长生观住持、崇德明真大师姚洞玄重修立石。

〖题解〗该碑介绍了姚大成缮修礼县礼店东山长生观的经过，碑建于元顺帝至正十一年（1351）。碑文录自新修《礼县志》。

〖撰者〗牟守中，三洞讲经虚玄妙知闲真人。

## 重修盐官镇盐井碑记

（明）杨典

天不爱道，地不爱宝，亶乎其然。宝藏之兴，固有金玉锡铁铜矿，而济世犹见盐之为物，生民不可一日而乏者。西和之东［古迹汉诸葛祠，祁山堡东］盐官镇，古有盐井。我大明编卒工阮三十家，日支水五百斗，月收盐三百六十五斤有余。不惟有益于一方之生民，抑凡济遐方之用运。不意嘉靖十二年十月初九日戊辰，其井响声如雷，至次日，西南隅塌一角，水涸五日。义官何论并灶户呈其事，知县魏尚质同诸父老设香案虔祷，其水复出。大巡王公绅少，方伯刘公存学，即命秦州同知郎中于光宇督工，散官左宗宽，老人赵奋鼎建如旧。访父老，究其井之源头，虽有石碑，因年久，碑文脱落大半，命洗涤垢玷，谨寻摸其一二，谓井之源流肇自后周，有异僧志恭巽水于地，后为卤池。至唐贞观间，尉迟敬德田猎于此，流矢中兔，其兔带矢之地，遂掘而成井。唐杜甫有诗，具述其所由来。故至宋淳熙元年，开封刘规掌其出纳国税。越两冬，暴风起于西北隅，井随地而大坏。规思然莫知所以，呈于有司，调长道、天水、大潭三县夫役，仍委知长道县事兼兵马都监宋珏重建井。功完，水仍涸。公设香案再拜，而井水涌出，诚意感格之速，其井遂成，世世以至于今。其盐，西南通徽、成、阶、文、礼县、汉中，东通秦陇，凡舟车所至，人力所通，靡远弗济。又为国助边储有所赖，通商货利无不益。余旁搜博访，遍考史册，秦之陇西，汉之天水，宋之汉阳，皆此地也。肇启于此，迄今千载余矣。诸父老概然兴怀，见旧碑脱落颓坏，恐世后盐井源流久而失传，佥立诸口为记。予乃镌摩旧碑之迹，溺管一述之云，仍备录事实於碑，后之人异世相传，庶知其所由来矣。则后之视今，亦犹今之视昔也哉！固勒石以志不朽。

乡进士、知西和县事、文林郎太原杨典撰文。

嘉靖丁未正月吉旦，立石

〖题解〗该碑记记述了礼县盐官镇盐井由来及重修盐井之经过。碑立于明嘉靖二十六年（丁未，

1547 年）。碑文录自新修《礼县志》。

〖撰者〗杨典，知西和县事。

## 重修祁山武侯庙并建祀田记

（清）何承都

壬辰孟冬，后学承都奉命两河，巡行天水，道经祁山，谒侯庙，览形胜。四峰簇拥，两水环带，东则关山雄峙，西则五凉上流，盖秦蜀之要道，而中原之资武也。余小子承都再拜，周视历年倾圮，遗像俨然，烟火香沉，吊古余憾，有述必兴，存乎其人。或曰："侯六出斯地，慑司马之胆，纾英精之徽，俾叡、懿终其身不敢窥巴中半步者，六出之威，有以震压之也。"或曰："侯草庐指画三分，吞吴遗恨，所不能为者，天也。"余读少陵诗："伯仲伊吕"，然为伊吕易，为侯难。伊自还相，功成身退矣。八十老叟，营邱封矣。侯负孺子，以控魏吴间，鞅掌祁山五丈原，驰驱身歼，盖其心，以恢复王室为心，明一日不敢忘汉也，犹之周公不敢离成王也。夫辟谷从赤松子，周旋诃护于悍后孱主，以自全其芳名，食少事烦，鞠躬尽瘁；于强敌弱祚，以自明其忠勤，厥功异，厥心同焉。《诗》云："高山仰止，景行行止，虽不能至，心窃向往之。"既睇榱桷几筵而重新之，复谋香火祀田而绵购焉。爰为之记。

礼县祁山上的武侯祠

顺治癸巳春正月元日

巡按陕西甘肃监察御史、温陵后学何承都拜书

文林郎、知礼县事口口口

〖题解〗该碑记记述了重修祁山武侯庙并建祀田之经过。巡按陕西甘肃监察御史何承都撰文。碑立于清顺治十年（癸巳年，1653 年）。碑文录自康熙《西和县志》。

〖撰者〗何承都：字玉水。福建泉州市晋江县（古称温陵）人。明朝崇祯十五年（壬午，1642 年）考中解元。清朝顺治六年（1649）再登进士。授刑部主事。越年，任巡按陕西甘肃监察御史。

## 重修至圣庙记

（清）牛运震

惟天生大圣孔子，经纬制作，与世无极。帝王右享，典祀匪懈。自京畿、州、郡、县、卫，大小内外，莫不虔祀。以堂以室，悉焴悉当。

礼县，旧领秦州之一大镇所也。创县之初，庙旧在锦屏山之麓。顺治中，改卜于县西，嗣复迁于所城东北街素王之宫，乃有定宅。然廊庑湫隘，榱桷颇移，殆不足以妥灵爽。岁久日深，风雨岌岌，又动荡之。诸莅斯土者，瞻拜宫墙，每为浩叹。事惟因陋，人难虑始。自初有庙，迄今七八十年，盖未有慨然发愤更铸新宫，以发皇圣教于无量者也。

江南程侯，乾隆元年来，既谒，纠礼之缙绅士大夫而谓之曰："孔子庙在州与社稷埒，今礼庙若此，余有司及诸大夫之耻也。俱孔子裔属，有圣弗崇，县何以为礼？且朝廷尊扬圣教，至厚极隆，礼虽边邑，安得独阙废？"于是礼之绅士吏民人等，咸翕然一辞，乐闻其兴也。捐输金资，劝登工力，采石于铁峡，选材于岷岭，鸠工于乾隆四年夏四月，落成于五年春三月。自崇圣祠、大成殿、两庑、戟门、奎文阁、灵星门以及名宦、乡贤祠宇之属，靡不规制厘整，灿然更新。此皆程侯倡率督劝，而礼邑士大夫趋德慕义、左右效命之力也。

予，孔子之国人也，生长近先圣里居，甚幸。诵其书，习其车服礼器，甚亲且久。窃见大道昌明，圣教洋溢天下。边陬荒远之邑，皆有孔子庙，诵法孔子，而为长吏者，皆宜有以虔厥报于本原，而大振其文教。然而簿领秦安，于兹五载，局促职守，病且未能。乃程侯独能勤思于斯文根本之地，动发财物，为礼邑焕炳，其文德永永勿替，不亦昌乎！自兹以往，惟尔礼士，仁让蒸蒸，含真跃采，以奖进于德行道艺之士，为盛世礼乐名区，孰非程侯力哉！然亦赖乎礼士大夫砥砺，以有成也。余尝以公赴礼，陪程侯谒于斯庙，瞻其阙庙宇，而为是言。

乾隆五年三月

〖题解〗该碑记述了重修礼县至圣庙之经过。秦安县知县牛运震撰文。碑立于清乾隆五年（1740）。碑文录自新修《礼县志》。

〖撰者〗牛运震：字阶平，号真谷，滋阳县马青（今山东省兖州市新兖镇牛楼村）人。

## 礼县忠烈祠记

（民国）刘剑白

昔者，余读文信国公遗词至："孔曰成仁，孟曰取义，读圣贤书，所学何事，而今而后，庶几无愧。"未尝不肃然起敬。而粤稽往史，每当山河板荡之秋，必有忠烈奋发之士，执干戈，卫社稷，其志其行，与文信国公之陈义，先后辉映，如合符节，盖自实国魂之所系，涵濡孕育，磅礴流衍，无远弗逮，无时弗达，蕴而为不挠不屈，发而为成功成仁，用能维我国基于不坠。余既洞悉此旨，故治礼以来，每欲撷取忠勇事迹，表而出之，藉以振醒国魂，激励末俗，爰有忠烈祠之设置。

余观夫礼邑形势，西控岷漳，南临阶平，峙以嶓冢之山，环以西汉之水，此自古用兵之地，军家之所必争。诸葛出此以窥中原，吴璘据此以固北圉，征伐之事，无代无之。民国以还，扰攘尤甚，其间仁人志士，为国捐躯，不绝如缕。而以民国十九年一役为最烈，先是我中央政府统一华夏，车书佥同，甘以边陲，初奉正朔，群雄鼎峙，政轶常规。奸宄之徒，乘机作乱。有马廷贤者，拥众数万，蹂躏陇南，颇陷城邑，附近诸县，闻风纳款。独吾礼庶民，据城自守，宁死不屈。贼自七月十一日环攻几近一月，终以弹尽援绝，于八月四日，城池被陷，贼入城之际，焚烧杀戮，天日为昏，肝脑涂地，血流漂杵。盖被杀者人逾七千，被掠者财逾百万，兰仓故郡，遂成邱墟。余于民国三十一年莅此，距其时已有十三年矣，疮痍未复，阛阓萧条，凭吊劫灰，抚担创痛，辄不觉其涕之先泣也。方今四海一家，此事因已成为陈迹，犹念捍护城池，正气磅礴，扩而充之，则是以保卫国家，其迹虽殊，其义则一也。

自民国十九年以后，历时七载，暇夷构衅，半壁沉沦，我举国同胞，罔不懔于攘夷之大义，为雪耻之要图。吾礼虽僻处后方，未罹涂炭，然后气之所蔚，弥久弥新，用能慷慨从戎，捐躯报国，贡献于抗战者綦伟。尝稽簿籍，礼邑共有人口十七万，历年应征入伍者，达一万五千余人，几及十分之一。离桑梓，别父母，冒寒暑，犯锋刃，蹈万死于不顾，以争国家民族之生存，因而裹革沙场者，数百十人于兹矣！今者光明日溥，胜利日临，我先烈既已捐躯以奠宏基于前，我志士必能接踵以达成功于后。瞻望来日，当更有无限可歌可泣之事实，以光辉简编，照耀宇宙。观其前仆后继之情形，弥足彰正气之流露，而与十九年守城一役之牺牲，虽范围有大小之殊，时间有先后之别，然揆其旨趣，如出一辙。余以为由今追昔，则卫国实守城之扩充；由昔溯今，则守城亦实卫国之典范。有此二事，礼邑正气，有若日星彪炳，历千古而常新矣！

抑又言之，人才以激励而愈出，气节以表章而愈明。在昔云台绘像，凌烟铭勋，均足发后人之景仰，启步趋之热忱。余独惧吾礼仁人志士之湮没而无闻也，思有以垂永久之纪念，而观夫原有纪念阵亡将士之忠烈祠，则规模不宏，原有纪念屠城一役之寄骨塔，则意义甚隘，因合二者为一，就城北寄骨塔故址，重加修葺，建祠于前，立塔于后，所有阵亡将士、殉城人民，均归骨塔中，立主祠内，以崇祭祀。虽或灵乌代谢，汉南之陵谷已非；而精爽依凭，凛烈之忠魂宛在。歌国殇之篇，览俎豆之盛，后之人必有闻风而兴起者矣。是为记。

礼县县长　刘剑白　敬撰

礼县县党部书记长　张邦彦　敬书

中华民国三十二年七月七日　立

〖题解〗该碑记载了民国时期礼县屠城事件及建修抗战阵亡将士忠烈祠之经过。刘剑白撰文。张邦彦书。中华民国32年（1943年）立。碑已佚，碑文录自《礼县金石集锦》。

〖撰者〗刘剑白（1914—1952）：别号瑞卿，又名启瑞。湖南省湘潭县花石镇人。幼年被誉为神童。民国21年入南京中央政治大学并加入国民党。次年10月，参加考试院铨叙部高等文官考试，名列第二，分任山东省禹城县县长。同12月调甘肃省政府秘书。民国31年（1942年）到民国35年（1946年）任礼县政府县长。抗日战争胜利后，任江西省救济分署主任，又改任贵州省政府主任秘书、绥靖公署少将政务处长。民国38年8月，贵州省主席谷正伦逃往台湾，刘剑白代行全省政务，12月9日，配合云南卢汉起义。1951年4月回花石镇。1952年2月，以“反革命罪”被判处死刑。1983年2月平反。

## 永坪乡十余村通电纪念碑文

（当代）

永坪乡位于县城东北四十华里处，总面积一百九十二平方公里，现辖二十六村两万余人。境内两山横峙，一水中流，河山形胜，有粮田万亩，阡陌纵横，养四方勤劳儿女，存悠久历史，灿烂文化，育一代淳朴民风。其人口之众，地理之要，物产之丰，资源之富，在礼县历不可多得。然长期以来受交通水电诸多因素制约，使丰富资源遗弃荒野，农副产品难以增值，商旅不兴，工业不振，人民操农事而囿于一业，经济难开发，而发展甚缓。县委县政府欲振兴永坪，而难以成谋，人民群众盼脱贫致富，则难以如愿。

壬申腊月，全国普遍开展农村社会主义教育之际，甘肃省电力局工作队蹲点永坪，局领导及工作队诸同志，以对人民高度负责之精神，深人实际调查研究，寻找永坪发展缓慢之症结，提出振兴电力带动经济发展之良策。于是局党组书记李成久、局长张明喜、副局长张鸿臣、汪振中等精心策划，与省城工作队谢元胜处长、赵洪处长及工作队诸同志爬山涉水，于基层投资七十万，历时近百天，架设农电线路三十多华里，光耀十一村，辉及万余人。是时，电力局同志亲临指挥部不辞劳苦，广大人民艰苦奋战，夜以继日。竣工之日，千家灯火辉映山川，时在严冬如沐春风。人民抚今忆昔，深感此举对永坪经济发展、社会进步、人民生活之重要，实为亘古未有，劳苦功高，丰碑永存。分别之时，四方人民云集永坪，扶老携幼，执手相依，挥泪惜别，此情此景，党心民心，山川以为证，立是碑永为志。

县委书记张余胜撰文，薛立志书丹镌刻
中共礼县委员会
礼县人民政府
永坪乡全体干部群众
公元一九九四年元月日立

〖题解〗该碑记载了礼县永坪乡十余村通电之过程。碑立于1994年，现在礼县永坪乡永坪村。

## 新中川革命烈士纪念碑

（当代）

礼邑盐官，古名卤城，为陇南重镇。山连岷嶓，地接蜀陇，物产丰富，人文荟萃。向为兵家必争之地。一九三六年秋，中国工农红军二方面军长征途中，陈伯钧、王震所部六军团经镇东罗家堡一线直袭成、徽、两、康之敌，旋即挥师北上。十月七日复经县东北边境时，与敌王钧、毛炳文两部遭遇于龙池湾，鏖战经日，重创敌军，我亦伤亡百余。其战斗之悲

在礼县盐官镇新中川革命烈士陵园进行扫墓活动

壮惨烈，有口皆碑。先烈之碧血丹心永载史册。十六师政委晏福生身先士卒，连挫顽敌，终因寡不敌众，右肱断折，辗转流徙，始抵延安。一九四九年八月十三、十四两日，我人民解放军一野七军之一部，为解放礼县，打通解放大西南之通道，与驻守盐官之敌一一九军一个营发生激战，守敌被歼，生俘敌营长崔学礼。我八名战士英勇献身，长眠中川墓地。值此伟大人民共和国诞生四十五周年之际，缅怀先烈，不胜浩叹。抚今追昔，壮志弥坚。为告慰先烈英灵于九泉，启迪后人励志于万代，弘扬革命精神，实现四化大业，经县委、人大、政府、政协多方协商，决定重修新中川烈士陵园，拓宽园址，修饰墓茔，加固围墙，栽植花木，并树碑勒石，以资纪念。

中共礼县委员会
礼县人民政府　敬立
公元一九九四年十月一日

〖**题解**〗该碑记述了红军二方面军长征途经此地及解放军一野七军解放礼县时英勇战斗事迹。碑高200厘米，宽100厘米，厚23厘米，立于1994年10月1日，现在礼县盐官镇新中川革命烈士陵园。盐官镇新中川革命烈士陵园：位于礼县盐官镇新中川村。1949年8月初，解放军一野七军二十师五十八团进逼礼县，包围盐官城，经过激战，敌军投降。战斗中，7名解放军指战员和1名群众牺牲，战斗结束后，军长彭绍辉、政委冼恒汉在天水镇召开庆功会，表彰了有功人员，并将8名烈士安葬在新中川，后辟为陵园。1996年年10月重建陵园并立碑以纪。

## 第六节　两当县碑记

### 重修香泉寺碑记

（清）罗新邦

邑志八景列“花园春色”而无“香泉印月”，口新志谱入“窑渠柳浪”，而以“花园春色”为古八景之一。然则是地为风景所萃之地区，益知寺之建立由来尚矣。相传古庙一楹，谨奉观音一像，嗣后，雍正三年重修，始廓而为三，增文殊、普贤两像，而立铁佛于中（或云口漂淘观音）。迨乾隆壬午，邑侯芩公以印月地创“印月轩”以及僧房等舍，迄今百有

两当县香泉寺

余年矣。其间屡经补葺，至是而木腐无口，口颓殊甚，都人士瞻拜之余，往往感慨系之矣。癸巳秋，始议重修，奈苦无赀费，会内旧贮银才一百三十六两有零。于是，募化于城乡内外以及本社，共得布施钱二百三十余千文；寺内柏树四株口金四十七缗。越明年甲午夏六月工竣，其基址方向皆仍古昔，貌象宏阔，工制精巧，所谓踵事增华，较胜于前此者矣。口兴休哉。用费数百，而人不以为侈；工役经岁，而人不以为劳；输材捐金，皆踊跃恐后，而人不之吝。岂非是地为一邑风景所萃之区，而实为大众钟福降祥之事也哉。爰于落成之日勒石作志，以传布施家之姓名，而略述寺之由来于右。

大清道光十四年岁次甲午林锺之月中浣

邑增生罗新邦题并书

特授两当县正堂加三级随带军功加二级记录三次刘诗捐银四两

特授两当县儒学正堂加三级记录三次赵东钺捐银一两二钱

特授两当县右堂军功议叙加三级记录三次庞益公捐银二两

门口捐银一两，陈郚氏捐银三两，许大立捐银十两

世升当、源盛当、王德万、口口口各捐银四两

监生、生员郭重义、史质正、邢士奇、薛学、刘世华各捐银三两（下略）

〖题解〗碑文记载了清道光年间两当县吏民集资重修灵应泉经过。碑立于清道光十四年（1834）。现置两当县香泉寺。

〖撰者〗罗新邦。

## 第七节 文县碑记

### 文州太守鲁公祠堂记

（宋）何炳文

太守鲁公牧文之三年，报政有期，邦之军民乐政，先期半年，分曹请诸台投牒借留。未浃日，而朝廷已报除代矣。人人咨嗟咏叹，惜其不可挽而驻也！於是，相率谋为久，其思而不忘者。驻屯军将任喜等，就普明精舍立生祠，绘公之像以严事之，且属炳文请记其事。

炳文为之言曰：君子欲有立於斯世，惟不苟而已。不苟则尽心，尽心则尽物，而所立卓尔不磨矣。詹何之於钓，弈秋之於棋，口口之於口，后羿之於矢，造父之於驭，伯乐之於马，是皆潜精於中，不以万物耗吾之精。比其成也，实凝於神。此技也，尚不可以苟得。

推而上之，及事之大，亦莫不然者。子产之为国，管仲之制军，孙吴之谈兵，周孔之立教，虽小大详略之不同，而所谓潜精於中，凝神於外，则未始异也。故凡有苟心者，平居则碌碌亡奇，久之则沦湮无闻。是虽欲与一技比而不可得，奚暇议其大？

文台居万山中，甘僻一隅，犬牙西夷，其地口口，其民朴野。鲁公至，不鄙夷之。凡一政一事，必讲究根抵。予其同欲而捐其同病。口年亢旱，生物将就槁，公乃约食劝分，并慰群望，甘雨即沛。岁大祲，嗣岁之春，民饥，公请於外台大发廪以赈之，所活以千计，就食岷沽丐旁郡。雨旸顺叙，是秋大穰，民当谷支数年，军民父老，以为未尝有，而佥归之於太守之德。则其所以致挽留之勤，而严奉事之不忘者，岂势力之所能驱哉？凡以公之所立，一出於不苟；而民之德公，一出於诚感也。虽然，君子之於名，视之为外物，则是绘事之设，亦公之所不屑也必矣。虽然，公之所不屑，而亦民之所不能自已，则绘事之存，正以见父母久久不忘之思耳。

公讳安仁，字荣升，雄州人。忠孝明敏，嗜义如饮食，恶不义如恶臭。观其所欲立，决非苟然者。先是口骋命公口步军都候宣州观察使，伴射两发皆破的。口口口口口口口口口口口口赐金带、彤弓，以挂公之鞍马，赏赍良渥。然则口口口口口口口口公之持心不苟，已见弧矢之妙，不特立政为然。自是归环卫，备股肱，推而及太尚，则有所立者必多，实今日为之基本云。

绍兴戊寅十月，阆州贡生何炳文撰。

〖**题解**〗碑文记载了南宋绍兴二十六年文州太守鲁安仁在文州之政绩及百姓为其立生祠之经过。碑立于南宋绍兴二十八年（即绍兴戊寅年，1158年）。碑文录自清光绪叶恩沛修《阶州直隶州续志》。

〖**撰者**〗何炳文，四川阆州贡生。

## 重修玉虚山玄帝殿碑记

（明）萧籍

夫神，丽天者也，非可以象求也。神，无不有也，随人心参之而在也。夫不可以象求而可以心参，则何藉此下土之居？即居矣，又何必重建改修以侈观？盖人不可以一律齐也。上则有礼制以绳之，次则有法度以整之。下凡之人，礼不能谕，法不能禁，惟神可以耸动之。是神所以扶礼制之穷，补法度之不逮也。

文县玉虚山寺庙

邑城北，有山迤逦而来，实立群山之间。上有玄帝庙，其来远矣。颇著灵验，能奔走一邑之人，岁时香火不绝。顾庙仅临岩，气象不恢；且年久倾圮，不堪妥神。庙后有隙地弘敞，众议改建，苦无任事。天启丁卯，黄冠董子慨以身肩之，誓坚愿力，遍叩诸檀那，庀材鸠工，几无虚日，凡五阅岁而告成矣。卜於崇祯辛未夏四月二十七日，敬迁金像於新阁。自邑侯而下，余与诸绅士暨城中善男子约百余人，咸与焉。先是，余有诗以坚董子曰：“五云宫阙自辉煌，劫土空余栋宇荒。原是布金香火地，可教蚀玉莽蓁场？开山应有龙迁址，储糈仍来虎啖仓。告落青祠焚拜罢，拟看白日现圆光。”是日晨晦，至午拜迁之时，天色开霁，日光生辉，祥云冉冉，如纛如盖。观者谓神之显应，则余所谓“白日现圆光”者不虚矣！尝考《真武记》云：“神农在位，天年甲午三月三日午时，玄帝生洞神部。”盖此时，有五谷以养民，有百草以疗民，故诞神以阴骘乎民。是神，夫实为天下万世继神农而笃生者也。迄今享饱暖脱疾病者，颂神农之功不衰。至调阴阳，无旱涝之灾；驱疫疠，得免夭札之患者，则神功浩也。今日之於邑，当更有大慈悲，大谴呵，大显化，以耸动群迷，使解脱众苦而得安乐矣。然余犹有说焉：“士大夫，邑之望也。语曰：修之吉，悖之凶。圣人之灵，固自凛然，然圣人之吉凶，显而易见；神之祸福，微而难明。总之，报应一理，人自不察耳。是举檀那半出士大夫，是士大夫尤敬畏神矣。诚於心术隐微之际，默默自勘，可以对圣贤，斯可以质神明。不悖圣教者，未必不邀神庥也。冥冥之中，实鉴临之。神果专为下凡灵哉？愿与诸士大夫共勖之。以为乡人倡，则此庙之建，有裨于世教者大矣！”故为记之。

〖**题解**〗碑文记载了明天启丁卯年文县董慨等人重修玉虚山玄帝殿事宜。碑约立于崇祯四年（辛未科，1631 年）玄帝殿功成之时。碑文录自清光绪叶恩沛修《阶州直隶州续志》。

〖**撰者**〗萧籍，名凉，字文征，号献伍，文县西园人。万历二十一年（1593），中举，授渑池（今河南宁洛县）知县；万历三十一年（1603），升河南开封府通判，后又升山西泽州（今山西晋城县）知州。光宗泰昌元年(1620)秋，籍返归文县故里西园。明崇祯十五年（1642）十一月十七日寿终。

## 大理寺左少卿崇祀乡贤对溪何公墓道碑

（清）吴省钦

乾隆三十六年冬，崇祀陕西文县乡贤、大理寺左少卿何公子叔子浑，以辛巳进士，除广东从化县令。将行，介富阳董中允来谒曰：“先大夫之殁也，有行状，有墓志，有传。虽然，尝乞传于太仆陈先生兆仑，业许我而未就也。今先生已矣，愿以属吾子。”余惟古人不轻传人，又国史三品以下例无传。为私传，不若表墓，乃以文塞其请。

按公讳宗韩，字桐藩，一字对溪。以廪膳生举康熙戊子乡试。雍正甲辰，成进士，授礼部主事。明年，补仪制司主事。又明年，充山西副考官。又明年，迁祠祭司员外郎，除江南分巡凤庐道按察司佥事，入为刑部福建司郎中，旋擢大理寺左少卿。予告归。此公出处崖概也。进士，今释褐为主事者，需在部习掌故，第随人画，诺无可否。三年后，予真其能者，始判牍。时，此格未著，值重修《会典》，自朝会郊庙坛壝，至乡会岁科，试诸条制，皆公厘请增定。册库失金册一，铸印局大使逮系，同官引罪请劾。公抗言：“舍盗不问，即诛大使，何益？”请会咨提督九门，勒番役缉之。已而果获盗。堂上官益器重公。

有欲举公牧令以应诏者，大宗伯蔚州李公持不可，曰：“是岂百里才耶？”少宗伯江都唐公，又以公贤能最，召对，称旨面谕，除分巡凤庐道佥事。巡道治凤阳，替关税。税口数十处，官吏都薮蔽为利，苛核毛发。公务持大体，处膏不润。正羡悉贮之官。又以养廉额未定，首请岁支二千金，而绝所部供馈。朱家口海水决，入安河，坏泗、虹田舍阅月馀，州牧言：“涸，出地七千四百顷。”河臣言：“新淤湖田九千三百顷，可起额佐河费。”公将以去就争，而太恭人讣至，诏在任守制，假四月治丧。事竣莅官，力陈泗民之苦：有重粮，既报淤而又报涸者也；有赔粮，本未涸而报涸者也。夫一地二粮，与无地有粮，民弗堪也。淤则淤，涸则涸，所不用命者，有如水。于是，按图册，审面势，于安河两岸，每里封一大墩，从牌记；每户封一小墩，以旗记。得地一千二百七十顷。而向之诡报者，十七八皆乌有。故大学士尹文端公，时抚江苏，以勘桃宿淤地，邀公问状，辄太息以为贤。然公犹以濒水地淹涸不常为念。归田后，恭遇今天子特免泗、虹淤地钱粮。见邸报，感泣如身受也。尝奉檄查太平府及泗、滁、和三州逋赋，分民欠、官侵、吏蚀为三等以别偿。免凤阳饥，拨赈米未至，发仓粟便宜应之。河南大水，饥民就食江淮间者日数百千人，公率属为粥以食，或留养，或资送，赎其已卖之小口甚伙。资送者日限程四十里，壅滞不得前，乃令倍行者予二日粮，官民便之，所全活无算。六安、亳、颖间故薮盗，公以淮水自豫入颖，至盱眙老子山入洪泽湖，迤逦千余里，致疏防援，遂创议置哨船，增营汛，其要害置文武员弁驻之。裁道役及所属蠹役千人，曰：“此盗媒也，驱归农，可矣。”于庐，浚金斗河。于宿，引城北小河与浍、濉二水通。又凿桃沟燕子口，以泄萧、徐、永城之水。于英山，请折漕价以苏难运。又言：“虹县小河淤浅，水发辄成巨浸。疏小河分泄于淮，疏旧沟以全泄于汴，则虹不受水，而灵壁兼受其利。”事虽格不行，而公之心则已瘁矣。

文县自前明王侍御继礼以甲科起家后二百余年，至公而始赐进士，释褐甫四载，即历监司。顾性朴愿，少结纳，又任事已锐，不求合上官。其奉命入觐也，上官特以部民吁留，故为纡半载限。既官西曹，上垂问淮南治状，公胪实以对。上顾廷臣曰：“凤庐号难治，何宗韩在官六年，实心整顿，而人反议其短长，何也？”寻以甘肃普蠲地丁钱粮，率众表谢。上曰：“陕甘竟无大僚，即何宗韩可用。”遂擢少廷尉。大司马彭某以事置议，或欲甚其罪。公徐曰：“罪不至甚，甚则不平，入人罪以媚人，不可。”其长卒上之，上弗以为是。而公屡沐异数。二年中，从耕耤扈驾上陵，侍经筵，又请分州县寮佐驻要地，请裁各关试用官以清榷政，请罢六曹委署官以重职守，皆得旨允行。人谓：“上将大用公”。会足疾，乞归。归而不复起。呜呼！岂非命欤？

文县上丹乡何宗韩文化广场

公十二岁，试辄冠童子科。旋丧父，每作文长恸，献穗帐前。守部日，以太恭人春秋高，家贫，将乞归侍，而淮南之命下，遣长君归，为迎养计，并尽室以行。惮暑，俟佳秋发柩舆，而太恭人疾遽作。每语及，衔恤若初丧。足未尝轻出城市，过其庐，渊然惟吟诵声。人有不善，惟恐闻于公，为相语曰："不畏王公怒，但畏何公知。"王，盖时宰也，其学以忠恕为主，著弟子录者，先后数百人。必先以行谊相激厉。乞休后，置义田，广族葬，焚贷券，倡修文庙及阴平桥。人或以是矜式公，而不知公学问之本，与夫大节所存，为不可没也。公所著《族谱》若干卷，《敦仁堂集》若干卷。以康熙十七年九月十四日生，乾隆九年五月初三日卒，乾隆十二年十一月初十日葬文台西北阡。先世常熟人，明洪武初，孟文公始迁秦，八传而至呈图，是为公曾祖。祖道亨，邑诸生。父帝锡，扶风县教谕。其在太学时，与长洲韩文懿公友善也。母陶太恭人。配欧阳恭人，公计偕后，代公事太恭人以终，有孝称，后公三年卒。子三：长溥，雍正丙午举人，终江西临川县知县。次浚，邑庠生。次即浑。女二：一适岁贡生张少青，一适举人靖远县教谕尤玉莹。孙五：汝楫、汝梁、汝杭、汝枋、汝槕。曾孙四：烈、烋、熙、焘。予窃按公之遭逢与其行谊，庶可以不朽。惜生晚，不见公观从化君之肫然恤然，既葬二十余年，而不忘其亲。呜呼！其亦足以知公之教矣。文其碑，盖犹是令甲云尔。

〖**题解**〗碑文记载了清文县乡贤、大理寺左少卿何宗韩事迹及家族状况。碑文撰于乾隆三十六年（1771），录自清光绪叶恩沛修《阶州直隶州续志》。

〖**撰者**〗吴省钦（1729—1803）字冲之，号白华，江苏南汇（今上海市南汇区）鹤沙人。乾隆二十八（1763）癸未科进士，授编修。

## 关帝庙重修碑记

（清）王权

皇帝御极之四年，加关圣大帝封号，佾舞、牲牢、笾豆，咸依中祀。增置庙不如制者，饰所在筹造。文邑士庶闻之，欢忻趋走，谋拓旧宫，以弘盛典。土瘠财细，阅二载始克肇工，八年庙成。知县事泸州张侯率邑绅耆，荐太牢而落之。殿宇邃谧，镂彩焜煌，登降旋辟，弘绰深严。礼成乐奏，观听震耸。皤发苍颜之叟，岸巾纤带之士，阗门就瞻者，莫不咨嗟赞颂。既而窃相语曰：帝君之声灵焯矣！海隅僻壤，日月所照，罔不缮宫营祠。矧吾邑去蜀裁咫尺，当汉昭烈皇帝时，实为畿内郡，乃帝君庇荫所及，作庙昭格，较他邑良易。然旧制朴庳，陈牲荐币，迫隘无所。今奉部檄，庀财力，拓基增廓，足以备礼仪，将诚敬，兹事炜灼，神人咸嘉。虽然，神道溥而无颇，庸有私于吾土哉？吾侪惟敦善涤恶，仰遵神教，敬近休祥，庶其祎而。是岁也，谷稔民和，疫疠不作，奸盗屏息，俗益庞固。初董是役者，历半载，工材尚缺。张侯复选绅耆等，劝输督工，周二祀而蒇事。增殿室若干楹，梁桷若干尺，丹雘之漫漶者鲜之，土木之坍损者易之，倾欹者正之，卑狭者扩之。凡用木材若干丈，陶埴之材若干枚。钱以缗计者，一百三十有三；人工以日计者，二百五十有五。其金碧彩绘，则张侯捐资助成。役既竣，众曰："不可以无记"。张侯亦命权，谨条次工作之起讫，并撮录众言，而勒诸丽牲之石。

〖题解〗碑文记载了清文县县令张崇本重修关帝庙之经过。撰于清咸丰八年（1858）。碑文录自清光绪叶恩沛修《阶州直隶州续志》。

〖撰者〗王权（1822—1905），字心如，号笠云，甘肃巩昌府伏羌县（今甘谷县）人。先后主讲岷州文昌、秦州天水、宁远正兴、文县兴文四大书院，曾任陕西延长知县、任兴平、富平知县。左宗棠赞扬说：“王权学问人品，当代罕有，而吏治尤为陕甘第一。”

## 重建临江桥碑记

（清）叶恩沛

《夏令》曰：“十月成梁。”古王者之行政，未有不以利涉为急务者也。顾必待九月而成徙杠，十月而成舆梁，或就其流之无一定，而其地又非要冲，不妨酌为岁例，待之秋后耳。若夫扼数省之咽喉，为往来之要道，路不可以斯须阻，而工尤难以日月计，则其为务，岂不尤所当急哉？武都郡旧有临江桥，原系属邑文县所辖，南通巴蜀，北接秦陇，诚两省之要隘，行旅之冲衢。自经震蹈，一切倾圮，遂使驰驱者艰于济渡，负贩者阻于跋涉。行役之病，司牧之责也。所知何事，而概委之邑令，隔膜视之乎？

癸未仲春，余来守斯土，于兴学、劝农外，复念道路、桥梁，在在关紧，因倡议捐廉，首修王家坝路。洎巡阅临江桥，长逾十数丈，虽系文邑所治，而予既为一郡直刺，即不得畏其难而委之人也。但以旧址坍塌，寸木乌有，兹欲重建，非得七、八丈之大木，不足胜任。访之邻近，未有当其选者。不得已，而搜岩采干，循锦屏山之南，逾黄鹿坝之谷，凡数百里，由番地转运巨材，顺白龙江而下。自九年秋月经始，迄明年闰五告竣，计用经费千八百余串，除筹款不敷外，与同寅一律捐廉，垫付蒇事。爰述缘起，勒石以志不朽云。

〖题解〗碑文记载了重建阶州临江桥事由。撰于清光绪十年（1884）。清康熙二十三年（1864年），文县临江关修建临江桥，光绪五年毁于地震，遂有复修之事。

〖撰者〗叶恩沛：字幼芝，安徽人，清光绪九年（1883）知阶州。光绪九年，承修义学或补尺余，于北城楼增修楼台一座，新修来风楼于北城之上。光绪十二年（1836），由其主持修成《阶州直隶州续志》33卷。

## 重建洋汤威灵庙碑

（当代）巩秀义

盖闻积善有余庆，德厚百祥生。可知善心者始由天授，终赖人为耳。

尝闻先人不传，无以垂后世；后人不知，无以光先业。始有祖宗创造於前，而有后人传承於后。追溯历史，临江村北有一洋汤威灵庙，创自先代，其源已久。庙中供奉白马洋汤神君威灵显应神，神恩浩荡，邑人莫不求其荫者，然金身在麦庄山上，距此四十余里，亦有庙堂供奉依然。

据神敕载，洋汤神君者，登唐进士，历任湖广总兵马兵马大元帅、广昭节度使等职，

文县临江乡洋汤威灵庙

一生为官清廉，刚正不阿，文韬武略，所向披靡。因年事已高，又逢安史之乱，遂隐于县北天池，修真得道，毙化为神，祷雨辄应，乡民皆敬奉之。宋之初，上谥先贤，敕封为“洋汤大海平波敏泽龙王”，故城乡皆庙祀，不独天池有也。

祖上尊神梦托组成临江、木元、口庄三会众人共建洋汤威灵庙泥塑金身及合殿神祇，寻常时日，就此供奉。每逢正月接来金身，为临江请谯监坛口交愿心，三年两头由三会人共去天池为尊神走马接兵，周而复始，代代相传。千百年来，其荫乡邑，风调雨顺，岁无涝旱之忧；民康物阜，时登人寿之域。过往商贾，更是虔诚倍至，香火绵延而不绝也。无奈文革遭劫，所塑金身及庙宇尽悉拆毁而无一存焉！会人莫不为之惜矣。

今政通人和，国泰民安，三会众人忆往抚惜，睹物伤怀，邀有重建庙宇之愿心经，凭神问卜，择牡丹寺山门外百米处为基，以复旧制。夫观今之神庙，倚山衔江，钟灵毓秀，琉瓦飞檐，熠熠生辉。描身画像，堪比昔日之英；口马厅堂，更胜前时之口。庙堂巍峨，庭院肃穆。

鉴于金身所在地麦庄山受地震影响，庙基受损，因村民移民它处，会人定于二零零二年元月九日辛卯腊月十六吉日奉请洋汤大海、九天圣母、南山土主、紫金八海及合殿神祇皆迁入临江新建洋汤威灵庙，以享祭祀。麦庄山原有庙宇扫尘净堂。

洋汤神君随诸神灵入住新居，高座庙堂，威灵大显，神日时张，佑我子孙平安体泰，工农商贾意顺途康，保我乡邑风调雨顺，三灾八难神手遮挡，指点迷津，开化悟茫，有求必应，神人共仰，荫福桑梓，清平乐昌。

撰文巩秀义 临江会众

公元二零一二年元日九日岁次辛卯金月十六日

〖题解〗碑文记载了重建文县临江乡洋汤威灵庙事由经过。撰于2012年。巩秀义撰文。碑现存文县临江乡临江村威灵庙。

# 第八节　武都区碑记

## 阶州福津广严院记

（宋）罗希道

罗希道　　男文顥书并刊字

若夫佛书之为教也，时归口博功德口大况，有以何有心，空而不空；圣之真诠，大乘小乘之口口流诸沙界，被乎海藏，非至人孰能根其渊蕴哉？寺院之所建也，崇严佛事，居处僧及善之清境口，因之净土，汉明、唐宗创构白马、开元之盛，构诱北辟生趋向无为，非宿德不可胜其清凉也。

今上皇帝祇膺景运，恢隆永固，仰宗祖之神灵，以圣贤之扶佑，口俗欤塞万国懼。

武都区三河镇柏林村广严院

嘉祐八年十二月一日敕降天下郡县名，口胜刹未有勒额，更赐名额，后於治平四年十二月，復诏天下郡国佛寺僧舍口三十口未有名者，特赐之名。

山奇而水秀，人杰而俗阜，其惟江山迤逦。不三四舍，有镇曰福津，骈怀合阁。难永曰：“要据关右，当冲感化”。镇“广严”为额，见僧顾秀修葺住持。有宋开国一百余年，寺之於院不许武，及徙，广严之兴，万口一声，得非千年一遇者哉！加以院主顾秀性诚口口口口口口，圆通内典，汪洋外学，能守游以应己，能举善而谕人。左右民远近礼，越靡不掀御，咸悦随院口基。乾德元年十二月二十一日，起置修造。院主僧智光，自天圣元年重修造，僧延口大佛殿三间，口口殿三间，观音殿三间，斋厅三间，僧堂两间，三（山）门楼三间。东至程行铢地为界，南至大河为界，西至乾口为界，北至院坪为界。

口口非住持者多能，安能敍隆庆若是哉！记曰：补故者攫二樊之功德，此不口者敢不存诚焉？行绪焚修上塔。天恩永佑帝祚者也。

大宋元丰戊午岁八月十二日修造

院主僧顾秀，小师海普、海用等。

本州管内部僧正紫僧、昭隐。寄住僧意恭。

本州长马主口口，

本州长使杨口口。

将仕郎、福津县尉李。

将仕郎、守福津主簿雷。

将仕郎、守福津县令张。

〖题解〗此记刻于碑阴，碑文详细介绍了广严院赐额与更名的过程，可知广严院始由僧人智光于宋乾德元年（963）创建。该碑立于宋神宗元丰元年（戊午年，1078年）。现存于武都区三河镇柏林村广严院。

〖撰者〗撰书者为罗希道，其子罗文顕书并刊字，二人事迹不详。

## 石门社白鹤寮普通塔记

（宋）马继祖

瞿昙氏之教，所以获重于中国者，以其色空寂灭，初无预于中国之好恶也。是天地固大矣，彼则以为幻，覆载日月固明矣；彼则以为幻，临照万物固具矣；彼则以为幻，荣谢以至君臣、父子、夫妇无适而非幻，其视死生去来之变，岂足为之动怀哉！惟曰：吾之所以起居饮食，尽珍重以养吾一躯者，欲藉此以进吾之教而已。教苟能悟，则是间境界又有大于此身者，纵使火病水腐，弃置道侧，庸何足伤？虽然此特宗师觉老，所以处其身者，如是之薄也。若夫传其灯，续其乳，以为法门之后者，岂直阿从委靡，听其自尒耶！必将想像其形容，整齐其衣衾，旃檀以灼之，塔宇以庥之，然后足以尽其心而无愧。如释迦灭度垂数千年，而灵牙舍利，尚为天下之所宝，盖其徒不忘所宗承故也。南豳庆孝，寺僧和荣。自绍兴初载，虏人沦陷陕西，师义不屈于腥膻，飞锡来此，有里豪尚清，见其道念醇熟，可为师表，以其第三男，舍为门人。既落发披缁，名曰惠普。师已灭度，遂于濒江依岩静辟寮舍，以为焚修之地。祝赞！

皇基永固，俗阜时康。次念先师，未能藏骨。乃命建砖塔一所置于堂奥。及后来法乳或十方云游，偶而仙化，咸异荼毗而普通于中焉。吾尝熟观佛徒之高傅矣，其间微言妙理固不可拟议，至于临去一着，莫不了然。故有烬灭而骨如常者，烟霁而舌如玉者，或大星殒于方丈，或舍利富于邻里。今普公之塔，既不忘乃师，而又欲与游徒共之，而今而后，吾见此乡之人，笔不暇记，口不容传矣！公当记之，无以鄙言为谀。

时淳熙二祀二月既望，乡贡进士马继祖记

小师僧尚智璁，泾原王永利，赐紫僧惠普立石

承信郎、前就差监角弓镇酒税兼烟火公事王钺篆盖书丹

〖题解〗该碑记载了宋将利县角弓镇石门社白鹤寮普通塔修建经过。碑高85厘米，宽52厘米，厚8厘米。额篆“普通塔记”四字，乡贡进士马继祖撰文。碑立于南宋孝宗淳熙二年（1175），现存武都区石门乡白鹤桥社。

〖撰者〗马继祖：宋淳熙间阶州将利县乡贡进士。事迹不详。

## 田公刺虎记

（宋）杜定

淳熙二年七月，诏以临洮田公守武阶。三年七月，以闻降口口口口口制肃民安。一日，民惊言：群虎暴州东之三十里，昼夜用不口口。田公曰：“民害乃出，人事所不及，吾政愧矣。狡兽不足孚于德，亦杀之而已”。口口军马杨彦雄觇（虎）在亡。则乳虎踞穴，居三子，并四。出行，公即驰马，从卒十数人，口口口跃口伺间方未知所为，而公从卒两两舆四虎还矣。男女老幼欢譟口口，助以笳鼓，喜气如蒸。

翌日，披剥口口，虎皮斑斑满前，与宾客置酒观之。公笑不言，良久曰：“孔子行三军，暴虎冯河，吾不与也；余老不武，身誓报国，涓液未效，巖墙犹避之，敢尝虎耶！然亦口口之。勇之恃在气，力之恃在智。气口定用。余奉天子命守此土，与民为安。虎不深远，就口人地，食狐、豕以口，而孕乳疏口口，视之如身仇，欲必得，不知其为虎也。我直气胜之，以勇奋无惧，方无惧口口生之。且以力与虎，一虎虽孟贲不能也，今兼四能之乎？凡凶暴者，皆当以口口而以其力毙。吾视其穴窈然，则栅石锢其门，且击且刺，尸三子以怒之，山谷震动，望者风靡。吾徐徐强弩，一发中其頞，愈甚怒，前阚门，跃而上其穴口，卒以枪挑之，如口脆弱骨至四五，皆寸断而乃已，其心不顾身矣。遂口口出，迎而如阵马之尘。吾静立持素定，以长戈逄期口口喉，血下十爪，指薄口口，而不知其心系已绝矣。盖其死，用虎之力十七，而用吾力十三也。文武才口虎者乎？养勇用智，曾子、孟轲之所以教人而所出计，则吴起、孙武子所以先胜之。以圣贤之教而行之，以关张之勇口口口。汉天子一日震怒，北单于之头，不为虎皮肉乎！”

武都区马街乡寺背村卧虎寺（又名惠觉寺）

请书之以扬武志，而公不许。口朋瞰口，死亡之忧，以安作息，悲喜聚语。口公意者，逾旬不愿，遵路数百里，口口口事。父老之智者又谓：“自公来，凡所以爱我，安我者不一，而惠我者口口口虎口亦不一愿，因公以识之。”故口口其言而刻石，置惠觉寺。公名世雄。刺虎以十一月二十有二日，其地口口山距寺二里云。

十二月六日，从政郎、口口口口普慈杜定记并书。

文林郎、兴元府录事参军普慈唐舜恩题额。

〖**题解**〗该碑证载了为南宋阶州刺史田世雄率部刺虎、为民除害的事迹。碑高 151 厘米，宽 97 厘米，厚 25 厘米。碑文多有剥蚀，释文疏漏较多。撰书者为杜定，题额者为唐舜恩。该碑立于南宋淳熙三年（1177）。碑现存武都区马街乡寺背村。

〖**撰者**〗杜定：约于淳熙元年（1174）任阶州福津县令。生平事迹不详。

## 新修广严院记

（宋）魏鲸

夏四月，别驾吕侯行县，过福津谷，至古兰皋戍。归而语其客魏鲸曰：“西距郡城七十里，并江东行，两山间曰福津谷。冈阜联络，若伏若起。约七十里许，突为直峰，蜿蜒逶迆。地旷平夷，可聚百家。众山环合，拱揖先后。有僧庵曰广严院，直峰之趾，竹树蒙密。殿屋崇丽，杰出树杪。宜其地势，堂皇楼阁。广袤相称，像设严备。徒侣繁集，钟鼓梵呗之音，口口口时，如通都大邑。临浮图之居，因召其主僧，问起废所因。曰：‘院故名弥陀旧庐，谷口口口口口口口口口始之。至嘉祐中，改赐今名。绍兴中，为涨潦啮坏，无尺椽寸瓦留者。普兴与师道恩，始相今址，裒一方施金，迁而新之。起於绍兴三十一年，落於乾道九年，凡十有二年。为屋八十，为口一，为堂二，为寮十，庖廥厕浴，无不咸具。又以余力为钟鼓而悬之。度弟子十有二人。皆普兴为之也’。其用力之难，且必如此。事之以难废，以不能坚忍坏者多矣。如普兴者，不亦异欤？吾儒皆崇圣人，而至於尊信其道，力行其说，用力之难，且未必浮图氏若也，可不为之叹息欤？”

明日，普兴果自状其始末，诣太守郭侯白状，又诣吕侯请焉，曰：“侯幸辱临於普兴之庐，若有意为普兴记，所以建而新之，故愿口图之”。于是，吕侯以属于鲸，而普兴亦因口口至六七反，不倦。遂不辞而为之记，俾之有考焉。浮图氏之学自后汉入也，口口口千口口口，其经先儒排摈攘口口不知其几为而卒不可破。今诚以其书而视口口口口口口天地未生四海九州之外，鬼神惟变，千态万状，不可穷尽，以至州城之属口口口多人之所不能（以下残缺不可识）。

淳熙五年八月十二日

从事郎、就差阶州州学教授魏鲸记，并书隶额。

文林郎、知阶州福津县主管劝农营田公事宇文景仁。

朝奉郎、通判阶州军州事兼管内劝农营田公事赐绯鱼袋吕符。

忠武郎、权发遣阶州军州事兼管内劝农营田公事缘边都巡检使郭琳。

开山修造住持、开山和尚道恩小师，修造住持、赐紫沙门普兴、院基地主程。

〖题解〗该碑记载了南宋福津县重修广严院之经过。碑高 180 厘米，宽 102 厘米，厚 23 厘米。据碑文所记内容推测，立碑时间应为南宋孝宗淳熙五年（1178）。一说立碑时间为淳熙十五年（1188），但距离普兴建庙时间太远，似乎不合情理。碑现存武都区三河乡广严寺院内。

〖撰者〗魏鲸，阶州州学教授。

## 祥渊庙碑

（宋）佚名

武阶为州，倚山并江。旧治北山之上，而艰于水，岁有郁回之灾。五代时移就山脚矣，而水患滋焉。白江横其前，赤沙翼其左，于是作长堤以为城之护，其来久矣。堤自西而东七百有七丈；赤沙之限，复自北而南二百四十有五丈。岁役两县乡勇、军士筑而固之。为工七万四千六口口口口口口上者，稍加意焉，益谨其备，口口口而不为患。比年以来，在位之士，好名而私口口口口口口事不完，决坏堤口，民受敝矣。且天下之事，不患于不可为，而常患口口口而不为，作之于前者久，而继之后者率多因循而弗治。口口以来，口口口口口继之者，能如作之因循之病，则斯民也乌有不蒙其利者哉！况二水之中赤沙为尤甚。穷其源，汤汤浩浩之势，口口神龙口口口庙食口口口口口一方不特水庙，故有号曰“祥困”。淳熙十年敕封神惠泽侯，以宠口之邦属，夏潦之淫口口口口惠，乃具祷于神，其应如响，予独不为患。岁则又熟，非人之能，神相之也。按之礼经则神，亘千万世固宜。赤沙旧有湫，极多变异，一夕徙口口口而口口所穷，其而神者矣。称念无以口口口之。

口口来阶篆其事。猗欤！公其德而威，神化口功，为帝庇民。惠泽旁施，口口口封。口口口口，口口口姿。嗟我阶民，耕怀处思。夏口昌口，口口口口。口口于堤，民用兴力。神执其口，捭阖阴阳。欧口口口，口口口口。口口为急，岁复有秋。又答我祈，揭虔妥灵。爰琢我词，以永厥垂。

朝请郎、直秘阁权知阶州兼管内劝农使口口口

口隶武阶赤沙宣授盘顺及都总帅府同知总帅守备口口口

〖题解〗该碑记载了祥渊庙建修由来及阶州筑堤御洪情况。该碑高180厘米，宽102厘米，厚23厘米。据碑文内容及“淳熙十年”判断，立碑时间应当在南宋宋孝宗淳熙十—淳熙末年（1183—1189年）之间。碑现存武都区安化镇中学。

〖撰者〗佚名。

## 万寿山修观音祠记

（宋）张寅

绍熙三祀春二月，口口口口口丞郡。明年夏六月，北谿大涨。公登城视之，大石如群羊奔走前导，洪涛随至，山立雷震，长堤数十丈一瞬而尽。顾父老曰：“谿之患，如是烈哉！”父老再拜曰：‘谿自赤砂来，势甚建瓴，至城东，以卧龙山障之，水繇城中行。祥符，太守断卧龙落冈数百步，直流而南，患少息矣。然湍暴如此，岁将触郛而西入，一旦捍护稍怠，则一城生齿，不葬鱼腹得乎？是患所犹在也。况堤防虽设，旋葺旋决，患无终穷！”公曰：“二百年间，智殚力尽，要非人力所能及。国有水旱，盍祷於丛祠？”父老因指城上小峰曰：“此断冈余址，所谓万寿山者也。峰巅观音大士祠，古人为水患设。岁久不治，将就颓圮，得贤有德者新之，患或庶几乎。”公曰：“吾任斯事也。”即捐俸金以新之。祠之创始，茫不可考。前临北溪，后俯民屋，四望空阔，为一城胜绝地。公於是躬自董甘督，不阅月落成。绀殿突兀，危阁虚敞，像塑尊严，丹雘炳丽。榜其殿曰“圆通”，阁曰“潮音”，基势虽隘，不逾数武，规抚裕如也。邦人耸观，得未曾有。

越明年春，公代去。逮夏六月辛亥，雨滂注，夜半，大声作如雷霆。黎明视之，北流徙而东矣。自此，狂澜怒涛，无复西顾，一城数十万众，遂逃湮垫。盖数百年之患，一朝而去。邦人惊顾曰："此观音大士之力，而公之赐也！"莫不赞叹作礼，咸为公寿，且属郡人士张寅识其本末，并及其徙流之应，以致子子孙孙无穷之思也。寅复之曰："吾尝涉猎佛书矣，观音大士，自闻思修入圆通三昧，性正湛然，了无人欲。故起视天下，无一物不在可悯之地。于是利物之念一兴，上合慈愿，下合悲仰，三十二应，解脱成就。十四无畏，普救苦难。尘尘刹刹，人人物物，自是皆获济度矣！今王公以大士愿力洪深，慈悲利济，建是祠，为斯民计，其用心仁矣乎！继自今一邦之人，瞻仰致敬，或能因敬生慕，因慕生戒，曰定曰慧，由是而进，圆通三昧，有不难至，惠我郡人，其利无边。然则是祠也，岂特捍水患、卫郛郭而已乎？乡父兄其念之！

公讳翔，字子飞。去年为彭州，以祷雨致疾不起，其爱民之政，至以身殉之云。

庆元五年六月朔旦，从事郎、前知兴元府褒城县主管劝农营田公事张寅记。

承议郎、宜差通判阶州军州兼管内劝农营田事、赐绯鱼袋刘震书并篆盖。

〖题解〗该碑立于南宋宁宗赵扩庆元五年（1199），记载了宋代阶州城区基本状况，极为珍贵。邢澍在《武阶备志序》中所谓："余尝谓学问之道，博与通相资，而固与陋相踵。吾乡人士患在沿习俗说，而不遵信谠论。州城外万寿山有南宋人所撰碑，读之可知宋时城郭界址及河渠迁徙情形。与众人言之，多疑而不信，信者唯一二人。"此"南宋人所撰碑"即该碑。该碑又名《西台寺碑记》。为张寅撰记，刘震书并篆盖。该碑现存武都区博物馆（莲湖公园内）。

〖撰者〗张寅：阶州人。官从事郎，知兴元府交城县主管劝农营田。

## 重修福庆寺碑阴记

（明）王文致

重修本郡功德施主王秀书丹

大明国陕西巩昌府阶州佛堂里干间坝居住，发心修殿，舍财打石佛。功德施主王文致同男王顺、王秀、王智、王斌、王茂、王岩，王朝、王翰、王龙、王虎等。

昔日，前代宗祖祖父王不然卒然之间，一语一默，观之龙凤山所秀之地，而意之所存。近望南对仙景，所出之方举，接物之所爱，乃为之贵，则得五行之秀者，为人之精妙也。详典义之所在，故不笃也。舍福地内外方圆一所，修福庆寺院立名矣！虽过载以久，寺院倒塌无影，留名於后，后世人之曾不忘以乎善也。盛是以修行，则以四方之远知焉！惟以顾神会亦为知矣！我则卒无猖狂之心焉，则亦克念天显，以尽其善哉？果能报乎，一心乾乾，要必及盖，仍旧寺院，非拾之乎，习祖没之德行。如不重复修理，比南山灵台仙堂，乃视古迹盛景之处，如是依旧，在之仁所望空所敬，不尽犹蔽陟而贵乎。祖传之焉？不移于世，试抑论之，为天命之，虽鸣穆不夷。殊不知佛老之贵，黎民阻饥，生养不遂，则五行不聚者，至于草木鸟兽而未得其所也。今夫乃能一心发善，在已终终要必重复及盖古迹寺院，而未着于时也，似乎何为之善哉？而意之所赐者，就遇妙匠也，果能为乎？祖贯庆阳府宁州，姓李，字贤，侄李宗义，用工同刻工日，原修施主，一心同舍资财齐粮，日每用心恭敬，不缺于外者，即为修善之家兴。一心造像修殿，志应无怨，陈力热烈，启打石佛一堂，修理宝寺一所，完备之日，内供一堂之圣像。仍夫告之，田得无摆，果蒙保国镇家，福临祸除之。忌告之，则必善，皈善位，精微深妙，而未易知也。

成化贰拾三年丁未春三月初一日立
功德主王文致（以下略）

〖题解〗该碑记载了重修阶州佛堂里干间坝福庆寺之过程。碑质为麻石，碑文极难辨识。碑高84厘米，宽51厘米，厚12厘米。为明成化二十三年（1487）立。此碑现存武都区汉王镇福庆寺。

〖撰者〗撰者不详，或为王文致。

## 苟氏重建武安王庙碑记

（明）蹇逢泰

成祖文皇帝定鼎燕台，族先人苟斌曾为锦（后缺）离京都数十年，屡获关将军荫佑。后西归武都，曰此亦口家旧（后缺），关将军忠魂未尝不在，焉可无宇以妥神灵（后缺）庙宇。城外西门侧，其择基治备，督工庀材（后缺）举人苟平所施，而其补葺则又侄贡士苟（后缺）苟渊所续完者也。相沿三有余年口口而成事。

不意，隆庆丁卯，河水泛涨，举庙竟尽行东流矣。幸有旧址在焉。斌之裔廪膳生苟天魁同族议，民官苟口口希圣等欲口昭来者口口令德，议重建以禋其祀，尤惧岁久易湮，兴口口继，适郡守温口口谒之，靓厥盛举，则曰："关将军正气协天，此古今所共视者。"遂命三口口公讳口者董其事。公欣然乐从，矢心竭力，口任共管工费，不烦公帑，各捐俸数十金，鸠工采木，口口致用以建。厥工不月余，百堵云兴，千楹继起，止成正庙三间，左右两庑各二间，大门一座，焕然改观，瞻谒如织，诚一劳永逸，万世不朽基也。

郡人士咸颂曰：吾阶何幸？既得温慈母显恤于阳，复得关将军默佑于阴。自是后，益登春台矣。公之功亦将与神功永赖无疆乎！因口口记事，用乘不朽，乃志其盛云。

万历岁次庚戌仲夏吉日　　廪膳生蹇逢泰撰文

奉训大夫、知阶州事温禧

分守阶文西固地方参将任承爵

同知郭西口

吏目（名略）关

阶州儒学学正张濮

训导王口、刘垣

一会功德主（名略）

一会燃万寿灯主（名略）

施财功德主（名略）

〖题解〗该碑记载了重建阶州武安王庙之缘由过程。碑石右下角有残缺，碑文楷书。碑高 64 厘米，宽 81 厘米，厚 5 厘米。为明万历三十八年（庚戌年，1610 年）立。此碑现存陇南市武都区西关小学前院。

〖撰者〗蹇逢泰，阶州人。廪膳生。善古文词，通天文、地理、星相、医卜之术。授中卫训经略。表闻其名，征辟不赴，终汉南教授。有《阶州志》（万历）二卷，明余新民修，蹇逢泰纂。

## 补修城隍庙功成碑记

（明）佚 名

考建城之日，乃创城隍神以主持之，盖肇自唐也，职司保障，与城相终始焉。阶自崇祯九年腊月之念六，夜未半，流寇陷城，三百年来翕聚之气，片时灰冷；不惟城萧然无色，即神亦黯然不光也。想阶城之残破也，或天心恶淫，害气乘权，较各处残破，倍为神伤！其山川、社稷、城郭、人民，不亦混沌之局乎？克城之明年闰四月，参戎柳父母义旌一到，贼党四散，余伏山谷间，渐次剿除，阶之神、人，始有宁宇矣。如筑城、凿池，固职所宜为。至若诸神庙寺所创造而补葺者，不胜枚举，皆乞灵溟漠，以阴护残疆之意耳！惟城隍庙更为关心，但功多事烦，似不能居全功焉。命乡善士杨文秀、孙光祖等，约十方会（众），瞻拜毕，见诸像颓矣，宛若我辈遭屠戮后，蓬头裸体、断臂折指之类也；又见庙垣圮矣，宛若我辈遭煨烬后，露处荒凉、草庐土丘之类也。久之为风雨所洗者，断断如矣！思及此，实不忍恝，且不容缓。于是，鸠工抡才，不惜其费；鳞次董事，不殚其劳。阅三月，而正殿、廊庑、垣墉、门户、焕然一新。其十方等众之施舍，虽多寡不一，皆神之功也。告成后，予率同人而登进焉，不觉夺予目者肃予心，始叹人心之灵为之也，抑鬼神之灵为之也？予无以测其妙矣。遂以庙貌之新，徵阶之气运一新矣。徵阶之新运者何？庙成之日，适辽阳李父师下车之期。甫两月，而剩水残山忽忽有新气，且雨旸时若，麦穗两歧。士民欢忭，交相告曰：此庙之灵也。此新庙者之有益于阶也。自此兵荒、盗贼、物怪、人妖之事，不禳而自去；甘雨、和风、景星、庆云之庥，不迎而自至矣。属予为记。然记之功，乞独表年记事哉？但记其常，不记其变；记其前，不记其后，均非所以尽记之功也。世运之治乱相生，人事之兴衰相因，庙于是有乘除焉。后之君子，因予记而步武之，先予而记者有限，后予而记者，记宁有穷哉！以予之记为庙之谱也可。

〖题解〗该碑记述了阶州建修城隍庙缘由经过。碑文撰者与立碑时间均无考。据碑文所记内容推测，立碑时间应当在崇祯十一年（1638）左右。该碑现存武都区博物馆（莲湖公园内）。

〖撰者〗辽阳李父师，事迹不详。崇祯十年阶州知州为李万化，山东自在人，史载明万历三十二年甲辰科（1604）有进士李万化，字君一，号襄城，历任四川大参、山东廉宪等职。崇桢年间官至山东按察司使。待考。

## 重修礼拜寺碑记

（明）马之骐

赐进士及第、礼部左侍郎河南新野康庄通家眷亲马之骐撰文。郡学生础石司宏辑补。商山名轩邵文传丹篆勒石。

粤礼者履也，履天地之宗；拜者序也，序神人之和而始名焉。予尝读《太极图说》，三百六十周天之数，总无极而太极也。生天、生地、生人、生物，孰能外此。自流衍羲皇，传及禹、汤、文、武、周、召、孔、孟，莫不率性而成，大都只言归根复命之理，未悉归根之源。如来演教四十九年，终属蝶梦；老聃遗论五千余字，那见回生。予虽后学，抚今筹昔，吾教祖圣人马罕默德从唐中宗时仙骨显应，降真经六千六百六十六段，本是太极祭皇传诧，字九万九千九百，一数乃为无极正脉。真诚无伪，避却百邪之门户；有礼无形，包罗万象之橐龠。林林而生，总总而众，以土木金石作像，以回光普照为从，育明德新民而止至善，瀍诗、易、书、礼而该春秋。济饥援苦，天下共为一家；入孝出第，四海联为同心。生不礼像式，遵斋明，致敬之诚归焉。即葬吻合丧欲速朽之箴，允垂圣教，誓不偕俗。予教诚真教哉！予教诚真教哉！口口口予赞政天朝，遇武都长者牟公应蛟，除湖广按察司口口口第口官。腾蛟邀予饮而会谭吾教，真所谓教内之个中人也。次晨捧鸠工图续，欲镌石以志。予备览口口，如见栋宇崔嵬，堂堂如虹；门观如垣，炜炜煌煌。泱泱湃湃，左雄右秀，龙翼鸾翔。还因高明德、牟思聪口口赀费，竭立营成，始得福地。频年牟思忠、花恒兴，荣游泮水；花有光、牟思和，续著黄堂。嗣是而琳琳琅琅、攸叙彝伦者，咸赖圣教而宗师儒，乃脱凡入圣、返本还源之一致也。 予特铭之，以彰万圣之光，以扬仙骨之风，俾世世无敢屑越也。遂勒石以垂千载不朽之意。诸君子题名与碑同悠久也。碑岂徒式也耶？

旹

大明崇祯辛未孟夏上浣日穀旦。

长教　金　堂　者守良　牟文有

嗣　　金尚仁　牟继圣　者万福

乡老　马熙皋　高登云　赵应亨　牟应祥　陈爱　花有颜

湖广按察司经历　牟应蛟　牟腾蛟

学生员　　牟思忠　花恒兴

府　吏　　马有贵　花有光

建寺先人　马呈图　牟尚信　高廷阳　年增成（下略）同立石

木匠　张可宰

石匠　李自玉

〖题解〗此碑现存于武都城关清真寺院内。由碑帽、碑身两部分组成。碑帽为透雕二龙盘珠造型，正中竖刻有楷书“大明”二字。碑高 145 厘米，宽 79 厘米。碑身已断为二，部分碑文已残。此碑刊刻于明朝崇祯辛未年(1631)。为武都清真寺现存纪年最早的碑刻。碑文以儒家和老庄之学喻讲伊斯兰教教义，对了解明代后期中国伊斯兰教的特点，以及陇南回族的形成有重要的史料价值。

〖**撰者**〗马之骐，字康庄，河南新野（今河南省新野县）沙堰镇马坟村人，约生于明嘉靖四十三年(1564)。万历三十八年与其弟马之骏同登庚戌科进士。马之骐得中一甲第二名，是为“榜眼”。官至礼部左侍郎。任礼部左侍郎。

## 重修学宫碑记

（清）蹇随济

武都古白马氐地，秦置郡，隶蜀。时民尚耕战，不务学，上亦未尝加意于学以广励之。汉蜀太守文翁，起学官造士，每行县，敕经明行，修者与俱，声教大治。武都有学自此始。然风彝俗僿，士亦未闻有显者数百年。丁晦叔，以刚直著于宋。至明，则浸浸乎文物之邦矣。嘉靖甲子后，人文萧瑟，科第寥落，间有离奥渫而通籍者，率不竟其闳巨，士靡所归咎，佥曰：“学宫非所，曩之五徙者，弗一善也。”

癸巳岁，邗江于父师精形家言，效卜瀍食洛之规，定基于斯。前天马而负翠微，左凤仪而右锦屏。水从辛亥来者，襟带方去，真神奥区也。规制草创，于父师迁去。继瓜期而代者，往往劳心追呼，薄书鞅掌，或谒庙而不登堂，登堂而不横讲席，排列殿呵，疾趋以出；况肯徘徊、叹息于廊庑阙庙之间，若者议新，若者议补乎？即有间欲修举，而监师不督责，簿书不期会，一切以迂阔视之；兼以老师腐儒，动之以堪舆不可知之事难之，以更张纷扰不可竟之功，始而惧，既而疑，不得不姑且议罢，吾学其何赖耶？

皖城戴父师有经术，待士宽严折衷，皆有恩礼。凡谒庙必登堂，登堂必横讲席，或发明经旨，或指授文法，或商略世务，或咨询民隐。因访人才之兴衰，工之所由举废，士详厥故以对。父师曰：“学地则得矣，其如风气未聚何？”乃与学师杨公、郡尉靳公，谋所以维新学宫者。计时若干日，计役若干人，计资若干两。父师捐俸二百余金，杨公捐俸拾伍金，靳公捐俸二十金，绅衿、义民，共输助若干，乃於戊申之蒲月，鸠工庀材，揆日举事。所维艰者圣庙，孤峙无转廊，非制。转廊非大木，无以胜任。然非有大力者，又何克致斯大木也？协镇林公闻斯议，襄运大木一百八枝，捐俸五十金，转廊十八楹，刻期告成。其次第补修者，圣阁一座，四配阁二座，十哲阁一座，两庑阁十座，东西川廊十八楹，二门三楹，角门二楹，名宦祠三楹，乡贤祠三楹，泮池一所，屏墙一座，栅栏十六架，栅门二楹。工肇于戊申春月之吉，告竣于庚戌夏月之吉。则见坛坫垲爽，堂庑恢闳，墙垣巍峻，池沼澄泓。崇卑就列，从横因形，榱题饰而轮奂美，圣灵妥而人文萃。

昔文翁兴学于蜀，蜀人用殿旁石室以像翁。王沂公守青，兴学于齐；守郓，兴学于鲁，齐鲁之学者祀之不衰。今有功于阶之学者，皆其有文翁、沂公之心者也，诸士亦安敢忘之。洒扫一席地，俎豆其乡。请伐石记之，以征信於永久。

令晋膺阶州牧、协镇林讳忠、字荣蓼，泉州人。

口口口元之山阴人，皆有功。

贡生蹇随济熏沭拜撰。口口口书丹。李世俊、李天口校。

〖题解〗该碑记载了阶州重修学宫之经过。顺治癸巳：即顺治十年（永历七年，1653 年）。康熙戊申：即康熙七年（1668 年）；碑约立于康熙九年（庚戌年，1670）。该碑已残，现存武都区莲湖公园内。

〖撰者〗蹇随济：阶州贡生。

## 创建护城石堤记

（清）何道升

丁亥夏，余以秩满，擢守武都。甫莅之日，顾城南白龙江，水势澎湃，直泻千里，逼邻城隍。昔之人筑土堤以御狂澜。然时筑时圮，损塌靡常。当夏秋之际，洪流泛滥，堤崩水决，浸漫入城。南城居民每存蛙灶之患。

夫有利不兴，有害不除，司牧之过也。水患岁警，深切民隐，余心忧之，愧未遑焉。再越岁，风雨顺，年岁登，正供之外，杂派尽蠲，民力稍舒。昔之鹑衣鹄面者，渐臻殷阜。于是相度形势，筹画工费，谋之绅士耆庶，佥以工大费繁，恐难骤竣乃事。余谓会勺水可以成河，聚拳石可以为山，岂以一堤之微，终怀道傍之叹哉？第观人力之至与不至耳。尝考史载：吴越王钱镠张万弩射潮，筑石塘数十里以卫杭城，杭人迄今利之。况白龙江之水，未若浙江之广；石堤之费，未若钱塘之巨，有何畏难而苟安若此也？余遂捐资命匠，凿石烧灰，计工授食。又锄锹、土袋、杠木、绳索诸物，悉给价购买，不扰于民。未越月，得堤二十丈，高若悬崖，坚实可久。人士环观，无不踊跃，输捐恐后，总银钱、布粟汇计约壹百余金。旧城等十二里边寨各堡，捐夫八十九名。有镇守阶文西营游府徐讳芳、中军千总孙世虎、左右司把总杨茂春、杨明晖，儒学学正刘仪琏、训导张云桂、吏目傅润仓，皆捐俸襄工；僧正司寂然，道正司张星煜，皆竭蹶奔走。创始于庚寅十月下浣，落成于辛卯十二月之望。自卧龙冈至东教场，蜿蜒三百余丈。今秋霪霖水涨，几至漫堤，竟无崩溃，视前之一洗无遗者，已差觉较胜矣，然犹不能无虑焉。沿江而南，为全城樵薪之薮，往来藉船以渡，水急船溜，每多冲突。而上江复有木筏，顺流直抵堤岸，其冲突之势，更十倍於船，不无水滴石穿之惧。所赖后之同志，补修罔懈，

则此堤之永护金汤，安斯民于衽席，实未有艾也。是不能无厚望于将来云。

〖题解〗该碑记载了阶州创建白龙江护城石堤事宜。石堤动工于康熙庚寅，即康熙四十九年（1710）；完工于康熙辛卯，即康熙五十年（1711）。此碑应立于康熙五十年（1711），现存武都区莲湖公园。

〖撰者〗何道升，福建岁贡。康熙四十五年（1706）知阶州，始建护城石堤，白龙江护城石堤，自卧龙岗至东教场，达三百余丈。

## 创建学棚碑记

（清） 葛时政

我皇上尊师重道，兴贤育才，凡所以加意斯文者，至深且远也。政以一介书生，受圣主知遇之恩，敢不仰体宸衷，以恤士为首务？

粤稽阶属，向统隶于巩郡。自雍正己酉春，改阶为直隶州，领文成二县，一切规模，悉与府同。而学棚为鸾凤飞翔之基，亟宜倡建。前守迫于军务，未遑举行。庚戌重九，政由文县令奉命来守是邦。甫下车，蔼蔼多人，即以建棚呈请。据情上达，仰邀督学使者溧阳潘公俯如所请。愚随率诸同事倡议捐资。一州两邑之生童，无不踊跃乐输，以为经营之费。公购杨贡生名藻者房宇一所，中有正楼五楹，两厢各三楹，大厅五楹，厅前厂棚十余间，小屋、偏厦无不相宜，位置颇称宏壮。虽点缀之施，所在俱有，不过仍其旧制，略为增益，而盛事以成。数月以还，济济多士佥曰：“畴昔数百里跋涉之苦，而今无矣。”忻忻然争自琢磨，诵读之声，达于里巷。行见文旆遥临，山川增彩，草木生色，前茅皆梁栋之材，获售悉瑚琏之器，可为千载休徵也已。然此举，乃政职内事也。若谓足以仰副圣天子作人之化，则犹惴惴云尔。是为记。

〖题解〗碑文记载了创建阶州学棚之事。碑佚不存，此碑立碑时间无考。据碑文所记内容推测，立碑时间应为清雍正十年（1732）。

〖撰者〗葛时政，直隶阜城人，举人。雍正七年（1729）知文县。邑水冲沙压田，久为民患。公为清丈，除其赔累；改士归流，土司裁革，民番感德。雍正八年，升授阶州直隶州知州。纂修《直隶阶州志》2卷（乾隆元年刻本）。

## 名山老殿护栽树木碑记

（清） 苏增慧

自古灵山固绿，寺观而彰其盛，然树木有助焉。州北之五凤山，固州之一大胜境也。第山形陡峻，栽树者恒培植为艰，故虽有名刹足以壮观，而树木鲜有，几与童山相等。因是，灯山会会首龙君福顺，自嘉庆八年，同王炳各处寻取松柏树苗，并与冬青、杨柳等树，或花卉牡丹，节年植栽，自山巅迤逦至风伯殿，共计树苗一百一十四株矣。越今二十有七年，树木日渐茂盛。遥望之，碧色菁葱，掩映山坡，所为蔚然深秀者，不其然乎！到后丛林既成，即游人览胜之下，吾知会心不远之致，定同濠上想也。至此，而又不交口啧啧，共颂龙君之功于不忘也哉。爰为之记。而并附护树会规于后。

五凤名山灯会会首龙福顺，字禄三，庚寅相。五十一年发心养树，年年栽培。至嘉庆八年，同王炳，丁亥相，二人又发心养树，自老殿栽起，直到灵宫殿土地凸止，共树木三十有余。嘉庆十六年，被姜家山牧童烧坏树枝，罚小麦八斗。十七年，龙福顺又栽树木。

众会商议：老殿松苗不许人拔。齐栽与黄土场、土地凸阴面松树五苗，道光八年总计树一百一十余株。九年，交与老殿入会会首主持，每年经营，不许城乡会首私取。如有不遵者，入会议罚。坪塄坎后殿栽松树一枝，牡丹一枝；二天门栽松树二枝；风伯殿栽松树二枝，冬青一枝。道光八年，龙福顺募化牛一只，九年，同众交与几姓积德，牛并无价值。几姓代耕名山田土，以供香烟、住持口粮之资。几住持或因牛无价，私行与人耕田，众会议罚，日后有子生，只许几姓牧养耕田，不得以卖。以勒石以望久矣云。

岁次庚寅清和月立石

苏增慧撰书，秦维新刻石

武都区五凤山道观

〖题解〗该碑现存于武都区五凤山顶的道观老殿内。碑高47厘米，宽93厘米，厚3.3厘米。石质为板状白云质石灰岩。碑面四周刻有3厘米宽的莲花波浪云纹。碑文全系正楷，自右至左竖书，共38行，550字，除部分字迹残损外，保存基本完整。碑首有印章一，碑末有印章二。碑文由苏增慧撰书，秦维新刻石。书写工整，刀法娴熟。石碑立于清朝道光十年（庚寅年，1830年）。

〖撰者〗苏增慧。

## 重建阶州城碑记

（清）葛以简

皇帝御极之二十有六年丙午冬，简以忠荫出知阶州直隶州事。下车之日，吏白：“巡城。”礼也。则见夫圮而夷者，城壁也；剥而落者，城堞也；洼而窟者，城漫也。而城闉，则污而窒矣；城阖，则倚而张矣；城橹，则摧而折矣。嘻，甚矣哉！是尚得谓有城池哉？乃顾谓吏曰：“设险以守，非仅城郭之谓也，而城郭其尤要者也。刺史非守土者乎？政由兹始，其亟修之。”吏趋而进曰：“噫！公其休矣。今圣明在上，夜户不闭，曾鳃鳃焉捍御是虑乎？且事从乎因，功赖乎创。倾圮既多，修理匪易，资亦安出也？噫！公其休矣。”简曰：“恶！是何言欤？”爰进吾民而诏曰：“守备不严，刺史之责也；经费不敷，刺史之忧也。独力难成，众擎易举，则又刺史所厚望，刺史所深愿也，父老其何以教我乎？”而曰：“惟命是从。”而曰：“惟力是视。”简喜此邦人士可与共事也。始也愀然，继也跃然矣。未几，而金钱络绎，畚锸追随。官既倡捐于前，民即乐输于后。庀材焉，鸠工焉，经始于丁未孟冬，告成于己酉暮春。凡用钱三千万有奇。而以下剩之余资，作岁修之零费焉。盍峻三寻，广二仞，周七里，壹是规模，悉遵前制。惟堵一门，以避江涨；辟四窦，以泄霖潦。视旧制稍有增损。而圮而夷者，则增而崇矣；剥而落者，则理而整矣；洼而窟者，则筑而平矣。而通而达者，即污而窒者也；正而合者，即倚而张者也；翼而耸者，即摧而折者也。佳哉荡荡，壮观瞻於举瞩，销奸究於未萌。所谓安不忘危，而绸缪於未雨者，其在斯乎？其在斯乎？今而后，阶之民生于斯，聚于斯，亿万年永永无虞，以沐我圣天子涵养生息之恩者，其有既极耶？则阶之民抑何幸也！虽然，简於此则窃有虑焉。创始踵修，理有相需。创兹者开之於先，踵兹者继之於后，则增而弥崇者，亦久而益固。非然者，江波啮其前，山涨噬其后，数十年而下，倾颓零落，后之视今，不犹今之视昔哉？然则简即衰，羡余权子母，以备历年土木，以期永固金汤；而事亦权舆，并须后继，其所望于将来司牧诸君子者，岂浅鲜哉？岂浅鲜哉？是为记。

〖题解〗碑文记载了重建阶州城事宜。城建动工于丁未年：即清宣宗道光二十七年（1847）。完工于己酉年：即道光二十九年（1849）。该碑现存武都区博物馆（莲湖公园内）。

〖撰者〗葛以简：浙江山阴县天乐乡山头埠村人（今属杭州市萧山区）人。定海镇总兵葛云飞之长子。第一次鸦片战争期间，葛云飞在定海与英军作战，壮烈殉国。身后朝廷追谥壮节，入祀昭忠祠。有两子以简、以敦。云飞殉国后，朝廷分别赐予二子文、武举人。《清史稿·列传一百五十九》载：“赐两子文武举人，以简袭世职，官至甘肃阶州知州，以敦官守备”。

## 尚书碑记

（清）李春霞

盖闻始祖讳揆，官居是阁老尚书礼部天官。在昔，始之根基，本是山西大槐树下人氏，后移居於秦州瓦窑坡为业，故始祖之失亡故，在早安厝於秦州。继至唐代德宗皇帝建中肆年岁次癸亥四月旬中，（与）宦官庐杞不合，奏上唐主，委於吐番堪守突厥，主后改名曰武都郡。始祖因番民平息，故移，祖母诰封九天圣母，於武都郡旧城里安家为业。丙子十月，始祖母告终，安厝於墁家坪为墓。丁酉二月，始祖告终，又安厝於同塔。现有沙帽坟墓以贻於后世。凡为同宗之人，每年清明，寒舍祭扫祖墓，办立大会，子子孙孙世相传焉。兄予先人荣修祠堂壹院，培栽古柏几拾根。上有正殿巍巍，伊可畏也；前有大庭森森，仲可怀也。左右昭穆，世世续焉！彼夫大殿叁间，绘塑金身二尊。念昔先人功就甚焉，迄今世远年洇，多因风雨损伤，合户商议，沙颇残缺失次，但小小补塞其罅缝而已。然而事大则力微，功多则财欠，办理数载，功未成就。故仰同宗爷辈，伯父弟兄，募化资财，以助完功之福，功德圆满，万福攸同。此所谓泰山不让土壤，故能成其大：河海不择细流，故能就其深。同宗君子睹此贻传，始知先祖之来由，仰依同宗，务必通传同宗，愿施功德，积少成多，咸建愿功。此之谓也，以是为序。

本村生员李春霞敬书

大清康熙十年岁次辛亥十一月己卯日重建。督工头人（略）

大清光绪七年岁次辛巳二月初九日重建。生员（略）

〖题解〗碑现存武都区汉王镇白龙江南岸万象洞西大坪山。该碑为光绪七年（1881）立。碑文记载，唐代礼部尚书李揆在平定西番之乱后，一段时间移居武都郡旧城山，其母去世后被诰封为九天圣母，安葬在武都大坪山。村中有李揆衣冠冢、尚书祠堂（俗称尚爷庙），供奉九天圣母和李揆尚书。此地李姓应为李揆后裔，明、清时迁居此地，故建尚书祠堂以祀祖先。又，临近的武都区李家湾村、两水镇土木眼村、石门乡草坝村、马街镇卯家山村及宕昌县沙坝等地也建有九天圣母庙，均为明代四合院建筑，斗拱飞檐龙脊，壁画中有风伯雨师。圣母宝殿供奉的圣母神像为坐像，每年农历七月十五传神过会。

〖**撰者**〗李春霞，生员，阶州人。

## 重修北岩寺碑记

（清）王室平

树色葱葱，水势潺潺，宝兴凤岭，珍藏龟山，号白莲花。寺近通阛，自明万历六年二月创始修建，名曰“北崖寺”焉。左接其城郭，天宝物华；右绕其云霞，地灵人杰。而山青水秀者，人人得而宜也。德祥恩敷者，户户赖有艾也。麟趾呈祥，多沾桂子之瑞；螽斯衍庆，喜逢兰孙之兆。天上人间，愿做赤子之父母；关中关外，悉归苍生之眷顾。复俾使亿万群黎，普受坤元之德；三千世界，皆蒙圣母之恩。求福而得之福，求子而应之子。士民大意深心者，此为愿也。

同治甲子秋，经其发逆之患，神宫拆毁，庙貌坍塌，片瓦竟无存矣！祈祷神灵者，远视之而惕然俱悚；恭祝圣寿者，近见之而俨若甚惊。当斯时也，偶遇良人，邀及首事，各发无上菩提大愿，兴工募化，重修庙宇，砌山换像，建立白衣大士、三仙圣母及土祇、山神、山门等殿。另修路，坦数丈，已开后世津梁。惟愿同登寿域，酬答圣母之德，为期处处共沾荫隆之泽。庙貌丹青，神像金色。兴工于丙戌，告竣于戊子。适有善士临河陈永福、禄高升，郡人李润滋、王访箕、李国香等众虔心求吾，恳作碑文，言念在兹，皆诸君天良发现，惨淡经营，不辞劳苦，了其终身志愿，倍增武都之胜境，万古千秋，永远不朽！今垂一文，为叔季中流之砥柱，因援笔而为之序。

郡庠生王室平薰沐敬书

大清光绪十四年桃月既望一会信士人等仝感敬立

〖**题解**〗该碑记载了武都区城关北岩寺由来及重修之经过。撰于清光绪十四年（光绪戊子，1888年）。碑高154厘米，宽79厘米，厚17厘米。碑头刻有“永垂不朽”四字。碑文后立碑者中有“阶州营游府谭应春，阶州直隶州正堂叶恩沛，提督管带镇南军右旗张得胜，阶州直隶州右堂戴尚志，阶州直隶州儒学正堂林含华”等人。碑现存武都区莲花山寺。

〖**撰者**〗王室平，清阶州庠生。

## 罗氏家佛殿记

（清） 邢澍

祭田祠庙，盛於南方，而北则否。无论齐民，即世为士，叩以高曾以上名字，茫茫然罔知，盖习俗使然。其间有立祠宇奉佛，兼祀其先人，名为家佛殿者，虽非古，亦可取也。阶州城北数武许，有罗氏家佛殿，中奉释迦如来佛。旁有屋正祀晏公，晏公者，江湖间神也。罗氏祖籍江西，往来故乡，获其灵佑，故祠，即以始迁祖配食焉。百数十年，香火不绝。有圮坏则修葺之，而未增建也。

嘉庆十七年，监生罗士伦、佾礼罗万禄等，醵钱鸠工，度隙地建屋三楹，设始迁祖以下三世本主，正其位向，又扩门垣而大之。岁时，聚族人其中，修祀事，序昭穆，议立章条，传诸永久，可谓善继者矣。

嗟乎！风俗之敝也，纠他族之人，侈非鬼之祭，崇奉延纳，惟恐不力。而于先人遗踪弃如弁髦，先人之魂忽如陌路者，皆是也。若能家门如罗氏，上怀祖泽，下联同姓，岂不蔼然，仁孝之风也哉！且由是而积厚流光，贤裔继起，祭田祠庙之类，以渐兴举，即比美于吴、粤间世族不难也。

罗氏，澍之外祖家也。稔知其事，故因其请为记，欣然为之。俾刊诸石。

赐进士出身、江西南安府知府同郡邢澍敬撰

郡学生口口口沐书

嘉庆二十一年六月十五日同族人等勒石

口口守备衔口拔补千总同郡雷国栋重书

〖**题解**〗碑文记载了阶州北山罗氏家族及家佛殿由来，邢澍撰写碑文。碑初勒于清嘉庆二十一年（1816），后或损坏，故又于光绪三十四年（1908）重立。碑高 126 厘米，宽 62 厘米，厚 16 厘米。此碑现存武都区城关中山街竹集巷邢家大院。

〖**撰者**〗邢澍：字雨民（1759—1823），一字自轩，号佺山。进士。历任浙江省永康县任知县、长兴县知县、江西省饶州府（治所在今江西省波阳县）知府、南安府（治所在今江西省大余县）知府。清仁宗嘉庆二十四年（1819）返回阶州。

## 袁氏先代事略碑记

（清）刘士猷

今上御极之秋八月，郡治西五里龟崖之麓，江水涌，古碑出。视之，宋庆元间郡守袁桂《乐化庵记》也。桂，吾友袁金玉始迁租。金玉既纠同人舁置万寿寺。因念袁氏家谱失，此碑没于地下将近千年，不惟子孙不知，郡志亦不载。今一旦涌出，千六百余年之故事恍如昨日。斯知历久不灭，虽简册犹逊贞珉也。于是，搜辑自桂以下至于近世先人逸事，凡万余言。

将泐诸石，俾予为之点纂，辞不得，乃略为诠次如此。其辞曰：

袁氏之先弘农，华阴人，汉大将军绍后也。南北朝时，绍之孙蒙，自陈留徙华阴。数传后，子姓显，且多为邑望族。自唐迄宋不少衰。庆元元年，有袁桂者，以名进士通判同谷，旋除阶州牧，是为阶州袁氏之始。先是，桂居同谷数年，政通人和，百废俱举，同谷民悦之："有指日高迁，毋违我境之祝！"桂闻而笑曰："天下宁有是耶？"既而赐紫绯鱼袋，权守阶州军州事。诏既下，或谓之曰："今竟何如？"桂笑颔之。其上下情睦如是。桂临去，同谷父老攀辕泣请来期。公曰："是诚不我由！然我讵忍弃汝？后将家于此，则别无几时，而不别者期而长矣。"于是，父老数百人送公达阶境。公既至阶，会叁月不雨。公即祷于梓潼帝君，越夕，雨如绳泽下盈尺，邦人大悦，谓为"随车雨"。迨季夏，数有讹火暴涨，惟千里焚溺是惧。公一祷于七曲行祠，效如桴鼓，非精诚所集，顾如斯乎？

在郡二年，惠政时有。惟北溪之患，城堤屡溃。公既修葺完好，谓郡人曰："是非人力之所能支，七曲文昌职水府都曹，盍筑英显祠为一方保障耶？"民皆曰："诺！"鸠工庀材，建祠于龟山之麓，用祀梓潼帝君。又于祠之左修"乐化庵"，以为众仙宴集之所。工既成，帝君门下仙官张济之为之序，公亲跋其后焉。时庆元七年辛酉岁事也。明年，嘉泰改元，公仍回同谷。自公有是举，北溪不为患者四十余年，民赖以安。

公生二子，长曰龙，次曰凤。龙娶天水聂氏女；凤娶同谷卞氏女。缘公有家焉之志，二女皆不欲东归，遂居仇池之阳。时，金、夏方多事。公尝谓二子曰："但读书耕田，世守勤俭，为国良民足矣。幸勿浮沉宦海，断送老头皮！"后终于官。子孙世守是语，不肯出。

传数世至启祥，生而颖异，尝读《货殖传》，语人曰："孰谓富贵不可求，但患无术耳！"既长，学小负贩，行辄赢。既闻武都棉业可图，往屯于郡北五十里之宋川，大权子母，不二十年，富埒王侯。乃自仇池徙居是土，既而丁财两旺。地以人传，今之袁家坝所得名也。启祥既讲致富术，故子孙益喜推广。郡设市肆，乡置田庄，农商各业，极一时之盛。至峤，生五子，曰芝、檀、堉、岩、杰，袁氏大枝之所分也。檀、堉俱名诸生；岩、杰入监国学；芝早世，无嗣，以堉子楷兼承祧后。檀、岩子亦无子，独楷多男，转嗣二家。故今之袁氏名分五枝，实莫由知其某出某系者，以互为人后，谱失莫考也。虽然，自堉而下，子孙蠡衍，门第椒繁，家谱虽失，口碑犹在，辈接相传。当明末国初时，称明经者二人，曰丙华、曰伟。食廪膳者一人，曰气正。列胶庠者六人，曰大化、曰安世、曰延年、曰延邻、曰江、曰建武。据称伟善书翰，购得者价拟鸡林。丙华邃《易》，贯串九家之学，以善卜闻。甲申之变，闯逆陷阶，郡人有藏镪者，倥偬间忘表志。寇退，周索莫得。诣公筮之，卜秦詶兆曰："金食其墨，而火以贵。其藏值丑，在道之右。南有杵臼，冢土是守。举之舁之，庶几其有。"明日，于屋街旁土壅古舂下获之。诸如此类，不可殚述。后先生与大化、安世闻明鼎革，北向泣数日，劝之不食。一夕，俟家人寝俱，自经。郡志漏书，憾哉！

江、建武在明季，俱以冠军列郡庠，与年龄等，时以义气相尚。先是，伟人卜知明运将终，闻诸父昆弟，藉议后事，乃集而询之曰："万一燕都破，将如何？"皆曰："殉之！"伟人曰："不可！吾家世受国恩，现四代九人，固云厚矣。但若辈皆未有嗣继，若尽殉之，无补于国，而有害于家，不孝之忠，容何取焉？今日之议，除老夫与大化、安世，不能旋踵！余皆惟我言是听，勿为匹夫匹妇之谠可矣。”于是，诸人乃不敢复言。比国朝开科，延邻、建武皆怀才不试，友戚或劝之，但曰：“人各有志，吾祖有明训，行将顾此老头皮。”值岁大祲，人相食。江、建武先与家族富人约，尽出所积谷，先施户族贫民，次邻友戚里。不给，货于里之富人。又不给，乃购驴骡数十头，次第运诸邻境，以故里之贫民得无恙。袁氏由此名益噪。

稟生气正，堉之曾孙也，性和顺，好义急公。其父希哲拥钜赀与人，不追悔。气正继之，遂有孟尝风。与里人蒲仲文子善。文子贫而好学，气正尝厚遇之，文子不可，曰：“吾非远于情者，君总不言，吾何可常也！行将效君平谈休咎，日得数十或百钱，即可鼓腹而歌，请再勿以为念！”气正时因问卜者厚其酬，文子怪之曰：“是必袁公之教也！”卜人笑曰：“然！”文子曰：“吾不能以日用累故人。”遂挈其妻子去。气正留之不得，然终身未尝有德色，里人因是多二公焉。康熙间，郡守欲割气正地广圣庙，气正慨然与之，不受值。守以其事闻，大宪义之，俾以庠生世袭。男鸣珣，即世科。孙紘，曾孙裔杰，即步熊，皆雍乾以来庠生也。嘉庆间，案燬兵燹，得不袭。道光末，学正口训导王以气正九世孙继富、十世孙丕光袭之。然善继无人，故至今阙如。今可以承先志者，其惟金玉乎？金玉，气正十一世孙也。性孝友，家贫，学书不成，弃而为吏，渐称小康。笃因果，好济施，又旁通纯景、青囊、丛辰、建除之学，简朴自好，尝自著书，创家谱，叙祖宗德泽，命曰：“世业箕裘”。其所以展孝思者，已可见矣！兹又垂显刻，昭示来，许不谓之孝思得乎？赞曰：

袁自陈分，年经四千。伟人代出，世泽绵绵。云礽金玉，克念阙先。继述之善，裕后光前。泐诸片石，亿万斯年。

拣选知县、辛丑补行庚子恩正科举人、阶州高等小学堂教习刘士猷撰。

钦赐花翎、在任候补（知）府、特授阶州直隶州正堂隆泰，赏戴花翎、特授中卫县调署阶州直隶州正堂张心镜同鉴定。

署理阶州直隶州事兼营务处提调、即补直隶州正堂谭焯校正。

大清宣统二年正月谷旦，蓝翎、守备衔、尽先拔补千总、前署阶州营把总雷国栋谨书。

宣统叁年八月己酉泐立。尹兴文、尹兴武镌字。

〖**题解**〗碑文记载了阶州袁家坝袁氏先代事略。碑高178厘米，宽91厘米，厚50厘米。碑四面俱有文字。立于清宣统三年（1911），现存陇南市武都区柏林乡袁家坝。

〖**撰者**〗刘士猷，阶州（今陇南市武都区）人。拣选知县，辛丑（1901）补行庚子恩正科举人，阶州高等小学堂教习。

## 永垂万古碑记

（民国）赵希稷

武都县县政府县长孔渭

武都常备队大队长刘

伏以尝闻者为补修道路。城东巨（距）城六十里董家坝口下口江堤边以行大道，今岁河水殒失崩塌倒坏，闭处止口下行走。人民呈请县长伏乞电准赏赐资财，以传地方口口径（经）理，做工劳力费神，以催民夫。为武都之要关，商人来往，时刻不止，上通甘各县常行，下口川驮、背、挑三者。一（以）下前往二里之远，上石岩巖，口下河水挨山，万无寸土，口口口走，用请石匠击石，开路补砌，以修宽余平坦，以应逾口口口千万人来往之不险不难，后永无其患哉！为新立补口口碑记云耳。

百货局卡长张治庵

稽查长陈本初

烟酒局卡长王起云

成功首人董琪发、段芝芹

乡约李维财

民国二十四年小阳月上浣之日立

赵希稷、石工韩文

武都区外纳乡董家坝村永垂万古碑记

〖题解〗碑文记载了补修阶州董家坝水毁道路经过。立碑时间为民国 24 年（1935 年）四月，碑有缺损，现存陇南市武都区外纳乡董家坝村。

〖撰者〗赵希稷，生平无考。

## 开设集市暨置香地碑记

（民国）袁锦臣

集市之规，创始周朝。初而城镇，继之乡市。四民利便，各界交易，善政流行，遍于寰中。矧可与江河同流，日月并步。

如我柳林，皇皇大里。历无集规，幸赖（杨）明山等诸君，抚髀兴感，踊跃振奋，同怀口诚，相信之臆，共措集腋成裘之念，爰于民国二十五年冬，在官堆下演剧开集。经阅月，而集稳固，遐迩咸悉，赴市顿便。又于民国二十八年，各随意领，另出价洋百四十元，将集场置作太乙宫香地，东西口二丈四尺吊，南北四丈九尺宽，每年斗商向宫内交纳麦租二斗五升，住持寂慧经口丁粮二合随租。斯举也，不惟使乡村有所补救，而在人民生活上亦有无限资助。且向观内置地，人有交相运用之便，有香资奉祀之依，兴辟偶然，留芳遥遥。在兴诸公不敢邀功沽誉，窃领后之览者继之永久，勿蒂焉尔。

甘肃法政预科毕业，袁锦臣撰文，

岁在民国二十八年。

〖题解〗碑文记载了武都县柳林里（今武都区马街乡）官堆村开设集市暨置香地之经过。原碑文刊有开集发起人杨明山等28人，置买香地人杨明山等以下32人，均略。邑人袁锦臣撰碑，勒于民国28年（1939年）。今存陇南市武都区马街乡官堆村。

〖撰者〗袁锦臣，阶州（今陇南市武都区）袁家坝人。甘肃法政学校预科毕业。

## 孟军辉烈士纪念碑

（当代）佚名

孟军辉烈士系甘肃武威县人，一九六三年十一月出生于新疆伊宁市。一九八一年加入共青团，一九八二年元月入伍，生前系中国人民解放军八四八四七部队四连班长。一九八四年六月二十二日在参加武都抗洪抢险中不幸以身殉职。终年二十一岁。根据他生前的表现，部队领导机关追认他为中共正式党员、革命烈士，追记二等功一次，武都团地委追认他为优秀共青团员。

〖题解〗碑文记载了孟军辉烈士在参加武都抗洪抢险中不幸以身殉职的事迹。碑阳文字为“中国人民解放军八四八四七部队四连班长孟军辉烈士纪念碑，武都县政府立，一九八五年十月”。碑现存陇南市武都区城关白龙江畔（西距北峪河口约300米处）。

武都区少先队员到孟军辉烈士墓前进行扫墓活动

## 重修五凤山真武观碑记

（当代）曾礼

五凤山位于武都城北，海拔二千有三，传云古有凤落于此山。北坡较缓，秀若峨眉，南坡陡峭，险让华山。从南麓仰观，峰峦挺拔，直逼霄汉。登临山顶，则烟云弥漫，松涛汹涌，若置身琼楼玉宇。昔以殿堂多且崇丽名驰陇右。五凤十殿，真武为最。真武观者，凌立峰巅，工艺精巧，比美江南，为明时所建。明清间香火极盛，每逢古历三月三，九月九前后三五天，甘川陕信士多至此朝山。白天游人如织，夜晚灯火辉煌，宛若盘龙。五凤山现有松林三千亩，道光间所植之百株青松，高达百尺，胸围过米，高耸特奇，游人每以黄山松誉之。然昔日之真武观，因年久失修，行将倾圮。众信士见其风雨不蔽，以为神无所凭，内心戚戚，多以重修为誓。积此坚贞之念，遂于一九八六年秋始将真武老殿、三官、二霄与灵官诸殿历十年之艰辛，次第重建，并修盘山石阶路七百八十余米。重修之真武观占地两亩，仍座北朝南，于原址拓广加高而建。耗资一十二万，投工五万有奇。俗云积涓成河，积土成丘，操超俗之节，成一方之美者，全赖众信于城乡化募，捐款输料，投工劳动。余观夫此殿，崇丽巍峨，法像高瞻，紫阁青疏，云结气凝。郡进士、户部主事吕笃中举后敬书之“主宰元天”巨匾仍悬老殿正中，皤发苍颜之叟，岸帻纡带之士，阗门就瞻，莫不赞叹。寄情山水旅游观光者亦以为陇上之胜景也。殿成日，邀我为序，以期将此善举镌铭于石，以垂永远，因有此奉。

邑人曾礼文，王礼贤书，谈生九刻

〖题解〗碑文记载了1986年武都群众重修五凤山真武观的经过。该碑现存于陇南市武都区五凤山真武观。

〖撰者〗曾礼，武都区人，武都县地方志办公室主任、副编审。主编《武都县志》。整理校注《阶州志集校笺注》。

## 莲花山大雄宝殿碑记

（当代）曾礼

佛教自东汉传入中夏后，梵宇之设渐遍神州。及我武都，众信士亦多有乞修之请。县府视情乃允将原泰山庙故地辟为瞻拜圣地。城乡信士闻此奔走相告，积极化募，选材平基，计程筹工，于一九八五年四月八日破土兴工。殿依凤凰山，南瞰白龙江，坐落于莲花山。宇舍巍焕，弘绰深严，宽五深三高达二五。构处净界，飞檐挑角，仰而观之，式出百寻。设计者张存福，木瓦工负责为张存德、王福田君，雕刻者张明成，彩画王双朝也。光寿主持佛事，张天绪、刘从德负责修建，一九八八年二月以后，由赵希文、张存福主管油漆彩画，配套建设，又修僧房十间，植树千余，终于一九八八年十月十八将宝殿建成。至若谛孝、龙王琴、蹇玉珍、王焕、普雪莲、郭燕燕、贾宝清、高志刚、董秀英、郭文彩、姚友边、李增秀、郑文英者，或化募或劳动，各输其力，共襄厥事。殿成恭塑释迦、药师、阿弥及观音、地藏诸像。游人至此，盘桓永日，心境双清，洞然有悟，犹入西方之精舍也。更幸者，乃华侨居士傅凤英以二十万元之巨资恭雕高一米有三、重一吨有五之白玉释迦佛一尊捐赠本寺，从缅甸空运兰州，用汽车迎至武都，一九九二年八月二十三安置大殿之中央。玉佛于武都落座，益使大殿为之增辉。瞻拜之下，皈心清净，仁慈之念油然而生。是殿之设，不亦善乎，不亦乐乎？余亦因乐而补叙如此。

曾礼沭手撰文，王礼贤书，谈生九刻。

〖题解〗碑文记载了1988年武都群众重修莲花山大雄宝殿及迎请缅甸华侨居士傅凤英捐赠白玉释迦佛的经过。该碑现存于陇南市武都区莲花山大雄宝殿。

〖撰者〗曾礼，武都区人，武都县地方志办公室主任、副编审。

## 万象洞碑记

（当代）曾礼

万象洞居武都八景之首，古已名驰陇右。洞名为赵朴初所书。位于城东十二公里处。是丝绸之路东端一颗璀璨的明珠。形成于亿万年前，为国内所罕见。其规模之宏，景观之最，堪与桂林芦笛岩、广东肇庆七星岩、浙江瑶琳仙境相媲美，已载入《中国名胜辞典》和《甘肃古迹名胜辞典》，为中外游客向往的胜地。万象洞内万象森列，各种形象巧夺天工。景点纷华，以犀牛望月、五谷丰登、石帘垂布、天地交泰、神女峰、擎天柱、黄龙坝、仙人居等处为最。永乐年间，张三丰尝寓此洞，并留有“脉连地府三冬暖，窍引天光六月寒”之佳句。洞内套洞，有八十一洞之数。深约十余里，其宽处纵横百米之外，仄逼若“风洞”仅容一人爬行。登“上天梯”过“独木桥’，再进，即闻文县鸡鸣犬吠与妇女捣衣之声。古往今来，游者不少，题记亦多。北周大使武定公贺娄慈行境至止此后，有北宋转运使游师雄、南宋利州西路安抚使丁煜、元陕西中书省平章政事李思齐等。至若各朝各代行刺阶州的牧令，几皆亲临其境，领略其风采神韵。民国时甘宁青监察使高一涵游后曾书“别有洞天”四字。解放后甘肃省主席邓宝珊、省委书记李子奇、省长贾志杰、省政协主席葛士英、副省长路明等曾进洞游览并斥资开发。现保存完整的墨迹珍品有宋阶州太守万钟、高英、毋丘撰书石碑多面。列为省级文物保护单位的万象洞是一处神奥的艺术之宫。对于它的开发，得到了省、地、县各级领导的支持与人民群众的钟爱。至若鸿基崇丽，则厚望于将来者也。是为记。

曾礼撰，庞荣宗书。

武都县文化局，武都县万象洞管理所勒立

一九九0年二月二十五日

〖题解〗碑文记载了武都万象洞胜景及开发旅游情况。该碑现存于陇南市武都区万象洞洞口平台。

〖撰者〗曾礼，武都区人，武都县地方志办公室主任、副编审。

## 重修清真大寺记

（当代）马元凯

武都城关清真大寺的重建，是在原南北两寺（即前后寺）的旧址上进行的。工程始于1989年6月至1991年4月，历时1年零10个月，耗资40余万人民币，完成了面宽纵深各5间，建筑面积为1560平方米（两层）的主体工程—礼拜大殿，既保持了原古典风貌，又宏伟壮观，可供1000余人礼拜，从而结束了以往聚礼或其他节日礼拜时的日晒雨淋的困境。继又募捐南北厅、大门、沐浴室以及婚宴和殡仪室等，瓦面房屋31间，建筑面积1030平方米（砖砼结构楼两处共24间，552平方米），围墙113米（均高3.3米）；又建8层方体八角顶寺楼1座，以上共耗资100余万元人民币。并在空地种植了花木，现已花木掩映，景色宜人，更显示了寺院的古雅清静，庄严肃穆。

关于清真大寺的始建，据现存的崇祯辛未（1631）“重建礼拜寺碑记”石碑，及此次拆建工程开始后，原两寺大殿中梁发现儒学增广生员马应麟所撰“重修礼拜寺”记载，本寺始建于明嘉靖十四年（1535），距今已有四百六十多年历史。之后，经同治三年（1864）兵燹，原建筑遭到严重破坏，修复后，又遭光绪五年（1879）地震，全部建筑变为废墟。基于众穆斯林的宗教虔诚，于清光绪十五年（1889）觅地重建。随着穆民的增多，又于光绪二十七年（1901）在南侧再建一寺，即称南北两寺，由于建筑时间的不同，称北寺为“前寺”，南寺为“后寺”。在漫长的岁月中，既经历了时代的变迁和政治风云，也为武都的伊斯兰教的发展壮大、继往开来，作出了贡献。

在极“左”路线的盛行下，1958年两寺被关闭，尤其文化大革命期间，民族宗教政策遭到践踏，清真寺遭到人为的破坏，曾被当作集体单位的仓库和车间，许多珍贵的匾额、楹联丢失，仅留光绪帝赐挂的“教崇西域”木匾幸免尚存。

1978年12月，中国共产党十一届三中全会后，民族宗教政策得到落实，清真寺重新开放，众穆民又获得了宗教活动场所。但遭到破坏的南北两寺，却疮痍满目，无法使用；仅对北寺集资维修，重新竖立石碑，整理了其他寺内文物，为此，武都县人民政府于1981年列为县级文物保护单位。然而不幸的是，1984年8月3日，全城遭到洪水浸袭，位于低洼地的清真寺，更未能幸免。洪水后，院内积水成潭，倒塌房屋70余间，幸存的大殿也墙体裂缝，铆榫脱离，危在旦夕。因之重建清真寺，弘扬正教，已成为众穆斯林迫切的愿望。水灾后，政府为了赈灾和清真寺的重建，拨款23万元人民币，连同清真寺积蓄共计26万元人民币，于是开始了重建，虽因工程宏大，资金不足，

新建武都城关清真寺大殿

却给予穆斯林精神上极大鼓舞，随之在穆民中进行捐助，数达20余万元人民币，从而给重建工程奠定了坚实的物质基础，使众穆民梦寐以求的心愿得到了实现。在此特别提出的是，捐助当中也有汉族同胞慷慨解囊的，标志着武都回汉民族之间的和睦团结，和一方有事八方支持的民族情感。

为感赞真主的万能伟大，缅怀先辈建寺的艰辛，以及本寺的历史有所衔接，是为记。

武都清真大寺

一九九七年六月

〖题解〗此碑记载了重修武都清真大寺的经过，碑身高60厘米，宽90厘米，1997年6月立碑，现存于陇南市武都区城关清真寺大殿一楼前檐台子上。由于当时意见不统一，没有把建寺负责及工匠姓名镌刻于碑，现补充如下。建寺总负责：马守直，成员：马元凯、杨鸿章、高启元、杨秀章、马信义、王杰、马世安、哈顺真、王建元、哈景春、赵传壁、马秉诚、马文选、马治华、赵志奇、童福祥、者志德，者全智、马永明、王世真、马世清。工匠：四川南部县张瑞林、李在成、胡登科。

〖撰者〗马元凯，武都区人。

## 全国林业劳模刘尚文功德之碑

（当代）曾 礼

刘君尚文，大学学历，武都人。曾任北峪河治理局首任局长、地区林业处长、行署助理巡视员等职。所至以勤政爱民，得众口之称誉。因其对林业建设之贡献卓著而载入史册。曾获全区、全省优秀共产党员及全国绿化奖章、全国林业劳动模范称号。林果专业毕业后，一直供职于林保部门，以毕生的精力贡献于林业、改善生态环境与长治工程启动实施、山区综合开发之大业。尚文克己奉公，喜楼故土，以身相许，潜心种绿，以“潜力在山，希望在林，发展经济，生态优先”的思想为指导，指挥建设陇南的生态环境，鞠躬蘧蹈发展林业之大政。任林业处长后，殚见洽闻，大展雄才，以六万余亩米仓林带为样板，挥手绿化陇南大地。尚文化三分造七分管、群众造专业管、集中造长年管、连片造统一管、典型引路骨干带头、造管并重突出管理等经验为造林艺术，运筹于帷幄之中，决胜于陇南的荒山峻岭。在继续绘好米仓林带这幅硕大无朋的绿色图画的同时，得地委行署之重视，规划实施西礼香山、成县乱山、宕昌毛羽山、文县高楼山和康县万家大梁等陇南生态骨架工程。

坐落在武都区鱼龙镇焦家眼村的刘尚文功德碑

行署任职后，仍以林业为己任，不遗余力，躬耕蹈之。退休后以让生命在绿色中延伸为念，为米仓的发展而奔走呼号。三十年前的米仓，与童山相等，水土流失严重，缺粮缺水缺柴，群众愁眉，干部锁眼。而尚文却主动请缨，愿赴戎机。尚文憨厚朴实，平易近人，一上米仓便和群众打成一片。他选择植树造林、改善生态环境为改变贫困面貌之突破口，组织群众不舍昼夜大干苦干。他关心群众爱护群众，走村串户访贫问苦，送衣送药。他情系米仓，心交百姓，以德从政，以情感人，以义晓人，以自己的言行感动了这里的百姓，使其凝聚成一种改天换地的物质力量。如今之米仓，千山竞翠，佳林连云，流水潺潺，百鸟和鸣，百业兴旺，经济发达，前后对比，惊呼连连。米仓林带是米仓山系的几万群众立在陇南大地上的一块利在当代，功垂万世的丰碑。尚文尊群众为父母，待护林员胜亲人，群众认准他是播种爱心帮他们脱贫致富的恩人；称他是贴心米仓，率群众装点关心的绿帅。尚文之大德自在民心，尚文之卓绩自有青山为证。踵事增华，光大有路，后之君子，当更奋然而行。

陇上曾礼撰文，利州付丕忠书刻。

（姓名略）等发起所树之碑。

武都县米仓山系群众自愿勒立

二00二年七月一日

〖题解〗碑文记述了刘尚文同志带领群众改善陇南生态环境的感人事迹和重要贡献。碑高330厘米、宽100厘米、厚10厘米。碑现在陇南市武都区鱼龙镇焦家眼村公路旁。自20世纪七十年代初起，刘尚文带领武都县米仓山片十个大队的干部群众治理米仓山、北峪河，大力植树造林，艰苦奋斗四十余年，植树造林10万亩，昔日荒山秃岭的米仓山如今山青水秀，鸟语花香。刘尚文被评为全省优秀共产党员、全国造林绿化先进个人、全国林业劳模。米仓山麓一带160多名护林员和群众自发组织，为刘尚文立功德碑。

〖撰者〗曾礼，武都区人。

## 热爱桑梓教育捐款兴学的李剑夫先生

（当代）王文蔚

李剑夫原名李遇春，武都县汉林乡三家地人，原兰州大学经济系教授，一九九六年作古，享年八十六岁，是教坛之懿范，做人之楷模。

剑夫先生出身农家，笃实好学，刻苦上进，天赋敏慧聪颖，故在各个学习阶段成绩斐然，名列前茅。贡院小学毕业后，负笈南下，徒步千里，就读于四川省二中、华西大学、四川大学，后赴北平，考入北大法学院经济系，一九三五年毕业。为建设家乡，决意回甘，在兰州乡村师范学校承教，呕心沥血，耕桃育李，声誉卓著。

剑夫先生为人处世豁达大度，胸怀坦荡，光风霁月，抚厄济困，倾囊出之。尤深爱家乡教育事业，多次捐款，资泽后代。抗日战争前夕，捐款五百银元修建武都县图书楼，促进家乡文化建设事业。一九四七年，再捐二千银元，以其父名义创建“实斋奖学金”，奖励清寒优秀学生，以资深造，促进了桑梓教育的发展。一九八四年，又将全部积蓄和补发工资一万一千多元捐给家乡武都兴办教育事业。

为了宏扬剑夫先生热爱桑梓教育的崇高精神，武都县成立了李剑夫教育基金会，谱写了捐资兴学的新篇章。从开始的三万多元基金，经过宣传募捐，已发展到现在的二十多万元。剑夫基金会成立十八年来，共召开奖励大会十次，受奖学校遍及全县各个乡镇，受奖人次一百余人，有考入清华、北大、人大、兰大等名牌大学的英才，也有洛塘、庞磨穷困山区的清寒学子，并对从事山区教育及少数民族教育的优秀教师进行了奖励，还为全县民办学校的课桌凳建设拿出了八万多元的基金，解决了四十个班、一千六百名学生的座位困难和五十套民办教师办公用桌，造福桃李，影响深远，有口皆碑。剑夫先生捐资兴学的英名将永葆千古，为基金会积极募集捐款各二万元的王凤鸣、贾宝忠、王学东、张正文并书于此，立碑以赞。

撰文王文蔚

字书王礼贤

刻碑石封景

公元二00二年秋

武都县李剑夫教育基金会立

〖题解〗碑文记述了李剑夫先生热爱桑梓、捐资兴学的感人事迹。碑立于2002年，现存陇南市武都区莲湖公园。

〖撰者〗王文蔚。

## 武都城区排水工程记

（当代）刘可通

武都，华夏古郡，际山枕水，古城低洼，污水积深，浊臭散逸，蚊蝇孳生，为现代文明不容。十二届县委政府决策力主排污，居民职工闻讯捐资三百一十四万元，旋启动排水工程。五易寒暑，修筑排污渠道三点三万米，埋设管道一点四万米，硬化城区道路十六点二万平米，人行道五万平米，建修日处理一点五万吨污水处理厂一座，使排污网络成型，工程于二零零三年竣工。政府开伟业，旧城改造，群情和畅，人居环境靓丽；科学促发展，家园环绿，邦兴民康，迎来沧桑巨变。因勒石以纪。

## 武都城区长江大道工程碑记

（当 代）刘可通

武都峦嶂巍峙，群山环合，波涛奔涌，水激雷霆。堤防之设，自宋以降，由来久远。

惟长江大道，投资十亿，于二零零七年开工，二零零八年建成。堤路结合，镇锁长江，捍护生灵，岿然伟固。雕栏玉砌，道宽畅丽。香樟紫薇，花红树碧。东西贯通，径接康衢，网络商贸，裨益外资。龙江滨，日跃东山泛金光，鹤鸣莺歌听互答。晨练舞剑弄扇，英资飒爽。长江道，月衔银波漾银波，淡雅温馨醉游人。夜来华灯溢彩，光夺星辰。曼舞轻歌，爱俦情侣偎依陶情。科学发展，天换地改。陇南首府驻地，扬改革旌旗，满眼百业勃兴，物阜民丰，显盛世繁华；武都地灵人杰，起宏图斑斓，繁衢巷陌广厦，古城新韵，现代气息交融。碑载长江大道建设工程宏伟，千秋永铭。

中共陇南市武都区委
陇南市武都区人民政府
二０一０年四月立

〖题解〗《武都城区排水工程记》和《武都城区长江大道工程碑记》镌刻于同一巨石之上，该石高约200厘米，长约1000厘米左右，厚约1000厘米，位于武都城区东江水沟西侧，碑文面东向。刘可通撰文，隶书，竖排。该刻石立于2010年4月。中共陇南市武都区委、陇南市武都区人民政府同立。

## 陇南市5.12地震主题纪念园碑记

（当代）

陇南，承秦岭之脉，接巴蜀之地。数江龙行，群山虎峙，自然多蕴奇珍；文明源远，民风笃厚，薪火绵亘千年。

丙子初夏，汶川大震，波及陇南全境，创痛百年不遇。三百三十七人罹难，七千二百余众受伤，百十万间房舍坍倾，经济损失四百亿计，遍地废墟，满目疮痍。各级领导情系灾区，踩余震，拯灾民，指挥若定：人民军队奋不顾身，陟险境，破万难，与天争雄。四海胞友剖心输丹。抒慈爱，行善举，仁德彰显；基层干群比肩齐心，同呼吸，共命运，力克时艰。山川崩裂，不移民族凝聚之魂；天地动容，兴叹人间大爱之心。

陇南市5.12地震主题纪念园碑记

痛之于灾难，偿之于进步。中央英明决策，描绘重建蓝图。巨资如流，浸润陇南大地；亲情似火，温抚万户千家。陇南儿女日夜奋战，甘苦备尝；深圳人民鼎力援建，沥胆披肝。经暑历寒，苦战三载，旧貌换新颜。新房遍于乡村，高楼拔地而起；数百所学校医院得以新建，几千公里桥梁大道通衢；文体场馆惠及百万之众，公园广场尽显时代风韵；灾后重建铸就坚实基础，陇上江南再起宏图伟业。

宏猷虽举，大业夯定。片砖片瓦，当思来处不易；一舍一道，恒念物力维艰。安居乐业，尽享福祉，感恩感激之情流万世；铭记磨难，发奋图强，抗灾重建启后昆。故辟广场，勒石纪念。

中共陇南市委、陇南市人民政府

二０一一年五月十二日

〖题解〗《陇南市5.12地震主题纪念园碑记》镌刻于巨石之上，该石高约200厘米，长约800厘米左右，厚约500厘米，位于武都城区东江镇5.12地震主题纪念园。刻石正面北向，镌刻“5.12主题纪念园”八字，行书。碑文面南向，隶书，竖排。该刻石立于2011年5月12日。中共陇南市委、陇南市人民政府同立。

## 第九节 西和县碑记

### 新路颂并序

（唐）佚名

路之垫隘者，即郡南阳衡軺。蜀门北之陬，控仇池之险。爰自开凿十年于兹。阻国之要津，为人之艰途也。曲磴临空，连白云而斜亘；危梁跨道，倚青口而直口。口是。劳駟骑，弊征轩，悽伤路隅，叹息江边。我太守赵公承口口，上闻天聪，启乎新路，邮堂清闲。对朱崖以延敞，牧野口口口口而傍按。於是，询洵黄发，俭鼓足以蹈之；蠢蠢黎人，以咏歌以乐之。恭成颂云，式旌其事。颂曰：

我太守兮化融融，坐甘棠兮布仁风。列郡苍生兮叹来暮，越水登山兮辟新路。时不弊于艰危，人不劳于转输。冰壶挺操，霜镜凝心。刻石雕文兮口口口口，千秋万岁兮奉扬德音！

时 开元口口口口近张口齐梁

〖题解〗该摩崖石刻记载并颂扬了唐开元年间汉阳郡太守赵公承兴建石峡新路、以利黎民之功绩。摩崖石刻位于西和县石峡镇坛土关村（又作坦途关）西南200米双石寺西崖，于1985年11月发现。石刻长70厘米，宽60厘米。阴刻楷书，竖排12行，约210余字，部分字迹漫漶不清，能辨识者190余字。刻于唐开元年间（713—741）。

〖撰者〗佚名。

### 王公仪神道碑

（宋）王森

**宋故左中散大夫、知泾州军州事兼管内劝农使、上柱国、清源县开国男、食邑三百户、**

## 赐紫金鱼袋王公神道碑铭并序

员外郎、提举利州路常平等事、飞骑尉借徘王森撰。

朝奉大夫、都大管勾成都府利州陕西等路茶事兼提举陕西等路买马公事、权管勾秦凤路经略安抚使、总管司并秦州公事、上轻车都尉借紫宋构书。

朝奉大夫、充宝文阁待制、泾原路经略安抚使兼马步军都总管、兼知渭州军州事及管内劝农使、上柱国、寿张县开国男、食邑三百户、赐紫金鱼袋吕大忠篆额。

天下之达道五：君臣、父子、夫妇、昆弟、朋友是也。天下之达德三：智、仁、勇是也。道之达者，常由之路也。德之达者，所以行之之舆也。智足以知之，非仁无以守也；仁足以守之，非勇不能行也。是三者，盖常相须而成。则不惑不忧而至于无惧，虽任之有轻重，行之有近远，然各资其道，以尽其分。故载于中庸而谓之达德，中庸鲜克久矣，盖未之见也。今见于王公，其资道尽公，而近于达德者欤！

公为岷州长道白石人，生天圣元年二月十五日己酉。曾祖珪、祖维嵩，皆以令善称乡里，盖君子之富也。父振，尤能倾赀待士，以教诸子，故诸子相继而仕于朝，遂累封官至司空而列三公之贵，以为能知义方者矣。公既司空公之第六子也，幼而颖秀，不为戏弄；长而严整，望之峭直，曾未龆龀，以童子举被召。幼失怙恃，杰然自立。又中庆历六年词科。调官之初，掌京兆府兴平县之版籍，府史以公尚少而易之，尝试以隐讼，公即与夺无滞也。府郭之民，生产之厚薄，贫富之次第，久不能口口口口，公定之，遂得大均之法。有妇人者，死而不明，几欲掩瘗，而公视其发，亲以手捏而得巨钉，人服其神明，而死者可无憾。盖始见其明辨不惑，勤恤物隐，而无势利之惮也。自兹入仕，沛发所蕴，故所至有能名，而荐者亦交于公上矣。移河中之河西令。河西居府城，下库有缣帛之失陷者，长吏讯主库吏，则曰："府僚上下均有贷数，独河西令不预焉。"众虽忌，而上官嘉之。其清节又始见于河西也。不惟心服于人，名公亦多叩其所以为治之术用。梅公挚七人荐，改著作佐郎，知凤翔府之岐山县。三府之县皆繁邑也，五陵豪侠之风习染犹在。由公以束吏爱民之故，不劳而政平讼理，民到于今思之。其后，子舍有过其邑者，亦欢呼喜曰："王公之子也"。犹周人之思爱及甘棠。古人曰："况其子乎！"正谓是矣。其得民如此。迁秘书丞，就知渝州巴县。蛮族屡为边患，旧每议事，必严武备。公至，则一以常礼会于境上，宣谕朝廷恩信，夷心感服。县多大姓，有杜生者，擅置官刑，笞挞仆隶至死，而郡胥受贿，不直其讼。川峡风俗，大率贫细无赴愬之地。公先擒赃吏，然后白守而推治之，豪右敛迹，非不畏疆御不克。至是，迁太常博士，通判耀州，赐绯衣银鱼。州有白渠，岁起利夫以治之，且盗水争竞，或掷瓦砾以害邑官，或至杀伤以起大狱。公董役其众，省丁万计，而后无水讼。英宗皇帝入继大统，旧劳于外作，其即位，庶政励精，遂用公为御史推直官，委决留狱，多称明允，加屯田都官，皆外郎也。神庙登极，再加职方员外郎，迁屯田郎中。谋杀从按问，自阿云谋夫始，会公首当详定，则曰："法无许从之文。"出知商州，州居山，百货丛委，往时为吏者，或多牟渔于下，且圭田无艺，公则一切蠲减之，官吏亦缩手不敢取。自邑至郡，皆兴学校。转都官郎中，求领南都之御史台，改除知池州。转职方郎中，知兴元府。会泸南用师，慎选守城，乃以公知资州兼梓夔两路兵马事，止造舟之役，以息民力，供馈不乏，而下不知扰。去，有遗爱，咸愿建碑，以记在民之德。先是兵马事委武臣，以公之至，乃复带。知遂州，迁朝议大夫，赐佩服金紫，封清源县开国男，食邑三百室。今上即位，加中散大夫，除知泾州。用大臣荐，改除夔州路转运使。施州幸则杀降，累劾不就，诏公按之，得其情，复疏以有边功，乞薄其罪，朝廷从之。继请便郡，得风翔府，剸拨繁剧，庭无留讼。加左中散大夫、上柱国，还朝。除知邠州。未期，移知泾州，方议置帅，遽以告老闻，命未下，而以元佑八年十二月二十二日甲子终于官舍，享年七十一。用九年三月十三日甲申葬于白石之西原。从先司空之兆，礼也。先娶李氏，观察使士衡之犹子，赠金城郡君；次娶刘氏，工部尚书涣之子，赠和议郡君；次娶李氏，中散大夫舜卿之子，今封陇西郡君。男子七人：嘉礼，雄州防御判官；嘉谋，通直郎；嘉猷，宣德郎；嘉锡，太庙斋郎；嘉问、嘉言、嘉瑞，皆假承事郎。女子四人：长适承议郎司马元，次适进士黄本道，次适内殿承制姚宏，次适靳州法曹李敏思。孙男八人，俦假承务郎，焘寿、宗寿，知常，三尚幼。孙女十人，长适主薄张浚，余皆在室。

惟王氏世为王者子孙之后，其姓最着，散之天下，而公家世以赀高于西方。惟西方之强，廪金气之义，人多尚武，而公家伯仲，以文显于朝廷，非积行之，后曷以蕃衍盛大？至公而显耀门户，如此其光，实公识明而济之，以学性厚而充之，以仁忠于国而孝于家，利于人而爱于物。其持身也以俭，其行己也以恭，其勤足以干事，其清足以励俗。见义可为也，则有不夺之志；临事而惧也，则有不懈之心。然且不兢不絿，孤直少与，虽服赐三易，勋业灿然，莫非按资循格，而恬无躐等之荣，故盘桓郡寄，一为路使而已。复请麾，无力小任重之虞，有器博近用之叹，此又乐天知命，难进易退之高风也。所以夙夜在公，施设注措者，讵可一二为公道，亦见于志铭者，此不复书。

初，公为商州，方朝廷患天下之事承平岁久，有偏而不起之处，主上慨然思欲振起而鼎新之。乃尊用儒术，旷然大变，首差役之议，推散敛之术，使者相望，交于道路，责在郡县，专奉新法。公于是时，不比不异，救偏补弊，归于中道而已。

森亦方以属邑主薄事公，而屡委之以数邑之法，故一荐之又荐之，实受知于门下者为最厚。暨公捐泾州之馆舍，其诸孤以书抵余曰："先子平生事业，君知之为详，不孝无以答昊天，愿假忱词，以垂不朽。"余既复书以慰，且勉之曰："古人有云：孝子之亲没，当求仁者之粟以祀之。夫祀时思也，尚求粟于仁者，况显扬先烈，刻之坚石，不求诸当世闻人，则何以昭示前烈，取信后世？重为先府君羞，敢以固辞。"又书见诿，且遣其昆弟以来，曰："当世前古，固有名闻之士，载于论撰，然闻诸礼曰：'无善而称之，是诬也。'伊欲昭示先烈，取信后世，莫若无愧于泉下，则当求知者以记其实。故礼又曰：'有善而不知，不明也；知而不传，不仁也。'今以雄州防御推官郭拱状其行事，编次本末，不敢以片言只字厚诬我先子，且于格得之，君盍许我乎？"义不获避，则应之曰："诺"。遂序其本事，表于隧而铭之曰："有宋达德君子王公讳公仪字子严之碑。"铭曰：

惟西方之镇兮，其山曰岷。惟少皞之气兮，是为萧辰。惟金神则义兮，俗尚多武。惟王氏之子孙兮，家声富文。惟司空之教兮，能大其后。惟上柱之生兮，克材以秀。第循良之效兮，着见于有勇之仁。无悬叹之声兮，能恺悌之在民。我政兮如神，我泽兮如春。道之远兮，任之宜重。器之博兮，止于近用。为上以德兮，为下以恩。不在其身兮，或在子孙。岷之山兮，峻极于天。岷之水兮，渊泉如渊。丰碑道傍兮，聊记岁年。天渊可平兮，名不愧乎永传！

绍圣三年岁次丙子五月庚寅朔月十二日辛丑建

天水王厚镌石

〖题解〗该碑铭记述了宋故左中散大夫知径州军州事兼管内劝农使王公仪品格事迹及家族世系。碑铭高320厘米，150厘米，38行，行74字，撰者王森，书者宋构，撰额者吕大忠。北宋哲宗绍圣三年（1096）镌石。原立于西和县西峪石碑山赵家团庄，现移存县文化馆。乾隆《西和县志》载：“王中散大夫墓，讳公仪，在邑白石西原司空（王振）墓前，今白石峪赵家庄东，志铭碑尚存。”

〖撰者〗王森：字茂之，其先孟州人，后徙家河清。举进士，擢瀛洲防御推官，至朝散郎，又历商州洛县主簿，知冯翊县，权京兆府观察推官，知汜水县，行都水监丞，夔州路运判，知衮州，守尚书仓部员外郎，迁郎中，以议河罢仓部郎中职事，迁至朝奉大夫致仕。

## 仇池碑记

（宋）佚名

自两仪肇判，混气既分，融而为川渎，结而为山岗。禹别九州，奠高山大川，积石、龙门、彭蠡、震泽、砥柱、析城、太华、衡山之名著，故名山大川，载于记籍，班班可考。

仇池福地，本名维山，《开山》谓之仇夷。上有池，古号仇池。当战国时为白马氐居，晋系胡羌，唐籍成州，逮我大宋隶同谷。背蜀面秦，以其峭绝险固，襟武都，带西康，相结茅储粟，以为形势镇戍之地。观其上土下石，屹然特起，界于沧、洛二谷之间，有首有尾，其形如龟；丹岩四面，壁立万仞，天然楼橹，二十四隘；路若羊肠，三十六盘；周围九千四十步，高七里有奇；东西二门，泉九十九，地百顷；农夫野老，耕耘其间，云舒雾惨，常震山腰，朝晖夕阴，气象万千；当其上，群谷环翠，流泉交灌，集而成池，广荫数亩。此世传仇池之盛。且神鱼闻于上古，麒麟瑞于近世，有长江穷谷以为襟带，有群峰翠麓以为黼藻。虽无琼台珠阁，流水桃花，其雄峻之壮，壮丽之观，即四明、天台、青城、崆峒亦未过此。非轻世傲物、餐霞茹芝者，似莫能宅之宜。少陵咏送老之诗，坡仙怀请往之梦，由是此山增重，小有天一点空明，始闻天下。名公巨卿，冠盖相望，争访古人陈迹。然一山之中，古庙独存，榜曰“晋杨将军”。惜无碑碣，莫可稽考，咸以为缺典。绍兴五祀，曹公居贤官于此，庙宇圮坏，公为鼎新，复起白云亭，重构招提，绘杜、苏二大老像，刻诗于琬琰，昭示将来，遂成好事。翘楚者属予以纪之。

予尝探讨往牒，观《通鉴》，于汉晋南北诸史，参考仇池历代遗迹，见公始末。乃知公姓杨，讳难敌，称氐王名茂搜者，乃公之考；右贤王坚头者，乃公之弟。晋元帝永昌元年，赵主刘曜亲征仇池，公拒之，弗胜，退保仇池。会军痢疾，曜亦寝疾，惧公摄其后，乃遣使说公，封公持节侍中假黄钺都督秦梁二州陇上诸军、武都王。大宁、咸和间，执田崧，擒李雄，抗衡前越，控制后蜀，鼎峙三国，雄霸一隅，一时英杰也。至咸和九年卒，其嗣立。厥后，穆帝永和三年，杨初拜仇池公。曰国、曰安、曰世、曰盛，皆继为仇池公。南北之际，如玄、如难当、如保炽。文德以降，家世其地，不可缕举。然杨氏之业，惟难敌始大，则此庙宇，其为难敌建无疑也。

予硂伏于下，身历目击，亲见其详，数其实以纪之，并取唐、宋二公诗，以为仇池光华。冀千百年后，考信于今者，亦今之考信于古也欤？

〖**题解**〗该碑记述了仇池胜景及曹居贤复建晋杨将军庙事迹。清宣统《甘肃通志》载“绍兴甲寅上巳日忠训郎曹居贤立石。”存疑。从碑文“绍兴五祀，曹公居贤官于此，庙宇圮坏，公为鼎新。复起白云亭，重构招提，绘苏、杜二大老像，刻诗于琬琰，昭示将来，遂成好事，翘楚者属予以纪之。”可知此碑非绍兴四年（甲寅年，1134年）忠训郎曹居贤立石。碑已佚。碑文录自（乾隆）邱大英《西和县志》。

〖**撰者**〗佚名。

## 靖共堂生祠碑记

（宋）米居一

西和州文学米居一

西和侨治白石镇，口口口口口口口口口口口口口口为忠烈公用武之地，故庙食于此，而忠烈公之弟、今都统制利州西路安抚使吴公之像，绘于廊庑之下，尘昏雨剥，殆不堪视。一日，百姓王玘、杜寿等周览蹙额，相与鸠工，别建一室，绘公之像，请郡文学米居一作记。

居一曰：“昔东汉张奂破南匈奴，制东龟，袭乌元（桓），降鲜卑，使天下之民不沦于左衽，而汉室以安，未闻郡邑有祠者。暨为武威太守，百姓以其平均赋税，训谕义方，以止杀子之俗，民乃为奂生立其祠。夫安天下之功，孰与安一州之功？止四夷之杀，孰与止养子之杀？然而天下忘其功而失其所事，一州志其德而恭其所祠，其故何哉？大抵功存社稷者，天子有不能忘，故鼎彝之所铭，竹帛之所书，太常之所记，云台之所绘，皆所以旌其功也。至于德及生灵，而民心之所爱慕者，必生立其祠，盖斯民所以离其私耳！公之生祠，民建于此，是亦武威之祠奂也。虽然公之功存社稷，则非奂之比也。金人犯陕，服公之兄忠烈公，以一旅之众攻百倍之师，所向克敌，公之勇当为冠军也。富平之役，忠烈公议格不行，六路尽陷，忠烈公收散卒保凤翔之西和尚原。敌乘胜急攻，公以谈笑间破。是时军皆乌合，上下内外有不相信。公为统领，与诸将誓以无忘国家，言出於诚，人人感泣。公知人皆可用，遂与忠烈公定计而战，敌大败，不能返，全军几陷，获杨哥孛堇。后一年，移屯清野原。明年，敌率瀚海契丹之师，虏燕齐秦晋之众，奋势直攻，蜀地大震。忠烈公主于内，公率诸将力战，以却之，而蜀遂以安。暨忠烈捐馆舍，公以都统，出兵秦陇，遂欲恢复中原，而敌盛兵守秦，公亲冒矢石，率众攻之，一日而破。敌复会诸屯，陈於刘家湾，乘高击下，意气甚盛。公麾军渡渭，背水而阵，众以谓不便。公曰：“非乃所知！夜潜师毕登，出其不意。”敌已警觉，是时，五军成列。公复令匿其旗帜之二以诱之，敌谓大军在后，愈亦自失。既战，命劲弓强弩，先破其骁锐，然后以短兵乘之。鏖战终日，敌不能支，歼敌殆尽。于是虏屯诸垒者咸狼狈东走，其民亦日望王师之至。公乘胜长驱，势如破竹。适朝廷与虏讲好，宣抚司檄公班师，公遂整旅而还。呜呼！自古守蜀，或守于汉中，或守于涪城，皆弃险处内。夫弃险则易攻，处内则众摇，所以中原之兵一涉其境而国于丧，未有忠烈公守蜀于咽喉之地，而安之于垒卵之危也。至公，则又复以所部出攻大敌，而连破之，敌始胆落而心坠也。夫蜀处吴之上流，猿臂势也，保蜀所以保吴。自兵兴以来，有功于社稷（者）孰与公大？天子以节钺之权、师保之尊，加宠于公，其于报功至矣。然全蜀之民，离俘虏之忧，而遂生养之乐，其何以报功德哉！西和与敌壤接，德公尤甚，乃建立生祠，以见其诚。虽然奂之功德，见于一方有事之初。公之功德，施于天下多事之际。奂虽不可与公俪至，百姓生立其祠，盖宽同也。故居一以奂论公，而铭其堂曰：“靖共”，惟靖则谋，足以成功；惟共则忠，足以事上。诗曰：“靖共尔位，好是正直。”居一于公亦云。

绍兴十九年九月初一日谨记。

〖题解〗该碑记述了南宋吴玠、吴璘兄弟抗金事迹及西和州建修靖共堂生祠的缘由经过。南宋绍兴十九年（1149）米居一撰文。据民国《西和县志》载：“碑在文庙，明嘉靖时在此。碑背面刻注程子四箴之一，今并保存之。碑文前一行及下边虽鑱刓十余字，然犹可读。”。碑原在文庙，现碑已佚，碑文录自民国《西和县志》艺文下。

〖撰者〗米居一：事迹不详。文学：唐宋职官，州设一人，从六品上。掌典籍、文章。有米居纯，宋同谷人。

## 修白石镇城碑记

（宋）尚震午

关表西州，襟带秦陇，实全蜀之保障，而西和最为要冲。郡初号岷，治陇西，自绍兴元年，密迩敌境，移治白石镇，改曰西和。朝廷以道德为蕃，不专恃险也。皇帝御天下二十有七年，诏工部侍郎南海崔公，开制阃于益昌。时军律积坏，以武则益而憾，以恩则横而肆。公清忠直方，以身为准，待下以信，不严而肃，朝夕惟固圉，是咨是讲，睠言此邦。开禧丁卯，边衅一开，流徙者屡倾，尝曰：“城以域民，绵二十里，形势散漫，工役苟简，民无固心。”于是，按图度势，缩脆就坚，苟利吾蜀，毋惮厥费。规摹既定，以授利州路副都统制质侯俊，且俾郡家叶济其事。质侯俊奉教令悦，以使人趋役忘劳。震午被檄摄守，亟成厥终。倚山为墉，临谷为堑，地环十里，不隘不赢，为堡三、战台二、城门十八、楼橹四十二、井泉七十八，控扼得要，进取退守，其势顺利。是役也，为缗钱口口口十余万，皆出制阃，役兵以工计凡八十万有奇。即成，即高堡筑堂，颜曰："威远"。为异时运筹制胜之地，且绘公像于其间，以从具瞻。北望祁山，烟云吞吐，岗峦起伏，武侯之遗烈可想也；西望熙洮，联亘湟中，营平经理之规犹有存者；东望长安，慨然感叹，卷三秦以定天下，汉所由兴乎！将士父老进而言曰："筑斯城，将以固吾州也。固吾州，将以固吾蜀也。斯城恃险以固耶。"余应曰："然天固蜀以险，公固蜀以德，亲君子，远小人，则士心固；除横敛，宽苛役，则民心固；明赏罚，戢掊克，则军心固。内培元气，外伏天险，五年用蜀，蜀安且固，其有德于蜀远矣！且夫履德之基，常德之固，公主一为德常久不已，则筑斯城也。其所履之形见者耶。"军民合辞曰："口成绩乃鑱贞珉，诏千万世。"公名与之，字正之。

嘉定十七年二月既望，门生、承议郎、通口口口府事兼四川制置司主管机宜文字、权西和州事尚震午记并书，门生、保议郎、权口口御前诸军副都统制司职事质侯俊立石。

〖题解〗该碑记叙了南宋工部侍郎崔与之、利州路副都统质侯俊与知州商震午等人修建西和州城之事。碑成于南宋嘉定十七年（1224）二月。此碑旧在凤凰堡，后移于学宫，碑已佚，碑文录自民国《西和县志》。

〖撰者〗尚震午：约于嘉定十三年任西和州事，主持修建西和州城。嘉定十七年二月竣工。四月，西和州城发生大火，商震午误以为元兵攻城，惊惶失措，弃城而逃。六月，被朝廷削去官职，流放岳州。

## 太祖山灵源庙行祠祀

（元）赵文德

云峰皆山也，在西和州沿之东、九镇之一祁山，而建太祖山灵源庙行祠，会遍诸方，系《禹贡》雍州之域，岷山壤地，接连秦凤路天水县。粤自二仪剖判，一气为根，化轻清之气，为星辰云霓，以成乎天；积重浊之气，为山岳河海，以成乎地。是以名山大川，灵源洞府，万灵为之主宰。神祠云峰，云烟开散，日光出没，四时朝暮，雨阳明晦，变化之不同，则虽贤之不厌焉。即有智者，亦不能穷其状也。父老言曰："若岁旱涝不均，阴阳失序，祷雨得雨，祈晴则晴。人之兴讼，曲直团结莫解者，曲者直而屈者伸，未有尽获，屈而不伸，伸而不屈者矣。至于求嗣息而痊愈病疾，变凶岁以作丰年，奚不包罗而昭报之。此盖取其'灵源'一祠。"池水涌堵，郡邑诚祈其神，无感不通。神应之至，如影随形，如响应声，影响斯答，搏鼓相应。元丰三年，具祠碑铭。此因暵旱雨泽，应祈有司请焉。疏爵赐号，显扬神休，宜特封"灵源庙"。

元丰四年，秦凤路经略安抚使罗拯勘会，自春以来，愆少雨泽，遍历秦州管界祠宇，多方祈祷，终无显应。夏麦无望，民情不安。访闻天水太祖山，峰峦秀出，太石岩有湫泉一所，满地盈溢，暵旱不枯涸，水流潺小，谖涓涓不绝。及有风穴，透彻山顶，时有雾气。每遇天旱，远近之人，多来迎取，屡有感应。齐戒迎湫于四月二日，城州设位，致祭早晚，尚僚属祈祷，当日降雨，到七日方止，约深二尺，膏泽沾足，府州状申远近。虽溥夏麦及今秋禾有望。元丰擢知秦州天水县事牛逢吉立石记。神天之造化，惟能阴骘于下民，累朝加号，德泽素裕，爵勋夙著，功加于时，泽润生灵。弭其水旱扎瘥之灾，祈其雨露丰穰之庆。

距县南百里，山高亘峻，名曰太祖山，山岩耸秀，突兀嵯峨，下瞰数州，历历可辨，势如飞坠，径似螺盘廼屈，绳引梯进，一踣十憩，然后跬巅。龙泉虎岩，乔木掩映，涯际无穷，济时景福。兴云致雨，不违农时，记其始末，灵悉出焉。可枚举乾道庙石，晨昏雨剥，磨灭摧残，无复可稽世代。钦宗称秩无祀，感秩无文，仍颁庙额，绘饰仪象，亘古亘今，口会不一。西、成、阶、凤，秦、陇无不建立祠所，在外有焉。至沿壬戌，剪荆兴工，复旧如初，庙貌巍巍，威灵堂堂。衔圭赤鸟，鸱鸮球旒，侍徒伟伟，介胄徐徐。金碧炫耀，黝垩并获，靡所不备。榱檞簷楹，门闼阶庀，焕然鼎新，可以为一方恳祷之。于此祈雨，于此祈晴，于此祷福，于此攘灾，于此弭古之经。始落成者，古之视今，亦犹今之视古。其诗曰：神之格思，不可度思，矧可射思。诚之不可，掩如此夫。传亦云：能捍大旱则祀之，能御大灾则祀之。凡有灵迹亦（显）于世，有天下者所以报其功，族其德也。神功监德，县庙碑铭，班班可考。愚奚庸赘，乃录其实，勒诸琬玻，以传不朽。其辞曰：

浑沌初分先两仪，主判天神与地祇。峻山丰嶂显湫池，滢不盈兮旱不亏。天水太祖庙稀奇，曰雨曰阳拯突危。远肃迩安咨龙缓，雷风迫薄射坎离。岁稔年丰免百罗，灵迹申闻加号碑。公侯伯子男绳熙，东作西城勒敷灾。春祈秋雨来致祠，影响戒声感应时。山川灵享惟在兹，民物和平诚噫嘻。五风十雨勿衍期，否泰交居总维持。元丰乾道日孜孜，至治壬戌逐狐狸。鸠工庀材复旧基，焕然夺目碧琉璃。四时蒸当岁月弥，万古千秋景贶喜。

大元至正十年岁次庚寅九月癸丑朔二十六日吉时立石

忠勇校尉、同知西和州事王谨宗

奉训大夫、西和州达鲁花赤兼管本州诸军奥鲁

劝农事、进仪校尉、西和州判官普颜贴木儿，吏目周怀宝等立石

汉阳军民元帅府儒学教授赵文德撰。

〖**题解**〗该碑记叙了西和州太祖山灵源庙由来乃灵源湫池显异之事。元至正十年（1350）立碑。碑原在西和县象龟山四龙王庙（今兴隆乡下庙村象驼山）。碑之存佚不详。碑文录自新修《西和县志》。

〖**撰者**〗赵文德：事迹不详。

## 忠节祠碑记

（明）成昌口

立宋陈、贾二公祠，所以表忠节也。考其原委，此地宋时为西和州，郡牧是州者陈公，讳寅；佐是州者贾公，讳子坤。于时，元人攻城，势众难支，二公誓不降敌，以死自任，厥后城陷而二公死。其子媳宾客，在陈公二十有八人，在贾公十有二人，亦同慷慨就死。故《史鉴》叙之曰：绍定三年，元人入西和。知州陈公乘城拒守，力不能支，遂陷。寅顾妻杜氏，令避兵锋，杜氏厉声曰："安有生同君禄而死不共王事者？"即饮药自杀，寅亦伏剑而死。特叙陈公，贾在其中矣。若陈、贾者，其天地之正气乎！杜氏者，其女中之尧舜乎！子媳宾客，其从容就义之士乎！一时殉难，千载留芳。

迨及我明，改郡为县，按祭法，以死从事则祀之。二公之忠节固昭于宇宙，使无祠以祀，何以安忠魂而风世教也？以故，正德初年，知县事者创建一祠，然规制犹狭而祀典未成也。至嘉靖癸未，署县事者病其隘而无祀也，详白当道，题奉钦依，颁以工价，大兴土木，从而恢扩壮丽之，又俨然设像而祀典并锡矣。惟贾公之像未备，而与难之众无像也。自癸未迄今，又轮一甲，而祠复倾圮矣。万历丁亥岁，予奉命来知西和，入祠瞻拜，敬仰忠灵，知为古今之间值也。然祠宇之倾圮，守土者与有责焉。补葺方萌，偶闻讣而去，将以补葺之责望诸人矣。及壬辰岁，予以补任，复来兹邑，目睹祠宇益形废坠，心中恻然者久之，遂谋诸乡大夫、耆老及弟子员，咸谓祠可修矣。即请于抚台刘公，守巡曾公，俱蒙批准，乃卜吉鸠工，次第举事。以莲幕陈君邦美口口，以省医官陈尚荣、叶桂口口口少捐俸金而不敢辄动帑财，微用民力而不敢扰及大众，幸而人心乐助，众力咸趋，甫及三月而祠制改观者，二公之灵有以感之也。由是配贾公之像于同堂，益与难之徒于同室。又广询博访，得陈公之墓于崆峒山之原，复立石焉，以杜不侵之计。如此之为，敬为二公树不朽，而余心之恻然者亦庶几少慰矣。夫后之考忠节者，观之《鉴史》而知其故，瞻之祠像而仰容，鉴之坟墓而信其实，所以风天下后世之忠节者，岂浅鲜哉！故仿古为之祝说曰：岷山苍苍，汉水洋洋，二公忠节，山高水长。

文林郎、知西和县事成昌口撰文

教谕蜀兴口三阳篆额，

增广生员叶翘书丹。

〖题解〗该碑记叙了宋西和知州陈寅抗击元兵事迹及补修忠节祠经过。明万历二十年（壬辰年，1592 年）立碑。碑原在西和县城忠节祠，已佚。碑文录自新修《西和县志》。

〖撰者〗成昌口，西和县知县。

## 宋西和州知州陈襄节公暨推官贾公神道碑

（清）冯念祖

宋西和州知州襄节陈公，讳寅，宝谟阁待制讳咸之子也。宝庆三年冬，蒙古兵十万入州境。公散资财结忠义，委身苦战，力竭而援不至，顾其夫人杜氏曰：“若速自为计。”夫人曰：“安有生同君禄，没不共王事者！”仰药死，三子及妇俱殉母旁。公敛而焚之，乃朝服，登战楼，望阙再拜曰：“臣力守孤城，为蜀藩篱计。城之不存，死有余责。”遂伏剑死，宾客从死者二十有八人。事闻，诏特进朝议大夫、右文殿修撰，加赠文华阁侍制，谥“襄节”，立庙祀之。墓在崆峒山之北原，一门忠义附葬墓旁。同时有推官贾公，讳子坤，字伯厚者，潼川怀安军人，嘉定十三年进士也，与州守誓死守城。城将陷，公乃与其家十二人死之，墓在崆峒山之南原，阖门忠节亦葬墓旁，谥赠无考。呜呼！宝庆之初，史弥远用事，三凶佐之，朝政不可问矣，边庭之事何暇计乎！陈、贾二公爵位不至通显，独能奋其义勇殉难危城，卒无一应，当时土崩瓦解之势尚忍言哉？历数前古，运当衰晚，贪位固宠之徒，子女玉帛，富比王侯；边鄙之臣冒锋镝，运餽饷，死亡不暇，吏议随之。慈父孝子之义愤不得而知也，孤臣节妇之哭声不得而闻也。然清宁之所以常奠，日月之所以长明，山河之所以常流，当时者，惟此浩然忠义之气充塞宇宙。若陈若贾，其尊卑不在官阶，荣辱不在祸福，存没不在死生。数百年来，为臣尽忠，为妇尽节，为子尽孝，为朋友尽义，人纲人纪赖以不坠，英爽之气千载如生，二公之与同时殉难者，真可谓不死矣！

余任礼邑，常留意此方之忠孝节义，有志阐扬而文献无征，每为三叹。西和署令奚君讷如与余同里同官又同志，悼前此州守与其推官之孤忠大节，祠宇倾圮，墓碣不存，惧其久而湮没失传也，索余文以表彰之。嘻，是余之素志也，敬书此以应其请。

康熙五十九年

西和知县奚士恂立石，

礼县知县冯念祖撰文。

〖题解〗该碑记叙了宋西和知州陈寅及推官贾子坤抗击元兵、以身殉国之事迹。清康熙五十九年（1720）知县奚士恂立碑。碑原在西和县北崆峒山下大路旁，已佚。碑文录自新修《西和县志》。

〖撰者〗冯念祖，礼县知事。

## 重建五台山法镜寺碑

（清）刘继章

往古今来，忠臣孝子烈女节妇，无不记之于史，载之于策，以使后之慕风者，闻之莫不舆起。吾以为多积阴功、广种福田者，亦宜勒之于石，书之于匾，以使后之向善者，视之成为则效。郡城之南廿余里许，有山名曰“五台”。观其形峨然，视其状巍然，谓别是人间，真堪入画者是耶。口命昔之人会，建梵宇于其上，代远年湮，莫核所自。但相传为“法镜寺”云。中所构造，虽无层楼，虽无高阁，其殿亦非一所。无奈年远日久，风雨摧残，遂致檐瓦败坏，垣墉倾圮。至康熙丁亥年，倘非修真赵先，念古迹之不易而重建，必杳然无踪。自重建后，多历年所扬无，仍然败坏，垣墉仍然倾圮。有赵大造、张荣宗等，爰法洪愿，矢志重修，约同志共图盛举，许至三年以完功。今已三年，愿将施财之大众，皆勒之于石，俾侈认成曰：某年某月某人，重建之于其先；某年某月某人，补修之于其后。倘有崩颓，亦复如是。则西邑之胜境，永垂万世矣。噫！人人皆有如是之善念，圣神岂无默佑之福祉。此故笔之於石，以俟将来之好善者。

西和县石堡乡五台山法镜寺

新任知县杜启运、恩贡生王锡爵、生员张翅遥口口口口

原任知县贾泽浩、监生赵大口、生员王永盛、临潼县口口、

客商高陵县张文珍口口口韩城县口口口礼泉县吴奇生口口口

咸宁县田生斗口口口渭南县口口口功德主赵大造、张荣宗口口口口碑

石匠口大成，木匠白生彩、何生龙、白成福、白珍，泥水匠赵养志、杨子奉

十方口会善人等，张官人坡会首张成

王家崖会首郭士成口口口

崔家沟会首陈起圣口口口

雍正三年四月初八谷旦

伏羌县庠生刘继章题并书

〖题解〗该碑记载了西和县赵大造、张荣宗等历时三年重修五台山法镜寺事宜。伏羌县庠生刘继章题并书。清雍正三年（1725）立碑。该碑现存西和县石堡乡五台山。

〖撰者〗杜启运：湖广黄冈人。雍正元年（1723）任西和县知县。

## 王兑山先生教泽碑记

（清）任尚蕙

恭维我皇上御极之五十有五年，八旬大庆。薄海内外，悉主悉臣，遐迩咸熙。稽诸传纪所载，尤属亘古未有。乃颁覃恩，纶音众沛，臣民踊跃欢腾，靡不群沐普濡。而我友王子讳元德，字闻升，号兑山先生者，因蒙赐恩贡进士焉。

先生吾邑西乡人也。闻乃祖宗前格守科读，祖敦善积行，邑中人竟传“王佛爷”云。迄厥考，讳国藩，字定山。太老先生视先世笃雅过之，举乡饮宾，生平怜贫救急，宽厚超人。太孺人任，勤俭正内，佐理开家，育三男：长曰元贵，字锡山，醇茂温恭，尤为超异，乾隆己巳岁，与余同年为博士弟子员；季元佐，丁酉选贡，候铨教谕，与余同出陕甘督学稽老师门下；先生即其仲也，生而聪颖，详究濂洛关闽之学，为文洒洒千言，操纸笔立就，而清越昌明，戛然独步。诲人射彀不倦，务绝难涩陋习。以故游其门者，无论兰仓、水南，济济多英俊士。所谓学问根抵，师友渊源，真有大过人者乎。至其为人大概，则开嗣乃祖父风，与其伯兄年弟暨从弟子侄辈，互以姻睦宽厚，是励是持，一切解携之际，难色清色，顿尔胥融，议论风旨，浩浩落落，不假修饰，更无骄纵豁刻意，此谓忠厚长者也。

余年五十有五，游庠序，登甲午乡榜，丁未成进士，旋沐皇恩，钦授兵部武库清吏司主事，数十年间，足迹几遍宇内。所遇自村里族党及大邑通都，凡硕彦巨儒，固为所在多有，其间岂无测蠡矜能、雕虫谬技辈，不为学者罕。长宗之难于人，偶有所济，而意象真有堪状者，况万万不逮此。闻先生之行，其亦可以稍愧矣。余既乞假旋归，岁初曾欲北上供职，缘囊空未决，近仅伏谕席于秦州天水书院。适先生门人杨子伟春以书来，欲以高风勒诸贞珉，冀余叙述而表章之。余览之跃然曰：“是吾志也！”固陋奚辞，愿先生与诸年谊等终始愚慎，俾尔前人德望，永传勿替，可以常蒙圣朝雨露，处出必有济于民，其为吾乡后生小子之所

矜式，不以大也夫，抑亦远也夫！

乾隆五十五年庚戌小阳月上浣之吉

〖题解〗该碑记载了西和县王兑山先生教泽事迹及家族世系。清乾隆五十五年(1790)立碑。该碑已佚。碑文录自新修《西和县志》。

〖撰者〗任尚蕙：字兰台，号震山，西和县青土坡（今西和县汉源镇任河村）人。乾隆五十二年（1787）丁未科三甲进士，授兵部武库清吏司主事，年余辞归。主讲兰州兰山书院，后又讲秦州天水书院。

## 仇池禁烟记事碑

（民国） 佚 名

礼县南百八十里，有仇池山者，崖雄踞虎，峡拥飞龙，万峭摩天，一流绝地。《通志》载其山：四面斗绝，棱角外向，自成城郭，楼橹之状，周围廿余里，上有沃田百顷，水泉十九，见咏于唐杜工部秦州杂诗中。山外则天桥一，天门二，羊肠仄径，回环三十六盘，始达绝顶。信乎？一夫当关，万夫莫开，世外桃源不是过也。

相传周时，有仇维道人炼丹于此，土人遂以仇名，自是以来，代有窃据。周之白马氐羌，汉之杨驹、隗嚣，晋之杨难当，明之武大定，率皆占据此山，负隅自固，围巢窜迹，虎穴磨牙。前清中叶，有成县民汪士庸者，奉院旬道林公檄委，办理南路团练，寄居此山，后以睚眦，为山民朋殴毙命，焚尸灭迹，迄今垂五十年矣，父老谈时色变。改革以来，梗化如昔，新税未闻缴纳，烟禁视若弁髦，惟其地确民枭，道有五阳之畏，以故官斯土者，祥不太口容之，羔袖狐裘，百纰一驳，谁与雪此耻者。

今邑侯刘公闻之，慨然引为己责。刘公朝英，字藩庄，皖肥名士，故爵帅壮肃公之文孙也。恢豪磊落，有祖父风容。冬，下车伊始，即为吾礼筹办要政，理冤抑，宽赋敛，锄强暴，劝农兴学，百废俱兴。未旬月，而神君之颂遍于邑中，凡有诰诫，邑民群奉之，唯谨无敢违者，公念年来，大政所关，莫（后缺）

中华民国八年岁次己未八月吉日立

〖题解〗该碑叙述了西和县长刘朝英在仇池一带禁种大烟事由经过。碑文有缺。碑建于民国8年（1919年），原在石峡镇石峡村，今存佚不详。

〖撰者〗佚名。

## 整修民众教育馆碑记

（民国）王汉杰

余于民国三十有一年春由天水调宰西和，觉斯邑虽小而民风醇朴，山川雄秀，且不在交通线，私窃喜之。所憾者教育落后，社会迷信极深，一般人谈修学校均有难色，谈建庙宇争先恐后。如白水乡之白雀寺，西江乡之香山寺，兴国乡之象龟寺，漾源乡之云雾山，盐官镇之太平山，县城南之岷郡山，城东山之朝阳观，城内之关帝庙、青阳观、凝禧寺，均煞费经营，富丽堂皇。迷信团体如归根门、清净门、普渡门、大道门、三宝门、同善社、西华堂，各立门户，争收徒众，乩诵经，邪说惑人，每角落皆有活动。县城隍庙亦宏伟，隍爷陈公讳寅，系宋时西和（知）州。绍定年间，蒙兵南犯，陈公力守，卒以援绝，举家与城殉，宋以忠烈饬立庙，原以彰有功而崇民族英雄也。乃地方人士不明斯义，竟籍之求福求神，呼为“福神爷”，其香火之盛，更为全县各寺观冠，尤其不三不四之神象亦塑置于中而并祀之，殊有贬民族英雄陈公成功成仁之伟大价值与精神。县立民众教育馆附设庙内东南隅，虽有年所，简陋非常，不识者或视馆中人为庙内之住持。余下车后睹此状颇惋惜，详察西和民众每年消耗于敬神资财，与愚夫愚妇被教主骗去之金，无虑百余万。当此科学昌明，全国努力抗战之际，此种迷信风气殊不应有，于是一面下令禁止上述迷信团体活动，一面令各乡镇，凡庙宇可改建学校者，悉改建之。隍庙除陈公寝宫正殿照留，其余各像概毁，改建礼堂、阅报室、图书室各一，陈列室、六角亭、耳楼各二，并新修馆门，门前照墙改绘民国地图，院内设运动器具，残墙旧屋尽行刷新，标语漫画到处制挂，陈腐晦暗之迷信庙宇，一变而为现代化之社教场所。爰于馆门题一联曰“社教树宏规，是福地更为胜地；群众得乐育，愿吾民共作新民。”此盖说明余整修斯馆之微意。陈公正殿竖横匾，上书“宋忠烈侯陈公之宫”，两楹书“吾本忠烈侯，凡不忠不烈者，吾门休进；我非福神爷，有求福求神者，我堂勿登。”此盖发扬陈公之忠烈，以端信仰而转移恶风也，陈公有知，当不责余为蛮干。数十年后，西和人文蔚起，一般人或不至如今日之众口哓哓，骂余欺神灭相，有似颠狂。斯值整修，馆长刘宗汉设计监工，备著勤劳；教育科长刘丕烈，督学宋振声，技士潘惠民，指导员何汝玉，水南镇中心学校及夫子庙小学员生均多臂助，特附志。

〖题解〗该碑记载了民国时期西和县移风易俗，整修民众教育馆、城隍庙之经过。县长王汉杰撰。民国 32 年（1943 年）立碑。碑已佚。碑文录自民国《西和县志》。

〖撰者〗王汉杰：甘肃静宁人。兰州中学毕业，曾任天水县长，民国三十一年任西和县县长。1943 年 6 月建修西和县县立初级中学。

## 石峡抗洪救灾碑记

（当代）

石峡距西和县城三十余公里。八峰崖巍巍西峙，龙门水扬波南注，是入川的故道。沿途石崖兀立，故有石峡关之称。唐代诗人杜甫由秦州赴同谷途经此地，曾写下著名的《石龛》诗以记此行。

公元一九八四年六至八月，霪雨连绵，尤以八月三日，即农历甲子七月七日凌晨，突降暴雨，河水猛涨，山岩流坡，由平日流量二秒立方剧增到四百四十九点五四秒立方，成了史所罕见的大洪灾。原有八百米土石河堤全毁，一百二十六户人家和二十多个机关单位遭浸，三十一户遇难，淌亡六十人，其中职工三人，过客四人，两家绝户。冲毁房屋一千零三十六间，损失财产约计三百多万元。省委、省政府、天水行署及西和县党政领导对灾区人民极为关怀，配合乡党委乡政府大力帮助抗洪救灾，派飞机连续三天空投救灾物资。在黑滩坝岛泉湾架设毡棚一百多处，权安灾民。放款五十余万元。年底为重灾群众建房一百三十七间，解决灾民食宿。在抢险救灾中涌现出了许多舍已救人的英雄模范。翌年，地县又以五十四万元资助石峡人民重建石堤二千一百零四米。

造成洪灾的成因除了滂沱大雨、河水横溢外，还有人为的恶果，加剧了灾害程度，毁林铲草，植被破坏，地表迳流横行无阻，加之思想麻痹，毁堤建房，导致洪水泛滥，全街受灾。前事不忘，后事之师。为使后代记此沉痛教训，故而铭刻石碑，是以为记。

石峡乡政府石峡村委会
宁文举书，黄金鼎篆刻
一九八六年十月十二日

〖题解〗该碑记载了1984年8月3日西和县石峡乡暴洪灾难及救援情况。碑高约180厘米，宽60厘米，厚10厘米，书者宁文举，篆刻者黄金鼎。碑现存西和县石峡乡石峡村北坡，建有碑亭。

# 第三章　题记、诗碑、墓志铭

陇南题记、墨迹、诗碑、墓志铭很多，从南北朝时期至今，历代名人所留题记、墨迹、诗碑、墓志铭随处可见，至今尚未全面考察辨识。这些题记题记、墨迹、诗碑、墓志铭是中国古代文化的实物见证，具有珍贵的史料价值与文物价值。现择其要者记之，可观其大概。

## 第一节　题　记

### 一、武都区万象洞碑刻题记

万象洞，原名五仙洞，位于陇南市武都区东 15 公里处的白龙江南岸山腰，属典型的岩溶地貌。洞中题记、墨迹、诗碑甚多，尤以民国时期陕、甘、青检察使高一涵在洞中所题“别有洞天”和赵朴初题写的“万象洞”最引人注目。

## 贺屡慈题记

（北周）

大周建德三年五
月二十六日大使武
定公贺屡慈
行境至此。

〖题解〗题记记载了北周建德三年（574），朝庭出巡大使武定公贺娄慈进洞观光，并在黄泥坝岩石上题字作记之事。该题记是目前万象洞发现的最早的游人题记，墨书，楷书，纵35厘米，横28厘米，四行，二十四字，其书写随意，饶有隶意，历时1400余年，墨迹清润如初。

〖撰者〗贺屡慈（542—575），复姓贺娄，名慈，字元达，北周清河东武城（今山东武城）人，受爵武定公。官至车骑大将军、仪同三司、散骑常侍、武定县开国公。

坐落于武都区白龙江南岸汉王镇杨庞村山上的万象洞

## 刘暄题记

（唐）

偕友同来到洞天，奇奇幻幻无际边。
十二元魁造仙府，仙人去此几何年。
甲子贞元，仝砚、刘暄等写

〖题解〗该题记为七言诗，位于万象洞天庭西壁，纵22厘米，横15厘米，墨书，楷书，6行，仝砚刘暄题写。是目前万象洞发现的唯一的唐代题壁诗。唐德宗兴元元年（784）正月初一，唐德宗下罪己诏，赦天下，改元兴元。李希烈称帝，国号大楚，改元武成。三月二十一日，德宗逃至梁州（今陕西汉中）。五月二十日，李晟收复京城长安。六月十九日，德宗从梁州回返。七月七日，德宗至凤翔，十三日，至长安。当时陇南为吐蕃占据，朝廷与吐蕃结盟后，阶州归还李唐，人们始有结伴游胜之趣，仝砚、刘暄等人游洞后留诗以纪。贞元，唐德宗李适年号。贞元元年（785），干支纪年为乙丑。甲子年实为兴元元年（784）。纪年小误。

〖撰者〗刘暄，事迹不详。

## 高宝臣题记

（宋）

庆历五季孟冬初四日，因游洞，过卧龙坪，留题四十字，以示来者：

待骑蟠蛰洞中春，怒激风雷尽四昏。天命为霖腾跃去，隐然鳞甲此坪存。

试秘书郎、知福津县事高宝臣。

〖题解〗该题记为北宋庆历五年（1045）福津知县高宝臣游万象洞卧龙坝后于岩壁上题留。纵50厘米，横80厘米，墨书，楷书，8行。卧龙坝是万象洞中扣人心弦的溶岩奇观，坪上有溶岩，形若二龙，龙脊突兀崛起，鳞甲灿若金铂。《高宝臣题记》有两处，分别位于卧龙坝西壁与西南壁，跋语与诗文内容完全相同，题写章法有异，后者未落款。

〖撰者〗高宝臣，北宋庆历五年（1045）知福津县事。

## 卢江子题诗

（宋）

洞深窾窾褠龙蛇，怪石高幢水滴花；此景已非凡俗景，更于何处觅仙家。

卢江子作。

〖题解〗该题记为北宋卢江子于万象洞风洞口西壁题留，纵30厘米，横24厘米，墨书，行草，5行。题记无年月。

〖撰者〗卢江子，北宋人，姓字无考，曾撰《帝年纪》。宋释·智圆《闲居编·帝年纪序》载："卢江子者，氏族名字则未知之，尝撰帝年纪一卷，始天地辟设，降及我宋。"由智圆《帝年纪序》可知《卢江子题记》至迟书于北宋初年。

## 宇文景仁题刻

（宋）

### 游万象洞题壁

绍熙改元三月十日游万象洞，偶成五十六言。阆中毋丘恪厚卿。

一筇拄破白云端，来叩灵关访列仙。羽葆珠幢眩凡目，玉芝石髓垂馋涎。直疑高彻庐无顶，岂但潜通小有天。兴尽却归到城郭，问今几世复何年？

万象洞奇异瑰怪，甲于此州。前后游者非一，而初未有赋之者。太守毋丘公，暇日领客来游，独首抉其秘，见之于诗。凡天下名山水，未尝不因骚人词客而显，岂非有所待耶？

是游也，景仁实以僚吏从公，亲拜重况，谨勒公佳句妙画镵之洞中，为后来唱。

门生、福津县令二江宇文景仁题

〖题解〗该题记勒于万象洞内岩石上，长130厘米，宽85厘米。记载了南宋绍熙元年（1195），福津知县宇文景仁陪同阶州知州毋丘恪游万象洞一事，并吟诗一首。此题留是宋福津县令宇文景仁事后刻记于碑石的，并记明了补刻的缘由。

〖撰者〗宇文景仁：南宋绍熙元年（1195）福津县令。

## 万钟题刻

（宋）

郡太守万钟以淳熙庚子仲春之晦日，率同寮来游万象洞天，作此长短句。

骅骝缓策，晴江上，沙嘴哓痕新涨。

春山数叠罗青幛，下有琼台玉帐。

洞门敲遍，旌旗响，何处森罗万象！

凭谁借我青藜杖？唤起蛟龙千丈。

〖题解〗该摩崖题刻位于万象洞入口处，为南宋淳熙七年（1180）阶州知州万钟所题。

## 高英题刻

（宋）

绍兴己卯四月晦，郡守高英（景先），缘巡按山寨回，自福津谷舍辔渡江，游万象洞，壮其环异。越六月十有二日，拉别乘颖昌成佾（和甫），将佐济南刘海（朝宗），鄜延王立（子礼），上邽王仁嗣（景山），河东郝通（德卿），陇干李庠（化源），庆阳姚公轼（望之），学官左绵袁观（子游），巡检京兆韩希（清叔），邑尉东都成光延（汉卿）来游。男逸述侍行，门人、东普景大林（茂先）奉命书。

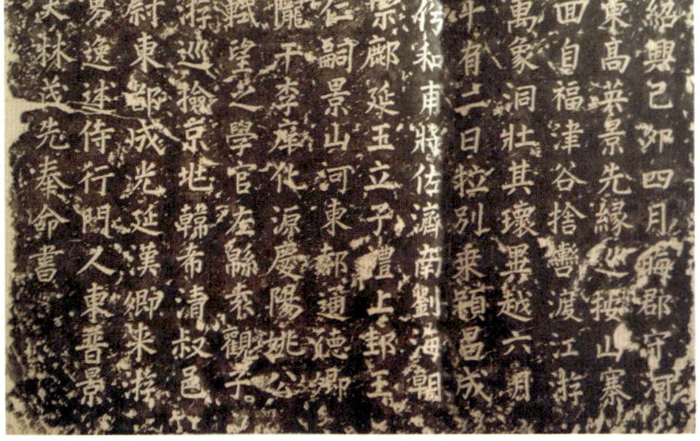

南宋阶州知州高英万象洞题刻

〖题解〗该题记刻在万象洞入口处，高约97厘米，宽145厘米。凡14行，行10字，记载了阶州知州高英（字景先，河东人）的两次游洞。一次是南宋绍兴二十九年（1159）四月，巡按山寨时，“舍辔渡江”，游万象洞。一次是同年六月十二日，率同僚游万象洞。同行的有阶州通判韩希，阶州教授袁观，阶州监成光延，以及刘海朝、延玉立、郝通、李庠、姚公轼等人。

〖撰者〗高英，字景先，河东（今山西省人）。南宋绍兴二十九年（1159）阶州知州。

## 李思齐题记

（元）

在元朝总统兵官、太尉、丞相李思齐，使命达鲁花赤真侣，并成州守卿、官知院茬路同知郭恕，同行潘和之、王世忠，看观仙洞到此。

至正二十八年六月初一。

〖题解〗元朝总统兵官、太尉、丞相李思齐题记。墨书。在万象洞中，元代题记只此一方。元至正二十八年（1368），元顺帝退出大都（今北京市），朱元璋称帝，为明洪武元年。

## 胡滢题记

（明）

不知今题行归仙，到此了然无□□；万象森森寻一梦，云梯直上□□□。

胡滢书

〖题解〗此题记位于万象仙卧龙坝西壁，纵40厘米，横35厘米，行书，5行。墨书。墨迹消退，诗文不能全识，但末尾“胡滢书”三字清晰可辨。

〖撰者〗胡濙，字源洁，武进人。明永乐元年（1407）迁户科都给事中。五年，遣濙颁御制诸书并仿仙人张三丰，遍行天下州郡乡邑，隐察建文帝安在，至十四年乃还。“胡滢”之“滢”，各类史籍均作“濙”，以题壁考之，当以“滢”字为是。

## 庞寿题记

（明）

身为家国壮，心同造化流。我来登眺后，岁月任悠悠。

大明正德八年癸酉二月二日，钦兹守备阶文都指挥庞寿题。

〖题解〗明正德八年（1513），守备阶文都指挥庞寿游万象洞后，在卧龙坝西壁题诗一首。题记纵

50厘米，横34厘米，墨书。行书，共5行。

〖撰者〗庞寿，岷州卫（今岷县）人，官至守备阶文都指挥。

## 卯希思、卯希雍、龙门题记

（明）

郡庠生卯希恩、卯希雍、龙门仝侍。
岩空深邃出尘寰，万象森罗一洞天。
玉乳妆成千载景，石津滴就万古幡。
天窓有窍开幽洞，玉井无门接地涎。
行尽仙家无觅处，归来不觉兴无边。
嘉靖己丑季冬书。

〖题解〗明阶州庠生卯希思、卯希雍游览万象洞，题留七言律诗一首。位于仙人坝东壁，墨书。纵70厘米，横120厘米，楷书，12行。书于明世宗嘉靖八年（己丑年，1529年）。万象洞卧龙坝西壁，又有同时所书《司昶题壁》云："嘉靖八年季冬十有一日夙，大巡胡老爹、分司许老爹同游赏于此。庠生：司昶、卯希思、卯希雍、任朝用、樊世玠、龙门，品相：魏尚义、魏朝缙。"

〖撰者〗此二题壁中所书庠生姓名，除"樊世玠"外，其余均见录于《阶州直隶续志·选举·岁贡》。

## 胡明善题记

（明）

### 游万象洞

岩扃遥隔世尘幽，烟景苍苍际胜游。
洞里有天开万象，人间何处觅三洲。
珠幢翳日云英满，络□浮空石髓流。
愿得玄真容吏隐，便屋黄发长丹丘。

胡明善书

〖题解〗此题记位于万象洞天地交泰东壁，为胡明善唱和之作。墨书。纵60厘米，横130厘米，草书，11行。约书于嘉靖八年（1529）季冬。

成县杜甫草堂遗存胡明善《春日谒杜少陵祠》诗碑，书体相近，款书："嘉靖庚寅（庚寅年，1530年）正月，两河胡明善。"

〖撰者〗胡明善，南直霍丘（今安徽霍邱县）人，嘉靖间巡按甘肃御史。《司昶题壁》中有"嘉靖八年季冬十有一日夙大巡胡老爹、分司许老爹同游赏于此"。胡老爹即胡明善。

## 赵守正题记

（明）

闻道南山幽闲中，偷向(古洞)静中游。
壮疑物象蟠龙虎，身俨飘飖驾问洲。
鼓笼天风销烛泪，悬空石髓刮清流。
兴来欲写忘归赋，云满峰头月满丘。
嘉靖十五年元宵后一日
落“古洞”二字。武都郡庠生赵守正次胡两河（明善）韵

〖题解〗此题记位于万象洞仙人坝东南岩壁，为赵守正唱和之作。墨书。纵80厘米，横50厘米，楷书，7行。武都郡庠生赵守正书，书于嘉靖十五年（1536）。胡两河即胡明善，此诗乃和胡题《游万象洞》韵。第二句脱“古洞”二字，末行补款说明。第二句落下“古洞”二字，末行补款说明。

## 陈官定题记

（明）

山宇清幽一洞天，愿经岁月已多年。
岭口堆石人间镂，此处原来不等闲！
万历三十五岁丁未五月二十九日，守阶文西固地方参将陈官定、弟子陈忠炳题。”

万象洞内美景

〖题解〗此题记为明万历三十五年（1607）守阶文西固地方参将陈官定、弟子陈忠炳游览万象洞后之作。墨书。

## 王询题刻

（明）

非人间

〖题解〗明崇祯年间阶州刺史王询题刻于洞门顶额石壁上，笔力雄厚，刚劲有力。“非人间”取自唐李白《山中问答》：“问余何意栖碧山，笑而不答心自闲。桃花流水窅然去，别有天地非人间。”

〖撰者〗王询，山东蒙阴贡生，明崇祯十年（1637）知阶州。明崇祯九年（1636）十二月，李自成义军攻破城池，州署、民房毁坏严重。十年（1637）王洵知阶州，移建州署于土城之中。

## 尹继祖题记

（明）

凿破云根藏世界，展开尘眼见乾坤。

灵武尹继祖题。

〖题解〗此题记位于万象洞卧龙坝西壁，墨书。纵54厘米，横20厘米，行书，3行，未书年月，为明嘉靖四十三年（1564），守备阶州地方都指挥尹继祖所题。

〖撰者〗尹继祖，灵武（宁夏灵武市）人，官至钦依守备阶州地方都指挥。

## 刘弘业题记

（明）

洪荒开阐世，疆山次第生；
试问空幽洞，由来气化成。

〖题解〗此题记位于万象洞天地交泰东壁，墨书。纵50厘米，横37厘米，行书，5行。未书年月，约为万历二十一年（1593）。

〖撰者〗刘弘业，或作刘宏业，宁夏人，明万历十一年（1583）武进士，文县守备。《阶州直隶州续志·名宦上》（卷二十三）载：“刘宏业，宁夏卫人，万历二十一年知文县。工诗文、书画。”

## 李林题诗

（清）

山水之间奇山水，乾坤以内小乾坤。

武都麓门山人李林题。

咸丰五年春，同友人重游此洞，感前卅年题十四字足（促）成一律云：

何年鬼斧辟浑沌，万象包罗信有门。
山水之间奇山水，乾坤以内小乾坤。
昔传五老仙踪杳，今幸三丰诗句存。
多少俗尘着力涤，恁谁指点旧桃源。

〖题解〗此题记为李林所作。李林于清道光六年（1826）游万象洞，因题一联云：“山水之间奇山水，乾坤以外小乾坤。”三十年后，咸丰五年（1855）春，同友人重游此洞，因感三十年前题诗之十四字，遂联成一律。墨书。题记作扇形处理，风格别具。

〖撰者〗李林，字西园，阶州人。

## 连登科题诗

（清）

清灵开玉府，我辈地中仙。
步步乘龙去，悠悠望同还。
庚戌成令旗人阶牧连登科题，口生李舍真书。

〖题解〗此题记墨书。为康熙九年（庚戌，1670）阶州知州兼成縣知縣连登科题留。

〖撰者〗连登科，旗人，清康熙初年任成县知县兼阶州牧。吴三桂叛乱，连登科死之。

## 高一涵题刻

（民国）

别有洞天
复高一涵题

〖题解〗1946年4月，甘宁青监察使高一涵将赴武都视察，游万象洞，并题刻“别有洞天”四字于万象洞洞口顶额石壁上。“别有洞天”四字取自唐 章碣《对月》诗：“别有洞天三十六，水晶台殿冷层层。”洞天，道教用以称仙人所居之处，谓尘世之外，另有仙境。

〖撰者〗高一涵（1885—1968），安徽六安县人，1931—1949年，先后任国民政府监察院委员、两湖监察使、甘宁青监察使、国民大会代表。

## 赵朴初题刻

（当代）

万象洞

赵朴初题

〖题解〗该题刻位于万象洞洞口顶额石壁上。赵朴初题刻。题刻长 150 厘米，宽 70 厘米。

〖撰者〗赵璞初（1907—2000）著名作家、诗人、书法家和佛教人士，安徽太湖人。中国佛教协会会长，中国佛学院院长，中国宗教和平委员会主席，中国书法家协会副主席、中国民主促进会中央常委、民进中央参议委员会主任、副主席、名誉主席，全国政协副主席。

## 李子奇题刻

（当代）

万象奇观

〖题解〗李子奇曾任甘肃省委书记，1996 年游万象洞时题刻于洞口，其长 150 厘米，宽 85 厘米。

## 卢克俭题刻

（当代）

华夏第一洞

一九九六年五月十六日

〖题解〗卢克俭，曾任甘肃省人大常委会主任。1996 年游万象洞时题刻于洞口，其长 130 厘米，宽 85 厘米。

### 韩正卿题刻

（当代）

高深莫测

韩正卿岁在丙子年秋月

〖题解〗韩正卿，宕昌县韩院人，曾任甘肃省政协副主席。1996年秋游万象洞时题刻于洞口，其长130厘米，宽70厘米。

## 二、武都区城门题刻

### 高一涵题刻

（民国）

民国三十五年五月

永兴

高一涵书

〖题解〗陕甘青监察使高一涵民国35年（1946）5月来武都县视察，时值新市街城门楼落成，题“永兴”石刻，嵌于城北门楼，高63厘米，宽95厘米，厚10厘米。现存武都县博物馆。

## 三、武都区水濂洞碑刻题记

水濂洞位于武都区城北五华里的五凤山麓。有红女祠，据《武阶备志》记载：红女祠初建于唐代。历代建修。此地林壑千岩竞秀，水濂百丈垂空，楼阁悬空立柱，精巧古朴，仙居俨然。

### 游水濂洞

（明）宋濂

癸丑春，丽日暄天，花香佛面，于陇上二三子一行聊间，清水漫漫，言此及水濂流出也。指点处，崖悬佛寺，翘然欲空，山花为笑，柳眼迎人。于是乎，穿柳林，度花丛，过桥沟，进黑洞，至红女殿，中有红女，正大仙容，抚书思静，混三霄、弥勒，犹登空乘风，流水清韵，疑非尘世也。于是乎，拾阶而下，缘溪寻流，水清苔滑，忽雨声大作，寒气袭人，转巨石，见水濂逗人而下，时随风而舞龙，或珠玉而没石中，林木振振，好鸟时鸣，山僧游客，乐其融融。

明宋濂掷笔陇上。

〖题解〗该题记铭于武都区城北水濂洞洞壁。题记时间为明太祖洪武六年（癸丑年，1373年）。该洞壁题留是否为此宋濂所作，尚待考证。

〖撰者〗宋濂，字景濂，号潜溪。浦江（今浙江浦江县）人，元末明初文学家。洪武二年（1369）奉命主修《元史》，累官至翰林院学士承旨、知制诰。

武都区城北水濂洞

## 游水濂洞

（明）王洵

想是玉皇女校官，飞来下界叫人看。嵌空石室盘成壳，卷簭秋风舞似湍。枯性已忘今有世，红身练就岂知寒。五千产文字应都扫，法在吾心只内观。

〖题解〗该题记铭于陇南市武都区城北水濂洞洞壁。题记时间约为明崇祯十年（1637）。阶州知州王洵游水濂洞后，感慨系之，作此题记。

〖撰者〗王洵。

## 阶州红女祠咏有序

（当代）刘可通

阶州城北真武山麓，有红女祠。紫阁飞瀑，柳绿桃红，风景佳丽，俗谓之水濂洞，向为游览胜地。不意毁于文革浩劫，遂至垣颓瓦废，荆棘丛生，世人惜之。

劫后欣逢百废待新，委唐氏维军主管理所，与诸执事悉心谋划，开拓重修，今已柳道竹径，朱甍掩映，阁楼幽明，丹雘炳丽，景观重辉矣。

甲申仲夏，余偕友往游。於竹木交荫中，临风品茗，神形并爽，俗虑尽消，颇为惬意。诸君嘱赋诗以纪胜游。余不敏，勉成七律一首，为骚人墨客助兴。诗云：

真武松荫圣女宫，参差丹雘翠微中。疏钟声远和鸣瀑，桴鼓流音满太空。亭榭跨溪看柳绿，阁楼穿磴赏桃红。游人著意怜花草，不负重辉汗马功。

岁次丙戌春日清和月望日

邑人

刘可通题咏

王礼贤书丹

〖题解〗此诗碑为刘可通题咏、王礼贤书丹，长 220 厘米，宽 150 厘米。丙戌年（2006 年）立于武都区红女祠。

〖撰者〗刘可通，武都区人，甘肃省文史研究员。王礼贤，武都区人，曾任成县师范校长、陇南地区教委巡视员。

## 四、成县西狭题刻

成县西狭共发现两宋、明、清以至现、当代士人官员、名家的历代题刻30余方，环绕《西狭颂》摩崖镌刻，若群星之拱北辰。

### 汉将题刻

（东汉）

元和二年，汉将武都太守口阴万口

成县西峡

〖题解〗该摩崖题刻位于成县西狭中段高约 100 厘米，横 27 厘米，隶书竖写，阴刻两行，凡 14 字，字径 7 至 15 厘米。其字笔画细劲，质朴味醇，字随石势，书写随意，书法风格独特，为武都太守口阴万口题。题刻镌于东汉章帝刘炟元和二年（85 年），早于同地的《西狭颂》摩崖八十六年，是迄今甘肃境内发现最早的摩崖石刻。

〖撰者〗万口，事迹无考。口阴，当为地名。

### 卑牧题刻

（宋）

汉李翕守西康，黄龙、白鹿、嘉禾、木连理同为一时之瑞。摩崖大刻，至今称之，后之继者无闻也。河间卑牧自牧滥分符竹，因暇日，拉前郡倅田世雄元弼、郡别驾成绘素通，策杖跋险，涉水来观。时淳熙丁未立冬记。

〖题解〗该题刻高46厘米，横64厘米，隶书，凡8行，字径4至5厘米。为成州知州卑牧题。镌于宋孝宗淳熙十四年（丁未，1187年）。

〖撰者〗卑牧，字自牧，河间（今河北省河间市）人。西狭《卑牧题记》是卑牧任成州郡守时所刊。另有一通残碑睡佛寺《卑牧残碑》为卑牧任“郡假守”（代理太守）时镌刻。

## 王正嗣题记

（宋）

西和前进士王正嗣、冯栩郭英，正嗣侄芝，自峡摄石，沿溪观天井、耿君二碑至此。因叹：今日瑞芝产于郡之天水，因不减黄龙、嘉禾之应。良二千石，岂独专美于汉耶！

淳熙戊申仲春四日书

〖题解〗该题刻高50厘米，横35厘米。隶书。凡9行，字径3至4厘米。为宋西和州进士王正嗣所题。镌于宋孝宗淳熙十五年（戊申，1188年）。

〖撰者〗王正嗣，宋重和时进士。

## 库彦威题记

（宋）

时金人方盗至两河及秦陇，成纪在北，同谷在南，每为战场。统制王公来守是邦，虏更不敢犯边。兰皋库彦威书此，备他日之览焉。

〖题解〗该题刻为楷书，凡4行，字径2厘米。宋代库彦威题。题记真实地记录了绍兴三十一年（1161）宋金第三次战争西北战场军事状况。在这次战争中，王子直与刘海等人以火攻战术收复秦州，并和刘忠等攻克治平寨，王子直“治平寨大捷”在抗金史上写下了光辉的一页。“隆兴和议”后王子直一直负责“关外四州”防务。

〖撰者〗库彦威，宋绍兴年间兰皋镇（今康县大南峪乡）人。

## 刘思道题刻

（宋）

刘思道守同谷，遍游山水之胜识。以元佑癸酉二月十六日到此，命蒲俊从行。

〖题解〗该题刻为楷书，高1.25米，横1米，凡5行，字径14至18厘米。宋代成州知州刘思道题。

镌于宋哲宋元佑八年（癸酉，1093 年）。

## 黄沛题刻

（清）

乾隆辛酉十月既望，蜀人黄沛、黄瑞鹤同邑人汪于雍、汪于岱因修县志访古至此。

〖题解〗该题记为清乾隆六年（辛酉，1741 年）黄沛题刻。

〖撰者〗黄沛：正黄旗汉军人。进士。吏部侯选儒学。清乾隆六年（1741）黄泳修《成县新志》（4 卷），黄沛、黄瑞鹤等参纂；黄沛为黄泳之兄，黄瑞鹤为黄泳之弟。

## 王正直题记

（民国）

民国二十九年四月十七日。邵阳王正直抗倭、战后整训成县，单骑至此访古。

〖题解〗该题记为隶书，凡 6 行，字径 2 至 3 厘米。民国二十九年（1940 年）王正直题。

〖撰者〗王正直，湖南邵阳县人。曾参加抗日战争，后任国民党邵阳地方军警官长。1949 年 6 月，王正直参加起义，起义部队进行整编，组建为湖南人民解放总队湘中二支队，尹如圭任司令员、王正直任副司令员。

## 李可染题刻

（当代）

东汉摩崖石刻西狭颂

李可染题

〖题解〗该题记位于《西狭颂》摩崖右上侧，为 1981 年底当代书画大师李可染所题，书法艺术价值很高。

〖撰者〗李可染（1907—1989），江苏徐州人。中国近代杰出的国画大师、书法家。曾任中央美术学院教授，中国美术家协会副主席等职。

李可染题《西狭颂》摩崖

### 五、成县凤凰山寺摩崖（题记）

凤凰山寺位于成县城东南约 4 公里的凤凰山，又称大云寺、睡佛寺，寺中存有唐代八棱残碑（即经幢），经幢高约五十厘米，直径为四十厘米，系经幢下部，八面刻着密密麻麻的佛经文字，凡二十七行，六百四十字，字迹规整，大部清晰可辨。末尾款识有“使持节成州诸军事兼成州刺史侍御史充本州岛守捉使上□□牛方德并盖幢亭子于成州凤凰山寺创□永□官衔关□胡玉充”数十字。对照元和十四年大云寺墨书题记，两者落款相同，故此八棱碑亦属唐元和间所刻。共有题记 4 方。寺中另有 3 块残缺诗碑，均为宋代所刻。

成县凤凰山寺

## 李叔政题记

（唐）

元和八年六月十五日，敕授成州刺史、开府兼侍御史李叔政到任。其本州残破已经数载，谷麦不收，又汛水堆沫，管□百姓饥惶，□便祈祷□□。九年，一境春夏大丰，仓禀盈溢，以其年八月八日设清斋□□，以答前愿，兼□□圣像坏者，而报□□。其寺自搀抢之后，道路荒秽，藤□绵密，废□久矣，遂□功□斫创□□通行。是月七日，送供到此寺宿住，两夜晴天，忽云雾□暗。遂真心稽告，瞬息之间，云行雾卷，当时晴明。其应如答其解也。谷有一蛇出，长十八尺，锦绮文成，从上盘下，真□历出所□此必龙象，□而□谷，道场之人悉皆见也。

时元和□□□开府仪同三司、（使）持节成州诸军事、成州刺史、充本州守捉使、上柱国乙亥记之。芦广泰昀荷检校□□。

凤凰山寺李叔政题记

〖**题解**〗该题记记述了唐宪宗元和八—元和十四年（813—819）年间成州之经济、民俗和社会生活状况，可补史志之阙，弥足珍贵。题记为墨书，自右至左竖书写于凤凰山寺大殿东侧天然岩石上，白垩涂底。题记横 78 厘米，纵 50 厘米，行楷书，凡 20 行，每行 2 至 15 字不等，约 250 字，距地面约 3.5 米。题壁左下残缺。题记虽部分文字残缺或辨认不清，但内容基本可知。

〖**撰者**〗李叔

## 柴士元题记

（宋）

留题凤凰寺，大理寺卿柴士元谨口口。

岧峣高阁迥崖临，下瞰仇池远望心；不见明岐嘉瑞凤，乱山空锁白云深。

嘉佑庚子岁仲春，清明后一日记。

〖**题解**〗该题记为宋仁宗嘉佑五年（庚子，1060 年）大理寺卿柴士元在成县凤凰山大云寺卧佛岩壁上所题。摩崖石刻。楷书。凤凰寺：即成州大云寺，唐玄宗后改名为凤凰寺，又称凤凰山寺。

### 六、成县甸山摩崖

甸山又称苍龙岭，在成县红川镇南部，峰壑纵横，山势险峻，古迹甚多，张三丰曾游历此地。

## 陶万达题记

（清）

横川有灵山，古石点苔斑；五载仅一访，留句播人间。

乾隆己卯冬月邑令陶万达。

〖**题解**〗该题记为清乾隆二十四年（己卯年，1759 年）成县知县陶万达题。摩崖刻石于“灵石”上，纵 35 厘米，横 52 厘米，行书。凡 4 行，字径 5 至 7 厘米。又有《皇恩浩荡碑》也为陶万达所立，末云：“乾隆二十一年十月口日知成县事陶万达”。

## 陶自强题记

（民国）

访胜探幽兴未穷，翻身疑到广寒宫。太华秋老峰若似，衡岳云高路可通。玉练千寻飞石涧，涛声万壑响松风。重来陶令惭前哲，漫亦题诗志雪鸿。

民国三十一年　祁阳陶自强。

〖题解〗该题记为1942年成县县长陶自强题。摩崖刻石，行书。凡4行，字径4至6厘米。行书，凡5行，刻于一巨石上，字径3至4厘米。有沥损。另西狭有《陶自强题记》。

## 甸山摩崖

（当代）

相传此石是太上老君从仙界携来，最初之时形呈八面，璀璨晶莹，光耀星斗，触之摸之，健身祛病，百姓拜寄婴孩，祈永葆平安，福寿双齐。刻石以记。

邱蕴暄　杨含菁　徐志英

王序宾　景德全　樊茂林

辛巳年孟冬吉日

〖题解〗该摩崖刻石位于成县红川甸山石崖。碑文楷书，正文六行五十七字，上方有一扇形摩崖，中刻一福字。辛巳年，即2001年。

〖撰者〗邱蕴暄等，成县人。

### 七、成县仙人崖摩崖

仙人崖又称道士崖，在成县南山，是成州八景之一“仙崖积雪”所在地。仙人崖绵绵若屏，屏中石纹酷似仙人，宽衣广袖，须眉如生，故称仙人崖。有摩崖题记2方。

## 王康题记

（宋）

有宋乾道八年，岁在壬辰莫（暮）春之月，甘露降于成州仙崖之下。野夫来告，邦人聚观，咸曰：“太守王公逾年政成，讼无留庭，盗不警野，治尚宽大，神人以和，雨旸弗愆，年谷屡稔，和气发育，嘉祥并臻，龟蛇见于坎宫，瑞露霖于仙境，与汉武都守李翕所纪颇同。彼以治硷（险）便民，此以至诚格物，不可无述，昭示方来云。”前同谷令普安王康书之。公名中正，字子直，河州袍罕人。

〖题解〗《王康题记》又称《王子直甘露颂》。宋乾道八年（壬辰年，1172年）前同谷县令王康书。题记颂扬了成州知州王子直（名中正，字子直，河州袍罕人）任职成州时的政绩。题记为摩崖刻石，纵1.32米，横1.60米。隶书，共10行，每行14字，字径5.5至8厘米，凡140字。在摩崖右上侧有阴线刻图一幅，绘一人托盘承接甘露之状；另刻绘有龟、蛇小图两幅；另有题记4处：书“承露人”、“甘露降”、“初现真象”、“安泰变像”等字，整个画面表现的是甘露降、龟蛇现的祥瑞现象。王子直曾于乾道七年（1171）命其季子王师雄至西狭颂碑。

### 八、成县飞龙峡摩崖

飞龙峡位于成县东南十里处凤凰山下，长丰河奔流其下。

## 郭镃题记

（宋）苏坦

章贡郭锐文重以制幙来城同谷，偕郡守常山李冲子和、丞资中杨约仲博，阅视龙峡守关之备，因谒杜少陵祠，观万丈潭。

绍定三年秋七月乙卯。

〖题解〗该题记为宋绍定三年（1230）成州知州苏坦所作。摩崖刻石，楷书，凡十行，行各六字，今尚完好。

### 九、舟曲县石门沟摩崖

石门沟位于舟曲县城东南大川镇境内，邻近宕昌县两河口，此地宋代为阶州福津县辖地。

## 马向宣等题记

（宋）

圣宋皇祐四年孟冬。尚书屯田员外郎、通判阶州事朱处仁，自十六日之本州故城镇峰贴城平定关点检城寨后，廿三日过此，又巡历至武平、沙滩诸寨迴。

廿五日题记河口镇西石门硖东壁上。

左班□□□马向宣、右班殿直巡检李士宗、福津县尉王□□行。

〖题解〗该摩崖刻石位于舟曲县城东南大川镇境内石门沟峪口东壁高出河床 0.9 米处，镌刻楷体阴文 100 余字，记载了北宋皇祐四年（1052）冬尚书屯田员外郎兼判阶州事朱处仁巡察阶州境内峰贴城（今舟曲县峰迭，遗址尚存）、平定关（今舟曲县坪定）、武平（今舟曲县武坪）、沙滩（今舟曲县沙滩）等关隘城寨的情况。

舟曲县大川镇石门沟

### 十、宕昌县花石峡摩崖

花石峡位于宕昌县东南，俗名花石关，两崖对峙，相距仅十余米。公路洞穿崖壁而行，旁为滔滔江水，地势极为险峻。花石峡是甘川道上第一道险要关口，也是入阴平道的咽喉，古代设有花石关，重兵防守。花石峡分大小两峡。大花石峡北自邓邓桥北通北口，南至岷江汇入白龙江的两河口，全长 25 公里。峡内谷深流急，两岸高峰入云，山石崔嵬，道路曲折，悬崖绝壁上古栈道遗迹随处可见。小花石峡是大花石峡中邓邓桥一段，长2.5公里。大小花石峡中，历代文人墨客留下大量摩崖碑刻。除邓邓桥摩崖外，主要的有南宋绍兴二年（1132）鲁班阁摩崖、明嘉靖二十四年（1545）通北口摩崖、清康熙八年（1669）候儿坝摩崖及康熙间尖佛嘴摩崖等几处碑刻。

## 鲁班阁摩崖

（宋）

潜而勿用已沉残，起料阶州顾大持。
从日初与云雨士，方纵或跃舍崖间。
绍兴二年

〖题解〗该摩崖题刻位于宕昌县官亭镇花石峡口。南宋绍兴二年（1132）题。鲁班阁，也称观音阁，原在甘川公路花石峡口上方崖壁30多米处的一段大岩洞中，古寺依崖洞层层而建，上有千仞之峰，下临百丈之溪，壮观险绝，当年佛事很盛，惜于1958年烧毁，现仅留崖洞和柱孔遗迹。过观音阁10多米，江对岸即名为花石关（又称滑石关）村，古代为驻军防守要地。作者无考。

## 通北口摩崖

（明）

大明岁次庚午年，岷州管辖临江里地名洞冰后尖佛嘴边踩（塌），人马难过。近蒙三司老爷过往，改（让）宕昌地方旧地地方总甲黄世龙带领众人开斩。

嘉靖二十四年

〖题解〗该摩崖题刻位于宕昌县甘江头乡甘江头村。墨书竖写9行，因崖面不平，书写随意，布局不整，每行字数不等，记载了明武宗正德五年（庚午年，1510年）通北口尖佛嘴道路塌陷，人马难过，明世宗嘉靖二十四年（乙巳年，1545年）总甲黄世龙带领众人开山修路之事。临江里即今宕昌县临江铺镇、甘江头乡等地；“洞冰后”为通北口之讹音。

## 邓邓桥摩崖

（明）佚名

明崇祯九年，岷江泛滥，江水横溢，邓邓桥垮塌。车马难行，渡水之辛，苦不堪言。为达津途，蒋秀为总督工，以旗为号。董生奎为木工技师，筹木运石，丈量土地，测定地势，动员该地民工，复修岷江邓邓桥。

明崇祯九年岷州文生口口口记之

〖题解〗该摩崖题刻位于宕昌县官亭镇宁家村东面的石峡石崖之上，记述了明崇祯九年（1636）复修岷江邓邓桥事宜。该摩崖又作《复修岷州邓邓桥碑记》。

〖撰者〗佚名。

### 尖佛嘴摩崖

（清）

龙吟虎啸

〖题解〗该摩崖题刻位于宕昌县临江铺镇通北口。《宕昌县志》（附录）认为此四字为清康熙年间所记，笔迹苍劲道厚，笔势古雅。意指岷江浪涛和风声之激越雄壮。

### 候儿坝摩崖

（清）

大清康熙乙酉刊
天沆永溥
山右武乡赵牧题
慧多祥、刘星住刊

〖题解〗该摩崖题刻位于宕昌县两河口镇石闳子村一华里的岷江南畔（舟曲县东山乡谢家村候儿坝岷江西岸）石壁上，正中是“天沆永溥”四字，左侧为“山右武乡赵牧题”，右侧为“大清康熙乙酉刊”，下端是“慧多祥，刘星住刊”。竖排，刻工精细，字迹清晰。“天沆”，亦读“天杭”，即“天河”。西汉杨雄《太玄剧》：“海水群飞，蔽于天杭。”“永溥”：溥，水之大也。《说文》“溥，大也。”《礼记·祭义》“溥之而横溥四海。”“天沆永溥”意即：岷江犹如天河般浩浩荡荡，永流不竭。康熙乙酉即康熙四十四年（1705）。

## 十一、文县火烧关摩崖

火烧关位于文县城关镇关家沟。文县著名雄关之一，险峻至极，为阴平古栈道关隘要塞。

### 火烧关摩崖

（明）

万历十四年九月内重修，奉
巷口本府元功孔丘大立冰凌

〖题解〗该摩崖石刻位于文县城关镇关家沟火烧关关口北面以西的石崖上。明万历十四年(1586 )题刻。刻石字径为2.2厘米，共23字，为正楷竖排两行。

## 十二、文县边地坪摩崖

### 马尾墩摩崖

（清）

马尾墩摩崖题刻，位于文县石鸡坝乡边地坪行政村西约2000米处的白水江南岸距地面2米的天然石凹处，高2.2米、宽1.15米。摩崖题记中间为楷书竖行“秦蜀交界”四字，字径长50、宽40厘米。“秦蜀交界”左右侧有楷书竖行64字，自右至左录文如下：

**秦蜀交界**

四川南坪营所所属关外八寨
马尾山寨盐土山寨草地沟山寨杨家湾山寨
登龙山寨水田山寨固水沟山寨邪坡寨
（注：以上为摩崖右侧题记）

**雍正七年□□二十六日**

松潘卫守备罗林刻石
（注：以上为摩崖左侧题记）

〖题解〗该摩崖题刻时间为清雍正七年（1729）。据当地人讲，摩崖上方石嘴原刻有“秦蜀咽喉”四个大字，20世纪70年代因雷击坠入江中。该摩崖石刻对研究甘川交界处的行政区域变化及古道交通史有着重要的文献价值。

### 边地坪摩崖

（清）

文县石鸡坝乡边地坪行政村西2000米的白水江南岸山上，还有一处摩崖石刻，中书四字：

秦川锁钥

〖题解〗该摩崖高2.2、宽0.93米；字径高80、宽70厘米。尾题“大清光绪□□年”，并有书丹人及篆章2枚，字迹模糊难辨。旁有摩崖“恭颂德政碑”一面，高2、宽0.8米，正楷，77字。距大字摩崖以西200米路旁有二面“新修路碑记”，该处摩崖题刻对于研究甘川交界行政区划变革有重要价值。

## 九寨沟县柴木关摩崖

（清）

开新路记

委员兼修城垣路道。直隶州熊自勋，署会龙（州）讯把总岳华增暨绅粮乡约督工金富元等修理路道口口。

光绪五年五月十二日寅时地震，上下无路，五日无人行走，即开新路，无处求款。今有广元赵兴发币四千文，绅士马振甲、左凤鸣币六千文，口官督事口铠、都司范永福、口长刘隆廷币二千文，吴春和四千文。

陈万镒撰书

石匠李洪恩

〖题解〗该摩崖石刻今存四川省九寨沟县郭元乡青龙村，柴木关东南500米处半坡崖壁，高135厘米，宽100厘米，楷书。柴门关古代为川甘分界之地，东与文县石鸡坝边地坪相邻。

### 十三、徽县宋代仙人关摩崖二方

## 吴王城摩崖

（宋）佚名

制总管府观察□处

制履

总管太尉杨公□□□□□□□饶风岭□□□出丛薄间挟一矢□□□□□□

□□□真古□□□□□□□之□□□□□□□句以□□之一记其事

□□□□威□□一矢□□□□□□□□□□□□□□惊倒人此事□无闻□□□

□□□□□□□□□□□□道边□□□□□□□□□□□足数中石□□还徒然岂如

□□□□□□□□□跃马□□□□□□腹须□□□□□□出现猛虎同麋鹿声名藉

□□□上□□□□□□□□□□□□□陆丹□□□□□□画作□中射虎图□□□□□□自古□□□□国王□□□□□□□□□□□□□□□□□□□□□□□

君不见南山射猎李将军□□□□□□碑□□□□□□误射草中□□至今见人□

□□□□□□□□□□□□□□□□□□冲太□□□□□□□□□□□□□□亲斩蛟龙

其人久不见晋朝郎□□□□二十又一年□□□□□□□□□□□我宋朝□□□

□□□□□呼豪士□□□□□□□□□□有□□□□□□□□□□相伺□□□□□□

□□□□□川兵火□□□□□□□□□有□□□□□□□□□□□□□□
如□□□得以□□□□□□□□□□□□□□□□□□□□□□□前诸
王人□□□□□□□□□□□□□□□□□□□□□□□□□不比周郎
□□□□□□□□□□□□□□□□□□□□□□圣□郎中□□焰

〖题解〗该摩崖石刻位于徽县虞关乡吴王城遗址临江十多丈高的半崖上，摩崖通高3.46米，宽1.56米。因摩崖风化严重，文字迹漫灭、模糊不清，多无法识读。碑首横写“制總管府观察□處”8字，每字约21厘米见方。碑文计16行，每行32字，共计约512字。这段摩崖文字内容与清代万方田、罗秀书《褒谷古迹辑略》中记载的原褒城（今汉中市汉台区）鸡头关北天心桥侧诗碑“杨从义射虎叙事诗”内容吻合。额首题刻文字“制總管府監□察□處”与以及全文内容可知，摩崖文字当为南宋皇帝褒奖长期屯守仙人关的宋将杨从义的一篇“制旨”。由于杨从义率宋军镇守仙人关，军营特意将这一褒奖令刻在仙人关下的吴王城悬崖边，以振奋军心并志不朽于后世。摩崖题刻时间应当不迟于乾道四年（1165）。

〖撰者〗佚名。

## 长丰寺遗址摩崖

（宋）独孤倚

碧玉新岁，岐山杨元礼、临邛计次祖、眉山苏伯箎、成都刘帅圣，连日载酒一游。
淳熙丙申六月初三日拜题”
景云独孤倚刊，僧法缘工石

〖题解〗该摩崖石刻位于徽县虞关乡今“徽白”公路旁的仙人关长丰寺遗址旁一块巨石上，距地面约二尺许。摩崖高九十厘米、宽九十厘米，纵向七行，刻大小宋楷文计五十一字。长丰寺遗址对面隔嘉陵江相望为宋代吴家军抗金的仙人关、吴王城遗址。

〖撰者〗独孤倚

# 十四、徽县虞关马家梁摩崖

## 马家梁摩崖

（明）佚名

虞关巡检许清，（字）文澄。因见山路数处崎岖陡峻，往来乘驴策马，驮轻负重，挨排难行，坠落崖河，伤死者甚多。澄发心令男许琳、许瑛，司吏卜连率领兵牌人等，用工开修，更异坪（平）坦。立石为铭者矣。

成化三年岁次丁亥三月吉日就石。

〖题解〗该摩崖刻石又称“虞关修路摩崖碑记”，位于徽县虞关乡虞关村西10米处马梁山中段的石壁上，东临嘉陵江，西靠宝成铁路，北侧近靠虞关中学。地处青泥岭主峰铁山南侧山脚通往古鱼关老街的青泥便道上。石壁面凹凸不平，但字迹清晰可辨，石刻高1.35、宽1.3米，碑文楷书，从左到右竖刻8行，每行字数不等，共95字，阴刻题记。记载了明代成化三年（1467）虞关巡检许清（字文澄）主持开修道路的摩崖事宜。此摩崖石刻题记所在地虞关古渡附近，所记开修道路就是由甘入川、陕的“青泥古道”的水会渡（徽县老虞关之鱼关渡）部分。现虞关中学所在地即古佛教寺院回龙寺旧址。虞关老街，20世纪80年代被江水冲毁塌陷，现已大部不存。

〖撰者〗佚名

## 十五、徽县大河乡青泥岭摩崖

### 新刊修路摩崖

（明）袁得郎等

巩昌府徽州坊下等堡人民，见□居物赉店，方圆一郡，口得官路，上自青泥岭，下至青泥河，土路坍揭，顽石阻隔，往来奔走不便，人人所忧虑者，今众等集乡约会，各施资财粮石，发心修理道路。

会首袁得郎　赵子科　王得器　郭　清　孟□云

孟□孝　李□□　苏添军　马　仁　何　信　马□□

□尚行　马根正　陈仲□　王　槐　梁基远

马彦舟　黄邦林

修路道士　杨万宾

修路石匠张进朝　李　河　张进舟　张　英

万历辛丑季春三月吉旦　完路

〖题解〗该摩崖石刻位于徽县大河乡青泥村吊沟自然村路旁一巨石上。碑刻坐北向南，碑高67厘米、宽40厘米，距地面50厘米，保存完整，字迹基本清晰。自右向左楷体。额题，横书分上下两行“新刊修路碑记”。碑文竖行楷书，自右至左10行，每行20字左右，记述当地民间社团组织整修青泥岭官路事宜。尾题“万历辛丑季春三月吉旦”，即明万历二十九年（1601）。该石刻上沿20厘米处，另摩刻楷书“玄天神路”，故该摩崖石刻又称“玄天神路碑”。

〖撰者〗袁得郎等，均为徽县大河乡居民。

## 十六、礼县石桥乡摩崖

### 嘉定摩崖

（宋）佚名

丙寅开禧二年十一月二十八日，有金贼侵犯关外四州。至丁卯开禧三年三月十日复收了当。

戊辰嘉定改元元年四月有十九日谨记。

〖**题解**〗摩崖石刻碑文记载了南宋开禧二年金人南侵，关外四州沦陷，翌年四州恢复之史实。摩崖刻在礼县石桥乡石桥村一块巨石上，高、宽约56厘米，共54字。撰刻者无考。撰刻时间为南宋嘉定元年（1208）四月。

〖**撰者**〗佚名。

# 第二节 诗 碑

## 一、成县杜甫草堂诗碑

成县杜甫草堂，又称杜少陵祠、杜公祠、子美草堂、龙峡草堂等，坐落在甘肃成县城东南3.5公里处的飞龙峡口。唐乾元二年（759）七月，四十八岁的杜甫弃官度陇赴秦州。十月，举家南迁至同谷县，在同谷居不逾月又取道入蜀。子美避难居此，有《同谷七歌》及《凤凰台》诸诗，后人感其高风，即其址祠祀之。据成州晁说之《成州同谷县杜工部祠堂记》载，知成县杜公祠（草堂）始建于宋宣和五年。《明一统志》《大元大一统志》均称“杜甫（少陵）故宅”在“成县飞龙峡之东”。由此可见，“杜甫故居”与今之“杜甫草堂”并非同地。 成县杜甫草堂今存古代诗碑十三通，其中南宋1品、明8品、清3品、民国1品。

成县杜公祠新貌

### 赋龙峡草堂

（南宋）宇文子震

燕寝香残日欲西，来寻陈迹路逶迤。江涛动荡一何壮，石壁崔嵬也自奇。鸡犬便殊尘世事，蛟龙长护老翁诗。草堂欻见垂扁榜，却忆身游濯锦时。

右赋龙峡草堂。绍熙癸丑□□十七日，郡守成都宇文子震题

〖题解〗该诗碑为宋成州知州宇文子震作。此诗碑位于杜公祠正殿北壁碑廊第一块。碑高63厘米，长约75厘米，已裂，楷书，共泐四字，可读文字约48字。镌于南宋绍熙四年（癸丑，1193年）。现为成县杜甫祠堂所存最早碑刻。

〖撰者〗宇文子震：字子友，成都人。隆兴元年(1163)进士，庆元二年(1196)知潼川府（今四川三台县城）。

## 题王氏园诗

（南宋）宇文子震

郊垌口口出尘埃，口口幽扉为我开。异口横陈浑住立，飞流瀑注自天来。桃园图里如曾见，灵鹫峰前莫谩猜。增损须凭诗眼巧，好于稳处看楼台。

〖题解〗该诗碑为宋成州知州宇文子震作。此诗碑为磨崖刻石，楷书，刻于今成县东南飞龙峡王氏园崖壁上。年久为土所湮，清仁宗嘉庆间复见，有拓片存世。王氏园或即今杜甫祠堂地。

## 谒少陵祠

（明）李昆

正德癸酉六月暇日，与东渠访杜少陵祠址有述。东渠，吾台长，燕山李公德方也，时分巡至成县。

侵晨入龙峡，杳霭足云雾。崖际余凿痕，云是古栈路。遥通剑阁门，斜连白水渡。杜陵有祠宇，畴昔此漂寓。萧条翳榛莽，摇落伤指顾。两楹盖数瓦，垣毁门不具。四壁绘浮屠，讹舛更堪怒。拂藓读残碑，字漫不可句。东渠台中彦，感此激情愫。“创始伊何人？兴仆吾可作。杭手进县令，兹亦岂末务？我当力规画，尔宜亟举错。会使道路人，从知古贤慕。”予闻重叹息，因之资觉悟。东西走二京，累累几陵墓。况复浮尘踪，谁能侧目注？彼美少陵翁，磊落君子度。盛气排海岳，雅调续韶护。弃官救房管，知名通孺妇。严武不能杀，陷城靡所污。平生忠义心，万里迍邅步。郁郁抱悃愊，稍稍见词赋。光焰万丈长，宁以华藻故。诸葛颜韩范，比拟固非误。乃知贤俊迹，百世所公护。我为歌长辞，聊以效疏附。徘徊未能去，倏忽烟水暮。

中宪大夫、陕西提刑按察司副使高密李昆承裕书。金陵七十三翁张海口。

〖题解〗该诗碑简称《谒少陵祠》，又称《李昆诗碑》。镌刻于明正德八年（癸酉，1513年），该诗碑高40厘米，宽108厘米，刻明副都御史李昆诗一首。凡24行，270字，楷书，今有泐损。现存于

成县杜公祠内碑廊。

〖撰者〗李昆，字承裕，号东岗，高密人。明弘治初举进士，任礼部主事。后改任兵部主事。正德初年，贬为解州知州。后升为陕西左布政使。正德八年，任中宪大夫、陕西提刑按察司副使。正德十年，任副都御史巡抚甘肃。兵部尚书王琼弹劾彭泽处置失当，他受株连下狱。后为浙江副使。嘉靖时召为兵部右侍郎，继改为左侍郎。

## 春日谒杜少陵祠

（明） 胡明善

少陵栖息地，陈迹寄云隈。风雨吟龙峡，江山领凤台。春明秦树远，天黑楚魂来。揽辔瞻祠屋，千秋一叹哀。

嘉靖庚寅正月，两河胡明善。

〖题解〗该诗碑高 138 厘米，宽 75 厘米，刻明御史胡明善五律一首。行书，字径 10 至 12 厘米。镌刻于明世宗嘉靖九年（1530）。碑今断为三截，然字迹如初。现存于成县杜公祠内碑廊。

〖撰者〗胡明善，南直霍丘（今安徽霍邱县）人， 曾巡按甘肃御史。武都万象洞有其《游万象洞》题壁墨迹。明嘉靖二年（1523）知湖南宁乡县事，创办玉山书院。

## 过杜子祠

（明） 白镒

对县南山秀出岐，少陵遗迹启生祠。豪吟悯世忧时志，晚景怀乡去乱思。大雅删馀高独步。盛唐变后妙难窥。诗家门户知多少，神圣无俦总是师。

嘉靖丁酉仲冬六日。赐进士、奉政大夫、陕西按察司分巡陇右道佥事、前南京刑部郎中太原白镒书。

〖题解〗该诗碑高 68 厘米，长 80 厘米。刻陕西按察司分巡陇右道佥事白镒七律一首。楷书。微有泐损。镌刻于明世宗嘉靖十六年（丁酉年，1537 年）。现存于成县杜公祠内碑廊。

〖撰者〗白镒，山西太原人。曾任知山西束鹿县知县。明嘉靖间，历任南京刑部郎中，陕西按察司分巡陇右道佥事等职。

## 诗八首并跋

（明）刘璜

予奉命司牧成邑已数载，县治来历古今口同，予考之审矣。在汉时，为武都郡太守，则有马公融之绛帐台，裴公度之莲蒲湖；在宋时，为成州总我，则有二吴璘、玠公之保蜀碑。尚安禄山之变，少陵杜先生避祸于县治之南，距五里余。草堂之迹尤存，碑碣巍然。即今祠宇俱新，春秋有祭，往来士夫诗刻盈祠。邑侯刘公名璜，号口航子，江西庐陵万安名族，岁庚子春三月来任，见诸先辈遗迹感触。遂口诸诗韵合。属士夫口观之，余谋之于予云："我侯所作深究乎先辈事迹之实，可置之于一睹之时耳。"遂备石，请予跋，授刻人以垂永久。予虽不敏，读侯诗皆奇崛感激，诚得唐音之正，慕爱不已。虽欲辞之，容得已乎？遂跋以记。

**登马公绛帐台**

古台春暖长莓苔，此地曾经绛帐开。慷慨登临人去久，踌躇回首月华来。莫云治郡无佳绩，却喜传经得美才。千载斯文谁领会，松声泉语且徘徊。又

遗迹飞云霭，斯文千古名。不堪回首处，明月满秋林。

**玩裴公莲湖**

浮翠亭前湖水幽，狂歌呼酒醉双眸。穿云野鹤翔横渚，隔岸鱼家系小舟。夕照当湖花愈艳，晚风吹棹雨初收。挽问世态真无计，领略湖光欲上流。又

举酒邀湖月，采莲美碧波。赋成金笔写，词就雪儿歌。

**谒杜公草堂**

南山壁立与天通，隐隐草堂云雾中。悯世昌才诗万卷，遁时避乱酒千盅。盛唐三变知其绝，大雅一删妙化工。虽恨拾遗终寂寞，诗家门户独高风。又

古屋傍山麓，苔封断石书。欲瞻丰采下，月影万林疏。

**观吴公保蜀城**

节钺曾经保蜀功，故城荒垒草蒙蒙。英雄万古勋尤烈，兴废当年事已终。落叶乱流秋雨后，断碑常卧夕阳中。阿孙不识经常节，恨使孤忠扫地空。又

云日落高木，潺湲水自流。慷慨孤忠地，阴空万古秋。

时嘉靖岁次庚子季秋望前二日，江西吉安府万安县知成县事刘璜作。四川保宁府阆中县司儒学事赵翱跋。戊子乡进士张朝元书。

〖**题解**〗该诗碑又称《谒少陵祠》，高136厘米，宽80厘米。行楷。刻明邑令刘璜四题八首：一曰登马公绛帐台；二曰玩裴公莲湖；三曰谒杜公草堂；四曰观吴公保蜀城。每题七律、五言各一首。镌刻于明嘉靖十九年（庚子，1540年）。司儒学事四川保宁府阆中县赵翱跋，乡进士张朝元书。末署"嘉靖岁次庚子季秋望前二日"。今字多泐损。现存于成县杜公祠内碑廊。

〖**撰者**〗刘璜，江西庐陵万安人。嘉靖中任成县县令，有诗名。赵翱：四川阆中县人，明嘉靖十九年为成县儒学。吴公保蜀城：即今成县城关紫金山。

## 杨贤诗碑

（明）

### 成县

远望山城小，人传胜迹多。苔封吴将冢，藤覆杜公窠。仙阁曾邀月，仇池不起波。诗成欲酌酒，洒落舞婆娑。

明嘉靖三十二年春三月朔日，按察司洮岷兵备副使山东济宁临溪杨贤书。知县赵廷瑾立。

〖题解〗该诗碑为明按察司洮岷兵备副使杨贤五言律一首。碑高42厘米，宽60厘米。楷书，今断为二块，字迹如初，镌刻于明嘉靖三十二年（1553）。成县知县赵廷瑾立。现存于成县杜公祠内碑廊。

〖撰者〗杨贤，山东济宁临溪（今济宁市任城区）人。官至按察司洮岷兵备副使。赵廷瑾：时任成县知县，后升任葭州（治今陕西省佳县）知州。

### 谒杜工部祠

飞龙峡外凤台空，子美祠堂在眼中。俊逸每于诗里识，拜瞻今始意相通。寻芳敢学游春兴，得句忘归恋我翁。不是鲁狂欲弄斧，愿言乞巧度愚蒙。

大明嘉靖三十二年春三月朔日，按察司洮岷兵备副使山东济宁临溪杨贤书，知县赵廷瑾立。

〖题解〗该诗碑为明按察司洮岷兵备副使杨贤七言律一首。碑高45厘米，长60厘米，楷书，微有泐损。镌刻于明嘉靖三十二年（1553）。成县知县赵廷瑾立。现存于成县杜公祠内碑廊。

## 葛之奇、刘尚礼诗碑

（明）

**谒少陵祠一首，**口口春谷葛之奇漫稿：

凤凰台下飞龙硖，硖口遥望杜老祠。诗句漫留苍藓碣，草堂高护碧萝枝。徐探步月有云处，想见思家忆弟时。千古风流重山水。令人特地起遐思。

**玉泉刘尚礼次韵一首**

云山窈窕涵清界，烟水潺谖绕杜祠。寝殿纷飞新藿叶，吟台唯有老松枝。独怜雅调成陈迹，却恨残碑属几时。吊古寻幽归旆脱，亮怀应入梦中思。

嘉靖丁巳季秋廿一日。

〖题解〗该诗碑为徽州知州葛之奇、成县知事七律诗各一首。碑高44厘米，长64厘米，楷书，损一角。题唯“祠一首”录葛之奇七律诗一首，又刘尚礼次韵一首，二诗共一碑。镌刻于明嘉靖三十六年（丁巳，

1557 年），现存于成县杜公祠内碑廊。

〖撰者〗葛之奇，字子才，南直隶沭阳（今江苏省沭阳县）人，生卒年不详。以明经选贡，曾除河南仪封知县，明嘉靖三十四年任徽州知州。有边功，迁西安府同知。从四品致仕。嘉靖《徽郡志》载“葛之奇，直隶沭阳人，监生，由袁州府通判升本州。”刘尚礼，山西汾州人。嘉靖三十六年（丁巳，1557）季秋知成县事。

## 大雅今何在诗并跋

（清）刘坩

大雅今何在，青山旧草堂。数椽间架小，三径薜萝荒。夹岸千寻逼，奔流一水狂。仙人开晓洞，鸣凤翥高冈。潭静龟鱼现，岩深虎豹藏。卜邻如夙约，结伴近禅房。萍梗依关塞，葵心向庙廊。才名怜太白，开济忆南阳。岂独文章焰，还推忠爱长。当时歌橡栗，此日荐羔羊。板屋经风雨，茅檐压雪霜。年年勤补葺，来往奠椒浆。

识云：工部草堂在成邑东南飞龙峡口，凤凰台西。堂开东向，

夹岸石壁千寻。对面有醉仙形悬壁间，衣冠须眉略可指似。二水合流出峡，水行石间，岌嶪动荡，势若飞龙。下为深潭。无口可钓长鱼。昔公由秦入蜀，爱其地，结茅以居，与赞公往来。后人因以祀公，春秋例用特羊云。东武刘坩识，刘墫书。

〖题解〗该碑刻诗及跋为清代成县知县刘坩所作。刘墫书丹。碑高 135 厘米，宽 86 厘米，行书，约镌于清乾隆三十三年（1768）。碑末还刻有四方印章，分别是“刘坩之印”（白文）、“敬庵”（朱文）、“刘墫”（白文），另有一朱文印残损不可识。碑现存于成县杜公祠内碑廊。

〖撰者〗刘坩，字敬庵，一作“静庵”，山东诸城县人，刘墉之堂兄。雍正十三年（1732）举人，曾任福建盐课大使，约于清乾隆三十三年（1768）任成县知县。清代刘光斗《诸城县续志》载：“坩，字静庵，举人，为成县知县，有清名。岁饥，大府属发仓庾贷民，民不能偿，坩代偿之。以劳致疾，卒于馆舍，贫不能归榇，布政使赀助以归。”

## 咏工部草堂

（清）黄文炳

道光五年乙酉春

三春花柳乱啼莺，古木丛祠傍曲城。一代风骚归大雅，千秋臣节仰名卿。苔碑藓碛寒烟护，远浦遥岑暮霭横。唐室衹今无寸土，草堂终古属先生。

直隶阶州事啸村黄文炳敬题。

〖题解〗该碑刻诗为清代阶州知州黄文炳所作。题目为编者所拟。碑高 50 厘米，宽 64 厘米，楷书，

镌于清道光五年（1825）。碑现存于成县杜公祠内碑廊。

〖**撰者**〗黄文炳，字啸村，江南桐城（安徽省桐城市）人。清道光四年知阶州，在任三年，培植文风，询民疾苦，麦秀双歧。民颂曰："媲美渔阳"。公余，与郡人士赋诗，有"细雨桃花红女洞，春风杨柳白龙江"之句。

## 咏工部草堂七言诗四首并跋

（清）李炳麟

家君治成邑三年矣，麟亦需次西安，久疏定省。光绪乙酉冬，奉差赴汉中，绕道省亲，适叶公补修同谷草堂征诗落成，麟依韵和酬嘱同补壁。聊诚一时鸿印云耳。

结屋县崖深复深，骚坛嵂崒此登临。芳尊载酒独怀古。老树口云直到今。大雅回澜诗万卷，飞泉挂壁硖千寻。追思天宝流离日，遥望家书抵万金。

许身稷契本无妨，地老天荒胜草堂。兵燹飘零怀弟妹，鬼神歌泣有文章。眼中寒畯万间庇，石上因缘一瓣香。俯仰同时谁伯仲，谪仙旗鼓尚相当。

千秋诗史总无惭，未饮廉泉早励贪。风雨乱崖自悲壮，乾坤万象尽包涵。居怜同谷歌传七，律冠唐人昧得三。凭吊黄蒿古城水，只余明月映寒潭。

荒祠云树自纵横，谷暗风号虎豹惊。入庙馨香千古祀，思君忠爱一心诚。东柯流寓天涯感，南国亲多旧雨情。何日得瞻严仆射，不教知己负平生。

蓝翎五品衔、陕西候补知县楚南李炳麟题并书

〖**题解**〗该碑刻诗为清代陕西候补知县李炳麟题并书。题目为编者所拟。碑高55厘米，宽90厘米，隶书，镌于清光绪十一年（1885）。碑现存于成县杜公祠内碑廊。

〖**撰者**〗李炳麟，湖南省益阳人，陕西候补知县。跋云：家君治成邑三年。其父李焌，湖南益阳人，于光绪九年知成县，曾在光绪十一年主持重修成县杜工部草堂。

## 清明谒杜工部祠

（民国）陶自强

青青古柏覆荒祠，异代相悲动客思。乱发白头公去久，衰时赤手我来迟。平生知己推严武，结得幽邻有赞师。橡栗苦愁千载下，只今怕读七歌诗。忧国怀君遗句在，先生心事满江瑚。当年穷谷身何苦，一代词宗德不孤。已着文章惊妙造，偶逢山水足清娱。草堂终古游人到，广厦千间向有无。

清明谒杜工部祠，祁阳陶自强。

〖**题解**〗该碑刻诗为民国成县县长陶自强题。碑高175厘米，宽80厘米，行草。碑现存于成县杜

公祠内碑廊。

〖撰者〗陶自强，湖南祁阳县人。民国29年（1940）夏任成县县长。成县西峡、甸山均存有陶自强题刻。

## 二、成县香水洞摩崖诗刻

香水洞位于成县陈院乡武山行政村。

### 刘朝陛诗刻

（民国）

戊午二月日癸酉，崎岖马蹶龙峡口。皤皤三老雪盈颠，拊葛扪萝石缝走。洞门咫尺不可攀，其道更比登天陡。吁喘汗流到洞中，津津遍体洗宿垢。洞宏数亩容千人，怪石嶙峋无不有。石鼓高盘大十围，一扣一鸣喜再扣。上复间生古籀文，摩挲难识类蝌蚪。佛老面壁几千年，世人每憾拜其后。因何不显古须眉，隐示愚氓难援手。神龙今已飞上天，灵迹尚流石上久。石溜喷珠挂洞前，涓滴不溢炊茶臼。若能终老此洞天，直视浮云如苍狗。夕阳冉冉至山腰，徘徊欲去犹回首。探幽今日谁伴行？邑绅汪君慕之姚受卿。

知成县事皖南合肥刘朝陛建候氏题。

同行　前知陕西登城县事邑人汪时懿

委任成县奉祀员、贡生姚荩唐书

督工生员武尽忠　武尽伦　汪永清

石　工　郑万育刊　　民国七年记。

〖题解〗该诗刻为民国7年（戊午年，1918年）成县知事刘朝陛题。摩崖刻石，楷书。此摩崖在成县陈院乡西隅武山行政村香水洞南壁。

〖撰者〗刘朝陛，字建候。安徽合肥人。清光绪二十九年任隆平令（今河北省隆平县）。民国三年调任清丰县（今河南省清丰县）知事，主持续修《清丰县志》。民国7年任成县知事。民国8年任镇番县（今民勤县）知事，监修《民国续修镇番县志》，12卷，4册。

## 三、成县鸡峰山诗碑

### 夜住鸡峰山

（当代）

恩蒙夜住鸡峰山，远近高低别有天。明月清风嵋峪峻，禅僧钟磬经声传。满天星斗崖边挂，一寺楼阁紫霭悬。遥望通灵同谷地，刘海灯市撒金钱。

中华韵品编委、诗人王敏

公元二零一零夏历庚寅年仲夏

〖题解〗该诗碑为游客咏鸡峰山之作。碑立于二零一零年仲夏，今存成县鸡峰山。

〖撰者〗王敏，诗人，中华韵品编委。

## 鸡峰山抒怀

（当代）

鬼斧神工削奇峰，雄鸡报晓号长春。壁立万仞崖前横，凌远山寺飞鹰惊。车行林海闻鸟语，笑放幽山行径深。嵋峈金顶风满怀，诗句无力化流云。

国学研究员尹育鹏　　孺子牛书丹

公元二零一零夏历庚寅年仲夏

〖题解〗该诗碑为游客咏鸡峰山之作。碑立于二零一零年仲夏，今存成县鸡峰山。

〖撰者〗尹育鹏，词曲作家、国学研究员。

## 四、文县城关上城石笋铭

## 石笋铭之一

（宋）南甲

太极之极，有物浑融。乾坤开辟，万象来钟。巍峨崔嵬，有石其峰。先天而壁，造化为工。散落人间，盘礴苍穹。烟濛露渝，时焉未逢。日月重明，遇我梁公。移置左隅，朝夕友从。忠肝义胆，坚刚与同。前乎千古，莫此其隆。后乎万世，孰追其踪？天长地久，永克其终。

宋嘉祐改元间文州太守梁公门下士南甲题。

〖题解〗三国曹操改广汉属国为阴平郡，治阴平道（今文县鹄衣坝），后被蜀汉占有，仍置阴平郡。北周明帝二年（558）改文州，治所在建昌县（今文县西园），隋大业初废。唐建中三年，以文州旧城窄小难守，移治于麻关谷口，即今文县城关之上城。州衙有飞来石，状如石笋，峭然耸立，为僚吏们猎胜揽奇之处。所立铭文三方，为石笋增光添彩，情趣无限。此其一，铭于宋嘉祐改元，即宋嘉祐元年（1056年）。数百年后该城毁为平地，石笋灰飞烟灭，铭亦无从考查。录自《全宋文》卷一〇五三 南甲 石笋銘，此銘今佚之不存。

〖撰者〗南甲，宋仁宗時人。宋嘉祐元年（1056）文州屬吏。

## 石笋铭之二

（宋）何彦齐

坚正挺持，久脱砂碛。左右惟命，所守不易。藏锋剑芒，作镇西极。又倚天之剑，露颖之锥。淹没即久，拂拭者谁？紫须将军，左提右撕。剪灭妖气，惟石是资。

崇宁九年何彦齐所作。

〖题解〗此铭作于宋崇宁九年（1110）。此銘今佚之不存。

〖撰者〗何彦齐，无考。

## 石笋铭之三

（宋）张敬伯

方其操瘠，其质励芒。刃倚天碧，鸣匣外嗟。郁抑有此，君相拂拭。

张敬伯题。

〖题解〗此铭制作时间不详，当为宋代。此銘今佚之不存。

〖撰者〗张敬伯，无考。

## 五、康县诗碑

## 留题独石山院

（宋）陈公

吏役驰驱石火间，偶逢佳景便偷闲；无人会我登临兴，千万山中独石山。

嘉祐庚子仲春望八日

转运使尚书郎陈公题

将利县令宋招勒石

〖题解〗该诗碑原存康县平洛乡中寨独石山寺院。该碑立于北宋嘉祐五年（庚子，1060年）。碑已佚。碑文录自民国王德新编《新纂康县县志》。独石山寺院，在今康县平洛镇中寨村西一公里处的平洛河南岸依山临水的一座巨石平台上，称独石山寺院，后改称大蟒寺，1958年拆毁，但独石依旧。

〖撰者〗陈公，宋转运使尚书郎。事迹无考。

## 独石山

（宋）黄公

依山临水好楼台，日照林扉昼不开。只少惠施裁丽句，窗中飞出碧云来。

元祐辛未四月十五日宪使黄公题

将利县县尉兼主簿解安

将利县县令刘晋立石。

〖题解〗该诗碑原存康县平洛乡中寨独石山寺院。碑立于北宋元祐六年（1091）。碑已佚。碑文录自民国王德新编《新纂康县县志》。

〖撰者〗黄公，宪使。宋御史台或都察院的官员，奉旨监察或外巡均可称宪使。

### 六、徽县诗碑

## 过白水峡读摩崖碑

（明）张应登

开路磨碑纪至和，于今险易较如何？水来陇坂寻常见，峰被巫山十二多。一线天光依峡落，悬崖鸟道侧身过。蜀门秦塞元辛苦，何故行人日似梭。

明万历二十一年春，陕西布政司分守陇右道按察副使兼右参议前吏兵工三科左右给事中内江梦夔张应登书。

属下徽州知州宋洛刊石。

工房吏廖希科监刊，石匠秦大川。

〖题解〗该摩崖镌刻于徽县大河乡《新修白水路记》摩崖旁。碑文内容为读《新修白水路记》之感想，系明万历二十一年（1594）春陕西布政司分守陇右道按察司副使兼右参议、前吏兵工三科左右给事中内江梦夔张应登所作七言诗一首。此碑形制长方形，高 140 厘米、宽 89 厘米。楷书竖刻 8 行，计 56 字。

〖撰者〗张应登，字玉车。四川内江人。宋万历间进士。万历十九年（1591）出任山东巡按御史。次年，改任陕西布政司分守陇右道按察司副使兼右参议。开路磨碑：即宋雷简夫撰《大宋兴州新修白水路记》摩崖石刻。

## 州主山宣灵王庙

（明）刘泽深

徽山署口望凤凰山，翠柏蓊郁，中有祠焉。

西北巃嵸耸绝观，中有何珍闪碧阑。
闲阅遗编寻踪迹，因知显佑着危坛。
千秋尸祝严棻楚，一道灵光绕凤鸾。
遥望青葱撑斗极，岫云深锁洞天寒。

桥梓相仍不记年，旋空飞构小蓬天。
瑶浆聊荐风前酌，神斧偏从梦里传。
不爱人间留姓氏，惟容松蘽锁云烟。
只今戎马终何息，敢仗灵威达上玄。

天启陆年嘉平月大梁刘泽深题
属下徽州知州施恩典立石

徽县州主山

〖**题解**〗该诗碑内容为作者咏颂徽县州主山之作。碑镌于明熹宗天启六年（1626），现存徽县城关州主山宣灵王庙。凤凰山：即徽县州主山。

〖**撰者**〗刘泽深，字涵之，大梁人，今河南省扶沟县人。万历二十八年（1600）庚子科举人，二十九年辛丑连科进士。初任河北密云县令，历任刑部主事、北平知府、湖广参议、陕西按察使、兵部侍郎、刑部尚书等职。天启时任吏部尚书。

## 铁山

（清）陈鸿章

清光绪辛巳秋，余奉檄权徽篆，见南山多青杠槲木，可获山蚕利民，弗知取，因诸乡劝之。事毕，率袁明善、罗文锦两诸生登铁山，口占五诗疥壁。

铁岭嵯峨高插天，振衣直上五云边。飘然空际胸怀阔，细抚青松问夙愿。

峭壁苍松一径清，登山犹觉足鞋轻。横披蓁莽舒游览，直到峰头始却行。

四望天涯接混茫，河山百战感沧桑。将才西北知谁伟？蜀国当年有武乡。

独立峰尖天地清，放怀今古世间情。诸生莫讶徘徊久，四海犹闻未息兵。

积雪千山日未斜，遥闻鸡犬有人家。亲民却怪河阳尹，不种桑麻只种花。

宜春臣陈鸿章题并书。

徽县青泥岭主峰铁山

〖题解〗该碑所载五首诗为光绪初任徽县知县陈鸿章诵颂徽县铁山（即青泥岭）胜境云之作。该碑立于清光绪七年（辛巳年，1881 年）。现存徽县青泥岭主峰铁山之上。

〖撰者〗陈鸿章，江西省宜春市人。清光绪初任徽县知县。

## 七、礼县诗碑

### 大潭皇觉寺留题

（宋）唐文炳

大潭皇觉寺留题口口通判西和州知州事杨中太

鸩毒深怀戒宴安，驱驰王事敢辞艰。玉尘不动三百里，星点骅骝冲晓寒。

庆元元年捌月一日口口口口口奏

知西和州大潭县主管劝农营田公事兼兵兵马监押唐文炳　谨刊

〖题解〗该诗碑为当时西和州知州杨中太所题。立石时间为南宋庆元元年（1195 年），1958 年出土于礼县太塘乡太塘小学院内，长 67 厘米，宽 67 厘米，厚 20 厘米。诗后之跋文为唐文炳所写，字迹模糊，无法辨释。留题、跋文均为隶体书法，具一定欣赏价值。

〖撰者〗唐文炳，知西和州大潭县主管劝农营田公事兼兵马监押。

### 题石吉连墓

（明）张锦

身披虎符备边险，演武修文浩气严。弓马骑射时操练，屯田垦闻无事年。

西番畏服不侵扰，农夫先畴歌尧天。上信始加为丞相，敕封秦公世袭官。

御史张锦题墓

〖题解〗该诗碑颂扬了元礼县文州汉番军民元帅石吉连靖边守土之事迹。作者张锦。石吉连：又名亦辇真，元朝礼县文州汉番军民元帅，子孙世袭其职，遂为礼店所人。作诗时间约在明宪宗成化二十三年（1487）。碑文录自清乾隆《直隶秦州新志》卷之十一艺文。石吉连墓礼县崖石镇（即今礼县崖城镇）。

〖撰者〗张锦：字尚絅，号松壑，明代岷州南宝盖山（今宕昌县阿坞乡麻界村）人。成化己丑科进士。历任刑部山东司主事、大理寺右丞转左丞。巡抚紫荆等关及直隶保定等六府，官至刑部左侍郎，明宪宗成化二十三年（1487）进封嘉议大夫、都察院右副都御史。

## 登祁山谒武侯祠漫赋三首

（明）郑国仕

时万历已卯菊月廿三日也

斜日沉沉古庙幽，武侯堙祀几千秋。数家瓦舍连残垒，一派清流绕旧洲。官道徒存流马迹，佳城犹似卧龙游。老天何事不延汉，五丈原头星夜流。

秋杪驱车经故祠，仰瞻遗像备凄其。一心惟冀兴炎祚，六出那停吞魏师。野岫啼鹃悲壮志，客途游子叹螭碑。行间忽忆三分事，洒泪英雄值运移。

扇羽巾纶风度殊，胸中兵甲迈孙吴。三分定伯明天道，二表出师为主孤。星殒当年虽负憾，忠留千载有余模。祁山凛凛存生气，报德何如祀蜀都。

赐进士第、中顺大夫、知巩昌府、前翰林院庶吉士、浙江道监察御史天雄郑国仕题

礼县知县　李瑁　立

〖题解〗该诗碑内容为作者路经祁山武侯祠时追述汉末诸葛亮六出祁山之事，抒发怀古凭吊之情。巩昌府知府郑国仕题，礼县知县李瑁立碑。碑高134厘米，宽68厘米，厚14厘米，立于明神宗朱翊钧万历七年（万历已卯，1579年）。此碑原立于祁山武侯祠碑廊，清同治三年（1863），武侯祠焚于兵火，碑廊被毁，碑立于露天之下。清光绪初年（元—七年）重建祠庙时，此碑被镶嵌在阁楼式山门的内墙上。1997年，祁山武侯祠重建山门（改建为牌坊门），诗碑移立于山门外左侧古柏下，供人观瞻。

〖撰者〗郑国仕：郑国仕（1542—1599），字允升，号东里，明代魏县人（今河北省魏县安张庄村）人。明穆宗隆庆二年（1568）中进士，充任翰林院庶吉士，后任御史，后为郧阳巡抚。

## 胜日偕邑缙绅游金瓜山

（明）郭玉衡

曾于画里羡登瀛，胜日山游画里行。小队不妨溪壑转，锦袍偏称雾云生。马驰金勒斗梯上，人到烟岭风袂轻。回首隋唐追往事，弘文草满牧羊坪。

金瓜灵石

金瓜闻说有灵奇，扳葛盘登不惮危。维石俨俨瞻具尔，峨冠岳岳俨官仪。天机一手犹能转，地轴千年更不移。把酒支颐频仰止，个中动静许谁知。

太原　玉衡子

〖题解〗该诗碑内容为郭玉衡游览金瓜山所作。碑高92厘米，宽61厘米，厚10厘米。碑文行草。约立于明万历三十年（1602）。现存礼县城关镇刘沟村水泉边。金瓜山：位于礼县城关镇西10里。

〖撰者〗玉衡子：即郭玉衡，又作郭衡，山西文水县人。明万历二十八年（1600）任礼县知县。

## 龙槐诗碑

（明）郭玉衡

杯酒斜阳叹古槐，垂垂龙腹蕴风雷。可怜寂寞空山里，霖雨何年遍九垓。

万历岁次壬寅十一月吉日　太原　玉衡子

〖题解〗该诗碑内容为郭玉衡借物咏志之作。碑高 75 厘米，宽 62 厘米，厚 12 厘米。立于明万历三十年（壬寅年，1602 年）。现置礼县永兴乡龙槐村北龙槐树旁。题为编者所加。

## 和龙槐诗碑

（明）彭应程

苍虬幻出老龙槐，掣电奔风驱五雷。幽谷养成鳞角栀，千秋霖雨普埏垓。

崇祯戊寅春

和郭玉衡老寅翁韵

函关彭应程书

〖题解〗诗碑内容为彭应程和郭玉衡龙槐诗所作，抒发了作者济世之情。碑高 95 厘米，宽 58 厘米，厚 15 厘米。立于明崇祯十一年（戊寅年，1638 年）。现置礼县永兴乡龙槐村龙槐树旁。题为编者所加。

〖撰者〗彭应程：河南灵宝（今河南省灵宝市）人，拔贡，崇祯七年（1634）任礼县知县。

## 祁山武侯祠诗碑二首

（清）王化南

### 兰仓晓发

检点琴书剩此身，兰仓晓发正逢春。柳因露重先含别，鸟趁风翔欲送人。几处桑田惊旧梦，等闲心事付征尘。徘徊我愧无遗爱，但祝皇天雨泽匀。

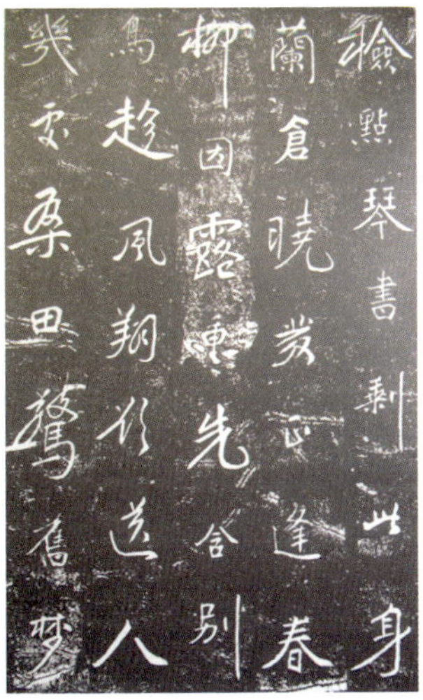


礼县祁山诗碑（局部）

### 祁山晚眺

行行且住思无边，况值祁山日暮天。驻马独来寻往迹，挥戈俦共话当年。三分未定祠空祀，万灶无踪草自烟。从古伤心惟国耻，鞠躬谁更似侯贤。

余解组兰仓，适值岁试，曾于终场拟是二题，命诸士同赋。有王生文山制长句，颇近风人之旨，因用其韵，各赋一章。顷文山见过，遂录示之，以博一粲。工拙非所计也，湘乡王兆鼎书于天水旅邸。邑侯筠邻王老夫子工书尤善诗，邑之人得其书者或多，而诗则鲜有见之者。化南素不解吟，以夫子命，勉应七律二首，冀有以教之也。日者化南至州进谒，果出前诗见示，即乞书之长幅，归而摹诸石。时光绪戊戌夏日也。门生王化南谨识。

〖题解〗该碑诗文为清王化南所作，表达了作者敬仰前贤、感时忧民之情怀。碑高 158 厘米，宽 63 厘米，厚 22 厘米。碑刻于清朝光绪二十四年（戊戌年，1898 年），现置于礼县祁山武侯祠廊东壁。王兆鼎：湖南省湘乡县人。清光绪戊戌年（1898 年）礼县知县。

## 八、两当县诗碑

### 题登真洞

（宋）鲁口

三千行满末骖鸾，闲卧空山不计年。
云锁洞门清扣玉，石流甘液泠飞泉。
青驴去踏红尘裹，白鹤来归玉柱前。
试看高真栖隐处，此中疑似蔚蓝天。
政和二年十一月旦日

登真洞在两当县鹫鹫山山腰，为张果老修真之地

〖题解〗该诗碑为北宋政和二年（1112）秦风路提举鲁口所作，表达了作者对张果老修真之感怀。碑右上方有残，后文字不清，有“秦风路”“凤州两当”“鲁口”等字样可识。碑原在两当县灵官殿，现存两当县文化馆。

〖撰者〗鲁口，北宋政和二年（1112 年）秦风路提举。登真洞，在两当县城东鹫鹫山山腰，为张果老修真之地。

## 九、武都区万象洞诗碑

### 罗玉刻诗

（明）

### 游万象洞

正德己卯，月令仲春。间乘骢马，聊事幽寻。天开图画，万象咸新。山光水色，日暖风轻。天乔竞秀，禽鸟和鸣。鹤汀鱼济，牧唱樵吟。六合之地，大江之滨。危岩绝巘，有窦潜行。攀壁□上，洞□云深。乡夫导前，庶官后行。枚燎炳炳，侍从分□。仰观俯瞰，珍玩无垠。涓浆磥砢，怪石嶙峋。清标上下，□□纵横。□峰更秀，三池注清。巧藏于朴，不雕而文。□□□□；或幽或明。升高下坂，时险时平。山间今古，静重□□。□□以游，载忻载奔。出门长啸，人在蓬瀛。兴高情旷，□□□□。肩舆归路，树渺斜曛。乃召工师，勒此坚珉。

巡按陕西监察御史巴西罗玉汝成识。

〖题解〗此诗碑为明巡按陕西监察御史罗玉所立。碑高106厘米，宽59厘米，厚11厘米。碑文为四言长诗，描绘了万象洞内外的“天开图画”和游者欢快的心境。碑立于正德十四年（正德己卯，1519年），现存武都区万象洞内入口处。

〖撰者〗罗玉，字汝成，号凤冈，巴西顺庆府（今四川南充市）人，明正德二年举人，正德八年（1513）春正月癸酉科进士，授迁安县令，又调武进县令，抚按推荐其治行第一，考选为御史。正德十四年（1519）会宁藩蓄叛志，奉令巡按陕西。后出巡云南。嘉靖八年（1529），任山东兖道副使。

### 游万象洞

（明）熊载

每梦桃园未了怀，偶同刘阮到天台。
洞含物象迷今古，天纵神机别品裁。
观化眼谁尘外阔，投闲身我静中来。
束茅欲扫山前壁，又恐山灵笑不才。
正德己卯夏，阶州知州西蜀熊载汝熙。

〖题解〗此七言诗碑为明阶州知州熊载所立。刻于明正德己卯年夏，即正德十四年（1519）夏。该碑高100厘米，宽58厘米，厚9厘米。现存武都区万象洞入口处。

〖撰者〗熊载，字汝熙，明正德十四年任阶州知州。四川富顺人。父子三人都考中进士，号称“父子三进士”。

# 第三节　墓志铭

## 一、礼县墓志铭

### 薛广智墓志铭

（南北朝）

正光二年岁次辛丑四月戊戌朔廿四日辛酉，兰仓县令、汉阳太守故薛广智铭记。

〖题解〗该碑为北魏孝明帝正光二年（521）兰仓县令、汉阳郡太守薛广智墓志铭，记载了礼县设置汉阳郡兰仓县的史实。1983年，礼县石桥镇瑶峪村中磨门发现北魏时期的薛广智墓志铭方砖，由瑶峪村马姓农民拾捡，上交县文化馆，现藏于礼县博物馆。铭文中的“汉阳”，即北魏时的汉阳郡，薛广智曾任兰仓县令、汉阳郡太守之职。

### 卢苌墓志铭

（南北朝）

魏梁州府中郎卢苌，范阳人，葬于壬地。毁坏者灭亡，修复者吉昌。正始元年岁次甲申闰月十九日葬。

〖题解〗该碑为北魏魏梁州府中郎卢苌的墓志铭。北魏宣武帝元恪正始元年（504）镌刻。现存礼县博物馆。

### 盐官镇墓契铭文

（宋）口氏娘子

岷州长道县盐官镇郭下口，设故亡人口氏娘子金用银钱壹佰贯文足，就此东北山脚下买得墓田，周留口口东至青龙，西至白虎，南至朱雀，北至玄武。上至仓苍天，下至黄泉，至分明了，足分付于天地、神明，牙保人口坚，故李定度，本契人口薄。

元祐口年十一月十七月口氏娘子

〖题解〗该碑为宋长道县盐官镇墓主人托口氏娘子（故亡人）购置墓田的墓契。碑出土时砖质，正方形，长宽各约40厘米，碎为四块，有缺损。隶书体，书写随意，字体洒脱。该墓契制作于北宋哲宗赵煦元祐（1086—1094）年间，现为礼县城关某私人收藏。

## 王仁裕墓志铭并序

（宋）李昉

**周通议大夫、太子少保、上柱国、太原县开国伯、食邑七百户、赐紫金鱼袋、赠太子少师王公墓志铭并序**

中散大夫、赉授太常少卿、上柱国、赐紫金鱼袋李昉述

公讳仁裕，字德辇，其先太原人，后世徙家秦陇，今为天水人也。洋州录事参军讳约，公之大王父也；成州军事判官、赠尚书屯田员外郎，讳义甫，公之王父也；阶州军事判官、赠太子少傅讳实，公之皇考也；追封河南郡太夫人尤氏，公之皇妣也；恒农杨氏，公之前夫人也，累封渤海郡夫人；欧阳氏，公之后夫人也，并先公而殁。秦州观察推官仁温、秦州仓曹参军仁鲁，公之兄也。成州军事判官傅珪、秦州长道县令傅璞，公之子也。绵州西昌令全禧、秘书郎永锡，公之孙也。校书郎党崇俊、殿中丞刘湘、河东薛继昇，公之婿也。

噫！王氏之宗，其来远矣！或以门阀显，或以儒雅称，代不乏贤，世济其美。公即少傅第三子也。生属乱离，幼失怙恃，兄嫂所鞠，至于成人。既无师友之资，但以畋游为事。二十有五，略未知书。因梦开腹浣肠，复见西江碎石，其上皆有文字，梦中取而吞之，及觉性遂开悟，因慷慨自励，请授经于叔父。诗书一览，有如宿习；凡诸义理，必究精微；下笔成章，不加点窜。岁余，著赋二十余首，曲尽体物之妙，由是远近所重。秦帅陇西公继崇闻之，自山中辟为从事。寻属王氏僭窃，奄有巴邛，土地山河遂成睽隔，公因兹入蜀，连佐大藩。历比部郎中、中书舍人、枢密直学士。蜀后主好文工诗，偏所亲狎，应制和答，殆无虚日。蜀亡入朝，特授秦州节度判官，即公之乡里也，良田美宅，适我愿兮。罢职，归汉阳别墅，有终焉之志。著《归山》诗五百首，以见其意。无何，兴元相国王公思同，以旧知之故，逼而起之。洎居守镐京，复赞留务。岐帅潞王之图大举也，潜使人会兵于王公，王公犹豫未决，召公谋之，公曰："事君尽忠，事父尽孝，忠孝之道，奈何弃之！"。王公勃然而起曰："吾其效死矣！"于是戮岐阳之使。俄而，王师倒戈，奉潞王为主。王公果死于难，幕吏悉罹其祸。潞王下令军中曰："获王某者无得杀！"遂生致于麾下。潞王素知公名，喜见公面，公自陈曰："幕府渝盟，臣所赞也。请就鼎镬，速死为幸。"潞王义而舍之。委以文翰之职，诏敕教令，咸出于手。到京为近臣所排，出为魏博支使，改汴州观察判官。数月，召入翰林充学士，旌前劳也。晋祚初启，以本官都官郎中归班，稍迁左司郎中，历谏议大夫、给事中、左散骑常侍。汉祖开基，拜户部侍郎，充学士承旨。明年带职知贡举。制下之日，时论翕然，咸谓其俊造孤平将得路矣。令宫师相国王公溥，观光待试，负艺求伸，虽组绣之文，名已振矣，而廊庙之器，人未知之。公识王佐之才，有人伦之鉴，擢以殊级，置于首科，五年之中，位至辅相。知人则哲，有如是乎？举罢，转户部尚书。明年以疾解职，

授兵部尚书。周祖即位，除太子少保，尊名贤而宠宿德也。以周显德三年七月十九日寝疾，终于东京宝积坊私第，享年七十有七。辍朝赙赠，悉从优礼；赠太子少师。卜其年八月一日，权窆于开封县持中村。以大宋开宝七年闰十月十七日，归葬于秦州长道县汉阳里，迁二夫人合祔焉。

公禀天地和气，负文章大名；信义著于交朋；仁孝被于姻戚。闺门卒岁无闻诟詈之声；僮仆终身不知鞭挞之苦，有以知其为人也。音律历象，咸尽口口。每遇良辰美景，命俦啸侣，前管弦而后琴筑，左笔砚而右壶觞，旷然高怀，世无与比。文集百余卷，并行于世，四方之人，相竞传写。篇章赋咏，尤是所长，行路深闺，靡不讽诵。呜呼！登二品之贵位；享八十之遐龄；官口考终，孰可记者？然而不秉大政，不康蒸民，于公之才，伸展未尽。裔孙永锡力护神柩，迁复家园。自梁抵秦，口二千里。英魂凛凛，随逝水以何之。丹旐悠悠，望故乡而长往。昉预生徒之列，受门馆之恩，八花尝缀于口班，四口复叨于真秩。今居退黜，尚玷清华，食禄明庭，心敢忘于所自，勒文贞石，理不在于他人；援毫而功德难周，枚泪而伤怀莫已。铭曰：

口淮疏派兮嵘口降神，星辰孕秀兮黼黻璃文。垂缙绅之令范兮蔼台阁之清芬，历仕七朝兮享年八旬。立诚敦信兮积善累仁，谁之德兮惟我丘门兮少师府君。口芳图史兮播誉闺门。毋仪妇礼兮绝世无伦。道著三从今光生六姻，事夫尽柔顺之体兮御下有慈爱之恩。谁之美兮惟彼恒农与欧阳夫人。少师之德兮既若彼，夫人之美兮又如此。万祀千龄令名无已。启重阡于梁苑之野，遂归葬于汉阳之里。尘路迢迢輀泒车靡靡，呜呼哀哉！一代之哲人已矣！

孙永锡自汴京扶护九（柩）丧却归乡里，盘缠葬礼，买置基田，一物已口，口口力办，以俟他日粗显孝心。

孙（玑耳）

博陵安平人崔起书

〖题解〗墓志铭记载了王仁裕家族世系及生平事迹。为李昉撰文。博陵安平人崔起书。该铭为正方形，高、宽各93厘米，厚30厘米。墓志铭左侧刻有“大宋祟宁三年甲申岁四月十八日三代孙进士王（玑耳）重迁葬祀”数字，镌于北宋徽宗祟宁三年（1104）四月。1983年出土于礼县石桥乡斩龙村王仁裕墓地，现保存于礼县博物馆。

〖撰者〗李昉，宋中书侍郎兼工部尚书。

## 宋故祁君墓志铭

（宋）孙操

上禄孙操撰，进士孙天成书，翟戬刊。

太原祁君讳赡，祖、考世为秦州天水人。曾祖讳政，祖讳用明，考讳英，皆治生，不仕门阀，赈富善，延宾客，施济悉能以此。余力零替，无闻口赧。逮君之生，性素刚毅，卓然有识。君当冠年，家力有所不给，或人语曰：“君之先门赈富久矣，今何牢索，罕无仅存？”君曰：“丈夫生世不在兹乎，异日复兴无难”。遂奋其志，挈家移居于长道。君又能书算，而典律颇通，故为县之人吏。其临事也谨厚，真所谓佐政之吏，历二十年，远迩推称。有时，君念畴昔之语，惟恐不立，已而辞归。轻斡资财，质物为库，不苟贪其厚息；周急于人，未逾一纪，聚缗继万，君之力也。君娶卤中李氏，而李氏与君同年，合髻为婚，宜其家室。君以治生之道，贻厥子孙。君乃燕居义所，以惠之之博，殊好知己日隆；棋酒美誉，实腾可以为嘉。绍圣三年四月十有九日，以寝疾卒于家；是年十月十日李氏继卒，享年各六十有三。乡人见之，无乎不恸，屑涕而吊。男女五人：长男曰忭，先卒于君；次曰宗裕、宗玠，能毕其事；长女适茹永，次之张适，偕丰富之辈。宗裕、宗玠送终之礼，能尚而已。次年正月十有一日，双窆于汉阳乡万家里。宗裕昆季属余乡弁，恳求为铭，自恨不才，奚足以当？辞之固难，以塞勤求尔。铭曰：

君性刚毅，始终无替。义缔于人，施不以细。利不苟贪，复兴家计。结髻之妻，同德同岁；双窆之棺，同年同逝。众皆焦然，呜呼屑涕。二子慷慨，宗裕宗玠，礼尚送终，不之有懈。福及子孙，勿翦勿败；赉于穷泉，永无有坏。

〖题解〗该墓志叙述了祁赡数代经商的家世以及本人卓然有识的品格。墓志铭高50厘米，宽56厘米，厚20厘米，进士孙天成书。当镌于北宋哲宗绍圣四年（1097），现保存于礼县博物馆。秦州天水：今天水市秦州区天水镇。

〖撰者〗孙操，上禄县（今西和县）人。

## 严惠昭墓契

（元）严惠昭

维大元至正四年太岁甲申七月戊子朔初四日辛卯，陕西礼店崖石镇，焚修羽化，希文口口玄微大师严惠昭，谨备钱财万万九千九百九十九贯文，口向皇天父、厚土母、社稷土一边，置买到前村墓田北山岗地一处，其地东至青龙，南至朱雀，西至白虎，北至玄武，上至苍天，下至黄泉，四至分明。即日钱财分付天地神明了讫。

保人张坚固、李定度；知见人东皇父、西王母；书契人石功曹；证契人金主薄，青莲单子读口口。死口天，亡人骨，正安葬，入黄泉。

急急一如律令。

〖题解〗该墓契为元人严惠昭购置墓地时拟写的一通契约。为砖质，正方形，边长约26厘米见方，厚6厘米，文字阴刻，竖写十行，一正一倒书写，每行20字左右，为元至元四年（1338）刻制。出土于礼县崖城乡泰山庙，现存礼县博物馆。标题为编者所加。礼店：今礼县城关镇。元朝时，长道县地域并入西和州，而于今礼县城关镇别置“礼店、文州蒙古汉军西番军民元帅府”，下辖“礼店、文州蒙古汉军西番军民上千户所”及“礼店、文州蒙古军民奥鲁干户所”。崖石镇：今礼县崖城乡。

〖**撰者**〗严惠昭：时为礼店元帅府崖石镇东岳庙主持。

## 赵氏寿考墓碑记

（明）赵澄

公讳玹，字玉华，乃金时征行大元帅秦国公赵忠宣之苗裔。公娶白氏，封夫人，生十子，曰：国瑶、国英、国宝、国材、国富、国安、国良、国能、国智、国显，各有子，职现政，题易口举。国瑶授父爵，生三子：长曰世荣，仲曰世延，季曰世美。世荣仍授世爵；世延授奎章内阁大学士至鲁国公，当有家庙记存；世美授武爵。世荣生一子深持，亦授祖爵，生二子：长曰崇，次曰胜，亦授祖爵。至末洪武改元明年，归附巩昌郭佥都督下，降任秦州卫礼店前千户所正千户，粤洪武二十年，调任山西蜀州卫正千户，相传追孙赵俊现袭厥任。惟胜遗流在兹，出民籍，入白阳里口图，主守祖茔，生三子；曰鹏、曰鸿、曰鹤。鹏娶翟氏、贾氏，未仕。鸿生二子，长琼、次璟。琼生二子，长曰仕勇；仕勇生二子，长讳贤、次讳良；良习科举业，为儒林巨擘士；璟有三子，长雄、仲海，俱早逝，季佑；海生得保，佑生泰和。鹤生一子，名通。通生一子天助，天助生一子廷阶，俱务本世业。鹏未嫡生，祀生一子三女，子即今外士翁玹也，长女招南京百户陈聚男义，承赵门籍。义生二子，长英、次福。英有三子曰禄济、曰禄山；仲女归于百户马老爷弟璘，季女归于百户张老爷弟华。玹翁娶张百户祖姑，生三子，长讳澄、仲讳清、季讳深。生一女归王门，礼诗家声，人所敬仰。澄三子，曰廷艺、曰廷林、曰廷卿。清生一子曰廷壁，深生一子曰廷尉。廷卿、廷壁在儒林俊士员。玹翁永乐壬寅年相，十一月二十日戌时生，享寿七十有三，于弘治甲寅年正月二十五日子时善终于家，本年二月二十五日，葬于祖茔。呜呼！生而良善，可称世远，而名愈芳。玹乃征行大元帅、阁老翰林之华胄，厥祖之芳名富贵，超今迈古，德行优长，砥砺山河，光耀星斗，照人耳目。口事翁，乐慰畎亩，尘视万钟，教子孙耕读世业。处亲邻忠义有根，虽不屈事王侯，安处善有恒产。修德不倦，乡党以仁人目之，所谓年弥高而德弥劭者也！今则脱尘去世，乘白云而游帝乡，其生顺死安，又何憾焉。意德善复昌，天道无口，令家器澄见冠带，省祭在他日，授爵有邦，膺亲翁之恩大显达、大禄秩，虽未能绍大元帅、翰林之高级，然而贻贴厥孙，谋必自下而中，由中而上，九泉之下，乌可量耶！述翁善未竭，故又着诸铭。铭曰：

好古乐道，躬耕汉阳。方巾大带，掠政济民。公傅等伦，诗礼宣扬。泥涂汗冕，金玉稻粱。无官守责，遗子孙长。理乱事识，荣辱何伤。平生随分，康泰如常。七旬以上，八十几将。有德有寿，克顺克昌。一旦辞世，千载流芳。裕后百福，超前倍光。嗟哉没矣，名不朽忘。

大明弘治七年岁次甲寅二月二十五日

嫡孤子　赵澄等哀泣立石

秦州坊下万廉守洁镌　石匠王忠昌

〖题解〗该碑记载了蒙元征行大元帅秦国公按竺迩之后裔世系分支情况及赵玹品德事迹。赵澄立于明弘治七年(1494)。碑已佚。赵忠宣：即蒙古征行大元帅按竺迩，按竺迩卒后诏赠为推忠佐运定远功臣臣、太傅、开府仪同三司、上柱国，追封秦国公，谥忠宣。

〖撰者〗赵澄，礼县人。

## 明故张应室人马氏合葬墓志铭

（明）赵孟乾

奉直大夫、知山西浑源州事、前太原府通判顺斋赵孟乾撰

礼庠儒廪生邑人鉅桥周粟书

君召公父礼店所千户、武略将军张鸾子，母宜人李氏，出长子恩袭祖职；次子思，举乡耆；公行三。娶巩昌卫千户马训女，出四子一女。长子汝清，娶孟乾长女赵氏，生孙柏，孙女三万；次子汝湛，娶魏氏；三子汝濂，娶祁氏；四子汝浩。公继娶钱氏，生子汝洛。公为人平实无欺，直憨有才。少失父，善事母。天性鲠古，不尚仪文。兄弟族属，踽踽无触。乡里亲识，磊磊难合。以勤俭致富，以严肃教子，克家成立，有父祖风。晚年进德，大悔争忤，方宜弥寿，以期永年。去岁嘉靖甲子，公偶疾不起，实卒于季冬十有四日也，得年五十有五。室人马氏，温恭懿顺，幽闲充塞，内睦宗族，外和闾里，善事夫子，克慎妇道，人咸重之，先卒于已未季春二十有七日也，得年四十有二。公距生庚午十月十五日，马氏距生戊寅六月二十有三日。清子卜乙丑仲春十有七日合父母葬于祖茔。礼请孟乾状实以为之志，予不敏，乃援笔而注厥始末之因，生终之期。曰：

嗟嗟张公，寿可宜遐宜龄，天命已足难存。贤配张母，年不称行。有子克勘，殒亦无恨。昔韩昌黎志北平马氏“未四十年，而哭其父祖孙三世，于人世何如也！”今孟乾己未哭张母，癸亥哭女赵氏，甲子哭张公，已丑哭外孙小万。未逾时，口口其翁姑暨女及孙，盖三世矣。则于人世之感又何如也！乃含泪而为之铭曰：

金瓜沅，太平址，护以苍松逻青土。生不愧兮没不作，寿有光兮夭亦齿。生得同乐死同穴，世称难得君得尔。百千万年当不朽，睹者知其为张氏隐君子。

孤哀子　张汝清　等跪立石

〖题解〗该墓志铭记述了张应世系及与夫人马氏合葬之事。墓志铭全称《明故张公讳应字君召室人马氏合葬墓志铭》。铭高 59 厘米，宽 62 厘米，厚 11 厘米，赵孟乾撰文，周粟书。墓志铭作于嘉靖四十四年（乙丑年，1565 年）。现存礼县博物馆。

〖撰者〗赵孟乾：知山西浑源州事、前太原府通判。

## 吕夫人墓志铭

（清）潘宗洛

诰封骁勇将军四川副总府吕公锦元配牟氏，以将军加级故覃恩诰封为夫人，后将军十五年卒。其次子丙子副榜吕诚阳为余主试赏识，士将祔葬其母夫人于将军之兆域，乞铭于余。

按夫人为礼县巨族，及笄，归将军，刘大君孀居在堂，将军齿居四，从事戎行，不能待膝下，朝夕甘旨，惟夫人是赖。厥后，将军诸兄皆愿分爨，将军于田宅独取其敝且瘠者，门户益难支。将军或时游在外，太夫人之养未尝衰也。盖夫人事将军唯谨，将军有所诫，虽相隔数千里，相别十余年，无敢违其一字，以是族党多称夫人之贤。夫人无所出闺中，友爱有太姒之风，视诸君子如己出，及将军引疾归田，未及卒，二子尚幼，夫人教之读书，卓然成立，能文章。吕子诚阳晋谒时为余言：其母夫人抚畜之恩，孝养未伸，未尝不流涕。盖夫人于其姑则以媳而代子，于其子则以母而代父也。夫人生于崇祯丙寅，卒于康熙戊寅，葬于将军墓之侧。子三人，长调阳，阿南磁州吏目；次诚阳，副榜；次穗阳，候铨县丞。孙六。为之铭曰：

孝其姑，抚其孤，克事其夫，巾帼之贤，贤于天性，有类于名儒，从将军于地下，克昌厥后，其有待于阡表之书。

〖题解〗铭文记载了清骁勇将军吕锦夫人牟氏孝姑抚孤事迹。墓志铭高94厘米，宽60厘米，厚12厘米。墓志铭约镌于康熙三十七年（戊寅年，1698），现存礼县龙林乡龙林桥寺侧。吕锦（1630—1684），礼县红河镇花石村人。自幼敦厚宽宏，临事英敏善断。康熙十八年，四川总督杨茂勋知其才，荐为四川督标右营游击，升四川督标副将，在进剿吴三桂叛乱的战争中，屡立军功。

〖撰者〗潘宗洛，字书原，号巢云，别号垠谷。清代宜兴（今江苏宜兴市）人。康熙二十七年（1688）中进士，曾任湖广学政、湖南巡抚。

## 山西浑源知州顺斋赵公墓志铭

（清）周粟

礼县学廪膳生员邑人巨桥周粟撰。

增广生员邑人桂菴李应芳书。

顺斋赵公，礼店所千户安之裔，荣寿宫惠之孙。公之父，邑庠廪膳生，讳经也。公之母张氏，四川井研令泰峰公之女。公讳孟乾，字健夫，别号顺斋。少负颖资，长以文名。方弱冠而入芹泮。其父将贡特弃世，母之哀鸣悲泣，口容一死，虽泰峰劝之弗听，抑郁不懈，遂仆不起，遗公暨二妹俱髫年，痛哭流涕，见者恻然。邑人以公之母比之豆氏，讵不信乎。公娶太宜人马氏百户玄之次女，天性纯笃，公尝曰：“吾父母之逝，幸而有吾。吾今之孤，幸而有汝。”公方口心力口以壁经，屡列上等，六试棘闱不第。甲午选贡际，斯时二妹成长，公以长妹配东城兵马副指挥郑公廷口，次妹配主薄何公文汉之子宗舜。其讳者，长生子力田，次亦生二子应选。其先应召，其后俱礼庠廪膳生。公任山西陵川县（学）正，再任太原府通判，继任浑源川知州，历官一十四春，不避勋旧，确守公法，而身价朗朗，芳名烨烨，三晋至今有颂称焉。因丧厥子，恳求休归。宪台寿堂杨公分巡两川，董公悯公之年富，惜公之才力，留之再四，公遂挂冠西归。嘉靖辛酉致仕，陶陶自适仅十载，适隆庆改元，进公以四品阶，为奉议大夫。不幸遘疾，于万历丙子秋九月二十八日正寝，享寿六十九岁。呜呼！悲乎！悲乎！公之事足矣。其子先时有三，盖复纯娶耆英张君凌云之女；仲复口定千户王公石泉之女；季复口娶京都张校尉侯之女。三子相继而亡，俱无嗣续。长女讳二九，适舍人张清，生一子曰柏，娶周氏，四川按察司经历敬轩公之曾孙；一女曰三万，配邑庠增生李君应芳少之子，皆马氏所出之后也。中女双卯，配西和县上海尹月蟾周公季子宗易，廪膳生也，侧室王氏所出也。第四子今复泰，隆庆丁卯生也，定口口口口口口之女，未娶。少女四卯、五卯俱侧室崔氏出也。四卯许中兵马指挥王公孙三重之子。五卯尚幼。其口口口口，是年八月十六日归葬城东新茔，口自述口口口口口门曰：“口父厌世，谨述行略，请公志墓”。不佞其何能之敢为，按状而言：顺公之在世，少不忤卿，长不傲物，居官多仁厚之心，致政绝公门之谒，犹且济人之饥寒，救人之疾苦，解忿息争，虽元老硕辅岂得口美。粟之先君曾与公家联姻，予与公有相须之雅，又何生二子与复泰有一日之口，故知公之深者莫若于粟，特叙其世次，复系之以词云。铭曰：

表表顺公，丰范绝伦。天挺颖迈，文学夙成。当官有要，圣世名臣。功懋晋阳，法正乾坤。论公之业，与物常存。朝不及夕，天丧斯文。生为柱石，死不隗生。协于卜筮，必此灵魂。泰岳钟墟，汉江朝宗。公之往口，令门如存。

〖**题解**〗该墓志铭介绍了奉议大夫、浑源州知州赵孟乾的家世。墓志下方有注文云：“是年，河水涨溢，逼近原茔，四世孙赵论佐等，因迁葬于此。旧茔去原茔半里许，取脉象形，仍悉本旧茔以为法焉。时在大清康熙五十六年岁次丁酉八月望五日复为之志”。墓志铭高 54 厘米，宽 52 厘米，厚 12 厘米。作于康熙五十六年（1717），出土于礼县北关小学，现存礼县博物馆。

〖**撰者**〗周粟，礼县人，廪膳生。

## 皇清诰封宜人王母张太宜人墓志铭

（清）佚 名

赐进士及第、荣禄大夫、工部口口口口口口

赐进士出身、广西思恩府知府、前翰林院编修、丁酉科陕西乡试正考官口口口篆书

赐进士出身、通议大夫、分守陕西西宁道、前翰林院编修、国史馆总纂善化劳崇光　书丹

往岁戊戌，礼县王生彭龄既乞予，言为其生慈张宜人六十寿。暨庚子春复驰书来请曰：“彭龄不孝，遽遭生慈忧，将卜葬事，更乞先生文铭诸幽，世世感且不朽。”予既谂知宜人之懿行，又哀生之请痛且挚，不口为之诠次行事，勒诸贞珉，其何以训女士，以征信于惇史。

按状：宜人姓张氏，张与王口先，均陕西三原人。王自彭龄高祖迁于礼，张亦乾隆间侨寓于秦。宜人方九岁，父不口口即世，事节母朱孺人，以孝称。江西建昌府同知、云南嵩明州知州讳搽一，字符口口口口，王公闻其贤，具礼聘为副室。于归既，赋随其嫡赵宜人事姑太恭人，能先事口。口口建昌公官于滇，迎太恭人就养，宜人随侍中馈，咸得其宜，太恭人视之，愈加礼而口，口自持益下礼益恭，戚党咸重之。赵宜人生子槐龄，即今任石柱厅司马者。建昌公口口最幼，读书偶不成诵，寒夜责令跪户外读，戒婢仆勿得侍，宜人坐檐侧潜伺之，复口口口之读，读竟鸡已唱，始携之同归寝室。其爱护之过于彭龄。司马事宜人尤诚敬口，口口口人无少异。司马有女兄，亦为宜人所爱养。宜人卒，赵宜人命之持服如生母。张宜人事嫡极恭谨，历数十年如一日，不以年高多疾稍有宽假；而彭龄之事敬口，口口张宜人身教者居多。彭龄九岁时，侍建昌公在都，有讹传受大杖而毙者，宜人闻之几欲气绝。建昌公卒后，赵宜人暨（张）宜人课两子口口；司马兄弟弥奋励学，克有成口，口口口口。四川分符大邵，奉赵宜人命，以应得封，典封宜人，而彭龄亦遂膺。口口口口口口口口为霁，目渐复明，然血气素弱，五旬后，丁节母艰，哀毁逾常，体以益瘽，张宜人告之曰：“吾年长于若，然差健，自今后若担保摄，无劳心家事。槐龄禄稍丰，若可前往就养矣。”其相爱若姊妹如此。会司马以板舆来迎，宜人疾不果往，命彭龄侍赵宜人行，抵蜀即弛归，宜人病已剧，不数月而宜人竟殁矣。宜人生于乾隆己亥年八月十口日亥时，卒于道光己亥年三月初二日寅时，年六十有一。以道光丁未年八月廿口日未时，葬于县城外西山之麓，亥山巳向。丈夫子一彭龄，丁酉科予所拔士，即是秋领乡荐。女子子二：长适西和贡生王澍藩，次适秦州拔贡生土杨孝绪；孙男廷玮，孙女一；嫡子槐龄，嫡孙廷琦。宜人勤俭恭慎，动循内则，其加惠亲族，赒恤里党，力能为者，无不为至。抚嫡一节，尤人所难能者。予尝考古名儒硕士，其非嫡母生者，如陶长沙公、韩魏公、陈了翁、胡政堂诸贤，其母之教泽不尽传，即其视嫡若何？待嫡子若何？亦均无从深考而要之。有贤母始有贤子，见其子之贤而其母之贤益着。今赵宜人愿以已予口得者卑宜人，而司马欢然上之，宜人坦然承之，无丝毫彼此间，世咸颂赵宜人之贤，司马之孝，不知宜人之以礼事，以慈感，德孚于家，而教成于子，其超然世俗之见，口为不可及也。夫以宜人之德之宜享上寿，而甫周甲子遽焉怛化，宜彭龄之尽然，自痛不欲生。而赵宜人春秋方永，则彭龄之偕其兄答春晖，以抒爱日之诚，而用慰口口于九原（泉）者，正未有艾也。彭龄勉乎哉，乃系以铭曰：

瞻少室兮齐尊中峰，儿孙罗列兮争趋以从。母德弥曜兮为世女宗，妥坤灵兮奠幽宫。泰山兮蒋蒋（山将），秦之水兮流且长。若堂若斧兮魂魄以藏，我铭斯阡兮垂诸无疆。

大清道光二十有七年岁次丁未秋八月吉日。

不孝男　彭龄泣血　纳石。

〖题解〗该墓志铭记载了礼县举人王彭龄的家世，赞扬了其母张太宜人的品德与贤良。碑铭共两块，碑高 85 厘米，宽 47 厘米，厚 14 厘米。因碑铭有缺损，撰者难识。碑铭作于道光二十七年（1847）。现存礼县博物馆。

## 王元卿之墓碑记

（清）刘丞张

文曲原来居北方，托生转世学业昌；今日殁后还追慕，送他别号万古扬。回道人题。

自古称大儒者，曰道学、曰正学、曰理学，其实皆实学也。吾师文曲先生根器过人，幼至孝，入庠食廪饩，后登仕，籍为修职郎。中年嗜山水、读地理书，悟正学、觅真宰、随读性理诸书，自印自证，凡先儒语录披览殆尽。《二曲》《愧庵》两集，尤心契焉。题其室曰‘退思斋’。终日干干，收摄保任，异说不摇，群毁不恤。探紫阳之心法，寻孔、颜之乐趣，学有渊源，道为实践。其生平教人以性为宗，以诚为要，以格致为工夫，以伦常为实际。言言透髓，字字归根，足称关中文献。尝兴到朗诵王省庵诗‘此道关心三十年，昏明定乱几千千；些儿会得天根处，寤寐何曾离枕边。’先生盖自况也。又座前拈词‘静用工夫求本体，动看本体大工夫。’此先生自道其性体也，下学上达，其在兹乎！

大清道光二十八年。子王象霖、王象治、王象经立石。

学生刘丞张撰、梁际春书丹。

〖题解〗该碑记述了清代礼县贡生王元卿教书著述及生平事迹。其学生刘丞张撰文、梁际春书丹。碑身通高 133 厘米、宽 68 厘米、厚 29 厘米。碑额正中小篆阴刻“皇清”二字，两侧各阴刻一条昂首飞龙，并衬以云纹。碑文为楷书。由其子王象霖等立于大清道光二十八年（1848）。碑现在礼县城关镇石岭村。

〖撰者〗刘丞张，礼县人。

## 二、两当县墓志铭

## 宋故崔公墓志铭

（宋）时敏

康州文学时敏撰，进士仇禧朋书丹。

公讳熙，字明远，环州方梁人也，三代不仕，以贸迁为业。父先娶张氏，早亡，再娶赵氏，别生三男。父寻亦丧。迄熙宁初，公以仲子之故，避居西岐，（熙宁）末徒南岐，为两当邑书吏，掌刑辟。常误用矜勿喜，克俭起家，有田十顷，屋百间，以给岁用。一朝，顾刀笔曰：“非我志也。”拂袖归田。他日，母亡于乡，徒步奔丧，哀毁过甚。暨礼终，诸弟以产业为分，公独不取。诸弟疑且畏焉。公语之曰：“吾不远千里而来，奚利为

宋故崔公墓志铭拓本

念？因感泣而誓，岂以尔辈前日之误，成吾今日之短”。诸弟愧受，乡间服其廉且义也。遂复两当邑。邑之东有鸑鷟山，一洞嵌深，流水泠然，唐张果先生隐居所也。提刑游师雄建祠洞侧，岁遇雨旸，祷之获应。然洞祠无额，公颇惜之。一日，率众乞于都，大吏郭思闻奏，朝廷嘉其惠，封其洞曰“登真”，祠曰“集休观”。更数岁再乞申，命先生为“冲妙真人”。敕诰具在，本观掌之。真不忘神惠有如此者。公处田里，悠然自足。大宋绍兴元年十一月二日卒于家，享年八十有三，是岁十二月甲申卜葬于螺旋岗。以其室周氏配焉，周氏，西岐人也，柔惠治内，先公十有七年终，享年六十一，生子谷；别宅李氏，生子牧，牧长而谷季，牧先公九年卒。公不令二子绍吏业，教以诗书，谷虽未显仕，千里驹也。公性好德义，多藏经史、医药、卜筮之书，通其大义，常诫众曰：“孝养和睦，畏法克家，此福身之要也”。公春秋高，子孙喜惧。语之曰：“吾虽老，犹可享数岁，汝曹勿虑。”至卒岁，果十余载。时以兵火乱离而横夭者亦多，公独以寿终于家，其可验之术，不诬于人，亦信于身也。盖棺之日，其子谷以信士仇禧朋所录行状，请愚为铭，辞之不获，乃铭之曰：

十步之内，必有茂草。悴陵催公，毓粹边僥；不文而儒，不武而胜。幸来岐凤，刀笔吏教。一朝翻然，谓非贤操。东皋南亩，分甘枯槁。静念神庥，力图仰报。畏慎勤俭，德义攸好。勿宿怨恕，和睦友孝。故原财产，独逊诸少。不取一金，器识远到。知命有术，其驗亦妙。方此乱离，永终寿考。卜葬高岗，松揪不老。呜呼贤哉！为千古道。

〖题解〗该墓志铭记述了北宋时两当邑书吏崔熙率众进京为张果请封“登真洞”和“冲妙真人”的全过程。时敏撰。该墓志铭建于南宋高宗绍兴元年（1161），于1991年春在陕西凤县张家窑出土，现存两当县文化馆。一说出土于陕西凤县龙家坪村螺旋岗。

〖撰者〗时敏：康州（今广东德庆县）文学，事迹不详。

## 三、武都区墓志铭

### 荣公和尚墓志铭

（宋）惠普

公俗姓王，法讳和荣，南豳庆寿寺僧也，因兵火流寓武阶，享年七十有一，於绍兴二十一年正月初七日我公灭度，权厝白江之旁，及后徒弟赐紫僧惠普命良匠於寮舍之南建置普通塔一所，遂将本师灵骨迁徙於是塔焉。时淳熙二年岁次乙未二月二十八日小师赐紫僧惠普谨记。

师孙僧尚知智璁

〖题解〗该碑为宋代荣公和尚墓志铭，现藏武都区博物馆。

〖撰者〗惠普。

## 宋故致政承事张公之墓志铭（碑阳）

（宋）勾千龄

公讳迪，字彝村，秦州成纪人。考瑀，妣鲁氏。政和六年四月十八日生。淳熙十三年高宗寿七秩，诏：凡仕者亲年七十皆封以官。公以子仕，封承务郎。致仕后，累遇覃霈，加承事郎，赐绯衣、银鱼。庆元三年二月二十八日终。夫人杨氏，同郡处士昌祖之女；妣甘氏，宣和五年八月十三日生，乾道四年十二月六日终；夫人王氏，武经郎玠之女，绍兴十三年三月二十四日终。四子：寅，从事郎、知兴元府褒城县事；宪、察、密，业进士。二女：长适从政郎、兴州录事参军丁楛；次适王天锡。五孙：德渊、德炎、德邵、德耆、德立。孙女四人。以庆元三年十一月二十一日合葬于阶州郡东五里柏平原，从吉卜也。葬之前十日，承宣郎、新潼川府口口口口口口干办公事勾千龄书。

〖题解〗该碑文（碑阴）记载了南宋张迪身世及家族情况。碑高约100厘米，宽约60厘米，厚约10厘米。碑文书者。据碑文所记内容推测，立碑时间应为南宋庆元三年（1197）十一月。2013年发现于陇南市武都区东江镇郭家坪，现为某居民收藏。

〖撰者〗勾千龄。事迹不详。

## 宋故致政承事张公之墓（碑阴）

（宋）丁焴

外大父始以庆元三年十一月二十一日葬于州东柏平原，后以北溪之水为患，遂于嘉定十五年十二月十三日改葬于栎木平。其如始末与夫子孙之详具载于碑阴，兹不再纪，姑以志岁月云。葬之前一月，外孙朝奉大夫、秘阁修撰、知兴元府、利州路安抚使、马步军都总管丁焴书。

〖题解〗该碑文（碑阴）记载了南宋张迪墓迁葬原因。碑文补刻于嘉定十五年（1222）十二月。2013年发现于陇南市武都区东江镇郭家坪，现为某居民收藏。柏平原：地名，即柏坪原，平，即坪。在阶州城（今武都区城关镇钟楼滩）东五里，即今武都区城关下北山。栎木平：地名，即栎木坪，在今武都区东江镇郭家坪。

〖撰者〗丁焴，又作丁煜，字晦叔，阶州福津（今武都区）人，生卒年不详。曾任南宋利州路安抚使，嘉定时（1209—1224）曾任太常寺丞，后迁郎中。

## 亡妻孔孺人墓志铭

（明）王存礼

中顺大夫、整饬松潘兵备、四川按察司副使王存礼撰，郡庠生孙贤书篆。

亡妻孔氏，曲阜圣族女也。予居大理评事时，丁先母忧，服阕□上，先妻张氏卒于途，抵都下犹未娶。同年韩裕后时官刑部，为予择配，谋诸同寅魏君廷佩。廷佩与予初未识，因裕后之遇许。遂慨然曰："我有妻妹，在室淑女也。"即以裕后之言移书岳父母。廷佩岳父母素重荐也，遂不辞而见许焉。母与孺人暨兄卿进士朝臣偕来至京迎娶。后勤循礼度，不事容冶。娶甫三载，援例封孺人。时予犹未有子。孺人处妾、婢无间言。已而各有所出：曰昙、曰曧、曰昌、曰昞、曰勖、曰昆、曰早，共七人，孺人止一子，即行五勖也。俱未娶，与诸子爱同已出。人不知其异乳也。后予承乏山西、四川，孺人俱随行，致政家居。甫三阅月孺人遂终。呜呼，痛哉！孺人生于天顺癸未年十一月十三日，卒于弘治壬戌年七月十一日，得年四十。噫！年未艾、子未成而寻不永。天耶，命耶，不忍言也！将以本年十一月二十一日葬于祖茔。不忍其懿行之无闻也，遂为之铭曰：

呜呼孺人！名家之子，幼而贞淑，不轻笑语。长而谨饬，荣膺福祉。天不假年，遂捐簪珥。鸾诰攸存，子其志之。丘垅焚黄，子其荣之。临风三奠，我心悲之。荒原千载，我心思之。

宁州李宗义镌。

〖题解〗王存礼夫人孔氏之墓在武都区旧城山，该碑约立于明弘治十五年（壬戌，1502年）。二十世纪六十年代，有武都城郊没水山居民吴旭文，往来经旧城山古墓址旁，见土石中有一石碑，背至家中，拭去土污，则为四川按察司副使王存礼为夫人孔氏所立之碑。碑存武都区城关某居民处。

〖撰者〗王存礼，阶州（今陇南市武都区）人，明代成化十四年（1478）进士。授大理寺评事，转四川松潘兵备道，四川按察司副使。

## 武德将军梁公墓志铭

（明）李文明

致仕朝请大夫、赞治少尹、郡人李文明撰

郡庠生司廷璋书

郡庠生司昶篆

武德将军梁公，以疾终於家。其子冠等衰跣泣血，持状请予铭墓中之石。公与予莫逆之交，朱陈之好，遂援笔按状。

公讳振，字述之。世居山东东平州西北隅人。始祖宽，娶许氏。洪武初，垛藉从戎，屡战奇功，升蓟州卫左所正千户，殁於锋镝。高祖义，英锐长才，袭职，娶李氏。宣德六年，调阶所。曾祖安，字宇镇，才德卓越，袭正千户。娶武氏，生祖材，字大用，袭正千户，文武备具。娶张氏，生父振，即公。才能出众，武略过人，袭正千户。掌印，军民悦服。御戎，番夷远遁；防守，累获奇功。娶胡氏，生男五：曰冠，袭正千户，居官勤慎，娶洪氏，先翁卒，守义未娶；曰簪，仗义疏财，娶李氏；曰豸，勤俭克家，娶查氏；曰藻，孝敬端谨，娶汪氏；曰玺，谦恭自持，娶崔氏。女三：曰海英，适岷州卫西固城千兵申滕；曰朝英，适本所正千兵司永；曰三英，适秦州卫中所千兵高继宗。孙男四：曰光祖，冠所出也；曰光禄，簪所出也；曰光裕、曰光采，藻所出也。孙女九：曰大婕，聘本所舍人汪必浙。【曰】赐（四）婕，簪之所出也；曰二婕，聘本所舍人司谏；曰三婕、曰陆婕，豸之所出也；曰春奇，藻之所出也；曰五婕、曰七婕，曰新奇，玺之所出也。

公生於成化戊子年十月初六日子时，殁於嘉靖十年八月初三日，享年六旬有六。将以是年十一月二十二日寅时，葬於先营（茔）河南之原。

呜呼！人有片善寸长，尚当录之，况公之居官，军民感慕致政，乡人敬仰，殁后远近追思，恶得而泯焉？遂为之铭曰：

所禀英杰，所赋纯良。忠心耿耿，义气昂昂。韬略精闲，政事优长。威肃虎帐，勇禀鹰扬。其生也荣，其殁也康。余庆绵绵，百世其昌！

嘉靖拾叁年岁次甲午仲冬月吉旦。郡游士魏凤仪勒。

〖题解〗碑文记载了明嘉靖年间陇南边备状况。碑高 47 厘米，宽 49 厘米，厚 9 厘米。碑阳篆书“明武德将军梁公墓志铭石”四行十二字。碑阴为正文，题为“武德将军梁公墓志铭”，楷书，李文明撰。碑立于嘉靖拾叁年（1534）。现存武都区汉王镇白龙江南山。

〖撰者〗李文明：为阶州（今陇南市武都区）人，明万历《阶州志》载：“丙子举人，任四川南部县知县，升中州知州，叙州府同知”。

## 四、西和县墓志铭

### 宋故西京左藏库副使飞骑尉致仕张公墓志

（宋）吴陟

张之为姓，尚矣。汉太傅良、晋司空华以降，勋贤轩冕，历代不乏。五季之乱，迁于四方，世系虽不可考，凡同姓者皆其后也。公讳从，字伯通，世为平凉人。因从宁远居于岷州之白石。曾祖怀德，祖显，父文政，皆守道不仕。公慨然有自立志，随观文王公伐熙河，以武勇累立战功，得登仕路，迁供备库副使、飞骑尉致仕。今上即位，转西京左藏库副使。初，任岷州指挥使，迁邠州管界巡检，皆职事修举而未常旷败。又监岷州白石镇，次管勾熙州北关堡，迁通远军宁远寨主，皆帅府以才奏辟，所至为能吏而皆有成绩。

公之未仕也，逼于困穷，因以事累而远逃，而能舍其少妻，而肩负其老母窜于岭表。暨归，得居仕藉，复求旧室，与之偕老，此人之所难也。常家山讨荡番贼，有熟户为鬼章协从者，诸将皆欲诛之，独公言其非辜，所活者有三百余人，此公之所积也。又受蜀州兵马都监，年未及于悬车，告老弗往，优游自得，乐于田里者数年，日饮市肆，酬歌往来，真希夷华胥之人也。凡营造佛事，修设斋供，拯济贫乏，皆先众人，由是得誉于乡闾而以为荣也。父累赠左监门卫将军。母宿氏，累赠蓬莱县太君。妻王氏封宜禄县君。一子诚，先公而卒。孙男一人天经，以公致仕，补充三班差使。孙女一人许，适左班殿直姚友仲。元符三年十一月二十二日，疾终于白石镇之私第，享年六十有九。死之日，一镇之人无老幼皆号于前，其得人也如此。以当年十二月初四日，葬于白石之南原。其孙见托，追撰于墓石。陟亦居白石有年矣，聆公之事甚熟，故作斯文，无隐情，无愧辞。铭曰：

张氏之先，隐德不仕。惟公之全，自奋其志。负母逃难，复合妻子。有功于时，积德居己。壮享其禄，老安田里。人之所难，公服其事。白石南原，垂百年祀。

元符三年十二月

岷州长道县乡贡进士　吴陟

〖题解〗该碑铭记述了宋西京左藏库副使张从品格事迹及家族世系。北宋哲宗元符三年（庚辰年，1100年）立石。原立于西和县汉源镇南郊大土干塘，现移存县文化馆。(民国)《西和县志》卷二舆地志中“宋西京左藏库副使，飞骑尉致仕张从之墓，在县南二里之南原，今邱垄犹存，其墓志不知何时发现，又不知何故而移于朝阳观内。”

〖撰者〗吴陟：宋岷州长道县白石镇（今西和县）人，元符年间乡贡进士。又作《张从墓志铭》。

## 故教授郡博王公墓志铭

（宋）赵崇

州学录赵崇撰

吾州有宿儒王公师颜，其名仲晞、其字□□，通经博学，诚悫端方，博学诚悫，端方有古君子风，为口口口领袖，嘉定甲戌五月二十有七日卒，其孤卜以其年六月初十日葬于西谷乾山祖茔之次。徒跣哀号，请铭於予。予获于职事，义不可辞，辄叙其大概。公，世家白石，曾祖载、祖圮、父林，皆潜德弗仕。公少颖悟，读书三过辄背诵。长从乡先生薛兴宗游，工骈俪，月书季孜，襄然称首，薛器之。弱冠，孤昆弟三，公最幼，孝以事母，义以友兄；继服母丧，兄弟同居三十年无间言。益自淬励学，业掇庆元乙卯乡选，酬素志也。太守王牒讳伯禽，知公文行俱优，处以庠正属。开禧俶扰，避寇入关，会王师回复，都统李公好义任公为裨，赞师出捷，奏论功定赏，大行台以文学借补摄职学官。学宫遭兵烬化为瓦砾，公喟然叹曰："吾道不幸如此，其忍坐视！"乃力请于州，洎劝率乡士，先创大成殿于戎马未宁之际，识者尚其不忘其本也。大行台出经量，令长道邑管十二社分官任职，公得白石一郡，躬亲履亩，轻重无偏次。赴行台禀议，知公才干，又畀经量兴元西县一邑，谓儒者通世务，公有之。罢局，极加优异，复畀领袖郡士。公益喜曰："学宫未备，幸李史君錡笃意修葺，予当领斯职，董斯役，以成宿愿也。"今楼殿峥嵘，廊庑绵亘，突兀一区，不日而就，固出太守规画之方，亦公监督之力也。平生安分乐道，有田仅足伏腊，未尚一介取与於人。惟开馆授徒，常屦满户外，作成士类尤多。性梗介，深嫉諛佞。亲朋故旧有为公卿者，馈问不通，况踵其门乎！惜夫时不我逢，学不我用，故名不显著于世，行不博闻于人，而终老於寒窗短檠之下，独为士友所记，可哀也！已娶许氏，男浩，业进士；女适进士徐嘉猷。享年六十有三，因系之铭。铭曰：

里有学儒，学问造诣。书破万卷，名满一世。由义君仁，有德无位。视古君子，摩肩接袂。

侄进士王溥书丹

〖题解〗该墓志铭记叙了南宋西和州宿儒王仲睎家族身世及建修大成殿、学宫、开馆授徒等事迹。碑铭约镌于南宋嘉定七年（甲戌年，1214），原在白石镇西谷（今西和县西峪乡），今存西和县文化馆。西谷乾山：在今西和县西峪乡境。

〖撰者〗赵崇，南宋西和州学录。

## 皇清诰命赠节孝王氏孺人之墓志

（清）方口口

乾隆二十五年三月，赐进士、敕授文林郎、知礼县事方口口志：王氏，朱口之妻，夫殁年二十有八，一子炳，年十一。彼时翁年老，家道寒微。王氏坚志守节，凭针指以尽孝恭，受节以育孤儿。此时年过古稀，有孙有曾，即庶口贤子。旌以匾额。儒学郭、捕衙鲁各赠以匾额。

乾隆二十五年二月六日与夫同穴合财集具志

〖题解〗该墓志记述了西和县王氏坚志守节获赠诰命之事。清乾隆二十五年（1760）立碑。该碑现存西和县苏合乡张河村南坡沟畔坟地。

〖撰者〗方口口，清乾隆二十五年知礼县事。

## 儒学训导东翁周公老先生墓志铭

（清）徐振声

先生姓周氏，讳森，字堆木，号东园行一，生于乾隆十有四年，世居西和，夙为望族。

雍正岁进士，讳文蔚，字子变，先生曾祖考也，读书寻乐，有东园书斋，极幽敞。祖考，讳钧，庠生。考，讳化深，字泽远，其行揭于耋德齐眉叙。先生幼慧，秀彻风神，志学年余，即补博士弟子员，食廪饩，再入乡围不弟，遂置举子业，谈道训徒，以终其身。少司马任公重其文，命子就学，尝叹曰："以堆木之才，竟不克。博取人间富若贵，立事功，天厄之也！"然风月洒落，善启后人，讲学之余，赋新韵，会良朋，着象局，飞羽觞，啸傲东园，而前人之名花佳树，琴亭鱼池，悉为流香而焕彩，则又非天之厄之也？先生隆准丰颐，魁梧奇伟，而谈笑诙谐，交多忘形，尤善忘年。嘉庆初，明经服政年矣！声谒陪盏如旧，从游其后，诗草对联，多笑付声书，爽然豁心目焉。惜成集者未梓耳。道光元年冬，子能延诊脉口口口口。

先生举觯进声曰："诗已矣！棋不着矣！酒尚可，勿辞，醉将不起。奠时必不如与对斟也。"相视而笑。果于次年正月而终，寿七旬有四。子四人，长早亡；承其重者名延作。仲廉能，廪生；叔廉正，武庠生；季廉法。次孙四：延棋、延祜俱业儒；延祀、延禧尚幼。缘从俗尚堪舆说也，故卜于四年四月十六日安厝先人之圯。铭曰：

嶓绵汉发，秀毓灵钟。碑鸡狱鼠，绣虎雕龙。不贪烧尾，不效点头。词林放浪，曲部夷犹。梅松盘错，菊竹风流。手泽口泽，忘忧解忧。记与能作，文也可修。山川郁郁，气韵悠悠。

邑廪膳生眷教弟徐振声顿首拜撰文

邑廪生眷教晚生王世昌顿首拜书丹

邑廪膳生眷教生董光龙顿首拜填讳

受业门人从弟底生口村顿首拜篆盖

西和汛堤营姻弟吴居瀛顿首拜镌石

〖题解〗该碑全称为"清例赠修职郎候铨儒学训导东翁周公老先生墓铭"。碑文记载了西和县周森先生品德事迹及家族世系。清道光四年（1824）立碑。该碑 1995 年发现于西和县汉源镇曹庄村，现移存西和县文化馆。

〖撰者〗徐振声。

## 皇清故刘公并陈孺人大人墓志铭

（清）段兑选

窃闻"禄阁校书，藜焰照十行之简；玄都种树，桃花赋千植之诗。"今刘公者，其苗裔兴而未可知也。然刘公一生为人行事，若令湮没不彰，则公之子孙常增隐痛矣！公讳建舆，字子业，原籍四川省顺庆府大竹县人也。国初前居于陕西汉中南郑县水南坝五郎口双山方。追后宣宗时，公方来西邑，居住于邑东乡上六巷杨柳树坝，系文三所杨旗里。耕读贸易，兼内陈孺人之助，而家道始兴焉。公一生孝友，根于性成，内外无惭。持己安乎本分，遐迩共钦。公同胞三人，公居长位，仲、叔安于桑梓。公独寄于山林，似有隐逸之志焉。公生子三人：长曰佑财，次佑癸、佑德。长君继其志，毫不妄为，人咸谓有父风焉。公生于乾隆三十四年八月十八日戌时，卒于道光二十八年四月十一日戌时。茔坐坤向艮，辛未辛丑分金，公柩葬于新茔，与孺人合葬焉。次子、三子亦同茔而序葬焉。庚午之夏，公孙自厚乞属辞于余，余惜未见其人，略印闻者以志之，曰“孝友传”。秀萃龙口峻岭，耕读启业玉函。

鱼洞神沟段福成刻。

邑生员、年家眷晚段兑选志并书。

龙飞大清同治九年岁次庚午榴月初九吉日。

男佑财、孙自厚沐手敬立。

〖题解〗该碑记载了西和县上六巷杨柳树坝刘建舆先生家族世系。段兑选撰文。清同治九年（1870）立碑。该碑在西和县六巷乡王台村。

〖撰者〗段兑选，西和县人，生员。

## 五、成县墓志铭

### 宋拱卫大夫康州刺史田公墓志铭

（宋）杜 定

□□□□□□□月壬申，武阶太守田侯，以其父拱卫之丧，葬之西康之西十里西山之下。先十月，拱卫之丧，茔留荆南。侯□□□□□定言：“吾父丱发从军，小大百战皆笃功，晚为江湖田里之乐，以寿终。其终也，曰：‘惟汝克负荷，且吾熙秦人，心怀故乡，死缓葬，不十季，必用。其先恢复者，必吾乡也。尔以一马负吾骸，埋先茔侧，或者美地。吾尝行关外，及汉中，喜其风土，必葬坟是间，尚吾乡也。’去世，果如吾父言，秦陇归矣。朝廷尊大信退守，不孝子未克葬，遂食荆吴，乃误恩乘，西边得赤寸地，而地天盖，哀念吾父语也，窀穸有期矣。子为铭诸幽。”

公讳成，字希圣，本渭州人。曾祖广，祖明，父吉，赠从义郎。方王观文韶拓边熙河，从义赴狄道，募为寨户，授田家焉。既而得疾废，不能从军，则以其田募人代，家用贫。公时年十五，感慨且泣曰：“亲老又疾，而产益落，男儿生何为？”乃自从义请身从戎马，得纾贫，复故业。从义念公幼，泣未欲许。数日，公诣皇城使刘仲坚，□弓马自承其业。会朝廷命熙河帅姚雄经略河外，梁方平监军。师行，仲坚少公，使居寨守。公奋出自言：“身年固小，胆实过之，且国家方事边立功者也，愿以死请行。”人皆壮而美之。战还，仲坚望公身朱殷，谓重伤，叹悔，已而挟两级前报，方平未之信，意如富家儿赂得也。雄从战所核尸，验追斩得实，方平大惭谢，比公秦武阳，奏升两级。乡闾惊叹曰：“田氏有子矣”。

宣和末，朝廷以陕右共平睦州叛贼方腊，公手斩级三十六，进官升朝。金虏之再至也，公从姚古河东遮寇，会古罢，南关亦失利。公与辛兴宗在隆德府围中，府陷，公阴结民豪韩京圖收复。乃以牛车载草，中匿兵，四门齐入，会通衢，纵火耴兵，斩虏酋之守者并女真三千余人，城遂复。然时二帝北狩矣，公悉悲奋感泣，以两旗立左右，率熙河兵及陷敌数百人，谓曰："我辈受国恩奖二百年，今运中否，能与我伐勤王者左，归者右。"左者百余人。公部出济南，说群盗高才、王琪、韩温，合众万余，趋应天，奉今太上皇帝登极。贼张遇蹂江东，刘光世、苗傅阵九江、湖口与战。贼兵盛据地利，王琪已沮怯。公曰："贼虽众而无律，若不乘其未定破之，顺流下，恐惊乘舆。愿为公当之。"湖口潮河广约丈有八，公以□□卒直趋，策马一跃而渡。贼不觉，失声惊溃，因大捷。光世解佩剑，拊公背赠曰："今日服公勇矣。"丁进众十余万挠淮甸，公□□命招安之。单骑赴贼营，进，惊曰：公胆何如，敢至此耶？公喻以国家威灵向背祸福，贼未置可否。夜宿贼帐中，公解衣□□，傍若无人。贼大折。翌日，圣阙罗拜，以其众赴行在，而公殿之。耴几劫虏者纵去。不数日，纵及半，贼势益弱，遂决□□。苗傅、刘正彦狂悖滔天，召从韩世忠受命讨贼，战于建州蒲城。公先陷阵，遂擒正彦。傅奔亡数日，擒之。公身被二十余剑创，论功第一。

公方面美髯，神爽俊拔，疏财乐施。居官以公廉自任，与人推赤心。早履行阵，少揽书，而吏报牍来，方嗫嚅欲言，即知情伪，人服其神。每一饮食，必加额祝君父。所尝事上官，不以知不知，苟言，及或闻其名，必加敬。其恭厚，天资也，然□□尚气，能杀身以明人。在河东时，姚古有使臣直而呼不至，古怒杖之。方寒甚，其人求哀，曰："乞减刑。"古误听谓斩也，边驱□欲斩之，左右无敢言。公独进，愿以身同死，理其冤，遂得释，盖后为龙神卫四厢都指挥使、知荆南王公君瑞也，世至今贤之。□辛兴宗也，兴宗嗜睡，而侧每置灯。公曰："公身系一军安危，敌且谍，宁无矢石忧？"兴宗颔之，而寝如故。公密以兜罩庇其□□，而流矢中之。兴宗大惊，谢，愈相重敬。

绍兴辛酉，公以謦忤权臣，恐中以祸，喟然叹曰："吾老矣，不能用也。"遂求补以居荆南。幅巾深衣，与田夫野老游，或人勉以置产，笑谢曰："吾起身行间，荷恩横列三岁，而一子补官，此生荣也。苟子孙贤，不失□箕裘，不贤，免使以产分争，吾不能为之作马牛矣。"间一日，忽呼今侯言："吾戎马间击四十年，誓以身死国，乃今幸死屋□场。"称君恩未者三再。次日奄然而卒。绍兴辛酉三月二十一日也。年六十有八。官拱卫大夫，职康州刺史，食武功开国男，邑三百户，任镇江驻札御前右军统制、永兴军路兵马都钤辖。娶郭氏，葬其乡。生世林，从义郎，亦继公卒后去世，周氏袝焉。今刘氏生世雄，秉义郎、御前右军同统制兼知阶州；世安，秉义郎、知澧州西牛平寨兼兵马监押。孙男女五人。世林之子闰，修武郎，殿司将；闾，承节郎；世雄之子阅，尚幼，女与世安之女皆未笄。呜呼！年十有五而战立功，瞑且念报君，不忘忠武矣。铭曰：

烈烈噫公，激孝奋忠。武勇行之，所向为功。世否□倾，天回地德。神武奠京，中天立极。寇攘既平，孽妖既歼。爰末爰始，公皆与焉。中原膴膴，明圣奋发。忠武如公，九原不作。在我后之，人其似之。

门生、从政郎、阶州州学教授杜定撰。

门生、文林郎、知阶州福津县主管学事劝农使事宋懋书。

岁在乙未。刻者汪礼、何宗、杨元广

〖题解〗2009年5月，成县抛沙镇西山水泥厂附近村民耕地时翻出石碑一块，该碑碑额为“宋拱卫大夫康州刺史田公墓”，碑文题名“宋拱卫大夫康州刺史田公墓志铭”，碑身高125厘米，宽86厘米。碑额“宋拱卫大夫康州刺史田公墓”为隶书，4行12字，字径约14厘米；正文隶书37行，每行47字，字径2厘米。该碑文字达1700余字，详细记录了墓主人拱卫大夫、康州刺史田成在北宋徽宗、钦宗时期至南宋高宗时期参与的数次重要战事，具有重要的史料价值。碑刻于宋淳熙乙未年，即1175年。

〖撰者〗杜定，阶州州学教授。

1987年4月在同一地点，出土了《宋太宜人刘氏墓碑》，两碑是夫妻墓葬。该碑后移存于成县博物馆。

## 宋大宜人刘氏之墓碑

（宋）田世雄

夫人姓刘氏，世居东平，为大族。年十六适田族，从皇考刺史族，戎马战伐之间，悉预焉。皇考捐馆舍，夫人孀居三十年，齐家教子，继述前烈，弗替弗隳。夫人生三男一女，长曰世雄，武节郎、知金州兼管内安抚，被命改知黎州、管内安抚、节制军马、御前右军统制、提举买马。以夫人年高，抗疏辞其行，未报，丁夫人之忧。次二男皆未名而夭，女适呼延氏。夫人生于政和壬辰，终于淳熙乙巳八月二十四日，享年七十有四。是年十一月二十三日，葬于西康西山皇考刺史君茔之侧。以男世雄，该恩累封大宜人云。

孤哀子世雄泣血书

命孙婿成忠郎、御前马军准备将郭杰书额

〖题解〗该碑记为宋知黎州、管内安抚、节制军马、御前右军统制、提举买马田世雄为其母刘氏所作。碑高115厘米，宽85厘米。正文凡18行，218字，宋孝宗淳熙十二年（乙巳，1185年）十一月立。1987年4月于成县抛沙乡水泥厂后约10米之台地中出土，今存成县文化馆。

〖撰者〗田世雄，时任武节郎、知黎州、管内安抚、节制军马、御前右军统制、提举买马。后改知兴元府右军统制兼知阶州。

## 六、文县墓志铭

## 文县铁楼下东台李公墓志铭

（明）李文宪等

大明天启元年岁次辛酉十二月十七日安厝

孝男李文宪等致兴工

故母邵氏二月初二日吉时生

显父李公仁化九月初一日亥时生

口母张氏七月初二日生。曰：维天地在世也，乾坤正气；

人寿得长者，忽然我口。明月云笼，非命高升者

口九泉未报身。因开磨声名，已

留千秋口口，世世子孙成名。

文县铁楼乡下墩上村

孝男　李文宪　李文彦　李文口　李文福　李文口

男孙　李真祥　李应祥

〖题解〗该铭文记载了明天启元年文县铁楼乡下墩上村李氏家族情况。该碑高约100厘米，宽50厘米，厚5厘米。青石质。碑文凡8行，正书。无碑名，现碑名为编者所加。该碑立于明天启元年（1621）十二月十七日，现存文县铁楼乡下墩上村。

〖撰者〗李文宪等。

## 萧籍墓志铭

（明）萧籍

崇祯辛已中秋日，七十四翁、烟霞主人萧籍自撰

此文邑萧子之墓也。萧子名籍，字文征，别号献伍。父讳时雍，赠文林郎、河南渑池县知县。母谢氏，赠孺人，生余兄弟三人：长图，邑庠生；次策，殇；又次余。

籍，隆庆戊辰三月二十三日辰时生。方五岁时，有舅氏以解环为戏，余旁窥不去。舅氏曰："汝能解乎？"曰："能"。遂应手而解。舅氏与先赠公笑曰："此子似聪慧，可教。"六岁，授以句读，频能颂记。乃先赠公惑星家言，谓余过纪，方可保，以是姑缓于教。至十三，遣就外傅，从栢川先生学。时，先父母每岁春乡居，秋成乃归。余饮食倚先王母，王母年八旬余。余从学中归，或一时薪水不给，不及食，辄忍饥赴塾。夏月晷长，先生命归午餐。余明知家无午餐，故归，片时而往，不令人知其无餐也，其艰苦如此。十七，万历甲申，始补邑庠生，为司理任公鉴赏。二十四，辛卯，始娶孺人张氏。甲午，举于乡。丙申十月，先赠公见背。先是有星家谓余中后当不禄。癸卯夏，果染垂病，垂绝二日而苏。先慈乃以此时见背，而余且不及亲含敛，终天之恨，何日忘之。乙已秋，张孺人亦逝，其孤苦又如此。频年遭际不幸，又安望邀南宫之荣哉？丙午，北上谒选，得河南之渑池。居官无他长，唯洁已爱民，一念始终，不敢少变。邻封大狱，多所驳勘，稍有可出，必不拘成案而依阿人意，上官颇为叹服。居渑五载，幸叨恩典，稍慰罔极。忌者中伤，迁开封别驾。渑人立碑建祠，要皆谀我者耳。别驾虽非专治，赖抚台东明李公极其相爱。各院司道

诸当事者，无不见信，凡有建白，辄见嘉纳，视居渑日，更得行其志而下其泽于民。太康因民间失火，诬极刑者七人，经勘不下十余官，十年来出入讫无定局。余详得其情，不数言而开释，此生平最快意一事。署鄢、署杞，一一爱民为主，活人颇多。在杞尤谬为民心，所许行之日，即孺妇皆为流涕，士民刻有德政録与颂集，亦皆谀我者耳。绩满，升山西泽州知州。

泽固剧郡，辖四邑狱，皆余主之。未尝有周内之惨，自失爱民初心。旧有后堂书办，恃其密迩，人畏如虎，骗诈无不如意，余为裁革，而人人称快。泽多悍宗，余悉绳以法，始贴然不敢肆。孝廉中有不规者，不徇情面，据法申拟，虽直指王公疏称，法行豪贵，然不免为宗绅侧目。学宫倾圮，极力修葺，工费浩繁，未当损民间一粟，劳民间一役。督学吕公记之，乡绅尚书周公记之。已未大计，复为人中伤，以前任开封浮躁降级，遂拂衣归，绝意仕进矣。日惟怡情山水，或与友人对弈为乐。人有非礼相侮，概置不问。尤喜读书，但不求甚解，亦不求记，间以诗文自娱。所著有邑志，客枕寐言诗文虚要，皆诙谐鄙俚之淡，聊取适意云迩。

自检生平，居官不事逢迎，居家不计生产，居乡宁人负我，毋我负人。故人谓之我愚，诚愚也；人谓我拙，诚拙也；人谓我懒，诚懒也。愚、拙、懒三字，足尽一生。于崇祯壬午年十一月十七日申时告终，享寿七十五岁。娶儒官讳榜女张氏，赠孺人；再继阶州党氏。一子鸣虞，廪生，张儒人出，娶张氏，庠生张遇熙女。二孙：长璘，庠生，张氏出，娶王氏，廪生王国彦女；次珣，幼侧何出。一女，适知州张世熙男庠生张明玺，卒。一侄赓虞，增广生，长兄阁子，娶张氏，知州张世熙女。一侄孙玙，幼侧杨出。遗命启张儒人圹而合葬焉。

素不喜谀墓，恐儿辈求志铭，词多溢美，徒取地下人揶揄，即以此入圹可也，因为之铭。铭曰：

其生也，知荣知辱，知夭知寿。其殁也，何荣何辱，何夭何寿。一切生前于我何有？我自返其初，儿孙胡为乎？失声与劳口。

时崇祯癸未年三月二十日，葬于鹄飞乡元瑞坪新阡，不孝男鸣虞，孙璘、珣同泣血镌石。

〖**题解**〗该碑文为萧籍自撰，全称《明敕封文林郎、河南渑池县知县，历奉直大夫、山西泽州知州萧公墓志铭》，记述了自己家族世袭、生平阅历及为人处世之道。碑文撰于明祟祯十四年（1641）中秋日，碑现存文县西园村某居民处。

明崇祯十六年（癸未年，1643）三月，萧籍逝后，由其子萧鸣虞等镌石葬之。次年三月，李自成攻克北京，明朝灭亡。萧籍墓位于文县城关镇鹄衣坝村后坪，东临放马沟，西临高家沟，北依双牛子梁。1973年秋，当地群众在农田基建中发现该地有古代墓葬群。经发掘，有萧籍及其妻张氏、其父萧公与谢氏等家族的墓葬，并发现墓志铭9通（其中萧籍墓志铭4通）。墓侧有肖籍夫人墓，未开启。

## 王氏墓碑

（清）佚名

时大清光绪十三年岁次丁亥三月清明节下浣之辰　合户公修

念余始祖根源明白清楚，可传来自水坡地域，落业文邑柳元（园），迄今七世八世，后代子孙茂盛。前碑摇损，今又重修改迁。一世生子六人，二人填房火关。

永垂不朽，万代不磨。

皇清膺赠庠员、诰孺人故一世始祖

考王公讳

妣甄氏

〖题解〗碑今存文县石坊乡柳园村王奋林家门口，高75厘米，宽50厘米，清光绪十三年（1887）王氏合户公立，无撰写者姓名。火关：即火烧关。在县城城北关家沟。

## 张氏八甲六房先茔碑碣

（民国）张得胜

胜生也晚。远祖根柢，世代汩湮难考；近宗支派，亲疏紊乱不清。仅闻父老遗言，胜一户为六房之后，微论六房以上之大、二、三、四、五房之后，世系无存。即我六房始祖之名讳，亦谱牒未载。胜穷源有素，探本无由，谨勒碑碣，镌以“张氏八甲六房先茔”数字。意者，水之源在是，木之本亦在是乎。伏愿在后之人，岁时瞻拜，倘联一脉之情，永敦睦族之谊。谓此碑为六房之始祖也可，谓为由水坡迁礬厂之始祖也可。上而溯之，谓为洪（弘）治八年由礼县迁文邑之始祖也可，即谓为洪武二十七年由北直通州迁礼县崖城里之始祖也亦无不可。总之，报本为是。

时在中华民国八年岁次己未三月初六日清明

前清花翎游击衔、裔孙张得胜志

合户众裔孙公立。

〖题解〗碑文主要记载了文县尚德乡张氏八甲六房迁移历史，对于研究文县古代移民状况和村庄地名变化具有重要的文献价值。该碑高153厘米，宽61厘米，厚4.3厘米。青石质。碑文凡9行，满行30字，正书。碑首横刻“癸山丁”3字，正书，大字。碑中间纵刻“张氏八甲六房先茔碑碣”10字，正书，大字。清末花翎游击张得胜撰文。碑碣现存文县尚德乡张友石家。

〖撰者〗张得胜，字凯臣，文县礬厂（今文县城关凡昌村）人，生于清同治七年（1868），殁于民国13年（1924），曾随董福祥在伊犁戍边，屡立军功，官至花翎游击（三品武官）。

## 七、徽县墓志铭

# 宋故开府吴公墓志铭

（宋）胡世将

绍兴九年春三月，开府仪同三司吴公，以寝疾奏乞谢事，天子恻然忧之，命四川安抚制置使、成都守臣世将，访善医治疾，又驰国医往视。公以六月己巳薨于军，享年四十有七。七月遗表闻，上震悼，辍朝二日。赠公少师，凡恤典悉加厚。其弟璘与诸孤，奉丧归葬于德顺军水洛城北原先茔之次。十一月，上念公之已葬，诏有司赐钱三十万，擢璘继神龙卫四厢都指挥使，以慰恤其家。恩义备极矣。

盖自天下用兵，乘舆省康吴。会公以偏师起西鄙，奋孤忠，抑大难，保川陕共百十六州，以重上流之势，屏翰王室，屹如长城。方敌国深浸，叛臣僭窃，道路阻绝，公未尝得一见天子。独其精忠上达，圣主明见万里之外，谓公可属大事，当方面，凡军事不从中御，而赏罚付之不疑，以卒成却敌固圉之功者，惟天子之明，而公之忠也。既葬，诸孤以行状请铭，谨序而铭之。

惟吴氏出泰伯之后，以国为姓，至季札避位，其子孙家鲁、卫之间。厥后散处四方，虽谱谍遗佚，遂不可尽考。而起守西河，芮国长沙，汉封广平，皆本德义，尚忠勇，为世良将。而公天挺英奇，崛起于百千载之后。赫然功名，与之相望，迹其流风余烈，盖有自焉。

公之曾祖讳谦，赠太子少保，妣李氏，永宁郡夫人。祖讳遂，赠太子太傅，妣齐氏，晋宁郡夫人。考讳扆，赠少保。妣刘氏，嘉国夫人。自少保而上，世居德顺之陇干，以公贵，追荣三世。公讳玠，字晋卿，少沈毅，有志节，善骑射，知兵法，读书能通大义。未冠，以良家子隶径原军。政和中，夏人犯边，力战有功，补进义副尉，稍擢队将。从讨浙西贼方腊，破其众，擒酋长一人。及击破河北群盗，累功转忠训郎，权泾原第十将。夏人攻怀德军，公以百余骑突击追北，斩首级百四十有六，转秉义郎，擢本路第二副将，自是威名益震。

建炎二年，金人内侵已三载矣。春，渡河，出大庆关，略秦、雍，所过城邑辄下。三月，自巩州至凤翔，陇右都护张严邀战失利，敌势愈张，谋趋泾州。大将曲端据守麻务镇，命公为前锋。公进据青溪岭，逆击，大破之，敌始有惮公意。转武义郎，权泾原路兵马都监，兼知怀德军。冬，以本道军复华州。师入，命将士无杀略，居民安堵。转武功大夫，忠州刺史。三年冬，蜀贼史斌寇兴、凤，据长安，谋为不轨，公击斩之，转右武大夫。四年春，擢泾原路马步军副总管。金人谋取环、庆，大将娄室以众数万至麻亭，公与战于彭店原，士殊死斗，杀伤过半，敌惧引去。而曲端劾公违节度，坐降武显大夫，罢总管。论者不平。未几，复故官职，改秦凤路马步军副总管，知凤翔府，兼权永兴军路经略安抚司公事。进复长安，转右武大夫、忠州防御使。宣抚处置司将合五路兵与金人决战，公谓："宜各守要害，以待其敝"。秋九月，师次富平，都统制会诸将议战，公又曰："兵以利动，令地势不利，何以战？宜据高阜，先为不可胜者。"众曰："我师数倍，又前苇泽，非敌骑所宜。"不听。

既而敌骤至，囊土逾淖，以薄吾营，军遂大溃，而五路悉陷，巴蜀大震。公独整旅，保散关之东和尚原，积粟给兵，列栅其上。或谓公："宜屯汉中，以安巴蜀。"公曰："敌不破我，必不敢进。坚壁重兵以临之，彼惧吾蹑其后。保蜀之道也。"

明年，改元绍兴。春三月，敌酋没立果率锐兵犯我，期必取而后进，公击败之，拜忠州防御使、兼帅泾原。夏五月，没立复会别将孛鲁折合众数万，使大将由阶、成出散关先至，公与之战三日，大败而去。没立方攻箭舌关，公复遣麾下击退，卒不得与二将合。转明州观察使。丁嘉国忧。起复，寻兼陕西诸路都统制。敌自破契丹以来，狃于常胜，至每与公战，辄败，不胜其愤。冬十月，元帅四太子者会诸道兵十余万，造浮梁，跨渭水，自宝鸡连营三十里。又垒石为城，夹涧水与官军相距。公指授诸将，选劲弓弩，号"驻队"，番休迭射，矢发如雨。贼稍却，则以奇兵旁击。如是者三日，度其困且走，则为伏于神岔，以待其归。伏发，敌众大乱，俘其将羊哥孛堇及其酋领三百余人，甲士八百六十人，尸填坑谷者二十余里，获铠仗数万计。拜镇西军节度使。二年，兼宣抚陕西处置使司都统制，节制兴、文、龙州。

位于徽县钟楼山的《宋故开府吴公墓志铭》石碑

敌久窥蜀，必欲以奇取之。三年春，缮其兵，又尽发五路叛卒，声言东去，反自商于出汉阴，捣梁、洋，金州失守。公亟率麾下倍道疾驰，且调兵利、阆。既至，适与敌遇，使人以黄柑遗其帅撒离喝。敌惊曰："吴公来何速耶！"遂大战饶风关，凡六日，敌皆败，杀伤不可胜计。撒离喝怒斩其千户孛堇数人，以死犯关，出官军后，公徐结阵趋西县。或曰："蜀危矣！"公曰："敌去国远斗，而死伤大半，吾方全师以制其枢，蜀何忧耶？"月余，敌果退。加检校少保，充利州路阶、成、凤州节度制置使。明年春二月，敌复大入，犯仙人关。公豫为垒，旁曰胜金坪，严兵以待。敌据阜战，且攻垒，公命将士更射，又出锐兵以击其左右。战五日，皆捷，敌复遁去。上闻之嘉叹，赐以亲札，曰："朕恨不抚卿背也。"是役也，敌决意入蜀，自其元帅以下皆尽室以来，又以刘豫心腹为四川招抚使。既不得志，度公终不可侥胜，则还据凤翔，授甲士田，为久留计，自是不复轻动矣。夏四月，徙镇宁国，除川陕宣抚副使。秋七月，录仙人关功，进检校少师、奉宁、保静军节度使。五年春，攻下秦州。六年，兼营田大使，徙镇保平、靖难军。

公与敌对垒，且十载，常患远饷劳民，屡汰冗员，节浮费，岁益屯田至十万斛。又调戍兵，命梁、洋守将治褒城废堰，广溉民田，复业者数万家。朝廷嘉之，每降玺书褒谕。七年冬，敌废刘豫，且益兵，众以为疑，公策其将去。九年春，和议成，上以其功高，复赐亲札，进开府仪同三司，迁四川宣抚使，遣内侍赍诰赐。公已病甚，扶掖听命，自以赏过其劳，固辞，优诏不许。时，失地既复，方倚绥抚，而疾不可为矣。天口口口口口口口终始保蜀，付之安全，若有所恃，以是蜀人尤悲而思之。

公娶张氏，故侍中耆之后，封永宁郡夫人。子男五人：拱，右武郎；扶、撝皆承奉郎；扩、揔尚幼。女四人。

公能乐善，每观史，前事可师者必书而识之左右。用兵本孙、吴，而能知其变，务远大不求近效，故能保其必胜。御下严而有恩，视卒之休戚如己，而同其甘苦，故人乐为之用。既贵，而自奉之约不逾平时，至推以予士不少吝，故家无赀，而至无宅而居。呜呼：虽古名将何加焉。

〖题解〗《宋故开府吴公墓志铭》石碑现位于徽县城北的钟楼山。钟楼山因吴玠墓而闻名，俗称吴山。山高仅数十米，山顶平坦，原有封土冢两座，一座在正北（经勘测，无墓葬痕迹），另一座在碑之正东约九米处，呈半球状，高 1.4 米．底部围长 3.9 米，用石块筑起约 40 厘米。墓前是清嘉庆十四年（1809）徽县知县张伯魁所建碑亭，内立“故开府吴忠烈墓志铭碑”。碑坐东朝西，高 2.96 米，宽 1.53 米，厚 0.31 米。碑额左右两条蟠龙对应，额下正中分三行篆书“宋故开府吴公墓志铭”九字。碑文为南宋抗金名将四川宣抚使胡世将所撰。应作于绍兴九年（1139）冬或绍兴十年（1140）春，“既葬，诸孤以行状请铭，谨序而铭之”。正文楷书共二十一行，每行 80 余字，共 1680 余字，现大部已剥落不可辩识。碑文在清《甘肃通志》、张维《陇右金石录》《秦州直隶州志》《徽县志》中均有载录，但略有异。碑阴，张伯魁刻有如下文字：“大清嘉庆十三年秋，知县张伯魁，海盐人，因修县志，访考遗迹。有碑于钟楼山，读其文，宋吴忠烈墓志碑也。临崖将坠，伯魁虑心默祷。亟令石工前移四十步，筑围墙、立墓门以识之。敬赋五言二首记于碑阴：独立高原上，岿然见一碑。阴风号鬼卒，暮雨隐神旗。迟我西来日，怜公北伐时。历朝颁爵赏，枉自数功奇。六百年前墓，艰难百战身。兄弟溥久泽，南北倚孤臣。哀角秋声乱，奇兵地势屯。宣扬渐德薄，五字欲通神。”据张伯魁《重修吴王庙记》记载：张伯魁经踏访考证，残存于吴山东麓荒沟中的一楹颓废庙宇为吴王庙，鉴于庙庭之前“刍牧往来，流民环集，慨然忧之。”于是禁绝放牧，移出居民，并在丁卯（1807）年夏，将山下吴王庙移至山顶，捐出俸禄，重新建起三楹殿宇，再塑吴玠父子神像，又在庭外修筑了十三丈石道，直通山门。因见“宋故开府吴公墓志铭”碑临近悬崖，摇摇欲坠，即组织人力往内移动了四十步，重修碑亭加以保护。光绪六年（1880），徽县知事李裕泽再次重修了碑亭。民国时期，国民军旅长李铁军 1934 年在徽县驻防时，又在碑面正中纵向复刻“宋故将军吴玠之墓”八个楷书大字。

《宋故开府吴公墓志铭》于 1963 年 2 月 11 日被省人民委员会公布为省级重点文物保护单位。1978 年将墓碑复正，并建碑亭保护。1985 年，由省文物局拔专款对碑亭进行了重修。1981 年 9 月 10 日，甘肃省人民政府公布墓区为省级重点文物保护单位，并划定整个吴山及山上古柏皆在保护之列。1992 至 1995 年，由省文物局两次拔专款四万元对碑亭进行了重修，新建成仿宋代建筑风格的砖木结构六角亭一座。该碑与现存仙人关吴王城中的《忠烈吴公祠记》碑，均为研究宋金历史的重要文物资料。

据碑文“弟璘与诸孤奉丧归葬于德顺军水洛城北原先茔之次”及“十一月，上念公之已葬，诏有司赐钱三十万，擢璘继神龙卫四厢都指挥使，以慰恤其家。”等内容记叙及《甘肃新通志》和《静宁县志》记载：“玠墓在宁州南一百二十里水落城北塬”。可证吴玠确已归葬“德顺军水洛城北原先茔”（今称吴王坟或吴玠墓，位于庄浪县城十公里的白堡乡赵家坟山村，旧称“吴王坟山”）。故徽县城北钟楼山吴玠墓应当为衣冠冢。当时（绍兴九年三月），宋金和议初成，同年六月二十一日吴玠卒，弟璘与诸孤奉丧归葬故乡，但因吴玠系朝廷重臣，神道碑及墓志铭由朝廷命人撰写，故灵柩先归，而碑铭后至。同年八月金人背盟，次年四月大举入寇。因此，吴玠虽归葬故乡而碑铭尚未刻成。《宋故开府吴公墓志铭》为吴玠归葬故乡后刻成并寄立于河池，以待收复水洛城后送往归葬地。

〖**撰者**〗胡世将（1085—1142），字承公，常州晋陵（今江苏常州）人。徽宗崇宁五年（1106）进士，曾任监察御史、福建路抚谕使。迁中书舍人、尚书右司员外郎，又迁起居郎，未几，召为给事中兼侍讲、直学士院，知镇江府，入为礼部侍郎，改刑部，出知洪州，兼江西安抚、制置使。复迁兵部侍郎。寻以枢密直学士出为四川安抚制置使，兼知成都府。绍兴九年（1139），吴玠卒，以胡世将为宝文阁学士、川陕宣抚使，诏除端明殿学士。绍兴十一年秋，除资政殿学士，致仕。绍兴十二年（1142）卒。

## 八、宕昌县墓志铭

### 明故封嘉议大夫、都察院右副都御史张公墓志铭

（明）刘健

赐进士出身、嘉议大夫、礼部右侍郎兼翰林学士知制诰、同知经筵事、国史总裁洛阳刘健撰文。

赐进士出身、翰林院侍讲学士、奉直大夫、经筵官兼修国史长沙李东阳篆盖。

徵仕郎、中书舍人、直文渊阁侍经筵官、预修国史永嘉柳楷书丹。

弘治元年四月一日，封嘉议大夫、都察院右副都御史张公卒于陕西岷州卫，其子右副都御史锦，时奉命巡抚宣府，乞归守制。朝廷加恩，特遣官谕祭，且命有司营葬事。锦得命，将以明年三月二十四日葬公于岷州南宝盖山，具事状请为葬铭。余于锦远祖具徙自河南之太康，尝敦乡好，不可辞，乃按状序而铭之。

公讳善，字伯祥，姓张氏，其先河南太康人。曾祖敬，仕元至参知政事。国初，尝为湖广岳州卫指挥。寻以元旧臣谪戍陕西岷州，遂家焉。祖兴，父文信，母陈氏。公蚤失怙，事母极孝养，然性耿直介，与人寡合，乡人会饮，多不与。虽冠婚之会，亦未尝久留。无事辄危坐，言不妄发，故乡人敬畏。有争辩，率造之求直，面析人是非，不以为忤焉。尝以卒役屯田，虽贫甚，岁输未毕不敢先谋衣食。时屯地广阔，人竞置产，公独延师训其子，或识其迂，公语之曰：“非。但欲其成器，使少知礼义，即不为非，辱及其先，此不愈于遗之以厚产乎？”成化丙戌秋，胡寇入境，人皆逃避，公言于众曰：“贼所欲者利也，今乘间入，得利即去，必不深入。”已而果然。未几，寇复至，公又言曰：“近边被掠已尽，必将深入。”遂携家远避，贼果越境百余里大掠。其识见过人，多类此。己丑，锦第进士，得假归省，公戒之曰：“人之才质高下，固系乎命，而居官廉贪则由乎己。尔宜努力，毋负所学。”辛卯，锦授刑部主事，始得俸银三两，即寄归，而失题所从来，公即封还，更赐银如数以勉之。甲午，以锦貤恩封刑部主事。癸卯，封大理寺丞。丁未，锦升右副都御史，

巡抚宣府，遇朝廷上皇太后徽号，覃恩，遂进封嘉议大夫、都察院右副都御史。公既雅，性耿介，及进秩都宪，愈尊重，简出入，恒居村落，足迹未尝及城市。明年三月二十五日，感末疾，知不起，始徙于城居，越六日，衣冠与亲故从容诀别而卒，距其生永乐辛卯二月十二日，享年七十有八。配赵氏，有贤德。先公三十二年卒。子男五：长铭、次鋴、次即锦、次铎、次镛；孙男九：潜、淳、渊、澜、渥、沐、浑、滂、沛；女五：许适岷州卫指挥洪寿子范、罗瑄子凤，余尚幼。

余虽与锦相厚，而未及知其父，恒以锦之为人求之，意必一隐德君子，今观事状所述，岂惟可以验余意之不爽。而锦之为人，立官行己，卓然可称，固亦有自矣！是宜有铭。乃为之铭曰：

张氏之先，显名缙绅。中更迁谪，克绍有人。挺挺封君，不随流俗。一语一默，前人芳躅。箕求之业，都宪是承。发奸涤弊，凛然是称。先民有言，公侯复始。勒词贞珉，以昭厥美。

〖**题解**〗该碑为明都察院右副都御史张锦之父张善墓志铭，碑文记述了张善家族迁居岷州之由来。该碑铭于20世纪60年代出土于宕昌县阿坞乡麻界村张家坟，其墓规制宏大，有石马、石羊、石龟等，俗称侍郎坟。

〖**撰者**〗刘健（1433—1526），字希贤，河南洛阳人。弘治十一年春，成为首辅，加少傅兼太子太傅。《大明会典》修成后，刘健加少师兼太子太师，任吏部尚书、华盖殿大学士。弘治十八年，孝宗驾崩，遗诏命刘健等辅政。宦官刘瑾干政，刘健告老还乡。嘉靖五年病卒，赠太师，谥文靖。

## 皇清待赠厚庵杨公墓志铭

（清）陈如平

公讳（喜），字厚庵，世居荔之杨家庄。生而纯笃，孝友，靡侃言。先时，公家计不甚裕，耕田树畜，中年来渐有完聚，象杖乡之年，值花门之变，险阻艰难，备尝其苦而卒。以保全基绪，垂裕后昆。性朴默，与人言皆心声也，无一毫世俗酬对态，又笃於赒恤之谊。

荔近山，居人多瘠苦，每缓急相需，必通有无，以舒其困，薄息而缓追焉。以故，桑梓间咸颂其德。八旬寿辰，远近制锦帐以志美称，觞者数百人。及升遐之日，奠吊踵门，复为锦联，以寄追思，至今口碑满道，犹啧啧称杨公不衰云。公生于嘉庆七年四月二十五日，没于光绪五年闰三月，春秋八十有一。原配段孺人，生子四：次，郭代，早逝；长，殿科，俱文厚，有父风。叔氏没于光绪十一年，而长公尤磊落多器识。光绪甲申，荔绅举乡饮耆宾，以旌其德。孙十一。仲氏，子映奎，于光绪十一年游于武泮焉。元孙八，俱业儒。

嗟乎！作善降祥，立德不朽，非公之盛德称累，而昌后如此乎？总角时曾及见公，令濡毫为志，犹仿佛遇之耳。

例授文林郎、吏部拣选试用知县、住讲文明书院、已卯科举人、乡愚晚陈如平顿首拜譔。

天水闫廷栋敬书

四川石工杨大进刻

大清光绪十四年四月吉日

春秀

男杨殿科率孙 映奎　元孙　春蔚　等同心

映斗　　　　　春芳

〖题解〗碑文记载了清岷州荔川绅士杨厚庵先生品德及家族世袭。该碑立于清光绪十四年（1888），荔川，今为宕昌县理川镇。

〖撰者〗陈如平（1856—1915），字子衡，号迟园居士，岷州闾井人。十三岁入岷阳书院攻读，光绪五年（1879）中乙卯科举人。后任文明书院山长。著有《迟园诗钞》《岷州续志采访录》。

## 九、康县墓志铭

### 崔又若墓志铭

（清）黄允中

吾尝博稽流品，微论其琢磨，完善之士，指不多屈，即啜糟饮醨之中，求其片长卓著者，亦殊寥寥。关之西乡有崔公者，生而颖异，龆龄志学，即有骐骥之目，奉侍庭帏，其继志述事，尤为群伦类所推。但纷心堂构，因而弛志芹宫，良可慨矣。关属自同治间，屡经兵燹，俗成强悍。闾里子弟，率皆力矜两石，目不识丁。公捐地建学，监立书院一所。与厅主罗公日淬月励，力振斯文。自公监堂后，凡生徒所需者，无不极力经营，以臻完善。罗公开乎草昧，公则赞助文明。而后嚣凌之习，转成弦诵之风；俚野之夫，赞为文学之士矣。公又乐善好施，在包家坡购地一所，舍作义园，不忍行有胔骼③，其泽及枯骨又如此。所以德必食报，次子先年泮宫已步，嫡孙今日云路争奇，非盛德曷克臻此。不意红尘息驾，玉楼题名，痛於光绪三十二年八月初七日，公今往矣。聊志颠末，以抒高山景仰云耳。又为之挽歌曰：夕阳冉冉几荒丘，柏古松苍风正遒；闾里而今传盛事，关山不砺自千秋。

〖题解〗碑文记载了崔又若捐地建学等功德事迹。碑约立于清光绪三十二年（1906）。碑现无考，碑文录自民国王德新编《新纂康县县志》。

〖撰者〗黄允中，字传薪，康县寺台乡磨坝人。与其兄黄居中俱为岁贡。曾任贵州试用州判。

## 附：陕西略阳县毛坝村北魏武兴国姜太妃墓志碑

**□□□□□□□□□□州诸军事、征西将军、平羌校尉、□□□□、□□王夫人姜太妃之墓志颂**

□□□□，□□□津。常姜□圣，龙首降神。来搙其穗，□□□□。□□所应，寳锺夫人。邦家之宝，乡国所珎。□□□□，□之能遵。功显中谷，义照河洲。窈窕淑女，

□□□□。声如黄鸟，行若尸鸠。苹蘩朝□，杍柚夕修。□□□徐，如有□忧。烦姬赞楚，任似冀周。孝绩我后，□□加□。其恩如日，其泽如流。天步将臻，咸业方乱。

大山摧峯，邓林霄干。既□所天，溷虽国难。抚育孤弱，仙挽朝旦。频经汤火，屡遭水炭。内敏灵谟，外运神筭。灭景重晖，颓基溷观。专政九龄，洪业斯赞。百福云集，千灾雾散。乃修母仪，委重遗軆。言则宣经，行必由礼。五庙肃肃，二朝济济。柔风远覃，惠泽遐洗。方辞朱堂，永窴玄郢，竇器空陈。玉镜徒皎，鹄閈苔绿，旁灯衣缥。

略阳县横现河镇发现的北魏武兴国姜太妃墓志碑

哀恸人神，痛感禽鸟。金石有期。音晖无剿。

维大魏正始元年岁次甲申十一月甲辰朔十八日辛酉合墓三徂永安陵

石工　志音仝（按：这三字颠倒书写）

〖题解〗该墓志发现于陕西省汉中市略阳县横现河镇毛坝村赵家湾食品医药工业园工程基建工地。这里北临横现河水，近处山名武兴山。原为墓地，20世纪70年代被平为耕地。2010年8月6日，古墓葬群被挖出，其中一人多高半间房大小墓室三个，可惜被毁。当时挖出了三块碑，两块被就地掩埋，已无法断定确切位置。现存墓碑碑首残缺，高0.84米，宽0.86米，厚0.14米。其上纵刻碑文19行、每行20字。右上角残长0.34米，残高0.42米。缺失44字。

从墓志题首的“□□□□□□□□□□州诸军事征西将军平羌（校尉）”及“大魏正始元年岁次甲申十一月甲辰朔十八日辛酉合墓三徂永安陵”等内容判定，此碑与北魏时期居于武兴（今陕西略阳县）的仇池氐族武兴国有极大的渊源关系。“大魏正始元年”即北魏宣武帝元恪正始元年（504年）。史书上记载此时在武兴（今陕西略阳县）建有武兴国，为氐族仇池杨氏所建。“征西将军，平羌校尉”与武兴王的爵位与称号相符。氐族仇池杨氏在历史上曾建有前仇池国、后仇池国、武都国、武兴国、阴平国五个政权，其主要活动地域在今陇南大部及陕西略阳之地。刘宋升明元年（477），魏将皮欢喜杀杨文度，占领仇池。次年6月，杨文度弟杨文弘为白水太守，驻军武兴，称武兴王，建国武兴（治今略阳县城）。武兴国由此开始。同时，武都国杨难当族弟杨广香因协助北魏杀杨文度有功被封为阴平国主，使武兴国与阴平国同时存在。魏以杨文弘为督北秦州诸军事。杨文弘于479年派李乌奴攻陷汉中，随即受到南齐攻伐，遂降南齐。南齐建元四年（482）9月，杨文弘卒。其堂兄之子杨后起（杨难当的嫡孙）继为武兴王，北魏封他为武都王，南齐封他为冠军将军、征虏将军。南齐永明四年（486），杨后起死，杨文弘之子杨集始在齐世祖帮助下收回了武兴，复立武兴国。数年后，杨集始又出兵伐齐，为齐所败，逃于北魏，北魏封其为武兴王。487年，齐封杨集始为持节、辅国将军、武都王。除杨集始之母姜氏为太夫人，假银印。492年杨集始派军队进攻齐军占据的白水，兵败后又叛齐降魏。齐永元二年（500），齐复授杨集始为平羌校尉、北秦州刺史。景明初（500—503），杨集始再降魏。梁天监元年（502）春，杨集始卒。502年

11 月，魏立杨集始子杨绍先为武兴王，拜都督、南秦州刺史、征虏将军、汉中郡公。因其年幼，由叔父杨集起、杨集义掌握，求援于梁国，502 年，梁国立杨绍先为武兴国皇帝。504 年 11 月（大魏正始元年），姜太妃卒。由此可证，姜太妃为武兴王杨文弘之妻、杨集始之母。《南齐书》对武兴王杨文弘之妻姜氏有较详细记载。

武兴城，三国蜀汉时修筑，故城址在今陕西略阳县。城周长五百余步，只开西北一门，外有垒仓，形势险固。后来仇池杨氏在南北朝时建立武兴国（478—553）割据于此。北魏正始三年（506）设置军镇，又设武兴县，隋朝改名顺政县。后改为兴州、沔州、略阳县等。

# 第三十三编 艺 文

## 第一章 诗 词

本志专列《诗词》，辑录自古至今陇南诗词作品，以展示陇南文化积淀之厚重。入选的标准有二：一为颂咏陇南之人、之物、之事；一为陇南人之上乘作品。故不论本籍作者或外籍作者，与陇南密切相关之作品均在入选之列。另，诗词中之注释均为作者自注。

### 第一节 古代诗词

#### 《诗经·秦风》五首

《诗经》是中国第一部诗歌总集，收入自西周初—春秋中叶五百多年的诗歌305篇，又称《诗三百》。

《诗经·秦风》共有10首作品，是春秋时期秦国（今甘肃陇南和陕西关中地区）地域的作品。秦先祖在西周时的发祥地在西犬丘（亦称西垂），即今甘肃省陇南市礼县大堡子山一带，东周时东迁于今陕西关中地区。其中《车邻》《驷驖》《小戎》《蒹葭》《无衣》是产生于甘肃陇南的作品，所写内容真实地反映了秦先祖在故地西垂的生活经历。

**车 邻**

有车邻邻，有马白颠。未见君子，□□□□，□□□□，寺人之令。阪有漆，隰有栗。既见君子，并坐鼓瑟。今者不乐，逝者其耋。阪有桑，隰有杨。既见君子，并坐鼓簧。今者不乐，逝者其亡。

## 驷驖

驷驖孔阜，六辔在手。公之媚子，从公于狩。奉时辰牡，辰牡孔硕。公曰左之，舍拔则获。游于北园，四马既闲。輶车鸾镳，载猃歇骄。

## 小戎

小戎俴收，五楘梁辀。游环胁驱，阴靷鋈续。文茵畅毂，驾我骐馵。言念君子，温其如玉。在其板屋，乱我心曲。

四牡孔阜，六辔在手。骐骝是中，騧骊是骖。龙盾之合，鋈以觼軜。言念君子，温其在邑。方何为期？胡然我念之！

俴驷孔群，厹矛鋈錞。蒙伐有苑，虎韔镂膺。交韔二弓，竹闭绲縢。言念君子，载寝载兴。厌厌良人，秩秩德音。

## 蒹葭

蒹葭苍苍，白露为霜。所谓伊人，在水一方，溯洄从之，道阻且长。溯游从之，宛在水中央。

蒹葭萋萋，白露未晞。所谓伊人，在水之湄。溯洄从之，道阻且跻。溯游从之，宛在水中坻。

蒹葭采采，白露未已。所谓伊人，在水之涘。溯洄从之，道阻且右。溯游从之，宛在水中沚。

## 无衣

岂曰无衣？与子同袍。王于兴师，修我戈矛。与子同仇！岂曰无衣？与子同泽。王于兴师，修我矛戟。与子偕作！岂曰无衣？与子同裳。王于兴师，修我甲兵。与子偕行！

**南北朝·阴铿**

## 蜀道难

王尊奉汉朝，灵关不惮遥。高岷常有雪，阴栈屡经烧。轮摧九折路，骑阻七星桥。蜀道难如此，功名讵可要？

**唐·张说**

## 过蜀道山

我行春三月，山中百花开。披林入峭蒨，攀登陟崔嵬。白云半峰起，清江出峡来。谁知高深意，缅邈心幽哉。

**唐·李白**

## 蜀道难

噫吁戏，危乎高哉！
蜀道之难难于上青天。
蚕丛及鱼凫，开国何茫然。
尔来四万八千岁，不与秦塞通人烟。
西当太白有鸟道，可以横绝峨眉巅。
地崩山摧壮士死，然后天梯石栈方钩连。
上有六龙回日之高标，下有冲波逆折之回川。
黄鹤之飞尚不得，猿猱欲度愁攀援。
青泥何盘盘，百步九折萦岩峦。
扪参历井仰胁息，以手抚膺坐长叹！
问君西游何时还？畏途巉岩不可攀。
但见悲鸟号古木，雄飞雌从绕林间。
又闻子规啼夜月，愁空山。
蜀道之难难于上青天，使人听此凋朱颜！
连峰去天不盈尺，枯松倒挂倚绝壁。
飞湍瀑流争喧豗，砯崖转石万壑雷。
其险也如此，嗟尔远道之人。
胡为乎来哉！剑阁峥嵘而崔嵬，

一夫当关，万夫莫开。
所守或匪亲，化为狼与豺。
朝避猛虎，夕避长蛇，
磨牙吮血，杀人如麻。
锦城虽云乐，不如早还家。
蜀道之难难于上青天，
侧身西望长咨嗟！

“青泥何盘盘，百步九折萦岩峦”之青泥岭

**唐·杜甫**

## 送韦十六评事充同谷郡防御判官

昔没贼中时，潜与子同游。今归行在所，王事有去留。逼侧兵马间，主忧急良筹。子虽躯干小，老气横九州。挺身艰难际，张目视寇雠。朝廷壮其节，奉诏令参谋。銮舆驻凤翔，同谷为咽喉。西扼弱水道，南镇枹罕陬。此邦承平日，剽劫吏所羞。况乃胡未灭，控带莽悠悠。府中韦使君，道足示怀柔。令侄才俊茂，二美又何求。受词太白脚，走马仇池头。古色沙土裂，积阴雪云稠。羌父豪猪靴，羌儿青兕裘。吹角向月窟，苍山旌旆愁。鸟惊出死树，龙怒拔老湫。古来无人境，今代横戈矛。伤哉文儒士，愤激驰林丘。中原正格斗，后会何缘由。百年赋命定，岂料沉与浮。且复恋良友，握手步道周。论兵远壑净，亦可纵冥搜。题诗得秀句，札翰时相投。

## 秦州杂诗之十四

万古仇池穴，潜通小有天。神鱼人不见，福地语真传。近接西南境，长怀十九泉。何时一茅屋，送老白云边。

## 发秦州

【乾元二年，自秦州赴同谷县纪行】

我生更懒拙，生事不自谋。无食问乐土，无衣思南州。汉源十月交，天气凉如秋。草木未黄落，况闻山水幽。栗亭名更佳，下有良田畴。充肠多薯蓣，崖蜜亦易求。密竹复冬笋，清池可方舟。虽伤旅寓远，庶遂平生游。此邦俯要冲，实恐人事稠。应接非本性，登临未消忧。溪谷无异石，塞田始微收。岂复慰老夫，惘然难久留。日色隐孤戍，乌啼满城头。中宵驱车去，饮马寒塘流。磊落星月高，苍茫云雾浮。大哉乾坤内，吾道长悠悠。

礼县盐官盐神庙

## 盐 井

卤中草木白，青者官盐烟。官作既有程，煮盐烟在川。汲井岁榾榾，出车日连连。自公斗三百，转改斛六千。君子慎止足，小人苦喧阗。我何良叹嗟，物理固自然。

## 寒 峡

行迈日悄悄，山谷势多端。云门转绝岸，积阻霾天寒。寒硖不可度，我实衣裳单。况当仲冬交，溯沿增波澜。野人寻烟语，行子傍水餐。此生免荷殳，未敢辞路难。

## 法镜寺

身危适他州，勉强终劳苦。神伤山行深，愁破崖寺古。婵娟碧藓净，萧摵寒箨聚。洄洄山根水，冉冉松上雨。泄云蒙清晨，初日翳复吐。朱甍半光炯，户牖粲可数。拄策忘前期，出萝已亭午。冥冥子规叫，微径不复取。

西和县石堡乡法镜寺石窟

## 青阳峡

塞外苦厌山，南行道弥恶。冈峦相经亘，云水气参错。林迥峡角来，天窄壁面削。溪西五里石，奋怒向我落。仰看日车侧，俯恐冲轴弱。魑魅啸有风，霜霰浩漠漠。昨忆逾陇坂，高秋视吴岳。东笑莲花卑，北知崆峒薄。超然侔壮观，已谓殷寥廓。突兀犹趁人，及兹叹冥寞。

## 龙门镇

细泉兼轻冰，沮洳栈道湿。不辞辛苦行，迫此短景急。石门雪云隘，古镇峰峦集。旌竿暮惨澹，风水白刃涩。胡马屯成皋，防虞此何及。嗟尔远戍人，山寒夜中泣。

## 石 龛

熊罴咆我东，虎豹号我西。我后鬼长啸，我前狨又啼。天寒昏无日，远道山路迷。驱车石龛下，仲冬见虹霓。伐竹者谁子？悲歌上云梯。为官采美箭，五步供梁齐。苦云直簳尽，无以充提携。奈何渔阳骑，飒飒惊蒸黎。

## 积草岭

【同谷县界】

连峰积长阴，白日递隐见。嗖嗖林响交，惨惨石状变。山分积草岭，路异明水县。旅泊吾道穷，衰年岁时倦。卜居尚百里，休驾投诸彦。邑有佳主人，情如已会面。来书语绝妙，远客惊深眷。食蕨不愿余，茅茨眼中见。

## 泥功山

朝行青泥上，暮在青泥中。泥泞非一时，版筑劳人功。无畏道途远，乃将汩没同。白马为铁骊，小儿成老翁。哀猿透却坠，死鹿力所穷。寄语北来人，后来莫匆匆。

成县杜公祠杜甫塑像

## 凤凰台

【山峻，人不至高顶】

亭亭凤凰台，北对西康州。西伯今寂寞，凤声亦悠悠。山峻路绝踪，石林气高浮。安得万丈梯，为君上上头？恐有无母雏，饥寒日啾啾。我愿剖心血，饮啄慰孤愁。心以当竹实，炯然无外求。血以当醴泉，岂徒比清流？所书王者瑞，敢辞微命休。坐看彩翮长，纵意八极周。自天衔瑞图，飞下十二楼。图以奉至尊，凤以垂鸿猷。再光中兴业，一洗苍生忧。深衷正如此，群盗何淹留？

## 两当县吴十侍御江上宅

寒城朝烟淡，山谷落叶赤。阴风千里来，吹汝江上宅。鹍鸡号枉渚，日色傍阡陌。借问持斧翁，几年长沙客？哀哀失木狖，矫矫避弓翮。亦知故乡乐，未敢思夙昔。昔在凤翔都，共通金闺籍。天子犹蒙尘，东郊暗长戟。兵家忌间谍，此辈常接迹。台中领举劾，君必慎剖析。不忍杀无辜，所以分白黑。上官权许与，失意见迁斥。仲尼甘旅人，向子识损益。朝廷非不知，闭口休叹息。余时忝诤臣，丹陛实咫尺。相看受狼狈，至死难塞责。行迈心多违，出门无与适。于公负明义，惆怅头更白。

## 乾元中寓居同谷县作歌七首

有客有客字子美，白头乱发垂过耳。岁拾橡栗随狙公，天寒日暮山谷里。中原无书归不得，手脚冻皴皮肉死。呜呼一歌兮歌已哀，悲歌为我从天来。

长镵长镵白木柄，我生托子以为命。黄独无苗山雪盛，短衣数挽不掩胫。此时与子空归来，男呻女吟四壁静。呜呼二歌兮歌始放，闾里为我色惆怅。

唐代同谷县在今徽县栗亭乡杜公村一带

有弟有弟在远方，三人各瘦何人强？生别展转不相见，胡尘暗天道路长。东飞驾鹅后鹙鸧，安得送我置汝旁？呜呼三歌兮歌三发，汝归何处收兄骨？

有妹有妹在钟离，良人早殁诸孤痴。长淮浪高蛟龙怒，十年不见来何时？扁舟欲往箭满眼，杳杳南国多旌旗。呜呼四歌兮歌四奏，林猿为我啼清昼。

洛水又称洛江，流经元观峡，此地传为“少陵钓台”

四山多风溪水急，寒雨飒飒枯树湿。黄蒿古城云不开，白狐跳梁黄狐立。我生何为在穷谷，中夜起坐万感集。呜呼五歌兮歌正长，魂招不来归故乡。

南有龙兮在山湫，古木巃嵸枝相樛。木叶黄落龙正蛰，蝮蛇东来水上游。我行怪此安敢出，拔剑欲斩且复休。呜呼六歌兮歌思迟，溪壑为我回春姿。

男儿生不成名身已老，三年饥走荒山道。长安卿相多少年，富贵应须致身早。山中儒生旧相识，但话宿昔伤怀抱。呜呼七歌兮悄终曲，仰视皇天白日速。

## 万丈潭

【同谷县】

青溪合冥寞，神物有显晦。龙依积水蟠，窟压万丈内。跼步凌垠堮，侧身下烟霭。前临洪涛宽，却立苍石大。山危一径尽，崖绝两壁对。削成根虚无，倒影垂澹瀩。黑如湾澴底，清见光炯碎。孤云倒来深，飞鸟不在外。高萝成帷幄，寒木累旌旆。远川曲通流，嵌窦潜泄濑。造幽无人境，发兴自我辈。告归遗恨多，将老斯游最。闭藏修鳞蛰，出入巨石碍。何事暑天过，快意风云会。

## 发同谷县

【乾元二年十二月一日，自陇右赴剑南纪行】

贤有不黔突，圣有不暖席。况我饥愚人，焉能尚安宅？始来兹山中，休驾喜地僻。奈何迫物累，一岁四行役。忡忡去绝境，杳杳更远适。停骖龙潭云，回首虎崖石。临歧别数子，握手泪再滴。交情无旧深，穷老多惨戚。平生懒拙意，偶值栖遁迹。去住与愿违，仰惭林间翮。

陆俨少《少陵入蜀诗意册》之《木皮岭》

## 木皮岭

首路栗亭西，尚想凤凰村。季冬携童稚，辛苦赴蜀门。南登木皮岭，艰险不易论。汗流被我体，祁寒为之暄。远岫争辅佐，千岩自崩奔。始知五岳外，别有他山尊。仰干塞大明，俯入裂厚坤。再闻虎豹斗，屡跼风水昏。高有废阁道，摧折如短辕。下有冬青林，石上走长根。西崖特秀发，焕若灵芝繁。润聚金碧气，清无沙土痕。忆观昆仑图，目击玄圃存。对此欲何适，默伤垂老魂。

## 白沙渡

畏途随长江，渡口下绝岸。差池上舟楫，杳窕入云汉。天寒荒野外，日暮中流半。我马向北嘶，山猿饮相唤。水清石礧礧，沙白滩漫漫。迥然洗愁辛，多病一疏散。高壁抵嵚崟，洪涛越凌乱。临风独回首，揽辔复三叹。

## 水会渡

山行有常程，中夜尚未安。微月没已久，崖倾路何难。大江动我前，汹若溟渤宽。篙师暗理楫，歌笑轻波澜。霜浓木石滑，风急手足寒。入舟已千忧，陟巘仍万盘。迴眺积水外，始知众星乾。远游令人瘦，衰疾惭加餐。

**唐·张果**

## 题登真洞

修成金骨炼归真，洞锁遗踪不计春。野草漫随青岭秀，闲花长对白云新。风摇翠筱敲寒玉，水激丹砂走素鳞。自是神仙多变异，肯教踪迹掩红尘。

风光旖旎的徽县青泥岭山脉

**唐·元稹**

## 青云驿

岧峣青云岭，下有千仞谿。徘徊不可上，人倦马亦嘶。愿登青云路，若望丹霞梯。谓言青云驿，绣户芙蓉闺。谓言青云骑，玉勒黄金蹄。谓言青云具，瑚琏杂象犀。谓言青云吏，的的颜如珪。怀此青云望，安能复久稽。攀援信不易，风雨正凄凄。已怪杜鹃鸟，先来山下啼。才及青云驿，忽遇蓬蒿妻。延我开荜户，凿窦宛如圭。逡巡吏来谒，头白颜色黧。馈食频叫噪，假器仍乞醯。向时延我者，共舍藿与藜。乘我牂牁马，蒙茸大如羝。悔为青云意，此意良噬脐。昔游蜀门下，有驿名青泥。闻名意惨怆，若坠牢与狴。云泥异所称，人物一以齐。复闻阊阖上，下视日月低。银城蕊珠殿，玉版金字题。大帝直南北，群仙侍东西。龙虎俨队仗，雷霆轰鼓鼙。元君理庭内，左右桃花溪。丹霞烂成绮，景云轻若绨。天池光滟滟，瑶草绿萋萋。众真千万辈，柔颜尽如荑。手持凤尾扇，头戴翠羽笄。云韶互铿戛，霞服相提携。双双发皓齿，各各扬轻袿。天祚乐未极，溟波浩无堤。秽贱灵所恶，安肯问黔黎。桑田变成海，宇县烹为齑。虚皇不愿见，云雾重重翳。大帝安可梦，阊阖何由跻。灵物可见者，愿以谕端倪。虫蛇吐云气，妖氛变虹霓。获麟书诸册，豢龙醢为醓。凤凰占梧桐，丛杂百鸟栖。野鹤啄腥虫，贪饕不如鸡。山鹿藏窟穴，虎豹吞其麛。灵物比灵境，冠履宁甚睽。道胜即为乐，何惭居稗稊。金张好车马，於陵亲灌畦。在梁或在火，不变玉与鹈。上天勿行行，潜穴勿凄凄。吟此青云谕，达观终不迷。

## 遣行十首选一

闻道阴平郡，翛然古戍情。桥兼麋鹿蹋，山应鼓鼙声。羌妇梳头紧，蕃牛护尾惊。怜君闲闷极，只傍白江行。

**唐 · 李商隐**

## 圣女祠

杳霭逢仙迹，苍茫滞客途。何年归碧落？此路向皇都。消息期青雀，逢迎异紫姑。肠回楚国梦，心断汉宫巫。从时裁寒竹，行车荫白榆。星娥一去后，月姊更来无？寡鹄迷苍壑，羁凰怨翠梧。惟应碧桃下，方朔是狂夫。

## 圣女祠

松篁台殿蕙香帏，龙护瑶窗凤掩扉。无质易迷三里雾，不寒长着五铢衣。人间定有崔罗什，天上应无刘武威。寄问钗头双白燕，每期珠馆几时归。

唐代圣女祠在今两当县西坡镇东坡村嘉陵江边的琵琶崖附近

## 重过圣女祠

白石岩扉碧藓滋，上清沦谪得归迟。一春梦雨常飘瓦，尽日灵风不满旗。萼绿华来无定所，杜兰香去未移时。玉郎会此通仙籍，忆向天阶问紫芝。

**唐 · 赵鸿**

## 杜甫同谷茅茨

工部栖迟后，邻家大半无。青羌迷道路，白社寄杯盂。大雅何人继，全生此地孤。孤云飞鸟什，空勒旧山隅。

## 栗　亭

杜甫栗亭诗，诗人多在口。
悠悠二甲子，题纪今何有？

## 泥公庙

立石泥翁状，天然诡怪形。
未尝私祸福，终不费丹青。

唐·同谷子

## 五子之歌

邦惟固本自安宁，临下常须驭朽惊。何事十旬游不返，祸胎从此召殷兵。
酒色声禽号四荒，那堪峻宇又雕墙。静思今古为君者，未或因兹不灭亡。
唯彼陶唐有冀方，少年却不解思量。如今算得当时事，首为盘游乱纪纲。
明明我主万邦君，典则贻将示子孙。惆恨太康荒坠后，覆宗绝祀灭其门。
仇雠万姓遂无依，颜厚何曾解忸怩。 五子既歌邦已失，一场前事悔难追。

唐·王仁裕

## 题麦积山天堂

蹑尽悬空万仞梯，等闲身共白云齐。檐前下视群山小，堂上平分落日低。绝顶路危人少到，古岩松健鹤频栖。天边为要留名姓，拂石殷勤身自题。

## 放　猿

放尔丁宁复故林，旧来行处好追寻。月明巫峡堪怜静，路隔巴山莫厌深。栖宿免劳青嶂梦，跻攀应惬白云心。三秋果熟松梢健，任抱高枝彻晓吟。

## 遇放猿再作

嶓冢祠前汉水滨，饮猿连臂下嶙峋。渐来子细窥行客，认得依稀是野宾。月宿纵劳羁绁梦，松餐非复稻粱身。数声肠断和云叫，识是前时旧主人。

## 咏后主出降

蜀朝昏主出降时，衔璧牵羊倒系旗。二十万人齐拱手，更无一个是男儿。

宋·赵抃

## 题张果老洞

洞老寿松椿，高名古绝群。乱山泉汩汩，举世事纷纷。使者持丹诏，先生卧白云。方今莫招隐，君德正华勋。

### 过青泥岭

老杜休夸蜀道难，我闻天险不同山。青泥岭上青云路，二十年来七往还。

青泥岭下太和庵

### 过铁山铺寄交代吴龙图

暂留山驿又晨兴，西望旌麾想旧朋。三院笔簪曾对直，两川兵印复交承。年光头鬓华如雪，世态心情冷似冰。境上凭诗驰远意，青泥寒晓入云登。

**宋 · 文同**

### 寄夏文州谢金线狨皮

天地生奇兽，朝廷宠近臣。夜鞍须用此，投网为何人？梨果恩虽厚，云山梦想频！烦君远相惠，时为一沾巾。

### 赵 壹

壹也本西县，状貌徒磊砢。其才固难得，行有所不可。世有讵能掩，而尔辄自我。既慾焉得刚，所守实未果。抵罪当至死，其中遂水火。一为人所活，上赋何琐琐。为文好讥骂，恶吻事掀簸。逢陟与规辈，次第滋尔祸。无成困乡里，倔僵老愈叵。何烦遣相视，器识自幺麽。余因守汉中，作诗揭墓左。劝君莫学壹，学壹终坎坷。

## 过青泥

铁山正月雪交加，欲探东风未有涯。 才过青泥春便好，水边林下见梅花

## 水 硙

激水为硙嘉陵民，构高穴深良苦辛。十里之间凡共此，麦入面出无虚人。彼氓居险所产薄，世世食此江之滨。朝廷遣使兴水利，嗟尔平轮与侧轮。

文县白马河上的水磨(水硙)

**宋·鲜于先**

## 云下田

行行未省见平川，云下谁知别有田。山聚邑居能习险，人愁粒食自耕天。

## 玉 枕

群山耸秀抱孤峰，一枕依稀玉色同。织女不知机石坠，嫦娥翻觉海蟾空。

**宋·晁说之**

## 约圆机不至将出游鸡头山作二绝句

（一）

君何忘我不交关，为我胜君便不闲。豹雾人须归豹谷，鸡栖车且游鸡山。

（二）

君知我亦有柴关，我岂输君独自闲。把笔何人凤尾诺，杖藜望我鸡头山。

## 万丈潭观山呈圆机

弃捐踪迹尽悠悠，山水之恩亦太优。成熟此生无再辱，发扬何事敢他求。乘闲今日联高足，就隐明年独远游。潭面可量才万丈，总于春恨作浮沤。

## 君莫恶行

寂寂山城已过春，黄鹂紫椹意相亲。天公奈何不肯雨，小麦含秀安得吐。闻道天公大仁圣，风伯何能回雨令。恐是风伯老儿凶，长涂未许骋群龙。前年流草有余胔，谁言今朝尚忧此。内降白麻出上合，新相为霖君莫恶。

**宋·杜衍**

## 过仇池

仇池行馆最清虚，按部由兹得棖车。对竹祇宜思穴凤，临流不可见渊鱼。

**宋·张方平**

## 青泥岭

斗峻凌霄出混茫，东西秦蜀此分疆。萦纡断涧千寻曲，回合危峦万叠苍。烟外孤村通鸟径，云间盘道绕羊肠。朝家方面非轻寄，何事徘徊望故乡。

## 鱼关诗

【序云：青泥驿西二十里，危峦叠嶂，曰鱼关山。小亭临嘉陵江，江有石闑，水从石罅进流，鱼不可过，故以为名。春夏水没石，鱼行无碍矣。】

中流石埭隐如槌，鼓鬣徜徉此复回。春水渐深沿泳快，为传尺素锦江来。

**宋·苏轼**

## 双石

【至扬州获双石，其一绿色，冈峦迤逦，有穴达于背。其一玉白可鉴，渍以盆水，置几案间。忽忆

在颍州日，梦人请住一官府，榜曰仇池。觉而诵杜子美‘万古仇池穴，潜通小有天’。乃戏作小诗，为僚友一笑。】

梦时良是觉时非，汲水埋盆故自痴。但见玉峰横太白，便从鸟道绝峨眉。秋风与作烟云意，晓日令涵草木姿。一点空明是何处，老夫真欲往仇池。

## 次韵晁无咎学士相迎

梦中仇池千仞岩，便欲揽我青霞幨。且须还家与妇计，我本归路连西南。

## 见和仇池

上穷非想亦非非，下与风轮共一痴。翠羽若知牛有角，空瓶何必井之眉。还朝暂接鹓鸾翼，谢病行收麋鹿姿。记取和诗三益友，他年弭节过仇池。

### 宋·贺铸

## 寄题栗亭县名嘉亭

【邑令赵洋更此新亭名，取杜甫《同谷纪行诗》「栗亭名更嘉」之句。因其亲熊希邈求吾诗。癸酉九月，将扶疾东下，感而为赋。】

少陵昔避地，幽栖凤皇川。始愿获其所，赋诗此终焉。睠彼美林麓，荫膏腴上田。阳坡饶垂珠，阴谷繁玉延。长镵勤采斸，服食攀飞仙。兵祲夺和气，力耕无善年。林垧开冰雪，旬浃断庖烟。呜呼歌七章，暮节西南迁。环堵久芜没，斯亭名尚传。茂宰怆怀古，增崇殊过前。雕甍揭长帘，下容十客筵。嫩岚隔春丛，清竹鸣夏蝉。风月有高兴，写之武城弦。狂客属尪废，驽筋难强鞭。何暇远登览，但哦鲸海篇。尚苦八口累，依稀同曩贤。余龄寄幻境，未断东西缘。江淮米价平，一舸去悠然。幸此岁丰乐，浮游吾所便。异时访陈躅，复使后人怜。

青泥溪流

宋·冯时行

## 过铁山驿

来时趁作世情游，归去凄凉遣客愁。万事世间多反复，一生此地几春秋。天寒树老叶全脱，水落岸高溪不流。行路崎岖纵难料，江湖付与一孤舟。

宋·鲁口

## 登真洞

三千行满未骖鸾，闲卧空山不计年。云锁洞门清扣玉，石流甘液泠飞泉。青驴去踏红尘裹，白鹤来归玉柱前。试看高真栖隐处，此中疑似蔚蓝天。

鹫鹫山在两当县东，山腰有登真洞，也称张果老洞

宋·刘景文

## 鹫鹫山

鹫鹫山前古洞深，苍崖老木共阴森。游人看取溪中水，只此无尘是道心。

宋·陆游

## 寄宇文成州

成州太守比何如？梦里依然把臂初。复起卿当用卿法，长闲吾实爱吾庐。五湖风雨孤舟夜，万里关山一纸书。正使两翁长隔阔，子孙它日莫相疏。

宋·阎苍舒

## 白 水

广深无际烛须眉，过者魂惊不敢窥。为语世人须具眼，谁知此地有天池。

宋·杨楯

## 题玉枕驿

栈道险复险，客怀愁更愁！
万山俱绝壁，一水不通舟。

宋·敖陶孙

## 上丁郎中

一

君家去天才三百，君身去天无尺五。忽忆泥功栈外山，尽是杜老思君路。而今西子媚回塘，坐令猛士纡柔肠。可能直下窥秦陇，翻作吴儿时世妆。

二

仲章薛公十一鹤，季章李白诗百篇。自我过都得地老，颇觉闽蜀堪同川。今来划逢丁将军，秀杰万里来嶓岷。箧中当自有行记，幸借天壁开嶙峋。

宋·赵鼎

## 蝶恋花 一朵江梅春带雪

长道县和元彦修梅词。彦修，钱塘人，名时敏。坐张天觉党，自户部员外郎谪监长道至白石镇。

一朵江梅春带雪。玉软云娇，姑射肌肤洁。照影凌波微步怯，暗香浮动黄昏月。谩道广平心似铁，词赋风流，不尽愁千结。望断江南音信绝，陇头行客空情切。

## 同庆府

山占仇池地，江分白马氏。

潭深龙自蛰，亭迴凤曾栖。

**说明：** 同庆府，宋宁宗立赵贵诚为皇子，赐名昀，授武泰军节度使、成国公。南宋宝庆三年（1227）以成州曾为理宗潜邸之由，升为同庆府，仍治同谷县（今成县），辖同谷县、栗亭县 2 县，辖境相当今甘肃省成县、徽县。元复为成州。明洪武十年（1377）降为成县。

**宋 · 汪元量**

## 凤州歌

去路迢迢入两当，三千三百到华阳。黄花川上黄花驿，千百猿声断客肠。

**宋 · 程公许**

## 木皮口纪事：为故沔戎帅何进赋也

驱车木皮口，地接嘉陵市。山种郁盘纡，草木惨憔悴。昔在岁辛卯，大将何憨子。行营与贼遇，力战遂死此。道逢田舍翁，款曲问所以。卫目亲见闻，朴忠今无比。沉鸷老不衰，甘苦同战士。以此得士心，急难不相弃。阃制力主和，岂虞敌情诡。幣篚方交驰，羽书俄狎至。初冬二十五，坌入我内地。或渡河而也，或截路以伺。俄然干腹来，陡若自天坠。诸军抽摘余，精锐能有几。千兵仅乌合，转斗殊未已。可忍负将军，同生亦同死。落日尘土昏，鼓寒声不起。至今堆阜间，白骨犹纷委。语罢声悽哽，相顾同洒泪。念昔佐戎轩，世屯未云弭。主公极仁明，惨恻念此事。露章求恤典，爵子严庙祀。意将劝忠臣，为国当尽瘁。儒守陈西和，武将田与李。后先被褒录，名姓编国史。敌知吾有人，心宁不畏忌。自古重徂征，司命在主帅。季吒或非人，险阻那可恃。呜呼数君子，一死甘若斋。推原其本心，死奚益於世。事大缪不然，舍生而取义。乃知丈人吉，易自有深旨。往辙忍复云，方来那得讳。长谣激凄风，呜咽嘉陵水。

**宋 · 如山安**

## 曹将军友闻

将军精悍姿，齿齿碎鐵石。在昔童稚问，但闻饱经术。纵横骋柔翰，丹护间金碧。有司塞明诏，弊邑屈词伯。芹香春水生，冠玉侍重席。脱落章句陋，搜抉穷理窟。未及文化成，其如王土窄。丈夫报主愿，岂必蒙清秩。苍然请去位，满面

南宋眉州防御使曹友闻

秋栗冽。纠合熊虎羣，旌旆扬广陌。正当磨砺间，一皷拔勍敌。屯兵沔水源，千载斧截截。浩荡排烟旻，西极安嵲屼。奈何国无人，腐儒秉旄钺。赏予入私门，金汤授盗贼。公时奋臂争，返遭献玉刖。三军视马首，痛哭天下璧。功成坐龃龉，愤怒须捽陷。中宵按剑起，肃肃整羽翮。吐气风云生，搴旗陷坚列。贯穿生死地，喋血天地黑。势虽众寡悬，形未雌雄决。路穷断首尾，众尽仍手格。岂知龙虎逝，黯淡山川色。百万尚震惊，呜呼死诸葛。长城但自壊，千古痛稠结。肉食无远谋，野史有直笔。酒酣歌节士，皛皛霜日白。

**宋·卷刚中**

## 仙人山寨至日

戍兵列栅半空苍，俯瞰嘉陵万仞江。山下不知传鼓角，天边时见引旌幢。岁寒木落鸟穿屋，书静帘垂云绕窗。教罢诸营无一事，锦腰催拍照金釭。

**元·刘麟瑞**

## 忠义总管田公燧凤守李公寔

【凤州在利州西路，汉为武都郡固道河池县地，南齐政州，西魏鳳州，隋立河池郡，唐鳳州，又改河池郡，复为鳳州】

天西战士竞衔枚，乘会关夷路始开。两蜀金汤随水逝，三秦烽火照天来。鳳州文武浑无愧，马岭英灵只自哀。后夜魂归何处寓，陇头潇洒一枝梅。

【辛卯（南宋绍定四年，1231 年）三月十三日，大兵自兴元府边面乘会关入宋界。十八日闯凤州至马岭堡，忠义总管田燧以兵三千驻堡，鏖战数日，援絶死之。四月二十七日，陷凤州，知州李寔、通判张度、教授张叔寅死之】

## 西和知州陈公寅守将杨公锐

【西和州在利州西路。秦陇西郡临洮县，西魏岷州，隋唐改临洮郡政和郡，复岷州，宋以金人请和，改西和州。】

阴风萧飒起黄埃，铁骑追奔动地来。石堡梯空天险壮，水门衅隙杀机开。不期溟海鹏千里，自守封疆鸩一杯。四十万民登鬼録，伊谁为使哭声哀。

【辛卯（南宋绍定四年，1231 年）秋八月十四日，大兵陷西和州。初，杨锐为摧锋统制，领千兵戍守，与陈寅率兵民凭城死战，俘杀甚多。西和削山为基，四面陡絶，独水门一路有衅，将官刘卓挟小忿，踰城以水门降。大兵乃并力攻陷，寅与其家四十口自鸩死。锐率诸将力战死。寅先籍城中三十七万九千单八口告急制司求援，至是尽歼焉。】

## 权知文州刘公锐通判赵公汝向推官

【文州在利州西路。汉广汉郡，晋阴平郡，后周立文州，唐文州，改阴平郡，复文州，移治于故城高原上】

江流移浚向南山，渴死全城胆亦寒。叛将踰城机尽泄，娇儿饮药泪空潸。封疆事去君臣在，忠孝名存父子难。五万军民同日尽，可怜巷战尚间关。

【大兵攻文州，权州刘鋭、通判赵汝向激励军民八千坚守。自（1236年）九月十九日昼夜接战五十余，城无水，仰给江流。大兵别浚江道移向南山，城中水絶，人马渴死过半。有兴元都统陈昱以遏㧑文城，夜踰城出降，告以虚实，攻益急。鋭自度不免，夜集家人尽饮以药，聚尸及金帛、诰命焚之。鋭家素有礼，少子同哥，鋭所钟爱，饮药时，同哥犹在抱，下拜而受之。左右大恸，鋭与长子及余兵，皆渴闷僵立不能行。鋭自杀。汝向突围被执，脔杀之。城破，余兵皆奋空拳巷战死。被围七十五日，军民死者五万余。】

## 沔州知州杨公起通判王公友仲

【沔州在利州西路。汉沮县地，蜀立梁州，梁立武兴国，魏立兴州，唐兴州，宋因吴曦之变改沔州】

谈笑谁将敌将残，沔阳屯戍怯孤单。兵威到处降非易，地利乘机守亦难。五马交绥凝血碧，贰车含愤剖心丹。文臣武将均无忝，不负吾君不素餐。

【辛卯冬（南宋绍定四年，1231年）十月十七日，大兵至青野原，都统张宣以兵二千守之，部将冯泽伪降，诱杀大将苏布赫，遂拔营去。廿日，攻沔州，都统知州杨起战死，通判王友仲死之，沔陷。】

## 阶州守臣董公鹏飞

【阶州在利州西路。汉武都郡，西魏立武阶郡，改武州，唐武州，改阶州】

相传报怨撼阶州，虎旅飞来睨敌楼。楛矢蔽空天入暝，鹅车冲垒地成愁。金城鱼肉千年恨，阖境衣冠六日休。莫怪传家犹强项，云孙忠节更风流。

【辛卯冬（南宋绍定四年，1231年）十一月廿七日，大兵逼文州，声言报花石峡之役。都统曹友闻遣步将全贵往援，战殁。诘朝自文合兵攻阶，被围援絶，知州董鹏飞拒战，十二月三日城破，鹏飞全家死之，大兵屠其城。】

## 天水知军时公当可西和总管陈公瑀

【天水军在利州西路。秦天水陇西县，汉立天水郡，魏改秦州，宋秦州为金所陷，惟天水县独存，乃立天水军】

天水西和两将强，七书贮腹负刚肠。鱼丽阵布刀如雪，马革尸空骨似霜。廉蔺昔存秦莫敌，关张今败蜀终亡。轻财得士人犹惜，长想英风慨智囊。

【丙申端平（端平二年，1236年），制司檄时当可知天水军，自大安提兵，度闗之官，三月十九日趋麦山积山，捣北塞，斩首数千级。翌日，大兵乘其跋涉初至，拥众追蹑，当可力战死，兵尽殁。夏四月，大兵至同庆，西和州总管陈瑀提兵巡屯，遇大兵于赤菜谷，力战不敌，亦死。当可，字文举，天水士人也，与曹友闻相得，从友闻军，屡立功，智数胆略，友闻自谓不如，尤轻财，得赏赐均与战士，死之日，妻子赤立。瑀，字伯玉，西和贡士也，累战有功，军民惜之。】

## 都统曹公友闻及大安夜战死节诸将二首

一

雁塔名香本一儒，执殳几度为前驱。元戎却敌世间有，教授提兵天下无。花石峡鏖忠勇奋，水牛岭度死生殊。英风壮节谁能匹，千载人称大丈夫。

二

勇戴兜鍪学六韬，赤心报国是英豪。遍身胆在存全蜀，蓋世名高慑短曹。鸡堡出奇师旅没，龙门尽锐弟兄劳。当时制帅犹多计，独向深山遠遁逃。

【友闻，同庆栗亭人也。擢丙戌第，为天水军教授，以功名自任。制司命招忠义，就以为总管，所部皆两界亡命及武仙汪世显麾下回回西夏十八族之不归附者，敌甚畏之，目为“短曹遍身胆”。友闻遂以“遍身胆”为旗号，每战胜，即分其家赀以赏。丙申（端平二年，1236 年）秋八月，二太子及塔海元帅，以精兵五十万，于初三日入大散关。友闻议坚守沔州，会合四川忠义赴沔。制司连檄友闻屯大安，友闻不可督以军令，友闻叹曰：“武休出奇，前既失机；沔阳坚守，今又掣肘；以此误蜀，蜀必亡。吾与俱亡矣。”九月九日，不得已离沔赴大安。十六日至，谋于诸将曰：“前日沔州主客势殊，故北兵月余不敢动，其奸谋欲诱我也。制司已堕其术，沔州既不守，敌已得志，大安平坦，旦夕必并。兵至，若与之战，众寡不敌，止有鸡冠山一堡可守，然无粮无水，诸君能坚守五日乎？”诸将曰：“若坚壁不战，何止五日，但恐粮尽。”友闻曰：“今见兵二万，以一万付汝等守此山，而自带一万出奇。彼止谓我在堡上，必来攻汝等，逆折其锋，佯败入堡，我决乘夜捣其背，以两声鼓为号，闻声则出，内外夹击。”又令大闻阳平关以诱敌，营内不立旗帜，炊烟不出突，鸡犬不声。二十日，大兵至十八里。二十一日，友闻入教场，选精兵健将，皆二十以上、四十以下，忠义七千人，两戍司兵七百人。夜一鼓后，由大安渡江，直经七篙堤，逆上三百余里，复渡江而干来刘溪、黑水一带谷道，出敌背退伏。二十二日，大兵节次至，先有哨马至，见关门开，无人，径入，伏兵斩之。大队继至，曹万、刘孝全麾兵战关外，自辰至未，大兵败绩。日暮，万等敛兵驻鸡冠隘，大兵环堡捣堑排木数层围之。二十七日，友闻探知大兵已掠大安，令诸军束装，戒诸将曰：“我曹家一军，累年忠赤报国，声撼秦陇，今与汝等在敌之背，正欲出敌不意，用奇制胜。且北兵今号百万，为必

略阳县阳平关为曹友闻与蒙古军决战处

取蜀计，诸君食君之禄，用民之财，正宜奋发，忠勇立功，上报国家，下报蜀民。大丈夫当于死中求富贵。先锋夏用可提兵奋入阳平关，直趋北营；王汉臣、吕嗣宗可提兵分头入左右隘，夺隘口入关；统制王畏可专驻阳平关外捉败；马居常夜劫寨，止二三百人。今提万人，谓之夜战，各带白搭膊，以全胜二字为号。”再三告戒讫，遂进行二十里，少憩，值暴雨如注，索途冥行。嗣宗谓友闻曰：“今大风雨不息，人马疲乏，不若在此待明朝。”友闻曰：“鸡冠隘无粮无水无城，初约五日，今已十八日，此山一破，技无所施，虽大风雨，机会岂可失也！”至水牛岭，分三道入北营。转战至晓，破数十营直入阳平关。北兵备内不备外，又以雨作，尽归毡帐，杀死十数万。鸡冠山之兵闻鼓声出堡，夹击转战至回回寨。二太子欲取韩溪路走，会天大明，分骑为百十队，更迭驰突鏖战。二十八日午未间，友闻马中数箭，步骑五六百人，诸将曰：“军虽战没，然杀敌亦过半，将军曷若突围而出，以图后举，将军身在，敌决不敢入蜀。”友闻乃率余骑突阵而出，敌俱披靡。至酉戌时，友闻中流矢，下马步斗死之。夏用等诸将皆战死。曹万仅存五百余人入堡，谓刘孝全曰：“兄既亡，兵亦尽，坚守此堡，犹可制敌，然即日无粮，与其坐待以亡，孰若突阵而出，可则可，不然与敌俱死。”二十九日黎明，率诸将转战至龙门，万、孝全俱死之。王宣守七里堡，面中两矢，亦死。曹兵苦战，制司各远遁，不遣一兵为援。三泉之下，白骨山积。大兵不意友闻盘旋大安，搜战地三尺，得“遍身胆”旗及其尸，然后举手加额，平步入蜀矣。制司尝旌以旗曰：“元戎却敌世间有，教授提兵天下无。”每战揭之前驱。友闻昔年与大兵战于花石峡，获捷。】

## 广西经畧马公塈

【按广西路二十一州六十二县，海外四州四州十一县，通二十五州七十三县。静江府在广西路荆域百粤地。秦置桂林郡，汉零陵郡之始兴县，东汉为始安国，梁立桂州，隋始安郡，唐置桂州总管府，又升桂管为静江军节度，宋高宗潜藩升静江府】

赤白囊飞广海滨，关西劲勇是奇人。暂提节印期全璧，倏报烽烟又震邻。械坐已空身不化，龙韬未展气如神。鉴湖亦有云礽在，千载流风岂隐沦。

【马塈，关西宕昌人，权广西经畧使，守静江府不降，城已破被执斩之，既死，身不仆者经时。裨将贺文振亦与之同死。】

## 同庆知府李公冲偕死节诸臣

【同庆府在利州西路，秦为陇西郡，汉立武都郡，晋仇池郡，西魏成州，隋汉阳郡，唐复成州。宋中兴升为同庆府。】

诸公耿耿抱精忠，炎运将灰日不东。北戍躏陵群盗屷，西陲震荡列城空。香凝燕寝荣何在，鼎沸鱼游计已穷。玉石俱焚天亦泣，千年谁为忆高风。

【辛卯（南宋绍定四年，1231 年）十一月二十三日陷同庆府，知府李冲、教授伊震死之。二十五日攻杀金坪，统制赵章战死。端平乙未（端平二年，1235 年）八月十五日，统制张庆战死于河池。嘉熙丁酉（嘉熙元年，1237 年），十月二十四日，大兵至嘉定，知府张谦牧全家死。大兵至遂宁府，转司主管文字赵拱寅死，四川总领财赋王翊被执死。戊申冬十月十八日大兵至黎州，通判何充不屈死，卬徕部渠帅石戴以千兵与大兵战没。己亥正月十五日，哨马至成都城外，都统秦忠孝由广安引所部至，遂前鏖战，军士死者万人，忠孝父子皆死之。十一月二十二日大兵至施州，知州鲜于渭被执，死。】

明·徐矩

## 羑里城

文州古羑里，孤城何巍巍！远居边塞地，万岭环参差。溯当殷末造，未辟西南夷。羑人何时来？竟传文在兹。蒙难以演易，荒服同囚羁。真妄姑不论，景此百世师。下马肃瞻拜，古木鸣黄鹂。

明·伍福

## 过铁山

晓发河池郡，日薄风色寒。霜干马蹄疾，步步跻层峦。崎岖绕阁谷，鸟道多折盘。危桥架悬崖，深沟泻飞湍。登眺六十里，巇险千万般。行行至绝顶，积雪骇奇观。铁山古所称，壁立出云端。仰接霄汉近，俯视舆图宽。屏障扼剑阁，形胜壮秦关。众山在其下，势绝邈可攀。伊昔宋良将，义烈何桓桓。岫贼曾藉此，旧垒榛莽间。善战贵得地，孰谓兵法难。经过感遗迹，抚膺每长叹。挥毫挹灵秀，题诗刻孱颜。

明·胡濙

## 金莲洞访张三丰不遇

成县金莲洞

香书久慕嗟无缘，遍访丰师感应虔。万载红崖生玉笋，千年碧洞结金莲。云深喜见通明日，雨骤只逢暗淡天。峭壁真光邀永劫，赤心愿睹白衣仙。

### 题万象洞

一

岩窝深杳路间关，百怪千奇秉烛看。钟乳石英成异像，玉田丹井护苔斑。脉连地府三冬暖，窍引天风六月寒。逐处总非凡世界，只宜仙子炼还丹。

二

云梯直上接飞烟，万象森罗一洞天。到此了然无一事，不知何处际神仙？

**明 · 杨一清**

### 宿东固城

风雨潇潇阴复晴，夜深灯火宿孤城。深山六月无炎暑，绝塞穷年有戍兵。疆域蜀连秦地尽，野田番杂汉儿耕。驱驰有度能开口，聊赋微吟一绝行。

### 阶文道中

灌木阴阴翳晚烟，仰攀高岭俯深渊。惊心怯立容锥地，举目刚窥一线天。政岂太山甘畏虎，梦回南国怕闻鹃。平生惯比王尊御，历遍危途益浩然。

### 过仙人关

树外苍云云外山，数间茅屋又无椽。旁人指点云深处，此是仙人不老关。

### 过铁山

树转岩回白昼阴，铁山高处一登临。山灵漫道刚于铁，何物能磨铁汉心？

**明 · 王存礼**

### 春游马崖寺

策杖春游到上方，梵宫金碧总辉煌。玉池水涌千花发，宝篆风生十里香。野鹿饮泉山寂寂，寒鸦栖树月苍苍。老禅坐定钟声罢，经诵楞严夜正长。

## 无 题

山外斜阳寺外村，林梢一抹上帘拢。阁黎莫采桑榆景，明日东方照旧红。

## 六月冰泉

琼团玉液浑天成，不溷凌阴自洁清。冷日长凝沆瀣露，冻云深锁水晶流。瑶池不信三冬砌，玉井原来六月盈。樵牧浑忘调变事，山头遥听冲冲声。

## 犀牛江月

清江如带号犀牛，牛去江空迹尚留。 光摇永夜时涵月，月落山深江自流。

北禅寺又名永昌寺，位于徽县伏家镇贺店村紫荆山（今红旗山）麓

明 · 王云凤

## 过铁山歌

晓离李白青泥岭，暮渡吴玠仙人关。上如缘壁蜗曳涎，下如窜莽雉束翰。
曾闻阴平与三峡，舟车往往为摧残。入蜀大抵无坦途，此地令人毛骨寒。
悬崖峭壁扼深谷，枯松怪石生其间。魂惊目眩人蚁附，手扪足缩成蹒跚。
古寨白骨几千载，野翁指点咤自叹。故人既入和尚原，又报百万开铁山。
莫道河池蜀门户，要知保蜀须长安。阴风忽自远壑起，随以急雪千万里。
行人半载衣裳单，还胜樵夫冻欲死。须臾雪霁云亦无，片月当空去人咫。
赵抃原非宰相才，七度过此徒劳哉。新法可罢即当罢，如何却待安石来。
中原都无用武地，益州一隅非上计。木牛流马竟何功，道险英雄难用智。

吁嗟纷纷不足数，我独有怀怀杜甫。携家冻饿白水峡，独自高歌无所苦。

## 文南经道

一

绝壁重流力挽扳，西巡第一此程难。河经五渡犹余渡，山尽八盘更有盘。马惯如临周大道，人愁疑渡鬼门关。文州几载逢冠盖，羌汉争先睹客颜。

二

崖梯石磴晚仍攀，半是江流半是山。却忆曾登大石顶，始知此地路尤难。

## 游北禅山寺有述

迢遥迷曲径，杳霭认岩扃。钟梵潮意远，松杉晓露零。林堂风不绝，石室雾常冥。壁古丹青重，山尊云物灵。阶空呈虎迹，潭静起龙腥。禅海输僧籍，珠龛贮古经。中峰飞薄霭，西麓走惊霆。返驾冲花坞，行旌旁鹤汀。远村连树黑，暮雨杂烟青。城郭归来晚，飘飘百念惺。

【国初，天下僧籍皆纳于此寺】

## 登吴开府玠故城

平础烟苍苍，清溪山宛宛。飞蓬隐断碑，斜阳照荒畹。故垒犹可依，遗勋复谁挽？感此重踌躇，邈矣空悬悃。

**明 · 冯时雍**

## 临江晚渡

文州尽日渡江关，烟锁秋林鸟正还。鼙鼓入云山漠漠，马蹄踏栈水潺潺。阶民候火迎官府，蜀客囊金趁市寰。附峪柴扉多隐约，题诗聊并画图看。

**明 · 任伦**

## 题 钟 山

城中横翠一山雄，疑有吴家马鬣封。前面数层黉舍壮，当头孤立古碑丰。何年钟鼓楼台废？今日陵原草树空。灵脉幸为人物萃，文风当代渐兴隆。

## 登兴善院

步上祇园眺望赊，溪山何处不烟霞。心悬帝阙三千里，春满山城十万家。自见碧桃倚上苑，谁怜芳草旁天涯？归来策马心应急，微雨黄昏一径斜。

**明 · 李梦阳**

## 火 烧 关

蹔暝常留电，山深日酿云。犹存火烧迹，忍读卧碑文！地古人烟少，霜寒野色曛。那堪数过此，辛苦欲谁闻？

火烧关，位于文县城关镇滴水崖村，峡谷长500多米，谷深峡幽，甚为险要

**明 · 胡缵宗**

## 登徽州小河

策马冲寒霰，张旌拂晓飈。备尝山路险，惊见水桥危。风急鸟声碎，林高日影迟。悠悠尽前馆，何处问津涯？

**明 · 马在田**

## 登真洞二首

一

洞口烟霞五色文，洞深一窦杳难分。桃花乱落涧中水，芝草自生岩畔云。去去白驴何时返，寥寥石鼓几回闻。谁人传得长生术，我欲相从一问君。

二

先生只说朝元去，一入天台路不还。故灶空余烟洞在，真丹不与世间传。春风笑傲莺花界，云水逍遥荡漾天。仙去仙来人不识，江湖朝市总超然。

**明 · 杨慎**

## 嘉陵江

嘉陵江水向西流，乱石惊滩夜未休。岩畔苍藤悬日月，岸边瑶草记春秋。板居未变先秦俗，刳木犹疑太古舟。三十六程知近远，试凭高处望刀州。

## 宿徽州

灏气横空雨露天，胡为朝暮雨连连。
客中多少思乡梦，却被金声破枕边。

## 马道壁上次韵

嘉陵江水碧迢迢，雷吼晴滩雪涌潮。
岸曲行人愁驻马，青猿声在白云宵。

**明 · 陈讲**

## 徽台感兴四首

其　一

千峰万壑赴河池，愁向荒原吊士祠。运去将军空死国，时危工部漫题诗。雪霜枫叶横萧寺，风雨梅苔长断碑。落日高城迷怅望，何堪永夜角声悲！

其　二

万堞霜涵紫气消，短簷乾鹊报新晴。寒泉谷静云流细，古木台高雪积平。陇笛唤残鹦鹉梦，洞箫吹落凤凰声。碧窗深锁怜予寂，一夜归心看月明。

其　三

孤城吟望溯寒风，景物苍茫感慨中。金水云边声掷谷，铁山雨外影磨空。草深塞北肥胡马，雪拥关南阻蜀鸿。长剑倚天歌突兀，兴酣何处觅筚筒？

其　四

黄叶苍苔去路迷，寒城晓柝击乌啼。海天日近长安北，锦里云连剑阁西。岁晏有人还白水，霜高无雁度青泥。世尘荏苒怪蓬鬓，山月江风负仗藜。

**明 · 郭从道**

## 宿北禅山寺次东冈先生韵

日暮投萧寺，扪罗扣竹扃。半日斜日转，满院木兰零。古殿风声静，幽窗夜色冥。鸟鸣杂梵语，虎啸动山灵。石濑寒流玉，鹤烟气避腥。丛林千载胜，法界几人经。宝塔残遗像，金光满疾霆。片云出远岫，双鹭落前汀。明月悬空碧，昙花逼眼青。平生林壑趣，对此觉惺惺。

**明 · 王教**

## 祁山吊古

汉壁空山里，茫茫倚夕曛。文章回草木，剑戟厉风云。炎祚终难复，斯人亦已勤。出师留二表，涕泣至今闻。

**明 · 刘良卿**

## 徽山书院落成

书院初成报我闻，诸生从此得陶钧。孝廉培养千年脉，忠义流通万古春。堂构高明开乐地，文章矜式勒贞珉。他时成就应难量，次第云霄看凤麟。

## 虞关道中

白水远来天际，青峰近插云中。一曲山歌樵子，半簑烟雨渔翁。

**明 · 刘世经**

## 宕州古城

急水高山簇野花，石田风味似中华。角号战垒荒烟里，却向行人说木家。

**明 · 杨美益**

## 徽县八景

### 其 一（铁岭晴岚）

雄峰凝霁色，万仞立雪端。漾水孤源绕，青泥九折盘。境分天路迴，光映剑芒寒。宋将摧金处，披图仔细看。

### 其 二（金莲仙洞）

炼药何年洞，修真孰此来？诸峰争秀出，古涧自萦回。赤脚终难访，丹经只见猜。幽林空映碧，白鹤独清哀。

### 其 三（宣灵异迹）

凤山遗庙古，翠丽入烟云。锡爵千年典，英灵百世芬。狂谋先夺魄，献醴不忘君。忠义畴能并，斑斑石上文。

### 其 四（岩院禅宗）

突兀浮苍翠，何人结静缘？岩形疑半月，洞响有微涓。天窍双眸炯，如来一镜悬。钟声通水口，松桂偃青莲。

### 其 五（拒寇雄关）

金酋窥蜀志，二将赴援情。画地期相守，登楼转见勍。冒围吾计定，奋击虏魂惊。抚背劳宸札，仙关壮夙名。

### 其 六（嘉陵春潮）

大散分流远，穿秦复控巴。滩头急羊乳，城外隐虾蟆。舟楫风涛阔，鱼龙水国赊。海门通万里，归兴欲乘槎。

### 其 七（太白灵湫）

百亩潜神沼，莹然一鉴澄。龟蛇分异象，肠雨著明征。岁礼民无斁，侯封宋有仍。车从祠下式，仰德岂忘竞。

## 其　八（栗亭古里）

少陵曾入蜀，憔悴此中过。寇至君谁守？诗留怨未磨。木皮凌诘屈，白峡引嵯峨。龙去知何地？宁同古挈戈。

**明·王邦瑞**

## 宿火站行台

下马孤亭客路长，万峰回绕郁苍苍。山川不尽皆文物，禾黍犹存几战场。峡口远连江水白，陇头近是塞云黄。危途总有登临兴，无奈猿啼欲断肠。

**明·郑存仁**

## 登祁山

（一）

晓发西和道，暮度祁山岭。荒台照眼明，狂风吹面冷。

（二）

岭下有堡名祁山，堡人尚能为蜀言。长星未殒辕门日，孔明出此窥中原。英雄千勋已成土，惟有故垒犹依然。万古忠魂不可招，临风泪洒夕阳湿。

**明·詹理**

## 翠峰寺

礼县翠峰寺

郁郁峦头翠木森，涛声淅沥出松林。乍疑鲸浪阿鸣玉，旋并鱼钟地掷金。有籁常怀先发意，成鳞不改后雕心。临风自写清高礼，为问几人能赏音。

明·刘尚礼

## 凤凰台下

凤凰台下飞龙硖，硖口遥望老杜祠。诗句漫留苍藓碣，草堂高护碧萝枝。徐探步月看云处，想见思家忆弟时。千古风流重山在，令人特地起遐思。

## 凤凰台下次韵

云山窈窕幽清界，烟水潺□老杜祠。寝殿纷飞新藿叶，吟台唯有老松枝。独怜雅调成陈迹，却恨残碑属几时。吊古寻幽归旆脱，亮怀应入梦中思。

明·冯惟讷

## 秋日同裕里邵公登凤凰山

凤凰高阁俯晴空，万里蚕丛此路通。远近川原秋色里，参差草树夕阳中。尊前舞袖翻霜叶，天外清笳咽塞鸿。回首旧游成梦隔，独将迟暮欲征蓬。

## 再至徽山别省亭先生

河池近接凤凰台，使节常随候雁来。尘世几逢桑叶熟，山城再见菊花开。淹留绝塞悲冯衍，笑傲清时羡郭隗。便欲与君成远别，春风去剪北山莱。

明·萧鸣虞

## 天 池

灵池一见兴悠然，碧影青萍色更妍。崖树倒悬云外日，危峰斜界水中天。临湫野殿晴还雨，枕岫层楼晓带烟。独爱双松根干古，风霜历尽自长年。

明·甘茹

## 试徽士新霁志喜

山郭潇潇近漏天，晓看多士战晴烟。蛟龙已足池中愿，桃李新争苑外妍。当树游丝萦采笔，窥帘语燕掠花笺。夜堂指点秦分野，奎壁交辉月上弦。

## 高桥次韵

深山处处有龙蟠，云气常屯万树端。长驾从来轻险路，弊裘犹自耐春寒。栈花烂漫供青眼，板屋逃亡愧素餐。暂假高桥对流水，狂歌敢谓和人难。

明·李日强

## 文州道中

黄金寒凿地，绿野火耕天。万死砂中矿，一生云下田。行边犹汉垒，墟里少秦烟。况值天涯暮，谁能不黯然。

明·暴孟奇

## 寓阶漫兴

习闻秦路险，险莫逾阶州。马首千崖棘，水声万壑流。云从车下起，人在斗边游。天造华夷限，如何保障愁。

明·何嘉瑶

## 祁 山

诸葛尽瘁如不及，是时盗盛汉不立。昭烈未死大事去，徒劳丞相费掇拾。荆襄须以蜀为根，有蜀无荆功不集。南郑自古名天牢，地形难出止可入。兵出祁山收四郡，已是中策聊补葺。隆中数言守荆州，用武国失岂人谋。斜谷祁山屯五丈，不甘待亡苦绸缪。虽然武侯将相业，岂遽不能嘘炎刘。是知形势不可轻，武侯已事伤人情。进寸退尺终无益，邓艾不觉入阴平。

仇池山伏羲崖

明 · 任彦棻

## 仇池山

成邑西山最高者，疑是周诗至艽野。上有仇池百顷田，白马氐羌在其下。斗绝四面不可陟，飞龙峡水汩汩泻。羊肠盘道苦难攀，三十六回绕石湾。复有丰泉能广利，煮土成盐济民艰。嗟彼山城直蕞尔，乃有名山势峢巇。忆昔少陵曾品题，洞天福地羡厥美。我逐王事偶相过，扰扰长途苦蹉跎。倦游不尽登临意，驱马行行奈若何！

明 · 刘侃

## 阶州甘泉馆

风敛长空宿霭消，千山极目思迢迢。沧江雨色收枫叶，银汉秋声入柳条。古洞殷雷还吐雾，闲云拥日故回潮。坐来一酌甘泉水，欲借山人五石瓢

明 · 郑国仕

## 登祁山谒武侯祠

斜日沉沉古庙幽，武侯禋祀几千秋。数家瓦舍连残垒，一派清流绕旧州。官道徒存留马迹，佳城犹似卧龙游。老天何事不延汉，五丈原头星夜流。

秋杪驱车经故祠，仰观遗像意凄其。一心惟冀兴炎祚，六出那停吞魏师。野岫啼鹃悲壮志，客途游子叹螭碑。行间忽忆三分事，洒泪英雄值运移。

羽扇纶巾风度殊，胸中兵甲迈孙吴。三分定鼎明天道，二表出师为主孤。星陨当年虽负憾，忠流千载有余模。祁山凛凛存生气，报德何如祀蜀都。

## 吊陈公忠节诗

元兵西下三秦路，城陷人亡几痛伤。千古精忠辉汉简，一门全节烈肝肠。荒祠严雅遗容在，何处沧埋玉骨香。昭代只今多雨露，定应褒宠并睢阳。

## 吊贾节推

忠臣祠庙挽江乡，扁钥云屯天地伤。一夕贾门收遗骨，百年宋鼎断柔肠。传留白石秋涛怒，魂在河池春草香。山鸟似犹知此恨，飞来飞去噪斜阳。

**明·赵守正**

## 万象仙洞

古洞悬崖跨石门，杳无鸡犬任朝昏。遨游会见玄中景，身世浑忘静里存。未审何年分万象，难逢此地倒千尊。花飞鹤去仙人远，谁谓桃花更有村？

## 犀牛江月

江空牛去迹难寻，月向沦江空自明。皓魄沉潭来午夜，蟾光倒影转寒更。半湾拟钓鱼扰怯，一颗如珠龙自惊。七里滩头来眺望，嫦娥底事太无情？

## 城南古渡

白水高悬天际头，武都城外漫经流。问津此处垂杨岸，济渡谁家古木舟？一带潆洄归浩浩，万山樵枚去悠悠。频年喜更金汤固，天限华夷战缆收。

## 寿台晚照

孤峰日出逼三台，石磴攀云梵宇开。半壁斜阳光黯淡，一堂金粟影崔巍。寒鸦隐隐投林去，野衲迟迟募饭回。停望山河堪纵目，天涯不觉月横台。

## 旧城怀古

汉代层城败壁存，不关兴替自黄昏。荆榛满目荒天际，风雨经年泣帝魂。狐兔有踪谁依附，闾阎何处问寒温？遐思盘错当年事，几眺高原点泪痕！

**明 · 刘昌胤**

## 纳 粮

纳粮户，来何难！进城杂差非一端。铁绳麻索争托锁，差人分去手中钱。钱尽脱身犹无路，借债典衣无所措。甫能身脱衣尽剥，视城犹如鬼门路。催头收头任意收，卖男卖女谁能顾。公私耗尽名色多，几曾毫厘登官簿。年年分数不及额，欠粮不是纳粮户。

## 禽言二首

一

苦苦苦，避却苍鹰逢乳虎！
年年剥削无了期，今见官中生卓鲁。
苦苦苦！

二

急急聒，号寒啼饥难过活！
卖田且了今年租，辛苦来年只佣作。
急急聒！

**明 · 萧籍**

## 尖山卓笔

万山深处一峰圆，翠抹丹涂画里妍。鬼斧削成真似管，神工造就疑如椽。雨来喜见珠玑落，霞起争夸绵绣翻。中夜遥看明月过，恍从云外写婵娟。

## 素岭奇花

遥看素岭倚云赊，万古千秋自雪华。峰指氐羌冰剑冷，嶂围西塞玉屏斜。何年遗像犹深洞，此日灵湫时泛槎。一树花开烂五色，维杨玉蕊不堪夸。

## 天池澄碧

林外平湖万壑潨，虚涵空翠影重重。日临清濑常浮鲤，云护深潭疑隐龙。水阔波澜时荡漾，山幽萝薜自蒙茸。欲知庙貌锺灵远，但看苍茫两树松。

## 火烧关

谁辟丹崖一径通？双峰对峙戟凌空。密云护雨山蹊险，峭石横门锁钥雄。元将北归屠宋郡，我师南下殒汪公。伤心往事成悲叹，勒马萧萧谷口风。

**明·张其光**

## 玉垒关

天开一堑锁咽喉，控制西南二百州。御寇有方泥不靖，重门无警柝长收。岩前月白鸡啼晓，林外风清雁唳秋。瞻彼路傍来往客，谁腾紫气驾青牛。

**明·张应登**

## 过白水峡读摩崖碑

开路磨碑纪至和，于今险易较如何？水来陇坂寻常见，峰比巫山十二多。一线天光依峡落，悬崖鸟道侧身过。蜀门秦塞元辛苦，何故行人日似梭？

**明·周盘**

## 渡犀牛江登泰石山

一曲江流万仞山，蟠空鸟道兢跻攀。摇摇双旆烟岚外，落落孤村水石间。远树苍茫连剑阁，寒云缥缈隔秦关。闾阎已困征输急，揽辔谁怜赤子艰。

## 武都观兵

都护提兵驻汉疆，辕门列阵自堂堂。龙江浪涌旌旗色，鹤岭烟消剑戟光。万里金城威北虏，千寻玉垒控西羌。年来拟上平胡颂，细柳春新草木芳。

## 龙山寺习

武都城外万山横，一派寒涛彻夜声。汉戍萧萧空旧垒，氐羌落落罢鸣钲。烟尘不减虞公灶，栈道曾悬邓艾兵。车书一统王猷远，只将寿考祝升平。

明 · 谢镛

## 成县十二景（录五）

### 鸡山耸翠

青峰碧岫耸如屏，兰若钟声隔岭听。夜半无风松自吼，崖前有草色长青。鸟来佛阁闲云冷，僧住阴房白昼冥。俗吏乘暇投杖履，聊将俚句问山灵。

### 香水仙洞

乘兴探奇不惮险，仙源一径入山尖。数重叠嶂云迷洞，百尺飞泉水作帘。瑶草千年仍是碧，蟠龙万祀总如潜。凋残地主何缘到？问俗伤心泪欲沾。

### 峡口飞龙

流泉激石如喷雪，峭壁悬崖挂茑藤。龙出深潭云正暗，鸟藏幽树露多凝。何人垂钓波光冷，几个飞觞酒兴乘。我欲扫苔随意坐，却疑空翠湿衣缯。

### 睡佛山寺

鹫岭云深有磬声，上方古刹晓风轻。龛灯有焰心魔炼，彗性无尘眼界清。黄叶满山萝径窄，青苔扃户石床平。我来先看残碑字，为爱烟霞每独行。

### 楼月钟声

门外谯楼先得月，钟声四达九霄闻。千家气色开朝霁，万井春光霭暮云。秉烛放衙因抚恤，戴星趋事为忧勤。时时清夜传更漏，怕有山南麇鹿群。

明 · 王询

### 红 女 祠

想是玉皇女校官，飞来下界教人看。嵌空石室盘成壳，卷箨秋风舞似湍。枯性已忘今有世，红身练就岂知寒？五千文字应都扫，法在吾心只内观。

明·吴山涛

## 鸡山道

峻岭高无极，马蹄衬落霞。披迹寻鸟道，指树认人家。狐鼠伏阴壁，雁鸿起浅沙。徘徊扶立石，何处问桑麻？

## 吴公保蜀城故址

寨势凌云起，吴王有故宫。蜀关于设险，宋垒不为空。赑屃铭高伐，麒麟卧晚风。嘉陵江上水，百折必流东。

清·宋琬

## 拜杜少陵祠堂

少陵栖隐地，古屋长莓苔。峭壁星辰上，惊涛风雨来。岁华山峡暮，身世七歌哀。欲作招魂赋，临流首重回。

最爱溪山好，因成秉烛游。碧潭春响乱，红树晚春浮。橡栗遗歌在，频蘩过客修。先生如可起，为我听吴讴。

成县鸡峰山，又称鸡山

## 宿鸡山寺三首

一

洞壑迷青霭，松杉隐白毫。客来秋已尽，坐久月初高。天外群峰小，云端板屋牢。明朝临绝顶，筋力未辞劳。

二

鹫岭何年辟，鸡巢此地传。松声长似雨，峦气自成烟。梦散疏钟外，心清古佛前。欲从仙吏影，结宇共栖禅。

三

看山心倍勇，闻磬夜何清。虎听禅林穴，人从木杪行。振衣沾石色，高枕纳泉声。羡尔仇池长，频来屐齿轻。

## 同欧阳介庵同饮凤凰山下二首

一

茅茨深处隔烟霞，鸡犬寥寥有数家。
寄语武陵仙吏道：莫将征税及桃花。

二

峡口寒云草木黄，杜陵人去水苍苍。
朱弦一曲飞龙引，知尔重来下凤凰。

**清·汪棻**

## 汉水源头

广汉思何极，如同宿海清。脂泉沙底出，幻泡水浮生。隐隐山中滴，潺潺石裹声。无穷流处尽，终始莫教平。

## 宝泉盈池

路傍危石峙，佳胜一泉生。顶上云铺就，源头天凿成。静观清气逼，坐看冷风惊。不测渊深浅，神通碧海宏。

**清·刘霦**

## 饮瀑布泉并序

【余宰兹邑五载，日奔走风尘中。路左瀑布，虽屡经遥目，未尽奇观。今岁中秋前三日，积阴乍晴，忽然兴发，偕二三诸子，放饮泉下。凉风飒飒，玉缕飞飏，庐山佳胜，不是过也。】

阴平山水奇，最奇说瀑布。绝壁挂清流，喷薄过云雾。急如飞电驰，灿若白虹聚。溅沫自天来，碎浪连珠注。河汉倒空青，林烟横积素。洒落湿风飙，氤氲浸杂树。澹艳川景微，隐见崖姿露。悬泉几岁时？半泻无晨暮。近观势转奇，异哉造化铸！披闷出门游，旷绝经目趣。而我乐名山，对之心益足。无论漱琼液，且得洗尘痼。樽酒共咸欢，但愧无佳句。

## 西园感怀

方春发清娱，白日丽兰皋。游禽散欢音，时物怀芳朝。瞻睇池上楼，拂揽岩下潮。明云有柔娈，流葩亦轻摇。嗟余苦羁怨，展志托村醪。羽觞在幽沼，翰墨临清郊。菱荇波际披，莺燕花中劳。愧彼蕙兰花，迎风扬春苗。顾景激迟回，览荣伤寂寥。婉媚易为好，嵚崎独难聊。是怀庶可祓，嗷然野吟谣。

## 南崖寺

悬崖俯长江，楼阁依绝岸。参差一径微，窈窕入云汉。两峰特秀发，润聚金石烂。秋花向日明，山猿饮相唤。水清石垒垒，露白烟漫漫。迥然洗愁烦，积怀一疏散。乘兴抵嵚崟，孤光越凌乱。临风搔白首，醉吟不须叹。

## 游天池 并序

【阴平天池，古称佳胜。千百年间，贤豪游者非一。然或望涯而返，否则勉泛池心，遂致真池久掩，讹传纷纷。予今岁暮秋，因休暇同二三诸子，登巅极峭，载酒棹舟，直穷其源。但见水天一色，云物苍然。觉山阴道、桃花源，俱难方其幽妙。日暮棹归，曲曲志之。天池自此始真奇游从我而创！若夫涉危历险，性命相殉，则予所不乐道，统俟后之问津者。诸子有诗，余亦不禁兴感。】

天池尘不到，岚壁鸟才通。百顷青云杪，层波白石中。郁纡腾秀气，萧索浸寒空。直信巫山峡，兼疑夏禹功。鱼龙开辟有，菱芡古今同。闻道奔雷黑，初看浴日红。幸无神女雨，喜静谢安风。欲问支机石，如临献宝宫。九秋枫叶艳，千岭曙烟蒙。日暮穷源返，长吟兴未终。

文县天池

**清·王枚**

## 冬至日阴平

至日重逢云物新，今时不逐旧时尘。飞灰唤醒三年梦，刺绣增闲半刻身。闭户长辞羊胃尉，煨炉笑整鹿皮巾。谢公从此纵游屐，何日遄归赋采莼。

**清·董贞**

## 游仇池二首

其　一

约游胜地出城南，驱马悠悠共往探。笑指白云横石嶂，俯窥碧水照寒潭。凭高极目千峰小，四顾惊心万丈谽。灵境悠然澄俗累，洞天六六著丛谈。

其　二

盘曲崎岖歧路长，松林积翠挂斜阳。岩深石罅通天影，涧狭泉流度暗香。看去玲珑疑画影，收来吟韵入诗囊。何年此地招同隐，采药谈经伴数行。

## 祁山谒武侯祠

丞相祠堂气象幽，我来何自仰鸿猷。力扶汉祚忠堪矢，星殒荒原志未酬。一片丹忱传二表，三分鼎业著千秋。阶前拜罢低徊久，汉水祁山永峙流。

**清·杨注**

## 少陵祠二首

一

祠构南山下，丘原自古今。崇台遗凤迹，峻岭听猿吟。堂圮衣冠冷，碑残劫火侵。昔年长啸处，回首白云深。

二

工部草堂古，溪深径转幽。身从三峡隐，哀向《七歌》留。囊满惊人句，家徒拾橡谋。祗今禋祀在，仰止几千秋。

**清·连登科**

## 过米仓山

峻坂飞泉雨欲昏，山高犹未上朝暾。深秋淡写遥天去，野火残烧旧垒存。闻说军糈通栈道，至今国计重云屯。太平锁钥毋忘险，直取金汤作北门。

## 万象洞

何人阖辟叩鸿濛？万窍天然属鬼工。玉柱恍疑断鳌立，石床仿佛卧龙通。月窥仙井开云牖，风涌罡轮地转宫。便拟一身游象外，因知玄化更无穷。

## 水帘洞

飞泉百尺挂丹梯，步入仙源路不迷。织女祠边题跨凤，渔人洞口觅闻鸡。卷将珠箔红楼隐，浣尽香奁白云低。惆怅玉贞芳迹在，只今何处武陵溪？

## 红女洞

不向蓝桥问卖浆，云英应自笑人忙。古今眉黛如山重，尘世铅华逐水扬。玉骨已坚梅雪冷，香魂岂学柳花狂？千年庙貌留芳躅，肯信胡僧礼道傍。

**清·董绍孔**

## 岷东六十里

岷东六十里，细草渐平沙。春暖流澌尽，山深白日斜。牛歌归野牧，松色挽征车。欲问村帘酒，蓬门三两家。

**清·黄泳**

## 咏成邑八景

## 裴公莲沼

曲沼蕖风动，裴公余泽存。碧云常护朵，白玉尚留根。鱼静花为室，筒香酒入樽。幽情亭上望，清吏亦诒孙。

## 龙石留形

灵岫望蜿蜒，奇云起石边。冈崇形夭矫，脊曲俨盘旋。裂髓声鸣谷，流泉气吐涎。神来通水泽，千载润桑田。

## 子美草堂

石室洞流澌，山幽留拾遗。心随秦岭日，目断草堂枝。亭阙云为补，春来花作篱。浣溪人已邈，柳色寄遥思。

## 鸡山耸翠

灵宝曾名国，鸡山亦冠雄。平分蓝岭色，昂首紫霄风。晓敞岚凝碧，晚栖霞映红。为卑函谷客，独立镇青葱。

## 溪潭龙飞

水国泉多异，溪深浪鼓山。风雷腾地窟，霖雨出天关。波静难窥影，云兴仰识颜。千寻同谷穴，疑上禹门间。

## 高台鸣凤

崒嵂雄千仞，苞符台出群。迎阳近日丽，挺秀焕星文。丹彩占多士，和鸣识圣君。秦楼纵舞羽，不及此凌云。

## 仇池百顷

一涧流琼液，千畦渥绣疆。纵横成井亩，高下利方塘。麦浪连波碧，苗花带水香。仇公留润下，瘠土饫膏粱。

## 石洞五仙

福地洞天开，何年到五梅？露从铜掌接，石自姥峰来。迴岳蹁跹驾，飞湖绰约回。桃源且莫问，仙侣胜蓬莱。

清·王宇乐

## 同谷谒杜少陵祠

一

遗迹传闻久，青山到眼前。登临惟我辈，漂泊自前人。间道初归阙，驱车又去秦。谁怜垂白老，尽室在风尘。

二

休驾空山里，长镵托此生。湫寒龙正蛰，台峻凤无声。草径荒庭暗，虫书四壁鸣。天涯岑寂寞，暮影独含情。

清·葛时政

## 步胡公莲池亭原韵

一

胜日寻芳兴味长，园桥屹立碧方塘。新荷才馥微风送，不减西湖十里香。

二

雨余乍启碧连天，翠盖擎珠荡满川。香绕朱栏君子品，至今惹爱似当年。

莲池，又称裴公湖，在成县县城西南

清·黄沛

## 鸡山耸翠

鸡山形胜冠兰东，秀削千寻昂碧空。曙放岚光迎日彩，晚笼烟气映霞红。冈连子母灵通宝，岭辨阴阳风擅雄。遥望华峰莲顶上，平分一色到成中。

**清 · 何廷楠**

## 出峡至石关游八佛崖

青天落苍崖，峡尽水潆复。俄闻流水香，云深花满谷。路断石桥通，沿溪趋平陆。返景照村墟，炊烟起茅屋。

遥望八佛崖，群峰争拥簇。苔磴云萝上，萝壁松阴覆。寒翠扑面来，青冥转眩目。微茫穿鸟道，一线蚁缘木。

携身入霄汉，神骨凄以肃。俯视秦山代，青青万点伏。西高带履馀，邱垤之林麓。小憩传丹阁，金经满尘簏。

嗟哉羽化人，千秋竟不复。昆圃驾元鹤，云间游白鹿。芝田已荒凉，何如种穜稑。此间陶潜解，归去南村速。

**清 · 沈荣昌**

## 两当县端午

细草如丝少剑蒲，巧将松叶缚桃符。诸峰拱立咸当户，百卉群飞绕客厨。麦献新畚粿作玉，酒来浮蚁绿成珠。山神应笑公何遽，倚马成吟又速驱。

**清 · 杨荣春**

## 天　池

十里烟波望渺然，银河倒挂白云边。谷深雾合常疑雨，地敞云开一见天。曲曲遥连青树转，湾湾斜引翠峰悬。清濛一派自千古，太乙昆明能几年？

**清 · 孙岩**

## 春日因公宿曲水

半湾流水野人家，小小柴扉碧柳遮。石壁横拖三尺案，胆瓶斜插一枝花。特煎苦茗为宾献，间索村醪待主赊。久坐擎杯两不厌，残霞晚照乱飞鸦。

**清·陈协哲**

## 阴平虹桥

长虹斜挂陡崖边，蜀汉曾经不记年。怒浪几番澎巨石，奇峰两岸锁青天。穿檐水鸟知寒暑，逐日渔樵自往还。偶倚看河楼畔望，南崖疑尚隐名仙。

**清·何宗韩**

## 秋雨后游王西沟

微雨夜来过，忽将溽暑收。林深惊落叶，崖迴响清流。宿雾消仍现，闲云去复留。发寒山气静，凛凛欲披蓑。

**清·杨继先**

## 过青阳峡

青羊与青阳，向作一字错。今从此峡过，行人指约略。一块青色石，如羊卧崖角。细审形色合，有首亦有膊。忆昔黄初平，闻有叱石者。叱石人已去，人去石不落。犹忆杜少陵，过此亦有作。彼曾经吴岳，及兹叹冥寞。冥寞不冥寞，万古此林壑。一经名人题，云水转不薄。古人乐林泉，流连久住脚。我功泺其乐，胸襟渐寥廓。

**清·刘芳霭**

## 祁山怀古

汉祚安危事甚岐，志吞北魏几屯师。两番后谟宗臣表，六出先声大将奇。五丈原头胸臆远，八门阵外马牛奇。中州定鼎空筹策，鱼水萧条尽瘁时。斗起高原仄径幽，祠从星陨肃春私。屯营苦抱吟中膝，战垒图空海外洲。边月煌煌思汉业，阵云漠漠想龙游。破钟野庙香烟里，声振秦山第一流。

**清·邱思永**

## 登仇池山

忆昔匡庐非一状，云门日射芙蓉嶂。碧鸡青鸟鸣天风，三十六峰相对向。瀑布森寒玉浪浮，白练横空半天上。重重台殿彩云间，五色陆离不可望。羽人霞披六铢衣，仙乐铿锵和以畅。自来塞下似穷秋，奔走秦关乘夙尚。金城野色如掌平，选胜无山洗惆怅。为访仙灵爰冥搜，载酒更作仇池游。断崖径狭势险仄，青冥淡抹岚烟浮。大地濛濛但一气，微茫谁能辨九州。野人指点桃源路，举步缩跛时夷犹。曲折有如蚁缘木，回首不敢凝双眸。绝顶高寒神栖肃，深春天气俨清秋。 落花缤纷流水急，瑶草自绿岩深幽。尔时下马憩林薄，劈面空青白天落。怪石峻山曾立道傍，虎豹当关怒欲搏。深林飒飒恐行人，木客山精形隐跃。翠微上下见人家，路转峰迥忽开拓。风袅炊烟一缕斜，松柏参差带楼阁。雁过荒城晚急呼，古戍生寒云漠漠。登高一啸众山鸣，彩霞开处翔鸾鹤。却从村落度天门。阴云无际失朝昏。洞里神鱼人不见，空闻碧浪声潺湲。西高俯视比邱垤，汉水苍茫落照痕。旧日少陵游卧处，珠宫海石今犹存。方塘半涸供太息，残碑苔食谁掀翻。下界月明归路白，龙峡更钟定夜猿。退寻拟图仇池胜，依稀清梦绕仙源。

**清·秦武域**

## 县居诗

其　一

作吏两当县，环山翠霭中。才疏无远志，地僻有淳风。洒酒拈新碧，浇花惜旧红。漫言成卧理，犹喜屡年丰。

其　二

邑小真藏拙，民安路不冲。牛羊青草地，松竹白云峰。悬榻思延客，轻骑自劝农。敬酬公事了，聊复得从容。

其　三

守土成匏系，怜余四十余。可欣尊有酒，不叹食无鱼。棋局沾朱墨，琴囊枕簿书。从他笔迂阔，此念觉如如。

其　四

到眼芊眠绿，庭莎忽上阶。春山怜世味，秋水澹人怀。板屋千余户，绳状一小斋。不妨开笑口，知有命安排。

其　五

漫说因贫仕，端怜厚禄存。宁忘陶潜食，愧少向平婚。樵唱听山县，渔歌亿水村。逼真成吏隐，尽日念君恩。

其　六

故人多衮衮，似我敢偷安。羞说栽桃李，偏宜植惠兰。句缘花好觅，琴趁月明弹。凭向京华报，萧然一冷官。

其　七

非关肉食鄙，自乐菜根香。爱客开茶宴，贪眠拂石床。归云随意懒，倦鸟笑人忙。不作还家计，可怜松菊荒。

其　八

宦况应知足，去来颇自由。听泉寻野寺，问月上城楼。蓑雨争呼鸭，笛风闲饭牛。逢人嫌吏俗，俗吏亦风流。

**清·屠文焯**

**琵琶秋水**

秋江万倾势弥漫，露苇风荷瑟瑟寒。怪煞岩前一片石，不闻商妇月中弹。

**天门锁云**

磬纡跻蹬望天门，开合全无斧凿痕。柱笏忽擎崖半落，白烟如雨隔林昏。

**乳洞飞雨**

山色模糊雨欲飞，悬崖石乳望依稀。我来六月方盈暑，早有新凉生翠微。

**窑渠柳浪**

拂空匝地几千丝，绝似西泠桥畔枝。翠带欲眠莺语滑，一渠春水绿差差。

**鸞鷟仙山**

青崖百丈削成峰，垒岩危峦绕几重。一自仙鸾归去后，丹砂空有白云封。

**故道松涛**

故道萧萧故垒平，松涛十里壮秋声。 黄云一自飞扬后，霸略犹雄草木兵。

### 镜峰捧日

一拳莹似玉壶空，旭日升时相映红，远近人家几茅屋，晓来都在赤城中。

### 香泉印月

一泓止水碧光浮，明月多情照更幽。天上人间两轮镜，十分圆足十分秋。

**清·罗暐**

### 鸑鷟仙山

鸑鷟仙山秀色奢，奇如削就带晴霞。岚光远映浮天际，瑞气全瞻出岭涯。丹穴何年舒彩凤，灵芝几度吐仙葩。今朝欣际文明会，五色云呈自不差。

### 镜峰捧日

石峰如镜望中奇，最是朝炖初照时，仙洞遥连五色满，丹山霞映九光披，飞鸟欲避疑天近，云过还明似管窥，千古常悬佳景在，遥瞻多恐异晴曦。

**清·李殿图**

### 番行杂吟四十首选三首

（一）

汉宋相传迭宕州，

【汉李广征西入迭州。隋开皇元年，吐谷浑寇洮迭二州。唐德宗幸奉天，沦于吐蕃。宋崇宁三年，迭州番落来降，升通远军为巩州。】

于今只有宕昌留。

【隋置宕昌郡，唐改州。天宝陷于吐蕃，金人收复。明置驿。《书，蔡传》以为三苗种裔。今考，在岷州城东南一百五十里，土司马映星居之，管中马番人一十六族，其番城在西南山顶上，颓垣坏址犹存。】

迭州旧址埋榛莽，
好向天生寨上求。

【明崇祯十七年，李自成窥蜀中空虚，陷宁羌，破七盘关。分道入蜀。未几，洪承畴督曹变蛟来援。自成由洮州入番地，窜入岷州。惟时迭州俱被惨毒，靡有孑遗。国初为土司赵廷贤挖利沟番地，后赵土司于雍正间与黄土司煽乱，隶岷州地方官管辖。然山深林密，居民稀少，曩余询之老民，不能得其故址，今考其地在岷州西南，自禄沙铺由栗林番地进石门口至白石山，又六十里有迭州旧址。】

（二）

番人也自好楼居，

喇噶层层板屋疏。

【喇噶，番言楼。】

半跨山腰半溪涧，

上宁妇子下储胥。

【番人多傍山为楼，层累而上，以下层之房顶作上层之庭院，居人栖止其上，几忘其为楼也。至于户牖交通，栋宇连亘，饶有巧思，上为寝室，下层糗粮、牲畜充牣其中。】

（三）

鹦哥溜下响如雷，

白马东流去不回。

【《地理今释》桓水，一名白水，出西倾山。今考西倾之西南与蜀之岷山相连，白水源出川省之若鲁粗鲁等番族，经杨土司桀古卡隆、杂什巴缕、扎宁巴巴坡、棉玛卡松、聂木等族，至迭之达里沟日，会俄力叭喇、独牙牙南来之水，至鹦哥谷，束于两山之间，其声如雷。东南入岷州洛大番族、西固上下之巴藏，会宕昌之羌水，名曰两河口，经阶州至文县与涪江合，下流四川保宁府之昭化县而入大江。则西倾之北属雍，西倾之南属梁。】

欲向嘉陵寻古道。

贡球端自漾川来。

【《书》言“因桓是来”，盖古之蚕丛剑阁尚未开通，梁州由雍入冀，只有桓水一路，在阴平、武都，即今之龙安府阶州、文县，所谓：“西当太白有鸟道，可以横绝峨眉巅”也。汉水之上游为漾，是谓西汉水，亦称潜水，在今之成县、西和境。沔水一名沮水，汉时为武都郡，沮水出东狼谷，在今之略阳宁羌界，由褒斜嘉陵以至渭水，此路不通舟车。曰因，其下流也；曰浮，逐流而下也；曰逾，由陆横过而至渭也。于经文实属符合。此路至今犹为客民往来捷径，特以成都设驿站，故由蜀迳至长安，与古道不相同耳。又考，蜀山在左皆名岷，在右皆名嶓。天水、汉中，东西汉水皆为嶓冢，惟《山海·中山经》所称嶓冢，谷水出焉，东流注于洛。在宏农、渑池县南，则名同而实异耳。】

**清 · 张绶**

## 登铁山

环徽皆山哉，山高何险绝！当南峙双峰，望之色如铁。鸟道与羊肠，层层势盘折。危梯架悬岩，飞湍声幽咽。上有千年松，蜿蜒对罗列。隐雾而吞霞，天造亦地设。怪石生其间，林腰藏虎穴。虎出张乃威，令人肝胆裂。下有武家坪，居民多朴拙。茅檐八九椽，半在山之凸。其西曰虞关，嘉陵江派别。万里通巴门，荡荡孰于决。我闻宋吴公，兄弟何勇烈！破敌曾在兹，磊落千人杰。今我来铁山，步步苦据拮。计里五十余，险巇亦尽阅。我曾促晓装，骡困脚力竭。我曾数心期，谁能为我说。相逢一笑时，衣衫任宕跌。造物多闲情，低徊思往哲。底事久飘蓬，千载如同辙。我宿太平庵，晚凉罢炎热。风风雨雨凄，况复立秋节。本非薄俗尘，浊酒且怡悦。翘首望京华，缩地术难窃。话到夜初分，钟声远近彻。渺渺兮予怀，挥毫忘谫劣。

**清 · 邢澍**

## 交河道中偶占

波光树色似吴邦，一雨炎氛势早降。白鸟不鸣晨睡美，斋钟声已到船窗。

## 和孙竹畦

戴家闸口开船处，风迕先教吾两知。远水聊随鸥泛泛，清秋故与燕迟迟。秦中橐笔出闱日【大儿寿恭在西安应试】，淮右归宁望信时【去秋第四女适凤阳王氏】。莫笑英雄今气短，暮年儿女最关思。

（原题：郁可舟中遣闷，和孙竹畦，四叠前韵）

**清 · 张澍**

## 题邢佺山澍明府桓上草堂图

郁律西倾山，卧龙峙其北。花石点苍峡，封泥烂紫色。石鹤破云深，岩鸡喔日稷。古洞寒涓流，佩玉韵清瑟。桓水自南来，衍波溶莫测。千尺亘铁桥，下瞰白龙室。云有五仙夫，练精于是息。此地诚诛茅，何殊君子国。邢侯吏越纽，治行今第一。家山萦清梦，画倩营丘笔。草堂面江开，岚岫青入阈。他时抽簪归，山灵是旧识。扶筇步强台，白水鸣濩淢。长啸答幽禽，别风旷胸臆。小园森育虫，闲亭驯泽特。夕阳下钓缗，缩项鳊共食。况复拥百城，丹铅罗散佚。象纬穷甘公，岳渎核童律。研经宗服虔，梁翰迈赵壹。俯仰此人间，乐也实无匹。翳予耽靖冥，误为尘缨饰。归未常苦饥，不如乡有秩。东郊灵渊上，一椽尚未必。倘能卜德邻，昕夕读著述。

清·张伯魁

## 题宋吴忠烈墓志碑

独立高原上，岿然见一碑。阴风号鬼卒，暮雨隐神旗。迟我西来日，怜公北伐时。历朝颁爵赏，枉自数功奇。

六百年前墓，艰难百战身。兄弟溥旧泽，南北倚孤臣。哀角秋声乱，奇兵地势屯。宣扬渐德薄，五字欲通神。

## 登青泥岭

路出青泥岭，见石不见土。危涂上巉岩，曲折不可数。前峰高百丈，空外袅相拄。风雨不到根，汲引哀万古。手足得分寸，骨肉忘辛苦。力尽未暇喘，目眩不敢俯。阴洞星象寒，阳崖日月聚。孤身一气旁，官小七品卤。金铁才可辨，春秋焉能睹？乾坤大如此，叹昔行杜甫。如何孔夫子？登高小广鲁。石状森相向，距角欲盲怒。中有仙人迹，腾上分金缕。绝顶多悲风，飘摇黄鹊羽。不忍舍此去，何当出寰宇？

清·牛运震

## 大门镇晓行

落日微心道，遥林风未收。簿书妨月夜，鞍马任霸秋。峡虎饥难卧，江猿晚易愁。一身三县宰，憔悴小甘州。

清·黄凯

## 谒祁山庙

地僻荒城小，山深古寺幽。禊修今日会，景胜昔年留。日暖松花甲，风和滑鸟喉。此间真福地，媲美右军不？远村环柳岸，曲涧乱溪流。放眼看尘世，开怀唱酒筹。

清·陈如岗

## 出武都经邓邓桥

束马悬车不易行，崎岖险道出阴平。当年人抗期期诏，此日桥留邓邓名。板屋数家喧虎迹，石崖千尺涌江声。 前途听说明朝坦，稳坐篮舆梦不惊。

邓邓桥在宕昌县城南32公里花石峡口岷江之上

清·梁丰

## 阳满三城

三城排列气势雄，形成犄角已难攻。令征遗迹弹丸寨，空有斜阳禾黍丛。列嶂崔嵬拥古城，秋风黄叶漫伤情。无人肯说木家寨，野草荒烟鸟数声。

宕昌田园人家

清·梁应魁

## 草坪山庄

青峰山下傍幽溪，人家住在危桥西。回环不记来时路，日暖风和山鸟啼 削壁悬岩接山岀，怪石嶙峋咽危滩。鸡犬桑麻桃源境，避秦好地世外园。

**清·姜海清**

## 嬉戏秋千

一对绣鞋踏板中，半空风送桃花红。
东西摇荡彩绳引，疑是仙子步月宫。
（原题：正月十五日夜，皓月当空，妇女嬉戏秋千）

**清·李伟观**

## 鸑鷟仙山

状似灵禽跃上坛，神功耸立远峰攒。梵音响处朝晖静，凤韵传来月夜寒。最爱清风吹露白，应怜仙掌落霞丹。窗前岫列鸣鸑晚，绘尽图工点缀宽。

## 故道松涛

曾种龙鳞寄兴浓，今寻故道见长松。涛声不绝连天卷，日色常清特地封。钟听寒山秋半夜，霜鸣野寺岭千重。停鞭闲眺青峰冷，还问樵童觅旧踪。

**清·何冠梧**

## 入长峡

【由洋汤寨至荒林沟，所经亦奇境也，以七古记之。】

双崖逼狭复逼狭，蜒蜒蜿蜿作长峡。上开一线青天光，下泻寒泉乱石夹。我从峡底穿林行，乱石碍脚钩藤缨。似有山鬼攫人出，毛发竖立阴风生。出林见石壁，双双青插天。万树槎桠斗苍翠，枫树逞娇红欲然。其中往往闻啼鹃，又似嗷嗷鸣哀猿。殷殷忽作远雷响，谁知飞出双龙悬崖边。一龙狂吟长松巅，一龙似断非断鸣溅溅。龙龙光怪喷珠沫，飞洒万树生寒烟。奇哉幻出天然画，写入穷边倚空挂，仰天久望惊奇怪。

## 碧峪镇登紫云宫楼

紫云楼阁最高层，遥眺关河远思增。山势千重盘陇蜀，江声一气赴嘉陵。川原形势仍今古，人代迁移感废兴。今日皇图垂巩固，须知襄海永清澄。

荒林沟又名黄林沟，位于文县天池乡境内

**清 · 张临**

## 麻关水灾

蛟龙徙窟宅，虎豹皆股慄。涛挟万山奔，麻关谷水溢。昏垫嗟居民，室庐百无一！道光乙酉年，六月二十七。乾隆庚子间，水患从兹始。于今四十年，此灾旋复起。疾雷破空行，声震两城里。岁月曾几何，陵谷又迁矣。

## 和方邑侯游天池原韵三首

（一）

妙瀵何年涌？神池此地穿。金陂澄翡翠，四壁锁云烟。屐每怀灵运，图应待石田。谁题红叶句，勒碣傍泞渊。

（二）

八景标名胜，林泉此最幽。危桥栖野鹤，余涧泻寒流。钟送平波寺，山深太古秋。斯游如可再，同步小瀛洲。

（三）

灵湫饶灌溉，亩可计千锺。况值为霖雨，频经起卧龙。翠屏围曲曲，螺径转重重。萋憩知何处，棠阴但指松。

清·赵星

## 水帘洞（有序）

【余尝谓渊明《桃花源记》，特喻言吾心正淳之境耳，与《饮酒诗》“羲农去我久，举世少复真”意同。至事之有无，则不必问。及游武都水帘洞，又觉别有一境，诚如李白云“别有天地非人间”也。为赋二律以记之。】

一

老病耽游惮石梯，渔郎旧路未曾迷。悬岸几处仙人窟，空谷惟闻竹里鸡。花到寒山分早暮，草封石径辨高低。不辞再到源头处，千尺飞泉下小溪。

二

到来别是一风光，仙子当年煮玉浆。觅路猿兼鸟迹去，飞泉雨及雪飘扬。水临石几供诗砚，风舞桃花助酒狂。却笑渔郎问渡后，驰车终日路之傍。

清·靳应魁

## 江南浮桥观竞渡

中流一楫共澄清，饮马投鞭鼓不惊。铜柱题来推望重，锦标夺处听欢声。桑麻遍野迎长夏，蒲柳因风荐太平。樽俎相倾河朔似，稽山还倚魏公城。

石榴明眼照青罗，我亦追随马伏波。帝子绾符麟阁赐，仙人捧剑凤池磨。彩虹百丈联金锁，画鹢三行绕玉珂。此际军容陈土俗，投醪何地不酣歌？

清·张勋侯

## 水帘洞红女宫

女贞仙子自何年？曲磴通幽紫阁悬。水落画桥流石髓，花飞古洞隐金莲。一帘风卷山腰雨，万树云开谷口天。坐对老僧参众妙，楼台处处磬声传。

## 水帘洞拔袄殿告成

峭壁有心开佛像，灵台何意夺天工。凿山漫道蜀丁力，蹶石无庸唐将雄。风送虹桥浮古树，云生鹫岭接苍穹。须知谷口真三昧，呼吸吹来万古同。

**清 · 齐赐履**

## 白马关

白马关前路正赊，离亭一望已天涯。云连栈道三千里，烟锁层城百万家。摇落空山闲客舍，苍茫古渡绕征车。当年名利人何在？惟见残阳闪暮鸦！

## 五日游水帘洞

支筇乘兴到山巅，路入桃源骨便仙。芳树含烟迷晓渡，春流带雨舞晴川。榴花放眼孤村后，蒲酒传觞曲水前。醉倚危阑归未得，笑看童冠尽欢然。

**清 · 朱超**

## 武都署中咏怀

一

政绩愧龚黄，抚躬惭荐牍。劝农出东郊，桃花明照目。山田亦可耕，土疏春雨足。何日得抽簪？言归买黄犊。

二

日长讼庭闲，禽声清可爱。仙露滴荷珠，微风皱池水。薄暮卷疏帘，群峰破苍霭。庶学韦苏州，焚香涤尘累。

**清 · 黄文炳**

## 武都即事

### 春

当年桀骜气全降，喜听弦歌到此邦。细雨桃花红女洞，春风杨柳白龙江。群峰环拱围城郭，曲水潆洄绕石矼。最好昼长衙放后，流莺树底语双双。

### 夏

四面云山景不同，衙斋宛在画图中。时和渐觉民安业，政简何妨吏守穷。疏影半池杨柳月，清香满座藕花风。讼庭静谧堪消夏，好友频招试碧筒。

## 秋

一夕西风到画堂，隔墙分得桂枝香。微云疏雨秋将半，绿酒红灯夜乍长。弦管吹开天上月，林泉飞渡水边觞。人生随处堪行乐，肯为莼鲈忆故乡？

## 冬

山深容易到黄昏，又见梅花月一痕。沃野风光烟万树，丰年景象雪千村。童儿预演迎春鼓，父老先筹介寿樽。从此武都皆乐土，应无雀鼠到公门。

**清·王权**

## 文县留别

（一）

三年冷舍对青山，人坐吟诗山笑顽。今日山云来送客，须留一首赠烟鬟。

（二）

及门桃李杂梗楠，秋实春花各纵探。中有萧生更奇绝，三携尺棰入龙潭。

## 阶文道中口占

我生浪走甘痴顽，行箧收尽中原山。西南一角独未到，捧檄驱马偿前缘。武都东下蜀门户，万岭千岩恣吞吐。有时岔涌如飞来，有时率连类结侣。有时矗矗争昂头，有时颀颀竞伸服。岩腰辟路横蚕眉，江浪拍崖震鼍鼓。岭坂沿壑曲垂钩，巨石截途立疑虎。人马声噤天窘拘，使我豪情变危苦。夜挈妻女栖茅檐，星斗穿屋来窥觇。五更蹑云陡回磴，当头残月贴峰尖。脑后俄闻霹雳响，回看崩梯缺一丈。下马敲火觅人踪，始知身在万松上。

## 自文县赴阶州道中书见

离郭便幽邃，日中霜未消。关门双壁互，溪口百泉朝。入峡云拘束，经冬树寂寥。正愁前路尽，意外忽逢桥。

尽日穿林上，篮舆碍树根。山香知麝近，木老字龙蹲。雪没趋田径，烟藏隔涧村。谷边无夕阳，午后即黄昏。

月明樵路细，独客挽萝丝。栈缺欹松接，崖倾巨石支。俯看群鸟宿，忽觉万峰卑。到眼皆图画，行行翠染眉。

曲磴盘云白，寒江漱壁青。九州无此险，三至讶初经。石坠山岚响，风回虎气腥。蓦然来羽服，或恐是仙灵。

**清 · 慕寿祺**

## 徽县道中

【光绪二十八年】

路险天疑窄，山空昼亦冥。独怜曲径竹，雪后色深青。

**清 · 陈焕奎**

## 武都感怀

宦海浮沈廿载余，非同弹铗食无鱼。几多相士逢知己，悔不当时早读书。富果能求才更拙，贫原可送礼偏疏。名缰利锁难羁绊，只合空山赋子虚。

辗转春愁未可降，生憎薄宦负名邦。寒颜难入时人眼，热血空留壮士腔。拟托清樽归北海，漫将活水乞西江。追思往事难成梦，夜夜鸡声断晓窗。

可怜小草不逢春，谁道风尘历苦辛？万里星霜方信命，半生肝胆敢辞贫。翻因病后精神健，转觉愁中面目真。自笑支离同骈拇，不知何处着吟身。

马首遥瞻总欲东，尘襟未涤路难通。边关万里惊风鹤。音问经年见塞鸿。壮志半销廉介里，归心常绕岁华中。一身依旧须眉改，屈指韶光竟不同。

**清 · 陆廷黻**

## 阶州杂咏三十首

春归何处不凄迷？行尽秦州西复西。几日牡丹原上路，绿阴如雨鹁鸠啼。
陇南风景足清游，按部新停入谷驺。横岭侧峰环叠叠，乱山深处是阶州。
楝子风前尚浅寒，一春花事未阑珊。更从魏紫姚黄外，开遍岩间野牡丹。
泰石岩岩不可登，行人扪葛复攀藤。似闻鸡犬声相应，知在云山第几层？
怪石嶙峋佛入崖，凭谁雕绘费安排？倒垂藤蔓缠缕络，弥勒同龛一食斋。
晚霞初霁卧长红，阁道萦回断崖中。疑是庐山看瀑布，浪花如雪溅晴空。
草色青青麦盖坡，人家终日住山阿。疏林曲树遥相映，影落寒流夕照多。
刀枪剑戟万峰攒，行路真同蜀道难！山势千寻悬峭壁，泉声百道咽危滩。
天梯石栈苦跻攀，远望峰峦缥缈间。竟日雨丝风片里，肩舆已过米仓山。

桑叶如云覆女墙，榴花如灭吐朝阳。鳞鳞碧瓦参差出，几处村庄罩绿杨。

策马来登最上头，秦中风景望中收。东南路更通巴蜀，形胜应夸第一州。

太极山高势左旋，一峰矗立入云边。石包城畔牛眠地，谁读杨公点穴篇？

桓水西来走急泷，一齐俱赴白龙江。石堤欲截中流断，云碓无人水自舂。

霓幢鹤盖拥行台，小队银刀夹道开。村妇浓花堆满鬓，抱儿齐说过关来【俗以小儿从贵官轿底过，名曰过关。】

峨峨高髻古时装，左衽为衣裤作裳。自把犁锄理禾亩，不随少妇织流黄。

阶州试院构珑玲，飞阁流丹入杳冥。愿祝朱衣头暗点，入门下马拜魁星。

山田苦瘠水田稀，刮尽黄精不疗饥。好是残年风雪里，一家团坐饱蹲鸱。

事鬼何尝不事人，偶因小恙亦跳神。羊皮鼓里冬冬响，迎致村巫走一巡。

雨淋日炙藓花滋，石刻犹应记汉时。郙阁颂兼西峡颂，磨崖更勒耿勋碑。

崦嵫外刹剩斜晖，布袜芒鞋度翠微。小吏却娴风雅事，黄龙滩上拓碑归。

闻道祁山祀武侯，未将兰菊荐春秋。国初碑碣扰堪考，十五年中已两修【顺治癸巳，康熙丙午。】

万丈潭边杜草堂，龙湫亦自在其旁。如何笺注纷拿甚？强把潜龙比上皇。

马融昔守武都时，绛帐台高有废基。不为权门牵挽去，今人何敢薄经师。

杨家难敌与难当，三百年来割据强。太息仇池山下路，居民犹自说杨王。

万古仇池小有天，神鱼出穴是何年？而今只有沮洳水，不见当时十九泉。

周时地尚属戎羌，采邑何能界远方？文武成康名郡县，后人附会太荒唐。

天牢山势郁孤幽，西伯当年此见囚。风入松间琴动响，却疑羑里写羁愁。

范君遗我金线狨，闻说能医拘挛风。五十之年正需此，报诗所愧逊文同。

白水江边出网鱼，细鳞巨口状如鲈。松江风味空相忆，剖腹难期尺素书。

梅子黄时雨乍晴，春衫频换袷衣轻。陇南差觉风光早，五月先闻布谷声。

**清·叶恩沛**

## 玉垒关

玉垒关前水合流，边花塞草尚空留。巡方有志遗鸿爪，玩物无心动客愁。路转峰回情脉脉，抚今追昔事悠悠。蓝舆尽日浑忘倦，如此河山称壮游。

## 过铁索桥

架木成桥自古难，而今铁练锁江干。行人招手应相问，西蜀滇南共此安。

### 阴平道中

阴平往返路纷歧，又见尖山笔一枚。更有鲁班蛇倒退，天梯至此英惊奇。悬崖凿路夺天工，跨水为桥驿自通。未必精诚能造物，但朝策马任西东。

### 来凤楼小集口占

层楼同上酌芳醪，水色山光诗兴豪。不是俯看天下事，此身位置本来高。秋月春花一瞬过，玉山倾倒尚狂歌。忘危本是居高戒，扶上雕栏气不磨。转眼沧桑浩劫空，分明陈迹磨驴同。而今莫问从前事，又在城楼醉晓风。

### 闻秋闱报捷志喜

重阳节过喜颜开，三十年中捷报来。预卜边陬传盛事，敢云狂简我亲裁？曾将桃李殷勤植，才得堂阶索笑回。文运蒸蒸从此上，凤楼声价漫疑猜。

**清 · 吕震南**

### 犀牛江月

犀牛江上夜悠悠，晚景苍茫古渡头。两岸烟横沙鸟宿，三更云尽玉蟾留。月波欲共江波涌，天影还同水影流。相对前身频借问，酒酣万事不知愁。

### 锦屏叠翠

西山爽气望珑玲，郭外横针翡翠屏。合比天台千叠绿，也分谢眺数峰青。负樵客去烟霏漠，采药人归路渺冥。日暮渔歌来远浦，斜阳芳草满沙汀。

### 寿台晚照

黄昏风景正徘徊，夕照苍茫万寿台。鸦背余光归寺角，山家薄瞑映松隈。江翻石壁滔滔去，日送牛羊得得来。莫道夕阳留不住，旧城新月已昭回。

### 南山驼树

旧闻西域产明驼，孰置南山岭曲阿？老树遥看偏僑桅，双峰高耸自陂陀。天寒鹤去谁冲雪？风撼条鸣欲渡河。远岫云来欣得路，笑他凡马枉蹉跎。

## 六月冰泉

旱云飞火燎长天，怪底层冰满涧泉。任是南风终莫解，纵非北陆也应坚。献羔客至宣阳室，祭韭人赓徂暑篇。借问清怀谁得似？凌阴颁后玉壶解。

## 城南古渡

长江绕郭水盈盈，古渡苍茫铁锁横。两岸垂杨齐映水，一帆宿雾近连城。待船客唱印须调，打浆渔歌欸乃声。最好锦屏山下望，满堤人在镜中行。

**清·魏玉峰**

## 留别水南忆民

其　一

八载西和累此身，愿将事事问吾民。纵教金镜常悬室，未必蒲鞭不误人。赠我廉平惟裕德，勤伊耕种又适春。樽前莫唱阳关曲，客路愁看柳色新。

其　二

青阳观里看松日，白水河边折柳时。此柳此松犹爱惜，只愁别后一相思。

**清·陈鸿章**

## 登铁山诗

【清光绪辛巳秋，余奉檄权徽篆。见南山多青杠、槲木，可获山蚕利，民弗知取。诣乡劝之事毕，率袁明善、罗文锦两诸生登铁山。口占五诗疥壁。】

其　一

铁山嵯峨高插天，振衣直上五云边。
飘然空际胸怀阔，细抚青松问夙缘？

其　二

峭壁苍松一径清，登山犹觉足鞋轻。
横披蓁莽舒游览，真到峰头始却行。

其　三

四望天崖接混茫，河山百战感沧桑。
将才西北知谁伟？蜀国当年有武乡。

其　四

独立峰尖天池清，方怀今古世间情。
诸生莫讶徘徊久，四海犹闻未息兵！

其　五

积雪千山日未斜，遥闻鸡犬有人家。
亲民却怪河阳尹，不种桑麻只种花。

**清·姚协赞**

## 同谷草堂

【陆渔笙学使按临武都，路过同谷，见杜工部荒祠，思速加修葺之，属余致意于幼芝直刺。幼芝欣然修之，亦可谓为政风流之一端矣。因长歌以纪之】

州图领同谷，昔曾诵杜诗。我到秦州来，不见杜公祠。祠堂何所在？成县山之陂。地惟连蔓草，阶已长茅茨。相距三百里，未得拜兰墀。诗人陆务观，天遣作宗师。【指渔笙学使】论文正法眼，耽咏然吟髭。望古诚遥集，骚坛善护持。荒祠相掩映，使节正驱驰。鸟革翚飞事，宜筹兴建资。风流称太守，此事属幼芝。幼芝真古道，独立厦能支。草密上阶剪，荆深盈路披。虚窗宜月补，远石作山移。词客灵如在，秋风动彩旗。浣花应不减，旧址至今遗。人生原转瞬，难得是名垂。自古能诗者，品第亦参差。但如鸿印爪，孰是豹留皮？少陵千古在，令我动遐思。平时多坎坷，履险不曾夷。戎马仓皇日，家山怅望时。文章竟憎命，季女咏斯饥。巢幕欲营垒，处囊难脱锥。爱国情最挚，忧民心更慈。致君尧舜上，立志本皋伊。才大难为用，心期世莫知。展非千里骥，守到半生雌。慷慨诗成帙，迷离酒满卮。论公平素志，岂愿骋雄辞？论定千秋后，真教叹数奇。笾豆看有楚，报礼本无私。我愿怀古士，慎毋坐井窥。诗才称苏白，词华属色丝。苏公忠鲠著，倾心向日葵。香山遗泽在，称颂到今兹。立功方不朽，奕世尚钦迟。欲招灵均魂，与公配飨宜。美人香草志，知公定解颐。草堂何日过？拭目读丰碑。

清·谢威风

## 登仇池绝顶

【光绪庚子十月廿三日，为余六十初度，生性不喜延寿，乃作仇池之游。而西和守戎潘群竹台与余偕行，一宿其山，尽得形势，殆古人所谓仙境者欤？因赋五言诗。归饮西和宰姚鸿轩老友衙斋，酒酣肃呈吟坛竣政。】

我读神仙传，仇池古仙乡。关尹拔宅升，鸡犬声琅琅。我读杜杂诗，白云老而望。我读苏志林，附庸洞天光。平生未一游，结想梦傍徨。年来觅桃源，两足关陇忙。庚子岁十月，榷税天水邦。花甲度及初，老大徒悲伤。宾僚七十人，个个谋桶觞。寿世相不得，寿人医不长。寿亲愿已虚，寿身得若凉。何当海寇纷，西迁主仓皇。有心杜自腐，有胆无由尝。宴乐这肺心，我实非狗狼。仇池况伊迩，游避兴两狂。道经古上禄，潘安脚亦强。相与跻其巅，身如鸾鹤翔。初疑四壁削，太华同刚方。又疑九九泉，崖壑森天章。又疑百顷田，仇池渺茫茫。石骨土为肉，耕种亦杂粮。居民百十家，姓分赵何张。粗野农家风，无怀葛天氓。山中无历日，谁究神仙行。关尹远难知，杜苏欲可量。二公身梦游，诗笔尚轩昂。幸藏残缺志，载宋将军杨。威名号难敌，屯兵此山庄。专征假节钺，平贼能擒王。功封仇池公，庙食何堂堂。曹纬叶秦州，重茸朱丹煌。而今安在哉，空山莽残阳。九千四十步，周遭阔非常。高过七里余，顶或平如场。乃如一叶秋，枫落云汉旁。叶上筋五条，条条是平岗。岗岗瘦而埏，沟沟深而荒。沟中三四泉，泉流尚汤汤。余泉九涸矣，卅六盘羊肠。是指东路言，上下称平床。若论南北西，蚁行一线良。虽非古桃源，兵乱实可防。堪笑懒刘晨，咫尺空想忘。我欲举家来，一任世沧桑。

清·黄居中

## 秋斋苦雨

一

梧桐叶落满城秋，细雨频添水一沟。山市晚开穷酒醴，溪桥朝断贵薪樵。阶前露冷玉簪重，梦里风寒菊枕遒。多少漏卮难塞得，此斋真个借邑侯。

二

解组归来又一年，潇潇零雨动人愁。湿云暗度钟声细，曲径轻含屐齿稠。抱影只堪寻冷梦，论文何处觅良俦。年来尝尽箫条味，那忍窗前再听鸠。

### 赋得黄河落天走东海

袖得青莲笔，河源试一穷。恍从天汉落，直走海门东。宿雾冲成白，朝暉荡不红。派垂三界回，障扫百川空。泻地声兼雨，归墟势若风。回流趋雁碛，倒影掣鸿濛。岱色苍茫接，诗心浩荡同。漾光昭异瑞，顺辄惬宸衷。

**清·黄汝宪**

### 登东岳山

泰华雄峰占震东，群山环抱在其中。神明永赖千秋古，地脉遥连五岳通。数仞孤城缠绝顶，几株老柏参长空。登高一览小天下，犹想当年孔氏风。

**清·黄允中**

### 赠别彭华甫赴秦

一

见说君行已有期，关山风雨共凄其。
明知荆棘难留凤，怎奈当前不忍离。

二

相会何时难自猜，寒窗寂坐意徘徊。
临风欲写别离恨，搜尽枯肠句不来。

明月山绵亘于康县平洛黄龙山至太石杨家山，明月山东侧为铁笼关，是成县进入康县的必经之路

**清·李左棠**

## 题明月山及铁笼关

山名明月几何年，云锁峰峦树万千。滚滚嘉陵潮足底，巍巍铁笼到眉端。眼观陇右十余县，势压终南万里山。白马关前桑梓地，教人怎不切依瞻。

**清·吕钟祥**

## 白马关有感二首

一

杨家兄弟最难当，据有仇池雄一方。唐镇而今安在也，此关说白马氐羌。

二

白马氐居国，重关势不穷。地分秦陇域，俗尚汉唐风。诸葛行军道，吴璘保蜀功。山河无定局，成败论英雄。扼要三边固，蜿蜒五岳通。弃繻歌壮士，投笔羡从戎。旧属番夷外，新濡教泽中。我来频眺望，眼界古今空。

## 天沟瀑布

垭壑花崖景最幽，山环水抱号天沟。布开翠嶂千寻壁，瀑注青岩百丈湫。雪浪空悬飞至屑，珠帘倒卷挂银钩。胜游仿佛临仙境，遥望画图一幅留。

## 与嵩峰益之游七防关

避暑七防关，长流水半湾。同游秦陇地，犹说汉唐山。窥蜀金人慑，镇边宋将闲。一夫坚壁垒，群寇敛刀环。北塞炎威酷，孤城夕照殷。吴璘安在也？再出济时艰。

**清·崔峻**

## 云台晚照

其　一

云台千古耸崇隆，此日登临眼界空。翘首山头落日尽，回光犹傍晚来红。

其　二

层云千古耸高空，西望长桥似卧虹。四顾山光落日后，剩余夕照晚来红。

### 城北古渡

其　一

北望江流接大川，扁舟一叶系何年？遥瞻雉堞横南涧，勒马行人唤渡船。

其　二

浩浩波涛就下流，长江一道历千秋。北城利济歌终古，古渡行人去不留。

**清·刘士猷**

### 三日渡白龙江谒真武观

一

佳节游山寺，登舟日正中。桃花千尺浪，杨柳一帆风。
宝盖摩天碧，星旗夹道红。焚香还击鼓，流音满太空。

二

昨夜白龙鸣，今朝绿水生。山光连浪涌，树色带烟晴。
春到禅花发，人来老鹤迎。雨过山高出，云归日倒行。

### 犀牛江月

日暮波沉夕雾收，夜来风景最清幽。犀牛有迹何年化？江水无情带月流。猛浪淘沙终古事，寒光照见几人愁。明珠一颗波心探，莫问骊龙睡得不？

### 陌上妪　并序

【咸同以降，吾乡人以芋为命。自戊子至己丑，连年阴雨，芋失收，老稚几饿死，力者运粟于远道求活。今年夏，麦方秀，不雨匝月。予尝信步至陌上，见老妪泣之甚哀，询之曰："妾夫以运粟为盗所杀，少壮皆亡去，惟幼媳、乳女、未亡人而已。钗钿食尽，家不举火者累日，凡故夫有旧者概不与识。"语竟，匍匐呜咽挑菜而去。予闻之感泣，因作诗以纪之。】

忧来迫人行，人行陌上头。炎日烈如火，来此知何求。盈盈溪前水，隐隐哀声起。借问哀者谁？老妪言采苣。问妪哀胡为？"我言君不知。自夫贩盐官，旦夕厨无烟。大儿抛妻去，孺弱行欲颠。哀者乳下女，啼饥不能语。相携乞富家，云他乞无所。邻人运粟回，老夫何未归。诒妾行失后，一门待疗饥。在家愁薇藿，离家被劫掠。夫也长逝矣！儿女将何托？枯苗奈尔何，眼见转沟壑。”老妪泣未已，我泪已盈掬。同是饥中人，啼泣不果腹。世情恶贫贱，炎凉随转烛。馑饥古似今，吾子独何辜。彼苍岂无心，忍斯常不熟。愿言语老妪，无为陌上哭。

## 流民歌

【岁即荒歉，人民离散，夫妻相泣于道路，遂缀其语成篇。】

昔年多乐岁，子夫我亦妻。今岁成荒歉，子东我则西。
晨风吹野草，恩爱从此离。死则长已矣，生当复相随。

## 拟陶潜乞食诗

日出蓬户高，墟裹孤烟起。饿夫怀往路，行行之何里。邀我至中庭，食我以甘旨。恤我以病贫，询我以生理。情知此误事，造物安可违。日阅三两家，时还下我帏。人生不读书，何以有是饥。屦绝柳条结，裘敝暑不热。鸡犬解送迎，叩扉知何说。但得贤主人，一饱陶靖节。

【辛卯年作（光绪十七年，即 1891 年）】

## 西路竹枝词（选录）

### 草 川

日锄豌豆下麻池，小憩亭亭日午时。且喜莲船盈尺好，泥途不患力难支。
花开菜子几湾黄，挞菜丛中女伴忙。乍听山歌声起处，知郎初渡小山岗。
同心结子系双绦，私绣鸳鸯灯夜挑。又恐小姑忽瞥见，暗藏襟带剩闲描。
野花多媚草多姿，又到端阳采药时。【后山土人风俗，每于五月五日，士女结伴登山，采酿曲药，时则与前山少年绊交为戏，日昃方归。】斗尽芳华天未午，游人犹悔上山迟。
君负钩镰妾负筐，相逢携手且同行。木棉花下约私订，若肯来时月上墙。
几回相待北山阴，日暮凄风吹我襟。可是负心多勾引，峰前峰后豆麻深。
驾龙山下水长流，朝浣裙衫小石头。瞥见郎君忙笑问，花山今否卖青油。
问郎油价近如何，今岁争如去岁多。不愿我郎营远利，愿郎织布我穿梭。
朝随阿姊务农功，夜向灯前制女红。刺出鸳鸯教姊看，夜来针织太匆匆。
相呼阿姊守妆楼，憨妹今年将上头。近日裁缝都已备，亲迎祗听谷鸣驺。
日暮牛羊下落霞，啸歌初返拾芋家。萧娘背子檀郎负，羞被人窥不与他。

【壬辰年作（光绪十八年，即 1892 年）】

武都区角弓风光

## 第二节　现代诗词

### 一、旧体诗

**毛泽东**

#### 七律·长征

红军不怕远征难，万水千山只等闲。
五岭逶迤腾细浪，乌蒙磅礴走泥丸。
金沙水拍云崖暖，大渡桥横铁索寒。
更喜岷山千里雪，三军过后尽开颜。

#### 念奴娇·登岷山

横空绝世，
莽昆仑，
揽尽人间春色。
飞起玉龙三百万，
都是此君余脉。
夏日销溶，
江河横溢，
人或为鱼鳖。
千秋功罪，

谁人曾与评说？

而今我谓昆仑，
不要这高，
不要这多雪。
安得倚天抽宝剑，
把汝挥为三截？
一截遗欧，
一截赠美，
一截留中国。
太平世界，
环球同此凉热。

（诗后原注“调寄念奴娇·登岷山，一九三五”。该诗手迹原稿现存中央档案馆，1957年在《诗刊》1月号公开发表时，毛泽东修改多处，并更名为《念奴娇·昆仑》。）

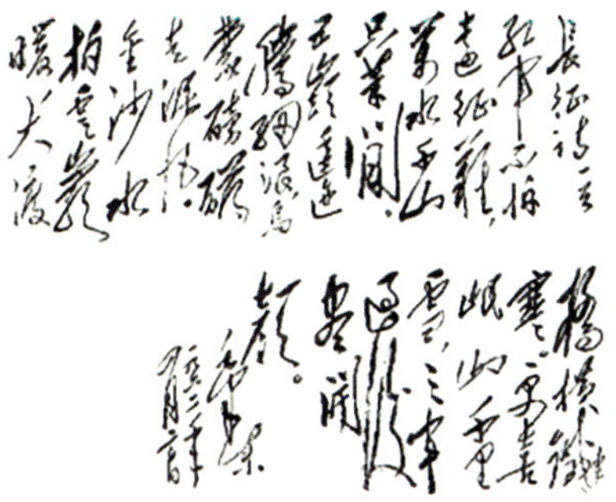

毛泽东手迹《七律·长征》

**肖 华**

## 回忆长征

红军越岷山，哈达大整编。万里云和月，精兵存六千。导师指陕北，军行道花妍。革命靠路线，红星飞满天。

**张炯奎**

## 咏 红 军

乙亥秋

【一至岷地，军令甚严，一切奸淫虏掠之事，查禁尤切。自古大军虽云严明，比之红军，不及万分，

一路赞扬，非谀语也。】

仓皇无计欲何之，正是闻风丧胆时。只道伤残同列寇，【执事者故意装饰诽谤以惑民心故也。】那知仁义胜王师。人言戮掠皆虚语，自悔潜逃反失资。瞥眼雷霆惊震后，听来一路赞扬辞。【自古大军虽云严明，比之红军不及万分，一路赞扬，非谀语也。】

**慕寿祺**

## 送陈芷皋之两当任

【民国九年】

四境溢欢声【君素有政声】，儿童竹马迎。地寻侍御宅【杜诗江上吴十侍御宅，在今两当县】，云隐尚婆城。禄薄身能俭，才高气却平。须防川陕界【两当毗连川陕交界】，豺虎正纵横。

## 登仇池绝顶

四壁山钩连，望中气万千。山路有一线，上通坠云颠。是山即仇池，满目草芊芊。其初曰雍山，高处无人烟。开者乃仇夷，今名赖以传。状与龟相似，首尾形俱全。四周廿余里，其中别有天。楼橹二十四，气象何森然。九千四百步，地址足回旋。鸟道卅六盘，梯阶凌空悬。东西敞二门，怪石当其前。清泉九十九，灌溉百顷田。穴深尘不到，煮盐土能煎。白马所居地，神鱼潜在渊。杂诗杜工部，赋石宋坡仙。其他诸题咏，纷纷不记年。昔闻杨氏兴，难敌最为贤。晋室辄已东，乘间森戈铤。刘曜不能曲，假以都督权。兵力抗前赵，谁复攻其坚。名号虽不正，功亦足多焉。割据三百载，滋蔓一何延。天演纷争竟，国步今维艰。关塞失凭借，烟云莽变迁。陇山林麓最，旧习犹相沿。蕞尔仇池头，亭结白云边。荒祠读断碣，临风涕涟涟。

**于右任**

## 徽县早发闻耕者叹息声

早起行铁山，月明似天明。田夫立垄畔，朦胧不能耕。但闻语太息，今日天又晴。

**郭维城**

## 放足歌

东家姊，一年年；西家妹，一天天。奄奄飞不高，跳不远。你莫在绿窗、绣阁、珠帘，裹云梳月空愁怨，决汝志，解帛缠！决汝志，解帛缠！

## 东岳庙登高

江城如画柳如丝，万叠云山无尽时。最是山窗晴日丽，一帘花影写新诗。

## 渡鹤桥墙头题诗志感

惨淡江城急暮秋，衰残兀自凭危楼。惊传汉塞嘶胡马，忍折花枝作酒筹。填海难消精卫恨，戴天空抱杞人忧。我来不共请缨客，黄叶金风愧白头。

**孔 渭**

## 题朝阳洞

斐山脊耸生苍苍，敕封三圣镇江旁；龙江滔滔如玉带，地丰人富风更良。

朝阳洞位于武都区角弓镇陈家坝，原名仙佛洞

**赵子贤**

## 题《乞巧歌》二首

【1936年8月】

（一）

纸上心弦神鬼惊，女儿悲苦气难平。出脓出血刑半死，嫁狗嫁鸡判终生。乞巧唯求厄运少，及笄似向峭崖行。亭亭碧玉家中宝，父母谁闻唱巧声！

（二）

莫谓诗亡无正声，秦风馀响自回莹。千年乞巧千年唱，一样求生一样鸣。水旱兵荒多苦难，节候耕播富风情。真诗自古随时没，悠远江河此一罍。

## 仇池怀古

【1938年】

翠岫云高气势雄，当年何处国无门？天然楼橹久神运，际会君臣搏海鲲。
古窟八峰文教在，残城一岭武功存。松风野语无穷意，半碗村醅祭战魂。

**王仲甲**

## 夜宿宕昌观音阁(三首)

一

观此风景好，音留甘川早。阁石千竞秀，夜宿万孽了。

二

山石狭口道通宽，随流过客予惊天。失群孤雁鸣此过，算出甘边第一关。

三

青青崖乱青烟，莲台琼楼半空悬。佛光普照如日永，难道西固有阴山。

宕昌县观音阁

## 武都三河崖寺题壁

赤胆忠心吊民愁，冤孽不知何时休。龙江绵延缠将骨，壮夫热血满荒丘。
夕阳烟霞傍洞庭，观音阁隘少行人。未能出师身先卒，夜阑常闻杜鹃鸣。

**杨希震**

## 陇南名胜

漫道洪涛起白龙，渡头今又驾虹桥。云封野寺岚横翠，烟锁晓津霜映红。细柳长悬堤上月，寒笳不奏江边风。登临难写讴歌意，山峙水流入望中。

**陈大诰**

## 七七事变后

世事人情险恶多，身逢劫运噢如何。雄兵驻境警拉票，大将防边讶倒戈。政客空筹救国策，贪官漫唱拯民歌。只流满眼伤心泪，洒向横流点逝波。

**赵至真**

## 从　军

万里鹏飞勿畏难，肃清日寇凯歌旋。兽场方展马儿志，报效祖国忠孝全。昨天劝尔三杯酒，今日赠君诗一联。吃苦耐劳体懈怠，前途保重勿心寒。

**李养才**

## 抗 日 歌

日本人，住小岛，不学好，做强盗。他富强，不算早，野心甚大向西跑。琉球灭，朝鲜倒，夺台湾，还不了，气焰汹汹，再并澎湖岛。

鬼子小，贪心大，二十年，九一八，进兵沈阳开大炮，东北四省被侵夺，杀人放火汹熖起，张牙舞爪到中华。

日本人，真可恨，到中华，抖威风。杀男子，抢女人，金银财宝都拿去，房屋点火化灰尘，到处鸡犬都不留，沃野千里变荒坟。愿国人，齐奋起，拿锄头，扛刀棍，不怕死，往前冲。能杀鬼子是好汉，直驱东海到东京。收回国土安天下，中华民族得安宁。

## 康县大堡子完全小学校歌

泰峰雄视虎龙吟，修流涟漪肇祥灵。云逵裳吉，毕路褴褛作先锋。吾校创办，赖先进诸公，缔造煞费苦心。吾侪后辈应追怀前贤，莫负今人。看！中流砥柱挽狂澜，道远任重。

要作到智勇真善，艰苦奋斗，服务人群。

**马汉良**

## 感 怀

学书学剑双无成，自悔功名误此生。尝尽酸咸皆世味，参加冷暖是人情。因思国运心儿碎，及齿民瘼剑欲鸣。愧乏栋材支大厦，仅余积恨伴愁城。

**蔡啸霞**

## 为高监察使赴武都视察送行

【1946年4月，甘宁青监察使高一涵将赴武都视察，赠七绝一首】

万叠青山叫画眉，白龙江畔柳如丝；凭公一酹佺山墓，藉写阶州怀古诗。

**高一涵**

## 武都杂吟

白龙镇傍白龙滨，村女家家冠白巾。水碧沙明江见底，柴窑山色伴人行。

高下梯田接树林，山坳深处皆成村。鸡声人语来天际，时把炊烟当白云。

五月榴花照眼鲜，秧针绣遍道旁田。唤晴唤雨鸠声喜，恰似江南刈麦天。

## 咏杜公祠

飞龙峡口路迷离，龙去峡空异旧时。一掌平原同谷县，数椽短屋杜公祠。萧萧短屋荒山谷，耿耿孤忠故国思。我亦无家堪送老，白云深处望仇池。

## 犀牛江上

半壁东南阻战争，亦思勇退恋时明。我家近傍江南岸，行到关头为寄声。五年不见长江水，今喜江源蔚浅蓝。安得张帆明月夜，轻摇桑橹下江南。

## 康县白马关

白马关邻白马羌，千年残垒踞岩疆。地连梁雍山容壮，水下荆扬驿路长。峻极峰高欺五岳，阴沉谷暗蔽三光。狰狞恶石横当道，鞭叱无能只自伤。

## 白水江

白水江头未了僧，孤舟一夜入嘉陵。云封蜀道无今古，鬼哭周原有废兴。
野渡招摇村市酒，荒城出没戍楼灯。阳平关下多雷雨，净洗西南恐未能。

## 陇南行

云雾乱点须眉白，直与孤鹤同蹁跹。山中樵子偶相值，时或误为云中仙。岭上云雾岭下水，活泼最爱是山泉。溪行曲折频频渡，浅揭深厉仍一川。

**董杏林**

## 留别诗

### 其 一

嘉陵江上息征鸿，岁月匆匆一瞬中。才见春风肥苜蓿，又惊秋风下梧桐。
任同击柝贫非病，图就监门笔未工。愧我心长才却短，因循容易负初衷。

### 其 二

已倦风尘乞小休，菊花影里唱刀头。装清秋水容调鹤，棹泛沧江许狎鸥。
风月纵谈成往事，短长别意问东流。学书未就裁诗拙，聊作鸿爪印口留。

**刘元凯**

## 鹧鸪天 丙辰自寿

（民国五年）

地老天荒万事休，雄心无量付东流。仲连已死桃源远，归去来兮道阻修。不自寿，更何求，江干醉卧看浮鸥。大千世界春婆梦，莫管他人呼马牛。

## 春光好 游黄鹤楼本意

新雨后，望晴川，远山眠。一帆软风飞紫蝶，载画船。春水悠渺云连，汉阳树影如烟。沽洒高楼来燕子，杏花天。

## 满江红

书剑旋来，金城柳，依依凝碧。问身世，情伤子野，蘇季归色。万里飘零飞鲲化，十年结果有鸥赫。惟多情新雨洗车尘，慰征客。

风云会，他乡集。幽怀畅，愁如失。举杯心益壮，却忘头白。安得五泉齐化酒，愿成千手好杀贼。祝同仁努力竞前程，报酬国。

**张梓舫**

## 武都杂吟

【依高一涵先生原韵和七绝二首回赠】

白龙江水波不兴，沿江景物四时新。流水依旧辄洄旋，远山迎客放眼青。

层层梯田放眼平，村落处处依林隈。樵牧歌声时入耳，炊烟缕缕薄白云。

## 农村竹枝词九首选五

豆棚瓜架乘晚凉，老农围坐话麻桑。孙儿捧出新酿酒，说是咱家才开缸。

山城八月早稻黄，门前鲜谷齐登场。家家杵臼声不停，户户春来新米香。

夕阳西下晚霞明，牵牛荷犁缓缓归。小儿门前唤阿母，声声高呼爸爸回。

布谷声里农事忙，晨割小麦午插秧。蓦见小儿弄蒲柳，方知明日是端阳。

皤然老叟清于鹤，年过古稀亦康乐。朝从水崖捕鲢鲤，午向云山采芍药。

**程天锡**

## 阴平道歌并序

【余旅兰廿六载矣，每忆吾文道路之险，时悬心目。觉邑志前人所为文路歌，犹未穷其情状。爰续为此，以补其略。】

阴平道，远在陇南龙绵西。万峰高插天，上与白云齐。桓水北来更东下，南挟白水走鲸鲵。掀天波浪风怒号，云连蹬道怯马蹄。积石棱棱难名状，多于百千万亿蚋集醯。纷如乱沙堆戈壁，猛侔原兽蹲狻猊。行人至此心魄骇，举步如穿铁蒺藜。上盘一线曲屈蛇退径，下锁凌空百尺卧波霓。鲁班之巧技止此，度险人相藉扶携。【蛇倒退，临江铁桥，鲁班桥皆著名险地】武都直下三百里，钩连石栈与天梯。况复青塘不能容匹马，玉垒可以封丸泥。南行至县疑无路，斗大一城堕瓮低。其险也如此，能勿使远道之人酸心脾！我亦阴平市井人，自小蛮居杂羌氐。野云出岫廿余载。犹忆乡程路不迷。梦魄时蹑青天上，耳中愁听子规啼。不信王阳昔畏路，频闻李特祸黔黎。戎马驰驱无关隘，杀人不异犬与鸡。乃知地利可恃不可恃，固国岂尽由山溪？阴平道，风雨凄。旧日王孙不归去，愁杀陌上草萋萋。我亦歌此曲声苦，感叹今昔一涕洟。

## 夹竹桃

绿意红情醉欲醺，韵兼浓淡恰平分。羞将媚眼偷春色，独此无言对此君。

数椽老屋夕阳明，秋至依然笑靥迎。寂寞重门人去久，晚妆时带二分清。

不徇春光态自妍，清阴多处姹嫣然。两三枝带潇湘景，如此风姿绝可怜。

托品清流韵不同，肯将薄命诉春风。愁红怨紫干何事，独抱芳心在个中。

## 苦 旱

连岁忧荒歉，川原谷不登。夏秋还告旱，饥馑竟频仍。赤地无禾黍，苍生仰斗升。嗷嗷鸿遍野，独对尔哀矜。

## 梅 吟

修到癯仙是几生，珊珊骨韵本天成。孤村流水尘难道，纸帐芦帘梦亦清。阵阵寒香春乍破，蒙蒙疏影月空明。怪侬底事钩吟兴，试把情肠问广平。

居然首出占先春，多少群芳殿后尘。生韵剧怜香色古，淡妆惟觉浅深匀。试看错节盘根处，大似嵚崎历落人。品尔高标原未易，调冰和雪写精神。

## 日军寇沪，屡为我十九路军击溃，赋以志幸

御寇戚南塘，侏儒势不张。鲸波掀大海，鹊岸夺賖艎。计已完申浦，终期返汶阳。【东三省尚为日据】。愿无忘积耻，万弩向扶桑。

## 送友从军

破虏男儿事，长征万里遥。摩天虹气壮，度塞马蹄骄。海水今犹沸，烽烟亘未消。行行从此去，早晚待平辽。

## 闻云南永昌失守，赋以志愤，兼寓旧感并序

【永昌为滇迤西屏蔽，光绪丙午，丁未间，余司榷其地，土沃士秀，扼险握冲，重镇也。无永昌，则丽江、腾越、大理皆不易守。比闻为日寇所陷，慨以寄愤。】

犹鸟蛮花远徼行，依稀旧梦尚分明。一官飘泊曾经岁，三日空桑剧有情。金凿戍遥烽镝靖，铁桥烟暖鹧鸪鸣。【沧江铁桥在永境，滇士某诗人有“铁桥烟暖鹧鸪啼”之句。】今朝重忆丁年事，尘海茫茫劫又生。

万里鲸波卷地来，腥风到处遍罹灾。连宵犹作华胥梦，此日难收劫烬灰。谁夺昆仑还破虏，空怜庾信但吟哀。澜沧水咽应流恨，毒瘴何年雾始开。

### 韩定山

## 秋朝野步

晨兴鸟雀喧，熹光映西岭。独步长松下，露滴衣裳冷。感此动遐思，飘飘见归隼。我欲凌风翔，无由脱羁靮。狂澜正滔滔，饥溺谁与拯？极望入寥阔，长空横秋影。

## 壬戌岁暮感怀十首选四

一年容易又嘉平，过眼风云百感生。酌酒讵能消块垒，学仙何处是层城。天心未厌玄黄血，人事方深琐尾情。安得银河速洗甲，沧浪我亦濯尘缨。

神州莽莽尽屯营，荆棘依然满道生。仗剑有人皆债帅，荷戈无地不骄兵。但教鸟在弓难櫜，那计风狂火倒行。好乱由来终自误，眼前成败几揪枰。

教猱伥虎亦勤民，扑朔何以辩假真。弹铗不逢烧券客，胁肩常见扫门人。遗黎已作沟中瘠。说士方充席上珍，倚得冰山凭快意，可能迟待艳阳晨。

墨绶铜章道本尊，无端俯仰要攀辕。敢将大丈惩牙卒，妙解皇堂傲子元。到骨诛求供鹤饷，折腰妩媚待鸿骞。当年谁信陶彭泽，拂袖来归种菊园。

## 小川道中

又作西征赋，行行过柳沟。雪催山态老，风送雁声稠。远树明红叶，轻舟济浊流。澄清知有在，击楫愧前修。

## 归途过麻沿河，入王家沟，苍松满山，欣然有作

黄沙衰草厌长征，一见苍松便眼明。尽洗荒山寒伧气，平添远客恋乡情。龙蛇大陆杀机远，猿鹤中原浩劫成。归去岂无三径好，只怜天路失夷庚。

**程海寰**

## 志感二首选一

莫问新都与旧京，弥天怨愤竟难平。厌问强敌摧坚壁，且拥妖姬戏竹城。喜有一灯迎白昼，从无馀念到苍生。笑依少此清闲福，偏向风雷多处行。

## 秋日书愤

高原纵目望神州，何日湔除九世仇？漫拟班生飞食肉，宁知李广不封侯！悲凉身世归无计，倾动乾坤战未休。如此江山谁管得，浮云西北有高楼。

## 无　题

疑雨疑云早废吟，坠欢如梦已难寻。壮怀消尽悲歌气，绮念难坚木石心。岂是桃花贪结子，从来绿叶易成荫。他生未了今生了，一任浓愁似海深。

## 读《宋史》偶成

北地雄藩自此休，臣民血汗为谁流？君王玉斧从新划，忘却燕云十六州。

## 过留侯庙

智勇如君自可王，当年何事戴刘邦？可怜博浪椎秦后，却为旁人借箸忙。

## 杂　感

揽辔澄清是几时，土焦鱼烂已如斯。风云人物隔河望，急煞投闲杜牧之。若容高隐有淇园，键户浇花莳众妍。争奈嗷嗷鸿满地，何能掩耳做神仙。逢人随处说时艰，兼济无成敢自闲。何日始为天下雨，兆民万姓尽开颜。

## 黄海早行

雪浪如山卷夜风，轻舟驶入曙光中。遥看天水相连处，巨日如轮照海红。

## 绝命词

其一

事败身当死，偷生殊可羞。自甘随玉碎，不作绕指柔。

其二

折翼风鹏久不飞，乾坤倾荡一身微。覆巢原定无完卵，敢向人间论是非。

其三

悠悠四十年，所愧惟一死。不先入地狱，岂是奇男子！尘劫随所化，此心若水止。远矣白发亲，伤哉垂髫女。哀鸿满道途，一瞑皆无视。寄语后来人，毋便停尔趾。

**胡绳**

## 题文县

乱石嶙峋阻水流，山泉夺路不平畴。明知前路多艰险，不到长江誓不休。

**韩定山**

## 陪同邓省长至文县参加通车典礼

千里长途三日归，河山到眼总新机。喜将古调翻辽鹤，亲旧长存城郭非。

**赵俪生**

## 西和炼铁杂诗

（一）

斯是古仇池，氐羌互争歧。蜀图中原地，诸葛六出此。街亭去不远，祁山堡垒遗。身在此山中，四望方向迷。

（二）

江水何濺濺，林木何葱葱。羊肠何崎岖，宛如武陵境。山花戴露艳，炼烟入夜浓。黎明古树下，铁水正殷红。

（三）

炉火正熊熊，炭花舞夜空。炉头司料勤，炉口钢钎劲。六人鼓风班，鼓风声轰轰。山头月更小，不觉夜影轻。

## 青羊看山诗

（一）

越岭到陇南，步步是新山；云雾蒙峰顶，树顶如点圆。始悟米襄阳，画法有本源：不然大小米，何以千古传？

（二）

画家李可染，尝写略阳图。我来颉水河，饶有画中趣。四围山势陡，市廛屋瓦密。颉水滚滚流，流向嘉陵去。

（三）

一路泥泞去，归人尽杖行。麦苗展新绿，荞稭尽鲜红。云雾锁峪口，冰雪峰顶凝。雉鸡啼不断，依依难舍情。

**袁第锐**

## 题武都万象洞

一洞幽明出武都，　白龙江畔乱山隅。游人不识天垂象，旋起新名旋指呼。

## 陇南绝句·西和

之　一

蒙蒙细雨入西和，话到仇池感慨多。五十年华翻旧貌，形天如在亦欢歌。【《山海经》：“形天与天帝争神，帝断其首，葬常羊山。乃以乳为目，以脐为口，操干戚以舞”。据西北师大赵逵夫教授考证，常羊山即仇池山，形天乃氐族人崇拜先民形象，余以为然。】

之　二

横岭斜陈隐巨峰，多姿钟乳郁盘龙。泉呈九眼留神话，千佛摩崖对碧空。

之　三

艰难立国想仇池，每诵遗诗向往之。四百年来成一梦，无根水涸杳神鱼。【仇池古国为氐羌民族所立，历358年而久。仇池山有一长方形巨石，由三块石头支撑，巨石中有一凹，常年蓄水，曰无根水，今无。】

**樊执敬**

## 春兴二首

山静客来少，天晴春意浓。杏花红落地，柳絮白飘空。树动窗留影，苔青履行踪。午眠安簟枕，不复梦周公！

散步过邻家，柴门日照斜。仰天观气象，坐地话桑麻。阶下开兰草，墙头落李花。山居饶野兴，远避市声哗。

**赵烈夫**

## 夏日探香山冰洞

苍苔细路带云攀，隐隐洞门生野烟。水晶宫中冰作柱，玉岩楼下漏催寒。

石凝百态不知冷，地绝四时无计年。风撼山鸣如虎啸，滴敲幽境拨琴弦。

**鄢雨民**

## 仇池书怀

（一）

仇池山下果飘香，临水攀登九回肠。远眺群峰云外起，风光如画映长廊。

（二）

伫立八峰望仇池，白云飘渺一天舒。人间果是桃源地，始信少陵羡茅屋。

赵逵夫

## 西和晚霞湖边织女像

【10月28日到西和，包红梅副县长等陪同参观了晚霞湖边新塑织女像。像为何鄂所塑，神态甚美。】

玉女飘然下云头，凝神隔水望牵牛。晚霞映水翻文浪，长艇穿梭织锦绸。

堆绣山川谁巧手？钟情今古此良俦。云湖上下浑一景，正是天河最上游。

## 白龙江畔清夜散步

桥下星空照夜天，银河清浅泛微澜。忽然皎月江心动，玉兔冲波出广寒。

树影披身花满路，江波轻语又轻流。田家碗水甘如酒，悄恍仙槎银汉头。

西河堤上望城中，屋舍苍茫月色澄。多少婴孩入酣梦，忽摇小手驱蚊蝇。

十年弓影颤惊魂，纵有诗情敢自吟？月满山城浑如画，和风送暖又披襟。

## 感 事

芸编缥帙有深缘，汲取汪洋驹隙间。午夜披书游八极，良辰闭户即深山。江河巨浪来天地，意气锋芒破隘关。一路虫声成绝唱，芒鞋直上取琅玕。

葛士英

## 赞立亭桔园

蜀陇高山闻天下，惟无沃土难脱贫；当代愚公展奇志，立亭荒丘变桔荫。

王秉祥

## 访杜公祠堂

时序三秋木叶黄，飞龙峡浦岚烟长，千寻凤岭披红日，万丈龙潭透碧光。

旧址残碑埋野草，三株古柏说沧桑。而今重建新祠庙，工部景行百代芳。

## 咏 两 当

为爱义兵举旗红，掉头吟塑两当城。龙翔故道溢香泉，凤舞云屏织锦程。

**杨植霖**

## 寻同谷杜甫草堂

【初云无此地，后去探寻，大多荒没，有忘而作。】

雨后城南问草堂，遥指石畔太荒凉。残垣破屋山崖下，断壁横碑没半墙。一代诗宗流落处，千秋学子俱中伤。朱门有酒天天醉，报国无官论短长。

康县阳坝梅园海棠谷

## 留赠康县

奇花异草点山丘，隔叶黄鹂叫小猴。百里林荫添锦绣，留连愿在画中游。

## 游天池有感

绿水青山景色多，天池第二自消磨【文县天池，居全国第二】。从今应组新能量，谱出新声好唱歌。

## 去碧口道中

五月飞车白水旁，流光入眼翠中黄。抬头欲说新鲜事，又去挥镰割麦忙。

**韩正卿**

## 武都八景

五凤展翅入云端，朝阳生辉吉庆年；万象更新人杰地，珠帘飞瀑物华天。冰泉六月花润雨，太白映月雪不寒；寿台高歌夕阳晚，降伏白龙护田园。

**霍松林**

## 题《仇池诗草》

阮石夸名胜，仇池万古传。云间飞峭壁，天外现平田。游目清泉涌，息心俗虑蠲。从来歌福地，此集萃名篇。

**冯国瑞**

## “西狭颂”（碑）为秋雨冲毁，捡获旧拓，安儿持以乞诗，用玉溪生韩碑韵

漏天难补秋无姿，□渊长鞭坠老羲。高崖为谷谷为陵，吁嗟泥□失坦夷。万丈潭上炎汉石，摩岩西州雄老罴。乡人岩下打字卖，千前丈纸信手麾。景皇机下理涵摩，森列天禄勤护持，有如昭陵瘗定武，一朝拔帜张汉旗。南北纷纷谈碑版，西狭响榻车马随。狂流前月□石倒，渡河香象吞虎貔。不自我先不我后，神物呵护无乃□。此来满拟笔下宿，书空□□休陈辞。此何时也人间世，半崖残纸胡凄为？关东莫问好大王，河山破碎共解颐。黄龙白鹿恣活跃，连理嘉禾更淋漓。武梁祠画相伯仲，铜仙铅泪何人诗？画图□触说五瑞，家人倾耳当除墀。信能慰此寻旧榻，消息隔绝耿勋碑。早能孰惜今乃轨，县之座隅来蛟□。虽非宋墨胜今拓，天畀妙缘疑有私。小儿街寻开口字，熨贴缺裂忻装治。为语书法练踵顶，疆脉根柢劲心脾。有力纵挽三石弓，倔奇袭貌饰伪词。书风小儒异楷隶，编年且强分义熙。要以我法参阵法，积薪居商汉晋追。又□陟陵步人后，我趾慎初履前胝。夜深霖雨对双烛，破漏纵横写屋基。

**高国荣**

## 万 象 洞

洞开衔远山，玉滴岩峰间。北眺五凤奇，地底黄龙盘。匍匐进风洞，蜿蜒上冰山。放声一长啸，顿觉天地宽。

**刘可通**

## 游宕昌牛头寺森林公园

（一）

人头牛寺白云飘，屏列笋峰势竞高。

舐犊神牛兴雨返，唐钟声激绿波涛。

（二）

五指焰崖拱揖前，凌霄笔架磬声传。

泉流九眼环韩院，毓秀钟灵福地天。

（三）

突兀凌云势未休，登临古刹撞钟悠。

植林碧海添新翠，涵水障沙利千秋。

牛头寺原名任头山寺，位于宕昌县韩院乡，始建于唐代，明代以来多次维修

## 秋到红女祠

玉砌雕栏曲径幽，经霜红叶满山头。焚香石窟敲磬鼓，品茗亭楼观瀑流。真武松涛钟吕响，水帘环佩筑琴悠。女恩遗爱桃源境，翠袖青衫结伴游。

**黄 英**

## 武都万象洞

洞府果然别有天，神姿仙态塑溶岩。恍见青虬乘屈子，忽睹霓裳舞玉环。葬花弱女心千窍，哭竹香魂泪万竿。雪芹莫非梦游此，才将孤愤借石言。

## 忆游同谷石门

老病无力再登攀，卧游长忆石门山。身迎林海千重浪，目追云开一线天。采兰幽谷香染衣，听鸟危崖韵滴泉。画师论价涂朱紫，梦里青山谁复怜！

## 题晚霞湖

红霞万朵天边来，照我平湖明镜开。大坝虎踞衔峰峦，曲岸龙游绕亭台。
画船犁水水生花，钓竿得鱼鱼鼓腮。浓阴深处酒香飘，欢歌笑语抒襟怀。

**张克复**

## 武都文县道上

朝辞武郡走阴平，千嶂插天横复纵。霭霭绿云飞彩凤，滔滔白浪跃银龙。稻花江畔清芬淡，椒果田头香气浓。世事沧桑惊巨变，眼前风物展新容。

**林家英**

## 文县秋夜

幽幽庭院落山城，白水江流夜气清。夹竹桃花含笑睡，芭蕉叶大掩虫声。

## 文县中寨乡风味午餐

天阴细雨过中寨，风味喜尝暖胜春。玉米新蒸腾热气，豆花汤面劝频频。

## 武都万象洞

不是神工即鬼工，奇观陇上一迷宫。千年谜底谁猜透？美在朦胧想象中。

## 仇池山伏羲崖

万古高标号伏羲，石崖迭嶂呈奇姿。晴天丽日犹烟雾，料得秋冬雨雪时。

## 小有天

穴洞幽幽小有天，泠泠流水出山泉。神鱼自是难寻觅，胜景人间万古传。

## 成县泥功山

红叶野花秋色妍，云梯咫尺对深渊。泥功古道泥泞路，山外青山天外天。

乔先之

## 观徽县伏镇神泉海眼有感

向闻名酒赖名泉，身到陇南知信然。亘古清流思海眼，至今醇醴颂龙渊。仙人投杖终神话，志士扬鞭见玉篇。最是同游兴难尽，临池抽饮后争先。

李祖桓

## 仇池书怀

四方山色绿青黄，盘道横空似挂肠。氐国仇池曾纂志，羌村秦寨望中藏。
雄风当日千军扫，白马昔时万事昂。绝顶蜀川秦陇隔，登临豪气一飞扬。

匡 扶

## 题仇池新霁图

百顷山峦入望中，仇池天地总潜通。探奇我欲挥诗笔，福地神鱼万古同。

## 登木皮岭奉和林家英教授

斜晖染翠秋如画，樵子放歌云际欢。
泉语松鸣风阵阵，竹吟叶舞路漫漫。
青烟半掩数家屋，红树正对几木兰。
诗圣流离千古事，缅怀今日意犹寒。

（1989年秋于徽县）

## 重游成县杜公祠有感

悠悠千载事，万古长追思。劫临圣难免，飙至物同罹。碣碑毁损甚，槐柏斫弃余。残有八卦石，深无万丈池。阴翳终扫尽，晴空复盛时。飞龙势仍险，凤凰歌自奇。草堂遗旧貌，祠宇焕新姿。绿树连坡茂，清泉绕宅驰。卧虎留画意，潭云寄新诗。盼公返故庐，乐居不相离。

**王凤鸣**

## 往事感怀

人生随处堪行乐，我不做讹效前贤。历历往事藏心头，平平一世可对天。

天地无私生万物，不谋自利乐趣多。为党为民多奉献，名利于人值几何？

**戴树举**

## 赞九姊妹梁桔园

滔滔滚滚白龙江，流绕仙山姊妹梁。昔日悬崖荒草地，今朝十里桔花香。

**郝洪涛**

## 喜看白龙江新堤筑成

闲来江畔觅行踪，依旧青山水不同。一道新堤江上峙，雄雄巍巍护山城。

## 洛塘偶成

枫林如火照嫩寒，几株红柿绕村前。松柏溪水相成绿，一轴秋景壁上观。

## 包家沟茶园

群山拥翠包家沟，沿河茶园绿油油。碧海这中屋几座，青天底下茶千畴。寺坪山头钟安在？观音潭里鱼乐游。策杖小桥缓步过，幅幅图画眼底收。

## 书大河坝所见

千山万壑雪未消，河水悄然失滔滔。悬崖飞瀑流冰柱，青松依旧姿妖娆。

**朱志良**

## 月比故乡明

山唯五凤秀，江独白龙清。日映山川美，月比故乡明。

王廷钰

## 阶州吟

山环水抱古阶州，物华天宝人抖擞。五凤朝阳鸣丹霞，万象白龙钟神秀。桔柑黄芪千家乐，橄榄红袍四海游，欣逢华夏荣昌时，历尽沧桑展风流。

何光第

## 瞻礼县祁山武侯祠

独立祠堂壮陇原，先生功业耀人寰。三分早定隆中策，一统终屈尽瘁年。两表深情缘托孤，六出擘划奈时艰。今逢盛世重瞻拜，满天晴霞胜纸钱。

## 南阳初感

翻越毛羽别有天，南阳景观属韩院。神牛独卧笔架山，五指峰下九眼泉。鱼跃滑关盘流水，龙腾四山望平川。自古人道天然美，只缘胜景在陇南。

## 过玉垒关

虹桥凌空起，百丈锁阴平。白龙从天降，白水绕山行。两江汇玉垒，一湖郭淮城。悠悠千载事，魏蜀不再争。

## 登西和云华山

云华山位于西和县稍裕乡境内，因其山形如圭，旧称圭山

云华山顶可摩天，俯瞰群峰绝壁悬。遥望羲洞迷远近，登临更上好参禅。

## 泛舟晚霞湖遇雨

夏日同游沐艳阳，晚霞湖上碧天长。一时细雨忽来急，轻点船头见苍茫。

**赵麟祥**

## 吟宕昌

悠悠古国两千年，天宝物华遐迩传。山川巨变诗潮涌，一卷雄歌写新篇。

**陈启生**

## 过毛羽山

常忆毛羽山头雾，胸有青松千万枝。朗日出云天欲晓，霞飞霞落几人知。

**张子敬**

## 宕昌忆古杂咏

梁氏弥机与弥黄，二百余年割据强。至今古城山下路，行人犹自说梁王。

宕国霸业久寂寥，梁王宫阙莽萧萧。二百余年成底事，凭吊遗踪亦惘然。

**宁世忠**

## 游仇池

杨氏遗踪何处寻，仇池四望国无门。曾开氐土一千里，久住南天三百春。

小径而今能广路，高峰自古隐愁云。诗传幸有杜工部，十九清泉流到心。

**郭友三**

## 武都春早

春光遍阶城，雨过又天晴。柳絮飘空远，樱花落地轻。云霞红似锦，郊野静无声。农父黎明起，叱牛乘早耕。

**刘九畴**

成县鸡峰山

## 忆江南·成县好（二首）

成县好，绿水绕青山。嵋洛峰藏云霄外，裴湖香溢碧波间，陇右小江南。

成县好，肥沃膏腴乡。春到百花香绿野，秋来五谷遍山感，处处米粮仓。

**赵廷俊**

## 武都竹枝词

【久居海外，念家乡旧游之处，写俚词以寄思情。】

路转山回林壑幽，小桥流水姚家沟。一年最好清秋日，红柿遍山结伴游。——姚家沟

山名五凤势凌空，绝顶高寒多古松。奇景诱人庙会夜，蜿蜒灯火如游龙。——五凤山

倾盆白雨涨山洪，水挟赤沙似怒龙。酣战白龙高岸后，合流浩浩向川东。——北峪河入白龙江

万春高台夕照留，观音飞阁望江流。山灵应有沧桑感，昔日城隍今垅丘。——旧城山

**王 炜**

## 碧口摩天岭战场

碧口摩天岭，红军旧战场；青峰生利锷，素涧荡回肠。石垒硝烟寂，篷丘野菊香。秋风吹乱发，珠泪溅残阳。

**赵文博**

## 成县西狭颂

惠安西表隐西狭，风雨千春气自华。精美文辞妙书艺，太守清政播天涯。

## 九九抒怀

人生当自强，壮志被八荒。敢效大鹏鸟，扶摇上太苍。风云佐豪兴，雷电激昂扬。一搏三千里，俯仰傲风霜。

**王国基**

## 访西狭颂摩崖

诸峰环列似云屏，碑字斑斓照眼青。剔藓攀石幽石里，涛飞浪卷起雷霆。

**陈晓翌**

## 乱山子

群峰青螺攒，流云湮乱山。林莽鸣风涛，清溪秦佩环。斜阳染红叶，板屋上炊烟。春游时已暮，迷途忘津还。

**田尚勤**

## 过玉垒关郭淮城遗址怀古

濒江天堑筑城垣，截断蜀军回汉关。虎跃三千腾紫气，鹰飞百里冲云烟。刀光剑影击雕雁，血雨腥风战狼豹。事越千年成故垒，朝阳原照旧军山。

**文丕烈**

## 秋 景

秋风吹动丹桂香，鸿雁南飞字几行。农家欢笑果满枝，院内绚丽菊花黄。

## 二、新体诗

### 陆开华

#### 急急歌

闻兮而悲兮！思兮而忧兮！
忽而东山乱，忽而西河泣！
国破山河碎，犹遇列强欺。
嗟尔民不安，忍恨苛政急。
途穷愿领法下食，
道尽抢上皇图畿。
呜呼！谁怜哀鸿遍东西。
急！急！急！

（1946 年于洪雅县柳江）

康县低垭子云海

### 刘志清二首

#### 山　雾

毛雨毛
割苦荞

割不开的缠山雾
唱不尽的老山谣

夜夜梦山月
不知山月何处落

泪珠滚在镰刃上
情难舍　爱难割

四月梨花白
五月种荞麦

梨花白时双蝶舞
荞麦熟时知谁苦

苦绪乱如藤
苦情似秋雨

背上娃子唤妈妈
我向哪儿呼唤你

有心问山菊
山菊悄不应
无意听秋蝉
秋蝉独自鸣

毛雨毛
割苦荞

割不开的连山雾
亮我一条路……
（选自《飞天》1992.6）

#### 红牧歌（节选）

（一）

泰松山下牧马坡，
青青的草儿翻绿波；

泰松山上彩云飞，
燕河流水穿山过。

放牧员清晨上山来，
赶着骡马唱着歌；
小姑娘唱来老人和，
千歌万曲漫山坡——
“为什么山河这样美，
为什么骡马这样多；
是谁给咱红牧鞭，
是谁带来好日月？”

小姑娘唱来老人和，
唱得花开彩霞落，
唱得青草拔节长，
唱欢了满山马和骡。

老人名叫田红海，
身如青松发如雪；
条条鞭痕额头迭，
阶级仇恨刻心窝。

旧社会的苦难压弯背，
如今挺腰就象山一座，
迎着朝阳迈大步，
老人怎能不唱歌！

小姑娘名叫冯英娥，
阳光下长成苗一棵。
一双大眼笑盈盈，
爱放骡马爱唱歌。

山高水长风光好，
一声鞭响一声歌；
雨露滋润苗儿壮，
喜在老人心窝窝。

新旧社会两重天呵，
唱“甜”歌怎能忘“苦”歌？
红海爷忽然眉头锁，
伶俐的姑娘停下了歌。

老人装烟定了定神，
小姑娘轻轻把话说：
“红海爷呵你讲一讲，
为啥这儿叫‘苦牧坡’？……”
（选自诗集《红牧歌》1975—04）

## 张子选一首

### 冷饮店

橱窗里画着的那只企鹅
蹒跚着
走进凉爽的意识

淡蓝色的风，象
被飞速旋转的电扇
鼓荡起来的花香和笑语
端起杯子
——干
为我们这个年纪

有人吹起了口哨
并且打着
响亮的榧子

一位姑娘抹着桌面
仿佛有所暗示地抹去
某些有着象征意味的残迹

并非谁开玩笑地夺走了
我手中写诗的笔
——干活了

于是，我们重又面对着
门外矗立的脚手架
走进明亮的阳光里
（选自《飞天》1982.12）

### 过河卒一首

#### 在佛崖见到桃花

在佛崖见到桃花
你笑个没有办法
你低下头来
什么也不想它。其实也没办法
桃花漫山遍野
血一样溅得使人惊讶
桃花的颜色
从多年以前女孩的嘴唇
红过。如你伤心的泪水
用不着许多的闲话表达

在佛崖见到桃花。有一个人
惊慌地远在季节之外害怕
桃花开过。曾经的女孩
就要去做妈妈。其实也没办法
桃花往事的邮票一样
把伤春的情书寄遍天涯
使你要放上
整整一生牵挂
（过河卒，原名焦红原，选自《诗歌报》1989.9.21）

### 波眠二首

#### 黄雪地带

香椿树正得意地施展演技
它们上举的所有枝条
都死死地托着朵朵香椿毽子
水从岩石上伸下银白肢爪
抛撒马儿嘶鸣一般颤动的瀑水

当你猛然转过身来
瞭望菜子地
莽莽高坡被灿灿黄雪覆盖
老伯　　水的雪白的肢爪
勾出你的慢板秦腔来
你踏着黄雪走
黄雪是满坡发酵的金子
（选自《飞天》1990.6）

#### 冬　日

风成堆成堆地跑过
它们锥形的脚跟
一直踩到耳边的路径上
树们反穿了袄
河流变成一只白色的大蜗牛
夜之间
悄然长出两条长角来
山塬
像一张白色大窗纸
不久，就会被
春天温润的小舌头
舔湿
就会把那些铰剪了
一冬的窗花

贴在上面

（波眠，原名胡询之，选自《星星》1999.2）

## 毛树林三首

### 大 辇

一匹头戴冰帽的马
拉着亮丽的海洋的大辇
谁也看不见马车跑动
幕屋里坐着不动声色的太阳和月亮
只有青藏高原缭绕云雾的汗气
长江、黄河、珠江
三条青、黄、蓝的缰绳
在微微翻动合唱的花朵
把你的手指伸进绳索之中
才能摸到马车惊人的奔腾
谁也看不见月亮的脸庞依偎着
太阳的胸膛

### 生命之舞

日夜迎着风雨，辛劳的种子
在山坡一片片春光上繁殖
我举起手臂，上升为锄
如山的枝桠，敲击天庭的红阳
我舞山舞，山舞地舞
地舞天舞
天舞我怎能不舞
旋起叶片、尘埃，永恒的希望与失望
与满世界生存碰撞
金黄的玉米，深邃而善良
白龙江也不知道，我们的胸膛
有岩浆毁灭天地的歌唱

### 高 原

高原把龟裂的脑颅
困倦地枕在秦岭之上
一条黧色的蚯蚓，一列颤动的火车
从脑颅鼻孔里进去
又从另一只鼻孔里出来
从眼睛里进去又从
另一只眼睛里出来
从耳朵的涵洞里进去
又从另一方耳朵里出来
日夜不息地送运
沉甸甸的灵魂和物质
衣衫褴褛的高原
渐渐昏迷在秦岭之上
高原嘴里仅噙着一口
无法下咽的黄土和沙漠

（选自《铜之歌》中国文联出版社 1998 年）

## 尚建荣一首

### 星辰闪耀

1

就象你为什么说不
一个压抑已久的词
就象你转瞬即逝的微光
绵延的歌
你天生的文字耳朵
在黑夜孤行，窜途末日
让梦给丢失掉

2

阳光的手拍打出你潜藏的泪水
月亮的光焰就静坐在你的对面

真理在散失、聚拢
沙哑的嗓子
复又逼向春天大梦的深渊
就有那么一天，白昼，黑夜
这一张一合的手掌
就有那么一个隐现的时刻
蝌蚪一般的细尾轻轻一摆
你便从畏惧中出走

3

弥留一瞬的闪亮
不去重复，深夜里，广场上
把你传诵下去
让更多的人听见
可谁还会腾出多大的机会后
又突然间醒悟过来呢？

4

不去计较
星空下的仰望的头颅
把你贴向心空的山巅
万劫不复
时间的河流，终会
推倒十万大山复又站起
在高处闪烁
（选自《科学诗刊》1997 年 1—2 合刊）

## 南山牛三首

### 村 庄

谁说你还是　六畜猪为首的村庄
谁说你还是　五谷粪当先的村庄
谁说你还是苦菜花　苦苦的村庄
谁说你还是蓝花花篮格莹莹的村庄
谁说你还是种瓜得瓜种豆得豆的村庄
谁说你还是留得青山在
不愁没柴烧的村庄
谁说你还是饱肚皮晒阳坡
神仙都不如你的村庄
谁说你还是　十年的牧羊倌
封个七品官都不愿当的村庄
谁说你还是　只知薄田出大户
不知白纸上还长高楼的村庄……
谁说你还是大睁双眼的奇怪
怎么把老婆叫太太的村庄
怎么把媳妇姑娘要叫小姐的村庄
谁说你还是那个村庄
谁说你还是那个村庄？

### 乡 戏

人生一世
当一回王也着实不错
灰头土脑竟能顶得起如山的王冠
轻轻一呼　就应声如雷
一开口就有人荣华富贵
一横眉就有人头落地
才可算是潇洒走一回了
不然一辈子活在台子下
就草都不如哟

草 也有
春风吹又生
或者风吹草底有波
有浪的时候呢

于是乡间
每有乡人结伙于年头
自己给自己
搭一座高高的台子

——尽情地模仿一番
大人物的大落
或者大起……

（原名王振宇，《诗刊》2001 年第 2 期头条刊发。）

## 小平啊，我一定努力种好粮食

当年，你的棋，下的头一步就是农业
——为了我们吃饱肚子
为了我们的日子年年有余

……假如我的庄稼荒草满地
假如亩产还是 200 斤，300 斤
假如青黄不接时张口等待“返销粮”
假如每到年关时伸手可怜“救济款”
将是多么丢脸的事啊
将是多么地被人瞧不起……

小平啊，我一定努力种好粮食
少睡点瞌睡多淌点汗有啥关系呢
——妻子儿女作我的帮手
还有毛驴分担一半劳累
多饲养几只猪呀，羊呀的
积攒些粪土比化肥“尿素”好得多
颗颗粒粒，就能饱满氮磷钾元素
旱涝，收成就都有了指望
……对一个边远山区的农民来说
这些都是多么简单而容易的事啊

那年，我山坡地上的贫瘠
如今早就肥起来了，多年来
风调雨顺地收获着，我那
——一日三餐的油汤油水
八十老娘不断地吃甜忆苦
一个大学生，和两个中学生
十多年的所有费用，还有
我与妻子，小打小逢的好心情……

小平啊，我必须努力种好粮食
——粮食歉收了，我知道
日子的滋味不好咽，而且还有人
指着咱的脊背，说三，道四
而我们的五谷丰登了，就是咱
中国的丰登啊……

（南山牛，原名王振宇，选自《诗刊》2004 年第 15 期

## 肖娴一首

### 七 月

从此就如天际
最初的一丝云彩
云彩里
出巢的青鸟
于风浪必经的海岸

风铃般的足音
摇落于幽谷的岚雾
岚雾里三叶草鸟和风走出很远
我们纯情的眼眸如约期
瑰丽浑圆

水蓝的天
阳光无比抒情
修剪过的苹果树
嫩绿的青枝
灿烂如心的誓语

七月
我们不是站在季节的边缘
名字如鸽哨
嘹亮七月的海岸
（选自《飞天》1991.12）

## 小米一首

### 穿越天空的鸟群

穿越天空的鸟群
把影子
打在大地上

一瞬间　它们掠过旷野
掠过我的头顶
我只听见
翅膀和空气快速摩擦的声音
当我抬起头
它们已经很远

穿越天空的鸟群
它们的鸣叫
清脆　响亮　而又集中
回过头来　我已经不能
望见或听见
此后　抹不去的鸟群
穿越天空的鸟群
一直在我的心中飞行
像几行诗歌
被阳光照耀
它们的羽毛闪闪发亮
它们的歌声
不止一个人听到
可是它们不停下　不停下
穿越天空的鸟群
让我体验到一种
静止的飞翔　超越任何动态
（小米，原名刘长江，选自《诗刊》1994.5）

## 包苞一首

### 有一只鸟的名字叫火

有一只鸟的名字叫火
火从山里飞来象燃烧的绸缎
火的歌声点亮了村子里的眼睛
一村的人都亮在黄昏的阴暗处对着火
各自的心事都在火的牵引下飞翔

火在村里是一把号
天麻亮时火站在树梢高歌
于是一村的人都起身上山
火在黄昏是一樽酒
听得一村的人都醉醉地睡去

那年的冬天一村的人无事可干
都在火的歌声中晒暖暖
那年的冬天有人说火的肉很鲜美

于是满山遍野都是撕碎的红绸子

冬天过后人们再没听到火的歌声
整个春天都暗淡无光
于是每在黄昏
人们都望着空空的树丫叹息
唉！那火，那火……
（包苞，原名马包强。选自《飞天》1992.4）

## 李业兰二首

### 等　雪

夜把花的语言
鸟的语言　都删去了
偌大的世界
只有温润的月光
倾泻在一首写满爱情的诗上
今夜
谁人与我一同等雪
围着一杯茶　一首诗
洁白的花朵　晶莹的情感
迷住我的双眼

在那厚厚的雪被下
一个梦会不会出现
我想带上我一生的幻想
缝补当年留下的伤痛与遗憾

### 今夜我将独行

放弃所有的温情
雨水、思念
还有不堪一击的爱
月光满地
夜莺和蝙蝠了无消息
庞大的天宇
只有我的思绪在到处乱飞

今夜
我将独行
我不再等待简单的拥有
看不见的山与河、花与果
已使我心力憔悴
抛下那些无力的诗歌吧
今夜
我已等不到天明
等不到你陪伴我的歌声
我将独自去远方
寻找阳光　雨水
寻找另一个黎明
（选自《飞天》1999—2000.6）

## 廖五洲一首

### 风　筝

蓝天的嘴唇里
含着一只风筝
如一句渴望表达的语言
空灵　流畅
滑翔于季节的头顶

阳光疏朗　云淡风清
仰卧在四月的草地上
看一只风筝　一如
躺在诗歌的绿色睫毛里
仰望眼睛
躺在自己的身体里
仰望心

道路比天空宽广
天空比孩子天真
童年的时光纷纷回头
遥远的果实
在蜡笔下面作梦

在博大而无声的赞美之中
我的心生长羽毛的声音
响彻草坪　并攀缘着
一只风筝的引线
冉冉升腾

在四月　在一种无边的厚爱里
我是一只硕大无比的风筝

**李永康一首**

### 怀　念

夜雨在窗外
落得细密　辽远
娘　这样的夜晚我又想起您
一年前的这个季节您匆匆离去
仿佛就在昨天
您抽空进城小住了几日　刚刚乘着
返乡的客车
一年了　娘
一年来我过得很空落
独自守着内心的隐痛
静下了　累了
想一想您　想一些往事
或者干脆躺上床　像一艘破船
把自己搁浅
在我意识里
您一直好好活着　在乡下
操劳　疲惫
挂念城里的儿女

娘　您想来就来吧
从老家小镇进城的班车　又增加了好几趟
您再不必天不亮就起身
走十多里山路去赶早车
喝完一盅面茶再上路吧

您喝水的白瓷缸
我洗净放在柜子里
它和我们一样一直在等您回来
现在是午夜 11:30　雨依然下着
娘　我睡不着　我再等等您吧
我把灯一直开着
给您回来的路
照亮
（选自《诗刊》杂志）

**樊樊二首**

### 打　开

我在窗前辨认：
一只燕子，一只云雀，一只灰斑鸠
我听到，它们撒落的鸣叫和我隔着的
那点距离

墙角下的一丛小黄花，今天盛开的表情
像我远房的表妹
我怀疑它寂静的香气里
藏着一个教堂

远山模糊，近山斑斓
眼前深深浅浅的绿，山上高高低低的树
树上的叶子，叶子上的脉纹……
这些大大小小的风景……
我都还没有用手
慢慢摸过
真的！这些明明暗暗的颜色、香气、声音
……我都还没有用心
慢慢摸过
我都还没有试着在心上
安装上一台显微镜，一台望远镜，一台雷达……

现在，我才知道
我的眼睛、鼻子、耳朵都是一些
自私的器官
都是一些自私到孤独，自私到
改变着世界色彩的器官
现在我不能感叹生活有多单调！不能说
是一个人，是一个虚构的男人
把我和最美的世界隔开
和你一样
我心里也装着一个字
字里也藏着一架软梯
我却从没打开它

## 忏 悔

黄昏时分
我决定上山寻找一些甲虫
（一些多年以前
从我那残忍无知的童年游戏中
侥幸逃走的甲虫）
山路上，翠绿的鸟鸣在为我洗耳
我愿山风林泉给予更多的爱抚
让我在这条清凉的小径上
走得更远

坐在草木投下的阴凉里
夜暮一层层加厚
忧郁一寸寸加深
此刻，一座静谧的大山装着
一万株草，一万棵树……
一万颗性灵的小生命合奏的
肃穆与和谐
——我那因内疚而微微揪疼的心里
却爬动着一万只戚戚惶惶、残肢断足的甲虫

而四野空空
没有一只蚂蚁来我身上安家
没有一只小鸟在我头上筑巢
没有一只爬上我掌心的甲虫
让我把这些忏悔的话
对着它，慢慢说完
而空空四野啊
已没有一个柔弱的生命
来接受我的歉意

（樊樊：原名樊康琴，发表于2006年《诗刊》第22届“青春诗会”专号。）

## 庞采芹一首

### 五徵窑致安庆公主

江山早已为你准备好了：一面山峰，一座树林，

一个巨大的山洞。它的弧度一头连接着明朝，

一头指向未来人们观望的眼睛。

一个低到了尘埃的洞窟。

——是的，“没有人能够举得起尘埃”。

五徽窑，这里是父王、母后的目力抵达不到的地方。

也是经常犯法被父王赐死的驸马都尉欧阳伦的魂魄找不到的地方。

是明史的皱褶里一个落单的公主安放身心的地方。

是祭台。台上，

安放的是古琴。多少个朝云暮雨里，公主，手挥五弦，要让

宫、商、角、徵、羽五音和谐地出现在一首乐曲里。

形影相吊。你在时空的隧道里用身和影缝补着伤痕。一粒粒数着

叹息的念珠。成了祭台上的牺牲。

阳光照不到的一条小路，泥泞不堪。我沿着它的方向，走进了你的

传说里，故事中。细节在复活，真相在复活。

抚摸洞壁，我一次次追问：“安庆公主，你在哪里”？

洞天外，白云悠悠，松柏肃立，林鸟倦飞。行人四顾茫然。

车行山外，回望五徽窑，已经被一派绿色缝合得了无踪影。

（选自陇南市文联《大美陇南》丛书 2012 年）

五徽窑今名天音寺，位于徽县嘉陵镇严坪村的大山中

# 第二章 赋 文

## 第一节 辞 赋

### 穷鸟赋

（汉）赵壹

赵壹字元叔，汉阳西县人也。体貌魁梧，身长九尺，美须豪眉，望之甚伟。而恃才倨傲，为乡党所摈，乃作解摈。后屡抵罪，几至死，友人救得免。壹乃贻书谢恩曰：

昔原大夫赎桑下绝气，传称其仁；秦越人还虢太子结脉，世著有神。设曩之二人不遭仁遇神，则结绝之气竭矣。然而糒脯出乎车軨，针石运乎手爪。今所赖者，非直车軨之糒脯，手爪之针石也。乃收之于斗极，还之于司命，使乾皮复含血，枯骨复被肉，允所谓遭仁遇神，真所宜传而著之。余畏禁，不敢班班显言，窃为《穷鸟赋》一篇。其辞曰：

有一穷鸟，戢翼原野。罼网加上，机阱在下，前见苍隼，后见驱者，缴弹张右，羿弓彀左，飞丸激矢，交集于我。思飞不得，欲鸣不可。举头畏触，摇足恐堕。内独怖急，乍冰乍火。幸赖大贤，我矜我怜。昔济我南，今振我西。鸟也虽顽，犹识密恩。内以书心，外用告天。天乎祚贤，归贤永年，且公且侯，子子孙孙。（录自南朝宋范晔《后汉书·赵壹传》）

## 刺世疾邪赋

（汉）赵 壹

伊五帝之不同礼，三王亦又不同乐。数极自然变化，非是故相反驳。德政不能救世涵乱，赏罚岂足惩时清浊？春秋时祸败之始，战国愈复增其荼毒。秦、汉无以相逾越，乃更加其怨酷。宁计生民之命，唯利己而自足！

于兹迄今，情伪万方；佞谄日炽，刚克消亡。舐痔结驷，正色徒行。抠婏名势，抚拍豪强。偃蹇反俗，立致咎殃。捷慑逐物，日富月昌。浑然同惑，孰温孰凉？邪夫显进，直士幽藏！

原斯瘼之枚兴，实执政之匪贤；女渴掩其视听兮，近习秉其威权。所好则钻皮出其毛羽，所恶则洗垢求其瘢痕。虽欲竭诚而尽忠，路绝险而靡缘。九重既不可启，又群吠之狺狺。安危亡于旦夕，肆嗜欲于目前。奚异涉海之失舵，坐积薪而待燃。荣纳由于闪榆，孰知辨其蚩妍！故法禁屈挠于势族，恩泽不逮于单门。宁饥寒于尧舜之荒岁兮，不饱暖于当今之丰年。乘理虽死而非亡，违义虽生而匪存！

有秦客者，乃为诗曰："河清不可俟，人命不可延。顺风激靡草，富贵者称贤。文籍虽满腹，不如一囊钱。伊优北堂上，抗脏倚门边。"鲁生闻此辞，系而作歌曰："势家多所宜，咳唾自成珠。被褐怀金玉，兰蕙化为刍。贤者虽独悟，所困在群愚。且各守尔分，勿复空驰驱。哀哉复哀哉，此是命矣夫。（录自南朝宋范晔《后汉书·赵壹传》）

## 报皇甫规书

（汉）赵 壹

赵壹及西还，道经弘农，过候太守皇甫规，门者不即通，壹遂遁去。门吏惧，以白之。规闻壹名大惊，乃追书谢曰："蹉跌不面，企德怀风，虚心委质，为日久矣。侧闻仁者愍其区区，冀承清诲，以释遥悚。今旦外白有一尉两计吏，不道屈尊门下，更启乃知已去。如印绶可投，夜岂待旦。惟君明叡，平其夙心。宁当慢毛，加于所 天。事在悖惑，不足具责。傥可原察，追修前好，则何福如之！谨遣主簿奉书。下笔气结，汗流竟趾。"壹报曰：

“君学成师范，缙绅归慕，仰高希骥，历年滋多。旋辕兼道，渴于言侍，沐浴晨兴，昧旦守门，实望仁兄，昭其悬弱。以贵下贱，握发垂接，高可敷翫坟典，起发圣意，下则抗论当世，消弭时灾。岂悟君子，自生怠倦，失恂恂善诱之德，同亡国骄惰之志！盖见机而作，不俟终日，是以夙退自引，畏使君劳。昔人或历说而不遇，或思士而无从，皆归之于天，不尤于物。今壹自谴而已，岂敢有猜！仁君忽一匹夫，于德何损？而远辱手笔，追路相寻，诚足愧也。壹之区区，曷云量己，其嗟可去，谢也可食，诚则顽薄，实识其趣。但关节疢动，膝灸*(块)**[坏]*溃，请俟它日，乃奉其情。辄诵来贶，永以自慰。”（录自南朝宋范晔《后汉书·赵壹传》）

## 非草书

（汉）赵壹

余郡士有梁孔达、姜孟颖者，皆当世之彦哲也，然慕张生之草书过于希孔、颜焉。孔达写书以示孟颖，皆口诵其文，手楷其篇，无怠倦焉。于是后学之徒竞慕二贤，守令作篇，人撰一卷，以为秘玩。余惧其背经而趋俗，此非所以弘道兴世也；又想罗、赵之所见嗤沮，故为说草书本末，以慰罗、赵、息梁、姜焉。

窃览有道张君所与朱使君书，称正气可以消邪，人无其衅，妖不自作，诚可谓信道抱真，知命乐天者也。若夫褒杜、崔，沮罗、赵，忻忻有自臧之意者，无乃近于矜伎，贱彼贵我哉！夫草书之兴也，其于近古乎？上非天象所垂，下非河洛所吐，中非圣人所造。盖秦之末，刑峻网密，官书烦冗，战攻并作，军书交驰，羽檄纷飞，故为隶草，趋急速耳，示简易之指，非圣人之业也。但贵删难省烦，损复为单，务取易为易知，非常仪也。故其赞曰：“临事从宜。”而今之学草书者，不思其简易之旨，直以为杜、崔之法，龟龙所见也。其*扶拄挃，诘屈龙乙，不可失也。龀齿以上，苟任涉学，皆废仓颉、史籀，竟以杜、崔为楷；私书相与之际，每书云：适迫遽，故不及草。草本易而速，今反难而迟，失指多矣。

凡人各殊气血，异筋骨。心有疏密，手有巧拙。书之好丑，可为强哉？若人颜有美恶，岂可学以相若耶？昔西施心疹，捧胸而颦，众愚效之，只增其丑；赵女善舞，行步媚蛊，学者弗获，失节匍匐。夫杜、崔、张子，皆有超俗绝世之才，博学馀暇，游手于斯，后世慕焉。专用为务，钻坚仰高，忘其疲劳，夕惕不息，仄不暇食。十日一笔，月数丸墨。虽处众座，不遑谈戏展画地，以草刿壁，臂穿皮刮，指爪摧折，见鳃出血，犹不休辍。然其为字，无益于工拙，亦如效颦者之增丑，学步者之失节也。且草书之人，盖伎艺之细者耳。乡邑不已此较能，朝廷不以此科吏，博士不以此讲试，四科不以此求备，征聘不问此意，考绩不课此字。善既不达于政，而拙无损于治，推斯言之，岂不细哉？夫务内者必阙外，志小者必忽大。俯而扪虱，不暇见天。天地至大而不见者，方锐精于虮虱，乃不暇焉。

第以此篇研思锐精，岂若用之于彼圣经，稽历协律，推步期程，探赜钩深，幽赞神明，览天地之心，推圣人之情。析疑论之中，理俗儒之诤。依正道于邪说，侪雅乐于郑声，兴至德之和睦，宏大伦之玄清。穷可以守身遗名，达可以尊主致平，以兹命世，永鉴后生，不亦渊乎？（见唐代张彦远《法书要录》卷一，《墨池编》《太平御览》卷六百一，卷七百四十九）

## 过火站岭辞

（明）陈棐

【岭多林木，乃虎狼出入。予伤之，为作此辞。】

山尖石丹兮火站崘嵸而在傍，春馆一宿兮寒气栗烈而侵床。阴风吹林兮孤月照窗，仇池洞兮陈玄光。剡藤灿兮兔颖霜，呵冻疾书兮缩袖忙。晨旆北出兮惊飚凉，悬流洒雪兮怪石如房。岩峦亏敝兮势飞张，卉木胶轕兮兼丛篁。石枣兮间马桑，铁杠兮杂黄杨，槲叶干兮蔓荆长，不见天日兮虎豹藏。白狐立兮或跳梁，时挂树兮崖之羊，人上慄兮怵徬徨。转折登岭忽开豁兮，北瞰万垒而青苍。瞻蓬莱之楼观兮，红云一望以迷茫。明堂拱勋华之圣兮，皋夔列布于岩廊。恐无辜之或杀兮，致矜恤于遐方。叮咛纶命兮，分遣邢郎。布德宣意兮，和气靡伤。顾尔犷恶之兽兮，吮血牙枪。使一夫被尔蚕噬兮，是抗违万乘之天王。宜鳄鱼之戮逐兮，锁支祁于隍洋。枯树崩崖兮，蟒横虬僵。愿取此木为薪燎兮，散边隅寒苦之乡。使家如温室兮，比屋春阳。留倩郁之松盖兮，斤斧勿戕。结茯苓之千岁兮，琥珀凝光。采菖蒲于太华兮，斫黄精于洛商。并持献于圣主兮，俾万寿之延长。稍分金匕之羹兮，贻我慈堂。使萱寿纪蟠桃之历兮，海内同不老之方。副圣主好生之德兮，遍万里而周八荒。乱曰：山高林深势险恶兮，驱兽焚林。下民攸讬兮，献太平药兮，稗万年祚兮。

徽县榆树乡火站行政村马磨村竹林寺佛教石窟

## 摩崖碑赋

（清）黄泳

何云栈之崒嵂兮，凌穹隆而屼岌；睹峭壁之嶙峋兮，矗蕊宫而霞叠。列锋戟乎崭岩兮，恍燕然之石碣。尔乃下瞰夫洞澌兮，俨鲸川之欲吸。径巑岏而祚礫兮，步羊肠而股栗。埒剑阁之天险兮，拟蚕丛之崚岂。乌惊飞而不下兮，兽停僬以敛歇。猿猱莫升其巅兮，隼鹰度而眼疾。贾人自崖而返兮，樵攀藤而眩绝。羌娲石其未补兮，混沌斧凿而莫及。怅窘足如登天然兮，五丁亦难逞其力。

惟天眷夫汉炎兮，诞武都之贤侯。公氏李而名翕兮，传伯都于千秋。宰渑池而治峭兮，辟西峡之巉嶆。建阁道而达蜀滇兮，爰协恭于掾俦。运神斧而缵禹兮，亦梯险以通幽。瞩两岸以悬榷兮，跨一衡如浮舟。公乃乘橇樏，陟塬嶂。遴匠石，购松虬。巉磈磲，辟嶔嵝。辇连抱，架深沟。创云尉于鸟道，回玉垒于神州。上超百丈之长虹兮，下临千仞之巨流。峃峰转而如坻兮，崛突平而成丘。始临崖而彳亍兮，兹翔步而遨游。纵昏暮其若旦兮，忘陨覆之杞忧。于是，山灵感焉，地平爽垲，天瑞联翩。山挺蓍荚，泽出醴泉。民安仁寿，宝道聿宣。鹿垲垲而友麟麌兮，龙金容其见田。惟德化之春盎兮，知有感之必先。爰简循吏，武都借贤，嗣虞范而济美兮，膺廉石之二千。既而双歧麦秀，五穗禾鲜。木连理而并肩兮，蕉含露而甘妍。民争守夫两邦兮，惟郙阁之功绵。棠跋舍乎西坡兮，石能言夫清廉。乃勒绩于盘阿兮，召剞工而椠镌。绘遗像其森发兮，图潞仪于三边。阅汉魏而六朝兮，垂唐李而长沿。考二颂之竞美兮，志千载之功专。乃赑屃以丹珉兮，竣建宁之二年。

历悠久而弥彰兮，稽牙碑而残编。扈中郎其未至兮，鲜黄绢之八研。陟悬崖而摹迹兮，惊子瞻之愕然。嗟史册之偶遗兮，寄荒碑于暮烟。惧鲁豕之失真兮，恐得鱼而忘筌。藉南丰之珥笔兮，继中玉之传篇。考核无讹，姓氏彰笺。旧迹新志，国门高悬。碎金散市，勋绩弥坚。今圣主其御宇兮，履荡平之王路。值金瓯之天保兮，恢版图于率土。瞻长城之兀兀兮，咸屏藩而疏附。披广舆于无外兮，恒搜文而稽古。三都不能擅其雄，两京亦难罄其赋。惟有功于民社兮，附明禋乎樽俎。若李侯之建绩兮，洵捍疆而保圉。史荒略而遗珠兮，颂悬崖而共睹。卓哉李公！与日月而同长兮，偕河山而并固。

爰率士民而赓曰："同谷之阳，周道孔长。实惟李侯，爰建其梁。西峡扩土，利赖无疆。勒珉悬石，继序不忘。"载赓曰："悬崖之壁高峨峨，悬碑之迹手难摩。惟李公之勋绩，堪砺山而带河。编诸国志兮，万民永赖，亘千载而不磨。"

## 君子亭赋（有序）

（清）秦正域

兄紫峰于署西构亭植莲，用汉法以君子颜其额而系之铭。云亭名君子，池绕莲花，匪贫碧藕，宁慕丹霞，清涟自洁，有美孔嘉，谁同茂叔，望古思遐，因赋以广其意。

维伯氏作令于广乡。环山翠滴，帘静昼长。绿莎厅西，有园就荒。香泉波贮，镜开一方。载时菡萏，将下鸳鸯。编茅结竹，新亭卉淡兮，宛在水之中央。于是亭既告成，凭栏环视，霞落迴汀。锦濯曲沚，雅爱净妆。天然默参，濂溪奥旨。稽说命名，颜曰君子。乃倩毛颖，垩帚会形。欲飞欲白，轻重不停。余揽书而歌之曰：昔知花也，作儒之鉴。今知花也，作官之型。有客闻歌，轩渠不经。爰怀体物，以牖其灵。若夫玲珑七窍，缠绵千丝。有本堪监，惟疎与痴。若谷植身，如矢立影。多窒多曲，可发三省。荣宜于水，鲜本于泥。以清处浊，掺持何迷。冻雨岂惊，畏日自好。惯耐威烈，坚贞是宝。轻摇翠扇，缓曳红衣。清风两袖，人也依稀。亭亭花房，的的湖日。懿夫厥名，贪墨不复。功入素问，用出骚歌。第一之要，治同则和。重台瑞丽，覆幕闲雅。景行风流，愿归其下。此皆秀撷玉井，华分鉴湖。毓五沃之元气，象星列于天都，故足称有德而为仕之模。

客乃耸然听，瞿然起，长揖而向余曰“善哉！”人必莲花而始君子也，何以过柳门登琴堂。访绩之考，察政之张；惠以术市，才以利扬。不必肖莲花之君子，亦历见恺悌悬榜，乐只建坊。余曰：我之所状君子之真，尔之所疑君子之假，聿茂叔之微言，旷千百世而同者，寡感不绝于余心，缅华苹而倾写。于是客服而默，余怀则悠乐，满塘之君子，羌致语以绸缪，苟四序其有托，庶芳名以不休，愿袭清风兮九畹，邀香韵兮罗浮，寻髯叟以来岱涝岳，携此君而问子猷，斯皆秉君子之质，凌波者与为气，求不慕富贵之植，不甘隐逸之俦恍兮，列箴铭于槛外，用以励循良之孔修。

## 少陵草堂赋

（清）李士埈

彼少陵兮，词人领袖；为文章兮，风驰雨骤。避时难兮弃组绶，来关辅兮客陇右，居斯堂兮亦何陋？

夫是堂也，绿缛兮草丰；葱笼兮木成。无欂栌节棁之华兮，自渊然而深秀；无绣闼雕薨之奇兮，亦天然之结构。碧山兮屏风，白云兮藩篱。瓮牖兮绳枢，斫椽兮剪茨。风光月霁兮，严先生之生祠；松涛竹韵兮，彭泽令之故居。居于斯兮处于斯，枕石席地以栖迟。饮于兹兮食于兹，负薪采稆以乐饥。宜春夏与秋冬兮，极时序之变迁；宜阴晴与晦明兮，亦气象之万千。烟云缥缈兮，频催《七歌》之缠绵；景物迷离兮，用度数月之熬煎。暗水流兮绕芳径，春色映兮带草间。怀一腔之忠义兮，每抚孤松而盘桓；抒满腹之锦绣兮，应对庭柯以怡颜。在昔数椽草茅略避风雨兮，未敢必二十稔而遥；在今牧夫刍荛不敢樵采兮，直相去五十步之超。虫声唧唧兮，宣音韵之铿锵；风吹袅袅兮，鸣佳句之悠扬。德馨兮拟南阳；清高兮傲锦堂。骚人停骖而式庐兮，寻遗香于苔痕；愿子望门而下拜兮。仰高风于芳躅。噫！结斯堂者先生兮，先生没而斯堂常新；住先生者草堂兮，草堂存而先生未湮。思长乐之富丽兮，不留遗址于百年；忆阿房之巍焕兮，仅供楚炬之一燃。他若玉堂金谷与夫吴宫汉苑之不可以数计兮，至今多成荒土丘园与沧海而桑田。何若斯堂之踵事增华兮，历百代而奕奕犹传。

呜呼！大唐兮非旧，哲人兮已亡。登斯堂兮，书泽犹存。知人杰兮地灵，德厚兮流光。想当年清苦备尝，至身死兮，是非乃彰。思懿范兮，与日月而俱昌。不见其人兮，顾涂像而彷徨。宜草堂之千古兮，阅四代而馨香。更为卜世卜年兮，与山高而水长！

## 盐泉赋

（清）王文权

有泉焉，渊源靡暨，漭漾不穷，迹垂千古，惠流于今。巨源发于汉北，盛名播于陇南。

沟侩之盈，不足比其清雅；川泽之会，悉足同其浪润。虽非江海之流派，润下作咸；纵无胶鬲之来举，所运为盐。缅怀遗迹，自古有年。汉称卤城，实此之源。历唐与宋，几经出没之象；迄元至明，不少溃冲之迹。及乎大清定鼎，是以凿筑得详。集七邑之狐腋，成一邑之巨观。金鸡飞藏，不必究其原尾；玉兔奔驰，不必穷其颠末。则见源泉混混，不舍昼夜，往来纷纷，共获乐利。汲者汲，荷者荷，赓歌与晶亭之上；浸者浸，润者润，谈笑于汉水之旁。一派巨流，涌出无限琼浆；几杯清净，结成百般甘露。

是泉也，调和千百里，供养亿万家。涓涓玲珑映月，点点珠玑似玉。非贪泉之横流，非盗泉之暴露。非野泉之冲突，涓埃无补；非下泉之漫流，洊润洋滋，故其势之汪洋也。如廉泉之汹涌，其机之活泼也。如沃泉之澎湃，其清且美也。似甘露之滔滔，其馨且醇也。似酿泉之漫漫。口口口口口口口。虽不能舆洗墨池，写成诗赋，竟依然炼烹丹灶，是若银沙。原为之临泉而赋曰：

名流千载似此泉，胶鬲何时先着鞭。不有渔翁来道破，百虑千愁终难宣。

## 陇南赋

李学春

维我陇南，历史悠久，地当要冲，势雄关河，乃秦皇故里，汉家旧郡。祁山控其北，摩岭扼其南；前临白水，后依西江，右襟洮渭，左带嘉陵。是以，军旅进退，扼此门户；商贾往来，福集庆长。千年古道人不绝，万里山河路如铁。

美哉陇南，山水形胜，千峰竞秀，万木争荣。洋汤天池，聚千顷烟波浩渺，峰巅浴日；阳坝梅园，汇百湾篁海苍茫，茶圃餐霞。万象洞钟乳森列呈异彩，官鹅沟奇山秀水绽奇葩。鸡峰游屐，白鹤翔时钟磬响；三滩吟赏，云屏陟处紫烟飞。仙人关、白马关、玉垒关，雄关险阻；阴平道、西峡道、嘉陵道，古道通幽。湍湍白水，携雪域精灵出深山；滔滔羌江，挟碧波放歌赴嘉陵。仇池百顷，怅千古岁月茫茫，何处寻氐杨遗迹？凤台千仞，看万里晴云袅袅，空凭吊杜甫诗魂！

丽哉陇南，物华天宝，一山有四季，十里不同天。水力资源，陇原三分有其一；铅锌黄金，举国宝藏无其二。金徽醇醪，香飘万里；成州佳酿，史载千年。试看大熊猫林间信步，金丝猴枝上荡游。洋芋搅团豆花面陇上真味，咂杆土酒罐罐茶沁人心脾。花椒香天下，核桃滚九州。更有周总理亲引和平枝，油橄榄绿染白龙江。

宏哉陇南，史册彪炳，远古文明，遗迹昭昭。伏羲生于仇池，教化先民，文明之风，自兹日盛；秦祖肇于西垂，睥睨天下，一统六合，于此滥觞。汉武封疆，于此置郡。孔明六出祁山，至今古庙貌俨然；姜维血战铁笼，宝剑尚在匣中鸣；邓艾阴平偷渡，古桥依然傲秋风。氐杨一族割据陇蜀绵延千里，胤祚仇池三百余载，固一世之雄也。隋唐而后，战乱频仍，至宋金交战，屡成犬牙交错之局，吴氏父子屯兵陇右，金人不敢南下牧马。其后蒙古军南犯，陈寅镇守孤城，阖门忠烈；子坤慷慨殉国，举家献身。碧血丹心，草木含悲。

近代以还，革命火种燃遍陇南，习仲勋兵变两当，贺龙鏖战成州，更喜古镇哈达铺，三军相会砺刀兵。当是时，箪食壶浆迎亲人，送夫送子当红军。旧报一张领袖喜，筹运帷幄定前程。

伟哉陇南，文运恒昌，弦歌赓续，诗风泱泱。《无衣》《兼葭》，秦风嘹亮；《刺世嫉邪》，赵壹昂扬。马融设帐，儒风教化；西狭摩崖，汉隶辉煌。子美吟同谷，凤凰台下放七歌，抚己心而怀天下；太白咏蜀道，青泥岭上发浩叹，身西望而喻政理。圣女祠荒，兴李义山之怅惋；仇池地僻，引苏子瞻之夙愿。袅袅荷香，记裴守真之遗泽；飘飘衣袂，展吴道子之神笔。名宦多才，王仁裕被雅称诗窖；良臣有声，赵孟頫为世延书碑。法相庄严，法镜寺、北禅寺、鸡山寺、香泉寺，佛光普照；鹤衣飘举，登真洞、朝阳洞、金莲洞、五仙洞，道风长存。民歌与民俗比翼，声韵与情致并茂。羊皮鼓敲出氐羌风韵，池哥昼演绎白马风情。乞巧习俗，源远流长，举国罕有；春倌说春，耳传口授，独此一家。秦腔、影子腔唱响西北豪气，高山戏、花灯戏蕴含南国逸韵。民生百态，岁月千春，悲欢啼笑，皆发其馨，宜乎陇南之艺文声华风猗擢秀而不绝如缕也。至若当今，擎改革开放之大纛，乘西部开发之巨舰，志士仁人，握珠怀玉，显身手于淑世，展才俊于明时。含英咀华，播令誉于遐迩；耕耘墨砚，扬声华于宇内。人一之我十之兮自力更生以干克难，兴水改田《红日照东江》；人十之我百之兮艰苦奋斗苦中励志，“四一”宏猷甘霖润南邦。六十载春秋风雨兼程，三十年岁月捷报频传，诚陇南继往开来与时俱进之胜概也，猗欤盛哉！

幸哉陇南，生逢盛世，日月重光，灾后新生。“五一二”兮天崩地裂，国有殇兮死别生离，陇之南兮山溃楼倾，白龙白水兮含悲呜咽。天地虽无情，人间有大爱。天陬地角来慰问，江南塞北助抗灾。披星戴月，子弟兵奔绝地赴危城，甘洒热血；含饥忍渴，志愿者送温暖献爱心，气豪志慨。沧海横流，方显出英雄本色；千难万险，熔铸成陇南精神。

福哉陇南，前程似锦。一纸蓝图创新业，凤凰涅槃火中生。抓项目，兴产业，调结构，加快科学发展；强基础，扩内需，搞重建，机遇千载难逢。风起云涌，十万建设大军酣战陇南；姹紫嫣红，数千建设项目遍地开花。兰渝铁路、兰成铁路、天武铁路，路路畅通，大道如云通天堑；兰海高速、十天高速、成武高速，条条快捷，彩带似锦绾南北。支线机场，动工在即，蓝天遨游，指日成行。特色产业、劳务经济、旅游开发，震前一枝独秀；铅锌冶炼、黄金开发、工程建材，乘势扬帆突起。科学教育，事业隆盛；文化艺术，才俊鹰扬。感极而赋，歌以咏之：

陇南风貌面别开，疑似仙山跨海来；千岭碧畴肥稻，三江细浪静尘埃；文明古老夸奇异，经济新潮示品牌；科学发展施大计，飞针织锦用心裁。（录自《光明日报》2012—09—20）

# 第二节 散 文

## 漾水（节选）

（北魏）郦道元

《水经注》卷二十：汉水北，连山秀举，罗峰竞峙。祁山在嶓冢之西七十许里，山上有城，极为严固。昔诸葛亮攻祁山，即斯城也。汉水迳其南。城南三里，有亮故垒，垒之左右，犹丰茂宿草，盖亮所植也，在上邽西南二百四十里。《开山图》曰：汉阳西南有祁山，蹊径逶迤，山高岩险，九州之名阻，天下之奇峻。今此山于众阜之中，亦非为杰矣。汉水又西南，与甲谷水合，水出西南甲谷，东北流注汉水。汉水又西径南蚜北蚜中。上下有二城相对，左右坟垅低昂，亘山被阜。古谚云：南蚜北蚜，万有余家。诸葛亮《表》言：祁山去沮县五百里，有民万户，瞩其丘墟，信为殷矣。汉水西南径武植戍南。武植戍水发北山，二源奇发，合于安民戍南，又南径武植戍西，而西南流，注于汉水。汉水又西南，迳平夷戍南，又西南，夷水注之。水出北山，南径其戍，西南入汉水。汉水又西径兰仓城南，又南，右会两溪，俱出西山，东流注于汉水。张华《博物志》云：温水出鸟鼠山，下注汉水。疑是此水，而非所详也。汉水又南入嘉陵道而为嘉陵水，世俗名之为阶陵水，非也。汉水又东南，得北谷水，又东南得武街水，又东南得仓谷水，右三水并出西溪，东流注汉水。汉水又东南径瞿堆西，又屈径瞿堆南。绝壁峭峙，孤险云高，望之形若覆唾壶，高二十余里，羊肠蟠道三十六回，《开山图》谓之仇夷，所谓“积石嵯峨，嵚岑隐阿者”也。上有平田百顷，煮土成盐，因以百顷为号。山上丰水泉，所谓“清泉涌沸，润气上流者”也。汉武帝元鼎六年开，以为武都郡。天池大泽在西，故以都为目矣。王莽更名乐平郡，县曰循虏。常璩、范晔云：郡居河池，一名仇池，地方百顷，即指此也。左右悉白马氐矣。汉献帝建安中，有天水氐杨腾者，世居陇右，为氐大帅。子驹，勇健多计，徙居仇池。魏拜为百顷氐王。汉水又东合洛谷水，水有二源，同注一壑，径神蛇戍西。左右山溪多五色蛇，性驯良，不为物毒。洛谷水又南径虎馗戍东，又南径仇池郡西，瞿堆东，西南入汉水。汉水又东合洛溪水，水北发洛谷，南径威武戍南，又西南与龙门水合，水出西北龙门谷，东流与横水会，东北穷溪，即水源也。又南径龙门戍东，又东南入洛溪水，又东南径上禄县故城西，修源浚导，

西汉水

径引北溪，南总两川，单流纳汉。汉水又东南径浊水城南，又东南会平乐水，水出武街东北四十五里，东驰。南溪导源东北流，山侧有甘泉，涌波飞清，下注平乐水。又径甘泉戍南，又东径平乐戍南，又东入汉，谓之会口。汉水东南径修城道南，与修水合。水总二源，东北合汉。汉水又东南于槃头郡南，与浊水合。水出浊城北，东流与丁令溪水会。其水北出丁令谷，南径武街城西，东南入浊水。浊水又东径武街城南，故下辨县治也。李玲、李稚以氐王杨难敌妻死，葬阴平。袭武街，为氐所杀于此矣，今广业郡治。浊水又东，宏休水注之。水出北溪，南径武街城东，而南流注于浊水。浊水又东径白石县南。《续汉书》曰：虞诩为武都太守，下辨东三十余里有峡，峡中白水生大石，障塞水流，春夏辄濆溢，败坏城郭。诩使人烧石，以醢灌之，石皆碎裂，因镌去焉，遂无泛溢之害。浊水即白水之异名也。浊水又东南，埿阳水北出埿谷，南径白石县东，而南入浊水。浊水又东南与仇鸠水合，水发鸠溪，南径河池县故城西，王莽之乐平亭也。其水西南流注浊水。浊水又东南与河池水合，水出河池北谷，南径河池戍东，西南入浊水。浊水又东南，两当水注之。水出陈仓县之大散岭，西南流入故道川，谓之故道水。西南径故道城东，魏征仇池，筑以置戍。与马鞍山水合。水东出马鞍山，历谷西流，至故道城东，西入故道水。西南流，北川水注之，水出北洛埿山南。南流径唐仓城下，南至困冢川，入故道水。

## 汉源县令厅壁记

（唐）于　邵

周克殷，列爵惟五，实分子男之位。洎秦汉以降，或令或长，虽小有差，其揆一也。皆铜印墨绶，秩六百石。非理道之君，爱人如子，则不能为官择人矣。国家坐进此道，至於忧勤，爰增禄秩，以劝能者。皇帝观兵朔方之岁，始上禄县更名汉源，将复禹旧绩，以从人欲。其山川形势，土地风俗，近镐千里，华风不闲，多乎哉！盖小国以聚大国之义也。且夫南呀蜀门，东豁雍畤，西走连碛，北逾大漠，四郊憧憧者，於是乎终。故有狱市之烦，供亿之费，上咨郡府，下用临恤。非贞固不足以干事，非廉慎不足以率人，清静则可乎不扰，忠恕则可乎求瘼。时谓京兆韦子，当公府之选，推而有之。至于今，人易受赐，邑则称理，闻之见之，政参乎前。从事虽疲於改易，用举自多於颖脱，我则无贰，不其难乎？嗟乎！绊骥已久，及瓜将代，顾此屋壁，何其寥寂！前芳无闻，後进奚睹？记者史家之流也，亦所以发挥厅事，启迪人物。又知韦公授受之始，其或继之者，从而记之，前後相映，光采洽人。

乾元三年孟夏之日记。

嘉陵江秋色

开元中，有柴希言自滏阳县尉拜，以清白名闻，迁洛水县令；天宝中，有郭瞻自永康县尉拜，甚有有事，秩满游河朔，遇乱未知所适；至德中，有郭伯阳自某官拜，恂恂如也，迁洋州司马。其馀日月某通名氏失之，不得次于公之列耳。

## 兴州江运记

（唐）柳宗元

御史大夫严公，牧于梁五年。嗣天子举周、汉进律增秩之典，以亲诸侯。谓公有功德理行，就加礼部尚书。是年四月，使中谒者来锡公命。宾僚吏属，将校卒士，黧老童孺，填溢公门，舞跃欢呼，愿建碑纪德，垂亿万祀。公固不许，而相与怨咨，遑遑如不饮食。于是西鄙之人，密以公刊山导江之事，愿刻岩石。曰：维梁之西，其蔽曰某山，其守曰兴州。兴州之西为戎居，岁备亭障，实以精卒。以道之险隘，兵困于食，守用不固。公患之曰："吾尝为兴州，凡其土人之故，吾能知之。自长举北至于青泥山，又西抵于成州，过栗亭川，逾宝井堡，崖谷峻隘，十里百折，负重而上，若蹈利刃。盛秋水潦，穷冬雨雪，深泥积水，相辅为害。颠踣腾藉，血流栈道。糗粮刍藁，填谷委山；马牛群畜，相藉物故。餫夫毕力，守卒延颈，嗷嗷之声，其可哀也。若是者，绵三百里而馀。自长举之西，可以导江而下，二百里而至，昔之人莫得知也。吾受命于君而育斯人，其可已乎？"乃出军府之币，以备器用，即山僦功。由是转巨石，仆大木，焚以炎火，沃以食醯，摧其坚刚，化为灰烬。畚锸之下，易甚朽壤，乃辟乃垦，乃宣乃理。随山之曲直以休人力，顺地之高下以杀湍悍。厥功既成，咸如其素。于是决去壅土，疏导江涛，万夫呼汴，莫不如志。雷腾云奔，百里一瞬，既会既远，澹为安流。烝徒讴歌，枕卧而至，戍人无虞，专力待寇。

惟我公之功，畴可侔也！而无以酬德，致其大愿，又不可得命。矧公之始来，属当恶岁，府庾甚虚，器备甚殚，饥馑昏札，死徙充路。赖公节用爱人，克安而生，老穷有养，幼乳以遂，不问不使，咸得其志。公命鼓铸，库有利兵；公命屯田，师有余粮；选徒练旅，有众孔武；平刑议狱，有众不黩；增石为防，膏我稻粱；岁无凶灾，家有积仓；传馆是饰，旅忘其归；杠梁以成，人不履危。若是者，皆以戎隙帅士而为之，不出四方之力，而百役已就。且我西鄙之职官，故不能具举。惟公和恒直方，廉毅信让，敦尚儒学，挹损贵位，率忠与仁，以厚其诚。其有可以安利于人者，行之坚勇，不俟终日，其兴功济物宜如此其大也。

昔之为国者，惟水事为重。故有障大泽，勤其官而受封国者矣。西门遗利，史起兴叹。白圭壑邻，孟子不与。公能夷险休劳，以惠万代，其功烈尤章章焉不可盖也。是用假辞谒工，勒而存之，用永宪于后祀。

## 两当县灵应泉记

（宋）夏世昌

邑境东南隅，遵谷六七里，地名砚水，有泉曰“灵应”。冈阜东来，西向突立一峰，峭壁巉岩，面列神龛。白杨数树，森绕其间，大可合抱，如七星然。下有洞穴，水所自出，昼夜不舍，清冽可爱，神实司之，有祷必应，俗传为“旱涝泉”，其来远矣。闻之元丰间，漕使董公文仲修建祠宇，久厄于兵火，今独留题诗刻在。口口口神之灵，屡见于祷雨祈嗣者，如影响形声，应之不差；如度量衡石，使人必信。绍兴庚午，令尹董公乔年，敬神贶之明验，闵庙貌之寝隳，始复一新，加以邑民具列其事于台府，俾闻于朝，期之赐封，以达神庥。后虽不果，然神之所以加惠一方者，则有隆而无替也。乾道己丑，勾龙公师说临宰是邑，念香火不可不严，一夕感神梦，从民之请，命羽衣楚大义领祠事。大义既至，则倾囊增葺其所未备，顾规模虽不能盛丽、然殿阁斋馆无一阙者。嗣师陈久道继之，兴修之念益勤，抑俗大有以建立也。绍熙四年秋，世昌窃禄来此，得闻神之有功于民，历历可考，心虽加敬之，而未尝身履其所以然者。岁在甲寅三月，偶因官事之暇，挈眷属以嗣续之艰，乞灵于神。且知一念精诚，以手掬水，神必赐之以奇石，苟惟不虔，则茫无所得。于是祝香洞前，信手一探，而得其二三焉。嗣后实谐所愿，因以印乎前闻，而敬且信矣。呜呼异哉！久道来乞文以为记，予未能道其详也，姑以所传闻神验本末之梗概，与参世昌所以蒙神之庥者，信然不诬，故记之，以昭示神之灵显佑助，不可不敬者如此。

灵应泉在两当县南七里

## 成州濯凤轩记

（宋）晁说之

周内史过曰：“周之兴也，鸑鷟鸣于岐山”。以故古岐州今为府，曰凤翔。然得凤之一，则凤过之，得凤之二，则凤翔之；自是而西二百里曰凤州鸑鷟山，则名以大之者，得凤之三，而凤集之欤，故其驿曰凤集驿。又西而百有五十里曰成州凤凰山，乃以凤凰之正名名之，则其得凤之四，而凤春秋下之；得凤之五，而凤没身居之者，不然，何以又有潭曰凤凰潭，是其濯羽之所也。若又极乎西，则濯羽弱水矣。然则干符中，僧休梦于凤凰山得一峰曰鹿玉山者，乃杜工部赋诗之凤凰台也，实有亭亭然台之状可玩焉。元佑中，王仲至侍郎据郦道元注《水经》，以长举之凤凰台，状如双阙，汉有凤凰降焉者为正，而伪之台并斥乎工部，恐不得以彼汉瑞正吾周仪也。且异时而二地，各以为名，庸何伤乎！天壤间以凤凰名台者尚多矣，何必一之也哉？今成州虽不得居仇池山之胜，而西则鸡头山，东则鸡帻山，以属乎凤凰山，亦国中富乎山者也。鸡帻山或名曰龙堂峡，凤凰潭或名曰万丈潭，若大云潭，杜工部昔日所居之地，新祠而奉之者也。其于守居为最近，守居清心堂之背，丛竹之面，新有轩，乃以“濯凤”名之，近式乎工部之所居，远本乎周内史之所志。则吾州虽小，而裕乎凤翔而集焉者，居守可无自菲陋而乐斯志也已。

宣和四年壬寅二月二十六日乙卯，

具官嵩山晁说之记。

## 长江万里图记

（明）门克新

夫江之东流，上自锦城之西，下出三峡之口，过荆楚，越建业，而朝宗于海也。外则

三江五湖，湘、汉、章、贡诸水皆会之，其夹岸群山崒嵂，烟云万状；滥觞始自岷嶓，提封尽于吴楚。南条之大，直匹荥河；物产之饶，富于幽蓟。其流潆洄曲折，或自西面东骛，则城邑在乎两岸之南北；或自北而南趋，则城邑在乎两岸之东西。可以通中国之漕舟，可以来番夷之献贡。浩荡汪洋，诚卫国之保障；湍瀚流疾，实壮势于神京。所谓天堑之险，自古为然也。故在唐虞，以冀州为王畿，而天下之来贡者，皆由河而后达冀，是河为众水之会要也。

今我圣朝，海宇一家，而江为诸川之会要，亦独唐虞以河为众水会要之意。是图之作也，岂徒游目玩好之为哉？惟我皇上，慎固疆域，保民致治，无时不在心胸之间，俱见于此也。其励精图治之诚，抑亦至矣！是宜皇天眷佑，奄有四海，中土奠安，四夷臣服，而巩固皇图于亿万世，诚可谓后世圣子贤孙之龟鉴也。（录自《直隶秦州新志续编》卷六《艺文》）

## 门尚书祠堂记

（明） 李东阳

巩昌之秦州，有门公克新者，洪武初，为礼部尚书，卒于官，返葬于秦。成化己丑，今右佥都御史秦公弦来知秦州，乃建祠于学宫之前，修祠事。越数年，前监院御史芗溪傅君鼐实守兹郡，崇饬垣宇，凡所以供祀者。刑部主事张君瑞、国子生马瑞，皆秦人也，请余记之。谨按《大明一统志》，公起儒生，为州儒训导，迁左春坊左赞善，擢礼部尚书。又闻张刑部言，公在太祖皇帝时，尝奉命为《万里长江图记》，殊见眷赏。其卒也，上亲

谕翰墨，遣中官谕祭其家。仰惟高皇帝之圣神睿哲，揽天下豪杰材智之士，甄择而用之，虽寸长片善，不得以遗于世，而其进退黜陟，尤有非庸人所能测识者。公则起儒学，登台辅，得千载一时之遇，非其材器足任其用，恶可以悻致哉！愚也，后生寡识，不能考见故老之德，然于谕祭之词，亦可以伏睹圣意于万一矣。门公虽以仕显，而功业未著，以没乡里之祀，诚有不可得而阙也。秦公之贻谋，傅君之举坠，其乡士大夫为之左右相助，以美其美，皆可书也。故记之。

## 成州莲池亭记

（明）张乐舜

夫莲亭者，唐成州刺史裴守真所创建也。裴公治成时，观斯胜概，遂凿池引水，建亭其上，环亭种莲，以供赏玩。每夏月薰风，叶舒圆盖，花绽长簪。斯时也，听四起之菱歌，喷荷香之十里，壮濂溪之伟观，映六郎之粉面。公登亭欢笑，水天一色，群鸥鹭而侣鱼虾，熙熙然殆不觉陇头间又有一小西湖也！乃岁久景移，池涸亭敝，裴公之莲，殆为禾黍之区矣！叹心哉！叹心哉！

予万历己丑来典是县，询其遗址，慨然思兴。乃与一二父老，引西郊之水，甃南山之石，采木为栋，砌瓦为亭，中三楹，而前后列复道。种荷其中，外杂花卉。观者翕然，咸以为不减裴公之旧，厥工成而属予为记。予惟莲，花之君子者也。乐只君子，民之父母者也。有乐只君子，而后可玩花中之君子。何者？心相孚也，景相契也。不然，中不虚，无莲之窍；本不洁，无莲之白；节不苦，无莲之味。民不被泽，何如莲之叶？野有菜色，何如莲之蕊？子惠不结，何如莲之房？菱歌四起，反为怨声之载道；荷香十里，徒为秽德之彰闻。即植太华之根，培玉井之种，酒酌碧荷，觞实雪藕，其愧于莲也亦多矣，又何取於莲之亭？昔人云："贤者，而后乐此；不贤者，虽有此不乐也。"信矣哉！予高裴公之雅，姑举遗址而重修之，尤不敢以乐只君子自待，辄潜为之记。

## 徽州修庙学记

（明）唐龙

嘉靖纪元春正月，龙受天子命，视学于关西。夏四月，莅徽州。其学圮矣，怃然兴磋，亟之所司撤而新之。时乏长吏，莫之能举也。明年，御史郑维新监督茶税至州，发官币银三百有奇，爰饬知州白松以经始焉。又明年，御史陈讲嗣至，发米百斛有奇，用备饩廪。二君子之意宏矣。松沓沓然莫究厥图，寻亦见斥。知州朱纯代之，勤综理之责，严省试之程。四年春二月，乃用讫于成，轮奂孔饰，规绪用新，宫墙严严，齐庑翼翼，二三子心怿神怡，挟策鼓笥，洋洋而兴焉。机至者易导也，德奋者易振也，龙于二三子有厚望矣。二三子游圣人之宫，亦欲闻圣人之道乎？夫圣人之道，文质之谓也。文无体，以质为体；质无用，以文为用。无体不立，无用不行，二者备，而圣人之道得矣。虽然性以习成者也，化以俗著者也，气以居移者也。是故遐壤僻邑，颛颛职职，厥质俭矣，而或苦于陋。通都丽镇，交交济济，厥文靡矣，而或伤于侈。陋则废礼，侈则离实，君子胥病焉。

夫州西阻秦陇，东扼汉蜀，冈阜层复，林麓蔚荟，是故朴略全而有质焉。至于白水经流，通于巴江，接于湘湖，风气既宣，声教益畅，是故闻见著而有文焉。二三子推曲以致全，由似以索真，即近以企远，于是乎敦彝伦之本，厚性命之原，崇道德之实，必曰圣人之质也。章名物之数，修诗书之训，陈礼乐之极，必曰圣人之文也。名实以相成，本末以相承，体用以相形，则于圣人之道庶几乎？圣人曰："文质彬彬，然后君子。"二三子无惮为君子斯可矣。抑闻礼者不忘其初者也，是故大圭不琢，太羹不和，雕簋之文不如汉尊之制，朱弦之饰不如土鼓之音，其所由来远矣。然则与其文而濡如，孰若质而诚，若乎林枚之问，尊如泰山，子成之说，近于君子，皆此意也。二三子盍慎而求之？

嘉靖四年秋七月望日。

## 增修徽山书院记

（明）龚守愚

书院之建何沿乎？考古之教者，有塾、庠、序、学之异。盖提封广者生龄繁，运祚隆者规制宏。匡直辅翼，变夷居之风；朋友讲习，收丽泽之效。弦歌相闻，非侈观也。版筑相望，排厉民也。故挑达城阙而制兴，不毁乡校而颂作。推校闻见，靡不由斯。洪惟兴朝乐育之化，远绍四代。里社有学，古家塾也；郡邑有学，古州序也；两京有监，古国学也。惟是党庠之制，若未遑然，是宜孤陋犹失于渐磨，拆弛或逾于绳检。大雅君子，有侧于衷，爰建书院，用最多士，居肆成事，取资敛材，化原可敦，何必令申以义起之，其诸古之庠乎？徽之艮维有山曰"钟楼"，冈峦深秀，望之蔚如也。其下有地一区，延柔爽恺，即之豁如也。嘉靖丙申，侍御新野刘公来董茶马之政，以学舍湫隘，召诸生指示之，曰："此可以居子矣。"乃发茶课若干缗，属之知州莫汝高，度地抡材，建堂封号，榜曰"徽山书院"。越明年正月，侍御宁陵胡公巡按至徽，弥节山椒，凝睇院湮，犹病弗宏，爰议增拓。维时边备宪副马君直卿、分巡佥宪白君应衡议以克合，乃发公币银以两计者五十，汝高奉以周旋，使吏目刘锡监护厥工。于是，居民之密迩者，悉受值，愿他徙。乃建前厅五楹、外门三楹、仪门三楹，肃矩范也。门左右各有坊，肇锡嘉名昭期待也。山之巅建尊经阁，资多识也。阁东偏树楼悬钟，警昏惰也。缭以周垣，翼以庖福。松篁蔽亏，庭除蠲洁。诸士鼓箧而来游，盍簪而相观，莫不心旷神怡，争目淬砺。公曰："古书院有山长，今乡贡士史衡，州之良也"。乃招延之，俾与学正徐行共秉教铎。衢等承命益虔，章程条贯，俪俪就绪，蜚英鼓勇，士有奋心。马君谓守愚承乏学事，以已见属。窃惟徽国，文公之在南康也，时方多故，而白鹿之役若或督之，所谓悉心纲纪，竭蹷奔趋者，固不诬也。而又为之赋以讽之，为之规以警之，征记于东莱以张之，延讲于象山以迪之，何其勤也？乃令侍御搜剔奇胜，申饬纲维，敷贲儒术，励翼化理。所以作人善俗者，不遗余力，岂非旷世相感者哉？诸士几逢会，适心远地偏，亦知从事文公之学乎？文公之学，其言平淡而无奇，其功积累而不捷，故好奇趋捷者恒訾焉。然今谈白鹿者若周辟雍，谈新安者若鲁阙里，乃知天下未尝无钟期也，诸士尚慎于所择哉？是故观于深秀而仰高焉，观于爽恺而致远焉。矩范必端，德斯久矣；期待必崇，业斯大矣。陟于阁，则思康济之具，毋以玩愒废教也；陟于楼，则思叩鸣之益，毋以罄谷败名也。邃探进取，精思力践。庸讵知河池之徽不若新安之徽乎？乃若群居终日，燕朋逆师，慆淫而即安，怙侈而灭义，则是困而不学，待而不兴。虽州序亦赘设矣！况党庠乎？守愚乐观厥成，且恐无以副盛心也，故既为侍御公颂，又为二三子规。

## 重修徽州庙学记

（明）康 海

徽州即汉之河池县，胜国时始改为州。明兴因之，遂为西方大郡。成化末，郑人刘济来知是州，庙学、宫署皆更建之，而庙学规模视昔宏远矣。刘君去四十余年，庙学复敝。嘉靖丁亥六月丁未，监察御史段君汝励与分守参政成君文、分巡佥事司君迪，按历是地，相顾而叹曰：“兴贤育才之地，使之至是，非吾人之咎哉？”即日发粟具直付。知州朱纯氏量工庸材，因废拓新，而巡按御史刘君濂适至，协起事焉。又四月而功用告成，朱君以书请记于予。

予闻之人曰：学之修于前御史郑君维新，洎陈君讲二君去，工乃中。故段、刘二君与成、司二君力成之。是举也，不愆候以劳民，不循侈而滥费。如此，而诸君子重斯文，其心亦已至矣。岂非西土士大夫之幸耶？昔海自总角，以至释褐，尝望见当世士君子，执事于斯者，未尝不以学校之教为己任。自正德以后，士君子之视学校分谊睽革，不啻秦越之不相及也。乃今有如是焉，此海二十余年之未觌也，岂非西土士大夫之幸耶？夫所谓教化者，系诸学校之政。则自执事者，倡而率之，导而诣之，故肆习有地，仪刑有法，然后士彬彬然兴起也。夫子之殿庭崩塌圮坏，循谒者再拜而出，若未觌见，乃疑忌成俗，州县提调者敢遽然以为己任而作新之耶！天下之广，吾不能知。即关中观之，其废者已七八，而存者二三耳，段君之言岂欺我哉？予去岁见段君气岸阔大，务多长厚有体裁。不数日，又见刘君往巡是地，其意度思维与群殊也。尝语人曰：“西方比年多故，乃何幸得两君子按治其地，民由是安枕矣，乃又有是事焉！”彼终日役于簿书期会之间，来也若絷，去也若脱者，闻两君子之风，讵不兴感矣乎！朱君能思务所先，不群流俗，固守令之杰然者！均不可无记，以诏后来。于是述其始末，俾之刻石，而又系之以辞，曰：“夫子道德具在方册，徽之多士，其亦因诸君子作新之意，以自新乎？此诸君子之意，而汝多士所以聚而求之者也。”于此而不知所用心焉，则亦且以贻诸君子之羞矣。非西土士大夫之所幸，与予之喜谈乐道乎！（如）是者也，多士尚亦重，自勉懋乎哉！

## 分巡李公祠记

（明）张 潜

正德戊辰，巴蜀寇起，滋蔓横肆，至仅制帅徂征，转战无宁日。辛未之秋，入关南，犯陇右，荼掠徽、成而去。明年，燕山李公以按察佥事巡陇右，下车之日，先务抚辑。闻寇且再至，抚然曰：“是唯文诏弗率，武竟罔奏。昔婴齐伐莒，莒溃，《春秋》责其忘本轻动。前日之所以蒙祸者，夫犹是也。”即驱至徽州，辑民人，明伍堠，严保聚。甫修于内，寇已掠江油，至昭化，烽火接境。公施正运奇，定犄鹿之势，分兵五营，列戍白水江，首尾联络。复自度兵寡，多设疑要津之地。度三常山下，瞰百里广，寇将据之，令指挥尹谟筑垒于上。寇侦果至，愕然失色，相戒无易陇右，乃退掠略阳。公复提兵金竹坝以蹙之，寇遂奔巴蜀。盖自是夺气，次第就擒，巴蜀之成功，实有以始之。寇初入掠徽城，甚惨。及闻复至，徽之人尤以为急，公从容经画，不血一刃，不失一镞，以安秦陇。遂至灭寇，以定巴蜀，以绥海宇，伟矣哉！徽人独思前日之急，恃公无恐，至于今是赖，将祠以祀公。公以为戚，晋诸吏而谕之曰：“是惟吾职，惟吏民宣力，吾无功，其何以祠之？”谓父老曰：“吾所以奉圣天子明命以临汝者，凡以为汝也。奚德于兹，而顾欲祠之，无乃不可乎？”揖士大夫曰：“平生所学，慄慄恐负，尚有规箴以资不逮，若以保民，乌可勤民？”敬辞谢。于是徽人不得以申其志。而制帅御史大夫彭公、张公，巡抚中承蓝公、巡按御史成公、马公相继荐公于朝，言可属天下大事。故典监司巡期得代，独留公以抚辑，再逾期焉。甲戌，迁拜副使，整饬洮、岷兵备，凡五载，望日益隆。徽人计公当入拜，乃建祠于学宫之次，肖像于堂，以春秋仲月祀公，公不能禁。顷者，御史罗公按徽州，父老遮马呈状，言公之功及所以祀公者。罗公称叹曰：“士当如此矣！”父老驰书请记其事于予，使寿之石。嗟夫！公雅度轻裘，坐啸于兵革之地，指顾之间，挈水火之民措诸衽席之上。度其功业，在西秦，在天下，在万世，当大书以诏来裔，奚以祠祀一州为重哉？至徽人之心不如是，则深以为歉然也。且徽人之有生，安尔室庐，长尔子孙，诚公之所赐，是公之恩洽于其身，逮于其妻孥，衍于其后裔之人矣！其心之所感者，宜何如耶？是故其所欲为者出于自然，固非形势之所可夺者也。祀典曰：“能捍大患则祀之。”兹役也，先王报功之制也，人之所不能忘者也。

## 引水入泮池记

（明）萧 籍

盈天地间之物，现色呈象，传声效功，孰非文乎？水之为文，尤炳然也。盖文以蓄入，以气出者也。今夫水，渊然澄，泓然黛者，其蓄也；及其触石而行，龙飞虹矫，倏忽幻怪，无所不有者，则气之为也。故夫纡回曲折，为文之逶迤；支流派衍，为文之错综。汪洋澎湃，奔腾而不可遏者，为豪宕之文；潆洄停毓，渊深而不可测者，为沉浑之文。映霞漾彩，是为文锦；迎风兴波，是为文漪。余故曰："水之为文，尤炳然也。"且注盂而青莲生，投杖而苍龙跃。以二氏灵通，悉资变化，岂其与吾儒无裨？故尼父取其有本，孟氏爱其盈科，而操觚染翰之家，往往於水有会心焉。

吾邑庠，襟带大河，洪涛送声，是天地自然之交，日与人文相映发也。独不得涓滴入泮，是为缺陷尔。万历丁酉，邑侯范公采众议，北接瀑布，东疏涧泉，引水黉宫，以助文波。不数日，而混混道上，盈盈池中，即殿庑若为生色，而多士眉宇觉增韵矣。是科，登贤书者三人。佥曰："水能效灵而善变化也，信然。"嗣后，每科一修复之，自不乏人。今岁甲子，复当大比。而邑侯杨公，东鲁人豪也，钟河、济之精，溯洙、泗之源。学深窥海，词倾倒峡。冲虚，则江河善下；操履，则寒潭彻底。已可为多士盂，而方圆随所注矣。且躬为课督，耳提口授，不靳衣钵。当是时也，何难破浪飞腾，一泻千里，而必区区乞灵於涔蹄为哉？乃以故事不可废也，相率以引水源。而公慨然躬往相度，曰："古有能开水利者，循良之名，昭於青史。然不过滋禾稼，计饱暖，而孰如此之有裨文教乎？是在不佞任之。然崇文好士，人有同心，倘有尚义乐输者，无妨细流之助，成沧海之深，予何敢独擅焉？"余闻而叹曰："此明公善与人同之心也。"因述其意而布告之，闻风而响应者，谅有其人矣。多士幸哉！行看月照清流，袭天香於水面；风吹细浪，挹藻景於波心。精神意气，爽然一新。乘秋风而变化者，岂以一二计耶？则明公作人造士之功，不将与流水俱永乎？余将汲西江之水，磨太行之石，勒岘山之碑，以纪其微。

## 重修徽州城郭记

（明）贾士元

居有城郭，古也。《博物志》曰："禹作城，强者攻，弱者守，敌者战。"孟柯氏曰："七里之郭"，章句以为外城，虽然有司之重务也，亦有司之枢机也。何以故？自昔外户不闭，道不拾遗，比闾乐业，五尺之童莫欺，城郭亦无需资也。然稽世论，常治日少而乱日多，善人少而不善人多。防微捍暴，察出御入。则城郭岂容于不设耶？虽然职司保障，志存惠安，若守勿失，则举制公而操御一，民费劳而事毕举，孰善是焉？否则因缘为奸，黎无罹毒矣。谓非有司之枢机可乎？

宁阳许公钊，以世荫擢京朝官，寻守徽州。视篆之余，察瘁举弊，见其城垣卑且圮，喟然曰："此固有司之责也。子云箴雍州而治不讳乱，邓艾入蜀而奇径自兹，是故不可以寻常论也。"乃讦谋协虑，储材蓄食。既备乃事，且次第其事，不骤不悚，而城咸。公于职位，可谓敬共矣乎？儒庠生赵宗舜、乡民何世禄请言，以纪其原。予曰："嗟乎！安而思危，治平之轨鉴也。动而莫扰，惠廉之标帜也。"是故地重邱陵之险，邦需屏翰之力。泽灭鸿雁之什，野息萑苇之剽，较之勤督捕而详条约者，非不知职位修而法网密也。然沱流标枝，君子弗与也。矧率履之发，蟹筐之感；弦诵之风，仁让之兴；谓不自兹托始，而引申乎哉？公之来守是邦也，其性直，其政平，其事简。直则无奸回以欺民，平则无刻苛以残民，简则无纷张以扰民。不欺则民信，不残则民怀，不扰则民安。由是而之焉，可以宣化拾德矣。犹且汲极于城郭关禁，是务惟恐滔天起于涓涓之泉，燎垣由于星星之烟，一蹈乎仓皇束手之辙。公于职位可谓敬共矣乎？使后之继公者，岁久弗辑，复顷且圮，楼橹为丐者之复，垣墉窥室家之好，宁不有负于公乎？

公之为兹役也，州有旧城（高）仅二丈余，缮完葺墙，高增三分之一。城有板屋一千三百二十七间，创建者过半。上设逻卒，外建月城。又引长峪、峡口二水以环卫焉。城外谓之廓，主客人止旅乃密，各建郭门规制，视城为三分之二，坚致牢固相称。遂匾其额，东曰“望重畿辅”、西曰“威镇羌戎”、南曰“云联蜀汉”、北曰“山衡秦凤”。抱关击拆，启闭出入之禁，视制稍严密焉。是为记，

嘉靖二十四年孟春日。

## 创修成县学宫记

（清）刘瑜

古者辟雍之建，鼍鼓逢逢，奏公矇瞍，一时虡业枞而贲鼓维镛，诚盛典也。下至鲁公鸾旗芹藻之风，小大从迈，马蹻蹻而音昭昭，可不谓泮水人文之丽乎？然则欲广教化，敦俗尚，振士气，其于学宫，重有赖矣。今圣天子稽古右文，崇儒重道，巡幸所至，屡诣东鲁阙里，释奠之礼，逾越汉唐；而又颁“万世师表”之匾额于天下黉宫，且撰《训饬士子文》以风励海宇，猗欤休哉！其加意可谓至矣！凡有司之临莅下士，于学宫之圮者弗修，废者弗造，甚非所以尊贤圣励德造也。

瑜承乏成邑，知成向缘兵燹，移县治于上城，而学宫因之规模湫隘，奚以垂后？今承平已久，民复旧居，庠序之设，在所急急。瑜爰捐己赀，仍于当年久废之故址，力为创造。乃高其闬闳，厚其墙垣，而圣殿巍峨，观瞻悚肃。他若启圣宫、若两庑、若明伦堂、乡贤、名宦，及棂星、泮沼，无不整饬具举。垣墉而丹雘之，其非饰观之谓，其谓礼让相先之地。春夏教以羽籥，秋冬教以诗书，而育诸生于成材，俾之重礼义而敦廉耻也。昔韩昌黎至潮，潮人未知学，公命进士赵德为之师，其后皆笃于文行，号称“易治”。然则薰陶士类，鼓铸群英，洵有望於师儒之董率。而学校不建，化导无由，胡可为治？且夫欲维风俗，在正人心；欲正人心，在敦士习。成之士习，颇云淳矣，然扬辉振彩，壮上国之观者尚无多人。今欲父诏其子，兄勉其弟，群相习于孝弟忠信之行。入事父兄，出事长上，以征休于国家，非尊崇其地，使之肄其业焉，安其心焉，不见异而迁焉，其何能目击而心谕，安行而自得也？瑜仰承圣天子云汉作人之意，欲成人小子，皆有菁莪棫朴之风，而资事父以事君，资事长以事上，礼陶乐淑之余，且延及齐民，莫不革薄而从忠，回心而向化。则是庠序之设，虽不敢比于辟雍、鲁泮之隆，而于鼓舞士风之意，或犹可希踪于万一也。经之营之，通观厥成，是予之责也夫！是予之责也夫！

## 文县南崖寺记

（清）何宗韩

县治之南，可数武，盘山而上不里许，有寺曰南崖寺。寺之制，基仅半亩，依山临崖。中为佛殿，左为护法，右则为圣母诸像。前瞰大江，则为大士宫。旁有方丈室、香积厨。规制虽小，然而形胜则超绝也。碧谳青嶂，其冠盖也；急湍澄澜，其襟带也；虹桥横亘，其宝筏也；雉堞摩空，其莲钵也；烟火云蒸，其极乐国也；士女林列，其三千大千之众生也。灵实凭依，众所赖藉。凡疾病诸厄，叩则辄应，并著宜男之验，相传距今历有年所矣。

岁壬寅，予优游闾里，侍欢慈帏外，更无一事。俯仰之际，天趣洋溢，不觉静习之机，有感通焉者。一夕，梦大士向余言："梁木摧萎，势将压焉，不急为治理，殆他适矣。"更属余肩斯任。余曰："唯唯"。既觉而异其言，私窃志之。果翌日，同里刘君奔告曰："适从寺来，瞥见殿梁将倾，灾及诸像。葺修之役，匪君谁归？"予乃恍然于征兆之灵，竟不敢辞。于是谋之友人，咸踊跃乐从。共约捐资，鸠工庀材，不数月遂落成。虽无雕镂之巧，而风雨飘摇之患，庶乎免之。忆予宦游京华，观察江淮间，经历洪都名邑，寺院如织，大抵宫墙巍焕，色相壮严，聚僧以千百计。钟鼓之声，骇闻遐迩。缙绅豪富，以及野妇村妪，扶老携幼，男女杂沓。夫且游人术士，贩竖市僧，征逐驰骋。或为啸傲地，或为射利场，虽竞趋祷祀，勿虔也。高尚清静者，其能妥侑与否？后叹吾邑之南崖寺，枕山面水，僧徒寥落，闭关岑寂，大有合于西土之遗意。兼以武陵张公，补砌前岩，略加点缀，而斯役遂称完璧。彼南北雄刹，金碧荧煌，不足羡矣。吾党之同事者，砻石以待予言。予于归来之后，亟为之记，以遂前志。志同人之与斯役者，并书于左。

## 重修阴平桥记

（清）张培兰

文邑星分壁榆，地错参狼。西接陇秦，南邻巴蜀。层峦叠嶂，未辟于五丁；鸟道羊肠，更危于九折。

城之南，旧有阴平桥。鲸波掣电，鳌背连云。滥觞不计何年，鞭石尚留残碣。丙午岁，金堤既折，天柱复摧。海南芷塘张明府，轸恤阽危，捐廉倡首。细流不择，成河海之深；土壤不辞，积泰山之峻。经营三载，计费万缗。控阨成夷，驾空作实。斩磅礴为础碣，跨蚴蟉于惊涛。俯瞰长江，认美人之虹影；直登彼岸，似大士之慈航。不须破浪乘宗悫之风，中流击祖逖之揖，行旅交错，坦如通衢。公之造福于民，岂小补哉？

观夫危楼耸峙，齐鹳雀以摩空；宝刹岧晓，与鹫峰而颉秀。白水冰崖，涛奔万马；苍峰碍日，势攫群龙。关锁之雄，俨然一岩邑焉。若夫垂竿石上，把酒楼头，长啸吟风，披襟对月。龙女岭边，烟云黤黮；蝗螂峰顶，霞绮璘彬。飞泉淘琴筑之音，霜树艳珊瑚之色，则斯桥实游观之胜地矣。至于东有玉垒，西距柴关，北枕龙江，南倚太白，延袤千里，周回万山，处处皆断壁绝崖，天梯石栈。当其无事，须达屯驿旅；设有不虞，但焚毁栈道，所谓一夫当关，万夫莫开。纵周亚夫之鼓旗，势不能从天而下；邓士载之兵马，亦何能引绝而飞也。独惑历代鼎革之际，寇盗纵横，文邑屡被蹂躏，甚至丘墟社稷，涂炭生灵。当时守土者，何计不出此？竖儒误而国事，至今日犹骂憔周；文吏不习兵机，千载后追伤刘赵。予每读史至此，未尝不痛哭流涕长太息也。方今圣天子玉轸调元，金瓯统宇；绵区饮化，匝土归仁。偃伯于灵台，囊兵于武库，共戴尧天之乐，何怀杞子之忧？然而豳风未雨而绸缪，小毖予惩夫后患。治不忘乱，安不忘危。故因叙桥工，兴言及此。兰才惭墨守，智谢良筹。追思姜伯约请备之谋，辄愤发阎苍舒无人之叹。留此桥畔，未必非保守阴平之一策焉尔。

## 万寿台修建记

（清）罗佩锦

盖自佛氏之流入中夏也，号闻于周，教典于汉，传及五代，以迄唐宋，而天下莫不有梵宇之崇，香龛之奉焉。此吾郡城西万寿台之所由建也。观夫盘基跨险，列嶂凌霄，绀垣沙界，分绝障于金堤；赤水遥源，控长江于玉峡。大力既捍乎四民，胜图还列于八景。孤峰照晚，画拱平辉；曲水澄秋，雕栏倒影。五城韬海，接昆阆于名都；八洞藏云，冠蓬瀛于巨阙。允称鳌镇，实瞰龙冈，缘多历年所不无雕残。兵劫边境，高台与雁塔俱平；水浸通衢，曲岸共虎溪并荡。宋庆元间，曾经重建，更兼创修。明万历中，再经补葺，并铸法像。容慕烁金，姿钦满月。莲开青目，祥光照于八方；花艳丹唇，瑞彩周于三界。须弥峰顶，仍闻梵呗之音；如意山中，遂有经行之路。阅至今数百年间，慈云甘露，空步虚声；沐雨栉风，群惨宝相。山川隐约，徒传鹿苑之基；花木萧条，非复鸡园之树。禅林颓覆，法众沦胥。士庶殷甲龙等，追胜迹于灵山，搜良缘于福地。爰齐众志，大启禅宫，峙璇刹于将倾，续金绳于未绝。捐资不足，兼以募化，鸠工庀材，鸿规崇址。其绝顶潮音阁，中间圆通殿，及前观音楼，则仍旧而增饰。至若西禅寺，虽有遗迹，实等创修。时於圆通殿东西建禅房各三楹，旁建斋厨一所，而中建过亭二座，亭前则左建龙神祠，右建伽蓝土地祠，总建山门一座。兴工于乙亥，告竣于戊寅。由是观其外，重楹画栋，坐出云霄；层级回轩，俯临电寓。雕栌鹤翥，泄珠纳于星津；绣桷虬伸，吐璇珰于月窟。观其内，诸天献果，莲花生宝座之前；居士焚香，柏叶起金炉之上。抚香象而高瞻，鸣法螺而再唱。况乎虹垂南涧，即挂新幡；凤下北岑，还栖旧刹。渔山净域，临关街而高擎；鹫岭灵墟，拔烟尘而首。紫阁青疏，光含薄雾；绿房丹锁，彩缀晴霞。特沙界之幽栖，亦以武都之胜境也！我国家治化攸隆，凡吾民悉伴奂而优游，登斯域也天已游焉矣乎？若夫因果之说，则固置而不论云。

## 江河纪略

（清）杨三辰

岁庚寅，平西兵大举入川，预为储饷计，粮宪董公周历秦、徽，召买于徽、成二州县，建置儆仓。由东运者，秦州、清水、秦安三州县粮贮徽仓；由西运者，伏羌、礼县、西河（和）三县粮贮成仓。而秦州、礼店两卫所，各随东西路附运以贮，统会而转运于略。议法甚善，成仓议格未行，惟徽仓告竣。又计运船装粮饷川，放下挽上。数年间，有触礁而碎者，有遇湍而沉者，有被横摧走无踪者，有被盗劫焚，人船俱莫可问者。除见在运船一百一十只，计工料每只价银一十两六钱。议令总运副戍梁公督造五十二只，徽州督造五十八只。余躬历河干，督船户、商贩，奖勤儆惰，以考其成。

起天门山下，乃嘉陵江源，绝壁北向，有石门，如城门状，即俗称“铁门后川”云。山之阳，有黑水县旧迹。四围多大木，船料于此取办焉。稍下为瓦窑沟，转西为屯田坪，山麓间土田平衍可耕，有宋三吴将军屯田旧迹。下为五只窑，关峡险隘。又下为睡佛寺，梵刹壮丽。折转再西，始为丁家堡，有居民数十家，往来祭江登舟处也。向北为严洞滩，滩侧山腰一洞，乃严姓修以避难者。溯流前进为合河口，河从北来，骤与江会，两水合斗，波涛汹涌。北河上流，徽东之永宁河也，源发于秦，一自新店窑，经百纳峡入永宁，是为中股；一自娘娘坝，经兰柴庙归入永宁，是为左股；一自王家楼透出墨磊山，经高桥下河注于永宁，是为右股。三水总汇永宁，浸成大河，乃克载空舟，下至合河口。益以嘉陵江水，厥势虽大，暗石甚多，仅可载半重舟。稍前，河西有水，老官庙旧迹，因名老官滩。南为渡口，水深而稳。南崖之阴多空隙，可垒窠，鹊鸟密集，是为老鹊窝。对河北岸为雷神坝，渊澄水安。靠西南下交田家河口，一源发徽城东长峪沟，由东关偏斜射直西，与北来水合流一处，是谓左河襟；一源发页水河，并洓青峡口、银杏铺射直西，与东峪水会，是谓右河襟。迨过石家峡、楼子崖达于田家河，其间流疾多石，至此地平水宽，皆细沙矣，沙黄流浊，为黄沙滩。行二里许，乱石半埋半露，中央仅一窄溜，澎湃湍激，舟子一步不敢放松。至此重载尽卸，人皆岸行，谓之“搬滩”。其船又一行法，必转头向上，用缆扯缀，擦崖徐放，直至对河缓水，从头再装前进。沿江西岸名仓头坪者，坪在山巅，地坦而广，宋吴将军曾因坪建仓。对峙于南者，为雀嘴崖，山峰孤削，形同雀嘴。蜿蜒绵亘为巾子山，乃州城之照山也。形类巾子，群山仰承，如百体之戴元首。山阴有废县名长举者，遗址尚存。山颠古迹元帝庙，明礼部尚书胡荧奉使访张三丰，曾登其上，留有题咏，又名铁山，详载州志。东为姚家湾，水颇平，岸多腴地，土著多姚姓，因以名湾。连村有小河，住有显姓人，因名显家河。而金竹林湾、许家坝又皆就中错处之滩场也。洊至剪子渠水，两岔合来，紧窄多旋滩，恶石当门，复有巨石蹲踞似虎，少疏则船不保。下此为猴子滩，乱石棋布，状类群猴，舵师略不加意，舟每阁架致漏。近前名响滩子，水浅多石，激撞之声仿佛雷吼。又有双龙崖，传昔双龙斗于上，土人就石壁刊二龙形以祀。至此俱舍船，从石棚扁磴扳援牵扭而过。出涧水平登舟，进为蒸饼崖，其形孤圆矗耸，状似蒸笼，其石层层如饼。下为四方滩，各出细流，有四归此，故名。西南为大虞关，明初设驻巡检，衙舍廨宇犹存。挨关周围，腴田宜绵，计百亩余。昔为巡检赡地，因官缺，居民多侵焉。转角多山，紧束无路，为下关门。西岸有山，折旋而上为罗汉洞。门边有石，高可数丈，若从洞内掣出者。三宝庄严，两排六尊石像古甚。左右石壁，罗汉小像千计。内旧贮藏经全板，今柜虽存，板仅十存五、六耳。关门逸下，惊涛微杀，其滩为泥涡子，多泥少石，舟行坦易。下达鹰嘴窑，窑上山形弯曲下钩，状如鹰嘴。过此为铁炉滩，近滩山产铁砂。距数里，为仙人关峡，宋将吴玠、吴璘破敌处也。东岩石壁高阔，排仙人三面，非塑非凿，眉目须鬓，疎秀可数，有天然飘动之致。江流迅湍，舟之难行更无逾于此者。前为墨磊石，在江心，其色黑如墨，疑堆疑砌，遇有积雨冲突，石辄变更无定，谙水性者因势巧避，方保无虞，若拘故道，每为所惧。进为鹁鸽崖，崖高无际，野鸽依栖，滩水较前易行。傍江石岸有断碑，知为长举故县旧基。相连为拨马滩，昔长举拨差马于此地焉。出口山势稍展，西南半坡有洞、有泉、有圣像，相传为药水龙王，经文列其别号，有疾者祷取其水，饮之即愈，又祈雨取水多应云。靠南山溯洄，北向为大沙坝，流水积沙，进前则汪洋浩瀚，白水江也。经英佑侯庙前北会小河口，合流西下。英佑侯即老官神也。江流渐平，亦渐深，粮船重载，始得大行焉。西经马蹄湾，下历罝口，直灌略阳城右。罝口上流，来自西河者，源出嶓塚山，经长道川入岷水，由六港至小川子，达罝口；来自阶州者，派始白龙江，历阳岩，合犀牛江，直交罝口，总注略阳。又前白水江所称小河口者，原发徽境西北，一自老白山经立斗峪、包家峡、伏家镇，即在河池县，有碑记唐杜甫寓，有祠在焉，河溯上下栗亭川，东南山脚注归徽南之打火店；一自糜渚关，经江洛镇、郑家峡、泥阳川，经横川镇，折过山寨坡下并北来河，总汇而入打火店。两水既合，流亦甚巨，滩险者，舟不可行。

## 重修成县莲池亭记

（清）黄泳

成州八景，裴公莲湖实胜且近云。公讳守真，稷山人，唐高宗时知成州。政通人和，乃于治西偏凿塘，引水成湖。湖心建亭，环亭植莲，夹岸树桃柳，榜曰“湖山飞阁”。为桥，前“云锦”，后“霞漪”。每夏秋间，绿衣漾波，香风满座，游鱼逐萍藻下上。公时集僚属，觞咏其间，极一时胜事。自是以后，时有变迁，境无兴废，凡有事斯土者，咸加培植，藉以游目骋怀。而湖亭之胜，遂自宋、元、明以迄於今。

成县莲花池，又称裴公湖，传为唐天授年间成州刺史裴守贞创建。清代成县知县黄泳组织民力增补修葺

余莅成之明年，邑尉张名光永，来告余曰：“裴公湖胜迹，近在城右。自康熙甲

成，前尹胡公承福重修，岁久就倾，建置殆不可缓。昔苏长公通判凤翔，凿东湖，亭“喜雨”，及知杭州，疏西湖，通六桥，亭“湖心”，成千古韵事。公，苏之乡人。今亭之待成，适与公会，继盛美而鼎新之，是在于公。”余闻其言，自愧尘俗，何敢妄拟前贤？然而殊情逸兴亦复不浅，况修废举坠，尤司土者事耶？乃量捐清俸以先，尉更募诸官绅、商民而经纪之。于焉度地选材，諏日兴工。大致仍乎其旧，而基加廓大。亭益回栏，榱桷栋柱，悉施丹垩采饰，务使规模气象壮丽弘敞。亭沼之美，辉映湖山；游观之盛，媲美古昔焉。逾年落成，而张尉适去，请记於余。余颜其额曰：“肖苏”，成张意也。至若莲漪之灿烂，与夫风景亭台之秀绝，则前人之题咏备矣，余何赘焉？爰即修举始末并乐输之姓字刊诸石，以冀佳胜之近娱耳目者，远垂千古云。

## 重修徽县吴王庙记

（清）张伯魁

徽邑城东隅有吴王庙，盖以祀宋宣抚武安王玠、武顺王璘兄弟也。武安本陇干人，能读书，善孙吴法，行军素服鄂王。靖康、建炎间，屡败金兵，而金兵之惮吴，一如惮岳。绍兴初，兀术攻和尚原而退师，撒离喝入仙人关而远遁。当斯时也，金兵数十万，微吴氏，宋其无蜀久矣。武安薨，朝议欲废仙人关，武顺执不可，乃与诸将分守山隘，弗撤备。金人屡盟屡叛，秦凤、陇右诸郡既与而复者三，或谓韩、岳死，金兵不渡淮，曷故？盖以陇陕之兵掣其肘耳。夫自宋室南渡，和议成，材武善谋之士无所用其力。吴氏一门三将守河池，控陕蜀，以为东南屏蔽，其功业在一方，尤在天下；在一时，尤在千古。有功捍御，祀以报之，以视山川社稷何缓哉！

余来莅河池，见荒烟蔓草中颓宇一楹，陊墙老木，朝夕压覆是惧。询诸故老，曰“吴王庙”。庭之前刍牧往来，流民环集，慨然忧之。爰于薄书之暇，禁绝刍牧，渐令居此者徙他所。今年丁卯之夏，洁捐薄俸，撤其基而重新之。殿宇三楹，皆硕才良甓。扯祟三尺，深广称之。貌像肃，丹雘施。庭以外筑石道一十三丈有咫，前接台门，绕以缭垣，虔以榜绰，阅七月而工蒇。落成之日，搜考前闻，得胡世将所为《忠烈生祠记》。考世将代武安为河池宣抚，在绍兴九年。武顺克复陇州（时复商陕十七州），事在绍兴十一年。记云：“适与敌讲好，宣抚使檄诸将班师，公遂振旅而还”，正与武顺本传“朝廷以释书诏班师，世将浩叹而已”之文合。是知生祠立于绍兴十一年，记所以纪实也。世将旋发疡而卒。武顺暨子挺守河池，扼金兵又将四十年。至今庙像有三，挺旁侍，殆后之人增肖其像者也。

今县治地名固镇，宋开宝三年迁河池治于此。当日武安与世将驻师河池，即今县治。本传称西人立庙于仙人关，始谓庙在关，而非在治。今按记云：“河池与敌接壤，德公尤甚，故建立生祠，以见其诚”。审是则今之庙在治，非即当日之生祠欤？噫！王之庙年代浸远，志乘阙略。今庙既新，而复得证明其立庙之始之日。俾河池民人登其殿庭，瞻其庙貌，如见吴氏之忠君却敌。而当日之班师饮恨，恍然如闻其声焉。呜呼！岂不神欤？岂不神欤？

## 两当县永利渠记

（清）秦武域

两当城北里许，有泉曰香泉。泉之西南，两山相让，中为沟，曰宲沟，袤可二三里，流水直东，下与香泉合，当夏秋际猛雨时，行水辄肆奔，为田庐害。乾隆乙酉为甚。余于丙戌来摄是邦，职当除害兴利。因步履其地，集二三父老而语之曰：此方山围水澄，木欣花娟，若庐于斯，田于斯，聚族于斯，既安太平之福，复享林泉之美，乐可知已。且平畴云连，实嘉苗良，以视树艺于木石之洳，收获于虎豹之口者，岁独岂若亦几忘帝力矣。民之宁吏之愿也。兹胡为甲第而倾仄勿壮耶？胡为绣壤而荦确不治耶？若独安乎不安而胡为竟安之耶？今与约明年其理之，越丁亥春二月，欢欣子来，畚锸鳞集。遂开渠以达于河。事蒇，复进父老而劳之曰：一泓潆洄，掩映于垂杨。垂杨间景既佳，水宅其壑，无任横流，园舍不灾，利斯溥诸父老，其有力与庶宁居矣可。名“永利渠”，犹愿父老之利其利耳若诸父老。其志之。

## 两当县皆山堂记

（清）秦武域

广香官寺左偏有废园，亭已去而泉不来。竹直梅横柳垂，自拔于蔓茨间，四顾陇蜀诸山，带绕屏张，超睥睨送青而入。

余试政之六月，剔秽酾壅，相其旧址，筑堂于上。既成，四山环拱而落，因摘醉翁亭语以名。夫承天子命，佣宰百里，不思戴星宣化，与民更新，乃务构造、营观游如职何？虽然，永之新堂，滁之丰乐，扶风之喜雨，古之人有行之者，则又何也？盖造物与人相待者也。其或名郡绣壤，山辉川媚，飞亭曲榭，郡人士点缀其中。览不随意，爰谋改作，视平其巧，视陋其丽，民疲费糜，令巘州天然画目归乌有。既目荒而志淫，日忘公而私娱，是造物者之为人累也。若乃岚拱澄围，介在幽僻，白云时栖，明月相印，虽秀色之扑人，恒郁结而未申。忽睹一翼然者，可憩屐齿，以延清景，以丳地灵。佳境既开，民气和乐，耳目丕新，是人之大有造于造物也，是古人之行也。

方今海内宁谧，万里臣服，奥区野氓，其沐浴雨露也久矣。乃者十日一雨，三农有庆欢欣鼓舞之象，田庐改观而斯堂以筑。试观斫椽而不画栋，文窗而不绣闼。而山突如，而泉洌如，而卉木欣如，亦俭亦雅，俗安吏闲，是顺造物之乐而非侈情于其间也。吾知斯地斯民与斯堂，日就于新，共优游于太平之宇矣。是丰乐喜雨之流风也，予之筑又乌可以已哉，矧夫山椒半陇亩也。

春秋晓夕登于堂，苍翠万状。倏而农歌，倏而樵唱。叱犊犁雨，荷畚拾薪。天时之丰啬，民事之休苦，触于目而会于心，则瞻眺流连，职亦在焉。将有得于柳子之楷法者，谁谓不在于皆山之堂！

## 两当县镇北崖小序

（清）韩塘

县治之北有一山焉，名曰镇北崖，在戚家沟，距城十七八里。拔地倚天，形如锥立，四围皆松柏竹兰，蔚然深秀，如海上三山，可望而不可即焉。

有好事者出其智巧，傍崖悬挂两梯，遂登陟焉。继又修一间真武庙於其上。乾隆年间，有三邑侯少君，因探胜尝至其地，见人有上崖者，亦勉强登陟，欲观崖上之风景。上未及二梯，见梯动摇，两腿软怯，既不敢上，亦不敢下，不胜危惧，乃急令一人上去，缓缓扶之而下，面如土色，逾多时始如常焉。其险也如此，似乎登陟者十无一二矣。

迨嘉庆戊午夏仲，避乱者竟无不聚族于其上，或负或载，上下如履平地，是果迫之而能然欤？抑亦习惯之所致欤？

予于道光八年曾经其地，见夫上是悬崖，下是深沟，一望魂销，遑言登陟乎！即《蜀道难》中所吞云“天梯石栈相钩连”者，其信然矣。宜乎三少君之不敢卒登也，而避乱者竟何以履险如夷也？且罗暗斋先生又何以偕诸同志赋诗其上也？是皆不可解也。若我辈者，则惟有望崖而返尔，虽有佳境，其不辜负者几希。

## 过阶州秦家河

（清）吴鹏翱

愚于甲戌仲冬赴州。自府城登山，下老鸦岩，孔道也，车可方轨。沿六汉行，渡江入峡，过秦家河至包峪寺，转而南上牛蹄关，下山出谷则安化矣。峡凡六十许里，飞栈连云，峭壁插天。两山石岩，嵌空玲珑。人马至行石窦中，瀑布洒空而下，动辄数十丈或百丈者，比相望也。猿鸟争啼，竹水交荫。居人无多，皆结茅半山岩石上，自下望之，如在云雾中。若值风雨晦暝，则闻声而不见影。至于激湍怒奔，则雷轰电啸。清泉徐引，则筑响凤鸣，真有千态万状，应接不暇之妙。流览终日，乐而忘倦。窃谓武陵仙境，或古人之寓言，其真境恐亦未必有此方。疑架阁穿磴，傍涧跨溪，厥工亦非易。易绝非晚近所开，而古人曾未闻一履其地，一道其胜。及归而细为披查，始知即两魏之白水，《水经注》之塞峡也。而或者谓在成县西北百里，殊大不然。《三国志》邓艾传云：“艾留屯白水北”，知此名其来已久。建安川水即白水之上流。今以形便而论，魏置县，领于武都，在石门、孔提之间，而不隶仇池。西魏置郡，领于武州，在武都、孔提、万郡之间，而不隶秦州。隋改建威，而并洪化、孔提等郡县地入之。贞观废县，而地以将利并之。此皆因其可领而领，可并而并者也。盖两魏郡县，鳞次相望，原为置官捍边而设，不在郡之大小、地之远近。观武都、武阶相去仅六十里，九置郡县。而平落密迩，尚属修武，可以想见当日之形势矣。若成县西北百里，则尔里中有仇池、汉阳等郡县，武州何以遥领将利，即今州之附郭，首邑又何以为数郡而遥并耶？或者疑据《水经注》，此水在祁山之前，似非阶州之水。不知此书经宋人臆改，颠倒错乱者不止一处。地理之学，固未可与闭户。（录自《武阶备志》卷之三）

## 重建钟楼记

（清）叶恩沛

余宦游陇右，尝过通都大邑，见夫科名鼎盛之地，人才蔚起之区，莫不讲求风水，培补地脉。或浮图高插于云间，或钟楼耸竖于孔道，或鼓楼横列于街心。意者，钲鼓之阗渊，镗鞑之洪响，光远有耀，固与文教之昌明，有两相应者欤？则形家青鸟之术，未可概置弗道也。光绪癸未春，余莅任阶郡，值烽燹之余，诸凡废坠，如城垣、河堤，以及乡城庙宇，远近道途，但有利于民者，一切修补就理矣。而州治军城东，旧名鼓楼街。楼既无矣，何以名街？访之故老，佥曰：“旧有钟鼓楼一座，所以补风水而接文风也。楼之毁已久，而街名如故，犹饩羊之空存耳。今瓮城上之钟，即楼中故物。”

余谓地理之培，科名所系，最关要务，不得谓有其废之莫敢举也。爰商同阶营镡镇军，庀材鸠工，仍其故基重建一楼，移钟于上，越三月而蒇事。窃思乙酉春，余建来凤楼于北城之上，堪舆家谓于科第大有裨益。是科，果文、武各中一人。信乎，人材之启，端资地脉。今斯楼之高耸，正与来凤楼遥遥并峙。异日者，科第之联绵，人材之奋起，蒸蒸日上，正未有艾，是则多士之幸，而实余之所厚望也夫！

## 阶州见闻

（清）陈斐然

陈斐然，山西人。先大父陈益选于咸丰九年在阶州巴藏村（今舟曲县巴藏乡）开商铺“泰和祥号”，后不知所终。光绪二十四年腊月，陈斐然至阶州、文县等地寻找未果。后作《西行日记》，记述沿途所见所闻。摘录片断如下：

麝，獐也，俗名香子。性狡善走，大如羊，身细无角，毛粗无狨。麝香即牡獐脐也，炎暑仰卧张脐暴之，蚊虻虫豸咸集则痒而乍合，久之化而为香。最佳为当门子，团结如弹丸；其次豆瓣香，粒粒如豆；又次则细末，气臭而烈。少许乃香，故市易作伪。以制药饵、香料，善追风入骨，销路甚广。然苦难得猎者，铳毙往往自毁其脐。天阴偎痒必于习熟之处，冀避害也。而猎者正审其习熟偎痒之处置网焉，网悬于弓，触则弓驰，猎者阴伺而生得之。呜呼，物类智不若人如是哉。得七绝一章：匹夫怀璧罪难当，何况山林麝散香。避害但从来处去，那知便以噬脐亡。

狨，猿类，善啼，大如人，毛长五六寸，色黄，以为裘轻暖异常，俗所谓金线狨是也。遇群猴择肥者以块置其顶，猴跪伏莫敢动，乃徐徐采草佐食之。然性畏湿，遇阴雨，群猴溺其身可以烂死，彼亦莫敢动。其纵横飞驰于茂林间也，往往不以足而以臂，睡以如之。

时而抱子遇猎者，度不能逃则摇手止之，急以两乳食子。乳毕悬子于枝，又取乳汁倾木叶，令视之勿啼，然后手附其胸，令猎者发铳。时而群游，遇猎者将铳击某，则众皆摇手止之，各自附其胸，表示愿代某受铳之意。故谚云“有人心不猎狨”，良有以也。吁，狨乃兽而仁义者也。狨之形类于人而不能言，人之类贵于狨而其心乃有不狨若者，悲夫！

鹿，有茸犹麝有香也，麝香可以入筋骨去风邪，鹿茸可以补精髓益元阳。大如臂，未生枝者曰“拳茸”，血充气足，人尤贵之。方其纵游于深山茂林也，饥则食苹，乐则聚麀，自以为无患，与人无争。及乎夏至新角挺生，如拔斯长，虽百计密藏不能免猎者一铳，身为焦覆。夫以谩訑善走之技，宜无不可保存生命者然性善惊、坚于回顾。猎者遇之先发空铳，鹿遂逸数十里、数百里不止，惊甫定，又必寻故道回顾。猎者守候其返，聚而歼旃，斯时自悔为茸所误，乃以头触地自毁其茸亦已晚矣。呜呼，薰以香自烧，膏以明自销，麝以香自亡，鹿以茸自烹，而又何尤焉！而又何尤焉！（录自陈斐然《西行日记》卷）

## 康县天沟记

（民国）吕钟祥

乙亥春，同笔墨友张君益之，康之名士也，蕴籍甚与余共榻，每当更残漏尽时，高谈宏辩，议论风生，谓康之十景，当以天沟瀑布为第一。为余述其详：距平洛西十五里许，曰：天沟。深不可测，邃远未穷究。对峙山，曰：响空，以山高近沟，微风即响，故名。望之蔚然如翠屏。沟口东测，杨柳依依，间露花木，中有村落，大有绿杨深处有人家之况迤，沟西数武忽起石梁，但见林树苍茫，人烟错落。有负刍者；有荷樵者；有楼于树下者；有歌于途中者。络绎不绝，地尽鳞鳞，人都雅雅，知为花岩沟集也。前有书舍，旧题其额曰：“黄鹿”。以山之名名之，殆亦朱子白鹿洞之义，惜仅存瓦砾。沟左为花岩，岩高万仞，陡峭如壁，中有石室。容数百人，有故居民移家焉。从无害，亦武陵之桃源避秦者之所居也。沟之左，为垭壑，仅八、九人家。入沟百余步，路狭隘。旁多灌木，杂小松，清流贯注，白石累垒。再行数武，豁然开朗，岩间红桃旖旎，翠柏蘚蔚，别有天地，回非人间。沟中流水二：一发源碓窝山，一发源赵家坝，至天沟则合流。沟下有石坎，宽三丈余，水溜石穿，状如缸，乡人呼曰：“石缸”。约容百余斛水，自岩口悬空而下，注石缸，其声砰，复上冲逾数尺，轰然激散，玉碎珠飞，使人目眩。循岩垂练而下，入石潭，不殊白云一片，雷浪翻空。古诗云：“飞流直下三千尺，疑是银河落九天”，可移之，以赠天沟。沟两崖集鹁鸽，偶一呼啸，惊而飞声隆隆，如击鼓，破瀑布而出。至冬天寒凝结如冰虹横卧，俨若玉龙，惜不多见云。余闻之讶然，曰：景之胜否视乎，人有目中之景，有意中之景，知水仁山，非山水之娱人也。而知者、仁者之心常寓于此。天沟之景，殆所谓仁者见之为仁，知者见之为知。益之其庶乎，故记之。

## 《中国的西北角》节选

（民国）范长江

一九三五年七月，范长江以《大公报》特约通讯员的名义，从成都开始了中国西北地区考查旅行，全程四千余里，历时十个月，足迹及于川、陕、青、甘、内蒙等广大地区。他的旅行游记陆续在《大公报》发表，在全国引起很大轰动。

**九、野猪关和茶岗岭**

八月二日在南坪休息一日，更换马匹，略为补充行李等事。南坪为松潘分县，无城垣，仅有土堡。街市亦略具马路形，盖亦受四川“观瞻马路”之风气所影响。东顺白水江至甘肃文县，须过阴平寨，为邓艾入蜀时，以兵断姜维归路处。南坪往西北及绕东北，皆有路可通西固。惟皆须过大山岭。南坪对外交通，主要者为甘肃地方，风俗习惯语言等，皆近甘肃，故有“南坪不象四川，碧口不象文县”之谚。碧口虽属文县管辖，其经济权尽在川商之手，住民亦大半为川人。

三日，向甘肃之西固进发。同伴某君雇轿夫六名，皆系由县当局选拔而来，六人皆吸大烟，皮肤长满疮疖，瘦如骷髅。三里一休息，五里一抽烟，状至可憎。然而南坪附地欲寻不抽大烟之力夫，根本无之，即如此者，亦已经相当选择而来，尚非易得者。离南坪东北行十余里即入山，又几里至一村曰野猪关，已至山脚，再上即登山。山曰野猪关梁，上下山计有三十里，野猪关梁产野猪甚多，大者重五六百斤，常结队五六十为群，出山吃农作物，农民莫可如之何。因此等野猪过大，獠牙伸出口外尺余，较小之树，被其一撞即倒。如以枪击之，中二三枪毫无关系，但猎者如被其发现且被追到，则断难幸免。离野猪关庄上山，山路崎岖，马行艰难，至山中，有歧路，因无向导，多任择一路走去，愈前进，路愈不明，惟在丛林深草中试探前进，辗转迂迴，绕过几重崖峡地，竟达一绝壁处。前左右三面皆数十丈之石壁，草木亦不能生存其上，人绝无法可登。但绝壁下却有人迹，记者初疑为盗匪聚会之处，后细审之，前面石壁有石缝一条，乃探身视之，竟有洞可通石崖上，单人可以爬行，徒步同伴乃相率由洞中上山，记者与骑马同伴不得已下山，改道再上。下山时，大雨如注，山路滑湿，记者跌倒数次，全身皆染泥污，如此一上一下，已费三四小时。至换路再上时，人马皆已疲劳，而此山上下三十里内无人烟，又不得不前进，行行重行行，腿酸脚软，马亦喘喘不愿续进。及过半山以上，只见雨在山下落，云从脚底生。再上经十里长之森林泥滑小道，始达山顶。时已午后二时，回首望南坪白水江，仍历历如在目下。过山后，路尤陡急，记者蜀人，尚惯行山路，北国同伴，遇此烂石陡急山路，其痛苦有不能形容者。黄昏始达山麓，约夜十时抵董上庄，遂投宿。

董上已为甘肃境，语言及生活习惯，皆不同四川。但鸦片之毒，其深与四川相伯仲。由此有一小河东流至阴平寨会白水江，再至文县，亦蜀汉时征战之场也。

甘肃境内的民众，比四川要柔驯得多。看到一个外面来的旅客，恭敬得了不得，开口大人闭口大人。最大的原因，是他们自己本身没有武力，只要一把马刀，就可以叫他们屈服，一部分的男子被鸦片烟抽得皮包着骨头，开口一笑，就好象僵尸复活一样狰狞可怕。村庄里的房屋，很少见到充实的住满了人口，各个房子，也没有看到有整刷的气象。一般是没落萧条，因循苟且的过活。村庄的人口日益减少，房舍日益破坏，生活日益艰难。某君自文县来相遇，曾痛谓：中国再如此过活十年，这些地方的人口恐将至绝种了。

四日，迷途同伴尚无消息，乃顺江东行二十里至中寨，打听消息，中寨再东四十里为阴平寨，市集甚大。东北四省未失以前，甘省党参销路甚好，其出产地区为岷县、西固、武都、文县一带。文县之碧口为收货总口，中寨以上之“番地”——即藏人所居之山地，出参亦不少。碧口商人多在中寨有分庄，收买药材，“九一八”以前，中寨市镇至为热闹，今则党参之大销场已失，且军事繁兴，运货为难，中寨原有之商号相继撤销，所余数家，亦仅勉强维持，无交易可作，中寨市面亦因此一落不起。市上无一家卖食货的商店，公开零卖熟鸦片烟土的，倒有好几家，一角钱可以买好几大口烟土，真物美而价廉！

午后知迷途同伴，已仍由大路过山。一行昨日爬过洞口后，继续向山峰爬去，穿过大森林，至全无人迹之大石峰下，始折回原路下山，住野猪关一宵，第二日始过野猪关梁。枉受一日辛苦，走的却是樵夫们砍柴的不通小路。是日夜宿董上西北五里黑格寨。

五日，溯小溪北行，路中汉回藏人杂处，藏人见马队至，尽携粮食衣物等避山上。这一天风雨交加，未带雨衣的同伴全身濡湿，苦不自胜。行八十里宿地尔坎，此为一大藏庄，藏人已逃尽，粮食马料皆无处购买。这样的消极抵抗，已给我们无限的苦恼，假如他们再进一步用武力和我们为难，我们虽然可以勉强通过，总得受相当的损失，甚至造成重大的牺牲，亦未可知。这个经验，我们被压迫的朋友，却可以牢牢记着。等到国际战争时，试验试验，看所谓兵强马壮的“兄弟之邦”到底有多大之威风！

地尔坎后，即为驰名川甘的茶岗岭。此岭上下七十里，七十里中亦无人家。此山看去不如野猪关梁之雄奇，至山麓时所见，不过一中等高度之草山，以盘道上升，并无若何之艰险，待到山顶后，每个旅客始皆顿改常态，望山兴叹，盖尚有一架更高山头横阻其前，之字形盘梁道，不知盘过多少次，始达山顶也。一盘，二盘、三盘，盘来盘去，盘去盘来，空马上山，有几匹马已盘得全身出汗，力鞭不前了。好容易，侥幸已到刚才所见的山顶。但是真正的山顶，还在上面！我们最后终于走到了，每一个到了的人，只是摇头，没有什么话说，刚才轻视茶岗岭的，至此连它的名字也不提了。

下山尽在老大森林中进行，树类比弓杠岭复杂，朽木特多。老藤蜿蜒巨木上，远视之如巨蟒。山产细竹，竹干粗大如箸头，大雪山东坡亦产此，颇美观，适作编蔑器用。

六日晚，宿半山藏庄茶岗寨。藏人亦逃尽，食粮几不能解决，所能侥幸解决者，不过山芋杂粮面而已。

七日续进，过一大藏人集镇为哈儿河镇，再行，略上坡，即二三十余里之甘乍梁，人马皆困，乃宿梁下毛儿坪。此地为汉人村庄，语言可通，有菜蔬食粮可买，如入天堂，同伴愁容皆解，约行七十里。自毛儿坪东出，行数里，出一峭壁组成之峻峡，地势渐平，十里至南于寨，地突见平川。盖此为白龙江之正干，两岸有若干冲积地，故农地较多，青绿宜人也。

南于寨有木桥（如邓邓桥然）跨白龙江，过桥逆行二十里为西固县城，城虽甚小，但记者离松潘以后，此为第一城。刚抵城，适某君自吊坝过青山梁来。记者惊问之，据云，伊系在草坝（吊坝北）寻得一汉人樵夫作向导，此樵夫此生亦只走过两次青山梁，除他之外，汉藏人皆在近十年中无有走过此路者。山之西面，多藏人，皆所谓生番，喜劫杀路人，青山梁以森林密懋而得名，山中无明显道路，只沿水溪行，水发蒸气，不易辨路，须以手电烛之，且歧路最多，不知者误入藏庄，即难得安全。最难者，即上极顶之后，须爬行二三十里之绝壁崭崖，旧有人行路已被藏人破坏，今全须攀木附藤而过，山下亦无路，全系吊坠而下。他们天刚明入山，天黑尽，始行出山。山中时闻怪兽狂鸣，常发巨声。记者本欲与之谈茶岗岭，今闻青山梁情形，不啻小巫之见大巫矣！

## 十、岷河沿岸

西固县设自明朝，原系藏人地。现在县境内，仍以藏人为多。县府命令，难通行全境。此间布告，系汉藏回三种文字并列。惟藏回民族能认识其原有文字者绝少，除口头命令外，颇难生效。

白龙江源出夏河正南之郎木寺，自叠山与羊膊岭中流出，西固以下，河幅较宽，水流亦较平。两岸冲积地异常肥美，除耕作外，果木丛生，桃柿梨苹果花椒之产量极丰，价廉惊人。乡农自离城二三十里之路程背一大捆木柴至西固城中，只能得价铜元三百文。而银价为一元合铜元五千余文，是一大捆柴，尚不值一角也！农民每年之货币收入，数量渐减，但其支出，如购买布匹、油、盐及纳税捐等，则其货币数量年有增加。

松潘以上岷江沿岸，及西固之白龙江沿岸，皆有煤苗暴露于外，惜皆无人开采，其藏量如何，及其煤质如何，皆不得而知。西固顺白龙江上行八十里有地曰落大，以产金闻名，为杨土司所有，藏人开采不得法，成效不著。

由西固到岷县，从落大东北去，有小路，须翻几架大山，如果顺白龙江而下，过南于寨，至岷河与白龙江合流处之两河口，然后溯岷河西北行，路较平坦，可骑马乘轿。

我们从大道到了两河口，转北沿河西岸行，对岸即为岷县至武都大道，为邓艾入川时所经之路。两岸道路，虽皆名为“大道”，然皆在极不牢固之脆片岩壁上凿道而行，遇雨后，路即多被冲去，又须重修。自西岸看东岸，因不能见路面，但见路线起伏，上无坚壁，下有松岩，危殆之状，不敢正视。

岷河两岸，绝壁甚多，开路不易，乃以栈道继之。每段长数丈至十数丈不等，其建造方法，系于绝壁上凿上下两排洞孔，每孔相去一二尺左右，每排相间三五尺不等。各孔皆以长短相若之木条插入，然后再于下排木条上立支柱，以接上排木条，使不下坠，上排再铺以木板，板上再铺以泥沙石块，栈道遂告成功。初行此道者，无不有惧戒之心。岷河源出岷县东南之分水岭，至两河口合白龙江处，计长二百三十里，本为白龙江之支流，但《辞源》误岷河为白龙江，不知真正之白龙江，其源在四五百里以外，若干地图上亦载之甚详。最有趣者，岷县南六十里之哈达铺，因在岷河上源，距分水岭三十里。此地本为藏人地方，哈达铺即藏文地名。此地文人因哈达铺今已入“文明之邦”，“番”名不能任其长存，乃根据《辞源》，认岷河为白龙江，哈达铺在白龙江源上，因改名为“白龙镇”，并立煌煌大匾以记之。此所谓“尽信书，不如无书”者也。

丁文江、翁文灏、曾世英三先生编纂之中国分省新图（二十三年本），关于岷县武都间之“大道线”，亦有错误。岷县至武都乃顺岷河而下，至两河口，又顺白龙江直下，并不经过西固。经西固者乃小道，绕路远而难行，如再南下欲入四川，则大道必经碧口，阴平寨却非大路所必经。

九日，行八十里宿接官亭。所过两岸山高崖崭，易守难攻，昔姜维屡出白龙江以图洮河，不知若干英雄好汉，曾丧命此河中矣。

接官亭上十里为邓邓桥，桥接于两岸断崖上，水流甚急，修筑不易，土人故名“邓邓桥”以纪念之（言邓艾邓忠父子二邓也），有市镇亦名邓邓桥。记者伫马桥头，回忆一千七百余年前蜀魏战争之形势，不禁发生今昔之感。

甘肃人中上级的人家，以麦面为主要食粮，而一般的农民，只能吃洋芋（内蒙一带所谓“山药蛋”）。他们吃面条，叫吃饭。我们初入甘境，听到老板娘说为我们作饭，好吃大米的南方同伴，以为有米饭可吃，欢喜欲狂，但是到吃的时候，才是一条条的面食，始惊诧失望。

甘肃汉人社会，封建积习很深，家庭中的中年妇人，很不轻易和外面男子说话。少妇和闺女，根本就不能随便进入他人的眼，东南一带来的军人，过惯了比较开通的男女交际生活，到了这边也是和在东南一样，看了女人称姑道嫂，借东要西，这使甘肃人最为头痛。然而甘肃人对军人和官吏之恭顺，乃为沿江沿海一带所万万不能者。随便一个稍为有一点“公事气”的人，都可以向地方要马来代步。大小一个官，都可以受地方当局的招待。只要背了一把刀，在乡村也可以横行几时，这般汉人太驯良了！

记者所过岷河沿岸之镇集，随处见有欢迎XX委员，XX长之标语，新旧重叠，似被欢迎者，已不知曾有若干人矣。标语多不通，且沿途所见标语，总不出下面几条内容：“XX委员（或X长）是为开发西北而来！”“XX委员（或X长）是西北民众的救星！”“XX委员学识高超！”“XX委员是军事优良！”“XX委员是不辞辛苦！”“欢迎XX委员保护西北民众！”……

十日，宿宕昌，镇长为一完全汉化之藏人土司。他现已不自认为藏人，虽知其历史者，与之谈其过去统辖藏人情形，他亦作不乐意之回答，盖耻为番子也。

甘肃苛捐杂税之多，骇人听闻。四川以前所谓百货厘金，甘肃名为特税，各县各村镇皆有，百货皆有税，而税又必苛细。重重苛征之结果，商业自然停顿，岷河为川甘交通大道，所过二三百家之大集镇甚多，除宕昌外，难寻得一较为完备之饭店，且在尚非军事期中，来往商贾，寥若晨星。特税之功，当在不小！

宕昌以上，地较平坦，农作面积加多，然肥美之田野中，以鸦片最为主要！此时正收获期中，烟果林立，阡陌相连，农家妇女与儿童多在烟林中工作，辛辛勤勤，采此毒汁。

六十里宿哈达铺。十一日仅行六十里。十二日向岷县进发，但见旷野无边，山有脉而平平，绿草青山，平川浸水，未垦之地尚多，行三十里有小山凹，即所谓分水岭。但是这个分水岭的形势，可不单纯了，这里是所谓岷山山脉的正干，是所谓北岭山脉的脊梁，岭以北的水流入黄河，岭以南的水流入长江，我们虽然入了甘肃境，走了将近千里的路程，然而还是在长江流域中，过了这里才是黄河流域。这里离海平面在三千公尺左右，合华尺约一万尺，比大雪山矮两千公尺，本是平凡的地方，没有奇峰，没有异岭，然而它却是南北两大河流的分脊。

## 松在工业上之用途

（民国）刘卫石

松秉耐寒之性，梁栋所需，兼资炊爨，人所习知。然其他用途，不一而足，留意者少，松遂被屈视为凡材矣。当其涧底郁郁，陵上青青，花萼初放，粉香扑鼻，群蜂采之蜜以成焉。洁白如脂，甘美清芬，为食中珍品。故养蜂者流视松林为良好之蜜源，有由然矣。

花落蒂胀，结子离离，含油颇富。佐茗清淡，别有风味。糕点之属，取材尤多多也。皮层蓄脂，自然渗露，垂泪如珠，名为松胶，所含挥发油份，为烈阳蒸散，遗留残块垒垒，采而集之，是曰松香，作抗湿粘料，最为适宜。制火漆，熬油漆，煮肥皂，都为要材。其他制造工业，需用尤多。采集松胶，或掘取松之根节，碎为片材，施以蒸溜，挥发油份，随气升散，经过冷却，凝为流脂，曰松节油。制作医药，颇著特效。固体树脂、干性油酸及橡皮等，为水不易溶解者，尤赖以为最要之溶剂。

化学工业，需要之广，真指不胜屈矣。取其枝叶、干皮、根节之类，施以闷烧，稍给空气，俾所含脂肪族“炭化轻”，如松节油、硬松香之属，养化不甚充分，分解其轻素，析出其炭质，厥名松墨，质轻而被覆力极强，为有用之黑色染料。和以牛胶，范作条块，是曰松烟，供书画之用，日常所需几须臾不可离也。松墨黑色既厚，以亚麻仁油、舍来客（树脂）等磨成黑色稠膏，为现代铅石印刷之要品。补助文化，松之功其可忽视也耶？

综核松之用途，资栋梁、供薪爨、充食品、作医药、制造用品、章施文采，发扬文化等，其花果、枝叶、干皮、根节一无弃材，岂白杨、绿柳辈所可同日而语哉？西北高寒，尤宜松性，不择瘠沃，随地可植。苗本既不须多资，种植亦无需专技。苟有倡者，行见石田山涧，绿叶成荫，郁然成林矣。

近年开发西北，几如投机口禅，嚣叫高调，泛向无当，究何补于事实？一言造林，必曰洋槐。飞机大炮之属，固有非洋不可者。一木之微，必洋味而始可贵。国人贱家珍，重外货之劣性牢不可破，可悲之甚也！苟以松质松弱，为不堪重视之朽材，试观通都大埠，洋松木材，几如山积，大部建筑，均以是赖。坐视金钱外溢，又何耶？甚愿西北人勿忽松之利，而奋十年树树之精神，不使他日陇海路成，西北木材市场又为洋松所劫夺，斯幸之甚也。（录自《徽县志》陕西人民出版社 2003 年 9 月）

## 山林中的小镇

郝洪涛

同志，你到过康县吗？

这是地处陇南边隅，与川、陕两省相邻的一个山区小县。在她的腹部，有一块碧山环拱，绿水缠绕的谷地，人称嘴台。康县县城就坐落在这里，它不仅是全县政治、经济和文化的中心，而且是一个秀丽、簇新、充满生机的小镇。因为它簇拥在密林环抱之中，人们都称它是山林中的小镇。

小镇真小，从东到西，从南至北，不过两平方公里。居民五千多人，这在全国几千个县城中，可能是很小的了。然而每个城市无论规模大小，都有它各自的风韵和特色。北京的雄伟、庄严，能增强民族自豪感；上海的的宏大、繁华，可以开阔眼界；西安、南京的历史遗迹，使人敬仰不已；山城重庆，江城武汉，花城广州，泉城济南，人间天堂苏州、杭州，海滨城市大连、青岛等，各以它们的丰姿吸引着无数中外游客。

嘴台小镇，当然不能和这些名城相提并论，但它也是祖国星罗棋布的城镇中的一个。在祖国成千上万的市镇之中，它犹如烂漫山花中的一支奇葩，具有独特的丽姿和风格。

嘴台风光旖旎，景色迷人，位于两条清流交汇之处。碾坝河自西向东而来，三官河由北往南而去，形成丁字形的谷地。全镇的建筑依地势分布在两边河岸上，四座拱桥连接着四条街道。四周群峰耸立，千岩竞秀，为绿色屏障。登高一望，青山环围，绿水横贯，密集的高楼大厦就掩映在这令人陶醉的山光水色之中。那鳞次栉比的建筑，使你觉得这儿象重庆山城；那小桥流水的街道，又使你如入绍兴水乡。更使人眷恋的是，这里地处亚热带与北温带的过渡区，气温湿润，雨量充沛，四时风光如画。春天，桃红柳绿，松竹吐翠，时有细雨绵绵，燕子低回，春光明媚。夏日，满山郁郁葱葱，沿河浓荫遮盖，青翠欲滴，又是一个避暑的好地方。雨天，水天一色，雨雾濛濛，群峰恍惚迷离，游者如置身仙境。若是雨过天晴，千山如洗，云飞雾涌，更使人赏心悦目，心旷神怡。到了秋天，万山红遍，层林尽染，飞溅的山溪，苍翠的岩石，金色的田野，组成了一幅绚丽多彩的图画。冬天，瑞雪纷飞，到处是粉妆玉砌的世界。天乍晴，但见积雪上压弯了树枝，真是“千树万树梨花开”，“千朵万朵压枝低”。无论在哪个季节，小镇都是美丽的，令人神往和陶醉！

小镇是新兴的城镇。康县古来向属武都，1929 年才开始建县。几十年来，县址搬了三个地方，先在北部的云台，1944 年 5 月南迁岸门口，1957 年才移到中部嘴台。县城初建的时候，这里还是一片沙滩。如今，荒滩变城镇，多年不来这里的人已经很难寻觅旧踪了。你看，雄伟的党政机关大楼，琳琅满目的商店橱窗，整洁的中、小学校，宽敞的影剧院，造形美观的饭店，新颖壮丽的桥梁，都在显示着这个小镇的深刻变化。这些建筑群，使初来这里的旅客最突出感觉是“新”。是的，这是在一张白纸上画的图画，没有古城旧廓、门楼牌坊，没有麻石街道、窄狭小巷，也没有低矮潮湿的旧屋，连一点古城陈迹都见不到。

整齐而宽阔的几条街道，全是新建的房屋，新修的桥梁，新栽的树木，新装的街灯，新办的工厂和学校。当你徜徉街头或小憩河畔，横亘在面前的，是一个簇新的小镇，你会觉得连空气也格外清新！

小镇不仅风景秀丽，而且生机勃勃，欣欣向荣。在国民党统治时期，康县经济萧条，文化落后，民不聊生。1936 年编纂的《县志》就有这样的记载："康居万山之中，平衍少而人民贫。务农而外，半以负贩为生活，原无官商大贾操纵市利，不过抱布贸丝小经济之营业。间有各种土货，率皆安于故陋，未加研究改良。"并记载，当时拥有十万之众的县，没有一所中等学校，仅有高小一所和十几所初级小学。全县没有一个大学生，高小毕业生的名字都一一上了《县志》。现在要和那时相比，可真是沧桑之变，天渊之别。小镇就是全县的缩影，排排厂房平地而起，座座工厂投入生产。这个旧社会只能造点土纸的地方，如今已能生产农机、木器家具、中成药等几十种产品。尤以制药厂生产的黄连素片、五味子片和木器厂生产的各式雕漆家具、象棋畅销各地，负有盛名。出口商品加工厂加工的核桃仁、薇菜干等远销日本和欧美。国营、集体、个体的招待所、旅社、食堂、理发馆、照相瑄、小吃店等已有 160 多家。如果你漫步街头，就会看到商店里，陈列的不仅有当地的土特名产，而且有全国各地的"名牌"及现代化的高档商品。随着政策的放宽，农民交售的农副产品更为繁多，就在这个小镇上，每年要收购和调运的茶叶、蜂蜜一百多担，生漆、棕片四、五百担，木耳两千多担，近年来又大量采集薇菜、猕猴桃、草莓等，使农民的致富门路越来越宽广。文化教育正在振兴之中，镇上已一所中学和两所小学、一所幼儿园，还有电影院、秦剧团，山顶上建起了电视差转台，看戏、看电影、看电视，似比大城市更方便。就这么个小小的山沟，电视机已有 500 多台。1983 年以来，全镇实行了改灶烧煤，安装了自来水，整修了街道，修建了白云山公园，一个"森林式的公园，公园式的县城"的规划蓝图，正在变为现实。

同志，嘴台小镇是美丽的。但是，我要告诉你，更美丽的是工作、生活在这里的数千名干部和群众的心灵，他们有的来自"千里莺啼绿映红"的江南，有的来自"瀚海阑干百丈冰"的北国，有的来自都市，有的来自海滨。几十年来，扎根山区，建设山区，为山区人民贡献了自己的聪明才智和美好年华。现在，在四化建设的征途中，他们又投入了新的战斗。不难想象，随着四化建设的步伐，这里将会建设得更加美丽，小镇将会成为镶嵌在深山狭谷之中的一颗光彩夺目的明珠。那时，请你再来此地重游吧！（录自《康县志》甘肃人民出版社 1989 年 10 月）

## 白云山公园

李争楠

坐落在康县县城南河桥南端的白云山公园，是 1984 年动工修建的一座森林式公园。她依山面水，布局新颖别致，结构脱俗独特，如画卷垂挂白云山顶，似彩屏直竖燕子河南。

1985 年 10 月 4 日，中共中央总书记胡耀邦视察康县时，曾饱醮浓墨，挥毫题写了“白云山公园”五个大字，更为她赋予了巨大魅力和光彩。

燕子河，波涟涌流，两岸垂柳轻拂，水中鱼儿遨游，当东方破晓，河谷里，晨雾或如轻纱，游移飘浮，变幻莫测；或似重幔，匿大桥，迷高楼，山形花影在雾海中沉浮隐现。当夕阳衔山，晚霞满天，河面抹上淡淡的红光，微波起伏，园林倒映，又给公园增添了“一道残阳铺水中”的自然景观。

白云山公园的山下部位，是一所中国庭院型建筑。前院中心有假山、喷泉。假山上峰峦起伏、异洞交错，恰似康县锦绣河山的缩影；喷泉水注腾起缕缕白雾雨花，白练飞银，璀璨耀目；池水清澈见底，蓝天、白云和边沿盆栽花木，倒影婆娑，情趣横生。

假山四周，是四个对称的花圃。花圃中，栽植着月季、大丽花、美人蕉和玉兰、紫薇、海棠、楠木等几十种名贵花木，花圃边摆满各种盆栽，四季飘香，满园生辉。

东西两边，有两座建筑美观、结构严谨的挑檐六角凉亭。这两座仿清钟鼓楼式的建筑物，碧瓦朱柱，雕梁画栋，古香古色，精致玲珑。檐下双面装板上，有的画着华山晨曦，有的写着庐山劲松，有的绘着桂林奇秀，有的描着泰山烟云。游人首次到此，观赏之余，多要打开相机，留下欢乐的笑容。

康县白云山公园

登上数排石阶，平台左右两侧，有十间卷棚式长廊，上盖琉璃筒瓦，下设明柱长凳，前下方植凌霄、紫藤，后周围栽桂花、梧桐。凌霄、紫藤不畏艰险，攀登向上；桂花、梧桐浓荫遮遮天，香气扑鼻。若是在秋雨连绵的时节坐在长凳上休息，便真能体会“四面凉生梧叶雨，一亭香透桂花风”的诗情画意。

庭院后，有登山石阶路一条。这条路，随山就势，曲折蜿蜒，山气霏霏，大有曲径通幽之妙。以石阶路为中轴，东片山弯为珍稀树种，有银杏、娑罗、红椿、连香等乔木，增加山野风味；西片山坡为游览观赏区，植腊梅、紫薇、牡丹、龙槐等花木，青翠葱茏，幽香四溢。

1936 年 9 月，中国工农红军二万五千里长征中，二方面军副政委关向应、六师师长贺炳炎，六师政委廖汉生率一个师，曾途经康县，并在云台建立了县级苏维埃政府，在康县首先播下了红色的革命火种。为了永远纪念革命前辈们的光辉业绩，在山腰一个山嘴上，修建了一座“红军长征纪念亭”。这座钢筋水泥结构的亭子，金顶白柱，雄伟大方。游人至此，缅怀先烈，革命激情油然而生。

沿曲径上行，越过“红军长征纪念亭”，是一个蘑菇形园亭，暂名蘑菇亭，双层丹顶红柱，依险玉立。再上行数百米，又建一座白亭。玉顶红柱，嵌在万绿丛中，银光闪烁。亭子周围，岩石嶙峋，松树葱郁，群鸟欢鸣。静时，粒粒松子落地有声；动时，松涛怒吼似雷鸣。“一楼晚色宜云卧，万叶松声讶雨来”的诗句，可谓是对它的真实写照。

乘兴欲穷千里目，求乐更上一层峰。顺林间崎岖小径，继续上行，便至白云山顶。山顶是一块约 100 平方米的平台，建有白云寺，传说，古时燕子河畔有位名叫白云嫂的媳妇，对公婆非常孝顺，修炼成仙，后人为她塑了神象，名曰“白云菩萨”。

站立县城仰望白云山，好象她是最高峰，而真的上了白云山，才知山外有山。她西侧的背娃娃崖，比她还高数百米。东、西、北三面，苍松林立，箭竹丛丛；南面崖石陡峭，似华山仙掌崖一般。她又为美丽的白云山公园树起一道铜墙铁壁般的锦绣屏障。云山不墨千秋画，燕河无弦万古琴。初建的白云山公园，还正在大力兴建之中，随着县城建设的不断扩大和社会主义精神文明建设的不断深入，她必将被雕琢装点得更加绚丽。（录自《康县志》甘肃人民出版社 1989 年 10 月）

## 登州主山小记

孙士信

县城处在陇南的万山丛中，重重叠叠大大小小的山岭像零乱的绳索，左一道右一道把个县城捆绑的结结实实喘不过气来。众多的山岭给县城的人们提供了极有利的运动场所，这里的人们登山比通都大邑的人出门坐公共汽车还要方便。开门见山，举步登山，不须买门票，条条道路通山顶，一座座青山一道道绿水相依相偎相互勾连，大山时时刻刻朝朝暮暮都向人们敞开坦荡的胸怀，你只要一鼓作气地向上走向上登向上爬就成了。大山无私的奉献，就如同它千万年始终如一的沉默一样，使才华横溢的诗人发出“不识庐山真面目，只缘身在此山中”的浩叹，而怀有种种喜怒哀乐百味情感的凡夫俗子只好面对白云苍狗气运丹田作喔喔哇哇的呐喊状。大山沉静的秉性，丰富的内涵，随时而变的服饰，千姿百态的造型，谁又能说得清道得明。百代描山摹水文字，权且作沧海一粟也就罢了。

两年前从小巷陋室迁至县城西郊新建的居民新村。这里背靠州主山，面临西河，十多年前还是好大一片蛙鸣稻香的水稻田，如今却轻而易举地被一排排火柴盒式的楼群占领。依山傍水，山之秀色可餐，水之清澈可人，自此登山便成了每日清晨必修的功课。

州主山位于徽县城西

黎明时节，晨曦微露，整个楼群还沉浸在甜美的温馨之中，便有三三两两的登山者出现在山顶山脚山腰上下。我虽起身较迟，但占着年纪尚轻，又经常爬山的优势，常常是后来居上，赶上或超过那些早行的老年人。山中相见，狭路相逢，总免不了互道一声“早安”，作为每日必用的外交辞令真是百问不厌。然后在山顶占方寸之地，作一番伸腰摇颈、扬臂踢腿的不规则动作后，便稳稳地站在青草野花掩膝没足的山坡上，于呼吸吐纳之际，让目光穿过广袤永恒的时空，看无边无涯的山峰如涌动的海潮，从四面八方奔来眼底；近观似龙蛇翻舞，远眺若浩渺烟波，苍苍茫茫混混沌沌与青天浑然一体。脚下的县城则如一叶在山坡峰浪间奋力搏击的小舟，高楼作桅杆，河堤是船舷，好一幅气势磅礴的山海行舟图。如此良辰美景，身临其境谁又能不为之动情呢？家乡之美，莫过于山水自然之美，而最能引发乡情的也莫过于此了。

州主山原名凤凰山，因其山势如展翅翱翔的凤凰而得名。山上庙宇始建于晚唐，史载黄巢之乱，唐僖宗仓皇幸蜀途经徽县，于饥困潦倒之时，有老翁路献玉米粥，后僖宗感其功德，御封其为“宣灵王”，在凤凰山建庙修祠，当地百姓则四时祭祀，奉为一州之主，其山亦更名为“州主山”。庙宇经历代修葺，殿堂巍峨，香火鼎盛，为县之胜境也。可惜在大跃进的年月里顷刻便灰飞烟灭成瓦砾场矣。现在唯有两株千年古柏如两位阅尽沧桑的老翁，无言地站在七分耕地三分山林的半山腰，看着小城变得一天天拥挤起来，看着身边的林木一片片的缩小消失，也看着我们每天气喘吁吁地上来又悠然自得的下去。每天上山总要从树下经过，也总要默默地看一下古柏的铮铮铜干铁枝，树不语人无言，仿佛在读一部厚重的历史，只读而不作评说，因为后来者的任何评说都可能是不公正的。作为一州之主的宣灵王连自己的栖身之处都不能保护，又怎能庇护芸芸众生呢？神灵？人灵？冥冥中忽感悟到人神原为一体，只是在一定的历史环境中且分且合若即若离罢了。如此一想，便觉自己崇高起来，于是便健步如飞，直冲山顶，再俯瞰两株兀立于葱茏中的古柏以及逶迤起伏的山岭，原来都在自己脚下，而抬头望天苍苍地茫茫，又觉立于天地之间的人是多么渺小，此时心头便别有一番滋味，痒痒的，但说不出来。

春秋四季来去匆匆，每天清晨登州主山，不觉已坚持了两年有余，登山是为了磨练意志，还是为了追寻逝去的童年，还是为了其他什么，至今也没有悟出其中奥妙。没有目的便就是目的，只管继续登山去。看春华秋实，夏收冬藏；看芳草碧云，原驰蜡象；看旭日似火，破雾东升；看残阳如血，苍山如海，自是一段人生体验，独享天地万般风情，于是胸中块垒自解，烦恼顿消。无言便是一种境界，人与自然的对话原本就不需要语言。上山无言，下山无言，云天为伴，山灵作陪，此时的孤独不正是一种至美至善物我合一的大感受大境界吗。

登山有感，草草于斯，窃不知山灵与我之情思是否相通？（录自《飞天》1994.6）

## 正是橙黄桔绿时

杜希甫

秋去冬来。白龙江两岸片片桔林，累累果实有如千万盏灯笼，红彤彤、金灿灿，在绿叶丛中灼灼闪耀。那美景，正如宋代诗人苏东坡所写，“一年好景君须记，正是橙黄桔绿时。”

我们驱车向武都县产桔较多的东江桔园而去，一路上田野、村庄、山峦沉浸在自然的灵秀之中，使人心旷神怡。公路上，人们车上拉的、手里拎的、肩上之背的，尽是新桔。啊，正赶上桔园开摘的时节！

进了桔园，环顾周围，许多桔树被累累硕果压弯了枝条，想数一数一枝究竟结了多少果，但哪能数得清呢？农艺师老张说：“最多的一株可产337斤。”他还告诉我们，武都产桔的历史，十分悠远，早在1300多年前盛唐时期，这白龙江一带的桔子就成了宫廷的贡品。听老张说着，我们来到人声喧嚷处，一幅“采桔图”映入眼帘：一群桔农在桔林里忙碌，穿着花衣服的年轻妇女，站在梯子上，用剪刀采摘桔子，随着“咔嚓咔嚓”的响声，一枚枚桔子落在手中，被轻巧地放入挎在背上或吊在树上的桔篓中。树下几个青年男子正在装筐、扎口。老张唤来一位中年人，他叫王崇真，承包了5亩桔园。我问他今年能产多少？他爽朗地笑着说：“包了一万斤，能产一万三。”说着便从透风向阳处摘来几个鲜桔让我们尝鲜。我剥开桔皮，乍一嚼，琼浆迸流，甜彻肺腑。

“这叫什么品种？”，“本地早！”老张高兴地介绍说：“这本地早又叫天台山蜜桔，果型比温州蜜柑小，果汁多、肉色好、核少，一斤有六七个，是我国桔子的十大良种之一。”听桔农说，东江桔园占地100百亩，有结果树2709株，承包给21户桔农，今年包产18万斤，实际能收20万斤，价值76000元，户均产值3619元。

“春华秋实一时了，欢乐知多少”。在延绵数百里的桔柑之乡，这种采摘果实的欢乐，何止在这个桔园里？全武都的桔柑树，在这个季节里，哪棵挂果的桔柑柑树下没有一阵子欢闹？我恨不能像孙悟空那样，一个筋斗翻向天空，按下云头，去看看白龙江两岸千剪举摘、万果落地的动人场面；去听听河滩山坡千树献果，万众装筐的欢笑声。

## 红了樱桃

杜希甫

初夏，正是“红了樱桃”的时节。在武都县城郊的樱桃村里，成熟了的樱桃在绿树头，如玛瑙、似红宝石一般，闪闪灼灼，红艳欲滴，难怪我国古人曾以“焕若隋珠，皎如列星”来赞美它。

“红了樱桃，绿了芭蕉”的初夏景色是迷人的。而在樱桃村漫步，看枝头樱桃红艳，听满村笑声欢歌，更使人心里甜甜的。樱桃村本名石家庄，只因这里产的樱桃又多又好，人们便送了它这样一个美名。这是一个依山傍水的村子，住着70多户人家，家家都有樱桃树。

村子里有一条小河，从邻近的山里流来，水清清的，甜甜的，据说就是因为浇了它的缘故，这里的樱桃才长得个大、皮薄、核小，格外香甜。听村里的老人讲，一百多年前，这里就盛产樱桃，而且远近闻名了。这几年，每当樱桃熟了的时候，这个小小的山村，就呈现出一种节日的气象。嫁出去的姑娘，一个个喜气洋洋的回娘家来了，这时候，樱桃甜，她们的心更甜。村子里的老人，喜欢在这时走亲访友，他们提一个小小的竹篮，篮里盛放着红艳艳的樱桃，一见亲友，就微笑着带几分自豪的喜悦的心情说："来，快尝尝我们的樱桃……"假若有人到他们家里去作客，一进屋，热情的主人就把刚摘下的樱桃端来，依然是微笑着，带着几分自豪的欣喜之情说："来！快尝尝我们的樱桃……"村里的孩子，这时节就显得更加欢快了，他们一边嘻笑着，一边不停地把樱桃喂到自己的嘴里，你看他们的嘴角、胸前还挂着红殷殷的樱桃汁呢……这是一幅绚丽的画图——"红了樱桃"，也是一幅洋溢着一片喜气的"农家乐"！

樱桃的果实美，花也美。在北方，每当惊蛰前后，许多花木尚在沉睡时，樱桃花便和其他早开的花一起争先开放了。在那高约一、二丈的树上，花和叶同时发生，花五瓣，白中微带浅红，一蕾生四五朵，盛开时莹白如雪。那时，整个樱桃村就成了如云如雾的花海，只见繁花簇簇，宛似星光闪闪，比起樱桃红了时，另有一番景致。差不多半月时光，花随风飘落，樱桃村便又成了落英的世界。只见田地里，屋顶上，连水沟里都随水漂着落花。花落之后，接着便在花蒂上结出一个毛绒绒的小果，先绿，后乳白，再鲜红。这时，鸟雀往往飞来啄食，老人们便守在树下，孩子们也欢笑着、嬉闹着，到处追赶……

从樱桃树开花，人们就在等待着今年再有个好收成，等待着一饱口福或是把它拿到市场去销售。樱桃村的大人娃娃如今沉浸在丰收的喜悦之中。

樱桃村是是美好的，它最早向人们捧出了红艳欲滴的樱桃。当"花褪残红青杏小"，而梨子、苹果等还无踪无影的的时候，樱桃便上市了，这就使冷落的鲜果市场一下子活跃起来。如果没有它，人们不是会感到这鲜果市场的淡季有些太长了吗？

## 深山绿玉红土河

张董家

这是一条永远歌唱的河，娇嗔地扭在两岸浓浓的绿里，风霜雨雪，晦明晴暗，河上终年映一脉湛湛的碧翠。春来秋去，落花浮荡，河谷就日日流动一股沁人的馨香。许是清恬与花香的诱惑，宝蓝的清水里，时常映几群啜水净身的珍禽异兽：有羚牛、金丝猴、白臀鹿、苏门羚、蓝马鸡……不知从什么年代起，人们叫它红土河。

名叫红土河，却不见一丝儿红土，水流终年碧清澄澈，宛若一条绿玉，长长地镶在武都草河乡境内的大山里。它天真纯净，活泼可爱，永不疲倦地弹着一支叮咚的歌。许是大自然对它格外偏爱，特意在它身边生养出一条又一条大皖，一山又一山的花草、绿树，一群又一群的珍禽、异兽。清晨，便让花香来润它；夜晚，又让禽鸟来伴它；春夏秋冬，便又变换出各种各样的颜色，五彩斑斓地围裹住它。少女般美丽的红土河，一年四季光彩照人。

终于有一天，它的美丽惊动了林业学家。一支人马开进林，在它的四周划出地段，从此就成了红土河自然保护站。立时，山林资源和珍禽异兽便身价百倍，居民迁出来了，山境封起来了，美丽的红土河更加美丽珍贵了。

原本神秘的山林更神秘了。

我就是冲着这神秘去探访红土河的。

正是中伏六月天。我们从洛塘出发，车行25公里，便到红土河自然保护站的所在地—盘底。这是一个只有四千多人的山区小乡，普通的在陇南任何一个地方都可以见到，却也山明水秀，林木满坡。小路就在稍林丛中蜿蜒曲折。喘吁吁爬行10多公里，蓦然一阵叮咚的琴响，向导说，红土河到了。便见一湍清流，潺潺地躺在脚下，那清纯的水色，活象满山竹叶上的露珠滚到了一起，瞅一眼，连心也似乎透明了。禁不住躺在河边的茅草上，云也悠悠，心也悠悠，就听见了天上鸟儿的欢畅鸣叫。一会儿，便又沿河踏石跳跃行走。

路在这里是没有的。愈往里走，水流愈急，河岸也愈陡峭，满河滩全是房子大的石头，山名儿却极好听：金马滩、黑龙潭、长安洞、仁义店。我们只得踏石涉水，猴子一样上下跳跃。一会儿河滩，一会儿崖畔。水中石滑润如脂，青苔斑驳；崖畔毛竹如堵，密不透风。人在其间，越走越急，好在有百鸟的啁啾和汩汩的水声，也有一望无际、绵绵密密的莽莽林海，那流动的绿色，自然融解净化了心中的焦躁。

武都区裕河的早晨

中午，我们走进一片松竹、桦杉、柳杨杂错的混交林。荫凉便如水波一样漫了过来。林里树干如墙，藤萝似塔，触目尽是芊芊绵绿。随着藤蔓的偶尔弹动，高枝处溅落下一串禽鸣。一群受惊的金丝猴吱吱叫着跳进绿叶密处，一只香獐从白桦树后转出来，看见人影，又倏地钻进一丛青冈林。一会儿，林深处又传来一阵白臀鹿的鸣叫声。我们在厚厚的落叶上走着，心儿禁不住一阵轻轻的颤动，仿佛进了一个新奇的童话世界。正走着，头顶一片光明，又到河滩了。就听向导一声惊呼："看，羚牛，羚牛上山了！"一抬眼，果然见一群棕黄略带灰褐的牛，撑着弯来扭去的角，吹口哨一般鸣叫着，扯线儿没入绿丛中。向导又说："羚牛，当地人叫盘羊，喜欢呆在三千米上下的高山上，行动都是一帮一帮的，下山一把扇，上山一条线，很讲究队形"。向导又说，"红土河还有一种山驴，蹄、耳、嘴都是驴，头却是羊头，还长角，毛色麻灰色，我们都叫它四不象，学名苏门羚"。我听了，很是奇怪，可惜一连四天，也没碰见这种山驴。

这四天，白天走路，夜晚就宿在一凹石崖或一顶茅棚里，燃一堆篝火，做一餐野炊，望一天星星，耳听风声、水声、野物的怪叫声，倒也别有意趣。几天来时见二三跑林的当地山民。有挖药材的，有捡山椒的，有采木耳的。每年夏天，周围山民便进山跑林，四五天就能抓挖百十元钱的山货。我问他们打不打野物？他们反笑了："哪敢呐，要罚款的。"一副和红土河一样的纯朴神态。

从林里出来，我察看了地图，知道红土河在文县碧口汇入了白水江。（录自《甘肃日报》1988.11.3）

# 云屏的景色

龙青山

云屏，是甘肃两当的一个小村庄。在云雾缭绕，溪水奔波，绿树荫翳，崖挡壁闭的深山沉默了亿万斯年。封闭，落后，贫苦一直是这里的代名词。很少有人涉足。很少有人问津。而我知道云屏已是上个世纪八十年代了。说真的，若不是那里出了一个名叫浩岭的作家，也许我依然不知道云屏这个地方。浩岭说他的家乡很美。那里景色好，空气好，人更好。他略一停顿又说：只是路不行。每逢出行他都犯愁。后来，两当几任县长，县委书记励精图治，把通往云屏的路彻底修改了，并把那里打造成了自然生态风景保护区，多次邀我去云屏，都因种种愿因未能成行。二零零八年秋季，因公又去两当，县委副书记夏建华又提出去云屏，正准备出发，却传来路突然断了的消息。云屏，象一处让人魂牵梦绕，然而又难以亲近的神秘之地，成了我拜谒未果的缺憾。

二零零九年，因公再去了两当。县委常委，宣传部长王廷君介绍说，云屏的文化大院正在修建，让我去看看。沿着通畅的公路，到了山穷水复，树崖互衬，民居安祥，乡亲悠然的云屏。果然名不虚传。

观音峡逶迤有致，把峻秀的身材坦然开来，让碧绿的植物一展风采。溪水悄然在灌丛中滑行，让小花小草在春生夏长秋熟中完成短暂的生命历程。浅蓝的矢车菊，淡红的野棉花，黄灿灿的杨树叶，火一般的荊条叶让观音峡成了一部赞美生命的自然之书。

骆驼峡峰回路转，把云屏的秀丽藏在身后，让你展开想象的翅膀去任意驰骋。青松不做迎客之状，自由自在地随意生长。黄杨没有虬枝怪形，不愿意向热衷于盆景的人献媚讨好。河柳朴素大方，不因人的到来故显袅袅窈窕。随目所及，尽是淡然。

沿着公路看，山崖峻峭，岩石突兀，溪水静澈，树草碧苍。高天流云，山腰漫雾，洼地生岚，村舍飘烟。世外桃园，焉能一比。云屏四面环山，山山有别。或如如来讲经，或如达摩参禅，或如老子炼丹，或如仙女游乐。南北二山间是一条缓缓流淌的小溪，不喧不哗，不跳不跃，左避右让，于世无争。散落在山坡上的民屋无拘无束，无规无距，错落有致，生态自如。

越往云屏的深山里走，林越茂密，景越绚丽 ，岩石清峻，幽谷碧蓝。高大的乔木屏蔽山峰。旺盛的灌丛覆盖沟涧。黑黢黢的野酶子浆饱甜蜜；红艳艳的面李子面软沙喧；蓝黝黝的鬼指头藤间流香；晶闪闪的野葡萄酸甜诱人；五味子串串粉艳，随风摇摆；山核桃个个硬朗，松鼠垂涎；粉蝶，黄蝶，凤蝶，绢蝶，蓝灰蝶，铜色蝶，斑点蝶，木兰青凤蝶，环蝶，闪蝶在色彩绚丽的山野里漫舞。和青的松，绿的柳，黄的杨，翠的冬青，红的枫叶构成了一副五彩缤纷，动静相宜的自然妙景。高山草甸平缓有度，野牧的黄牛自由来去。峰间的淡雾缥缈升沉，各类鸟雀争相高歌。真正的自然生态，全部的天生地长。

生活在云屏的乡亲们是幸福的。他们有城里人可望而不可及的青山秀水，有亿万富翁花多少钱也卖不到的清新空气。更重要的是他们不受外界无限蓬胀的物欲的诱惑，能和大自然和睦相处，一直过着宁静，祥和，平淡的百姓生活。秋播秋收结束后，一些妇女背上背兜，带上干粮，一个人到深山密林里去散心。她们在林里走着看着吼着唱着，遇上天麻，茯苓，党参，人参等名贵药材就挖回去卖掉，弄些零花钱补贴家用。有时在林中转悠十天半月，什么也碰不上，她们照样乐呵呵地凯旋而归。据王廷君部长讲，这些妇女白天在林里转，晚上随便找个地方休息。她们的干粮有时是按她们在林中做的记号由家人送到指定的地方。我当时听了很惊讶。一是她们一个人独闯森林的勇敢，二是到深山里的目的，三是农闲时的这种散心方式。后来，一位爱好摄影的小伙子说他利用节假日到人烟稀少的地方去游乐，顺便拍几张照片。一个人去游玩，可以随心所欲。而没有任何功利目的的转悠，其实是能达到最大身心愉悦的方式。我想，云屏妇女用这种方式休闲，和这位摄影爱好者的休闲方式有异曲同工之处。而这里的长寿老人多也许与此有关。云屏的长寿老人多，八十多岁的老人还能下地劳动。九十多岁的老人还可以操持家务。看着她们硬朗的身体，听她们流畅的叙谈，再感受一下云屏的自然环境，就不难理解这里有几十位寿星的答案了。

云屏的自然环境对人的身体有好处，可以使人长寿。更重要的是可以净化人的心灵。这里的山山水水是一部无字的天书，时时处处在告诫人类要遵循自然规律，要宁静安祥，要节欲，要顺其自然。这一点，我在云屏籍的著名作家浩岭身上感受到了。浩岭先生八十年代就是很有名气的青年作家了，但他依然以一个普通百姓的姿态出入各种场合。他在兰州市住的房子只有六十多个平方米。他在康县挂职任副县长期间，低调作人，体验生活，埋头创作。从不向人炫耀他是什么著名人士，有什么创作业绩。淡薄名利，顺其自然是他的处世态度。我还在云屏遇见了一位文学爱好者，他默默无闻地在云屏生活着工作着。他有报负，有理想，但不怨天尤人。云屏人用土酒土蜂蜜土特产招待我们，用真诚的情感和我们交流。从他们身上看不出丝毫的做作。至此，我才理解了浩岭先生写给家乡的“云聚甘陕川，屏收儒道释”的真切含义。

云屏的夜格外静谧。没有昼夜不断的汽车疯吼。没有司机丧心病狂地按喇叭的烦躁。没有不要命地飚车的摩托车声的刺耳。也没有下一颗鸡蛋也要放几盘鞭炮的浅薄。你站在云屏的村子里，能听见白云和蓝天的低语，能听见溪水和河石的交流。树叶在莎莎谈情，露珠与青草接吻，风把自然的爱抚送达角角落落，夜用朦胧的方式把诗意传递。九十高龄的老奶奶在灯下绣花，纤纤绣花针在银白色的头上轻轻一抿，亲亲切切，温温柔柔，近一个世纪的风风雨雨，爱爱恨恨如万卷小说在你面前出现，让你悲喜交加，感慨万千。年轻的恋人依偎在一起，爱情的火焰让璀璨的繁星也黯然失色。一只岩羊在崖台上呼叫，是寻找未归的游子？是为伴侣抒情？夜鸽子放声歌唱，夜色里平添了精神。温暖的土炕，弥漫着中国北方几千年的生活情怀。土坯砌成的灶台，释放着农家生活的热情和真诚。墙角的土豆，楼棚上的玉米，屋檐下的辣椒，房背后的青菜园无声地抒发着云屏的农家生活的情韵。一个人行走在村间的小路上，凭感觉判断路的高低和直弯，一种神秘的感觉是由大自然主宰自己命运的臆想油然而生。蛐蛐在唱歌。小狗在高叫。反而使夜晚显得更加深沉和宁静。坐在宽敞的农家小院里，谈庄稼，论古今，轻松愉快，和谐融洽，不觉间，夜已过半。哈哈一笑说：睡觉，睡觉。爬上炕头，放松身子，在没有任何噪音的夜晚一觉睡到大天亮。哦呵，云屏，真美。

## 洮坪的春

式 路

春风落到洮坪，洮坪的一切都醒了过来：山、水、林、花、鸟。就觉得这洮坪的春天其实是千山万峰的争秀，是把绿色演变得千姿百态，是把山、水、林、花、鸟召集一台让他们跳舞、唱歌，酿造出一种气氛：洮坪春天，也其实是在酝酿着一种心情。

洮坪是这样一个去处：无数锯齿形的山峰堆挤铺排，雕奇琢怪，像海底的珊瑚岛屿，又有些神出鬼没的样子。近看，突兀险峻状如尖锥的山峰高矮不一，鳞次栉比，铺排得叫人望断天涯：俯视，那无数圆锥形的山峰像绿色的冰柱，从大地上一齐钻了出来，如雨后春笋。无数山峰汇成山林，漠漠地如海。山上多快乐的松树、白桦、红桦及灌木动物。山间蜿蜒着一条由瀑布和山溪汇成的小河，叫洮坪河。沿河上下，不时亮出几处瓦茅舍。

洮坪的春就不同于别处了。

仿佛正月的喜气传导给了这山水，那四季常青的松树比冬季愈频繁地活动开了身子，高处的细枝更是手舞足蹈，每一根松针上跳动着一轮太阳，一闪一闪地耀人眼目。若侧耳细听，便有一种声音潮水般漫来，听着这林涛声，不由人顿生一种鼓舞，仿佛顷刻间的自己高大了许多，力量也倍增，也似松柏般坚强了起来。一些在冬季里落去叶子的树木，已暴出了嫩芽，似满身生出无数绿色的眼睛，一副青春勃发的样子。林间的飞鸟，仿佛得了喜讯，一个个飞来飞去，不时发出欢乐的鸣叫，叫声变成一支支绿色的响箭，射到晴朗的云天里去。即使林边向阳的山坡上，也有小朵黄的红的花儿独自开着，以自己的方式，迎着新的季节的到来。

山上蹦跳下来的瀑布，正喷玉溅银，以其威猛之势，跳着生命之舞，发出挣断冰锁后的呼喊。然而，在它的两边，残存的冰的长龙，同样在阳光里银光闪亮，明灭有致。时直时弯的洮坪河，似一渠烂银在日光里作响，河水两边未融消的冰层，摆成两条浅浅细细的曲线，依然展示着河水走向的仪式。而在阳光很难关照的地带，河水上仍严锁着冰层，冰层下依稀可辨河水急切的呼喊。

不论是山林，还是水边，到处都氤氲着无边无际的淡绿，这绿扑朔迷离，捉摸不定，远望确有近却无。最终，这淡绿一天天厚重起来，越来越浓，染透了山峰、山林、山坡，染透了天际。这时，人们悄然明白，那淡绿，后来主宰了整个夏季的淡绿，其实发源于整个山林的一草一木。

礼县洮坪河上游草原

在这千峰竞秀的万山丛中，最引入注目的要数姐妹山了。姐妹山是两座紧紧相依一高一矮的山，似一对亲姐妹，含情脉脉眺望着远方。传说，这里的山水最善养女子，有一对亲姐妹貌若天仙，一些大户人家的老爷纷纷要将她俩纳为妾，而这对亲姐妹暗恋的兄弟俩却无钱娶她们。一天夜里，兄弟俩与她们相约，第二天就跑西口去，挣了钱回来娶她们。兄弟俩走了，姐妹俩便变成两座山，等着心上人的归来。此时的姐妹山，在阳光里显得格外明媚，脚下的洮坪河，更像一条长长的飘带，或是她俩的相思。河边，不时有着红衣的村姑提了竹篮来浣衣。在通往田间的山路上，正走着闹春耕的庄稼汉子，汗水不时从脸上淌下来，他们心头的春天肯定比这个季节的脚步还要快。

春天，就成了他们的心情。

洮坪在礼县距县城三四十公里地。（式路，又名陈睿达。录自《甘肃日报》2000年3月12日）

## 琵琶崖行

浩 岭

从宝鸡坐上火车，沿宝成铁路往南，经过陕西凤县双石铺车站，便进入甘肃地界，列车停在一个峡谷小站——西坡车站。

这时你朝窗外看去，一座雄峻的高崖兀立在你的眼前，嘉陵江就从崖根流过。这崖平地而起，嵯峨峥嵘。嘉陵江的波涛冲击着崖壁，发出震耳的吼声，小小的火车站，处在一片雄壮的峡风声涛之中。这时，你把目光从悬崖的中心部位向左边移去，就会发现，在那千尺绝壁上，好象晃悠悠悬着一把琵琶，它四弦紧崩，余音犹在，就象是哪一位仙女刚刚弹完放在这里。这就是陇南有名的地方——两当县西坡琵琶崖。我来这里的时候，正是仲秋时节，山坡上，红叶翩翩，疏林如画；峡谷里，清流涓涓，虫声唧唧。我爬上西坡梁，这里地势险要，与琵琶崖遥遥相对，夹成一道陡深的峡谷，谷底便是嘉陵江和宝成铁路。梁边上有一个十来户人家的小村子，名叫冯家寨。站在村边一棵树下，看琵琶崖，角度最好。因为这坡和崖两相对峙，那崖上的琵琶又和这冯家寨恰在一条水平线上，显得很近。难怪有人说，爬上这棵老树，伸手就可以取下琵琶来。

我站树下面，望着那飘然欲动的琵琶，耳畔似乎回响着一支悲愤激切的曲子。因为我刚刚听人讲了琵琶崖的传说。

据传，很久很久以前，有一个少年，十分聪明能干，他走遍天下，专门搜寻珍珠宝贝。有一次，他在深山古潭边得到了一颗宝珠，据说是龙王女儿头上的分水珠，他十分喜爱，决心把它珍藏起来，等将来找一个善良美丽的妻子，就把这宝珠献给她。谁知这消息被皇帝知道了，便要夺走这颗宝珠。少年带上这颗宝珠到处逃避，有一天来江边，看见一个女子，抱着琵琶，独自弹奏，一颦一笑，十分妩媚！正在这时，皇帝派的人追来了，这少年将宝珠擎在手里，纵身跳入江中。那江水立刻劈成两半，待少年进去后，复又合住。那些人没抓到少年，便要将这女子抢去，谁知那女子在琵琶上当心一划，只听一阵风啸水吼的响声，江边耸起千尺高崖，那女子将琵琶往崖上一丢，也飞身跳进水里。从此，那把琵琶就悬在了这个崖上。每年七夕之夜，那少年和那女子就要擎着宝珠从江中出来，看望一回琵琶，这时，琵琶就发铮铮的响声……听了这美丽的传说，再看看这眼前的景物，使人仿佛置身于“曲终人不见，江上数峰青”的诗情画意之中。

从冯家寨往峡底走来，坡十分陡，飞湍瀑流，深沟乱石，煞是险峻。一条不太宽的公路从这坡上盘绕而下。越往下走，那对面的琵琶崖越显得高大，琵琶也越升的高了。来到沟底，这里从前是嘉陵江独占着的一条深峡，现在宝成铁路从峡中通过，垫起了一道几十米高的平台，西坡火车站就修在这平台上，把嘉陵江给挤到琵琶崖根去了。

我越过铁道，来到嘉陵江边。只见秋涛奔涌，江浪澎湃，峡风鼓荡，一片喧腾。野马似的浪头狠命地撞打着石崖，激起朵朵浪花。一群群雪白的的水鸟，在江面上飞来飞去，徜徉留恋，羽毛带起滴滴水珠。每隔一阵，从上游峡里涌下一股凉风，带着水雾，顺江而下，使人有瑟瑟寒意。

沿江而下，不一时便走出峡谷。这里江面开阔，水流平缓，天地洞然一新。江那面，琵琶崖退向身后，展现出一块漫漫平坝，坐落着几个村庄。江边是一大片平展展的稻田，此刻，许多男女社员正在收稻子，打稻机在田头轰轰地响着，运稻子的手扶拖拉机奔驰在田间小道上。一群群穿着花衫的姑娘，在田里边劳动边嬉笑；一些少先队员，提着篮子，在收割后的稻田里拾稻穗，场面十分热闹。

这里，就是紧傍琵琶的有名的杻渚洲。唐朝时，这里曾经出过一个大官，姓吴，名郁，是唐肃宗的侍御史，与杜甫交谊甚厚。唐肃宗乾元二年（公元七五九年）十二月一日，杜甫由同谷县去成都，曾专门来此探望故友的家乡，在杻渚洲吴郁的江上宅住了几日，写下了《两当县吴十侍御江上宅》一诗，开头几句是：“寒城朝烟淡，山谷落叶赤。阴风千里来，吹汝江上宅。鶗鸡号杻渚，日色傍阡陌”。

那时吴郁已因犯颜直谏而被谪长沙，因而诗中又紧着写道：“借问持斧翁，几年长沙客？”可是吴郁家乡的砍柴老汉，又怎么得知侍御大人遭贬的情况，问也是白问。杜甫只好对江兴叹：“于公负明义，惆怅头更白。”

然而，这杻渚洲与琵琶崖大不一样，物换星移，沧桑更迭，它已经不知被埋在哪里，那吴郁的江上宅更是无处可寻了。在这里，江那边是生产队的稻田，修着高大坚固的堤坝，还有一个大型提灌站；江这边是宝成铁路的护坡，有几十米高，江水被死死地限在当中，不能随意翻动；也听不到鶗鸡鸣叫了，而是火车的电笛声、拖拉机的突突声，最响亮、最欢乐的是收稻姑娘的笑声，她们才不管你什么“惆怅头更白”呢！（浩岭，原名李秀苍）（录自《甘肃日报》1979 年）

## 白马河

曹 锐

记不清在哪一天，知道了在文县原始森林的边陲，有一条源源不断的白马河，知道了那里的山水养育着一个伟大而充满神奇色彩的民族，那里的粗犷造就了一代又一代勇敢、豁达的白马人，那里的传说与她的景致一样神秘而具有诱惑力。

也许是那里的神秘诱惑着我，也许是好奇心驱使着我，于是我毅然向那里走去。

第一次走向白马河，是残冬刚刚融去，太阳在天空堆起笑脸，将温暖尽情地泻在白马河上的三月。白马河映着橘红的阳光，雪白的云朵，时而像清清的溪流汩汩而来，低吟浅唱，细语娓娓；时而渐渐迂回曲折，往返回旋，归于平缓，时而又穿过岩石，越过沟坎，欢跳着向前奔涌。那一会儿深沉，一会儿激昂的白马河，仿佛向我诉说着千百年来它的进取与坎呵，它的欢乐与痛苦。

白马河没有大海气势，也没有小溪的清秀，但它却凭着自己顽强的个性，毫无倦意、执着地向前流淌着，流淌着，高山挡不住，暗堡挡不住，泥石的擦伤，雷电的进击都挡不住它直奔大海的决心，无论大海有多远！

白马河是条沉默的河，是条博大的河，也是一条富有生命力的河，它是白马人希望和意志的源泉。它终生陪伴着白马人筑巢的一个又一个村庄，养育着一代又一代的白马人，它用生命滋润着白马人的春天，辉煌着白马人的夏天，成熟着白马人的秋天，唤醒着白马人的冬天，但白马河到底流过了多少沧桑的岁月，积淀了多少白马人的悲欢，人们不得而知。

传说这里曾经拥有一片海，那寂静而空旷的海面是那么深奥，那么神秘，那么荒诞，不知是什么样的一场灾难，使一片大海在顷刻之间化作一条沉默的河。也许是地震，也许是风暴，也许是一种超自然的力量，我抚摸着布满沧桑的白马河，仿佛那撕心裂肺断肠的一幕就发生在昨天……

我带着无尽的思索，注视着白马河中的那块巨石，斜阳仿佛给它披上了一件金红的袈裟，使它变得辉煌夺目。它虽没有大山的雄伟，但它却气宇轩昂，铁骨铮铮，依然矗立在白马河的中央，既像白马河的守护神，又像白马河的心脏，它那布满全身的一道道裂缝，仿佛向人们诉说着那场不被人知的灾难；诉说着那段石破天惊的变迁；也许它什么都不想说，只想敞开胸怀。瞬间，我认读了这个可歌可泣的远古悲剧。

当我为白马河思绪万千的时候，当我为白马河遭遇感到痛楚的时候，白马河却依然是那么安详，依然是那么宁静，仿佛这里的一切都不曾发生，不知是白马河是容易承受痛苦，还是白马河本来就容易忘却痛苦，也许是白马河经历的太多太多了。

白马河从来不管别人是否记载过它或怎样记载它，也从来不去寻找那些因它而生动的文字，它只是凭着它的意愿默默地向前流淌着，用它不屈的生命，去实现它奔向大海，奔向母亲怀抱的不朽希望！

我怀着心中的感慨和震撼，向白马河岸的小草走去，河岸上的草很密，也很绿，上面还开着一些不知名的小花。当有微风吹来时，那些绿草和小花上的水珠，就像一颗颗珍珠，一闪一闪地发着银色的光晕，被高照的太阳涂染成流光溢彩的神物。这些花草，一年四季都长生白马河岸，无人播种，无人耕耘，无人欣赏，也无荣辱之忧，也无得失之虑，它们绿了枯、枯了绿，年年岁岁，花开花落，默默地存活，默默地向上。与世无争地、毫无怨言地，认认真真地走过自己生命的四季，用自己的方式，默默地奉献着它们的美丽，报答着白马河对它们的哺育之恩。

人常说，瞬间是美，永恒是美，沉默也是美。我想既然是美的，那么便没有时间的阻隔，总有一天白马河和白马河的一切总会被人承认和赞美。

白马河，我深深地感激你，是你给了我一个全新的境界，一个永恒的记忆。你的博大，无穷、执著，你的顽强和默默无闻的奉献精神，将被我永远珍藏在心中，并注入我的生命，成为我人生的动力和我做人的典范。

啊，白马河！我心中的河！（录自《甘肃日报》1997年1月5日）

## 漫游大河坝

甘 宏

走进大河坝森林公园，满目春色，一切都在静谧中充满着幸福、温馨，唯一与你吟唱对话的是那河流、瀑布、小溪、泉水。这里的水一扫别处如黄汤浑浊等令人皱眉的模样，那咆哮的河流滚珠溅玉，按走势把水分解成数万点张扬而去，把五颜六色的石子洗刷一尽，还其夺人目光的美；极顶而下的飞瀑和众多的石峡瀑布，声如阵雷海啸，可为孤单的游人既添恐惧，又壮行色。那拍打在岩唇下面的水，似琼花玉树，凌虚飞下，蔚为壮观。绕峰环坡，那动听的泉水叮咚在山间处处皆是，甘泉、玉泉、喷泉时而一水绕绿缓缓流淌，时而一衣带水溪流潺潺，时而看见草绿如练，不知水之去向，时而清澈见底，只见游鱼悠闲结伴戏水。

当我疲乏和着兴奋一步步走近古木参天，林荫蔽日的环抱中，满地松柏吐翠，那刚才还是困顿缠绕的身躯，刹时被清香四溢的葱郁赶离了去。我兴趣正浓，和着松涛呼鸣，满目苍翠，在万木争荣中旋转了起来，但见一株株云杉、冷杉、刺柏、雪松生气勃勃，那山脊上，路旁边，土包上，悬崖处，随处可见不畏风霜雪雨傲然屹立的松树，不禁使人油然而生敬意。与松树相映衬的是株株柏树，看上去总是沾青带绿，虬枝盘根，倔犟地生长在悬崖罅隙间，象大丈夫挺拔伟岸，徐风一动他便风度翩翩。和青松翠柏相映成趣的又是对对主干挺拔的银杉树，长短不一垂吊的树条，极象婀娜多姿少女的裙裾，碧绿青翠，两道银色的筋络，粘连着片片翠绿，风儿轻拂，裙裾便飘然起舞，潇洒俊美。在高处的赛马滩，随处可见枝枝相抱，叶叶聚拢，青翠碧绿的古藤，他们在静谧的氛围里，或卧、或跪、或站立，如情人幽会，缠绵厮磨，倾诉着离别的愁绪和相见的喜不自禁。

那奇巧的石头，那极顶而下使万物灵气横生的琼浆玉液，和那枝繁叶茂的树，构成了大河坝的壮观景致。远远望去，40 平方公里的大河坝森林公园莽莽苍苍，森林草甸，绵延不断，数十个山峰矗立于横七竖八、参差不齐却浑圆有致的大山脊梁之上，擂鼓雪峰、独秀峰、麦积群峰等，个个百娇千姿。擂鼓雪山 4300 米，居高傲视，白雪皑皑的山峰直插天际，山尖常年云霭雾绕，是看护众山的道法极深的一方神仙。乍一看，每道山峰吐翠泛绿，及至走近前去，却折射出个性鲜明的黯黑，栗色、碧绿色、赤铜色、赤黄色、纯青色、葱黄等色彩，似栩栩如生的血性英雄群雕，令人肃然起敬。除苍松翠柏在泛青吐绿外，那满地满坡满坎令你满目绽春的仍然是铺青迭翠的绿，只是色彩斑斓了起来，那随处可见，如墨绿毛茸的苔藓和褐、黑、红色的水渍，尤如一幅漫天巨毯铺就，青草、百花、杂灌丛等一切植物，就静静地躺在这里。一阵紫霭升腾，绿伞托珠，朝霞泛金；一阵香雾迷蒙，万物露珠晶莹，霞影绚烂。那一簇簇红白相同的杜鹃花，一株一株的野桃红，一片一片的鲜水草，一洼一洼的禾科草，一团团的乔松疏竹，一棵棵纤细的红柳和挺直的桦树，一蓬蓬你缠我绕的灌木丛，与林木葱茏遥相辉映，红扑扑、金煌煌、绿茵茵、白惨惨、黑墨墨，在斑驳的树影与叶子的缝隙间随处可见太阳折射的五彩丝线，牵引着万物枝繁叶茂，生机盎然。置身其中，蜂飞蝶舞，莺啼燕啭，飞花点翠，美景如妆。如若“不信死花胜活人，请郎今夜伴花眠。”

皎洁无比的蔚蓝色天空，几朵柔纱似的轻云来去自由飘荡，4000 多米的高度，是我在“不到长城非好汉”的鼓舞下爬上去的，虽然高山反应已使我胸闷而举步维艰，但我享受到了“行到水穷处，坐看云起时”的无比惬意和“一览众山小”的快乐。我在埋脚的草坪上欢蹦狂跳。不时被脚下一撮撮蓬松的“美娘娘”长发所拌倒，我索性仰卧在草坪中央，感受着清新的空气，聆听着清纯的百鸟啼鸣，吮吸着花的芳香，欣赏着丽日当空，云蒸霞蔚的人间美景，……渐渐地，我被溶入大自然的一叶、一石、一滴水、一捧土、一棵尘粒。静极了，舒畅极了，美极啦……不知过了多久，我被啄木鸟拍打着翅膀在松树主干上啄的“笃笃笃”声响叫醒，我睁着朦胧睡眼，仿佛置身在自家的安乐窝里。

大河坝，美丽而诱人的大河坝，当我告别她时真有点恋恋不舍。不过我会再来的，不止一次投入她的怀抱，享受尘世间难以得到的那份甘甜。（录自《陇南》1998. 4）

## 官鹅沟印象

蒲黎生

在陇南的万山丛中有一颗璀璨的明珠官鹅沟国家森林公园。她犹如一条绿色长龙横亘于青藏高原东部的岷山山系与西秦岭延伸部分的交错地带，是北魏羌氏政权宕昌国的遗址。这里积淀着深厚的人文景观，又有着得天独厚的自然景观。官鹅沟森林公园以特有的原生态山水林田、湖泊河流给人一种原始的冲动，让人感到一种生命的震憾力。山野清风，意气风发，生命在恣肆地张扬；湖光山色，青山绿水，人与自然的和谐源远流长，意蕴深远；莽莽林源，苍翠欲滴的绿，涤荡去人心头的尘埃，还给人清纯的灵魂。旺长的生命意象，在雄奇险峻间撑起一片蔚蓝的天空，头顶上的阳光如我的心情一样爽朗而灿烂。脚下的土地炽热而广阔，赤脚踏遍脚下的大地，一种赤子的冲动，让我走完所有路。一个人的生命是短暂的，但生命的长河是永恒的，在这瞬间与永恒，生长与死亡，个体与群体的坐标中，我们如何寻找回家的路。人法地，地法天，天法道，道法自然，回归自然，天人合一，自然是我们永远的家园。面对自然的恩赐，我们更应走进自然，呵护自然。官鹅沟犹如未出阁的大家闺秀，身在深山人未识，它的名字刚刚被人提起，我们更应去宣传她，开发她，保护她，亲近自然，保护自然，造福当代，阴翳子孙。

官鹅沟森林公园由大河坝林区、官鹅沟风景区、花儿坡草原组成，她北滋岷江水、南润白龙江、西纳岷山千里雪、东吐秦岭万里云。如果说大河坝是树木的家园，是绿色的海洋，花儿坡是花的世界，是花团锦簇的地毯，那么官鹅沟则以雄奇险隽秀灵而见长。雄伟的群山堆积在陇南的大地，化作一座座沉默不语的仁者，让世人年复一年地阅历，感悟其沉默是金的缄言。伟岸如斯，宽厚如斯，任世人不倦地猜测，破解蕴含其中的秘密。而逶迤的群山突兀间冲天而起，笑傲苍穹，疏尔如鹰隼坠地，惊叹出一座座悬崖峭壁。而这种大自然的神奇造化，真有鬼斧神工之效。仰望蓝天白云，顿生我欲乘风归去，展翅翱翔之想；俯瞰脚下颇有如临深渊，如履薄冰之感，人就在天与地之间置换着角色的转变。而与奇相连的则是险象丛生，险境连环。峰回路转，山高路陡，危崖凌空，山谷来风，到处是一种凌厉的态势，是一种艰难险阻的磨砺。没有坚强的体魄难以攀越陡峭的山峰，没有顽强的意志难以制衡心头的怯懦。世上无难事，只要肯登攀。攀登后给人的是一种豁然开朗，是一种战胜自我后的愉悦，眼见着一种隽美映人眼帘。悬崖峭壁上秀木成林，绿映蓝天。树根下虽没有丰厚的沃土，但扎根岩石，成活一片绿色，高扬生命的旗帜。树木遂给人一种昭示：在山就抓住山魂，在地就掘出地火。这种隽永的力量和内涵的美给人一种震憾。树木是山的旗帜，而水则是山的风骨。官鹅沟的水秀丽而飘逸，灵动而脱俗，妩媚中显清纯，执着中显矜持。从山顶悬崖直泻而下的溪水，生成无数瀑布从九天跌落，遇石则飞花溅玉，遇风则化作云烟，遇日则飞起彩虹无数，彩练当空。一种环抱与体贴，让人进入山野清风带给人的世外桃园，让人忘掉一切粗俗与心烦。山间的瀑布或狂野、或妩媚、或激越、或坦荡，在这美轮美奂的原生态山水问，我的年华就此停顿，激动的目水在心中汇流成河。当一种美在你眼前绽放到极致时，就会发觉一切表达都变得苍白无力。然而哪些跟着自己脚走的溪水，始终热情洋溢地环抱着自己。溪水时而湍急，素练白湍，时而平静，清彻见底。世间再没有这么清纯，这么透亮的溪水了，真让人感动得心甘情愿为她诱惑，为她歌唱，为她疯狂。水的灵动把山的风骨全然给烘托出来了，仁者爱山，智者乐水就不足为怪了。而那荡漾着一波波涟漪的湖泊，倒映着山色，一座座伟岸的山依偎着波光敛滟的湖泊，湖光山色，两情相悦。连绵的青山在烟雾朦胧中宛若蒙着面纱的少女，而湖泊则如盛开的莲花，将少女隐映得妩媚多娇。伫立宁静的湖岸，我陶醉得几欲被融化，却只能在无数次回首后，将美丽的遐想停泊于我的记忆，让自然的美景储存成一幅永恒的画卷。对于自然的美好，我们只能贴近，而不能独占。贴近自然，感受她的美丽、宁静、品读她的内涵。让我们变得成熟，学会独立于自然，然后与自然融为一体。

四季中的官鹅沟，在不同的季节变幻着特有的风姿。春天的鸽哨彻响我们周遭的城市，迎来第一缕蓝天的时候，官鹅沟还处在冰天雪地之中。残雪尚未消融，冰封河水日渐消瘦，真是初春景色天，山野风骨瘦。唯独那嫩芽初上的落叶松的景致，让人怦然心动。偶而一场春雪，映衬得松柏更加苍翠，此时的绿色给人的蔚藉尤为珍贵，没有锦上添华之嫌，更兼雪中送炭之美。为人之品德，应有松柏之操守。待到孟春时节，林间的山花竞相绽放，树木新绿初绽，绿茸茸的一片、鲜活滴欲的绿，汪洋着生命的生机。山体丰腴了，山溪欢唱了，百鸟齐鸣了。透亮透亮的天空，呈现出瓦蓝瓦蓝的一片。

一朵朵的白云在蓝天飘动，这样的颜色是纯到极致了，只能使人屏住呼吸，让晴朗的天空，映照着晴朗的心情。夏天的官鹅沟，则是绿色的海洋，由浅绿、鹅黄、翠绿、深绿到墨绿依次嬗变，让人感到绿的厚积，绿阴的清凉。这里有山则青、有水皆绿，山外有山、天外有天、峡中有峡，曲径通幽。放眼望去，千山竞秀，万峰披绿，青山含黛，绿水凝烟；

侧耳细听，鸟语花香，莺啼鹿鸣。及至河涧奔流，飞瀑落峡，涛声訇然，山谷回响，大自然的音从此奏响。夏雨中的官鹅沟则变得神秘而诱人，山中的天如孩子的脸，说变就变，刚才还是艳阳高照，此时已是阵雨浇身，惬意中倍感酣畅淋漓，洒脱间略带秋意寒蝉。细雨朦胧中，徒步冒雨而行，满眼淌着雨水，赤脚踩着青苔，于无人处阅读自己的心声，是世间最惬意不过的事了。忘掉烦恼的心事，撂下琐碎的公务，静心看林间的雾起云落，天阴天晴，日落日出，自觉已成为人间仙人了。而在烟雨朦胧中青山更显其婀娜多姿，娉婷玉立之势，而缕缕青烟如云如雾恰似嫁娘的婚纱，美丽动人，让人爽心悦目。此时我觉得已化作一缕青风，追随自然万物，看着它们周而复始地演绎着生命的永恒，我已与山水一体了。到了清风送爽的仲秋，枫叶红遍，层林尽染，秋色浓烈而鲜艳，层次涌动而空明，天高云淡，大雁南飞，水草秋长高。寻一块草地静卧其中，想着阳光的手，想着流云的抚摸，想着青山的观注，想着绿色的呼唤，想着自然的恩赐，我的灵魂为之而颤悠。遂想起一首歌词：这里的青草会跳舞，如果你愿意在地上匍匐；这里的石头会说话，如果你愿意用灵魂倾听；这里的山离天近，所以神话还活在放牛人的山歌里；这里的水和云一起流，所以神灵常和老乡一起喝醉酒。倘若到了大雪飘飞的冬季，这里又是一番景致了。飞雪潇然而下，山川大地与天空融为一体，天籁之音销声匿迹，只有这圣洁的世界给人一种肃穆，庄严、慈善和端庄。雍荣华贵中不失仪态万方，典雅富丽而不乏风情万种。雪霁天晴，暖阳下的松柏竹林，俊俏的如农家的小媳妇，活脱可爱，灵巧宜人，映衬得白雪愈加纯白，绿色更显翠绿。而九天飞瀑已凝结为或冰布、或冰柱、或冰挂、或冰雕，玲珑剔透，冰清玉洁，形成一幅幅精美的艺术品，自然天成，不加修饰，天之灵，地之杰在此已呈现得尽善尽美了。山溪涧水在冰床的呵护下，一路清韵，一路山歌，头也不回地奔到她自己的去处。一弯弯的湖泊也已凝结为一处处的银滩。小路淹没在大雪之中，只好拄一根拐杖，独步前行，在雪原上好似一个江湖浪人。虽不壮观却很壮烈，没有徒从却不感孤独。没有潇潇的悲风，但觉山野的清爽。眼见的是冷峻，内怀的是人文关怀。山水无尽时，人生诚可贵。自然不分时序，不论贵贱贫富，给我们一种平等的恩赐。我们是自然之子，能否感悟到自然给我们的某种启迪。

官鹅沟就是官鹅沟，她的山、她的水、她的林、她的草、她的湖泊，无不让人为她心悸，为她心跳；无不让人为她歌唱，为她哭泣；无不让人为她感动，为她颤悠。她以原生态喧泄着一种生命的激清，她以直接的表达方式给世人一种自然摇蓝的感觉和原始清洁的精神。官鹅沟作为人类的自然遗产，她是一个古老而又遥远的地方，对我们而言是一个年轻而又十分稚嫩的名字。她正如一个刚刚出生的婴儿，才学会蹒跚起步，我们就该呵护她，搀扶她，引导她，走绿色的健康之路。官鹅沟日益成为一个旅游热点，召唤着游人接踵而至。旅游作为新兴的朝阳产业，可以拉动一个地方经济的全面发展，也是人类可持续发展的公益事业。然而我们地处偏远，道路崎岖不平，我们的城市化程度还十分薄弱，还不能开怀欢迎蜂涌而至的远方客人。游客起码的住宿、餐饮，我们都不能完全提供舒适的住宿环境和可口的餐饮服务，更谈不上给客人提供休闲娱乐的环境了。宕昌作为一个古国遗址，有着深厚的历史沉淀和悠久的文化源渊，但对这些遗产和人文景观的开发还仅仅停留在其层面之上和人们茶余饭后闲谈的自我陶醉之中。这就需要我们努力地去做一些挖掘和埋藏的工作。宕昌县政府在打造哈达铺红军长征纪念馆为主的红色旅游和官鹅沟为主的绿色旅游的产业中进行了艰辛的探索，对环境的治理，对人文景观和自然景观的保护迈出了可喜的一步。城市的改造和扩容，城市服务水平的提高，已显示了政府决策的前瞻性和游客至上的服务理念。政府作为宏观调控的旗手，已带领宕州儿女踏上旅游兴县的道路而昂首阔步。是的，上苍赐予我们一个神奇的官鹅沟，我们就更应留给子孙一个温馨的官鹅沟。人既是自然的宠儿，就能够做到人与自然的水乳交融，人与自然的和谐相处。只要用我们的智慧和勤劳的双手去开拓，去创造，美丽而永远的家园就会呈现在我们的眼前。

## 三声长哨与147条性命

徐 坤

一

我手里拿着一枚哨子，足球比赛中常吹的那种，样子陈旧，哨口有了锈蚀，哨尾拴着的红绸绳也已褪色。

然而，正是这样一枚看上去非常不起眼的哨子，在“5•12”那场大地震中，却拯救了陇南市康县豆坪乡豆坪小学147条小学生的性命！在这场百年不遇的大地震中，学校的48间房舍全部倒塌，正在上课的全校147名小学生和包括校长在内的10名教师全部安全撤出，学生和教师无一人伤亡。堪称奇迹！

二

那天地震，事先并无先兆。体育教师王永军正领着五年级的 56 名同学在操场上平静地上着体育课。操场不大，只有一个篮球场大小，孩子们依惯例跑圈、做操，欢乐而有序。突然，大地微微颤抖，一种如狮吼般的轰隆隆声从遥远的地方嘎嘎传来。凭借一种本能，王老师意识到：地震了！几乎是同时，他下意识地、敏捷地奋力吹响胸前的哨子：

瞿———瞿———瞿———

这是遇到意外情况发生时的一种紧急集合哨，平时学校里在对师生们进行安全训练时多有演练。

尖利刺耳的哨音，划破校园的宁静，传到正在上课的老师们耳中。立刻，他们意识到：出事了！哨声就是命令！他们紧接着的动作就是组织学生紧急向外疏散。老师们一点也没有犹豫，即刻推开所有门窗，组织学生们往外跑。

此时，大地开阖，地面上形成半尺宽的裂缝，房屋已经开始剧烈抖动。高年级的学生比较机灵，门口出不去，就从窗子跳出去。一年级的小学生吓呆了，只知哇哇大哭。班主任老师王芳就连推带抱，把他们全部带出屋去。三年级的班里有两个残障孩子，班主任老师李庆庆就拖着一个抱着一个，生生地把他们弄出来。

当他们前脚刚一迈出屋门，后脚就听得教室“轰”的一声，房屋在他们身后轰然倒塌！霎时间，四周围全是烟尘，什么也看不到。只听得操场上脱险的一百来个孩子们哭声一片。此时，老师们都像护雏的老母鸡一样张开臂膊，把学生们都紧紧护在自己翼下，不断安慰他们。望着自己熟悉和热爱的教室校舍转瞬之间变成尘埃，老师们也忍不住泪流满面！

在场的十位老师，此时他们的家人、孩子也在震区的四面八方，生死未卜，但是他们没有一个人离开现场，都紧紧守在自己的岗位上，保护着自己的学生。直到数小时后，学生家长们一一找上门来把孩子领走，他们方才离开。

三

5 月 24 日，地震发生后的第十二天，我们来到了豆坪乡豆坪小学遗址。越野车从陇南市府所在地武都出发，经过康县县城，穿过崇山峻岭间的崎岖小道，一路颠簸，行驶 100 多公里，来到海拔近两千米的这所乡村小学。

在村口，我们遇到了兰州军区驻天水 181 团运送救灾物资的队伍。踩着一堆堆倒塌的房屋、遗体往前走，如果不是陪同而来的康县县委宣传部部长王青燕和豆坪小学校长张金强的介绍，我们很难相信，眼前这半截戳在土块里的木桩就是曾经的学校大门门框，而那一大片满目疮痍的废墟，就是曾经书声朗朗、阳光明媚的乡村小学校。

废墟。完全是废墟。土黄色的废墟间杂陈了一根根倒下的木头椽子和桌椅。甘肃贫困山区的房屋，都是就地取材，从山上取土拓成坯，一块块叠起来垒房。房屋倒塌碎裂之后，土坯瞬间风化，完全还原成了尘土。

尘土，尘土。一切从尘土中来，又都复归尘土。

中油二建的两辆巨型铲车和大吊车正在清理现场。

怀着沉重的心情，我走进废墟，从那些横七竖八的木头缝隙里，小心翼翼地拾起下边的几张小学生作文簿的碎片。五年级张娜娜的一篇作文题目是《我喜爱的一位体育明星》，写的是姚明，“姚明像奥特曼一样连续投球，台下，观众异口同声地喊：姚明加油！加油！”还有一张是砸裂的奖状，是县里奖给豆坪乡小学优秀集体的。

听说我们来，当时在地震现场的六位老师也赶来了。他们个子矮小，满面尘灰，衣着朴拙，从外观上看，跟任何一个初进城打工的民工无异。然而，此时此刻，在这样一片尘土的废墟上，他们却显得异常美丽、高大、魁伟。正是他们，以无私无言的大爱，勇担园丁的重任，托起共和国的脊梁，在灾难袭来的关键时刻，以优秀的职业素养和高尚的道德情操，尽显人民教师的风采。

我问体育老师王永军，当时怎么就想起来吹哨子？

王老师憨厚地笑笑，说，也没啥，平时就是这么练的。

一旁的校长张金强说：“我们平时就抓学校的安全教育，学校有专职安全员具体抓，值周老师周周抓，班主任老师天天抓。平时主要是防火消防训练，没想到在地震中用上了。”

站在废墟上，我请王永军老师再次吹响了他手中的紧急集合哨子：

瞿———瞿———瞿———

哨声嘹亮，划破长空，惊醒废墟的沉郁，吹响一曲大爱有行的壮美乐曲！

让我们记住他们吧！让我们向这些英雄的老师们致敬！

他们是：校长张金强，教师王永军、杨洪礼、周俊海、田玉琴、毕风礼、王芳、李庆庆、豆世军、王凤华。

[2008—05—26]

选自《2008文学记忆：〈文艺报〉(2008)文选》

## 梦幻仇池山

李存葆

上苍造物，奇绝万象。位于甘肃西和县南端的仇池山，就是上苍以诡谲乖张的形式，创造出的美的经典。

甲午年盛夏的一天，大雨初霁，我与军旅画家李翔、夏荷生结伴而行，游览了这座心仪已久的大山。

在传统文化出现断层的今天，外地恐很少有人知晓仇池山了。殊不知，自我国最早的地理书《山海经》对仇池山有所记述后，直至明清，在近千部典籍文献中，无一不把仇池山视为洞天福地。其声誉之隆，不让蓬莱、普陀与武当。

仇池山挟裹在陇南的十万大山之中。当我们乘越野车刚抵近仇池山下，便觉察出它的卓尔不群。从深深峡谷中流来的西汉水，缠绕着山的西面、南面；曲折回环的洛峪河，亲吻着山的东边；两河在山的东南脚下交汇，浪涌波翻，訇然作金石之声。抬头仰望，崚嶒的丹崖，浓郁的赤红里透着明丽；千仞危壁，若天工神斧砍斫而成；裂缝纵横的峭岩间，生有簇簇灌木，又给山体平添了几分森严。

仇池山的西南脚下，有一泉水汩汩喷涌的“神鱼洞”，至今仍有冬潜春来、夜伏晨出的游鱼出没。观罢神鱼洞，我们再次登车，沿着挂在峭崖上的“之”字形叠加的砂石路，颠颠簸簸，蜿蜒行进。约一时许，方行至位于仇池山顶西北端的伏羲崖前。下得车来，我们登上海拔一千七百九十三米的崖顶。回首南望，山上那二十多平方公里的田畴，连阡累陌，尽收眼底。这危崖擎平川，云端藏大野的景象，我还是第一次见到。驰目骋怀，远处的峰，近处的山，颇似大海起伏的波涛；而脚下的仇池山，则像停泊在波涛中的巨舰。伏羲崖就是这巨舰的瞭望台，山顶周边参差不齐的峭岩，就是这巨舰的护栏。

有关书籍记载：古时四面孤绝的仇池山顶，有良田百顷，有土可煮盐；泉九十九源，润气上流……陪同者告诉我们，眼下的仇池山上，除部分泉源干涸及已无煮盐之土外，大致还保持着原貌。我想，正是上苍赋予仇池山的这独一无二的规定性，以及这千了百当的适于人类生存的完美性，才使得这座大山走进了历史的书页。

神话传说往往生发于名山胜水。神话是古代先民凭借想象的翅羽，捕捉到的超自然的“大我”。《山海经》载，仇池山是中华民族人文始祖伏羲的诞生地，也是战神刑天的葬首处。在拜谒了伏羲洞又瞩望了状如“刑天之首”的绝壁后，我偏执地认为，那幽暗的洞穴和枯燥的绝壁，表象虽那样孤寂，但华夏民族的生命力、想象力、抗击力和凝聚力，抑或就是从这里肇始的。

曩时，只有一线鸟道可供登临的仇池山，有险可依，有水可饮，有地可耕，有盐可煮，必然会成为远古先民的乐园，农耕社会的天堂。仇池山一带，曾是我国一古老民族氐人的发祥地。炎帝、刑天皆为氐人先祖，并有刑天“以乳为目，以脐为口”，手执利斧、盾牌大战的传说。魏晋南北朝时，氐族杨氏以仇池山为大本营，建立了仇池国。当代史学家经反复考稽发现，仇池国虽几经衰落，但氐杨仍像刑天那样猛志常在，不屈不挠，世凭天险，披蟒踏靴，享国凡三百五十八年。其立国时间之长，强盛时疆域之大，在“五胡十六国”政权中，无可匹者。国以山而名，山因国而显。这种个例，在中国历史上莫此为甚。

诗常是诗人从历史与人生的笑口与伤口里涌出的情感晶体。安史之乱后期，诗圣杜甫辞官不做，举家由陇入蜀时，曾在今西和县盘桓数日。国难家愁、世乱民忧的残酷现实，使杜翁只得假陇南的山川风物，排遣内心深处翻腾的叹息。他曾在三首诗中，礼赞过仇池山。在专咏仇池山的《秦州杂诗·十四》中，杜甫深情吟道：“何时一茅屋，送老白云边。”但其结庐归隐仇池的夙愿，最终还是消失在凄风苦雨里。

旷世文豪苏轼，更是仇池山的“超级粉丝”。对杜诗推崇备至又熟读子史经集的他，贬谪颍州时，曾夜梦山川清远的仇池国。醒后，他记梦赋诗，将仇池山奉为远胜桃源仙境的地方。再贬扬州时，他将获赠的两枚奇石，渍以盆水，放置案头，并命名为“仇池”。睹石忆旧梦，他在《双石》诗中吟道：“一点空明是何处，老人真欲往仇池。”此后，从未到过仇池的他，以灵妙逸想之笔，又写下八首咏吟仇池山的诗篇。苏轼将卧云归隐的梦幻，永远贮放在仇池山上。

诗因山而咏，山因诗而彰。自杜甫、苏轼之后，仇池山不仅是一座神性的山，又成了一座诗性的山。

我们漫步在仇池山顶的田间小道上。昨夜那场豪雨，把眼前的一切洗涤得愈发洁净与明媚。那如同薄荷香一样凉丝丝的空气，使我们遍体通泰。面对大自然这最美的诗笺画页，我们都变成了无愁童子。路边田埂上，红白黄蓝紫的各种野花，在草丛里掩映着，在阳光下绽放着，在蜂蝶的亲吻下羞晕着。抵近被蓊蓊郁郁树林笼罩的村落，看得见牛儿在斜坡上悠闲地啃草，小鸡在阡陌间自在地觅食；看得见猫眠花下，犬迎主归，鸟雀枝头弄日影，鹅鸭溪边理羽毛……

山有水而媚，土得水而沃。我们来到位于山顶东北隅的“东水无根”。此乃仇池山的八景之一。只见一长方形的硕石，被三块巨石撑起，形成一尊天然大鼎。“鼎”内有一小圆池，四季蓄水，满而不溢，游人用手掬尽，顷刻“鼎”内复又水满。山顶西南端的“西石勺”，尤令我们流连忘返。一石窟内，从光滑的石壁上飘然而下的清流碧水，犹如玲珑的珠帘、浮动的白练，泻入又圆又深的石潭。我掬一捧泉水啜饮，泉水清爽甘洌，给人一种“多少人间烦苦事，只消一点便清凉”的快感。陪同者说，仅这一潭之水，就可满足山上两个自然村七百余口人的生活用水了。最难忘怀的还是“小有洞天”。未进洞内，我们便闻得泉水淙淙有声，刚进洞口，又见一汪泉水，明如宝镜。愈往里走，愈觉洞中清幽秀雅。正难解其故，忽见洞顶有一自然天窗，将缕缕阳光投进洞中，才使得陆离的天光与洞内清碧的泉水交相辉映，虚虚实实，如影如幻，给人以赏玩不尽的趣味。相传，伏羲曾在洞内夜观天象，演绎八卦；杜诗中“潜通小有天”，苏诗中“一点空明是何处”，指的就是这里……

“风泉留古韵，笙磬想遗音。”正是这些喷涌了千万载的山泉，滋润着仇池山巅的沃土，才有了这云端大野上的厚重的文化积淀；也有了眼前这山花的纯正，庄稼的葳蕤，果实的香甜，碧草的芬芳。

下得山后，我们又在当年仇池国的中心地域，小住数日。翠山连绵之区，林泉峡谷之间，诗眉画眼，俯拾皆是。同来的两位画家说，陇南的每座山都可入画，一泉一石都散发着灵性。住在小镇客栈，夜闻蛙声，阁阁欢唱；晨见家燕，呢喃觅食。一日三餐，农家自产的菜蔬和鱼肉，味儿清纯地道，使我们完全放松了因警惕污染食品而绷紧的神经……

在这他人纷纷，纷纷他人的物化世界里，在这地球被“文身”得千疮百孔的当今，仇池山一带，仍不失是一片有着原始美的净土。伏羲崖上一尘不染的清风，可以梳理人们杂乱的思绪；“神鱼洞”的灵泉，能够浸润人们被现实碰撞得已显粗糙的心灵。昨天的痛楚需要反思，未来的憧憬需要安排。从这个意义上说，仇池山一带的青山绿水，仍是今人可

以贮存梦幻，使心灵得以小憩的胜地。（录自《人民日报》2014—11—17）

## 手擀面

赵 殷

六七岁时，母亲开始教我擀面。脚下垫块松木墩，身体被加高几公分，就像个大人了。母亲教我擀面的第一要领是和面时要水吃面，不能面吃水。水热了，面越擀越硬，水凉了，面越擀越软。只有水与面的温度比较吻合才能让二者融为一体。第一次和面，面粉沾满衣袖衣襟，案板裂开道道水渠，散开的面怎么揉都是粗糙的，揉到手掌发疼，才叫我把面捂在盆里行一行。“行一行”这话是母亲说的，我不知道面是行，还是醒？像人走路一样，在它生长过的地头田间走一走，还是从头到尾想一想自己的成长经历，再从走出去的路上走回来，回到我家的案板上，静静地眯上麦子的眼睛回味一些遗憾与满足，待它想完心事，面就成为行（醒）好的面。倘若面还没有行（醒）好，打开面盆，面团僵硬，露出被打扰的不满情绪。母亲会说：“面还没行（醒）好呢，再等一阵。”那时，我一直弄不明白，母亲怎么知道面还没行（醒）好呢？

我将面团揉成厚厚的不太规则的圆，拿起擀面杖使劲从圆心擀开，母亲笑了，说她擀面向左，我却朝右，与母亲擀面方向相反的女子会嫁到很远的地方。母亲让我赶快改过来，而向左就再也不会擀了，擀出去的面不断缩回来，费力擀开一大圈，面边缘裂开的细缝像众多嬉笑的小嘴，面皱巴巴泛着灰暗的光。我低头站在案板前等母亲说教。母亲笑笑说：“刚学擀面就那样，多擀几回就好了”。下地回来的父亲　把面条挟起来看了看，问今天的面是谁擀的，听说是我擀的也笑了，二哥和小妹则大撅嘴巴给我脸色看。

在固城，一家人吃饭时，小方桌放在火炕正中，桌上摆放野韭菜、雪里蕻、醋泡洋姜、苦钙菜，四碟小菜散发各自的黄绿色。野韭菜和雪里蕻是隔年的，调进碗里提升面条的味感。苦钙菜腌制时，装进瓦坛封口，深埋地下，到次年挖出打开，坛里会生出黄黄嫩嫩的芽儿，浇热油上桌，是最为经典的下饭菜。醋泡洋姜腌制时间在五六—十一二年，时间越久，颜色越接近褐色琥珀，纹路越舒展，吃起来越是脆嫩。在四种历史悠久的野菜旁，摆放西红柿状的食盐、辣子盒，醋装在长嘴小白壶里。女人把隔年的肉臊子放进热锅，待油化开，放豆腐丁、木耳、干黄花、海带丝、五香粉、豆油、盐炒出香味，加水用文火炖，炖到汤表面溢一层黏黏的油膜，再给汤里打两个鸡蛋，外备葱花一碟。火炕上方坐最年长的老者，两侧依年龄顺序落座，全是清一色男子。女人在厨房煮饭，女儿媳妇们出出进进端饭。

炉中的柴火烧开锅中的井水，提起面条抖落干面粉，面条如根根银丝顺锅中升起的白雾，从手指间滑进水中，用筷子轻轻拨开，盖严锅盖，大火煮起，点几滴冷水，捞进碗的面条前后折叠齐整有序不沾不连，光鲜发亮，一根不断。舀汤时放细末葱花，葱花经滚汤烫过，顿时香味扑鼻，撩人胃口。这也是我家每天都有的生活场景，以前坐在炕正中的是94岁的爷爷，现在是76岁的父亲，坐在炕上最小的是8岁的小侄娃。在我的记忆中，母亲从擀面开始，吃面结束，身边总有挥之不去的麦香味。

学擀面成为与我学习语文、数学同等重要的一门课程。调好面，捂住面，我时常坐在门前的石头台阶上等面行（醒）好，数大柳树上飞来飞去的小鸟，时光不停地向未知的地方流逝，我想面盆底下行（醒）走的面，它已走了很长时间的路，从我看不见的路上回来了。母亲喊我："面行（醒）好了。"我揭开面盆，果然，面像走乏路的人，软软地坐在案板上，面庞渗出晶莹剔透的水汽，似在表白，它已行（醒）好了，再也没有理由让我等下去了。我熟练地将面揉成一个厚厚的圆，圆在擀面杖下越来越薄，擀一下面团，圆变一种姿势，擀完一圈，面成一个固定的圆，圆越来越大时，将偌大的面卷在擀面杖上提起，迅速向案后甩去，从半空落下薄薄的面像一片白绸缎，柔软轻盈，待脱开擀面杖时仍在起伏颤动，轻轻颤抖中打开各种各样的折皱，平展展地铺在案板上，似麦面的再一次表白。面铺在长方形的案板上，如平静水面的涟漪，一波一波地荡开，一圈一圈地成长，与案板形成不对称的方圆世界。随着年龄的增长，我开始熟谙擀面的各种技巧，和面时，面随我心，行（醒）面时，我随面心，擀面时，相互融洽，切面时，游刃有余，吃面时，面以物质的形式，融入劳动者的血液，而融入智者的则渗入意识，上升为辩证法的细枝末节。

擀好的面晾在案板上，太阳从窗外照进来，一束黄黄的光打在上面，面成温温暖暖的金黄色，光轻轻跳跃在案板四周，散发出缕缕土地醇香。凝视太阳光里不断变幻色彩的面，嗅它混合在光里的麦香味，想它究竟是光里的那一缕？面晾好后，撒干面粉，从中折叠成两个半圆，再对折成四个直角，就是要切的面了，一个大圆在菜刀下被切成细丝，韭菜叶、宽条子、柳叶尖、箭头片，煮熟的面条，浇上汤汁，汤汁渗进面条，融汇成浓浓的馨香。

有一年暑假，家里修新房，来了许多帮忙的人，大多是因母亲的擀面而来，母亲却出乎意料地把二十多人的吃饭任务交给我，这多少让乡亲们有些失望。每天我都要擀二十多斤面，擀好面，能擀面，这是母亲让我将来当好家庭主妇的一次训练，也是对我近十年来擀面水平的大检验。母亲是带着自豪感的，她是想借此机会向四邻八乡传递我家有个好女儿的信息。房子修好后，乡亲们基本上是满意的，我也赢得了擀面能手的好名声。

临近中午，村子里响起一阵阵擀面声，声音忽高忽低，忽强忽弱，伴随女人们的心情，回旋在瓦房半空。傍晚亦是一阵交响乐似的擀面声。女人们擀面是谨慎的，也是隆重的。在村庄，擀面不是机械的劳动，是智慧与灵性。擀不好面的女人往往被人嫌弃，被男人用木棍抽打。村子里有几个女人擀了半辈子面还是擀不好，也有来向母亲讨教的，她们用同样的面，同样的水温，同样的行（醒）面时间，在同一张案板上，擀出的面，其口感与母亲擀的面仍有许多区别，女人们百思不得其解，我明白这个道理已年过三十。我一直认为自己擀的面没有母亲擀得好，而母亲却说她擀的面远不如奶奶擀得好。

面粉的秘密是十里不同天，十里内外、北方、南方的面粉其色泽、味觉、手感、擀法大有区别。有一年，我家买了一袋进口的加拿大面粉，一袋面吃完才摸索出适合它的水温与行（醒）面时间。擀面时间久了，抓把面粉闻一闻，看一看，对面粉的产地也能猜出八九不离十，四亩子地、安家凹、韭菜坡、玛瑙地长的粮食脾性各不一样，阳坡生长的面粉和面时，水相对多一些，凉一些。当面揉到要捂时，就像是孩子光滑的肌肤。阴地产的粮食和面时水少一些，热一些。揉好的面就像是成熟女人柔软的乳房。荞面、包谷面、洋芋面性凉，均具备秋季的气候特征。擀杂粮面水要热，需要把秋天受过的凉补回去，也不用将面捂在面盆底下行（醒），因为它们已经在土地里走了漫长的路，经历了秋天的萧瑟冷风，再也经不起长时间的行走。四五分钟内要擀好，放下擀面杖，面还在冒热气。擀苦荞面的水还要再热些，两三分钟擀好，切好下锅的面还在冒热气，吃起来才爽口，若水凉，面会发苦难咽。擀洋芋面的水要开水，水一接触面，面就熟了，擀好的洋芋面，几乎就是粉条。擀秋天的杂粮面，手法要轻柔缓慢如花旦甩袖，身体前后摆动舞蹈般用温热的手掌轻轻抚摸。

擀面的过程是更像人对土地与食物的报答仪式。

在面粉的大家族里，麦面作为土地的至高，始终占有统治地位，乡亲们所说的吃饭就是吃麦面。在村庄，荞面、包谷面、黄豆面、豌豆面，已是乡亲们吃怕的粗粮，它们就像村庄的兄弟姐妹开始进入城市寻找出路，城市里人总要吃些杂粮来调节身体的营养结构，这样一来，被村庄冷落多年的杂粮又重新大面积种植了。

奶奶在世时常说，面要擀好，煮好，吃好。三好中有一个不好，就是对不起面粉，就是造罪。母亲从八岁成为奶奶家的童养媳，教她的第一课就是擀面。要把她的手掌揉得通红，才能捂面，面要揉三回。母亲说那不叫擀面叫惯面，像哄自己的娃娃睡觉一样。浇面的汤要在砂锅里用文火炖一夜，不能煮透油花，香味是用时间慢慢熬出来的。母亲说先要熬香一间厨房，再熬香一座院子。母亲一再告诫我，擀面要心到面到。如今，我偶尔回一趟家，每次都要给母亲擀一次面吃，母亲也要给我擀一顿面条，母亲已 73 岁高龄，她吃我擀的面与我吃她擀的面都一样，机会已不是太多。其实，这个世界特别匆忙，很多的时机正在流失，而一碗擀面的魅力在乡间依然是无穷的，一个婴儿的诞生与一个老人的离世，都要用一碗精心制作的手擀面来迎接和送行。

黄昏，望着晚霞映红的田野，忽然明白，母亲擀的面不如奶奶的好，是因为母亲还没有活到奶奶的年龄，我擀的面没有母亲的好，同样也是因为我还没有活到母亲的年龄。我不停地想一个问题，除了能擀好一碗面，还要写好一篇文章，把村庄的一些事写在纸上留下来。譬如：1993 年秋天，经常摧毁我家后院墙的固城河干涸了。

写于 2001 年 9 月

（选自赵殷散文集《回到固城》，该散文集获甘肃省第五届黄河文学奖散文类一等奖，入围第六届鲁迅文学奖）

## 乡村罐罐茶

王新瑛

在陇南，甚至甘肃河东地区的许多乡村庄户，喝罐罐茶是一种司空见惯的生活习惯。

没有人考证过这一习俗起源于何时，经历了怎样的发展，但却在一辈辈庄户人家的生活中延续。

喝罐罐茶，必须要有几个物件儿：茶罐，茶叶，一把盛开水的小壶，火盆或者火塘。茶罐是极普通的小口圆腹黑陶制器；茶叶一般是产于云南或者四川的老春尖、珠茶；火盆大多是生铁铸造的，形似一顶倒扣的草帽，中间是尺余大的空心圆，四围是一巴掌宽平展的圆边，下面有三只足，讲究一些的人家，火盆是黄铜铸造的，擦拭得锃亮，再配上雕花的架子，很是有点“乡村土豪”的味道。罐罐茶的喝法大体上也分两种：清茶、油炒茶。清茶熬煮简单，油炒茶就要复杂许多。清茶苦味厚重，上了些年纪或有茶瘾的人喜欢；油炒茶香味浓，苦味淡，是老少皆宜的乡村风味。

我家住在村子的最顶头，属于独庄子，离人口比较密集的大庄还有一段距离，但是父亲人缘好，经常有人来家里串门子，只要卧在大门口的黑子稍有动静，父亲就知道是有客来了，他必定会起身，倒掉才煮了两道的清茶，给客人准备煨炒茶。记忆里的父亲不急不慢，先把茶罐里的水烧干，再放进去些许猪油，等到茶罐里的油热了，捏一把茶叶放进去，听见“磁磁”的声音后用茶笔（一种截短了的细竹筷）搅拌，再添上水，用茶笔头儿蘸上盐放入茶罐中。茶罐的圆肚子烤着火，不一会儿，茶罐里的水冒着泡泡翻滚起来，第一杯炒茶便煨好了，倒进一只白瓷茶盅，端给年长者。随后，第二杯、第三杯、第四杯……即使是夏天，火塘里的火依然会灼灼燃烧着，照亮漫长的夜，一些远在山外的故事从喝茶人的口中讲出来，充满神奇和新鲜，别人家的家长里短，也在品咂着罐罐茶的舌尖津津乐道。

入冬以后，农村基本没有多少可干的农活儿。白天，人们去山里拾柴，再把粗细、长短不一的木柴截短，劈成块儿，整整齐齐摞在屋檐下，以备基本一年的烧火取暖之用。山村的冬天，夜晚寂静而悠长。吃完晚饭，男人们或去串门子，或围坐在火塘边和来串门子的人煨罐罐茶、谝闲传，女人们就像停不下的陀螺，洗锅刷碗，喂猪喂牛喂羊，抱柴烧炕……即便围在火边听男人们说笑，手里也会不停地劳作，纳鞋底，缝补衣裳，粗糙的双手缝过日子密密的针脚，细碎的家务被勤快的女人打理成井井有条的生活。

夜深时，继母已经干完所有的家务，坐在火塘的一角，借着明亮的火光纳鞋底，她一边听着故事，一边飞针走线，脸上绽出温和的微笑，俨然一个慈祥的母亲。望着她，我经常幻想某一天她会为我做一双新鞋，为此，我无数次避过奶奶帮着继母缠线、穿针，这样的愿望，在我幼小的内心不断升腾，又一遍一遍熄灭，随着如水的光阴消散

父亲平日里喝罐罐茶用的茶叶，并不是什么好茶，每次去镇上的集市，他只称一斤或半斤最便宜的茶叶，颜色黑沉沉的，形状像晒干的老树叶子。但就那样的茶叶，父亲一辈子喝得津津有味，每天清晨，他先拨拉开灶塘里先一天晚上埋好的火，煨上两罐炒茶或清茶，喝舒坦了才去地里干活儿。有时候，他把喝着没有味道的炒茶再煮几遍，倒给继母喝，我原以为那是什么好东西，曾经偷偷尝过，但除了苦味儿，再没有别的味道。清茶就更苦了，直接在茶罐里添上叶茶，加上水煨在火边煮，如果第一次喝这样的茶，肯定奇苦无比，难以下咽。但村子里的许多老人，却一辈子喜欢喝这样的苦茶，他们说有茶的味儿。

自己挣钱后，我每一年都会给父亲捎一些茶叶回去，有一次回老家，发现父亲把我给他的茶叶都用布口袋单独攒着，自己仍然喝着老树叶一般的陈茶，只有家里来了客人，他才把那个大袋子里的茶叶拿出来，一罐接着一罐煨，还说我买的茶叶太嫩，不经喝，煮两遍就没有味道了。我想不通，自己花了大价钱，买的茶叶怎么就没有那老树叶般的茶叶顺口。倒是继母，一个劲儿地说好，还把煮淡了准备倒掉的茶叶也给吃了。那时候的继母依然终日不停地纳着鞋底，那几个高高矮矮的孩子，每一年都会穿到他们母亲一针一线做的新鞋，遗憾的是继母却始终腾不出手来，在我破碎的心里打上一块补丁……

喝罐罐茶，就像各自不同的日子，一个地方有一个地方的喝法。在陇南，生活条件好一些的地方，罐罐茶煮得很讲究，先在锅里烧好清油，调小火，放进茶叶翻搅，加上核桃仁、面粉，放入盐、花椒粉，再继续翻炒，直到面粉与油粘到一块儿呈现稍微的黄褐色，煮罐罐茶的料就算是备好了。煮茶用的茶罐，是山村人在小窑里用泥坯烧制而成，讲究点的刷一层黑色的粗釉子，虽不太精致，但却很耐用。人们根据自己的需要，选择大小适中的茶罐。过去人们取暖大多用木炭，在燃着红红木炭的火盆上煨罐罐茶，那自是一种享受，现在找不到木炭了，人们便用电炉子煮罐罐茶，也有聪明人把电炉子做成袖珍的，而且能立起来，让盘着电炉丝的一面儿烤上茶罐的肚子。等到把茶罐烧热，放进先前炒好的炒茶，再用茶笔把炒茶压到茶罐烤不到火的一边，加上水，放入几根薄荷茎，用筷子慢慢搅，让炒茶渐渐与水结合，根据咸淡加盐，等茶罐里沸腾起来，一杯香喷喷的炒茶便煨好了。

到了我现在的年龄，仔细回想起来，在文化娱乐生活不多的乡村，在过去那清苦难捱的日子里，老辈的人们煮罐罐茶，其实也是在煮自己的心事，煮生活的苦乐。这是劳作之余的一种修行：休养生命，修补心灵或苦难人生的疮疤。

也许在他们心里，这苦熬了一生的罐罐茶，比起日子的苦来，便是生命的另一种回甘。熬上一罐茶，在晨霭迷蒙的早间，提神醒脑；在劳作了一天的傍晚，消乏解困；在风雪凄雨的长夜，闲说家长里短的琐碎事儿，打发无数苦寂无聊的日月。

如今，许多人对煮罐罐茶有了新的创意，加入的配料也越来越多，如枸杞子、银杏、核桃仁、花生仁等等，茶叶只是做了罐罐茶根本意义上的引子，就像我们日新月异的生活，不经意间被我们改变，却依然传承着骨子里无法遗弃的东西，这让我常常想起过去，想起那依然贫穷的小山村，想起煨着罐罐茶苦熬一生的父辈……

（选自第六届甘肃省黄河文学奖散文类优秀作品集《素影流年》，中国文联出版社）

# 第三节 小 说

## 五丁之武都担土

（西晋）常璩

武担山位于成都市老城区西北角的北校场内，相传为古蜀王开明王妃的墓冢。据西晋常璩所著《华阳国志》记载：

“武都有一丈夫，化为女子，美而艳，盖山精也。蜀王纳为妃。不习水土，欲去。王必留之，乃为《东平之歌》以乐之。无几，物故。蜀王哀念之，乃遣五丁之武都担土为妃作冢，盖地数亩，高七丈，上有石镜，今成都北角武担是也。”

又，隋朝虞世南《北堂书钞》卷106引《蜀王本纪》云：“武都有人，将其妻子女适蜀。不安水土，欲归。蜀王心爱其女，留之。乃作《东平》之歌乐之。”唐代徐坚撰《初学记》卷五引云：“武都丈夫化为女子，颜色美好，盖山之精也。蜀王取以为妻，无几物故，於成都郭中葬之。(表)以石镜一枚，径二丈，高五尺。”

## 怒特祠

（东晋）干宝

东晋史学家干宝《搜神记·卷十八》记载：

秦时，武都故道有怒特祠，祠上生梓树，秦文公二十七年，使人伐之，辄有大风雨，树创随合，经日不断。文公乃益发卒，持斧者至四十人，犹不断。士疲，还息；其一人伤足，不能行，卧树下，闻鬼语树神曰：“劳乎？攻战！”其一人曰：“何足为劳。”又曰：“秦公将必不休，如之何？”答曰：“秦公其如予何。”又曰：“秦若使三百人，被发，以朱丝绕树，赭衣，灰坌伐汝，汝得不困耶？”神寂无言。明日，病人语所闻。公于是令人皆衣赭，随斫创，坌以灰，树断。中有一青牛出，走入丰水中。其后，青牛出丰水中，使骑击之，不胜；有骑堕地，复上，髻解，被发，牛畏之，乃入水，不敢出。故秦自是置“旄头骑”。

## 武都太守李仲文

（唐）释道世

唐人释道世在《法苑珠林》第七十五西明寺沙门释道世撰十恶篇第八十四之三载：“晋时武都太守李仲文，在郡丧女，年十八，权假葬郡城北。有张世之，代为郡守。世之男字子长，年二十，侍从在厩中，梦一女年可十七八，颜色不常，自言前府君女，不幸早亡，会今当更生，心相爱乐，故来相就。如此五六夕。忽然昼见，衣服熏香殊绝，遂为夫妻寝息。衣皆有污，如处女焉。后仲文遣婢视女墓，因过世之，妇相闻入厩中，见此女一只履在子长床下，取之啼泣，呼言“发冢”，持履归以示仲文。仲文惊愕，遣问世之：“君儿何由得亡女履耶？”。世之呼问子长，儿具陈本末。李、张并谓：“可怪”。发棺视之，女体已生肉，颜姿如故。右脚有履，左脚无也。自尔之后遂死。肉烂不得生。万恨之心当复何言。泣涕而别。”《搜神后记》卷四：“武都太守李仲文丧女，暂葬郡城之北。其后任张世之之男子常，梦女来就，遂共枕席。后发棺视之，女尸已生肉，颜姿如故。但因被发棺，未能复生。”

明代剧作家汤显祖在《牡丹亭题词》一文中写道：“传杜太守（即《牡丹亭》里的人物杜宝）事者，仿佛晋武都守李仲文、广州守冯孝将儿女事。予稍为更而演之。”

## 村 妇

（五代）王仁裕

昭宗为梁主劫迁，岐凤诸州，备蓄甲兵甚众，恣其劫掠以自给。

成州有僻远之村墅，巨有积货。主将遣二十余骑夜掠之。既仓卒至，罔敢支吾。其丈夫并囚缚之，罄搜其货，囊尔贮之。然后烹豕犬，遣其妇女羞馔，恣其饮噉。其家尝收莨菪子，其妇女多取之熬捣，一如辣末，置于食味中，然后饮以浊醪。于是药作，竟于腰下拔剑掘地曰：“马入地下去也。”或欲入火投渊，颠而后仆。于是妇女解去良人执缚，徐取骑士剑，一一断其颈而瘗之。其马使人逐官路，箠而遣之，罔有知者。后地土改易，方泄其事。（录自《太平广记》卷一九0）

## 河池妇人

（五代）王仁裕

梁祖攻围陇岐之年，引兵至于凤翔。秦帅李茂贞遣戎校李继朗统众救之，至则大捷，生降七千余人。及旋军，于河池县掠获一少妇，甚有颜色。继朗悦之，寝处于兵幕之下。西迈十五余程，每欲逼之，即云：“我姑严夫垢，请以死代之。”戎帅怒，胁力以威，终莫能屈。帅笑而悯之，竟不能犯，使人送还其家。（录自《太平广记》卷二七一）

## 夜走灵官峡

杜鹏程

纷纷扬扬的大雪下了半尺多厚。天地间雾蒙蒙蒙的一片。我顺着铁路工地走了四十多公里，只听到各种机器的吼声，却看不见人影，也看不见工点。一走进灵官峡，心里就发慌。

这山峡，天晴的日子，也成天不见太阳；顺着弯曲的运输便道走去，随便你什么时候仰面看，只能看见巴掌大的一块天。目下，这里，卷着雪片的狂风，把人紧紧裹住，真是寸步难行！可是最近这里工作很紧张，到处都是冒着风雪劳动的人。发电机、卷扬机、混凝土搅拌机和空气压缩机的响声，震荡山谷。点点昏黄的火球，就是那无数的电灯。看不清天空里蛛网似的电线，只见运材料的铁斗子，顺着架在山腰的高架索道，来回运转。

我肚里饿，身上冷，跌了几跤，手掌也擦破了。算啦，到山崖下边找个避风的地方蹲上一阵，天明十点钟赶到材料厂也不迟。晚上，瞎摸乱闯，跌到深沟里把我这材料队长“报销”了！

抬头看，一条小路通到绝壁上的石洞里，石洞门口还挂着布帘子，无疑，这里住着工人。我抓住树枝爬上去，钻进石洞。奇怪！石洞门口有个小孩。看来，他，不过七八岁；坐在小板凳上，两个肘子支在膝盖上，双手托住冻得发红的脸蛋，从帘子缝里傻呵呵的望着对面的绝壁。我进来，他看了一眼，又朝外望着。

石洞挺大，里头热腾腾的，有锅碗盆罐，有床铺。床头贴着“胖娃娃拔萝卜”的年画；墙上裱湖的报纸，让灶烟熏得乌黑。

“屋里怎么没有人啊？“我一边说，一边拌着大衣和帽子上的雪。

坐在那里的小孩扭过头，眼睛忽闪忽闪的望着我，说：“叔叔！我不是个银（人）？”他大模大样的站起来，背着手，挺着胸脯站在我跟前，不停在用舌头舔着嘴唇，仿佛向我证明：他不仅是个人，而且是个很大的人。

我捧住那挺圆实的脸蛋，说：“小鬼！你机灵得很哟！”他把我的手推开，提着两个小拳头，偏着脑袋，质问：“哼！叫我‘小鬼’？我有名字呀！”他指着床上那个睡得挺香的小女孩说：“妹妹叫宝情（成）我叫情（成）渝！”

不用问，这孩子象我碰到的千百个孩子一样：工地里出生，工地里成长。工人们喜欢用工地的名字给孩子命名。成渝这孩子大约是生长在成渝铁路工地，那个叫宝成的小女孩，也许就出生在此处。

我笑了笑，坐在火炉跟前，一边吸烟，一边搓着手上的泥。

成渝看我很和善，就爬在我的膝盖上，伸长脖子，望着我的眼睛，问：“叔叔！明天还下雪？说呀，叔叔！明天还下？”

我把那冻得发红的小鼻子按了一下，说：“天上要通电话，我一定给你问问。可是——”

嗬！他恼啦！一蹦起来，站在离我几步远的地方，皱着眉头，偏着脑袋，把我上下打量了一番，说：“你！哼！还哄我！你口袋装着报纸。报上有天气哩。”

哦！他是说，每天的报纸上都登载着天气预报的消息。这小家伙精得很哪！

成渝噘着小嘴巴，又坐在门口，双肘支在膝盖上，两手托着圆圆的脸蛋，从帘子缝里望着对面的工地。我问他水壶在哪里，他也不招理。真后悔，不该得罪这位小主人！

我说：“成渝！明天还下雪，是不是你就不能出去玩啦？”

他懒得看我，说：“爸爸说，明天还下雪，就要停工哩！”

我说：“你爸爸这样关心天气？他干啥工作？”

他骄傲地说：“开仙（山）工！”

“在哪里开山？”

他呶着小嘴巴，指着对面的工地。

我顺着他指的方向望去，只见探照灯的光带，透过飘飞的雪片，直向天空射去。顺着光带，隐隐糊糊可以看见几十名工人象贴在万丈绝壁似的，打着炮眼，仿佛在开凿着登天的梯子。

我说：“成渝！哪个是你爸爸，根本看不清哪！”

成渝说：“我也看不见爸爸。爸爸能看见我。爸爸说，他打炮眼呀，打炮眼呀，一扭头就看到我了！”他的两只脚在地上乱踢腾。“我常坐在这里望爸爸哩。”

啊！是这么回事！

我鞋子上的冰雪化开了。这工夫，我才感觉到冻得麻木的双脚开始发痛。为了取暖，我跺着脚。

成渝咬住嘴唇，又抡手，又瞪眼睛。我懂得他的意思了：怕我把他的妹妹惊醒。

我说：“你对妹妹倒挺关心！”

他说：“妈妈说，我的印（任）务是看妹妹。妈妈回来，我就下班了！”

“啊！你也天天上班！”我把他搂在怀里说，“妈妈干啥去啦？”

他指了指石洞下面的运输便道。

我顺着他的手望去，只见一个人站在运输便道旁边的电线杆子下，已经变成一个雪人，象一尊石刻雕像。看样子，她是指挥交通的。这条从绝壁上凿开的运输便道，并不宽畅，一天二十四小时，汽车、马车、驮骡、架子车和行人，来来往往，非常拥挤，没有人指挥就乱得一团糟。不过，今天下大雪，夜已很深，路上行人和车辆都很少，她满可以回到家里歇歇，可是她却屹然不动的站在那里。她可能在这个岗位上工作了三个月五个月，或者是三年五载了。平素，也许她仰起头就能看见她的丈夫，也能看见她的孩子；而那攀登在山与天相接之处的丈夫，也许在擦汗水的工夫，一转眼就看见妻子坚毅的身影和孩子小小的身材了。我猜想：即使在这风雪迷茫的黑夜，工人、工人的妻子和工人的孩子，谁也看不清谁，可是他们一定能感觉到相互间深切的鼓舞和期待。

我回头一看，成渝笼着手，缩着脖子，不住地打盹。我拉住他圆胖胖的小手，说：“会着凉的。上床睡吧！”

成渝从睡梦中醒来，当是他的爸爸妈妈回来了，仔细辨认了一阵，发现是我，摇得象拨浪鼓似地说：“我不睡！我不睡！”

“为什么？”

他用小拳头揉了揉眼睛，说：“爸爸和妈妈说，不管哪个银（人）都要朽（守）住康（岗）位。”

把成渝搂在怀里，紧紧地抱了一阵，用我的脸暖了暖他的脸蛋。然后，裹紧了大衣，把帽沿往下拉了拉，出了石洞，下了山坡，顺着从绝壁上开凿出来的运输便道，向前走去。

风，更猛了。雪，更大了。……

一九五八年元月写于成都

## 冰　桥

李百川

我在冰桥湾办点，什么样的办法都尝试过。搞过农民剪纸，但不许他们剪像狮子滚绣球哇、鱼戏莲哪、鱼樵耕读哇这些没政治内容的玩艺，我出了题目，还给他们画好，只需他们抄起剪刀照办。可是没多久他们就躲避这件事了。也搞过农民泥塑，请本庄一名塑佛像的老汉教青年们学，可是塑出来的英雄人物的形象上总带着释迦牟尼的神气，怎么也改不掉，闹不出个名堂来。还搞过故事会、流动图书箱、文艺宣传队……凡是小靳庄的那几件活动，都照搬过。

不仅我们就碰上了这么一个什么也吃不准的时期。当时“四人帮”刚刚被粉碎，我们就按它那个样板搞的一套都得重新经受检验。好心的同志劝我说“快丢开你那个什么点吧，没什么可搞的啦！”可是新来的县委姜书记路过冰桥湾，批评我们不该坐等上面又推广什么经验，要自己创出路子，自己总结。我心里嘀咕说：“哎呀，我无所适从啦。现在的工作总不能无章可循啊！……”

这时，交心，一个有“向党交心”的年月里出生的青年，大队支部副书记兼大队团支部书记，我们文化室的负责人，来跟我商量不久到来的春节文娱活动，还带给我一个剧本——《憨大哥》。

这大约是根据一个古老传说改变出来的故事的片段，描写旧社会憨大哥和尕妹妹的婚姻上不得自由的悲剧，很凄楚动人。我问谁写的，交心说，是史可臣写的。

我想起来，我见过史可臣。他矮矮的个子，有一张黯淡而浮肿的脸，下巴有一圈稀疏的黄黄的胡髭，皮松驰，眼下甚至吊着一对泪囊。他经常夹着一破旧不堪的公文皮包，风尘仆仆地奔波在通往县城的路上。他对演时兴的戏没有多大兴趣。文化室演出时，请他帮助监场，他也只是在二道幕中缝后一站，脚来手不来，目光呆痴，像个木偶。有时他也会蓦地想起什么来，手忙脚乱地去为出场的演员扯扯后襟啦，去拣掉在台口的发卡和烧坏的汽灯纱罩啦，过一会就又恢复了呆痴的神情。有一次演出中，女主角艺名叫“十一红”的，要一盏灯高挂起来，景片上没有钉子，非得有个人从幕后抓定不可，就请史可臣抓。十一红个儿高，表演中无意把红灯定在较高的位置上，史可臣个儿小，又刚被叫醒，迷糊中只好踮起脚尖。瞌睡带来的寒气侵袭着身子，他瑟瑟颤抖着，一直到戏完。这时交心走过来，大声呵斥道：“史可臣，你不愿服务就走！”

史可臣沉着脸。十一红顾不得卸装，神色仓皇地跑过来，焦急不安地问道：“是你……

是你在幕后抓灯盏……我一点也不知道，真的，不知道……”

史可臣的脸胀红了，瞥了十一红一眼，十一红深深地埋下头去，显得那么惶恐、羞惭……我从脚下拣起史可臣刚才睡觉时当枕头用的那件破旧皮包，发现那里是他写的翻案书的底稿。从申诉里知道，原来他蹲过监狱。里面还有一册厚厚的翻案书的索引，登记着自己每篇上诉书的题目、概要、何时寄何地（分别寄给县、地、省级和中央），每份都编了号，如“史申字 × 年 × 号”。他从 1958 年以来全部申诉的概况都在这儿展示了。另有一本记录了许多民歌的黑漆布皮的笔记。多少年来，他夹着这个破旧的书包，冒着苦风凄雨，不停地奔波在那条总是泥泞的乡间小道上。

这就是史可臣。他现在却有兴趣给我写剧本了。于是我把剧本还给交心，摇摇头说：“这个人背景多坏！常夹个破皮包跑来跑去，到处翻案……算了吗！咱们再闹不出名堂，也还用不着他这号人来撑门面！”

我发觉自己在一个多变的时代，说不定哪天，时代的浪潮会冲刷我经营已久的小天地……我多么烦闷。我围着火盆、茶罐，在炕上闷坐，或者顺着洮河河沿去散步。有一刹那，我甚至想逃回县城去：在这儿还有什么可搞呢？干脆丢开这个算了。我顺着河沿想通过冰桥走上公路去，可是我又久久地在冰桥旁发呆。

你见过洮河上特有的冰桥么？洮河是一条并不封冻的河流，可偏偏就淌到冰湾的面前，陡然结下这么一座桥来，它的上下游却照旧一泻千里地流淌。我敢说这是整个洮河上唯一的一座，真是唯一的！据说这座桥从来没有坑过一个人，而只是在春暖夜间悄悄地撤走。人们说这是一座神桥。

大概因为这是一座神桥，所以我常常看过桥下总有面团捏的油灯和香火。我信步来到这儿。如今这儿什么也没有了，只有被烟火熏黑的土坎，而且已经变得焦黄……

这一点点小小的发现却改变了我的坏情绪，我又想，要不是我们用社会主义占领这块阵地，使群众的精神面貌改观，能有这种显著的变化吗？我们是做了一些工作的，是有成绩的，何必要丢开这儿呢？

我仔仔细细地把近来揭露出来的“四人帮”的罪行逐条在脑子里过了过，觉得其中有很重要的一条，那便是他们“踢开党委闹革命”。看来，加强党对群众文化的领导，说什么也得坚持。我简直觉得过去我们还放松了这一条呢……我灵机一动，对了，千不该，万不该，不该忘记了各个大队的党支部，那些最显赫的好人儿们，得把他们组织起来。正书记们如果不买账，都来二把手更方便些，培训培训，办它一个“书记歌咏队！”我决定到公社去谈谈这个。

歌咏队的队员们，他们大都是一些年轻的副手，来冰桥湾聚会了。在这儿党委的同志讲了群众工作的意义，及至那些好人儿们弄清公社召开会议的目的，原是请他们当演员时，都呵呵地笑起来。

我问，你们知道文革前，有个“将军合唱团”吗？那些好人儿都眼巴巴地望着我。我说，你们参加这样的合唱说明党重视和亲自参与了这项工作；另一方面，这样的活动在“四人帮”猖獗时期是没有先例的，他们总是想踢开党委……

然后我说，等一等吧，十一红来了，就开始教歌。我们刚送走了公社的同志，就有人喊："你看，十一红，那不来了！"

十一红骑着一匹高头大马，在一名小青年的护送下，到了庄头。她翻身下马，对小青年挥手说："回去吧，头面首饰我找到后给你们捎去，扎头有困难随时说一声，我就去！"那小青年把一个小红布包的酬谢硬塞到她手里去，她执意不要。后来，趁小青年不注意，她把布包悄悄地塞到马背的褡裢里，说"看好你的褡裢啊！"便走过来。

十一红年交四十了。她本名叫石艺红，从小跟父亲卖艺从关中流浪过来。十一岁那年，临近解放，她登台表演，乡绅们就给她喝彩挂红，重偿"利市"。从此戏报上、口头上都叫她"十一红"。她曾经在我们县剧团工作过，我在那时负责过很短时间，知道她这些大概。在冰桥湾，她是迁来的客人，人们只听说好像她的爱人在押时死掉了，或是彼此断绝关系了，她曾经伤心地表示永不嫁人，至今还孑然一身，只有个从亲戚家接来的女孩跟她一起生活。她在县剧团时什么样，现在依然还是什么样。一张白白净净的略瘦的脸庞，鼻两边有两三颗麻子坑，眼角上尽管有了许多细密的鱼尾纹，乍看却看不出来，只有在笑的时候可以发觉；可是她又笑得那么纯真，把年纪的特征都遮掉了，再加上那苗条的身段，办事、走路手足轻捷，谁也会觉得她还年轻……

十一红顾不得喝口水，就开始给大家教歌。书记们的歌喉大都带有一种执拗的怪调，他们只消听个开头，便顺着想象的调子唱下去，有的嗓子发着颤音，像树叶在风里抖动。

"为啥总改不过来！"十一红发急地敲着竹棍说，"改一改嘛！"

"老毛病啦，难改呀！"有人瓮声瓮声地嘀咕。

"别把调子赶得像滚坡的石头，一个轻儿往下溜……"

"喂，三喜，别再顺坡溜啦……"

有人哧哧地起笑起来。

接着，好人儿们挨挨挤挤地往十一红的家、那个开饭的地点进发，唱着刚刚学会的走调的歌，踏着步伐。十一红给他们准备了一点酒菜，大家唱得热了，有两个可爱的人儿，一边一个扯住十一红，把一大杯酒给她灌下去。十一红脸涨得通红，在那可爱的人儿脖颈上掴了一巴掌。那好人儿涎赖着脸皮，心满意足地嬉笑着。十一红双手抹着脸，咳嗽着，跑出屋去。

"请主人家来一段好不好？"有个好人儿提议，立刻博得一片掌声。十一红拗不过，清了清嗓门，唱了一段。她唱的是根据传说编出的词儿，描写了憨大哥和尕妹妹被双双缚上公堂后含冤负屈的悲愤。开始人们都愉快地欣赏着这个可爱的女人，从心里羡慕着她。可是十一红唱得那么悲怆、凄婉，使人们渐渐不愿正视那闪着熠熠光芒的眼睛。人们越听越愁闷，越愁闷越是静默，连出大气的也没有，仿佛从喧嚣进入了梦境。人们都觉得，她不是在即兴即唱，而是在诉说心灵，剖开心灵给人们看；她那么充满激情，对人生理解得那么深，捕捉得那么敏捷准确，表达得那么淋漓酣畅，一声接一声地挖掘出深埋在听众心上想吐不好吐的宝藏，一声紧似一声地扣住人们的心弦。人们都在慨叹：天哪，这才叫唱呢。及至唱毕，他们再也忍受不住这苦涩难忍的气氛的浸泡（那空气把人们的心都压住了），便谁也不招呼谁，一个个悄悄地从十一红面前经过，走掉了。十一红唱毕，站在柜头旁，双肘支在柜面上，两手久久地捧着头。我说"他们都走了……"她这才从痴迷中惊醒过来，拢了拢头发，扬起脸，脸颊上挂着泪痕，却又浮现着朦胧的笑意。

"你唱得真好……"

"不好，我是这样想，现在我们看到的这个传说，为什么把憨大哥和尕妹妹表现得逆来顺受，难道他们只是一见钟情，在波折面前又只是在抢地喊冤么？这不对，这不像劳动人民的忠贞的爱情。"

她把剩酒和一小碟菜放在我面前，自己也坐下来斟了一杯。

"我也常常想，在劳动人民中间，应当还埋藏着那样一支'花儿'：那个故事里面有坚定不移的爱和恨……它在哪儿呢？……"

她沉吟了。

"你觉得这儿苦吗？"我问。

"是有点苦。可是我喜欢。这儿的人们真诚、纯朴，就像刚才这些人，闹一闹，其实不就很实在，很招人喜欢么，只是我是个苦人儿，心头另有一股苦味，总叫我没有心思去凑凑热闹。"她悲苦地摇摇头，吞下一杯酒。"乡亲们也离不开我，逢个节令，四方八乡耍社火唱戏，拉马套车地把我迎来送去……我能够为群众服务，我甚至觉得，我的艺术生命还没有完。"

是的，在一个偏僻的山乡里，一座简陋的土屋里，住着她，一个大剧团的名角，一个情愿就此蛰居下去的女人……

我记得，当初县上拼凑那个剧团的时候，没有好旦角，有人向我介绍了十一红。十一红当时还是花市一家大剧团的台柱子。同时，那位介绍人还透露了一个重要的秘密，那就是，十一红有个亲人（可能是哥哥）关押在我们县的看守所里；这个十一红，是个极重感情的人，曾经露出口风：只要首先能使她在押的亲人保外就医，她愿意屈身到小县城来……当时剧团之间互相挖墙角的事常有，我们仰慕她的大名，决心为她奔走。当时的县委负责人是个戏迷，他考虑了这个条件，请来公安局、法院头头，商谈了一下午。后来书记召见我说：可以答应。你出发吧！

我在花市一家小旅馆下榻，当晚就去看十一红演戏。我坐在最前排，捂着个大口罩，免得有人注意我。演戏中间我托人给十一红递了个字条，约她卸装后到对面津津食堂一谈。她很快来了，她的服饰很华艳。她的迷人的漂亮，把小饭馆里的人都震惊了。我们只能悄悄地谈话。我们谈妥了，不外是使亲人保外就医、月薪加倍等等。后来，按约定的时日，十一红假托上街，一个小包都没带，只身离开花市剧团。我们上了车……

十一红抱着解救亲人的赤诚，毅然来到偏僻的山区。不久剧团解散了，十一红谢绝了好几个剧团的邀请，迁居到冰桥湾乡间。对于她，更为苦闷的，便是由于人事变动，使亲人保外就医的愿望竟没有能够实现……

“我不久就离开了县剧团，我打听不到，也好像你闭口不谈，你那个亲人后来怎么样了？”我问道。

“他？”她吞下一口酒，仿佛那是一口苦酒，痛楚地摇了摇头。我心头一沉……

夜十分寂静，可以听见洮河的涛声和什么东西掉在河里的噗通声，仿佛那是一只叼水的鸟儿用翅膀打水，或者一只睡昏了的乌鸦失足了……要不，是冰桥融裂起来，冰块掉在水里？不会的，冰桥的融裂的声音该是惊天动地的吧……从河面上吹来的寒气，已经渐渐浸透了这幢顿时变得冷落的矮屋。从河面上还传来一两声赶漂的号子声。那是冰桥旁的一座储木场，正在清点从冰桥上游收上岸的木材，准备从冰桥下游发出去。忽然，一缕歌声悠悠地传到矮屋里来。十一红警觉地站起身，走到窗边去听，又什么也听不见了。十一红缓缓地离开窗户。陡地，那歌声又起了，隐隐约约，断断续续，却是在不停地唱了。十一红拉开门，寒风吹到屋子里，吹熄了灯。隔壁睡着了的那个小女伴开始咳嗽起来。我们走到小院里，侧耳静听，那是放筏的水手在漫“花儿”。

“哎呀，像是那支‘憨大哥’！”十一红紧张得把手指咬了咬，奔跑起来，又回头拽我一起去，恳切地说：“你快去告诉他！他多年来寻找的，说不定就在这支‘花儿’里头……”

“告诉谁？”

“他，……史可臣。”

“他寻找什么怎么知道？”我不以为然地说。

“这……全庄的人谁不知道！”

我们到史可臣家门口去了。从屋里正传来他那个又高又瘦的女人怒气冲冲的斥责声——

“家事你就别管！你没有一点过日子的气气，天哪，我怎么跟上了这么一个不会过家的叫花子呀，还天天去跟公家对抗、闹翻案，疯到这大半夜才回来！千万小心人家把你看成吕蒙正，请你去做高官。看看！娃娃们一天两顿拌汤下些洋芋，没有一口馍馍吃……你就不该也跟人家进趟山嘛，扯方、背椽你不会，也学着割点柴禾来呀！”

十一红重重地叹了一口气……

“史可臣，快出来！”我叫。

屋里一下静了，接着那女人咆哮起来：“我看你出去，捣坏你的腿！”

“你快说：有人唱‘憨大哥’呢。”十一红躲在我背后，低声说，“我怕那婆娘。”

我学说了一遍，话刚落音，那门呀地一声开了，史可臣奔出来，颤声问：“在哪里？”

“你听，河面上……”十一红轻轻地说。

歌声还依稀可闻，但顺着流水流走，变得像游丝一样细微……史可臣振奋地嚷：“他们的木排出发了……我得去赶！”

他背起一只小皮筏子。他听到屋里女人的啜泣。他奔跑起来，消失在沉沉的夜幕里……

“你瞧他就像疯了一样！”十一红这才舒了一口气，笑着说。我们走回来。她继续说道：

“我懂得这号人！在另外一条河上，我还碰见过这样一个人。那时我十分年轻。有一次下乡演出，我去晚了，那一条河横在我的眼前。我好不容易发现上游漂下来一只皮筏子，便喊它渡我过河。筏子手是一个小伙子，裤脚挽得高高的，很有精神，但也不像个真正的筏子手。他不耐烦地说：‘快上来吧’！我闷闷不乐地坐着，打量着筏子：里面放着一把胡琴，一本厚厚的记录本，本子里又夹着一只口琴，旁边是一只干粮袋。奇怪的是，小伙子并不把筏子朝对岸划，倒是顺流飞驶而下，仿佛一心要追赶什么。我渐渐发现，他真的在水面上追赶歌声呢，追赶放筏的水手漫的‘花儿’。他追上好多只木筏，引吭高唱，用‘花儿’询问什么，那些筏子手也用歌声回答，说他们还没有小伙子要寻找的那个唱法。后来，面对着滔滔的流水，小伙子失望了。他缓缓地把筏子靠了岸，方才记起我这个乘客。怎么办呢？筏子把我漂得很远很远了，我又不知道该怎么走。他难为情极了，决定送我到演出点去。路上我才明白，他是个搞群众文化工作的，也是个文化馆长，喜欢在水面、山里采集民歌，常常为找到他所希望的那样一种唱法奔波着。他诚恳地告诉我说：‘像憨大哥和尕妹妹的爱情，不会只是遇到波折变得凄凄惨惨。难道劳动人民在爱情上就没有忠贞不渝的斗争么？肯定有，这样主题的花儿也肯定是存在的。目前我们知道，憨大哥和尕妹妹的记载，大约是经过封建文人篡改过的，总是不理想。’小伙子那一副珍惜民间艺术的心肠，深深地震动了我的心，对于我这个土生土长，从小就在乡间群众中学艺卖艺、受尽歧视的人来说，是多么亲切！从那时起，我还是头一次明白了群众艺术的力量和影响，爱上了‘憨大哥’这些民歌；也是那么有力的闯到我心上来了……他，真算一个在群众生活的泥土扎根、吮吸营养、永不疲倦的群众文化工作者呵！”

“这人是谁？”

“就是他一个人！”十一红俏皮地说。

歌咏队的好人儿们渐渐不来活动了，说是他们要忙着去办畜牧场啦，去农田基建工地挂帅啦……如他们真的学会了几首歌曲，随时召集便可以拿出去，那倒是另一回事。可是这些好人儿们普遍对那几首歌曲兴趣不大，只说他们劳累过后唱几首歌本来可以休息休息，不料学唱的这些歌，一首首都板着面孔，比一篇批判稿还难背，那个劳累实在不比蹲一年学习班轻到哪里去。还说，教个十一红唱的“憨大哥”那样的歌儿吧！那才叫唱呢。他们没兴趣学，因此总是走嗓调，而且转脸就忘……

我总是烦闷。不是围着火盆、茶罐，听交心在一旁穷叨叨，便是独顺着河沿去散心，对着冰桥，想一些可笑的问题：冰桥为什么偏偏在这个地点形成？它如果永不消溶又该多么方便……等等。有一天夜色很重，我转了一圈回来，听到庄子西头的小学校里，开始响起了锣鼓家什。这时节气已交腊月了。

没有一样锣鼓声不是与我的事业有关的。我纳闷这是在干什么，便急急忙忙地走去看个究竟。

学校操场有座小戏台，戏台又连着一座教室和一间宿舍，就在戏台上、教室里，人们正忙忙碌碌地扎龙灯，裱糊狮子头，学习划旱船。宿舍的炕上拢起一盆大火，谁也顾不得去烤烤。但每个人脸上都洋溢着欢乐的红潮。旱船用各种彩绸缠得鲜艳夺目；旱船旁，一群孩子头上戴着雪白的羊肚子毛巾，身上绑着模样可爱的纸马，在蹦蹦跳跳地交换队形……他们的活动，只是在半公开地进行，可也听得他们都这么议论："四人帮"垮台了，咱们也该丢开他们那些个清规戒律，今年说什么也得红红火火地闹新春了！他们每个人都表现得那么聪慧、有才气，尽情地施展着本领，态度凝重，举止不凡。这哪里像平日的农民呵！平常不动声色，决不显露。想想他们参加我发起的活动吧。总是得慢慢吞吞，呆头呆脑。可是这阵儿，你看看……

我很不是滋味，走进去，可是每个人都在忙，谁也不注意我，我也说不出什么来，便默默地踱到宿舍那头去。几个烤火的小孩子看见我，慌慌张张地走掉了。我坐在火盆旁，暖暖身子。人暖和过来了，再加上心绪烦闷，我不久就蜷在角落里打起盹来。

这里，外边演习狮子舞，人们都跑出去看，隔壁教室里也空了。

十一红闯进来了，带进来一股风寒，显然又被哪个庄请去排戏刚刚回来。她吸着气，烤烤脸，摩擦着双手，去脱鞋子，边脱边自言自语地说："这鞋！就走了三四十里地，把脚还磨出泡来……"

"快来洗吧！"这时，外间有往脸盆里倒水的声响，有个颤巍巍的声音在呼唤十一红。那是史可臣的声音，只有他一个人在外间。十一红应了一声，趿着鞋走出去。外面很静默。半晌，听得史可臣说了声"我来泼"，抢端着脸盆，脚步沉甸甸地奔出去了。传来十一红急得有点异样的声气："哎呀！怎么能叫你……"

忽然涌进来一群人，找烟抽，倒茶罐里的茶喝，谁也顾不得注意炕角落里的瞌睡虫。我眯缝着眼睛，看见一个小伙子一边簖火吸烟，一边神秘地说：

"哎哎，看到一件稀奇事了吗？史可臣那个软蛋，给十一红洗脚、倒洗脚水呢！"

"去去！"有人不相信地挥挥手，"没看史可臣那熊样！这两个人能扯到一起吗？"

人们都嘻嘻哈哈地笑起来。那小伙子忿忿不平，把史可臣索性叫过来，眉飞色舞地说："大哥，少来点雅兴哟！我那丑八怪嫂子，平日里你走一步，她拃三拃，当心打听她耳朵里，告你一状，可叫你前案还没翻过，又卷到花案里去哟！……"

"这是什么话，这是什么话……"史可臣涨红着脸说。

"你会使粉吗？"那小伙子一本正经地问。他看史可臣认真地点点头，便接说："等到化妆时，先请你拿粉团把她那脸上的几粒麻子坑填满吧！"

人们发狂地哄笑了。史可臣变了脸色，手掌痛苦地罩在额头上，枯瘦的手指在哆嗦。他蹲到别人背后的墙角阴影里去，就像掉下去一样，消失了……接着，人们又一哄而去，去演习踩高跷……

我悄悄溜出学校，闷闷不乐地踱回住处。我第一次那么强烈地感觉到：他们不需要我了……

不料，次日县委姜书记检查工作路过这儿便要看看这儿的群众文化生活。我向他介绍了这儿开展农民剪纸、农民画、流动图书箱等活动的情况，晚上要他看看"书记歌咏队"

的表演。

在我想来，歌咏队是要点汇报。可是都怪我把事情想得简单了点，那些好人儿连县委书记来看他们的表演也忽略过去，通知早就发下去，天色傍晚才稀稀拉拉来了几个。这几个人见没有什么动静，三窜两窜也没法寻了。好人儿一心要我在这节骨眼上丢人现眼罢了！我急得跳着脚，逼着交心快去奔走催促，后来交心也不露面了……

歌咏队终于没拉出去……

倒是姜书记发现了那群跑纸马的娃娃，便要演一演看。那天晚上从邻近庄里来的观众真不少。跑过纸马，十一红扮船姑娘，表演旱船，把彩船模拟得真像在万顷碧波里颠荡。突然，表演圈里，史可臣出现了。

他化妆成惹狮子的勇士。想不到这个孱弱、邋遢的人儿，会表演出一个雄健、敏捷的灵魂；他的原本枯瘦、暗淡无光的脸如今泛着少年人的红潮。原本呆滞的双眼现在迸发着火花，他浑身带着富有爆发性的姿态，略微短小但疾劲的双腿在地上飞快地变换移动。他像一只鹰似的跳上跳下，轻捷地在一张大方桌的四角上跃来跃去，腰上那根肥大的腰围像火苗一样照耀夜空。场上一片喝彩，姜书记也咂了咂舌头。这喝彩，这咂舌，在我听来，是对我那另一项文化活动的嘲讽、否定……我们什么也没拿出去啊！我心里真恼火。特别是当我最后看到那两个顶狮子的，便是咱们歌咏队的好人儿时，我气得差点没叫出来……

演毕，姜书记临行对我说："你的工作主动不主动呵，你自己看看吧，怎么样呵？我看很不行，唔，很不行……"

"今儿晚你坐得住吗，我可坐不住！什么人登台表演？史可臣，释放犯！"回来后，我给交心大发牢骚，气哼哼地把一只手向他抛去，仿佛抛给对方一份确凿的罪证，"你想，今儿晚这关键时刻，谁出了洋相，谁抖了威风，用什么东西占领农村思想文化阵地？"

"馆长，你该知道，我多少年，制造了一大批身上有疮疤的人，太多啦……"

"什么！你放弃领导好了！"

"随你怎么办吧！"交心忙随和地说。

恰在这时，上级文化部门要我们总结一下冰桥湾的经验，带着材料准备开会。我跟交心合计了一下，不外从下列几个方面入手：一、加强党的领导（如"书记歌咏队"）；二、狠抓意识形态领域里的阶级斗争……

"阶级斗争这一条……"交心为难地沉吟起来，搔着头皮。

"这一条要好好讲！"我用手指连连点着说，"我发现这一条非常实用！"

我逼着交心了解到史可臣的情况。史可臣一直在外面的花市工作，也就是十一红原先剧团所在的那个花市吧，回到乡间后绝口不谈自己的琐事，人们也无从知道他的详细情况，组织上也只是掌握他曾经利用民歌"攻击过三面红旗，同右倾机会主义分子相呼应"，整理过"反党剧本"，犯了错误，蹲过牢房，就这样回来了。好了，还有比这个更为典型的反面教员么：历史上就在意识形态领域里向社会主义进攻，现在还不忘记翻案、反扑！我拉住交心不放，一起紧张地研究如何整理大队文化室同一个释放犯争夺文化阵地的材料。

可是，一向被叫做“秀才”的交心，却推托不好写。我说：不会也得写！我还要交心准备一次批判会，逐步把这邪风煞下去。

我又到公社去交换意见了。那一夜突然刮起强烈的西北风，雪糁像霰弹一样打在脸颊和脖颈里，我回来的路上直觉得快要冻僵了。这时，我远远发现，在冰桥旁，有一团篝火舐着夜空，仿佛正是从篝火那儿，传来一曲漫起的“花儿”，很快又被风声卷走。我走过去。这里泊满了编排好的待发的木筏。放筏的粗犷而剽悍的水手们围坐在火堆旁吸烟、喝酒，他们都眼巴巴地望着一位身材宽阔、长着发红的圈脸胡髭的老水手；那老水手喷着酒气，不停地用手搓着胡髭，陷入沉思里。刚才的“花儿”，大约是他唱的。

“又记不得了……”老水手茫然地说。

“您再想一想。兴许想起一句，就全部想起来了呢。”

我吃了一惊，缩住脚步。我这才发现。启发老水手的，正是盘腿坐在一旁的史可臣。他脚前放着他那件破旧皮包和胡琴，手上捧着黑漆布皮的笔记本，两眼放射着急迫、兴奋的光。呵，他在波涛里苦苦寻觅，今天，大约终于找到什么了……我屏着气息站在光阴影里，又在旁边意外地看到十一红。

十一红面带愁闷地看看沉吟的老水手，又看看目光紧迫的史可臣，用眼神示意史可臣给老水手奏起来。史可臣迟疑了一下，便调了调琴弦，眉头耸动了一下，拉响了胡琴。他的身子随琴声仰合着，琴发出微弱的声音，不时被风声所掩埋。他坚持奏着，想用那首“憨大哥”的旋律，唤起老人深埋在时光浪头底下的记忆，用爱情的动人光芒，照彻老人淡泊的心情……可是那琴声毕竟抵不过风雪的呼啸，却使老人焦心地皱起了眉头。

十一红忽然拿出一柄口琴来，征询地在史可臣的眼前亮了一下，史可臣眼睛放光了。他点了点头，可是又无可奈何地摇摇头。十一红仿佛懂得了他的心思，便起身半跪在史可臣面前，自己双手执着口琴，放到史可臣的嘴髭上。史可臣一下吞住口琴，吹奏起来，同时手下一刻不停地拉着胡琴。那配合相间的乐声立刻变得浑厚响亮起来，仿佛在宽阔的河面上飘下来一列木排，一位热情的水手在放声高唱，由远而近……老人渐渐埋下头去，双手捧着头颅，许久许久，又抬起头，目光停留在篝火火舌上飞旋的雪花里。他把胡髭揪了下，又揪了下，被他跳荡起来的心牵动了，忽然他哼出了一声歌，紧接着他放声高唱起来，那枯萎已久的“花儿”在他的心上重新抽芽开放——

钢打的刀子乌木的鞘，打死到一处也不喊饶；

黑夜后头是晴天，有一日报仇的申冤……

老水手的歌声到后来描写了憨大哥的尕妹妹受尽折磨，不屈不挠，被长征的红军双双救出监牢……

“呵，这个主题！得到啦，总算得到啦！……”史可臣兴奋地叫起来。

十一红为他一动不动地扶着口琴。我看到史可臣的嘴皮不断冻粘在口琴上，他发狂地吹奏着，嘴皮又不断地被撕裂着，在琴孔周围染上了口血。十一红手上早就捏着一方洁净的手帕，却顾不得叫他揩一揩……

我记不得我是怎样悄悄溜回来的，那一夜风雪在窗外呼啸，我难以入睡，大睁着眼，不停地问自己：我看见的真是那个愚呆、孱弱的史可臣么？从他的勇士装扮，到他在波涛里的苦苦追寻，他原来竟是这般聪慧、这般充满了激情和活力！这个人迷恋民间的东西到疯狂的地步，忘我的地步，而他所热爱的事业反倒给他带来过多么深重的苦难呵！至今在这样困苦的境况下他还这醉得这样深这样久……我这个从事文化工作的人，为什么却一点也不能理解他所热爱的事业的意义呵？……

我拿起办点的材料（本来这是要交心写的，可是他一再推托，我等不住，自己写了），材料里的史可臣是一个反面教员。我重重地叹了一口气，面对着这份材料踌躇起来……

新春佳节转眼来到。这个方圆数十里的文娱活动中心的冰桥湾，今年呈现着不同寻常的喜悦和欢乐。过了初三，四方八乡的人都来这儿看社火了，从白天到夜晚，这里弥漫着鞭炮硝烟的气味、浪潮般的欢歌笑语以及日渐复苏的大地泥土的醇香……人们追逐着焰火、龙灯、狮子和旱船，深夜还在洮河河岸上涌来涌去。庄里的社火被四方八乡请来请去的表演，这叫做“串马路”，各庄都像对待上宾一样来接待他们；各大队的东道主还会在来宾演出中间，亲手捧着盛着红绫的盘子走上舞台，把红绫挂在像十一红这样出色的角色头上。这时台上台下，爆竹声、喝彩声就会响成一片。

这期间每个庄都有自己固定的喜庆日，老乡们管它叫“正日子”。冰桥湾的正日子是正月十三日，那天夜里每个人都显得兴奋，不论旱船、龙灯、狮子、纸马、高跷，都得联队沿街去转四角，人们在自家门前燃起鞭炮、焰火表示迎送，成群的孩子们磕磕绊绊地蜂拥在后面。转过四角，在戏台前的场上点燃“架花”。那是一个数丈高的桩架，分四五排绑上无数筒焰火，一经引燃，逐排窜起高高的火树银花，把夜空照得通亮。架花四周的屋角上，还有用彩纸糊成斗状的，斗面上写着丰收祝辞的“斗花”，每一筒花都首先放射出直入云霄的四支银箭，接着冒出了纷繁的像一丛丛修竹似的金焰……再下来就表演舞狮子啦、划旱船啦，还有几位青年围着鼓叉，转着圈子“打秧歌”，用一问一答的方式，从正月唱到腊月，又倒回来从腊月唱到下月。我和交心赶到开戏场地的时候，人们在戏台前拥挤得厉害，纷纷说十一红要演《憨大哥》了，场地上空直腾起一片尘埃。我要交心去阻止演出，交心却说已经不好挡了。我便自个儿赶到后台，找到十一红，摆摆手说：“先别演吧，你想想，咱们这儿是全县文化上的一个点，慎重一些……”

“不，这是我跟别的庄一起排的。”十一红眼里兴奋的光采一下黯淡了下来。

“也不能到这里演。”我说。

“让演吧，群众很喜欢呢。”旁边有人声音朗朗地说。我一看，吃了一惊：原来是姜书记，他早就坐在台口一边了……

《憨大哥》的表演，从憨大哥和尕妹妹在公堂上据理斗争、彼此表白坚贞爱情开始，到长征的红军打土豪时，从牢房里搭救出这一对患难情侣作结束。故事比史可臣最先交给我们的那个剧本更完整了。因为这是一出根据人们熟知的故事和挖掘出的最原始也最新的主题改编成的戏，因此人们屏住气息观看，心灵被剧烈地震动了。十一红的尕妹妹表演得那样出神入化，演到中间就有人捧着盘子，在台口燃起鞭炮，把一绺红绫系在她头上……演毕，姜书记把十一红、交心和我叫过去，特别对我说："你这个当馆长的，我问问你：《憨大哥》这出戏为什么这样受群众欢迎呢？"我说："大概是因为群众熟悉。"姜书记摇摇头说："正因为受欢迎才能被熟悉，你还是没有回答我。你们中间，谁能回答我？"

大家静默了。忽然十一红说："姜书记，有这么一个人，有他，才有今天的这个《憨大哥》。他可以回答你。"

"怎么样一个人啊？"

"这个人，看到最先有关'憨大哥'的传说，把爱情写得没有什么希望，他认为这是有人带着偏见整理的，并不是真正的劳动者的心声。他坚信人民在，他们心上的宝藏就存在。他迷恋民间艺术，当成是学习的典型，当成是自己的生命。多少年来他到处奔波，苦苦找寻'憨大哥'的本来面目和鲜明的主题。为此他吃了许多苦。"

"他找到了？"

"他找到了。有两次找到了。一次，他的一个极好的朋友……一个爱人，听到了'憨大哥'的另一种唱法，她激动极了。跑去告诉他，请他快去听呵！可是她被挡在一扇铁窗外边，他因为收集民歌犯了错误，还正在监牢里呵！她这才醒悟过来，抚着铁栅痛哭了……而他，一听到爱人带来的消息，眼睛放光了，浑身的筋肉都耸动起来，可是他发抖的双手碰到了铁栅，悲愤地叫喊说：'为什么偏偏在这个时候把我关起来呀！放我出去一会，我要去听一支歌、一支民歌，我听完一支歌就会回来！……"

十一红声音颤抖地说不下去，眼眶里噙满了泪水，她竭力抑制着，讲下去——"再一次，就是现在，他刚刚找到的……但是他现在的情况并不比前一次好，苦难和迫害并没有躲开他……"

姜书记站起来，沉着脸，踱了两步，声音深沉地说：

"一定得把他找来。"

不久，十一红带着史可臣出现了。

"啊，原来是你！逗狮子的勇士。快来坐。"姜书记请史可臣坐在身边，拿过他那只随身不离的破皮包翻起来，接着戴上他的老花镜，去看一份接一份的申诉书，看那本黑漆布皮的民歌集子，问道："你这本民歌集里，有几个调是吹牛皮、说大话的，真是出自群众之口吗？"

"是真的，姜书记。"史可臣沉思地说，"那还是大跃进的年头，我所在的那个地区的领导同志，请他手下的秀才，杜撰了一本所谓'花儿集'，其实是为他个人贴金的。我看过它，我真不懂：只有封建统治阶级的帮闲文人，才会给民歌蒙上污垢，为什么今天还有人践踏民歌的优良传统？恰巧这时候，我也整理了这一本真正发自群众内心的'花儿集'，这是我多年来心血的结晶，凝聚了我对民歌的感情。可是为了它呵，姜书记，就是你手上的这一本，我惹下大祸了。他们说讽刺吹牛的几首是'攻击三面红旗，同右倾机会主义分子相呼应'，又联系我们挖掘出一个地方剧种的传统剧目，叫《田横五百士》，就被指控为

‘配合蒋介石反攻大陆’锒铛入狱了……姜书记，我记录了人民群众的心里话是不是反革命，热爱群众艺术是不是有罪了？……”

姜书记抑制着内心复杂的感情，抓住史可臣的手说：“可臣同志，回答你的这一天已经来到了……好吧，有人推荐你了，你先回答我：群众为什么这样喜欢《憨大哥》？”

“喜欢吗？”史可臣羞涩地笑笑，“大概是，对一件群众艺术品，我们应当首先揩掉反动阶级加给它的偏见、狭隘观点的污垢，叫它体现群众自己的思想感情，这样一来，群众就会觉得它真正成了自己的心声。”

“真好！回答得真深刻！”姜书记兴奋起来，特别盯着我说，“这话应当被我们搞群众文化工作的同志引以为戒！‘四人帮’这个反动阶级的代表，出于他们篡党夺权的阴谋，不也给群众艺术戴上了重重枷锁吗？现在，‘四人帮’刚刚被粉碎，为了群众文化的繁荣，你，馆长同志，我们大家，赶快肃清反动阶级的偏见和毒害吧！”

正月还没出，新春的气氛还没有完全消褪，史可臣来跟我告别了。他的问题得到上级的注意，现在终于被平反了，还恢复了他在花市某区文化馆馆长的原职。我送他走，一直送过了冰桥。我们谁也说不出什么，只是默默地顺着这条不封冻的河流走。

河水变得又蓝又深，更加宽阔了。沿岸的冰凌开始消溶，腐臭的水沫被泛滥的春潮推上浅滩，搁置在那儿……一种莫名的恐惶、空虚的感觉攫获了我的心灵。

什么都在前进，摆脱羁绊和窠臼前进；而我，曾经在这人民文化生活消长转变的浪潮面前保持缄默，没有准备，循规蹈矩。再这样下去，有可能被排斥到一边，就像这水沫一样……

我面前的这个人，却无疑是傍着群众心坎流动的、经受了千转百回、冲波逆折的一泓水……他毕竟是在一刻不停地前进……

“呵，这种情景下，我倒是在回忆我的爱情呢……”史可臣打破沉默，腼腆地说。

他的爱情？

“是的，”他憨厚地笑了，“曾经有个非常热情、美貌的女子爱过我……那时我几乎把全部精力都花在学习、挖掘、搜集和整理民间艺术作品上。这期间我看到了那本糟踏民歌优良传统的‘花儿集’，这是我曾经给你们，给姜书记讲过的……我就大祸临头了，直到今天才重见天日……

“唉，那时，她，那个一心爱我的女子，却一片痴情，不断来监狱里探望我，反复表白她对我的忠贞不移。可是我不愿再连累她。我怀着巨大的痛苦，有一次明白地告诉她：不必再等我了，我是没有什么希望了……她再来探望时我拒绝走出号子。

“可是她矢志不渝，怀着一种憧憬，为我申冤、奔走，用各种办法来解救我出狱……

“但是事实只能叫她失望罢了。她又打听到我在乡下家里还有个老父亲，正卧病不起，便毅然辞掉了工作谢绝了好几个单位的邀请，迁居我的故乡来，以便侍奉老父，她的公爹。不幸老父亲受刺激太大，她到乡下的当天，老人就去世了。

“在乡下她举目无亲。可是她定居下来，等待着我……

“她等着我了，我终于回来了。可是我是偕同我那位又高又瘦、脾气很坏的女人，来到家乡的。我这样做。是为了不毁掉她的前程。”当时她还年轻，许多艺术团体在要她。我的归来带给她多大的欢欣，又带给她多么深重的失望和痛苦啊！只是她再也无心去从事艺术活动；她看到我的下场，联系自己的经历，她伤了心。从此她孤零零一人，在乡下长住下来了……

“尽管我们同在一庄，可是首先我那顶罪犯的无形的帽子，却像苍穹一样不朽，压在我的头上；我们平日像隔着天涯，一切的一切，都不容我们之间有着一点点眷顾。谁也不清楚我们之间的详情……”

我明白他的她是谁了……我们握别了。我望着他那短小的身影去匆匆地追赶行李车，便缓缓地走下河岸，用冰凉的河水去打湿发烫的、隐隐作痛的额头……

“可臣——！”一个女人尖锐而喘息的呼唤声，飘过河面，那是追上来的十一红。她正在履冰桥。

“哎呀——快！”史可臣转跑来迎接她，“快呀！我好像听得冰桥就要撤了！你听，它嚓嚓地响哩……快！”

十一红抓住史可臣伸出的手，刚刚跳上河岸，那冰桥就爆发出天崩地裂般的巨响，带来一片喧嚣，立刻，崩塌的冰块像山峰一样在河里冲天竖起，渐渐倒下去，又有几块被拥挤得竖起来……几分钟内，这座冰桥就撤走了。

“这点酥油你带着喝吧，你的肺不好。”听到十一红在我头顶的高高的路基上说，“放进这个皮包里吧。你还装这些干什么！”

史可臣掏出皮包里的翻案材料，把它们一叠接一叠抛向河心。

“好险哪！这冰桥……你摸摸我的心，”十一红说，“总还是感谢这座冰桥，要不我会见不到你了——我们的运气不坏呢。”

“相信命运吗，红？”

“想想刚才这座桥吧：我就相信。”

“啊，这还是一座神桥呢！可我们的河上有一座铁桥就好了。”

“是啊，谁又愿意在薄冰上走哇……”

“一座铁桥，那只是一座人工的桥，不是什么‘神’桥，它会长久地把人们联结在一起，而不依赖命运的捉弄。让那由命运主宰的神桥消溶吧，春天来啦……”

我心情再也不能平静……凝望着他们依偎地走去。

（刊发于《甘肃文艺》1979年7月，获庆祝建国30周年甘肃省文学评奖小说一等奖。）

## 洁白的银耳花

张董家

丽平走了。带着重重的痛苦，走了！我望着她那如柳的俏影，踽踽消失在夕阳西照的山背后，很久很久……

我怔怔地站着，心里涌起了痛楚的凄怜的惆怅；纯正而又孱弱的姑娘呵，为了生活，为了平庸的生活，你不得不把珍贵的爱情掺进一些商品的成分。难道这就是“现实”吗？

我缓缓地举起手，凝视着手中瓶子里的银耳花……这是被丽平抛弃了的银耳花。夕阳里，她娟秀婀娜，更显得洁白如玉，冷冷的花瓣上，跳动着淡淡的薄粉似的光。

我目眩了。一张清俊的男子的面孔，从闪动着金光的花瓣里托了出来：那往日深沉的晶亮的眸子，这时却射出了少有的忧郁愤怒的光，线条分明的嘴唇紧闭着，好像强压着某种撕肝裂肺的呼喊。年轻的技术员哟，你怨怒了吗？

须臾，这张脸消褪了，但由这张脸引发的情丝，却重重地牵动了我久久深藏的记忆——烦闷而又令人回味的记忆！

……不知什么时候，我和他熟悉了。作为公社的青年干部，我很喜欢他那“路是自己走出来的”生活态度。高中毕业回乡后，在漫长而又多变的八年时间里，他没有沉溺于前途无望的悲叹中，而是根据生产的需要，心甘情愿地当了大队的多种经营技术员，用青春的彩笔，辛勤地为自己的家乡描枝画叶。

他很少有生活情趣。除对微生物界有着异乎寻常的钟爱外，唯一的特长就是能拉出行云流水般的二胡音调。对于一般的社交，他几乎一窍不通；那紧闭的嘴唇，似乎只是为了吃饭，而不是为了说话。他矜持，矜持得近乎有点呆板。活泼的姑娘，和他接触几分钟就会感到拘谨。记得我刚到青冈坝大队驻点时，和他在他的实验室相遇。短短的十分钟，我竟像和哑巴相处了一个钟头那样沉闷。平常！他孑然一身，不是呆在实验室，就是静坐在村头小河边，从没见过他和人谈笑风生。在人眼里，他是那样平凡，又是那样特别，就像大山脚下的一竿新竹，孤伶伶，静幽幽。他的助手、下乡知识青年柳丽平就曾对他有过这样的评语：“像个榆木墩。成天呆在实验室，不是猴头菌，就是银耳菌，哪像个青年人？真呆！”慢慢的，他被人们称为“榆木墩赵毅”。

大概是前年夏天，村里一个叫富贵的小伙子，摹仿他的笔体，写了一张纸条。柳丽平在她的桌子上发现了这张纸条。看过后，丽平笑眯眯地找到他，说：“天天见面，还写条子干啥？”“条子？”他惊愕地拿过条子一看，面孔立刻涨红，只见上面写着：“丽平，我爱你！下午，请到河边一谈。我等着你！赵毅。”他也不看看丽平的表情，就急忙分辩，羞得丽平捂着脸跑了。事后，一帮小伙子取笑他说：“真是榆木墩！你就不会将计就计？哈哈！送上门的媳妇，放跑了。”

随着长期的交往，他这个“榆木墩”却在我心里渐渐地“活”了起来。我了解到，在动荡的那些年代里，他没有像一般青年那样头晕目眩，而是像海绵一样，尽情地吸吮着他所需要的知识。在别人打扑克、下象棋、高谈阔论的消磨中，他却如一泓平静的湖水，静静地进行着黑木耳、猴头、银耳的人工栽培试验。出于工作，大半是惊异和新奇，我曾有意和他接触，潜心探索他与众不同的心灵……

一个暮霭腾起的黄昏，我俩坐在棕榈伞盖的小河边。面对翠青的竹林，我终于启开了他紧闭的嘴唇。他开始给我谈他的思想，他的抱负，谈他正在进行的银耳人工点菌的试验。他的话，不紧不慢，清晰踏实，好像这条潺潺溪水，那么清澈，那么文静。就是这条并无虹彩光华又无喧腾浪花的柔水，向着一个目标坚持不息地、不息地流去。……到这时，我才惊异地发现，他竟是那样的健谈，那样的富于热情。我不再感到沉闷了，敬慕代替了以往的偏见。慢慢的，这种敬慕之情变成了爱慕，一种隐藏在心灵深处的爱慕……

但是？这种亲近没有保持多久？我就敏锐地感觉到，他在有意地回避我了，他又变得深不可测了。我纳闷，但又不知究竟。

一九七八年春，满山的青冈林又一次泛出了绿色。在全国科学大会开幕的时候，他试验了三年的银耳人工点菌终于成功了。晚上，我从公社去青冈坝向他祝贺。

我又找到村头小河边。河岸上青青的竹林和如伞的棕榈，被迷离的月光笼罩着，显得羞怯而深沉。青青的春草，在略带寒意的沉醉的春风里，清甜而芳馨。突然，从流淌的河水，飘起了一个女子甜甜的声音："怎么不说话？"

是柳丽平。她的手里，拿着一朵洁白的银耳花，秀美的脸庞，在清淡的月光下有如一朵梦幻般的芙蓉。

"月光太迷人了！夜色沉寂，我……不忍打破……。"

好半天，才从河面上飘出了一个男子的声音。他坐在离她稍远的石头上。发亮的眼睛，紧紧盯着河里跳荡的星星。

"是啊，我终于盼到了，这迷人的月亮！我要永远记在心里，连同你……赵毅！"

"但愿情长久，心灵永相知。"赵毅似乎激动了，"我……我希望，我俩的感情，永远像这银耳花一样……。"

我的心剧烈地跳动了。我屏住呼吸离开了河边。呵，幸福的丽平哟，祝愿你们……

打那以后，我因别的工作，离开了青冈坝大队。一年多来，我只知道他俩的感情很好，赵毅也被团省委命名为"新长征突击手"。银耳人工点菌成功后，他又开始了人工栽培天麻的新试验。

今天早上，公社放映员晓燕告诉我，柳丽平要回城，赵毅也可能一同去见丈母娘。我听后，吃过早饭就动身去给他们送行。

深秋的青冈坝变换了颜色。那漫坡漫岭的青冈、油桐、生漆、核桃、板栗，被秋风染成了红、黄、紫的色彩，斑烂一片，煞是好看。

"章芹，到我们庄去？"

我循声一看，是赵毅。他像有满腹心事，默默地蹲在山坡上。身旁，立着一把镢锄子。

"听说丽平要和你进城，我来送行。"我也爬上了山。

"送行？……"赵毅欲言又止。清俊的脸上，隐约有一丝淡淡的哀伤。"你看，"他指了指一窝翻开的天麻菌棒，沉重地说，"母麻又不见了。"

我低头一看，真的。又瞅瞅他的脸，问："原因找到了吗？"

赵毅摇摇头。他翻着青冈棒上的菌丝说："已经是第三次了。"

“莫泄气，再找找原因。”我安慰他。

赵毅缓缓地站起身，呆呆地望着闪着阳光的远山。猛地，一拳砸在身旁挺挺的青冈树上，“没说的，再干！”

“对，再干！”我趁机催他，“快回家吧，丽平可能正等你呐！”

“不，你先去。”赵毅摆摆手说，“我还要在这儿看看哩。”

丽平正在打点行装。屋里一片寂静。我悄悄进屋，大声问她：“你要回去？”她猛地吓了一跳，一看是我，嗔怪地说：“毛手毛脚，还是个公社干部哩。”

“怎么？我来送行，不欢迎？”

她打了个唉声，说：“芹姐，这一走我可再不回来了。”

“不回来？”我故意逗她，“赵毅能抛弃他那一窝窝天麻？”

丽平眉毛一挑，“你真不知道？”又迟疑地从上衣口袋摸出一张照片给我，“你看。”

我诧异地接过照片，是个年轻小伙子，清瘦，精灵。我忙问：“他是谁？”

“大学生，县农业局干部。”

“怎么，他看上你了？”

“开始接触。”

“你同意？”

“我妈做的主。”

我奇怪了。“那赵毅呢？”

丽平低下头，轻轻地说：“吹了。”

“啊？”我摇摇头，“我不信。”

丽平默然了。好半天，她才慢慢抬起头说：“芹姐！我以前想的太天真了。总认为只要心眼实，有感情，就好。谁知……唉！”她沉重地摇摇头继续说：“一切的幻梦都叫现实打破了。……”

“别胡想！”我说：“丽平？这是终身大事，要慎重考虑。目前，农村生活水平低，但这是暂时的呀。”

“……”

“丽平，爱情，是姑娘心灵中最宝贵的感情，不能像小孩中的玩物，随便给谁呀。”

“别说了，芹姐！”丽平眼泪汪汪，好象有满腹的委屈，痛苦地答道。“可有什么办法呢？妈妈、同学、亲戚都是一句话：农民不能找。生活就是这样无情。……唉！”

“不！冲破它！”我激动了，“要勇敢地驾驭生活，不能做生活的奴隶。丽平，坚强起来吧！”

丽平苦涩地一笑，说：“大话解决不了实际问题。我也曾有过这样的努力。可结果……唉，芹姐，要是遇上你，你也……”

我打断她的话：“不变！怎么也不变！只要志同道合，就一条道走到底。”

“我何尝没这样想过？”丽平的声音，有点颤抖了，慢慢讲述着：“妈妈不同意，我闹过。

朋友不赞成，我崩过。最近半年来，我每回一次家，耳边都有几个人嗡嗡。六月的那一次，妈妈请了几个亲戚、同学轮流劝说。他们比了好多例子，要我和赵毅吹了，找个干部。将来生活好有依靠，妈妈也好有依靠……

“晚上，我躺在床上，想了很久，想了很多。眼前出现了难忘的情景：明亮的月光，婆娑的树影，低声吟唱的小河。我手里是赵毅送给我的一朵娟秀的银耳花。这天夜晚，赵毅愿我俩的爱情像这洁白的花一样纯洁……可现在，要我离开赵毅，多可怕呀！

“芹姐，这一夜，我难过得哭了。……”

“第二天，妈妈拿出那张大学生的照片，逼着叫我答应。哭哭啼啼，说她就我一个女儿，女儿就是她的依靠；女儿婚姻美满，就是她的希望，她的幸福；还说那个大学生经济条件好，父亲是什么局长，并说如果成了，还可以解决我的工作问题。

“‘这是打上灯笼也难找的事呀。再不答应，我就死在你面前。反正也没啥指望了。早死了，免得丢人’。妈妈给我下了最后通牒。”

“呵！芹姐，我多痛苦啊！我就妈妈这一个亲人呀。为了她，我……我左思右想，人不能光凭感情生活，活在世上，要吃饭，要穿衣，要……最后，我含着眼泪……”说到这儿，丽平扑在桌子上，哭了！

还能说些什么呢？对这个天真而又孱弱，多情而又幼稚的少女，我能说些什么呢？我只好说：

“路是自己走出来的。爱情的命运要靠自己去掌握。丽平，我还是希望你留下来。为了山区建设，为了你和赵毅的共同革命理想，留下来，走自己的路。”

“留下……？呵，不，不！”丽平抬起头，泪水从两颊滴落下来，“赵毅，我对不起他，对不起他！”她拉住我的手，指着桌上瓶子里养希的银耳花，恳切地说：“芹姐，我走后，你把这花还给他。另外，你想法安慰他吧！”

她走了。带着负疚的心情，走了，苍茫的暮色淹没她远去的身影。爱情哟！你本来就是这么庸俗的吗？

我痛苦地想着，转身走到赵毅家。赵毅不在？他母亲说到河边去了。我又走到河边，还是不见赵毅。阵阵二胡音调，却从青翠的竹林里传了出来。我听着那时而如深泉般幽怨，时而如大海般深沉，时而又如骏马奔驰的二胡乐音，心里深深地痛楚了。我抱着银耳瓶子，转身离开了河边。

回到公社，夜幕已经降临。躺在床上，无边的思绪，开始向我缠了过来。我想起了赵毅，这个在科研中像青冈一样宁折不弯的小伙子，能不能经受得住生活的考验？能不能经受住失恋的痛苦？呵，赵毅……

一弯新月，从窗外悄悄升起。一幕久远的往事，这时，竟和月儿一同升起来了。……

那还是我刚到青冈坝时碰到的事。

一天中午，艳阳横空。我信步走到一间简陋的实验室，只见屋内柴火熊熊，一口铁锅冒着腾腾的蒸气。一位二十三四岁的青年，在桌前翻着书本，嘴里念叨着制菌物的合成比例，满头的汗珠，在清俊的脸上涔涔流淌。我忍不住将自己的手绢递给了他……。

这就是我第一次见到的赵毅。几年来，他就是凭着这种专心致志的精神，先后在二十八种树木上试验成功了黑白木耳人工点菌，并研究提高了茶叶单产，培训了大批割漆技术员。他把整个身心和无止境的试验科目紧紧地联结在一起。去年，他又开始了人工家种天麻的试验。

多好的小伙子啊！因为他是农民，就应该受到爱情的冷遇？因为他目前的生活水平低，就应该和幸福绝缘？不！决不应该！人世间陈腐的势利思想在婚姻上的表现使我愤怒了。就连纯正的丽平，也……多么叫人深思啊。

窗外的月亮，越升越高。皎洁的清辉。洒在窗前的书桌上，洒在瓶子里用福尔马林养着的银耳花上，更显得洁白如玉。我忽然又想到我。如果我也遇到这样的事，该怎样对待？该怎样……啊，想到这儿，我的心不禁惶惑了。我的眼前，又出现了那酣畅的谈话，那专心致志的面容。刹那间，一种从未有过的感情，从未有过的情景占据了我的四周。很早以前埋藏在内心深处的那种感情又复活了。……仿佛是在浓阴匝地的青冈林里，我和赵毅埋种完天麻，带着劳动后的欢欣，盘腿坐在草地上，指点山水，憧憬未来，一任理想的经纬线，尽情地编织向往的美景。又好像是早上，我和赵毅，噢，还有众多的姑娘妇女，穿行在翡翠般的茶田里，一边采茶，一边唱歌。欢快的歌声和着清冽的茶香，引来了花朵般的朝霞。……呵！怎么转瞬间这些情景都失去了？怎么忽然我的四周都围满了人？怎么也有我的同学、朋友？呵，妈妈什么时候也来了？她们说些啥呀，乱纷纷的。只听见“你真傻！怎么能和农民结婚！”“女儿呀．你难道就不为妈妈着想？你难道不考虑今后的生活？呀，女儿呀！……”在这样的责怪中，我似乎手足无措，有口难辩。最后，只得拔脚冲出重围。不知过了多长时间，我跑得气喘吁吁，猛地睁开眼，依然是皎洁的月光，依然是沉寂的房子，洁白的银耳花，还是那样娟秀，还是那样纯真。

经过了这梦一般的迷惘后，我渐渐地有点清醒了。再也睡不着，索性走到门外，让清凉的月辉浴洗我满腹的烦闷。但是，重重的心事，却又使我不能静心，只好在这空旷寂静的夜里来回踱步。天亮了，一个人生中最严肃的决定成熟了。

我觉着，爱情，应该是圣洁、高尚而富于理想的。

第二天下午，我又去了青冈坝。刚走到村口，就看见赵毅在山坡上挖窝。他一转脸发现了我，高声叫我上去，声音里似乎流露着喜气。于是，我迅速爬上高坡。赵毅一反过去的沉静，兴奋地说：

“章芹，有路子了。”他把锄头用力往地上一插，“我就不信，天麻真是‘神麻’，不能家种。前天你走后，我找了半天原因，也看不出个究竟。我闷住了，第二天就搭班车进了城，去请教县多种经营试验站的同志。现在，有路子了，有路子了。”

赵毅高兴地说着，又蹲下身去埋窝，“埋窝也有个讲究。你看，窝面要有斜度，四周还得挖上排水沟，免得雨水流进窝里；碰到热天，还要洒水，嘿，天麻也怕干旱。还有，菌捧也要有个尺寸，菌丝也要放的合适……嘿，名堂多着哩！”他不住地说着，站起身，拍打着手上的土，满脸喜色。我见他那个高兴劲，心里也跟上高兴了，我说：

“这两天你还真的钻进去了。”

赵毅说：“原因找不到，总觉得心里不安稳，要闹个水落石出哩！”

我夸他说：“有志者事竟成，到底把原因找到了，你真行呀！”

赵毅有点不好意思了。他谦虚地说：“这有什么？大家都嘛！”

我趁他情绪正好的时刻，突然问道：“丽平走了，你心里不难受？”话刚出口，我就后悔了，干吗要惹他不愉快呢？

霎时，赵毅的眼角像有一片云翳掠过，欢快的神情顿时消失了。他凝望着山谷间渐渐升起的暮霭，声音暗哑地说：

“难过，她走了，我心里难过。”他伸手摘下一片青冈树叶，揉了揉，又抛到地上，长长地呼了口气，继续说“可再难过，也不能丢下天麻试验呀，也不能不顾多种经营生产呀！这两天，我强迫自己一头扎进天麻哩，嘿，还真有效，这心情也好像好受点了……”

话语朴素、平常，但我却被其中包含的感情激动了。我定定地望着他清俊的面容，似乎看到了他的心——一颗为事业而跳动的心，蕴藏着理想的灿烂光华。多么纯真的心灵啊！这难道不比金钱、地位更宝贵吗？望着望着，一股钦敬的暖流激荡在我的胸间。于是，我从挎包里取出了那朵银耳花，缓缓地说：

“丽平走了，我……想了很多。我想……我想成为你搞科研的终生支持者，永远！”

赵毅惊愕地迅速看了我一眼。他的嘴唇嗡动者，却没有说出话来。很久很久，他才说：

“章芹，你……但是……。”他忽然顿住，深沉的眸子里，闪烁着灼人的光彩。一会儿，他低低地又说；“谅解我！章芹！生活……太严峻了……”

赵毅茫然呆立了许久，提起锄头，纵身跳过一条鸿沟，快步朝山下走去。

我怔住了，委屈的眼泪簌簌掉了下来。我知道他的心，不顾一切地追了下去……

（录自《甘肃文艺》1979）

## 深深的湖

张董家

正午，歇晌，兰儿又到村口等丈夫。

村口静静的。麦田里，不时轻轻地传出熟透了的麦粒的滴落声。空气象是凝滞了，低低地压着炽人的闷气。山坡上的马兰花，泛着蓝茵茵的紫光。阳光下，象是一片深深的湖。

兰儿站在山坡下，心里焦焦的。这一次，她已经是第三次站在这儿等丈夫了。一月前，丈夫去县里学习，说好在麦收前回来。如今，麦子已经开镰了，还不见他的影儿。他能回来吗？他不来，兰儿一个能把五亩麦子割倒吗？请人吧，麦收时节，谁家不忙！兰儿照照坝里，昨日还有点杏黄，今日眨眼就变成一片金黄的麦田，心里浮上一股重重的愁虑。

兰儿轻轻叹口气，抬眼痴痴地望着坝子的远处。那儿，浮着一层悠悠的蓝霭，阳光的烟霞，象是一道道湍急的河流，在青绿的林梢头泻下来，将宽阔的坝子弥漫得缥缈、深邃幽远。林子里，传来一声声悠长的啼鸣："旋黄旋割！旋黄旋割——"听上去，那样急迫，凄清，动人心魄。兰儿垂下眼睑，眉头愈蹙愈紧。突然，她又瞪大眼，远处，一个穿白汗褂的人影越晃越近，越晃越近，到跟前，兰儿却又吁出一口长气，眉头跳了跳，扭转身，抬腿儿往回走。

"大姐！"走来的小伙儿。叫住她，问："你们这搭，麦子割开了没？"

兰儿回过身，低下头回答："昨儿才割开。"

小伙儿咂咂嘴，说："你们坝里的麦子，真多！人手够不够？"

"也够，也不够。"只兰儿花说，"麦子一黄，饭都顾不上吃。"

"那……我，我给你帮忙！"

"你？"兰儿疑惑地盯他一眼。

小伙儿涨红了脸，口吃地说："我，我是说，你要人手不够，把我……雇上。"

"这……"兰儿为难了。雇人，合适吗？又是个小伙……她用怜悯的目光瞅他，见他精精神神，一脸敦厚，就柔声说："好吧！我正愁没人帮忙哩。"

小伙儿轻松地眨眨眼，一片蓝色扑入眼帘。不知怎么，他忽然生出一个联想，觉着面前的这位大姐，就象她身后清秀的马兰花……

穿过一片稀疏的杏林，兰儿将小伙儿引回家。小伙儿打眼一照，院子宽敞整洁，一棵高高的银杏树，枝繁叶茂，浓荫凝重。东墙边，阳光明媚处，立着一座用竹子编就的鸡舍。西墙边，开着窄窄的一畦花圃，芍药花、木槿花、大丽花，幽幽吐芳。坐北朝南，是三间小小巧巧的正屋，靠西边斜斜地盖着一间偏厦子，屋顶铺的是一色青瓦。房后，隐隐地传来几声猪的哼唱。墙外一丛青竹的弯弯的尾巴，怯怯地垂在屋脊上，熏风一吹，摇摆。小伙儿心里一阵畅快，问：

"大姐，家里还有啥人啊？"

兰儿提了茶壶，在银杏树下的荫凉处安上圆桌，摆了小凳，吟吟地说："一个小女儿，一个娃她爸，加我，三口人。"

"那……大哥呢？"

兰儿低眉一笑："去县里，没在家。"

"哦。"小伙儿闲不住，喝了水，顺手操起一把镰刀磨起来。兰儿走进偏厦子，端出一盘拌好了的凉面，说："先吃饭，后干活。"

小伙儿咧咧嘴，想说什么，一见兰儿柔柔的眼，却又停住了，憨憨地撩起衣服下摆擦擦手，有点不好意思地接过盘子。

兰儿坐在一旁，轻声问。

"你，家在哪儿？"

"花岩沟。"

"花岩沟？离这有四十里路哩。"

“可不。你去过？”

“上中学时，跟宣传队去过。”兰儿记得，那地方，在深深的大山里，阴湿，多雨，一年难得吃几回麦面。现在呢？兰儿问：

“你们哪儿，现在好些了没？”

“好些了。比起坝里，还差远哩。”

“能吃上麦面不？”

“不多。少数几户。”小伙儿忽然记起，那年，有个扎双辫的中学生，黑黑的眼，浅浅的笑，一个劲地问他：“你们能不能多种小麦？能不能试验良种？十年过去了……是她吗？

兰儿继续问：

“你，种没种麦？”

“试着种了两亩。”

“长得好不？”

“好。今年雨水少。”

“黄了吗？”

“杏黄子。山里黄得迟。”

“你，家里几口人？”

“两个老人，还有媳妇，儿子。”小伙儿放下碗，眼神呆呆的，好一会，说：“我娘有病，睡了半年了。”

“哦？”

“她想吃点好的。村里借不出，我思谋，出来割两天麦，挣点麦子回去。我就……”

兰儿心头一沉，眼睫毛湿润了。

沙！沙！小伙儿重重地磨起了镰刀。

蝉儿不歇气地在树上鸣叫。

远处，树林里，杜宇鸟还在深情地啼鸣：“旋黄旋割！旋黄旋割！”

兰儿紧蹙的眉头，渐渐舒展了。

“妈妈，妈妈！”女儿芳妮跑来，看见小伙儿，又站住了。

兰儿指指小伙儿，“芳妮，叫叔叔。”

“叔叔！”芳妮羞怯地叫了声。

小伙儿慌慌地点点头，站起身，说：“大姐，走吧。”

“不。”兰儿轻轻说，“你先回家去吧。”

“咋？”小伙儿瞪大了眼。

“蚕老一时，麦熟一晌。”兰儿瞅瞅门外，“说不定，你的麦子也熟了。”

“没，没哩。”

“你，等一等。”兰儿转身进屋，稍顷，扛出一袋粮，“这点麦子，你带回去，先给老人家吃吧。”

“不。”小伙儿车转身，“我不能要。”

兰儿微微一笑，柔声说：“借给你的。啥时麦子够吃了，啥时再还我。好不？——要是你真能帮我割麦，明天来也成。”

“大姐！——”小伙儿眼睛润润的，抖着手背起麦子，直起身，深深地看了一眼兰儿，猛地扭转头，走出院门。

兰儿牵着芳妮，将小伙儿送出门。

到村口，小伙儿回过头，看不见兰儿和芳妮，只有山坡上的马兰花，泛着蓝茵茵的紫光，阳光下，象是一片深深的湖。（录自《甘肃日报》1983年7月21日）

## 九眼泉

黄 英

青石头青，蓝石头蓝，
横岭山上九眼泉。
名儿叫做九眼泉，
一眼有水八眼干。

是呀！既然叫做九眼泉，为什么只有一眼呢？……对，要知它的来历，话得从头说起。“西和有座横岭山，仰躺着睡下摸着天！”这是西和人祖辈相传的两句口歌儿，讲的是从前的横岭山。从前的横岭山，可不像如今这个样子：山不像山，岭不像岭，只是一个平塌塌的土堆堆。那时节呀！奇峰插云天，密林蔽红日，丛莽走虎豹，深潭潜蛟龙，是方圆数百里内的一名山大岭。山上少人迹，山下少人烟，山脚水畔只住着一户人家。这家人姓李，老汉有两个儿子一个女儿，总共四口人。靠山吃山，老汉是个猎人，两个儿子也有擒蛟伏虎的本领。大的叫大郎，小的叫二郎；女儿的名字叫葵花。老汉一辈子斩毒蛇，除猛兽，风餐露宿，披荆斩棘，年迈了，力衰了，腰弯了，头白了，也进不得山了。一天，他拉着儿女们的手，指着烟笼雾锁的奇峰怪岭说道：

“这山上的九眼泉是海眼，里面住着九条孽龙，常常兴妖作怪。我一辈子没除掉它们，你们后辈儿孙，正当年轻力壮，一定设法除掉这伙大害，永保地方平安。”

老汉说罢这话，不久就去世了。留下兄妹三人过日子，哥哥坡下种地，弟弟山上打柴，妹妹崖畔采药，日子倒也过得红火。

横岭山群峰环抱着一个万丈深潭，水黑如漆，腥臭冲天。每年春雷响，桃花水涨鲤鱼肥的时节，九条孽龙就游到潭里来了，它们兴云布雨，吐雾生烟，高兴时还平静无事，要是性子一起，横岭山下立刻白浪三丈，陆地行舟。

这年夏天，哥哥地里的麦子熟了，黄灿灿一片金。兄妹三人舞着镰刀高高兴兴来收割麦子，山歌震天响，飘进了横岭山。九条孽龙听见丰收的人儿这么高兴，心里好不嫉妒，尾巴一阵乱摆，黑云立刻翻滚。晴空万里，一声霹雳，倾盆雨夹着鸡蛋大的冰雹，劈头盖脸倒下来。三个人气得两眼冒火，一年的血汗眼看着被孽龙吞光了！

第二天，哥哥大郎拿起爸爸的弓箭和弟弟的砍柴刀，要进山跟孽龙去算账。弟弟妹妹拉他拉不住，要一起去，他又不肯，说是：

“你们还年轻，留下吧。假若我被孽龙害了，等你们长大了再为我报仇！”

弟弟妹妹望着哥哥走去的路，路被白云隔断了；一声连一声地呼唤着哥哥，可是只听见山鸣谷应，听不见哥哥回答。望呀，望穿了山岩万丈，望红了枫叶满山，望断了南飞归雁，望不来哥哥——哥哥呀，可怜的哥哥！一定是孤身奋战，斗不过孽龙，被凶恶的孽龙残害了！

哥哥大郎一去不复返。弟弟二郎和妹妹葵花，正盘算如何为哥哥报仇雪恨畏。忽然从东方飞来一只红嘴仙鹤，落在门前的大松树上，对着两人唱起来：

李二郎，李二郎。
要报仇恨走东方；
踏破铁鞋一百双，
东海去采仙人掌。

二郎听了仙鹤的唱词，又喜又愁。喜的是有了报仇雪恨的门路，愁的是他远去东海寻宝，留下妹妹孤零零谁管呢？好个葵花姑娘，人小志气刚，她懂得了哥哥的心思后，斩钉截铁地说：

“哥哥呀！你放心去吧，我不孤单寂寞，天上有日月星辰做伴，地下有蜂蝶花鸟为邻。只要你每天当太阳出山时回头望我一望，我就会平安无事的，但愿你快去快来，报仇除害。”

二郎见妹妹心坚意决，十分高兴，就背起干粮，迎着刚刚出山的太阳走了。葵花送他送到东山顶上，兄妹俩才分了手。

走呀，走呀，好个李二郎，爬高山，过大河，渴了喝一口长流水，饿了吃一把松柏籽，顶着日月星光，披着风霜雨雾，脚掌上钉满了刺，一步一个血印，不知踏破了多少双草鞋，走遍了大路小道。走呀走呀，天气越来越热，身子越走越困，但他一直朝着太阳升起的方向前进，每当太阳出山的时候，总要回头望一望妹妹。走呀走呀，月圆了，又缺了；花开了，又谢了。走过了黄沙千里，杳无人烟，不惧怕；走过了春暖水乡，鱼肥果熟，不留恋。不知道走了多少年月，终于走到了东海岸上，天苍苍，水茫茫，天和地接边儿的地方了。

太阳还在东海里睡着，没有醒来。惊涛拍岸，卷起一堆堆雪白的浪花。光秃秃的海滩上连棵草都没有，哪有什么仙人掌！李二郎又饥又喝，又困又乏，把脚上的烂草鞋一扔，就倒卧在一块大青石上睡着了。刚刚睡熟，忽听有人喊他，睁眼一看，只见红霞满天，金光耀眼，他正在一个金顶银壁、白玉铺地的水晶宫里躺着。床是象牙做的，嵌着万颗明珠，照得他眼花缭乱。他揉揉眼窝，从床上坐起，见一个白胡子老头儿笑眯眯地望着他。老头儿拄着珊瑚拐棍，拉着他的手走出宫来，指着惊涛骇浪里的一片礁石，笑吟吟地说：

“李二郎，看你的草鞋。”

李二郎抬头望去，只见挤开坚硬的岩石，迎着劲烈的海风，在那寸草不生的礁石上长出了一棵棵花不像花、草不像草，模样活像鞋掌的怪物来，碧绿的掌上，生满了刺，坚硬锋利，密密麻麻，像是无数钢针，眼看着，一片两片，像叠罗汉似的往上长。

白胡子老头儿见李二郎愣愣地出神，拍拍他的肩膀说：“这就是仙人掌，踏破铁鞋有觅处，得来完全靠功夫。有了它，什么事都能办到。”

说着，用珊瑚拐棍一指，就有一棵仙人掌飞到了老头儿手里。老头儿把这棵仙人掌交给李二郎，喊了一声“后会有期”，就不见了。李二郎双手捧着仙人掌，四下一蹾，哪儿有什么水晶宫！自己还在海滩上站着。只是一轮光芒万丈的红日已经经涌出了东海，成群的海鸥沐浴着阳光，逐波戏浪，自由飞翔。

李二郎拿起仙人掌往回走，只觉耳边一阵风吼，就回到了家乡。他走到自己门前一看：茅草房早塌了，炕眼里钻着野兔，锅台上长了青草。他喊了头一声“妹”，震得树摇叶落；喊了第二声“妹妹”，惊得风云变色；刚要张口喊第三声时，忽听东山顶上有人答应。他一步跨上东山顶，左看，不见妹妹；右看，不见妹妹。见一株端端正正的绿秆秆儿上，有一朵金灿灿的花，活像一个圆圆的脸盘儿，迎着他嘻嘻笑，满身绿叶也向他招手。他走到那株花前，双手捧住那圆圆的花盘儿问道：

“你可是我妹妹？是妹妹三点头，不是妹妹别点头。”

那株稀奇古怪的花儿，头点了三下。

原来，这株花儿就是葵花姑娘变的。自她哥哥迎着初升的太阳走后，她就就站东山顶上目不转睛地望着东方。每当看见太阳出山，她就想起临别时给哥哥说过的话，心里充满了快乐。风来了，她把脚伸进土里，脚趾头在土里扎了根；雨来了，她伸手扯起裙子遮雨，裙子变成了绿叶。白天，她迎着太阳欢笑；黑夜，她对星星唱歌。和风为她梳头，露珠为她洗面，蜜蜂蝴蝶和她谈心。冬去春来，一年两年，慢慢地，她就变成这么一株稀奇古怪的花儿了。

李二郎对着这株花儿述说了寻找仙人掌的经过，转身就上了横岭山。他喊声：“变！”手里的仙人掌变成了一把明光闪亮的宝剑。手起剑落，插天的奇峰被削成一座土堆，把万丈深潭也给填平了。九条孽龙失去了藏身的深潭，腾空而起，向他扑来。一个个摆头竖尾，张牙舞爪，眼射凶光，口喷黑云，直搅得江翻海倒，地动山摇，愁雾漫漫日无光，阴风凄凄鬼神号。好个李二郎！对着九条孽龙，毫无惧色，挥动宝剑，东劈西杀。剑起，似惊雷飞电：剑落，如地裂山崩。直杀得九条孽龙，有八条龙头落地，污血成河，只有一条带着伤而逃。

李二郎紧追着这条孽龙，追到塔子山下。塔子山有个洞，孽龙无处可逃，见洞就钻，李二郎一剑砍去，把个万丈石崖砍出了两道深沟，直到现在痕迹还在。

害李大郎的，就是这条孽龙。李二郎从它的肚子里还拣出了一把生锈的砍柴柴刀。

李二郎斩了九条孽龙后，一手托起九个大碾盘，又到了横岭山。他用碾盘闸干了八眼泉水，正要闸第九眼泉时，忽然，在东海岸上遇见的那个白胡子老头儿，骑着仙鹤，从天而降，拦住了他的手，笑呵呵地说：

“李二郎，留一眼给后辈儿孙用吧。”

李二郎就住了手。因此，如今九眼泉只留一眼了。

李二郎除害报仇以后，就被白胡子老头儿领走了。他跟着老头儿到东海，给太阳赶车去了。太阳乘着赤金铸的车子，用六条火龙拉着，每天从东海到南海，得有一个勤劳、勇敢、忠实、可靠的车夫才行。以前的几个车夫，常常误事，老头儿就把李二郎推荐给太阳了。李二郎给太阳赶车从不误事，每天他总是按时出海。每当他赶着车子经过家乡的空中时，总要探头朝东山顶望一望。东山顶上的那株花儿呢，也总是张着圆圆的花盘儿，朝着他笑嘻嘻地绽开金灿灿的花。因此，后来的人给这花儿起了个名字，叫做向日葵。

—向日葵永远向着太阳欢笑，李二郎永远给太阳赶着车子，这个故事呢，也就像九眼泉的那一眼泉水一样，永远永远地流传下来了。

（选自黄英童话故事集《九眼泉》甘肃人民出版社，1981）

## 猛 兽

田 雪

顾九爷去刨药，在后山碰见了那销声匿迹了好些年月的猛兽。此说一传出，一种大难临头的气氛霎时笼罩了五松坪……

“我说九爷也是，黑风岗那儿不出药草，偌大年纪偏去后山惹那惊呢。”

“知道啥！他相中后山的杜仲树，一斤十六块，一根皮剥下来就卖上千元，贩子拿火车皮朝广州运哩。”

“唉，想发财么，这不就想出灾祸来了嘛。”

碾场老水楸下一片阴霾。一个个白胡子花胡子，一张张打褶儿阴郁的脸，似乎那无形的灾祸马上就会突然临头。

黑风岗有猛兽的说法不知起于猴年马月，只晓得是上辈人传下来的。祖宗的话是经典，儿孙们自然深信不疑。据目击者的描绘，那怪物红毛绿跟，有手无足，卧下象猴子，立着象老熊，甚至说它还可变美女变老头。由于谁也说不清是啥，就笼统叫它猛兽。后来识字的后生从字典里查出说那叫山魈，专在深山作祟害人的。这又拍合了多少代山民的传说，它一露相山里人就非遭殃不可，不是出命案就要吃官司，百灵百验，在劫难逃！

自然，五松坪的人既恨它防它，又膜拜它！

“栓栓跟满满正闹地界，祸事会不会应他这上头？”

“满满绵和，倒不担心出事，那叶叶闹脱离的事，倒得提防点哩。”

“打脱离！不称二两棉花纺纺，看五松坪谁离过婚？这规矩说啥不能叫她坏了！”

“咱老支书有数，那一关把守得严密哩。借给她叶叶十个豹子胆，她也闯不过这一关呢。”

脸打皱嘴缺牙的女山民拥在疙瘩火炕席田上，惊惊惶惶察着端倪，推测着猛兽作祟的人和事，暗暗祷告灾祸别找到自个儿头上。但是，谁也寻不出个窟窿眼，这使他们或她们心上压着一块沉甸甸的石头，一个个惴惴不安。

“躲脱不是祸，是祸躲不过……”

凭这阴郁的预兆，凭这个不安的气氛，能不出事儿？那次猛兽现身，老书记那年轻的寡妇儿媳，平白无故就怀了崽，她也自作自受寻了短见跳了崖！

——冷不防猛兽又作祟了！山还是那草木蓊郁、碧绿滴翠的山，溪还是那潺潺流淌、清彻如酒的溪，太阳还是那金光灿烂、暖意融融的太阳，然而现在那山那溪那太阳却在山民眼中变成了闪烁着幽灵绿光的眼睛，张开着血盆大口，露着尖利牙齿的猛兽，而正在不知不觉中逼近五松坪！一种虚无缥缈的沉重感危机感渗入了每张脸，每颗心，每根神经，一种潜在的淫威无形地撕碎了五松坪本来固有的平静与安宁……

“请脚马师公来净净庄吧。”

顾九爷沉默了许久之后，毅然向老支书提出了这项特别动议。老支书最懂群众路线，他虽曾在大会小会宣传破除迷信，但他不破乡风民俗。沉吟片刻，他便把带玉坠的烟袋往腰间一插，颤颤威威上小四轮象当年调工派活那样一挥手：“满满负责请师公，其余的每家来个夹鸡的打扫仓房，准备法坛！”

法器不住点叮铛了一整夜。脚马师公给各家各户一张咒符后，非常郑重地宣布谁在煞头上动了土，触怒了山神，故意派山魈来惩罚……

顿时一片愕然！时空凝固成寻根究源的缄默！

“走，找叶叶去—只有她在院前挖了三个料池！”

不知谁领头喊一声，山民便自动形成一支疯狂的人流，呼啦啦向叶叶家冲去！

叶叶很漂亮，她是山那边嫁来的一朵野刺玫，五松坪公认这位念过初中的妞儿是女强人。她不顾男人软硬兼施的阻拦，贷了五千元开了个黄连素厂。她那兴家之业的气魄，惹得庄里大老爷们眼馋过、嫉妒过，但有这政策撑腰，谁也没敢动她一指头。此时叶叶正指挥“片工”往池里沤料，猛见一群人气势汹汹来到晒场，心儿也晃起了秋千。她不知到底出了什么事，也不知该如何招呼左邻右舍，老支书却搓着巴掌，从容地招呼她：“你来你来，跟你商量个事。”

叶叶闹离婚曾惹过麻搭，她借踅回睡房取烟的时候就想好了应对的词儿，于是笃定往支书前一站：“接烟！边抽边谈。”

叶叶笑着脸儿散着烟，虽然笑得有些做作，却显露出浓浓的甜和妩媚。

暂短的沉默。

尽管沉默是那么暂短，而包括老支书在内的所有人都觉得似如三年五载！

“咳，咳咳，有件事商量。“老支书以一种刺探的目光打量着叶叶：“经师公指点，你这沤料池占煞头……”

叶叶桃花似的脸庞蓦然变成霜菊，淡淡的蛾眉一挑，黑宝石里射出两道冷冷的锋芒盯着老支书。老支书目光在与那锋芒相碰的瞬间急促地黯淡、软弱，最后掠过裤裆、裤脚，瘫凝在自个儿已经破开日子的园头皮鞋尖上。

“其实，我也不信那邪。”他似乎有种卑劣的自责，声音颤抖如游丝：“既然顾九爷见了那孽障，乡亲人人恐慌，这不防患防于未然么？我是支书，能不为大伙想着点？”

“哼！”叶叶愤懑地倒吸了口冷气，似乎要深言厉色反驳。但那启开一半的双唇又突然合拢，牙齿咬得咯巴响，一点儿一点儿将那要说的话咽回了起伏的胸膛。

“咳，委屈你，填了吧。谁料祸端就应验在这上头呢。那孽障一露面，哪次不闹出点灾害来，百灵百验的，不由人不信啊。”顾九爷挪着重似千斤的步履一步一步走到叶叶面前，一副深表同情而又无可奈何的忧伤。

她压根儿没听老寿星的嘟囔，她望着洒满阳光的沤料池，模糊糊蒙上了一层泪花。料池，似乎被她晶莹的泪珠点燃，而闪烁着一片金色的烈焰。

“填了，另选个地方……”大伙儿七嘴八舌。

“容易？砌个池成本上千块，那些白花花的票子都是从银行贷来的啊。”她盯着对方那张风刀霜剑、琢满沟壑的脸，一串泪珠夺眶而出。

“全庄人保证还你三个料池，可以了吧？”

“还沤着三池黄莲料呐。”

“搬新池去！”

“料沤二茬就全报废了呀！这一斤一两都是掏钱从大伙儿手里收购来的哇，花了多少谁都比我更有数哩！”

“咳，你咋光想自个儿呢。人命关天，票子啥个球！”

“那是鬼话！”

“鬼话？你犯不着跟全庄人做对头嘛。”

“我这厂是注了册的乡镇企业，工商局有执照，是受法律保护的。”

“闹出灾祸谁负责？你？”一阵大轰大吼。

“我？为啥？”

“别看你财大气粗，谅你也没那肩膀！”

“一看你就不是好子儿！嫁来炕没暖热就不跟男人过，地皮还踩稳就跟全庄人做对头……”

“走，找栓栓那软蛋去，放着公鸡听母鸡打鸣哩。”

“她不怕祸，咱还怕呢。”

她感到一人难敌众口，一抹脸儿厉声喝道：“谁敢动我的料池，我就报告公安局去！”

大伙被震慑住了。尽管那些人顽愚粗野得不知天高地厚，但谁都晓得大盖帽一来准倒霉。

“找栓栓那崽子说话！”

跟叶叶闹别扭而躲到亲戚家去示威的栓栓，被老支书十二道金牌召回了五松坪。

“一个妇道人家任务就是缝补浆洗生娃娃。咱祖祖辈辈靠泥土吃饭，你不安分守己，折腾办这捞什子厂。我劝你不听，看！这不惹麻搭了么？”

“啥麻搭？办厂是政策允许的！”

“你懂啥？众怒难犯！”

“我犯众怒我担当，不关你的事！”

“嘿！说的轻巧，你是我老婆！千兵有头，万宾有主，我是这个家的掌柜，一言九鼎！”

“……那离婚！”

“离婚？嘿嘿，咱五松坪没这规矩。我不发话，你就挣不断月下佬系的这根红绳绳。”

叶叶象泄了气的皮球，目光象油干灯草尽的灯盏，她瘫在了坐上，象剔了骨头架的一摊肉。

这一夜她没合眼，他想的很多很多，也想的很远很远。可是，越想越灰心，越想越害怕，孤独和迷惘象毒蛇啃啮着她的心。

第二天清晨，当她昏昏沉沉挪着一步三晃的脚步走到料池边，她惊得一句话也说不出来：原来三只料池全被土石填成了三个高高隆起的坟堆——原料全糟蹋了！她愤怒得发了疯，跌跌撞撞奔到县城报了案。可是，三个大盖帽在五松坪转游了三天，居然没查出一个凶手……由此，叶叶背上了万块钱的债！由此，她气火攻心，虚痰塞窍，疯了，兀自……

又是七嘴八舌———

“唉，那怪兽一现，在劫难逃，果然出事了。”

“叶叶真可怜，谁会料到那东西是冲她来的哇……”

叶叶疯病越来越重，后来竟完全迷了本性，成天披头散发，一丝不挂在庄里胡打乱闹，口里不停地连唱带吆喝：“应验了，应验了，真真正正应验了……”

“应——验——了，应——验——了——”

那声声呼喊在山谷回荡，猛兽在那凄厉的呼喊声中得到了满足。最后声嘶力竭，最后不知不觉消失了……

五松坪又恢复了昔日的宁静。恨猛兽又怕猛兽的人们渐渐淡忘了女能人叶叶，渐渐恢复了日出而作，日落而息的生活。山仍是那么绿，溪仍是那么清，太阳仍是那么艳……

（录自《青泥岭》1998. 1）

## 归来时，春光正好

赵晓霞

连绵相依的山，披上了一层青青的绿绒，几缕炊烟正从山沟间袅袅升起，悠悠忽忽飘向空中。凝重、幽深，带着山里特有的明净。这里是家乡。一丝丝春天的风掠过他的脸庞，他竟情不自禁地、深深地吸了口气。妻儿紧跟在他的身后，妻背的还是那个土布织的蓝包袱，当初怀里抱着的儿子却已长得齐腿高了，顽皮得要命。那双同自己一样不安定的大眼睛老是不停地转着，此刻，他正用那种在建工队学的夹杂南腔北调的口音嚷嚷着：“爸，黄黄的这是什么花呀？”“爸，冒烟的那是我们的房子吗？”“爸，这水在跳哩！”隔一会又跑去叫他的娘，“妈，你为什么哭呀？”他转头去看，果真，妻子在哭，无声的泪水象秋天的绵绵雨，一行行从妻子的脸颊流下来，原本鲜亮的眼角已刻下了几道鱼尾纹，一身新衣服也没能遮盖住流离颠沛的疲倦。

她开始显老了！她只有二十四岁呀！

哦，悠悠的岁月。

四年，只有他自己知道那一千四百六十个昼夜是怎样度过的，白天，他和那些同自己一样又黑又红的民工一起，扛轨条、背石砂；夜晚，猪一样躺在黄河边那间低矮阴湿的牛毛毡小棚里，骨架都散了，什么都不要去想。一切都是为了四年前的耻辱，为了那次野心勃勃而最终失败的办矿。他想到过失败，却没有想到过会惨到携妻带子逃离故乡的境地。多少次，站在黄河边上，望看滚滚的、浑浊不清的黄河水，他想家乡，想家乡的温馨，想白发鬓鬓的老母亲，那盼儿回归的婆娑泪眼，还想家门前那一树黄得透明的马斑花。但他发誓，挣不回乡亲们一身汗一把泪挣来的血汗钱，此生此辈，决不回来见家乡父老。树活皮，人活脸，他是一个血性男儿，大西北贫瘠的大地给了他强壮的体魄，也赋予了他大西北山一样执着坚韧的性格。他不能两手空空的回来。

是水根大爷首先迎来了这一家三口。

石头般硬朗的水根爷正在干他的老本行——蹲在路边一堆大大小小的石头中间轻凿细刻，远远地，水根大爷看见走来了大小三人，停了锤。走近了，看清那瘦削的身影是谁时，眼窝一热。经得住风吹沙打的老人竟颤着声儿喊一声："走来的不是牛儿嘛？"水根爷唤的是他的小名儿。这亲切的一声，唤起了他的多少酸甜苦辣。"根子爷！"积聚了五年的男子汉的眼泪流了出来。"回来好！回来好！回来好！"朴实的老人没有客套，只有真诚。"这不是重孙孙嘛！"重新蹲下身子，根子大爷抱起活泼的小儿子，颠颠地朝他家那三间旧房走去。

"福顺家的，你家牛儿回来了！"

正在院场里给猪搅食的母亲听到这梦里般的声音，呆住了，提着木棒竟如麻木的一般。"娘！"他动情地叫了一声。"娘！——"媳妇早已哭着扑到了娘的怀中。"是我的牛儿回来了！"终于，娘喃喃地说了一句，和媳妇儿哭作一团。

听说一去四年的牛儿一家回来了，小山庄的老老小小全挤到了他家，话真多，可没有人提起四年前的事。那时候他们那么恨他，恨他把乡亲们一分一厘积攒得的钱丢得无影无踪，如今看他三口浑浑然然地回来，他们的心里只有高兴。

"牛儿！牛儿回来了？"

一声嚷叫，一阵急促的脚步声，屋里即刻涌进了七八个壮实小伙子。"嗯，你总算回来了！"高高大大的玉林一把抓住了他的肩膀。玉林还是那么结实、那么快活，两只黑黑的眼睛把他从头直直看到脚底下，笑了："看看，他活得好好地回来了！"小伙子们笑了。他们都是四年前起鸡叫睡半夜积极支持他采矿的伙伴，他们用年轻人的热情围着他、告诉他，他们怎样等待他回到他们中间，还告诉他，他们已经贷款买了制砖机，联合办起了机砖厂。从外地请来了工程师，目前已生产机砖几百万块送在附近各县……"明天去看机砖厂！”走时，玉林用不容置疑的口气对他说。

第二天一早，他怀着歉意一家一户去送四年前欠乡亲们的钱，途中正好碰见到处找他的玉林，被拉着去了机砖厂。砖厂建在原来的碾麦场里，远远就听见了机器隆隆的声音。工人在场里穿梭往来，一行一行码着砖。苫在砌起的砖上的玻璃瓦，在早晨阳光的照耀下熠熠地闪身着红、黄、蓝、绿的光。传送带把和了煤的细土，从旁边的大坑里传送到机上压成连片的坯，再送到切刀前被齐刷刷切成长方形，……家乡的山活了，水活了，人在飞奔，机声隆隆，为山村奏着欢快的歌。他的眼睛湿润了，一股力量从他的心里升起：“厂里还缺人吗？”那是他积聚了五年的声音。玉林使劲地点了点头。他笑了。玉林的眼里却涌出一滴泪。（该作品荣获1987年全国首届“当代农民”小说征文一等奖。）

## 忽然有这么一天

娄炳成

父亲对儿子说：“娃，起床吧，鸡打两遍鸣了，集要早赶哩。”

妻子对丈夫说：“他爹，歇下吧，阳婆偏西了，该吃晌午饭了。”

接生婆对产妇说：“记住，娃是傍天明那会儿落生的，是寅时。”

……

啊，不知多少个日日夜夜，不知多少个年年岁岁，山民们祖祖辈就这样，靠雄鸡，靠太阳，靠先人留下的古老的计时方法，来掌握时间。

忽然，有这么一天，雄鸡不再是报晓的天使，太阳不再是计时的的钟表，那被少数人掌握的古老而又神秘的“天干地支”计时法也不再有人提及……山民们有了闹钟和手表。

又有一天，村长在城里当临时工的二儿子，回家时戴了一块没针的手表，每天都把左胳膊伸得高高的向乡亲们炫耀

村长问儿子：“你戴的这叫啥表？”

儿子得意地回答：“电子手表。”

村长又问：“电子手表怕要值好几百吧？”

儿子的脸红了，怕被人听清似地说“八块钱。”

“八块钱？”村长瞪大了怀疑的眼睛。

“是八块钱嘛！”儿子加重了肯定的语气。

“哼！才八块钱，你小子就敢在人面前去讨夸！就是八十块，八百块，如今咱山里人也不稀罕！”村长“恼怒”了。

于是，他步行八十里路进城，又步行八十里路返村，买回一口袋电子手表，以他长者的身份，挨家挨户地又是宣传又是“法令”，把一块块崭新的现代化计时器原价卖给村里的愣小伙、条妹子，甚至憨老汉和放牛娃……

（发表于1986年8月《中国电子报》，获全国电子文学二等奖）

## 《年轻时不懂爱情》（长篇节选）

夏 青

春天终于在漫长的等待中来到了。尽管是凄风苦雨地吹了一春也下了一春，但人们还是按农时把该种的庄稼适时种到地里。一连几个大太阳，把槐树坪装点得春意盎然：村前的小河恢复了往常那种欢乐，冰雪消融后的春水欢快地流淌着，周围山上的松树和白杨树以及核桃树都绽出醉人的新绿，桃花在寒风中开过以后，淡黄色的樱桃花、红红的杏花和浅红色的苹果花又相继开放，整个村庄从早到晚沉浸在一片花香之中。沉睡了一个冬季的小麦前几天还是爬在地皮上，一副萎靡不振的样子，这几天突然间疯长起来，眼看着长成一尺多高，那种略带墨绿的叶片很有些剑拔弩张的味道。一阵微风吹过，成片的小麦地里便泛起只有在水面上才能见到的那种涟漪似的麦浪，光与色的交融常让我看得如醉如痴。

村里的人都特别忙，几乎是家家户户没一个闲人，所有的劳力全都上了地，谁不知道一年之计在于春啊！就连老人和没上学的孩子们也闲不住，有的去给猪寻猪草，有的去山坡上拾牛粪。

看来全村就我一个闲人，四座磨房很少有人来磨面，我满山遍岭地胡游乱转，充分享受大自然的馈赠。

自从那天张亚男过生日以后，我再没有到学校里去过。我在背后也问过团团，说那件事他是不是对别人也说过，他向我赌咒说他保证没对我之外的任何人说过。我想，除了团团之外也许有人知道这件事，也许没有其他人知道，而是晁老师凭自己的第六感官的感觉，终于在酒后忘乎所以，一场发作。

我几乎每天都要经过一次香香的坟头，也就不止一次地回忆起和她在一起那些欢乐的时光来。女人真的好啊，她能让一个爱她的男人忘乎所以。这样，我想起明末“冲冠一怒为红颜”的吴三桂来，为了他的爱妾陈圆圆，竟然打开山海关的城门，让清兵长驱直入，占据了整个中国。假如没有这一层原因，他和陈圆圆的爱情故事真可以成为成千上万个青年人学习的典范，但由于和国家与民族的命运联系在了一起，他们的爱情便被冲淡了，人们不喜欢拿爱情跟国家和民族命运做交易的人。但是我想当时的吴三桂真可能没有想到那么多，他的心目中只有他为之发狂的女人。我从对香香的怀念想到了和我只有一霎之欢的成彩琴，心里也和野外疯长的青草一样充满希望。

我突然想到了菊菊。

菊菊的婆家就在离槐树坪只有五里路的马家坪，用不上一个小时就可以走到那里。菊菊长得不难看，照六六的说法就是她的裤腰带随处都可以为她所爱的男人解开。但是我还是吃不准，自从上次在公社见面已经整整三个月了，如果我贸然去了，她会怎么想，又会怎么做？踌躇了几天，也许是人们常说的那种欲火煎熬得我如同得了一场大病。我知道从内心来说我并不爱她，甚至一丝一毫也不爱，她使我欲罢不能的完全是她风骚的体态，还有那一双老在眼前晃动不止的硕大的乳房。

我在马家坪村前经过时，正在小麦地里点黄豆的菊菊发现了我，这正是我提前预想好的最好的开局。当她惊奇或者是惊喜地一声小艾的大喊后，便从几十米开外的麦地中向我飞奔而来，她的两条又粗又黑的大辫子飘舞在脑后，眨眼的工夫就跑到我的面前。

没等我说话，她就说，小艾，我知道你早晚会来找我的。你从下河一上来我就发现你了。

我说，我可不是来找你的，是我闲着没事，到处乱走，不知不觉就到你们这儿来了。

她笑笑说，你怎么不往下河里走，跑到上河里来了？要不是我在这里，你保险不来，是不？

我被她一针见血地说中了心里的想法，顿时脸上烧得通红。倒是她很大方，根本没当回事：说，不管你是干啥来的，既然走到我家门上了，总得到家里去坐坐，认认门口吧？

你正上工，我怎能打搅你？我知道，工分，工分，是社员的命根嘛！我故意大声说，让地里二三十个正在劳动的社员听见。

她哈哈大笑起来，说，你才来几天就知道这了。好的，点黄豆这活我在全村数第一，我一个上午就顶他们一天。走，家里去！她说完冲地里一个带工的喊，树生哥，我回去招呼我干娘家的知青，下午再来。

那人和她是平辈分的，回答道，你就说回去招待你干哥哥多捷简，何必绕这大的圈子！

她脸一红，回敬说，你真的是狗嘴里吐不出象牙来，我就是叫他亲哥哥也轮到你管。

走她家只有不远的几步路。房子和其他社员家的房子没有什么大的差别，比起我住的花房要逊色得多，但三间正房和两间厢房围出来的院子打扫得很干净。她带我走到厅房前，取出钥匙打开锁，说，小艾，进去吧。我看到的屋里比我预想的要整洁得多，正面的大柜上虽然也摆放了不少瓶瓶罐罐，却都是细心擦拭过的，锃亮照人，不像我在别人家常看到的尽是灰尘。

她对我说，坐呀，小艾，你没听说过立客难打发吗？你总不会让我为难吧。

我刚坐在火垄旁，她就冲来一杯热腾腾的红糖水递给我。说，小艾你先喝，我给你开酒缸去，你尝尝我煮的酒。然后我再给你擀一顿长面吃！

我问，你家的大人呢？

她说，早就分家另过了。

那你那口子呢？

你问我男人，他刚才就在地里。他是三脚踹不出一个屁来的夯货，光是吃的肚子大。一会他回来吃晌午，你就知道他是个老实巴交的农二哥。

我问，你们的孩子在老人跟前养着？

她用火辣辣的目光盯住我说，小艾，你没听我干娘提起过，我过门整五年了还没开怀。我实指望你给我帮忙生一个。她的泼辣使我张口结舌，可她说完却笑跑上厢楼，对我喊，我去开酒缸了。

她忙里忙外，不一会儿煨罐里的黄酒就冒开了热气，屋里飘散着黄酒的芳香。她坐在我的侧面，一双大眼目不转睛地盯住我看，我假装看不见，低着头看火垄里的火发愣。

她问，小艾，你想啥呢，能不能跟我说说。

我说，我在想你男人的样子呢，你说他是三脚踹不出一个屁来的夯货，我在想你怎么会嫁给你并不喜欢的男人？

她叹了口气说，我的婆婆是我的亲姑姑，我是我姑在我爸跟前讹来的。

你愿意？

我不愿意有啥法？六六家曾向我娘提过亲，但我娘说我姑姑早就占了先。所以我嫁过来后一开始还让那夯子沾点边，可后来我越看他越不顺眼，干脆不让他沾我的身子。

我有点不相信地问，他干？

他有啥办法？你听过没听过这样一句话，花是一朵好花，不脱裤子没法。我裤子系的死疙瘩，晚上睡觉我不脱裤子，他只有干忍着。要是他提出离婚，我还求之不得呢！

那他为什么不离？

他家当然不愿意让我走啊，不是我吹牛，这五间新瓦房，这满屋的家具，都是我挣来的！小艾，你是聪明人，一定能想得到，我一个女人家哪来的这么大的神通。我告诉你，我不怕你笑话，这都是靠我挣的。

她说这话时十分轻松，轻松得让我吃惊。我说，菊菊，你在糟蹋自己，你说的话我不信。

她说，我说的都是真的，公社干部，还有那些大大小小的队干部，当然他们中的绝大部分人是不能白来的，要掏本钱。不过只要是我看上的人，不但不让他掏腰包，我高兴了还会倒贴呢。比方你，要是跟我好，我绝不会向你伸手要任何东西。

她说完这话，脸上突然放射出一种异样的光彩，两个脸颊已是一片通红。对于她如此大胆的表白我始料未及，顿时我感到惊慌失措，连手和脚放在哪里都觉得不得劲。她动作麻利地把泡好的酒给我倒在碗里，双手递给我，我接过来，为掩盖我的窘态连忙喝了一日，烫得我一口吐到地上，衣服上也溅了不少。她看得欢快地笑起来，说，小艾，心急吃不得热豆腐，同样也喝不得烫酒。她拿过来一条毛巾，在我的胸襟上擦拭，擦着擦着，她忽然停下不动了，仰起头来看着我。

我问，怎么了？

她说，你听，你听到了什么？

我说，什么也没听到呀！

她说，你的心在使劲儿地跳，我能听到。她把头埋在我的胸前，我情不自禁地伸出双手搂抱住她。她仰起脸对我小声说，把我抱到厢楼上去。

我问，人来了怎么办？

她说，还不到歇晌的时候，鬼都没一个。

我按她的话把她抱上楼，只觉得她的身体虽不是太重，却又像发着高烧火样烫，我把她平放到炕上就不知所措了。

吃中午饭的时候，菊菊的男人回来了，他们村里的人也来了不少，都是怀着好奇心来看我的。菊菊和他们斗了好一大阵嘴仗，我听不大懂，大意是互相挖苦讥讽吧，我埋头吃我的饭，任凭他们吵闹。

吃完饭，菊菊送我出村，她对我说，小艾，自我头一次见你我就喜欢上了你，不向往和你成为两口子，就是露水夫妻我也不敢向往，我这辈子忘不了你，尽管你们当男人的心大，你也许明天就把我忘了。来，你把这拿上！

我问，什么？

她递给我一个纸包，说，回到家里才能看！然后就转身离开我回去了。

（节选自夏青小说集“爱情三部曲”之一《年轻时不懂爱情》7）

## 苍山梦（长篇节选）

沉　静

麻狼家的坐落比较高，大门出来是一丈多高的土崖，上面是一条土路，串连着三个院子，前院是李林山家，后院是周石头家，麻狼家就在中间院子里。站在这个土台上向下看，整个村子都在眼皮底下，密密麻麻的树林里隐约现出杂乱无章的房舍，弯弯曲曲的塌墙烂院，曲曲折折的胡同，七股八岔的土路。村子的南面有一片树林，足有六七百棵，一律种的白杨，从南山脚下一直延伸到河对岸的小坪山下，围护着一个村子。一到夏季，就形成一道绿色的屏障。一条小河从南面的福神山和西面的小坪山之间的豁口里流出，径直朝李冰川扑来。可是一接触到村边的那片树林，又无可奈何地朝西拐个弯儿，乖乖地向北流去。

在对面绵延数十里的西山脚下，一条公路泛着白光，宛如一条飘忽不定的带子，串连着沿途大小不等的村庄。从对面林河村算起，向北十多华里就是凤安县城，站在麻狼家大门出来那土台上一眼就能望见，那里建筑物最多，川面最为广阔，上空覆盖着一层蓝紫相加的烟霭。在这段路途中有好几个村子，林河村、刿坪庄、侯家堡、二里铺……一条银色的河流在川坝中间地带流淌，左一跳一片沙滩，右一兜一个大湾，一直朝北流去。在这坝子的两旁，山连着山，峰驮着峰，汹涌澎湃的山的浪；山上没有树林，只拴满条条田土，密密麻麻的小径像一个巨大的网套，网络着一个个庞大巍峨的山躯。每座山头上都有黄土筑成的高大坚固的城堡，远远看去，像一颗颗大脑袋上戴顶娃娃帽，由于年代久远，有些地方已经倒塌。过去兵荒马乱，一有反贼土匪入侵，山下七村八寨的山民扶老携幼向上跑，钻进城堡里，关闭山门，站在城墙上用滚木擂石打击来犯之敌。向南距李冰川约两华里，东山峦突然跳跃出一座山头，径直朝西面小坪山奔驰而去，快接近山头时却骤然收步，傻愣住，凝固住，天长日久地站在那里不动弹，阻隔着向南望的视线。山头有一座关爷庙，修得飞檐翘脊，雕梁画栋，十分雄伟壮丽。里面塑有关公泥像，足有丈八高，红脸绿袍，栩栩如生。周仓关平手按大刀宝剑，瞪圆环眼站立两旁。几棵千年古柏长在庙前，给山头点缀几点墨绿。据说关公一世忠烈，死后封为福神，于是这座山就叫“福神山”。庙里香火旺盛，人们逢年过节都要上山敬神，乞求赐福降祥，祛灾灭邪，保佑全家财源旺盛，清吉平安。

麻狼哭着跑出大门，伤心得厉害，本来想多哭一阵，一阵凄厉的哭声从对面传来，使他猛然停住哭泣，一对还淌看泪水的眼睛专注地朝对面山上看去，敏感地寻找着什么。

原来在小坪山的山腰，位于林河村和剡坪庄之间的半山上有一大片荒坡，足有十多亩地，里面荆棘丛生，枯蒿成林，乱七八糟扔满大小不等的烂背斗，到处是累累小儿白骨，满世界挂着五颜六色的小儿衣裳，尿布片子，几堆篝火时明时灭闪烁着黄光，缕缕青烟顺着雄伟的山躯袅袅而上，跟山巅白云混合一起。几只肥大的狗狂吠着，互相嘶咬着抢食小儿尸体。

这是一片由林河村、剡平庄、李冰川三村共有的万儿坟，凡十四五岁以下的夭折，都用背斗背着倒进万儿坟。背斗底下垫的麦草秸和打着的火把可以点燃，背斗扔在那里，尸体只有让狗抢而食之。这里人骂自己的娃娃“狗吃的”“烂背斗背的”也正是这个意思，也是最残忍最生气的骂话。

小麻狼寻找的并非这些，这些他早已司空见惯，习以为常。使他心惊的是哭声，每天不绝于耳的哭声。刚才的哭声是从剡坪庄传来的，一个女人在哭。这里人哭老哭小，不分男女都有个夹哭夹诉的本事，使老远的人都能判断出死的是什么人，老的还是小的。刚才这女人哭诉道：“我的可怜娃啊，我的没活人的娃啊，你从出世没吃过一顿饱肚子啊——”年仅六岁的小麻狼，已从哭声中判断出死者是女人的娃娃，而且是饿死的。在他幼小的心灵里，已领悟到饿死是什么样的滋味。于是他的鼻孔翕动几下，一串泪水又落下来。

看一阵，见爹不再追出来打他，就靠住院墙坐在一块白石头上，因为院墙是白土刷的，他的背刚靠上去就白花花蹭一身。

剡坪庄的哭声还未停息，林河村的哭声又起来，又是女人，又是叫“娃” 者哭的。火把和背斗没等得进万儿坟，李冰川这面的哭声也响起，还是女人，还是叫着哭娃的。

正在这时，林河小学那面又传来学生欢快的歌声。这瞭亮而欢快的歌声，跟悠长凄厉的哭声汇合在一起，令人啼笑皆非。

“人家都喝毕，你坐到这里难道肚子不饿咋的？”奶奶出来，怕儿子儿媳听见，小声地对孙孙说：“快进去，我还剩下半碗你喝去。”

这年头，人们把吃叫“喝”，人们见面打招呼，以前常问：“吃了没有？”眼下却问：“喝了吗？”人们的语言跟着生活跑，因为人人都在喝菜汤，一天喝两顿或三顿的菜汤，所以把“吃”字忘记，奶奶也一样。

老奶奶五十几岁，花白头发，皱巴着一张又瘦又黄的圆脸，中等个儿，长而又宽的青布大襟褂子，又窄又短的青布大腰裤，成天颠着一双穿有尖尖鞋的小忙碌着。她跟儿孙分家另过已有两年。五八年集中粮食时，为半口袋面粉的事合家子闹开矛盾，好端端的家庭一下反目为仇。

“刚才又死三个娃娃，林河村一个，剡坪村一个，我们村里也死一个。”麻狼给奶奶说。

“唉，把死人算啥稀罕呀，天天都死人，人的命不如一只鸡啊！老天爷，你要收人，就来个一锅端吧，这样把人活活饿死，太惨忍啊。”

小麻狼跟着奶奶进屋，老奶奶揭开锅盖，从小小的砂锅里端出半碗掺有少量野菜的包谷面粥，黄橙橙的，使他的喉咙一下痒痒的难爱，碗未接过来就连着咽了几口口水。奶奶把碗递给他，转身去找筷子找盐碟儿，麻狼却等不及，嘴搭在边上一气吸进肚里，等奶奶拿来筷子时，碗已经空空的。

“汤呢？”奶奶问着，吃惊地张大嘴巴，瞅着孙儿还在舔动的嘴唇，惊讶地问：“你喝了还是倒了？小祖宗，就是倒也没这么麻利啊！唉哟——天爷！把人咋活到这个地步啊，把这点娃娃都饿成这样子啊！”奶奶把筷子放回原处，连连叹息，接着又无限悲伤地说：“你爷爷就是饿死的，他临死想吃一口黄黄的包谷面搅团，唉，到底没吃着口里，我到死都不能忘啊！叫我上哪儿去弄呢？家家房顶上不许冒烟，一口菜汤由人家食堂给着。大大小小的锅锅子都提去炼了钢铁……”

奶奶的伤感，麻狼早已听得厌烦，奶奶对这件事一天不知要念叨多少遍。麻狼喝完包谷粥，伸出长长的舌头舔碗，一遍又一遍，把碗的里里外外舔得干干净净，再把鼻尖上的面汁子用手指头捋下来送进嘴里，又把指头吮了又吮，看看实在没啥可舔的，才恋恋不舍地将碗放进砂锅，倒瓢水在里面，慢慢地洗着。

小麻狼洗完锅，整齐的放在山墙根那块用土坯支起的案板上，又拿起扫帚把地也扫得干干净净。他知道，喝奶奶的汤，就应该帮奶奶干点活。

“放下我扫吧，喝半碗汤，活也干的不住手，唉——天爷！把人咋活哩，给这点娃娃都没啥吃啊！”

麻狼扫完地，感激地看奶奶一眼，舒心地出口长气，低着头走出门去。早上没干下什么活，吃饭时又惹爹娘生气，他实在不敢回屋里去，就偷偷地溜到窗外那堆粪土上，拿着背斗和铁锨，到水沟边去背土。

走过立春家的大门口，再走一截下坡路，来到水沟边，把背斗架在一个土上台，把坎塄上的浮土一锨锨铲起来倒进背斗，装满后背起来就往回走。背斗压腰，喘着粗气，拼命拧拐着两条又短又细的腿儿，系背斗的绳子直往胛骨缝钻，光脚片一尺二尺地向前量着路程，腰越勾越低，脖子愈伸愈长，脖筋暴得老高，脸憋成紫色，蓬乱的头发里滚动着晶莹的汗珠。回去倒进粪坑，又朝沟边走去，一回又一回……

小麻狼年仅六岁，可是家里一年要给生产队交几万斤土肥料，都是他这用棒槌粗的腰杆子背回来的。他的腰间早已压起两疙瘩死肉，每天晚上只要睡到奶奶跟前，她总要抚摸那两疙瘩肉哭眼抹泪一阵子。

（沉静，原名王社会。节选自三卷本沉静长篇小说《苍山梦》第四章）

## 鸡味店主人

刘 水

一阵晨风吹来，鸡味店上空垂直的烟柱忽然打了个弯，变为一条细长的带子，轻柔地摇曳着。店里挤满了顾客，说的、笑的、唱的、吵的，乱哄哄的响成了一片。

店主人野妹子漂亮、干练、精明。她一边手足不停地忙碌着，一边机灵地与顾客周旋着。那些青皮后生们一双双火辣辣的目光肆无忌惮地在野妹子那张桃花一般好看的鹅蛋脸上和奔放着青春朝气的乳峰上来回扫视着。野妹子大胆地迎着对方的目光，脸不发烧，心不跳。

“有烧鸡吗？”

“有！”野妹子脆嘣嘣地答。

“一只多少钱？”瘦高个笑嘻嘻地问。其实烧鸡的价钱他早知道。

“二十块！”野妹子也笑嘻嘻地答，伸出两个指头，晃动着。故意多说了一倍的价。

“二十块？”矮胖子故作惊讶，抢在众人面前，诡谲地一笑，“二十块就要把你也搭上！”说完，得意地看了同伴们一眼。

简陋的马鞍房里，河女捅了春燕一下，叫她注意听。

鸡味店里，野妹子不以为然地微微一笑，大大方方地说：“搭上也可以。只是你把我带回家去叫姐姐，还是叫妈妈，当着众人，可要说清楚！”

“哈哈哈！”

“嘿嘿嘿！”

“嘻嘻嘻！”

一刹那间，幸灾乐祸的笑，随声附和的笑汇成了笑的海洋。那些分明要看野妹子出丑的人，这时干脆来了个反戈一击，纷纷倒向野妹子。矮胖子讪讪地笑着，脸红得象块猪肝了。

春燕也忍不住“噗哧”一下笑出了声。河女不满地白她一眼，鄙夷地撇撇嘴，冲鸡味店倖悻地骂了句：“不要脸！”

鸡味店里的笑声一落，一只烧鸡便送上了桌。雪白的盘子里，雄赳赳地站立着一只神气活现的烧鸡。鸡头气昂昂地挺着，鸡颈灵活自如地转来转去，象在急切地左顾右盼着什么。

人们惊诧地望着，全都静悄悄的，谁也不敢相信它竟然是一只无生命的鸡，谁也不愿打破眼关这充满了神秘的气氛。

野味子心中激动得意，脸上却是一副满不在乎的表情。她不动声色地拿起筷子，在桌上轻轻地一礅，不慌不忙地照准鸡的某个部位一点，哗的一下，一只活生生的鸡顿时变成了满满的一盘子肉。

顾客们狼吞虎咽地吃着，大口大口地喝着烈性酒，放纵地说着笑着，并不时偷地瞥店主人一下。

片刻工夫，鸡肉吃完了，独剩一只鸡头还在蠕动着。众人面面相觑。这时，野妹子走上前来，把盘子端走了。

众人神思默默的，久久地揣测着那只鸡头……

“那家伙的烧鸡，啧！”春燕也咂着嘴，不胜佩服地赞叹道。

“没出息！”河女指责春燕。她就是不服野妹子，“哼！她的那烧鸡，算啥！只有她祖先做出的烧鸡，才算是真正的烧鸡！那造型，那味道……”河女响亮地弹了个舌，仿佛她刚刚吃过野妹子祖先烤制的烧鸡。

“你尝过？”春燕忍不住咯咯地发笑。

“我没尝过，但听说过。”

听说过？对！相传，野妹子的祖先张氏开设的“鸡味店”，被誉为“陇南第一吃”。鸡味店里那稚嫩的雏鸡，虽然只有鸽子大小，但当你慢慢地细嚼时，一股幽幽的独特香味便在你的口里潜滋暗长，愈来愈浓，在口中久久地回旋着。最让人惊奇的是：那雄赳赳、气昂的雄鸡立在盘子里，俨然一副引颈长鸣的姿态，等吃过后，打一个饱嗝，添一份香味，令人十天半月不想去吃另一样东西……

日月星斗几转几移，燕来燕往花开花落。到了野妹子父亲张守业手里，鸡味店的烧鸡已名扬大西北了。同时，一块难以弥补的缺陷也随之重重地压上张守业的心头：他的妻子只给他生了一个女儿，而张家的绝技是传子不传女的。张守业常望着在自己身前身后跑来跑去的野妹子唉声叹气。后来，“红色风暴”刮来了，张守业背着沉重的十字架，带着一身绝技和满腹的遗恨离开了人世。

通向梨花镇的唯一途径是野马河上的女儿桥，而桥堍的大树下则是行人的乘凉休息地。河女眼尖，她见缝插针，和春燕合伙这里搭了个简陋的马鞍房，卖茶水，卖饭菜。正当生意红火时，不偏半路上杀出了个程咬金。张守业的女儿野妹子抛下家庭孩子回到这里，挂起祖先的幌子，操着从父亲那里学来的一星半点手艺，开起鸡味店来，野妹子烤制出的烧鸡味道虽不如父亲烤的那么独特，但烧鸡那神气活现的动态照样吸引了不少人去吃。

“呸！”每当听到鸡味店的笑声时，河女都要啐一口唾沫。

“咋哩？你嫉妒人家啦？”春燕转过头来问她。

“哪个猪下的才嫉妒呢！”河女耸耸肩，不屑地一抽鼻子，控制不住要发火。

春燕神情默默的不说话。

“你，灰心啦？”河女突然问她。

春燕避开了她咄咄逼人的目光。

河女一咬牙，旋即轻松地笑了起来，笑得春燕莫名其妙，东张西望，不解地眨动着眼睛，迷迷惑惑地问：“你？……”

“我笑世人太愚昧！”河女忿忿不平，“那烧鸡并不好，缺少香味，只不过会转转头，就都出高价钱去吃。哼！”

“我两个这样可不行！”春燕指着报纸上一行小孩眼珠子那样大、那样黑的字说，“兰州烹调学习班正招生，我想去学习一下，来与野妹子比高低！”她语气恳切、坚定，有一种直倔倔的拗劲。

河女的身子不动了，认认真真地思考起来。

鸡味店里一阵高过一阵地笑声，不时地传进来，衬托得马鞍房里更加寂寞、冷清。

野妹子有意大声地说着，大声地笑着，把店里的气氛搞得热闹、火红而又和谐。顾客散后，她一边洗锅刷碗，一边默默计算着当天的收入。当她出外泼泔水时，朝对面问了一句：

“春燕，吃饭了没？”

“吃了。”春燕没精打采地回答。

春燕无精打采的声音给她的心上突然送来一丝纤细的愧疚。她想了想，就向马鞍房里走去……

漫长的、寒冷的冬天过去了，野马河抖落一身沉重、坚硬的冰铠，轻松自在地向东奔去。

鸡味店主人的笑声没有往日响亮了。

真没想到那个腼腆文静的姑娘春燕半年不见，竟然带着一身使野马河两岸人耳目一新的烹调技艺回来了。于是，马鞍房里的什么牛肉拉面、炒龙凤饭等一大堆花样新颖别致的食物，吸引着顾客，使鸡味店里的烧鸡黯然失色，身价大跌。野妹子望着自己店里寥寥可数的顾客，听着河女那泼辣的说话声和毫无顾忌的笑声，心如针刺般的发痛。

“这盘菜多少钱？”有人问。

“两块！”

“哦！比烧鸡便宜得多！”又有人讨好地谄笑着说。

“你要知道人家的那是活烧鸡呀！”河女故意惹顾客们的话。

“屁！还没有我娃他娘炒的入味。哈哈哈！”这话说到了河女的心块上，她畅快地舒了口积压已久的闷气，提高嗓门说：“人家的是祖传绝技！”

“祖传绝技也没有你们的饭菜好，味道美，价钱又低，还……”

“还有你既漂亮，又热情！”有个调皮后生趁机打趣道。

于是，一串欢快的笑声飞出了马鞍房。

傍晚，马鞍房和鸡味店里先后安静下来了。春燕和河女虽然很乏，但又都不想休息，总觉得拉了鸡味店的生意，心里有些不安。于是，两人默默地、不约而同地来到鸡味店前。

“大姐！”二人一齐叫出了声。

“哎！”野妹子病痛怏怏地答应，并随手拉开抽屉把里面码得整整齐齐的票子忙乱地撒在桌面上，装出正在整理、点数的样子。

“你的收入不错！”春燕赞吧道。

“不如你们！”野妹子口里谦虚，心上却翻动着妒意。

“你的一只烧鸡要买我们的五六盘菜呢。”春燕实话实说。

“烧鸡？唉！烧鸡顶不住一张漂亮的脸蛋子！咯咯咯！”野妹子话一出口便抢先笑了起来，憋在心中的嫉恨顿时减少了一些。

“脸蛋子顶不住一张能说会道的嘴！”河女回击道。

有天，马鞍房里的顾客挤得如沙丁鱼罐头，鸡味店里却稀稀疏疏地坐着十几个白发老头，全都神思默默的，仿佛在追忆着什么事，即使偶尔说一两句话，也是寡盐无味的。

临近晌午时，河女有事来找野妹子。话刚开头，六七个后生嬉皮笑脸地闯了进来。

“哎哟！大妹子你今天打扮得好漂亮呵！”有个后生挤眉弄眼怪声怪气地戏谑。

野妹子把脸一板，冷冰冰地说：“谁是你妹子？请放庄重点！”

那后生的脸唰地红到了耳根，尴尬地无法下台。

人们惊诧地互相对视一下，又都急忙低下头。整个鸡味店里静悄悄的……

几天以后，笑语盈盈的马鞍房里突然传出一声气愤的质问：

“你把苍蝇当肉卖？”

“呵！我的也有！”又有人尖声尖气地叫。

野妹子急冲冲地跑进马鞍房，对着吵吵嚷嚷的人群严厉地大吼一声：“不准胡闹！”不一会儿，几个明晓事理的人请来了卫生防疫员，来人认真地检查后，嘴里吐出冷森森的两个字：“罚款！”

款罚了，马鞍房的生意冷落下来，河女一气之下回家去了。春燕一人孤零零地守着冷清清的马鞍房。

随后春燕将她学来的烹调技艺传给了野妹子，寂寞的鸡味店又热闹起来了。但大把大把赚来的钱，并没有使野妹子的心情轻松愉快起来。一块铅一样沉重的东西悄悄地压上她的心头，挤走她在各种各样的理由中产生的一丝微弱的自慰……

于是，她为了补偿春燕对她传授手艺之情，有次突然对春燕说：“我把做鸡的方法传给你，你只要在鸡头中装条活鳝就成了。”

春燕摇摇头说：“谢谢你，我准备把摊子搬进梨花镇去。”

野妹子一听，心中一阵痛疚，一阵怅然，于是，她就真心诚意地挽留着春燕，要和春燕、河女一起干。

不久，马鞍房和鸡味店合并了，除烧鸡外兼营各种风味小吃，生意更加兴隆起来。

（录自《刘水作品精选》华夏出版社，2016)

## 红公鸡和大白鸭

刘启舒

在一个用篱笆围起的院子里，有两间小木屋，小木屋里住着红公鸡和大白鸭。红公鸡长得多雄壮：高高的个子、火红的羽毛，绿色的尾巴，活象一个小武士。大白鸭呢，浑身白得象一团雪，别看拙嘴笨爪的，倒也显得朴素、大方、憨厚。

一天清晨，金色的太阳刚露出圆圆的笑脸，红公鸡就和大白鸭手拉手，去野外游玩。一路上，风景美丽：蓝蓝的天上飘落了彩霞，树枝上的小鸟唱着欢歌，草叶上的露水象珍珠一样闪闪发亮。红公鸡和大白鸭高兴极了。

刚走不远，它俩碰见一只山羊。山羊看着红公鸡和大白鸭走在一起怪亲热的样子，乐得捋着胡子说："看你俩真象一对亲兄弟。听说主人又表扬你们啦，说你俩又勤快又勇敢，哈哈！"

红公鸡一听，心里一下子变得很不高兴，想：什么？"表扬你们俩"！要说表扬嘛，那是我一个挣得的，我会打鸣报晓，我会消灭害虫，我会飞，我会……它觉得一切成绩都是自己做出来的，笨鸭子又会啥呢？

于是，它不愿意跟大白鸭在一起了。想离开它，自己独个儿去创造美好的形象。

大白鸭看红公鸡不高兴的样子，就说："公鸡大哥，你累了吗？咱们休息休息再走吧？"

红公鸡一扬脖子，很高傲地说："我不累，永远也不会累的。"它想了想，眼珠一转，回过头来说，"鸭子老弟，咱俩比赛吧，你敢不敢？"

大白鸭说："比赛什么呢？"

"比赛——唱歌，我先唱。"红公鸡强梁地自作主张。头一扬，脖子一伸，亮开圆润的嗓子，就"喔喔喔——喔——"地唱开了。它一边唱还一边用翅膀打着拍子，想在各方面压倒大白鸭。红公鸡的歌声真嘹亮，象吹小军号一样。

正巧，天上飞来一只花喜鹊，花喜鹊第一次听到这样好的演唱，不等红公鸡唱完，就为它鼓掌喝采："公鸡大哥，你唱得真好听，再唱一支吧！"

红公鸡听见夸奖，心里乐滋滋的，"喔喔——喔——喔"又得意洋洋地唱了一段。

花喜鹊听完，还不满足，在草地上连蹦带跳，一个劲地高喊："再来一个，再来一个。"

红公鸡说："我跟大白鸭在比赛，该大白鸭唱了。"

大白鸭不慌不忙，走到红公鸡唱歌的地方，先向红公鸡和花喜鹊鞠了一个躬，然后清清嗓子，"呱呱呱，呱呱呱"地唱开了，声音既单调又沙哑。大白鸭还没唱完，花喜鹊就评论开了："不好不好，唱得倒是挺认真。"它笑着飞走了。

唱歌比赛结束，红公鸡大获全胜，心里直乐，高兴得翘起尾巴。大白鸭恭恭敬敬地向它请教："公鸡大哥，教教我怎样唱歌吧。"

红公鸡傲慢地说："你想学吗？那可以，不过，我们还没有比赛完哪！"

"还比赛什么？"大白鸭不解地问。

红公鸡说："比赛走路，看谁走得快。"

大白鸭很腼腆地答应了。

红公鸡真机灵，很快找到一块比赛场地，它指着一棵小树对大白鸭说："前面那棵小树是终点，这里是起点，我喊口令！"红公鸡和大白鸭站成一排，公鸡喊了一声"一——二！"紧张的比赛开始了。

红公鸡的腿长，身子轻，它挺起胸脯，迈开大步，一会儿就走到大白鸭前面了，大白鸭呢？体重、腿短，走起来真吃力，但是它一点儿也不甘示弱，加快步伐，拚命往前追，累得满头大汗。但还是被红公鸡拉下了，拉得很远。

"胜利了！胜利了！"红公鸡最先到达终点，高兴得直跳。大白鸭虽然落了后，但它坚持到底。

唱歌和竞走比赛都结束了，毫无疑问，红公鸡是响当当的优胜者。大白鸭采来一束红花，送给红公鸡表示祝贺。

从此以后，红色鸡再也不和大白鸭一起玩了，它觉得和它玩没意思，就躺在草地上睡觉。红公鸡做了个很美的梦，梦见小白兔、山羊、花喜鹊都向它祝贺，围着它跳啊唱啊，给它戴红花，把它抬起来。

有一天，红公鸡又在草地上打盹儿，听见树林子那边有喝采的声音。它很纳闷，是谁赢得了大家的赞扬？它嫉妒地走过去。……嗬，好大的水库！就象一面镜子，连天上的白云也在里面飘动。大白鸭拍着翅膀，一个猛子扎下去，在老远的地方冒出来，它多高兴，抖抖头上的水，闪闪翅膀，“呷呷”地笑了。大白鸭在水里，就象一朵盛开的大荷花，两只脚象双桨一样，不停地划着，游得又快又稳。树上的小鸟叽叽喳喳，齐声称赞大白鸭是游泳能手。

红公鸡躲在一棵大树后，看着大白鸭在水里快活的样子，又见小鸟夸奖大白鸭，心里很不服气。它一边张着翅膀，竖着颈毛，象斗架式的，气冲冲地向水库边跑去，一边高声挑战说：“大白鸭，你别逞能，也别骄傲，听你在水上呱呱呱地尽骂人！来，咱俩比一比，瞧不起人！”

大白鸭压根儿就没骂过人，这话从哪儿说起！但它一看公鸡要跳下水来的样子，便顾不上申辩了，吓得直起脖子高喊：“公鸡大哥，别下来，危险！”

红公鸡根本不听大白鸭的劝告，“扑通”一声跳下水去，平静的水面溅起一片水花。红公鸡的翅膀在水面上乱扑腾，两只脚在水里乱蹬，越用劲越往下沉，它急忙高喊：“救命啊！……”整个身子便不由自主地沉人水底，“咕嘟嘟”，水面上冒出了一串儿气泡，树上的小鸟吓得四下乱飞。

这时，大白鸭象一支利箭一样游过来，游到红公鸡落水的地方，一头扎进水里，把红公鸡救上岸来。

红公鸡被水呛得昏迷过去，肚子里装满了水。大白鸭用翅膀压红公鸡的肚子，让水流出来……过了好一会儿，红公鸡才慢慢苏醒过来。它睁开眼睛，流着泪说：“谢谢你……大白鸭，你也有你的本领，今后，我，我也要向你学习。”

大白鸭谦虚地说：“咱们互相学习。”

回家的路上，红公鸡和大白鸭手拉手地走着。从此以后，它俩又成了一对好朋友。

（录自《甘肃文艺》1978.2）

## 自乐班

赵　殷

固城村最早的戏楼叫无梁殿，自乐班就在无梁殿里唱大戏。

收完秋天最后一茬胡麻、洋芋和老梨树上的化心梨。在月明星稀的夜晚，无梁殿上黑乎乎的镂空四季花的窗格前，点亮两盏葫芦状的清油马灯，孩童们欢呼雀跃，喊着“挂灯唱戏喽，挂灯唱戏喽……”

吃过夜饭的村民，抬上笨重组糙的长板凳，女人怀揣刚从铁锅里炒熟的还烫手的小豌豆，不停地捏上三五粒丢进嘴里，咬得咯嘣咯嘣响，斜披夹袄的男人们一锅一锅地吸旱烟，东一句西一句说闲话，头顶罩着从他们嘴里吐出的蓝色烟雾，与浑黄的清油马灯相依相伴，显得缥缈神秘。

戏总是在台下的一片抱怨声中开场。这晚唱的是《铡美案》。村支部书记、老党员、社火头张治中扮演包拯。包拯身穿黑色蟒袍，黑脸红腮，额上半轮镰形日月，两手轻按玉带，缓步走上台来。戏台左右竖放两张小堂桌，正中一前一后铺两块木板，前边系白色帷布，上搁虎头铡刀。陈世美一身白衣，一束黑发缠在颈间，由王朝、马汉押到台前，弓身低头。台下，蛾儿看到扮演陈世美的父亲张自新要被铡，挣脱母亲的怀抱，扒在戏台口大哭起来，她太小了，上不了戏台，便在地下滚作一团，女人们哄她抱她，她还是哭闹不止。直到脱了戏衣，来不及卸妆的张自新从前台跳下，抱起她说：“爸爸活着哩。”她才止住哭，趴在爸爸的肩膀上，回家去了。

这是我童年里看老戏最有趣的一段记忆。

静下来的戏楼，沉浸在平平淡淡的时光中，如一座梦与现实的殿堂，伫立在固城河旁，瞭望整个灰色的村庄。

1970 年，无梁殿里改唱《红灯记》《智取威虎山》，村民们唱得不伦不类。不久，除“四旧”把无梁殿拆了，村庄里再也没有唱过戏。自乐班的演员没有散，他们经常聚在一起，谈论唱戏的事。无梁殿的影子将情绪低沉的自乐班，驮在瘦骨嶙峋的背宅上，在空洞的亿念里徘徊。自乐班时而在山梁上喊一曲寂寞的山歌，时而咒几句天爷，骂几声爹娘。1981 年，改革的春风缓缓飘到偏远的固城村，吹暖了自乐班封冻已久的心，十几人都在村庄里悄悄号召村民，在无梁殿原址重修戏楼。短短半年时间，钢筋水泥的新式戏楼落成，我二哥当选为自乐班会长。

老会长和二哥到天水转了一圈，突然有了更大的想法，请来老班子人员，研究自乐班要为家乡造福，边唱戏边扯集市等等大事。

那些天，人们面带笑容，吆上毛驴驮上小麦、包谷到杨家寺、甘谷、武山、永坪去粜卖。二哥怀揣村民募捐的 6000 元钱去西安咸阳买来各色龙衣蟒袍，各色袄衣、女衣、裙子、裤子和战袍、包巾、虎背旗、会旗、小红旗、腰带、大帐子、凤帽、软帽、生靴、女鞋、扇子、镜子以及头盔、大锣、顶锣、小斗锣、大鼓、小鼓、战鼓，干鼓、抱鼓、铜号、挂灯、对板、单桌、二胡、板胡、竕板等唱戏道具。

大年将至，王家爷拟好一副对联，早早张贴在戏台两侧，上联为“文化园地，百花争艳。”下联为“忠孝节义，古为今用。”横披为“发家致富”。正月初八晚上，村庄里挂起红灯笼。悬挂在戏台上的 500 瓦大灯泡由乳白灯管映衬得明如白昼，三层大幕重重挽起。台口两边端放两只锃亮的铜火盆，盆里盛放干柏叶、香和喜鹊窝。自乐班商量，社会允许唱戏了，这是我们的福气，打台戏就唱《天宫赐福》，老会长张治中扮演天宫，老艺人张永年扮演灵官，从新疆赶回固城唱戏的田玉恒扮演寿星。

新建的无梁殿披红挂绿，喜气洋洋。

戏唱了10天10夜，戏台两边不断张贴宣传广告，要村民们在每月逢三，逢六、逢九做些小生意，摆些小地摊，尽快扯起集市，搞活农村经济。封闭了十年的传统老戏，在村庄里唱开后，村民们冒着严寒和大雪，踩着淹过脚面的泥水，在露天场院里看戏，硬是像钉在那儿，戏不散场人不走。

然而，偏僻落后的村庄里，扯集闹市谈何容易。自乐班全体人员商量后，再次宣传唱戏扯集，动员群众向外地亲朋好友捎话带信。以前戏是唱给山神爷的，现在是给自己唱，各家的媳妇、姑娘也破天荒登上宽阔的无梁殿，用农家女儿的一腔柔情演绎一幕幕千古悲欢离合之事，给粗犷的秦腔增添了不少婉转悠扬的魅力。1982年3月28日春台会，固城熙熙攘攘热闹非凡，周围二十几个村的人都来了，街面上有卖熟食的，卖小百货的，卖土特产的，走亲访友的。二哥把家里的农活全抛在脑后，一门心思唱戏，既要摆设戏台道具，又要关照演员记台词、化妆，几天戏唱下来，老会长一病不起，二哥更是连眼皮也睁不开了。

四月初九，摆小摊的由于生意不太好，都渐渐离去，街面上只有两家卖凉面皮的，一家卖煮洋芋包谷的，还有一个修鞋的。二哥是个很倔的人，他召集自乐班人员及每户村民家长，在戏台开会，商议请礼县剧团来固城喝戏，有人赞成，有人反对，由于老人们支持，这事就定了下来。演员派饭到户里，每家都有，乡亲们拿出最好的东西给演员们吃，留出最宽的炕让演员们睡。

轰轰烈烈唱了10天戏，固城人真真实实地见了一回世面。然而，人走茶凉，集市依然没有扯起来。二哥硬是不死心，在全家人的谩骂声中，他再次决定请戏扯集。同年9月，老会长请来西安咸阳市青年秦剧团。自乐班其他人员分头去县城、天水、甘谷张贴宣传广告。村民们每家每户都有自己的店面，姑娘们把自己绣的花鞋垫也摆在地上卖。

无梁殿也倍增了精神，仿佛为自乐班加油。

那是我印象中、家乡人最多的日子，礼县县城卖熟食的生意人，全跟着戏箱子云集到固城、杨家寺、小天水的生意人，用拖拉机拉着布匹、成衣、百货，在戏楼周围搭起临时布篷，甘谷、武山人吆喝骡马驮着辣椒、蔬菜在街头摆摊设点，从弯弯的泥土街道到戏楼周围，人山人海，啥人都有。集市终于扯起来了，自乐班几个人却病倒了，老会长旧病复发，于这一年年底去世，老会长是带着微笑走的，他没留下一句话，但人们心里明白他离开自乐班时想的是什么。

二哥因为唱戏耽误了农活，让父母和二嫂非常辛苦，趁二哥回家吃饭的工夫，全家人都劝他："今年就干下来吧，明年不干了。"二哥总是点头表示同意。到了第二年，二嫂抹着眼泪踏缝纫机仍旧缝唱戏用的护领、玉带。父母也东家出、西家进请演员。总是好的角色争着唱、丑角丑旦没人上，遇上挑剩的丑角，二哥为了救场，脸上抹上油彩，不会也要装唱，一年年唱下来，二哥的丑角在固城远远近近非常有名，连他七岁的小女儿也穿上戏衣绣花鞋，手拿云帚站在台上当丫环。

春台戏、会戏、年戏唱完后，自乐班人员坐在一起，在街面上每人吃一碗面皮算是聚餐，然后心满意足地散场，

20 世纪 80 年代初，村里谁家有只手电筒，很快就传遍村庄，这家就成了村里最显赫的家庭。到了 20 世纪 90 年代，满街都是自行车、拖拉机，家家户户都有自己的收录机。现在，固城人年年戏唱得惊天动地，生意做得红红火火。村民们不再是上台穿绸挂缎，下台补丁吊线，大多数家庭有了彩电，二十几户人家安装了电话，还有的家庭用电脑把自己朴素的村庄与外面的世界紧紧相联，固城村就像这条信息上的一个古老而美丽的风筝，风筝上自信而从容的自乐班临空高蹈，用深厚的底气吼唱着自己与黄土高原同生同息的歌。

（录自《甘肃日报》2002—10—14）

# 第三章 民 歌

## 第一节 社火曲唱词

### 社火官

上得场来放三炮，花灯执事早先到，众家爷们挤了两大套，看这热闹不热闹！

（一对旗官吆喝：欧…噢…噢）

社火官，社火官，手里拿的纸扇扇，左三扇，右三扇，瘟疫时气扇上天，羊毛细雨落凡间、落凡间。

（欧…噢…噢）

社火官，本姓孙，十四十五办花灯，十四不办十五办，四大头人眼熬烂，眼熬烂。

（欧…噢…噢）

社火官，本姓刘，七对骡子八对牛，杨沟林里拉木头，一夜修起一进三院的转角楼、转角楼。

（欧…噢…噢）

社火官，本姓范，腊肉饼子家常饭，禄食点心面前献，有心吃来无心咽、无心咽。

（欧…噢…噢）

社火官，本姓赵，不好骑马好坐轿，阔气排场再喝道，七对唢呐八对号，你看热闹不热闹、热闹不热闹。

（欧…噢…噢）

社火官，管得杂，洋芋地下结疙瘩，麦穗子象棒槌大，一场能碾石七八、石七八。

（欧…噢…噢）

社火官，管得宽，子孙成林当自然，男儿练武考探花，女儿习文中状元，中状元。

（欧…噢…噢）

社火官，作官灵，金银财宝送进门，送进不送出，家家有个聚宝盆，聚宝盆。

（欧…噢…噢）

社火官，坐正堂，纸马场上送吉祥，两班衙役脚腿勤，把家家户户的吉祥送进门、送进门。

（欧…噢…噢）

社火官，社火官，只管正月十四、十五这两天，十四十五管过了，风调雨顺太平年、太平年。

（欧…噢…噢）

## 十对花

男：（唱）我唱我的一呀，谁来对我一呀，
什么花开在正呀正月里？
女：（对）你唱你的一呀，奴给你对上一呀，
看灯花开在正呀正月里。
男：（唱）你唱你的二呀，谁来对我二呀，
什么花开在二呀二月里？
女：（对）你唱你的二呀，奴给你对上二呀，
迎春花开在二呀二月里。
男：（唱）我唱我的三呀，谁能对我三呀，
什么花开在三呀三月里？
女：（对）你唱你的三呀，奴给你对上三呀，
桃杏花开在三呀三月里。
男：（唱）我唱我的四呀，谁来对我四呀，
什么花开在四呀四月里？
男：（唱）我唱我的四呀，谁来对我四呀，
什么花开在四呀四月里？
女：（对）你唱你的四呀，奴给你对上四呀，
刺梅花（或豌豆花）开在四呀四月里。
男：（唱）我唱我的五呀，谁来对我五呀，
什么花开在五呀五月里？

女：（对）你唱你的五呀，奴家给你对上五，
石榴花开在五呀五月里。
男：（唱）我唱我的六呀，谁来对我六呀，
什么花开在六呀六月里？
女：（对）你唱你的六呀，奴家给你对上六，
红莲花开在六呀六月里。
男：（唱）我唱我的七呀，谁来对我七呀，
什么花开在七呀七月里？
女：（对）你唱你的七呀，奴家给你对上七，
芝麻花开在七呀七月里。
男：（唱）我唱我的八呀，谁来对我八呀，
什么花开在八呀八月里？
女：（对）你唱你的八呀，奴家给你对上八，
牵牛花开在八呀八月里。
男：（唱）我唱我的九呀，谁来对我九呀，
什么花开在九呀九月里？
女：（对）你唱你的九呀，奴家给你对上九，
黄菊花开在九呀九月里。
男：（唱）我唱我的十呀，谁来对我十呀，
什么花开在十呀十月里？
女：（对）你唱你的十呀，奴家给你对上十，
石竹子花开呀开在十月里。

## 十二花

正月里来什么花儿开？正月里开的看灯花。
二月里来什么花儿开？二月里开的迎春花。
三月里来什么花儿开？三月里开的桃杏花。
四月里来什么花儿开？四月里开的豌豆花。
五月里来什么花儿开？五月里开的石榴花。
六月里来什么花儿开？六月里开的水莲花。
七月里来什么花儿开？七月里开的葡萄花。
八月里来什么花儿开？八月里开的牵牛花。
九月里来什么花儿开？九月里开的黄菊花。
十月里来什么花儿开？十月里开的石个子花。

十一月里来什么花儿开？十一月开的冬青花。

十二月里什么花儿开？十二月开的腊梅花。

## 杨燕麦青

正月里来是新春，我连四哥没上工。早上上工担两担，吃罢干粮刷马圈。

二月里来龙抬头，王二姐出嫁上彩楼。上了彩楼往下看，再看四哥好风流。

三月里来三月三，脱了棉衣换单衫。人家单衣全换上，四哥的单衣压柜箱。

四月里来四月八，娘娘庙里把香插。人家插香为儿女，自己插香为四哥。

五月里来五端阳，大麦割了小麦黄。大麦割了小麦黄，连根带把收上场。

六月里来热难当，我给四哥洗衣裳。洗下蓝的下染缸，洗下白的用粉浆。

七月里来秋风凉，我给四哥送干粮。馍馍拾上汤舀上，我和四哥打着逛。

## 庄农户曲

正月里来是新正，提起庄农忙死人；三餐六饭难入口，皇天不昧苦心人。

二月里来刮春风，麦子豌豆土里生；放羊老儿把羊堵，恐怕羊儿刨麦根。

三月里来是清明，猪娃子上户（指地主）狠心人；三石麦子齐粜了，给我穷人没半升。

四月里来四月八，麦子豌豆扬了花；人都说田苗好，多咋才能收到家。

五月里五端阳，麦子豌豆遍山黄；一把弯镰拿在手，连割带拔收上场。

六月里来热难当，穷人常比上户忙；太阳地里要背麦，太阳露头要碾场。

七月里来秋风凉，身背杂货出了庄；早上出门就赊账，一天乱跑七个庄。

八月里来八月半，加耕带种翻三遍；薄地上的牛羊粪，种上一斗打一石。

九月里来九重阳，清水河里洗衣裳；衣裳放在青石上，黄杨木棒槌叮当响。

十月里来十月半，籴黄米来掺稀饭，老汉们吃上没事干，阳旮旯里捻毛线，一天捻了九斤半，还嫌我老汉捻得慢。

康县王坝大水沟

十一月来冬至节，上户杀猪办事情；穷人有心搭一把，还说穷人度嘴家。

腊月里来腊月八，上户杀猪过年家；穷人想杀没啥杀，买个茄莲把皮刮。

## 割麦曲

正月里冻冰二月消，河里的鱼儿水上漂。想起我的哥哥，想起我的妹妹，赶着割呀，赶着割呀，等我等我着。

三月里桃花满山红，四月里韭菜绿茵茵。想起我的哥哥，想起我的妹妹，赶着割呀，赶着割呀，等我等我着。

五月里麦子遍山黄，六月里绣女请下床。想起我的哥哥，想起我的妹妹，赶着割呀，赶着割呀，等我等我着。

七月里葡萄搭上架，八月里西瓜弯月牙。想起我的哥哥，想起我的妹妹，赶着割呀，赶着割呀，等我等我着。

九月里大荞一垅垅，十月里雪花飘出门。想起我的哥哥，想起我的妹妹，赶着割呀，赶着割呀，等我等我着。

十一月柿子满山红，十二月年货摆出城。想起我的哥哥，想起我的妹妹，赶着割呀，赶着割呀，等我等我着。

## 十盏灯

正月十五灯展开，二位皇娘管灯来；管了头灯管二灯，一盏一盏管分明。

一盏灯来什么灯？月明楼上吕洞宾；洞宾要吃药香酒，连吃三杯醉醺醺。

二盏灯来什么灯？二郎担山在空中；隔山连把太阳撵，这才是二郎显神通。

三盏灯来什么灯？姊妹三人哭紫荆；三人哭活紫荆树，紫荆树开花叶叶青。

四盏灯来什么灯？桃园结义拜弟兄；要知弟兄名和姓，刘关张赵子龙。

五盏灯来什么灯？五路群神闹月宫；月宫娘娘怀太子，十二大仙来插花。

六盏灯来什么灯？六郎打野在山中；白兔带走雕翎箭，拔剑一追影无踪。

七盏灯来什么灯？王祥卧冰在河中；一支鳝鱼拿手中，回到家里报娘恩。

八盏灯来什么灯？八郎回家认母亲；八郎穿的番鞑袖，辗转流失拜祖宗。

九盏灯来什么灯？刘爷过江哭荆州；关爷行动常带刀，张爷喊断当阳桥。

十盏灯来什么灯？西天唐僧去取经；牵马有个猪八戒，沿路降妖的是孙悟空。

## 点兵曲

正月里来是新年，蟠桃会上找绿凡；千里路上捎书信，千都城里扎营盘。

二月里来二春风，每人给你二两银；每人给你二两银，个个怀揣杀人心。

三月里来正清明，刚大人领兵上禄城（西和古称上禄）。上禄城里扎长久，先扎上阳城再调兵。

四月里来四月八，刚大人领兵不骑马；一夜放了个百七八，不知道营盘扎哪达。

五月里来五端阳，米粮川里借口粮；借了三天没借上，苦苣牙儿接口粮。

六月里来热难挡，旋黄麦子收上场；上身要穿白短褂，头上的汗水扑洒洒。

七月里来七月七，年年牛郎配织女；七个汉子八合米，吃粮咽菜压不了饥。

八月里来八月八，五拱桥上把营扎；五拱桥上打一仗，步步不离叉子枪。

九月里来九月九，黄河岸来河套口；黄河涨了个万丈深，吃粮哥哥你留心。

十月里来冬寒天，吃粮的哥哥穿的单；身上无衣打冷颤，肚儿里无食莫怨天。

十一月里来雪花飘，马在南山吃饱草；马往南山吃饱草，吃粮的哥哥把粮找。

十二月里来满一年，教场坝里把兵点；兵马点了个千千万，四十万兵马和家眷。

## 十里亭

送亲人送在一里亭，手掌洋盘一盏灯；灯熖头起遮五指，灯熖底下观亲人。

送亲人送在二里亭，头上金簪摸一根；手掂金簪有多重，宁舍金簪不舍身。

送亲人送在三里亭，杏花未开桃花红；杏花桃花齐结果，拿在绣房散人心。

送亲人送在四里亭，满园韭菜绿茵茵；刀割韭菜留下根，藕断丝连实难分。

送亲人送在五里亭，王孙公子放风筝；风筝一去绳还在，怕你一去无影踪。

送亲人送在六里亭．六里亭上太阳红；我送亲人一把伞，上伞太阳下遮身。

送亲人送在七里亭，数过空中过往神；观音菩萨救八难，时时救的难中人。

送亲人送在八里亭，失群咕噜雁在空中；咕噜雁捎书眼泪落，宁死不配二夫君。

送亲人送在九里亭，怀里掏出玉液瓶；君吃三杯莫忘恩，姐吃一杯泪湿襟。

送亲人送在十里亭，头抱头儿哭几声；有心再送三五里，恐怕他人说口声（方言，指流言）。

## 十劝郎

八月菊花开，九月菊花黄，我来唱个十劝郎，细细听端详：
一劝心上人，莫贪不义银。贪得无厌心变黑，爱钱不爱人。
二劝奴的君，莫要贪酒盅。昏昏醉醉撒酒疯，伤身误光阴。
三劝奴的郎，莫要进赌场。赌场是个烂泥坑，越陷就越深。
四劝奴的肝，莫抽鸦片烟。鸦片上瘾火光闪，家财化灰烟。
五劝小冤家，莫要缠野花。缠上野花如蛇缠，害人害自家。
六劝奴郎君，谗言莫当真。回家打骂你的妻，伤了奴的心。
七劝奴君郎，孝敬爹和娘。不孝爹娘造大罪，人骂丧天良。
八劝奴的心，友交正经人。酒肉朋友无情义，遇难听笑声。
九劝娃的爹，贪官莫巴结。贪官本是豺狼性，喝的百姓血。
十劝奴的夫，田里下功夫。囤里粮满碗里稠，日子热乎乎。
八月菊花开，九月菊花黄。我已唱完十劝郎，郎呀细思量。

## 王祥卧冰

样样有来树叶黄，离城十里王家庄；王家庄有个王员外，所生一子叫王祥。三岁上离了亲生母，七岁上接了个继母娘；继母娘把他好待养，送在南学学文章。

头一天看会百家姓，二一天看会劝世文，五经四书全看会。继母娘得了咽喉病，十二个药方用不上，想吃南海的鳝鱼香。

书笼子放在桌面上，手拿钥匙开柜箱。是银子拿上五十两，是铜钱拿上五十双；大街摆的猪羊肉，并无鳝鱼上集场。

低头走，抬头看，快步儿来在南海岸；帽子抹在石头上，将衣裳挂在柳树上，将靴子脱在河堤上，热身子爬在青冰上；

惊动了上苍的天皇王。

二一声吆喝的太低了，惊起了地下的水龙王；三一声吆喝的将（方言为刚好）合适，一支鳝鱼送王祥。

隔壁子有个张铁匠，打下的刀子柳叶样；大鱼切的骰子壳，小鱼切的柳叶薄。

锅里倒水的是水龙王，锅底里架火的是财神王；煮的鳝鱼啪啦啦颤，先敬上苍、土地和山神王。

母亲吃了鳝鱼肉，十分的病儿退九分，丢下一分擦（方言“堵”的意思）口声，这才是王祥救母亲。

# 第二节 山 歌

## 送情郎

送郎送到院墙边，手拉手儿望青天。姐盼晴天下大雨，再留小郎氍一天。
送郎送到转墙角，眼泪花儿怀里落。眼泪湿了衣服边，三天日子晒不干。
送郎送到五里坡，再送五里也不多。不是爹娘管住我，哪怕送到日头落。

## 唱山歌越唱心越甜

青布腰带白马褂，郎唱山歌为了啥？唱过穿了唱戴哩，唱我心上的畅快哩。没唱穿，没唱戴，一唱心上一畅快。莲花出水一朵朵，山歌一唱人快活。川路的冰糖嘴里咽，山歌越唱心越甜。

## 想得眼泪常淌哩

想哩想哩实想哩，想得眼泪常淌哩。给你说哩你不信，擦手毛巾是干证。给你说哩你不信，衣裳襟襟是干证。给你说哩你不信，绣花枕头是干证。我想你哩你不信，你看淌下的眼泪印。

## 相片再好不说话

芍药挖了根朽了，把像照下人走了。三渡水，敞河坝，照下的相片墙上挂。武当山的紫禁城，相片越看越心疼。先看眉目后看眼，喜眉笑眼问不喘。斗七星，颠倒挂，相片再好不说话。

## 一唱愁肠化解了

麦子割到场上了，贤妹娃有了愁肠了。金刚钻儿钉碗哩，我的愁肠咋解哩？起莊的大黄骡子驮，山歌是一服解愁的药。四合院里的青瓦房，唱首山歌解愁肠。草里头好不过灵芝草，一唱愁肠化解了。

## 听见外面郎唱哩

听见郎在外面喘，心上如拿扇儿煽，坐不住，立不安。听见外面郎唱哩，面叶儿下到锅巷里，才给黄狗娃赶账哩。

听见外面郎喘哩，马勺拿起当碗哩。惹得阿家瞪眼哩。听见外面郎没唱，眼泪淌了一锅巷。听见外面郎没喘，眼泪淌了一饭碗。前扯肠子后扯心，眼泪淌湿了衣裳襟。

## 后花园里的香椿花

后花园里的香椿花，叫我把你想死家。想得紧，想得慢，想得三天没吃饭。想你三天没吃饭，想得眼前泪花儿转。想你三天没吃饭，淌下的眼泪拌热面。想你三天没吃饭，浑身瘦成了灯草杆。三天不吃饱着哩，吃下相思草着哩。三天不吃也不饿，光想连你一搭坐。三天没吃一口馍，叫我死，叫我活？

## 凉水喝起渗牙哩

凉水喝起渗牙哩，要喝你的青茶哩。清茶喝起烫口哩，要喝你的香酒哩。心想给你煨盅酒，高粱地里才拢手。心想给你煨盅茶，茶在树上没发芽。心想给你烙个馍，半块锅盖寻不着。心想给你做顿饭，天上无雨磨不转。有朝一日我当家，油饼馍馍卷葱花。

## 大豌豆开花一只船

大豌豆开花一只船，小豌豆开花串籽莲。串籽莲来莲串籽，给花儿卖格花扇子。花扇子来煽风哩，煽的古树盘根哩。古树盘根蛇倒退，花儿怀儿里睡瞌睡。花儿怀儿里睡一觉，身子活泼人轻翘。

## 唱我心上的畅快哩

青布腰带白马褂，你唱山歌为了啥？不唱穿，不唱戴，不唱心上不畅快。唱着他，唱着爱，一唱心上一畅快！唱过穿了唱戴哩，唱我心上的畅快哩！想唱啥，就唱啥，专就唱心上的畅快。莲花出水一朵朵，山歌一唱人畅快。川路的冰糖嘴里咽，山歌越唱心越甜。

## 情歌一组

山歌好唱难起头，木匠难修转角楼，画家难画天花板，石匠难打狮子头。
这山高来那山高，谁家大嫂没柴烧；大嫂你来嫁给我，柴不打来水不挑。
大河涨水小河清，郎变鹞子我变鹰，半天云里打一仗，不要媒人说成亲。
石榴开花满树红，好久没见知心人，今天才见你的面，四两精神长半斤。
郎十八来妹十八，我们二人把誓发：郎有邪心飞石打，妹有邪心把眼瞎。
手巾子得丈二长，挽个疙瘩扔过墙。千年不叫疙瘩散，万年不叫姐丢郎。
入山看见藤缠树，出山看见树缠藤；藤生树死缠到死，藤死树生死也缠。
两个斑鸠房上卧，心里想妹实难过；脑壳搭在枕头上，眼泪打转双轮磨。
日头出来顺梁搭，缠了我了别想她，一缸不煮双样酒，一树不开两样花。
高山种荞荞籽稀，妹无男子郎无妻，只要二人有那意，管他旁人依不依。
玉米挂红根又深，人的闲话你别听，你将好心对待我，我也不能坏良心。
大河坝里一杆旗，缘法不到怪心急；马在江边吃青草，怀抱金鞍不得骑。
大河涨水河岸宽，贤妹为人为的宽，上齐南坪哈南寨，下齐碧口玉垒关。
天上明月万丈高，地下风摆杨柳梢。郎在外边卖樱桃，妹在家里绣荷包。
我和贤妹隔条河，郎唱山歌妹听着，把我山歌听着去，叫你一夜睡不着。
隔山看着你来了，坐下拾不起来了。你说想你不想你？三天没喝一碗水！
模糊子月亮不太明，我把柳树当成人。抱住柳树帮了个嘴，又伤心来又后悔。
麻雀飞到崖台上，为啥我唱你不唱，你不唱来为啥子？瞧不起嘛看不上！
山歌不唱心里愁，唱个山歌送日头，日头送到西山路，把妹送到桂花楼。
送郎送到青石崖（读yá），我愿石崖塌下来；把我俩人都砸死，免得一个（读gāi）想一个。

# 第三节 曲 艺

## 一、乞巧唱词

### 迎巧歌

七月初一天门开，我请巧娘娘下凡来。一炷香，两炷香，我把巧娘娘接进庄。一根线，两根线，我把巧娘娘接进院。一根绳，两根绳，我把巧娘娘接进门。一对蜡，两对蜡，我把巧娘娘请到家。去年去了今年来，头顶香盘接你来。巧娘娘，下云端，我把巧娘娘请下凡。

七月初一天门开，我请巧娘娘下凡来。巧娘娘，下凡来，给我教针教线来。巧娘娘教我绣一针，一绣桃花满树红。巧娘娘教我绣两针，二绣麦子黄成金。巧娘娘教我绣三针；三绣中秋月亮明。巧娘娘教我绣四针，四绣过年挂红灯。去年去了今年来，头顶香盘接你来。巧娘娘，下云端，我把巧娘娘请下凡。

每年农历六月三十晚至七月初七，西和县未出嫁的姑娘都要举行乞巧活动

### 泼又泼

泼又泼呀，泼又泼呀，白绫子缠脚乐又乐呀。用心梳妆打扮哩，红缎子鞋上绣花哩。前一跳，后一摆，咯噔咯噔泼起来。

泼又泼呀，泼又泼呀，巧娘娘面前乐又乐呀。鞋偏了，鞋烂了，可惜大姐的针线了。鞋烂了，鞋偏了，可惜大姐的手段了。

## 跳麻姐姐歌

麻姐姐，虚空里来，脚上穿着登云鞋。麻姐姐，隔河来，手里打着响锣来。麻姐姐，翻山来，脚踏铺下的红毡来。麻姐姐，神来了，黑天半夜咋来了，给神端的茶来了。麻姐姐，神来了，黑天半夜走来了，给神端的酒来了。杏核茶，蜂坛酒，虚空行，云里走，麻姐姐拿的降妖斗。

西和县春官说春表演

### 二、春倌歌

## 五方财门歌

步脚走来步脚量，步脚来到你门口；我来唱个财门歌，先向主人讨个乐。恭个喜，讨个乐，家有好事不嫌多：一开东方甲乙木，又加官来又晋禄。二开南方丙丁火，招财童子笑呵呵。三开西方庚辛金，秤称银子斗量金。四开北方壬癸水，说倒是非免口罪；五开中央戊己土，吉祥如意金满屋。五方财门都开开，主家不请我自来：官司口舌说出去，金银财宝说进来。金银财宝往上长，里添人口外添财；里添人口生贵子，外添钱财状元来。状元头上插金花，荣华富贵朝你家：一代更比一代强，陪伴君王坐天下。

## 店家春歌

三步高来两步低，来到朝阳宝店里。朝阳宝店数风流，一盏明灯照古州。你的店儿开的好，年年月月常进宝。早上打开朝阳店，一天客人不断线。东来的，西来的，南来北往四方客。抽签的，算卦的，打糖的，弄戏的，耍拳的，卖武的，经商的，卖货的。各样客人来住店，前院住满住后院。客叫客，满店客，主家叫客不见客。这位大嫂人贤良，十里路上把你讲。做茶做饭填热炕，就像自己家一样。你的店儿开的旺，一年更比一年强。丢头掉尾说两声，我给店家开财门。

## 二十四节气歌

正月里“立春”天文合，节气相连“雨水”多；世上只有春富贵，春来花开柳芽活。
二月里“惊蛰”与“春风”，百虫苏醒太阳红；金犁插进软土里，人欢马叫忙春耕。
三月里“清明”“谷雨”近，家家门口秧子青；忙忙耕来忙忙种，日后还望好收成。
四月里“立夏”“小满”天，农户耕种在田间；庄稼不负勤苦人，月月有活忙不停。
五月里“芒种”“夏至”当，雄黄药酒过端阳；家家门口插白艾，无灾无殃人安康。
六月里“小暑”“大暑”到，骄阳似火将人烤；农夫下田苦辛劳，王孙公子把扇摇。
七月里“立秋”“处暑”凉，口尝新麦味道香：务农虽苦也有乐，七十二行农为上。
八月里“白露”与“秋分”，中秋月圆亮如银；瓜果飘香月饼甜，陪伴无数赏月人。
九月里“寒露”与“霜降”，新粮酿酒满院香；庄稼人端起三杯酒，给个宰相也懒得当。
十月里“立冬”“小雪”降，上山打柴汗滂滂；天凭日月人凭心，尊老爱幼度寒冬。
十一月“大雪”接“冬至”，谈天说地好吟诗；耕读本是传家宝，莫笑农人愚无知。
十二月“小寒”与“大寒”，火盆煨茶香又甜；一年勤劳苦得心闲，红红火火办大年。
二十四节气齐说完，当个农人不简单；春倌赠你“节气表”，时时查照莫偷懒。
十年学个读书人，十年学不会庄稼通；又读书来又种田，子子孙孙乐无穷。

### 三、三弦弹唱词

妹妹长的好人才，好象仙女下凡来，站在山中惹花开，站在路边惹人来。
隔山照见你穿青，心想过河水又惊，丢个石头试深浅，唱个山歌试人心。
高山种荞放小花，天天给你说好话。好话说给你不听，别说小哥坏良心。
妹妹门前一树槐，手把槐树望郎来。娘问女儿望什么？妹望槐花几时开。
贤妹长的好人才，三寸脚儿四寸鞋。不怪人人盘旋你，本来赛过祝英台。
一张桌子四四方，格子放的好文章。提起笔墨忘了字，想起妹妹哭一场。
二月梨树开白花，把郎惹得不回家。妹问花儿几时谢？叫郎回去种庄稼。
妹妹长得实爱人，好象红花树一根。心想跟着妹妹走，婚姻由命不由人。
高粱杆儿几寸长，吃在口里象蜜糖。虽然和你没那事，时时把你放心上。
高粱杆儿倒扎根，别人婆娘莫当真。草帽子掉进江河里，迟早是个陷人坑。
三月桃花四月莲，丢下妹妹无人缠。木板床上无人睡，绣花枕头闲半面。
骡子驮的党参根，不吃不喝想得很。不吃不喝都得过，单想和你一同坐。
我和妹妹门对门，合伙买个洗脸盆。早上看见郎洗脸，黑了看见妹关门。
人人都说我和你，羞的头都抬不起！叫声小哥头抬起，世间不只我和你。
这山照见那山高，那山一树好樱桃。樱桃好吃树难栽，妹妹好缠口难开。

月亮出来亮堂堂，对直照进妹的房。妹的房里样样有，多个枕头少个郎。

高高山上割扫帚，妹的心事哥看出：寺庙佛爷坐中堂，真心没在哥身上。

小哥哥，我的人，缘分不到不由人。几时等着缘分到，和你成双再活人。

妹妹长得白又白，尖嘴下巴柳叶眉。把我哄在你院里，连叫三声快打贼，打贼打贼快打贼，吃亏上当这一回。

清早起来走进沟，钥匙丢在水里头。坏了钥匙坏了锁，坏了良心丢了我。

松木改板修高楼，妹妹丢我我又愁，蜜蜂采花常常走，四季都在花里头。

核桃树，核桃叉，想吃核桃往上爬，摘不下核桃不下树，缠不下妹妹不回家。

蕖子开花朵儿圆，开在高山不值钱，把你栽到我院里，哪个少年不爱你。

蕖子开花花碰花，从前缠你把眼瞎。从前缠你瞎了眼，转过身子往回返。

太阳下去要落台，郎回青山虎回崖。乌鸦要落高架树，知心哥哥回妹怀。

手巾子，二尺六，我给妹妹交到手。交到手中赌了咒，谁坏良心短阳寿。

白杨叶儿里面光，哥在城里妹在乡。哥在城里妹在乡，难道妹妹心不慌？

八月十五月儿圆，怀抱琵琶弹三弦。我也不能为难你，一脚不登两只船。

高高山上种青稞，比你强的都泡过；高高山上种薄荷，比你强的都要过。

马兰开花里面蓝，缠时容易丢时难。缠时三言两句话，丢时还要话说圆。

羊吃马兰连根拔，哥哥心上乱如麻。哥哥心慌意又乱，一天就吃一碗饭。

清早起来走上梁，梁上一块好光场。光场再好没麦打，妹妹再好没缘法。

不唱山歌想山歌，唱起山歌眼泪多。不唱山歌唱惯了，唱起山歌心烂了。

## 四、秧歌曲

### 《送饭歌》

（一）

女（唱）：山又大，路又远，喉咙涩着叫不喘；山又大，沟又深，大大娘娘心太狠，把娃成给山里人，拐得奴家筋踝儿疼。

男秧歌（白）：你送来的啥饭？

秧歌（白）：燕麦醪糟，白菜瓣瓣，豆腐条条，杂面节节子，吃不吃的喝些子。

男秧歌（白）：你看，燕麦醪糟、白菜瓣瓣、豆腐条条，你不嫌熬糟，不嫌麻烦！你看你的歪样子，头不梳，跛牛尾！脸不洗，砚窝底！身上穿的垢痂衣，谁家的婆娘活像你？

女秧歌（唱）：年年有个七月半，打扮起来赛牡丹；庄稼上场你再看，给我男人再送饭。

男秧歌（白）：你看你做的这叫啥饭，擀的像楼板，切的像牛鞭，下到锅里不动弹，捞在碗里蹶屁眼。

女秧歌（唱）：碾子安着敞河坝，风又刮来雨又下；碾子安着敞河坝，咯噔咯噔推不下；刀又老来案又凹，咯噔咯噔切不下；锅眼里没把干柴架，脊背里还背着你碎大大；你在后山叫着骂，不成疙瘩会成啥？吃了吃，不吃了罢，哪来的这些瞎怪话！

（二）

女秧歌（唱）：二月里韭菜绿生生，忙得人没点擤鼻功；看太阳已过了干粮饭，饿得猪娃满圈窜；母鸡叫着不下蛋，还给老汉去送饭；出了门，上了山，急忙来到地里边；放下笼笼卸下罐，腾出手来擦把汗；喊一声老汉来吃饭，老汉来吃饭。

男秧歌（白）：勤古，看你娘送的啥饭？

女秧歌（唱）：左手提的油花卷，右手提的粉条加肉片。

男秧歌（唱）：耕得深来耱得细，看老婆子满意不满意。

女秧歌（唱）：耕得深细来耱得绵，这才对得住一顿饭。

男秧歌（唱）：身子乏来骨头软，黑汗白汗气色喘；当个农人太艰难，忙插牛鞭来吃饭。

### 五、打锣鼓薅草演唱

太阳娃娃起得早，上山陪我来薅草；
我唱山歌谁帮腔，林中自有百灵鸟。

薅草薅到凉水坡，双手给郎掬水喝；
三河两道你打听，谁的心肠能比我。

想你想得睡不着，抬个凳子院里坐；
星星数了十八遍，数到日出月亮前。

薅草薅了整一天，眼着太阳快落山；
扯根葛条绑太阳，草不薅完不下山。

快快的薅来快快薅，前头的一个遮凉梢，
薅得快的凉去喽，薅得慢的晒阳坡。
吆好好哎，吆好好哟，
吆好好吆好好哎——

## 六、《木笼歌》（节选）

对对山上一朵花，九天仙女咋比她，
名子叫做花儿姐，人人见了人人夸。

郎是妹的心棰棰，妹是郎的心上人，
放完弩弓对山歌，二人要把心唱明。

妹唱有树火石榴，果子熟了无人守，
果子熟了无人收，恐怕山猴跑来收。

树上有个八哥窝，八哥窝里八哥多，
八哥只会说人话，心里根本没有我。

郎是蜡烛一条心，不像灯笼眼眼多，
心有五双说十话，请你不要错怪我。

叫妹不要错怪你，面拌石灰说明白，
花开不见蝴蝶飞，哪只蜘蛛缠着你。

郎唱树上长青蔓，丝丝蔓蔓扯不断，
有心把你扯一把，想问情愿不情愿。

林秀洋芋吃不饱，我家白米吃不完，
跟他跳进枯井里，跟我钻进蜜罐罐。

郎唱日出照东头，山上狮子滚绣球，
我强抓你去我家，今晚就上蝴蝶楼。

花唱日出照东头，高山顶上有只猴，
不看你的球样子，别想上天摘宿宿。

贼娃子偷瓜眼睛瞎，自已吃了个大苦瓜，
秃子梳头没有发（法），为啥要把我来抓。

把妹死了郎不活，变个红嘴绿鹦哥，
变个红嘴绿鹦哥，在妹坟前垒窝窝。

康县对对山群众演唱《木笼歌》

知县昨夜做一梦，浑身上下是人粪，
醒来以后偷着笑，一定有人把钱送。

话说浆糊加生漆，王贼你心比漆黑，
今天若把我杀了，来世再剥你的皮。

木笼抬到酒店子，给妹买只手盘子，
买哩买上一对子，就算好了一辈子。

木笼抬到酸枣坡，送葬人群庄前过，
白发老人送青发，黄叶不落青叶落。

木笼抬到打船坝，两个女子打连枷，
连枷扇子上下翻，世道啥时翻过家。

木笼抬到太石山，山尖插进云里边，
玉皇耳朵象石崖，千遍万遍叫不喘。

木笼抬到中寨里，两个女子挖菜哩，
灾年给人送野菜，人情永远都在哩。

木笼抬到望子关，望子关前站一站，
手扳指头算一算，还吃几天阳间饭。

木笼抬到热死湾，路边热死一老汉，
临死没喝一口水，舌头干成瓦片片。

木笼抬到佛儿崖，观音菩萨坐莲台，
观音菩萨瞎了眼，民间冤枉看不来。

木笼抬到庙底下，抬不动了撂球下，
民夫歇噶还得抬，不然差人又打家。

水积牢中臭哄哄，牢中积水冷冰冰，
立不成来站不成，斜靠牢墙肚子疼。

# 第四章　歌　谣

## 第一节　民　谣

### 一、民谣

廉叔度，何来暮？
昔无襦，今五袴！

汉章帝建初年间（76—84），廉范由云中迁武都郡（治下辨）太守。因武都郡地处边陲，为汉、氐、羌杂居之地，他莅任后，能“随俗导化”，使老百姓“各得其宜”，于是郡中大治。廉叔度，廉范字叔度。襦：短衣、短袄。袴：同裤。

将军山，赛过城，
石壁砦，马踏平。
四道关，锁金门，
撒离曷，兵难行。

这是一首反映历史事件的民谣。宋绍兴十年（1140），金人叛盟，撒离曷自河中寇凤翔，偏师至同谷县石壁砦。时龙神卫都指挥使吴璘镇守河池，遣统制官姚仲拒之。姚仲自奋身督战，金人大败。

洪化二年半，水漫将利县。
淌了教场坪，淹掉山半面。

民谣中提到的将利县，其遗址在今成县镡河乡将利村。洪化为吴三桂之孙吴世藩的年号。康熙十二年（1673），吴三桂叛清，十三年（1674），陕西提督王辅臣易帜以应三桂，是年陷成县。康熙十七年（1678），吴世藩称王，年号为洪化。洪化二年半，即康熙十八年（1679）夏七月。这次特大水灾使宋代将利古县城荡然无存。对这一史实，正史和地方志尚无记载。这首民谣可弥补史之阙失。

民国八九年，来了孔督办。
亩烟十两银，百姓活不成。

民国初年，陇南镇守使孔繁锦强迫老百姓种植鸦片，每亩烟苗还要征收十两银子的“烟亩款”，逼得不少穷人倾家荡产。该民谣深刻揭露了军阀孔繁锦的残酷剥削。

欢迎吉师长，生擒王佑邦。
肃清各股匪，民众得安康。

1928 年 11 月，时任国民革命军第三十师师长的吉鸿昌将军，由兰州经天水挥师南下，直抵成县，奉命征讨惯匪王佑邦。将军率部进驻成县后，军纪严明，秋毫无犯，深受老百姓爱戴。

泥阳的萝卜，大寨的蒜，
红川的女娃子不用看。

徽县泥阳镇土地肥沃，物产丰富，萝卜个大皮薄，肉嫩汁多，甜脆可口，自古为人们称道。大寨村属成县店村乡管辖，所产“三蒜”，蒜苗、蒜薹、大蒜最为有名。红川镇女娃多秀丽端庄，外地小伙相亲，介绍人会说红川女娃子不用看。

江洛镇，人歪、醋酸、豆腐硬。

江洛镇是徽县的经济和文化大镇，人们眼界开阔，见多识广，“人歪”即“人厉害不窝囊”之意。江洛的食醋、豆腐，更是深受广大消费者的青睐。

报沟的柿子、陈沟的葱，
峡门的块家柴赛黄金。

徽县银杏乡报沟村盛产柿子，这里柿子个大、色亮、味美，尤其酒柿子色味俱佳，远近闻名。陈家沟所产大葱长而壮，远销县内外。峡门村接近榆树山区，二十世纪 80 年代以前，徽县人生活和取暖全依仗山区薪炭。

风垭子的风，吊岭坡的坑，
寺垭里的钟，通天坪的金。

风垭子、吊岭坡、寺垭、通天坪均为徽县南乡嘉陵镇所辖嘉陵江南岸的五个地名。风垭子因常年多风而得名；吊岭坡地面上有许多旋坑，有的深不见底；寺垭古有佛寺，寺内遗有古铁钟一口，重达吨余，远近闻名；通天坪古代即为采金之地。

青泥岭，烂泥滩，脚夫运夫泪涟涟；
出了石家峡，笑得夸嗒嗒。

徽县青泥岭进入川北的要道上，徽县南行十里至石家峡，经店华山、深沟河、烂泥滩至青泥店（唐设驿站，唐代县治在银杏，距银杏三十里）。自青泥店又南行经甘树垭（青泥岭西侧）、李家院至虞关（唐设关，小路距银杏六十里，距青泥驿三十里）。自虞关渡江南行经八渡沟进入略阳县境，又经九股树、金池院至略阳城。这是一条入蜀古道。

想吃面，大河店；
想吃馍，王家河；
想喝汤，白水江。

徽县大河店、王家河、略阳县白水江镇，这三个地方是徽县南行至陕西略阳县的驻足之地。大河店的“炉齿面”很有特色，王家河的馍也香甜好吃。白水江镇位于嘉陵江边，饮食文化接近四川，他们以地产优质粳米熬的汤很好喝。

## 二、童谣

（一）

打罗罗，喂面面，舅舅来了做啥饭？擀白面，舍不得；擀黑面，丢人哩；杀鸡公，叫鸣哩；杀鸡婆，下蛋哩；杀鸭子，鸭子跳着后院里；杀鹅哩，咕噜咕噜跳河里；杀狗哩，舅舅气着要走哩。

**（二）**

扯箩箩、打面面，他舅来了吃啥饭？油饼馍馍下挂面。你一碗、我一碗，把他舅憋死我不管。

（三）

好艳婆，谁把艳艳没见过，艳艳扎的红头绳，爬（读 wa）在房上看（读 zhao）男人，看下（读 ha）的男人不是的，老哇沟里拾粪的。

（四）

月亮月亮光光，牛娃吆到梁上。梁上没草，打上一把镰刀。磨镰刀，割青草，牛娃吃得饱又饱。

（五）

月亮月亮光光，把牛娃吆着梁上。梁上没草，吆着沟脑。沟脑有狼哩，吆着花场里。花场里一把野鸡毛，拿着河里摆去了。

（六）

我俩人好，我俩人好，高高山上打核桃。你打得多，我打得少，你没媳妇我给你找。找个富人他妹子，把你骂了一辈子。

（七）

点、点、点屁虫，娃娃们，过事情。一碗蒸子一碗米，撂下屁的不是张三就是你。点、点、点屁虫，娘娘门，过事情。一碗谷子一碗米，撂下屁的就是你。

（八）

槐股槐，槐股槐，槐股树下搭戏台，叫你姐姐看戏来，又没袜子又没鞋，眼泪淌了一窗台。眼泪滴在石板上，石板开花赛海棠。海棠河里洗衣裳，哥哥穿衣考试去。去时骑的大白马，来时坐的花花轿。一对唢呐一对号，你看热闹不热闹。

（九）

红鸡公，绿尾巴，上天去，回老家。老家三个女娃娃，又缝衣裳又扎花。大姐扎个龙摆尾，二姐扎个凤凰花，三姐爱玩不会扎，惹得大家笑哈哈。

（十）

月亮一走我一走，开开后门摘石榴。石榴树上一碗油，姊妹两个梳光头。大女梳了个头背尾，二女梳了个屎爬牛。屎爬牛告状，一下告到房上。

（十一）

房上念经，一下念了先生。先生算卦，算了个勺把。勺把舀水，舀了个老鬼。老鬼耍拳，一下耍了个灯盏。灯盏费油，一下费了个老牛。老牛不吃草，夹起尾巴蹬蹬跑。

（十二）

狗娃咬，客进院。巧媳妇取了一碗雪花面，三把两把调上案。擀的面，象丝线，下进锅里团团转，客人吃了两碗想三碗，走了七个州过了八个县，还夸媳妇的好长面。

（十三）

狗娃咬，客进院。笨媳妇取了一碗和添面，八把十把还调不上案。擀的面，象扎鞭，下进锅里成搅团，客人吃了一碗不想二碗。走了七个州过了八个县，肚子里疙瘩还没散。

（十四）

当、当、当咕当，听得案板上剁地鸡肉响。弓弦放下坐炕上，一下等了个没想望。端上来赶紧望一望，原来是荞面叶子芫根汤。唉，三两羊毛可装上。

（十五）

单耕杠，种禾田。禾田黄，收上场。连枷打，簸箕扬，一扬扬到郭家场。郭家场，两棵树，养下的儿子会写字。郭家树，两朵花，养下的女子会扎花。扎了两朵水莲花，拿到集上卖去家。

（十六）

蛋蛋娃，睡瞌睡，睡着醒来要馍馍。馍馍啦？老鼠吃了。老鼠啦？猫儿抬了。猫儿啦？大河淌了。大河啦？太阳公公晒干了。太阳公公啦？太阳公公落山了。

（十七）

美国人，长鼻子，想吃中国的面皮子，辣椒水溅了一鼻子。跑到河坝里洗鼻子，骆驼过来一蹄子。跑到医院里看鼻子，医生说要打一针，哎呀哎呀疼的很。

## 第二节　歌　曲

### 《下四川》歌词

一溜溜山，两溜溜山，三溜溜山，
脚户哥下了个四川，诶，脚户哥下了个四川。
一朵朵云，两朵朵云，三朵朵云
雨过天晴出了彩虹，雨过天晴出了彩虹。
一阵阵风，两阵阵风，三阵阵风
古道上传来了笑声，古道上传来了笑声。
一串串铃，两串串铃，三串串铃
骑走骡摇了个舒坦，骑走骡摇了个舒坦。

（《下四川》又称“脚户令”，是西北“花儿”王朱仲禄根据礼县的一首山歌改编而成。1953 年，朱仲禄随西北歌舞团部分创作人员到陇南地区采风，在礼县，他听到一位放羊的阿爸唱的山歌非常好听，便把词曲采集了下来。朱仲禄返回歌舞团后，便对这首山歌进行了改编，并取名为《下四川》。这首山歌虽然经过改编而形成了常见的三段式结构，其歌词也用河州“花儿”的形式进行了再创作，但曲调基本还是礼县那位阿爸所唱的调子。《下四川》是“河湟花儿”的代表性曲令，被誉为是中国最具地方色彩最有魅力的汉族民歌之一。）

1= C　　**286. 脚户哥下了四川**[1]

中速稍慢　　（脚户令一）[2]　　甘肃·礼县

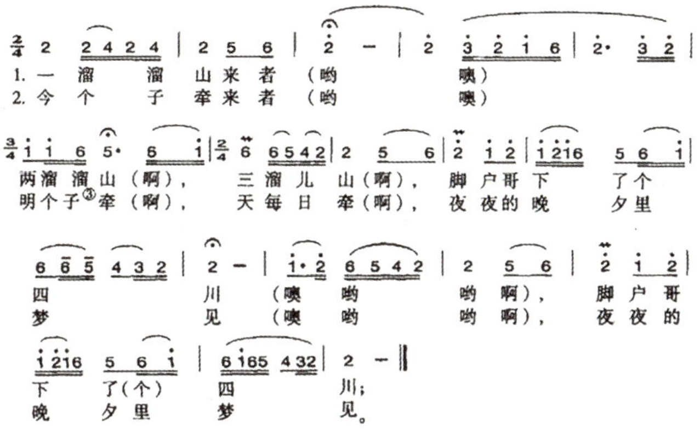


朱仲禄 唱　刘峰 记

① 中国音乐家协会：《中国民歌选集》，东风文艺出版社，1959年。

② 脚户令：以骡马驮运谋生者，当地称脚户，又叫脚脚。此曲令所唱内容皆为反映脚户赶脚生涯而得名。

③ 今个子、明个子：今天，明天。

## 到陕北去

彭加伦

陕北的革命运动大发展，创造了十几县广大的红区。迅速北进，会合红军二十五、二十六军，消灭敌人，争取群众，巩固发展陕北红区，建立根据地。

陕北的革命运动大发展，成立了十几万赤色的军队。迅速北进，会合红军二十五、二十六军，消灭敌人，争取群众，高举抗日鲜红旗帜，插到全国去。

【彭加伦作于哈达铺】（1935 年 9 月）

到 陕 北 去

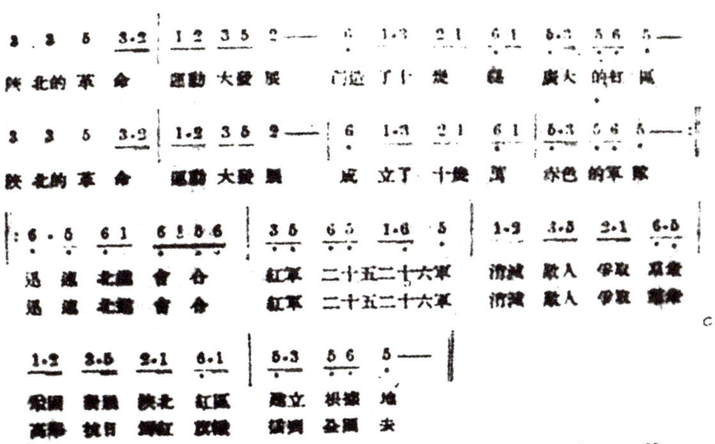

彭加伦作于哈达舖

## 成县师范校歌

左汉光词，周道谱曲

仇池之麓，汉江之源。成县师范，巍峨其间。学须勤奋，志务贞坚。达己达人，先苦后甘。国难严重，民生维艰。抗建大业，共负自肩。陇右学府，人才渊源。复兴民族，还我河山！

（作于 1938 年）

## 梦回陇南

key=$^{b}$E

唱：郭　蓉
曲：马玉坤
词：李海蛟

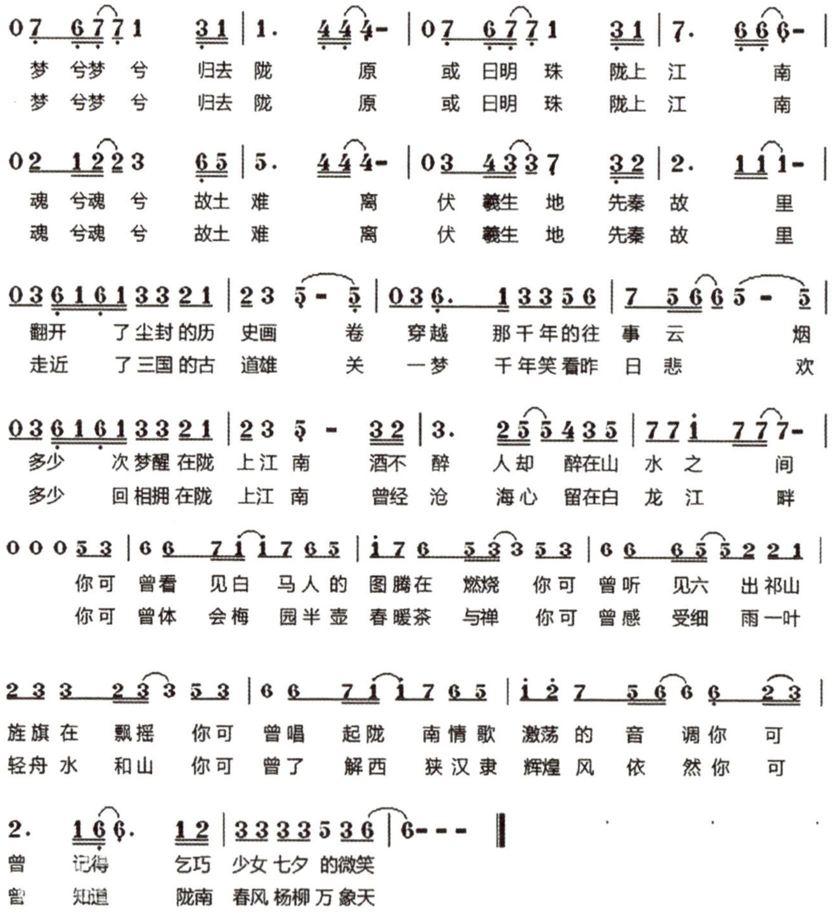

## 《故乡江南》歌词

李海蛟词 马玉坤 覃晔曲

坐望白云绿水青山
漫卷诗书说陇上江南
伏羲仇池 诸葛祁山
叹兴衰 七千年
回望昔日沧桑
感受一路芬芳
几行竹绿十里幽香
这里就是我的故乡
陇上江南，历尽多少悲欢
是谁见证这沧海桑田
陇上江南，留下多少诗篇
千言万语说不尽陇南
笑看秋霜夏雨春燕
神奇美丽的陇上江南
人杰地灵，万象洞天
民风淳，山川险
难忘曾经辉煌
少年起义两当
长征路上报纸一张
这里就是我的故乡
陇上江南，胜似人间桃源
是谁成就这明月青天
陇上江南，延续千年爱恋
千言万语说不尽陇南
说不尽陇南

## 《向往陇南》歌词

作词：雨玉 作曲：马玉坤 覃晔

就在一瞬间，我进你眼帘

就在一瞬间，你入我心田
那青青的橄榄，雪山秋水长天
阳光把思念，洒给了陇南

就在一转眼，微笑和容颜
就在一转眼，万水和千山
那相思的红豆，白马少年飞雁
明月把爱恋，留在了陇南

多想有一天，往日又重现
用真心证明千年邂逅的情缘
深情的呼唤，幸福的陪伴
感受你的气息，爱在美丽陇南
就在这一天，往日又重现
感受你的气息，爱在美丽陇南

# 第三十四编　民族宗教

陇南市自古以来就是一个多民族活动聚居的地区，先后有戎人、秦人、氐人、羌人、吐蕃人、蒙古人、回民及汉人长期生活在这里。居住活动在陇南的古代各民族，经过长期的相互交往、碰撞和融合，最终形成了今天陇南汉族、藏族、回族为基本成分的民族构成格局。多民族共同生活的社会环境，多种文化的不断相互接触影响，形成了今天陇南汉文化、藏文化和伊斯兰文化共同组成的地域文化，而包括儒家思想在内的道教、藏传佛教、汉传佛教和伊斯兰教文化则是汉文化、藏文化和伊斯兰文化的核心。

陇南民族、宗教发展演变经历，漫长而复杂的过程，具有明显的地域特点和时代特色，对当前及未来陇南经济社会的发展具有不容忽视的重要影响。

## 第一章　古代民族

### 第一节　古代主要民族

#### 一、嬴秦

陇南是秦人的发祥地。原系东夷部落的秦人嬴姓先祖早在夏代之前即“子孙或在中国，或在夷狄”，世居今山东省的泰沂地区。殷商末年，嬴姓一支部落中潏迁居至渭河下游关中地区，“在西戎，保西垂”，以保护殷商“西垂”之地。周武王伐纣，灭了殷商，留居在东方地区的嬴姓民族自然也随殷人一起成为周人的奴隶。公元前 1025 年，纣子武庚起兵反周时，这些嬴姓民族也乘机反叛，周公奉成王之命东征，历时三年，始平息叛乱。叛乱平息后，周人将被俘的“顽民”或充作奴隶，或迁离故土，嬴姓人也在迁移之列，他们中的大部分沿着黄、淮流域被驱向西方，在长途跋涉中，有些嬴姓人中途停留下来，在当地定居、繁衍，但绝大部分被迁往“西垂”，在这里，与原替殷商保“西垂”的中潏后代合为一起，势力大增，他们称这里为“犬丘”，秦人在西方的崛起，即自此始。

周孝王时（前909—前895），嬴族人的后代非子在犬丘一带为周王朝养马，很有成绩，“马大蕃息”，犬丘人将此事告知周孝王，周孝王十分高兴，便召其到今汧河、渭河交会地区养马。由于非子替周王室养马有功，周孝王便把秦地（今清水县张家川县境内）封给非子，让他再接续嬴氏的庙祀，号称秦嬴。从此，“秦”就成为这部分嬴姓族人的称谓。同时，也让仍居住在犬丘的大骆的嫡子成承继大骆的嗣位（成是非子的同父异母兄弟，申侯的外孙），西迁到了周朝西方边境西汉水上游地区（其地或为古“祁”国封地，祁山得名于祁国）。称这里为“西犬丘”，史书也称其为“犬丘”，也称为“西垂”。近年来在礼县城东大堡子山、圆顶山一带发现秦公大墓和贵族墓群，据有关学者认为，系秦仲、秦庄公或秦襄公、文公之墓，西犬丘、西垂宫当在大堡子山以东的长道、永兴一带。

秦人在与生活在同一地域周边的犬戎族长期的交往和相互争战中，历经挫折和失败，自非子后终于进入发展的新阶段，成为周王朝的“附庸”，使秦人的势力由西汉水上游扩大到渭河北的“秦亭”地区（即今清水、张家川县一带）。此时，秦嬴在西汉水、渭河上游以西垂为中心的地区已形成一支重要力量。

非子在今汧河、渭河交会地区养马之地

公元前842年，至非子的曾孙秦仲时，西戎反叛周王室，灭了居住在西犬丘的大骆之族。周宣王即位后，以秦仲为大夫，讨伐西戎，收复西犬丘，最终秦仲又被西戎所杀。秦仲生有五个儿子，长子名叫不其，后追封不其为庄公。

秦仲死后，周王朝极力辅助秦人，周宣王召见了不其他们五兄弟，给了他们士兵七千人，再伐西戎，终于打败了西戎，因原居住于西犬丘一带的成的一支被西戎所灭，故将西犬丘也归其所有。周宣王又封庄公为西垂大夫，继承了其父秦仲的封爵。从此，秦亭和西垂两支嬴姓族系统联为一体，以西垂为都邑，秦成为“大夫”封号的方国，也是周王朝西部地区最重要最强大的方国。

秦庄公在位44年，秦国领土向犬戎所占的渭河上游拓展。秦庄公之子秦襄公继位后，公元前771年“西戎犬戎与申侯伐周，杀幽王郦山下。秦襄公将兵救周，战甚力，有功。周避犬戎难，东徙洛邑，襄公以兵送周平王。平王封襄公为诸侯，赐之岐以西之地”。并且“与誓，封爵之。襄公于是始国，与诸侯通使使聘享之礼”。

秦襄公救周并护送周平王东迁洛阳有功，被封为诸侯。秦襄公“以为主少皞之神，作西畤于西垂，祠白帝”，开始正式举行原来只有天子方能举行的祭祀天帝的重大活动。在秦襄公开拓的基础上，继任国君的秦文公领兵由西垂东出巡猎，经过沿途一年的巡狩整治，平定了周平王所封被犬戎侵占的周属岐、丰之地，到达“汧渭之会”的宝鸡以东地区。从此以后，秦国的领土不仅据有甘肃西汉水上游至渭河中上游的陇山西南地区，而且越过陇山到达陕西关中西部岐山地区，领土面积大幅度扩展。公元前762年，秦文公进行了东迁都邑的重大行动，“乃卜居之，占之吉，即营邑之”，继而正式将都城由今陇南礼县境内的西垂东迁到陕西关中“汧渭之会”的汧邑（今陕西陇县东南），使秦国的政治中心由西汉水上游地区转移至陕西关中地区。文公之后的历代秦国国君数次在关中西部移建都城，最终定都于咸阳。

建都于陇南西汉水上游西垂的秦国，正是在陇南的长期奋斗拼搏中，不断积蓄力量，增强国势，为迁都关中及后来的进一步发展奠定了坚实的基础，使秦国最终战胜各诸侯国，完成统一全国的大业。20世纪80年代后发掘的礼县大堡子山秦公陵墓及城址，就是秦国早期在陇南的珍贵遗存，已被确定为国家级文物保护单位。

秦国国都东迁后，西汉水、渭水上游地区仍为秦人所据，所遗居民多为赵姓。

## 二、白马氐

氐族是我国古代一个重要的民族。由于氐与羌的前身均被认为是戎，所以氐与羌关系密切，或认为氐就是由甘川草原进入陇南山区地势低处的羌人，学术界称为氐羌同源。氐作为一个民族群体在春秋战国时期就已形成，其中心地域就是今陇南地区，是陇南地区最基本的原始土著民族。

白马氐是氐族的一支，因其居住地有白马河（又名铁楼河，在今文县铁楼乡）而得名。《水经注》卷二十漾水、丹水载“汉武帝元鼎六年开，以为武都郡。天池大泽在西，故以都为目矣。王莽更名乐平郡，县曰循虏。常璩、范晔云：郡居河池，一名仇池，地方百顷，即指此也。左右悉白马氐矣。”又载“又有白马水，出长松县西南白马溪，东北径长松县北，而东北注白水。”白水即今白水江。西汉武帝元鼎六年（前111）平西南夷，在陇南白马氐人居住区设置武都郡，郡治在今西和县洛峪镇羊马城，辖武都道、上禄县、故道、河池县、沮县、平乐道、嘉陵道、循成道、下辨道9个道（县），辖境包括今陇南市西汉水和嘉陵江流域各县及陕西凤县、略阳等地，而今白水江流域的文县当时为广汉郡北部都尉治理，后设阴平郡，亦为白马氐人地区。武都郡建立后，陇南氐族人口曾先后多次被迁移到西到河西酒泉、东到陕西关中、南到四川、北到陇山周围的广大地区。汉末，魏、蜀征战陇南，氐族人口被曹魏和蜀汉政权争相掠夺，曹操先后迁移武都氐人6万余户分居扶风、京兆、天水各地，并将武都郡亦侨置关中兴平县西的小槐里。而蜀汉丞相诸葛亮则于出祁山攻魏失利后“拔西县千余家还于汉中”，又有武都氐王苻健率众入蜀。

西晋末年政局混乱，由陇南移居关陇地区的氐族首领杨茂搜于元康六年（296）为避战乱，自略阳（今秦安县陇城）率部落4000余家还保陇南仇池故地，自号辅国将军，右贤王，建立仇池氐族地方政权。仇池政权建立后，利用南北朝对立及中原不断战乱的有利环境，迅速扩展疆土，先后攻占了东到汉中，南有广元，西止宕昌，北近天水的较大地区。仇池时期的氐族社会经济已有较高的发展，《华阳国志》云：“其人半秦，多勇戆。出名马、牛、羊、漆、蜜。有瞿堆百顷险势，氐傻常依之为叛。”其社会封建化程度大大加深，最终脱离了“各有王侯”的部落状态，仇池政权的后期，其组织形式完全模拟中原封建政权。

杨难当时，自称大秦王，改元“建义”，治下辨（今成县红川镇），又立妻为王后，世子为太子，置百官，皆为天子之置。国王有宫女随从数千，前赵刘曜一次曾截获“其辎重千余辆，士女六千人”。仇池地区在当时是一个相对安定和强盛的政权，“西方流人以仇池丰实，多往依附”。正因如此，仇池足以与当时各主要政权相抗衡，而当时国内各主要政权也争相与仇池政权联络交往，甚至联姻结盟。前秦苻坚将其女嫁与仇池国主杨定，将另一女顺阳公主嫁与杨壁，苻丕亦纳杨膺妹为其皇后，北魏主拓跋焘将其公主嫁与仇池杨保宗。在战争中，仇池先后击败过前赵、后赵、成汉、前秦、西秦、后秦、大夏、东晋和刘宋的进攻。442年南朝刘宋攻灭仇池后，仇池国主杨氏后人又相继在陇南建立武都、阴平、武兴3个氐族政权，仇池政权及其延续的武都、武兴、阴平氐族政权，在以陇南为中心的今陕、甘、川边境地区存在280多年，不仅极大地推进了陇南社会历史的发展，也在中国历史上留下了重要的一页。

南北朝时期，氐族势力极为强盛。由陇南迁移至外地的氐族又曾建立过前秦和后凉政权。史称“苻洪先居武都，家生蒲，长五丈”，时人以其家中生蒲草，称之为“蒲家”，因以为姓。武都是氐族蒲氏的原居住地。三国曹魏时，蒲氏与强氏、吕氏等氐族大姓同被迁于天水陇山一带的略阳临渭，世为部落小帅。苻洪子苻健时于352年在长安建立前秦政权，先后击败东晋的进攻，攻取关东河南地区，西抗前凉占据陇东。至苻坚时，进一步整顿朝纲，推崇儒学，使前秦社会“百僚整肃，豪右屏气，路不拾遗，风化大行”，使前秦社会经济得到相应稳定和发展，国势更加强盛，平定了多年战乱纷争的局面，统一了中国北方的广大地区，成为秦汉以来第一个由汉族之外的少数民族建立的完全实行汉族思想文化体系支配下的统一的强大政权。383年，苻坚发兵87万进攻东晋，惨败于淝水，使前秦政权迅速转向衰败，最终于394年被后秦攻灭。

氐族文明程度仅次于汉族，有自己的语言，而无文字，氐人普遍通汉语，而上层人士也都学习汉文化，很早就与汉族广泛接触，从事农耕生产和家庭小手工业及适宜当地特点的多种副业生产。氐族在相当长的历史时期是陇南社会的人口主体，经过漫长的接触、交往和融合，不论是在陇南的氐族还是先后迁往陇南之外的氐族，在隋唐以后大部分融入了汉族，部分融入羌、藏族。氐族是今天汉族人口的重要来源之一。

**三、宕昌羌**

羌，即西羌，最早为游牧民族，居无常依，以畜牧为业，逐水草而居，活动于居于河关（今青海同仁北）西南，滨于赐支河曲（今青海贵德）。后逐渐东进至陇右、关中地区。

商汤武丁时，曾征伐西羌，《诗经》曰："自彼氐羌，莫敢不来王。"战国时期，设羌道于今宕昌县南河乡境，属陇西郡（公元前280年置）。《汉书·高后纪》：二年（公元前186年）"春正月乙卯，地震，羌道、武都道山崩"。羌道设立后，经秦、西汉和东汉，延续到晋代时废而不存，其存在时间当有500多年。羌道是中原朝廷最早设置于羌人活动中心区域的一个县级行政机构。

羌道境内居民为参狼羌。史书中秦至两汉所谓武都徼外参狼羌、武都参狼羌、广汉塞外参狼羌，都是指生活在羌道境内即白龙江上游地区的参狼羌。在东汉，参狼羌的活动主要有：建武十二年（36年）十二月，参狼羌攻掠武都郡，陇西太守马援讨伐；中元元年（56年），参狼攻武都郡，败郡兵，陇西太守刘盱遣军救之，及武都郡兵讨伐叛羌，败羌兵；安帝永初二年（108）十二月，广汉郡塞外参狼羌降，分广汉郡北部为属国都尉（治阴平，即今文县）；阳嘉三年（134）十一月，武都郡塞上屯羌及外羌攻破屯官，驱掠人畜。这里的"屯羌"应有参狼羌，外羌应为参狼羌以西的其他支系羌人。1988年和1989年，在宕昌县城关附近先后发现两方铜印，一方是"汉率善羌君"，另一方是"魏率善羌佰长"，应是东汉和曹魏时期朝廷赐给参狼羌首领的官印，由此可以推断，羌道之下没有乡、亭、里设置，而是实行部落首领和头目管理。参狼羌人的社会经济状况，《北史·宕昌传》记述称"俗皆土著，居有屋宇，其屋织牦牛尾及羖羊毛以覆之。国无法令，又无徭赋。唯征战之时，乃相屯聚，不然，则各事生业，不相往来，皆衣裘褐。牧养牦牛、羊、豕以供其食"。宕昌羌与参狼羌是远自秦以来就长时期定居于此的同一支羌人。《魏书》载："宕昌羌者，其先盖三苗之胤，周时与庸、蜀、微卢等八国从武王灭商。"西羌在秦时南迁到武都地区，其中参狼羌的一支，因聚居于宕昌地区而称宕昌羌。

宕羌傩舞

南北朝时，生活在这一地区的参狼羌以宕昌城（今宕昌县城关旧城）为中心建立了宕昌国地方政权，故史书又称其为宕昌羌。

宕昌国建立的确切年代已不可考，其国都设在今宕昌县城关，根据《北史·宕昌传》记载：北魏太武帝始光元年（424）十二月，宕昌王梁弥忽派其子梁弥黄奉表向北魏太武帝拓跋焘请求内附，太武许之，并遣使拜梁弥忽为宕昌王，赐梁弥黄为甘松侯。宕昌国始为北朝政权所承认。此后，一直向北魏贡献方物。南宋孝武帝大明元年（457）宕昌国又与南朝刘宋建立联系，刘宋封梁瑾葱为河州刺史、宕昌王。宕昌又遣使向刘宋奉献方物。魏太和元年（477），魏将皮欢喜攻占仇池时，宕昌王梁弥机曾遣其二兄率众攻击杨文度，被封为征南大将军、河南公、宕昌王等。后又受封于南齐。太和九年（485）梁弥机死，子弥博立，为吐谷浑所逼，逃奔仇池。魏仇池镇将穆亮以梁弥博为人凶悖，部众不服为由，上表请立梁弥机侄儿梁弥承为宕昌王，并率军至龙鹄（今四川松潘），击走吐谷浑。梁大同七年（541），宕昌王梁仚定举兵反魏，魏秦州刺史独孤信率兵讨伐，军未至而梁仚定为其部下所杀，独孤信在三交谷口击败梁仚定余部，其子梁弥定继为宕昌王。梁简文帝大宝元年（550）宕昌羌豪獠甘发动变乱，攻袭弥定，弥定奔往西魏，獠甘自立为宕昌王。不久，弥定在西魏支持下反攻，攻杀獠甘。陈天嘉六年（565），宕昌羌反周，进攻石门戍（今武都县角弓镇），周洮州总管李贤率千骑进攻，斩获数百人。宕昌羌又引吐谷浑数千骑，李贤设伏兵于隘路又大破之。次年，北周诏令大将军田弘进攻宕昌，获其二十五王，拔其七十六寨，于其地设宕州，辖宕昌郡（治今宕昌县南阳乡）、甘松郡（治今舟曲县峰迭乡）。宕昌国灭亡，共传九代十二主，历时140余年。

宕昌国国力比较弱小，根据《北史·宕昌传》记载：宕昌国国土“自仇池以西，东西千里，席（籍）水以南，南北八百里。地多山阜，人二万余落。”大致相当于今宕昌县及岷县、舟曲县的部分地区。宕昌羌族政权社会经济比较落后，但在与中原大国的频繁交往中，积极学习，吸收汉族以及其他民族先进的生产和科学文化技术，对岷江及白龙江上游地区和社会经济发展起了积极的推进作用。

## 四、吐蕃

唐广德（763—764）后，黄河以南、洮水以西的洮（今临潭县）、岷（今岷县）、叠（今迭部县）、宕昌、阶等地陷入吐蕃，至宋熙宁六年（1073）收复。在此期间及以后的很长一段时期，这里仍然是吐蕃的一个重要聚集地（部分羌民被征服后融入吐蕃），部族众多，“大者数千家，小者百十家，无复统一”。“洮、岷蕃族繁盛，”仅叠州就有“四十三族、十三城、三十余万户。”宋、金朝对这一地区的吐蕃部族实行剿抚并用政策，诸多吐蕃部族或投降或归附，有利于巩固宋、金朝在这一带的统治。

宋、金时期，阶州（西魏置武州，唐代宗大历年间陷于吐蕃。唐宣宗大中三年收复后，改为阶州）、岷州、叠州、宕州一带散居着众多吐蕃部族，这些吐蕃部族名称各异，或以地名族，或以人名、或以姓为部族名，他们大多以分布地域为固定的活动地区，也有少数部族迁徙不定，居地有变，统称“十八族”。宋理宗端平三年（1236）三月，“阶、岷、叠、宕十八族降。”《昭忠录》载：“汪世显麾下回回、西夏、十八族之不归附者，颇甚畏之”。《鹤林集》卷20载：“而交秦、巩，三军不结，而结十八族”。《蜀文辑存》卷28又载：“已至渭节村、风节村，十八族多已投降”。元朝设置吐蕃等处招讨使司时，其属附有“岷州十八族周回捕盗官二员。”

天圣中（1023—1037），李渭任凤州知州兼阶、成州钤辖。当时归属朝廷的蕃族攻陷阶州沙滩寨（在今舟曲县境），李渭至阶州了解到蕃族反叛的原因，乃蕃族不堪忍受都校赵钊压迫而起事，于是上奏朝廷将赵钊流放道州，说服蕃族首领归还沙滩寨。

元丰元年（1078）八月，朝廷诏令鬼章约束蕃族阿巾罗不得诱协阶州熟户。十一月，提举茶场司上奏：阶州未立卖茶场务督官，请求以熙宁十年以前税率管理。朝廷准奏。

淳熙二年（1175），文州蕃部扰边，宋将库彦威战死。

宋代今陇南地区境内主要有以下吐蕃部族：

**陇逋族**　亦为“陇卜族”，是迁徙不定部族，曾一度在秦州永宁寨（今天水甘谷县磐安镇）居住。宋熙宁七年（1074）八月，宋廷“赏讨阶州峰贴峡陇逋族蕃部之劳，”则言其居住在阶州峰贴峡。《金史·结什角传》中谓陇卜族居地在积石山，《宋会要辑稿》既载叠州有陇逋族，又载有西海陇逋，其居地不定，正说明为迁徙不定的吐蕃部族。北宋时，从秦州迁到阶州、叠州，金时又迁到积石山地。《读史方舆纪要·西宁卫》载：“隆卜族居于塞外”，有“上下二族”

**大罗苏木嘉族**　系阶州蕃部。宋熙宁七年（1072），知甘谷城张诜遣人“往阶州峰贴峡，集蕃酋犒设而诱说之。”吐蕃陇逋族以为要夺取他们的土地，即纠集大罗苏木嘉族，攻焚峰贴峡寨（今舟曲县西北峰迭城），杀寨官军民。

**梦阿郎部**　系阶州蕃部。《皇宋十朝纲要》卷16载：“阶州、宕昌界蕃部首领梦阿郎等寇峰贴峡。

**毋家族**　系阶州蕃部。刘昌祚知阶州时，曾率兵“讨平毋家等族，又平叠州。”

**钦令征部**　《长编》作“策凌扎卜”部。宋熙宁六年（1073）二月。王韶克河州，以景思立知州事，自率军穿越露骨山南入洮州，又进入岷州，“叠州钦令征，洮州郭厮敦皆诣军以城听命。”二部相继以城内属。钦令征居地在叠州界。

**青厮逋、心拶二族**　宋淳熙十六年（1189）七月二日，西和州奏：“祐川县所管地分界外洮州铁城界讷厮结族，及叠州陇逋、青厮逋、心拶等三族蕃部”，累次出没过掩杀宋朝官吏。陇逋系迁徙不定部族，青厮逋、心拶二族同居在叠州。祐川县属岷州，宋崇宁三年（1104年）复置，铁城即铁城堡（今岷县东北），宋熙宁十年（1077）置，系岷州属堡。

**本琳沁部**　亦作“本令征”部，宋熙宁六年（1073），王韶率军攻陷宕州，通洮山路，“岷州本琳沁以城降，遂入岷州”。《皇宋十朝纲要》卷9也载：“岷州首领本令征以州来献”。本琳沁为岷州吐蕃部族。

**辖乌察部**　亦作“瞎吴叱”部，辖乌察系木征（摩正）弟，属唃厮啰族系。据有岷州（治祐川县），为岷州蕃部首领。王韶率军入岷州后，辖乌察以城内属，宋任命为崇仪副使，赐姓名赵绍忠。

**固云沁巴部**　宋熙宁六年（1073）十一月，“王韶遣本琳沁、固云沁巴诣阙，皆岷州归顺首领”。显然，固云沁巴为岷州蕃部，居地在岷州。

宕昌县大河坝沟草地坪藏族妇女表演口弦

**鲁黎诸族**　为叠州吐蕃大部。《金史·完颜纲传》也载：“青宜可者，吐蕃之种也。宋取河湟，夏取河西四郡，部落散处西鄙。”其首领有结毡、冷京、耳骨延、青宜可等。

**彭布锡卜萨部**　《曾公遗录》卷8作“庞逋斜肆”部，系叠、宕州一带蕃部。宋元符二年（1099）闰九月，秦凤路奏：“叠、宕一带部族大首领彭布锡卜萨等乞纳土归顺。

**戬陀孟迦十族**　居住在阶州一带。据《元史·按竺迩传》载：南宋末，按竺迩领兵“破宕昌，残阶州，攻文州”。在攻文州时，因招徕吐蕃酋长戬陀孟迦等10族，皆赐以银符。

元代及明清时期，这些吐蕃部落仍然聚族而居多在今舟曲、宕昌县地区及礼县、西和、武都、康县高山地区，部落有大小强弱之别，“虽各有鞍甲，而无魁首统摄，并皆散漫山川。”部落内部有较强的凝聚力，而各部落之间，“其俗多有世仇，不相来往，遇有战斗，则同恶相济，传箭相率，其从如流。”“传箭”成为吐蕃部落在彼此隔绝的情况下进行联系的一种简便易行而且独特的方式。历代朝廷对这些吐蕃部族实行招抚政策，并对反叛的部族也行招抚予以平息，并在其地实行了土司制度，将其纳入土司管理，统称其为“西番”。清雍正时实行“改土归流”，指改土司制为流官制，将原来统治少数民族的土司头目废除，改为朝廷派任流官，番民称为“新民”，直到民国时期才完全废除土司制度。中华人民共和国成立后，进行民族识别工作，确定其为藏族。有部分番民及“新民”逐渐汉化。

## 第二节　古代民族管理机构

陇南是历史上边疆民族地区特定行政机构设置最早、最为完备的地区。我国历史上在不同时期内，中央政权对边疆少数民族地区实行了不尽相同的统治方式，但都是按照当时当地的具体环境和民族特点，秉承一定程度内的“因俗而治”思想，以当地部落组织和部落头目为基础，采取与中原汉族地区州、县行政机构不同的地方行政机构管理体系进行统治管理。从汉代到清代，先后有过郡（新郡）、道、都尉、属国、土司、厅及卫、所等州、县及以下边疆民族地区特有的地方行政机构，相当于现在的民族自治区、民族州、民族县和民族乡，与汉族地区的州、县机构相区别，而这些特设的边疆民族地区地方行政机构，在陇南均曾设置过，并且是这些机构设置的重点地区之一。陇南历史上设置的道、都尉、属国、土司、厅及卫、所等边疆民族地区地方行政机构，在我国边疆民族地区地方行政机构史上具有重要地位。

**道**　道为县级地方行政机构，西汉时期广泛设置于边疆民族地区。关于县与道的区别，史书称“县有蛮夷曰道”。汉武帝在陇南白马氐居住地设置武都郡，辖9县，其中正式以“道”命名的即有6个：武都道（治今西和县洛峪羊马城）、故道（今凤县张家窑）、平乐道（今康县平洛镇）、嘉陵道（今礼县龙林乡）、循城道（今成县镡河乡将利村）、下辨道（今成县红川镇），又有陇西郡的羌道（今宕昌县南河乡）和广汉郡的阴平道（今文县城关鹄衣坝村），共8个道，占全国32个道的四分之一。

**都尉**　战国时置郡尉，是比将军略低的武官。西汉景帝时改郡尉为都尉，辅佐郡守并掌全郡军事。武帝时又置关都尉、农都尉、属国都尉于各要地。东汉时与少数民族临近的郡，亦不时设置都尉，以武官兼理当地民政，凡此类军事民政总理的都尉均冠有所在郡的方位，即某郡北部或西部、南部等都尉，则为当地相当于郡之派出机构的行政单位。

东汉陇南的 3 个都尉，均属这一类型。**武都西部都尉：**建安二十二年（217），曹操占领陇南后以杨阜为武都郡太守，以武都孤远，前后移武都郡居民使居于京兆、扶风、天水界，并侨置武都郡于关中兴平县之小槐里（今兴平县阜寨乡南佐村。原为西周懿王和三秦雍王章邯都城。汉高祖三年（204）置槐里县。东汉、三国时期为右扶风郡治所，后魏文帝黄初中（220—226）又移置于美阳县（今陕西扶风县北）。同时，曹魏于原武都郡所在地下辨县置武都郡西部都尉，治理留居武都郡原地的居民。史载黄初三年（222），武都郡西部都尉王袤向曹魏朝廷献石胆 20 斤，次年又献 3 斤。**广汉北部都尉：**西汉高帝六年（前 201 年）分巴、蜀二郡设置广汉郡，治所在今四川金堂县北，辖境达今甘肃文县、陕西宁羌。广汉北部都尉治阴平道（今文县城关鹄衣坝村），相当于广汉郡派出机构。后将广汉北部都尉辖地改为阴平郡，辖阴平道、甸氐道（今四川九寨沟县）、刚氐道（今四川平武县东）3 道。**陇西南部都尉：**西汉后期设陇西南部都尉于临洮（今岷县，包括今宕昌县北部）。东汉章帝建初二年（77）烧当羌反汉，围陇西郡南部都尉于临洮。副车骑将军马防、长水校尉狄恭率兵 3 万，击败羌众，解临洮围，马防筑索西城（俗名赤水城，亦曰临洮东城，今岷县梅川），徙陇西郡南部都尉居之。永初三年（109），钟羌攻临洮，破索西城，生擒陇西郡南部都尉。阳嘉三年（133）四月，复置陇西郡南部都尉。

**属国**　属国为汉代郡一级地方行政机构，史书一般郡、国并称。西汉武帝时，在边地内迁少数民族地区设置。东汉时统县治民，和郡相同，其首长称属国都尉。史籍称："唯边郡往往置都尉及属国都尉，稍有分县，治民比郡"。

陇南历史上只存在过一个属国，就是**广汉属国**。广汉属国治阴平道（今文县城关鹄衣坝村）。东汉安帝永初二年（108），改广汉北部都尉为广汉属国（曹魏时又改置阴平郡）。

**土司**　土司制度是元明清王朝在部分少数民族地区主要以分封各族首领世袭官职来统治当地人民的一种制度，分武职与文职两种。陇南是西北土司制推行的重点地区之一，陇南历代土司均为武职。

陇南土司制的实行是以宋末元初礼店文州元帅府的设立开先河的。宋端平三年（1236），蒙古军队在今礼县设置礼店蒙古军元帅府，以按竺迩为元帅，管辖蒙古千户五人，南戍沔州之石门（今陕西留坝乡境），西戍阶州之两水。收复文州及北川番族后，又兼领其地，更名为礼店文州蒙古汉军西番军民元帅府，按竺迩子孙世袭其职，终于元末。

宕昌县城关马土司衙门

明、清两代是我国土司制度由盛至衰的时期，也是陇南土司制度由盛至衰的重要时期。从明初的洪武年间开始，宕昌马珍、宕昌理川麻龙党只官卜（后辈改姓赵），文县

宕昌遗存的古羌人羊皮扇鼓舞

刘家坪马桑、中寨王砌豹先后被明朝廷封授为百户土司官。宣德中，岷州多纳番目绰思觉后辈改姓赵，被授为土官副千户，其辖地包括今宕昌县阿坞、哈达铺、南河3乡部分村庄。至清雍正年间，在全国实行大规模“改土归流”中，文县马、王二土司和岷州多纳赵土司先后改土归流，撤销土司制度，土司辖民称“新民”，后统称为汉民。归州县地方行政机构管辖。宕昌马、赵两土司直至民国22年（1933）改土归流，其辖民分别划归岷县和西固县管地方政府管理。土司制度在陇南延续500多年，土司管辖范围包括白龙江流域大部分区域，涉及今宕昌、文县两县大部分和武都县的一部分。

明洪武四年（1371）时，马珍因功授世袭百户土司，历经二十二代，至民国22年（1933）3月28日，甘肃省政府决定将宕昌马土司“改土归流”，宕昌马土司延续时间达562年之久，是甘青地区土司中存在时间最长、管辖范围较大而影响深远的土司之一。最后一任土司马培德改任宕昌区区长、甘肃省参议员等职务。《清史稿·列传三百四·土司六》载：“马纪自云：伏波将军裔。元至正年间，因防守哈达川九族，授指挥使职，家岷州卫。马珍，明洪武间，以功授世袭土官百户，清顺治二年，马国栋归附，授原职。”《马氏家谱》云：“宕昌之有马氏，非旧籍也，系出东汉伏波将军之后。伏波将军名马援，字文渊，祖籍陕西扶风茂陵（今兴平）县人，建武十一年任陇西太守，后任伏波将军，封新息封，累有封袭。”又云：“元顺帝至正九年（1349），马援后裔马纪防守哈达川以下9九族，遂携族人百余，由四川黎州安抚使徙宕昌，后授指挥使。岷州卫随家焉。”

**卫、所**　卫、所是明代的军事机构，数府划为一个防区设卫，卫下设千户所和百户所。大约5600人称卫，1120人称千户所，112人称百户所。军士有军籍，世袭为军，以大部分屯田，少部分驻防。百户所设总旗和小旗，总旗50人，小旗10人。卫、所军士均为随带家属在驻地屯田的居住户。在边疆民族地区，在动乱和新旧政权交替中当地方行政机构不完善时，卫、所往往兼行地方行政职权，所以在一定时期边疆民族地区的卫、所亦为府（州）、县，陇南就是这种行政与军事兼摄的地区之一。

明洪武二年（1369）明军攻取秦陇后，在元礼店文州元帅府驻地设置礼店守御千户所，为今礼县境内军政机构，直至成化九年（1473）割秦州19里置礼县，同礼店所10百户分割，在礼县设县前104年中仅有礼店守御千户所而无县，元代治所在今宕昌县阿坞的岷州归明后，洪武四年（1371）置岷州守御千户所（汉临洮县，西魏溢乐县，今岷县城关），属河州卫；洪武十一年（1378）于岷州守御千户所置岷州卫，编户16里，为军民统摄的地方军政机构。嘉靖二十四年（1545）复设岷州，四十年又废岷州，改置岷州卫。清雍正八年（1730），岷州卫再改称岷州，辖境包括今岷县、宕昌县大部及漳县、迭部县、卓尼县、康乐县部分地区。民国 2 年（1913）2 月，改岷州为岷县。

明洪武初，改文州为文县，洪武六年（1373）设文县守御千户所，洪武二十三年（1390）裁文县，所辖民众归入文县千户所。洪武二十八年（1395）改为文县军民守御千户所。加“军民”二字，更加明确“军”“民”兼统之意。至成化六年（1470）复置文县，隶属阶州。

早在元至正二十七年（1367），就曾设置西固番汉军民千户所，辖境包括今宕昌县南部和舟曲县大部，明初改设为西固城等处军民千户所，至清初裁撤所，归并入阶州，设州同分里，即后之阶州分州。

**厅**　厅是始于明而盛于清的边疆民族地区和新开发地区的一种政区建置，分为直隶厅和散厅，级别与直隶州散州对应，多在行政区地名后冠以“抚民”“抚番”“抚彝”等标明所辖区民众民族成分的字样，其长官为同知或通判。

清代甘肃南部先后设置过两个厅：一个是岷州抚民厅，专理 17 里钱粮及军民司讼等事务，行使州、县地方行政权力，至清雍正八年（1730），岷州抚民厅改为岷州。另一个是西固抚彝厅，辖境包括今舟曲县、宕昌县南部。清雍正七年（1729）年黑峪黄土司改土归流，辖属于西固，因西固番人慕化，编民户 4 里，裁撤西固守御军民千户所，设西固抚彝厅，置抚彝同知，乾隆元年（1736）又裁撤抚彝厅，复为阶州分州，设置西固州同。

## 第三节　茶马交易

陇南是我国历史上实施国家茶马政策的重要地区。茶马即宋代和明代至清初朝廷所实行的“茶法”“马政”，为以茶易马的简称，具体内容即朝廷将国家统管的四川、汉中等地所产茶叶用以交易甘青川草原少数民族的马匹付值的重要国策，陇南在历代实施这一重要国策中始终处于关键性的地位。

宋代，宋、辽、金、夏及甘青蕃族部落政权并立，西北和北方地区不在宋中央政权所统治范围之内，茶马司所执行的任务基本上就是 “茶马交易”，即以茶易马。北宋朝廷于秦州（今天水市）和成都各置榷茶买马司，后以提举茶事兼理马政，遂称茶马司，专管茶马交易。陇南是蜀茶运往甘青草原少数民族地区的必经之道，而陇南西北部白龙江流域及渭河上游地区当时即为蕃族地区，是饲养马匹的主要地区之一，也是具体实施以茶易马的重要地区之一，阶州、成州、文州皆曾设置茶马场，《宋史·兵志》称北宋时“市马分为二：一曰战马，生于西垂，来自宕昌、峰帖峡（今舟曲县峰迭乡，时属阶州）、文州；二曰羁縻马，产西南，短小不及格”。

康县茶马古道风情线

南宋时，陇右大部陷于金，宋朝辖境在

西北仅限于阶、成、文、西和州及凤州（今凤县、徽县、两当县）一隅，宋、金以小天水、宕昌、峰贴峡一线为界，今天水、陇西包括宕昌县哈达铺、理川等地皆为金人所有，马匹获得更显重要，因此陇南是宋与金人及甘青草原吐番地方势力三方边境地区，不论在军事对峙还是边境贸易中都具有特殊的重要性。当时阶、文、西和、宕昌均设茶马场，全国 9 个茶马场中陇南占有 4 个。《宋史》载：陇南各茶马场来买的甘青草原少数民族地区的马匹“其中卢甘马岁一至焉，洮州蕃马或月或两月一至焉，迭州蕃马或半年或三月一至焉，皆良马也”。乾道初，宋朝在陇南每年购马 9000 匹，淳熙后增至 10000 多匹，这些马匹成为南宋军队战马的基本来源。

明朝实行的茶马政策与宋代大为不同。甘青草原少数民族完全在中央朝廷管辖之内，因此明朝的茶马政策以不再是茶马互市，而是中央政权对西北少数民族“以马代赋”，用优厚的以茶付价的管理政策，即“马赋差发”。各部落按草场和人口交纳马匹，朝廷付给相当或优于马价的茶叶，所交纳马匹数量都有明确严格的规定，交纳马匹者称“中马”蕃民，朝廷不仅设茶马司负责茶马政策的实施，并对茶马的运输、管理、审验、分配、付价各个环节都有系统严密的组织，种茶有茶税，贮茶有茶仓，运茶凭茶引，管理有茶马司，验审有茶引批验所，巡察有巡茶御史，防走私有巡检司和盐茶关，保证国家对茶马政策的有效实施。又设主茶引，招商人买运以补充官府之不足。商人将茶运至互市地，再卖给茶马司，为商人付值。

康县望关“察院明文”碑拓照片

陇南设置有系统完备的茶马管理机构。茶马管理的最高机关巡茶察院行台即设于徽县火钻镇，即今徽县高桥乡木庐村火钻社，由巡茶御史沈越建于嘉靖十八年（1539），规模宏大，共有各种房舍四、五十间。批验茶引所，原在火钻镇，后移于徽州城内西街，嘉靖三十七年（1558）改建于白水江镇，有大使一员，攒典一名。辖境包括今宕昌县大部的岷州茶马司设于岷州城内，有茶马司坊、大门、屏风山、二门、大堂、设有永盈、永通、永亨、永顺等茶库共 68 间，清康熙时又增修茶库 7 间，总计达 75 间。明代岷州城南又设“番厂”，专供番人居货贸易，相似于现代的民族贸易市场，万历时有厢房 38 间，周围筑墙垣。又有缉鑫盗匪兼理茶马走私的巡检司。虞关巡检司，“在（徽州）南五十里，堂序门垣如制。巡检一名，吏一名”。

陇南是明代川蜀茶叶运往西北各茶马司的必经之地和以火钻镇为中心的运茶大道所在地。官茶和商茶生产于四川，加工于汉中，由汉中经略阳县沿陇蜀道进入徽县境，经虞关巡检司再翻越铁山，由青泥驿至徽县城，由茶引批验所审验后向北再经榆树、火钻镇、高桥进入秦州境，经今李子乡、骆驼巷至秦州西郊三十里店（今秦城区太京镇）交割积存，然后分运岷、洮、河等各茶马司。嘉靖后，茶马之政时有调整而管理松弛，运茶一度驰废，而茶马走私日趋强劲。2009 年，康县望关乡发现的明代《察院明文》碑，就是官方为打击走私向商贩和关隘缉私人员发布的告示。

陇南是甘青地区番族“中马”的重要地区之一。白龙江上游及岷江流域均为各土司所辖“中马”番人和“招中寺院”。阶州、文州境内番族又常以自愿向朝廷贡马的形式，获得朝廷赏赐茶叶和钞、绢等物。《明实录》等史料记载了大量阶州、文州番族多次进贡马匹和贡物的事实。番族贡马得到丰厚赏赐。明初规定，上马一匹换茶120斤，中马70斤，下马50斤，后下调至上马80斤，中马60斤，下马40斤。“中马”为主，加贡马，陇南番族地区明代正常情况下每年纳贡马当在100至200匹之间，平均每匹马付茶按80斤计，所获茶叶在万斤以上，对当时的陇南，特别是番族聚居的白龙江流域来说，是极具重要意义的。

直至清雍正间，茶叶始由民间自由经营后，以徽县火钻为中心的运茶官道虽日益衰落，但川蜀通往西北的茶叶和其他货物仍经由陇南多条道路往来，其交通的繁荣经久不衰。

## 第四节　民族矛盾和融合

自商周至明清时期，先后进入陇南的秦人、汉人、吐蕃、蒙古、回等民族与土著居民戎、氐、羌杂处共居达三千余年，各民族之间的关系错综复杂，民族矛盾和民族融合，是陇南社会历史的突出问题，直接影响着陇南社会历史的发展。民族矛盾，集中地反映在陇南各少数民族反抗历代中央及地方政府压迫剥削的起义或暴动上；民族融合，则集中表现在各民族互相接触交往及最终融合形成现在的汉、藏、回为基本格局的民族构成上。

陇南历史上民族起义或暴动的基本原因，主要是不堪朝廷和地方官吏的压迫、剥削和歧视；明清时期某些地方的民族起义或暴动，也包含着一定成分的由统治者所挑拨的民族仇杀因素。商周时期，秦人与戎人之争，主要是争夺生存空间。此后，汉代武都白马氐、羌多次反叛，则是因为“更赋至重，边人贫苦，无以供给”。晋时，“阴平太守王鉴粗暴”，边民苦之。北宋天圣中，阶州都校赵剑压迫蕃族，蕃族不堪忍受而暴动，攻陷沙滩寨，赵剑被朝廷处罚流放道州。熙宁五年（1072），阶州知州刘舜臣掠夺吐蕃义勇租钱，又向番民征收过桥钱谓“打扑”，被降官一级。张整任文州都巡检使，对番民掩杀过多，被弹劾。明初，朱元璋谕甘青蕃民曰：“近闻边将无状，多侮朝命扰害，尔等不得宁居”。足见边地蕃族所受侵渔压榨之严重。弘治（1488—1505）时，“内外官境尚贡献，各遣使属边卫搜方物，名曰采办，实扣军士月粮马份，或巧取边人犬马珍奇，且设膳乳诸房，佥厨役造酥油诸物，比及运启，沿途骚扰”。边疆番民不堪其苦。因此，历代民族起义和暴动连续不断。

武都区坪垭乡藏族妇女服饰

从西汉设置武都郡之后至清末，陇南地区历代暴发的各类民族起义和暴动在史书中有记载的即有 80 多次。西汉氐、羌起义规模较大的有 5 次，其中公元前 108 年武都氐人反，被镇压后将一部分迁往酒泉郡。而公元前 80 年武都氐人反，朝廷派执金吾马适建等 3 将领率兵并将关中服刑囚徒皆免刑参与镇压。东汉陇南参狼羌、白马羌起义达 14 次之多，多次打败官兵，杀死长史。同时，氐族也多次反抗朝廷，215 年曹操将自武都入氐中攻汉中，氐人塞道，遣将张郃、朱灵攻破氐兵；曹操至河池（今徽县银杏），遭氐王窦茂等攻击，曹军再次与氐人交战，败氐兵后始入汉中。北朝后期，陇南民族起义声势很大，70 年中即有 13 次起义与暴动，多次打败官兵，有时甚至夺取地方政权。581 年，东益州（今陕西略阳县），南秦州（今西和县境）氐人反，521 年，南秦州氐人又反，大败北魏河涧王元琛大军。524 年又反，杀南秦州刺史崔游。536 年，宕昌羌王梁弥定举兵反魏，进兵至逼近河州（今临夏州）的石门（今卓尼县洮河沿岸九甸峡）。538 年，南岐州（今徽县境）氐人苻安寿等反，攻陷武都，自号太白王。元代大的民族起义有 7 次，其中元贞三年（1296）的阶州蕃族暴动规模较大，朝廷派重臣脱脱会同诸王铁木儿石花、吕列等统数路大军合兵镇压。

明代，则较大的起义和暴动达 38 次之多。在陇南最有影响的是明世宗嘉靖十年 (1534) 阶州回族首领马兴领导的回民暴动，聚众千余人据阶州东北铁炉山（即铁笼山，有铁笼关，今有关子沟，在今康县平洛北，三国时姜维围困司马昭于此）为据点反抗朝廷，是我国历史上最早发生的回民起义之一。

康县平洛三功桥

清代陇南民族起义和暴动的次数比明代较少，但规模和范围都很大，番族大的起义和暴动有 8 次，其中 1880 年阶州瓜子沟番民暴动影响较大，陕甘总督左宗棠派遣多名将官数路大军镇压，震动清廷，光绪皇帝数次向左宗棠发出指令，要求尽快平定。1863 年 2 月以苏来东等在盐官发动暴动为起点，礼县回族民众先后多次围攻礼县县城，并进围徽县、成县县城，攻占礼县各村堡，最盛时暴动民众达 7000 人，曾攻陷两当，进兵阶州，一直持续到 1872 年才被最后镇压下去，成为西北回民反清斗争的组成部分。

陇南古代的开发，是以各少数民族群众为主完成的，所以，陇南古代历史，实质上也就是居住和先后进入陇南的各民族相互融合，最终实现了与汉族融合并形成以汉族为主体，汉、藏、回多民族杂居共处的民族人口构成的现状。

隋唐时期，关中、中原一带的氐族逐渐消失了，河西、蜀地等地的氐族也很少见于史载了，这是由于随着氐族政权的垮台，起着保护本族语言、习俗的强力作用消失了，加之周围先进的汉族社会文明的影响，他们本民族的特征日渐淡化了，最终融合于汉族之中，被同化了。范文澜在《中国通史》中也谈道："自十六国时起，在黄河流域建立政权的都是汉族以外的少数族人（前凉除外）。一个少数族人立起国来，散居在边境内外的同族人。

很自然地集合到本族的政权下，直入中原成为统治族，这个政权崩溃后，遗民难得再迁回原地，恢复旧生活，日久只能和杂居的汉族人融化。最古老的匈奴、氐、羌等族，以及较后起的乌垣、鲜卑等族，经过十六国北朝将近三百年的时间，此后，基本上不再见它们的活动，也就是说，融化到汉族里去了。”

氐、羌民族和秦人，共同对陇南进行了最初的开发。南北朝时期，关中汉族大量流入陇南，而仇池政权又从汉中、川北掠夺大量人口入陇南，雍州流民也不断涌入陇南。受各种具体因素的影响，陇南历史上民族融合过程表现出比较明显的地域特点。

仇池五国解体后，陇南东北部的氐族，逐步与汉族融合，两宋至明、清至明清时期，陇南东南部嘉陵江及其支流西汉水流域原土著居民氐族汉化过程已基本完成，使这一区域的人口构成已由原氐族为主体的结构演变为以汉族为绝对优势的构成格局。随着汉族人口在陇南的比重越来越大，汉文化在氐族中的影响进一步加深，氐族通过同汉族的通婚相互融合，大量的氐族人口日益汉化，久而久之便整个地演变成为汉族，至明清时期，绝大多数原为氐族的家族亦自认为汉族，而已不知其为氐人了，作为氐族发祥地和基本居住地的陇南，史籍中氐族已完全消失。现今遍布陇南各县的杨、苻（蒲）、毛、强、苟、窦、仇、尹等巨族大姓，都是汉化了的氐族后裔，这些姓氏分布广泛，往往整村或数村、数乡居族而居。

武都区坪垭藏族群众表演锅庄舞蹈

白龙江地区的氐族和陇南西北部的羌族，唐宋时先与吐蕃融合，形成宋以来的“番”或“西番”后再与汉族融合。

唐“安史之乱”后吐蕃占领甘肃大部地区，将占领地区的各民族即羌人的各部落、吐谷浑及汉族人口吐蕃化，形成新的民族共同体吐蕃或称蕃。唐开元十七年（729）置马邑州，用以安置秦、成州地境内附的党项羌部落，属羁縻州。宝应元年（762）徙马邑州于盐井城（今礼县盐官镇）。白龙江流域在吐蕃及其部落首领统治下，经历近三百年岁月，这一地区的所有居民均融合为蕃民即后来的藏民。

宋代开始，紧邻宋朝边境后归附宋朝的蕃族部落首先汉化，姓汉姓，被授以朝廷命官而管理原部落民众，其中以岷宕地区青唐族部落大首领包诚、包顺为最名。后又有甘青地区蕃族地方政权首领唃厮罗后裔先后归附宋朝，姓汉姓，受汉官，其部落逐渐汉化，岷宕地区包括会川赵土司在内的赵姓土司及其辖民均为唃厮啰后裔木令征即赵思忠所统部落。

南宋末年，《元史·按竺迩传》载，1236 年阔端命宗王末哥以按竺迩为先锋，分兵由甘南藏区入川时，曾于途中招降了临洮吐蕃首领赵阿哥昌、赵阿哥潘父子和文州、北龙州（今平武县）一带吐蕃首领勘拖孟迦等 10 族，皆赐以银符。遂略定龙州，与大散关南下的蒙古军会合，进克成都。元代，礼店蒙古汉军元帅兼文州吐蕃万户府达鲁花赤赵国宝，曾带文州吐蕃酋长勘拖孟迦入觐，忽必烈赐金符给勘拖孟迦，被封为万户。于是，扶州羌民酋长阿哩禅、波哩揭等人全部归附蒙古，也分别授予万户、千户。

番民即藏民的大部分实现汉化，是在明清至民国时期的一个较长的历史时期中实现的，其标志是各土司的改土归流。清代白龙江上游地区今岷、宕两县东南部土司辖境外各地土著居民及蕃民汉化程度已深，如原青唐族汉化之包氏家族，唃厮啰后裔木令征汉化之赵氏部落各家族，已渐渐自认为汉族。

清康熙时，宕昌马土司驻宕昌，管辖即隆族、野地喇哈族、马安山族等番人 16 族（清咸丰年间因洮州杨土司与马土司通婚联姻，将所属封地三角坪、武坪、八楞等地，以陪嫁为山，馈赠宕昌马土司管辖），把守隘口一十六处。其把守隘口有：磴子坝、老尖山、人树沟、土崖头、老鼠川、禄纳寨、宕昌大沟、甘沟坪、没遮拦、京沟、窍草坝、干江头、新城子寨、白水川、何家铺、屯寨。管辖番族有：即隆族、马安山族、乔家族（即关鹅族）、肖三牟族、土崖头族、禄仁族、铁力哈族、火坪族、野地喇哈族、瓦舍坪族、阴平族、水泉坪族、冉家山族（即挫藏族）、力则族、油房沟族、竹园族。

清雍正初，岷州多纳赵土司，文县刘家坪马土司、中寨王土司先后改土归流后，除一部分仍保留番族成分而为今藏族外，相当一部分逐渐汉化而融入汉族，如宕昌境内哈达铺地区的杨氏、李氏、张氏等巨姓大族，文县丹堡、刘家坪及中寨等地的一部分土著巨姓大族，均被认为是汉族而非藏族或氐族。

最后汉化的番民是民国时期改土归流的宕昌马土司、麻竜赵土司、岷县闾井后土司等所辖藏民中的部分居民。今宕昌县藏民就是马土司、赵土司所辖居民改土归流后没有汉化的最后一部分藏民，南河乡境内为数不多的藏民则是岷县多纳赵土司辖民中未被汉化的一少部分藏民，岷县闾井后土司所辖藏民已全部汉化，木耳马连川、八力石门沟、庞家等地后氏家族，理川各村赵氏家族，均为已完全汉化的后土司和麻竜赵土司辖民。

蒙元时入居陇南的蒙古等族，则直接融入汉族，其过程在明清时期即已完成。

明代开始正式形成民族并入居陇南的回族，则不断与汉族相通相融，和睦相处，这一过程至今仍在进行之中，其具体形式是回、汉可以相互通婚，特别是回族男子普遍娶汉族女子为妻，形成汉、回家庭间的甥舅关系。

历经隋唐，汉族人口在陇南人口中的比例越来越大，到宋代已出现了有相当社会影响的汉族大家族，如马援之后的宕昌马氏，已是一家“父叔兄弟，皆以忠勇为名将，而暨及兄堃特显”。徽县栗亭曹友闻乃“武惠王彬十二世孙”，与弟曹友谅均为进士，曹友闻授职骁卫大将军，是抗元名将。又有徽州王柄家族三代有五名进士，吴师古家族亦有三兄弟均中进士。

现代陇南社会以汉族为主体，回、藏为基本少数民族的民族人口构成，是历史上民族融合的最终结果，也是陇南社会历史发展的必然结果。

# 第二章　民族工作

## 第一节　红军长征时期《回民地区守则》

在举世闻名的红军二万五千里长征中，红军在国民党军队的围追堵截下，历经千难万险，最终赢得了三大主力红军会师于西北的决定性胜利。红军之所以在当时那样艰苦险恶的条件下能转危为安，转败为胜，其中一条很重要的原因就是贯彻执行了党的民族政策，正确处理了红军和少数民族的关系。

1935 年 9 月 18 日，中共中央率领红一方面军突破天险腊子口，并于 20 日抵达哈达铺。当日下午，党中央在哈达铺关帝庙召开团以上干部会议，毛泽东作了关于形势和红军整编问题的报告，并决定去陕北苏区建立根据地。当时，中央军委考虑到部队将进入回民聚居地区，特颁发了《回民地区守则》，守则有四条：

一、进入回民区，先派代表同阿訇（回教首领）接洽，说明红军北上抗日的意义，征得回民同意后，方能进入回民村宿营，否则应露宿；

二、保护回民信仰自由，不得擅入清真寺，不得破坏回民经典；

三、不准借用回民器皿用具，不得在回民地区吃猪肉、猪油；

四、宣传红军民族平等主张，反对汉官压迫回民。

宕昌县城关清真寺《回民地区守则》碑

《回民地区守则》是中国共产党制订的最早关于回族的民族政策，也是中国共产党历史上第一部具有法规性质的重要文献，是党关于民族宗教政策基本原则全面具体表述的最初文本，为后来发动领导西北乃至全国回族人民积极投身抗日战争、解放战争和中国共产党一系列民族宗教政策的制定奠定了基础，意义十分重大。

1936 年 9 月中旬，红二方面军进入成徽两康地区后，总指挥部在《回民地区守则》基础上，又发布文告，提出了“保护清真寺，打倒压迫回民的国民党反动派，团结起来，共同抗日”的口号。同时还针对性的编排了相关的文艺节目，进行宣传演出，使党的民族政策很快传播到回民群众中。

红二方面军各部队进入回民地区后，严格执行党的民族政策和群众纪律，尊重回族群众的风俗，热情帮助驻地群众挑水扫地、收割庄稼，使广大回民兄弟深受感动。徽县清真寺阿訇马克仁，在红军民族政策的感召下，积极带头协助红军开展工作，被推选为徽县苏维埃政府主席，在红军干部的领导下，马克仁带领回族群众打土豪，分浮财，筹集粮款，扩红建政，清算斗争了当地40多户罪大恶极的土豪劣绅，收缴粮食50000多斤，大洋5000多块，衣物1300多件，为红军休整提供了物资保证，在群众觉悟普遍提高的基础上，建立了徽县回民抗日自治委员会和伏镇、永宁等乡镇苏维埃政权，在回民聚居的东关口、东关、东河、东柳沟分别建立了苏维埃政权。

在各级苏维埃政府的动员下，陇南地区许多回族青年和汉族青年一起踊跃报名参加红军，许多战士英勇牺牲，为抗日救国献出了生命。

## 第二节　少数民族地区社会经济发展

中华人民共和国成立后，特别是改革开放以来，国家落实民族宗教政策，实行少数民族教育、计划生育、干部培养任用等一系列具体照顾优惠政策，尊重和保护信教群众的信仰自由及各种正常宗教活动，使陇南民族地区的经济社会发展和宗教事业取得辉煌成就，呈现出社会和谐稳定，经济繁荣，民族团结，宗教和顺的良好局面。

### 一、民族地区经济发展

在少数民族较为集中的地区安排水利、电力、交通、环境等项目，并实行投资倾斜，引导国内外资金更多投向民族地区。实行多种救助减免措施，提高农业生产水平。无偿发放农具、发放生产资金、减免农业税、发放无息或低息贷款等措施，扶持少数民族农村经济的发展。

鼓励少数民族地区从本地的实际出发，发展专业合作社，进行专业技术培训以提高出外务工竞争力，扩大种植药材、林果特别是核桃、花椒、油橄榄等经济作物，养蜜蜂、林下散养土鸡等特色养殖。开办具有民族风情的农家乐。积极从事工商业服务，发展电子商务，推动社会经济结构的调整，增强自我发展能力。对少数民族地区实行优惠的财政政策。国家先后设立了“民族地区工作补助费”“少数民族地区发展资金”等，实行定额补助制度，支援经济不发达地区发展资金，扶贫贴息贷款和以工代赈资金，支援民族地区的建设。国家实行财政转移支付制度，逐步加大对民族地区的支持力度。鼓励少数民族地区发展贸易，照顾少数民族用品生产。

参加市人民代表大会的少数民族代表

扶持少数民族贫困地区摆脱贫困。自 20 世纪 80 年代中期大规模开展有组织、有计划地扶贫以来，少数民族和民族地区始终是国家重点扶持的对象。在三十多年的扶贫开发过程中，少数民族贫困地区除享受其他贫困地区扶贫开发的优惠政策外，还享受国家制定的许多特殊政策。支持和帮助少数民族地区发展教育事业。实行少数民族学生升学考试加分、录取名额照顾等考试录取优惠政策，在相关学校和专业上进行少数民族学生专项委派培训，开办委派班、专门的民族班和预科班等，创办民族地区的希望小学，加强村学和完全小学建设，加强师资队伍建设。

二、少数民族干部培养

中华人民共和国成立初期，国家对民族解放中有贡献和少数民族中的工农积极分子进行重点培养，分配到各条战线工作。20 世纪 50 年代，全区少数民族干部不足百人。“文化大革命”期间，由于受到“左”的干扰，不少干部被错误处理，少数民族干部减少。1978 年十一届三中全会以后，经过拨乱反正，落实党的民族政策和干部政策，平反冤假错案，错误处理的干部重新得到使用，并通过定向招生、省内部分大中专院校特设名额等方式，少数民族干部队伍迅速壮大。

文县白马人民俗文化博物馆

全市现共有少数民族干部 13344 人，其中厅级干部 1 人、县级干部 35 人、科级干部 400 人，其他干部 12908 人，其中武都、宕昌、成县、徽县、两当 5 县即有 795 人，科级以上 150 多人。武都区 342 人，科级以上 62 人。徽县 213 人，占干部总数 3.5%；科级以上 32 人，高级职称 2 人，本科以上学历 90 人。成县 192 人，科级以上 25 人，专业技术人员 106 人。宕昌 95 人，县级 2 人，科级 24 人。特别是在回族和藏族干部队伍中，科技人员和文化艺术人才数量和比例越来越大，涌现出不少成就突出、享有较高声誉的杰出人物。

三、民族地区基础设施建设

**交通面貌发生了根本改变** 中华人民共和国成立后，特别是改革开放以来，各级政府重视藏族地区的交通建设，花费巨大财力物力加快山区交通建设，使藏族地区和部分回族聚居乡村闭塞落后的交通面貌发生了根本改变。宕昌县 28 个少数民族村有 27 个通路，其中通水泥路、柏油路的 21 个；武都区在陈家坝、小山坪、曹家坝、桔柑等地修建跨白龙江大桥 4 座，坪垭、磨坝两藏族乡修通连接 212 国道的通乡公路 2 条 23 公里，结束了千百年来藏族群众翻山越岭、走沟过河、溜索渡江的历史；文县藏族村寨所有行政村全部修通公路，部分公路实现了硬化。

**农业生产基本条件得到改善** 武都区坪垭、磨坝两个藏族乡累计兴修水平梯田 8500 亩，修通灌溉水渠 25000 米，修建蓄水池 12 个，安装电灌 3 台，发展水浇地 1000 多亩。

文县铁楼藏族乡建成演武坪电灌，架设总长8000米的新寨桥柱山管引工程，新建景家坝阳山、羊河坝、肖家坝等水渠，修建景家坝导洪渠、旧寨八一渠。

武都区坪垭藏族乡整乡易地移民搬迁调研工作

**能源、通讯项目建设发展迅速**　武都区先后在坪垭乡和磨坝乡建成50千瓦水电站各一座，架通农电线路21公里，实现藏族乡村户户通电。坪牙、磨坝架设电话线和光缆线路60余公里，两乡广播电视、电信电话覆盖率达到100%。文县藏族村庄村村通电、通广播电视、通通讯电话。文县铁楼乡筹资32万元架设通入贡山、中岭山、强曲、草坡沟、腰坪山等村农电线路，完成景家坝、新寨农网改造，使全乡群众生产生活用电得到可靠保障。河谷村寨均架通光缆，实现固定电话和移动电话全覆盖。

**解决了高山缺水村庄人畜饮水**　仅武都区先后投资60万元，在坪垭、磨坝两个藏族乡各修建8处人畜饮水工程，解决了长期困扰当地群众的人畜饮水困难。宕昌县新城子乡938户群众用上了自来水，占全乡总户数的80%以上。文县铁楼乡新建和维修草河坝、寨科桥等7处人畜饮水工程、解决394户，1870人和1300多头大牲畜饮水问题。

**四、教育卫生事业大发展**

中华人民共和国成立后，党和政府把发展教育卫生事业作为民族地区社会发展的根本措施始终下大力气紧抓不懈，经过长期努力，取得显著成效，民族地区长期处于极端落后的面貌得到彻底改变。至2012年，全市4个藏族乡建有中学1所，完小19所，村学26所。武都区坪垭牙、磨坝两乡适龄儿童入学率90%以上，宕昌县新城子乡入学率达到100%，文县铁楼乡入学率100%。回族居住的城镇和村庄，建有武都城内和成县城关北关各1所回族葆真小学，徽县东关回族小学，成县马泉湾、杨庄、崖湾、陈家砭4所民族小学。全市4个藏族乡各建卫生院1个，每个卫生所有医生6人以上；文县铁楼乡有村卫生所3个，宕昌新城子乡有村级卫生所1个。各藏族乡儿童计划免疫率在96%至98%之间。目前民族地区教育卫生基本条件已经和当地汉族地区完全一样，由于国家长期实行少数民族学生升学等多方面的照顾优惠政策，少数民族学生的升学率明显高于当地汉族学生。

**五、人居环境大为改善**

1978年以来，陇南民族地区特别是藏族居住区，又迎来国家天然林保护和白水江国家级珍稀动物保护区建立及官鹅国家AAAA级森林公园建立的重要机遇，特别是2008年汶川大地震灾后重建，在国家多重政策的扶持和多种形式的大力支持下，人居环境发生了巨大的改善，使昔日穷山恶水、茅庵草舍、人畜共居、烧柴烤炭的状况成为历史。

**生态环境的改善**　藏族居住地的宕昌新城子乡、官鹅乡和文县铁楼乡都是林区，多年大量林木砍伐，加之当地群众生活上需要的砍柴烧炭，生产上部分村寨砍林开荒甚至刀耕

宕昌县新城子乡岳藏甫村实施自来水入户维修工程

火种，使森林遭到严重破坏，林线大幅度后移，植被状况日益恶化，山洪、滑坡等灾害频发，藏族群众生存环境越来越恶劣。国家天然林砍伐停止，野生动物保护，特别是山区大面积退耕还林政策的实施及官鹅沟国家森林公园的建立，不仅使林区生态破坏得到彻底制止，藏族和回族散居山区村庄的植被也得到根本性改善。

**易地搬迁安置**　由于历史的原因，大部分藏族群众散居于山头高坡，三五户至十来户形成的自然村不少，有的甚至是单庄独户，交通条件难以改善，居住环境过于严酷，无法从整体上改善和发展，因此政府下大力气实行易地搬迁。仅宕昌县新城子藏族乡就实行了岳藏铺、路岗头、大河坝、拉界4个村的易地搬迁工程，使284户群众脱离了恶劣严酷的居住环境。官鹅藏族乡的立节和南河乡的任藏村也都新建了移民新村，安置零星居住及环境险恶难以生存的藏族群众100多户。

**危旧房改造和村容村貌美化**　在2008年“5•12”地震灾后重建和新农村建设中，在国家大力扶持下，民族地区进行大规模农村危旧房改造和村容村貌整治，民居房屋均经过重修或维修，绝大部分村寨内道路、巷道、院落全面硬化，墙壁粉刷，主要道路旁墙面进行了彩绘，道旁种植花木，村容村貌全面美化。宕昌县民族村庄中有村文体活动中心8个，村村都有文化活动室和农家书屋、农业技术推广站。成县在回族聚居的村庄建设民族文化广场3处。徽县仅东关穆斯林民俗风情线即建有文化广场3处，占地面积达14亩。康县长坝镇白杨树坝回族村被列为全县“两个共同”示范点，居民房屋院落全部美化亮化，村庄整洁美丽，文化体育活动及休闲场所设施完备。

**六、民族传统文化得到保护**

改革开放以来，随着各项民族宗教政策的贯彻落实，民族文化的保护、传承和弘扬，进入一个新的历史阶段。

文县铁楼乡的入贡山、草河坝、案板地被评为国家级传统村落，分别修建了民俗文化寨门、图腾柱、文化广场、仿古栏杆，修复了古廊桥、水磨坊，真正成为特色鲜明、环境优美的白马人民俗风情村寨。文县铁楼乡的白马人面具舞“池哥昼”被列为国家首批非物质文化遗产保护名录，全乡兴建6个“池哥昼”传习所，总建筑面积7000多平方米。天池乡洋汤寨村新建的白马人文化“非遗”博物馆建筑面积2888平方米，总投资超过1000万元。县城郊区韩家坝新区新建以白马面具舞池哥昼为主的“非遗”保护中心，建筑面积达1800多平方米。文县共确定白马人民俗非物质文化遗产传承人国家级1名、省级6名、市级36名。

宕昌县哈达铺上街回族聚居的哈达铺镇，被列为全国首批历史文化名镇。官鹅藏族乡的苯教祭祀舞被列为省级非物质文化遗产名录；收藏民间的手抄苯苯教经卷受到高度重视和妥善保护；政府拨资 1210 万元在官鹅沟鹿仁村建成占地 10000 平方米，建筑面积达 1500 平方米的宕昌藏族民俗文物博物馆；建有非物质文化遗产传习所 1 处。宕昌县共确定非物质文化遗产传承人 19 名。

## 七、经济结构进一步优化

1978 年改革开放以来，陇南少数民族地区的经济结构发生了根本性的变革，传统的藏族地区以农业为主兼营林副业及狩猎为基本生产门类的经济形态，回族聚居区农村以农为本、城镇居民以农为主兼营手工业和餐饮服务为基本生产方式彻底改变，出现了劳务输出、旅游服务等新兴的重要产业，从而使少数民族地区经济生活呈现出全新的形态。

**农业产业结构优化**　种植业中药材、林果等经济作物面积大幅提升，粮食作物面积大大缩小，到 2012 年民族乡村粮食收入不到经济作物收入的 1/3，经济作物收入成为农业收入的基本部分。

**劳务输出力度加大**　宕昌县每年外出务工的藏、回族青年有 3600 多人，而文县铁楼乡每年外出务工人员达 4000 人左右，劳务收入总值达 3500 万元以上。全市总计少数民族务工人员近两万人。徽县回族外出务工人员在 2011 年即达到 1000 余人，收入 2000 多万元。这些藏族、回族务工青年务工地点分布在全国各地，务工工种多种多样。少数民族村庄和当地汉族村庄一样，基本上是青年人长期在外务工，中老年人在家务农。务工收入成为最主要的收入部分，一般达到农户总收入的一半以上，往往超过农业收入。

徽县回族的清真饮食文化是回、汉传统文化完美结合的产物

**旅游服务业发展**　旅游服务业务已成为陇南少数民族地区的主要支柱产业之一，宕昌县官鹅沟国家级森林公园及藏族风情线、哈达铺红军长征纪念馆及清真寺，文县铁楼乡白马人风情线，徽县、成县城郊清真风味休闲等都是甘肃旅游的热点。随当地旅游发展兴起的各种服务业方兴未艾。宕昌县有藏家乐 16 户，从业人员 180 多人。文县铁楼乡打造的 40 里白马风情线上有民族特色的农家乐 50 家，从业人员 435 人。徽县城关有清真农家乐 16 户，带动从业人员 600 多人。

**大力发展特色养殖**　宕昌、文县藏区的松花蜜、蕨麻猪，山野菜采集加工等，都是极具地方特色的著名产品，历来是当地群众的主要生产门类之一。

**民族工商业蓬勃发展**　在 20 世纪 80 年代末，徽县少数民族企业已有 334 个，仅东关乡即达 226 个，从业人员 517 人。民族工商业中，尤以清真餐饮最为突出，仅徽县以马氏清真餐饮、撒家馆子、信园饭庄等为龙头的大小清真饭店即有 80 多户，带动从业人员 600 多人，清真小吃摊点 280 多户从业 800 多人。武都区回族开工厂和公司的 26 人，开办清真餐饮和从事商品批发的 600 多人，从事其他商贸和服务行业的有 800 多人。宕昌县共有少数民族个体工商户 146 家。成县城区从事餐饮、食品加工、日用消费品批发零售的少数民族从业人员占全部从业户数的 40% 以上，其中北关村回族群众经营者有 420 多户，600 多人。两当城关 41 户回民中，有 7 户经营餐饮小吃，4 户经营运输。陇南回族群众由于从事工商业者比例大，其经济收入远远高于当地汉族群众收入。成县北关村回族家庭储蓄几万元以上有 60 多户，50 万元以上的 20 多户，100 万元以上的 6 户。至 2011 年徽县东关乡回族村庄东关村、东河村、永街村人均收入分别达到 4096 元、3450 元、3216 元，远远高于全县平均水平。

### 八、生产生活水平得到改善

随着帮助民族地区发展经济工作的深入开展和扶贫政策的系统落实，少数民族地区生产生活状况有了极大改观。尤其是改革开放以来，武都区坪垭乡、磨坝乡，宕昌县新城子乡，文县铁楼乡 4 个民族乡和 45 个散居民族村，居民收入稳步增长，人民生活水平明显提高。民族地区贫困人口大幅减少，截至 2012 年民族地区绝对贫困人口为 2315 人。

# 第三章　宗教事务

陇南社会宗教繁杂多样，不同于统一民族地区的宗教信仰单一状况，是以汉族为主体的汉族、藏族、回族各民族杂居中形成道教的道观神庙、佛教的佛寺禅林、伊斯兰教的清真寺以及基督教和天主教教堂共同分布或相处于一地的特殊形成存在，在宗教派别上，除道教、佛教、伊斯兰教、基督教、天主教等宗教外，还广泛分布着原始的多种信仰自然神崇拜和藏族原始宗教苯教信仰的非正规宗教流派活动。

## 第一节　宗教活动

陇南地区各种宗教文化和谐共处，相互尊重，千百年来，从未发生过互相歧视和重大冲突事件，表现出几个突出特点：一是信众特别是汉族信众的道、佛并信；二是宗教活动场所即寺观及神庙的神佛共处；三是宗教活动在相当场合的混合举行；四是各种宗教文化之间的相互影响和渗透。

### 一、佛教

佛教产生于公元前 6 世纪至前 5 世纪的古印度。汉武帝开辟西域交通后，佛教

八峰崖石龛如同带子一般绕在山间

开始由西域大量传入甘肃后，又传至中国内地。随着佛教的传播，一些地方开始有了佛教寺庙，天水市麦积山石窟始建于两晋时期的后秦王朝。

徽县栗川乡郇家村白塔，始建于宋代，光绪十二年（1886）重建

佛教何时传入陇南市，尚无确切记载。但从西和县石堡法镜寺石窟窟形及佛像造型推知，最迟也在北魏中期。法镜寺石窟分为南、北崖两单元，现仅存31窟，有造像13尊。其中南崖15窟，北崖16窟。7号崖最大，高、宽各8米，深1米。最小为11窟，高宽各0.8米，深0.59米。窟形有长方平顶形、方楣四面坡形、穹窿形、中心塔柱形四种。中心塔柱形窟是早期自印度传入中国的一种，敦煌、云冈石窟中亦有。石窟旁有佛寺法镜寺，唐代诗人杜甫从秦州赴同谷时，路经其寺，并写有著名诗篇《法镜寺》。该寺原建于山脚，濒临西和河，明清之际被大水冲毁后，又移建在五台山上，现保存清代重建“法镜寺”石碑三通。法镜寺石窟1978年公布为县级重点文物保护单位。

八峰崖石窟位于西和县城东南32公里，地处石峡镇西侧，与仇池山遥遥相望。石窟分上下两层，共14佛龛，始建于南北朝仇池国时期。现残存有宋代菩萨、元代三佛、明代弥勒佛等佛像90余尊和部分壁画，明万历石碑一通，清光绪石碑五通。

武都区三河镇柏林村广严院，俗名柏林寺

唐宋时期，陇南佛事大盛，寺观遍布全市各地。现存礼县湫山坪《湫山观音圣境通济善惠王碑记》记载，湫山南海之滨古代建有观音寺庙“观音圣水牌”，遇有旱灾，诣山祈请，甘澍无虚。唐宋封为通济正佑福安王，说明“观音圣水牌”寺庙建于唐朝或更早些。另据礼县石桥镇柏林寺广佛塔碑文中记载：北宋哲宗绍圣元年（1094）“创建佛塔”。佛塔第四级为佛门信士张唯政等一家四代十一人敬修；第六级记载，游礼僧人道永圆寂后，僧尼道俗妇女共礼者数千人。成县鸡峰山光祥寺，建于宋代，时称生佛阁，后历代屡经毁坏和维修，现为规模宏大的建筑群，为文殊菩萨在陕甘川边境地区的著名道场。每年农历四月二十日为传统法会，朝会的周边数县群众成千上万。徽县栗川乡郇家庄白塔寺砖塔始建于宋，后屡经维修，现高25米，12层（应为13层），“玲珑拟雁塔而略似”。此外还有两当县的香泉寺、

2001年农历八月十六日，武都区龙凤山名山寺举行恭请大正大藏经仪式

西和县白雀寺、宕昌县崖寺、礼县翠峰寺、康县白云寺、文县北禅寺及南海寺、武都区福津广严院（俗称柏林寺）等。

元文宗天历元年（1328），徽州永昌寺（今徽县伏家镇北禅寺）和尚张惠印因精通经律，被崇尚佛教的文宗皇帝召至京城，授光禄大夫、司徒，并赐银印，赠号“真慧国师”。文宗封惠印为国师，掌管天下僧籍，并大修永昌寺。永昌寺大小庙宇 200 余间，寺僧达 300 多人，田产 80 余亩，盛极一时。

明、清至民国时代，陇南佛教活动更盛，大小寺庙遍布全境。由于朝代更迭、战乱、火灾等原因，许多庙宇被毁，无法详考。

中华人民共和国成立初期，各地佛教会活动正常。1958 年宗教改革中，受极“左”思潮干扰，佛教会活动停止，和尚、尼姑等人员减少。“文化大革命”时期，残存寺庙大都被捣毁，一切宗教活动停止。1984 年后落实宗教政策，佛教活动逐渐恢复，一些被破坏的寺庙又得到维修和重建。

**二、道教**

道教形成于东汉中叶，张道陵在四川的鹤鸣山（今四川大邑县北）创五斗米道，道徒遍及川北、陕南及陇南各地。五斗米道是早期道教流派之一，其教除以符箓咒术，为人治病，以祈禳斋醮为人谢罪除灾外，还行守一、行乞、防中术等道术。史载，唐代初年，两当县人张果曾于两当县鸑鷟山隐居修炼得道，唐太宗、高宗、武则天闻其名召之，皆不去，开元二十三年（735），唐玄宗派中书舍人徐峤带玺书召之入宫，授其为“银青光禄大夫”，赐号“通玄先生。”宋绍兴元年（1161），两当邑书吏崔熙率众进京为张果请封，朝廷嘉其惠，封其洞曰‘登真洞’，祠曰：‘集休观’。更数岁再乞申，命先生为“冲妙真人”。元代又于其地建三清阁。张果，即后来民间所称“八仙”之一的张果老。

宋、元、明、清诸代，各县信道教者甚多，道派以正一道和全真道为多，宫观阁庙遍布全境，大多为明、清时代修建。宫观阁庙大致可分为两类：一是道观，二是神庙。

道观以两当县灵官峡张果老登真洞及三清宫最为著名。其次是西和县岷郡山的萨爷殿，即萨真人祠。萨真人名守坚，道号金杨子，北宋时四川籍人，出家拜名道士林灵素为师学道，学成所谓“五雷秘法”，并教出一个名气很大的徒弟王灵官。王灵官后成为道教的护法神，萨守坚被尊为真人，明成祖封萨守坚为“崇恩真君”。萨真人祠现有殿宇为清代初期建筑，山门外有萨真人墓。大德（1297—1307）年间，成县金莲洞道士刘道通以治病为生，医术高超，徽州管军元帅田守璋为其赐号“清净真人”。礼县城关长生观是元朝顺帝至正十一年（1351）三月二十九日重修的。此外，礼县祁山堡武侯祠、成县甸山及武都区五凤山、徽县火焰山和

两当县左家乡大庄村太平场泰山庙

大河老君殿、礼县香山等道观宫殿建筑群，都是历史悠久、历经重修、规模宏大的著名宫观。

神庙大体可分为四类：一类是泰山庙。如成县支旗泰山庙、徽县水阳泰山庙、宕昌县城关泰山庙、宕昌县理川泰山庙等，都是创建于明代以前且规模较为宏大的建筑群，钟鼎石刻较多，环境优美，不仅是重要文物，也是游览胜地。一类是关帝庙。关帝庙遍布于城乡，规模有大有小。在所有关帝庙中，以宕昌县哈达铺关帝庙最为知名，1935 年中央红军长征途经哈达铺，中共中央在关帝庙内召开了团以上干部大会，毛泽东作报告，正式宣布了党中央将红军长征的落脚点放在陕北的重要决定。哈达铺关帝庙现为全国重点文物保护单位。一类是各种龙王神庙。龙王神是遍布各地的神庙，有功臣名将为龙神的，如文县羊汤天池的洋汤爷蹇雷宝，宕昌县阿坞各竜的金龙大王唐名将李晟等；有江河自然神龙神，如礼县西汉水神西江神、武都区白龙江神龙王神等。陇南龙神中供奉较多、分布面较广的有“黑池龙王”和“三海龙王”，庙宇多而信众广，一般庙宇建筑规模较大，修建时间亦较久远。一类是文昌庙及城隍庙等。文昌庙所庙供奉文昌帝君为主文事之神，与主武事的关圣帝君相对应，一文一武，历来深受官方和民间重视。陇南各文昌庙大都已毁，现存较完整的仅有文县城关文昌楼和宕昌县沙湾镇上堠村文昌宫等数处，其中上堠村文昌宫中明洪武时期碑刻保存完好，对研究明初当地社会历史颇有价值。陇南城隍庙以西和县城隍庙最为著名，所祀城隍为南宋西和州知州、抗金英雄陈寅。

这些道教活动的宫观神庙大多年久失修破废，有些在大跃进及“文化大革命”中拆毁。党的十一届三中全会之后，落实宗教政策，部分被破坏的宫观庙宇又得到维修和重建。如确定礼县香山为道教活动场所，成立了道教协会小组，现有道士 10 人。

## 三、伊斯兰教

伊斯兰教产生于公元七世纪的阿拉伯麦加。唐初，大批信仰伊斯兰教的阿拉伯、波斯商人通过海上“香料之道”和陆上“丝绸之路”来到中国经商贸易。甘肃地处“丝绸之路”的咽喉地带，伊斯兰教在甘肃就有了很大发展。伊斯兰教旧称回教、天方教或清真教。宋、元之世传入陇南，据光绪《阶州直隶州续志·卷之十四》载，宋代已在今武都区安化建有清真寺。明成化年间（1465—1487），陕西关中一带回民来陇南经商逐渐定居，最早以徽县城东关为居住地，在回民何楚英、舍容、马伦、马聪等人的倡导和主持下，在东关三元宫之左修建清真寺 1 处。据礼县城关镇后牌村回民老人流传的口碑资料，礼县回民的远祖是波斯人，经商到中国，第一站是云南，第二站是四川，明朝从四川迁至盐官苏家城（一说是明朝中叶由陕西旬邑县迁来礼县）。

徽县东关回族乡东关村清真寺“姆拉楼”，为民国 3 年所建

经数百载的繁衍生息，清代回民已遍布各县。同治年间，西北回民的反清斗争波及陇南礼县，从同治

武都城关清真大寺

二年（1863）三月盐官东西八堡回民攻占盐官城，到同治十一年（1872）事变被清王朝镇压平息，十年的战乱使回民人口锐减。

民国时期，回民人口有了一定发展。民国初年，四川盐亭、广元、青川等地的回民来文县碧口经商做生意，留居碧口。民国5年（1916），由回民金炳文、郑明成二人带头募捐，在碧口街修建清真寺，进行宗教活动。

至1949年12月解放前夕，陇南各县回民共约3000余人，主要集中在武都县城关、徽县城关、成县城关、文县碧口、宕昌县西北部及礼县城关、盐官、宽川等地。

陇南清真寺以创建于明代的武都城关清真大寺和徽县城关东关清真寺历史最为悠久、影响较大。

徽县东关清真寺是甘肃历史悠久、规模较大的清真寺之一，始建于明成化年间（1465—1488），明嘉靖间（1522—1566）重修，后历经多次扩建维修，20世纪“文化大革命”中大殿再次被毁，1982年又重建“崇一殿”，规模比前更为壮观，是典型的具有中国传统建筑艺术特色的伊斯兰教寺院，1995年被评为全国百座清真寺之一。寺内明万历间（1573—1620）的《重修礼拜寺碑》和清道光四年（1824）《清真寺修建市房碑记》碑，记载了明成化间徽县始有回民的迁入和修建礼拜寺的沿革历史。

武都城关清真大寺始建于明嘉靖十四年（1535），后于崇祯，清嘉庆、咸丰、同治及光绪十三年（1887）、光绪十八年（1892）进行过6次重修或维修，现有建筑又经1989—1993年不断施工重建，将原前后两寺合并为一。寺内保存有明崇祯辛未年（1631）《重修礼拜寺碑记》、清嘉庆十三年（1809）《建寺始末文书》、光绪癸未（1883）年《永垂不朽碑》、光绪十八年（1892）《建修清真寺历源文书》、光绪二十七年（1901）《重修后寺始末文书》及同年由南京临摹拓制的明太祖朱元璋《御制至圣百字赞》木碑、1997年《重修清真大寺记》等历代碑刻和文书史料多件，是了解和研究武都地区回族历史和宗教活动不可缺少的重要资料。

中华人民共和国成立后，国家实行宗教信仰自由政策，伊斯兰教也有了新的发展。“文化大革命”期间，包括伊斯兰教等一切宗教活动停止。1978年中共十一届三中全会以后，经过拨乱反正，落实政策，伊斯兰教才恢复了正常活动。陇南9个县（区）现有正式开放清真寺69座，这些寺不仅是回族群众进行日常宗教活动的中心，也是伊斯兰教文化学习传播中心。

### 四、天主教

天主教是基督教三大宗派之一，亦称罗马公教。明代传入中国。清中叶传入陇南。

清咸丰年间（1857—1862），陕西汉中有天主教教民迁往两当县南乡后川堡管家河（今两当县站儿巷镇三联村）开荒种田，随着教民的增多，清咸丰十年（1860），汉中教区派意大利籍神甫魏弟比修建了管家河天主教堂。后有汉中教民逐步向徽县永宁乡王家湾、嘉陵镇王垭、城关镇先农村和泥阳镇等地迁居。汉中教区又派杨克道住城关先农村开展传教活动。清光绪四年（1878）甘肃天主教会成立，由山、陕教区分出甘北代牧区，主教府在凉州城西松树庄，主教韩默尔。清光绪九年（1883），徽县先农天主教堂竣工，后又相继在教民较集中的永宁乡王家湾、泥阳镇下寨和嘉陵镇烧锅滩各建分教堂一处。1905年4月28日，罗马教廷从甘北代牧区中分出甘肃陇南监牧区，奉圣斐德理斯为教区主保。首任主教为荷兰籍主教兰克复。教区最早由比利时圣母圣心会管理。1922年，移交给由德国嘉布遣会管理。1922—1949年，甘肃教会派传教士多人到徽县等地传教，天主教徒遍布徽县、成县、天水、西和、礼县、清水、甘谷等地。

1946年4月11日，教廷在中国废除传教区体制，正式建立圣统制，设立正式的天水教区。教区的主教座堂设在天水市东关主教座堂。1948年，秦州教区有教堂77座，司铎34位（中国籍10位，外国籍24位），天水教区在德国传教士的管理下，截至到“文化大革命”初期，全教区有大小教堂70余所。在今陇南市设有总堂6个，徽县先农村总堂，系荷兰籍主教韩默尔派遣荷兰籍传教士周化龙、比利时传教士白保德筹建，分设有管家河、烧锅滩、王家湾分堂；成县总堂，分设有化亚里、计家崖、崖背后、小川镇、泥阳镇、横川镇分堂；西和县总堂，分设洛峪镇、安家峪、姜家川分堂；礼县总堂，分设有下洮坪、青冈林、斩龙湾、谷峪分堂；盐官镇总堂，分设有长道镇、罗家堡、牡丹镇分堂；武都总堂，分设有安化镇分堂。

礼县天主教传入时间与徽县大致相同。清咸丰十年（1860），两当县管家河天主教徒王万银，到盐官开茶馆传教。光绪十三年（1887），修建盐官教堂。1902年修建县城鹿家街教堂。1932年6月，德国传教士顾士特住宅被鲁大昌军抢掠，省政府令县政府赔偿700元。至1949年新中国成立前夕，有县城教堂一处，下属谷峪、斩龙、洮坪、下坪、渭子坝五个分教堂；盐官教堂一处，下属罗堡、牡丹、长道、马元等五个分教堂，主持教务的神父共17人，其中中国神父仅7人。“文化大革命”中，天主教停止活动。1985年落实宗教政策，开放县城鹿家街教堂一处，同年成立了礼县天主教爱国会。

光绪二年（1876），有比利时传教士在成县城东南买瓦屋三檩为教堂传教。1895年，义和团事起，县衙乃拘押王姓教徒，传教士弃徒而走。1898年，比利时传教士白神甫来成县，于县城北街口建中西结合式教堂20余间。1921年后，陆续建化垭、大坪、横川、沿河、小川分堂5座，有教徒300余户。

光绪三十年（1904），比利时国裴神父来到西和县传教，教徒日众，即在南门外大水街置杜姓店房一处，建立天主堂，规模宏阔。光绪三十四年（1908）七月，在城南大水街购置居民杜作栋店房一处建天主堂。民国初年，又有德国女修士数人来县，在天主堂以南又建立医院一所，医术精良，教堂散布四境，相继在盐官镇、洛峪乡洛峪村、何坝乡安家峪、姜席乡姜川村、长道镇、石堡乡罗儿湾村、马元乡佛孔寺村建分堂7处。

1915年，兰州教区的神甫韩济真来武都县传教，并在城内文庙巷创建了教堂。随后相继来武都传教的有谢显道、谷渊亭、陆德霖、孟启元等人，至1949年12月解放时信教群众大约有百人左右。

1958年反封建运动之后，各地天主教堂全部关闭，宗教活动停止，特别是“文化大革命”中，教产被没收，神父被法办。1980年后，落实宗教政策，退还了先农教堂部分房产。1988年11月底成立徽县天主教爱国会。1990年底，徽县开放先农天主教堂1处，教徒约400人，主要分布在城关、永宁、柳林、嘉陵、泥阳、水阳等乡镇。

**五、基督教**

基督教，世界三大宗教之一，是信奉耶稣基督为救世主之各教派的总称，在我国习惯上称基督新教为基督教。唐代贞观九年（635）至元代，基督教相继传入中国，但影响不大。明清时期，来中国传教者渐多，客观上起了传播西方科技知识和现代文明的作用。

清光绪二十九年（1903），秦州福音堂英国人丁牧师同姚长老来西和县宣传基督教义，翌年始有信徒数人。宣统元年（1909）四月，有信徒达四五十人，先借用教徒李姓之别宅，成立福音堂。民国初年，始于城内南阜仓巷，置何姓之私宅，改建教堂，成立西和基督教会，李寅茂任会长，教友集资买地，盖教堂6间，住房9间。

民国8年（1919）10月8日，美国牧师新普送来文县传播基督教，后新普送派冯志新至碧口传教，设立教堂。

民国10年（1921）3月中旬，美国基督教牧师克利必奴等在武都县城建立“宣道会”，进行传教活动。

民国11年（1922）有成都、重庆、岷县等处教徒在武都县城关传播基督教，后由岷县教区牧师冯自新来武都在砖城街等地设教堂，传教组织称为“神召会”。年余，教堂被军队占驻，该教又租用中山街李家铺子为教堂进行活动。1935年，教徒集资租典北街郭、张二姓房子作教堂。至解放前发展信徒300余人。1959年宗教改革中停止活动。后落实宗教政策，退还了被挤占的教堂，恢复了正常的宗教活动。近几年发展较快，且在城郊潘家湾、两水杜家沟、柏林石桥子、甘泉杨庙等处建立了教堂。

民国11年（1922），岷县“神召会”派冯志新到文县碧口传教，建立教堂。民国14年（1925），渭源人丁运廷来文县城关传教，租用所城背街叶忠厚家房屋为教堂，民国37年（1948），教会迁到西街李兆瑞宅，信教者日增，教徒达300余人。

基督教传传入成县时间约在民国36年（1947），有山东曹县人在县城北街姚家巷建福音堂。1958年，教堂拆除，活动告停。

1978年中共十一届三中全会以后，经过拨乱反正，落实了宗教政策，各地基督教恢复了正常活动。

**六、喇嘛教**

喇嘛教，佛教的一支，主要传播于中国的藏族、蒙古族聚居地区，故又称藏传佛教。喇嘛教是佛教与西藏原有宗教笨教长期互相影响又互相斗争的产物。喇嘛教有格鲁派（黄教）、宁玛派（红教）、噶举派（白教）、萨迦派（花教）之分。

约在宋元之后，“黄教”传入今武都县坪垭藏族乡地区。至1949年底，该地区有喇嘛教寺院8处，喇嘛26人，其中大喇嘛3位。1950年以后，坪垭等地正常的宗教活动得到保护。1958年反封建运动和“文化大革命”时期，受到冲击，寺院全被社队占用。后落实宗教政策，开放补修了7处寺院。

## 第二节 宗教工作

陇南宗教传播历史悠久，至唐代，佛、道活动已很普遍，一批佛寺和道观在各地先后兴建，信众日益增多。宋元时期，佛教和道教进一步发展。明清时期，是各种宗教进入陇南发展的高峰期，在佛教和道教继续兴盛的同时，伊斯兰教、藏传佛教亦很兴盛。清末，又有基督教、天主教传入，这一时期不论是城镇还是边远山区，寺庙遍布，宗教活动在整个社会生活中具有极其重要的作用和地位。

中华民国时期，传统的佛教和道教活动遭遇当时思潮的歧视而日趋衰落，部分寺庙拆毁或改作他用，其中较多的是改建为小学。1949年中华人民共和国成立后，宗教事业再度历经波折，陇南和全国各地一样，相当一段时期内特别是20世纪六七十年代的“文化大革命”时期，宗教寺庙被毁，教职人员逼迫离开寺庙而从事农业生产。1966年6月27日，武都地委批转岷县县委《关于坚决取缔一切大小庙会的决定》，《决定》指出“庙会是封建统治阶级向广大劳动人民群众灌输封建迷信思想，用来麻醉劳动人民的工具，是几千年来一切剥削阶级所造成的毒害人民的旧思想、旧文化、旧习惯的产形式，它是为少数剥削阶级服务的。因此，取缔旧庙会是一场尖锐的阶级斗争，各地要放手发动群众，依靠贫下中农，以毛泽东思想为武器，高举批判的旗帜，把广大人民群众从旧思想、旧习俗、旧习惯的束缚中解放出来，创造和形成崭新的无产阶级新思想、新文化、新风俗、新习惯。”宗教活动被视为迷信活动而取缔，除部分清真寺能保持正常活动外，其他各种派别的宗教活动包括民间传统宗教活动基本处于停止状态。

20世纪80年代以来，党的各项民族宗教政策得到认真贯彻落实，在历次政治运动和“文化大革命”中被错误处理的教职人员得以平反昭雪，恢复名誉和各种政治生活待遇，重新从事宗教活动。被拆毁破坏的寺庙如武都区水帘洞红女祠、朝阳洞观音殿；宕昌县哈达铺关帝庙、高庙山泰山庙、城关祥云寺；文县城关南山寺、玉虚山三清阁、城关文昌阁；康县城关白云山寺；成县鸡峰山光祥寺；徽县水阳乡泰山庙、高桥乡青龙观；两当县灵官峡张果老洞三清宫、鱼池寺、亮池寺、太阳寺；西和县岷郡山萨真

礼县城关基督教开业

人祠；礼县祁山堡武侯祠等，在政府拨款与群众自发集资的基础上重修、维修或新修，使绝大部分被毁寺院得以重建。而被机关学校和其他单位占用的徽县文庙、西和县文庙、两当县文庙及香泉寺、宕昌县理川泰山庙、礼县文庙及城郊赤土山寺庙、西和县兴隆乡兴国寺、徽县伏镇北禅寺等，占用单位全部撤出后，对寺庙建筑均进行了整体上的维修或扩建，使原有残破面貌焕然一新。被占用或改建挪作他用的和成县城关基督教堂、成县城关天主教堂、礼县城关天主教堂、礼县城关基督教福音堂、徽县城关先农天主教堂、宕昌县阿坞各竜基督教堂等，全部恢复重建，规模比以前更为宏敞富丽。部分被占用或改作他用的清真寺也在落实政策中得到恢复或重建，而随着人口的扩散和发展，在回族人口较多的地区又建设有新的清真寺。大部分原有清真寺也在经济发展的基础上由教民自觉捐资进行扩建和重建，更加宏伟壮观。

同时，各地群众还自发捐资投劳，恢复重建、维修各类规模不大的一大批寺庙。至 2012 年，全市有正式开放的佛教寺院 13 处，道教宫观庙宇 56 处，未开放不纳入政府宗教部门管理由民间管理的寺庙数百处；清真寺 69 处；天主教教堂 7 处；基督教教堂和活动点 71 处。历史悠久、规模较大和影响广泛的寺庙，大部被分别列为国家、省、市、县各级别文物保护单位和爱国主义教育基地，依法受到政府的严格保护。

成县召开全县民族宗教界学习贯彻全市统战暨民族宗教工作会议精神座谈会

随着各项宗教政策不断落实，各县在政府宗教部门的关心指导下先后恢复和建立起佛教协会、道教协会、伊斯兰教协会、基督教“三自”爱国会、天主教爱国会等宗教团体。广大教民和信教群众在各宗教团体的协调组织下，正常宗教活动在国家法令的保护下全面恢复开展。

在佛教和道教的活动中，以各地传统庙会最具影响。宕昌城关高庙山庙会，成县鸡山庙会、礼县香山庙会、徽县水阳泰山庙庙会和嘉陵火焰山庙会等，都是规模很大的庙会。庙会连续数日，周边各县甚至邻省群众赶来进香拜佛、游览观光，进行物资交流，最多的参会人数可达数万人。庙会实际上已经成为当地的物资交流推介会和旅游节会，不仅受到各级政府的高度重视，也受到各地群众和客商的欢迎。而相当部分寺庙宗教活动中的祭祀、法舞、音乐演奏等也被列为非物质文化遗产，为政府所保护。

在伊斯兰教的宗教活动中，改革开放以来最大的亮点，就是政府的重视关怀下，出国前往沙特朝觐的穆斯林人数逐渐增加。陇南 9 个县区参加朝觐的穆斯林人数达到 600 多人，每年平均 30 多人。有红色革命传统的宕昌县哈达铺清真寺、成县红川清真寺等地清真寺将爱国主义、革命传统教育和讲经释注相结合，使教民爱国爱教的思想认识和觉悟不断增强和提高。

陇南宗教专职人员整体上都是本籍，除规模较大的寺院道观有僧人道士常住外，较小规模的佛寺、道观多无专职人员，而天主教、基督教教堂则一般只有一名教职人员主持教务，这是新时期国家宗教活动的一个重要特点，与历史上著名寺院道观多由外地游方僧道主持，天主教神父、基督教牧师多由外国人士担任的状况完全不同。

随着宗教活动的正常开展，宗教事务和宗教文化重新受到社会的普遍重视，宗教教职人员也受到广泛肯定和尊重。宗教界人士不仅完全享有依法信教传教的自由，而且享受到政府的生活补贴等政策照顾，有的还被推选为人民代表大会代表、政治协商委员会委员而参政议政。

## 第三节　武都城区寺庙及民间信仰场所

陇南各类寺庙建筑始于汉晋，在明清时期达到繁盛巅峰，无论是繁华的城镇，还是偏僻的山村，都建有寺庙及民间信仰场所，数量之多，难以统计，据清光绪《阶州直隶州续志》所载，清末时仅阶州（包括今武都区、康县、文县、成县）境内具有一定规模而载入志书的各类寺庙及民间信仰场所就有700多处，而规模较小未被载入志书的则更多。全市保留到现在具有一定规模的寺庙及民间信仰场所仍不下200处。现仅对武都城区寺庙及民间信仰场所情况作一介绍。

武都城区寺庙及民间信仰场所主要为明、清两代由官、绅、民众陆续修建，由于沧桑巨变，现已留存无多。

**一、城区**

1. 文庙：又称孔庙，在土城内正街（今中山街）之西南，占地面积为武都全县寺庙之冠。始建于明代中期，从大门照壁到西城墙共有六个大院，照壁两侧为礼门、义路。进前院靠北为节义祠、更衣亭；靠南为名宦祠、乡贤祠、忠孝祠。进棂星门为第二院，有泮水池，为半月形水池，池上有拱桥通戟门。进戟门为中院，南北两面各建偏殿五楹，称为东庑和西庑，内供奉孔子七十二弟子牌位。正西面为大成殿，纵横五楹，建筑宏伟，供奉孔子及“四配”“十哲”牌位。孔子牌位高五尺，书“至圣先师孔子之神位”九字，金体楷字，其余牌位为红体墨字。正墙壁镶嵌吴道子所画“圣像”石刻一面，高六尺。大成殿四周建回廊，共十八楹。大成殿后为第四院，建“明伦堂”五楹。明伦堂后为第五院，建崇圣宫三楹，崇圣宫后为后花园（即第六院）。文庙建筑所有梁栋、楹柱、门窗、墙壁，一律用赭色油漆，不加丹青彩画。民国初，战乱频繁，常为军队驻扎，多有破坏。1926年，崇圣宫改为女子小学。1935年，县长孔渭自命为孔子七十四代孙，补修了一次。1936年，明伦堂改建为县图书馆。1937年，前院、二院、中院被民众教育馆占用。1939年，全部改为省立武都师范学校。1949年解放后，扩建为武都县一中。

2. 隍庙：即城隍庙，在土城内正街（今中山街）之隍庙街西北。始建于明代中期，称城隍祠。清康熙年间重建时，先派人到北京，参照故宫部分宫殿结构，绘制了图纸。城隍庙共计大小八个院落，占地不大而布局紧凑，其抱厦、正殿、后殿上顶全为黄、绿二色的琉璃瓦。头门两侧，建钟、鼓楼各一。进头门为戏楼，戏楼两侧，各有一小院，供五道、游神泥像。前院古柏森森，正殿内供城隍坐像和行像各一（行像能抬出庙游街）。正殿之前为抱厦，抱厦两侧各有一个四合院，名为北庭和南庭。前院南北两面各建大庭五楹，供十殿阎君泥像。后院大殿内供城隍夫妇坐像，大殿两侧各有一个小院，北为寝宫，南为印庭。以上八院，各门、各殿悬挂木刻牌匾，不计其数。1921年以后，院内常驻军队。1934年，抱厦及北庭为县自治讲习所占用。1927年，国民军冯玉祥之倪玉声部到武都，任张佐澎为县长，以破除迷信为由，拆毁泥像，后占为兵营，但建筑物保护良好。1931年，国民党县党部占用后院及北庭。前院一度被民众教育馆占用。1949年解放前夕，被武都县城防司令部占用。解放后，前院、头门、临街铺面改为新华书店。后被武都军分区占用。1970年隍庙建筑全部拆毁。

3．眼明寺：在文庙南侧，为四合院，泥像虽多，工艺拙劣。院内两株大桂花树，绿荫婆娑，每年八、九月间开花，秋风荡漾，香遍全城。民国时期因屡驻军队，泥像被捣毁，桂树亦被砍伐。后改建为武都师范附属小学。1949年解放后，划归武都县一中。

4．老君观：在中山街七拐巷口，规模狭隘，一个小院，一大间正庭。后被城关大队占作碾米机房，旧貌犹存。

5．三宫祠：在中山街东。有一进三院和一个偏院，占地较大。为官、绅对清王朝在位皇帝、皇太后、皇后每年祝寿场所。民国初毁于水患，仅有木架支撑。1923年，改建为县参议会。1942年，改建为武都专员公署。后改建为区文教局和卫生局。

6．关帝庙：城内共有二处：一处在中山街中段，一进两院。1924年以后，被第一区区公署占用。1944年被拆毁，改建为县医院。一处在中山街东头，一进两院，1938年，被武都团管区占用，1941年团管区裁撤后，又被县三青团部占用， 1946年后院被武都专署改建为招待所，另开辟大门，名为“遂园”。现为市武警消防支队占用。

7．喜神庙：在砖城南街，规模狭隘，一个小院，三间瓦屋。1944年专署于其地修建莲湖，改为“水榭”，后又被毁，扩建为莲湖公园。

8．万寿宫：在北渠中街（现人民街），有一进二院和一个偏院。供清王朝在位皇帝牌位，上书“当今皇上万岁万万岁”九字，金体墨字。民国后，无人管理，沦为赌场。1939年，改为武都师范附属小学附小。1945年，改建为县参议会。1949年后，为武都五一剧团占用。

9．吕祖庙：在北渠中街县政府东侧，又叫“内庙”，为一进两院，占地不大。1931年以后，为县政府候讯室，关押人犯，后又毁去泥像，为县自卫中队、常备队占用。1949年后，几经改修，现建为县公安局办公大楼。

10．土地祠：在县政府头门东侧，为四合大院。1931年，改建为县实验小学。以后又扩建为田赋粮食管理处。1949年后，为县公安局、地区财政局占用。

11．清真寺：在清真巷。原清真寺始建于明代，在光绪五年大地震中被毁，后由全县回民集资在原址重建，建成前寺和后寺两个大院，宏伟、雅静。在“文化大革命”期间，前寺被红旗大队占用，大殿当做粮仓；后寺被县棉麻社占用，改为工厂，1980 年归还。1989 年 6 月重修城关清真大寺，二寺合一，于 1991 年 4 月大殿落成。

## 二、郊区

1. 药王洞：也叫药王庙，始建于明代，在下北山山腰处。民国时期，常驻军队。1941 年，曾为武都县合作社联立农业职业学校校址。1949 年后，被地区医院家属院占用，现已恢复。为县佛教协会管理。有明代达摩画像。

2. 忠烈祠：在下北山新市街东侧。1946 年始建，一进两院。内供奉抗日战争中本县阵亡官兵之牌位。1949 年后，修建县百货公司时被占用。

武都区北山药王殿

3. 关帝庙：即关圣殿，在西城门外西关，为四合大院。1929 年，改建为西关私立小学。1932 年，改为县立高等小学，现为县西关小学的前院。

4. 龙兴寺：在城北凤凰堡，殿宇很多，主殿供玉皇大帝泥像，乡贤邢澍的“龙山书院”就是其中的一个小院。后为武都地区公路总段占用。

5. 三宫殿：与龙兴寺相联。原有参差错落的四个小院，房舍也多。民国期间，常为军队所占，1939 年，新建武都中学于此。1949 年解放后，武都中学和武都师范合并为武都中学，占用师范校址（今旧城山中学）后，此处改为武都地委干校。后为武都地区公路总段占用。

6. 高天寺：在西关北峪河堤南侧，原建在卧龙岗遗址之上。由下至巅，共四个殿：一为关圣殿，是四合院；二为圆通殿；再上为孔雀殿；再上为顶殿（即万寿台）。寺内泥塑像、碑刻甚多，民国时期，无人管理，经常被驻军或私塾占用。红军长征期间，万寿台改为碉堡，孔雀殿改为炮台。1949 年后，陆续被群众占用，建修为民房。

7. 药师殿：在高天寺下北侧。独院，内有铁铸罗汉像。1944 年改建为西关镇镇公所。后为县建筑公司家属院。

8. 通济庙：在今北峪河大桥东桥头，一进两院。解放后，先为专区税务局占用，现为县药材公司家属院。

9. 观音阁：在旧城山边，占地不大，布局紧凑。因常驻军队，日就倾圮。20 世纪 60 年代初建为行署家属院。现家属院拆除，辟为市政府前院。

10. 文昌宫：在旧城山边，四合院建筑，与观音阁隔沟相峙。后倒塌，改建为地区汽车运输公司家属院。

11. 家佛殿：在西关北，为城内唐家巷罗氏家庙。大殿供佛，偏殿供“祖先”。1938 年，被县佛教协会借用，并增修了僧人住房。解放后，大殿拆毁，被城关镇改建为县第二旅社。2000 年，北山路扩建时拆除。

12. 东岳庙：在城北莲花山，一进两院，占地较大。兵荒马乱中，城内外群众多在此庙避难。“文化大革命”期间被拆毁，夷为耕地，现仍归还县佛教协会。20 世纪 80 年代后，

武都五凤山祖师殿

重建佛殿，称莲花山寺。

13. 北崖寺：在莲花山脚处，倚山建成，仅有两个狭窄院落。解放后，先后被县油脂公司、林务处、收容站占用，20 世纪 60 年代后被群众占为住房。

14. 祖师殿：在五凤山之巅。全山由下而上，共有殿宇十处，计为净身殿、一天门、风伯殿、新殿、二天门、平棱坎、三天门、土地垭、灵宫殿、老殿，均为四合大院。三天门以上有大片松林，绿荫蔽日。“文化大革命”期间，除山下净身殿、山顶老殿而外，其余均被拆毁。现在净身殿被群众占为住房，老殿保存完好，并建修部分殿宇，

15. 水濂洞：在五凤山之麓，距城五华里，悬崖架阁，水濂飞瀑。寺庙等建筑保存较好，明清时期乡贤、名宦题诗甚多。

陇南市依法登记的佛教活动场所（资源录自国家宗教事务局网站）

表 34—3—1

| 派　别 | 场所名称 | 地　址 | 负责人姓名 |
|---|---|---|---|
| 汉语系 | 成县鸡峰山嵋峪峰寺院 | 陇南市成县鸡峰镇朝霞村 | 释昌慧 |
| 汉语系 | 成县鸡峰山二字殿寺院 | 陇南市成县鸡峰镇朝霞村 | 陈桂莲 |
| 汉语系 | 成县鸡峰山光祥寺院 | 陇南市成县鸡峰镇朝霞村 | 徐顺庭 |
| 汉语系 | 成县鸡峰山菩提寺院 | 陇南市成县鸡峰镇朝霞村 | 王兴明 |
| 汉语系 | 成县鸡峰山石佛洞寺院 | 陇南市成县鸡峰镇朝霞村 | 翟芝桂 |
| 汉语系 | 成县鸡峰山普贤三殿寺院 | 陇南市成县鸡峰镇朝霞村 | 张彩霞 |
| 汉语系 | 成县金石殿寺院 | 陇南市成县城关镇龙峡村 | 党彩英 |
| 汉语系 | 成县城关柏林寺院 | 陇南市成县城关镇石碑村 | 释寂心 |
| 汉语系 | 成县红川甸山寺院 | 陇南市成县红川镇青山村 | 董艳芳 |
| 藏语系 | 宕昌县城关鹿仁寺院 | 陇南市宕昌县城关镇鹿仁村 | 苗赵生义 |
| 汉语系 | 宕昌县韩院乡牛头寺 | 陇南市宕昌县韩院乡韩院村 | 冯三旺 |
| 汉语系 | 青龙山寺 | 陇南市康县长坝镇大山村 | 李桂英 |
| 汉语系 | 对咀山寺 | 陇南市康县迷坝乡十字村 | 李香花 |
| 汉语系 | 明月山寺 | 陇南市康县城关镇斜崖村 | 孙治俭 |
| 汉语系 | 南海山法雨寺 | 陇南市康县豆坪乡李山村 | 金树山 |
| 汉语系 | 龙凤山寺 | 陇南市康县豆坪乡田能干村 | 毕寒柏 |

表 34—3—1 续表 1

| 派　别 | 场所名称 | 地　址 | 负责人姓名 |
| --- | --- | --- | --- |
| 汉语系 | 天桥山寺 | 陇南市康县寺台乡袁山村 | 陈志奇 |
| 汉语系 | 平洛明月山寺 | 陇南市康县平洛镇平洛村 | 张生荣 |
| 汉语系 | 元盟山寺 | 陇南市康县长坝镇赵沟村 | 蒲树奎 |
| 汉语系 | 青羊寺 | 陇南市康县城关镇孙家院村 | 孙登银 |
| 汉语系 | 扬光寺 | 陇南市康县太石乡河口村 | 张文生 |
| 汉语系 | 石龙寺 | 陇南市康县大南峪乡花庙村 | 李廷山 |
| 汉语系 | 铁佛寺 | 陇南市康县大堡镇巩集村 | 敬连基 |
| 汉语系 | 五龙山寺 | 陇南市康县大堡镇街道村 | 唐克剑 |
| 汉语系 | 麒麟山寺 | 陇南市康县豆坪乡上沟村 | 王仲谢 |
| 汉语系 | 金紫山寺 | 陇南市康县阳坝镇花岩沟村 | 王秀清 |
| 汉语系 | 小峨嵋山寺 | 陇南市康县长坝镇付坝村 | 付连勤 |
| 汉语系 | 云台山寺 | 陇南市康县云台镇云台村 | 葛继宗 |
| 汉语系 | 白云山寺 | 陇南市康县城关镇咀台村 | 赵金顺 |
| 汉语系 | 三台山寺 | 陇南市康县太石乡董湾村 | 张兆连 |
| 汉语系 | 小鸡山寺 | 陇南市康县王坝乡鸡山坝村 | 李省国 |
| 汉语系 | 太极山寺 | 陇南市康县望关乡贯上村 | 张凤岐 |
| 汉语系 | 四阁山寺 | 陇南市康县大南峪乡寺沟村 | 石永青 |
| 汉语系 | 观音寺 | 陇南市康县大南峪乡万家山村 | 燕成贵 |
| 汉语系 | 尖峰山龙庆寺 | 陇南市康县大南峪乡万家山村 | 燕成洲 |
| 汉语系 | 菩提寺 | 陇南市康县城关镇咀台村 | 罗俊英 |
| 汉语系 | 礼县青林寺 | 陇南市礼县城关镇青林村 | 楚怎子 |
| 汉语系 | 礼县雷音寺 | 陇南市礼县龙林乡金联村 | 释振愿 |
| 汉语系 | 礼县中福寺 | 陇南市礼县盐官镇牟联村 | 马麦鹅 |
| 汉语系 | 礼县小香山寺 | 陇南市礼县城关镇水沟村 | 赵天保 |
| 汉语系 | 礼县法幢寺 | 陇南市礼县城关镇冯崖村 | 释道启 |
| 汉语系 | 礼县妙胜院 | 陇南市礼县红河乡草坝村 | 马清平 |
| 汉语系 | 礼县渗水寺 | 陇南市礼县永坪乡寺台村 | 曹理岐 |
| 汉语系 | 礼县清江寺 | 陇南市礼县白河镇白河村 | 董各顺 |
| 汉语系 | 礼县水平寺 | 陇南市礼县白关乡白关村 | 王罗长 |
| 汉语系 | 礼县黄金寺 | 陇南市礼县永兴乡友好村 | 释道观 |

表 34—3—1 续表 2

| 派　别 | 场所名称 | 地　址 | 负责人姓名 |
|---|---|---|---|
| 汉语系 | 两当县鱼池寺 | 陇南市两当县鱼池乡上滩村 | 刘雄 |
| 汉语系 | 两当县云屏寺 | 陇南市两当县云屏乡街道村 | 陈军 |
| 汉语系 | 两当县月亮寺 | 陇南市两当县杨店乡颜河村 | 龙左华 |
| 汉语系 | 两当县青龙寺 | 陇南市两当县兴化乡槐树村 | 魏治明 |
| 汉语系 | 两当县高坪寺 | 陇南市两当县站儿巷镇高坪村 | 孙国华 |
| 汉语系 | 两当县香泉寺 | 陇南市两当县城关镇香泉村 | 左得厚 |
| 汉语系 | 文县凤凰寺 | 陇南市文县丹堡乡丹堡村 | 张桂香 |
| 汉语系 | 文县云雾山寺 | 陇南市文县临江乡沟底下村 | 张金旗 |
| 汉语系 | 文县南佛寺 | 陇南市文县石鸡坝乡石鸡坝村 | 王春莲 |
| 汉语系 | 文县兴云寺 | 陇南市文县中寨镇兴隆村 | 高碧莲 |
| 汉语系 | 文县龙凤寺 | 陇南市文县口头坝乡西山村 | 董纪保 |
| 汉语系 | 文县祥云寺 | 陇南市文县铁楼乡旧寨村 | 张保全 |
| 汉语系 | 文县正源寺 | 陇南市文县石坊乡柳元村 | 闫代有 |
| 汉语系 | 文县回龙寺 | 陇南市文县梨坪乡梨坪村 | 杨世德 |
| 汉语系 | 文县边缘寺 | 陇南市文县石鸡坝乡边地坪村 | 符天寿 |
| 汉语系 | 文县南山寺 | 陇南市文县碧口镇碧口下街 | 张素英 |
| 汉语系 | 文县海螺寺 | 陇南市文县中庙乡石门沟村 | 吴奎民 |
| 汉语系 | 文县莲花寺 | 陇南市文县堡子坝乡堡子坝村 | 白凤仪 |
| 汉语系 | 文县潮音寺 | 陇南市文县碧口镇白果村 | 袁华堂 |
| 汉语系 | 文县楼沟寺 | 陇南市文县碧口镇崖杨夕村 | 朱海云 |
| 汉语系 | 文县普慧寺 | 陇南市文县堡子坝乡马儿河坝村 | 王正和 |
| 汉语系 | 文县正觉寺 | 陇南市文县桥头乡建华村 | 董元成 |
| 汉语系 | 文县明珠寺 | 陇南市文县中寨镇麦架沟村 | 张利娥 |
| 汉语系 | 文县净国寺 | 陇南市文县天池乡天池村 | 杜显峰 |
| 汉语系 | 文县玉佛寺 | 陇南市文县城关镇玉虚山 | 张林英 |
| 汉语系 | 文县明月寺 | 陇南市文县堡子坝乡月元村 | 刘保平 |
| 汉语系 | 文县云瀑寺 | 陇南市文县铁楼乡石门沟村 | 金海元 |
| 汉语系 | 文县沛泽寺 | 陇南市文县铁楼乡铁楼村 | 吴代翠 |
| 汉语系 | 文县广济寺 | 陇南市文县堡子坝乡排坊村 | 王春莲 |
| 汉语系 | 文县尚德寺 | 陇南市文县尚德镇尚德村 | 王高 |

表 34—3—1 续表 3

| 派 别 | 场所名称 | 地 址 | 负责人姓名 |
|---|---|---|---|
| 汉语系 | 文县永宁寺 | 陇南市文县丹堡乡上丹村 | 张根星 |
| 汉语系 | 文县清净寺 | 陇南市文县城关镇贾昌村 | 杨满娥 |
| 汉语系 | 文县梵音寺 | 陇南市文县城关镇鸪一坝村 | 张吾生 |
| 汉语系 | 文县慈恩寺 | 陇南市文县城关镇北关251号 | 王玉凤 |
| 汉语系 | 文县牡丹寺 | 陇南市文县临江乡临江村 | 巩兵权 |
| 汉语系 | 文县隆兴寺 | 陇南市文县石鸡坝乡石鸡坝村 | 张成元 |
| 汉语系 | 文县宣抚寺 | 陇南市文县尖山乡老爷庙村 | 尚志喜 |
| 汉语系 | 文县大佛寺 | 陇南市文县石鸡坝乡张家沟村 | 聂吉昌 |
| 汉语系 | 文县慈觉寺 | 陇南市文县中寨镇中寨村 | 陈召英 |
| 汉语系 | 文县东山寺 | 陇南市文县城关镇干沟坪村 | 牛南保 |
| 藏语系 | 武都区坪牙俄儿寺 | 陇南市武都区坪牙藏族乡俄儿村 | 孟走正 |
| 藏语系 | 武都区坪牙旧墩村寺 | 陇南市武都区坪牙藏族乡旧墩村 | 曲扎登 |
| 藏语系 | 武都区坪牙腰道寺 | 陇南市武都区坪牙藏族乡腰道村 | 杨主儿 |
| 藏语系 | 武都区坪牙寺 | 陇南市武都区坪牙藏族乡坪牙村 | 宗三万交 |
| 藏语系 | 武都区坪牙鹿连寺 | 陇南市武都区坪牙藏族乡鹿连村 | 王小军 |
| 藏语系 | 武都区坪牙风和寺 | 陇南市武都区坪牙藏族乡风和村 | 田羊旦 |
| 藏语系 | 武都区坪牙赵杨坪寺 | 陇南市武都区坪牙藏族乡赵杨坪村 | 曲旦明 |
| 汉语系 | 武都区莲花寺 | 陇南市武都区城关镇莲花山 | 刘正才 |
| 汉语系 | 武都区龙凤山佛堂寺 | 陇南市武都区龙凤乡寺塄干村 | 祁仲福 |
| 汉语系 | 武都区五台山寺 | 陇南市武都区佛崖镇东固城 | 释含德 |
| 汉语系 | 武都区段河坝龙凤寺 | 陇南市武都区两水镇段河坝村 | 张让朝 |
| 汉语系 | 武都区马街净土寺 | 陇南市武都区马街镇官堆村 | 释昌严 |
| 汉语系 | 武都区兴隆寺 | 陇南市武都区城郊乡曹家堡村 | 释光祥 |
| 汉语系 | 武都区安化高寺 | 陇南市武都区安化镇官沟村 | 释永净 |
| 汉语系 | 武都区龙凤山明山寺 | 陇南市武都区龙凤乡瓦舌头村 | 释湛霞 |
| 汉语系 | 武都区马营野牛寺 | 陇南市武都区马营镇寺底下村 | 刘成全 |
| 汉语系 | 武都区桔柑阿难寺 | 陇南市武都区桔柑乡桔柑村 | 释含珍 |
| 汉语系 | 武都区马街卧虎寺 | 陇南市武都区马街镇寺背村 | 李保代 |
| 汉语系 | 武都区城郊青龙山寺 | 陇南市武都区城郊乡姚寨村 | 何岁才 |
| 汉语系 | 武都区东江清凉寺 | 陇南市武都区东江镇赵坪村 | 赵桂林 |

表 34—3—1 续表 4

| 派　别 | 场所名称 | 地　址 | 负责人姓名 |
|---|---|---|---|
| 汉语系 | 武都区两水龙华寺 | 陇南市武都区两水镇前村 | 释惟参 |
| 汉语系 | 武都区普化寺 | 陇南市武都区城郊乡渭子沟村 | 释光谦 |
| 汉语系 | 武都区文殊晨光寺 | 陇南市武都区两水镇龙王山村 | 张二全 |
| 汉语系 | 武都区琵琶寺 | 陇南市武都区琵琶镇琵琶村 | 高海明 |
| 汉语系 | 武都区马山邬金寺 | 陇南市武都区城郊乡四合村 | 释理豁 |
| 汉语系 | 武都区汉王寺 | 陇南市武都区汉王镇汉王村 | 李占武 |
| 汉语系 | 武都区角弓镇江寺 | 陇南市武都区角弓镇白鹤桥村 | 释德性 |
| 汉语系 | 武都区五库总管寺 | 陇南市武都区五库乡张坝村 | 李红福 |
| 汉语系 | 武都区郭河寺 | 陇南市武都区郭河乡郭河村 | 刘义华 |
| 汉语系 | 西和县白雀寺 | 陇南市西和县西峪乡白雀村 | 王亮子 |
| 汉语系 | 西和县西灵寺 | 陇南市西和县汉源镇白冯村 | 冯珠儿 |
| 汉语系 | 西禅寺 | 陇南市徽县城关镇凡塄村 | 释昌法 |
| 汉语系 | 水阳南禅寺 | 陇南市徽县水阳乡新寺村 | 释理航 |
| 汉语系 | 伏镇北禅寺 | 陇南市徽县伏家镇贺店村 | 释昌旭 |
| 汉语系 | 银杏乡宏化寺 | 陇南市徽县银杏乡宏化村 | 张财 |

陇南市依法登记的道教活动场所（资源录自来于国家宗教事务局网站）

表 34—3—2

| 派　别 | 场所名称 | 地　址 | 负责人 |
|---|---|---|---|
| 全真 | 成县鸡峰山药王宫道观 | 陇南市成县鸡峰镇朝霞村 | 陈香兰 |
| 全真 | 成县城关金石殿道观 | 陇南市成县城关镇龙峡村 | 钟亮 |
| 全真 | 成县鸡峰山龙洞道观 | 陇南市成县鸡峰镇朝霞村 | 马富岐 |
| 全真 | 成县鸡峰山瑶池宫道观 | 陇南市成县鸡峰镇朝霞村 | 朱满星 |
| 全真 | 成县鸡峰山地母宫道观 | 陇南市成县鸡峰镇朝霞村 | 冉理弘 |
| 全真 | 成县鸡峰山老君殿道观 | 陇南市成县鸡峰镇朝霞村 | 镡俊 |
| 全真 | 成县鸡峰山灵官殿道观 | 陇南市成县鸡峰镇朝霞村 | 于淑兰 |
| 全真 | 成县红川甸山道观 | 陇南市成县红川镇席郝村 | 侯斌 |
| 全真 | 成县城关泰山庙道观 | 陇南市成县城关镇李武村 | 肖青华 |
| 全真 | 宕昌县城关泰山庙 | 陇南市宕昌县城关镇旧城村 | 马邦俊 |
| 全真 | 徽县嘉陵镇铁山庙 | 陇南市徽县嘉陵镇铁山村 | 何生贵 |

表 34—3—2 续表 1

| 派别 | 场所名称 | 地址 | 负责人 |
|---|---|---|---|
| 全真 | 嘉陵镇火焰山庙 | 陇南市徽县嘉陵镇庙垭村 | 周志刚 |
| 全真 | 银杏乡祁连山庙 | 陇南市徽县银杏乡马山村 | 高田 |
| 全真 | 高桥乡青龙观庙 | 陇南市徽县高桥乡高桥村 | 刘巨元 |
| 全真 | 柳林镇青阳山庙 | 陇南市徽县柳林镇洛坝村 | 张志德 |
| 全真 | 水阳乡泰山庙 | 陇南市徽县水阳乡泰山村 | 焦建刚 |
| 全真 | 庙花山道观 | 陇南市康县云台镇全坝村 | 刘国忠 |
| 全真 | 东岳山道观 | 陇南市康县大堡镇黄山村 | 杨世道 |
| 全真 | 礼县大香山观 | 陇南市礼县雷坝乡朱雀村 | 杨兴秀 |
| 全真 | 礼县翠峰观 | 陇南市礼县城关镇王林村 | 杨兴朝 |
| 全真 | 礼县长生观 | 陇南市礼县城关镇祁窑村 | 陈天时 |
| 全真 | 礼县祁山武侯祠 | 陇南市礼县祁山乡祁山村 | 陈鸣 |
| 全真 | 两当县左家泰山庙 | 陇南市两当县左家乡大庄村 | 左尚明 |
| 全真 | 两当县兴隆山关帝庙 | 陇南市两当县显龙乡白崖村 | 谭世清 |
| 全真 | 两当县张果老登真洞 | 陇南市两当县杨店乡灵官店村 | 周海仁 |
| 全真 | 武都区龙凤乡祖师殿 | 陇南市武都区龙凤乡大阳山村 | 杨付儿 |
| 全真 | 武都区五凤山平顶观 | 陇南市武都区城关镇殿沟村 | 陶法潜 |
| 全真 | 武都区五凤山新殿子 | 陇南市武都区城关镇殿沟村 | 刘玉珍 |
| 全真 | 武都区五凤山一天门 | 陇南市武都区城关镇殿沟村 | 张秀珍 |
| 全真 | 武都区五凤山真武观 | 陇南市武都区马街镇姜家山村 | 吴石林 |
| 全真 | 武都区五凤山三天门 | 陇南市武都区马街镇姜家山村 | 管城祥 |
| 全真 | 武都区五凤山凤柏殿 | 陇南市武都区城关镇殿沟村 | 拜姜娃 |
| 全真 | 武都区五凤山净身殿 | 陇南市武都区城关镇殿沟村 | 王玉英 |
| 全真 | 武都区五凤山二天门 | 陇南市武都区城关镇殿沟村 | 郭秀贞 |
| 全真 | 武都区汉王镇终南山道观 | 陇南市武都区汉王镇文子山村 | 宗正林 |
| 全真 | 武都区两水泰山宫 | 陇南市武都区两水镇前村 | 庞雪英 |
| 全真 | 武都区三河清平观 | 陇南市武都区三河镇崖寺儿村 | 段春茂 |
| 全真 | 武都区两水后村祖师殿 | 陇南市武都区两水镇后村 | 蒲刘代女 |

表 34—3—2 续表 2

| 派别 | 场所名称 | 地址 | 负责人 |
| --- | --- | --- | --- |
| 全真 | 武都区桑家湾祖师殿 | 陇南市武都区城郊乡桑家湾村 | 杜朝明 |
| 全真 | 武都区汉王祖师殿 | 陇南市武都区汉王镇汉王村 | 侯兰英 |
| 全真 | 武都区石门三官殿 | 陇南市武都区石门乡下白杨村 | 冶虎虎 |
| 全真 | 西和县岷郡山萨祖殿 | 陇南市西和县汉源镇孟磨村 | 王牛儿 |
| 全真 | 西和县朝阳观 | 陇南市西和县汉源镇朝阳村 | 方兴国 |

# 第三十五编　社会风俗

陇南历史上曾是秦文化的发祥地、氐羌文化的摇篮。汉唐以降，受战争及人口迁移等因素的影响，秦陇文化、巴蜀文化、青藏文化和荆楚文化等多种文化在此滞留、交汇、渗透、相融，集北南之风于一体、熔东西之俗为一炉。加之地理环境、交通信息等原因，“五里不同风，十里不同俗”之状况尤为突出，一县之地，有同风同俗者，有同俗异风者，亦有风同而俗异者，纷呈杂乱，难以详叙，遑论一市之地矣。现择其要者，概述如下。

## 第一章　社会习俗

### 第一节　岁时习俗

#### 一、传统节日

隋唐以来，陇南主体民族为汉族，华夏传统文化为主体文化，岁时节日民俗受秦陇文化影响尤深。一年四季，从正月初一到腊月除夕，月月都有岁时节日。陇南市地域辽阔，各地风俗有异，岁时节日习俗也略有不同。现主要以武都区为例，略作介绍。

**春节**　汉民族的传统节日。春节俗称年节、过年。商、周时期，人们把木星（岁星）走完一周称为一岁，每月开始称为岁首。自汉武帝太初元年（前104）始，以夏历（农历）正月初一为“岁首”（即“年”），古称元旦，即称过年。年节的日期由此固定下来，并一直延续至今。1911年辛亥革命以后，开始采用公历（阳历）纪年，遂称公历1月1日为元旦，称农历正月初一为春节。按农历计，春节为一岁首，又是春耕前的农闲之时，故民间过年前后的活动很多，一般在腊月二十三的小年开始至正月底结束，以除夕夜和正月十五为节日中的两个高潮。过年期间，主要有扫尘、送灶神、贴对联、贴门神年画、放鞭炮、守岁、

春节期间，农村社火也很热闹

吃年糕、饺子、长寿面、拜年、走亲戚、闹社火等习俗。春节期间，还有供奉天地、祖宗、祭祀财神、灶神、土地、山神、牛神、马神等内容，以祈全家祥和，五谷丰登、六畜兴旺。

腊月二十三日，俗称过“小年”，送灶神，扫屋舍，开始除旧布新。除夕，全家团圆，出外者要及时赶回家，下午家家户户贴春联、挂年画、贴门神、贴窗花，装饰庭堂。要开神主堂，接先人回家“过三天年”，在供桌上“坐纸”、献茶饭，祭祀祖宗。三十晚上，全家守夜。正月初一早起，晚辈给家中长辈磕头拜年，长辈们要给孩子散盘缠。正月初一不扫地，寓意聚财。正月初三日，晚饭后“送纸”（俗称送先人）。此后人们便可携带礼品，走亲访友，谓之拜年。新丧之家则依礼守孝，不外出拜年，意在忧而不乐。正月初五日送“五穷”，俗称“破五”，早晨打扫院落房间，将垃圾集于一处，送于大门之外，或填埋于坑内，叫“赶五穷”。一些地方人家赶着披红挂彩的牛、马、驴、骡等家畜，齐集村外迎“喜神”。春节期间，人们相见互相问好，互祝吉利词“年过得好”等。

正月初九日至正月十五日，县城和一些乡镇、农村都要举行大型的社火表演。社火队由村镇和企业组成，主要表演项目有：高跷、花灯、旱船、彩车、锣鼓队、跑竹马、扭秧歌、耍狮子、舞龙、大头娃娃等。高跷表演者身着历史戏剧人物服装，扮演的有《断桥》《盗仙草》《挑黄袍》《唐僧取经》《八仙过海》《包公》等戏剧中的人物。近年来，也表演一些现代歌舞，节奏欢快，气氛热烈。

春节政府法定放假的时间是初一到初三 3 天，连周末假日调休，共 7 天。

**正月十五**　亦称元宵节、上元节等。是日，家家团聚，煮元宵（汤圆）吃。晚上，城乡张灯结彩，供人观赏，故称灯节。广场、街道还有灯展、燃烛、焚香、放鞭炮、猜灯谜、耍社火等娱乐活动。村与村之间的社火队相互串演。十五日前夕，一些地方有迎接出嫁的闺女回娘家“团圆”的习俗。

春节期间，武都社火表演精彩纷呈

20 世纪 50 年代以前，每逢元宵佳节，武都县城都要举办松棚灯会，大街小巷数步一门，门上束扎松枝翠柏，其间悬挂五色彩灯，两楹镶贴对联，整个山城松棚连翠，灯火辉煌，姹紫嫣红，堪称不夜城。

**二月二**　俗称“龙抬头”，亦称“春龙节”，古称中和节。民间称“二月二，龙抬头，家家户户炒豌豆”。是日晨，主妇以棍敲锅沿震虫，并爆炒豌豆、玉米花、黄豆、米、麦等“百谷粮”，祈盼当年消灭害虫、五谷丰登。乡下民众在房前屋后撒草木灰，俗称打“灰包包”，传有祛虫之效。童谣：“二月二，龙抬头，各种虫虫都抬头，一棒打在灰里头”。一些地方还有“祭五谷神”的习俗。旧时，二月三日，邑人士集文昌宫祝寿，作会饮酒。

**清明节** 亦称“植树节”“踏青节”，时在农历三月（公历4月5日前后）。清明前一天为寒食节。宋代朝廷规定：寒食到清明三日，各地均祭祖扫陵墓。陇南清明节历来有前往墓地供祭、培土、焚火、烧化纸钱之俗。近年来，清明节前后，机关、学校组织职工、学生为革命先烈扫墓，进行爱国主义教育，已渐成俗。

国务院批准将清明节列为法定假期，当天放假1天，可连周末假日调休，共3天。如当天与周六周日重合，则在下周一补休1天。

**端午节** 或称端阳节，时在农历五月五日。早晨，人们在野外采来沾有露珠的新鲜艾枝，插于门框顶端，以避邪气，或用彩色丝线搓成“百索”，绑在孩子们的手腕或脚腕，以避毒虫。或用各色花布或绸缎小块，缝制各种形状的香囊，有鸡心、八卦、海椒等各种形状的香包，缀上丝穗，装上麝香、花椒等香料，然后串接缝制在幼儿的背部，名曰“七香袋”，据说能护身祛邪。妇女则烙制有各种花纹图案的“圈圈”馍馍，走亲访友。直至今日，端午之日城乡人们吃粽子、甜醅、买艾插艾之风仍盛。一些山区农村在端午夜有“点高山”的习俗。

国务院批准将端午节列为法定假期，当天放假1天，可连周末假日调休，共3天。如当天与周六周日重合，则在下周一补休1天。

**六月六** 有晒虫节、晒衣节、曝书节之称。是日，城乡民众有晒衣、士人有曝书之俗，用水坛腌制泡菜者，亦多于此日换水。

**七夕节** 时在农历七月七日之夜，称为“七夕”或“乞巧节”。七夕活动与牛郎织女故事有关。是日，西和县、礼县农村妇女有乞巧活动。是日夜幕降临时，有的人家把庭院打扫干净，桌上献列香花、瓜果等供品“乞巧”。妇女们则拿出丝线穿针，看谁先把线穿进了针孔，就算谁乞到了灵巧。乞巧是一种游戏，有诱导妇女们向织女求巧除笨之说，故妇女们多乐于参与这种活动。西和县妇女“乞巧” 可进行数日，内容略有不同。

**中元节** 俗称“鬼节”，是西和县部分乡村和文县碧口一带在每年农历七月十五日祭祀祖先和逝去亲人的节日。每年农历七月十五日中元节，每家都要预备一些祭品来祭祀自己的祖先和逝去的亲人，其主要活动：一是烧纸钱。即印制或购买一些冥币，有些地方还把火纸用人民币一张一张地拍打，表示印成了真正的钱，再将“钱币”折叠，准备一二十封，一般在第一封上批写：“今逢中元节，敬冥币多少封”，中间写亲人神位，后面注明“只许家魂收用，不许外鬼争夺”字样，然后依次在其余纸封上写上第几封，傍晚，拿到十字路口烧化。二是备水饭。各家各户要蒸做一些米饭和馒头，拿到河边撒到水里，以祭祀孤魂野鬼。三是放河灯。用纸扎成荷花灯，放置在木板上，待到晚上，拿到水边，将河灯点亮顺河放下去。四是请客吃饭。

**中秋节**　时在农历八月十五，这天恰值三秋之半，故称为“中秋”。节日内容有祭月、拜月、赏月、吃月饼之俗。亲友则以瓜果交相馈送，入夜陈设于月下共食。圆圆的月饼象征着团圆，因此，中秋节又有团圆节之称。

2008 年，国务院批准将中秋节列为法定假期，当天放假 1 天，可连周末假日调休，共 3 天。如当天与周六周日重合，则在下周一补休 1 天。

**重阳节**　亦称“重九节”“登高节”“老人节”，时在农历九月初九。“重阳”出于《易经》，取九为阳数，有两九相重、两阳相重之意。九月九日，折茱萸以插头上，辟除恶气而御初寒。有外出登高、插茱萸、赏菊、饮菊花酒、吃重阳糕的习俗。

**寒衣节**　农历十月初一日为寒衣节，专为亡人送寒衣的日子。是日，人们用纸和棉花剪贴成棉衣、鞋、帽等物，到祖先坟墓或郊外去祭奠焚烧，俗称“送寒衣”，认为送寒衣最能表达对亲人的追思之情。在外地工作的人，或先人殁于他地者，家人多在路口或僻静处祭祀后烧掉。

**腊月八**　时在农历十二月初八，是时，以煮腊八粥为主要内容。用大米、小米、黄豆、玉米碴、枸杞、桂圆肉等加水煎熬成粥，然后全家分食，也有邀请亲朋或邻居同食的。旧时乡下有用荞面或玉米面做成的撒饭给树喂食之俗。据说，腊八这天是释迦牟尼得道成佛的日子，因此，腊八又有“得道节”之称。

**送灶节**　腊月二十三送“灶王爷”上天言好事。送灶之后，便能除尘土。从这天起，家家户户都要洗刷坛坛罐罐，把家具、门窗、地面、墙壁及屋顶打扫或擦拭干净。农谚说：“腊月二十三，动手洗衣衫；腊月二十五，扫房掸尘土；腊月二十七，里里外外洗一洗；腊月二十八，家具擦一擦；腊月二十九，脏土都搬走”。寓意把一切“穷鬼”“霉气”统统扫地出门，干净整洁地辞旧迎新。

**二、新定节日**

中华人民共和国成立后，政府规定的新节日（均为阳历）主要有：

1 月 1 日，简称“元旦”，国务院批准将元旦节列为法定假期，当天放假 1 天，可连周末假日调休，共 3 天。如当天与周六周日重合，则在下周一补休 1 天。节日期间开展各种文体活动，如文艺节目会演、环城长跑、书画展览等，欢度佳节。

3 月 8 日，国际劳动妇女节，简称“三八”节。规定妇女放假半天，各地开展有妇女色彩的纪念活动。

3 月 12 日，植树节。植树节前后，从政府机关干部到普通百姓都踊跃参与义务植树活动。

5 月 1 日，国际劳动节，简称“五一”节。各地开展庆祝活动。

国务院批准将“五一”节列为法定假期，当天放假 1 天，可连周末假日调休，共 3 天。如当天与周六周日重合，则在下周一补休1天。

5月4日，1939年中国陕甘宁边区的西北青年救国联合会规定5月4日为中国青年节。此后，为纪念1919年“五四”爱国学生运动，各级共青团组织及各学校学生会举行纪念活动。

6月1日，国际儿童节，俗称“六一”节，各地小学举行丰富多彩的文体表演活动。

20世纪80年代武都城关“六一”节儿童表演节目

7月1日，中国共产党成立纪念日，亦称“七一”建党节。各级党组织举办报告会、座谈会活动，纪念中国共产党的成立。

8月1日，中国人民解放军建军节，亦称“八一”建军节。人民解放军指战员放假1天，部队开展“拥政爱民”活动。各地党政机关开展“拥军优属”活动。

9月10日，中国教师节。自1985年第一个教师节以来，各地每年都开展“尊师重教”活动。

10月1日，中华人民共和国国庆节简称国庆节。国务院批准将国庆节列为法定假期，共放假1天，可连周末假日调休，共3天。如当天与周六周日重合，则在下周一补休1天。节日期间，各地开展庆祝活动，升国旗、扎彩门、挂红灯、贴对联、贴标语，举办各种大型文体演出和比赛活动。

中华民国时期所定的一些节日在民国时期使用，现已废弃不用：如3月12日孙中山逝世纪念日、8月22日孔子诞辰纪念日（旧时学校放假1—3天，举行隆重祭奠活动）、9月18日国耻纪念日（下半旗志哀）、10月10日（俗称“双十节”，中华民国国庆纪念日）等。

## 第二节 宗教节日

### 一、伊斯兰教节日

陇南地区回族每年有三大宗教节日：尔德节、古尔邦节和圣纪节。

**尔德节**，又称开斋节，在伊斯兰教历每年十月一日。此日，凡12岁以上的男性教民都要穿新衣，到清真寺做礼拜，俗称“会礼”。

**古尔邦节**，又称小尔德节或宰牲节，在开斋后70天举行，也就是伊斯兰教历十二月十日，这天回族群众宰牛宰羊，互赠亲友。

**圣纪节**，是伊斯兰群众纪念穆罕默德诞生和逝世的节日，时间是伊斯兰教历三月十二日。此日举行盛大的“赞圣”仪式，四方教民云集，高声诵经。同时炸油香、宰牲施舍。

### 二、天主教节日

天主教的节日，俗称“占礼”，有活期占礼与定期占礼之分。**活期**占礼以耶稣复活“占礼”

作推算标准。耶稣复活“占礼”常在每年春分后第一次月圆后的第一个星期日。耶稣复活后四十天为耶稣升天“占礼”。**定期**占礼即固定在一定日期的“占礼”，十二月二十五日为耶稣圣诞日，八月十五日为圣母升天日。“占礼”日，教徒要在教堂望弥撒（“聚集纪念”的意思）、唱赞歌，举行宗教活动。

### 三、基督教节日

基督教设有多种圣日和节日。最经常的圣日是“主日”，即星期日。最主要的节日是复活节，日期在每年春分过后第一次月圆后的第一个星期日，以纪念耶稣的复活。复活节前的星期五为耶稣受难节。

另一个主要节日是圣诞节，纪念耶稣的诞生，教会把圣诞节定在十二月二十五日。在复活节、圣诞节日里，教徒都要进礼拜堂举行纪念活动。此外，每年的春秋两季，教徒还有举行两次大的聚会，听牧师或传教布道人的讲经传教。

# 第二章　生活习俗

## 第一节　饮　食

陇南地区饮食习俗总体上属于北方饮食习俗，以面食为主。西汉水流域受秦陇关中地区饮食习俗影响很大，白龙江流域受巴蜀地区饮食习俗影响很大。明清以前，陇南民众以谷物蔬菜为主食，主要农作物是稷，又称粟、毛谷子，籽实叫小米、黄粱，为五谷之长，长时期占农作物主导地位；其次是黍，又称糜子，籽实叫黍；黏者为黍，不黏者为稷；再次为高粱、小麦、大麦、菽等。菽是豆类，主要是黄豆、黑豆。明清以后，农作物品种增加，除稷、黍、高粱、小麦、大麦、菽（豆类）外，还有玉米（又叫包谷、番麦）、洋芋（又叫土豆、马铃薯等）、水稻、荞麦、扁豆、莜麦等，蔬菜品种更加繁多。

### 一、主食

境内河谷川坝地区城乡居民日常饮食一般一日三餐，以面食为主。西北部一带山区农村，旧时多每日两餐，上午约九点、十点吃早饭，称“吃干粮”，黄昏时吃晚饭，称“吃晌午”，农忙时中午加一顿面条，“干粮”多以玉米面馍、小麦面馍、洋芋、面茶或罐罐茶、咸菜为主，午饭、晚饭以酸菜（浆水）小麦面条为主。中午吃杂粮面条。还有将小麦、青稞、大豆、玉米等几种粮食磨细炒熟制成熟面，称炒面，带到地里放到碗里拌点开水，方便用餐。在境内东南部，农民则“早上馓馓饭，晚上打搅团”；武都洛塘地区民谣称：“西支五马河，荞面火锨馍，漆油炒酸菜，便是好吃喝。”川坝地区群众生活总体上较山区群众生活富裕。

20世纪50—70年代，农村群众生活普遍困难，主要以玉米、洋芋、高粱为主。其中

1959—1961 年三年困难时期，物质匮乏，口粮奇缺，无论城乡，人民都是“低标准，瓜菜代”生活。1978 年以后，农村实行承包责任制，加之农作物品种改良，粮食及多种经营发展，城乡人民生活日益改善，膳食结构发生较大变化，人们的生活逐渐由粗粮为主过渡到以细粮为主，主要食品以小麦面粉为主，大米也逐渐成为主食品种之一。日常面食主要是以小麦粉制作的面条、面片，或蒸馍、烙饼、锅盔之类，以及用玉米等杂粮面粉制作的面条，或馓饭、搅团、疙瘩、面鱼、拌汤、炕馍之类。玉米、洋芋、高粱已退出主食之列。

武都区南部、康县西部地区传统制作“火鍁馍”，为待客的上等食品

城镇小吃市场繁荣，品种多样，味道各异，既有传统食品，如武都臊子面、凉粉、面皮、豆花、豆花面、洋芋搅团、杂面、汤圆烧鸡等，也有从外地引进的食品，如兰州牛肉面、岷县尕面片、汉中米皮、四川米线、豆浆、油条、火锅、砂锅、烧烤等。无论早市还是晚市都生意兴隆。城镇居民早点基本依赖小吃市场。各县饮食也各有特色，如武都区的洋芋搅团、凉粉、面皮、豆花；成县的马占祥馄饨、油茶麻花；西和县的杠子面、锅盔；康县的豆花面、面茶等。

## 二、副食

副食主要是蔬菜、肉类、蛋类和饮料等。很长时期，陇南城乡居民生活艰苦，家家酿制酸菜，一年四季食用。蔬菜以采集野菜为主，种植洋芋、白菜、萝卜、韭菜。20 世纪 80 年代以后，交通逐渐改善，市场活跃，蔬菜种类越来越多，主要有莲花菜（卷心菜）、西红柿、黄瓜、豇豆、莴笋、豆角、葱、蒜苗、蒜苔、韭菜、辣椒、芫荽、豆芽、菜瓜、南瓜、冬瓜、蘑菇等。时令野菜主要有香椿、乌龙头、蕨菜、苦苣菜、苜蓿等。传统食用的本地种植瓜果主要是苹果、柿子、李子、核桃、石榴、梨、樱桃、杏、桃、西瓜、无花果等。近年来，草莓、葡萄种植面积也在扩大。豆腐、粉条等副食品增多。

古代，食肉主要依靠狩猎。饲养畜禽主要是猪、牛、羊及鸡等。汉民主要食用猪肉、鸡肉。农村家庭一般是年初购进一至两头猪仔，喂到腊月宰杀过年，有些地方将全部猪肉炒成臊子腌制，供来年一年食用；有些地方将猪肉切成条块，涂以盐、花椒等，熏制成腊肉，常年食用。旧时，有些山区农户宰猪时取新鲜肉一块，切成肉片，做一锅烩菜，给邻居每户送一碗，名曰“尝鲜”。回民则

石碾子

西和县杠子面

以食用牛、羊肉为主。

20 世纪 50—80 年代，农村农户养猪主要用来自己食用或完成上交国家征购任务，不允许到市场交易。城市居民肉食凭票证供应。80 年代以后，农贸市场放开，新鲜肉食随时可以买到，农村家庭自养自宰的情况已逐渐减少。

20 世纪 80 年代以前，鸡蛋十分珍贵，客至，待以鸡蛋，非尊敬客人不设酒肉。鸡蛋主要用来换取油、盐、酱、醋等生活用品。现在，鸡蛋已成为城乡人们普遍食用的主要副食营养品。

古代饮食时，有严格的礼仪规矩，在西和、礼县农村地区尤盛：如第一碗饭必须先端给家中的长者；主妇一般不上桌吃饭，讲究男女不同席；招待客人时，请客人上炕，炕上放一张高 20 厘米、长宽各约 60 厘米的小炕桌，主、客就炕桌用餐。随着时代的进步，男女不同席的陋规也逐渐消失。

在陇南农村，无论平川或是山区，几乎家家都有腌菜缸、浆水菜盆等。一般家庭“一年四季，酸菜不离”，如浆水面、拌汤、搅团等都离不开酸浆水菜。因其地蔬菜较少，又因山路崎岖，交通不便，购买蔬菜较为困难，为解决日常饮食之需，故家家加工酸菜，长期以来，形成了以酸为特征的饮食习惯。山区群众饮食另一特点是喜食腊肉，在平时做饭、办酒宴、招待客人或送礼时，喜欢把腊肉块切得又厚又大，肉块甚至大到能搭过碗边，称“过桥肉”“梳子肉”“杠子肉”。腊肉一般作凉菜或炒菜，较有特色的做法是用油炸面疙瘩配腊肉混煮而食。

陇南回族饮食丰富，每逢喜庆节日，家家制作各种油煎食品，最常见的是油香和馓子，以及各种花型的面果子。

**三、其他**

陇南城乡居民有泡饮青茶、罐罐茶、面茶的习俗。20 世纪 80 年代以后，康县阳坝、武都裕河、文县碧口大力发展茶产业。回族饮茶一般都使用盖碗，通常称“刮碗子”，以“三泡台”碗子最讲究。

陇南民众素有饮酒的习俗，主要有黄酒、泡酒、咂杆酒、醪糟等。明清以后，自产烧酒，如徽县金徽酒、陇南春系列酒，成县横川特曲、成州系列酒等。节庆、祭祀、婚丧、待客必须有酒。20 世纪 80 年代以来，城乡饮酒之风颇盛，饮酒时一般佐以菜肴，行以酒令，酒具亦颇为讲究。

清初以来，陇南民众有吸烟的习惯，吸烟者多为中老年男子。城镇人多吸纸烟（也称香烟），多为男性；农村中老年人（男女均有）多吸旱烟或水烟，也有嗜吸卷烟者。旱烟具称为烟锅，讲究青铜烟锅或玛瑙烟嘴，烟杆一般为竹、枸杞茎或铁蒿制作，长约 1 尺，也有长达3尺者。装烟叶的荷包为布质，外绣以花草，饰古铜钱币、玛瑙、玉珠之类。水烟袋是一种烟具，多以黄铜和白铜为制作材料，也有银铸的和锡铸的。主要由烟管、吸管、盛水的水斗、烟仓、通针、手把等构成，一般系整体铸成。底部有水箱，注入适量水，上部分长短二筒，短筒上接烟灶，长筒接弧形烟嘴。吸水烟时，将水烟丝少许揉团，装于烟灶内，以火点燃（旧时多用“火镰”吹点）吸之。以兰州所产水烟最佳。20世纪80年代以后，农村民众也以吸纸烟为主，吸旱烟者少见，吸水烟者罕有。

火 镰

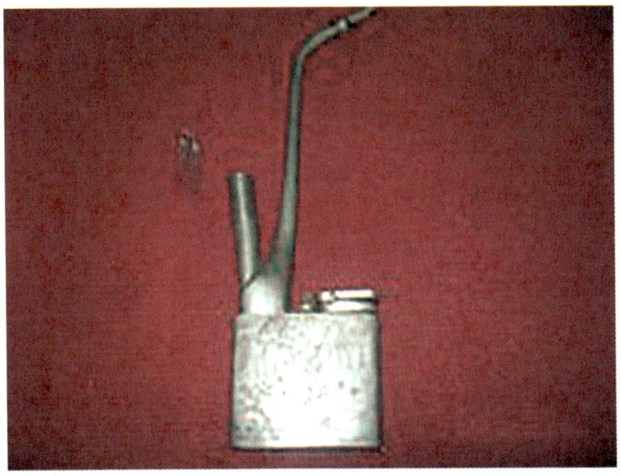

水烟袋

## 第二节 服 饰

在汉代，氐人已有较为发达的农业经济。《后汉书·西南夷传》云：“土地险阻，有麻田，出名马、牛、羊、漆、蜜。”鱼豢《魏略》亦云：氐“俗能织布，善田种，畜养豕、牛、马、驴、骡”。《华阳国志》谈到武都郡的情况时又云：“土地险阻，有麻田，氐傁，多羌戎之民。其人半秦，多勇戆。出名马、牛、羊、漆、蜜。有瞿堆百顷险势，氐傁常依之为叛”。瞿堆百顷即指西和县仇池山，“其上有丰水泉，煮土成盐”。南北朝时，秦岭以西、宕昌以东的氐族农业也有很大发展。《梁书·诸夷传》云：武兴国“地植九谷……种桑麻。出紬、绢、精布、漆、蜡、椒等。山出铜铁”。随着农业的发展，纺织工艺水平也有很大提高。早在东汉时，氐人的纺织品已输往内地。《说文》云：“絣，氐人殊缕布也”；“纰，氐人也”。氐人利用麻缕，织为异色相间的“殊缕布”，畅销内地。氐人的服饰也有自己的特点，尚青、绛及白色。善织殊缕布，喜穿麻布衣。《魏略·西戎传》云：“其妇人嫁时着衽露，其缘饰之制有似羌，衽露有似中国袍。皆编发。”《南史·武兴国传》亦提及武兴国氐人“着乌串突骑帽，长身小袖袍，小口裤，皮靴”。与羌人“皆衣裘褐”“披毡为上饰”“被（披）发覆面”有所不同。突骑帽是南北朝时期北方人冬天喜欢戴的一种暖帽，里外双层，呈布兜状，中间纳入棉絮，能抵御寒风。帽身后部及两侧有帽裙垂下，因帽裙较长，下垂及肩，可以护住双耳、肩背，有圆顶、尖顶等不同款式。

## 一、服装

宋明以前，境内无棉花织品，民众穿着主要为兽皮、畜毛、麻、绸缎制品，普通劳动人民穿麻布衣，即褐衣；富人则冬穿皮毛制品，夏秋穿绸缎衣。

明清以后开始有棉织品。妇女多以棉花、羊毛自纺、自染、自织的青蓝土粗布或毛毡为衣服用料，穿机制洋布者很少。生活富裕男子或坤士四季着长袍（有单、夹、棉之分），棉袍子外面套短褂，或内套小袄。普通民众一般夏季穿汗褐儿或汗褂儿（即单短褂），冬季大多穿大襟袄或短棉布衣，俗称滚身子，有些地方还用丈许长、四五寸宽的布条在腰间缠几圈作为腰带，称缠腰（也有单、夹、棉之分）。高山地区缠腰则用羊毛织成，起御寒作用。贴身内衣俗称围肚子或袋肚儿，上端系在颈上，中间系在腰后，遮护胸腹，正面做有兜儿。裤子无论单、夹、棉，都为大裆，裤腰为白布裆头，裤腰宽阔，穿时用布带系在腰间，色青蓝为主，间以绛、紫、土棉布或麻布为料。冬季也有在单裤外再穿一件只有两只裤管的。富家女一般夏季上穿右掩襟衫，大袖口，衫边袖头加彩绣；下穿膝裤，长尺许，套在脚踝至膝下，外套裙子，裙边绣花饰彩；冬季穿大襟棉袄，加套裤或棉裤。贫寒之家妇女多穿圆领大襟的土布衣衫。冬季为防冻，人们用袖筒、耳套，袖筒有用棉布或毛皮做成，套在袖口端取暖；耳套又名耳掩子，多用棉布、绸缎做成，里面絮有棉花。小孩一般只穿短褂布裤，夏季穿菱形兜肚遮护胸腹。婴幼儿戴仿制动物形状的狗头帽、虎头帽、兔儿帽等。

中华民国初期，政府令改革服饰，男人剪辫子，将宽袍大袖改为窄长袍，官员用新式的中山装代替过去的翎顶补服；女子停止缠足，女子上穿布结扣高圆领掩襟衣，多穿短肥大腰裤，很少穿裙子。富有人家年轻妇女着旗袍，服装质料为棉布、绸缎、褐呢等。普通劳动者中，男子多穿对襟褂，大腰裤。农民多穿短装、布衫，裤多扎腿。裤衩、短裤即古之犊鼻裤之类。民国后期作为衬裤穿用，日益兴起。布料则为自织自纺，用蓼蓝叶、地榆根、青泥等土法染成蓝、黑和赭石色的粗布。现部分农户保留有旧织布机，但会使用者寥寥无几。

中山装

开领双排扣列宁装

中华人民共和成立后至60年代初期，各种机制平、斜纹布料（俗称洋布）渐多，衣着式样不断改变，农村中老年多穿对襟上衣、大腰裤，以黑、蓝色居多，流行白色衬衣，年轻女性穿红、绿或花格布褂。干部、工人中女性多穿开领双排扣列宁装，男性多穿中山服、军便服、学生服、西裤。中、青年逐渐流行制服、衬衣、西裤及线衣、线裤、绒衣、绒裤、汗衫、背心等，土粗布基本被淘汰。

武都坪垭藏乡群众服饰

“文化大革命”中，稍微艳丽的服饰都会被归为“奇装异服”，旗袍、西装无一不被禁绝，“混沌领”“大包裤”“阔卷边”“大尖领”“喇叭裤”都属于奇装异服的范畴。穿花色衣服、佩戴首饰被视为“资产阶级生活作风”，号召劳动人民坚决抵制。不论什么职业阶层，几乎都以工人装、列宁装、红卫兵装为主，城乡男女青年“不爱红装爱武装”人们，时兴穿草绿色军装，戴军帽。农村的中老年服装颜色仍以黑、灰、蓝为主。

20世纪70年代后，的确良、腈纶、凡立丁、涤卡等化纤衣料及棉毛纺织品相继进入市场，服装的颜色、款式日益变化。棉衣、棉裤被各种各样的毛、绒等衣裤所替代。男子夏季多穿短袖衬衣、T恤衫，春秋季着西装、夹克衫、中山装，冬季穿各种各样的羽绒服、防寒服、皮夹克、呢大衣、喇叭裤等。女子夏季多穿各种布料的裙子，有长裙、短裙、一步裙、鱼尾裙、旗袍、连衣裙、筒裙、裙裤等，春秋两季穿羊毛衫、棉毛衫，冬季穿皮夹克、腈纶衫、羽绒服、毛料大衣等。90年代后，城乡差别逐步缩小，西服、皮夹克、羽绒服、牛仔裤成为普遍流行的服式。高山地区不少妇女仍然是“身穿红棉袄，一身三道腰”，即头扎白帕子，腰襟黄带子，脚缠毛带子。腰带宽一寸，长四五尺，白蓝色棉布，四季都用。

**帽子**　清代，有身份的男子喜戴用青绸、缎子或青布做成的圆形小帽，普通劳动者男子平时头勒一块包布（蓝布）。女子冬季包头巾。民国时期，官员、绅士及教师员喜戴礼帽，商人多戴瓜皮帽（又叫衬帽），冬天戴棉布暖帽、毡帽、缸边帽。中老年妇女多戴“一只鞋帽子”，作成似鸟形状两片，前后缝合，面料为绸缎或棉布，绣上彩色图样，戴在头上，上露顶下扣两羹角。民国30年后始有黑绒制作的“盆盆帽”，主要用于冬季御寒。还有老年妇女专用的丝织黑色帕子，一尺多宽，三五尺长，单幅或双折缠裹于头，也有架搭发髻上右左下垂的。中华人民共和成立后，男性多戴解放帽、八角帽。20世纪60年代，城乡男女青年流行戴黄军帽（即65式解放帽）、“火车头”暖帽。80年代以后流行鸭舌帽、太阳帽、旅游帽等。现大多数人已养成不戴帽子的习惯。

“火车头”暖帽

**鞋袜**　战国以前一般称鞋子为履、屦，唐以后一般称“鞋”。人们所用鞋袜基本一般自制，也有专门出售鞋的鞋店。官员或富裕家一般穿丝绸、棉布制鞋；普通民众一般以麻鞋为主，其次为草鞋，雨天打赤脚，在林区也有用兽皮、椴树皮做的鞋。

绣花鞋

麻鞋是用大麻纤维做辫、衲底，以细麻绳穿“耳子”，再以麻绳做带，穿时系于脚腕，叫辫底麻鞋。用布底棉线做“耳子”和鞋带的叫棉线麻鞋，形状不一，有圆头的，又有“梁子”的，有三条线的，有所谓“单鞭救主”式的等。行路时则用布或羊毛线织的“毛练子”缠足，外套麻鞋。山区群众一年四季穿麻鞋。布鞋是普通人常穿之鞋，条件好的穿云头鞋、双鼻梁鞋。家家都会制作布鞋：用旧破布涂糨糊拼抹袷褙子剪制鞋底，鞋帮上糊新布，以细麻绳衲底，鞋底端直，不分左右，以线衲鞋帮，多用青、蓝布或条绒，有方口、圆口之分，鞋帮内装上棉花，即是棉鞋（暖鞋）。冬天男性多穿棉鞋、毡窝窝、毛鞋，或穿用猪皮、牛皮自制的“袜鞋”（俗称牛蹄窝子或鸡窝窝），鞋内絮以麦草、玉米须、莜麦草、燕麦草等取暖。女性多穿绣花鞋（又叫弓鞋），为小足女人必穿之鞋，并缠裹脚，用宽 6 厘米，长 100 厘米左右的白布，不仅缠裹包脚，还用作绑扎裤腿口。不缠脚妇女有的穿平底鞋、木底高跟鞋。无论男女，多穿自制的白棉布袜和毛袜。

中华人民共和成立至 20 世纪 70 年代，鞋的种类渐多，胶鞋、球鞋、雨鞋、绑带鞋流行一时。全胶鞋、胶底鞋、塑胶底布鞋和塑胶凉鞋畅销。80 年代后，皮鞋普及，各种式样的便鞋、高跟鞋、旅游鞋、防滑鞋、凉鞋、拖鞋等应有尽有，自制布鞋、布袜因费时费工费料逐渐被淘汰，普遍穿厂制线袜、尼纶袜、腈纶袜等。农村少数老年人尚穿手工制作的布鞋。

**二、装饰及装饰物**

清代以前，男子留全发，梳髻（俗称满头）；女子及笄（女子满 15 岁）作髻，未及笄作鬟，髻形中绕，鬟两分。清初，朝廷规定汉族改剃满族发型的政策，男子将四周头发全部剃去，仅留头顶中心的头发，被梳为单辫垂后背，形如鼠尾，名为鼠尾辫。清末，男子慢慢出现阴阳头，就是头发的前半部分剃掉，后半部分编成发辫，劳动时绾于头顶。妇女发髻种类复杂，有高髻、牛角髻、垂散髻、转转髻、麻花髻等，女子未婚者多梳长辫。

武都坪垭藏族群众服饰

民国时期，孙中山就任临时大总统后，通令全国男子剪辫“凡未去辫者，于令到之日限二十日，一律剪除净尽，有不遵者以违法论。”男子剪掉长辫，绅士多留分头发型，普通百姓以剃光头为多，少数男子剪辫后留发齐肩（俗称二毛子，部分山区老人保留至 20 世纪 80 年代）；已婚者除知识女性留短剪发（时称剪发头）外，其余多为盘髻。小孩子留顶撮。

中华人民共和成立后，城市男子留分头、平头和背头，乡村多剃光头。青年女子发型多为双长辫、麻花辫、短辫（俗称短刷刷）或短剪发，中、老年人仍为盘髻。农村妇女喜戴制服帽、黄军帽，山区妇女喜戴绿色头巾。

20 世纪 80 年代后，城乡中老年男子仍有少数剃光头，其余多留背头、分头，也有少数男青年留女式披肩发或烫发，蓄小胡子，留长鬓角。青年女子发式变化多有披肩烫发、盘头、蘑菇头、半边倭坠、不等式、运动头等许多流行发式，而且渐渐兴起了染发，青年女子将头发染成金黄色或棕色，个别男青年也将黑发染成棕色。而中、老年男子时兴将白发又染成黑色，中、老年妇女则仍以梳短剪发和盘髻居多。头发的装饰物如夹、簪、钗、泡、梳、耳环、耳坠等十分普遍，金戒指、金项链、金耳环等首饰已在城乡妇女中普及，有的甚至佩戴有金臂钏、金手镯、玉饰品等。

旧时女子普遍缠足，民国后倡导放“天足”，缠足陋习慢慢被抛弃。中华人民共和国成立以后，在较长一段时间里，画眉、描唇、染指甲都被视为资产阶级生活作风而受到批判。20 世纪 80 年代以来，女子画眉、描唇、染指甲、纹眉、做双眼皮手术及美容手术之风渐起。

旧时农村人无雨伞，皆戴斗笠、草帽以避雨。林区山民也有以蓑衣作为避雨工具的。20 世纪 60 年代后，城乡人们普遍使用雨伞、雨衣避雨。蓑衣逐渐少见。

### 三、文县白马人服饰

文县铁楼一带的白马人服饰，以白、黑、花三色袍裙为主，男子穿名为“春纳”的对襟长衫，两襟操拢，系腰带，扎绑腿，头戴名叫“沙尕”，插着白鸡翎的毡帽。帽子造型独特，色彩鲜明，既有遮风、挡雨、保暖的实用价值，又是男子汉风度气质的显示。妇女身穿以黑、蓝为基调的长衫，领、肩、袖及后裙均由各色花布搭配拼接，并绣有花草鱼虫等图案，色彩艳丽，做工精细，类同于彝族妇女服饰。无论年龄大小、结婚与否，头饰都十分复杂。20 世纪 80 年代后，年轻姑娘也喜戴“沙尕”。

成年妇女头缠长达 9 米或 6 米的黑色丝帕，丝帕紧裹着十几条长辫，编在黑色毛线里，再串上 5—8 块鱼骨牌（用砗磲制作，有圆、方形两种）和红、蓝、白、黄等各色玉石小珠，绾在头上掉至右耳旁，既端庄古朴，又美丽大方；老年妇女则要在腰上扎缠一丈多长的红色自织羊毛练子带，年轻姑娘有的腰扎丝绸彩带，有的还要围匝缀有数枚古铜钱的牛皮腰带，据说有“腰缠万贯”的象征和寓意。

## 第三节　居　住

### 一、住房变迁

氐族是一个以定居农业为主的民族，其定居农耕生活可追溯到东周。板屋是古代西部地区汉族和氐族住宅建筑的普遍形式。《诗经·秦风·小戎》曰：“在其板屋，乱我心曲。”

东汉班固撰《汉书·地理志》有云："天水、陇西，山多林木，民以板为室屋。"天水、陇西二郡，尤其是天水以南武都郡境内林木繁茂，民以板屋为居，板屋即房屋四面筑以土墙，屋顶用木片搭盖，上以石块压之。部分地方也有以石板搭盖者。北魏郦道元《水经注·渭水》条提及氐人传统分布区"乡居悉以板盖屋"。《南齐书·氐传》亦云："氐于（仇池山）上平地立宫室、果园、仓库，无贵贱皆为板屋土墙，所治处名洛谷。"也就是说他们居住在一种四周筑土墙，竖有支撑柱，再在上面架上松木板的建筑内。而羌族"俗皆土著，居有屋宇。其屋，织牦牛尾及羖羊毛覆之"。明代后，随着人口增长，广开田地，林木资源日渐匮乏，川坝地区"民以板为室屋"的建筑习俗虽然不完全存在，但至今依然可以看到板屋的样式。宕昌县河谷地域的藏族所住榻板房，屋顶覆盖松木榻片，榻片上用白石萤石压之，这种房子多是三间（通间式）两层结构，上层堆放粮食或杂物，下层住人，为一进两厢配置，中间为正厅，厅西侧是火塘，即在靠墙处地面掘一方形浅坑，中放铁"三角"，上置铁锅，塘边放低矮木凳，家人围坐火塘边饮食，也是接客待友的中心。

**平房** 境内民众普遍居住的房屋称平房。明代对平民建屋有严格的限制，每户不能超过三间五檩，禁用斗拱彩绘。清代放宽限制，但无一定官职、功名之家，建屋不能重檐卧兽。有地位、有钱之户多为四合院，有主房、客房、厢房等。大户人家一般为一宅三院（前院、中院、后院），其布局是：前有照壁、月门，进而大门、客庭，进二门才是正院，两面各有三间正房，两侧配有耳房。主房又称庭房，多为三间四檩，分一檐水和两檐水二种，有云栋、高台阶、深廊檐，起脊的大瓦房，讲究四门八窗，透隔窗棂，斜砖或木板漫地。院旁是厨房、仓房、磨房、厕所、猪圈之类，并筑高墙为院墙。民国时期，取消一切禁限，小康人家住宅格局多为四合院，建土木结构的瓦房，三檩二节椽，分一檐水、两檐水两种，小门小窗。贫穷人家住低矮小屋，无瓦者叫土坯房或土棚房，苫上草，抹上麦草泥以防雨淋日晒。富有之家也有一进几院的。

武都城区老房子

康县北部地区的板屋

近代陇南城乡民居建筑形式复杂多样。北部西、礼川坝地区一般多为一坡水（俗称偏厦子、单檐房）瓦房，土木结构。东南部林区或林缘区，马鞍架拱顶的两坡水（俗称双檐房）瓦房为多。建筑形式有"托件"房（宽廊沿），三椽、四厅、琵琶、布裙、半寺、单背软三间等。仕宦富绅多建独家四方院，俗称"一颗印"， 以上三椽、下四厅、左琵琶、右布裙最为讲究，屋顶起脊瓦兽，雕梁画栋。普通民众普遍住土挑檐和秃鼻檐式的三间单背房。境内南部山地区因雨水较多，一般鞍架房屋有侧檐，灶房多设在其内，或作为堆放杂物的小屋。旁建偏厦房。

在林区，建房大都为土木结构，用木头作架，木板为墙，深堂宽廊，耗费木料极多，梁、柱、椽、门、窗均为木料，建一栋房约需木料二三十方。

境内宅居的院落建造也多有区别，北部大部分人家房屋筑有土墙，或用土石砌成围墙，而南部山区房屋依山沟或山坡旁而建，一般因地形所限无围墙，有的则以荆棘堆积围成院落，或以竹木编篱笆围成院落。

**窑洞**　是境内最古老的住宅，也就是史书上记载的“穴居”。窑洞造价低廉，冬暖夏凉，旧时是农村穷苦人家的主要住宅。崖式窑洞建造方法是选择好沟边崖畔向阳之处，在崖壁上向里打洞，窑洞顶部呈拱圆形状。窑洞住宅于20世纪70年代在农村尚可见到，现在几近绝迹。

武都区角弓镇柳树城之民居

**茅草房**　为古代东南部山区居民常居住房，尤以林缘区为多。木梁作架，上覆茅草，特点是简单易造，成本低廉，随坏随修，但易于着火，不够安全。南宋孝宗淳熙元年(1174)，吴挺驻守武兴（今陕西略阳县）。当时，这里的百姓多住茅草房，经常发生火灾，而且往往一烧就是一大片。于是，吴挺就动员百姓制砖造瓦，改建瓦房，规划建筑，整修街道，自此以后，就很少发生火灾了。当地百姓对吴挺十分感激，家家户户都供奉着他的画像，吃饭前必先祷告一遍。至今在山区仍可看到茅草房，但多为牲畜棚圈和看管果园的临时居所（俗称庵房）。

武都区北部山区石板房

**吊脚楼**　多依山坡或靠河就势而建，也称半干栏式建筑，主要分布在康县、宕昌县、文县、武都山区地带。从前的吊脚楼一般以茅草或杉树皮盖顶，也有用石板盖顶的，现存吊脚楼用瓦铺盖。依山的吊脚楼，一面用木柱撑起，分上下两层，有的为三层建筑。

陇南林区民居沓板房

上层中间为堂屋，左右两边作居住、做饭之用；下层关养牲口或用来堆放杂物；第三层透风干燥，除作居室外，还用作储粮和存物。楼上有绕楼的曲廊，曲廊还配有栏杆。

**棚屋**　两当县南部的广金、云屏和泰山等乡村的“棚民”过去绝大多数住着用茅草和树皮搭成的、造型极像西安半坡遗址型的棚屋（故俗称他们为“棚民”），初为在林缘地带看守庄稼的菴棚，后来盖起茅屋，其墙用土夯筑或用圆木搭摞而成，茅草盖顶，有门无窗。屋内置一火塘，上面挂一吊锅（又叫“鼎锅”），上空搭个竹缕，置放粮食、干果和熏制腊肉。屋内墙角用黄泥和石块砌成火炕，火炕的首端与火塘相连，这样就形成了取暖、煮饭、热炕三位一体的格局。

陇南南部山区民居

文县铁楼白马人的传统民居吊角楼

宕昌县南部之岷江与白龙江汇合处沙湾、官亭、化马一带，有一种与汉藏民居截然不同的特殊民居建筑，为古羌人遗留下来的羌楼。羌楼上下两层，楼上住人，楼下圈畜，余为仓房。外墙用砂土夯筑而成，偶有窗棂外露，中间是四合院，上通天井。院内里墙一律用木板装饰，有转角四廊，四廊之旁有楼梯可通屋顶，屋顶铺椽盖土，平整如席，可堆放柴草，或作晒场，也是人们纳凉之处。整个建筑四四方方，呈“井”字形，唯大门可以通行，数百年无损漏。结构壮观，富丽堂皇，安全结实。以化马村最为典型。

陇南地区的汉民族民居庭院多半为“四合院”建筑，由院墙、院门和庭院组成。院墙，是民居的外边界，因用材的不同而分别称土墙、石墙、砖墙或篱笆墙，院墙的关键部位是院门，这是民居的入口，也是家庭与社会相连的通道，亲友往来，婚丧嫁娶，必须走正门。

**“四合院”**　主要建筑为正房，正房的建筑通常高于侧房，一般由家长居住，也是家庭待客、议事亭、举行红白喜事和寿诞仪式的地方。正房的核心部位是堂屋，堂屋供奉着“天地君亲师”牌位，悬挂宗族家谱，把家庭、祖先、历史、社会、国家的概念联系在一起。

大部分自然村即为若干“四合院”建筑构成。有的村还筑有寨堡，多为一村一堡，周边筑有围墙，用于防御兵匪，称庄窠院落。山区也有一户一堡的。

在住房民俗中，特别是农村地区较为普遍地存留着“看风水”的习俗，陇南民间把看“风水”的人称为“地仙”（俗称阴阳先生）。“地仙”拿“罗盘”（指南针）测“地气”“龙脉”，见山说山，见水说水，目的是要选择一种能在心理上得到满足的地形条件，使居住的布置，包括自然环境的利用与改造、房屋的方向、位置、高低大小、出入道路、供水排水等都能够恰当合理的安置。他们的一些见解与论述，除去迷信成分外，对建筑行业也有一定参考价值。此外，住房民俗还主要表现在房屋的奠基与落成仪式上。一是举行奠基仪式时，请阴阳先生相宅（看风水），祭祀土地神，并杀羊或杀鸡，用血洒地基四角和中央方位以奠基。二是举行上梁仪式，当房屋修到上“正梁”时，要举行上梁仪式，先放鞭炮，点燃香烛，再由木工匠师傅攀梯上墙，从两端踏着“正梁”，唱着《上梁歌》走向中间，挂一静，贴上写有“上梁正遇紫微星，立柱喜逢黄道日”的对联。等搁上屋顶正梁落榫后，就捉一只大红公鸡（俗称高头凤凰）架在梁上，以示“吉（鸡）星商高照（兆）”，然后杀鸡取血涂于梁和柱上，以资避邪。三是举行落成仪式，房屋盖好后，要举行落成仪式，即把公羊或公鸡的血涂洒于门槛、窗棂、台阶之上，再用酒食祭神灵。

20 世纪 60—70 年代，各县城区出现砖土、砖混结构的楼房，一般 2—3 层。80 年代，在城镇，造型美观，设计合理，水、电、暖设施齐全的居民楼大量增加。农村房屋由土木结构大都改为砖木结构，由四合院型向一排向阳型发展。城镇近郊及富庶的农村，部分富裕农户也建起砖混结构的住宅楼，装玻璃，灰顶棚，水泥或砖铺地，水泥打地平线和台阶。90 年代以后，城乡多建水泥预制板结构的楼房，农村普通平房、土棚房慢慢地被新瓦房取代。西汉水流域及高寒阴湿山区基本上结束了以茅草房和窑洞为居的历史。

进入 21 世纪后，城镇建筑日新月异，住宅设计日趋合理，特别是 2008 年汶川大地震后，国家给陇南灾后重建投入了巨大资金，陇南全市共投入资金 415.6 亿元，集中实施重建项目 3905 个，22.8 万户农村居民、14558 户城镇居民新修了住房，18.6 万户农村居民、40284 户城镇居民住房得到维修加固，建成学校 549 所、医院 257 所，恢复重建国省干线公路 1110 公里，实施市政建设项目 162 项。

城乡面貌特别是居民住房建设发生了翻天覆地的变化，水泥预制板结构的楼房被抗震性更优的框架结构楼房取代，屋里屋外多是水泥地板，农村线交结构砖混房取代了土木结构瓦房，磁砖贴面，装饰漂亮，光线充足，牢固舒适。部分群众建起了别墅式房屋，豪华美观。

陇南全市城乡面貌发生了历史性变化，居民住房水平至少向前推进了 20 年，交通、城镇等基础设施落后的状况得到显著改善，学校、医院等公共服务设施从整体落后状态达到全省县级先进水平，产业结构得到优化，生态环境逐步修复，防灾减灾能力明显提高，为进一步加快经济社会发展奠定了坚实基础。

## 二、旧民居

陇南境内至今还保留有明、清至民国时期旧民居多处，有代表性的主要有：

**宕昌县哈达铺镇一条街**　包括哈达铺镇上街、下街两个行政村，街道全长 1200 米，房屋全部为清末至民国建筑风貌，著名的毛主席住室“义和昌药铺”位于这条街上，建筑多为一檐水土木结

宕昌县哈达铺镇一条街

构灰瓦，主要用于居民居住和开设铺面。2005年11月被国家文物局、建设部命名为“中国历史文化名镇”。

两当县杨店乡故道一条街

**两当县杨店乡古建一条街**　杨店村整个街道南北长285米，东西宽145米，总占地面积为41325平方米。始建于明代，为一处古建筑群，砖木混合结构或土木混合结构。2015年11月18日入选甘肃首批历史文化街区。

文县石鸡坝乡哈南村

**文县石鸡坝乡哈南村**　旧称哈南寨，是文县四大边寨之一，唐宋以来，官方在此设屯置寨部兵戍守，是抵抗吐蕃入关的重要隘口。村内有3街9巷和13座古楼子，有西京观、南佛寺等古建筑。文化积淀深厚，特色鲜明，2012年12月被住建部、文化部、财政部列入首批中国传统村落名录。

文县丹堡乡田家大院

**文县田家大院**　位于丹堡乡杨杜沟，建于清光绪丙申年间（1896），三年始成。田家大院为典型的一进式“四合院”，四周房屋连成一体，一层与二层之间用木楼板隔开，上层主要用于存放粮食杂物；下层主要用于居住。这种源于中国古代南方干栏式建筑的民居，在发展过程中根据当地的地理因素，吸收了北方土木结构建筑的优点，形成鲜明的地域特色，既有北部民居的厚实保暖，又有南部民居的轻盈凉爽，体现了陇南南北交汇的独特文化特征，属于典型的陇南南部四合院民居建筑，具备陇南南部民居建筑的所有典型特征，具有鲜明的地域文化特色以及浓郁的传统文化气息。

康县豆坝乡栗子坪村谈家大院

**文县王家老宅**　位于丹堡乡吕家坪村陈家坪社。始建于清代。该院由正厅、回厅、东西厢房及回厅南侧厢房、大门构成四合院。门窗及院内石雕精美，是文县境内清代传统民居的典范。

**康县谈家大院**　始建于清嘉庆年间（1796—1820），咸丰三年（1853）时重修。位于康县豆坝乡栗子坪村第五合作社。占地面积875平方米，保存基本完整。宅院坐北朝南，由平房式上堂、倒台楼、东西楼房式偏房组成。整个建筑为土木结构，所有门窗均有花卉、鸟兽等透雕图案，二楼楼道有立柱栏杆。风格古朴，装饰精美。院内尚存石刻家谱一方，石刻花草、鱼虫、人物 15 方。正房地基高 1.5 米，用雕刻有动物花卉图案的石块砌成，是甘肃省保存较少的穿斗式结构建筑之一，为典型的陇南南部四合院结构民居。

**康县朱彦杰民居**　位于康县岸门口镇街道村朱家沟社，清末建筑，两进院落，两层楼房，穿斗式土木结构，占地 640 平方米。中间三间正面木门、透雕花窗。南北两头两间均为土墙。正房台基立面有石刻图案，两边均有石条台阶。东房一楼正中一间为大门过厅，门头有匾额“玉树生香”。东院建筑结构与西院基本相同，依地势排布，目前，除南面正房外，其余已损毁。

**康县黎家大院**　清道光二十一年（1841）修建，位于康县白杨乡金钗峪村上坪社，穿斗式土木结构，占地 707 平方米。为四合院建筑，坐北朝南，院内门窗雕有花鸟人物等图案。

**礼县何氏宅院**　清晚期建筑，坐落于祁山乡何台村，土木结构硬山顶，现存 11 间，占地 350 平方米。砖雕、木雕均极精美。该宅院完整时为前后两院，坐南朝北，俗称“新院”，建于光绪十五年（1889），是清末、民国时期礼县东路著名的乡绅“何老爷”私宅。

**礼县刘氏宅院**　属清晚期建筑，坐落于城关镇潘家街，土木结构悬山顶，房屋 21 间 390 平方米，加院落共占地 420 平方米。该院落是清代宣统乙酉科（1909）拔贡生刘宝钧的私宅。布局合理，建筑精致，是礼县保存状况较好的一处清末四合院。

**西和县孔家宅院**　建于清代光绪年间，坐落于西和县城关。土木结构悬山顶，房屋 12 间 300 多平方米，加院落共占地 600 平方米。

康县岸门口镇朱家大院

康县白杨乡黎家大院

礼县城关刘氏宅院

宕昌县王家大院

相传该宅院是清代晋商富豪修建的私宅。建筑布局合理，建筑精致，门窗雕刻及建筑整体保存完整，是西和县保存状况较好的一处清末四合院。

徽县嘉陵镇尹家老宅

**宕昌县王家大院** 建于清朝末年，二层四合院转角楼建筑，二层窗户，檩柱间及护栏上有雕刻、镂空花纹，保存较完整，为明、清时期白龙江流域的典型建筑之一。

**武都区周富银民居** 位于五马乡五马街村，为四合院布局，二层，坐西朝东，原为五马豪绅周富银于 20 世纪 30 年代修建。

**徽县尹家老宅** 位于嘉陵镇三联行政村谢坪自然村，四合院布局，门厅、照壁、上房结构依存。门厅保存较好，斗拱结构，斗拱上有清代彩画痕迹，方椽，青瓦上盖，四个墙头分别有精美的砖雕。

**成县李明武民居** 位于黄陈乡石榴湾行政村，四周皆为农户民居。坐东朝西，土木结构，五间开，四架梁。

## 第四节 行 旅

境内山大沟深、水多流急、沟壑纵横，交通极为不便。古代，交通路线以崎岖小径为多，民众出行以步行为主，亦有以牲畜（俗称走骡、走马或走驴）代步者。官绅出行多用轿子。商人出外或骑马，或坐轿。丘陵川坝地区运载工具有木轮车，山区有独轮车，一般民众与商贩多用扁担、背斗、背架子来运输货物。故把靠挑担从事贩运的人称为“扁担客”，把靠背斗、背架子从事贩运的人称为“背客子”， 把靠牲畜从事贩运的人称为“脚户”。“脚户”行路时往往十数人或数十人结成一帮。交通要道的集镇大多开有“骡马店”。水路交通因水流湍急，河道不畅，大多数河流不能行船，白龙江仅文县碧口、西汉水徽县虞关以

武都区五马乡周富银民居

成县黄陈乡李明武民居

下可通舟楫。民国初期，孔繁锦主持修通礼县、西和县通往天水大车道后，境内开始出现运载旅客的马车。民国后期，华双公路（华家岭至双石铺）、甘川公路（兰州至武都）修通，境内始有汽车，马车、牛车数量增多。

中华人民共和成立后，武都至各县公路陆续修通，随着宝成铁路（宝鸡至成都）修通，交通状况大为改善。20世纪70年代，农村广泛使用架子车进行运载和劳动，自行车逐渐普及，方便群众出行。80年代，实现了乡乡通汽车，城乡居民出行主要乘汽车、火车。90年代以后，自行车、摩托车已成为城乡人民主要的代步工具。拖拉机、私人汽车拥有量逐年增多。21世纪后，各县县城逐渐有了出租车、公交车。

20世纪80年代初，武都城乡的主要运输工具还是骡车

# 第三章 生产民俗

## 第一节 农业习俗

陇南古代为氐族聚居区，受汉族影响，其生产习俗与汉族相同。《华阳国志》载：（武都郡）“土地险阻，有麻田。”《梁书·武兴国》：“地植九谷”，“种桑麻、䌷、绢、精布、漆、蜡、椒”等。

20世纪80年代前，耕种方式主要采用牛、马牵引的畜力耕地，缺乏畜力的农家则采用人力牵引的“二人抬杠”。小块耕地，一般用镢头、铁锹翻地播种。在山林地区，农民多采用刀耕火种火方式种地，即先以镰刀、斧子砍伐地面上的树木杂草等，草木晒干后用火焚烧。经过火烧的土地变得松软，不翻地，利用地表草木灰作肥料，然后用木棍、铁矛（即梭镖，一种装有长木柄双刃单尖的兵器）或镢头掘土，挖出一个个小坑，投入种子（玉米、豆子、洋芋等），再用土埋上，播种后不再施肥，称“刀耕火种”。这种耕作方式没有固定的农田，一般种一年后易地而种。20世纪70年代后，由于增加农业投资，兴修农田水利，实行机械化（大型拖拉机、手扶拖拉机、旋耕机等）耕地，禁止毁林开荒，山区已基本废除刀耕火种的原始生产方式。

农历二月初二，俗称“龙抬头”日，实为“农”开头。过去，播种前，以一村或一家为单位举行“开牛”仪式，套上耕牛、扛头、锨等农具并带上香、纸等祭品至选定方位试犁，在地上犁“田”字形或象征粮囤的圆圈，焚香致祭，祈盼丰收。如试犁时犁铧或套绳

打连枷脱离油菜籽

折断则视为不吉。小麦返青、分蘖后，开始锄草。小麦锄草一般由妇女承担，而玉米、高粱的锄草管理大多由男子担当。大秋作物的锄草分间锄、浅锄、深锄等。当玉米、高粱长到1尺左右高时，进行最后一遍深锄。康县南部山区多户人家集中在一起，顺山势由下往上依次为各家田地禾苗锄草时，敲锣打鼓又唱歌，人称“打锣鼓薅草”，又称“唐将班”，为一种互助性质的劳动组织。

旧时遇干旱不雨禾苗枯萎时，农村中多以祈神方式求雨。每逢大旱之年，农民自发组织，祈祷神灵，行香祈雨，形成风俗。官府一般亦支持参与。农民排成一字长蛇队伍，锣鼓队敲锣打鼓，三步一拜，五步一叩首，到龙王的“宝地”祈雨，并将龙王坐轿抬上游街，口颂“快降甘霖”等祈雨之词，仪式结束后再送回本殿。有时祈雨不得，人们就去掉龙王神轿盖顶，在烈日下暴晒，叫“晒龙王”。祈雨时不准人们戴帽穿鞋。此俗在中华人民共和国成立以后逐渐废止。近年来，求神祈雨的旧俗在一些地区又有所恢复。

陇南地形复杂，气候差异很大，小麦成熟由南而北渐次延展的。文县碧口地区阳历五月下旬小麦成熟开镰时，西和、礼县等县的小麦还处于灌浆期。于是，西和、礼县等县的农民便利用时差“赶麦场”，成群结队相约组成割麦队，到小麦成熟地区割麦打工，人称“麦客子”。麦子收割结束后，将割过麦的镰刀擦净收藏，以备来年再用。旧时小麦打碾基本上用手工操作，脱粒的工具叫连枷，连枷是将5—6根大拇指般粗细的枝条用皮革条扎成长约2尺左右的排子，形成前宽后窄的扇面形状，使用时，用连枷击打铺在地上的小麦，使之脱粒。家境好的人家，则用大牲畜拉着碌碡在麦场上转圈碾压脱粒。20世纪50年代以后，一般都用大牲畜牵引碌碡打碾脱粒。70年代以后，用手扶拖拉机在麦场中碾压脱粒，一些地方也用脱粒机进行脱粒。进入21世纪后，川坝地区大块田地小麦收割多采用收割机收割。玉米、黄豆等仍采用人工收割脱粒。

## 第二节　行业习俗

**狩猎**　古代，陇南多山林，禽兽众多，狩猎活动是山区乡民的一项重要生产活动。狩猎大多在冬季农闲季节，捕猎对象为熊、野猪、麂、麝、鹿、狐、獾、兔、竹鼠及雉鸡等。狩猎有多种目的：一种纯粹为了获取野味而行猎；另一种是增加经济收入，如取熊胆、麝香、狐皮等；还有就是减少兽害，如捕捉野猪等。狩猎方式主要用猎枪射杀，或者在野兽经常出没的路线上下套子，或设陷井、下毒药等。现在，许多野兽已被列为国家保护动物，禁止捕猎，猎枪已被收缴，故狩猎活动已经基本禁绝。

**采集** 采集“山货”是山区农民一项重要的经济活动。采集“山货”有特定的季节，春季采集竹笋、蕨菜、薇菜、苜蓿、乌龙头、香椿芽、苦苦菜等野菜；夏秋之交采集木耳、蘑菇等；秋季采集核桃、栗子、松子及药材。部分自自己食用，部分拿到集市出售。山区群众采集箭竹、藤条，被加工成扫帚、箩、筐、筛、席之类的林产品。近年来，已可大量栽培木耳、蘑菇、香椿芽、乌龙头。过去，林区群众还有烧木炭出售的习俗，现已绝迹。

**工匠** 俗称匠人，民间有铁匠、木匠、石匠、窑匠、泥水匠、竹篾匠、皮毛匠、擀毡匠、箍匠、补锅匠、染匠、鞋匠、剃头匠、皮匠、玉匠、银匠、铜匠等，各类工匠中，因其劳作性质不同，有的在城镇摆摊设点，或建立固定的作坊，出售各自的产品；有的则须常年流动，走乡串户，登门服务。

工匠对技艺的传授比较保守，一般为家传，“传男不传女”；有的虽招收学徒，但防范甚严，关键技术不轻易外传，拜师要举行拜师礼，学艺一般为三年。

各行业都有信奉、忌讳习俗，如木匠、石匠供奉鲁班，商贾供奉财神爷。酿酒酒坊欢迎客人到作坊喝酒，如喝酒致醉，以为是酒业兴旺之兆。泥水匠盖房上梁时要挂红布（今为红绸被面），鸣放鞭炮，烧香叩拜，贴对联。一些行业习俗至今沿袭。

**商贸** 境内人口密集、交通便利的村镇都有固定的集市日。有旬日集、周集、三日集、隔日集，其中三日集或按农历一、四、七（即每月逢一、逢四、逢七之日），或二、五、八，或三、六、九，相近的村镇集日多岔开时间，避免“撞车”。人口密集区域多为隔日集，或逢单日或逢双日；人口稀少区域多为三日一集或五日一集。集市之日上午，人们成群结队，至集市出售自产、自采、自制的农副产品或农家用品者，称“赶集”。上午开集，中午后散集。大型集市、行业市场都有经纪人，被称为“掮客”，又被称为“中人”“居间人”，论价多在袖筒中以手捏码子的方式进行，如捏对方一个食指表示 1（1 元、10 元、100 元……），捏食指和中指头表示 2，捏三个指头表示 3，捏四个指头表示 4，捏五个指头表示 5，合捏大拇指和小指表示 6，合捏大拇指、食指、中指为 7，合捏大拇指和食指为 8，将食指弯曲表示 9。也有用暗语代替数字的，一、二、三、四、五、六、七、八、九、十，暗语依次称作海、弹、品、吊、拐、闹、才、桥、王、海（也有称 2 为丑，3 为斜），交易成功后“掮客”获取一定酬金。尤其牲畜交易更是如此。妇女之间交易不用此方法。

20 世纪 50 年代初，“掮客”等统称为“交易员”，归市场管理部门领导，每月发给工资。1956 年商业实行公私合营，取缔了经纪人。“文化大革命”中，市场被取缔，市场管理人员如发现私自交易，货物被没收，人要被罚款、批斗。80 年代以后，农贸市场重新活跃，日趋繁荣。

在城镇有固定的摊位和店铺的称坐商。店铺一般都有字号，如“永顺号”“兴盛泰”“万盛泰”“德盛隆”等，这些坐商常年经营，资金雄厚，商主被称为老板或掌柜、东家。设有管账先生（会计）。讲究礼貌待人，童叟无欺，秤平斗满。有零星赊欠记在“牌”上，还后立即擦掉。还有学徒，由可靠人介绍到店铺学习，号“学生意”，由掌柜供给食宿和冬夏衣服，每月有少量终给赏钱。店铺开业都要择吉日鸣炮，设筵款待亲朋，以示庆贺。打扫铺面时，须由门外向内清扫，不得由内往外清扫，以避资财外流。1956年工商业实行公私合营，取缔了个体商人。1978年以后，允许个体商人经营，许多旧习旧规一时俱兴。

过去，还有一种流动性交易，称行商。行商可分两大类：一类是小商贩，称“背斗客”“担担客”“包袱客”“货郎客”等，也有赶驴驮运的，这种小商贩常年上山下乡，走街串巷，自运自销。“货郎客”历史悠久，他们肩挑货郎担，手拿羊皮鼓（俗称拨浪鼓）或铜锣（叫摇钲子），从城里以批发价采购得针线、梳镜、头帕、刀剪、火柴等日常用品，边走边摇，走村串户，送货上门，收取山货、皮毛、头发、鸡蛋等，赚取薄利，深受山民欢迎；另一类则是资金雄厚，用大车或成队骡马，长途贩运布匹、药材、毛皮、茶叶、盐等大宗商品。

# 第四章　婚丧习俗

## 第一节　婚嫁习俗

氐人早期婚姻之俗与羌人相同。《后汉书·西羌传》载：“其俗氏族无定，或以父名母姓为种号。十二世后相与婚姻。父没则妻后母，兄亡则纳嫂。”《魏略·西戎传》亦云：“其至南北朝时已与汉相同。”《梁书·武兴国》载：（武兴国）“婚姻被六礼知书疏”。“六礼”，即纳采、问名、纳吉、纳聘、请期、迎亲。随着社会的进步和文明不断演化，近代婚礼虽也保留传统婚礼中的诸多仪式，但也增添了不少新的内容。旧时，普遍为包办买卖婚姻，允许一夫多妻，男人允许纳妾，女人不得改嫁，还有指腹婚、童养婚、买卖婚、交换婚、转房婚、姑舅表亲婚等陋习陋俗。中华人民共和国成立后，随着《中华人民共和国婚姻法》的贯彻实施，恋爱自由，一夫一妻，婚姻自主，已成为新时代婚姻的主要特征。现今陇南以汉民族为主，民间婚嫁习俗继承传统，内容基本相似，但由于各县地域、经济条件不同，婚嫁习俗也有一定差异，甚至同一县域，婚嫁习俗也不完全相同。礼县民间传统婚嫁习俗保留比较完整，故详载如下：

**合婚**　汉民族传统婚姻，不但要遵循“父母之命，媒妁之言”，而且还必须遵循“天意”，因此，当男方父母查访打听到称心如意的某家闺女时，就必须首先进行“合婚”。所谓合婚，与我国古代干支纪年历法密切相关。天干地支组合就形成了年、月、日、时生辰八字。由生辰八字可测知男女双方属相，由属相的“合”与“不合”，就可以确定婚姻的“成”与“不成”。民间“合婚”谚语很多，如：“自古白马不配牛，羊鼠相见一旦休。金鸡不与狗相见，青龙见兔泪交流。猪猴见面如刀割，虎蛇相配不到头”。又如：“申子辰忌的蛇鸡牛，己酉丑忌的虎马狗。寅午戌忌的猪兔羊，亥卯未忌的龙鼠猴”。再如：“青兔黄狗古来有，红马白羊空高寿。黑鼠黄牛两兴旺，青牛黑猪喜悠悠。猛蛇小兔必定富，龙鸡相配更长久”等。

“八字合婚”除涉及属相外，还涉及阴阳五行，认为人的命运都与五行（金、木、水、火、土）的相生相克有关，相学家曾概括为“男家择女，八字贵看夫子二星；女家择夫，八字贵得中和之气”。显属男尊女卑的观念，迷信色彩浓烈。随着社会的进步，自由婚姻的兴起，“八字合婚”也必将被人们抛弃。忌同族同宗男女结婚。

**伙媒** 即“说媒”。男女双方生辰“八字合婚”后，男方父母就要选一位有一定名望、口才好的男女各一人（俗称双媒），提一份礼品正式去女方家说媒。“媒媒媒，去三回”。第一回传递信息，试探女方家是否有人已经提亲，如果已有人提亲，就再不能去了。如女方表示无人提亲，媒人再去求婚，女方没有拒绝，并通过各方管道去了解男方的家境和为人及未来女婿的人品才能等，俗称“采门”，是为第二回。第三回就是到女方家探明态度，俗称“给话”。男家得到女家的明确态度以后，就可进入择日奠酒和研礼的程序。

**研礼** 先由媒人带上酒、肉、茶、糕点四色礼，用红头绳及红纸绑扎后到女方家，首先要和女方家的长者一起，在堂室向先祖焚香秉蜡，跪拜奠酒以后，按照辈序入席，开始“研礼”。先征求女方家意见，女方家一般讲“好女不在嫁妆，好男不在分家”等。媒人提出彩礼意见，征求女方家同意后，“研礼”就算结束。采礼的原则是按男方的经济条件，一般是衣服、首饰、鞋、袜、礼金等。彩礼研成后，女方让媒人再带回一瓶酒，称之为“回门酒”，表示同意双方结亲，社会上也都知道某家女儿已经“给人了”，也就再无人上门提亲。

**订亲** 又称“订婚”“送礼”，男方选好订亲的吉日后，由媒人提前告知女家，让他们作一些必要的准备。届时，由媒人带领男方及父母、姑舅至亲代表，前往女方家送彩礼，即现金、衣物及“四色礼”（四样礼，一般为烟、酒、猪肉、点心，表示一年四季，含有自始至终、完美美满等意蕴）。女方及父母、亲房长者、姑舅至亲迎接男方。到女方家后，媒人烧香点烛，之后，将礼品一一摆放公示，让女方父母及亲友过目，然后入席。双方即可商议择定结婚的良辰佳期。

**择期** 择期，以求趋吉避凶。在婚期的选择上，在民间也流行一些忌俗和说法。一是忌年。无春之年不举行婚礼。所谓无春之年，就是当年无立春的，称之为“寡年”。民俗认为寡年结婚，没有后代。二是忌月。旧俗认为：鸡兔两属相宜正、七月嫁娶，蛇猪两属相宜三、九月嫁娶，狗龙定型四、十月嫁娶，马鼠宜六、腊月嫁娶，虎猴宜二、八月嫁娶。三是忌日。选用双日不用单日，寓意“好事成双”。同时，还要忌初五、十四、二十三，这几日是“破”日，不能结婚。尤其要忌七月七日完婚，以避牛郎织女的别离悲剧，反映了祈求婚姻美满的良好愿望。

在婚姻季节的选择上，最理想的是春秋两季，春天生机勃勃，秋天收获果实。

**娶亲** 也叫迎亲。娶亲一般分为大娶和小娶两种，小娶程序简单，大多是家境贫穷或有其他特殊原因而采取的一种办法，只要把事情办了就算了却父母的一桩心事。

大娶程序复杂。首先，男方提前半月或更长的时间，就开始布置新房，打扫环境，按宾客多少，购买、借用置办酒席所需食材、家具等，请礼宾、总管、服务人员、厨师、备盘（八大两小），以及搭席棚，备束衣（长寿多子之人的衣服），发请柬，选帮忙人员等。

其次，谋划迎亲事宜。男方确定迎亲方法（轿、马、车），选接亲人员（包括媒人、贵人、族内三代人）的名单，讲究去单来双。女方送亲是去双不去单，但必须是三代人。男方要带上伴女钱、八个大盘（即馒头）、红盖头等。女方除准备待客的准备与男方大体相同外，还要提前一天让至亲厚友给女儿“添箱”，以示丰盛。

女方出门时，必须穿一双黄鞋，叫“采金鞋”。头上一定要蒙上红盖头，鸣放鞭炮，以驱赶瘟神。一边撒伴女钱，一边由兄弟抱上轿、马、车，脚不能踏地，意在土能生金，否则会带走娘家财富。新娘开始上轿或上马、上车就开始“哭嫁”，以示告别父母的养育之恩，叫“房中不哭不成嫁，马上不哭不成喜”。路上如遇碓窝、碌碡、碾盘，要用布遮挡或用红纸贴上，意为避“白虎”。路上如遇另一家娶亲队伍，两家新人交换小镜子或手帕，以示避“冲婚”。若两家距离不到百步，一定要绕道超过百步，意在姻缘长久。到男方门口下马时，脚不着地，由贵人抱下马进入洞房。新妇下马（轿、车）前，送亲人中的小孩少年可得红包，称之“压轿钱”。迎娶时间多在中午前。

男方迎亲队伍

**坐床**　新妇上床前，先由贵人（地位高的人或命带天德、月德、天乙贵人的人）或新郎用擀面杖揭去盖头，按喜神方向坐床，洞房门上斜挂一条青丝包头，别上七根钢针，意为阻止外鬼入内，伴娘终日不离屋，直至“破面”、绽头、闹洞房、扫床后方可离去。

**入席**　待客席上的座次是先外家、后娘家、再宾朋。按年龄大小以序而坐，然后鸣炮开席。酒席档次按经济条件而论，一般三个档次，高档的是鱼翅头、羊粉头、海参头；中间的是八个碟子、六道行菜、四个座菜、一个汤；一般是八个碟子、八个碗，或八个碟子、四碗一锅子。

现在城镇婚礼待客多在餐厅内举行，由司仪主持，有现成的说辞，也有临场发挥。事毕，主家须给司仪酬金，也另赠烟酒的。

**亮箱**　席毕，通过送开箱钱领取钥匙后，将女方送来箱子打开，先压上与娘家对等的压箱钱后，将箱内外陪嫁取出展示，让大家观看赔房的多少和新娘的手艺。

**拜堂**　拜堂一般在下午以后进行，由礼宾主持仪式。院子里放一张圆桌，放上祭祀及供品，由礼宾按仪式唱礼，祭拜天地、高堂、夫妻对拜，向来宾亲友行礼。席间，男女双方给长辈敬“双杯酒”。敬酒时，男女双方必须在称呼上“改口”（双方称对方父母为爸、妈或爹、娘），双方父母要高声“答应”，并还要分别给男女双方给钱，名曰“改口钱”。娘家走时，一定去新房，一看洞房，二给女儿作一定安排，要求女儿要孝敬父母、勤俭持家、妯娌和气、邻里和睦、夫妻关爱等。

**闹洞房** 俗语叫“耍新媳妇”。当日傍晚，送走先祖牌位后，开始闹洞房。一些小伙子在洞房里逗、掐新媳妇和新郎，以示热闹。这时伴娘千方百计阻拦，意在保护新娘安全。

康县阳坝迎亲唢呐

**扫炕** 晚上，由贵人手持一支二尺红头绳托的笤帚，放上大枣、核桃、花生，用笤帚在炕上扫来扫去，口里还念念有词：“双双核桃双双枣，生下的娃娃满炕跑，双双枣儿双双对，生下的娃娃满炕睡。一笤帚，两笤帚，这是养娃的旮旯子（角落的意思）。”

**打房、听床** 由于过去多是父母包办成婚，晚上要有人偷听夫妻表现是否亲密、和谐、正常。如无人听时，也要立一把扫帚以代人听。同时，村上的小伙子，要用小石子击打新房，俗称惊吓“白虎”。

**拭刀面** 新婚三日，新娘要下厨亲手做一次面条，显示新媳妇茶饭手艺。这个习俗在唐代就已盛行，故有“三日入厨下，洗手作羹汤，未谙姑食性，先遣小姑尝”五言诗。

此外，还有回门、转对月等习俗。婚后三天，小两口回娘家探望，三天返回，称回门。

婚姻方面的陋习，大部分已经改变，但有些尚未绝迹，特别是买卖婚姻、大操大办、借机发财等，农村一些生活比较困难的家庭为给儿子办婚事被迫借债，婚后债台高筑。

在陇南的民间婚嫁习俗上，还有一种独特的“抢寡妇”习俗。在礼县城周围的一些乡村，寡妇愿意再嫁，丈夫家则派人迎娶，原夫家要准备一帮人，等娶亲的人来后上前佯装“打骂”，娶亲者则趁天黑将寡妇“抢走”。

## 附：文县白马人的婚嫁活动

白马人的婚嫁活动与其能歌善舞的民俗风情融为一体，有其独具一格的特色，既原始古朴，又礼仪颇多，情趣盎然。白马人恪守一夫一妻制，严禁与外族人通婚，族内可以自由恋爱。过去多为父母包办婚姻，允许偷婚、抢婚，在婚配上提倡三辈还祖，亲属三辈后允许通婚。

白马人整个婚嫁活动可分为提亲、订亲、娶亲三个阶段。

**提亲**：男女双方相互爱慕，同意结合后，男子便告诉父母，由男方父母向女家求婚。父母选定媒婆，白马语称媒婆为“摆尼”，由媒婆拿上酒，去女方家求婚。女方父母若同意这门婚事，则留下酒并款待媒婆，若不同意则等媒婆走时，把自家的酒送一壶给媒婆，托她把酒带给男方，用这种委婉的拒酒方式回绝亲事。

**订亲**：经媒人撮合，双方父母同意儿女婚事后，男方就要派人带上男孩并拿上酒，背上十二至三十个蒸馍到女方家正式求婚，商定娶亲日期。定亲的这天，男方选择一个族内德高望重的老者当领队，提亲的队伍一般连同新郎官共五至七人，快进村时，酒肉馍被女方家派人从半路接走。这一天，女方家则通知全村妇女等候在村口，向来订亲的人撒灰，直至订亲的人跑到女方家为止。若来订亲的人中有长辈时，本村的晚辈就要回避。据祖先传说，男方订亲的人路程迢迢，要跋山涉水，未免有邪妖鬼怪跟随，为使

白马人出嫁女儿

白马人举行婚礼仪式

不把鬼怪带进女方家门，女方就用撒灰这种特殊的方式接客，把鬼怪用灰打阻在村外。亲事定夺后，女方家歌声大震，款待宾客。晚上，女方家则请来户族长辈，商议婚嫁之事，如定日期、选彩礼等有关订亲事宜。次日或第三日，亲朋族内轮流宴请订亲宾客，用骨头肉（排骨）和咂杆酒招待。第三天下午，订亲宾客返回男方家，汇报订亲经过，商议娶亲时所带的礼物。

**娶亲、送亲：**白马人的娶亲和送亲独特精彩，极具民族特色。娶亲人员4—6人，必须在送亲的头一天到达女方家。娶亲和送亲的人员条件极严，需挑选家庭和睦、儿子多、健康的人作为娶亲、送亲的人，忌讳寡妇、有丧子经历和没有儿子的人参加。娶亲队伍一般由5至13人组成，多则15人。新郎官不再去娶亲，准备次日迎接新娘的礼仪。娶亲队伍中必须有一对年富力强的多子女的男女，白马语称“皮歪”。接亲队伍到女方家后，女方家把亲房族内邀请来，商议定夺送亲队伍。送亲队伍与娶亲队伍人数不等。晚上，同村的小伙子、伴娘（白马语称“巴日”），就在新娘家中唱歌饮酒，安慰新娘，并把各自最心爱的东西赠送给出嫁的姑娘。

第二天清晨，女方家族内亲房伙内争着邀请娶亲、送亲人员做客。酒肉招待过后，女方家把双方尊客召集设坛训事，并向娶亲、送亲队伍送行，敬酒欢歌。娶亲、送亲的人要在房中绕三圈，方可出门。村里的亲朋要把娶亲、送亲队伍送出村口才返回家。娶亲、送亲的人一路唱着歌，浩浩荡荡地前往新郎家。新娘离开村口以后就再也不能回头望，否则娘家会不吉祥。新郎手持红布，早就在村口设坛，全村人敲锣打鼓迎接新娘的到来。在村口举行祭天、祭地、祭祖活动后，司仪将五色粮食撒向互拜的新郎新娘，祝福他们幸福吉祥。

当晚，举行新郎新娘的诵经仪式，祝福一对新人婚姻美满、生活幸福、白头偕老，传授孝敬父母礼仪等。接着，开始进行主宾间的“对门歌”，主宾相互问答，若客人答不上主人所问的唱词时，往往会受到烟熏的惩罚，如愿向主方求教也可免罚。

第三天晚上，举行亲朋好友向新郎新娘献礼仪式。所有来宾围坐在大客厅，把新郎新娘围在中央，实行点名献礼制。所点之人则拿出自己的礼品，向在座的各位亮明后送到一对新人手中，新郎新娘拜谢而收。而后，宾客们开怀畅饮，酒歌四起，歌飞酒酣。

白马人也有男到女家落户的现象。白马人青年男女婚前有广泛的社交自由，婚后十分讲究贞操，凡有犯奸者，要受到割耳、破相等处罚，同时被全寨人歧视。寡妇必须守孝三年才能再嫁，且不允许带走孩子和财产，保留有古老民族的特色。

## 第二节 生育习俗

**孕期** 妇女有孕之后，常称为“有喜”“害口”“有身子”等。孕妇禁食一些动物的肉，认为吃兔肉会导致生下的孩子长豁豁（即兔唇）等。忌看一些恐怖的情景和丑陋的人，怕受惊吓，冲犯胎气。忌讳到洞房里去，忌坐新人的婚床，忌出席喜筵等，怕“喜冲喜”，会冲克新娘。忌讳参加丧礼。产妇分娩的时候，要请接生婆，20 世纪 70 年代后，新法接生普及，落后接生法及习俗逐渐消失。

**生子** 产妇称月婆子，生小孩称坐月子。婴儿出生后，在门口挂红布等物，表示婴儿降生。娘家人看望产妇与婴儿时要带鸡蛋、挂面、红糖之类。婴儿未满月，忌讳外人入室，产妇一月内不能出门。

**满月** 婴儿满月，俗称出月，月内婴儿不剃头、不出家门。做满月时，要设宴席，招待来祝贺的娘家及亲戚、朋友、邻里。以示婴儿从此日始，进入社会。婴儿满月要剃去头发，俗称剃胎毛。父母年长得子者剃头时留一撮胎毛。有些在百日为婴儿剃头时，要在脑后留一撮头发，称长寿发。为使孩子健康成长，给孩子佩戴项圈、银锁等。

给小孩满月举行恭贺仪式是陇南各地比较普遍的一种民间习俗。一般将这一仪式称为“办出月”，即小孩出生满一月之日，主人家置办酒席，邀请亲朋好友家的女主人前来祝贺，贺礼一般为三尺花布、几个馍馍，有的提一罐鸡蛋汤，曰“添奶”。有的地方称这一恭贺仪式为“满月酒”，孩子出生以后，三日之内向娘家人报喜，娘家人要探望“月婆”和孩子，来时一般拿红糖、母鸡、鸡蛋等进补之物。满一月时，要邀请亲朋好友前来恭贺，并为孩子佩戴长命锁，向来宾发放“红鸡蛋”。

**抓周** 新生儿周岁生日，亲戚朋友馈送礼品前来祝贺。家人要为其抓周，席上摆有钱币、糕点、果品、文房四宝、玩具、尺子、秤、剪、算盘等物品，让其坐在当中，任其伸手去抓，以试其志，书或笔代表读书、尺子代表做工、算盘代表经商。此俗，寄寓了家长对子女前程的厚望。

**拜干亲** 旧时，缺医少药，婴幼儿易得病夭折，父母为了保育孩子平安成长，常以“拜干亲”，即“拜干大（或干妈）”的方式祈求孩子健康成长。拜认干亲的时间，多在孩子满月、百岁，或在特为择定的吉日良辰，其形式亦各有不同。有的选择当地多子多女的“全命人”，拜其为干大（或干妈），干大（或干妈）带上礼物与干儿（或干女）相认，以后要经常关照干儿（或干女），干儿（或干女）也要孝敬干大（或干妈）。二是“撞干大（或干妈）”，事先，家长请长辈之人，抱孩子到村边大路旁静候，第一个经过的人，便是孩子的干爸（或干妈），被“撞”者不能推辞，要抱一抱孩子，给孩子一个碗或一些“盘缠”（即钱币）。有的还让被“撞”的干爸（或干妈）给孩子取名字，将其请到家中招待，决定正式拜认的时间。有的干亲为远方行客，或有一时不便者，只要抱一抱孩子就算认了干亲。

各地“找拜大”习俗略有不同，如康县称“碰干爸”，程序与其他地区基本一样，只是第一次拜“干爸（或干娘）”时，干爸（或干娘）要给干儿子（或干女儿）送一只鸡、一个碗和一双筷子。

**祝寿** 本地不论男女，每逢生辰，都要过生日的习俗。大人过生日，子女和亲友礼拜祝贺，奉送寿面（即挂面）等礼品，主人请大家吃寿面，喝寿酒。有的遇诞辰，换系红裤带（腰带）或红裤衩，以为避邪。老年人一般年届六十岁开始庆寿，大多为花甲、古稀及耄耋之寿，有“贺七十、庆八十、祝九十”之说，其规模视家境不同而各异。旧时富有之家，庆寿十分隆重，寿辰前三日即派人下帖告知亲友，并设寿堂，全家向寿堂行礼，宾客行礼时，子女站一旁代为答礼，祝寿者要献寿幛，赠寿联，作祝词，主人设宴庆贺，并伴以鼓乐、鞭炮，也有请戏班演出助兴者。20 世纪 50 年代后，祝寿之风式微。近年来，城镇的年轻父母普遍为儿女过生日，同龄人送生日礼物，有鲜花、蛋糕、玩具等。

## 第三节 丧葬习俗

由于受古老的灵魂不死观念的影响，人类产生了形形色色的丧礼风俗，并长期传承下来。古代陇南氐人葬俗于羌人相同，都实行火葬。《荀子大略》载：“氐羌之虏也，不忧其不焚也。”隋唐以降，陇南以汉族为主体民族，丧葬主要形式为土葬，有入殓、祭奠、发引等一系列仪礼，丧礼器具有孝棍子（哭丧棒）、丧盒、招魂幡、纸钱、纸马、供花、食品罐等。从 1980 年起，武都县推行火葬，但大部分地区，特别是农村地区仍实行土葬。境内回、藏民众也实行土葬。陇南各地由于文化、传统、经济状况的差异，丧礼的内容和形式也不完全相同。西、礼地区民间传统丧葬习俗保留比较完整，现简述如下：

**做寿棺** 寿棺，俗称“寿材”“棺材”。凡年已六旬的老人，晚辈们就可开始筹划做“寿棺”。木料以柏木、油松、桐木为上，大松、黄松、白杨次之，其他木料均为禁忌。寿材分“束身、棺、套况”三层，还有“七星床”（放置棺材的木床）。大部分只备一棺和七星床即可。颜色为黑色，个别大户人家和有名望之人的寿棺还要用绸子和土漆刷糊七遍，名曰“绸裹漆”。做寿材须在有闰年年份的正月十五、七月十五和十月十五方可破木做棺。

**做寿衣** 晚辈要征求长辈意见，按照穿单不穿双和五至七领的规程，选用上等的蓝、红、白绸子，提前做好寿衣。还要备好褥子、被子、盖单、帽子、枕头、头巾等。枕头的形状除一般的方枕外，还有锁子枕、荷花枕。男用枕头绣“寿”字，女用枕头绣“万”字，字周围再绣上花卉、蝴蝶等图案。寿冠男用小帽子或瓜皮帽，女裹黑色丝帕。寿鞋男女均用布鞋。做寿衣须选老人花甲之后的闰年闰月进行。

**烧倒头纸** 亲人在最后咽气之时，儿女们都要跪在床头前，备好含有 “五行”之意的一个斗、一把切刀、一碗水，开始“烧倒头纸”，同时，在院子烧纸马，并反复齐唤“爸爸（或妈妈、爷爷、奶奶）上马来”。还要备上一打或一对拉马童男童女等。烧倒头纸和烧纸马的灰要全部收集起来装好，下葬时撒在墓穴里。

康县两河镇廖坝村古墓（距今约160余年）

**出殃**　也叫“回煞”或“回殃”。据说“阎王爷”把死者灵魂用麻绳或铁链绑锁，指派小鬼押上回家谢灶，也是死者灵魂最后一次返家“告别”。用红、白、黑三种颜色的布条和七片白纸（象征三魂七魄），用一条竹棍夹起来，从窗口送出，从门里进来，在亡人身上反复三回后，以男左女右插在大门口。出殃纸在门口一插，实际是讣告作用，人们见此，就知道这家有人逝世了。“出殃”时间是由“阴阳”先生根据死者咽气的时辰推定的。

**移尸**　即小敛，是指为死者穿衣服。人们在为亡人穿寿衣时，必须先要净身，寿衣绝对不能沾污不干净的尿便。同时，修剪须发指甲。要请几位老成、多次移过尸而又不忌丧事属相的人进行移尸于灵床，以备其他亲朋好友瞻仰、吊唁。如在酷暑季节，在停尸的堂屋里用开水浇地，放一层河沙，再放一块木板，将尸体放在上面，以防有异味。东路人停尸一般都停在长桌上，尸体安放稳妥以后，用三片大麻、一张犁铧，将亡人两脚对正，捆紧，以防入棺时脚不正和所谓“走丧”。然后脸上覆白纸遮脸，身上遮一条白布单子，头顶点一盏“长明灯”，以示照亮冥府之路。“长明灯”一直到送葬不能灭掉。此后，开始设灵堂，一般也可用布或白纸将尸体隔起来，贴一条大斗方的奠字，两边贴上“柱杖披麻，孝心不离方寸地；稽首泣血，哀声震动九重天”的丧联，灵前放一张圆桌，摆上祭祀用的摆设，以备烧香点烛之用。灵堂设立后，要在灵堂两侧铺上草铺，孝子坐卧于此，随时陪吊唁者哭丧，夜里亦睡在灵旁，以示报答双亲生儿育女的恩情。孝子轮流“守丧”，不能没有一人而形成空当，否则会造成“走丧”而又要进行“禳解”的麻烦。

**报丧**　报丧有三个方面：一是请人给至亲厚友报丧，通知承孝出殡日期；二是由一位亲朋引上孝子在本村家家门前报丧，请左邻右舍来人帮忙效劳和守夜；三是如亡人为女性，要请两位德高望重之人去请娘家人来。报丧人忌入室内，只在院外告知死者咽气等情况。有声望的大户人家，还可在门口或村口贴一张讣告。接到讣讯后，亲朋好友则前往吊丧。在外的亲属须立即赶回参加丧礼，叫“奔丧”。

**承孝**　即戴孝。承孝于人死后当天进行。承孝前，首先要议定孝的规模和范围，一般分为三种：海孝、官孝、半孝。海孝就是只要见人来就发孝，送丧路上碰见多少人（包括看热闹的孩子）都得发孝。官孝就是凡是吊丧化纸的主要亲属一律发孝。半孝，范围较小，除了本家、至亲，一般亲戚不再发孝。服孝者按亲疏远近分为全孝（含“皇孝袍”“孝帽”“孝鞋”）。长背孝（孝帽与孝服连为一体）。主丧人按辈分大小为之穿戴。在颜色上，孙为白色，曾孙为红色，玄孙为花色。三天承孝以后，亲友们就开始吊丧，挂铭旌、帐匾及素祭活动。外甥、女婿、义子挂铭旌，颜色为大红；姑表、姨表、亲房等挂挽条或挽匾等，颜色为蓝色。一般亲友送的挽帐、挽联。在红、蓝色均可，但不能用黑、白两色。凡戴过生孝的人，出殡后不过七天，不准走到外人之家，否则就为“生孝冲门”。给亲人戴孝未过百天者，不能戴“重孝”，可将孝帽搭在肩上即可。在百日之内，双亲先后逝世，出殡时也要许多“禳解”之法，如移丧时，大门上点一堆火，从火焰头上移丧，或铺一条红布，从红布上移丧，或由道士用符咒“禳解”等。

**参灶** 亡人去世后的第三天晚上就要参灶、辞床。先将灶房打扫干净，用一个盘子，筛上细灰抹平，将亡人生前睡的床及布置得和生前一样，然后在大门外以哭声接引亡灵至堂屋和厨房，名曰参灶、辞床。次日，察看灰盘有无痕迹，如有很规则的线痕，就断定亡人在冥府受刑，否则，就很好。其实，其痕线为蛐、虫走动所留，是一种迷信，不可当真。

**纸仪** 俗称纸货。丧葬中的纸货在亡人病重时就开始准备。一般亡人生前也有遗嘱和要求，在纸货的形式和种类上，可谓五花八门，种类多多，大体上可分为三种：一种是一个灵牌，一个引魂幡，一对金银山。大多数采用此形式；二是“七星箭”，即一个引魂幡、一对香牌、一对金银山、一对金童玉女，此种形式也较为普遍。香牌由两个三角形套成为六角，沾六条不同颜色的条子，上书“太乙元冥宝幡、开通冥路童子，玉女执花接引，引入西方胜境，此去涅槃世界，唵嘛呢叭咪吽”等内容。三是少数大户人家，为了讲排场，就可大办纸货，除引魂幡、香牌、金童玉女、金银山外，还有一对特大旋纸，若杆黄白长钱，数杆黄白纸吊，还有什么打洛鬼、显塌神、福禄寿三星，更有盛者还执掌“二十四孝”画像等。引魂幡外套红、黄、绿三层络子。男幡头上为福禄寿三星，女的为仙鹤含草。四是现代纸货，有一套房子、轿、马、日用生活家具，全套电器、电话等一应齐全，与时俱进，还有花圈等。

**仪礼** 过去无至亲关系的左邻右舍，只送香蜡纸一份素礼就行了。可现在收礼之风在当今日盛，有人借给父母办丧事收起亲友的礼金来了。

**斩草掘穴** 送葬时间定好以后，提前一两天，或寄葬，或进坟，都要进行“斩草”，阴阳先生拿一对桃木钉，一条细线，确定方位后，用镢头勾一个墓穴的大致样子，就由打坟的人开始按要求开始工作。“斩草”前先给土地神点蜡烧香、化黄表，以示我要使用你管理的地方，请你令一切土煞远避之意。在挖墓穴时，有会挖在重丧上，如发现这种情况，要挪动一点地方，或由阴阳以符咒“禳解”处理。

**入殓** 也叫大殓、盛殓，指收尸入棺。一般在出殡前一天晚上举行。父母死，子女要送终，成殓时一般得等待在外子女归来，妇女死需待娘家人来后才得盖棺。届时，棺内撒一层五谷杂粮（也有铺上薄薄一层麦

举行丧礼仪式

草），然后铺上褥子，由上年纪的长者抬尸入棺，并理顺衣服，一般多用麦草塞垫尸体四周，由子女揭去苫脸纸，擦净亡人面部。亡人平时喜爱的一些物件可作随葬品放入。封棺（盖棺）之前，用被子或毯子覆尸。此时，亲人再瞻遗容，号啕声起，但忌泪水落在尸体上。

**出殡** 俗称送丧、送葬，是丧事里最重要的一项内容。送葬前一天，由专人引上孝子在庄内磕头请人，请大家明天一定要参与送葬出力。次日早，做好起丧饭，吃完后开始起丧，长子头顶纸盆（或瓦罐），倒退出门，出门后，一部分人挪丧，一部分人手持纸货、铭旌列队，长孙双手捧亡人遗像，长子双手端灵牌，其余孝男孝女及孙辈按最小在前、最长在后的次孝依次排开，用一条白布搭在右肩上“执挽”。孝男孝女左手柱上柱杆（男为竹棍，女为柳木）。然后，按照阴阳先生确定的时辰和路线开始送殡，鸣放起丧炮（鞭炮）、吹响、锣、鼓一齐吹打，由青壮年男子抬起棺木，随出殡仪仗队，向墓地缓缓进发，沿途抛洒“买路钱”，路过之处都要放一把火（现今点一串鞭炮），意在防止死神殃煞冲门。如路上有亲友接路，就停下来，待礼仪行完后，继续行进，到坟茔之地后休息，等待下葬的时辰。时辰到，将棺木置于事先挖就的墓穴之中，由孝子填土入穴，然后由司理之人填土盖棺，垒丘为坟。掩埋时，焚烧纸及冥品，有将亡人平日旧衣同时焚化。埋后，孝子们则将丧棒插在坟前。至此，出殡结束。

**待客** 送丧回来，就可备好酒席，招待全体送丧人员。在未出殡前，绝对禁止大吃大喝，不能杀生，不能设碟备酒，一日三餐均吃素，城里人叫“豆腐头”，乡里就是馍馍菜及豆腐，

有少数大户家庭，直至过了七期，才择日送请帖隆重招待在丧事活动中的有功及效劳人员，名曰“谢孝”，要连续三、五天才告结束。

**扶土** 俗称“原坟”。送丧第三天早晨，孝子带上香蜡纸及工具，去坟上扶土。孝子每人培三锨土，把坟墓周围不规则的地方再进行一番整理，安好墓堂，以利今后祭奠。

**奠期** 也叫烧七、做七。出殡后，阴阳先生要写出一篇“奠期单”贴在堂屋侧面，孝子们依照奠期“坐纸”祭奠。祭奠分三个阶段：第一阶段为首七直至到尽期，从人死之日起，每七天为一“七”，每“七”均需上坟为死者烧一次纸，共七七四十九天，烧七次纸，“七七”之内，孝子不理发，不修面，称为“囚七”。第二阶段从尽期到百日，为百期。第三段为一年小祥，二年在祥，三年制终。父母逝世未满三年，尚未“释服”时，春节时不准贴迎春红联，只贴蓝色白字春联，意在服孝未满。凡服孝在身者，再不能给至亲戴孝，只能搭在肩上即可，否则就冒犯重孝的不吉利。有服孝女儿送葬后，如果当天就要走的话，就必须从坟上脱掉服孝直接返回，否则就应等待过了三天才能回去。三年服满以后，举行“释服”仪式，俗称“脱服”。三年之内，凡逢节逢令，必须“坐纸”悼念，每年三月、十月一还要送单衣和寒衣。

康县农村送葬仪式

**超度** 俗话就叫“做道场”。儿女们为了寄托哀思，在父母逝世以后，请道士或和尚，利用“尽七”或另择吉日，念经修文，祈祷早超仙境，免受冥府之苦而采取的报答方式。

丧葬方面的陋习，如过去有一些地方，如有未满三岁的小孩夭亡，不作棺板，选一条避背的小沟，用一个背斗，丢在沟内任狼、狗食之，名曰“天葬”。还有不少地方有“烧犯丧”的陋习，如某家经常“家门不清”，疾病欠现治不愈、突发不幸事件、做事多遇挫折等，就求神打卦，请巫师卜算，巫师认为“某一处丧埋在了煞头，人不能超升转世，已成了犯丧”云云，信众就听任巫师摆布将这处丧挖出来用火烧掉，名曰“烧掉秽气，除去死腥殃煞”。另外，还有“寄丧”，人去世后，如果老坟或原先所看坟地山不利（阴阳先生按迷信方法计算的）不能进入老坟或下葬，便采取挖“天井”、打“穿堂”的办法先寄起来，待主茔大利之年正式迁入坟茔。这些陋习大部分现已经改变。

# 第五章 伦礼习俗

## 第一节 家 族

陇南人民世代以农耕为主，传统上以耕、读传家为荣，尊崇“耕读传家”之门第，尤其在联姻、合作谋事时，极注重考察家风的问询、选择。特别是文化发达之地，崇尚读书，敬惜字纸，喜好书画者较为普遍，室内多悬挂中堂、条幅。

在家庭关系上，讲究家风门风，故推崇勤劳节俭、乐善好施。推崇敬老爱幼、孝敬父母、兄宽弟让。在社交场合尊老让老为，如宴席上请老者坐上席、骑马或走路恭请老者先行、坐车恭请老者先坐、见老者主动问候请安等。

旧时，家庭四世或五世同堂，多令人羡慕。一家数辈人一起生活时，长者爱护晚辈，晚辈尊敬长者，是礼之常情。重礼仪，儿媳不得在公爹卧室随意坐卧，但给公爹、公婆烧炕、递茶饭乃至倒尿盆则是应尽之责。上一辈与下一辈不得随意开玩笑，但孙辈与祖父母关系亲切，有“爷孙隔辈亲”之说，故孙辈在少年时多与祖父母同居一室，学习为人处世之道。

弟兄分家另过被视为常情常理，有“树大分杈，子大分家”之说。在分家时，儿子一般有财产分配权，女儿不论是否出嫁，都无权参与家产分配。长子对家产有优先选择权。分家时父母多与未成年儿女一起生活，亦可选择他们认为靠得住的子女共同生活。在分家遇到纠纷时，可请家族中老人调解，或请来舅舅最后仲裁为准，有“娘亲舅大”之说。分家时，为免事后纷争，一般都立“约”（即文书）为证，详列财产分配清单，中间人、代书人及立约者均须在分约上签名盖章，并写明立约年月日。

邻里之间强调讲究和睦相处，互助为善，有“远亲不如近邻”之说。

中华人民共和国成立后，礼节方面废除有损人格的跪拜礼，代之以文明简单的鞠躬、握手礼；称谓方面取消“老爷”“大人”之类的称谓，代之以“先生”“君”等平等的称呼。

康县碾坝、豆坝等地把同年、同月、同日、同时出生的孩子互称“老庚”，找到同庚人后双方认亲，双方父母也就是儿女亲家，同庚人相互亲近如兄弟姊妹。逢年过节同庚人互拜，老人去世后都要戴孝。

礼县、康县地区流行民间习俗“寄保”，如果小孩出生后身体病多，可以将孩子“寄保”给自家“家神”或寺庙主神，以求神灵护佑。家人商量好后，首先要请阴阳先生念经，并缝制一个小红布袋，曰“保庄口袋”，寄到庙里，再截取半截牛或马的缰绳，用布裹后，做成项圈戴在孩子脖子上，直到孩子十二岁时（十二属相轮满），给“寄保”之神念经、杀羊“还愿”，感谢对孩子的照顾。“寄保”也称为“酬保状”。

在一些地区，特别在山区的一些村庄中，历史上由于姓氏、婚姻等方面的原因形成家族，其家族观念很强，互相关照，互相帮助，共同供奉祖先牌位，举行家族祭祖，保存、续写家谱等。家族族长、长者在家族或村庄生产、生活中作用重大。

## 第二节　称　谓

对祖辈的称谓，各地叫法不一。对父辈以上的老人统称为爷、婆、外婆，也有称爷爷、奶奶、外公、姥姥的。书面文字或对他人说话时，把父亲的父亲称为祖父，当面则多称为爷，称爷爷的父亲为太爷，太爷的父亲为祖爷。

对父辈的称谓是爸（或爸爸）、妈（或妈妈）；对爸爸的哥哥称大伯，爸爸的弟弟称按齿序称二爸、三爸等，依次类推；对伯伯的妻子按齿序称称大妈、二妈等；对爸爸的姐妹称姑，按齿序称大姑、二姑等；对姑的丈夫，按齿序称大姑夫、二姑夫等。对母亲娘家的兄弟称舅舅，按齿序称称大舅、二舅等；对舅舅的妻子按齿序称大妗子、二妗子（或大舅妈、二舅妈等）；对母亲的姐妹称姨，按齿序称大姨、二姨、小姨等。对妻子的父母称姨夫、姨（或爸、妈），书面称呼岳父、岳母。

对自己的兄弟称哥、弟，按齿序称大哥、二哥，大弟、二弟对自己的姐、妹，按齿序称大姐、二姐，大妹、二妹等；对伯伯的儿子称堂兄弟，女子称堂姐妹；对舅舅的儿子称表兄弟，女子称表姐妹。

拜亲也是当地礼俗中一个组成部分，通过结拜使两家结为好的称为拜亲，俗称为干亲家。

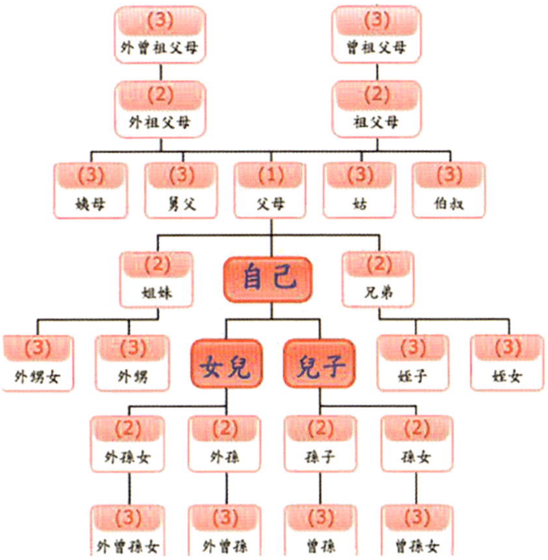

小孩子出生后多病、爱哭，或者与生父生母属相（十二生肖）不和，家人便张罗给孩子“找拜大（干爹）”或“拜娘（干娘）”。接受礼拜的一方认对方的子女为“干儿子”或“干女儿”，被认的“干儿子”“干女儿”从此须按父母之礼待之，在称谓上称干大、干娘，逢年则拜年，遇节则贺节，甚至有养老送终之责。年龄相仿的男子或女子也有互相结拜的，如有“十弟兄”“七姊妹”之称等。

对陌生男性，一般多称“师傅”。对乡邻陌生男性长者，多称“大爷”“大叔”， 或称“伯伯”“爸爸”；对女性长者，多称“阿姨”“大妈”；年龄相差不大者，尊称“老哥”“哥哥”或“大姐”“姐姐”等。

## 第三节 禁 忌

禁忌习俗，是民间规范人们思想道德和行为的防范性措施。民间禁忌源远流长，是经长期积淀后约定成俗的一种文化现象，渗透到人们的物质生活和精神生活的各个领域。《礼记·典礼》载：“入境而问禁，入国而问俗，入门而问讳”。民间禁忌确有不少具有宗教信仰性、迷信性，但也有些禁忌确有其经验性、科学性和礼仪性。

陇南禁忌习俗的内容很多，有饮食禁忌、语言禁忌、行为禁忌、地域禁忌、婚丧禁忌等。尤以农村风气最盛，种类繁多，各地又有差别。

**岁时禁忌：**

除夕夜和正月初一，说话忌带“死”“鬼”等不吉利的话；忌打碎碗碟。

初一早晨忌喊人名字。

新丧者，初一家里闭门，贴白纸。年内忌拜年、串亲。

忌除夕及正月初一借别人东西。

春节，妇女忌动针线。

正月期间，儿童忌剃头，有“真（正）秃子”之说。

**婚姻禁忌**

结婚男女忌生肖相克。如狗吃鸡兔，所谓鸡狗、兔狗相克配不到头。

女子相属羊，在婚配时常被人挑剔。有“女属羊，守空房”之说。

婚嫁礼品忌单数。

新婚之夜，不准说不吉利话，怕成“谶语”

新婚前一夜忌空房。新婚第一夜忌新娘独睡。

娶亲忌同出殡、报丧等不吉祥事。

忌鳏寡之人送亲娶亲。

结婚车俩忌走重路。

忌孕妇入产房。忌孕妇参加婚礼、丧礼。忌孕妇吃羊肝、驴肉、马肉、兔肉。

出嫁的女儿，忌春节在娘家过年。

已嫁之女忌讳在娘家生孩子，认为会使娘家破败。

女人坐月子期间，除自己丈夫外，忌别的男子与生人进入产房。

**丧葬禁忌**

亲人丧期，忌穿孝服进入他人住宅；治丧后“七七”内孝子不准理发；孝子守孝期不得穿红衣、戴红巾，不得唱歌舞蹈；不得在父母丧后百日内结婚。

忌将尸体或棺木停放别人家门口。

忌死在外乡他地。身死村外者，遗体或棺柩不能入村，需在村外或坟地办理丧事

停尸守灵，忌猫鼠等动物近前或从尸体上越过。

人死后忌纽扣、铁针等物入棺。

忌儿媳妇为公婆做“老衣”。

忌用桑、椿、榆、柳、楸木做棺椁。忌棺木上用铁钉。

老人亡故，说“过世了”“去世了”“上山了”忌说“死了”。

小孩病故了，说“糟蹋了”，或说“殁了”。忌说“死了”“完了”。

忌将坟地祭奠用过的果品等食物带回家里。

**语言禁忌**

在他人面前忌直呼长辈名，否则为不尊重他人。

给晚辈起名，忌讳与长辈名重字重音和谐音。

称聋子叫“耳朵背”，忌说“聋子”。

与老年人议其后事，说“你老百年之后”，忌说“你死了以后”。

中老年人发胖，说“发福”“福态”，忌说“肥”。

妇女怀孕之后，民间说“身子不闲”，或说“有喜”“害口”“有身子”，忌说“怀娃娃”。

妇女行经，说“身子不干净”，忌说“来月经”。

生意人忌说“关门”，应说“上门”“扣门”。

说数字时，忌说“二百五”（因二百五是半吊子），有骂人之嫌。

担油担、酒担、粮担进店时说“快进店了”，忌说“快到了”，“到”谐音“倒”。

烧窑的说火候“亮得很”“俊得很”，忌说“红得很”。

忌取笑他人的生理缺陷。

**行为禁忌**

忌母鸡叫鸣，认为于家宅不宁，是凶兆，故将打鸣母鸡出卖或杀掉。

忌乌鸦进宅院鸣叫，认为是凶灾之兆。

忌猫头鹰进宅院啼叫，认为有报丧之兆。

忌狗凄厉长嚎，认为狗“哭”是凶灾之兆。

喜鹊进宅院鸣叫，认为是喜兆，谓“喜鹊叫，喜事到”。

用油灯或蜡烛照明时，若灯芯上结出灯花，认为是喜兆。

女性忌从长辈和客人面前穿行，否则视为失教、失礼。

妇女月经来潮时，不能串门，更不能去寺庙，认为会冲犯神灵。

孕妇禁食一些动物的肉，认为吃公鸡会导致生下的孩子夜里啼哭，吃兔肉会导致生下的孩子长豁豁（即兔唇）等。

客人尚在家里或正在出门时，忌马上扫地，否则有逐客之意。

到别人家作客，忌坐门槛。

忌吃饭时将碗扣放。小孩吃饭时，忌用筷子敲碗，否则要挨饿。

忌将梨切成两半与他人共食，意为“分离”。

作客时忌讳打主人家的狗。

忌讳在农历四、七日出门，八日入门（即“七不出，八不入”）。

招待客人吃饭，菜肴宜双数不宜单数，尤其忌“三”，有“三献毛鬼神”的说法。

货担客忌他人跨越扁担，尤忌女人跨越，认为会招致折财折本。

木匠的斧头、墨斗子和拐尺，称为“上三件”，轻易不借他人使用，尤避女人触摸。

进别人家门，忌讳一只脚踏在门槛上，另一只脚踏在门里（或门外）的姿势。

生人或远客忌入婴儿房。

忌随意问中青年妇女年龄。

农民出卖骡、马、驴等牲口时，忌讳卖笼头和缰绳。

忌用手指彩虹、太阳、月亮。

回族饮食禁忌较严：禁食猪、狗、骡、马、驴等家畜和虎、豹、狼、狐等凶残野兽的肉，禁食鹰、鹞、雕、猫头鹰等凶残动物的肉。禁食动物的血液和未履行宗教仪式而宰或自死的畜禽肉；对食用的牛、羊、鸡等动物肉时，称是“宰”的，忌说“杀”的。忌吸烟饮酒；忌在饮用水源旁洗涤、倒污水。

## 第四节　说礼词

总管“说礼”，是陇南广大乡村广为流传的一种民间习俗。在一些婚丧嫁娶的红白喜事场中，帮当事人料理事务的总管（有些地方又叫“执事”）都要会一套完整的“说礼词”，一则安排各项祭祀和待客工作，再则也能烘托办事的气氛。

### 一、“天、地、君、亲、师”之说礼词

说“天”：天有三光日月星，日月星辰照乾坤。上照三十三天界，下照十八层地狱门。家家门前都走过，哪个山林不去行。五湖四海都走过，天地配合星月明。

说“地”：地生五谷养凡民，世间万物从我生。山林树高不离我，飞禽走兽在我身。黄金白银我身有，水中蛟龙伴我行。土中又生有色宝，人民享受万年春。

说“君”：有了皇帝坐京城，四大丞相坐乾坤。生了一代矮个子，不掌世界不治坤。

又生一代细高人，只是在世也无能。再生一代立眼人，知道死不知道生。又生一代平眼人，忠孝节义人聪明。掌了世界管了人，人民这才乐融融。

说“亲”：三纲常者君父夫，父子亲来夫妇顺。乃九族人者伦，君君臣臣父父子子。公曰善在酝悟，君则君臣则臣。父则父子则子，方为半世之人伦。

说“师”：三教圣人治乾坤，夫子老君佛为宗。莫家三姐生佛祖，李氏夫人降老君。闫氏夫人生圣人，三教先师全降临。神牌师祖位为五，一日为师终为亲。

二、“五行”之说礼词

说“金”：沙中淘金难中难，有了黄金方有钱。世上只说黄金贵，黄金其实遍地生。皇王要我修金殿，玉女要我打金钗。金字头上跳一脚，跳在北方壬癸中。

说“木”：木在山中百年生，不分昼夜守山岭。遇见樵夫来砍伐，鲁班巧手造成形。世上只说木为贵，皇帝修殿我为梁。木字头上踏一脚，跳在南方火字中。

说“水”：水在山中潺潺流，穿山透岭永不休。田中五谷须用我，民生永远宰我心。世间没有我做主，百姓无法再生存。水字头上踏一脚，跳在中央土当中。

说“火”：火是南方丙丁火，不论贫富一般行。厨前造饭先用我，佛前用我点明灯。世上不是火来救，十成冻死九成人。火字头上踏一脚，跳进西方庚辛金。

说“土”：土是中央戊己土，皇王修殿我为宗。人间为土争不休，万物都从土中生。万民都以土为生，自从盘古到如今。世无木火土金水，人间百姓活不成。

三、一般红白喜事之说礼词

（一）一般客套之说礼词：

人以礼仪为先，树以花果为源。人无礼义非君子，树不开花无春秋。

想当初盘古王初分天地，立人伦治下界万物得生。神农尝百草受人间之苦，轩辕制衣襟财产才分明。

我家住高山，行走河边，多见林木，少习人言，寡读孔圣之书，少习周公之礼，若有得罪之处多加见谅。

（二）结婚接路、表话之说礼词：

论其礼，给你们闺门中来的老外家、小外家，所有贵宾，十里路上铺毡，五里路上搭彩，三迎三请通接你们，才是世间之礼，人间礼仪。

再论其礼，要给你们摆起八仙桌、缠丝凳，全洋的盘子，玉石的杯子，象牙的筷子，珍贵的名酒，行礼看杯（敬酒），才是世间之礼。世主家宽施席食，样样齐备，是我们做执事的迎接不到，说礼不到，还望原谅。你们路途遥远，一路辛苦，先斟几杯，温暖一时。

山有岭，树有根，人无外家何处生。一家有事，百家不安，动了你们上河道，下河道，三河两道，远近亲朋，四路嫡亲，对你们的壶瓶、对联、令条、挂对等祝贺礼品一并表示致谢。

（三）小孩满月剃头之说礼词：

今天是既添人口又添财，金银财宝滚进来。一而十，十而百，百而千，千而万，装得大衣柜里满，保险柜里平，剩下多少银行里存。现在剃头，以后大吉大利。

（四）陪嫁交钥匙之说礼词：

老君先师凿开山，炼出万金在深山。匠工巧手制成锁，锁在嫁妆箱柜上。十把钥匙响叮当，插在箱柜锁子上。新娘带上管家内，新郎带上把家当。现在闺门中的请交钥匙，以现你们的财礼嫁妆。

（五）白事丧葬之说礼词：

敬请了阴阳老师傅，翻书揭篇，看了良年吉月；手掌罗盘，看了八山二十四向。来山去水，地脉龙神，看在青龙头上，满门孝眷兴旺。大孝叩头谢恩。

迎请了鲁班的弟子、木匠师傅，提墨吊线，千凿万打，给亡者建造了花果阴房一座，亡者领受安康。头档做了一尺八，后辈儿孙代代发；脚档做了一尺五，后辈儿孙出文武。大孝叩头谢恩。

迎请了赵巧先师、石匠师傅，前山选后山，石头选了几大山，做了桃园三洞一炷香，滚龙袍柱两面墙，二十四孝站两边，白头寿星坐顶上，亡者领受安康。大孝叩头谢恩。

迎请了老君先师、铁匠师傅，左边安银箱，右边安金装，建起八卦炉，火焰高万丈。左手捏毛钳，右手握铁棒，打了四苗金钉，钉在四面八方，亡者受安康。大孝叩头谢恩。

现在致表亡者：天地之间，三才之中。人活一世，草活一春。树长千枝，叶落归根。人活百岁，免不了入丧。日落西山还有出，水流大海永不回。林中少有千年树，世上少有百岁人。有道说：人生在世，如灯光之焰，如日月之照临。彭祖活了八百岁，至终也免不了入丧，何况凡人乎？论其礼，某（府、慈）君大人，有百年的阳寿不了也，那是天数注定，地府勾名，大限一到，圣人无法违熬，何况凡人？某某病故，因老告终，老人（几十以上，几十以下），停灵在堂。他（她）生时孝敬老人，和睦乡邻，教子有方。辞世后，丢得儿孙满堂……（可尽颂其功）。

（六）对娘家爷之说词

维孟弟，孔贤才，我把亡者逝后之事提出来：有道说，里棺外廓。外廓是（柏木、铁木）的方子（即棺材），桐木的档，里外都是用油漆漆，土漆漆了几十斤，如果娘家爷不信，剥着下来用秤称。纸钱烧了八十八，请娘家爷点验。

再论其礼，请了阴阳师傅，内剪花棚吊子，外打长龙宝幡，开卦佛缘，诵念经文，超度亡灵，早升仙界，快落西方。

# 第六章 方 言

现代陇南方言属北方方言区西北次方言中甘肃方言的一种。旧志记载“山犹为蜀色，人已作秦音”。音系与普通话接近，词汇较为丰富，语法基本与普通话一致。

陇南方言作为陇南地域文化的重要组成部分，同样具有多元性。陇南地区古代为氐民族聚居区，氐人没有文字，但有自己的语言，秦汉时期的武都、下辨、仇池、平乐、河池（又作盍稚）等地名都是他们的自称，为氐语汉字记音，中原人称呼他们为西戎，秦人称呼他们为氐人。汉武帝时设武都郡，氐人与汉人交往增多，因此，氐人通常都会使用两种语言：氐人之间用氐语交流，与汉人交往时他们使用汉语。《魏虐·西戎传》云：“其自还种落间，则自氐语。”又云“其俗、语不与中国同，及羌杂胡同，各自有姓，姓如中国之姓。”《通典》则作“其俗、语不与中国及羌、胡同。”说明氐语虽蜀汉藏语系，但与汉、羌语不同。南北朝民族大融合后，氐人基本都会汉语，《梁书·武兴国》载：“（武兴国）其大姓有符氏、姜氏，言语与中国同。”隋唐以后，一部分被迁徙到外地；一部分融入吐蕃，形成后来的番族；还有一部分融入汉族，氐人基本消失。汉人、吐蕃、蒙古等民族进入，特别是明清时期，秦陇、关中、中原、湖北、四川等地民众大量迁入，文化呈多元化，方言十分复杂。中华人民共和国成立后，国家推行普通话，现学校、机关、公共场合讲普通话已十分普遍，方言逐渐弱化。

陇南方言根据其内部差异，从地域分布上可分为五大块：武都方言（包括武都、康县两县，兼有西北方言与西南方言的一些特点）、西礼方言（包括西和、礼县两县，属西北方言区秦陇方言，极具地方特色）、徽成方言（包括徽、成、两当县，徽、成县关中方言特点浓郁，声调与西安方言近似；两当县声调与汉中方言近似）、文县方言（北部属西北方言，东南碧口一带属西南方言区四川方言，有“南坪不像四川，碧口不像甘肃”之说，南坪县今改为九寨沟县）和宕昌方言（声调与岷县方言近似）。实际上，即使一县之内，各乡镇之间也存在明显的方言差异。

本章记述以武都城关地区方言为主，根据新编《武都县志》整理，仅作概要介绍。

武都方言属北方方言区西北官话次方言区陇南方言社区，大体可分为北部、南部两个小片。北部片是以城关、安化镇为代表的“武都方言”，属西北官话区，包括桔柑、三河、石门等乡以北的地区，主要特点是声母中有舌尖后音［tʂ］、［tʂ‘］、［ʂ］、［ʐ］和舌叶音［tʃ］、［tʃ‘］、［ʃ］、［ʒ］，声母中有舌尖后音和舌叶音，使用人口占全县总人口的80%左右。南部片是以洛塘话为代表的“后山话”，属于西南官话区，包括三河乡以南的全部地区，主要特点是声母中没有舌尖后音和舌叶音，这些声母大都并入舌尖前音［ts］、［ts‘］、［s］、［z］，使用人口占全县总人口的 20% 左右。

在北部片“武都方言”内，由于受邻县方言影响，也有不少差异。如县西角弓、坪垭等乡，汉藏杂居，方言受舟曲话的影响；北部隆兴河流域的龙坝、隆兴等乡受西和话的影响；东部的熊池、黄坪等乡受康县话的影响等。这些周边地方的话，和城关、安化话不完全相同，有些词汇，从书面上和普通话没有多少差别；但其读音特别，为记录其音，也列入方言词汇。

武都方言和普通话相比，声母数量多，韵母鼻化多，声调低沉，词汇差异大。

## 第一节　武都方言语音

### 一、声母

武都方言的声母，包括零声母共 29 个。

（一）武都方言声母表

表 35—6—1

| 声母＼发音方法／发音部位 | | 塞音 | | 塞擦音 | | 擦音 | | 鼻音 | 边音 |
|---|---|---|---|---|---|---|---|---|---|
| | | 清音 | | 清音 | | 清音 | 浊音 | 浊音 | 浊音 |
| | | 不送气 | 送气 | 不送气 | 送气 | | | | |
| 双唇音 | 拼音字母 | b | p | | | | | m | |
| | 国际音标 | [p] | [p'] | | | | | [m] | |
| 唇齿音 | 拼音字母 | | | | | f | v | | |
| | 国际音标 | | | | | [f] | [v] | | |
| 舌尖前音 | 拼音字母 | | | z | c | s | / | | |
| | 国际音标 | | | [ts] | [ts'] | [s] | [z] | | |
| 舌尖中音 | 拼音字母 | d | t | | | | | | l |
| | 国际音标 | [t] | [t'] | | | | | | [l] |
| 舌尖后音 | 拼音字母 | | | zh | ch | sh | r | | |
| | 国际音标 | | | [tʂ] | [tʂ'] | [ʂ] | [ʐ] | | |
| 舌叶音 | 拼音字母 | | | / | / | / | / | | |
| | 国际音标 | | | [ʧ] | [ʧ'] | [ʃ] | [ʒ] | | |
| 舌面音 | 拼音字母 | | | j | q | x | | / | |
| | 国际音标 | | | [tɕ] | [tɕ'] | [ɕ] | | [ȵ] | |

表 35—6—1 续表

| 声母 发音方法 发音部位 | | 塞音 | | 塞擦音 | | 擦音 | | 鼻音 | 边音 |
|---|---|---|---|---|---|---|---|---|---|
| | | 清音 | | 清音 | | 清音 | 浊音 | 浊音 | 浊音 |
| | | 不送气 | 送气 | 不送气 | 送气 | | | | |
| 舌根音 | 拼音字母 | g | k | | | h | | / | |
| | 国际音标 | [k] | [k'] | | | [x] | | [ŋ] | |

（二）声母例字

P 巴宝半边　p‘ 怕跑盆盘　m 马毛满妙　f 发佛放福　v 娃卧望乌

t 打丹灯点　t‘ 他坦腾天　L 拉纳难兰　ts 扎栽争作　ts‘ 插册层坐

s 沙宿生孙　z 柔揉蹂　tʂ 张折战周　tʂ‘ 昌车称仇　ʂ 上舌守深

ʐ 让染若饶　ʧ 助庄专众　ʧ‘ 初创虫楚　ʃ 数要船术　ʒ 入辱软如

tɕ 甲杰九居　tɕ‘ 七旗千曲　ɕ 夏写先小　ȵ 泥业牙年　k 尕歌甘根

k‘ 卡可看坑　x 瞎孩汉恒　ŋ 偶爱安昂　Ǿ 易野有余

（三）声母的主要特点

1. 和普通话相比，武都方言多出七个声母：[z]、[ʧ]、[ʧ‘]、[ʃ]、[ʒ]、[ȵ]、[ŋ]。

[z] 是 [ts] 组的浊擦音，用它作声母的只有柔、揉、鞣、蹂（均属中古日母尤韵开口三等字）及方言词“嬲”等字。普通话零声母 w，都作唇齿音 [v]。

舌叶音 [ʧ] 组四个声母，是 [tʂ] 组四个声母在韵母 [u] 前拼合时的变体（即中古合口二三等韵中知章庄日四组字的变体）。如普通话的 zhu 变为 [ʧu]，chu 变为 [ʧ‘u]，shuang 变为 [ʃ]，ruan 变为 [ʒ] 等。舌叶音发音的特点双唇收缩成扁形，上唇似有与下齿相接的姿态，但不真正接触成阻，而是舌面中隆起与硬颚成阻，或舌边与臼齿紧贴中间形成缝隙发出的音。

[ȵ] 主要是中古泥母与细音齐齿呼韵母拼合的读音，如泥 [i$^{24}$]、娘 [iã$^{24}$]，也有少量属于疑母字（如牛 [iəu$^{24}$]、牙 [ia$^{24}$]）、见母字（如脸 [iæ$^{53}$]）、影母字（如焉 [iæ$^{31}$]）。

[ŋ] 多出现在开口呼的零声母字前。如“我”读为 [ŋə53]，“爱”读为 [ŋai313]，“熬”读为 [ŋau$^{24}$]，“肮”读为 [ŋã$^{31}$] 等。正因为有这种变化，武都方言开口呼没有零声母字。

2. 和普通话比，没有声母“n”。即中古泥母字在洪音前读为边音 [1]，如拉、纳同变读为 [la$^{31}$]，老脑同读为 [lau$^{53}$]，兰南同读为 [1æ̃$^{24}$]；在细音前变为 [ȵ]，例见前。

3. 和普通话比，中古知系字、照系字在今开口韵前，一般是二等声母读 [ts] 组音，三等声母读 [tʂ] 组音。如“闸”读为 [tsa$^{24}$]，“茶”读为 [ts‘a$^{24}$]，“沙”读为 [ta$^{31}$]；中古止摄照系字今声母全读 [ts] 组音。如纸、旨、止读作 [tsɿ$^{53}$]，师、尸、诗读作 [sɿ$^{31}$]。

4. [tɕ] 组声母与韵母 [i] 相拼时，摩擦成分很重，如读鸡、奇、希等字。

## 二、韵母

武都方言的韵母，除儿化韵外，共有 33 个。

（一）武都话韵母表

表 35—6—2

| 四呼<br>韵母<br>类别 | 开口呼 | | 齐齿呼 | | 合口呼 | | 撮口呼 | |
|---|---|---|---|---|---|---|---|---|
| | 拼音字母 | 国际音标 | 拼音字母 | 国际音标 | 拼音字母 | 国际音标 | 拼音字母 | 国际音标 |
| 单韵母 | | | i | [i] | u | [v] | ü(yu) | [y] |
| | a | [a] | ia | [ia] | ua | [va] | | |
| | o、e | [ə] | | | uo | [və] | | |
| | er | [ɚ] | ie | [iɛ] | | | üe(yue) | [yɛ] |
| | -i | [ɿ] | | | | | | |
| | -i | [ʅ] | | | | | | |
| 单韵母 | / | [ʮ] | | | | | | |
| | ai | [ai] | | | uai | [vai] | | |
| 复韵母 | ei | [ei] | | | uei(ui) | [vei] | | |
| | ao | [au] | iao | [iau] | | | | |
| | ou | [əu] | iou(iu) | [iəu] | | | | |
| 鼻韵母 | an | [æ̃] | ian | [iæ̃] | uan | [væ̃] | üan(yuan) | [yæ̃] |
| | en | [ən] | in | [in] | uen | [vən] | ün(yun) | [yn] |
| | ang | [ã] | iang | [iã] | uang | [vã] | | |

（二）韵母例字

i 希席洗戏　v 目谋母牧　y 峪鱼雨遇　a 抹麻马骂　ia 鸭涯雅轧

va 华滑划话　ə 设舌赦社　və 洛罗裸懦　ɚ 日儿耳二　iɛ 接杰姐借

yɛ 约学倔　ɿ 诗时史事　ʅ 尺池耻赤　ʮ 朱逐主住　ai 猜财彩菜

vai 乖怀拐怪　ei 百白伯辈　vei 挥回悔汇　au 掏逃讨套　iau 妖尧舀要

əu 偷头抖透　iəu 六刘柳溜　æ̃ 弯完晚万　iæ̃ 仙贤显宪　væ̃ 欢环缓换

yæ̃ 冤袁远院　ən 风峰粉奉　in 新形醒性　vən 荤红哄混　yn 雍荣勇运

ã 方房纺放　iã 乡祥想向　vã 荒皇谎撂

（三）韵母的主要特点

1. 和普通话相比，武都方言的韵母后鼻音韵尾 [ŋ] 消失，[aŋ] 组三韵变为鼻化元音 [ã] 组三韵；[eŋ]、[iŋ]、[ueŋ]、[oŋ]、[ioŋ] 五韵分别并入前鼻韵母 [ən]、[in]、[vən]、

[yn] 四韵。如分、风同读为 [fən31]，林、零同读为 [in24]，魂、红同读为 [xvən24]，运、用同读为 [yn313]。“u”作韵母、韵头时读 [v]。

2. 前鼻音 [an]、[ian]、[uan]、[üan] 变为鼻化元音 [æ̃]、[iæ̃]、[væ̃]、[yæ̃]。

3. 中古止摄开口照系字，普通话读 [ʅ] 韵的，武都方言全读为 [ʅ] 韵，例见声母特点。

4. 韵母 [ʯ] 是专为 [tʃ] 组单用时选取的。它的读音相当于武都方言读猪、初、书、入四字时，把音拖长的尾音。凡普通话声母 zh、ch、sh、r 与“u”相拼时，则韵母为 [ʯ]。

5. 中古开口入声麦、陌、德三韵的字（如得、德、特、则、择、责等）和职韵庄组的字（如仄、侧、策、涩、色等），普通话韵母是 [e]，武都方言韵母是 [ei]。

6. 武都方言韵母 [yɛ] 的实际读音比起普通话来，唇呈圆形，类似于 [yo] 的发音。

## 三、声调

武都方言的声调和普通话一样，分阴平、阳平、上声、去声四个声调。调值与普通话差别较大，其特点是比普通话低沉，多降调；在中古四声与今四声归类上，与普通话也有不同。

（一）武都方言与普通话调值对照表　　表 35—6—3

| 武都方言 | | 普通话 | |
|---|---|---|---|
| 上声　53 | 5度　（高） | 阴平　55 | 5度　（高） |
| 阴平　31 | 4度（半高） | 去声　51 | 4度（半高） |
| 去声　313 | 3度　（中） | 阳平　35 | 3度　（中） |
| 阳平　24 | 2度（半低） | 上声　214 | 2度（半低） |
| | 1度　（低） | | 1度　（低） |

“阴平”在普通话是高平调，调值是 55，武都方言是低降调，调值是 31；“阳平”在普通话是中升调，调值是 35，武都方言是低升调，调值是 24；“上声”在普通话是降升调，调值是 214，武都方言是高降调，调值是 53；“去声”在普通话是高降调，调值是 51，武都方言是中降升调，调值是 313。

（二）武都方言四声例字

阴平　31 调值　　司吃插恶哀麦抄抽翻声

阳平　24 调值　　时侄查蛾崖梅曹仇繁绳

上声　53 调值　　始耻衩我碍美草丑返慎

去声　313 调值　　市赤岔饿爱妹造臭范胜

（三）武都方言声调与中古声调对应表

表 35—6—4

| 古调类 | 古清浊 | 例字 | 阴平 | 阳平 | 上声 | 去声 |
|---|---|---|---|---|---|---|
| 平 | 清 | 次清 | 开超出 | | | |
| | | 全清 | 刚知婚 | | | |
| | 浊 | 次清 | | 鹅娘入 | | |
| | | | | 穷陈寒 | | |
| 上 | 清 | 次清 | | | 口丑草 | |
| | | 全清 | | | 古纸老 | |
| | 浊 | 次清 | | | 五老有 | |
| | | | | | | 迈柱坐 |
| 去 | 清 | 次清 | | | | 靠唱菜 |
| | | 全清 | | | | 盖汉正 |
| | 浊 | 次清 | | | | 岸闰怒 |
| | | 全清 | | | | 陈助谢 |
| 入 | 清 | 次清 | 踢察曲 | | | |
| | | 全清 | 失识释 | | | |
| | 浊 | 次清 | 六入纳 | | | |
| | | | | 宅食杂 | | |

（四）武都方言、普通话与中古声调对应比较表

表 35—6—5

| 古调类及清浊 | | | 例字 | 普通话 | 武都话 |
|---|---|---|---|---|---|
| 平 | 清 | | 专尊丁边<br>初粗天偏 | 阴平 | 阴平 |
| | 浊 | 次浊 | 人龙难麻<br>床才唐平 | 阴平 | 阴平 |
| | | 全浊 | | | |
| 上 | 清 | | 展纸走短<br>丑楚草体<br>女染买老 | 上声 | 上声 |
| | 浊 | 次浊 | | | |
| | | 全浊 | 近倍柱坐<br>变醉正盖<br>怕莱唱抗<br>岸闰怒帽<br>陈共助暂 | 去声 | 去声 |
| 去 | 清 | | | | |
| | 浊 | 次浊 | | | |
| | | 全浊 | | | |
| 入 | 清 | | 失惜踢出 | 阴平 | 阴平 |
| | | | 识责察咳 | 阳平 | |
| | | | 百谷曲尺 | 上声 | |
| | | | 释宿促鹊 | 去声 | |
| | 浊 | 次浊 | 岳入六麦 | 去声 | |
| | | 全浊 | 食杂读白 | 阳平 | 阳平 |

武都方言、普通话与中古声调对应的结果，中古平声、上声、去声以及入声的全浊声母字的归并规律是相一致的：中古平声字，清声字归阴平，浊声字归阳平；中古上声字，清声、次浊归上声，全浊归去声；中古去声字不分清浊全归去声；入声的全浊字归阳平。和普通话不同的是入声清声、次浊字。中古入声中的清声字，普通话分归于阴平、阳平、上声、去声，四类都有，入声次浊，普通话归去声，而武都方言全部归入阴平。

## 第二节　武都方言同音字表

[a] 韵

表 35—6—6

| 例字 调 / 声母 | 阴　平 | 阳　平 | 上　声 | 去　声 |
|---|---|---|---|---|
| p | 八巴笆疤 | | 把尼爸 | 坝霸坝灞 |
| p‘ | | 爬 趴 | | 怕帕拔罢白 |
| m | 抹 | 妈麻痳 | 马码玛 | 骂 |
| f | 发法 | 乏伐筏罚 | | |
| v | 挖洼蛙袜 | 娃 | 瓦 | |
| t | 搭答~应奁 | 答回~达妲 | 打 | 大 |
| t‘ | 塌塔獭 | 沓踏 | 它他 | 挞塌 |
| l | 拉辣纳腊 | 拿文 | 哪 | 那 |

表 35—6—7

| | | | | |
|---|---|---|---|---|
| ts | 渣札剑嚼 | 咱砸杂 | 拃眨 | 炸诈榨闸 |
| ts‘ | 叉插擦差别 | 查茶察茬 | 衩~子 | 岔诧 |
| s | 沙纱杀萨 | | 洒撒 | 啥 |
| ʂ | | | 傻 | |
| t | 抓髽 | | 爪 | |
| ʃ | 刷 | | 耍 | |
| ʒ | | 挼 | | |
| k | | 尕 | | |
| k | | | 卡咔 | |
| x | 瞎 | | 哈姓 | 吓下白 |
| ø | 阿啊 | | | |

## [ə] 韵

表 35—6—8

| 例字 调 / 声母 | 阴 平 | 阳 平 | 上 声 | 去 声 |
|---|---|---|---|---|
| p | 玻播剥博 | | 跛 簸 | |
| p | 波坡泼脖 | | 婆 | 破 |
| m | 末沫没 | 磨摩膜魔 | 抹 摸 | |
| f | 弗佛拂 | | | |
| v | 窝涡握莴 | | | 卧 |
| t | 折遮摺 | | 这 者 | 哲蛰蔗 |
| t | 车 绰 | | 彻扯撤 | |
| ʂ | 设涉摄赊 | 舌芍折白蛇 | 射舍赦 | 社 舍 |
| ʐ | 若热弱 | | 惹 | |
| t | 卓桌捉啄 | 浊 镯 | | |
| t | 戳龊 | | | 辍 |
| ʃ | 说 | | 所 | |
| k | 戈各歌角白 | 鸽 搁 | 哥 | 个 |
| k | 壳苛渴磕 | | 可 | |
| ŋ | 恶 | 鹅俄讹蛾 | 我 | 饿 |

## [ɚ] 韵

表 35—6—9

| 例字 调 / 声母 | 阴 平 | 阳 平 | 上 声 | 去 声 |
|---|---|---|---|---|
| ɚ | 日～子 | 儿 而 | 尔耳饵 | 二 |

## [ɿ] 韵

表 35—6—10

| 例字 调 / 声母 | 阴 平 | 阳 平 | 上 声 | 去 声 |
|---|---|---|---|---|
| ts | 之只支资 | | 子止旨纸 | 自志至字 |
| tsʻ | 兹滋嗤迟白 | 慈词辞瓷 | | 次此刺翅 |
| s | 尸司私丝 | 时 | 史始使死 | 士示是事 |

## [ʅ]韵

表 35—6—11

| 例字／调／声母 | 阴　平 | 阳　平 | 上　声 | 去　声 |
|---|---|---|---|---|
| tʂ | 知执质职 | | | 治制智致 |
| tʂ | 尺吃痴笞 | 池驰弛侄 | 耻 | 斥赤叱敕 |
| ʂ | 失识室式 | 食实拾石 | | 世势誓逝 |
| ʐ | 日 | | | |

## [u]韵

表 35—6—12

| 例字／调／声母 | 阴　平 | 阳　平 | 上　声 | 去　声 |
|---|---|---|---|---|
| t | 朱竹猪诸 | 逐烛筑轴白 | 主煮 | 住助祝着 |
| t | 出初 | 除锄 | 杵楚 | 贮 |
| ʃ | 书叔属舒 | 熟赎 | 暑蜀 | 术树 |
| ʒ | 入如 | 懦困 | 汝儒乳辱 | 孺 |

## [ai]韵

表 35—6—13

| 例字／调／声母 | 阴　平 | 阳　平 | 上　声 | 去　声 |
|---|---|---|---|---|
| p | | | 摆 | 拜 |
| p | | 排徘牌 | | 派稗湃败白 |
| m | | 埋 | 买 | 迈卖 |
| v | 歪 | | 外 | 外 |
| t | 呆待逗留 | | 歹 | 代带怠戴 |
| t | 胎苔态 | 台抬 | | 太汰泰 |
| l | | 来 | 乃奶 | 耐奈赖癞 |
| ts | 灾栽斋 | | 宰 | 在再寨债 |
| ts | 差出~猜钗 | 才财柴裁 | 采彩踩 | 蔡菜 |
| s | 腮 | | 筛 | 晒赛 |
| t | | | 跩 | □强给 |
| t | 揣怀~ | | 揣~摸 | |
| ʃ | 衰 | | 摔 | 帅 |

表 35—6—13 续表

| 例字 调 声母 | 阴　平 | 阳　平 | 上　声 | 去　声 |
|---|---|---|---|---|
| ʒ | | | | 楔白 |
| k | 街该 | | 改解白 | 丐芥盖界白 |
| k‘ | 开 | | 凯楷概 | |
| ŋ | 哀埃 | 崖捱皑 | 矮碍隘蔼 | 艾爱 |
| x | 哈 | 鞋孩 | 海 | 亥害骇 |

[ ei ] 韵

表 35—6—14

| 例字 调 声母 | 阴　平 | 阳　平 | 上　声 | 去　声 |
|---|---|---|---|---|
| p | 北百柏掰 | 白 | 伯 | 贝焙辈 |
| p‘ | 拍杯披 | 培赔陪 | 迫丕裴 | 佩配 |
| m | 脉麦 | 煤玫梅墨 | 美每莓 | 妹昧魅寐 |
| f | 飞非绯菲 | 肥淝 | 匪诽翡 | 吠费肺废 |
| v | 维危威微 | 为围 | 委畏伟伪 | 卫胃味位 |
| t | 得德 | | | |
| t‘ | 特忒 | | | |
| l | 肋勒 | | | |
| ts | 窄侧摘文 | 宅责则泽 | | |
| ts‘ | 策册拆 | 择白测厕恻 | | |
| s | 色塞涩虱 | 谁白 | | |
| tʃ | 追锥 | | | 赘缀坠惴 |
| tʃ‘ | 吹炊 | 垂陲槌锤 | | |
| ʃ | 甩 | 谁文 | 水 | 睡税 |
| ʒ | | 蕤 | | 锐瑞 |
| k | 革格隔 | 给 | | |
| k‘ | 克客刻 | | | |
| x | 黑赫 | | | |

## [au]韵

表 35—6—15

| 例字 调 / 声母 | 阴 平 | 阳 平 | 上 声 | 去 声 |
|---|---|---|---|---|
| p | 包苞 | | 保宝饱 | 暴 |
| p | 脬 | 抛袍 | 跑 | 泡炮疱 |
| m | | 毛矛猫牦 | 卯昴 | 冒茂贸貌 |
| t | 刀叨 | | 导盗捣祷 | 到道倒 |
| t | 洮涛掏 | 逃桃淘陶 | 讨稻 | 套 |
| l | | 牢劳捞猱 | 老恼脑 | 涝闹 |
| ts | 遭糟 | | 早枣找澡 | 皂灶罩笊 |
| ts | 抄钞操 | 曹槽巢槽 | 吵炒草騲 | 造糙燥躁 |
| s | 梢捎骚臊~气 | | 稍扫埋 | 哨臊肉~子 |
| z | 嬲 | | | |
| t | 召昭招 | | | 兆赵照文 |
| t | 超 | 朝嘲潮晁 | | |
| ʂ | 烧 | 韶 | 少 | 绍 |
| ʐ | | 饶 | 绕 | 照白 |
| k | 高膏皋羔 | | 搞稿 | 告诰膏动 |
| k | | | 考拷烤 | 靠犒 |
| ŋ | | 敖熬坳 | 袄 | 奥傲鳌 |
| x | 蒿 | 号豪毫壕 | 好~看 | 耗浩好喜~ |

## [əu]韵

表 35—6—16

| 例字 调 / 声母 | 阴 平 | 阳 平 | 上 声 | 去 声 |
|---|---|---|---|---|
| t | 都白兜 | | 斗升~蚪陡 | 豆逗痘斗~争 |
| t | 偷 | 头投 | 抖 | 透 |
| l | 篓 | 楼 | 搂 | 漏 |
| ts | 邹 | | 走 | 奏揍绉骤 |
| ts | 掐 | 愁 | 瞅 | 凑 |
| s | 搜艘 | | 叟 | 嗽瘦 |
| z | | 柔揉蹂 | | |
| t | 舟周州洲 | | 肘 | 宙昼咒 |

表 35—6—16 续表

| 例字 调 声母 | 阴　平 | 阳　平 | 上　声 | 去　声 |
|---|---|---|---|---|
| t | 抽 | 仇绸稠筹 | 丑 | 臭 |
| ʂ | 收 |  | 手守首 | 受寿兽 |
| ʐ |  |  |  | 肉 |
| k | 勾沟 |  | 苟狗垢 | 够购 |
| k | 抠 |  | 口 | 扣铝寇 |
| ŋ | 欧鸥 |  | 偶呕 | 沤怄 |
| x | 齁 | 侯喉 | 吼 | 后厚后 |

[ æ̃ ] 韵

表 35—6—17

| 例字 调 声母 | 阴　平 | 阳　平 | 上　声 | 去　声 |
|---|---|---|---|---|
| p | 班斑般搬 |  |  | 半伴拌 |
| p | 潘 | 盘蟠 |  | 判叛盼绊 |
| m |  | 蛮馒 | 满 | 漫慢幔蔓文 |
| f | 帆翻 | 烦凡繁樊 | 反返 | 犯饭泛范 |
| v | 剜弯豌湾 | 完顽 | 晚碗挽绾 | 万玩腕蔓白 |
| t | 丹单担耽 |  | 但胆疸 | 旦淡蛋惮 |
| t | 贪潭滩 | 谈坛弹痰 | 坦毯忐 | 探叹炭宕~昌 |
| l |  | 兰南男难 | 览揽懒 | 烂滥 |
| ts | 盏簪 |  | 斩攒 | 站暂栈溅 |
| ts | 搀参~与噆 | 蚕残谗馋 | 产 | 灿绽粲 |
| s | 山三衫删 |  | 伞 | 散 |
| t | 沾粘文 |  | 展 | 战占颤 |
| t | 襜 | 缠禅 | 谄 |  |
| ʂ | 煽羶 | 蝉 | 陕闪 | 扇善擅蟮 |
| ʐ |  | 然燃粘白 | 冉染 |  |
| t | 专砖 |  | 转~运 | 传篆撰转~身 |
| t | 川穿 | 椽船文篅文 | 喘 | 串钏 |
| ʃ | 闩拴 | 船白篅白 |  | 涮 |
| ʒ | 楆 |  | 软阮 |  |

表 35—6—17 续表

| 例字 调 声母 | 阴　平 | 阳　平 | 上　声 | 去　声 |
|---|---|---|---|---|
| k | 干甘柑肝 | | 感敢 | |
| k | 刊勘堪 | | 坎砍侃 | 看 |
| ŋ | 安庵 | 涫~水 | 埯 | 岸按暗 |
| x | 颔憨涎 | 含寒 | 喊 | 汗汉旱焊 |

[ ən ] 韵

表 35—6—18

| 例字 调 声母 | 阴　平 | 阳　平 | 上　声 | 去　声 |
|---|---|---|---|---|
| p | 奔崩 | | 本 | 笨 |
| p | 烹喷 | 朋盆彭蓬 | 碰 | 喷~嚏 |
| m | | 蒙门盟蒙 | 猛 | 闷孟梦 |
| f | 风丰分封 | 坟冯峰缝 | 粉讽焚 | 风粪奉 |
| v | 温翁 | 文蚊闻 | 吻稳 | 问瓮 |
| t | 灯登 | | 等戥 | 邓瞪 |
| t | 吞 | 疼腾滕藤 | | |
| l | | 能 | 冷 | 垄白 |
| ts | 争增 | | 怎 | 挣赠甑 |
| ts | 撑 | 层 | 碜 | 衬 |
| s | 生甥森僧 | | 省 | |
| t | 真针征蒸 | | 枕振整拯 | 证政郑镇 |
| t | 称 | 尘成丞程 | | 秤趁 |
| ʂ | 声身升深 | 神绳盛 | 慎审 | 圣肾胜剩 |
| ʐ | | 人仁壬 | 扔 | 认忍妊 |
| t | 中忠钟谆 | | 准种 | 众仲 |
| t | 春冲 | 虫纯重~复 | 宠蠢 | 充铳 |
| ʃ | | 眚不吉利 | 吮 | 顺舜 |
| ʒ | | 戎绒 | 茸毹 | 闰润 |
| k | 庚跟根耕 | | 耿埂 | 更艮 |
| k | 坑 | | 肯恳龈 | |
| ŋ | 恩 | | | |
| x | 亨哼 | 痕衡恒行白 | 很 | 恨杏白 |

## [ã]韵

表 35—6—19

| 例字 调 / 声母 | 阴　平 | 阳　平 | 上　声 | 去　声 |
|---|---|---|---|---|
| p | 邦帮 | | 绑榜谤 | 蚌棒 |
| p | | 旁滂庞 | | 胖 |
| m | 龙厖 | 忙盲茫虻 | 蟒 | |
| f | 方 | 房妨 | 仿芳纺倣 | 放 |
| v | 汪 | 王亡 | 网往 | 忘望旺 |
| t | 裆 | | 党荡 | 当挡 |
| t | 汤 | 唐堂糖 | 淌躺倘 | w烫 |
| l | 硠 | 郎狼朗 | 囊攘讓 | 浪阆 |
| ts | 脏赃臧 | | | 葬脏~腑 |
| ts | 仓沧苍 | 藏文 | | |
| s | 桑 | | 嗓搡 | 丧~失 |
| t | 张章漳彰 | | 涨掌 | 仗障 |
| t | 伥 | 长肠掌场 | 厂厂昌倡 | 唱怅 |
| ʂ | 商伤裳晌 | 尝 | 赏偿 | 上绱 |
| ʐ | | 禳瓤 | 壤酿 | 让 |
| t | 庄妆 | | 奖状 | 壮 |
| t | 窗疮 | 床 | 创闯撞 | |
| ʃ | 双霜 | | 爽 | 双~生 |
| k | 刚文缸纲钢 | | 港 | 杠 |
| k | 康慷糠腔白 | | 扛 | 槛门~ |
| ŋ | 肮 | | 昂 | 盎 |
| x | 夯 | 行杭航 | | 项白巷白 |

## [i]韵

表 35—6—20

| 例字 调 / 声母 | 阴　平 | 阳　平 | 上　声 | 去　声 |
|---|---|---|---|---|
| p | 碑必碧笔 | | 比秕滗 | 闭被备蔽 |
| p | 批屄 | 皮蚍疲鼻 | 避鄙劈避 | 匹屁 |

表 35—6—20 续表

| 例字 调 / 声母 | 阴平 | 阳平 | 上声 | 去声 |
|---|---|---|---|---|
| m | 密蜜 | 眉迷糜弥 | 女米 | 觅媚 |
| t | 的低 | 敌狄 | 底氐牴嫡 | 帝地第 |
| t | 梯踢 | 题笛提啼 | 体 | 替剃惕屉 |
| l | 力立栗 | 历丽离梨 | 礼里李理 | 厉利例 |
| t | 机吉击级 | 急 | 几己挤 | 寄忌祭姬 |
| t | 七妻欺戚 | 齐奇旗集 | 岂启起 | 气器砌去白 |
| ȵ | 尼宜泥疑 | | 你 | 谊逆 |
| ɕ | 西吸希惜 | 习席昔席 | 洗喜 | 细系戏隙 |
| ∅ | 一衣益医 | 移遗 | 椅倚姨尾白 | 义易邑艺 |

## [ia]韵

表 35—6—21

| 例字 调 / 声母 | 阴平 | 阳平 | 上声 | 去声 |
|---|---|---|---|---|
| p | □贴 | | | |
| m | 咪猫叫声 | | | |
| t | 家甲夹加 | | 假贾瘕 | 嫁驾价架 |
| t | | | 恰掐 | 㭘白 |
| ȵ | | 压白牙白娘白 | | |
| ɕ | | 霞狭匣侠 | | 夏下文吓文 |
| ∅ | 鸭鸦押 | 涯衙牙文芽文 | 亚雅哑 | 轧 |

## [iɛ]韵

表 35—6—22

| 例字 调 / 声母 | 阴平 | 阳平 | 上声 | 去声 |
|---|---|---|---|---|
| p | 憋鳖 | 别文 | | |
| p | 撇 | 别白 | 撇扔 | 弊白 |
| m | 灭蔑 | | | |
| t | 迭跌滴 | 蝶喋叠谍 | | |
| t | 铁贴帖 | 碟 | | |
| l | 列烈裂猎 | 跕 | | |
| t | 阶皆接节 | 洁杰竭碣 | 姐解文 | 介界借戒 |

表 35—6—22 续表

| 例字 调 / 声母 | 阴 平 | 阳 平 | 上 声 | 去 声 |
|---|---|---|---|---|
| t | 切怯 | 茄截白 | | 藉妾 |
| ȵ | 业捏聂孽 | 苶 | | |
| ɕ | 血些歇惜白 | 协邪斜谐 | 写 | 谢泻卸懈 |
| Ø | 叶页耶噎 | | 爷也野 | 夜液腋掖 |

[ iau ] 韵

表 35—6—23

| 例字 调 / 声母 | 阴 平 | 阳 平 | 上 声 | 去 声 |
|---|---|---|---|---|
| p | 膘标彪 | | 表表 | |
| p | 飘瞟 | 瓢嫖 | 漂 | 票剽 |
| m | 苗描瞄 | | 妙秒眇藐 | 庙缪 |
| t | 刁凋貂雕 | | 屌 | 钓掉 |
| t | 挑选 | 条调~解跳 | 挑窕 | 粜眺 |
| l | | 疗僚燎聊 | 了 | 料撂 |
| t | 交焦椒浇 | | 绞狡搅较 | 叫窖酵 |
| t | 悄缲敲 | 桥樵 | 巧 | 轿俏峭 |
| ȵ | | | 咬鸟 | 尿 |
| ɕ | 肖消宵逍 | | 小 | 笑孝效 |
| Ø | 么妖腰 | 尧姚摇遥 | 舀 | 要鹞 |

[ iu ] 韵

表 35—6—24

| 例字 调 / 声母 | 阴 平 | 阳 平 | 上 声 | 去 声 |
|---|---|---|---|---|
| t | 丢 | | | |
| l | 六绿白 | 刘流留硫 | 柳绺 | 馏溜霤 |
| t | 究鸠纠揪 | | 久九酒韭 | 旧就救舅 |
| t | 丘秋蚯球 | 求球囚虬 | | |
| ȵ | | 牛 | 扭纽谬 | |
| ɕ | 休修羞脩 | | 朽 | 秀袖绣锈 |
| Ø | 优忧悠疣 | 由油尤游 | 有酉羑 | 右友幼诱 |

## [iæ̃]韵

表 35—6—25

| 例字 调 / 声母 | 阴　平 | 阳　平 | 上　声 | 去　声 |
|---|---|---|---|---|
| p | 边鞭 | | 贬扁 | 变便弁 |
| p' | 偏 | 谝 | 片篇骗 | |
| m | 棉眠 | | 免勉冕 | 面 |
| t | 掂颠 | | 点典 | 店淀殿垫 |
| t' | 添天 | 田甜 | 舔殄 | |
| l | | 连帘怜联 | 敛 | 殓练炼 |
| tɕ | 坚监艰奸 | | 减剑剪 | 见件建荐 |
| tɕ' | 千谦铅牵 | 前钱干 | 浅遣遣 | 欠倩 |
| ȵ | 蔫 | 年严白 | 脸眼碾撵 | 念碾~米 |
| ɕ | 先仙掀 | 咸贤闲 | 显险鲜 | 县现线宪 |
| ø | 烟淹焉 | 言盐延颜 | 掩演 | 砚艳燕晏 |

## [in]韵

表 35—6—26

| 例字 调 / 声母 | 阴　平 | 阳　平 | 上　声 | 去　声 |
|---|---|---|---|---|
| p | 冰兵彬 | | 丙饼秉 | 并病 |
| p' | | 平贫瓶凭 | 品拼 | 聘 |
| m | | 明名民鸣 | 皿敏 | 命 |
| t | 丁疔盯钉名 | | 顶鼎 | 定订钉动 |
| t' | 听庭亭 | 停 | 挺艇 | |
| l | | 林灵临玲 | 领岭檩懔 | 另吝令蔺 |
| tɕ | 京金经精 | | 井景谨紧 | 敬禁境静 |
| tɕ' | 亲清侵轻 | 情秦琴擒 | 顷请 | 庆 |
| ȵ | | 宁凝 | | 硬佞 |
| ɕ | 新心星辛 | 形寻邢行文 | 醒擤 | 性杏文 |
| ø | 英因音阴文 | 吟银营淫 | 引影饮尹 | 印映 |

## [iã]韵

表 35—6—27

| 例字 调 / 声母 | 阴平 | 阳平 | 上声 | 去声 |
|---|---|---|---|---|
| p | □枪声 | | | |

表 35—6—27 续表

| 例字 调<br>声母 | 阴 平 | 阳 平 | 上 声 | 去 声 |
|---|---|---|---|---|
| p‘ | □火炮声 | | | |
| l | | 凉良梁粮 | 两 | 亮量 |
| tɕ | 江姜疆刚白 | | 讲蒗白 | 匠将降 |
| tɕ‘ | 枪羌腔文 | 墙强藏白 | 抢 | 呛 |
| ȵ | | 娘文 | 仰 | |
| ɕ | 香乡湘箱 | 祥详翔降~ | 享响想 | 相向像 |
| Ø | 央秧 | 羊阳 | 养痒仰文 | 样漾快 |

[v]韵

表 35—6—28

| 例字 调<br>声母 | 阴 平 | 阳 平 | 上 声 | 去 声 |
|---|---|---|---|---|
| p | 卜不 | | 补堡捕 | 布怖 |
| p‘ | 铺~床仆 | 蒲菩葡 | 普谱 | 步部铺~子 |
| m | 木沐目 | 谋 | 母某亩牡 | 牧暮慕穆 |
| f | 福服复肤 | 伏俘浮符 | 否府斧负 | 父妇富 |
| v | 乌屋巫兀 | 无吾吴 | 午五武侮 | 勿务悟误 |
| t | 都督 | 独读 | 赌堵肚堵~ | 杜度镀肚~子 |
| t‘ | 突秃 | 图徒毒屠 | 土吐 | 兔 |
| l | 禄鹿陆绿文 | 奴卢驽 | 鲁努卤 | 路赂怒露 |
| ts | 租 | 族 | 祖 | 做 |
| ts‘ | 促粗 | | | 醋 |
| s | 苏速 | 酥 | 酥 | 素塑嗉 |
| k | 谷姑估骨 | | 古 | 固故 |
| k‘ | 哭枯酷 | | 苦 | 库裤 |
| x | 呼忽 | 胡壶 | 虎浒 | 户护 |

[va]韵

表 35—6—29

| 例字 调<br>声母 | 阴 平 | 阳 平 | 上 声 | 去 声 |
|---|---|---|---|---|
| k | 瓜刮 | | 剐寡 | 卦挂 |
| k‘ | 夸 | | 垮跨胯 | 挎 |

表 35—6—29 续表

| 例字 调 声母 | 阴　平 | 阳　平 | 上　声 | 去　声 |
|---|---|---|---|---|
| x | 花华 | 划~船滑搳 | 划计~ | 化画话 |

[ və ] 韵

表 35—6—30

| 例字 调 声母 | 阴　平 | 阳　平 | 上　声 | 去　声 |
|---|---|---|---|---|
| t | 多 | | 朵躲 | 剁惰 |
| t‘ | 托讬脱拖 | 驮驼铎夺白 | 妥椭 | 唾舵 |
| l | 洛落 | 罗挪骡螺 | 裸摞 | 懦糯 |
| ts | 作撮 | 昨 | 左佐 | 坐祚昨 |
| ts‘ | 凿搓 | 矬 | | 错挫锉 |
| s | 缩唢 | | 锁索 | 朔 |
| k | 郭锅 | | 果馃 | 过 |
| k‘ | 扩科阔 | 课 | | 颗廓 |
| x | 喝鹤豁 | 和河活合 | 火伙 | 货祸贺荷 |

[ vai ] 韵

表 35—6—31

| 例字 调 声母 | 阴　平 | 阳　平 | 上　声 | 去　声 |
|---|---|---|---|---|
| k | 乖 | | 拐 | 怪 |
| k‘ | | | 块侩 | 快 |
| x | | 淮怀槐 | | 坏 |

[ vei ] 韵

表 35—6—32

| 例字 调 声母 | 阴　平 | 阳　平 | 上　声 | 去　声 |
|---|---|---|---|---|
| t | 堆 | | | 队对兑 |
| t‘ | 推 | 颓 | 腿 | 退 |
| l | | 雷 | 累磊 | 内泪类累困乏 |
| ts | | | 嘴 | 最罪醉 |
| ts‘ | 崔催摧 | | | 翠脆粹焠 |
| s | 虽 | 随 | 髓 | 岁碎遂 |

表 35—6—32 续表

| 例字 调 声母 | 阴　平 | 阳　平 | 上　声 | 去　声 |
|---|---|---|---|---|
| k | 国龟归 | 闺瑰 | 鬼轨诡宄 | 桂贵癸 |
| k' | 亏规 | 奎魁 | 傀 | 柜溃跪愧 |
| x | 挥灰 | 回蛔回 | 悔贿毁 | 会汇惠彗 |

[ væ̃ ] 韵

表 35—6—33

| 例字 调 声母 | 阴　平 | 阳　平 | 上　声 | 去　声 |
|---|---|---|---|---|
| t | 端 | | 短 | 段锻断 |
| t' | 湍 | 团 | 疃 | 彖 |
| l | | 栾峦銮 | 暖卵 | 乱 |
| ts | 钻 | | | 纂缵 |
| ts' | 氽貒 | 櫕 | | 窜篡 |
| s | 酸 | | | 算蒜 |
| k | 关观官 | | 管馆 | 贯灌 |
| k' | 宽 | | 款 | |
| x | 欢 | 环桓嬛 | 缓 | 换幻患宦 |

[ vən ] 韵

表 35—6—34

| 例字 调 声母 | 阴　平 | 阳　平 | 上　声 | 去　声 |
|---|---|---|---|---|
| t | 东敦冬蹲 | | 董懂 | 洞动炖 |
| t' | 通 | 童同彤屯 | 统桶 | 痛恸 |
| l | | 农隆聋脓 | 笼陇 | 弄嫩 |
| ts | 宗尊鬃综 | | 总 | 棕纵 |
| ts' | 村匆聪皴 | 从存 | | 寸 |
| s | 孙松嵩 | 髁 | 悚笋 | 送宋讼 |
| k | 工功公宫 | | 汞巩龚宰 | 供棍贡 |
| k' | 空崆 | | 孔坤恐 | 困 |
| x | 烘婚轰荤 | 红宏弘洪 | 哄 | 混 |

## [vã] 韵

表 35—6—35

| 例字 调 声母 | 阴 平 | 阳 平 | 上 声 | 去 声 |
|---|---|---|---|---|
| k | 光 | | 广 | |
| k‘ | 匡框筐框 | | | 况矿逛 |
| x | 荒慌 | 皇黄凰蝗 | 谎晃幌 | |

## [y] 韵

表 35—6—36

| 例字 调 声母 | **阴 平** | **阳 平** | **上 声** | **去 声** |
|---|---|---|---|---|
| l | 率捋绿文 | 驴文 | 吕侣旅屡 | |
| tɕ | 足驹菊桔 | | 举 | 拒句据惧 |
| tɕ‘ | 曲屈局趋 | 渠 | 取娶 | 趣 |
| ɕ | 宿粟虚肃 | | 许诩 | 畜序絮绪 |
| ǿ | 峪狱域郁 | 鱼余愚娱 | 雨欲 | 遇玉愈味白 |

## [yɛ] 韵

表 35—6—37

| 例字 调 声母 | **阴 平** | **阳 平** | **上 声** | **去 声** |
|---|---|---|---|---|
| l | 劣掠略 | | | |
| tɕ | 觉脚角文 | 决绝 | | 倔 |
| tɕ‘ | 确缺鹊雀文 | 橛瘸嚼 | | |
| ɕ | 削雪靴 | 学斜白 | | |
| ǿ | 约悦岳越 | | | |

## [yæ] 韵

表 35—6—38

| 例字 调 声母 | **阴 平** | **阳 平** | **上 声** | **去 声** |
|---|---|---|---|---|
| tɕ | | 娟鹃 | 捐卷 | 眷倦 |
| tɕ‘ | 圈~子 | 全泉权拳 | 犬 | 券劝圈羊~ |
| ɕ | 宣轩喧鲜 | 玄旋悬 | 选癣 | 楦绚眩馅 |
| ǿ | 渊鸳鸢冤 | 原袁缘员 | 远 | 愿院苑怨 |

[ yn ] 韵

表 35—6—39

| 例字 调 / 声母 | 阴 平 | 阳 平 | 上 声 | 去 声 |
|---|---|---|---|---|
| tɕ | 君均军炯 | | 菌 | 俊郡 |
| tɕ‘ | | 穷群裙琼 | | |
| ɕ | 兄胸雄熏 | 巡旬循熊 | 损 | 训颂逊诵 |
| ø | 拥雍 | 云荣容融 | 永勇允殒 | 运用韵晕 |

## 第三节 武都方言词汇

武都方言词汇非常丰富，这里汇集的仅是最能反映武都方言特点的词语或读音，凡音义与其他方言区相近的词语或读音，一般未收。

纪录方言词语，很大的困难是求本字。每一种方言都程度不同地存在着有音无字或有本字人们未使用的问题，武都方言也不例外。凡是找不到本字的，一律采用同音假借的办法，用同音或音近字代替，个别一时找不到本字又无同音字代替的字，用“□”代替字形。词语后边 [ ] 里的注音，是用国际音注的武都方言读音；音标后边的阿拉伯数字是该字在武都方言的调类和音值。凡不认识国际音标的人，只是按武都方言读，就是该词的国际音标的读音。

### 一、天文

日头 [ʐʅ$^{31}$ t‘əu$^{24}$] 太阳。

热头 [ʐə$^{31}$ t‘əu$^{24}$] 太阳。

阳坡 [iã$^{24}$ p‘ə$^{31}$] 太阳。

阳坡底下 [iã$^{24}$ p‘ə$^{31}$ ti$^{31}$ xa$^{31}$] 太阳底下。

宿宿 [ɕiəu$^{31}$ ɕiəu$^{31}$] 星星。

扫宿 [sau$^{53}$ ɕiəu$^{31}$] 流星。

扫帚宿 [sau$^{53}$ tʃ$^{53}$ ɕiəu$^{31}$] 彗星。

云彩 [yn$^{24}$ ts‘ai$^{53}$] 云。

瓦块云 [va$^{53}$ k‘vai$^{53}$yn$^{24}$] 像大瓦块的云。

瓦碴云 [va$^{53}$ tsa$^{31}$ yn$^{24}$] 像小瓦块的云。

鱼鳞云 [y$^{24}$ lin$^{24}$ yn$^{24}$] 鱼鳞状的云。

抢斜风 [tɕ‘iã$^{53}$ ɕiɛ$^{24}$ fən$^{31}$] 侧面刮来的风。

雷击了 [lvei$^{24}$ tɕi$^{31}$ lau$^{31}$] 被雷击中。

火闪子 [xvə$^{53}$ æ$^{53}$ tsɿ$^{53}$] 天空的闪电（名词）。

闪火闪子 [æ$^{53}$ xvə$^{53}$ ʂæ$^{53}$ tsɿ$^{53}$]　闪电（动词）。

落雨 [lvə$^{31}$ y$^{53}$]　下雨。

白雨 [pei$^{24}$ y$^{53}$]　暴雨。

哑白雨 [ia$^{53}$pei$^{24}$ y$^{53}$] 不打雷下的暴雨。

死雨 [sɿ$^{53}$ y$^{53}$]　连天阴雨。

烟雾 [iæ$^{31}$ v$^{313}$]　雾。

天爷 [tʻiæ$^{31}$ iɛ$^{53}$] ①天空。②天气。

鹅毛雪 [ŋə$^{24}$ mau$^{24}$ ɕyɛ$^{31}$]　大雪。

雪圪垯 [ɕyɛ$^{31}$ kə$^{31}$ ta$^{31}$]　大朵的雪。

雪疹子 [ɕyɛ$^{31}$ tʂən$^{31}$ tsɿ53]　霰。

瓷釉子 [tsʻɿ$^{24}$ iəu$^{313}$ tsɿ$^{53}$]　散落在地上的雪疹子。

冬密 [tvən$^{31}$ mi$^{31}$]　冰。

冷子 [lən$^{53}$ tsɿ$^{53}$]　冰雹。

硬雨 [in$^{313}$ y$^{53}$]　冰雹（委婉语）。

好天 [xau$^{53}$ tʻiæ$^{31}$]　晴天。

阴天 [in$^{313}$ tʻiæ$^{31}$]　天阴。

蚂蝗吃热头 [ma$^{53}$ xvã$^{24}$ tʂʅ$^{31}$ ʐə$^{31}$ tʻəu$^{24}$] 日蚀。

天狗吃月亮 [tʻiæ$^{53}$ kəu$^{53}$ tʂʅ$^{31}$ yɛ$^{31}$ liã$^{313}$] 月蚀。

放晒了 [fã$^{313}$ sai$^{313}$ lau$^{31}$]　雨后天晴。

**二、地理**

山沟沟子 [ʂæ$^{31}$ kəu$^{31}$ kəu$^{31}$ tsɿ$^{53}$]　山沟。

冒冒泉 [mau$^{313}$ mau$^{313}$ tɕʻyæ$^{24}$]　从地下冒水的泉。

料礓石 [liau$^{313}$ tɕiã$^{31}$ ʂʅ$^{24}$]　学名沙姜，一名石灰结核。

圆光石 [yæ$^{24}$ kvã$^{31}$ ʂʅ$^{24}$]　鹅卵石。

胡墼圪垯 [xv$^{24}$ tɕi$^{31}$ kə$^{31}$ ta$^{31}$]　又作胡基圪垯，地里的土块。

埻土 [pʻə$^{31}$ tʻv$^{53}$]　尘土。

烂泥 [læ$^{313}$ i$^{24}$] 下雨后地上踩起的泥。

窠场 [kʻvə$^{31}$ tʂʻã$^{53}$]　①一块地方。②房基地。

窠窠 [kʻvə$^{31}$ kʻvə$^{31}$] ①地方。②场所。③位子。

庄窠 [tʃã$^{31}$ kʻvə$^{31}$]　宅基地。

踏踏 [tʻa$^{31}$ tʻa$^{31}$]　地方。

赶场 [kæ$^{53}$ tʂʻã$^{53}$]　赶集。

街道 [kai$^{31}$ tau$^{313}$]　街道。“街”不读 jie。

巷巷子 [xã$^{313}$ xã$^{313}$ tsɿ$^{53}$]　①巷道。②狭窄的通道。

捷路 [tɕʻiɛ$^{24}$ lv$^{313}$]　捷径。

## 三、时令

年时 [iæ$^{24}$ sɿ$^{24}$] 去年。

头一年 [t'əu$^{24}$ i$^{31}$ iæ$^{24}$] ①第一年。②先一年。

旧年里 [tɕiəu$^{313}$ i$^{31}$ li$^{53}$] ①去年。②先一年。

开年 [k'ai$^{31}$ iæ$^{24}$] 第二年开春。

后年 [xəu$^{313}$ iæ$^{24}$] 从当年算起的第三年。

外年 [vai$^{313}$ iæ$^{24}$] 从当年算起的第四年。

亚外年 [ia$^{53}$ vai$^{313}$ iæ$^{24}$] 从当年算起的第五年。

大外年 [ta$^{313}$ vai$^{313}$ iæ$^{24}$] 从当年算起的六年。

忙天 [mã$^{24}$ t'iæ$^{31}$] 收割季节。

初几头 [tʃu$^{31}$ tɕi$^{53}$ təu$^{24}$] 每月上旬。“头”不读 t'əu。

十几头 [ʂʅ$^{24}$ tɕi$^{53}$ təu$^{24}$] 每月中旬。

二十几头 [ɚ$^{313}$ ʂʅ$^{24}$ tɕi$^{53}$ təu$^{24}$] 每月下旬。

大尽 [ta$^{313}$ tɕ'in$^{31}$] ①农历大月的三十日。②也指农历大月。

小尽 [ɕiau$^{53}$ tɕ'in$^{31}$] ①农历小月的二十九日。②也指农历小月。

今日个 [tɕin$^{31}$ ɚ$^{31}$ kə$^{31}$] 今天。

明日个 [min$^{31}$ ɚ$^{31}$ kə$^{31}$] 明天。

后日个 [xəu$^{31}$ ɚ$^{31}$ kə$^{31}$] 后天。

外日天 [vai$^{313}$ ɚ$^{31}$ t'iæ$^{31}$] 从当天算起第四天。

亚外日天 [ia$^{53}$vai$^{313}$ ɚ$^{31}$ t'iæ$^{31}$] 从当天算起的第五天。

大外日天 [ta$^{53}$vai$^{313}$ ɚ$^{31}$ t'iæ$^{31}$] 从当天算起的第六天。

夜来个 [iɛ$^{313}$ lai$^{24}$ kə$^{31}$] 昨天。

前日天 [tiæ$^{24}$ ɚ$^{31}$ t'iæ$^{31}$] 前天。

二天 [ɚ$^{313}$ t'iæ$^{31}$] 另一天。

二一天 [ɚ$^{313}$ i$^{31}$ t'iæ$^{31}$] 别的一天。

粉明子 [fən$^{53}$ min$^{24}$ tsɿ$^{53}$] 天麻麻亮。

早晨 [tsau$^{53}$ ʂən$^{31}$] 清晨。“晨”不读参 chén。

晌午 [ʂã$^{31}$ v$^{53}$] 中午。

擦黑儿 [ts'a$^{31}$ xei$^{31}$ ɚ$^{24}$] 天刚刚黑。

上灯 [ʂã$^{31}$ tən$^{31}$] ①晚上点灯的时候（名词）。②点灯（动词）。

摸夜 [mə$^{53}$ iɛ$^{313}$] 夜间赶路或干活。

夜黑个 [iɛ$^{313}$ xei$^{31}$ kə$^{31}$] 昨天晚上。

停半夜 [t'in$^{24}$ pæ$^{313}$ iɛ$^{313}$] 午夜。

见天儿 [tɕiæ$^{313}$ t'iæ$^{31}$] 天天、每天。

成年 [tʂ'ən$^{24}$ iæ$^{24}$] ①整年。②年年。

## 四、农事

攒粪 [tsæ$^{53}$ fən$^{313}$]　积肥。

上粪 [ʂã$^{313}$ fən$^{313}$]　施农家肥。

上车 [ʂã$^{313}$ tʂ ‘ə$^{31}$]　①乘车。②给车上装货物。

下车 [ɕia$^{313}$ tʂ ‘ə$^{31}$] 从车上卸货物。

掌辕 [tʂã$^{53}$ iæ$^{24}$]　马车上架辕的牲口。

车磙子 [tʂ‘ə$^{31}$ kuən$^{53}$ tsɿ$^{53}$]　车轮。

滚坨子 [kuən$^{53}$ t‘vo$^{24}$ tsɿ$^{53}$]　①车轮。②轮形器物。

围脖子 [vei$^{53}$ p‘ə$^{24}$ tsɿ$^{53}$]　围在役畜脖子上的围垫。

摆稍 [ pai$^{53}$ sau$^{53}$]　马车最前边拉稍的牲畜。

稍绳 [sau$^{53}$ ʂən$^{24}$]　车前套马的绳。

马岔子 [ma$^{53}$ ts‘a$^{313}$ tsɿ$^{53}$]　马嚼铁。

牛笼嘴 [iəu$^{24}$ lvən$^{53}$ tsvai$^{53}$]　戴在牛嘴上的网络状器具。

牛鼻桊 [iəu$^{24}$ p‘i$^{24}$　t ‘yæ$^{313}$] 穿在牛鼻子上的木环。

耩 [kã$^{53}$]　犁。

耩辕 [kã$^{53}$ iæ$^{24}$]　犁上的辕木。

耩头 [kã$^{53}$ t ‘əu$^{24}$]　犁头。

耩键 [kã$^{53}$ tiæ $^{313}$]　在犁辕和犁把之间起支撑作用的木棒。

耕子 [kei$^{53}$ tsɿ$^{53}$] 犁地时套牲口的装置。

囤囤子 [tvən$^{313}$ tvən$^{313}$ tsɿ$^{53}$]　用竹篾编织的存粮器。

篅 [æ$^{24}$]　用细竹子编的椭圆形粮囤。

碌碡 [lv$^{3}$1 tʃ ‘$^{31}$]　碾麦用的石磙。

碾子 [iæ$^{53}$ tsɿ$^{53}$]　碾米的石磙和石盘。

连枷 [liæ$^{24}$ tɕia$^{313}$]　脱粒麦子、油料的工具。

碓窝 [tvei$^{313}$ və$^{3}$1]　舂米的石臼。

杵子 [tʃ ‘$^{53}$ tsɿ$^{53}$]　舂米的石杵。

砸窝子 [tsa$^{24}$ və$^{3}$1]　捣调料的小石臼。

棒槌 [pã$^{313}$ tʃ ‘ei$^{24}$]　槌洗衣物的木槌。

二张胡 [ɚ$^{313}$ tʂã$^{31}$ xv$^{24}$]　割柴、割麦两用镰刀。

麦镰子 [mei$^{3}$1 liæ$^{24}$ tsɿ$^{53}$]　专门用来割麦的镰刀。

刃镰子 [rən$^{313}$ liæ$^{24}$ tsɿ$^{53}$]　可以镶换刃片的镰刀。

刃片子 [rən$^{313}$ p ‘iæ$^{24}$ tsɿ$^{53}$]　镰刀上可以更换的刀片。

刃把子 [rən$^{313}$ pa$^{313}$ tsɿ$^{53}$]　刃镰上的木把。

删刀 [sæ$^{31}$ tau$^{31}$]　砍柴的刀。

平斤 [p ‘in$^{24}$ tɕin$^{31}$] 木匠工具，也叫锛子。

扫竹 [sau$^{53}$ tʃ$^{31}$] 扫帚。

打子 [ta$^{51}$ tsɿ$^{53}$] 鸡毛箪子。

橛橛子 [tɕ ‘yɛ$^{53}$ tɕ ‘yɛ$^{53}$ tsɿ$^{53}$] 木橛子。

羊蹄子 [iã$^{24}$ t ‘i$^{24}$ tsɿ$^{53}$] 有双叉的钉鎚。

绑住 [pã$^{53}$ tʃ ‘$^{31}$] 捆绑。

活曲子 [xvə$^{24}$ tɕ ‘y$^{31}$ tsɿ$^{53}$] 活结、活扣。

死圪垯 [sɿ$^{53}$ kə$^{31}$ ta$^{3}$1] 死结。

## 五、植物

麦芋 [mei$^{31}$ tiæ $^{31}$] 麦穗的芒。

大荞 [ta$^{3}$1$^{3}$ tɕ ‘iau$^{31}$] 荞麦。

小荞 [ɕiau$^{53}$ tɕ ‘iau$^{31}$] 苦荞。

小燕麦 [ɕiau$^{53}$ iæ $^{313}$ mei$^{31}$] 莜麦。

大燕麦 [ta$^{3}$1$^{3}$iæ $^{313}$mei$^{31}$] 做饲料的燕麦。

白梁谷 [pei$^{24}$ liã$^{24}$ kv$^{31}$] 色白粒小的谷子。

番麦 [fæ $^{31}$ mei$^{31}$] 玉米，包谷。

秕穗子 [pi$^{53}$ svei$^{313}$ tsɿ$^{53}$] 籽粒不饱满的谷穗。

秕粮食 [pi$^{53}$ liã$^{24}$ ʂɿ$^{24}$] 颗粒不饱满的粮食。

稗子 [p ‘ai$^{313}$ tsɿ$^{53}$] 稻田里的一种杂草。

麻豌豆 [ma$^{24}$ væ$^{31}$ təu$^{313}$] 豌豆。

稆豆子 [ləu$^{31}$ təu$^{313}$ tsɿ$^{53}$] 未种而自生的豆子。

稆洋芋 [ləu$^{31}$ iã$^{24}$ y$^{313}$] 未种而自生的洋芋，为上年为拾尽的洋芋。

大豌豆 [ta$^{3}$1$^{3}$ væ$^{31}$ təu$^{313}$] 蚕豆。

红苕 [xvən$^{24}$ ʂau$^{24}$] 红薯。

韭花子 [tɕiəu$^{53}$ xva$^{31}$ tsɿ$^{53}$] 野生韭菜的花蕾。

洋柿子 [iã$^{24}$ sɿ$^{313}$ tsɿ$^{53}$] 西红柿。

包白菜 [pau$^{3}$1 pei$^{24}$ ts ‘ai$^{313}$] 莲花白。

芫荽 [iæ$^{24}$ ɕy$^{31}$] 香菜。“芫”不读 yuán。“荽”不读 suì。

红萝卜 [xvən$^{24}$ lvo$^{313}$ p ‘v$^{3}$1] 红色的胡萝卜。

黄萝卜 [xvã$^{24}$ lvo$^{313}$ p ‘v$^{3}$1] 黄色的胡萝卜。

芫根 [iæ$^{24}$ kən$^{31}$] 即元根， 蔓菁。

荠荠菜 [tɕi$^{53}$ tɕi$^{53}$ ts ‘ai$^{313}$] 荠菜。一种野菜。

薇菜 [xvei$^{31}$ ts ‘ai$^{313}$] 薇条菜（藜科野菜）。

荆扫帚 [tɕin$^{31}$ sau$^{53}$ tʃ$^{31}$] 嫩叶可食，成熟后可做扫帚。

艾蒿 [ŋai$^{313}$ xau$^{31}$] 即艾草，搓火绳用的蒿草。

胡麻 [xv$^{24}$ ma$^{24}$] 亚麻。

松角子 [svən$^{31}$ kə$^{31}$ tsɿ$^{53}$] 松树的塔形种壳。

水柏子 [ʃei$^{53}$ pei$^{31}$ tsɿ$^{53}$] 水杉。

枣核子 [tsau$^{53}$ xv$^{24}$ tsɿ$^{53}$] 枣核。“核”不读 hé。

杏儿 [xən$^{313}$ ɚ$^{24}$] 杏子。“杏”不读 xìng。

狗樱桃 [kəu$^{53}$ in$^{31}$ t ‘au$^{24}$] 小而味酸的樱桃。

马年 [ma$^{53}$ iæ$^{24}$] 即马莲，又叫马兰花，可用来打草鞋的一种野草。

黄花菜 [xvã$^{24}$ xva$^{31}$ ts ‘ai$^{313}$] 金针。

马苜蓿 [ma$^{53}$ mv$^{31}$ ɕy$^{31}$] 草木樨。

苇竹 [y$^{53}$ tʃ$^{31}$] 芦苇。“苇”不读 wěi。

## 六、牲畜

牲口 [sən$^{31}$ k ‘əu$^{53}$] ①牲畜。②骂人话，指无人性的人。

头口 [təu$^{24}$ k ‘əu$^{53}$] 家畜。

骚马 [sau$^{31}$ ma$^{53}$] 公马，特指种公马。

骒马 [k ‘vo$^{24}$ ma$^{53}$] 母马

朴牛 [pə$^{31}$ iəu $^{24}$] 种公牛。

犍牛 [tiæ$^{31}$ iəu $^{24}$] 阉割的公牛。

牸牛 [t ‘sɿ$^{313}$ iəu $^{24}$] 母牛。

牛娃娃 [iəu $^{24}$ va$^{24}$ va$^{24}$] 牛犊。

叫驴 [tɕiau$^{313}$ ly$^{24}$] 公驴。

草驴 [ts ‘au$^{53}$ ly$^{24}$] 母驴。

驴驹子 [ ly$^{24}$ tɕy$^{31}$ tsɿ$^{53}$] 小驴。

骒骡子 [k ‘vo$^{24}$ lvə$^{24}$ tsɿ$^{53}$] 母骡子。

骚骡子 [sau$^{31}$ lvə$^{24}$ tsɿ$^{53}$] 公骡子。

驴骡子 [ly$^{24}$ lvə$^{24}$ tsɿ$^{53}$] 马父驴母杂交的骡子。

骡驹子 [lvə$^{24}$ tɕy$^{31}$tsɿ$^{53}$] 小骡子。

石羊 [ʂʅ$^{24}$ iã$^{24}$] 家养的山羊。

骚胡 [sau$^{31}$ xv$^{24}$] 种公羊。

骟羊 [æ$^{313}$ iã$^{24}$] 阉割的公羊。

公猪 [kvən$^{31}$ tʃ$^{31}$] 未阉割的公猪。

牙猪 [ia$^{24}$ tʃ$^{31}$] 阉割了的公猪。

劁猪 [tɕ ‘iau$^{31}$ tʃ$^{31}$] 阉割猪。

奶劁 [lai$^{53}$ tɕ ‘iau$^{31}$] 从小割掉了卵巢的猪。

## 七、动物

牙狗 [ia$^{24}$ kəu$^{53}$] 公狗。

母狗 [mv$^{53}$ kəu$^{53}$] 雌狗。

公猫 [kvən$^{31}$ mau$^{24}$] 雄猫。

男猫 [læ$^{24}$ mau$^{24}$] 对雄猫的爱称。

女猫 [mi$^{53}$ mau$^{24}$] 雌猫。

鸡公 [tɕi$^{31}$ kvən$^{31}$] 公鸡。

鸡婆 [tɕi$^{31}$ p ʻə$^{53}$] 母鸡。

骟鸡 [ʂæ$^{313}$ tɕi$^{31}$] 阉割的鸡。

菢鸡娃子 [pau$^{313}$ tɕi$^{31}$ va$^{24}$ tsʅ$^{53}$] 孵小鸡。

鸡爪子 [tɕi$^{31}$ tʃa$^{53}$ tsʅ$^{53}$] 鸡爪。

豺狗子 [ts ʻai$^{53}$ kəu$^{53}$ tsʅ$^{53}$] 豺。一种伤害牲畜的野兽。

揣猪 [[ts ʻæ$^{53}$ tʃ$^{31}$] 又名穿猪、獾猪，即獾。

金钱豹 [tɕin$^{31}$ t ʻiæ$^{24}$ pau$^{313}$] 黄色有钱斑纹的豹子。

铁钱豹 [t ʻiɛ$^{31}$ t ʻiæ$^{24}$ pau$^{313}$] 麻色有钱斑纹的豹子。

鸡豹子 [tɕi$^{31}$ pau$^{313}$ tsʅ$^{53}$] 豹猫，体大似猫专门吃鸡的一种小豹。

黑野狐 [xei$^{3}$1 iɛ$^{53}$ xu$^{24}$] 狐狸。

水狼子 [ʃei$^{53}$ lã$^{24}$ tsʅ$^{53}$] 黄鼠狼。

兔儿 [t ʻv$^{313}$ ɚ$^{313}$] 兔子。

野猫子 [iɛ$^{53}$ mau$^{24}$ tsʅ$^{53}$] 野生猫，即豹猫。

岩老鼠 [ŋai$^{24}$ lau$^{53}$ tʃ ʻ$^{53}$] 松鼠。

稼老鼠 [tɕia$^{31}$ lau$^{53}$ tʃ ʻ$^{53}$] 田鼠。

长虫 [tʂ ʻã$^{24}$ tʃ ʻən$^{31}$] 蛇。

黑釉稍 [xei$^{3}$1 iəu$^{31}$ sau$^{31}$] 又称黑乌稍，一种黑色的蛇，即乌梢蛇。

野鸡红 [iɛ$^{53}$ tɕi$^{31}$ xvən $^{24}$] 一种红色的蛇，即虎斑颈槽蛇。

菜花蛇 [ts ʻai$^{313}$ xva$^{31}$] 一种黄色的蛇，即黑眉锦蛇。

雀儿 [tɕ ʻiau$^{53}$ ɚ$^{24}$] 泛指小鸟。

尾巴 [i$^{53}$ p ʻa$^{31}$] 动物的尾。“尾”不读 vei。

黑老哇 [xei$^{3}$1 lau$^{53}$ va$^{31}$] 乌鸦。

麻雀儿 [ma$^{21}$ tɕ ʻiau$^{53}$ ɚ$^{24}$] 麻雀。“雀”不读 què。

雀娃子 [tɕ ʻiau$^{53}$ va$^{31}$ tsʅ$^{53}$] 幼鸟，未长大的小鸟。

火燕儿 [xvə$^{53}$ iæ$^{313}$ ɚ$^{24}$] 一种背部灰黑、胸尾红色的小鸟。

斑斑 [pæ$^{31}$ pæ$^{31}$] 斑鸠。

鸹鸬雁 [kv$^{53}$ lv$^{53}$ iæ$^{313}$] 大雁。

瓜鸡子 [kva$^{31}$ tɕi$^{31}$ tsʅ$^{53}$] 一种灰色有红斑的小山鸡，又叫呱啦鸡、野鸡。

鹌鹑 [ŋæ$^{31}$ ʃən$^{24}$] 鹌鹑。“鹑”不读 chéng

哆木子 [tvə$^{31}$ mv$^{31}$ tsʅ$^{53}$] 啄木鸟。

哼猴 [xən$^{31}$ xəu$^{24}$] 猫头鹰。

老雕 [lau$^{53}$ tiau$^{31}$] 即大雕。

黑鹰 [xei$^{3}$1 in$^{31}$] 黑色的大鹰。

鹅那婆 [ŋə$^{24}$ la$^{313}$ p ‘ə$^{53}$] 老鹰。

阳蝙蝠 [iã$^{24}$ piɛ$^{313}$ fv$^{31}$] 蝙蝠。

蚕娃儿 [ts ‘æ$^{24}$ va$^{24}$ ɚ$^{24}$] 刚孵出的小蚕。

蚕蛾儿 [ts ‘æ$^{24}$ ŋə$^{24}$ ɚ$^{24}$] 蚕蛾。

大卧 [ta$^{313}$ və$^{313}$] 蚕头眠。

二卧 [ɚ$^{24}$ və$^{313}$] 蚕二眠。

三卧 [sæ$^{313}$ və$^{313}$] 蚕三眠。

赶老蚕 [kæ$^{53}$ lau$^{53}$ ts ‘æ$^{24}$] 蚕最能吃的时候。

上梢 [ʂã$^{313}$ sau$^{53}$] 蚕上簇结茧。

蚕沙 [ts ‘æ$^{24}$ sa$^{31}$] 蚕粪。

蛛蛛 [tʃ$^{31}$ tʃ$^{31}$] 蜘蛛。

蚰胡马儿 [tɕ ‘y$^{31}$ xv$^{24}$ ma$^{53}$ ɚ$^{24}$] 蚂蚁。

蚰蟮 [tɕ ‘y$^{31}$ ʂ$^{313}$] 蚯蚓。

蜗牛子 [kva$^{53}$ iəu $^{24}$ tsɿ$^{53}$] 水边可食用的蜗牛。

地蜗牛 [ti$^{313}$ kva$^{53}$ iəu $^{24}$] 蜗牛的一种。

蜗牛长角 [kva$^{53}$ iəu $^{24}$ tʂã$^{313}$ kə$^{31}$] 旱地的一种蜗牛。

屎爬牛 [sɿ$^{53}$ pa$^{31}$ iəu $^{24}$] 体大色黄的屎壳螂。

黄口袋 [xvã$^{24}$ k ‘əu$^{53}$ t ‘ai$^{31}$] 又名钱串子，即蚰蜒，是百足虫的一种。

篦子蚰蜒 [pi$^{3}$1 tsɿ$^{53}$ iəu$^{24}$ yæ̃$^{313}$] 蚰蜒。

螫人 [sʅ$^{24}$ rən$^{24}$] 蜂、蝎等毒虫蜇人。

蛇条虎子 [ʂə$^{24}$ t ‘iau$^{24}$ xv$^{53}$ tsɿ$^{53}$] 壁虎，蜥蜴类。

毛毛虫 [mau$^{24}$ mau$^{24}$ tʃ ‘ən$^{24}$] 一般指鳞翅目昆虫的幼虫。

尺蠖 [tʂ ‘ʅ$^{3}$1 xv$^{313}$] 尺蛾科昆虫幼虫统称。

麦牛子 [mei$^{31}$ iəu $^{24}$ tsɿ$^{53}$] 学名锯谷盗，又俗称麦欧子、麦油子。为贮粮的重要害虫。

米牛子 [mi$^{53}$ iəu $^{24}$ tsɿ$^{53}$] 也叫米钻子，米中生的一种小虫。

面蛆儿 [miæ$^{313}$ tɕ ‘y$^{31}$ ɚ$^{24}$] 面粉里生的一种蛆。

米蛆儿 [mi$^{53}$ tɕ ‘y$^{31}$ ɚ$^{24}$] 米里生的一种蛆。

苍蝇 [ts ‘ã$^{31}$ iəu$^{24}$] 苍蝇。“蝇”不读 yiéng。

麻苍蝇 [ma$^{24}$ ts ‘ã$^{31}$ iəu$^{24}$] 麻色苍蝇。

绿苍蝇 [liəu$^{31}$ ts ‘ã$^{31}$ iəu$^{24}$] 绿头苍蝇。

末子 [mə$^{31}$ tsɿ$^{53}$] 即蠓子，比蚊子小的一种黑色小蚊。

虮子 [tɕi$^{53}$ tsɿ$^{53}$] 虱子的卵。

壁虱 [pi$^{31}$ sei$^{31}$] 臭虫。

蛇蚤 [kə$^{24}$ tsau$^{53}$] 跳蚤。

狗蝇子 [kəu$^{53}$ iəu$^{31}$ tsʅ$^{53}$] 壁虱，寄生在狗身上的一种飞虫。

灭站 [miɛ$^{31}$ tsæ$^{313}$] 牛虻。

黑羊儿 [xei$^{53}$ iã$^{24}$ ɚ$^{24}$] 蟋蟀。

虱猴儿 [sei$^{31}$ xəu$^{24}$ ɚ$^{24}$] 螳螂。

麦蝉儿 [mei$^{31}$ sæ$^{24}$ ɚ$^{24}$] 知了（蝉）。

明火虫儿 [min$^{24}$ xvə$^{53}$ tʃ ‘ən$^{24}$ ɚ$^{24}$] 萤火虫。

火蛾儿 [xvə$^{53}$ ŋə$^{24}$ ɚ$^{24}$] 扑灯蛾。

蚂蚂燕 [ma$^{31}$ ma$^{31}$ iæ$^{313}$] 蜻蜓。

花箱子 [xva$^{31}$ ɕiã$^{31}$ tsʅ$^{53}$] 瓢虫。

羞羞妇 [ɕiəu$^{31}$ ɕiəu$^{31}$ fv$^{31}$] 椿象。

盖肚子 [kai$^{313}$ tv$^{313}$ tsʅ$^{53}$] 青蛙。

盖蛙子 [kai$^{313}$ va$^{31}$ tsʅ$^{53}$] 青蛙。

舀舀勺 [iau$^{53}$ iau$^{53}$ ʂə$^{24}$] 蝌蚪。

癞蛤蟆 [lai$^{313}$ xvə$^{24}$ ma$^{313}$] 虾蟆。

马蟥 [ma$^{53}$ xvã$^{24}$] 水蛭。

织布匠 [tʂʅ$^{31}$ pv$^{313}$ tɕiã$^{313}$] 水蚂蚱。

八、房屋

厅房 [t ‘in$^{3}$1 fã$^{24}$] 正房，也叫上房。

厦房 [sa$^{53}$ fã$^{24}$] 正房左右比较低的房子。

耳房 [ɚ$^{53}$ fã$^{24}$] 正房两边的房子。

睡房 [ʃei$^{313}$ fã$^{24}$] 卧室。

倒房 [tau$^{313}$ fã$^{24}$] 正房对面的房子（较低）。

进深 [tɕin$^{313}$ʂən$^{3}$1] 房屋的深度。

水眼 [ʃei$^{53}$ iæ$^{53}$] 院子里排水的出口。

水窗眼 [ʃei$^{53}$ tʃã$^{31}$ iæ$^{53}$] 院子里的排水口。

茅子 [mau$^{24}$ tsʅ$^{53}$] 厕所。

门滑子 [mən$^{24}$ xva$^{24}$ tsʅ$^{53}$] 门上的木栓。

老哇嘴 [ lau$^{53}$ va$^{31}$ tsvei$^{53}$] 土法打制的门扣。

胡墼 [xv$^{24}$ tɕi$^{31}$] 建房垒墙的土坯。

山墙 [sæ$^{31}$ tɕ‘iã$^{24}$] 房子两侧的墙。

隔墙子 [kei$^{31}$ tɕ‘iã$^{24}$ tsʅ$^{53}$] 房间的隔墙。

背墙 [pei$^{31}$ tɕ‘iã$^{24}$] 房屋的后墙。

天桴 [tiæ$^{3}$1 fv$^{24}$] 楼房顶上的桴梁。

地桴 [ti$^{3}$1$^{3}$ fv$^{24}$] 楼房安装楼板的浮梁。

檐柱 [iæ$^{24}$ tʃ$^{313}$] 房檐前的柱子。

二柱 [ɚ$^{24}$ tʃ$^{313}$] 檐柱后边的柱子。

柱脚 [tʃ$^{313}$ tɕyɛ$^{31}$] 房柱下的基石。

搡墩石 [sã$^{53}$ tvən$^{31}$ ʂʅ$^{24}$] 柱鼎石。

顶棚 [tin$^{53}$ p'ən$^{24}$] 纸糊的天棚。

天花板 [tiæ$^{31}$ xva$^{31}$ pæ$^{53}$] 居间顶棚。

胡梯 [xv$^{24}$ t'i$^{31}$] 用木板做的楼梯。

满天星 [mæ$^{53}$ tiæ$^{31}$ ɕin$^{31}$] 格子较多的窗子。

走马窗子 [tsəu$^{53}$ ma$^{53}$ tʃã$^{31}$ tsʅ$^{53}$] 较简易的窗子。

楼檐 [ləu$^{24}$ iæ$^{24}$] 楼房的前檐。

栏栏台子 [læ$^{24}$ læ$^{24}$ t'ai$^{24}$ tsʅ$^{53}$] 有栏杆的楼廊。

磨主子 [mə$^{24}$ tʃ$^{53}$ tsʅ$^{53}$] 磨房管理人。

磨扇 [mə$^{24}$ ʂæ$^{313}$] 石磨磨盘。

磨脐子 [mə$^{24}$ tɕ'i$^{53}$ tsʅ$^{53}$] 石磨的中轴。

**九、器具**

尿罐子 [iau$^{313}$ kvæ$^{313}$ tsʅ$^{53}$] 溺器。

水鳖子 [ʃei$^{53}$ piɛ$^{31}$ tsʅ$^{53}$] 扁形水壶。

胰子 [i$^{313}$ tsʅ$^{53}$] 香皂。

洋碱 [iã$^{24}$ tiæ$^{53}$] 肥皂。

臭包子 [tʂ'əu$^{313}$ pau$^{31}$ tsʅ$^{53}$] 卫生球。

羊肚手巾 [iã$^{24}$tv$^{53}$ ʂəu$^{53}$ tɕin$^{31}$] 毛巾。

手幅子 [ʂəu$^{53}$ fv$^{53}$ tsʅ$^{53}$] 土布手绢。

等角方 [tən$^{53}$ kə$^{31}$ fã$^{31}$] 土布手巾。

州布 [tʂəu$^{31}$ pv$^{313}$] 阶州（今武都区）产的土布。

口子 [p'ia$^{313}$ tsʅ$^{53}$] 一种金属皮作的烧水器。

捎马子 [sau$^{31}$ma$^{53}$ tsʅ$^{53}$] 马背上装行李的袋子。

搭连子 [ta$^{31}$ liæ̃$^{24}$ tsʅ$^{53}$] 中间开口两头装东西的麻布袋。

钱插子 [t 'iæ$^{24}$ ts 'a$^{31}$ tsʅ$^{53}$] 两头装东西的小麻布袋。

背斗 [pei$^{313}$ təu$^{53}$] 背东西的麻布袋。

绌斗子 [tʃ '$^{53}$ təu$^{53}$ tsʅ$^{53}$] 能撮口的小布袋。

桌裙子 [tʃə$^{31}$ tɕ 'yn$^{24}$ tsʅ$^{53}$] 绣花的桌围。

桌围子 [tʃə$^{31}$ vei$^{24}$ tsʅ$^{53}$] 围在桌子四周的布围子。

吊桌 [tiau$^{313}$ tʃə$^{31}$] 长方形的桌子。

柜桌 [k'vei$^{313}$ tʃə$^{31}$] 带有门柜的桌子。

吊板凳 [tiau$^{313}$ pæ$^{53}$ tən$^{313}$] 长方形板凳。

小板凳 [ɕiau$^{53}$ pæ$^{53}$ tən$^{313}$] 低矮的小木凳。

马杌子 [ma$^{53}$ v$^{31}$ tsʅ$^{53}$] 四方的木凳。

草墩子 [ts‘au$^{53}$ tvən$^{31}$ tsʅ$^{53}$] 草编的墩形坐具。

蒲团 [p‘v$^{24}$ tvæ$^{24}$] 跪拜用的草垫。

灯捻子 [tən$^{31}$ iæ$^{53}$ tsʅ$^{53}$] 用来点油灯的棉条。

平底锅 [p‘in$^{24}$ ti$^{53}$ kvə$^{31}$] 烤饼的锅。

裙锅子 [tɕ ‘yn$^{53}$ kvə$^{31}$ tsʅ$^{53}$] 一种盒形烤饼器。

吊锅 [tiau$^{313}$ kvə$^{31}$] 吊挂在火塘上的饭锅。

毛边锅 [mau$^{24}$piæ̃$^{31}$kvə$^{31}$] 大的饭锅。

沿锅 [iæ$^{24}$ kvə$^{31}$] 比较大的饭锅。

单沿锅 [tæ$^{31}$ iæ$^{24}$ kvə$^{31}$] 一般的大锅。

耳锅子 [ɚ$^{24}$ kvə$^{31}$ tsʅ$^{53}$] 锅边有两耳的小锅。

锅绳子 [kvə$^{31}$ʂən$^{24}$ tsʅ$^{53}$] 蒸煮食物时围在锅盖周围堵气的亚麻绳。

锅圈子 [kvə$^{31}$ t ‘yæ$^{31}$ tsʅ$^{53}$] 蒸煮食物时安在锅上的木圈。

锅布 [kvə$^{31}$ pv$^{313}$] 苫花锅盖上防止漏气的麻布。

笊儿 [tsau$^{313}$ ɚ$^{24}$] 笊篱。

锅刷子 [kvə$^{31}$ ʃa$^{31}$ tsʅ$^{53}$] 竹篾扎的锅刷。

笤刷子 [t ‘iau$^{313}$ ʃa$^{31}$ tsʅ$^{53}$] 刷锅的用具。

煨罐 [vei$^{53}$ kvæ$^{313}$] 煨在灶眼里或盆里的罐子。

肚肚罐 [tv$^{53}$ tv$^{53}$ kvæ$^{313}$] 肚大口、底小的煨罐。

撮口罐 [tsvə$^{31}$ k ‘əu$^{53}$ kvæ$^{313}$] 一种小口的煨罐。

马勺 [ma$^{53}$ ʂə$^{24}$] 大木勺。

槾槾子 [mæ$^{31}$ mæ$^{31}$ tsʅ$^{53}$] 小木碗。

盖碗子 [kai$^{313}$ væ$^{53}$ tsʅ$^{53}$] 有盖的茶碗。

涮子 [ʃ$^{53}$ tsʅ$^{53}$] 盖碗的底盘。

盏吃 [tsæ$^{53}$ tʂʅ$^{3}$1] 食用的小盏。

执壶 [tʂʅ$^{3}$1 xv$^{24}$] 较大的锡质酒壶。

执壶子 [tʂʅ$^{3}$1 xv$^{24}$ tsʅ$^{53}$] 锡质小酒壶。

钉花 [tin$^{313}$ xva$^{31}$] 钉瓷器的钉巴。

敞缸 [tʂ‘ã$^{53}$ kã $^{31}$] 大口缸。

撮口缸 [tsvə$^{31}$ k ‘əu$^{53}$ kã $^{31}$] 小口缸。

箸笼子 [tʃ$^{313}$ lvən$^{53}$ tsʅ$^{53}$] 装筷子的篓子。

蒜窝子 [svæ$^{313}$ və$^{31}$ tsʅ$^{53}$] 捣蒜的臼窝。

甑笆子 [tsən$^{313}$ pa$^{31}$ tsʅ$^{53}$] 用竹片、禾杆做的笼箪。

石炭 [ʂʅ$^{24}$ t ‘æ$^{313}$] 质量较差的煤炭。

大柴 [ta$^{313}$ ts ‘ai$^{24}$]　树干劈成的柴火。

稍稍子 [sau$^{31}$ sau$^{31}$ tsɿ$^{53}$]　灌木、树稍枝类柴火。

蒿柴 [xau$^{31}$ ts ‘ai$^{24}$]　多年生蒿类柴火。

毛蒿子 [mau$^{24}$ xau$^{31}$ tsɿ$^{53}$]　一年生的蒿类柴火。

蘘柴 [rã$^{53}$ ts ‘ai$^{24}$]　草本类柴火的泛称。

柴裸子 [ts ‘ai$^{24}$ lvə$^{313}$ tsɿ$^{53}$]　劈成大块的柴火。

取灯子 [tɕ ‘y$^{53}$ tən$^{31}$ tsɿ$^{53}$]　旧时一头涂有硫磺、可以取火的小木片。

钱罐子 [t ‘iæ$^{24}$ kvæ$^{313}$ tsɿ$^{53}$]　装钱的罐子。

车子 [tʂ ‘ə$^{31}$ tsɿ$^{53}$]　土法纺线机。

机子 [tɕi$^{31}$ tsɿ$^{53}$]　土法织布机。

平机 [p ‘in$^{24}$ tɕi$^{31}$]　平而较长的土织布机。

陡机 [təu$^{53}$ tɕi$^{31}$]　短而竖起的土织布机。

弓 [kvən$^{31}$]　土法弹花弓。

弓槌 [kvən$^{31}$ tʃei$^{24}$]　弹花槌。

花星 [xva$^{31}$ ɕin$^{31}$]　称杆上的小星点。

抹子 [mə$^{53}$ tsɿ$^{53}$]　抹墙的工具。

泥壁 [i$^{24}$ pi$^{31}$]　泥墙工具。

灰刺子 [xvei$^{31}$ ts‘ɿ $^{313}$ tsɿ$^{53}$]　抹石灰用的工具。

钱盘子 [t ‘iæ$^{24}$ pæ$^{24}$ tsɿ$^{53}$]　旧时置放铜钱的木盘。

洋马 [iã$^{24}$ ma$^{53}$]　对自行车的旧称。

## 十、称谓

爸爸 [pa$^{53}$ pa$^{53}$]　父亲（一般称呼）。

爸爸 [pa$^{313}$ pa$^{53}$]　叔父。

老子 [lau$^{53}$ tsɿ$^{53}$] 父亲（背后称呼）。

大 [ta$^{53}$]　父亲（当面称呼）。

妈 [ma$^{24}$]　母亲（当面称呼）。

娘 [ia$^{24}$]　母亲（背后称呼）。

老娘 [lau$^{53}$ ia$^{24}$]　伯母。

大娘 [ta$^{313}$ ia$^{24}$]　叔母。

外爷 [vai$^{313}$ iɛ$^{53}$]　外祖父。

外婆 [vai$^{313}$ p‘ə$^{53}$]　外祖母。

姑阿婆 [kv$^{3}$1 a$^{3}$1 p‘ə$^{53}$]　姑奶奶。

后人 [xəu$^{313}$ rən$^{31}$]　儿子。

先后 [iæ$^{31}$ xəu$^{313}$]　妯娌。

老孙胎 [lau$^{53}$ svən$^{31}$ t‘ai$^{3}$1]　最后生的儿女。

妗子 [tɕin$^{313}$ tsɿ$^{53}$]　舅母。

大大 [ta$^{313}$ ta$^{31}$]　姑母。

挑担 [t'iau$^{53}$ tæ$^{31}$]　连襟。

后老子 [xəu$^{313}$ lau$^{53}$ tsɿ$^{53}$] 继父。

男人家 [læ$^{24}$ rən$^{24}$ tɕia$^{31}$]　男人。

婆娘家 [p 'ə$^{53}$ iã$^{24}$ tɕia$^{31}$]　已婚妇女。

妇道人家 [fv$^{313}$ tau$^{313}$ rən$^{24}$ tɕia$^{31}$]　妇女。

右客 [iəu$^{313}$ kei$^{53}$]　女客人。

狗娃 [kəu$^{53}$ va$^{24}$]　对小孩的亲昵称呼。

离巴 [li$^{24}$ pa$^{31}$]　外行。

半吊子 [pæ$^{313}$au$^{313}$ tsɿ$^{53}$] 不懂装懂、做事冒失的人。

半年汉 [pæ$^{313}$ iæ$^{24}$ xæ$^{313}$]　做事草率的年轻人。

二百二 [ɚ$^{24}$ pei$^{31}$ ɚ$^{24}$]　自认为自己了不起的人。

掌柜的 [tʂã$^{53}$ kvei$^{313}$ ti$^{31}$]　旧社会店铺老板。

差娃子 [ts 'ai$^{31}$ va$^{24}$ tsɿ$^{53}$] 旧社会基层政权的爪牙。

狗差人 [kəu$^{53}$ ts 'ai$^{31}$ rən$^{24}$]　旧社会基层政权的恶吏。

雇身汉 [kv$^{313}$ ʂən$^{31}$ xæ$^{313}$]　旧社会雇工。

长年汉 [tʂ'ã$^{24}$ iæ$^{24}$ xæ$^{313}$]　旧社会长工。

光棍汉 [kvã$^{31}$ kvən$^{313}$ xæ$^{313}$]　单身汉。

帮郎鼓 [pã$^{31}$ lã$^{24}$ kv$^{53}$]　货郎卖货时摇的小鼓。

背脚的 [pei$^{31}$ tɕyɛ$^{31}$ tei$^{31}$]　背运货物的苦力。

滑杆客 [xva$^{24}$ kæ̃$^{53}$ k'ei$^{53}$]　抬滑杆的人。

吃粮 [tʂʅ$^{31}$ liã$^{31}$]　旧时指当兵。

先生 [iæ$^{31}$ sən$^{31}$]　医生。

啬皮 [sei$^{31}$ p'i$^{24}$]　吝啬鬼。

牙子 [ia$^{24}$ tsɿ$^{53}$]　牲畜市场的经纪人。

拾娃婆 [ʂʅ$^{24}$ va$^{24}$ p'ə$^{53}$]　接生婆。

寻口的 [ɕin$^{24}$ k'əu $^{53}$ tsɿ$^{53}$] 讨口子、乞丐。

拐子 [kvai$^{53}$ tsɿ$^{53}$]　拐骗人的人。

恶人 [ŋə$^{31}$ rən$^{24}$]　骗子等坏人。

棒客 [pã$^{313}$ k'ei$^{53}$]　土匪。

屠家 [t'v$^{24}$ tɕia$^{31}$]　杀猪宰牛的人。

**十一、身体**

身道 [ʂən$^{31}$ tau$^{313}$]　身子。

脑瓜子 [lau$^{53}$ kva$^{31}$ tsɿ$^{53}$]　头。

脑壳 [lau$^{53}$ k‘ə$^{31}$] 头。

谢顶了 [ɕiɛ$^{31}$ tin$^{53}$ lau$^{53}$] 秃顶。

额花 [ŋei$^{31}$ xva$^{31}$] 额头。

额颅 [ŋei$^{31}$ lv$^{24}$] 额头。

细弥口 [ɕi$^{313}$ mi$^{31}$ k‘əu$^{53}$] 囟门。

脸 [iæ$^{53}$] 脸面。“脸”不读 liǎn。

颧骨 [kvæ$^{31}$ kv$^{31}$] 颧骨。“颧”不读 quán。

苦颞蛋 [k‘v$^{53}$ ts ‘ai$^{31}$tæ̃$^{3}$l$^{3}$] 颞帮子。

嘴巴子 [tsvei$^{53}$ pa$^{31}$ tsɿ$^{53}$] ①两颞。②口头表达能力。

唾沫星子 [t‘və$^{313}$ mə$^{31}$ ɕin$^{31}$ tsɿ$^{53}$] 说话时溅出的唾沫。

涎水 [xæ$^{31}$ ʃei$^{53}$] 口水。

耳瓜子 [ɚ$^{53}$ kva$^{31}$ tsɿ$^{53}$] 耳朵。

饼耳子 [pin$^{53}$ ɚ$^{53}$ tsɿ$^{53}$] 耳光。

耳朵背了 [ɚ$^{53}$ tvə$^{53}$ pei$^{31}$ lau$^{31}$] 耳聋。

下巴子 [xa$^{313}$ pa$^{31}$ tsɿ$^{53}$] 下巴。“下”不读 xià。

牙齿 [ȵia$^{24}$ tsɿ$^{53}$] 牙齿。“牙”城区读 iá，安化等乡下读 yá。

旋儿 [ɕyæ$^{24}$ ɚ$^{24}$] 头发旋儿。

脚码手印 [tɕyɛ$^{31}$ ma$^{53}$ ʂəu$^{53}$ in$^{313}$] 手印（多指画押）。

箭底子 [æ$^{24}$ ti$^{53}$ tsɿ$^{53}$] 椭圆形指纹。

措箕子 [ts‘və$^{31}$ tɕi$^{31}$ tsɿ$^{53}$] 簸箕形指纹。

胳肘湾 [ke$^{3}$l tʂəu$^{53}$ væ̃$^{24}$] 胳肢窝。

槌头 [tʃei$^{24}$ t‘əu$^{24}$] 拳头。

心口子 [ɕin$^{31}$ kəu$^{53}$ tsɿ$^{53}$] 胃。

肋巴子 [lei$^{31}$ pa$^{31}$ tsɿ$^{53}$] 肋巴骨。

肷里 [tiæ$^{53}$ li$^{53}$] 肋巴到胯骨之间。

骭腿梁 [kæ$^{31}$ t‘vei$^{53}$ liã$^{53}$] 小腿及小腿骨。

猪娃子 [tʃ$^{31}$ va$^{24}$ tsɿ$^{53}$] 小腿肌。

磕膝盖 [k‘ə$^{31}$ ɕi$^{24}$ kai$^{313}$] 膝盖。

黑胯子 [xei$^{31}$ k‘va $^{53}$ tsɿ$^{53}$] 胯内。

尻子 [kəu$^{31}$ tsɿ$^{53}$] 屁股、臀部。

尻蛋子 [kəu$^{31}$ tæ$^{313}$ tsɿ$^{53}$] 屁股、臀部。

尻门子 [kəu$^{31}$ mən$^{24}$ tsɿ$^{53}$] 肛门。

麻雀 [ma$^{24}$ tɕ‘iau$^{53}$] 小男孩生殖器的昵称。

牛牛 [iəu$^{24}$ iəu$^{31}$] 小男孩的生殖器。

鸡巴 [tɕ‘i$^{31}$ pa$^{3}$l] 男子生殖器（泛称）。

精脚片 [tɕin$^{31}$ tɕyɛ$^{31}$ piæ$^{53}$] 赤脚。

舅舅 [tɕiəu$^{313}$ tɕiəu$^{313}$] 小儿脚趾头的谑称。

垢痂 [kəu$^{53}$ tɕia$^{31}$] 身上的污垢。

筋 [tɕin$^{31}$] 动物身上的筋。

青筋 [tɕ'in$^{31}$ tɕin$^{31}$] 体表的血管。

纂纂 [tsvæ$^{313}$ tsvæ$^{31}$] 妇女的发髻。

须须头 [ɕy$^{31}$ ɕy$^{31}$ t'əu$^{24}$] 年轻妇女额前剪齐的发型。

## 十二、医疗

害病 [xai$^{313}$ pin$^{13}$1] 患病。

跑肚子 [p'au$^{53}$ tu$^{313}$ tsɿ$^{53}$] 腹泄、拉肚子。

绞肠痧 [tɕiau$^{53}$ tʂ'ã$^{24}$ sa$^{31}$] 急性肠炎、烂尾炎等症。

打摆子 [ta$^{53}$ pai$^{53}$ tsɿ$^{53}$] 犯疟疾。

心口疼 [ɕin$^{31}$ k'əu$^{53}$ t'əu$^{24}$] 胃疼。

肿毒 [tʃən$^{53}$ t'v$^{24}$] 痄腮。

当福差 [tã$^{313}$ fv$^{31}$ ts 'ai$^{31}$] 出牛痘。

羊角疯 [iã$^{24}$ kə$^{31}$ fən$^{31}$] 间歇性癫痫。

长圪垯 [tʂã$^{53}$ kə$^{31}$ ta$^{31}$] 皮肤上出浓疮。

角落 [kvə$^{31}$ lau$^{53}$] 疥疮。

热痱子 [ʐə$^{31}$ fei$^{313}$ tsɿ$^{53}$] 痱子。

风屎 [fən$^{31}$ sɿ$^{53}$] 荨麻疹。

瘊子 [xəu$^{24}$ tsɿ$^{53}$] 疣。

黑星子 [xei$^{31}$ ɕin$^{31}$ tsɿ$^{31}$] 雀斑。

臭眼子 [tʂ'əu $^{313}$ iæ$^{53}$ tsɿ$^{31}$] 狐臭。

瘿瓜瓜 [in$^{53}$ kva$^{31}$kva$^{31}$] 甲状腺肿大，又称瘿瘰、大脖子病（较小）。

瘿膝子 [in$^{53}$ sv$^{31}$ tsɿ$^{53}$] 大脖子病（较大）。

膝袋 [sv$^{31}$ t'ai $^{313}$] 瘿瘰（特大）。

六指儿 [liəu$^{31}$ tsɿ$^{53}$ ɚ$^{24}$] 手上多长的指头。

左撇子 [tsvə$^{53}$ p'iɛ$^{31}$ tsɿ$^{53}$] 用左手写字、拿筷子的人。

折腰子 [ʂə$^{24}$ iau$^{31}$ tsɿ$^{53}$] 脊椎弯曲的人。

涩喉咙 [sei$^{31}$ xv$^{24}$ lv$^{24}$] 说话嗓音沙哑的人。

单照儿 [tæ$^{31}$ tʂau$^{31.3}$ ɚ$^{24}$] 一只眼瞎的人。

近看眼 [tɕin$^{313}$ kæ$^{313}$ iæ$^{53}$] 近视眼。

婆娘嘴 [p'ə$^{53}$ iã$^{24}$ tsvei$^{53}$] 年老不生长胡子的人。

豁豁嘴 [xvə$^{31}$xvə$^{31}$tsvei$^{53}$] 兔唇、豁嘴皮的人。

豁牙子 [xvə$^{31}$ ia$^{24}$ tsɿ$^{53}$] 门牙脱落。

请先生 [tɕʻin$^{53}$ iæ $^{31}$ sən$^{31}$] 请医生。

病松了 [svən$^{31}$ lau$^{53}$] 病轻了。

松活了 [svən$^{31}$ xvə$^{24}$ lau$^{53}$] 病好转了。

病输了 [pin$^{313}$ ʃ$^{31}$ lau$^{53}$] 病治不好了。

拿脉 [la$^{24}$ mei$^{31}$] 切脉。

开单子 [kʻai $^{31}$ tæ$^{31}$ tsɿ$^{53}$] 开处方。

捂汗 [v$^{31}$ xæ$^{313}$] 发汗。

**十三、服装**

糨布 [tɕiã$^{313}$ pv$^{313}$] 用面糊涂布，使之挺直。

糨衣裳 [tɕiã$^{313}$ i$^{31}$ ʂã$^{31}$] 用面糊涂衣服使之挺直。

铰衣裳 [tɕiau$^{53}$ i$^{31}$ ʂã$^{31}$] 裁剪衣服。

缝衣裳 [fən$^{24}$ i$^{31}$ ʂã$^{31}$] 缝制衣服。

量身材 [liã$^{24}$ ʂən$^{31}$ ts ʻai$^{24}$] 缝衣时量身体尺寸。

打粉线 [ta$^{53}$ fən$^{53}$ iæ$^{313}$] 缝绵衣时为了垫线直而打的粉线。

粉线包 [fən$^{53}$ iæ$^{313}$ pau$^{31}$] 打粉线用的小粉袋。

缭贴边 [liau$^{24}$ tʻiɛ$^{31}$ piæ$^{31}$] 缝衣服的贴边。

拾缝子 [ʂɿ$^{24}$ fən$^{313}$ tsɿ$^{53}$] 缝合衣物的缝隙。

拾边子 [ʂɿ$^{24}$ piæ$^{31}$ tsɿ$^{53}$] 缝合衣物边子。

缏纽扣 [piæ$^{24}$ iəu$^{53}$ kʻəu$^{313}$] 挽制中式衣服上的纽扣。

缏纽门 [piæ$^{24}$ iəu$^{53}$ mən$^{24}$] 缝制中式衣服上的纽门。

站扣子 [tsæ$^{313}$ kʻəu$^{313}$ tsɿ$^{53}$] 钉纽扣。

兖身子 [kvən$^{53}$ ʂən$^{31}$ tsɿ$^{53}$] 大棉袄。

裹肚子 [kvə$^{53}$ tv$^{53}$ tsɿ$^{53}$] 兜肚。

缠腰子 [tæ$^{24}$ iau$^{31}$ tsɿ$^{53}$] 围腰式无袖对襟上衣。

掩襟子 [iæ$^{53}$ tɕin$^{313}$ tsɿ$^{53}$] 上衣的大襟。

涎水架架子 [xæ$^{31}$ ʃei$^{53}$ tɕia$^{313}$ tɕia$^{313}$ tsɿ$^{53}$] 小孩的围裙。

尿藉子 [iau$^{313}$ tɕiɛ$^{313}$ tsɿ$^{53}$] 尿布。

纳鞋帮子 [la$^{31}$ xai$^{24}$ pã$^{31}$ tsɿ$^{53}$] 缝制鞋帮。

滚鞋边 [kvən$^{53}$ xai$^{24}$ piæ$^{31}$] 给鞋边缝贴边布。

鞋提跟 [xai$^{24}$ tʻi$^{24}$ kən$^{31}$] 童鞋后跟帮上的提带。

垫鞋底 [tiæ$^{313}$ xai$^{24}$ ti$^{53}$] 给布鞋底中垫碎布。

纳鞋底 [la$^{31}$ xai$^{24}$ ti$^{53}$] 缝制布鞋底。

袜鞋 [va$^{53}$ xai$^{24}$] 用生牛皮缝制的跑山鞋。

泥脚子 [i$^{24}$ tɕyɛ$^{31}$ tsɿ$^{53}$] 雨天套在鞋上的滑防工具。

脚板子 [tɕyɛ$^{31}$ pæ$^{53}$ tsɿ$^{53}$] 旧时木制的雨鞋。

靸板子 [sa$^{31}$ pæ$^{53}$ tsɿ$^{53}$] 拖鞋。

扎花 [tsa$^{24}$ xva$^{31}$] 绣花。

引线 [in$^{53}$ iæ$^{313}$] 为了固定棉衣（被）絮物而缝的线。

引衣裳 [in$^{53}$ i$^{31}$ ʂã$^{31}$] 缝线固定棉衣中的絮物。

引被儿 [in$^{53}$ pi$^{313}$ ɚ$^{24}$] 缝线固定被子中的絮物。

装被儿 [ʃã$^{31}$ pi$^{313}$ ɚ$^{24}$] 缝制被子。

确确子 [tɕ'yɛ$^{31}$ tɕ'yɛ$^{31}$ tsɿ$^{53}$] 妇女装针线的小篮子。

顶针子 [tin$^{53}$ tʂən$^{31}$ tsɿ$^{53}$] 顶针。

线陀子 [iæ$^{313}$ t'və$^{24}$ tsɿ$^{53}$] 捻线用的陀螺。

针鼻管 [tʂən$^{31}$ p'i$^{24}$ kvæ$^{53}$] 针孔。

补疤 [pv$^{53}$ pa$^{31}$] 衣物上的补钉。

搓板子 [ts'və$^{31}$ pæ$^{53}$ tsɿ$^{53}$] 洗衣物的搓板

槌背石 [tʃ'ei$^{24}$ pei$^{313}$ ʂɿ$^{24}$] 槌洗衣物用的长条形石头。

洗一水 [ɕi$^{53}$ i$^{31}$ ʃei$^{53}$] 洗一次。

洗两水 [ɕi$^{53}$ liã$^{53}$ ʃei$^{53}$] 洗两次。

**十四、饮食**

生水 [sən$^{31}$ ʃei$^{53}$] 未烧开的冷水。

涫水 [æ$^{24}$ ʃei$^{53}$] 烧开的水。

汤水 [t'ã$^{31}$ ʃei$^{53}$] 泛指饮食。

工水 [kvən$^{31}$ ʃei$^{53}$] 菜汤。

滚水 [kvən$^{31}$ ʃei$^{53}$] 高汤（开水中放点菜叶或佐料）。

晌午 [ʂã$^{31}$ v$^{53}$] 午饭。

黑饭 [xei$^{31}$ fæ$^{313}$] 晚饭。

打腰食 [ta$^{53}$ iau$^{31}$ ʂɿ$^{24}$] 加餐的干粮。

夜食 [iɛ$^{313}$ ʂɿ$^{24}$] 夜宵。

闷气了 [mən$^{313}$ tɕ'i$^{313}$ lau$^{53}$] 食物变质发酸臭味。

呱呱 [kva$^{31}$ kva$^{31}$] 锅巴。

连锅子 [liæ$^{24}$ kvə$^{31}$ tsɿ$^{53}$] 一锅煮成的面。

另汤面 [lin$^{313}$ t'ã$^{31}$ miæ$^{313}$] 捞面条。

扁食 [piæ$^{53}$ ʂɿ$^{24}$] 水饺或混饨。

鹅那婆 [ŋə$^{24}$ la$^{313}$ p'ə$^{53}$] 像鸟展翅形的水饺。

圪垯子 [kə$^{31}$ ta$^{24}$ tsɿ$^{53}$] 杂粮做的面条。

面鱼儿 [miæ$^{313}$ y$^{24}$ ɚ$^{24}$] 拨鱼儿（一种面食）。

鸡脑壳 [tɕi$^{31}$ lau$^{24}$ k'ə$^{31}$] 比拨鱼儿大的一种面食。

漏漏子 [ləu$^{313}$ ləu$^{313}$ tsɿ$^{53}$] 漏鱼（一种面食）。

拌汤 [pæ$^{313}$　t‘ã$^{31}$]　用水拌面熬煮成的汤。

翻卷 [fæ$^{31}$　tyæ$^{53}$]　一种花卷。

叶叶子 [iɛ$^{31}$　iɛ$^{31}$　tsɿ$^{53}$]　较薄的面饼。

饼饼子 [pin$^{53}$　pin$^{53}$　tsɿ$^{53}$]　薄面饼。

馓子 [sæ$^{313}$　tsɿ$^{53}$]　油炸的条状食物。

盘馓 [pæ$^{24}$　sæ$^{313}$]　盘成圈的炸馓子。

油香 [iəu$^{24}$　ɕiã$^{31}$]　中间有孔的炸油饼。

百叶 [pei$^{31}$　iɛ$^{31}$]　合叶蒸饼。

烧酒 [ʂau$^{31}$　tɕiəu$^{53}$]　白酒。

老酒 [lau$^{53}$　tɕiəu$^{53}$]　土法酿的小麦、青稞酒。

甜粕儿 [tiæ$^{24}$　p‘ei$^{31}$　ɚ$^{24}$]　用麦粒酿造的带糟酒。

架火 [tɕia$^{313}$　xvə$^{53}$]　生火。

斗火 [təu$^{31}$　xvə$^{53}$]　生火。

挑菜 [t‘iau$^{31}$　ts ‘ai$^{313}$]　挖菜。

馓面饽 [sa$^{53}$　miæ$^{313}$　p‘ə$^{31}$]　擀面时撒的干面粉。

白肉 [pei$^{24}$　rəu$^{313}$]　肥肉。

黑肉 [xei$^{31}$　rəu$^{313}$]　瘦肉。

恶水 [ŋə$^{31}$　ʃei$^{53}$]　洗过锅碗的水。

**十五、红白喜事**

红爷 [xvəu$^{24}$　iɛ$^{53}$]　媒人。

圆媒 [yæ$^{24}$　mei$^{24}$]　商量结婚事宜。

添箱 [tiæ$^{31}$　ɕiã$^{31}$]　娘家亲友给新娘送礼品。

传毡 [tæ$^{24}$　tʂ$^{31}$]　新娘上下轿（马）时在交替的红毡上走。

挦脸 [iæ$^{31}$　iæ$^{53}$]　妇女梳装时拔去面部细毛。

立停月 [li$^{31}$　t‘in$^{24}$　yɛ$^{31}$]　新娘出嫁后第一次回娘家，按照婚后在婆家住的天数，在娘家住相同的天数，叫立停月。

小月 [ɕiau$^{53}$　yɛ$^{31}$]　小产，流产。

咂奶 [tsa$^{31}$　lai$^{53}$]　小孩吃奶。

失床 [ʂɿ$^{31}$　tʃã$^{24}$]　（小孩）尿床。

乖 [kvai$^{31}$]　①（小孩）平安。②（小孩）听话，不闹人。

咽气 [iæ$^{313}$　tɕ‘i$^{313}$]　人死了。

宴驾了 [iæ$^{313}$　tɕ‘ia$^{313}$　lau$^{53}$] 老人去世了。

疲了 [p‘i$^{24}$　lau$^{53}$]　（小孩）死了。

糟踏了 [tsau$^{31}$　t‘a$^{24}$　lau$^{53}$]　（小孩）死了。

落草了 [lvə$^{31}$　ts‘au$^{53}$　lau$^{53}$]　把死者遗体停放在地上。

苫脸纸 [æ$^{313}$ iæ$^{53}$ tsɿ$^{53}$] 给死者脸上苫的纸。

活寿 [xvə$^{24}$ ʂəu$^{313}$] 指老人健在时做的棺材。

寿基 [ʂəu$^{313}$ tɕi$^{31}$] 老人的棺材。

老房 [lau$^{53}$ fã$^{31}$] 老人的棺材。

匣匣子 [ɕia$^{24}$ ɕia$^{31}$ tsɿ$^{53}$] 给未成年人死后做的薄棺。

坐夜 [tsvə$^{313}$ iɛ$^{313}$] 夜间为年长的死者守丧。

拉火 [la$^{31}$ xvə$^{53}$] 老人安葬后子孙接连三夜在坟堆上柴草焚烧，以示卫护。

出殃 [tʃ$^{31}$ iã$^{31}$] 驱灾，死人埋葬后进行的一种迷信活动。

鞔孝鞋 [mæ$^{24}$ ɕiau$^{313}$ xai$^{24}$] 长辈病故后，晚辈鞋上蒙白布，以示哀悼。

脱孝 [t'və$^{34}$ ɕiau$^{313}$] 脱掉孝服的礼仪活动。

孝棒 [ɕiau$^{313}$ pã$^{313}$] 丧棒。

孝棍子 [ɕiau$^{313}$ kvən$^{313}$ tsɿ$^{53}$] 出殡时孝子拄的柳木棍。

架干丧 [tɕia$^{313}$ kæ$^{31}$ sã$^{31}$] 山林区为了防止地下虫兽的侵害，把死者遗体入棺架于山崖上。

纸火 [tsɿ$^{53}$ xvə$^{53}$] 用纸糊制的纸人纸马等祭品，或社火场的灯具。

银孝驮子 [in$^{24}$ ɕiau$^{313}$ tvə$^{24}$ tsɿ$^{53}$] 纸火的一种。

蜡盏子 [la$^{31}$ tiæ$^{31}$ tsɿ$^{53}$] 烛台。

打坟 [ta$^{53}$ fən$^{24}$] 挖墓穴。

下圹 [ɕia$^{313}$ kuã$^{313}$] 下葬。

上坟 [ʂã$^{313}$ fən$^{24}$] 扫墓。

犯丧 [fæ$^{313}$ sã$^{31}$] 迷信观念认为可以害人的死者。尸体埋葬后多年不腐，主家不得安宁，须请阴阳先生做法烧掉“犯丧”。

**十六、代词**

堂们 [t'ã$^{24}$ mən$^{24}$] 我们、咱们。

老盖 [lau$^{53}$ kai$^{313}$] 上头、上边、在上面的东西等。

载 [tsai$^{31}$] 这、这个。

外 [vai$^{53}$] 那、那个。

载达 [tsai$^{31}$ ta$^{24}$] 这里。

外达 [vai$^{53}$ ta$^{24}$] 那里。

之达之 [tsɿ$^{31}$ ta$^{24}$ tsɿ$^{31}$] 这里。

那个那 [la$^{313}$ kə$^{313}$ la$^{313}$] 那个（人、物）。

载达子 [tsai$^{31}$ ta$^{24}$ tsɿ$^{31}$] 这里。

外达子 [vai$^{53}$ ta$^{24}$ tsɿ$^{31}$] 那里。

那下 [la$^{313}$ xa$^{313}$] 下边、那边（较近）。

上面面 [ʂã$^{313}$ miæ$^{313}$ miæ$^{313}$] 最上边。

## 十七、形容词

翘千 [tɕ'iau$^{53}$ tɕiæ$^{313}$] 多指老人身体健康。不读 jiāo，jiàn。

弊的 [ p'iɛ$^{313}$ tei$^{31}$] 不好的。

揣的 [ tʃai$^{53}$ tei$^{31}$] 不好的。

揣了 [ tʃai$^{53}$ lau$^{31}$] 事未办成。

一把连 [i$^{31}$ pa$^{53}$ liæ$^{24}$] 全部。

满利 [mæ$^{53}$ li$^{313}$] 总共、通共。

连箱子 [liæ$^{24}$ ɕiã$^{31}$ tsɿ$^{53}$] 全部。

鬼势 [kvei$^{53}$ ʂʅ$^{313}$] 姿式不好看。

鬼的很 [kvei$^{53}$ ti$^{31}$ xən$^{53}$] 特别奸诈。

能的很 [lən$^{24}$ ti$^{31}$ xən$^{53}$] 长得漂亮。

欢的很 [xvæ$^{31}$ ti$^{31}$ xən$^{53}$] ①热闹，②好。

瞎的很 [xa$^{31}$ ti$^{31}$ xən$^{53}$] 很坏。

缺了 [tɕ'yɛ$^{31}$ lau$^{31}$] 比以前消瘦了。

麻利 [ma$^{24}$ li$^{313}$] ①赶快 ②做事快当。

脏气 [tsã$^{53}$ tɕ'i$^{313}$] 怪，捣蛋。

躺然 [t'ã$^{53}$ ræ$^{24}$] 舒服。

忽的 [xv$^{31}$ ti$^{31}$] 猛的一下。

□脸 [tʃa$^{31}$ ȵiæ$^{53}$] 不高兴的样子。

雕形样子 [tiau$^{31}$ ɕin$^{24}$ iã$^{53}$ tsɿ$^{53}$] 难看的样子。

各巴巴 [ka$^{31}$ pa$^{31}$ pa$^{31}$] 捆得很结实。

各札札 [ka$^{31}$ tsa$^{31}$ tsa$^{31}$] 形容捆得牢。

冰悄雅静 [pin$^{31}$ tɕ'iau$^{31}$ ia$^{53}$ tɕin$^{313}$] 安静无声。

趔趔子的 [liɛ$^{31}$ liɛ$^{31}$ tsɿ$^{53}$ tei$^{31}$] 不顺手。

没名堂 [mə$^{31}$ min$^{24}$ t'ã$^{24}$] 没办法或没结果。

没眉眼 [mə$^{31}$ min$^{24}$ iæ$^{53}$] 指没出息或办事没眉目。

鬼眉日眼 [kvei$^{53}$ mi$^{24}$ ɚ$^{31}$ iæ$^{53}$] 行为鬼鬼祟祟，不正派。

禄味 [lv$^{31}$ vei$^{313}$] 满意。

雅相 [ia$^{53}$ ɕiã$^{313}$] 文明、文雅。

展脱 [tæ$^{53}$ t'və$^{31}$] 潇洒，大方，不呆板。

利索 [li$^{313}$ svə$^{53}$] 麻利，快当，干练。

暮囊 [mv$^{313}$ lã$^{53}$] 做事拖沓、不干练。

麻暮 [ma$^{24}$ mv$^{313}$] 麻烦，难缠。

料稍 [liau$^{313}$ sau$^{31}$] ①衣着整洁。②做事干练。

孽障 [iɛ$^{31}$ tʂã$^{313}$] ①不灵性、没出息。②可怜巴巴的。

没背活［mə$^{31}$ pei$^{313}$ xvə $^{24}$］ 体力、精力、支撑力都很差。

瓜嗒嗒［kva$^{31}$ ta$^{31}$ ta$^{31}$］ 摹声词，比喻跑得快。

**十八、动作用语**

阿唉［a$^{31}$ ai$^{31}$］ 应答词语。意思是“对的”“是的”。

行［xən$^{24}$］ 走，步行。“行”不读 xíng。

动弹［t‘vən$^{313}$ tæ$^{31}$］ ①活动，②动身。

折了疲了［ʂə$^{24}$ lau$^{53}$］ ①断了。②不正常死亡。

排了［p‘ei$^{24}$ lau$^{53}$］ 跑掉了。

刚来［tɕiã$^{31}$ lai$^{24}$］ 来了不久。“刚”不读 gang。

刚刚来［tɕiã$^{31}$ tɕiã$^{31}$lai$^{24}$］ 来了不久。

缓缓走［xvæ$^{53}$ xvæ̃$^{53}$ tsəu$^{53}$］ 慢慢走。

拿上［xæ$^{31}$ ʂã$^{313}$］ 拿上。“拿”不读 lá。

胡粘［xv$^{24}$ ræ$^{24}$］ 胡拉乱扯。

口皮［tʃ‘a$^{31}$ p‘i$^{24}$］ 完整地剥皮。

怪呼［kvai$^{313}$ xv$^{31}$］ 教育、责备。

掐住［tʂ‘əu$^{313}$ tʃ$^{313}$］ 用手或胳臂撑住。

夯住［xã$^{31}$ tʃ$^{313}$］ 用手或身子顶住。

撂了［liau$^{313}$ lau$^{53}$］ 丢了。

松的很［svən$^{31}$ ti$^{31}$xən$^{53}$］ 软弱、不坚强。

解开［kai$^{53}$ k‘ai$^{31}$］ 解开。“解”不读 jie。

热眼［rə$^{31}$ iæ$^{53}$］ 羡慕。

打山［ta$^{53}$ sæ$^{31}$］ 上山打猎。

相端［ɕiã$^{313}$ tvæ$^{31}$］ 思考，想办法。

挑脱［kvã$^{313}$ t‘və$^{31}$］ 滑掉（脱）。

咥住了［tiɛ$^{24}$ tʃ$^{313}$ lau$^{53}$］ 得手了。

咥了三碗［tiɛ$^{24}$ lau$^{53}$ sæ$^{53}$ væ$^{53}$］ 吃了三碗饭（多指青年人吃饭）。

说王变［ʃə$^{31}$ vã$^{24}$ piæ$^{313}$］ 说顺口溜。

日弄人［ɚ$^{53}$ lvən$^{313}$ rən$^{24}$］ 耍手腕骗人。

掗弄人［ʒa$^{24}$ lvən$^{313}$ rən$^{24}$］ 故意欺骗他人。

溜尻子［liəu$^{313}$ kəu$^{31}$ tsɿ$^{53}$］ 拍马屁。

踮踮脚儿［tiæ$^{31}$ tiæ$^{31}$ tɕyɛ$^{31}$ ɚ$^{53}$］ 脚跟高抬，脚尖着地。

二郎担山［ɚ$^{313}$ lã$^{24}$ tæ$^{31}$ sæ$^{31}$］ 一条腿搭在另一条腿上。

恨人［xən$^{313}$ rən$^{24}$］怒目瞪人的表情。

原委［yæ$^{24}$ vei$^{53}$］ 和解、劝说。

别了个挣耳子［piɛ$^{24}$ lau$^{53}$ kai$^{31}$ tsən$^{313}$ ɚ$^{24}$ tsɿ$^{53}$］ 打了个耳光。

挽纂纂 [væ̃$^{53}$ tsvæ$^{313}$ tsvæ$^{313}$] 给妇女头上挽发髻。

逛走 [k'uã$^{313}$ tsəu$^{53}$] 游玩去。

喝面汤 [xvə$^{31}$ miæ$^{313}$ t'ã$^{31}$] 洛塘等地称吃面条为喝面汤。

吃黑饭 [tʂʅ$^{31}$ xei$^{31}$ fæ$^{313}$] 吃晚饭。

喝饱了没有 [xvə$^{31}$ pau$^{13}$ lau$^{53}$ mə$^{31}$ iəu$^{53}$] 吃了早饭没有？

抬饭 [t'ai$^{24}$ fæ$^{313}$] 端饭。

打够 [ta$^{53}$ kəu$^{313}$] 吃饱后打嗝。

挣着吃 [tsən$^{313}$ tʂə$^{53}$ tʂʅ$^{31}$] 贪吃，吃饱了还加着吃。

架下了 [tɕia$^{313}$ xa$^{313}$ lau$^{53}$] 吃得不合适，不消化。

拉屎 [pa$^{53}$ sʅ$^{53}$] 大便。

晒阳婆 [sai$^{313}$ iã$^{24}$ p'ə$^{53}$] 晒太阳。

挤暖暖 [tɕi$^{53}$ lvæ$^{53}$ lvæ̃$^{53}$] 天冷了互相挤着取暖。

丢盹 [tiəu$^{31}$ tvən$^{53}$] 打盹。

搭头 [ta$^{31}$ t'əu$^{53}$] 借口、提子。

紧以为 [tɕin$^{53}$ i$^{31}$ vei$^{24}$] 正忙的时候打搅人。

顾扯 [kv$^{313}$ tʂ'ə$^{53}$] 关心、照顾。

放充 [fã$^{313}$ tʃ'ən$^{313}$] 撒泼、无赖。

沾光 [tsæ$^{31}$ kvã $^{31}$] 占便宜，得到某种好处。

楦脸 [yæ$^{313}$ iæ$^{53}$] 碍脸。

掏腾 [t'au$^{31}$ t'ən$^{24}$] 找巧门。

挖抓 [va$^{31}$ tʃa$^{31}$] 着手，收拾。

各伙儿 [kə$^{31}$ xvə$^{53}$ ɚ$^{24}$] 即合伙儿，联合在一起。

挺下 [t'in$^{53}$ xa$^{313}$] 躺下。

泄鼾睡 [iɛ$^{31}$xæ$^{313}$ ʃei$^{313}$] 打呼噜。

仰板子睡 [niã$^{53}$ pæ$^{53}$ tsʅ$^{53}$ ʃei$^{313}$] 仰身睡觉。

侧楞子睡 [tsei$^{31}$ lən$^{24}$ tsʅ$^{53}$ ʃei$^{313}$] 侧身睡觉。

窝枕了 [və$^{31}$ tʂən$^{53}$ lau$^{53}$] 落枕了。

梦睡梦 [mən$^{313}$ ʃei$^{313}$ mən$^{313}$] 做梦。

说天话 [ʃə$^{31}$ tiæ$^{31}$ xva$^{313}$] 说不着边际的话。

揭背花 [tɕiɛ$^{31}$ pei$^{313}$ xva$^{31}$] 背部被打破。

狼抽筋 [lã$^{24}$ tʂ'əu$^{31}$ tɕin $^{31}$] 用绳背绑。

黄账 [xvã$^{24}$ tʂã$^{313}$] 不认账。

黄了 [xvã$^{24}$ lau$^{53}$] 半途而废。

抿墙 [min$^{53}$ tɕ'iã$^{24}$] 把墙仔细抹平。

**十九、游戏娱乐**

藏猫猫伙儿 [tɕʻiã$^{24}$ mau$^{24}$ mau$^{24}$ xvə$^{53}$ ɚ$^{24}$] 捉迷藏。

打缸 [ta$^{53}$ kã$^{31}$] 打头顶瓦片的游戏。

毛蛋 [mau$^{24}$ tæ$^{313}$] 用毛线废丝绳缠成的小球。

打毛蛋 [ta$^{53}$ mau$^{24}$ tæ$^{313}$] 拍打毛蛋的游戏。

重子儿 [tʃən$^{31}$ tsɿ$^{53}$ ɚ$^{24}$] 抓石子或豆子的游戏。

走五马 [tʂəu$^{53}$ v$^{53}$ ma$^{53}$] 一种石子棋类游戏。

围和尚 [y$^{24}$ xvə$^{24}$ ʂã$^{313}$] 一种围石子的游戏。

钻牛角 [tsvæ$^{31}$ iəu$^{24}$ kə $^{31}$] 一种现石子游戏。

鬼弄穷 [kvei$^{53}$ lvən$^{313}$ tɕʻyn$^{24}$] 猜手中豆子的游戏。

上帽顶 [ʂã$^{313}$ mau$^{313}$ tin$^{53}$] 在头上玩草叶的游戏。

抬班班桥 [tʻai$^{24}$ pæ$^{53}$ pæ$^{53}$ tɕʻiau$^{313}$] 两人互把对方手套在一起让另一个坐上的游戏。

拌黑白 [pæ$^{313}$ xei$^{31}$ pei$^{24}$] 用麻线玩的一种游戏。

闪鹅 [æ$^{53}$ ŋə$^{24}$] 四人抬一人向空中丢扬的游戏。

通古今 [tvən$^{31}$ kv$^{53}$ tɕin$^{31}$] 猜迷语。

牌灯 [pʻai$^{24}$ tən$^{31}$] 社火队前写有队（村）名的方形灯。

掌灯子 [tʂã$^{53}$ tən$^{31}$ tsɿ$^{53}$] 玩社火时掌的一种灯。

滚灯子 [kvən$^{53}$ tən$^{31}$ tsɿ$^{53}$] 社火队里在地上滚的灯。

拽船 [iɛ$^{31}$ʃæ$^{24}$] 玩旱船。

踩跷子 [tsʻai$^{53}$ tɕʻiau$^{24}$ tsɿ$^{53}$] 踩高跷。

拽竹竹马儿 [iɛ$^{31}$ tʃ$^{31}$ tʃ$^{31}$ma$^{53}$ ɚ$^{24}$] 骑竹马。

耍拳 [ʃa$^{31}$ tyæ$^{24}$] 武术，打拳。

丢碎子 [tiəu$^{31}$svei$^{313}$ tsɿ$^{53}$] 旱流星（一种武术）。

高山戏 [kau$^{31}$ sæ$^{31}$ɕi$^{313}$] 一种武都地方戏。

震天雷 [tʂən$^{31}$ tiæ$^{31}$ lvei$^{24}$] 一种声音很大的纸炮。

跟头炮 [kən$^{31}$ tən$^{53}$ pʻau$^{313}$] 一种纸炮。

三眼炮 [sæ$^{31}$ iæ$^{53}$ pʻau$^{313}$] 一种纸炮。

灯官老爷 [tən$^{31}$kvæ$^{31}$ lau$^{53}$ iɛ$^{53}$] 社火队的主持人。

**二十、搳拳术语**

（一）一心敬你 [i$^{31}$ ɕin$^{313}$ tɕin$^{313}$ i$^{53}$]

一心敬 [i$^{31}$ ɕin$^{313}$ tɕin$^{313}$]

（二）咱俩好 [tsa$^{24}$ liã$^{53}$ xau$^{313}$]

二家好 [ɚ$^{24}$ tɕia$^{53}$ xau$^{313}$]

宝一对 [pau$^{53}$ i$^{31}$ tvei$^{313}$]

两相好 [liã$^{53}$ ɕiã$^{313}$ xau$^{313}$]

（三）三桃园 [sæ$^{31}$ tʻau$^{24}$ yæ$^{24}$]

桃园你的 [tʻau$^{24}$ yæ$^{24}$ i$^{53}$ ti$^{31}$]

（四）四喜子 [sɿ$^{313}$ ɕi$^{53}$ tsɿ$^{53}$]

四季发财 [sɿ$^{313}$ tɕi$^{313}$ fa$^{31}$ tsʻai$^{24}$]

（五）五魁 [v$^{53}$ kʻvei$^{24}$]

五魁首 [v$^{53}$ kʻvei$^{24}$ʂəu$^{53}$]

（六）六连高升 [liəu$^{31}$ liæ$^{24}$ kau$^{31}$ ʂən$^{31}$]

高升你的 [kau$^{31}$ ʂən$^{31}$ i$^{53}$ ti$^{31}$]

（七）七个巧 [tɕʻi$^{31}$ kə$^{313}$ tɕʻiau$^{53}$]

七巧端 [tɕʻi$^{31}$ tɕʻiau$^{53}$ tvæ $^{31}$]

七巧你的 [tɕʻi$^{31}$ tɕʻiau$^{53}$ i$^{53}$ ti$^{31}$]

（八）八大仙 [pa$^{31}$ ta$^{53}$ iæ$^{31}$]

八马在 [pa$^{31}$ ma$^{53}$ tsai$^{313}$]

八仙八仙 [pa$^{31}$ iæ$^{31}$ pa$^{31}$ iæ$^{31}$]

八仙过海 [pa$^{31}$ iæ$^{31}$ kuo$^{313}$ xai$^{53}$]

（九）酒常在 [tɕiəu$^{53}$ tʂʻã$^{24}$ tsai$^{313}$]

快发财 [kʼ vai$^{313}$ fa$^{31}$ tsʻai$^{24}$]

（十）满堂满堂 [mæ$^{53}$ tʻã$^{24}$ mæ$^{53}$ tʻã$^{24}$]

满满的 [mæ$^{53}$ mæ$^{53}$ ti$^{31}$]

满堂在 [mæ$^{53}$ tʻã$^{24}$ tsai$^{313}$]

十个你的 [ʂʅ$^{24}$ kə$^{313}$ i$^{53}$ ti$^{31}$]

十全十美 [ʂʅ$^{24}$ tʻyæ$^{24}$ ʂʅ$^{24}$ mei$^{53}$]

## 第四节　武都方言语法

武都方言的语法，和普通话基本一致，差别主要在词汇。这里举例以示。

1. “我该来不该来？”（“我应该来不应该来？”）

[ŋə$^{53}$ kai$^{31}$ lai$^{24}$ pv$^{3}$1 kai$^{31}$ lai$^{24}$]

2. “你能不能来？”（“你能来还是不能来？”）

[i$^{53}$ lən$^{24}$ pv$^{3}$1 lən$^{24}$ lai$^{24}$]

3. “载颗字你认得不认得？”“我认不得。”（“这颗字你认识不认识？”“我不认识。”）

[“tsai$^{31}$ kʻvə$^{53}$ tsɿ$^{53}$ i$^{53}$ rən$^{313}$ tei$^{31}$ pv$^{3}$1 rən$^{313}$ tei$^{31}$ ？” “ŋə$^{53}$ pv$^{3}$1 rən$^{313}$ tei$^{31}$。” ]

4. “你姓张，我也姓张，堂们是一家人。”（“你姓张，我也姓张，我们是一个家族的人。”）

[“i$^{53}$ ɕin$^{313}$ tsã$^{31}$，ŋə$^{53}$ ia$^{53}$ ɕin$^{313}$ tsã$^{31}$，tã$^{24}$ mən$^{24}$ sɿ$^{313}$ i$^{31}$ tɕia$^{31}$ rən$^{24}$。]

5. “载些娃象猴儿一样，到外乱爬。”（这些孩子象猴子一样，到处乱爬。）

[“tsai$^{31}$ ɕiɛ$^{31}$ va$^{24}$ ɕiã$^{313}$ xəu$^{24}$ ɚ$^{24}$ i$^{31}$ iã$^{31}$，tau$^{313}$ tʃ$^{53}$ lvæ$^{313}$ p'a$^{24}$。]

6. “老刘饭吃了吗？”“还没有，等阵子就吃完了。”（“老刘，吃完饭了吗？”“还没吃，等一会就吃完了。”）

[“lau$^{53}$ liəu$^{24}$ fæ$^{313}$ tʂʅ$^{31}$ lau$^{53}$ ma$^{24}$？” “xæ$^{24}$ ma$^{31}$ iəu$^{53}$。tən$^{53}$ tʂən$^{313}$ tsɿ$^{53}$ tɕiəu$^{313}$ tʂʅ$^{31}$ væ$^{24}$ lau$^{53}$。”]

7. “你背得啥？”“我背得黄萝卜。”（“你背得是什么东西？”“我背得是胡萝卜。”）

[“i$^{53}$ pei$^{31}$ tei$^{31}$ sa$^{313}$？” “ŋə$^{53}$ pei$^{31}$ tei$^{31}$ xvã$^{24}$ lvo$^{24}$ p'v$^{31}$。”]

8. “他说就走，咋门半天了还没走？”（“他说马上走，怎么大半天了还没走？”）

[“t'a$^{53}$ ʃə$^{31}$ tɕiəu$^{313}$ tsəu$^{53}$， tsa$^{24}$ mən$^{24}$ pæ$^{31}$ t'iæ$^{53}$ lau$^{53}$ xæ̃$^{24}$ mə$^{31}$ tsəu$^{53}$？”]

9. “你先去，我过一阵再去。”（“你先去吧，过一会我再去。”）

[“i$^{53}$ ɕiæ$^{31}$ tɕ'i$^{313}$，ŋə$^{53}$ kvə$^{313}$ i$^{31}$ tʂən$^{313}$ tsai$^{313}$ tɕ'i$^{313}$。”]

10. “你比他高，可没他胖。”（“你比他高一点，可是没他胖。”）

[“i$^{53}$ pi$^{53}$ t'a$^{53}$ kau$^{31}$，kə$^{53}$ mə$^{31}$ t'a$^{53}$ p'ã$^{313}$。”]

11. “堂们一边走一边说。”（“咱们边走边说。”）

[“t'ã$^{24}$ mən$^{24}$ i$^{31}$ piæ$^{31}$ tsəu$^{53}$ i$^{31}$ piæ$^{31}$ ʃə$^{31}$。”]

12. “他今年多大岁数？”“也不过三十来岁。”（“他今年多大？”“也不过三十左右。”）

[“t'a$^{31}$ tɕin$^{31}$ ȵiæ$^{24}$ tvə$^{31}$ ta$^{313}$ svei$^{313}$ ʃ$^{313}$？” “iɛ$^{53}$ pv$^{31}$ kvə$^{313}$ sæ$^{31}$ tʂʅ$^{24}$ lai$^{24}$ svei$^{313}$。”]

13. “黑夜个说的六点起来，你咋七点了还不起来？”（“昨晚说的六点起床，你怎么七点了还不起来？”）

[“xei$^{31}$ iɛ$^{313}$ kə$^{313}$ ʃə$^{31}$ tei$^{31}$ liəu$^{31}$ tiæ$^{53}$ tɕ'i$^{53}$ lai$^{24}$，i$^{53}$ tsa$^{24}$ tɕ'i$^{31}$ tiæ$^{53}$ lau$^{53}$ xæ$^{24}$ pv$^{3}$1 tɕ'i$^{53}$ lai$^{24}$？”]

14. “我吃了黑饭，转了阵子，回来就睡了。”（“我吃完晚饭，转了一会儿，回来就睡下了。”）

[“ŋə$^{53}$ tʂʅ$^{31}$ lau$^{53}$ xei$^{31}$ fæ$^{313}$，tʃ$^{313}$ lau$^{53}$ tʂən$^{313}$ tsɿ$^{53}$，xvei$^{313}$ lai$^{24}$ tɕiəu$^{313}$ ʃei$^{313}$ lau$^{53}$。”]

15. “黑夜雨下了阵子就住了。”（“昨晚的雨下了一会就停了。”）

[“xei$^{31}$ iɛ$^{313}$ y$^{53}$ ɕia$^{31}$ lau$^{53}$ tʂən$^{313}$ tsɿ$^{53}$ tɕiəu$^{313}$ tʃ$^{313}$ lau$^{53}$。”]

16. “载房子住不下十个人。”（“这房子十个人住不下。”）

[“tsai$^{31}$ fã$^{24}$ tsɿ$^{53}$ tʃ$^{313}$ pv$^{3}$1 xa$^{24}$ ʂʅ$^{24}$ kə$^{313}$ rən$^{24}$。”]

17. “安化的社火欢得很。”（“安化的社火好得很。”）

[“ŋæ$^{31}$ xva$^{313}$ ti$^{31}$ ʂə$^{313}$ xvo$^{53}$ xvæ$^{31}$ ti$^{24}$ kə$^{31}$ xən$^{53}$。”]

18. “外地出的那个那（木耳）彆得很，不如武都载搭出的好。”（“外地出产的（木耳）

质量很差，不如武都这里产的好。”）

［“vai$^{313}$ ti$^{31}$ tʃ$^{31}$ ti$^{31}$ la$^{313}$ kə$^{313}$ la$^{313}$（mv$^{31}$ ɚ$^{313}$）p‘iɛ$^{313}$ ti$^{31}$ xən$^{53}$，pv$^{31}$ rv$^{24}$ v$^{53}$ tv$^{31}$ tsai$^{31}$ ta$^{31}$ tʃ$^{31}$ ti$^{31}$ xau$^{313}$。”］

# 第七章 谚语 歇后语

## 第一节 谚 语

### 一、气候

天上星宿稠，下雨不用愁；天上浮云变，下雨连成片。

立春动了风，三月更比正月冷得凶。

早上打了春，下午温一温。

冬寒春雨多，冬暖春雨缺。

清明断雪，谷雨断霜。清明要晴，谷雨要淋。

春寒有雨夏寒晴，下雪不冷消雪冷。

春寒不算寒，惊蛰寒了冷半年。

惊蛰晴，百样成；惊蛰寒，冷半年。

惊蛰滴一点，九九到回转。

霜厚准晴天，雪多兆丰年。

头伏有雨，伏伏有雨。

早晨立了秋，晚上冷秋秋。

小雪不下雪，有雪在腊月；小雪就下雪，来年雨不缺；小雪雪满天，来年是丰年。

冬至在月中，单衣能过冬；冬至在月头，冻死老犍牛。

大寒三场雪，农人笑呵呵。

天晴早早雾，天下夜夜晴。

天气雾腾腾，无雨便有风。

云雾缠山，只晴一天。

春河涨，秋莫想。

云往南，下成潭；云往西，晒成灰；云朝东，一场空。

早晨打罢春，黑了温腾腾。

天上瓦片云，晒的胯子疼；天上扫帚云，晒得屁眼疼。

黑云接太阳，下雨就在今晚上。

黑云红稍，定下冰雹。

黑云黄云上下翻，狂风暴雨在眼前。

灰云遮月亮，有雨不到亮。

日落云满山，必定是雨天。

日落胭脂云，无雨必有风。

高山戴帽，大雨煮泡。

雷响天顶，有雨不猛；雷响天边，大雨连天；雷声干扎扎，有雨也不大。

先雷后雨雨不大，先雨后雷雨哗哗。

雷声沉闷响不开，将有冰雹大雨来。

烟雾串上门，日头晒死人。

太阳落到云窝哩，不到半夜便滴哩；太阳落到云口哩，睡到半夜雨吼哩。

白雨隔山下疆界。

雨下一大片，雹打一条线。

烟筒不出烟，无雨是阴天；屋里不出烟，必定雨绵绵。

早晨下雨当天晴，晚上下雨到天明。

早晨雾一雾，中午晒破肚。

早雨没几点，饭后是晴天。

早雨一杯茶，晚雨下到麻。

刮风不下雨，下雨不刮风。

星星布满天，明日好晴天。早上朵朵云，下午晒死人。

鸡上架，雨就下。

先下毛雨没大雨，后下毛雨不晴天。

久晴大雾必阴，久阴大雾必晴。

一场秋雨一场寒。

蚊子鸣叫如撞钟，不是下雨就刮风。

东风湿，西风干，南风吹暖北风寒。

夜里星宿明，明早仍旧晴。

东虹日头西虹雨，南虹过来发白雨。

蚂蚁搬家蛇过道，鸽子带的钻天哨，水缸出汗蛤蟆叫，必有大雨到。

早韶（霞）不出门，晚韶千里行。

## 二、农事

七十二行，庄稼人为王。

务农不务农，节气最要紧。

若要收成好，地里没杂草。

糜要深，谷要浅，荞麦盖没半个脸。

羊马年、广种田，谨防鸡猴饿狗年。

庄稼要好，茬口要倒。

庄稼一枝花，全靠肥当家。

春天看粪堆，秋后看粮堆。

春后雨一场，多收万石粮。

地是一块土，全靠人作务。

深耕一寸，等于上粪。

地耕三遍，黄金不换。

头道锄浅，二道锄深，三道肥土壅根。

土地不深翻，麦根没处钻。

洋芋不能种重茬，种了重茬虫口大。

种麦不倒茬，十种九年瞎。

蚕豆不能种重茬，种了重茬不发杈。

养麦不能种重茬，重茬无粒消耗大。

生地辣子熟地瓜，沙子地里种棉花。

棉花不打杈，光长枝叶不开花。

生地萝卜熟地麻。

种麻没有窍，勤上粪水多锄草。

种瓜不打杈，光长蔓子不结瓜。

茬口调顺，强似上粪。

桃三杏四梨五年，花椒当年见本钱。

桃三杏四梨五年，想吃核桃八九年。

要得瓜果长得好，还得养蜂把花咬。

人哄地一天，地哄人一年。

旱枣子、涝栗子，不旱不涝收柿子。

麦子稠了一堵墙，谷子稠了一把糠。

麦出黄泥棉出沙，黑土地里洋芋大。

地是刮金板，人勤地不懒。

买刀子要看钢水，买骡子要看蹄腿。

长脖骡子长尾巴马，不论多少都买下。

养羊要喂盐，夏一两、冬五钱。

正月十五晴，麦子收老林；正月十五下，麦子收河坝。

春分过了不歇牛。

春天一刻值千金，农事季节不饶人。

春天不忙，秋后无粮。

春雨贵如油。

春打六九头，遍地走黄牛；春打五九尾，家家吃白米。

春雷打的早，收成一定好。

二月二晴，黑霜杀一层；二月二下，庄稼搭成架。

雨水没雨，麦子干秕。

清明种包谷，谷雨点黄豆。

麦种白露口，一碗麦籽收一斗。

二月雷响麦成堆。

阳春三月不出工，十冬腊月喝北风。

清明前后，种瓜点豆。

头伏萝卜二伏菜，三伏过后种白菜。

立夏看夏，立秋看秋。

庄稼一枝花，全靠粪当家。

人哄地一天，地哄人一年。

人不哄地皮，地不哄肚皮。

要想害虫少，锄尽田边草。

有种有管，收成保险。

拿起镢头，记起蔫牛。

头遍锄草浅，二遍锄草深，三遍把土壅到根。

湿锄糜子，干锄谷，露水地里锄豆子。

谷雨无雨谷无米，谷雨无雨苗不起。

谷雨前，种高山，过了谷雨种平川。

立复有雨，锅里有米；立夏不下，犁头高挂。

四月立夏农活忙，种罢荞麦种高粱。

四月八，种棉花。

五月芒种早麦黄，准备夏收插稻秧。

五月十三滴一点，耀州城里买大碗。

芒种无雨八月淋，下了夏至雨不停。

五月半，天花乱，包谷最怕卡脖旱。

小满不挖蒜，蒜在土里烂。

下了小暑，泡死老鼠。

伏里三场雨，庄稼人吃白米。

中伏雨，贵如油。

伏里不热，庄稼不结。

伏天耕点皮，胜过秋里犁几犁。

重阳无雨看十三，十三无雨一冬干。

八月十五云遮月，正月十五雪打灯。

六月莫歇凉，一锄一升粮。

白露耕地一碗油，寒露耕地白打牛。

寒露掰包谷，霜降拔黄豆。

腊月八晴，棉花拧成绳；腊月八阴，棉花贵似金。

九九加一九，耕牛遍地走。

## 三、处世

人敬我一尺，我敬人一丈。

三句好话当钱使。

打人不打脸，骂人不揭短。

远亲不如近邻，近邻不如对门。

姑舅三辈远，邻居世世亲。

弱不欺，恶不怕。

软处好起土，硬处好打墙。

人不可貌相，海水不可斗量。

当局者迷，旁观者清。

山高自有路，人穷志不穷。

千里送鹅毛，礼轻仁义重。

要求人敬你，必先你敬人。

帮人一次忙，胜烧十炷香。

害人之心不可有，防人之心不可无。

害人如害己，终究害自己。

吃了人家的口软，拿了人家的手软。

弓是弯的，力（理）是端的。

只要有志气，不怕没本事。

不怕山高，就怕脚软；不怕人穷，就怕志短。

无志山压顶，有志人搬山。

心要热，头要冷。

人到屋檐下，怎能不低头。

人怕伤心，树怕伤根。

人情紧如债，提上锅了卖。

冤仇宜解不宜结。

兔儿不急不咬人。

心急吃不得热豆腐。

雪地里埋不住死人。

天不言自高，地不夸自厚。

出门问路，入乡问俗。

打人三日忧，骂人三日羞。

要防福中变，得在苦中练。

男怕投错行，女怕嫁错郎。

有理不打上门客，有钱莫欺穷乡亲。

人比人没活了，驴比骡子没驮了。

客过家门不请，出门没人给水。

白干饭少吃，赢官司少打。

弓满弦易断，剑利锋易折。

人前头教子，枕头上教妻。

朋友若要好，财上莫要搅。

听人劝，得一半。

穷不失节，富不忘本。

事不三思，悔及终身。

理正不怕官，心正不怕天。

好人顾三村，好狗护三邻。

打狗看主人。

人怕有钱，马防上膘。

冤家宜解不宜结。

满瓶不响，半瓶晃当。

随借随还，再借不难。

坡里说话，草底里有人。

## 四、持家

吃不穷，穿不穷，划算不到一世穷。

金窝银窝，不如自己的狗窝。

能吃半顿，不吃断顿。

清汤好喝，断顿难挨。

瞻前顾后，细水常流。

小洞不补，大洞尺五，

勤不难富有，懒易落贫穷。

隔山的金子不如到手的铜。

早不忙，晚不慌，半夜起来补裤裆。

东家游、西家转，到头落个穷光蛋。

不会治家跑烂鞋，不会烧锅浪费柴。

出门走路看风向，吃饭穿衣量家当。

常将有时思无时，莫要无时想有时。

嘴越吃越馋，人越闲越懒。

家里有个老，等于有个宝。

家有贤妻，男子不遭横事。

亲兄弟要明算账。

花钱容易攒钱难。

借债要忍，还债要狠。

先学细详，后学快当。

买卖不算帐，生意难兴旺。

见人三分笑，客人跑不掉。

人从细处有，绳从细处断。

家中富不富，全看宅边树。

当大的不正，还说小人不敬。

家有百头牛，不如有个滋溜溜（水磨）。

家有万贯，不如半片烂店。

牙越剔越稀，耳越挖越聋，两口子越打越受穷。

兴家好比针挑土，败家犹如水推舟。

家有贤妻，男子不遭横事。

兵败如山倒，家败如火燎。

## 五、律己

勤能补拙，俭可养廉。

有福不可重受，油饼不可卷肉。

身在公门好行善，当官不可欺负人。

跟上好人学好人，跟上贼娃子挖窟窿。

跟上好人学好人，跟上师公跳家神

心里无冷病，不怕吃西瓜。

在家不欺人，出门人不欺。

忍得一时忿，终生无恼闷。

身正不怕影子斜。

人心不足蛇吞象。

若要人不知，除非己莫为。

好事不出门，坏事传千里。

一瓶水不响，半瓶水咣当。

不做亏心事，不怕鬼叫门。

心里没冷病，不怕吃西瓜。

占小便宜吃大亏。

脚正不怕鞋歪。

好老子不打三十岁的儿。

天上下雨地上滑，自己跌倒自己爬。

量大福也大，让人三步自己宽。

识人劝，吃饱饭。

成与败，看后代。

艺多不养家。

鼠肚鸡肠，成不了大事。

不受苦中苦，难得甜上甜。

活到老，学到老。

**六、事理**

远亲不如近邻，近邻不如对门。

酒逢知己千杯少，话不投机半句多。

若要试人心，遇事害病遭年成。

没有不透风的墙。

木不钻不透，理不说不明。

纸包里藏不住火。

饱带干粮晴带伞。

数子十过不如奖子一长。

只要下决心，黄土变成金。

人心齐，泰山移。

猫咬猫，老鼠笑。

杀了公鸡，阻止不了天亮。

旧物莫撂，百日自用。

小洞不补，变成尺五。

人不逗虫，虫不咬手。

向理不向人，护理不护短。

金用火试，人用试钱。

一手遮不住太阳。

骆驼的脖子再长，吃不了隔山的草。

刀不磨要生锈，人不学要落后。

穷了没了比富汉，老了没了比少年。

知人知面不知心，画虎画皮难画骨。

让人三步自己宽，莫要得理不饶人。

抬头不见低头见，伤了和气多难看。

饭吃一顿记情哩，饭吃百顿成仇哩。

春天不打下山鸟，儿在窝里盼母回。

骑马的要知道步行的，吃饱的要知道挨饿的。

一个和尚背水吃，两个和尚抬水吃，三个和尚没水吃。

## 七、买卖

一分钱一分货

货好不如行情好，

不怕不识货，只怕货比货。

不怕不赚钱，就怕货不全。

买卖不成仁义在。

头回上当，二回心亮。

弹嫌的是卖主。

货买一张皮。

## 八、卫生

吃药不忌口，坏了大夫的手。

得病如山倒，去病如抽丝。

寒从脚生，病从口入。

不干不净，吃了得病。

顿顿吃得饱，身子受不了。

笑一笑，十年少；愁一愁，白了头。

冬吃萝卜夏吃姜，不劳医生开药方。

心病还须心药治。

量大心宽，病少沾边。

睡多得疾病，哭多坏眼睛。

人闲生病，木闲生苔。

卖嘴的大夫没好艺。

饭前便后勤洗手，大病小病躲着走。

坐卧不迎风，走路要挺胸。

饭后百步走，能活九十九。

## 九、其他

一年之计在于春，一日之计在于晨。

一寸光阴一寸金，寸金难买寸光阴。

天下无难事，只怕有心人。

一支烟二两油，一顿饭一头牛。

勤奋人愁日短，懒汉们苦天长。

打破砂锅纹（问）到底。

兔子不吃窝边草。

雷声大，雨点小。

江山易改，秉性难移。

上梁不正下梁歪。

懒驴总嫌驮子重。

酒好不怕巷头深。

吹笛吹在眼上，打鼓打在点上。

浇树要浇根，帮人要帮心。

## 第二节 歇后语

绱鞋不用锥子—针（真）好。

马尾串豆腐—甭提了。

六指儿搔痒痒—多一道子。

飞机上带电壶—高水瓶（平）。

砂锅子砸蒜—一锤子的买卖。

屎克螂搬家—滚蛋。

门缝里瞧人—把人看扁了。

寺庙里的签筒—任人抽。

十月的桑叶—谁采（睬）。

白布下染缸—作蓝（难）。

铁匠的围腰子—尽（近）是（视）眼。

对着瓶子喝酒—口对口。

外甥打灯笼—照舅（旧）。

搬石头砸脚面—自作自受。

黄鼠狼给鸡拜年—不安好心。

看《三国》淌眼泪—替古人担忧。

泥菩萨过河—自身难保。

对着镜子作揖—自己恭维自己。

老虎头上搔痒—找死。

竹篮子打水——一场空。
秃子头上的虱—明摆着。
秋后的蚂蚱—长不了。
擀面仗吹火——一窍不通。
木匠的斧子——一边砍。
老龙王搬家—离海（利害）。
狗拿耗子—多管闲事。
哑巴吃饺子—心里有数。
黄河的水—老眼里昏（浑）。
要饭的打更—穷操心。
客房里的草垫—任人坐。
磨坊被盗—不见面。
柳树开花—没结果。
怀孕的媳妇捂嘴—怕吐（土）。
打开窗子说亮话—直截了当。
哑巴吃黄连—有苦说不出。
过河拆桥—缺德。
头上长疮，脚下流脓—坏透了。
屁股上杀鸡—不是行家。
茅坑里的石头—又臭又硬。
癞哈蟆想吃天鹅肉—痴心妄想。
三钱买个吕洞宾—小看神仙。
肉包子打狗—有去无回。
瞎子点灯—白费蜡。
大姑娘上花轿—头一回。
老鼠钻风箱—两头受气。
小葱拌豆腐——一青二白。
土地爷的胳膊—麻缠。

# 第三十六编 人 物

## 第一章 人物传记

**（以卒年为序排列）**

### 第一节 古代人物

**秦非子**

秦非子（生卒年无考，在位年代约前 900—前 858），秦国开国君主。非子为颛顼后裔，大费（即伯翳、伯益、费侯）第十四代孙，其始祖因辅佐大禹治水有功，又助舜训练鸟兽，舜赐姓嬴。

嬴人祖居东方（今山东省）。商朝末年，嬴人的一支在其首领中潏率领下随商王西征戎羌，进至渭水中游后奉命屯守，遂营建城邑，定名为“犬丘”（在今陕西兴平县南，后改为“废丘”）“在西戎，保西垂。”守卫着商王朝的西部边疆。这时的“西垂”，并非地名，而是泛指商朝的西部地区，即今陕西省关中地区。

西周初年，又有一支嬴人迁到了“西垂”。周武王伐纣，灭了殷商，留居在东方地区的嬴姓民族自然也随殷人一起成为周人的奴隶。公元前 1025 年，纣子武庚起兵反周时，这些嬴姓民族也积极响应，乘机反叛，《逸周书·作解》载：“三叔及殷东徐、奄及熊盈以畔。”“盈”，即“嬴”；“徐”“奄”两国也是嬴姓。周公奉成王之命东征。历时三年，始平息叛乱。叛乱平息后，周人将被俘的“顽民”或充作奴隶，或迁离故土，嬴姓人也在迁移之列，他们中的大部分沿着黄淮流域驱向西方，在长途跋涉中，有些嬴姓人中途停留下来，在当地定居、繁衍，但绝大部分被迁往当时周人的西方边境地区“西垂”。在“西垂”，他们与原替殷商保卫西垂的中潏后代合为一起，势力大增，秦人在西方的崛起，即自此始。

周孝王时期（前897—前888），造父堂玄孙大骆的庶子非子（因造父之宠，也冒姓赵氏，称赵非子）居于犬丘，善养马。犬丘人将其事告诉周孝王，孝王就让其在汧、渭水之间的地方（今陕西宝鸡市一带）为周王室养马。非子精心牧养，不几年功夫，马匹数目大增。孝王大喜，欲以非子为大骆家族的继承人。不料，此议遭到非子同父异母兄弟成的外祖父申侯（申候之女为大骆嫡妻，非子为大骆庶子，在申候之女嫁于大骆前即已出生）的坚决反对，孝王只好另外封了一个叫“秦”的地方（今清水县，张家川县）给非子，赐非子为周王朝的附庸（周制，封地方圆不足五十里者为“附庸”）。由于自周公平叛后，嬴姓久已失祀（宗主嫡子才有权承祀），于是，周孝王就让非子重新承祀嬴姓，号曰秦嬴，也就是让非子接续了嬴姓宗主地位。同时，为了不得罪申侯，又令申侯外甥成为大骆家族的继承人，并将西汉水上游地区，即今礼县北部一带（或原为诸侯国祁国封地）封给成，“以和西戎”。成在这里修建了城邑，仍定名“犬丘”，后来，人们为了区别于原关中“犬丘”，称其为“西犬丘”，有时也记作“犬丘”。

自此以后，非子与他的后代以秦亭为根据地，成及后代以西犬丘为根据地，不断向四周拓展领土，后来又合而为一，至秦襄公时，始正式建立秦国。秦人由此开始不断发展强大，进而东进中原，实现全国大一统，建立了封建集权的秦帝国。

秦非子在秦国的发展史上是一位十分重要的历史人物。非子“为秦始封之祖”，是秦国先祖中第一个被周王室分封的人，开创了秦人由氏族部落向国家形式逐步过渡的新纪元。

## 秦庄公

秦庄公（？—前823），其父为秦仲。秦仲，嬴姓，赵氏，秦公伯之子。周朝西犬丘人（今礼县），非子三世孙（重孙）。在位时间二十三年（前844—前822年）。

秦仲继位的第三年，周厉王残酷无道，民怨沸腾，诸侯反叛。西戎反叛王室，灭亡了守卫西犬丘的大骆嫡子成这支嬴族人。周宣王五年（前823年），周宣王以秦仲为大夫，令其攻打西戎。次年，秦仲战败，被西戎杀害。秦仲虽然战死，但家族兴旺，后继有人，秦仲有五个儿子，长子叫其（即赵其）。

周宣王七年（前821），周宣王召集庄公弟兄五人，调派七千人，协助他们攻击西戎。传世器青铜器《不其簋》的铭文，讲的就是秦庄公这次伐戎之役。据《史记·十二诸侯年表》，秦庄公名其，先秦行文“不”字常用作无义助词，仅表语气，故“不其”即其，也就是秦庄公。庄公之称“公”乃后来的追称。此次作战，西戎溃败，周军大获全胜。战争结束后，周宣王根据战功而册封不其为西垂大夫，并将原秦仲所居的秦地，以及过去大骆嫡子成在西犬丘拥有的土地，全部赏赐给不其。又封秦仲次子康于夏阳的梁山（今陕西澄城县东北），号梁康伯，史称“西梁”。庄公之称“公”，乃不其子秦襄公正式成为诸侯后对父亲的追称。出于对祖邑故都的向往，庄公将秦仲时代嬴秦在陇上的部族活动中心，由秦亭南移至西犬丘，故《秦本纪》言“庄公居其故西犬丘”。秦庄公居住在西犬丘，建西垂宫。

秦庄公生子三人，长子世父因带兵讨伐西戎，让西垂大夫之位于弟秦襄公。前778年，秦庄公去世，次子秦襄公继位。

## 秦襄公

秦襄公（？—前766），嬴姓，赵氏，名开，周朝西犬丘人（今礼县一带），秦庄公之次子，庄公长子世父之弟。秦国真正的开国之君（前778—前766在位）。

秦庄公有三个儿子，778年秦庄公死，长子世父立下誓愿说。“西戎杀了我的祖父秦仲，我若不杀死戎王，绝不回到西犬丘来”，便将西垂大夫职位让给弟弟襄公，自己带兵攻打西戎。次年，秦襄公即位。

此时，戎狄之势非常强大，直接威胁秦的基业之本。襄公作出两项决定：一是将其妹穆嬴嫁给戎人丰王（在今陕西省户县东南）为妻，以分化戎人；二是率部东征，占据汧邑（今陕西省宝鸡市陇县东南）一带，便于取得周王室和其他诸侯的支援。襄公二年（前776年）戎兵大举围攻西犬丘，世父率军抵抗被俘，过了一年多西戎才放还世父。秦襄公占据汧邑后，一方面加强了与周王室的关系，得到了可靠的声援；另一方面利用汧邑膏沃之地，大力发展生产，加强武备。

襄公七年（前771），周王室发生了争夺太子王位的内乱。周幽王及新立太子伯服被杀，西周灭亡。秦襄公与卫武公、郑武公和晋文侯共同击退犬戎，联合申侯、鲁侯、许文公等共立原太子宜臼于申，以奉周祀，是为周平王。秦襄公在抗击犬戎、拥立周平王事件中立了大功。

周平王为躲避犬戎的骚扰，决定把都城迁到洛邑（今河南省洛阳），史称东周。周平王东迁时，秦襄公派兵护送周平王。由于秦襄公对周王室有功，次年，周平王封秦襄公为诸侯，并把岐山（在今陕西岐山县东北）以西的土地统统赐给秦国，而且同襄公盟誓：“犬戎凶恶无道，夺走了我们歧、丰的土地，只要秦国能把犬戎赶走，这块土地就归秦国所有。”秦国于这时才正式立国，成为西周的诸侯国。秦襄公受封为诸侯，成为秦国的第一代君主。史载：“襄公於是始国，与诸侯通使聘享之礼，乃用綫驹、黄牛、羝羊各三，祠上帝西畤。”秦襄公与其他诸侯国互通使节，互致聘问献纳之礼，标志着秦已升为与齐、晋、郑等国一样的地位，秦襄公认为嬴秦家族是少昊氏的后代，于前770年建西畤（在今礼县城关鸾亭山），用黑鬃赤身的马驹、黄牛、羝羊各三匹的太牢大祭祀白帝，以庆贺秦的正式立国。

秦襄公整兵大败犬戎。犬戎将领孛丁、满也速皆战死，犬戎王被迫向西撤退。经过四年艰苦征战，秦襄公拓地千里，“伐戎而至岐”。公元前766年，秦襄公战死于岐山，归葬于故地西犬丘（今礼县），秦军又退回“西垂”故地。秦襄公《史记·秦始皇本纪》：“享国十二年。初为西畤。葬西垂。生文公。”直到秦文公即位后的第四年（前762），秦人才占据了岐山，真正取得了周天子赐给的封地。

秦襄公为秦国社会发展和强盛奠定了基础。因此，司马迁评论说：“秦起襄公，章于文、穆、献、孝之后，稍以蚕食六国，百有余载，至始皇乃能冠带之伦。”

## 秦文公

秦文公（？—前 716），嬴姓，赵氏，秦襄公之子，春秋时秦国国君（前 765—前 716 年在位）。公元前 766 年，秦襄公率军东征戎人，死于岐山（在今陕西岐山县东北）。次年（秦文公元年，前 765 年），其子即位，是为秦文公，文公居住在西垂宫。

秦人都邑西犬丘长期处于西戎包围之中。西戎由几十个部落组成，互不统属，各自为政，经常侵扰劫掠秦国。为摆脱西戎包围，并有效控制周平王所赐岐山以西地区，秦文公决定将都邑东迁至关中地区。文公三年（前 763），文公以“打猎”之名去东边查看新都邑的位置，发现处于汧、渭两河交汇之处（今陕西宝鸡市）一带气候温和，土质肥沃，物产丰富。东北面有汧河作天然屏障，可以有效防御北原方向戎人的侵扰，西面是秦人长期居住的西垂之地，可作为大后方。秦文公带着七百名兵卒，从西垂宫出发，经甘肃的天水，沿渭水东进，至陕西凤阁岭、晁峪、甘峪、硖石，到达汧、渭两河的交会之处，文公说：“从前，周朝把这里赐给我的祖先秦嬴做封邑，后来我们终于成了诸侯。”文公让人占卜这里是否适宜居住，占卜的结果说吉利，于是，他们就在这里营造起城邑。文公四年（前 762），秦都邑由西犬丘迁至今陕西凤翔县长青镇。

文公十年（前 756），开始建造祭天地的鄜（fū，夫）畤（在今陕西省富县），用牛、羊、猪三种牲畜举行祭祀。十三年（前 753），开始设立史官记载国内大事。经过十多年的休养生息，秦文公实力大增。文公十六年（前 750），秦文公派兵讨伐西戎，大兵到处，西戎败逃。于是文公就收集周朝的遗民归为己有，地盘扩展到岐山地区，并把岐山（在今宝鸡市岐山县）以东的土地和百姓献给周天子。文公二十年（前 746），开始在国内设立“诛三族”的刑罚。百姓受到教化，民风大好。

在秦文公任内，奇事迭出，兆示他非同凡人。秦文公十九年（前 747），有一名猎人猎得一个奇兽，其形状像猪，又凶如狮虎，入土即没，不知为何物，献给秦文公。文公遍讯诸位大臣，众大臣议论纷纷，无人知道其来历。因此宝得自于陈仓，故曰“陈宝”。二十七年（前 739），雍地南山有一棵大梓树，树围粗大，秦文公派人砍伐，每次刚开始砍伐，便会刮大风，下大雨，使砍伐工作不得不停止，而被砍伤的枝干又很快地合拢起来。秦文公让武士用红丝线把大梓树的树干围起来，然后砍伐。大梓树被伐断的时候，树干中竟跑出一头大青牛逃进了丰水。《史记·秦本纪》：“（文公）二十七年，伐南山大梓，丰大特。”张守节正义：“《录异传》云：秦文公时，雍南山有大梓树，文公伐之，辄有大风雨，树生合不断。时有一人病，夜往山中，闻有鬼语树神曰：‘秦若使人被发，以朱丝绕树伐汝，汝得不困耶？’树神无言。明日，病人语闻，公如其言伐树断，中有一青牛出走，走入丰水中。其后牛出丰水中，使骑击之，不胜。有骑堕地复上，发解，牛畏之，入不出，故置髦头，汉、魏、晋因之。武都郡立怒特祠，是大梓牛神也，按今俗话青牛障是。”

秦文公四十八年（前718），原本立为秦公爵位继承人的秦文公长子去世（赐谥号为竫公，史称秦静公），不得已改立长孙（秦静公长子）为秦公爵位继承人。五十年（前716），文公去世，归葬在西山（在今礼县境内）。静公早死，其子立，是为宪公。

在秦文公当政的几十年间，秦国在军事上虽没有取得什么进展，但巩固了岐山以西的广大地区，生产方式由以游牧业为主改为以农业为主，使原来落后的游牧经济变为较先进的农业经济，为以后取得更大胜利奠定了基础。

秦文公死后，秦宪公即位。秦宪公迁居新邑（地点待考），死后，葬于“衙”。秦宁公将秦国都城又往东迁至平阳（在今陕西岐山县西南）后来又消灭了国都附近的一些小股割据势力，关中西部基本上为秦国所控制。

## 赵壹

赵壹（生卒年不详），字元叔，东汉汉阳郡西县（治今礼县红河镇）人。一生事迹主要见于汉灵帝年间（168—189），是中国文学史上著名的辞赋家、最早的书法评论家。

据《后汉书·文苑列传》记载：赵壹“体貌魁梧，身长九尺，美须豪眉，望之甚伟”。自幼攻读诗书歌赋，才华横溢。为人襟怀磊落，爱憎分明，因不合时俗，数次遭人陷害，几乎被杀，多亏友人营救，方才得以幸免。

灵帝光和元年（178），朝廷召集各郡的上计吏到京城洛阳汇报各地户口、垦田与钱谷的情况，正在汉阳郡（东汉永平十七年改天水郡置，治冀县，在今甘谷县东）任上计吏的赵壹便也来到洛阳，司徒袁逢（一说袁滂）接见了他们。当时参加接见的上计吏有数百人，大家都拜伏在地，唯独赵壹长揖不拜，袁逢让手下去问是什么原因，赵壹理直气壮地说：“昔郦食其长揖汉王，今揖三公，何遽怪哉？”袁逢听了，连忙走下堂来，请他坐在贵客席上，询问西北的事情，赵壹对答如流，袁逢非常高兴，并对大家介绍说：“这位是汉阳郡的赵元叔，朝廷里的臣子没有一个能比得上他。”

告别袁逢以后，赵壹又去拜访河南尹羊陟。羊陟是东林党人中的头面人物，他为官清正，禁制豪强，名气很大。赵壹吃了闭门羹。赵壹下决心一定要见到羊陟，就天天去羊陟门上求见，最后羊陟勉强答应接见。他来到羊陟的门前，羊陟仍然躺在榻上，赵壹见状，直接走到羊陟的榻前，放声大哭说：“窃伏西州，承高风久矣。乃今方遇而忽然，奈何命也！”结果，羊陟家人都被惊动了。羊陟赶忙起来，和他坐下交谈，最后说：“子出矣（你出名了）”。赵壹的来访给羊陟留下了深刻印象，第二天一早，他又回访了赵壹。当时来京的计吏们乘坐的车子都十分讲究，惟有赵壹的车子破旧，挂的是草帘子，赵壹就在这辆破车前接待了羊陟，两人从早晨一直交谈到晚上，谈得十分投机。临别时羊陟拉着赵壹的手说：“美玉藏在石头里，一定会有卞和那样识宝的人帮着使它显露出来的！”事后，他与袁逢一起举荐了赵壹，赵壹因而“名动京师，士大夫想望其风采”。

赵壹曾拜谒弘农（今河南灵宝县北）太守皇甫规，由于看门人没有及时通报，他就驾车离去。皇甫规（104—174）是安定郡朝那（今灵台县西北）人，以平定叛羌而闻名朝野，他不惧权贵，又能礼贤下士，深受士人推崇。当他听说赵壹因看门人不报而离去时，深感失礼，连忙写了一封信，派人追着送去以表示歉意，生性耿直的赵壹在接到信后，以关节发病为借口，不顾皇甫规的诚恳挽留，扬长而去。

此后，很多州郡先后十次征聘他任职，都被他辞绝了，一直闲居在家，直到去世，再也没有做过别的官。

赵壹的著作，原有赋、颂、箴、诔、书论及杂文共十六篇，总为《赵壹集》二卷，宋以后失传。现存的著作，据清人严可均辑的《全后汉文》载，有《穷鸟赋》《刺世疾邪赋》《报皇甫规书》《非草书》以及《迅风赋》《解摈赋》《报羊陟书》的残句。幸存的《穷鸟赋》和《刺世疾邪赋》是赵壹的代表作，后人得以从中窥见赵壹在文学上的成就。

## 虞诩

虞诩（生卒年不详），字升卿，东汉陈国武平（今河南省鹿邑县高集乡）人，字升卿，为东汉名将。历任太尉府郎中、朝歌长、怀县令、武都郡太守、司隶校尉、尚书仆射、尚书令等职。虞诩一生文韬武略，战功卓著，为官清正廉明，刚正不阿，是东汉时期著名的军事家、政治家。

虞诩早年丧父，孝养祖母。十二岁便能通习尚书，陈国国相见到他后，认为他是难得的人才，想任他为官。虞诩推辞说："祖母九十，非诩不养"。后虞诩祖母去世，虞诩服孝期满，被征召到太尉李脩府中任郎中，后又任朝歌长、怀县令，颇有政绩。

东汉元初二年（115），西羌进攻武都郡（治所下辨，今成县红川镇），有南下之势。这时正是邓太后临朝，代十三岁的汉安帝处理国家大事。邓太后闻虞诩有将略，令其为武都郡太守，并在都城洛阳嘉德殿召见了他，给予很厚的赏赐。

虞诩从洛阳率三千兵马赶往武都郡。羌军听说汉朝派虞诩前来征讨，便聚集几千人马，在陈仓（今陕西省宝鸡东）道上崤山山谷（在今河南省洛宁县西北，《春秋》僖公三十三年晋人及姜戎败秦师于崤，即此）凭险设防，想在这里堵住虞诩军队。虞诩立即命令随行人马停止前进，并且宣称已上奏朝廷请兵增援，要等援军到来再一起进发。羌人闻知，只留下少数羌军防守崤谷，其余分头到邻近的县城去抢掠。虞诩看到羌军已分散了兵力，就命令部队立即突破崤谷，日夜兼程，向武都郡急进。途中休息，虞诩让官兵每人垒两个人的锅灶。第二天，他又命令每人垒四个人的锅灶，比前一天增加一倍。羌军眼看着虞诩率军突破了崤谷，赶紧在后面追赶，追到虞军休息、做饭的地方，一数虞军的锅灶，发现虞军的人数增加一倍。第二天，虞军的锅灶更多了。虞诩趁机日夜兼行百余里。并且命令将士们每人挖两个灶坑。以后每人每天再增挖两个。羌人见虞军灶坑天天增加，以为是汉军的援兵到了，就不敢再追。

虞诩的部下觉得很奇怪，问虞诩："从前孙膑斗庞涓，是逐日减灶，你怎么逐日增灶呢？

兵法上说，军队日行不能超过三十里，以防意外，而我们却每日行军将近二百里，这是什么道理？”虞诩回答说：“敌人众多，我们人少，行进速度慢了容易被敌人追上，急行军能使敌人摸不清我军的情况。敌人见我们的锅灶日益增加，必定认为附近郡县的军队加入了我们的行列，我军人多而行进速度又快，敌人就肯定不敢轻易追赶我们。当年孙膑以弱示敌，今天我们以强示敌，这是因为情况有所不同。情况变了，怎么能照搬前人的方法呢？”周围人听了虞诩这番话，连连点头称是，佩服虞诩用兵有方。

虞诩到达武都郡，兵已不满三千，被羌众数万围困于赤亭（今成县府城）。虞诩命令将士顽强固守，一直坚持了九天，打退了羌军的多次进攻。

到了第十天，羌军又开始进攻。虞诩站在城墙上瞭望，发现羌军士兵畏缩不前，好像是怕被虞军的强弓利箭射着。于是虞诩命令将士不要发射强弩，只用小弩射击。羌人见汉军箭力很弱，射不到自己，以为没有危险，便集中兵力加紧攻城。当羌兵冲到城下时，虞诩命令二十副强弩同时射一个羌人，发无不中，羌人连忙退却。虞诩见敌退兵，纵兵追击，多所杀伤。

虞诩估计羌军可能会再来进攻。次日，虞诩让所有的官兵排长队，耀武扬威地从东边城门出去，再从北边城门进城。进城后更换衣服，又从这个城门出发，那个城门进来，并不断更换衣服以迷惑羌人。每天都这样反复出入多次。羌人见汉军源源不绝地出入城门，猜不透有多少人马，愈发惊惧，军心动摇。虞诩估计羌人要退兵，就在敌人撤退的必经之道上，以五百余人设伏于城外河流浅水处。羌人果然逃走，汉军伏兵突起，截击掩杀，大获全胜。羌人溃败，向南逃窜到益州（今汉中和四川一带）去了。虞诩察看地形，构建营垒一百八十多所。武都郡逐渐安定下来。

虞诩到武都郡之前，该地运输道路艰险，舟车不通，用驴负马驮，租赁人畜的费用五倍于所运物资。鉴于此种情况，虞诩亲自带领将士视察山谷河流，砍伐树木，凿烧石头，开通了一条从沮县（在今陕西勉县茶店镇）到下辨（今成县红川镇）的水路。然后，用原来租赁人畜的钱雇佣船运人员。于是，水运通达便利，一年省费用四千多万。

虞诩刚到武都郡时，郡中才满一万户，由于他采取了一系列措施，把流亡到外地的民众招回种地，不到二三年时间，武都郡人口就猛增到四万多户。武都郡盐米丰贱，十倍于前。后来，因为虞诩犯了小过失，被免了职。

汉顺帝永建元年（126），虞诩接替陈禅任司隶校尉。司隶校尉位高权重，职责之一是督察百官。虞诩上任几个月，连续奏免太傅冯石、太尉刘熹，劾奏中常侍程璜、陈秉、孟生、李闰等人，百官悚动，纷纷侧目，认为他过于苛刻。三公上表，劾奏虞诩盛夏时节，不顺天地长物之性，拘捕关押大量无辜之人，为害官吏百姓。顺帝知他忠贞，没有加罪于他。

当时，中常侍张防弄权玩法，经常受人请托，收受贿赂，朝臣屡有议论。虞诩调查其案件，但屡次上书，都被上司押下，不予批复。虞诩不胜愤怒，自投廷尉狱中。虞诩的儿子虞顗和门生一百多人，在路上拦住中常侍高梵的车子，叩头流血，诉陈冤情。高梵入朝为虞诩辩诬，汉顺帝感悟，赦免虞诩出狱，并任命虞诩为议郎，不久，又升任尚书仆射。

顺帝永和元年（136），虞诩升任尚书令。后因公事离职，不久去世。临终前，他对儿子虞恭说："吾事君直道，行己无愧，所悔者为朝歌长时杀贼数百人，其中何能不有冤者。自此二十余年，家门不增一口，斯获罪于天也。"

## 李翕

李翕（生卒年不详），字伯都，生卒时间不详，东汉汉阳郡阿阳（今甘肃静宁县）人。出身于官宦家庭，少年时在皇宫中值宿警卫，二十岁时执掌"典城"，他"天资明敏，敦诗悦礼。"后来，到渑池县担任县令，主持修建了当时有名的险路崤山之道，为渑池通往关中打通了道路。使当地呈现一派祥瑞气象，民众誉其为古代循吏郑子产。

东汉灵帝刘宏建宁三年（170）二月，李翕出任武都郡太守。时武都郡治下辨（今成县红川镇）。李翕到任之后，遵循仁惠勤谨的为政之道，"先之以博爱，陈之以德义，示之以好恶，"其政不肃而成，不严而治。年谷丰登，仓庾惟亿，百姓有蓄，粟麦五钱。徼外之民降附者二千余人。

建宁四年（171），李翕了解到本郡西部峡谷道为陇蜀大道的一段，但地势险绝，行走十分不便："郡西狭中道，危难阻峻，缘崖俾阁，两山壁立，隆崇造云，下有不测之溪，阨芒促迫，财容车骑，进不能济，息不得驻，数有覆賈隧之害，过者创楚，惴惴其栗。"李翕与府丞功曹李昊等人商议，决定维修这条道路。命令属官仇审修治东坂，李瑾修治西坂。道路修成后，当地吏民作颂刻石于西狭，颂其德政，即为其摩崖石碑《西狭颂》。碑文记载了郡西山狭道路的险阻，叙述了李翕下令有关官吏奋力修路，凿崖清障，削高垫低，截弯取直，终于开通了道路，行人欢腾，歌颂功德。

建宁五年（172），李翕又派人维修武都郡通往沮县（今勉县茶店镇）及汉中郡的道路。凿石架木，修建阁道并重修析里大桥。工程完工后，"仍致瑞应，丰稔年登。居民安乐，行人夷欣"。人们又镌刻了《郙阁颂》，赞誉此举。

李翕勤政爱民，每到一个地方，政绩卓著，万民称颂，无论是修建崤山险道，还是建西峡栈道和析里大桥、郙阁道路，既是施工难度极大的工程，又是利益民众的好事，因此赢得了百姓赞叹。明朝人胡缵宗说："伯都历三郡，考之渑邑、武郡之碑。乃汉之良吏也。"

《西狭颂》摩崖碑在今成县城西15公里抛沙镇丰泉峡中，为国家级文物保护单位。《郙阁颂》摩崖碑原在略阳县徐家坪乡境内嘉陵江边，现存略阳县灵崖寺。

## 耿勋

耿勋（生卒年不详），东汉右扶风茂陵人，字伯玮。约于东汉熹平二年（173）接替李翕任武都郡太守。主要事迹见于成县西狭《耿勋碑》。

《耿勋碑》碑文记载：耿勋自幼好学，敦诗说礼，熟黯军事，一日，以得奉贡上计，"廷陈惠康安遏之谋。"朝廷采纳了他的意见，拜为郎中，任命他为上党府丞，后升任武都郡太守。耿勋任职后“奉宣诏书，哀闵垂恩。猛不残义，宽不宥奸，喜不纵慝，威不戮仁。赏恭罚否，畀奥口流。其于统系，宠存赠亡，笃之至也。”其主要事迹：一是救灾，“厥运淫雨，伤害稼穑，率土普议，开仓振澹。身冒炎赫火星之热，至属县巡行穷匮；陟降山谷，经营跋涉。草止露宿，扶活餍餐千有余人。”二是济困，“出奉钱市口口，作衣赐给贫乏。发荒田耕种，赋口寡独王佳、小男杨孝等三百余户。”三是减负，“减省贪吏二百八十人。劝勉趋时，百姓乐业。老者得终其寿，幼者得以全育，甘棠之爱，不是过矣。”四是增收，“又开故道铜官，铸作钱、器，兴利无极。”五是息战，“外羌且口等怖威悔恶，重译乞降。”六是修路，“修治狭道，分子效力，口口如农，得众兆之欢心，可谓仰之若明神者已。”

耿勋在东汉末年的社会极度危机和动乱中，清廉执政，体恤百姓，政绩突出，所以吏民刊石以颂：“泰华惟岳，神曜吐精，育兹令德，既喆既明，寔谓耿君，天胙显荣，司牧莅政，布化惟成，柔嘉惟则，穆如清风，勤恤民隐，拯阨扶倾，匪皇启（处），（孝）弟父母，民（赖）以宁。”

耿勋出身世家豪族，“其先本自钜鹿，世有令名，为汉建功，俾侯三国，卿守将帅，爵位相承，以迄于君”。《后汉书》中有《耿弇列传》，介绍了西汉末年的王莽之乱后，耿勋的先人耿况、耿弇，追随汉光武刘秀，东征西讨，所向披靡，勇冠三军，为东汉一统天下立下汗马功劳被汉光武帝封为大将军。耿氏家族自光武中兴迄建安之末，有大将军二人，将军九人，卿十三人，列侯十九人，中郎将、护羌校尉及刺史、二千石数十百人。

## 仇靖

仇靖（生卒年不详），字汉德。生活在东汉灵帝（168—189年在位）时代。武都郡下辨（今成县红川镇）人。有才学，善书法，曾任职郡从事一类地方官吏。

东汉灵帝建宁四年（171）六月，武都郡太守李翕主持拓修了西峡道路，使西峡险道“坚固壮大，可以夜涉，四方无雍，行人欢悳”。吏民于峡壁作《西狭颂》，记其功业。《西狭颂》全称《汉武都太守汉阳阿阳李翕西狭颂》，又称《李翕颂》《黄龙碑》。《西狭颂》东汉建宁四年六月十三日刻于成县天井山石崖上，上为篆额“惠安西表”四字，额右下方为五瑞图，即黄龙、白鹿、木连理、嘉禾及甘露降（承露人）。碑文末刻有书写者“仇靖”二字，开创书家落款之先例，其字笔力粗犷，瑰丽华滋，跌宕有致；章法不拘疏密，浑然天成，是汉隶极度成熟时期的作品，对我国书法艺术的发展产生了重大影响。徐树钧《宝鸭斋题跋》赞曰：“疏散俊逸，如风吹仙袂，飘飘云中，非复可以寻常蹊径探者，在汉隶中别饶意趣。”虽经1800余年风雨剥蚀，整座摩崖刻石仍保存得极为完整，在诸多汉刻中，《西狭颂》以其独有的风采，被视为汉代摩崖刻石的代表作之一。

建宁四年（171）底，李翕又主持修建了郙阁和析里大桥，五年（172）二月十八日告成，仇靖又撰作《郙阁颂》。《郙阁颂》全称《汉武都太守李翕析里桥郙阁颂》，原在今陕西略阳县徐家坪乡置口村郭家地（古名析里，又名白崖）嘉陵江西岸。1979年底修乡间公路，刻石遭到损坏，后迁至略阳灵崖寺，粘接复原，嵌在前洞石崖边。原刻共472字，现存220字，且字迹漫漶难辨者不少。除风化雨蚀外，另一原因是其位置临近河道转弯处，纤夫凭此勒绳以牵行船，今犹可见古时纤绳磨损的印痕七道。

《郙阁颂》书法以其俊逸古拙、体态沉郁而独具风标，被尊为“标准汉隶八分”。

## 马　融

马融（79 —166），字季长，右扶风茂陵（今陕西兴平县东北）人。东汉名将马援的重孙。他博学多才，为世通儒，是东汉时著名的经学家、文学家、教育家。在中国文化史和教育史上具有重要的地位。曾客居武都，后又任武都郡太守。

东汉永初二年（108），大将军邓骘闻知马融的才名，就征召他为舍人。这时，马融已经三十岁，但他拒不应召，而是游学于武都郡、汉阳郡等地，潜心儒学，博通经籍。

永初四年（110），马融入朝任校书郎中、东观典校秘书。使与谒者仆射刘珍、校书郎刘騊及五经博士、议郎、四府掾史等五十余人校定洛阳南宫东观所藏五经、诸子传记、百家艺术诸书，整齐脱误，订正文字，所校定的诸子书即有一百八十九家之多。

早在永初年间，西部羌人反叛，攻城略地。滇零在北地自称“天子”，招集武都、参狼、上郡、西河诸杂种羌，势力大盛。东犯赵、魏，南入益州，杀汉中太守董炳，寇掠三辅之地，断绝陇道。湟中诸县粟一石值万钱，百姓死亡不可胜数。朝廷征伐不力，贻误战机，导致迁延时日，靡费粮草。马融曾多向朝廷上书建言，分析当时的防务形势，指出兵力不足，防务松懈，战备措施不力，必然会导致西部的羌人和北部的乌桓一起联手，在西北边境造成严峻的军事入侵态势。并请求让自己领兵前去讨伐，没有得到朝廷的批准。阳嘉三年（134）十一月，武都郡塞上白马羌联合其他羌人攻破汉置屯所，劫掠人畜。由于马融曾在武都、汉阳一带生活居住过，熟悉这一带情况，又多向上书建言，请求领兵讨伐羌人，于是，朝廷委任马融为武都郡太守，屯守下辨（今成县红川镇），防御羌人。

马融画像

汉桓帝永和二年（137）马融转任南郡（治今湖北荆州）太守。

当时的大将军梁冀，权倾朝野，因为马融当初曾经忤逆过他，这时候就借机报复马融，他授意一些亲信大臣，以贪贿的罪名弹劾马融，罢免了马融的官职，并发配到朔方（今内蒙古河套地区）服刑。后朝廷大赦，他免罪回乡，重新被任命为议郎，继续到东观著述写作。马融对如履薄冰的仕途充满了畏惧，于是便以身患疾病为由，上表请求辞去官职，回到家乡兴办私学。

马融开办的私学是当时规模最大的学校，上课的学生通常有上千人之多。马融性情放达率真，不拘泥于儒士的礼节。居室房屋里的器物服饰，大都有奢侈讲究的装饰。曾经坐在高堂上，挂着绛帐（绛色纱帐），前面教授学生，后面排列着女乐，学生按照次序往下传递他讲授的话，很少有进入他内室的人。“绛帐”一词，已成为后世对讲席或师门的敬称。东汉著名的学者郑玄、卢植、马日磾等，都出于他的门下。

桓帝延熹九年（166），八十八岁的马融辞世，留下遗嘱，要求丧事从简。三年守孝期间，全国各地学生及四方学人纷纷来到墓前祭拜。来人出于恭敬，都脱下鞋子，取土覆墓。每人鞋子带的泥土，竟然集成一座山丘似的墓冢。

## 苏正和

苏正和，东汉武都郡（治下辨，即今成县红川镇）人。汉灵帝中平年间（184—189）为凉州从事，从事是凉州刺史的属官。

当时，武威郡的太守依仗权贵的势力，贪污残暴，为所欲为，老百姓对他恨之入骨，但又敢怒不敢言。武威郡属凉州刺史管辖，凉州从事苏正和不畏强霸，敢于碰硬，依法审查，取得了武威太守的罪证。不料，凉州刺史梁鹄却怕追查武威太守的罪行时会牵连到朝廷贵戚，十分害怕，他打算杀了苏正和灭口，以免连累自己，但又吃不准这样做是否妥当，于是去找好友盖勋商量究竟该怎么办。盖勋时任汉阳郡长史，曾与苏正和结下仇怨，有人劝盖勋乘机除掉苏正和。盖勋听了大怒，断然拒绝说：“不可！谋事杀良，非忠也；乘人之危，非仁也。”等到梁鹄来与他商议如何处置苏正和的事情时，盖勋说：“夫绁食鹰隼，欲其鸷也。鸷而亨之，将何用哉？”梁鹄觉得盖勋说得很有道理，便打消了杀害苏正和的念头。

苏正和听说此事后，亲自登门感谢盖勋，向他致谢。盖勋避而不见，让人传了句话说：“吾为梁使君谋，不为苏正和也。”他对苏正和的仇恨丝毫未减，一如当初。

成语故事《乘人之危》即由此而来。

## 杨　阜

杨阜（生卒年不详），字义山，东汉末天水郡冀县（治今甘谷县东南）人。三国曹魏名臣。曾平定马超叛乱，在魏明帝时，以犯颜直谏著称。

建安十二年（207）韦康任凉州刺史，征辟杨阜为别驾。后杨阜被举为孝廉，被征召为曹操丞相府官员，韦康十分信任杨阜，上表请求将杨阜留在凉州参赞军事。

建安十六年（211），韩遂、马超与曹军在潼关大战失败后，马超退还陇上诸戎族中，曹操追至安定。此时，苏伯又反叛于河间，曹操要回军讨伐。杨阜此时正出使曹营，便对曹操说：“马超有韩信、英布的勇猛，甚得羌、胡各族人之心，西部的州郡都害怕他。如果大军回去，不进行严密的戒备，陇地诸郡就要失去。”曹操认为他说的正确，但无奈撤军仓促，分兵乏力，未能妥为防备。

建安十八年(213)，马超果然率领各部族的头领反攻陇右，陇右郡县纷纷响应，叛归马超，只有冀城坚守不降。马超率军一万多人攻打冀城，汉中的张鲁也派大将杨昂来帮助他。围城之初，曹操正在邺城忙于建立曹魏公国。因此，他无暇派出援军，直到八月才派夏侯渊领援军赴冀城。夏侯渊部不知城池已陷，在冀城外二百里遭遇马超部，夏侯渊战败。此胜激励了氐王杨千万和兴国氐王阿贵，他们与马超结盟反曹。凉州刺史韦康、汉阳郡太守、杨阜等率领兵士一千多人守城，从正月坚守至八月，一直没有援兵到来。州中派遣别驾阎温沿着河水潜出城外求救，被马超所杀，韦康等十分恐惧，计议投降。杨阜哭着劝谏说："我们率领父兄子弟以道义相激励，除了死没有另外的打算。过去田单守城，也没有比这里更牢固。投降就是放弃马上就要到手的成功，并将陷入不义的名声中。我要以死坚守。"因城中饥困，为免吏民伤残，韦康最后还是派人请求停战，打开城门迎接马超。马超进城后，违背诺言，杀死韦康及太守，并把杨阜从弟杨岳拘禁在冀城。

杨阜虽然假意迎和马超，但时刻准备向马超报仇。不久，他妻子去世，杨阜以此为借口向马超请假去安葬妻子，从而得以离开冀城来到历城（今西和县汉源镇）。杨阜的妻兄抚夷将军姜叙拥兵屯守在历城。杨阜年幼时在姜叙家生活，见到姜叙和他的母亲时，杨阜说起前些时候在冀城中的事，非常悲痛。姜叙说，"怎么你这么悲伤？"杨阜说："守城没有守住，刺史、太守被杀而自己又没有一起去死，还有什么面目在世上活下去！马超背叛父亲和国君，虐待杀害州中将领，这难道仅仅是我的忧虑和责任，一州的士大夫都蒙受了耻辱。你统兵独据一方，却没有讨伐叛贼之心，这与过去赵盾被记载为拭君是一样的。马超强大但没有道义，内部有很多分歧，是容易对付的。"姜叙的母亲很受感动，命令姜叙听从杨阜的计策。他们又与同乡人参军事赵昂、姜隐、尹奉、姚琼、孔信以及武都郡人李俊、王灵共同计划谋略，商定了讨伐马超的计划。遂后，杨阜派堂弟杨谟到冀城将他们的计划告诉杨岳，并交结当地义士多人及冀城内梁宽、赵衢、庞恭等人共同反对马超。约誓以定，姜叙遂率兵进入卤城（今礼县盐关镇），赵昂、尹奉防守祁山（在今礼县祁山乡）。

建安十七年(212)九月，杨阜与姜叙在卤城宣布起兵讨伐马超。马超听说杨阜等人起事，亲自率领军队出城作战。赵衢、梁宽等人乘机释放了被囚禁的杨岳，关闭了冀城城门，断了马超的退路，并杀死了马超的妻子、儿子。马超进攻卤城不下，又转攻历城，抓到了姜叙的母亲。姜叙的母亲骂他说；"你这个背叛父亲的逆子，杀害君王的强盗，天地难道会长久容纳你，你不早死，还敢有脸见人吗？"马超杀死了她，并焚烧了历城。杨阜又与马超在冀城城外交战，身上受了五处伤，他族中的兄弟有七人战死。马超战败，南奔汉中投降了张鲁。曹操封赏讨马超之功，以杨阜为关内侯，杨阜谦让说：

杨阜画像

“阜君存无捍难之功，君亡无死节之效，于义当绌，于法当诛；超又不死，无宜苟荷爵禄。”曹操回答：“君与群贤共建大功，西土之人以为美谈。子贡辞赏，仲尼谓之止善。君其剖心以顺国命。姜叙之母，劝叙早发，明智乃尔，虽杨敞之妻盖不过此。贤哉，贤哉！良史记录，必不坠于地矣。”

自此以后，杨阜就成为曹魏的重要大臣。建安二十年（215），曹操征汉中，拜杨阜为益州刺史。曹军还归关中时，又拜杨阜为金城太守，旋又拜为武都郡太守，时间长达十余年之久。武都郡“郡滨蜀汉，阜请依龚遂故事，安之而已。”汉宣帝时，渤海各郡收成不好，盗贼纷纷出现，官府无法制服。宣帝就任命龚遂为渤海郡太守。龚遂走到半路，郡中就派出军队来迎接他，龚遂打发他们回去，并命令郡中各县：那些拿着锄头镰刀的都是良民，官吏们不得查问；拿着兵器的才是盗贼。于是，许多抢劫的都散伙了，他们丢掉手中的兵器，纷纷拿起了锄头镰刀。龚遂到职后，打开地方的粮仓，赈济贫苦百姓；选用廉洁的地方官吏，安抚百姓。他把所有盗贼召来说：“本官治民，讲的是国泰平安。你们过去所作所为，我一清二楚，不追究了，但从今以后，务必改邪归正。你们的刀剑凶器，我高价收买，卖得的钱，你们拿去购耕牛，各自耕种，安居乐业。”众盗贼听了龚遂的话，深受感动，纷纷交出凶器，领了钱，回家种田去了。杨阜效仿龚遂治理渤海郡的办法，广行仁政，赈济贫困，百姓乐业，郡中大治。

建安二十二年（217），蜀汉刘备派张飞、马超由沮攻下辨，武都郡氐人雷定等率部万余落响应马超。曹操遣骠骑将军曹洪抵抗，马超等人退还。曹洪摆宴庆祝，大会诸将，席间，令女倡衣着罗纱踏鼓起舞，哄闹调笑之声四起。杨阜厉声斥责曹洪说：“男女之别，国之大节，何有以广坐之中裸女人形体！虽桀、纣之乱，不甚于此。”说罢愤然离席。曹洪十分尴尬，急忙让舞女退下，恭请杨阜还座。堂内“肃然惮焉”。

建安二十四年（219），曹操以武都郡孤远难守，决定将武都郡由下辨移置关中小槐里（原犬丘，今陕西省兴平县西），但恐其民恋故土而不从。杨阜素为武都郡民拥戴，因他动员劝导，氐、汉人民皆从，先后由武都郡移出人口万余户，安置于京兆、扶风、天水之间，“百姓襁负而随之”。魏文帝曹丕曾问侍中刘哗等“武都太守何如人也？”大家皆称杨阜有公辅之节。

魏明帝时，杨阜迁任城门校尉，负责洛阳城门的守卫工作，总领洛阳十二城门司马。有一天，魏明帝召见群臣时穿了一件便服，戴着绣帽，身着半袖的浅色缎面上衣，如同一个吊儿郎当的纨绔子弟。杨阜立刻问道：“陛下，您这是什么礼仪的服装呢？”皇帝无话可答，只得转身回宫换衣，从此以后，不着朝服正装，不敢见杨阜。不久，杨阜迁任将作大匠，职掌宫室、宗庙、陵寝的土木营建，秩二千石。后迁少府，官至九卿。

明帝经常“选美”，充实后宫，时间长了，宫里的美女人满为患，连住宿的地方都成了问题。于是杨阜上书要求让那些失宠的宫人出宫。为了做到有理有据，他把御府吏召来，询问后宫人数。御府吏回答说：“这是秘密，不能泄露。”杨阜大怒，当即下令打了他一百棍，还训斥说：“国家从不把九卿排在国家机密之外，难道还有让小吏知道的秘密，而不让九卿知道？”明帝闻讯后为之心惊，对杨阜更加敬畏。

杨阜虽任高官，但其不计得失，不避生死，敢于直谏，史载，杨阜“敢抗疏”：明帝的爱女夭折，明帝要亲自送葬，他反对；明帝想出去打猎，他劝阻；明帝想修宫殿观阁，他不让。由于魏明帝经常不听他的进谏，杨阜多次提出辞职，但都没有被批准。

杨阜为官清廉，死后家无余财，明帝感其忠诚，让其孙杨豹继承了爵位。

## 阎温

阎温（？—212），《魏书·阎温传》载：“阎温，字伯俭，天水西城人也”。东汉末期凉州别驾，在“冀城之难”中为保护冀城军民，被马超所杀害。西城，即西县县城，在今礼县红河镇。

东汉建安十六年（211），马超、韩遂与关中诸将侯选、程银、李堪、张横等俱反曹操，共拥兵十万，布列营阵，占据潼关天险。同年秋七月，曹操亲率大军西征，与马超、韩遂战于河、渭之交，曹操采用贾诩计谋，离间马、韩，使马、韩互相猜疑，曹操大军乘势攻破马、韩营阵，占据渭南，马、韩败走，西保诸戎，曹操大军追至安定（今泾川县北），时值苏伯反于河间，曹操一时无法消灭马超，遂率大军东还，而马超“率诸戎渠帅以击陇上，郡县皆应之。”陇右地区被马超相继占领。

是时，阎温任凉州别驾。马超攻陇右郡县时，阎温奉命坚守上邽城（今天水市秦州区），马超率诸戎奔上邽城，而郡人任养等举众迎之，阎温对任养等人进行了劝阻，任养等人未听。

建安十七年春（212），马超尽兼陇右之众攻凉州之治所冀城（与天水郡同治，在今甘谷县东南），时汉中张鲁又遣大将杨昂以助马超，两军共万余人围攻凉州刺史韦康于冀城，韦康兵败远逃，“去冀城二百余里”。韦康吏民杨阜率国士大夫及宗族子弟，挑选精兵千余人在冀城上作偃月营，以拒马超。从正月守至八月，而救兵不到，杨阜等人商议，遣别驾阎温乘着夜幕降临秘密出城，向夏侯渊请求救兵。

阎温乘着夜幕潜入河水，又顺水潜出城外。天明时，包围冀城的马超部众发现了阎温的踪迹，派人追捕。此时，阎温已逃到了显亲县（今秦安县境）界，被马超的追兵抓获。马超见到阎温，遂亲手解去缚绳，对阎温说：“今成败可见，足下为孤城请救，义何所施？若从吾说反，谓城中东方无救，此转祸为福之计也，不然今为戮矣”。阎温假装顺从，马超亲自将阎温送上车，同阎温一起到了冀城之下。阎温看到城上守城的军民，就向他们大声呼喊：“大军不过三日至！”盼望救兵的冀城民众听到这个喜讯，都坚定了守城信心。马超大怒，对阎温说：“足下不为命计邪！”这时，马超已攻城数月，久攻不下，马超冀希望于阎温身上，又对阎温说：“城中故人有欲与吾同者？”阎温大声说：“夫事君有死无二，而卿乃欲令长者出不义之言，吾且苟生者乎！”马超见阎温不肯归降，遂将阎温杀死。阎温义举名垂青史。

阎温被杀后，守城的刺史、太守“失色，始有降超之计”，后遣人请和，开城门奉迎马超入城，马超遂指使张鲁大将、曾帮助自己攻冀城的杨昂杀害了凉州刺史韦康及太守等人，这就是历史上有名的“冀城之难”事件。

阎温、韦康等人死后不久，一直不忘报仇雪耻的杨阜联合姜叙、梁宽、赵衢等人，合谋反马超。姜叙“起兵卤城”，赵昂“奉守祁山”，经过长期血战，终将马超赶出陇右。马超战败后，南奔汉中，投靠了张鲁。

## 毛 当

毛当（？—384），前秦时期武都郡（治下辨县，今成县红川镇）人，为前秦名将，淝水之战后为慕容凤击杀。

前秦建元六年（370）十月，毛当任前禁将军，随王猛率大军伐燕，克晋阳城。毛当骁勇善战，受命镇守晋阳城。

建元九年（373）冬，苻坚令益州刺史王统、秘书监硃彤统兵二万出汉川；前禁将军毛当、鹰扬将军徐成统兵三万出剑门，侵犯晋梁、益两州。梁州刺史杨亮统领巴獠一万余众拒之，鏖战于青谷。十一月，谢安派兵攻克了梓潼。荆州刺史桓豁派遣江夏相竺瑶救梁、益。谢安、竺瑶听到广汉太守赵长战死，只好引兵退回。益州刺史周仲孙督兵拒硃彤于绵竹，听闻毛当将至成都，周仲孙统领骑兵五千奔南中，梁、益二州皆失，邛、莋、夜郎诸州皆降附于前秦。苻坚以杨安为益州牧，镇守成都；以毛当为梁州刺史，镇守汉中；以姚苌为宁州刺史，屯兵垫江；以王统为南秦州刺史，镇守仇池。对晋廷造成巨大的压力。

建元十四年（378），前秦右将军毛当和领军将军苟池、强弩将军王显率四万众出武当，会攻襄阳。

建元十五年（379），毛当、王显，率二万人自襄阳出发，跟后将军俱难、兖州刺史彭超会师，攻击东晋淮河以南各城池，攻陷盱眙，包围幽州刺史田洛于三阿。三阿距广陵百余里，一时间，东晋朝野大为恐慌，于是，沿长江修筑防御工事。晋孝武帝派征虏将军谢石率领水军驻扎在涂中，右卫将军毛安之、游击将军河间王司马昙之驻扎在堂邑，兖州刺史谢玄从广陵出发援救三阿。毛当、毛盛奇袭毛安之，毛安之大败。谢玄率兵三万驻扎在白马塘，俱难派将领都颜率骑兵迎击谢玄，双方在塘西展开大战，秦军大败，并斩杀都颜。谢玄进兵到三阿，与俱难、彭超激战，彭超等又败，退守盱眙。谢玄进驻石梁，会合田洛共同进攻盱眙，俱难、彭超出兵应战，又被打败，退兵淮阴。谢玄派将军何谦之、都护诸葛侃率水军乘潮大涨溯流而上，烧毁淮河桥梁，又与俱难等人接战，斩杀秦将邵保，俱难、彭超向淮北撤退。俱难把失败的罪名推给彭超，斩杀彭超的司马柳浑。苻坚大为恼火，用囚车把彭超押回，投入狱中，彭超自杀而死，俱难被废黜为平民。

苻坚任命毛当为平南将军、徐州刺史，镇守彭城；毛盛为平东将军、兖州刺史，镇守胡陆；王显为平吴校尉、扬州刺史，戍守下邳。苻坚又任命苻洛为散骑常侍、持节、都督益宁西南夷诸军事、征南大将军、益州牧，领护西夷校尉，镇守成都，命令他从伊阙出发，经襄阳溯汉水而上至成都。

建元十六年(380),苻坚置东豫州,以毛当为刺史,镇守许昌。建元十九年(383),前秦天王苻坚亲率骑兵二十七万、步兵六十万南下,对东晋发动总攻击。十一月,淝水一战,秦军大败,晋军乘胜西进。苻坚逃回洛阳,派镇军将军毛当率领四千兵众戍卫洛阳。

前秦慕容垂有异图,平原公苻晖派遣使者责备慕容垂。慕容垂杀苻飞龙。慕容垂侄儿慕容凤以及前燕旧臣王腾、段延等,各自率领部曲家兵归附丁零人翟斌,起兵反秦。苻晖让毛当讨伐翟斌。慕容凤说:“我今天将要为先王雪耻,请求为将军斩杀这个氐奴。”大败前秦的军队,毛当被杀。后毛当被追谥为武平侯。由于毛当和石越并为秦之骁将,苻坚使其助二子守河北,继而相继战死,所在盗贼群起。前秦帝国开始瓦解。

## 王 鉴

王鉴(生卒年不详),前秦武都郡(治下辨,即今成县红川镇)人。为前秦名将,后积官至武卫将军、豫州刺史。

前秦皇始元年(东晋永和七年,351年)正月,苻健建大秦国,并在长安称帝,史称前秦。

建元三年(太和二年,367年)十月,前秦雍州刺史燕公苻武在安定谋反,与此同时,并州牧苻柳割据蒲阪,秦州刺史苻双割据上邽,洛州刺史苻庾割据河南陕城,准备共同讨伐长安。苻坚多次派遣使者宣喻,都遭到拒绝。

建元四年(368),苻坚遣武卫将军王鉴、宁朔将军吕光率三万之众讨伐苻双、苻武。苻双与苻武见苻坚派重兵来攻,便合兵一处,以猛将苟兴为前锋以拒秦军。两军对峙,武卫将军王鉴急欲出战,吕光劝其不可:“苟兴前番方胜,此时必定气势正盛,锐不可当,吾以为当驻兵拒战,待他粮草将尽,其必退兵,那时方可追而击之,定能破敌。”果然,二十多天后,苟兴不战自退。王鉴、吕光挥师追击,苟兴大败。秦军乘胜击败了苻双、苻武联军,斩获一万五千人。

苻武见大势已去,随即丢弃安定城,与苻双径直奔往上邽城。王鉴、吕光又追至上邽。太和三年七月,武卫将军王鉴和吕光攻陷上邽城,斩杀了苻双与苻武。九月,王鉴与吕光会合王猛,攻克了蒲阪城,斩杀了苻柳及妻与子。王猛进驻蒲阪。前秦国内叛乱平息,王鉴立下了汗马功劳。

前秦建元六年(370)二月,前燕封袁瑾为扬州刺史,朱辅为荆州刺史。八月,桓温率军二万从广陵(今江苏扬州)出发,败袁瑾于寿春,并将其包围。袁瑾、朱辅向前秦求援。苻坚派武卫将军王鉴、张蚝等率步、骑兵二万前往救援。桓温遣淮南太守桓伊、南顿太守桓石虔率军迎击。王鉴驻扎在洛涧,张蚝驻扎在八公山。桓温派诸将趁夜袭击王鉴、张蚝,在石桥大败王鉴。王鉴、张蚝败后屯扎在慎城(今江口集一带)。桓温攻克寿春,擒袁瑾、朱辅及其宗族几十人,囚送建康(今南京市)斩首,并将其所侍养的数百人全部挖坑活埋。

寿春之战后,王鉴调为豫州刺史,后卒于任。

## 窦冲

窦冲（？—394），前秦武都郡（治下辨，今成县红川镇）人，前秦重臣名将，战功最著，历官左将军、梁州牧、南秦州牧、大司马、都督陇东诸军事，雍州牧。

前秦建元十九年（383）八月初二，苻坚任命兖州刺史姚苌为龙骧将军，督益、梁州诸军事。苻坚对姚苌说："过去我靠龙骧将军的官位建立了大业，未曾轻易地把这个官位授予别人，你努力干吧！"左将军窦冲说："君王无戏言，这话是不祥之兆！"

次年三月，前秦北地郡长史慕容泓乘淝水之战前秦大败之机，自称都督陕西诸军事、大将军、雍州牧、济北王，建立西燕。前秦王苻坚任命雍州牧钜鹿公苻睿都督中外诸军事、卫大将军、录尚书事，左将军窦冲为长史，龙骧将军姚苌为司马，统兵五万讨伐慕容泓。

这时，原燕国旧臣平阳太守慕容冲也在平阳起兵叛秦，拥兵二万余众，进军攻打蒲阪（今山西省永济）。苻坚派窦冲统兵讨伐。窦冲在黄河以东大败慕容冲，慕容冲率领八千鲜卑骑兵投奔慕容泓。

385 年正月，已经是西燕皇帝的慕容冲派尚书令高盖夜袭长安，攻进了南城，窦冲和前禁将军李辩等全力反击，打败了高盖，斩首八百多人。七月，慕容冲亲自率部围攻长安。十月，困守孤城的苻坚率张夫人、幼子苻诜及数百骑突围奔五将山（今陕西省麟游县境），被姚苌部将吴忠俘获后勒死。

后秦姚苌建初元年（386）鲜卑慕容氏东归，姚苌乘机占据长安，称帝建元，建国号为大秦，史称后秦，控制了关中。

苻坚死后，苻坚庶子、长乐公苻丕在晋阳（今山西省太原）即位，建年号太安。关中及陇右的前秦遗众都相继起兵响应苻丕，以对抗慕容氏及姚氏的势力。十一月，左将军窦冲占据兹川（即霸水，在今陕西省西安市东），拥兵数万，闻苻丕即位，遣使上表，苻丕任命窦冲为梁州牧、开府仪同三司。

前秦太安二年（386）六月，前秦名将邓羌的儿子、冠军将军邓景拥有五千兵众据守彭池，与窦冲首尾呼应，联兵攻击后秦。苻丕任命邓景为京兆尹。

苻丕领兵在河北、河东与鲜卑慕容家族作战，骁骑将军石越等人相继战死。众氐人领袖对苻丕的踌躇迟缓颇为不满，因此纷纷倒向苻登。苻丕战事不利，由河东奔往河南，更图进攻当时受东晋控制的洛阳。途中为东晋扬威将军冯该邀击杀死，其子苻宁、苻懿等被俘，送至建康，东晋将他们送到降晋的前秦太子苻宏处安置。

苻丕死后，将士公推苻登为主。苻登在南安宣布称帝，改元太初，追谥苻丕为哀平皇帝。苻登占据陇西、陇东一带，拥有部众十余万人。

前秦太初二年（387）三月，苻登任命窦冲为车骑大将军、南秦州牧，杨定为益州牧，杨壁为司空、梁州牧，封乞伏国仁为大将军、大单于、苑川王。同年四月，窦冲率军攻破千、雍二城，斩后秦将姚元平、张略等。

前秦太初三年（388）二月，前秦主苻登进军朝那（今灵台县朝那镇），后秦主姚苌进军武都（侨置，在今陕西兴平）。双方相持不下，互有胜负。姚苌于十月退还安定，苻登亦到兴平取军粮以解军中饥馑，并自率万余人兵围姚苌军营，以哭声动其军心；姚苌亦命军人以哭声回应，苻登见不成功就退兵。

前秦太初四年（389）十月，苻登收合余兵，退据胡空堡（在今陕西省彬县西南），遣使赍书加窦冲为大司马、骠骑将军、前锋大都督、都督陇东诸军事、雍州牧，杨定为左丞相、上大将军、都督中外诸军事，杨壁为大将军、都督陇右诸军事，约定一起进攻后秦。遣窦冲为先驱，令其自繁川趣长安。

晋孝武帝太元十七年（392）十月，苻登任命窦冲为大司马、左丞相，带兵驻扎华阴。东晋郗恢派遣将军赵睦据守金墉，河南太守杨期到湖城袭击窦冲，并把窦冲赶走。苻登又迁任窦冲为右丞相。

前秦太初八年（393）六月，苻登前秦政权发生内讧，右丞相窦冲以劳苦功高为由，要求苻登任命自己为“天水王”，苻登不允。窦冲遂自称“秦王”，改年号为元光。苻登、窦冲反目为仇。七月，苻登讨伐窦冲于野人堡。窦冲向后秦姚苌求救。姚苌派太子姚兴前往救援，姚兴避开与苻登大军正面决战，带兵去进攻苻登大本营胡空堡。苻登急忙解除对窦冲的围困，赶赴解救胡空堡。窦冲归附后秦。

太元十八年（393）后秦姚苌死。第二年，其子姚兴在槐里（在今陕西兴平东南）即皇帝位，改元为皇初（394—399），并率军进入安定。

苻登知姚苌已死，于是率大军进攻后秦。至夏季，苻登进攻废桥以得水源，但为后秦将尹纬所阻，部分士兵渴死。苻登因而急攻尹纬，不胜，兵众溃散。此时，苻登弟弟苻广守雍城（今陕西凤翔县南），儿子苻崇驻扎胡空堡，听闻苻登战败，各自弃城逃去。苻登率领剩余的人马逃到泾阳马髦山。姚兴追至，与苻登战于山南，杀苻登。前秦太子苻崇即位，追封苻登为太宗高皇帝。不久，苻崇亦为姚兴追杀，前秦亡。

太元十九年（394）七月，后秦安南将军强熙、镇远将军杨多反叛，推举窦冲为盟主。姚兴率众讨伐，进至武功县时，窦冲部队内讧，杨多被侄子杨良国袭杀，窦冲的弟弟窦彰武也存异心。窦冲逃到汧川（今陕西扶风县境内），被汧川的氐族首领仇高捉住送给姚兴，杀之。窦冲的堂弟窦统带领其余的将士向姚兴投降。

## 毛 兴

毛兴（？—386），前秦武都郡（治下辨，即今成县红川镇）人，氐族豪强，历任镇西将军、河州刺史等职。

建元十六年（380）年七月，前秦苻坚以石越为平州刺史，镇龙城；梁谠为幽州刺史，镇蓟城；毛兴为都督河、秦二州诸军事，河州刺史，镇枹罕。以氐族种类繁衍众多为由，将居于三原（今咸阳市三原县）、武都（今陕西兴平县）等地的氐族十五万户分散，使苻氐各宗亲统领，居于边远方镇。以征东大将军苻丕领三千氐户，以仇池氐酋射声校尉杨膺为征东左司马、九峻氐酋长水校尉齐午为右司马，各领一千五百氐户。八月，又给河州刺史毛兴、并州刺史王腾各配三千氐户，豫州牧、来原公苻晖及雍州刺史、钜鹿公苻叡各配三千二百氐户。苻坚亲自送苻丕等至灞上（今陕西西安东），诸氐告别时皆失声痛哭。苻坚近臣赵整歌曰："远徙种人留鲜卑，一旦缓急当语谁！"苻坚笑而不纳。苻坚徙诸氐于边远方镇，将鲜卑等异族留在中原，为苻坚淝水大败后，前秦境内各羌、鲜卑等族乘机复国提供了条件。

陇右是氐人和羌人的发源地，苻坚虽死，氐族的势力仍然很强大，后秦姚苌开始讨伐前秦帝国的残余势力。毛兴的河州首当其冲，姚苌的弟弟姚硕德率军攻打河州（治枹罕，今甘肃临夏市），双方互有胜负。太初元年（386）正月，前秦益州刺史王广自陇南引兵进攻毛兴，两军在枹罕交战。毛兴派豪强卫平率一千七百余人夜袭王广军营，大败王广，占据枹罕城。二月，王广之兄、前秦秦州牧王统援助王广进攻毛兴，毛兴据枹罕城固守。四月，毛兴又派兵袭击王广，王广大败，奔还秦州。毛兴恃屡战屡胜之势，进据平阳，复攻秦州牧王统于上邽。枹罕氐人中有贵族厌战，遂袭杀毛兴，推举卫平为河州刺史。

毛兴任河州刺史时，后来继任前秦帝位的苻登还是他的部下。苻登是苻坚的族孙，少而雄勇，有壮气，粗险不修细行，故苻坚没有重用他。成年后，折节谨厚，颇览书传。拜殿上将军，稍迁羽林监、扬武将军、长安令，后坐事黜为狄道长。淝水之战后，关中地区大乱，苻登辞掉狄道长的职务，到了河州刺史毛兴驻地的枹罕。苻登兄苻同成是毛兴的长史，苻同成推荐苻登担任了毛兴的司马。苻登器量不凡，喜欢设奇谋，毛兴对其十分佩服。史载："苻同成常谓之曰：'汝闻不在其位，不谋其政，无数干时，将为博识者不许。吾非疾汝，恐或不喜人妄豫耳，自是可止。汝后得政，自可专意。'时人闻苻同成言，多以为疾登而抑蔽之。苻登乃屏迹不妄交游。毛兴有事则召之，戏谓之曰：'小司马可坐评事。'苻登出言辄析理中，毛兴内服焉，然敬惮而不能委任。"毛兴之镇上邽后，仍以苻登为长史。

毛兴临死前，对苻同成说："与卿累年共击逆羌，事终不克，何恨之深！可以后事付卿小弟司马，殄姚硕德者，必此人也。卿可换摄司马事。"好战派氐族贵族认为卫平衰老，难成大事，准备废掉他，但忌惮卫氏家族人多势众，商议好些日子没出结果。同年七月，氐人啖青对众人道："大事应该及时决定，不然必生变故，明日七夕，我在家中设宴，诸君请卫公参加。"七夕佳节，枹罕文武官员敦请卫平至啖青府中赴宴。大宴之上，啖青抽出宝剑，慷慨陈词："今天下大乱，我等休戚与共，非贤主不可以济大事，卫公老迈，理应让贤。狄道长苻登，虽王室疏亲，但志略雄明，请诸君立之，以赴国难，有不同议者，但讲不妨！"说罢，奋剑攘袂，怒目而视。卫平没有任何选择的余地，只得让出河州刺史职位。

苻登获众人推举，取代氐豪卫平统领原毛兴部众，自称使持节、都督陇右诸军事、抚军大将军、雍河二州牧、略阳公，并即率兵五万攻占南安，又派使者向前秦皇帝苻丕请求任命，苻丕授其为征西大将军、开府仪同三司、南安王。苻登占据南安后，获当地胡、汉共三万多户归附，声势渐盛，于是进攻姚硕德，并在胡奴阜大败前往救援的姚苌。

毛兴生前非常器重苻登，不但任命他为司马，还把自己的小女儿嫁给他。苻登即位后立毛兴女儿为皇后，是为毛皇后（369—389）。史载毛皇后皮肤白皙，美貌出众，武艺高强，善于骑射，有万夫不当之勇。苻、姚之战时她统军一万，驻守苻登辎重粮草集中的大界营。姚苌因屡战不利，派子姚崇率军绕道偷袭大界营。苻登发觉，引军邀击。姚军在苻登和毛皇后夹击下大败，被俘斩二万余人。苻登有勇少谋，得胜后放松了警惕。姚苌亲率铁骑三万，再次偷袭大界营。毛皇后率壮士和侍卫力战，张弓发箭，射死姚军无数，但终因寡不敌众，力竭马蹶被擒。姚苌见她美貌出众，欲纳她为妃，毛皇后坚决不从，骂道："姚苌无道，前害天子（指苻坚），今辱皇后，皇天后土，宁不鉴照！"姚苌见她坚贞不屈，斩首示众，毛皇后死时年仅二十一岁，其子苻弁、苻尚同时遇害。

## 杨茂搜

杨茂搜（？—317），又名令狐茂搜，氐族人，晋末仇池国君主。自号辅国将军，右贤王。在位期间为296—317年。

仇池氐人的崛起，始于东汉末年。建安年间（196—219）陇右清水氐人首领杨驹（杨腾之子）率部落徙居仇池。到了其子杨千万时已初具规模，自称"百顷王"（仇池山顶有平地百顷，故时人又称仇池山为百顷山），拥有部族万余人，附于曹魏政权后，被拜为百顷氐王。建安十六年（211），凉州马超、韩遂、杨秋等率众反叛曹魏，杨千万响应马超号召，率众离开仇池北上，与占据今秦安一带的兴国氐王阿贵合为一体支持马超。建安十九年（214）马超由于内乱，投奔汉中张鲁，借兵围攻祁山，留守长安的夏侯渊急忙命部将张郃率轻骑五千，从陈仓沿渭水至天水，击败马超，马超逃入武都郡境内，遂后又转奔汉中投靠刘备。杨千万也率少数将领投奔蜀汉。建安二十二年（217），刘备遣张飞、马超、吴兰攻下辨，氐人首领雷定率部落七万余户予以响应，曹操十分惊恐，又徙武都郡氐民万余户出居京兆、扶风、天水界，并将武都郡侨治于小槐里（今陕西兴平县西），后魏文帝黄初中（220—226）又移治美阳（今陕西扶风县北）。武都郡氐人几乎被迁徙一空。

杨千万入蜀后经过两代人的苦心经营，到了孙子杨飞龙时，才又逐渐恢复元气，并接受了西晋的封号，以假征西将军名义，率部落"还居略阳"。略阳，即今甘肃秦安陇城一带。杨飞龙无子，抱外甥令狐氏子为宗子，这便是开创一代仇池国史的杨茂搜。

晋元康六年（296），氐人齐万年起义，反抗晋王朝。十二月，杨茂搜为避兵锋，率氐民四千家，回到仇池，自号辅国将军、右贤王。

杨茂搜是一位具有雄才大略的氐族领袖人物。他回到仇池后，充分利用这里山川险要、河流湍急、物产丰饶的地理优势，打着自保旗号，广开贤路，招纳四方豪杰，不但使受到战乱威胁的关中氐族部落纷纷归依，而且还吸引了大量的关中士人到仇池躲避战乱。杨茂搜对投奔他的人进行安抚，想要离去的人他也保护对方生命安全，并赠送财物。《晋书·张轨传》记载："关中人士奔流者多依之，茂搜征纳抚接，欲去者则卫护资遣之"。一时间，仇池成为关中流亡士人逃避战乱的“桃花园”。自此，仇池声名享誉海内，对后世影响极大，有不少人视仇池为“洞天福地”的仙境，杜甫曾向往“何时一茅屋，送老白云边”。苏东坡不但梦到仇池，而且还将一块奇石命名为“仇池石”，后人也将他的读书笔记命名为《仇池笔记》。

仇池政权的日益强大，使得中原王朝不得不刮目相看，晋愍帝不但承认了仇池政权的存在，并且还封杨茂搜为骠骑将军、左贤王，并为其颁发了“晋归义氐王”的金印，他的儿子杨难敌也被封为征南将军。杨茂搜势力逐渐强盛，于是，建立仇池国（史称前仇池国），筑洛谷城（今西和县洛峪镇羊马城）。杨氏就累世据其地。

洛谷城位于今西和县南40公里处，盖秦之武都邑、西汉之武都郡、道，晋元康六年（296），改称洛谷城（又作骆谷城），此后，南秦州、北秦州、仇池镇、仇池郡均治洛谷城。升明元年（477），魏孝文帝诏令再筑骆谷城以防宋军。城以洛谷水得名，谷即峪，即现今洛峪河。洛谷城分内外两城，内城为旧城，包括灯塔村和楼房里。外城为新城，依山就势修筑，蜿蜒数千米，包括牛儿坪（堡子山）、腰庄（寺湾里），占地约10万平方米。

晋建兴元年（312）四月，涪陵人李运、巴西人王建率三千余人入汉中境，与晋梁州刺史张光发生冲突，为张光所杀。王建女婿杨虎收集余众，进攻张光。两人都遣使向杨茂搜求救，杨茂搜派其子杨难敌前往助张光，但杨难敌却反助杨虎攻张光，张光的儿子张孟苌、张援被擒后处死。杨难敌乘机占有汉中，自称梁州刺史。先前，杨难敌曾派其养子杨适到梁州去作生意，杨适私自购买良民一人为奴婢，违反了晋朝不得买卖良民为奴婢的法律，张光大怒，将杨适鞭打致死。杨难敌因此与张光结下怨仇，当时就愤恨地对张光说：“大人刚刚来到梁州，碰上灾荒之后，军民的生活都仰赖我氐人供给，现在氐人犯了点小罪，难道就不可以宽恕一下吗？”于是，开始暗中谋划进攻张光。不久，梁州民张咸等聚众驱逐了杨难敌。

东晋元帝建武元年（317），杨茂搜卒，杨难敌与弟杨坚头分领部曲，杨难敌号左贤王，屯下辨（今成县红川镇），杨坚头号右贤王，屯河池（今徽县银杏树乡）。

在大动乱的晋末、南北朝时期，陇南地区先后出现过仇池国、武都国、武兴国和阴平国四个氐人政权和宕昌国一个羌人政权。这几个政权前后经历二百八十余年，与南北朝相始终，作为南北大国夹击之中的地方政权，能够维持这样长的时间，在我国历史上是不多见的。甘肃省博物馆曾在西和县境收集到三颗金印，印文分别为“魏归义氐侯”“晋归义氐王”“晋归义羌侯”。魏印当与杨千万附魏记载相合，也证明仇池国在魏晋时期即已建国。

### 杨难敌

杨难敌（？—334），东晋时期仇池氐人首领，杨茂搜之长子，仇池国主，世居仇池。

东晋元帝建武元年（317）仇池国君主杨茂搜死，杨难敌与弟杨坚头分领部曲，杨难敌号左贤王，屯下辨（今成县红川镇）；杨坚头号右贤王，屯河池（今徽县银杏树乡）。此时，仇池国政权中心已从仇池山区地带移至徽成盆地，疆域扩大到以西汉水流域为中心，西南至白龙江，东至嘉陵江上游，纵横数百里，今陇南地区大部都在其控制范围之内。

东晋元帝大兴三年（320），前赵国主刘曜进攻晋雍州刺史杨曼，杨曼与刘曜战于陈仓，战败后投奔仇池。刘曜随之西征仇池，兵至下辨。杨难敌率众迎战，前锋战败，杨难敌退保仇池。前赵主刘曜深知仇池一带山高路险，易守难攻。遂挥师北上，攻破南安、陇西，原晋王司马保的部将杨韬、陇西太守梁勋投降刘曜。遂后，刘曜又南下进攻仇池，想一鼓作气歼灭杨难敌。不料军中传染疠疫，刘曜也身染重病，他想班师回长安，又恐杨难敌追击，便让尚书郎王犷出使仇池，说服杨难敌投降。杨难敌见陇右郡县均已归附前赵，各地氐羌也多投降于刘曜，自己势孤力单，便同意向刘曜称藩。刘曜封杨难敌为使持节、侍中、假黄钺，都益、宁、南秦、凉、梁、巴六州陇上西域诸军事、上大将军、益、宁、南秦三州牧、领护南氐校尉、宁羌中郎将、武都王，子弟为公侯、列将、二千石的有十五人。同年，置南秦州于洛谷城。

刘曜回师途中，秦州刺史陈安请求朝见刘曜，刘曜因病推辞不见。陈安以为刘曜已死，纵兵大肆劫掠后返回。刘曜病情沉重，只能乘坐马车返回长安，派部将呼延随后监护辎重。陈安在半路截击，杀死呼延，后又杀死呼延的长史鲁凭。陇上的氐族、羌族部落都归附了陈安，陈安拥有兵众十多万，自称大都督、假黄钺、大将军，雍、凉、秦、梁四州州牧和凉王。刘曜病愈后，讨伐并杀死了陈安。

陈安死后，刘曜便令镇西将军刘厚趁得胜之威，再攻仇池。杨难敌十分恐惧。七月初，杨与弟杨坚头经汉中至葭萌，南奔成汉。刘厚在后追袭，“获其辎重一千余辆，侍女六千余人”（《晋书·刘曜载记》）。刘曜任命大鸿胪田崧为镇南大将军、益州刺史，镇守仇池。

杨氏兄弟逃至葭萌关下（故城在今广元市元坝区昭化镇以北五华里的土基坝，在剑门关东北，亦称汉寿、晋寿），请求臣服于成汉。镇守在此的是成汉李雄二哥李荡的二儿子安北将军李稚，杨难敌给李稚送上大量的金银财宝，于是，李稚并没有把杨氏兄弟送到成都。等到杨氏兄弟听说刘厚的大军退去以后，他们请求李稚让其再返回武都、阴平。杨氏兄弟率众回到武都以后，就拒绝再接受成汉的领导，并驱逐了成汉阴平太守罗演。

李稚十分后悔，他连连上书李雄，请求发兵讨伐杨氏兄弟，成汉群臣都认为，南方刚刚失败，不宜再去讨伐恃险不服的杨氏兄弟，况且，前赵田崧还镇守在仇池，即使击败杨氏兄弟，得其地不足以富国，还势必与前赵发生摩擦，甚至会引火烧身。但是，在李稚的接连要求下，李雄最终还是决定发兵北上。李雄分兵两路进攻杨难敌：一路遣中领军李琀率领将军乐次、费佗、李乾等与弟弟李稚一起从白水桥（位于今广元市青川县营盘乡五里垭）方向，进攻下辨；一路由征东将军李寿、李玝进攻阴平。杨难敌先派军队攻击李寿、李玝所部，致使李寿、李玝无法前进。与此同时，李琀、李稚一军却如入无人之境，长驱直入下辨，却陷入杨难敌重围，李琀、李稚等数千人被杀。李琀即李荡的长子，颇有才学和名望，李雄本想让他作为自己的继承人，听说他死了，痛苦的好几天吃不下饭。

杨难敌打退成汉李稚进攻之后，于东晋太宁三年（325），采取突然袭击的方式，挥师西进，夺回了仇池根据地，俘获了刘曜镇将田崧，劝降不服杀之。《刘曜载记》：杨难敌自汉中还袭仇池，克之，执田崧，立之于前。难敌左右叱崧令拜，崧瞋目叱之曰：“氐狗！安有天子牧伯而向贼拜乎！”难敌曰：“子岱，吾当与子终定大事。子谓刘氏可为尽忠，吾独不可乎！”崧厉色大言曰：“若贼氐奴才，安敢欲希觊非分！吾宁为国家鬼，岂可为汝贼臣？何不速杀我！”说着，将前排一护卫的剑夺过来刺杀杨难敌，没有刺中，被杨难敌杀死。

东晋咸和三年（328）五月，刘曜派武卫将军刘朗率三万骑兵，攻打仇池，被杨难敌击败，只好掳掠附近三千余户百姓而归。咸和六年（331）秋七月，成汉大将军李寿克阴平、武都，进攻仇池，杨难敌战败，遣使称臣，为避免两面受敌，他又暗里派人送表于长安，同后赵石勒通好。

东晋咸和九年（334）杨难敌因病去世，儿子杨毅继承王位，自号龙骧将军、左贤王、下辨公，他还封叔父杨坚头之子杨盘为冠军将军、右贤王、河池公。杨毅又派使入晋通好，东晋封他为征南将军，杨盘为征东将军。

## 杨　纂

杨纂（生卒年不详），又名杨德，东晋仇池氐人首领、仇池公。世居仇池。杨纂是仇池公杨世的儿子，杨俊的孙子。氐人杨世曾以仇池地降于前秦苻坚，苻坚授杨世平南将军、秦州刺史，封仇池公。

东晋太和五年（前秦建元六年，370年），仇池公杨世卒，孙子杨纂继立于仇池洛谷镇。其叔父武都太守杨统，见他初蹑国位，政局不稳，便从武都（治下辨，今成县红川镇）起兵攻打仇池，自立为仇池公。杨纂集合了亲信商议，派人向晋简文帝述说原由，简文帝封他为平羌校尉、秦州刺史、仇池公。由于受晋王朝爵命，杨纂遂与前秦苻坚绝交。

苻坚决定乘仇池内乱之机，攻击杨纂。东晋简文皇帝咸安元年（371）三月，苻坚令秦州刺史、西县侯苻雅，吏部尚书、梁州刺史杨安、王统、徐成以及羽林左监朱彤、扬武将军姚苌率领步、骑兵七万人讨伐杨纂。四月，前秦兵到达仇池北面的鹫峡（今西和县东南的黑虎峡，当地群众称鹫崖峡），杨纂率步骑五万迎战。东晋梁州刺史杨亮派遣督护郭宝、卜靖率骑兵千余援助杨纂。双方在峡谷中激烈鏖战，杨纂大败，步骑损失二万人，晋将郭宝等人战死，杨纂收散卒撤回仇池。前秦军苻雅继续乘胜追击，武都太守杨统投降。杨纂的部将杨他也密令儿子杨硕投降苻雅，愿为内应。杨他、苻雅内外夹攻，杨纂恐惧，便让部下把自己缚了，出城向苻雅乞降。苻雅亲自将他送到长安，并将仇池氐民迁到关中，使百顷之地为之一空，前仇池国灭亡。前秦以杨统为南秦州刺史，加杨安都督南秦州诸军事，镇守仇池。

## 杨 定

杨定（？—394）东晋时期的仇池氐人首领。前秦国王苻坚之婿，前秦国重要将领，后仇池国国主。

历史上的仇池国指由杨茂搜创立的前仇池政权（296—371）和杨定建立的后仇池政权（385—443）。杨定逃至陇右，重振仇池祖业。后与前秦末代国主苻崇联合进攻西秦，然而先胜终败，二人皆被杀死。

杨定是仇池氐帅杨宋奴之孙，杨佛奴之子。东晋咸康三年（337），仇池氐王杨毅被族兄杨初袭杀，杨初自立为仇池公。公元355年，杨毅幼弟杨宋奴刺杀杨初，杨初之子杨国又杀杨宋奴，并继为仇池公。杨宋奴之子杨佛奴、杨佛狗投往前秦苻坚处，苻坚十分喜爱杨佛奴之子杨定，便把自己的女儿嫁给杨定，并拜其为尚书领军将军。

前秦建元十九年（383），前秦于淝水之战大败，对境内各族的控制力减弱。建元二十年（384）慕容冲之叔慕容垂于河北叛变，慕容泓亦于关中举兵称济北王，此时任平阳太守的慕容冲也在河东起兵，其后归并慕容泓，一同西进长安。不久，谋臣高盖等人认为慕容泓德望不如慕容冲，于是杀慕容泓，改立慕容冲为皇太弟。次年正月，慕容冲即皇帝位于阿房宫城，改元更始。慕容冲是具有部分高加索人血统的鲜卑人，十二岁时，因为姿貌俊美，与其姐清河公主皆被苻坚宠幸，长安因而有歌谣："一雌复一雄，双飞入紫宫。"经过王猛劝谏，慕容冲才被送出宫，后来，竟成为反叛苻坚的主帅。

慕容冲进逼长安时，前秦诸将几乎无人能敌，唯有杨定多次大破慕容冲军。东晋太元十年（385）五月，苻坚派前秦左将军苟池、右将军俱石子率五千人马到骊山和慕容冲争收麦田，被慕容冲打败，死伤千余人，苻坚派卫将军杨定率两千五百多精兵与慕容冲大战，杨定大获全胜，俘虏鲜卑万余人，苻坚将这些俘虏悉数坑杀，以泄心头之恨。接着杨定又在灞、浐之间（在长安附近）大败慕容冲。尽管杨定接连获胜，但仍无法改变前秦的颓势。慕容冲聚兵围攻长安城，苻坚只能依仗杨定拼死抵抗，时有民谣曰："杨定健儿应属我，宫殿台观应坐我，父子同出不共汝。"慕容冲在城外挖了许多陷马坑，杨定出击时马陷坑中被俘。苻坚闻知杨定被俘，惊慌失措，急忙留长子苻丕守长安，自己带着张夫人、小儿子苻诜和两个女儿跑到长安西边的五将山。六月，前秦太子苻宏带领家族几千人南逃武都郡下辨，前秦南秦州刺史杨壁拒而不纳，苻宏遂投奔东晋。慕容冲入据长安，纵兵大掠，死者不可胜计。同年八月，苻坚被姚苌杀害于新平佛寺。

杨定被俘之后，西燕尚书令高盖欣赏他的才华，将他收为义子。

太元十年（385）十月，慕容冲派高盖率五万军士讨伐后秦姚苌，结果在新平（今陕西彬县）南被后秦击败，高盖降于后秦。随军出征的杨定趁机带家属逃奔仇池。

太元十一年（386），杨定在仇池收集旧部，重振旗鼓，派使臣称藩于晋，并求割天水郡之西县、武都郡之上禄分设仇池郡，东晋孝武帝同意其请求（《晋志》卷九八《氐胡传》云：

“（杨定）称藩于晋孝武帝。求割天水之西县、武都之上禄为仇池郡，见许。”）于是杨定徙治历城（在今西和县汉源镇，后改为建安城），《魏书·列传第八十九》载：“徙治历城，去仇池百二十里，置仓储于百顷。招夷、夏得千余家，自称龙骧将军、仇池公，称籓于晋。”杨定重建了仇池政权，史称后仇池国。杨定屯守历城，令杨盛守仇池（即洛谷城，今西和县洛峪乡灯塔村）。杨定一心要为苻坚报仇，与南秦州刺史杨壁等约苻丕共攻姚苌。太元十二年（387）四月，杨定进攻后秦。后秦征西将军姚硕德退守泾阳，杨定与秦鲁、王纂合击姚硕德，后秦军大败，杨定得上邽等地，成了后秦姚苌的主要威胁力量。太元十四年（389）九月，后秦姚苌使姚硕德置秦州守宰，以从弟姚常守陇城，姚邢奴守冀城，姚祥守略阳。杨定攻破陇城斩姚常，破冀城俘邢奴，姚祥放弃略阳，逃奔阴密（今灵台县西）。杨定国土进一步扩大，自称秦州牧，陇西王。十月，前秦苻丕继位后，杨定向其称臣，任左丞相。

太元十九年（394），前秦苻登被后秦姚兴所杀，其子苻崇逃到鲜卑梁王乞伏乾归处，即帝位于湟中，为前秦末代国主。十月，乞伏乾归驱逐苻崇，苻崇又南下投奔仇池。杨定邀苻丕共击后秦，率兵两万进攻西秦，乞伏乾归派轲弹、诘归率众三万抵抗，双方战于平州。初战杨定大捷，后因轻敌，西秦以弱兵诱敌之计，大败杨定军，杨定及苻崇俱被杀害，仇池共损兵一万七千人。

由于杨定没有子嗣，其堂兄弟杨盛遂自称仇池公，追谥杨定为武王。

## 杨 盛

杨盛（363—425），东晋时期的仇池氐人首领。杨宋奴之孙，杨佛狗之子。后仇池国国主。

杨宋奴有杨佛奴、杨佛狗二子，杨宋奴被杀后，杨佛奴、杨佛狗投往前秦苻坚，苻坚招杨佛奴之子杨定为婿，令杨佛狗之子杨盛返回仇池。杨盛守洛谷城，先为监国。杨定死后，杨盛自称征西将军、秦州刺史、仇池公，并私谥杨定为武王，分诸氐羌部族为二十部护军，各为镇戍，不置郡县。太元二十一年（396）冬，杨盛遣使称籓于东晋，被晋封为辅国将军、平羌校尉、仇池公。隆安二年（398），复遣使朝贡拓跋魏，被封为征南大将军、仇池王。因为后秦姚兴隔碍，不得岁通贡使。

隆安四年（400）正月，后秦姚硕德率兵攻仇池，被杨盛打败。六月，又攻仇池，占领了城固（今陕西城固县）。元兴元年（402），后秦再次进攻仇池，先后攻占了皮氏堡、西阳堡。九月，乞伏乾归与杨盛战于竹岭（今天水西南），被杨盛打败。

东晋义熙元年（405）春二月，谯纵起兵，巴蜀大乱，汉中空虚，杨盛乘机出兵汉中，以侄子杨抚为平南将军、梁州刺史，守汉中。后秦派姚硕德等多次击败仇池军。七月，杨盛请降于后秦，被封为益州牧、武都侯。杨盛以儿子杨难当等数十人作人质，让姚硕德带回后秦，十一月，西秦乞伏乾归进攻仇池被杨盛打败。翌年四月，后秦姚兴伐仇池，也被杨盛击败。义熙三年（407），杨盛以苻宣为梁州督护，带兵进入汉中，与后秦军作战，击走后秦军。同年，桓玄之乱已平，仇池再度得到与东晋交往的机会，杨盛被东晋任命为北秦州刺史。

义熙八年（412）冬十月，杨盛叛后秦，进攻祁山，姚兴让赵琨率兵五千为前锋，杨伯寿统步兵继后，前将军姚恢、左将军姚文宗入鹫峡，秦州刺史姚嵩入羊头峡（今青羊峡），右卫胡翼度从阴密出自汧城（今陇县南）进攻仇池。姚兴率轻骑五千，从雍州赶来，与诸将会于陇口。天水太守王松匆劝说姚嵩："先皇（姚苌）谋略神奇，威望又高，辅佐大臣徐洛生英明果决，他们两次攻打仇池，都无功而还。非杨盛智勇双全，而是仇池地势险固，难以攻取呀！今天大人的威信，赵琨的筹划，都不如先朝，怎会攻克仇池呢？不如表奏后秦王，暂且退兵。"姚嵩不听，执意进攻。杨盛率兵凭仇池险隘与赵琨相持，杨伯寿畏敌不前，赵琨势孤力单，被杨盛击败。姚兴为顾面子，斩了杨伯寿而归。义熙九年（413），晋军入成都，斩了谯纵，命索邈为梁州刺史。杨盛召回苻宣，以梁州（今汉中市）归还晋。义熙十二年（416），宋武帝刘裕进攻后秦姚兴，杨盛出兵助刘裕。六月，杨盛攻陷后秦地祁山，擒获了建节王总，逼近秦州。后秦后将军姚平救援秦州，杨盛引兵退走，姚平与上邽守将姚嵩联盟追击杨盛，追到竹岭，展开激战，双方相持不下。后秦东平公姚赞令陇西太守姚秦都、略阳太守王焕到竹岭解围，自率禁军前来助战。姚赞兵至清水时，姚嵩已为杨盛战败，姚嵩及秦都、王焕皆战死。姚赞赶至秦州时，杨盛已退还仇池。

永初元年（420），东晋司马氏被宋武帝刘裕代替。七月，刘宋王朝加封杨盛为武都王，以杨盛长子杨玄为世子。元嘉二年（425）六月，杨盛卒，享年六十二岁，在位三十年，私谥曰"惠文王"。儿子杨玄继为武都王，杨玄字黄眉，号征西大将军、开府仪同三司、秦州刺史、武都王，虽称籓于刘义隆，仍用东晋义熙年号，不用刘宋年号。起初，杨盛曾对儿子杨玄说："吾年已老，当终为晋臣，汝善事宋帝可也。"故杨玄仍奉东晋为正朔。

杨玄善于待士，为流旧所怀。北魏太武帝拓跋焘始光四年（428），北魏太武帝拓跋焘遣大鸿胪公孙轨拜杨玄为征南大将军、都督、梁州刺史、南秦王，杨玄上表请比内籓，拓跋焘许之。

## 杨难当

杨难当（生卒年不详），杨盛第二子，杨玄之弟，在杨难当任仇池国国主（后自称大秦国国王）时期，积极网罗重用因中原战乱而西投仇池的汉族人士，"四方流人以仇池丰实，多往依附"。南北并进，步步为营，逐步扩大地盘，仇池国发展到极盛阶段，是一位具有雄才大略的氐族首领。

南朝宋元嘉六年（429）秋七月，武都王杨玄病危，临终前，对弟弟杨难当说："今境候未宁，方须抚慰，保宗冲昧，吾授卿国事，其无坠先勋。"嘱杨难当继承王位，杨难当坚辞不受，请立杨玄子杨保宗为王，自己辅佐，杨玄表示同意。杨玄死，杨保宗即位。杨难当妻姚氏对杨难当说："国事不稳定时，应让年长者治理，你反辅佐一个小孩子，并非长远之计。"杨难当遂废杨保宗而自立，称藩于南朝宋刘义隆。南朝宋元嘉七年（430），宋太祖刘义隆正式封杨难当为冠军将军、北秦州刺史、武都王。元嘉九年(432)，又升为征西将军。杨难当仍以历城为都邑，任命侄子杨保宗为镇南将军，镇守宕昌（今宕昌县城关）；任命儿子杨顺为镇东将军、秦州刺史，镇守上邽（今天水市秦州区）。杨保宗不服，图谋袭杀杨难当，事情泄漏，杨难当囚禁了杨保宗。不久，杨难当释放了杨保宗，令其镇守董亭（在今天水市马跑泉镇以东）。后来，杨保宗与兄杨保显逃至北魏京师洛阳。

杨难当因与南朝宋梁、南秦二州刺史甄法护不睦，遂派人请求投靠北魏，北魏国主拓跋焘派兼大鸿胪崔赜携带符节任命杨难当为征南大将军、开府仪同三司，秦、梁二州牧、南秦王。

元嘉十年（433）四月，刘宋文帝听说梁州、南秦州刺史甄法护统治不力，造成氐族和羌族部落对朝廷怀有二心。于是，起用正在服刑的萧思话为梁、南秦二州刺史，萧承之为副。九月，杨难当趁刘宋新任梁、南秦二州刺史萧思话尚未到任，而原刺史甄法护即将东下之机，大举兴兵，进攻梁州（今陕西汉中），攻克白马城（即阳平关，今陕西勉县西），打败了甄法护参军鲁安期等的军队，俘虏了晋昌太守张范。随即，杨难当又攻打葭萌（古苴侯国，蜀王封其弟葭萌为苴侯，秦置县因以为名。治所即在今四川广元市西南昭化古城。）生擒晋寿太守范延朗。十一月，甄法护弃城逃走，投奔洋川郡之西城（今陕西西乡县南）。杨难当于是占据了汉中的广大地区，任命司马赵温为梁、秦二州刺史。氐王杨难当把他攻克宋汉中的捷报奏报北魏朝廷，并把雍州逃到汉中的流民七千多家送往长安。

杨难当画像

元嘉十一年(434)正月，刘宋新委任的梁州、南秦州刺史萧思话抵达襄阳后，立即派遣横野将军府司马萧承之为前锋，准备收复汉中失地。萧承之沿途收集散卒一千人，进据敖头城（今陕西石泉东南汉江东岸）。杨难当在汉中大肆烧杀抢劫，留赵温镇守梁州、魏兴太守薛健据黄金戍（今陕西洋县东北），然后率众西返仇池。随后，萧思话派阴平太守萧坦攻克了铁城戍（与黄金戍相对）。二月，赵温、薛健与其冯翊太守蒲甲子合兵攻打萧坦铁城戍，被萧坦击败。刘宋临川王刘义庆派遣裴方明率三千人自涪城（今四川绵阳东）北上援助萧承之，拔黄金戍而据之。赵温弃州城，退据小城，薛健、蒲甲子退保下桃城（今汉中市东）。萧思话继至，与萧承之合击赵温等，屡战屡胜。刘宋行参军王灵济，另率一支队伍，直指洋川，攻克南城，生擒守将赵英。因南城粮秣无法供给军队，王灵济只好率兵撤退，与萧承之会师。

同年三月，杨难当派儿子杨和率兵与蒲甲之等共同进攻萧承之，双方对峙四十多天。氐军士卒身穿牛皮制成的铠甲，刀砍不入，枪刺不进。萧承之命令士卒折断长枪，仅留几尺长，然后用大斧捶击，便可以穿透数个敌人。氐军不能抵挡，纵火焚烧了大营，仓皇逃走，屯据大桃。闰三月，萧承之等率军乘胜追击，直抵南城。氐军逃走，被斩杀的士卒众多。这样，氐军节节败退，宋军收复汉中全部失地，并在葭萌水设置了戍所。四月，杨难当派使臣向刘宋请和。此战始自宋元嘉十年(433)九月，至次年闰三月结束，前后达半年之久，这场战争，杨难当因胜而骄，不顾宋援兵继至，引主力西还。而宋军则不断增兵，连战获胜，杨难当再调兵为时已晚，加之萧承之颇通战法，使杨难当一败涂地。当初，东晋梁州刺史范元之、傅歆都把州治设在魏兴（今陕西安康西北），等到索邈担任梁州刺史，则把州治设在南城。由于南城被氐军纵火焚烧，不能再重新加固，萧思话决定把州治迁到南郑。

元嘉十三年(436)二月，杨难当自称大秦王，定年号为“建义”，立妻子为王后，世子为太子，仿照中原皇帝的制度设置文武百官。然犹奉南朝刘宋为宗主，贡献于刘义隆不绝。同年五月，杨难当占据上邽。七月，北魏遣车骑大将军、乐平王拓跋丕等督河西、高平诸军进攻上邽。九月庚戌（初二），拓跋丕的大军抵达略阳（今秦安县陇城镇）。杨难当感到恐慌，言请接受诏令，把驻守在上邽的军队撤回仇池。北魏军各将一致认为：“不杀掉这个凶悍的首领，等我们班师以后，他们一定会重新集结作乱。另外，我们大军离家远征，如果不掠夺些财物，无法补充军饷，也无法犒赏将士。”拓跋丕的军事参谋中书侍郎高允对拓跋丕说：“如果听从诸位将领的意见，就会伤害他们归化朝廷的心意，大军班师后，叛乱必将来得更快。”拓跋丕依其言，命杨难当代守上邽，自率军东还。杨难当任命他的儿子杨顺为雍州刺史，驻守下辨。

元嘉十四年(436)，南朝宋令裴方明为梁、南秦二州刺史。元嘉十七年（北魏太延五年，439年）三月，受杨难当命镇守董亭的杨保宗背叛杨难当，投奔北魏，北魏太武帝拓跋焘以杨保宗为征西大将军、秦州牧、武都王，招为驸马，令其镇守上邽；以杨保显为镇西将军、晋寿公。杨难当大怒，于同年十二月率兵数万围攻上邽，沿途秦州民众多有响应者。北魏镇将拓跋意头遣部属吕罗汉率精骑千余出城猛冲仇池军，击杀杨难当左右骑八人，杨难当急收军自保，适拓跋焘遣使送劝降书至，杨难当自度实力终不及北魏，遂上表请罪，撤兵退还仇池。是年，北魏攻灭了北方最后一个割据王国北凉，统一了中国北方。元嘉十七年(440)，仇池大旱，多灾异，杨难当遂自降为“武都王”。

南朝宋元嘉十八年（北魏太平真君二年，仇池建义六年，441年）杨难当举兵南攻益州涪城（今四川省绵阳市），又攻伐巴西（今四川省南充市），将北方雍州逃亡到这一带的流民七千余家返还于仇池。十月，南朝宋刘义隆下令刘真道指挥裴方明等由汉中进攻仇池。浊水（一名洛水、白水，源出今徽县西北）一战，仇池军大败，杨难当率千余骑逃奔上邽。裴方明既克仇池，以杨玄庶子、杨保宗弟杨保炽守之。刘义隆又遣其秦州刺史胡崇之助守仇池。北魏拓跋焘申言要为杨难当报仇，派安西将军古弼、平西将军元齐援助杨难当。古弼、元齐与胡崇之大战于浊水，临阵擒获胡崇之，刘宋兵败走汉中。古弼等遂从祁山南入，与东道而来的魏将皮豹子合军讨伐仇池杨保炽。与此同时，杨难当率仇池军南攻刘宋一路也进军顺利。十一月，杨难当占白水关（古白水关在今青川县营盘乡五里垭），又渡江占白水县（在白水关下白龙江对岸），析置平兴县；又挥师克葭萌，俘获晋寿太守申坦；再围涪城。又攻巴西、梓潼，巴西、梓潼二郡太守刘道锡闭城固守，杨难当攻之十余日，不克，乃还。杨难当南进时，忧虑刘宋驻汉中的梁州刺史刘道真军袭击他的侧翼，遣建忠将军苻冲出东洛以防之，后来，苻冲被刘道真击斩。

元嘉十九年（北魏太平真君三年，仇池建义七年，442年）正月，宋文帝刘义隆决定增加兵力反攻杨难当，遣龙骧将军裴方明、太子左积弩将军刘康祖、后军参军梁坦率甲士三千人，又发荆、雍二州兵讨伐杨难当。五月，裴方明率军进至汉中，会合刘道真，长驱而进至武兴（今陕西略阳县），攻击建忠将军苻隆，克之；安西参军韦俊、建武将军姜道盛向下辨攻击；司马夏侯穆季西取白水（今徽县西南）。杨难当之子、雍州刺史杨顺、建忠将军杨亮等分路拒之，不胜，皆望风逃走。裴方明亲率太子、积弩将军刘康祖及后军参军梁坦、陈弥、裴肃之、安西参军段叔文、鲁尚期、始兴王国常侍刘僧秀、绥远将军马洗、振武将军王奂之等主力，自武兴进攻洛谷城，去兰皋（今康县大南峪）数里。杨难当遣其建节将军苻弘祖、啖元等万余人固守兰皋，列阵拒战；镇北将军苻德义于外，为游军；又使世子、抚军大将军杨和率重兵据守修城（今成县镡河乡将利），以作后继。双方展开激战，裴方明督军猛攻，大破之于浊水，苻弘祖等二千余人被杀。仇池军败退，裴方明遣刘康祖追之，一直追过兰皋二十余里。杨和又遣苻德义助战，刘康祖又大破之，苻德义逃遁，杨和退保修城。杨难当遣建忠将军杨林、振威将军姚宪领二千骑援助杨和，裴方明又率诸将攻之。杨和败走，裴方明追至赤亭（今成县府城），又破之。裴方明遣康祖直趣百顷（洛谷城），仇池国丞相杨万寿等归降。安西参军鲁尚期追杨难当出寒峡，杨难当率妻子逃奔上邽。杨难当侄子、建节将军杨保炽和镇南将军、安昌侯杨虎被俘。杨虎系杨难当第二子，为益州刺史，守阴平，闻杨难当败逃，即引兵北还，至下辨时，裴方明令其子裴肃之、裴要之兄弟拦击之，杨虎逃窜民间，后被擒获，押送至建康（今南京市）后斩首。宋军占据仇池之地。仇池的大秦国只存在了七年。

北魏朝廷派遣中山王拓跋辰至上邽，迎接杨难当到平城（今山西大同）。太平真君三年（442）六月十一日，杨难当到平城阴山行宫朝见太武帝。起先，太武帝在阴山北建造宫殿，宫殿刚建成，杨难当远道而来，叩首称臣，太武帝非常高兴，认为这是大魏皇帝恩威并施，德布广远，才使得藩王撤藩，重译拜阙，于是将新落成的阴山行宫命名为广德宫，以为纪念。此外，太武帝还命“刻石树碑，勒宣时事”，树碑于广德宫前，宣传这件大事。广德碑碑阴题宣城公李孝伯、尚书卢遐等从臣姓名。正面碑颂由侍中、司徒、东郡公崔浩撰写，碑颂曰：“肃清帝道，振慑四荒。有蛮有戎，自彼氐羌。无思不服，重译稽颡。恂恂南秦，敛敛推亡。峨峨广德，奕奕焜煌。”这首为帝王歌功颂德的诗，由郦道元录入《水经注》得以保存。郦道元在《水经注》中说：“南秦王仇池杨难当舍藩委诚，重译拜阙，陛见之所也，故殿以广德为名。”指仇池与平城路途遥远且语言沟通不便，杨难当经过辗转翻译沟通才得以到达皇帝居住的宫阙朝见叩拜。

同年七月，刘宋朝廷以秦州刺史胡崇之镇守百顷，行至浊水，为“索虏”（即氐人）所邀击，败没。又以刘真道为建威将军、雍州刺史；以裴方明为辅国将军、梁南秦二州刺史，镇守百顷，但裴方明辞谢不受。

宋元嘉十九年（魏太平真君三年，442 年）七月丙寅（二十二日），北魏国主拓跋焘以替杨难当报仇为借口，兴兵伐宋。北魏分兵两路进攻刘宋：安西将军古弼督统陇右各军及朝廷内的勇士与武都王杨保宗联军从祁山向南开进，征西将军皮豹子与琅邪王司马楚之督统关中的诸路军队从大散关（在今陕西宝鸡市西南）向西开进，预定两路人马在仇池会师。为了牵制刘义隆，又派谯王司马文思督统洛、豫各支部队南逼襄阳，征南将军刁雍东进广陵，造成在东线攻宋的假象，让刘义隆不敢轻举妄动，以配合主力进攻仇池。

元嘉二十年（北魏太平真君四年，443 年）春正月，北魏皮豹子进犯乐乡，大败宋军，活捉了刘宋将王奂子、王长卿等六人，杀死三千余人，俘获二千人，宋军全军覆灭。古弼等从祁山南入进攻仇池，派永安侯贺纯攻宋刘军于塞峡道（今西和县大晚家峡）。宋将姜道祖拒守峡亭。北魏诸将以山道险阻，时又雪深，用马不便，迟迟不敢前进。古弼独自率军前进，命元齐、贺纯攻峡亭，姜道祖兵败南逃。接着，皮豹子进攻下辨，宋将强玄明败亡，辛伯奋弃城逃走，被皮豹子赶上，俘获所有残军。二月，豹子进击禾乡，刘义隆遣秦州刺史胡崇之援助仇池镇军，胡崇之至汉中，听说皮豹子率大军已向仇池进发，惧不敢进。秦、凉二州刺史裴方明给胡崇之增加了兵力，胡崇之到浊水，与皮豹子发生遭遇，双方激战，胡崇之战败被俘，部下兵将大都被俘，剩余少部分士卒逃回汉中。姜道祖也投降了北魏。北魏皮豹子等大获全胜，又占仇池。皮豹子等赶走宋立仇池镇将杨保炽，另立杨保宗。后仇池国灭亡。

元嘉二十年（443）七月，刘真道、裴方明被宋文帝以攻破仇池后“断割金银诸杂宝货，又藏难当善马”的罪名下狱处死。此后，宋国军力顿减，很长一段时间都缺乏统军御将的帅才，再加连年征战，兵力不足，国力渐衰，在与北魏的战争中，始终处于被动地位。

杨难当仇池国主在位时间为 429 年—443 年，后任北魏大臣。《魏书》卷一百一列传第八十九载:“高宗时，拜难当营州刺史，还，为外都大官。子和，随父归至魏国，别赐爵仇池公。子德袭难当爵，早卒，子小眼袭，例降为公，拜天水太守。”

北魏高宗和平五年（464）“十有二月，南秦王杨难当薨”杨难当死后谥曰“忠”。诸子皆随杨难当入魏，长子杨和赐爵仇池公，小儿子杨德袭杨难当爵，后被南朝宋俘获，送至建康斩首。杨德有二子，一为杨小眼，拜为天水太守。

清乾隆《甘肃通志》载:“杨难当墓，在成县西四十里，有祠，在栗亭西，一名杨将军庙。”当为误传。

## 杨文德

杨文德（？—454），仇池氐人首领杨玄之少子。武都国国主。太平真君四年夏四月，武都王杨保宗谋反，被众将抓住送到京城。氐、羌人又推举杨保宗的弟弟杨文德当首领。

晋元嘉二十年（443）二月，魏军与刘宋两军会战于浊水，胡崇之战败被俘，北魏军夺取了仇池。北魏军队赶走南朝刘宋所立之仇池镇将杨保炽，另立杨保宗为武都王，令其与魏河间公拓跋齐共同镇守洛谷城，管理仇池诸氐。

杨保宗弟杨文德先逃氐中，魏大军退后，杨文德返至仇池，游说杨保宗据守险要，叛魏自立。秦州主簿边因知之，向河间公拓跋齐告密。拓跋齐迅速行动，派人到杨保宗处说："古弼到了，准备宣布皇帝的诏书，请你接诏。"杨保宗不知是计，刚刚出门，拓跋齐就命令左右立即挟持杨保宗上马，快马加鞭，将杨保宗送到京师平城后杀死。

杨保宗被押走后，前仇池国镇东司马苻达、征西从事中郎任细等举兵拥立杨文德为仇池国主，杨文德等据守白崖（今西和县与武都交界处的白崖里），自号征西将军、秦河梁三州牧、仇池公，分兵几路夺取各个据点，进兵包围了仇池，并遣露板为使向刘宋求援。七月，刘义隆诏杨文德为使持节、散骑常侍、都督北秦、雍二州诸军事，征西大将军、平羌校尉、北秦州刺史，封武都王。并遣偏将房亮之及苻昭、啖龙等率军北上援助杨文德。北魏河间公拓跋齐率军抵御，古弼发上邽、高平、汧城诸援军南下助阵，在交战中，拓跋齐斩杀啖龙，擒获房亮之，南朝军队大败，氐族军队也四散而逃，解除了氐族军队对仇池的围困。拓跋齐以功拜内都大官。

杨文德弃白崖逃至葭芦城（一作茄芦，今文县临江镇），据险固守，以任细为左司马，武都、阴平诸氐多率众归附之，据有原仇池国之东南地区，史称武都国。史载杨文德逃离白崖后，北魏俘其妻子、僚属，收缴资粮，并将公主、杨保宗妻子（拓跋焘女儿）送至京师，被拓跋焘赐死。"初，公主劝保宗反，人问曰：'背父母之邦若何？'公主曰：'礼，妇人外成，因夫而荣。事立，据守一方，我亦一国之母，岂比小县之主？'以此得罪。"

十一月，刘义隆复遣杨文德与宋将姜道盛合兵二万人进攻北魏浊水城（即下辨县城，今成县红川镇。《水经注·漾水》："浊水又东迳武街城南，故下辨县治也。"浊水又称洛水，今称洛河）。别遣将青阳显伯等守斧山以拒皮豹子。浊水城兵射杀姜道盛，皮豹子到斧山斩显伯，悉俘其众。又与河间公元齐俱会于浊水城。杨文德等皆震惊恐惶，弃城夜遁。起初，皮豹子督关中诸军次于下辨，闻仇池围解，议欲还军。古弼派人对皮豹子说："比连破贼军，恐彼君臣未体大分，耻其负败，或来报复。若其班师，寇众复至，后举为难。不如缮兵练甲，蓄力待之。不出秋冬，南寇必来，以逸待劳，百胜之策。"豹子乃止。世祖闻之，曰："弼之言，长策也。制南秦，弼谋多矣。"

元嘉二十三年（北魏太平真君七年，446年），魏于仇池置镇，仇池镇领仇池、天水、汉阳、修武、武都、武阶（治今武都区桔柑大安庙）等六郡。元嘉二十四年（447）十二月，杨文德复据葭芦城，招诱氐羌各部，武都等五郡皆应之。北魏金城人边固、天水人梁会和秦、益两地杂居的老百姓一万多户据守上邽东城造反，直逼西城。秦、益二州刺史封敕文抵抗并击退了叛乱者。氐、羌部族一万多人，休官、屠各部族两万多人都起兵响应边固、梁会。封敕文击杀边固，其余造反的人又推举梁会做他们的头领，同封敕文相对抗。仇池人李洪集结百姓，也准备称王。梁会向氐王杨文德求援，杨文德说："两雄不能同行并立，如果一定需要我帮忙，你应该先杀了李洪。"于是，梁会诱杀李洪，并把李洪的头颅送给杨文德。五月癸亥（十一日），北魏国主拓跋焘派安丰公闾根率领骑兵奔赴上邽。封敕文在上邽东城外围挖好了几重壕沟，然后派兵严加防守。第二天早晨，封敕文高举起一块白虎幡，大声告诉梁会部下，投降的可得到赦免，梁会部众立刻崩溃，梁会弃城逃走。

二十五年（北魏太平真君九年，448 年）一月，杨文德被魏军击败，弃葭芦城逃到汉中。杨文德因为失去所镇守的土地，因而被刘宋朝廷罢免了官职，削去了爵位和封地。北魏皮豹子率大军攻占武都北部地区，因“顾其地为杨氏所必争”，则于仙陵山东六里之地（《元和郡县志》卷第三十九云：“后魏平仇池，于仙陵山东置武都镇。宣武帝于镇城复置武都郡，废帝改置武州。隋大业三年又改为武都郡，武德元年复为武州。”仙陵山地址不详，一说即今武都区角弓镇）置武都镇，领武都、武阶二郡七县。杨文德流亡南朝刘宋汉中。

宋元嘉二十七年（450），南朝宋发大军助杨文德大举伐魏，以图复立武都国。刘义隆令刘义恭指挥各军，以杨文德为辅国将军，刘义恭令刘秀之率杨文德、刘宏宗为先锋，引兵自汉中向西进军。杨文德宗人杨高率阴平、平武群氐拒之。杨文德诛杀叛将杨高，乘机占有阴平、平武等地。不久，因为攻打啖提氐不成功，被梁、南秦二州刺史刘秀之执送荆州，另遣杨文德从祖兄杨头戍守葭芦。

宋元嘉三十年（453）正月，宋遣其将萧道成、王虬、马光由汉中攻魏。别令杨文德、杨头等率氐羌围武都镇。北魏军固守武都镇城中，杀杨文德兵二百余人。北魏仇池镇将皮豹子上表求救，又遣人去祁山取马，欲往援武都。杨文德谓皮豹子欲断其粮道，遂回还覆津，据险自固。刘义隆恐其辄回，又增兵益将，令晋寿、白水送粮覆津，汉川、武兴运粟甘泉，皆置仓储。

宋孝建元年（454）十一月，宋荆州刺史、南郡王刘义宣反叛刘宋，胁迫杨文德跟随，杨文德不从被杀。宋孝武帝刘骏追赠杨文德为征虏将军、秦州刺史。

孝建元二年（455）冬十月，宋立杨文德侄杨元和为武都王，建都于白水（今四川青川县白水街），以杨头为辅国将军。宋泰始二年（466）六月，杨元和投归北魏政权，杨文德的从弟杨僧嗣称武都王，保守葭芦。七月，刘宋以杨僧嗣为北秦州刺史、武都王。宋元徽元年（473）十月，杨僧嗣卒于葭芦，从弟杨文度即位，称武兴王，并北进占据仇池地区，刘宋亦封其为武都王。

宋升明元年（477）十二月，北魏将皮喜（即皮欢喜）、梁丑奴、杨灵珍发兵夺回仇池，拔葭芦，杨文度被执杀，武都国灭亡。478 年，其弟杨文弘退居武兴（今陕西略阳县），建立了武兴国。武兴国很小，仅占原仇池国东南一隅。自杨文弘起，历杨后起、杨集始三世承袭武都王号。

## 皮豹子

皮豹子（？—464），北朝北魏名将。渔阳（今北京密云西南）人。少有武略。北魏泰常（416—423）中，为中散大夫。太武（424—428）时，为散骑常侍，赐爵新安侯，又拜选部尚书。后任开府仪同三司，征西将军，进爵淮阳公，镇守长安。曾任仇池镇将，后积功擢内都大官。

北魏太平真君三年（宋文帝元嘉十九年，442年），南朝刘宋龙骧将军裴方明等发兵攻仇池南秦王杨难当，至汉中，会合梁州刺史刘真道等分别派兵攻取了武兴、下辨、白水三地。南秦王杨难当派遣建节将军符弘祖据守兰皋城（今康县大南峪乡），又派儿子、抚军大将军杨和率重兵作为他的后续部队。裴方明与符弘祖在浊水大战，裴方明大胜，将符弘祖斩首。杨和溃退而逃，裴方明追到了赤亭，又击败杨和，并生擒杨难当的侄子、建节将军杨保炽。当时，杨难当儿子、益州刺史杨虎镇守阴平，听说杨难当战败，便率兵北返，走到下辨时，裴方明已派他的儿子裴肃之赶来拦击，杨虎被俘，押送到建康（今南京市）后斩首，仇池为刘宋所据。刘宋朝廷派辅国司马胡崇之担任北秦州刺史，镇守仇池国之地；又命杨保炽承继杨玄武都王位，驻仇池。杨难当逃到北魏上邽城（今天水市），北魏朝廷派遣中山王拓跋辰迎接杨难当到都城平城（今山西省大同市）。

北魏太武帝拓跋焘以给杨难当报仇为借口，乘机讨伐南宋。他起用了名将皮豹子与建兴公古弼等，分兵十路进攻刘宋。太平真君四年（宋文帝元嘉二十年，443年）正月，将军古弼督统陇右各支军队及朝廷内的勇士与武都王杨保宗从祁山向南开进，征西将军、淮阳公皮豹子与琅邪王司马楚之督统关中的诸路军队从散关向西开进，两路人马在仇池会师。又派谯王司马文思督统洛、豫各支部队南近襄阳，征南将军刁雍东近广陵，并派人将文告传送到徐州，声称替杨难当报仇。皮豹子进击东乡，大败宋军，活捉了刘宋将王奂子、王长卿等六人，杀死三千余人，俘获两千人。古弼等从祁山南入攻打仇池，派永安侯贺纯攻宋刘义隆于塞峡道（今西和县晚家峡）。守将姜道祖拒守峡亭（今西和县石堡城）。诸将以山道险阻，时又雪深，用马不便，迟迟不敢前进。古弼独自率军前进，命元齐、贺纯攻峡亭，道祖兵败南逃。接着，皮豹子进攻下辨，宋将强玄明、辛伯奋弃城逃走，被皮豹子赶上，强玄明等被杀。二月，刘义隆使其秦州刺史胡崇之援助仇池，到了汉中，听说皮豹子率军向仇池进发，胡崇之恐惧不敢进，秦、凉二州刺史裴方明给胡崇之增加了兵力，胡崇之兵到浊水，与豹子遭遇，战败，为皮豹子活捉，胡崇之的兵将大都被俘虏，剩余的士卒逃回汉中。义隆将军姜道祖进至高平也大败，投降了北魏。北魏于是夺取了仇池，赶走宋立仇池镇将杨保炽，另立杨保宗仇池镇将。

北魏令河间公拓跋齐和武都王杨保宗分别驻守在洛谷两旁。杨保宗的弟弟杨文德劝杨保宗据守险要，背叛北魏。有人将此报告给了拓跋齐。太平真君四年（宋文帝元嘉二十年，443年）四月，拓跋齐诱捕杨保宗，押送到平城斩首。仇地前任镇东将军苻达等起兵立杨文德为盟主，占据白崖，分兵夺取各个据点，进兵包围了仇池。刘宋封杨文德为征西将军、秦、河、梁三州牧和仇池公。五月，北魏安西将军古弼率军进攻杨文德，杨文德退走。征西将军皮豹子也督统关中各路大军到达下辨，听说仇池解除围困，打算返回。古弼派人对皮豹子说："宋国耻于这次战败，一定会再回来。你的军队回去之后，再次举兵是很困难的，不如在此训练士卒，积蓄力量等待宋兵。出不了秋冬二季，宋军一定会来。我们以逸待劳，没有不能攻克的。”皮豹子听从了他的话，留驻仇池。北魏任命皮豹子使持节、仇池镇将，征西大将军，督关中诸军。果然，十一月，刘宋朝廷又派杨文德、姜道盛侵犯浊水，并另派大将显伯守斧山，以拒皮豹子。浊水城士兵将姜道盛射杀。皮豹子率兵至斧山，斩杀显伯，悉俘其众。皮豹子以功赐爵灵寿侯，任职吏部尚书。

北魏兴安二年（453）正月，刘宋朝廷令其将萧道成、王虬、马光等由汉中进攻魏，别令杨文德、杨头等氐羌兵围武都镇，城中魏军拒之，杀杨文德兵二百余人。魏仇池镇将皮豹子想分兵去救，听说宋不断增兵遣将，上表求助，表曰：“粮者，民之命也；虽有金城汤池，无粮不守。仇池本无储积，今岁不收，苦高平骑至，不知云何以得供援。请遣秦州之民，送军祁山，臣随迎致。”北魏文成帝诏命高平镇将苟莫干率骑兵二千人援救武都。萧道成闻讯，于是退兵。杨文德恐皮豹子断其粮道，回还覆津，据险自固。宋刘义隆又增兵益将，令晋寿、白水送粮覆津，汉川、武兴运粟甘泉，皆置仓储，援助杨文德。宋孝建元年（454）十一月，杨文德为宋荆州刺史、南郡王刘义宣所杀。建元二年（455 年）冬十月，宋立杨文德侄杨元和为武都王，后又立葭芦戍主杨文度为武都王。皮豹子出为内都大官。

北魏太安四年（文成帝兴光四年，458 年）刘宋刘骏将殷孝祖修两当城，以逼北境，北魏诏镇西将军、天水公封敕文等击之不克。又诏征西将军皮豹子等将三万骑助击殷孝祖。皮豹子以两当城固守难攻，遂略地至高平，与刘骏派遣将相遇。太安五年（459）春正月，皮豹子大破殷孝祖，斩获五千余级。后，官至淮阳公，镇守长安，因盗窃官财，流放到统万城。河西胡人叛，皮豹子又奉命征讨，不力，被罢官。以后魏高宗文成帝拓跋濬念其战功显赫，复升为内都大官。文成帝和平五年（464），宋派殷孝祖在逼进北魏边境的清东建造城池，威胁边境。诏命皮豹子等进击，大败之。皮豹子卒于军中，文成帝非常伤心，追赠为淮阳王，谥曰“襄”。

北魏孝文帝因皮豹子功劳，将皮豹子第八子皮喜（亦名皮欢喜，避北齐神武帝高欢讳改）为御中散大夫，旋升任为侍御长。以其父镇仇池有威信，任为平西将军、仇池镇将，仍镇其地。皮喜申恩布惠，氐民拥护，氐族首领强奴子等都率部族归降，皮喜置广业、固道二郡令其居之。北魏太和元年（477），刘宋王朝鼓动武都王、葭芦戍主杨文度进攻仇池，杨文度派其弟杨鼠（杨文弘）占据仇池。孝文帝发诏皮喜率四万人攻打杨鼠，皮喜军到建安（古名建威、历城，在今西和县汉源镇）。杨鼠（杨文弘）弃城南逃。皮喜追至浊水，派平西将军杨灵珍攻打杨文度所置的仇池太守杨真，杨真大败，单人逃走。皮喜率军到覆津，杨文度让部将强大黑固守津道，悬崖险绝，只有栈道可容一人行走，皮喜让部分将士涉水攀崖，冲击强大黑，强大黑败走，皮喜乘胜追杀，直至葭芦城，攻破城池，杀杨文度等一千余人，将杨文度头颅送到京师示众。武都国遂亡，刘宋以杨鼠（杨文弘）袭封武都王，退守武兴（今陕西略阳县），是为武兴国，附庸于宋。

太和二年（478）冬又诏皮喜等速筑骆谷城，皮喜在洛谷旧城的基础上，重新修筑了洛谷城（即今西和县洛峪乡羊马城）。并以杨难当族弟杨广香为阴平公、葭芦戍主，是为阴平国，附庸于魏。于此，武都国遂分为武兴、阴平二国。

此后，南天水郡人柳旎起义反魏，被皮喜镇压，北魏朝廷调升皮喜为散骑常侍、安南将军、豫州刺史。北魏太和八年(484)，皮喜因常酒醉，不理政事，孝文帝下诏派使者到豫州对其进行杖罚。不久，皮喜去世，孝文帝念其生前功劳，赠官原职，谥曰“恭公”。

皮豹子长子皮道明，官至淮阳王；另一子皮双仁，官至冠军将军、仇池镇将。皮喜之子皮承宗，官至散骑常侍。

## 杨灵珍

杨灵珍（？—505)，仇池氐族首领。南北朝仇池镇将，初为北魏南梁州刺史。

北魏太和元年(477)，北魏征西将军皮欢喜攻破葭芦，斩杀杨文度，武都国灭亡。刘宋则诏令杨文弘袭封武都王，杨文弘退守武兴（今陕西略阳县)，是为武兴国，附庸于宋。杨文弘，小名杨鼠，杨鼠自为武兴王，遣使奉表谢罪，贡其方物，南朝宋高祖刘裕纳之。杨鼠遣子杨苟奴入侍，拜杨鼠都督、南秦州刺史、征西将军、西戎校尉、武都王。杨鼠死，从子杨后起统任，高祖复以杨鼠爵授之。杨鼠子杨集始为白水太守。486年，武都王杨后起去世，南齐下诏以杨集始为北秦州刺史、武都王，以杨后起之弟杨后明为白水太守。与此同时，北魏亦下诏以杨集始为武都王、南秦州刺史。492年，杨集始率兵南下，欲夺汉中之地，被齐梁州刺史阴智伯军击败，俘斩数千人，杨集始退回武兴，向北魏请降，北魏以杨集始为南秦州刺史、汉中郡侯、武兴王。

南齐明帝建武二年（乙亥，495年）春，北魏安南将军、梁州刺史元英率十万余人通过斜谷南伐，攻南郑。齐梁州刺史萧懿遣军主姜山安、赵超宗等军万余人，分据角弩、白马、沮水拒战，不胜。元英进围南郑，土山冲车，昼夜不息。萧懿率兵二千余人固守拒战。元英攻城自春至夏六十余日不下，齐军死伤甚众，军中粮尽。萧懿遣氐人杨元秀还仇池，说服氐人起兵断绝元英运粮道路，氐人响应，即举众攻破北魏军所据守的历城、崿兰、骆谷、仇池、平洛、苏勒六戍，北魏尚书、北梁州刺史辛黑末战死。杨馥之聚众屯沮水关，城白马北。元英遣南梁州刺史杨灵珍据泥公山（在今成县东北），遣武兴城主杨集始、杨集朗与沮水氐人杨馥之及义军主徐曜甫迎战于黄亘，杨集始、杨集朗大败，退走下辨，杨馥之乘势进占武兴。时梁州土豪范凝、梁季群设家宴请元英赴会，伏兵欲杀元英，元英侦知后，执梁季群杀之，范凝窜走。元英退保浊水，闻氐众势力强盛，与杨灵珍一齐退入斜谷，适逢天下大雨，军马含渍，于是截竹煮米，于马上持炬炊而食。元英至下辨，杨灵珍弟婆罗阿卜珍反叛，袭击元英，元英部众四散而逃，元英的脸颊中箭受伤，陵江将军悦杨生领铁骑死战救之，始得免于被俘。北魏退军，齐军在仇池氐人援助下大获全胜，守住了梁、汉地区。在这次大战中，齐武都太守杜灵瑗、奋武将军望法憘、宁朔将军望法泰、州治中皇甫耽战死。杨馥之留弟杨昌之守武兴，自引兵据仇池。七月辛卯（二十四日)，南齐任命杨馥之为北秦州刺史，封为仇池公，诏曰：“氐王杨馥之，世纂忠义，率厉部曲，树绩边城，克殄奸丑。复内禀朝律，外抚戎荒，款心式昭，朕甚嘉之。以为持节、督北秦雍二州诸军事、辅国将军、平羌校尉、北秦州刺史、仇池公。”

不久，杨元秀病死，苻幼孙领其众。南朝齐高宗萧鸾诏曰：“仇池公杨元秀，氐王苗胤，乃心忠勇，丑虏凶逼，血诚弥厉，宣播朝威，招诱戎种，万里齐契，响然归从。诚效显著，实有可嘉。不幸殒丧，凄怆于怀。夫死事加恩，《阳秋》明义。宜追覃荣典，以弘劝奖。赠仇池公。持归国。”

太和二十一年（南朝齐建武四年，497 年）八月，北魏南梁州刺史杨灵珍乘孝文帝南征之机，与二弟婆罗阿卜珍率部曲三万余人归附南齐，并且把他的母亲以及儿子双健、阿皮送到南郑作为人质。南齐任命杨灵珍为持节、督陇右军事、征虏将军、北梁州刺史、仇池公、武都王。杨灵珍派遣他的弟弟婆罗阿卜珍带领步兵、骑兵一万余众袭击北魏武兴王杨集始，杀掉杨集始的两个弟弟杨集同和杨集众，杨集始见势不妙，向齐请降。九月丁酉（十三日），北魏孝文帝任命河南尹李崇（一作李嵩）为都督陇右诸军事，统领数万兵力讨伐杨灵珍。李崇在山上砍斫树木，开道而行，里外夹击，打了个杨灵珍措手不及，杨灵珍部下纷纷溃散逃命，人马损失大半。李崇进而占领了赤土。杨灵珍派遣堂弟杨灵建驻守龙门（即龙门戍，在龙门水上游，唐为龙门镇，即今西和县石峡乡坦土关），而自己则率领一万精锐兵力驻守鹫硖（即鹫峡）。杨灵建命部下砍伐大树，把龙门往北数十里之内的路全部堵塞，使李崇的人马无法行动。而杨灵珍则在鹫硖两边高崖上堆积许多滚石，以防北魏军队通过。李崇命令统军慕容拒带领五千人马从另外一条路进去，夜袭龙门，破敌成功。李崇自己率众攻打鹫硖，杨灵珍连战连败，逃走活命，李崇俘获了他的妻儿，遂又攻克了武兴。南齐梁州刺史阴广宗遣中兵参军郑猷、王思考等率兵救援杨灵珍，李崇率兵迎击，又大获全胜，杀死了婆罗阿卜珍，活捉了郑猷等人，杨灵珍逃回汉中。北魏孝文帝听到捷报，高兴地说：“使朕解除西顾之忧的是李崇。”孝文帝任命李崇为都督梁秦二州诸军事、梁州刺史，令其镇守武兴这个地方。

魏宣武帝元恪景明初（500），杨集始率领万余人自汉中北出，企图收复失地，却被北魏梁州刺史杨椿游说，杨集始遂与其部属千余人降北魏，朝于京师，拜都督、南秦州刺史、安南大将军、领护南蛮校尉、汉中郡侯、武兴王，赐以车旗戎马锦彩缯纩等。不久，返回武兴驻守，进号镇南将军，加督宁、湘等五州诸军事。503 年，杨集始去世，魏立其世子杨绍先为都督、南秦州刺史、征虏将军、汉中郡公、武兴王；赠杨集始车骑大将军、开府仪同三司，谥安王。杨绍先年幼，委事二叔杨集起、杨集义。

杨灵珍奔还汉中后，南齐朝廷以之为征虏将军、假武都王，驻戍汉中，有部曲六百余人。齐汉中太守夏侯道迁对杨灵珍十分忌惮，遂于正始二年（505）发兵突袭杨灵珍，斩杨灵珍父子，派使者将杨灵珍父子首级送于北魏，宣布归降北魏。刘宋白马戍主尹天宝闻之，引兵击夏侯道迁，率众围南郑，败其将庞树。夏侯道迁求救于氐王杨绍先、杨集起、杨集义，皆不应，只有杨集义弟杨集郎引兵救援夏侯道迁，击尹天宝，杀之。北魏以夏侯道迁为平南将军、豫州刺史、丰县侯。又以尚书邢峦为镇西将军、都督征梁、汉诸军事，将兵赴之。夏侯道迁受平南将军，辞豫州刺史，且求公爵，魏主不许。

杨集义见梁益既定，恐武兴不得久为外籓，遂煽动诸氐，推杨绍先僭称大号，杨集起、杨集义并称王，外引萧衍为援。安西将军邢峦遣建武将军傅竖眼攻武兴，克之，执杨绍先送于京师，武兴国灭亡，以为武兴镇，复改武兴镇为东益州。前后镇将唐法乐，刺史杜纂、邢豹，以威惠失衷，氐豪仇石柱等相率反叛。正光中，诏魏子建为东益州刺史，以恩信招抚，风化大行，远近款附。后唐永代魏子建为东益州刺史，未几，氐人悉反，唐永弃城东走，自此复为氐地。其后，杨绍先奔还武兴，复自立为王。

## 杨大眼

杨大眼（？—约518），武都氐豪杨难当之孙，北魏太平真君三年（南朝宋元嘉十九年，仇池建义七年，442年），杨难当归顺北魏，举家迁居平城（今山西省大同市）。杨大眼为杨德之子，杨小眼之弟，因为庶出，少年时“颇有饥寒之切”，成年后在朝廷中任皇帝侍从，“太和中起家奉朝请”，“奉朝请”为六品一类的小官。

杨大眼自幼习武，勇敢敏捷，尤善行走，奔跑如飞，练就了一身绝世功夫。一次北魏朝廷议决南伐，尚书李冲准备选拔出征将帅。杨大眼自告奋勇，李冲见其为无名小辈，不同意他出征，杨大眼便说：“尚书不了解我，我给你表演一个绝技吧！”说着，他拿出一根三丈长的绳子系在头上，便快速奔跑起来，只见绳子在脑后飘起，如射出的箭一般直，奔跑速度快得惊人，连奔马也追赶不上，旁观者无不惊叹，大家都说：“千百年来，还没有听到过有跑得如此之快的人。”遂被提拔为军主，随后又升为统军，屡次出征江淮一带，所经战阵，莫不勇冠六军，因战功卓著，累迁为直阁将军、东荆州刺史。

北魏太和十七年（493）八月，高祖孝文帝元宏领20万大军南伐，北地人支酉乘机聚数千人起兵反叛。秦州人王广起兵响应支酉，俘获秦州刺史刘藻。秦、雍间七州民皆响应，众至十万。孝文帝遣弟河南王干、尚书卢阳乌击秦、雍义军，王干大败。支酉进至咸阳北浊谷，围司空、长洛王缪老生，又大破之，缪老生逃还长安。梁州刺史阴智伯遣军主席德仁、张弘林等数千人接应支酉等人，联军进逼长安，所至皆披靡。孝文帝闻关中危急，乃急忙班师，遣大将杨大眼、张聪明、卢渊、薛胤等率数万人进攻支酉，大破之，降者数万口。俘获支酉、王广，并斩之。

杨大眼画像

北魏正始四年（507），南朝萧衍遣将王茂先率众数万至樊雍，招诱当地土著居民组建宛州，又令其所署宛州刺史雷豹狼、军主曹仲宗等领众二万袭据河南城。北魏世宗以杨大眼为武卫将军、假平南将军、持节，率诸将进击王茂先军，斩其辅国将军王花、龙骧将军申天化，大败南朝军，俘七千余人。萧衍又遣张惠绍总率诸军，袭据宿豫。北魏令杨大眼为别将，与都督邢峦攻破敌军，遂乘胜长驱而进，与中山王元英同围钟离（今安徽省凤阳东北）。杨大眼驻军城东，守淮桥东西二道。遇水泛涨，杨大眼部属刘神符、公孙祉争桥奔退，杨大眼节制不力，被免去官职，徙至营州（今辽宁省朝阳市）为兵。永平中“追前勋，起为试守中山内史”。不久，高肇率兵征蜀，魏宣武帝担心南梁乘机进攻，便提升杨大眼为太尉长史、持节假平南将军，率军防守淮、肥一带，与梁军交战数次，屡立战功，声名远播，被提拔为光禄大夫、平东将军。杨大眼到京师领命时，京师吏民慕其雄勇，出巷倚门，观者如市，都想一睹其丰采。延昌四年（515），宣武帝去世，孝明帝元诩（515－528年在位）即位。梁武帝萧衍于浮山堰淮，视后任杨大眼为任直阁将军、东荆州（治今河南省泌阳县）刺史，在州二年死于任上（约为518年）。

河南洛阳龙门山古阳洞现存杨大眼造像碑

杨大眼以骁勇著名，南朝诸将无不畏惧。淮、泗、荆、沔一带儿童有啼哭者，大人们便唬道：“杨大眼来了”，儿童便会立即停止哭闹。有人曾问杨大眼“在南闻君之名，以为眼如车轮，及见，乃不异于人。”杨大眼说：“旗鼓相望，瞋眸奋发，足使君目不能视，何必大如车轮”。当时，人们都认为杨大眼之骁勇，不亚于三国时的关羽和张飞。

杨大眼识字不多，但记忆力极强，常令人给他读书，读过一遍，他便能熟记于心。军中发布露布，皆由杨大眼口授，出口成章。

杨大眼妻潘氏，也善骑射，常同杨大眼一起坐于幕中筹划军事，披甲戴盔，谈笑自得，杨大眼对左右说：“此潘将军也。”潘氏生有三子，长子甑生，次子领军，幼子征南。杨大眼被徙营州期间，潘氏留居洛阳，行为不轨，女婿赵延宝告于杨大眼，杨大眼一怒之下杀死潘氏。后娶继室元氏（北魏皇族宗室女）。杨大眼死后，甑生向元氏索要杨大眼所遗印授，意欲承继其父职位，当时，元氏已怀孕，便指着自己的肚子说：“你父的职位将由我儿子袭承，你们兄弟不要有所指望。”甑生兄弟十分愤怒，乘途中宿营之机，打开棺材搜查印授，赵延宝厉声训斥，争吵中，征南拔箭射死赵延宝。元氏惊慌跳入水中逃命，征南又欲射之，被甑生劝阻：“天下哪有杀害母亲的人。”元氏遂逃脱。他们将杨大眼尸体从棺中取出，放置马上，左右扶持，逃往南梁。荆州军士因惧怕甑生兄弟骁勇善战，不敢穷追，甑生兄弟遂投奔南梁襄阳。杨大眼死后未获封赠和谥号，与他儿子叛逃，作了异国臣子有关。

杨大眼为北魏名将，《北史》有《杨大眼传》，《魏书·氐传》及《北史·魏文成帝纪》中也有载，《魏书》作者评论他：“以熊虎之姿，奋征伐之气，亦一时之骁猛，壮士之功名也。”今洛阳龙门石窟有《邑主仇池杨大眼为孝文皇帝造像记》，系杨大眼为缅怀魏孝文帝所建造，有石像一区，并勒石为记，约造于熙平（516—517）年间，被誉为书法中“峻健丰伟之宗。”

## 杨白华

杨白华（生卒年不详），杨白华或称杨白花，《资治通鉴》记为“杨白华”，《梁书》称“杨华”，南北朝时期仇池人，北魏名将杨大眼之子。史载杨大眼与妻潘氏生育三个儿子：老大甑生，老二领军，老三征南（投南朝后改名杨白华，或称杨华，因“征南”二字为南朝所不纳之故）。杨白华其人风姿俊朗，武艺高强，颇有其父之英雄气概。

北魏延昌四年（515），北魏宣武帝去世，太子元诩继位，是为孝明帝。二月，孝明帝尊生母胡充华为皇太妃。八月，尊胡充华为皇太后，史称胡太后，因孝明帝年仅六岁，群臣奏请皇太后临朝称制，于是胡充华垂帘称制。胡充华不仅善于诗文，而且习于骑射，射箭能穿针孔。她起初临朝听政的时候，还假借皇帝的命令行事，不久群臣称她为殿下，后又称她为陛下，胡充华也自称为朕。胡充华专权之后一心扑到了两件事上：一是四处建修奢丽的佛寺，二是想方设法养了许多面首。

杨白华（又名征南）年少英俊，风姿隽朗，骑技巧捷，全军惊服。胡充华十分喜爱杨白华，经常召他入宫，逼与之通，杨白华深感耻辱。孝明帝元诩熙平三年（518），东荆州（治今河南省泌阳县）刺史杨大眼死于任上，其长子甑生向后母元氏索要杨大眼所遗印授，意欲承继其父职位，当时，元氏已怀孕，便指着自己的肚子说：“你父的职位将由我儿子袭承，你们兄弟不要有所指望。”由此，甑生兄弟射死姐夫（或妹夫）赵延宝，打开棺材搜查印授，并挟带杨大眼尸体投奔南梁襄阳。（《南史》则载杨白华南逃原因是为了躲避胡太后的纠缠，“华少有勇力，容貌瑰伟，魏胡太后逼幸之。华惧祸，及大眼死，拥部曲，载父尸，改名华，来降”。）

胡充华闻知杨白华投奔到了南朝，思念不已，每夜都暗自垂泪，愁肠百转，遂作《杨白花歌》，并谱成曲，命令宫人手牵手，臂挽臂，踏步而歌，昼夜不停。《杨白花歌》以暮春时节的杨树花絮缥缈、难觅踪迹，象征自己对杨白华的一片痴心，声调凄惋悱恻。其词如下：

阳春二月花，杨柳齐作花。春风一夜入闺闼，杨花飘荡落南家。含情出户脚无力，拾得杨花泪沾臆。秋去春还双燕子，原衔杨花入窠里。

杨白华初到梁国时任宣城内史，累有战功，历官太仆卿、太子左卫率，封益阳县令，又任宣城太守。太清二年（548）发生“侯景之乱”，一些官员推举司州刺史柳仲礼为大都督，联合抗击侯景，时驻在宣城（今安徽宣城）的杨白华派儿子杨雄率郡兵前去接应。第二年四月，杨白华诱杀了侯景手下来亮，侯景大怒，派军将宣城围困一年有余，不能攻下。梁大宝元年（550）底，侯景亲自带兵围攻宣城，杨白华的妻子及侄子皆被侯景虏获，杨白华遂投降侯景。侯景封杨白华为左民尚书（掌朝廷计账户籍等事，唐以后改为户部）。不久，杨白华去世，死因不详。

杨白华武功高强，和当时南朝另一猛将王神念齐名。《南史》卷六十三列传第五十三记载“（王）神念少善骑射，既老不衰，尝于高祖前手执二刀楯，左右交度，驰马往来，冠绝群伍。时复有杨华者，能作惊军骑，亦一时妙捷，帝深赏之。华本名白花，武都仇池人。父大眼为魏名将。华少有勇力，容貌瑰伟，魏胡太后逼幸之。华惧祸，及大眼死，拥部曲，载父尸，改名华，来降。胡太后追思不已，为作杨白花歌辞，使宫人昼夜连臂蹋蹄歌之，声甚凄断。华后位太子左卫率，卒于侯景军中。”可见杨华的武功为梁武帝萧衍惊叹，只可惜语焉不详，没说明“惊军骑”是怎么一种武功。

## 梁弥忽

梁弥忽（生卒年不详），宕昌羌首领。北魏太武帝拓跋焘（408—452）期间在世。继其祖梁勤为宕昌羌王，为南北朝时期宕昌国主之一。

西羌在秦汉时南迁到今甘肃南部地区，称之为“参狼羌”，其中一支，因聚居于宕昌城而称宕昌羌。西晋末年，宕昌羌已经形成一个大的部落集团。《周书·异域传》记载：“有梁勒者，世为酋帅，得羌豪心，乃自称王焉。”梁勒，《魏书》作梁勤，为有文献记载的宕昌羌第一位称王者。宕昌羌当时处于较低的历史发展阶段，虽已有用牦牛尾及羊毛覆盖的屋宇定居，但社会组织松散，“国无法令，又无徭赋。唯征战之时，乃相屯聚，不然则各事生业，不相往来，皆衣裘褐，牧养牦牛、羊、豕以供其食”。也没有文字，但候草木荣落，记其岁时。

北魏太武帝始光元年（424），梁弥忽遣子梁弥黄向北魏太武帝拓跋焘奉表请求内附。太武帝拓跋焘即遣使拜梁弥忽为宕昌王，封梁弥黄为甘松（今四川省松潘）侯，使宕昌羌族地方政权正式为北朝所承认，宕昌国政权（都城即今宕昌县城）正式建立。梁弥忽与北魏王朝建立正式关系后，加强了与中原发达地区的往来，促进宕昌羌人经济社会的发展和宕昌国地方政权的壮大，其界自“仇池以西，东西千里，席水以南，南北八百里，地多山阜，部众两万余落。”（一落即一户），辖区大约包括今宕昌县、临潭、岷县南部至礼县西界和武都北界一带。东与仇池氐族政权相邻，西与甘青草原上的吐谷浑政权接壤，南与邓至羌族政权接连，北与北魏相接。在参与南北朝众多政权交往中，宕昌羌人进入社会历史发展的新阶段。

梁弥忽在位时间不详。梁弥忽去世后，其孙梁虎子立，世修职贡，颇为叶谷浑所断绝。梁虎子死，梁弥治立，时间约为北魏献文帝拓跋弘在位期间（465—471）。梁弥治继位后，内部发生权力争斗，梁虎子之弟梁羊子逃奔吐谷浑，吐谷浑派兵送回梁羊子，图谋夺取梁弥治之王位。梁弥治向北魏求援，北魏献文帝诏武都镇将宇文生派军救之，梁羊子退走。

建元元年（478）初，宕昌王梁弥治去世，其子梁弥机继立为君主，遣其司马利柱奉表向北魏贡献方物。三月，北魏封梁弥机为河南公。次年，南朝宋又任命梁弥机为使持节、安西将军、河凉二州刺史。

仇池氐王另一后裔武都王杨文度起兵据葭芦（今文县临江镇）反北魏，围攻北魏所占据之武都，梁弥机遣其二兄率众助北魏军，击败杨文度氐兵，杨文度败走，解武都之围。

梁弥机又遣使子桥向北魏表贡朱砂、雌黄、白石胆各一百斤。后北魏孝文帝派鸿胪刘归、谒者张察拜梁弥机为征南大将军、西戎校尉、梁益二州牧、宕昌王。

翌年，南齐取代南宋，南齐太祖萧道成进号宕昌王梁弥机为镇西将军，梁弥机后与南齐断绝往来。

北魏太和五年（481）吐谷浑王度易侯继位，进攻宕昌，掠走宕昌人口、牲畜，受到北魏国主斥责，北魏赐给吐谷浑锦彩一百二十匹，令其将所掠宕昌人口、牲畜和财物一律送还。

南齐永明元年（483），宕昌恢复与南齐往来关系，南齐封梁弥机为使特节、都督河凉二州军事、镇西将军、东羌校尉、河凉二州刺史、陇西公、宕昌王。南齐永明三年（485）八月，梁弥机去世，子梁弥博继位。

## 梁仚定

梁仚定（？—541）宕昌羌羌族首领。为南北朝时期宕昌国主之一。

北魏太和九年（南齐永明三年，485 年）七月，梁弥机去世，子梁弥博继位。当时，西邻吐谷浑进逼，梁弥博亡奔仇池。北魏仇池镇将穆亮以梁弥机一直忠诚附北魏，不愿吐谷浑攻灭宕昌，率骑 3 万进至龙鹄（今四川松潘），击走吐谷浑，因梁弥博凶残，为羌众所恶，上表请立梁弥承为宕昌国主。八月，北魏遣使至宕昌，拜梁弥承为宕昌王。

南齐永明六年（488），南齐晋封梁弥承为使持节、督河、凉二州诸军事、安西将军、东羌校尉、河凉二州刺史、宕昌王。梁弥承遣使向南齐致谢，并请求赐给军事和技术工艺书籍，齐王朝答复："知须军仪等九种，并非所爱，但军器种甚多，致之未易，内使不堪涉远。秘阁图书，例不外出。《五经集注》《论语》，今特敕赐王各一部"。

北魏太和十六年（492）八月，梁弥承亲往北魏京师平城（今山西省大同市），朝拜北魏孝文帝元宏，因不熟悉中原大国君臣礼节，引起魏主不快。朝罢，孝文帝向左右群臣说："夷狄之有君，不如诸夏之亡也。宕昌王虽为边方之主，乃不如中国一吏耳。"于是改授梁弥承领护西戎校尉、灵州刺史，而维持王号如故，更赐以车骑、戎马、锦彩等，送其回国。

梁弥承之后为梁仚定。北魏正光六年（525），梁仚定继为宕昌王。梁仚定看到北魏分裂成东、西魏，遂有背叛之意，遂屡犯西魏境，为西魏所破，梁仚定向西魏请罪，被任命为抚军将军。史载梁仚定曾与西魏将领豆卢宁遇于平凉川（今平凉市），相与肄射，乃相去百步悬莎草以射之，豆卢宁七发五中，梁仚定服其能，赠遗甚厚。

西魏文帝大统二年（东魏天平三年，536 年），西魏的灵州刺史曹泥及女婿凉州刺史刘丰倒向东魏，高欢又遣军破夏州与之呼应，复有阿至罗虏为曹泥解围。随后，高欢又逼降了秦州刺史万俟普拨、太宰万俟受洛干、豳州刺史叱干宝乐等。渭州（今陇西县）及南秦州（今西和县南）氐人和羌人连结，所在蜂起。至此，关中、西北遂一片大乱。宕昌王梁仚定又趁机出兵围攻河州（今临夏市），欲攻金城（今兰州市）。宇文泰急命陇西行台赵贵、仪同三司侯莫陈顺率军讨伐，击破之，并以侯莫陈顺行河州事。梁仚定被迫请罪，愿意称藩。

宇文泰当时因没有精力顾及西面，便饶恕了梁仚定，并拜梁仚定为抚军将军。

西魏大统三年（537），宇文泰东面与高欢激战，调走侯莫陈顺，改以朝中长辈念贤为太师、都督河、凉、瓜、鄯、渭、洮、沙七州诸军事、大将军、河州刺史。大统四年（538），宇文泰以宕昌国为南洮州，仍以梁仚定为刺史、要安蕃王羁縻之。不久，又改南洮州为岷州（今宕昌县城关），以梁仚定为岷州刺史、赤水蕃王。

西魏大统七年（541）冬十一月，宕昌王梁仚定再次反叛西魏，屯于赤水城（即古索西城，在今岷县梅川乡红水沟口），而临洮（今岷县）的羌人头领傍乞铁忽也聚集了同类数千家屯聚渠株川，渭州百姓郑五丑也煽动当地羌民反叛，于州境内依险要之所设立城栅十余处。西魏宇文泰遂命陇右十州大都督、秦州刺史独孤信率宇文贵、侯莫陈琼、豆卢宁、史宁、梁椿、宇文虬等诸将讨伐。还没等独孤信赶到，梁仚定就被部下杀死，但其子弟收拾余众守城，仍不肯降。独孤信佯攻万年，驻兵三交口，而暗趋小道进军稠松岭，宕昌军大惊散走。魏军至其都城，宕昌遂降，重新归附西魏。宇文贵扶植梁仚定之弟梁弥定为新的宕昌王。宇文贵等擒斩铁忽及五丑，朝廷重赏其功，遂于粟坂立碑，以纪其事。

大统十六年（550），梁弥定受到同族酋长獠甘袭击，逃奔西魏，獠甘自立为宕昌王。西魏丞相宇文泰命将领宇文贵、豆卢宁、史宁等率兵讨伐獠甘，獠甘引百骑走投生羌巩廉玉。史宁重迎梁弥定回到宕昌，于渠株川设置岷州（今岷县城关），接着擒获巩廉玉，斩獠甘。

北周灭西魏后，保定元年（561）梁弥定派遣使者向北周贡献方物。保定三年，又贡献生禽猛兽。保定四年，梁弥定再次发动叛乱，侵犯北周的洮州，被洮州总管李贤打败。一年之后，梁弥定又联合吐谷浑入侵石门，再被李贤打败。梁弥定的屡次侵扰，激怒了北周武帝宇文邕，天和元年（566）春正月丁未，周武帝遣大将军田弘率大军攻击宕昌羌，将他们大部歼灭，部分逃向荒漠之外。在原地设立宕州，设宕州总管府，治阳宕县（今宕昌县南阳），辖宕昌、甘松二郡。宕昌国自此灭亡。梁弥定则不知所终，史无记载。

## 杨公则

杨公则（435—505），字君翼，南北朝时期天水郡西县（治今礼县红河镇）人。初仕齐，历任宋熙太守、白马戍主、晋寿太守、扶风太守等官，及梁武帝萧衍起兵，任杨公则为东进先锋，因攻克建康（今江苏南京市）有功，进号平南将军，封宁都县侯。任湘州刺史，颇有惠政。后扶病统兵北征，大败北魏军，斩北魏豫州长史石荣。不久病亡，谥号烈侯。

杨公则其父杨仲怀，为南朝宋豫州刺史殷琰部下幢主（即旗主、旗头之意）宋泰始初，殷琰举豫州之众反叛，辅国将军刘勔讨伐殷琰。殷琰令杨仲怀率五百人为前锋抵御刘勔，杨仲怀战死于横塘（今湖南省东安县）。当时，杨公则年未弱冠，也随父从军，父死，杨公则“冒阵抱尸号哭，气绝良久。”刘勔闻讯十分感动，命人归还杨仲怀头颅。杨公则埋葬好父亲的尸体后，背负着父亲的头颅，徒步返归乡里，由此以孝闻名乡里，后被齐梁州刺史范伯年荐任为宋熙（今陕西汉中西）太守、白马戍（今陕西勉县西阳平关）主。

建元元年（479），晋寿（今四川昭化）氐族首领李乌奴与杨成举兵反齐，攻击齐梁州（治今陕西汉中），被齐将击败。后又转攻白马戍，杨公则坚守多日，矢尽粮竭，被敌人俘虏，他坚强不屈，大声叫骂。李乌奴认为他的行为壮烈，便邀请他与自己共事。杨公则假装答应，准备伺机袭击李乌奴，不料计谋泄露，只好一人骑马逃回。梁州刺史王玄邈把这件事奏报给皇帝，齐高帝萧道成下诏褒扬了杨公则，并授为晋寿太守，“在任清洁自守。”又调任为扶风太守（此扶风郡为南朝侨置郡治，在今四川剑阁县汉阳镇境内）。

不久，杨公则以母亲逝世丁忧而辞去官职。丁忧毕，被雍州刺史陈显达起用为宁朔将军，复任扶风太守。南朝齐武帝永明中（483—493），为镇北长流参军。后荆州刺史巴东王子响叛乱，杨公则率领军队前去讨伐，叛乱平定后，调为武宁郡（今湖北荆门县）太守，“在郡七年，资无担石，百姓便之。”后奉诏入朝，为前军将军。

南朝齐东昏侯永元元年（499），萧宝融任南康王兼荆州刺史时，杨公则为西中郎中兵参军。领军将军萧颖胄协同萧衍举事时，以杨公则为辅国将军，领西中郎咨议参军，率兵东下。时，湘州行事张宝积发兵自守，未知所附，杨公则军及巴陵，仍回师南讨，军次白沙，张宝积恐惧，遂释甲以降。杨公则到后招抚纳之，湘州境内遂定。

东昏侯永元三年（501）二月，南康王萧宝融始称相国，以萧颖胄为左长史，萧衍为征东将军，授杨公则授持节都督湘州诸军事、湘州刺史。萧衍兵发襄阳，攻打齐殇帝东昏侯萧宝卷。萧衍率领军队到达沔口（即今湖北武汉汉口，又称夏口），鲁山城孙乐祖、郢州刺史张冲各据城未下，杨公则率湘州的军队在夏口与萧衍的军队会师，准备攻击建康。时荆州诸军受杨公则节度，即齐宗室贵勋、重臣萧颖达所部，亦受隶于杨公则。萧衍遂移檄建邺，阐扬威武。及至竟陵（在今湖北省天门市），命长史王茂与太守曹景宗为前军，中兵参军张法安守竟陵城。王茂、曹景宗率众济岸，郢州刺史张冲迎战，王茂等大破之。郢城（湖北荆州城东北）攻克后，杨公则因功累进征虏将军、左卫将军，持节、刺史如故。萧衍命令所有军队乘胜东下，杨公则受命为先头部队。江州平定以后，合军东下，直抵建邺。杨公则军队号令严明，秋毫不犯，大军到新林，杨公则亲自登上城楼观战，东昏侯的将领远远望见杨公则的旌旗伞盖，让神弩手射箭，箭矢穿入杨公则坐的胡床，左右的人都大惊失色，杨公则轻松地说：“几乎射中我的脚。”仍谈笑如初。东昏侯选勇士在夜晚出城突袭杨公则的栅营，栅营中的军队惊恐扰乱，杨公则安卧不起，毫不惊惶，沉着冷静地命人回击敌人，东昏侯的军队只好退回。春三月，萧衍在江陵拥立南康王萧宝融为皇帝，是为齐和帝。杨公则进号左将军，持节，仍任湘州刺史，镇守湘州。

南齐中兴二年（梁天监元年，502年）四月，齐和帝被迫“禅位”于萧衍，是为梁高祖，南梁建立。杨公则因功进号平南将军，封宁都县侯。湘州多年遭受战火匪乱，人民流离失散，杨公则减轻刑罚，减少赋税，不久，户口就增加了。杨公则做官虽然缺少威严，但是自己保持廉洁谨慎，官吏和百姓都很高兴。湘州的习俗是“单家”（寒门人家）都要用贿赂来求得州中的职务，杨公则到后，取消这种做法，所征用的都是州郡的大姓，高祖颁诏，要求各地都要采用这个办法。

梁天监三年（504），杨公则为中护军，迁卫尉卿。朝廷开始北伐，皇帝招杨公则到京师，赐假节给他，令他准备北伐。杨公则临出发时，突然得了重病，他对亲友说：“过去廉颇、马援因为年老被遗弃不予重用，但他们还勉力请求。现在国家不因我衰朽懦弱，而任命我为前锋，与古人相比，可见朝廷对我还是很看重的啊。虽然临出发时得了病，怎么可以一下就推诿掉任务啊？马革裹尸，还葬家乡，这是我的志向啊！”说完，就挣扎起来登上了船，屯兵于洛口，从寿春闻讯前来投降的官吏和民众男女有几千户。魏豫州刺史薛恭度派遣长史石荣为前锋来迎战，杨公则指挥部下进击，斩杀了石荣，一路追杀败兵，直到离寿春城（今安徽寿县）几十里的地方才返回。此时，杨公则病势加重，逝于军中，享年七十一岁。梁武帝萧衍深为痛惜，当天就为其举哀，赠车骑将军，给鼓吹（打击乐器和吹奏乐曲，如鼓、茄、箫等）一部，并谥号烈侯。子瞟嗣，因罪除国。后以杨公则为勋臣，特许其庶长子杨眺继承了他的爵位。

杨公则为人宽厚慈爱，在家日常生活敦厚和睦，对待自己的侄子比自己的孩子还好，家财都委托给他管理。生性好学，即使在军中他仍然手不释卷，士大夫因此对他都很称赞。

## 赵 煚

赵煚（532—599），字通贤，一作园通，北魏天水郡西县（今礼县）人。出身豪门。祖父赵超宗，曾任北魏河东太守（治今山西运城）。父亲赵仲懿，任职北魏尚书左丞，职责是监察包括尚书令在内的尚书台所有官员。

北魏孝武帝永熙三年（534），赵煚的父亲赵仲懿任职北魏尚书左丞，跟随孝武帝西投宇文泰，到长安时间不长，赵仲懿去世，赵煚生活顿时陷入困境，父亲的灵柩也无法送回家乡，只能在长安城附近安葬。赵煚母亲十分重视对他的教育，教其习经读史，熟知礼仪，他对母亲也十分孝顺，周围人们都很称赞他。

西魏大统十一年（545），有人盗伐了赵煚父亲坟墓旁的树木，十四岁的赵煚奋力将盗伐者执送官府。西魏尚书右仆射周惠达知道这件事后，专门召见了赵煚。赵煚虽然处境困顿，但他并不自卑，见周惠达时只“长揖而不拜”，傲骨诤诤，颇有名士风采。他哭诉了自己的孤苦身世，涕泪交流，悲不自胜，周惠达听了十分感动，为之流泪并叹息良久。自此以后，赵煚遂以恪尽孝道的孝子而闻名于世。

当时，西魏正与东魏争雄，急需军政人才，总揽朝政大权的大将军、尚书令宇文泰为延揽人才，大力推崇儒学，奉行“擢贤良”的政策。他闻知赵煚有孝悌之名，并且刻苦好学，读经阅史，深沉而有气量，宏远而富机智，又系关陇旧臣子弟，便特令招其为丞相府参军事，成为宇文泰的重要幕僚。赵煚自此走上仕途。

西魏大统十二年（546）九月，东、西魏发生玉壁之战，宇文泰亲自出征洛阳，赵煚随行。收洛阳后，宇文泰班师，赵煚主动请求暂时留守洛阳，以抚慰降者，招纳亡者，扫除叛者。

东魏武定八年（550）五月，高澄弟高洋废东魏孝静帝，自立为帝，国号齐，史称北齐。

此后，赵煚统率所部与北齐先后作战五次，屡战屡胜，斩郡守、镇将、县令五人，俘获甚众，因功封为平定县男，食邑三百户。宇文泰对赵煚愈加器重，迁升其为中书侍郎，负责起草诏命等事宜。

西魏恭帝三年（556），实际掌握西魏军政大权的宇文泰死后，长子宇文觉继任大冢宰。次年（557）正月，辅政大臣宇文护废西魏恭帝元廓，拥宇文觉即位（即周孝闵帝），国号周，仍建都长安，史称北周，西魏灭亡。宰相宇文护执掌朝廷大权。九月，孝闵帝被宇文护废黜而死，立宇文泰另一个儿子宇文毓为帝（即周明帝）。武成二年（560）四月，宇文护又毒死明帝，立宇文邕为帝，是为周武帝。

北周帝王更替频繁， 但赵煚一直受到重用。孝闵帝时赵煚出任陕州刺史（应当为硖州刺史，硖州治今湖北宜昌市；陕州则在今河南三门峡市，《隋书》所记有误），成为负责镇守一方的大员，时年二十六岁。当时，占据今湖北西南部的蛮族首领向天王聚众作乱，攻占信陵（今湖北巴东）、秭归（今湖北秭归）二郡，赵煚奉命讨伐，他以五百人施行突袭，出其不意，迅速击破向天王，收复二郡，厥功甚威。

为防御南陈进犯，周军在今湖北宜都西北长江南岸险要处筑垒，名曰“安蜀城”，用于屯守军队，威胁南陈。该城与硖州隔江南北相对，江面上横拉绳索，铺以苇竹为桥，可从硖州运送军粮至安蜀城。赵煚负责筑城事宜，不料，筑城时连下大雨，持续数旬，刚筑好的城墙塌毁了百余步，附近蛮族首领郑南乡乘机反叛，联络南陈将领吴明澈，准备袭击安蜀城，人们都劝赵煚尽快修复城墙，以此御敌。赵煚不以为然，说不用着急，我自有退敌保城的办法。他暗中派人联络另一支蛮族部落首领向武阳，劝其乘虚进攻郑南乡。向武阳听从赵煚建议，施以奇袭，俘虏了郑南乡的父母和妻子，郑南乡闻讯十分惊慌，急忙撤军，军队溃散，陈军也只得停止进攻，安蜀城之围遂解。

随后，赵煚又率军同吴明澈交战十六次，累获胜利，俘陈将覃冏、王足子、吴朗三人，杀敌一百六十人，因功授开府仪同三司，擢荆州总管长史。不久，又诏征赵煚入朝任民部中大夫。保定元年（561），春正月，宇文护“令朝廷五府总于天官”，使天官府成为其他五府之最高机关，大冢宰宇文护也就成为六府最高长官统管一切政务。赵煚转任天官司会。后又升任御正上大夫。此时的赵煚已进入朝廷大臣行列。

北周武帝宇文邕保定四年（564）十月甲子，武帝诏大将军、大冢宰、晋国公宇文护举兵二十余万，东出潼关伐齐，赵煚以为不可，建议说：“河南洛阳，四面受敌，纵得之，不足以守。请从河北直指太原，倾其巢穴，可一举以定”。武帝没有采纳他的建设，仍然派兵进攻河南。起初兵事顺利，至十一月，柱国、蜀国公尉迟迥已包围洛阳，大将军权景宣攻克豫州。但洛阳久攻不下，至十二月，北齐援军大至，进至洛阳，尉迟迥腹背受敌，在齐军夹攻下伤亡数万，仅率数十骑逃回，北周全线崩溃，柱国、庸国公王雄战死，权景宣也只得弃豫州而还。这次伐齐战役，以失败而告终，一如赵煚事前所料。

不久，因陈军屡次启衅，上柱国于翼率众数万，自三鸦道伐陈。赵煚随军作战，所向皆捷，连克十九城，班师回朝后，竟因受人忌恨，谗毁之下，功竟不录，并被贬出京城，转任为益州总管长史（治今四川成都）。

大象元年(579)，年仅七岁的宇文衍继位登基，是为周静帝。权臣杨坚以皇帝年幼为由，入宫辅政，总揽朝野军政大权，预谋改朝换代，取而代之。他深知赵煚足智多谋，能力过人，有意拉拢之，荐任赵煚为上开府，复拜天官都司会，总理朝廷财政事务。不久 又以赵煚熟习朝廷礼仪为由，升其任大宗伯，随后兼任大将军，统领禁军，并赐爵金城公，食邑二千五百户，拜相州刺史。

在杨坚逼迫周静帝“禅位于隋”的活动中，赵煚扮演了十分重要的角色。大定元年（581）二月甲子日，年仅九岁的周静帝以杨坚众望有归下诏宣布“禅让”。杨坚三让而受天命，自相府常服入宫，即皇帝位于临光殿，定国号为大隋，改元开皇，史称隋文帝。据《隋书·帝纪第一高祖上》记载，在周静帝“禅让”帝位、杨坚登基仪式上，“遣大宗伯、大将军、金城（郡）公赵煚奉皇帝玺绂，百官劝进。高祖乃受焉。”即赵煚捧着皇帝的玉玺，百官再三劝进，杨坚才接受玉玺，正式宣告登基，是为隋文帝。

开皇元年（581）二月丁卯，因支持杨坚登基、建立隋朝有功，隋文帝征拜赵煚为尚书右仆射。尚书左仆射为首相，总揽朝廷全面政务，而尚书右仆射为次相，分领尚书诸曹，为从二品官。隋代职官无宰相名称，但对朝中握有重权的大臣均以宰相或宰辅称之，赵煚实际上已成为隋朝政府名列前位的宰相。

赵煚位高权重，是隋文帝当时最为信任和器重的大臣之一。但赵煚秉性刚直，身居高位，仍一如既往，敢言直谏，当年八月，便因事冲撞文帝，以“忤旨”为由，被贬出朝廷，先任陕州刺史，旋又转为冀州刺史。

冀州在今河北省南部，地域辽阔，人口众多，物产丰饶，经济繁荣，而且多豪强刁顽，颇难治理。赵煚认为施政治民之道，要威德并举，临之以威，使百姓知道朝廷的政令之重；施之以德，使百姓知道为人处事的准绳。当时，冀州市上多奸诈之徒，欺行霸市，短斤少两，大进小出，百姓十分愤恨，以致经常发生纠纷。赵煚特命人打制铜斗铁尺，置于市上，以为标准，有敢缺尺短两、作假欺诈者，将予以严惩，老百姓十分称赞。此事为隋文帝知道后也十分嘉许，并让有司在全国推广这种做法，“颁之天下，以为常法。”

赵煚最受人称赞的一件事，是在他任冀州刺史时，有人偷割了他田里的青蒿，被他手下的人抓获，请他治罪，赵煚说：“不能教育感化百姓，以至于发生偷盗之事，这是做刺史的过失，他有什么罪呢？”不但释放了这个人，还派人装载了一大车青蒿送给那个偷盗者，偷盗者感到十分羞愧，比受了重刑还难受。此即为典故“赵煚载蒿送盗贼”，传为历史佳话。赵煚为政，注重威德并施，这样一类的事情他还做了许多，因此，深得民心，以至于他患病时，百姓奔走相告，纷纷为他祈祷，祝他早日康复。

赵煚为人十分厚道。在北周朝廷任职时，他与宗伯斛斯徵不和。斛斯徵后出任齐州刺史，因犯罪入狱，他自知罪重，便伺机脱逃。周武帝大怒，派人四处追捕，赵煚不但不乘机落井下石，反而置过去嫌怨于不顾，上书密奏周武帝，为其求情说：“斛斯徵自知罪重，害怕被处死罪，所以才逃走的。他如果不是北逃匈奴，就是南奔吴越，斛斯徵虽然很愚陋，因其久居朝廷高位，如果逃至敌国，对圣朝也没有好处。现在国家旱灾严重，不如以此为借口大赦天下，他必定会自己回来的。”周武帝听从了他的意见，诏令大赦天下，斛斯徵因此被免罪。此后，赵煚没有对其他人说过这件事，斛斯徵也一直不知道是赵煚为他求情才免了他的罪。

开皇十九年（599），隋文帝出巡洛阳，赵煚前去觐见，隋文帝特别加以奖勉，他对赵煚说：“冀州大藩，民用殷实，卿之为政，深副朕怀”。不久，因年事已高，旅途劳累，赵煚一病不起，遂逝于洛阳，时年68岁。子赵义臣，官至太子洗马，后随同杨谅谋反，被诛。

## 赵昶

赵昶（？—558），字长舒，天水南安（今陇西县）人。西魏名将。历官南秦州事、武州刺史、车骑大将军、仪同三司、诸州军事。

赵昶少时聪敏，有志气，守节操，二十岁时即以材力闻名。孝昌中（525—527），起家拜都督，镇小平津（在今河南孟津东北）。北魏中郎将高千甚为敬重，高千任兖州知州，荐任赵昶为临涣、北梁二郡从事。大统初，高千任陕州知州，任赵昶为陕州长史、中军都督。宰相宇文泰率军平弘农，擢赵昶为相府典签。

西魏文帝大统九年（543），清水氐族首领李鼠仁凭借险要作乱，周太祖宇文泰将讨之，欲先遣观其势，顾问谁可为使，左右莫对。赵昶曰：“此小竖尔，加以公威，孰不听命。”周太祖壮之，令赵昶为使者。赵昶先行游说李鼠仁，对李鼠仁晓以祸福大势，李部下持刀威胁，赵昶毫无惧色，镇定自若，李鼠仁受感动，率军投降。后又说降反叛的氐族首领梁道显，解了南由（今陕西陇县）之围。东秦州刺史魏光因迁徙其豪帅四十余人并其部落于华州，宇文泰即以赵昶为都督予以统领。汾州胡人反叛，再遣赵昶慰劳之，并乘机探知其虚实，及大军往讨时，以赵昶为先驱，遂破之。以功封章武县伯，邑五百户。

大统十五年（549），拜安夷郡（治今青海省西宁东）守，境内“氐族荒旷，世号难治。赵昶威怀以礼，莫不悦服。期岁之后，乐从军者千余人！”朝廷嘉之，除大都督、行南秦州（治洛谷城，今西和县洛峪羊马城）事。氐帅盖闹等相率作乱，盖闹据北谷，其党覃洛聚洮中，杨兴德、苻双围平氐城，姜樊哙乱武阶，西结宕昌羌獠甘，共推盖闹为主。赵昶分道遣使宣示祸福，然后出兵讨之，擒盖闹，散其余党，进抚军将军，加通直散骑常侍。又与史宁击破宕昌羌、獠二十余万。拜武州刺史、车骑大将军。恭帝初年，加骠骑大将军，开府仪同三司。境内潭水羌叛，杀阶陵、潭水二郡太守。赵昶率步骑五千讨平，以礼施怀人民，安抚优待氐羌俘虏，氐羌遂臣服罢兵。周太祖宇文泰曾赞誉说：“不烦国家士马而能威服氐羌者，赵昶有之矣。”

周世宗初年，凤州人仇周贡、魏兴等反叛，自号周公，拥众八千余人，攻破广化郡（今徽县永宁），攻掠诸县，分兵西进，围广业（今成县红川）、修城（今成县将利村）二郡。广业郡守薛爽、修城郡守杜杲等请求赵昶救援。魏兴等知赵昶将来，解修城围，还军据守泥功岭（即泥功山，在今成县东北），设伏六道，以待赵昶。赵昶率军进至泥功岭，遇伏，奋力搏战而大破魏兴部，广业之围亦解，赵昶追至泥阳川（今成县泥阳川）而还。后又有兴州人段吒及氐酋姜多等反叛，攻没郡县，赵昶先后讨平之。

明帝宇文毓总录其功，进赵昶爵为长道郡公，赐姓宇文，赏劳甚厚。明帝二年（558）拜宾部中大夫，暂代吏部尚书职，不久病卒。

## 赵芬

赵芬（生卒年不详），字士茂，天水郡西县（今礼县）人，约生于西魏大统初年，卒于隋文帝开皇初年。十一世祖赵融，字稚长。高祖赵温，曾祖赵琰，祖赵宾育。父赵演（《北史》赵芬本传作“赵谅”），曾任北周秦州刺史。

赵芬自幼喜读书，颇涉经史，才思敏捷，能言善辩。先后任北周铠曹相府参军、历记室，累迁熊州（治今河南宜阳县）刺史，抚纳降附，得二千户，加开府仪同三司。所司之职，皆有政绩，颇有声誉。大冢宰宇文护召为中外府掾，俄迁吏部下大夫。周武帝时，拜为内史下大夫，后转为小御正、司会等职，熟悉朝廷旧事，知识十分渊博，朝臣议事如有所疑议，不能决断者，便请教赵芬，赵芬很快就能提出处理办法，大家都十分满意。

申国公李穆讨伐南齐时，邀请赵芬担任行军长史，因功封为淮安县男，食邑五百户。不久复出为淅州（治修阳县，即今河南西峡县北，）刺史，旋又迁升为东京小宗伯，负责镇守洛阳。杨坚出任北周丞相时，尉迟回与司马消难暗中往来，密谋反杨，赵芬知悉后密告杨坚，因此，深得杨坚信任，被提升为东京左仆射，进爵位为淮安郡公。

隋开皇元年（581），杨坚即位，拜赵芬为尚书右仆射，并兼任内史令，位居宰相，与郢国公王谊负责编修《开皇律》。开皇五年（585），出任蒲州刺史，并负责管理关东运漕，加金紫光禄大夫，赐钱百万、粟五千石。数年后，以年老多病为由，上表请求辞官还京师。回京师后，以大将军、淮安公归第，隋文帝赐其三骥轺车、几杖、被褥等，皇太子又致巾帔。几年后病逝家中，谥号曰定公。文帝亲自派人致祭并遣鸿胪监办丧事。

赵芬墓在陕西咸宁县。《西安市长安区文物古迹简介》载：“赵芬，字士茂，隋天水西人。《咸宁县志·陵墓志》载：隋尚书左仆射赵芬墓，在城南少陵原之中兆村，俗称‘泰伯冢’。”

赵芬有子三人，世子为尉迟廓（560—577），字符伟，本姓赵氏，汉幽州刺史融之后，周初赐姓尉迟，祖秦州刺史赵（演），年十八，以建德六年正月十九日终于浙州，大象元年岁次己亥十月廿六日葬于京师城南小陵原。二子赵元恪，先任职扬州总管司马，后迁候卫长史。少子赵元楷，在大业年间出任历阳郡丞，后迁任江都丞兼领江都官监。元楷子赵崇嗣，孙赵勔，有墓志出土。

今陕西省碑林博物馆有《淮安定公赵芬碑》（又称《赵芬残碑》），碑立于隋开皇五年（585），薛道衡撰。《文馆词林》卷四五二全录其文。碑原存西安城南少陵原中兆村赵芬墓前，久埋土中，清初出土。

## 张果老

张果老（生卒年不详），名列“八仙”之一，是一个家喻户晓的人物。张果老在历史上实有其人，他是唐代武后、玄宗时代的一个名气很大的道士，名叫张果，“老”字是人们对他的尊称，也是他模样长得老，显得岁数大。

关于张果老的乡里身世，史书记载不详，或者说“不知何许人也”，或者说“晦乡里世系以自仙”，一直不太清楚。直到清代初年，治学大家胡定求等人在编纂《全唐诗》时，才明确提出，张果老是甘肃两当人。《全唐诗》第八百六十卷中录有张果老的一首诗《题登真洞》：“修成金骨炼归真，洞琐遗踪不计春。野草漫随青岭秀，闲花长对白云新。风摇翠条敲寒玉，水激丹砂走素鳞。自是神仙多变异，肯教踪迹掩红尘”。在这首诗前附有小传：“张果，两当人。先隐中条山，后于鹫鷲山登真洞往来，天后召之，不起。明皇以礼致之，肩舆入宫，擢银青光禄大夫，赐号通玄先生。未几，还山”。《大明一统志》载：“登真洞，在鹫鷲山，乃张果登真之所。”嘉靖《重修一统志》载：“集休观，在两当县东二十里，登真洞傍。宋建。”

据《中国古今地名大词典》载：“鹫鷲山在甘肃两当县东。”《巩昌府志》载，两当县东：“两山秀耸，一名南岐，一名来仪，南有登真洞，相传唐张果登真处。”今两山仍在。近年来，在鹫鷲山附近连续发现两通石碑，一通为《宋故崔公墓志铭》刻于宋绍兴元年（1161），碑文记述了北宋时两当邑书吏崔熙率众进京为张果请封的全过程，碑文载：“两当邑之东有鹫鷲山，一祠嵌深，流水泠然，唐张果先生隐居处也。提刑游师雄建祠洞侧，岁遇雨旸，祷之获应，然洞祠无额，公颇惜之。一日，公众乞于都，仗郭思闻奏，朝廷嘉其惠，封其洞曰‘登其洞’，祠曰：‘集休观’。更数岁再乞申，命先生为“冲妙真人”，敕诰具在本观，赏之其不忘神惠有如此者。”另一通为《重修三清阁碑记》立于元中统五年（1266），内容记述了重修集休观三清阁的原因和过程。这两通碑文证实了张果老在两当鹫鷲山登真的历史事实，也为“张果老为两当人”之说提供了重要证据。

据张果老自称，他是帝尧时代的侍中，到唐初，已活了三千多岁，他出入常乘一匹白驴，每倒骑之，日行万里，休息时，便把这驴像纸一样折叠起来，置于巾箱中，乘则以水喷之，便又成了真驴。

鹫鷲山在甘肃两当县东

唐太宗、高宗闻其名召之，皆不去，后来，武则天又派人去请他，不得已，他跟着使臣上了路，但当走到一名叫“妒女庙”的地方时，又假装死去，直挺挺倒在路上，不一会儿，尸体也腐烂了，使臣只好如实向武则天报告。开元二十三年（735），唐玄宗听人报告说张果老没有死，便派使臣裴晤去中条山请他。裴晤见张果齿落发白，很不起眼，有点看不起他。张果老见状，便又来了个气绝身死，吓得裴晤赶紧焚香相求，张果老这才苏醒过来，但仍不肯进宫。玄宗闻奏后，认为裴晤办事不中用，又命中书舍人徐峤带玺书相请。

张果老进宫，玄宗问他："先生得道者也，何故齿发衰朽如此？"张果老回答："我是齿落发稀时得的道，只好这副样子。今陛下见问，不如把齿发尽去了更好。"说罢，把自己的头发拨了个净光，又将牙齿敲掉。玄宗忙说："先生何故如此？且去歇息。"但一会儿，张果老又走了出来，面貌大变，"青鬓皓齿，愈于壮年"，玄宗十分惊奇，留于内殿。

玄宗请张果老喝酒，张果老辞道；"老臣量浅，饮不过二升。我有一弟子，可饮一斗。"就完，只见从殿檐飞下一位十六七岁的小道士，玄宗赐他酒喝，饮到一斗时，张果老说："不可更赐，过度必有所失，致龙颜一笑耳。"玄宗未予理睬，只见酒从小道士头顶上涌出，冠子落地，化为金杯。玄宗及众妃吃了一惊，再一看，小道士不见了，地上的金杯原来是集贤院的，只能盛酒一斗。

一日，玄宗出城打猎，擒得一只大鹿，要烹宰之。张果老见了道："此仙鹿也，已满千岁，本是汉武帝上林之鹿。"玄宗说："你如何得知？"张果老说；"武帝舍放时，以铜牌系于左角上。"玄宗派人验看，果有一块两寸铜牌，但上面文字已凋落了，张果解释说：这只鹿已活了八百五十二年。玄宗和群臣听了没有一个不相信的。

玄宗十分佩服张果老，敕曰："张果先生，游方外者也。跡先高尚，深入窈冥。是浑光尘，应召城阙。莫详甲子之数，且谓羲皇上人。问以道枢，尽会宗极。"授他为"银青光禄大夫"，赐号"通玄先生。"玄宗还有个好道的女儿，叫玉真公主，玄宗就想把她嫁给张果老。不料，张果老却坚辞不受，还唱道"娶妇得公主，平地升公府。人以为可喜，我以为可畏。"唱完大笑不止，然后掏出纸驴，吹气成形，倒骑护背走了。据说临走时，玄宗还赐他帛三百匹、侍从二人。

此后，张果老云游四方，敲打着渔鼓筒板，在民间传唱道情，劝化世人。于是，人们便将张果老说成唱道情的祖师爷了。所谓道情，源于唐代的道曲，以道教故事为题材，宣扬出世思想。明清流传甚广，题材也更广泛，在各地同民间歌谣结合而发展成多种曲艺，如陕北道情、义乌道情、湖北渔鼓、山东渔鼓、四川竹琴等。

张果卒于恒山蒲吾县（今河北平山县东南）。玄宗命在其居处立栖霞观。张果著有《阴符经玄解》。

## 苻　载

苻载（760—820），字厚之，号庐山山人，又记作符载。武都（即武州，西魏废帝置，治所安育。）人；一说为蜀郡人，武都为其祖地。唐代文学家，诗人。

唐代宗大历（766—779）末，苻载与杨衡、王简言、李元象同栖于青城山，专心读书，切磋学问。建中初（780），与杨衡、李群等隐居庐山，号“山中四友”。贞元五年（789），李巽为江西观察使，荐其材，授奉礼郎，为南昌军副使。后为四川节度使韦皋掌书记。刘辟时为金吾仓曹参军，始依皋焉。韦皋卒，刘辟据蜀作乱，召苻载入幕中为从事。苻载为刘辟撰《贞赞》云：“矫矫化初，气杰文雄；灵螭出水，秋鹗乘风。行义则固，辅仁乃通；他年良觌，麟阁之中。”及刘辟败，幕僚多罹其祸，惟苻载以笺奏稿草一箧呈高崇文相公，因苻载曾劝刘辟行仁义，遂得免祸。苻载长楫东下，栖于庐山，四方交辟，雁羔盈于山门，盛名播于江南。曾请求节度使樊泽为孟浩然修墓。寻遣三尺童子，持数幅书，乞百万买山钱于于頔（字允元，唐朝大臣）。于頔即与之，仍加纸墨衣服等。苻载后为江陵赵宗儒记室，历协律郎，官终监察御史。

《太平广记》卷第二百三十二器玩四载有苻载故事：唐朝人符载文武双全，曾经有一把宝剑，会发光，将夜间照成白昼。一次，符载出游到淮浙一带，遇到一只大商人的货船遭到水中巨蛟的拦阻，不能继续航行。他拔出这把宝剑向巨蛟刺去，血水像下雨一样从巨蛟身上喷洒出来。于是，这只商船安然无恙地驶走了。后来，有一年寒食节，符载暂时借宿的这家主人用秬黍包裹粽子，有桶那么粗，用菜刀切割不了。符载用他随身带着的这把宝剑去切割。切完后，宝剑再也不发光了，变成了一块顽铁，没什么大用了。古人说：“有千钧之力的箭弩，不能用它去射鼷这样的小鼠。”这话完全适合符载的这把宝剑啊。

苻载有奇才，以王霸自许。诗文俱佳。现存诗有《题李八百洞》《甘州歌 》，文有《蕲州新城门颂（并序）》《愁赋》《贺樊公畋获虎颂（并序）》《上巳日陪刘尚书宴集北池序》《犀浦县令杨府君墓志铭》《从樊汉南为鹿门处士求修墓笺》等。

元和中（806—820）苻载卒。

## 吴 郁

吴郁（生卒年不详），两当县人。生卒年不详。唐肃宗时任侍御史，因为人正直，不阿权贵，不谋私利，且学识渊博，又善书法，很受朝内外士大夫敬重。

唐至德年间（756—758），京师凤翔一带常有安、史党徒活动，朝廷镇压时常常良莠不辨，不少良民百姓无辜受株。吴郁时任侍御史，性格耿直的吴郁愤愤不平，“不忍杀无辜，所以分白黑。”为此多次上书谏议，却得罪了当朝权贵，被贬往长沙（今湖南长沙市）。

吴郁同杜甫是至交，见解相同，交往甚密。吴郁被贬时，杜甫也因为房琯辩冤而被贬为华州司功参军，无力为吴郁辩白。他知道吴郁是陇右两当县人，因此，当他自同谷（今徽县栗川乡）赴蜀途中，得知嘉陵江自两当县流入同谷县境，不禁触景生情，挥笔写下了长诗《两当县吴十侍御江上宅》。

唐肃宗上元二年（761），吴郁始结束谪居生活离开长沙，来到成都。在这里，他得知杜甫也在成都，遂与范邈结伴，特意到草堂来探望杜甫。不巧，杜甫偶出不遇，杜甫回来后始知吴郁来过，遂以诗代简，向吴、范二人表示歉意，并邀请他们再来作客，其诗云：“暂往比邻去，空闻二妙归！幽诚栖简略，衷白已光辉。野外贫家远，村中好客稀。论文或不愧，重肯款柴扉？”

自此以后，吴郁又归于何处，史无所载。

## 王仁裕

王仁裕（879—956），字德辇，唐秦州长道县汉阳里（今礼县石桥乡斩龙村）人。五代时期著名学者。宋开宝七年（974）闰十月十七日归葬于故里。王仁裕一生与战乱不已的“五代十国”相始终。他出生的那年冬天，黄巢率领农民起义军攻入长安，唐僖宗仓皇南逃兴元（今陕西汉中），举国一片混乱。王仁裕幼年时失去父亲，由兄嫂扶养成人，家贫无以就学，终日以放牧为事，年二十五岁时始就学。据说，有一日，他梦见有一神人剖其肠胃，便到西汉水边浣肠，忽见河滩碎石上都有古代篆文，取来吞下后，悟性大增，遂发奋拜师求学：“请受经于季父，诗书一览，有如宿习。凡诸义理，必究精微。下笔成章，不加点窜。岁余著赋二十余首，曲尽体物之妙，由是远近所重。”

当时，秦陇地区是岐王李茂贞的势力范围，他闻知王仁裕精通文辞，为人俊秀，便召他为仕，先做秦州节度判官。公元 915 年，前蜀主王衍派大将王宗俦攻取了秦、凤、阶、成等地，于是，王仁裕又到前蜀做官，任兴元节度判官。两年后，南下成都，任礼部郎中、中书舍人、翰林学士等职。后唐同光三年（925）秋，前蜀王衍投降后唐，王仁裕又任后唐秦州节度判官，不久，罢职归家，闭门著书，著《归山集》五百首。

后唐长兴元年（930），旧友王思同时任山南节度使，得知他闲居在家，便邀他南下任职，这样，他又南下兴元，在王思同手下任从事，不久，又随王思同到长安做幕僚。后唐闵帝清泰元年（934），王思同介入后唐王室斗争，被潞王李众珂处死，属下均受牵连，因王仁裕才华出众，故仍受到重用。接着，潞王称帝，是为废帝，王仁裕被征召为尚书都官郎中、翰林学士。

后唐清泰三年（936），后唐灭亡，石敬瑭建立后晋，王仁裕“以本官归班”，稍迁左司郎中，历任左谏议大夫、给事中、左散骑常侍等职。曾奉命出使南平国。后晋开运四年（947）辽契丹灭后晋，原后晋河东节度使刘知远以辽灭后晋，于太原即皇帝位，不改晋国号，以当年为天福十二年。六月，改国号为汉，史称后汉，王仁裕的门生王溥拜相，王仁裕拜户部尚书、充学士承旨。后周初，王仁裕以兵部尚书、太子少保致仕，定居汴梁（今开封市）。周世宗显德三年（956）七月十九日，王仁裕以七十七岁的高龄病逝于汴梁宝积坊私第，后由其孙王永锡护

《周故少师王公神道碑》俗称王仁裕神道碑

西汉水又称西江

柩回归故里，并二位夫人合葬于今礼县石桥乡斩龙村。

王仁裕先后仕任前蜀、后唐、后晋、后汉、后周，可谓五朝元老。王仁裕仕宦一生，且著述甚丰，所著计有《秦亭篇》《锦江记》《入洛记》《南行集》《东南行》、《紫泥集》《华夷百题》《西江集》共685卷，又撰《同易说卦验》3卷，《转轮回纹金铭》22样，诗、赋、图并行于世，可惜现在大部亡佚无存。尤其值得一提的是，王仁裕不但长于诗书绘画，而且精通音律、天文，所教弟子中，中进士者就达23人之多，为将为相知名者如王溥、李昉、和凝、范质等。

在王仁裕现存著述中，以诗为多，据说有万余首，时人称其为“诗窖”，与诗仙李白、诗圣杜甫并称，现大多佚失，在其诗中，最早的一首就是《题麦积山天堂》，这首诗是研究麦积山历史的珍贵史料。

王仁裕还擅长于作笔记体短篇文言小说。《宋史•艺文志》中著录有《玉堂闲话》3卷，《王氏见闻录》3卷，《唐末见闻录》8卷，《开元天宝遗事》1卷，《入洛记》1卷，《南行记》1卷，这些文章以大量的真人真事为素材，反映了当时秦陇一带的民俗风情，为研究唐代历史提供了重要的资料。

王仁裕为人敦厚，喜结朋友，性情旷达，悠然自得，史载其“每遇良辰美景，必携生童，命俦侣，前管弦而后琴筑，左笔砚而右壶觞，怡怡然！陶陶然！曾不以家事为意，旷达高怀，世无与比。”

1983年5月在礼县石桥乡斩龙村出土的《周故少保王仁裕神道碑》及《周通议大夫王仁裕墓志铭》对其生平事迹有详细记载。

## 全师雄

全师雄（？—966），成都人。后蜀人，蜀兵起义领导人，自称“兴蜀大王”。

全师雄为后蜀文州刺史（治今文县），有威信。北宋乾德二年（964），王全斌任忠武节度使、西川行营凤州路都部署，率军三万攻后蜀，连克兴州、利州、剑门等地。乾德三年（965）正月，后蜀皇帝孟昶奉表投降，后蜀亡。宋朝在灭后蜀时，曾经要诸州报告后蜀苛捐杂税的情况，准备免除其中的一部分，但王全斌入成都后，治军不严，将领们私开府库，侵吞财宝，军校掠夺女子、抢夺钱物，残杀降兵及平民，激起后蜀军民反抗。二月，梓州（今四川省三台县）原后蜀将领上官进率领三千多军队夜攻州城，后被镇压。三月，后蜀降宋的军队在被迁往首都开封途中，途经绵州（今四川省绵阳市）时又起兵反宋，降军推举原后蜀文州刺史全师雄为首领，号称“兴国军”，很快发展到十余万人。王全斌派马军都监刘光绪前去招抚，刘光绪却“尽灭师雄之族，纳其爱女及橐装”。全师雄大怒，不再有归降之心。全师雄率军进攻绵州，不胜，即转攻彭州（今四川省彭州），杀死都监李德荣，又分兵占领灌口（今四川省都江堰市）、新繁（今四川省新都新繁镇）、青城等地。王全斌派崔彦进、高彦晖分兵进讨，被全师雄击败，高彦晖战死。王全斌又派张廷翰进讨，同样大败而还，退保成都。王全斌十分恐惧，杀害后蜀降兵三万余人，这更激起了蜀中群众的反抗。全师雄趁机分兵绵州、汉州（今四川省广汉），一再击败宋军，两川州县纷纷起兵响应，邛、蜀、眉、陵、简、雅、嘉、果、遂、渝、资、昌、普、戎、荣等十六州兵变此起彼伏。全师雄自称兴蜀大王，署置官吏。

王全斌向京乞援，后刘光义、曹彬出击全师雄，两军交战于新繁，全师雄军多人解甲投诚。同年七月，全师雄连败于新繁（今新都县西）、郫县，是年十二月，退守灌口寨。

乾德四年（966年）正月，西上阁门副使丁德裕入蜀协助平叛。二月，渝州（今重庆）杜承褒攻占州府。六月，宋军破全师雄于灌口寨，擒其党羽二千人，全师雄败走金堂（今金堂县西）。全师雄的同盟吕翰也在嘉州（今四川省乐山）为宋军所败，退保雅州（今四川省雅安）。八月，宋军攻克雅州，吕翰走黎州（今四川省汉源县）被部下所杀。同年秋，全师雄箭伤发炎感染，病死金堂。全师雄病死后，众人推谢行本为帅，继续领导兵变部队退往铜山（今四川省中江县南），不久，为宋将康延泽所破，谢行本被擒获。为时一年有余的蜀兵反宋兵变终于失败。乾德五年（967年）初，宋太祖剥夺激起兵变的王全斌、王仁赡、崔彦进等主要将领军权，降职闲居。

## 王公仪

王公仪（1023—1093），宋岷州熙河路长道县白石镇（今西和县西峪乡）人。进士，官至左中散大夫、知泾州军州事兼管内劝农使、上柱国，封清远县开国男，食邑三百户，赐紫金鱼袋。

王公仪曾祖王珪、祖父王维嵩，皆以才德美好称誉乡里。其父王振，“尤能倾资待士以教诸子，故诸子相继而仕于朝。”遂以子贵而累封官至司空。王公仪是王振第六子。

王公仪“幼而颖秀，不为戏弄；长而严整，望子峙直。曾未髫齿，以童子举被召。幼失估恃，杰然自立。”在未成年时失去了父亲和母亲，因才华出众，童子时已被征用。北宋庆历六年（1044）中进士。“掌京兆府兴平县之牌籍府史”，曾试以隐讼，能作到“明辨不惑，勤恤隐物，而无势利之惮也”。“府郭之民生产之厚薄，贫富之次第，久不能定，王公仪定之，遂得大均之法”。有一妇人，死而不明，几欲掩埋，王公仪以手捏发，发现头上有巨钉。“人服其神明，而死者可不憾”。

后调任河中府河西县（治今山西省永济县蒲州镇）县令。河西县居府城下，十分富裕，但库存的丝帛缺额很多，长吏讯问主库使，主库使说：府僚上下均有放贷的，唯独河西令没有，“众虽忌，而上官嘉之”。由此可见王公仪的清正廉洁。后改任著作佐郎，知凤翔府岐山县（今陕西岐山县），因岐山为“繁邑”“五陵豪侠之风，习染犹在”。王公仪严格管束官吏，体察爱护百姓，废除繁重的刑法，没有遗留讼诉之事，“不劳而政，平讼理民”，百姓思念，视如甘棠。后来，他的儿子路过岐山，当地百姓奔走相告：“此王公之子也。”得民心者如此之深。迁秘书丞、知渝州巴县时，边境的少数民族时常侵扰为患，“旧每议事，必严武备”。王公仪则以常礼与其会于边境，宣谕朝廷恩信，以心感服。对于那些为富不仁的大户，则绳之以法，以震慑之。“有杜姓者，擅置官刑，笞挞仆隶至死，而郡胥受贿，不直其讼。”王公仪先擒赃吏，后以法治理，“豪右敛迹”。又迁太常博士、通判耀州。耀州有白渠，因水争讼者不绝。王公仪亲自监督民众，治理白渠，省工万计，以利其民，对那些“盗水争竞或掷瓦砾以害邑官，或至杀伤以起大狱。”此后始无水讼。

宋英宗即位，任王公仪为御史推直官。“委决留狱，多称明允”。遂加屯田都官。宋神宗登极，加职方员外郎，迁屯田郎中。迁商州（今陕西省商洛市）知州，该州地处山地，百货聚积，托运困难，“往时为吏者，或多牟渔于下”。卿大夫祭田之赋没有限度，王公仪将这一切除减。“官吏亦缩手不敢取”。后又改任池州知州，转职方郎中，旋又迁升兴元府知府，会“泸南用师，慎选守城。”于是，又改任资州知州兼梓夔两路兵马事，并兼任遂州知州，上任后，“止造舟之役，以息民力，供馈不乏”。迁朝议大夫，赐佩服金紫，封清源县开国男，食邑三百户。宋哲宗即位，加公仪中散大夫，任泾州（今甘肃泾川）知州，兼任夔路转运使。因“施州幸则杀，累劾不就”，诏命王公仪审察其详情，王公仪建议以其有边功从轻治罪。加左中散大，上柱国，知郇州。“未期，移知泾州，方议置帅，遽以告老”。元祐八年（1093）十二月二十二日甲子逝于泾州（今泾川县北）官舍。九年（1094）三月十三日甲申归葬于故里白石镇之西原（今西和县西峪乡王磨村石碑山）。绍圣三年（1096）五月十二日立《王公仪神道碑》于白石镇西原墓地。

王公仪有七子：长子嘉礼，任雄州防御判官；次子嘉谟，任通直郎；三子嘉猷，任宝德郎；四子嘉锡，任太庙斋郎；五子嘉问、六子嘉言、七子嘉瑞，皆任丞事郎。四个女儿皆嫁显贵。

## 晁说之

晁说之（1059—1129），字以道，又字伯以，因慕司马光之为人，自号景迂生。巨野（今属山东）人，或说澶州（今河南濮阳）人。晁氏家族是北宋名门、文学世家，晁说（yue）之的堂兄弟晁补之、晁祯之、晁冲之、晁咏之，都是当时的名士、著名的文学家。

晁说之于元丰五年（1082）进士及第，得苏东坡赏识，以“文章典丽，可备著述”举荐。范祖禹、曾巩亦以其“博极群书”荐之以朝廷。历任兖州司法参军、蔡州教授、宿州教授、武安知县。哲宗元符三年（1100），知无极县，应诏上言祇德、法租、辨国疑、归利于民、复民之职、不用兵、士得自致于学、广言路、贵多士、无欲速、无好高名等十事，上书斥王安石诸臣政事之非，声名大著。后历任监陕州集津仓、监明州船场，通判鄜州、提举南京鸿庆宫。

宋徽宗宣和二年（1120）晁说之任成州知州。唐乾元二年（759）七月，杜甫弃官华州，挈家西客秦州，在秦州驻足不盈四月，又离秦州南奔同谷县。晁说之感其高风，倡议建祠以纪念之，宣和三年（1121），同谷秀才赵维恭捐地五亩，知县郭糙主持建修祠堂，“祠望凤凰台而临百丈潭，皆公昔日所为诗赋之所也。使来者美其山川，而礼其像，忠其文。”晁说之亲撰《成州同谷县杜工部祠堂记》以记其事。杜工部祠堂又称“杜公祠”“诗圣祠”“同谷草堂”，其地址位于今成县东南七里处凤凰山下飞龙峡中。次年，在杜工部祠堂建濯凤轩。宣和六年（1124）又在万丈潭旁旧利泽庙之东另建一阁，取杜甫《万丈潭》诗中“造幽无人境，发兴自我辈”句，以“发兴”名其阁，即“发兴阁”。晁说之在短短的几年中，不仅新建了“成州同谷县杜工部祠堂”“濯凤轩”和“发兴阁”等三处纪念杜甫的祠宇、轩阁，而且撰写了《成州同谷县杜工部祠堂记》《濯凤轩记》《发兴阁记》《成州龙池湫潭庙碑》等文章，并作《别亲旧》《和圆机佳作》《约圆机不至将出游鸡头山作二绝句》《万丈潭观山呈圆机》等诗数十首。宣和六年（1124）因旱灾放免民税，不堪上级指责，挂冠而去，以朝请大夫职致仕。

宋钦宗靖康初（1126），晁说之奉召至京，任著作郎，旋任秘书少监兼渝德、中书舍人兼詹事，因力言三镇不可割，谏止钦宗不可弃汴京出狩，旋以“制词失当、议论不合”罪名落职。宋高宗即位，召为徽猷阁待制兼侍读，以病未赴。建炎三年正月卒，年七十一岁。

晁说之晚年笃信佛学，日诵《法华经》不辍，自称“国安堂老法华”，又号“天台教僧”，黄庭坚有“念公坐诵禅，守心如缚虎”之句，以称赞他的禅学修养。工诗，善画山水。博通五经，尤精于《易》。主要著作有《儒言》《墨经》《晁氏客语》《景迂生集》《易商瞿大传》《晁氏诗传》等。

## 崔　立

崔立（生卒年不详），字本之。北宋年间河池县（今徽县）人，祖父崔周度曾为后周高官，官拜泰宁军节度使。慕容彦超反叛后周，崔周度因谴责慕容彦超而被杀。

北宋初年，崔立考中进士，后被授为果州（今四川南充市北）团练推官。一次，果州驻军首领运送官府物资，因道路险阻难行而花钱雇船运输。知州姜从草知道此事后，称按法令应当斩首，崔立认为处罚过重，说按罪不过杖责罢了，知州姜从草不听其言，遂将此事报奏皇帝，皇帝下诏，处理意见与崔立一致。

宋真宗（968—1022）时，崔立改任大理寺丞。时值滑州（今河南省滑县）河水决堤，官府征发民夫修筑河堤，并向老百姓摊派修堤物资。朝廷命崔立负责计算筑堤费用，河堤完工后，崔立仔细核算出数额，发现费用还有节余，崔立将余费之事与下户尚未捐献的二百万费用之事一并奏知朝廷。崔立任职江阴军（今江苏江阴市）时，率当地民众疏浚江河港口，治理水患，使农田灌溉面积达两千余顷，并整修运河水道六十里，使之能通漕运，为当地百姓干了许多好事。

崔立因政绩突出，升迁为太常卿，任职后，他遇事直言，尽职尽责，先后向皇帝上奏四十余件事，最后官至工部侍郎。

## 梁太后

梁太后（？—1085），宕昌羌王族梁氏后裔，西夏毅宗李谅祚皇后，夏惠宗李秉常生母。拱化五年（1067）十二月西夏毅宗死，次年，惠宗李秉常继位，其母梁太后执政，其舅梁乙埋为国相。梁太后执掌西夏朝政达十八年之久。

西夏毅宗李谅祚在位时，皇后没藏氏之父没藏讹庞任国相，把持朝政，专横跋扈。梁氏本为权臣没藏讹庞的儿媳妇，告讹庞谋反，夏毅宗诛杀讹庞家族，废没藏皇后。西夏䙚都五年（北宋嘉祐六年，1061 年）四月册封梁氏为后，为梁皇后。

西夏毅宗接受梁皇后建议，以梁乙埋为家相，并向宋朝求取《九经》《册府元龟》和朝贺礼仪等书，推行汉礼，接受汉族文化，加快封建化进程。夏拱化五年（宋治平四年，1067 年），西夏毅宗李谅祚病逝，子秉常继位，年仅七岁，是为夏惠宗，尊梁皇后为太后。因夏惠宗年幼，由梁太后摄政。梁太后摄政后，任其弟梁乙埋作国相，梁乙埋又安排他的子弟和亲信担任要职，掌握了西夏国朝政大权，同时排斥异己，如元昊之弟嵬名浪遇在谅祚时曾主持朝政，担任都统军，精通兵法，熟谙边事，因不附梁氏兄妹，被梁乙埋罢官流放。

梁太后、梁乙埋为取得党项羌权贵拥护，于乾道二年（1069）一反前朝规定，下令恢复旧日蕃族礼仪。此后，从乾道元年到大安二年（1068—1076）的近十年中，梁太后和梁乙埋姐弟擅权，连年向宋朝发动战争，企图用战争的手段来提高自己的威信，并以此向宋朝索取厚赐。

天赐礼盛国庆元年（1070）八月，梁太后亲自调集三十万兵马，倾巢出动，“赍百日粮，攻沿边五路”，大举进攻宋朝环、庆二州。军屯榆林，游骑直逼庆州城下，造成了宋朝“陕右大震”的局面。后因吐蕃首领董毡乘虚率兵攻入西夏西境，迫使梁乙埋匆忙撤军。次年，西夏兵又攻陷宋沿边诸堡，收复被宋将种谔袭据的罗城。

西夏大安二年（宋熙宁九年，1076 年）正月，惠宗皇帝亲政，年十六岁，梁太后以梁乙埋女立为惠宗秉常皇后。惠宗准备在西夏“复行汉礼”，废除“蕃仪”。大安六年（1080）正月，正式下令付诸实施，这一举动遭到梁太后的竭力反对。大安七年，惠宗接受汉人大将李清的建议，打算将黄河以南之地划归宋朝，与宋媾和，借助宋朝的力量削弱梁氏势力。李清正准备出使宋朝时，被梁太后得知，她召集幸臣罔萌讹等密谋，诱来李清饮酒，即捕而杀之，又将惠宗囚禁在距兴庆府（今宁夏银川市）五里之地西夏皇陵所在的木砦。同时下令命梁乙埋与罔萌讹等聚集兵马，控制河梁要道，断绝都城与外界的联系。惠宗被囚禁的消息传出去后，朝廷上下震惊。惠宗的皇族、亲信和各地部族首领纷纷拥兵固守所属城池堡寨，与梁氏势力对抗，一时夏国处于混乱之中。宋神宗赵顼利用西夏政局不稳之机，以宦者李宪为统帅，发动陕西、河东五路大军攻夏。梁氏家族梁乙埋、梁永能、梁格嵬、梁讫多埋等领兵抵御，尽皆溃败，形势危急。梁太后改行坚壁清野、引敌深入、抄绝饷道、聚兵歼灭的战略，终于击退宋军。翌年，宋兵在银、夏、宥三州交界处筑永乐城（今陕西米脂县西）以图困扼西夏，西夏起兵三十万攻陷永乐城，宋军大败，死将校数百人，士卒、役夫二十余万。

西夏因连年战争，陷于疲惫，内部分裂。大安九年（1083）闰六月，梁太后与梁乙埋等在众议纷纷中，让惠宗复位，以缓和矛盾。惠宗复位后，朝政大权仍然掌握在梁太后与梁乙埋手中，他们以惠宗的名义遣使到宋朝上表请称臣纳贡，以求重新得到宋朝的“岁赐”。另一方面又以索回西夏旧有疆土为理由，继续对宋朝边境进行骚扰、攻掠。翌年，西夏发兵围攻兰州，不克，粮尽而退。大安十一年（1085）二月，国相梁乙埋病死。

梁乙埋死后，在梁太后的一手操纵下，立梁乙埋之子梁乙逋为国相，梁氏姑侄继续把持朝政。大安十一年（1085）十月，梁太后病死，谥号恭肃章宪皇后。

梁乙埋、梁太后相继去世后，翌年（西夏天安礼定元年，天仪治平元年；北宋元祐元年，即 1086 年），夏惠宗亦去世，其子乾顺继位，是为夏崇宗，年仅三岁，皇后梁氏（梁乙埋之女，西夏崇宗生母）与其兄相国梁乙逋执政，亦称梁太后（史称小梁太后）。西夏天佑治平二年（1087），西夏送归宋俘人三百一十八口，宋以米脂等四砦归还西夏。夏天佑民安二年（1091），西夏又攻宋熙、河、兰、岷、鄜、延诸路，宋停止对西夏的“岁赐”，并禁和市。翌年，梁太后偕子夏崇宗乾顺亲自率军攻宋环州，败归。梁乙逋以崇宗乾顺母舅的身份，仗恃国戚关系，专权自大，与小梁太后发生抵触，引起小梁太后不满。夏天佑民安五年（1094），西夏国大将嵬名阿吴等杀梁乙逋及其全家。夏天佑民安七年，小梁太后偕子夏崇宗亲临前阵，举兵五十万攻宋鄜延路，破宋金明砦（今陕西安塞县沿河湾镇），将宋守将皇城使张舆和二千五百名宋军几乎屠杀一空，只有五人得脱，并缴获大量物资。夏永安元年（宋绍圣五年，1098 年），小梁太后再次偕子乾顺领兵四十万，进攻宋平夏城（即渭州石门城），历时十三日，西夏军最终惨败而归，死伤近三万，大将嵬名阿埋与妹勒都逋及其族人被杀，西夏人纷纷哀叹“唱歌作乐地，都被汉家占”。

夏永安二年（1099）正月，辽道宗耶律洪基遣使臣至西夏，设计毒杀小梁太后，崇宗始亲政，给母亲上谥号为昭简文穆皇后。

梁氏“一门二后”，姑侄二任太后执掌西夏朝政先后达三十二年之久。

## 吴　玠

吴玠（1093—1139），南宋抗金名将。字晋卿．宋时德顺军陇干（今静宁县）人，吴玠因战功赫赫，曾被封为保平、静难军节度使、开府仪同三司、四川宣抚使，以及少傅、少保等勋爵，死后谥为武安，追封为涪王。

吴玠年轻时投军，先后征讨过西夏，围剿过方腊起义军及河北起义军，屡立战功，转忠训郎，任权泾原第十一正将。宋靖康元年（1126），吴玠率军打败进攻怀德军（今宁夏固原县北）的西夏军，升任泾原路第十二副将。

宋建炎二年（1128）四月，吴玠击败进犯的金军于清溪岭（今泾川县西南），升任权泾原路兵马都监兼知怀德军。十一月，吴玠又收复华州（今陕西华县），随后又镇压史斌于鸣犊镇（今西安市东南），以功升右武大夫。建炎三年，张浚“谓中兴当自关陕始，虑金人或先入陕取蜀，则东南不可保”，高宗任命张浚为川陕宣抚处置使，领导川陕地区抗金斗争。川陕成为抗金主战场，《宋史·汪若海传》载：“朝廷以张浚宣抚川、陕，议未决。若海曰：‘天下者，常山蛇势也，秦、蜀为首，东南为尾，中原为脊。今以东南为首，安能起天下之脊哉？将图恢复，必在川、陕。’”

建炎二年十一月，张浚到达秦州，升吴玠为泾原路统制。张浚准备举行富平会战，吴玠与秦凤路提点刑狱、权经略安抚使知秦州郭浩建议：避敌锐气，分兵固守，互相声援，待机出击。张浚不听。建炎四年（1130）初，吴玠又升任泾原路马步军副总管。金军西路主帅完颜娄室侵占长安后，派副帅完颜撒离喝率军向西北进犯麻亭镇（今陕西彬县南）。吴玠与张中孚、李彦琪等，奉都统制曲端之命抗击于彭原店，曲端则拥大军屯驻于后方的宜禄（今陕西长武县）。吴玠等与金军恶战，初战告捷，在金军再次攻击下，吴玠所部前军稍有退却，曲端不但不进兵支援，反而退往泾州（今泾川县），吴玠战败。金军乘胜进占邠州（今陕西彬县），烧杀后退走。曲端以吴玠违背他的节制为由，将吴玠降为怀德军知军。不久，张浚升吴玠为秦凤路副总管兼知凤翔府。九月，宋军发动“富平之战”，宋军战败，吴玠收散兵退保大散关（今宝鸡市西南）东的和尚原，积粟列栅，训练士卒，死守入蜀通道。富平之战，宋军失利。吴玠同曲端有怨，张浚接受吴玠密谋，以谋反罪将曲端交由康随审问。绍兴元年，曲端因酷刑死于恭州。

宋绍兴元年（1131）五月，金军兵分两路攻蜀，东路从凤翔西上，西路自阶州、成州东出大散关，合攻和尚原。西路金军先到和尚原北山，吴玠士卒坚守阵地，以逸待劳，轮番作战，连战三天，金军战败，退往西南的黄牛堡，又遇大风雨雹，被迫退走。东路金军正在攻打箭筈关（今陕西千阳县南），吴玠又派兵击败东路金军，吴玠以功升陕西诸路都统制。同年十月，金军主帅宗弼（即兀术）率金兵数万，“造浮梁跨渭水，自宝鸡连三十里（结连珠营），垒石为城”，吴玠命诸将造劲弓强弩，轮番发射，箭下如雨，号“驻队矢”，重创金兵。吴玠又断金兵的粮道，并在敌军的退路上设伏。三个月后，金兵撤退，宗弼所部“抵险不可进，乃退军，伏兵起，且战且走，行三十里，将至平地，宋军阵于山口，宗弼大败，将士多战殁”。金兵全线崩溃，兀术身中两箭，剃掉胡须，换了衣服才逃走，宗弼“自入中原，其败衄未尝如此也”。和尚原之战，后被列为南宋“中兴十三处战功”之一。吴玠以功建节，特授镇西军节度使、陕西诸路都统制、武功县开国子，食邑五百户，食实封二百户。

绍兴二年冬，吴玠兼任川陕宣抚处置使司都统制，领兵驻守河池。吴玠与刘子羽“议和尚原距川蜀地远，终恐粮道不继，难以持久。又于川口仙人关侧近杀金坪选战地，修置山寨以备奔冲。”绍兴三年（1133）正月。金帅撒离喝用叛将李彦琪驻秦州牵制吴玠，自领主力由攻打兴元府，先攻陷金州（今陕西安康），兴元府知府刘子羽退守饶风关（今陕西石泉县饶峰镇），并向吴玠求援。吴玠率部自河池一昼夜急行驱驰三百里，赶到饶风关抗击金兵。到达后，吴玠派人送柑桔给撒离喝，称“大军远来，聊用止渴。”撒离喝大惊：“尔来何速耶！”金兵猛攻，尸如山积，激战六昼夜，后因被处罚的宋军偏将降金，引金军从小路破关，吴玠退保西县（今陕西勉县西），金军占领兴元府（今汉中市）。吴玠放弃和尚原，退往河池县仙人关（在今徽县南），在关右筑垒以守，号“杀金坪”。金兵怕后路被断，不敢深入，只好退兵，途中又遭到吴玠伏兵的袭击，辎重尽弃。宋军收复失地，又恢复了战前态势。授吴玠检校少保、定国军节度使、建安郡开国侯，食邑一千五百户，实封六百户。

绍兴四年（1134）二月，金军主帅宗弼、撒离喝及伪齐刘夔率军十万南下，大举进犯仙人关。当时吴玠的弟弟吴璘驻守和尚原，吴玠令其放弃和尚原，回军把守仙人关右面的胜金坪，并在胜金坪修筑了堡垒，以保卫仙人关。这时，撒离喝和刘夔领十万金兵沿铁山（又称青泥岭）凿崖开道，顺山岭而下扑向仙人关。吴玠用万余人把守敌人必经要道，吴璘部轻装与金兵转战七昼夜，由七防关（在今康县大南峪）昼夜兼程赶来增援仙人关。战斗开始后，金兵先攻仙人关吴玠大营，被吴玠击退。金兵又用云梯等工具攻堡垒，杨政指挥宋军用撞杆击碎云梯并命令士兵以长矛刺杀。金兵将人马分为两队，元术领一队在东面攻打，韩常领一队在西面攻打。吴璘则率领精锐士兵在金兵两队人马间巧妙周旋，看准时机进攻敌人。战了许久，吴璘所统士兵显出疲惫之态，吴璘领兵退入第二道防线坚守。金兵组织生力军扑上来，个个身披厚重的铠甲，相互间用铁钩相连，向关上猛冲。吴玠选劲弩，把将士分为数队轮流射箭，金兵尸体堆积了厚厚一层，但后面的金兵仍踏着前面的尸体继续向上强攻。第二天，撒离喝攻打仙人关西北面的指挥塔，姚仲登上指挥塔与金兵激战，吴玠急令田晟领兵用长刀大斧左右冲杀金兵。第三天，吴玠率大军全面出击，其部将王喜、王武率领精锐士兵，分为紫、白二色旗冲入金兵大营。金营大乱，宋兵奋力追杀，乱箭射中了韩常右眼。金兵逃跑，吴玠早已派统制张彦领兵在横山寨截击，并令王俊在河池设伏兵截住金兵退路。金兵大败，退兵凤翔。四月，吴玠收复凤、秦、陇三州。仙人关之战也被列入“中兴十三处战功”之一。吴玠以功特授检校少师，奉宁保静军节度使、川陕宣抚副使；进封安定郡开国侯，加食邑五百户，实封二百户。吴玠在仙人关一带屯田，以补充军需。知道吴玠大军不可侵犯，从此金兵不敢轻易犯蜀。

绍兴九年（1139）正月，金与宋议和。授吴玠保平静难军节度使、开府仪同三司、四川宣抚使。六月，吴玠在仙人关卧病不起，皇帝派内宫太医快马赶往诊治。吴玠病逝，享年四十七岁，追封为少师，赐“武安”的称号。绍兴十五年，诏立庙仙人关，赐额“忠烈”。孝宗淳熙三年（1176），追封为吴玠涪王。吴玠有拱、扶、卫、扩、揔等五个儿子，全为统军将领。

吴玠军事才能非凡。宋朝自建炎四年（金天会八年，1130年）九月富平惨败后，陕西四十万宋军土崩瓦解。秦、凤之地全被金兵占领。金人虎视蜀川，东南形势也十分紧迫，吴玠临危受命，出任陕西诸路都统制，奋起抗金，捍卫川蜀。次年十月，和尚原一战，金太宗完颜晟四太子完颜宗弼（兀术）身中两箭，割发断须，仅以身免；第三年，饶风关一战先胜后败，金人终究不得入蜀，宋军虽败犹荣；尤其是仙人关一战，吴玠以三万之军破金兵十万之众，成功地粉碎了金兵妄图南下蜀川、云、贵而一举灭亡南宋的战略构想。史言“微吴玠身当其冲，无蜀久矣”，“使有数年之笆，则中原之复可几也”。

徽县城关钟楼山（今称吴山），有吴玠之墓及“宋故开府吴忠烈墓志铭碑”，公布为省级重点文物保护单位。

## 吴 璘

吴璘（1101—1167），字唐卿，吴玠的弟弟。吴璘随其兄吴玠征战多年，保卫秦陇，屏障巴蜀，屡立战功。

吴璘年十八，以良家子从军。靖康初，充永兴路机宜，移辟秦凤路，还迁合门宣赞舍人。宋绍兴元年（1131），金大将没立、乌鲁折合所部金兵进攻和尚原，吴璘迁康州团练，守和尚原前沿阵地箭筈关，力挫敌锋，因功擢秦凤都钤、马步军副总管，统领驻守和尚原的所有军马。是年秋，金军主帅宗弼（即兀术）再次进攻和尚原，吴玠率军死守，选健卒劲弩，轮番猛射。吴璘亲引精兵三百设伏于原北之神岔，出奇制胜，连破敌寨十余座，斩、俘以万计，兀术中矢而逃。

绍兴三年（1133），吴璘擢升为荣州防御使，知秦州，节制阶、文二州。饶凤关战后，吴玠在祖溪关被金兵所败，即令吴璘放弃和尚原，退至仙人关以东之杀金坪，扎营筑垒，以防金兵入蜀。吴璘对吴玠说：“胜金坪距仙人关较远，阵地散乱，须要用后面阵地作为主阵，这样定能打败金兵。”吴玠听从了他的建议，急令士兵修筑第二道防线。绍兴四年（1134），金统帅完颜宗弼（兀术）、撒离喝率十万金兵进犯仙人关。吴璘领兵由武阶七防关急援，冒着被金兵围困的危险转战七昼夜，终于在仙人关与吴玠会合。吴玠、吴璘与金兵血战数日，金兵大败而退，兀术、撒离喝从此不敢轻易侵犯蜀川。仙人关大捷及功劳册上报朝廷后，吴璘被提任定国军承宣使，熙、河、兰、廓路经略安抚使、知熙州。绍兴六年（1136），为行营右护军统制。七年，升陕西诸路都统制。

绍兴九年（1139）初，朝廷授任吴璘为秦凤路经略安抚使兼秦州知州。吴玠死后，吴璘代领其兵，加授龙神卫四厢都指挥使，节制陕西诸军，成为西北抗金统帅。时逢金国废除了伪齐皇帝刘豫，将河南、陕西之地归还宋朝。皇帝下令边帅撤离守备，废除关隘，派使臣前往陕西办理接管事宜，并令西路军三路统帅领兵进入陕西分别驻军，把守川口（阶州七防关、凤州仙人关、兴元府武休关合称三关，与四川剑阁剑门关一道素有“川口”之称）的军队全部调往陕西。吴璘上书说：“金人反复无常，不可轻信其言，恐其有变。现将军队调往陕西，四川门户空虚，金兵若从秦岭攻打我们陕西各路人马，直扑川口，我们将无法抵抗。应在地势险要的地方派军防守，严控各路要冲，待金国力疲惫时再攻打金国。”皇帝听从了他的意见，令吴璘和杨政两路兵马仍屯驻河池，保卫蜀川门户；郭浩一路军队调守延安。不久，四川制置使胡世将抵达河池（今徽县城关），朝廷让他行使四川宣抚使之责。吴璘拜见胡世将时说：“金兵驻守河中府（今山西永济），与我们大庆桥仅一桥相隔，若金人骑兵快速疾驰，用不了五天时间可抵达川口，而我军距川口路远，行动迟缓，遇到紧急情况就来不及救援。再次，关口和险要地方的防御工事也要加紧修缮加固，运送军马粮草的道路要尽快疏通。现在正是我军存亡的关键时刻，我家族的安危固然不值得爱惜，但对于国家安危又如何呢？”当时满朝官员认为宋金已经议和，战争不会再起，故谏言废弃仙人关等关隘，因胡世将“是其言，抗旨申奏”上奏朝廷，仙人关才未被废弃，鱼关的粮仓仍存储粮食。吴璘仅调三小队人马开赴秦州驻守，大军仍驻守在阶、成等地山寨，并告诫各寨将领不得放松警惕。不久，胡世将正式移置四川宣抚司于河池。

绍兴十年（1140）五月，金国叛盟毁约，发倾国之兵，分四路大举南侵。金右副元帅完颜杲（撒离喝）领兵由山西渡过黄河，占领长安。原驻守陕西的几路宋军被金兵甩在身后，一时朝野震动，惊恐万分。宋以胡世将为川陕宣抚副使，以郭浩为枢密院都统制、吴璘为右军都统制、杨政为川陕宣抚司都统制，展开陕西争夺战。当时只有吴璘随胡世将驻军河池，胡世将召众将商议，参谋官孙渥对胡世将说：“河池不可坚守，应退守仙人原。”吴璘严厉斥责说：“懦语沮丧军心，可斩！璘以百口之家担保破敌。”胡世将壮其言，决心死守，并指着自己的帐篷说：“我立誓，死就死在这里。”于是派孙渥到泾原驻守，令田晟率三千人马迎战金兵。命吴璘将兵二万，进入宝鸡、渭河以南川原地带，与金兵隔河对峙。金兵犯石壁寨（今陕西宝鸡南），吴璘遣统制姚仲迎击，击伤金将珠赫，敌退武功（今陕西武功）。六月，金将鹘眼带三千人直扑宋军，吴璘遣统制李师颜击败，敌退守扶风（今陕西扶风），李师颜进克其城，俘获百人。吴璘又遣将进袭凤翔西城外敌营，撒离喝亲自出战，在百通坊（今陕西扶风西南），又被姚仲击败，郭浩自鄜延遣将合环庆兵攻克醴州（今陕西乾县）。撒离喝登西平原窥视吴璘大虫岭（今陕西宝鸡市东北）军营，喟然叹服：“善战者立于不败之地，此难与争。”乃引兵退据凤翔。金兵四处碰壁，伤亡惨重，龟缩凤翔一带，不敢再攻。吴璘遂返仙人原。升吴璘镇西军节度使、侍卫步军都虞侯。诏令吴璘与胡世将共同调遣陕西各路军队。

绍兴十一年（1141）八月，撒离喝遣统军胡盏、习不祝率兵五万，屯军刘家圈（今天水市东北），欲取熙、秦州，进窥陕南。胡世将召吴璘、杨政、郭浩会商于仙人原，决定吴璘赴秦州正面御敌，郭浩与杨政出兵陕西游击牵制。郭浩引军出师商州，向陕、华、同、虢进击，连下四州，势如破竹。吴璘遣姚仲、王彦渡河越岭，夜袭敌营，遣张士廉间道出敌后，进据腊家城（今天水市北），姚、王率军潜薄敌营，放火烧栅，金兵仓皇应战。吴璘又在剡家湾（今天水市南）大败金统帅胡盏所部，收复秦州和陇右诸郡。金兵退守腊家城，吴璘领兵围攻腊家城。此时，宋高宗又与金议和，将和尚原、方山原战略要地割给金国，并裁撤戍守之兵，尽弃陕西商、秦以北之地于金，下令班师。十二年(1142)，吴璘赴临安（今杭州市）陛见，加爵检校少师，授阶、成、岷、凤四州经略使。十四年(1144)，分利州路为东西两路，任命吴璘为利州西路安抚使，驻节兴州（今陕西略阳县），节制兴、阶、成、西和、凤、文、龙（四川平武县）七州军马。高宗谓秦桧："陕地远，为将尤难得人。如璘统兵有法，肯为朝廷出死力，诸将所不也。"十七年，移节奉国军御前诸军都统制，帅依旧，知兴州，加太尉。二十六年，加开府仪同三司。

绍兴三十一年(1161)金主完颜亮背叛宋金和约，部署南侵。五月，吴璘任四川宣抚使，进封成国公。驻节青野原（今徽县南），握军备战。九月，金兵数十万大军分四路入侵，西路元帅大将合喜，引军出陕西宝鸡南之大散关，进袭凤州黄牛堡。时，吴璘已年届花甲，肠胃有疾，毅然乘轿重上杀金坪，抱病指挥，分道进击，夜劫桥头寨（今陕西宝鸡市西南），攻克秦、洮、陇州。与此同时，金州（今陕西安康）、均州（今湖北均县）东进之师，攻克丰阳（今陕西山阳）、商州（商县）、邓州（今河南邓县）。金兵首尾不能相顾，十二月，高宗下诏全面反攻，抗金将士雀跃。时，吴璘因疾下原休养，闻诏秣兵厉马，部署行动，光复故里水洛城。宋廷任吴璘陕西、河东（今山西省）招讨使，进爵成国公。绍兴三十二年(1162)正月，吴璘下令兴元统制姚仲东进，兴州统领惠逢西出，宋军斩关夺将，势如破竹，沿途义军（内陷区民兵）云起影从，人民箪食壶浆。姚仲在义军配合下连克巩州（今陇西县）、德顺军（今静宁县）、镇戎军（今固原县）、原州（今镇原县）、环州（今环县）。惠逢得吐蕃军之助克熙州、河州（今临夏州）、积石军（今临夏州西北）。至五月，光复关陇十四州（军）、县，为荆襄江淮方面所望尘莫及。光复德顺军、原州之战，反复争夺，空前激烈，吴璘带病奔赴前线，冒矢石指挥，一鼓作气收复了德顺军。正当大获全胜之时，高宗禅位孝宗，与金议和，令吴璘班师回河池。吴璘知朝论主和，于是弃德顺军，仓卒引退，途中频遭金人袭击，将士走散，损失部将十余人、军士三万三千人。吴璘与将士艰苦争得的十六军、州，拱手送金。孝宗隆兴元年(1163)，拜吴璘少傅，除陕西、河东宣抚招讨使。隆兴二年(1164)，金兵侵犯西和州，吴璘派大军到祁山，金兵忙退兵而去，并派使者告诉吴璘："宋、金已经议和。"请求休战，时逢朝廷的诏书也送到，宋、金各自退兵。拜少师，仍领宣抚，改判兴元。吴璘独当一面，屡战屡胜，金兵终不能入四川，为朝野所敬重，"守蜀二十余年，隐然为方面之重"。

乾道元年(1165)，孝宗皇帝派内侍持诏书慰问吴璘，并召吴璘到京师临安府(今杭州市)。皇帝与吴璘在偏殿谈话，允许他到德寿宫朝见高宗。高宗见到吴璘后，叹息说："我与你是老君臣了。"高宗解下自己佩带的饰物赐给吴璘说"你想念我时，看到这件东西就如看到了我。"拜吴璘太傅，进封新安郡王，仍领四川宣抚使，镇守兴元。乾道二年十一月，吴璘改镇武兴。孝宗密诏四川制置使汪应辰："如吴璘（病重）不起，收其宣抚使牌印。"

吴璘请老之奏闻，以太师致仕。乾道三年（1167）五月十七日，吴璘病重，弥留之际，不念家事，不眷亲人，唯一心保蜀，耿耿为国。他呼唤幕僚代书遗表：“愿陛下毋弃四川，毋轻出兵。”言毕，溘然长逝，享年六十六岁。汉中民众闻知，痛哭失声，以致罢市。噩耗传至京城，合朝震惊，特辍朝两日，以示哀悼。高宗赐银千两抚恤，许立家亩祭祀，赠为信王。

吴璘善读史书，谙熟兵法，总结了一套克敌制胜的战略战术，诸如“叠阵法”，一生著有兵法两篇。

吴璘关心民间疾苦，治城修堰，整饬河道，灌溉农田，“璘至汉中，修复褒古堰，溉田千顷，民甚便之”。

吴璘有子十二人，著名者一为第五子吴挺，一为第四子吴摠。吴摠与吴挺是异母兄弟，原为文官，乾道六年（1170），以知洋州改任英州刺史，充池州驻扎御前诸军都统制。吴摠生性暴烈，每每妄加杀人。宋孝宗得知后，又将他改为文官，先任四川都大提举茶马，因措置不当而被黜为主管佑神观；淳熙十五年，复为知鄂州，不久又遭罢黜；其后又复官，知泸州，不久又遭罢免。

## 吴 拱

吴拱（？—1177），吴玠长子。早年随父从军。南宋重要抗金将领。先后任利州（今四川广元市）西路驻扎御前后部统制军马、荣州（今四川荣县）刺史、荣州团练使，阶、成、西和、凤州副都总管兼成州知州、武康军节度使、侍卫马步都指挥使。去世后赠太尉，谥襄烈。

绍兴九年（1139）六月，吴玠死后，吴拱任右护军从军。绍兴十一年，任右武郎、泾原路兵马都监。绍兴十七年，任右护军后部同统制。后任阶、成、西和、凤州兵马钤辖。绍兴二十八年，加神龙卫四厢都指挥使，后又升任统制、观察使、都统制等职。绍兴二十九年，升任枢密院副都承旨，后任利州西路驻札御前中军都统制，阶、成、西和、凤州副都总管兼成州知州。

绍兴三十一年（1161）三月，当金准备侵宋时，吴拱以利州西路御前中军都统制率军三千，东戍襄阳（湖北襄阳），后改任襄阳知府，从此脱离西部防线。九月，吴拱升任鄂州驻札御前诸军都统制，成为南宋中部防线的主要军事统帅，又兼任湖北、京西制置使，参与指挥荆襄地区对金作战，与镇江府御前诸军都统制兼淮东制置使成闵、建康府御前诸军都统制兼淮西制置使李显忠，并称为三大帅，吴拱的地位已近似于“绍兴和议”前的岳飞。

同年九月，金汉南道行营都统制刘萼进兵光化军（今湖北光化），光化无守军，吴拱命统制张超往守。张超军入城，金兵骤至，张超率兵巷战，驱逐金兵出城。金海陵王亲率大军渡淮河南下，宋廷令吴拱退守荆江一线，吴拱致书称：“襄阳为荊州之藩篱，屏翰上流，号为重镇，若弃之不守，是自撤藩篱也。”吴拱在襄阳城西筑万山寨，以为屏蔽。刘萼攻樊城，吴拱登襄阳城挥兵抗御。在吴拱牵制之下，宋军相继收复河南褒信（今河南息县境）、新蔡、平舆（今河南汝南境）及蔡州（今河南汝南）。同年十二月，金军以水军进攻茨湖

长峰寺位于略阳县白水江镇长峰村（又作长丰村），隔江与长举县故址和吴王城遗址相望。吴氏三代人在此屯兵抵御金兵，前后近八十年

（今湖北省老河口市西北），吴拱部将史俊涉水登上金军船只杀敌，金军船队惊慌失措，其余宋军乘势进攻，金军战败退走。茨湖之战被列入“中兴十三处战功”之一。吴拱所部在忠义军的配合下又攻占邓州，继又派兵攻克汝州。

三十二年正月，金军大举围攻蔡州，吴拱遣将增援固守，金兵破城而入，宋军巷战击走。金人集数万骑再攻，吴拱由襄阳进驻南阳策应守军，遣将与守将赵撙固守，金兵攻入南门，巷战五日，始驱逐出城。宋军赵撙撤退时，吴拱又派部将王宣率步骑往援，阻击金兵于确山（今属河南省），蔡州军民得以安全抵达德安（今湖北安陆）。二月，遣将收复永宁（今河南洛宁）等县。同年六月，以赏茨湖之功的名义，“鄂州驻札御前诸军都统制、充湖北京西制置使、京西北路招讨使吴拱为安远军承宣使、主管侍卫步军司公事”，“时复与北人议和，故三招讨并除管军而结局”，情形有些类似于“绍兴和议”前撤销韩世忠、张俊、岳飞三宣抚使司，所不同的是并未收他们的兵权。

孝宗隆兴元年（1163），吴拱调回陕西，协助吴璘。吴拱为人颇似其父，受吴璘器重，吴璘晚年多病，吴拱协助处理军政，每事尽心。隆兴二年（1164），金兵侵犯西和州，吴璘派遣吴拱率大军到祁山堡，突袭金兵，大获全胜。孝宗连下两诏奖谕，一为《赐吴璘为发遣吴拱于祁山堡等处掩杀番贼大获胜捷奖谕诏》，曰：“强虏骋兵，骚我四鄙，乃睠西垂之远，尤深中昊之忧。卿忠智根心，策虑超卓，遣发将士，动中事机。祁山之役，大有斩获。捷布既至，良用叹嘉。所期元戎，殄歼丑类。用驰一札，少寓褒怀。”一为《赐吴拱于祁山堡等处大获捷奖谕诏》，曰“敌人寇边，再变月律，将帅罢怯，未成伟功。朕当馈而叹，时无颇、牧，赖汝父子，家传方略，天授智勇，必能为我扞西鄙之患。果闻捷音，大翦獍悍。更期尽力，勿使生存。国有恩章，朕所不惜。”（见洪适《盘洲文集》卷一二）。

乾道五年（1167），吴拱任利州路安抚使、兴元府知府、驻札御前诸军都统制。淳熙二年（1175）免职授宫观闲差。淳熙三年（1176）十一月，升武康军节度使、侍卫马步都指挥使。淳熙四年（1177）吴拱去世于兴元。赠太尉，谥襄烈。吴拱在兴元修筑褒水渠堰，发展生产，“尽修六堰，浚大小渠六十五里，凡溉南郑、褒城田二十三万三千亩有奇。诏奖谕（吴）拱”。州人立碑纪念，今尚存。

## 吴 挺

吴挺（1137—1193），字仲烈，为吴璘第五子，现存《世功保蜀忠德碑》明确记载：“王守武阶日，生于守舍。”武阶郡，北魏首置，西魏时改置覆津县，后为阶州，即今陇南市武都区、康县一带。吴璘曾在州北米仓山上筑城，并建仓积粮，以御金兵。

吴挺幼时十分聪慧，深得吴璘宠爱。初识字，便能读《左氏春秋》，“至征伐会盟，究极其旨。”绍兴二十四年（1154），年十七，始从军为后部准备将。不久，又迁为中书第一将。这年，吴挺到京城呈送文件，宋高宗亲自召见，向他询问西边地势、兵事及战守情况，他对答如流，高宗十分惊奇，对左右大臣说“这真是将门出虎子啊！”当即破格提拔吴挺为右武郎、浙西路兵马都监兼御前祇侯，赐金带，以后，又相继任利州路兵马钤辖、右武大夫、利州东路前军同统制。

绍兴三十一年（1161），金主完颜亮背叛绍兴和盟，派遣合喜孛堇为征西元帅，率大军南下，直逼秦陇，准备夺取四川地区。时任四川宣抚使的吴璘急忙调兵遣将，分路抵抗，吴挺受命镇守兴州，但吴挺执意要上前线，他对父亲说“我愿率兵出征，建功立业于阵前。”吴璘便任命吴挺为中军统制，率军北进。此时，秦州已为宋军攻克，但金将合喜孛堇与宋叛将张忠彦联合反攻，形势十分危急，吴挺率兵日夜兼程疾进，在治平寨同金兵相遇，宋军乘其不备，击鼓猛进，金兵溃不成军，四散弃逃，吴挺乘胜追击，一举攻克南市城，金兵大败，擒获伪宣武将军安宁，斩杀金将阿乌孛堇、萧千户等，上报战功时，吴挺“推功其下，士益以此多公。”朝廷特授其为荣州刺史，后又迁升为熙河路经略安抚使。

绍兴三十二年（1162）吴挺奉命同都统制姚仲率东、西两路兵马进攻德顺城（今静宁县）。驻守德顺城的金兵自以为兵强马壮，加上从平凉、凤翔的援军也相继开来，因而根本上没有把宋军放在眼里。不料，金兵还没有做好准备，吴挺已率兵赶到，军容整齐，刀枪闪亮，金兵大惊失色，纷纷喊道：“天兵来了！天兵来了！”吴挺一马当先，奋勇杀敌，士兵士气高昂，很快便突入敌阵，同金兵混战在一起，精于骑射的金兵在混战中发挥不了骑兵的作用，只好弃马步战，吴挺乘机调集一部精兵，从敌人侧后袭击，夺走了金兵的战马，顿时，金兵阵脚大乱，四散奔逃，宋兵乘胜追击三十余里。这一仗，宋兵大胜，金兵死伤万余人，尸横遍地，丢弃的军装器械堆积如山，千户耶律九斤、合喜孛堇等一百三十七名金将被俘，吴挺又乘胜将德顺城围了个水泄不通。

德顺城是金兵南侵的重要基地。德顺城被围后，金廷十分震惊，除严令金兵坚守城池外，还急忙调集各路大军前来解围。吴挺孤军深入，估计一时难以攻下德顺城，便抢先占据了城外的有利地形，严阵以待。数日后，金兵云集阵前，吴挺先是出动小股部队骚扰敌人，随后又乘敌人不备进行突击，得胜后又迅速撤回，这样反复多次，使金兵无可奈何。此时，正值严冬季节，天寒地冻，风雪交加，数万金兵屯集城中，粮草不济，兵无斗志，只好下令撤军。德

吴王城遗址位于嘉陵江西岸山下的一个平台上，城垣在20世纪50年代修建宝成铁路时损坏殆尽，仅在江边残存一段长6米、高2米的城垒墙体

顺城遂为宋军占领。随后，吴挺又率军攻克巩州城。战斗结束后，吴挺因功被授郢州防御使。

不久，吴挺随父亲吴璘防守河池(今徽县城关)。六月，金将完颜悉烈领兵十万前来攻城，守军凭险固守，并不轻易出战。吴挺多次亲率精兵袭击金营，给金兵以重大杀伤，金兵伤亡惨重，只好退兵待援。援兵带来了专门用于攻城的大车，这种大车上面蒙盖厚厚的牛皮，车的两边有四个轮子，中间能隐蔽五十名士卒，可以抵御矢石，号称“憨皮袋”。金兵扬言，这种大车所向无敌，战无不胜，宋军一些将领听了十分害怕，吴挺充满信心地说：“这有什么可怕的，我自有对付的办法。”他派人找来了三根大木头，每根木头上都包上了一层厚厚的铜皮和铁皮，取名为“将军柱”，栽在道路中间，金兵推着攻城的大车走到木柱跟前，被木柱挡住，无法前进，宋兵乘机投掷巨石，砸坏了大车，车上的士卒也全部丧命。金兵吃了大亏，便想尽各种办法，企图将“将军柱”毁坏，但都没有成功，最后，只好退兵。由于吴挺在这次战斗中指挥得当，功绩显著，被任命为武昌军承宣使、龙神卫四厢都指挥使中军统制。南宋乾道元年（1165），吴挺出任川陕宋军中兵员最多、兵力最强的兴州都统司都统制。

吴挺治军有方，“纪明律修，军中悦服。”驻守武兴时，“部属在籍者，奏徙别路，以避亲嫌。部曲尝薄礼于公者，置不复问，人服其公而安之。”（《世功保蜀忠德碑》）

在军事战略方面，吴挺主张因地制宜，加强防御，以逸待劳。他常说：“宜择形势，修城边，储糗粮，如诸葛亮所立围守岩，不过数处，皆重兵据之，凭籍险阻，抚背扼吭，我固有以制敌。”多次加修皂郊堡、合水寨等军事要塞，使其在抗金斗争中发挥了重要作用。吴挺长期驻守西北，对骑兵的作用十分重视，一度时间，朝廷下令杜绝军中互市，停止茶马交易，致使军中无战马可驭。吴挺多次上书：“马者，兵之用也，吾守罢去，不忍一旦误国军事。”最后，朝廷始下令恢复茶马交易，大量战马源源不断地输送到京师及其他各地南宋军队中。

南宋乾道三年（1165），吴璘病危，临终前，他遣吴挺入奏，以安朝心。吴璘死后，吴挺被调离四川，川陕以文制武的体制再次恢复。然而在宣抚四川的虞允文病死后，宋孝宗在主战派诸大臣中找不出可以统辖川陕重兵的合适人选。淳熙元年（1174），矢志北伐的宋孝宗不顾群臣反对，派吴挺返回四川，重新执掌兴州都统司。自此以后，吴挺便长期驻守武兴（今陕西省略阳县）。

四川三大都统司官军共 97388 人，军马 13142 匹。其中，兴州都统司军队 6 万人，军马 1 万匹，是四川军事力量的支柱。吴挺以新法编练军队，整顿军容，积极备战，修缮堡寨，枕戈待敌。“淳熙十年成州西和岁大侵（荒年），挺力为振恤，谕总赋者分军储以佐之，全活殆数十万。”“西和、阶、成、凤、文、龙六州器械弗缮，挺节冗费，屯工徒，悉创为之。”“密修皂郊堡，增二堡，缮成器，储于两库，敌终不觉。”“礼贤下士，虽遇小官贱吏，不敢怠忽。拊循将士，人人有恩”。淳熙十年（1183）冬，特加检校少保。淳熙十二年（1185）春，母亲庆国夫人刘氏病逝，吴挺护葬于同谷（今成县），并以为母守丧为由，向朝廷上表请求辞职。当时正值边境吃紧之机，朝廷没有同意，吴挺便毅然回到军中，并对部下说：“我不幸失去了母亲，但只要我不死，就要一心一意赤心报国。”

吴挺长期驻守武兴，为这里的百姓办了不少好事。武兴地处嘉陵江与沮水交汇处，地势较低，时常受到洪水的威胁。绍熙二年（1191）秋七月，连降暴雨，嘉陵江水暴涨，洪水入城，居住在低洼处的百姓民房大半被淹。吴挺及时分派大批官吏救灾，并腾出官府让百姓居住。洪水退后，吴挺又从各地征调了大量木材、砖瓦，用很便宜的价格买给百姓建房，对于因贫困而无力购买者，则免费供应，很快，就使百姓安居乐业，城中面貌也焕然一新。为了根除水患，吴挺发动军民修建了东、西两道河堤，以御洪水。当时，这里的百姓多住茅草房，经常发生火灾，而且往往一烧就是一大片，于是，吴挺就动员百姓制砖造瓦，改建瓦房，规划建筑，整修街道，自此以后，就很少发生火灾了。当地百姓对吴挺十分感激，家家户户都供奉着他的画像，吃饭前必先祷告一遍。

宋光宗绍熙四年（1193）春，吴挺因积劳成疾，上表请求致仕。六月，朝廷同意以加太尉衔致仕的诏书尚未到达，吴挺已逝于军中，年仅五十六岁，谥号武穆。吴挺临死前，口嘱幕僚遗书，全文都是忧君爱国、备边养民之事，无一字言及家事，阅者无不感动，吴挺生前很受朝廷器重，孝宗常对别人说：“吴挺，是朕千百人中亲选出者。”光宗多次赏赐内府珍奇，以表示对吴挺的厚爱。吴挺卒后十三年，其次子吴曦任四川宣抚副使时在兴州叛国投金，受封蜀王被杀。宋廷处死吴曦妻子及成年儿子，迁吴挺其余子孙出蜀地，发配两广。

吴挺死后，葬于同谷县（墓在今成县城关石碑寨）。宁宗嘉泰三年（1203），吴曦立“世功保蜀忠德之碑”于墓前，碑额为宁宗亲书，国子祭酒高文虎奉旨撰文，正文共八千四百六十一字，详尽记述了吴挺抗金保蜀的丰功伟绩。该碑保存完好，现为省级文物保护单位。

## 吴 曦

吴曦（1161—1207），南宋抗金名将信王吴璘之孙，太尉吴挺次子。传吴曦年十许岁时，其父尝问其志， 吴曦有不臣之语，其父怒，蹴之炉火中，灼伤其面，故号“吴巴子”。

吴曦弱冠之年以荫补承奉郎。南宋孝宗淳熙五年（1178）迁中郎将，历任高州刺史、濠州团练使等职。宋廷在对吴曦的使用上，既照顾吴氏三世功业，频频为之加官晋爵；又考虑吴氏家族在四川久握兵柄，怕生不测。因此，在吴挺死前又将吴曦调到京城临安，任殿前军马副都统使，实际上成为人质。宋光宗绍熙四年（1193），吴挺病死，宋廷竟然不准吴曦返蜀吊丧。庆元元年（1195），吴曦被宋廷任命为建康军马都统制。庆元四年，吴曦主持修建的宪圣吴太后的园陵竣工，吴曦因功升为武宁军承宣使，任殿前都指挥使。庆元六年（1200）闰二月，吴曦建节，“以殿前都指挥使为昭信军节度使”。同年十二月，吴曦又被提升为太尉。

宋宁宗嘉泰元年（1201），朝廷准备北伐。但此时的兴州军心不稳，有哗变迹象。兴州都统司吴挺病死后，朝廷先后派出张沼、张杲去接任，结果刚到任不久都不明不白的死去。

吴曦乘机提出返归西蜀，不惜厚贿当时的知宰大臣韩侂胄，史载：“曦潜畜异志，枢密何澹觉其意，力阻之”。而吴曦既已上任，仍有“从政郎朱不弃上侂胄书，谓曦不可主西师”。面对众多大臣的激烈反对，韩侂胄的蒙师、签书枢密院事陈自强则力挺吴曦：“非曦不足以镇坤维（西南方面）！”韩侂胄支持吴曦返蜀。嘉泰元年（1201）八月，宋廷正式任命吴曦为兴州驻扎御前诸军都统制、兼知兴州利州西路安抚使。

吴曦从京都临安时出发得银十五万缗，又求支军费二十万缗（缗又称贯，一缗即一串铜钱，每串一千文），先由长江三峡到四川重庆，用十七条大船由护舟小校押送，满载军需四大船，孔雀四华亭，鹤数十，金鱼十瓮，两名昆仑奴（黑人侍者），顺嘉陵江而上至兴州。接着，吴曦又花巨款历时三年为其祖父吴璘在兴州建大庙，号义烈庙，“首为璘建庙，大殿费十万缗。又命士卒负土筑江滨地，际山为园，广袤数里，日役数千人，士始失望。”(《续资治通鉴·嘉泰元年》)。 在成州用巨石为其父吴挺建碑，重达三百余吨。

开禧二年（1206）三月，韩侂胄部署北伐，命程松为四川宣抚使，统西路三万兵屯兴元；吴曦为四川宣抚副使，统六万大军驻河池，四月，加吴曦为陕西、河东招抚使，许便宜从事。吴曦派遣各将领出陕、甘，屡次向金兵发起进攻。“六月，吴曦以兵六千攻盐川，金巩州戍将完颜王善、队校仆散六斤、猛安龙延常击走之，斩首二百级。七月，曦兵五万由保坌、姑苏等路攻秦州，承裕、完颜璘以骑千余击之，曦兵大败，逃奔四十里。吴曦别兵万人入来远镇，被术虎高琪破之。曦将冯兴、杨雄、李珪以步骑八千人入赤谷，攻秦州。承裕、完颜璘、河州防御使蒲察秉铉逆击，破之。宋步兵趋西山，骑兵走赤谷，承裕分兵蹑宋步兵，宋步兵据山搏战，部将唐括按答海率二百骑驰击之，甲士蒙葛挺身先入其阵，众乘之，宋步兵大溃，杀数百人，追者至皂郊城，斩首二千级。猛安把添奴追宋骑兵，杀千余人，冯兴仅以身免，杨雄、李珪皆为金军所杀。”（《金史》列传第三十六），吴曦进攻虽然无多大战绩，但牵制了金兵大量兵力，对金兵造成很大威胁。

开禧二年（1206）五月，宋宁宗下诏北伐金朝，史称“开禧北伐”。韩侘胄分兵东西两线，欲以吴曦在西线出兵，牵制金军，以便集中兵力在江淮一线打击敌人。韩侘胄催促吴曦出兵，吴曦却在河池按兵不动，并夺了兴州副都统制王大节的甲兵三万；继又摘取程松一千多名卫兵。吴曦小胜几仗，但随金兵重兵进攻后，接连失败，十一月，金兵攻湫池堡，破天水军。

金军一边重兵进攻川蜀，一边对吴曦进行策反。金章宗对吴氏与宋廷间的矛盾洞若观火，他认为“韩侂胄忌曦威名，可以间诱致之。梁、益居宋上游”，如策反成功，“可以得志于宋”。于是，他将策反吴曦一事摆到首位，亲自给吴曦写了一封诏书。

开禧二年（1026）八月，金将完颜纲派青宣可持诏书到水洛城，找到吴曦族兄吴端，封为水洛巡检使，让他持诏去劝降吴曦。吴曦得书意动，野心勃发，图谋反叛，但因四川宣抚使程松驻军兴元，吴曦一时没敢行动，以观时局。

就在吴曦首鼠两端、举棋不定之时，金军对四川大规模的进攻开始。吴曦误将防御重点放在皂郊，认为金军必从秦州来犯，但金军却出奇制胜，仅以蒲察贞率万人向皂郊进攻以吸引宋军，而完颜纲、石抹仲温、完颜璘则率兵分由临潭、盐川、来远出师合击，从宋军防线的左侧迂回进攻，避实就虚，将宋军的防线撕破，占领成州，直逼河池。《金史》卷 12《章宗四》记载：金军于十一月二十三日占领祐川城（在今宕昌县阿坞乡），二十四日攻克天水军（在今天水市秦州区天水镇），二十五日攻克荔川、闾川等城（即今岷县至宕昌之间的理川和闾井两镇），二十八日攻克宕昌，二十九日攻克西和州，十二月六日攻克大潭县（在今礼县太塘）。《两朝纲目备要》卷 9 载：金军于十一月二十日攻克旧岷州（即祐川），踏白军统制王喜引兵逃遁；二十四日，金军围攻皂郊堡，不下，移屯天水县（即天水军）；二十八日，西和州失陷；十二月四日，成州失陷。成州失陷当晚，吴曦下令焚毁河池城，退守青野原（徽县南），据险而守。

吴曦退往青野原后，命令部将扼守七防关，自己则又退至鱼关（今徽县虞关乡）。在鱼关，他召集了安丙、吴晛、徐景望、赵富、米修之、董镇等心腹商讨，决定依附金朝，割据四川自立，以免因兵败而受朝廷处罚，步江淮战场的败军之将郭倬、李汝翼、李爽等人的后尘。安丙怕触怒吴曦，招来杀身之祸，不敢提出反对意见，便违心地赞同了吴曦的反叛计划。吴曦拟任命安丙为丞相，但安丙没有按受（吴曦正式称王后，任命安丙为中大夫、丞相长史、权行都省事）。

吴曦于十二月七日派遣的姚淮源（又作姚圆）与吴端到金营奉表投降，同意交付关外四州，求封蜀王，并偷偷地遣部将利吉引金兵入凤州（今陕西凤县）。金兵遂由版闸谷绕到宋大散关守将毋思之后，毋思孤立无援，被迫撤退。十一日，金人占领大散关。金军又攻阶州，犯七方关，吴曦退驻宜口（今略阳县徐家坪镇宜口村）。

十二月十五日，完颜纲遣前京兆府录事张仔秘密来到宜口吴曦大营，接洽投降事宜，吴曦交出宋朝委任状，作为信物回报金廷。吴曦签下了献出西和、成、阶、凤四州协议，表以铁山（即徽县青泥岭）为界。十九日，完颜纲派遣太仓使马良显赴蜀，作为金方特使，代表金章宗册立吴曦为蜀王。吴曦接受金人诏书、金印，秘密受封为蜀王。十二月二十日。宋兴州正将李好义败金军于七方关，吴曦不上报其捷，遂还兴州。

开禧三年腊月丁卯（十二月二十一日），吴曦召集僚属说：“东南失守，虎豹骑轻军渡江，直取临安，车驾已幸四明，此地恐亦难保。现金已遣使招降，封我蜀王，我拟从权济事，免得蜀民涂炭。”二十三日，吴曦派遣果州团练使郭澄、提举仙人关使任辛携带表章以及全蜀地图、吴氏谱碟赴金，进献金廷。金廷百官称贺。金主诏以同知临洮府事术虎高琪为封册使，翰林直学士乔宇副之。

十二月二十七日，吴曦在仙人关召集部将开会，向北而拜，宣布降金称王。吴曦公开宣布降金，众人大惊，叔母刘氏大骂三日，王翼、杨睽之抵制说：“如果这样的话，大人您八十多年的忠孝家族，一下子就声誉扫地了。”吴曦说：“我主意已定。”即派亲信徐景望为四川转运使，褚青为左右军统制，以安丙为中大夫、丞相长史、权行都省事。四川宣抚使程松听到吴曦变乱，惊慌失措，急忙放弃兴元，越米仓山而逃，由阆州顺流至重庆，出三峡后始西向掩泪曰：“吾今获保头颅矣。”吴曦遣李贵追杀程松，李贵对其随从人员说：“程宣抚，朝廷重臣，不可杀。”

开禧三年(1207)正月甲午（元月十八日），吴曦在兴州正式登基“蜀王”王位，称臣于金；改兴州为兴德府，改州衙为行宫，定年号“转运”；刻“蜀国制敕之印”金印一枚；并设计皇袍，张贴皇榜；派董镇到成都修建宫殿，准备定都成都；并议行削发左衽，改汉人装饰为女真装饰。将所统十万宋兵，分属十个统制官，遣禄禧、房大勋、成万利，泛舟下嘉陵江，声言金人来攻襄阳，传檄成都，令涪州、利州、潼州、夔州四州募兵围宋，以遏宋军。

吴曦叛降，西北大震，朝廷惊慌。韩侂胄修书吴曦，许明封王，企图使其反正，但未起作用，吴曦甚至将金人封他为蜀王的诏书寄给朝廷大臣。吴曦叛后，妄图网罗蜀川名士，为之张目，众人皆拒伪命，弃官而去。二月二十八日深夜，监四川总领所兴州合江仓官杨巨源与安丙、李好义、李贵等密谋，乘夜率死士七十人，用斧钺劈门冲入吴曦行宫，斩了吴曦的头，肢解了他的尸体，将其首级装在盒子里献给临安。又分别派将士抓捕叛乱子弟，全部处死。吴曦称王仅四十一天。皇帝命令将吴曦的妻子、成年孩子全部处死，“家属徙岭南，夺其父挺官，存其庙祀，”对吴璘一门免斩，但全部迁出蜀地。吴玠的子孙免受株连，一同主持吴玠、吴璘祠庙的祭祀。吴曦党人张伸之等一十六人除名，编配两广及湖南诸州。四月，改兴州为沔州，改顺政县为略阳县。

金主听到吴曦被杀后，遣使责怪陕西宣抚副使完颜纲说：“曦之降，自当进据仙人关，以制蜀命，且为曦重。既不据关，复撤兵，使丙无所惮，是宜有今日也。”下诏封赠吴曦为太师，命德顺州刺史完颜思忠招魂，葬于水洛县。让吴曦族兄吴端的儿子，继为吴曦的后人。

韩侂胄北伐发生在宋宁宗年间，这是积贫积弱的南宋王朝对金的最后一搏，想一雪从靖康以来遭受金人欺凌的奇耻大辱，却终告失败。其中原委错综复杂，最关键的一点就是西线总指挥吴曦的叛国，使金人得以腾出手来，倾力向东线攻击宋军，直接导致了北伐的失败和王朝的更加衰落。

## 张 威

张威（？—1120），字德远，宋成州（今成县）人，大约生于南宋孝宗淳熙年间（1174—1189），卒年不详，少时家贫，曾以卖药为生，后从军戍边。南宋名将。

开禧二年（1206），宋金交战，金大将富察贞攻湫池堡（今礼县盐官镇罗家堡），破天水军（今天水市秦州区天水镇），掠关外四州。张威奉命抵御，作战英勇，屡立战功，升为将领。开禧三年（1207），叛将吴曦被诛后，张威隶属李贵部，李贵收复西和州，以张威为先锋，战于板桥（今西和县十里乡板桥村），大败金人，收复西和州，张威由此名声大振，升为统制。天水军位于金人入蜀要道，战略地位十分重要，命张威把守，因屡立奇功，擢利州（今四川广元）副都统制。后迁荆、鄂都统制，驻扎襄阳府，又改任沔州（吴曦被诛后，改兴州为沔州，今陕西略阳县）都统制。

宋嘉定十年（金兴定元年，1217年），金大将完颜白撒兵率步骑万人侵四川，出巩州盐川，遇宋兵于皂效堡，败之。进迫湫池堡，又遇宋兵于天水军，掩击，宋兵大溃。

嘉定十一年（1218）四月，金兵至鸡公山，复败宋兵，遂拔西和州，毁其诸隘营屯。又遣合扎都统完颜习涅阿不率军趋成州，宋帅罗参政、统制李大亨焚庐舍弃城遁，留千余人守城，督兵赴之，逐克焉，获粮七万斛，钱数千万。河池县守将杨九鼎亦焚县舍走保青野原。统制高千据黑谷关（在今成县黄渚镇），金兵袭之，高千逃遁，获粮二万斛，器械无数，因夷其险而还。

嘉定十二年（1219），金陕西行省白撒率兵大举南侵，分道进攻，先攻湫池堡，又攻白环堡（今礼县白关乡），张威派石宣、董炤分兵抵御，击退之。金兵又转攻成州，张威自西和州退保仙人原。这时，兴元都统制吴政战死于黄牛堡，李贵退走武休关，金兵乘势南进，破武休，攻兴元，陷大安军，败宋兵于七盘子、鸡冠关。褒城县官民自焚城宇逃遁。兴元府提刑兼府事赵希普闻兵将至，率官民逃遁，于是白撒轻取兴元府。洋州官民亦遁，金提控张秀华又取其城。利州路安抚使丁焴闻知金兵深入，急遣书召张威东入救蜀，丁焴对部僚道："吴政身死，李贵复以兵败，金人所惮唯威。今（李）好古擅杀其弟，失威心，奈何？且金人在东，非威地分，今可无好古，不可无威。"于是斩李好古。张威发兵东进，破金人于金牛镇。金兵虽败未退，张威又派石宣等率兵偷袭大安军（今陕西宁强县），金军全军覆没，被歼三千多人，金悍将巴士鲁被俘，金大将包长寿闻讯大惊，连夜退出兴元北走。

当时，宋散兵张福、莫简等人起兵于兴元，号称"红巾队"，焚毁利州城，杀总领杨九鼎，集兵欲攻成都。制置司急调张威抵御，张威率精兵六千，自剑绵到达广汉，又奉安丙令东进，在普州（今四川安岳县）茗山包围张福等人，绝其粮道，生俘张福等十七人。

嘉定十三年（1220），西夏遣使约宋军夹攻金人，四川宣抚司安丙议定联兵西夏夹攻金兵，向各路宋军发出檄文，向金反攻。安丙令利州统制王仕信、沔州都统张威为先遣，分别向巩、秦州进军。张威建议说："金人的势力还很强大，夏人反复无常，不可轻举妄动。"安丙不听，强令出兵。九月，宋军七路攻金，王仕信引兵发宕昌，统制质俊、李实引兵发下城，利州副都统程信出长道，兴元副都统陈立出大散关，兴元统制田胄出子午谷，金川副都统陈昱出上津，张威出天水军。不久，程信、王仕信、张威与西夏军会与巩州城（今陇西县）下，攻城不克，程信、张威遂转攻秦州，攻城又不克，无功而返。十月，宋军各路停止进攻，王仕信以作战不力，被斩于西和州，张威也以进兵无力为由，撤其军职。张威郁郁不乐，不久便病逝于利州，病故前复官为扬州观察使。

张威治军有方，军纪严明，尤善谋划，常以奇兵取胜，金兵对其十分畏惧。据《宋史·张威传》载："威初在行伍，以勇见称，进充偏裨，每战辄克，金人闻其名畏惮之。临阵战酣，则精采愈奋，两眼皆赤，时号'张红眼'，又号'张鹘眼'，常立'净天鹘'旗以自表。"作战时身先士卒，手中持一根长约六尺的木棒，号称"紫大虫"，横扫敌阵，金兵皆望风披靡，无人敢挡。他还根据荆、扬多平川旷野地形，扬长避短，创造了"撒星阵"，临战时，军队分合不定，闻鼓则集聚，鸣金则分散。敌骑兵来攻，一军则可迅速分为数十队，当敌骑分散攻击时，宋兵又闻鼓相聚，忽分忽合，令金军茫然失措，宋兵则乘机发起攻击，各个击破，使用这种办法，宋军常常获胜。张威御军纪律严整，“兵行常若衔枚，罕闻其声。每与百姓避路，买食物则价倍于市，迄无敢喧”。

## 丁焴

丁焴（生卒年不详），又作丁煜，字晦叔，阶州福津（今陇南市武都区）人，生卒年不详。南宋宁宗嘉定时（1209—1224）曾任太常寺丞，后迁郎中，多次奉诏出使金朝。

嘉定六年（1213），宋金关系发生急剧变化。蒙古崛起北方后，不断南侵金朝，成吉思汗又兵分三路攻掠山东、河北诸州郡。次年，金朝内部发生政变，刚即位的金宣宗被迫迁都南京（即今河南开封），并进一步南攻宋朝。在这种情况下，一味主张“和议”、妥协的南宋统治者只得下令抵抗，多次出使金朝，对金朝情况比较熟悉的丁焴被委任为利州西路安抚使，兼知兴元府（今陕西汉中市），担负防守南宋西北地区，即今陕西南部、甘肃省南部及四川西北部地区重任。丁焴到兴元后，立即发动军民加固城池，训练军士。为了表示抗金的决心，他对将士们说：“我们要以前辈抗金英雄为榜样。当年张浚、虞允文不就是在这里建功立业的吗？”为此，他还专门修建了张、虞二公祠堂，塑了两人的塑像，表彰其抗金功绩，以激励将士。魏了翁在《兴元府张、虞二公祠堂记》中记载：“先皇帝一十有六年，诏以武阶侯煜为梁州牧。其明年，侯居母丧，申诏夺服，不可。服除，诏还镇大城汉中，以坞其民。比再至，慨然曰：昔吾有先正，如魏忠献张公、雍忠肃虞公，不尝经略此土乎？乃作室于天申浮屠之后，而肖貌之，以书来曰：二公立德，命在旗常鼎彝，匪我边陲所敢私也，顾其有绩是邦，则兹不可勿祠，子为我书之。云云”。

嘉定十年（1217）十二月，金人又以白撒为元帅，率万人南攻，自漳州盐川（今漳县盐井镇），先攻占秦州西南皂郊堡，又在天水军击败宋军，守将黄炎孙溃逃。次年，金兵在鸡公山（今西和县塔子山）击败宋军，围攻西和州，守将刘昌祖焚城而逃。丁焴临危不惧，协助兴元都统制吴政英勇抗敌，反击金兵，夺回大散关，斩逃将王立。并奏报朝廷，刘昌祖被夺官流放。

嘉定十二年（1219）春，金兵又犯西和州，守将赵彦呐败敌军于城下。不料，宋将吴政在黄牛堡（今陕西凤县东北）与金兵作战中战死，宋军溃散。李贵又失守武休关，金兵乘势攻破大安军，陷兴元。丁煜急招都统制张威东入抗击，又招忠义民兵首领李好古北上捍御，李好古出鱼关（今徽县虞关），与统领张彪相遇，以张彪弃守迷竹关为由，斩杀张彪。张彪是张威的亲弟，张威听到张彪被杀，便按兵不动。丁煜对部下说：“吴政刚刚战死，李贵也战败而逃，金人所惧怕的将领就只剩张威了。今天李好古擅自杀了他的弟弟，引起了他的忌恨，因而按兵不动，现在的形势，是可以没有李好古，而不能没有张威。”于是，招李好古前来责备他擅自杀张彪的罪恶，推出斩首，随后，丁煜派进士田遂前去劝说，张威这才连夜调兵，在金牛镇同金兵发生遭遇战，歼灭金兵一股，金兵受到打击，但并未退兵，张威乘夜暗派石宣偷袭大安军，金兵大败，歼其精兵三千，悍将巴图鲁被俘，金兵大将包长寿闻讯慌忙撤退。宋军获得大胜。魏了翁在《兴元府张、虞二公祠堂记》称赞曰："晦叔，武阶一人而已。"

宋金议盟期间，丁煜两次使金。宁宗年间，受命使金，直秘阁陈宓以诗饯行，有"百年中国岂无人"之句。嘉定八年正月己卯，复奉诏贺金主生辰。丁煜为稳定南宋边陲作出了贡献。

据史书记载，丁煜"刚方正直，不受私谒，莅事明决，吏民信服。"著述也颇富，惜卷帙亡佚，现仅存两当张果老洞诗残碑、武都区东江镇《宋故致政承事张公之墓》碑文及《张彦发诗序》一篇。《张彦发诗序》文曰："张君彦发，湖海豪士，不喜举子业，专意于诗。每以贾岛、姚合为法，所著仅成帙，清深闲雅，宛然有唐人风致。至其得意惊绝之句，杂之两人集中，殆未易辨。彦发思甚苦，未尝苟下一字。每有所作，熔炼数日乃定。揆其有力，盖倍于江西之学。人必从事于此，而后知其难且工。彦发旧名亦字韩伯，世为孟之河阳人。嘉定戊寅仲冬八日，古晋丁煜晦夫书。"（载《明一统志·群贤小集》）。

## 陈　寅

陈寅（？—1231），南宋西和州知州。《宋史》载："陈寅，宝谟阁待制咸之子。漕司两贡进士，以父恩补官，历官州县。绍定初，知西和知州。"清代《涉县志》载：陈咸，字逢儒，涉县合漳村（今河北省涉县合漳乡合漳村）人，为监察御史陈升卿次子，嗣叔父陈巨卿之后。南宋淳熙二年（1175）中进士，初调内江县尉，后改南充知县，又擢资州知州。后改知普州。开禧元年（1205），四川宣抚使程松视其才华出众，授陈咸主管机宜文字。陈咸又迁利路转运判官。吴曦叛宋投金，安丙密以吴曦反谋告诉陈咸，陈咸立即派人告诉程松。陈咸为蜀地名士，吴曦檄陈咸议事，陈咸终没前往。吴曦被讨，陈咸对诸子说道："我罪不能讨叛贼"，上表自劾。安丙、杨辅等将陈咸免罪释归。后召为司农少卿，转任宝谟阁待制，卒。安丙列奏其功，赐谥勤节。

陈寅，陈咸之子，漕司两贡进士，以父恩补官，历官州县。南宋绍定元年（1228）调任西和州知州。西和州辖长道县（治今西和县长道镇）、大潭县（治今礼县太塘）、祐川县（治今宕昌县阿坞乡）三县。由于地处宋金、宋元对峙前线，西和州一直是南宋的西部边防重地，保卫四川的屏障。元灭金后，多次派兵侵入此地，铁骑蹂躏，烧杀抢掠，一日数警。陈寅义不辞难，担此重任。

为加强西和州防守，早在陈寅到任四年之前的宋宁宗嘉定十七年（1224）二月，由利州路副都统质俊与当时的知州商震午主持，在白石镇镇城原址基础上改建西和州城。据《改修白石镇城记》碑文记载，改建的州城周长十里，有堡三、战台二十、城门十八、楼槽四十二、井泉七十八。不幸，这座耗费巨资修建的西和州城，竣工仅两个多月，就发生重大火灾，烧毁民居营房二千余间，知州商震午误以为蒙古军攻城，惊惶失措，弃城而逃，后被朝廷削去官职，流放岳州。

陈寅接任西和知州，正当危难之际。在陈寅就任的前一年（宋理宗宝庆三年），蒙古兵曾攻破西和州。强敌压境，城防残缺，兵连祸结，民不聊生，人心惶惶。但陈寅临危不惧，募兵守土，体恤惠民，培养人才。就任次年，即由其扶持推荐，使西和人士周公英、赵钦、安世臣、周光绍、王越、安宗、吴坤等七人同榜考中进士。在任六年，不威而治，以德服人，深受百姓拥护爱戴。

南宋绍定四年（1231），蒙古窝阔台决定再次出征金国。拖雷所率的右路军出宝鸡，派搠不罕出使宋朝，请求借道并出兵援助，使者被宋边将所杀。拖雷大怒，率军于三月十三日攻破大散关，十八日，蒙古军进至马岭堡。四月二十七日，陷凤州城，知州李寔、通判张度、教授张叔寅死之。秋七月，蒙古军攻西和州。当时，只有统治官王锐与陈寅率领忠义民兵七千余人守城，民心大乱，兵无固志。陈寅虽势孤力单，毫不畏缩，誓与百姓共保州城，陈寅对家人说："人人都各顾其家，靠谁来共守州城！"并散资财，募兵丁，结忠义，与推官贾子坤商定守城之计，决心固守州城。

起初，围攻西和州城的蒙古兵有十万之众，由投降的宋兵充当前锋，攻打州城东、南二门。陈寅起草了一篇檄文，对投降的宋兵晓之以义，动之以情，使他们不为敌人利用。同时，他登上城堡，亲自挥旗击鼓，激励将士英勇杀敌，杀声震天，矢石如雨，从昼到夜，打退蒙古兵的数次进攻，坚守了两天两夜。蒙古兵撤退后，制置司将陈寅守城战功通报所属州县，予以表彰。不久，蒙古兵又增加了兵力，并砍伐树木，制造了攻城器械，再度围攻州城。陈寅一面力战苦守，一面派人求援。制置司派文州（今文县）知州刘锐和忠义民兵首领陈璃率部救援，刘锐到达七方关，陈璃到达仇池一带，就都称道路不通，"率皆观望不进"。陈寅率民兵昼夜苦战，坚守月余，因援兵不至，兵力耗尽。

西和州城削山为基，四面陡绝，东、南二门坚固，独水门一路有隙，将官刘卓挟小忿，逾城以水门降，秋八月十四日，蒙古兵乃并力攻陷。临难之际，陈寅对其妻杜氏说："你赶快想办法逃走吧！"杜夫人厉声说道："难道能活着与君一起享受国家的俸禄，而不能以死来共同报答朝廷吗？"言毕，即登上城头堡垒饮药自尽。两个儿子陈岐、陈嶷及儿媳也一起服毒自杀在母亲身旁。陈寅收敛了亲人的尸体举火焚化后，冠戴朝服，登上城头战楼，遥望朝廷宫阙所在的东南方向，焚香跪拜，仰望苍天，大声哭泣道："臣始谋守此城，为蜀藩篱，城之不存，臣死分也。臣不负国！臣不负国！。哭毕，再拜，伏剑而死。此事，成为千古传诵的典故"登楼望阙"的由来，以表示怀念朝廷，忠君爱国。同他一起自杀殉国的幕僚和朋友有二十八人。他的一个儿子赶到后，也欲自尽，被军士阻拦说："不能使忠臣无后啊！"不料，在缒城逃亡时摔下城墙，折足而死。制置司得知此事后，奏报朝廷，诏赠陈寅朝议大夫、右文殿修撰，赐钱三千缗，并令在陈寅

西和县小巷尽头的陈寅忠烈祠

原籍和西和州建庙祭祀。后来，又加赠为华文阁待制，谥号襄节。

同陈寅一起殉国的官员，还有西和州推官兼通判贾子坤及其全家十二口。贾子坤字伯厚，潼川怀安军（今四川金堂县淮口镇州城村）人。嘉定十三年进士。为西和推官，摄通判。城陷，子坤朝服与其家十二口死之。追赠承议郎，封其父崧承务郎。官其子贾仲武宣教郎、隆州签判，改奉议郎、果州通判。贾仲武子贾昌忠、贾纯孝，同登咸淳七年进士第。贾纯孝为扬州教授，受李庭芝之荐，调江、淮总幕。蒙古兵下江南，赵昰在福州，以史馆检阅召，辞。会丞相文天祥辟佐其幕，寻授秘书丞，擢吏部郎中。丁母忧，起复为右司，转朝散郎。崖山师败，贾纯孝抱二女偕妻牟氏一同蹈海而死。

西和州城攻陷后，元兵烧杀抢掠，将西和州城夷为平地。不仅使西和百姓遭受浩劫，也使南宋的西部防线崩溃，使元兵得以长驱入蜀，加速了南宋的灭亡。

陈寅、贾子坤皆葬于西和州城西原之峻峋山麓。陈墓在北，贾墓在南，红墙碧瓦，苍柏翠竹，芳草萋萋。往年清明，州县官必去致祭，扫墓之百姓更络绎不绝。今作为文物单位，立碑保护。

明朝洪武年间，太祖朱元璋下旨封全国有功德于民之故去地方长官或忠臣烈士为本城之守护神城隍时，陈寅被封为西和州城隍，称为“忠烈侯”。

## 刘锐

刘锐（一作刘禄），南宋末年文州知州。蒙古军攻文州，刘锐与通判赵汝曏乘城固守二月余，后城破自杀，以身殉国。

南宋端平二年（1235）正月，蒙古窝阔台灭金后，又分兵南伐南宋，一路由三子阔出和诸王忽都秃、口温不花等率领南攻襄汉，一路由次子阔端率领进攻陕、川。十月，阔端在巩昌招降原金朝便宜总帅汪世显，并令其随军南征。随后，阔端分兵两路，“一捣阶文，一趋大安”，进攻文州的部队为南宋守将李安国所阻，转而攻陷阶州，屠城后返回；进攻大安的军队与守军激战，也无法取胜，是年冬天返回，留下汪世显率军驻守仇池一带，与宋军对峙。端平三年（1236）三月，南宋招降阶、岷、迭、宕十八蕃族，以藉此阻止蒙古军“先破秦巩，次降诸蕃”，由文州、龙州南下进攻蜀境的策略。

端平三年（1236）八月，阔端以塔海为元帅，汪世显为先锋，出大散关，再次攻蜀，利州刺史曹友闻战死，赵彦呐退保剑门，蒙古军主力直逼剑门关。针对宋军的防御，阔端又令末哥（一作穆直）等效三国时邓艾故事，分兵取阴平古道入蜀，夹击成都。

末哥以征行大元帅按竺迩为先锋，自西和州南下，破宕昌、陷阶州、攻文州。九月十九日，蒙古军包围文州，文州知州刘锐率军民死守，蒙古军没能攻下，末哥令按竺迩率一部蒙古军继续围攻文州，亲率大军更向西行，越出岷山之外，深入川西番区草地，沿岷江而下，“径入石泉（今四川北川县西）、威（今四川理县）、茂（今四川茂县）”再折回川中，到达绵竹、汉州（今四川广汉），直达成都与阔端会师。十月七日，阔端亲率大军攻破利州。当天，蒙军千户郝和尚拔都夜袭剑门关，破宋军，攻占剑门关。十九日，阔端亲率主力向成都逼近，宋成都守将丁黼战死。二十六日，成都城陷落。

文州守将刘锐与通判赵汝曏乘城固守，率军民七千余人昼夜搏战，杀伤甚多。坚守城池两月余，援兵不至，城中无水，取汲于江。嘉熙元年（1237）初，宋将陈昱以去岁失守沔州，编置此州，夜逾城出降，献女于蒙古军大将，告以虚实。按竺迩得知城中无井，遂增兵攻城甚急，“乃夺其汲道（一说一夕移江流于数里外），率勇士梯城先登，杀守城者数十人，遂拔其城。”此时，成都早已失守，附近已无援军，文州已成孤城，刘锐知道文州已不可守，决心以身殉国，遂召集其家人，“尽饮以药，皆死，乃聚其尸及公私金帛、诰命焚之”。刘锐治家素有礼法，其幼子同哥才六岁，饮以毒药，犹下拜受之，大家都很感动。城破后，刘锐及其二子均自刎而死，军民死者达数万人。同时殉难的还有通判赵汝曏。赵汝曏，宣城人，善射。城破被执，先断其两臂，而后脔杀之。

刘锐死后，按竺迩招徕了吐番酋长勘拖孟迦等十族，“皆赐以银符”。自此，蒙古军控制了定、会、阶、文诸州。

《元史》卷一百二十一按竺迩传：“（按竺迩）攻文州，守将刘禄数月不下，谍知城中无井，乃夺其汲道，攻陷其城，禄死之。”（案：《宋史》忠义传有文州守刘锐事迹，刘禄、刘锐实为同一当人，因传闻而误其名耳）。

元人刘麟瑞追思宋末仗义死节之士，搜讨遗事，赋《权知文州刘公锐通判赵公汝向推官》诗一首以纪此事，诗后自注曰：“大兵攻文州，权州刘锐、通判赵汝向激励军民八千坚守。自九月十九日昼夜接战五十余，城无水，仰给江流。大兵别浚江道移向南山，城中水絶，人马渴死过半。有兴元都统陈昱以遇拘文城，夜踰城出降，告以虚实，攻益急。锐自度不免，夜集家人尽饮以药，聚尸及金帛、诰命焚之。锐家素有礼，少子同哥，锐所钟爱，饮药时，同哥犹在抱，下拜而受之。左右大恸，锐与长子及余兵，皆渴闷僵立不能行。锐自杀。汝向突围被执，脔杀之。城破，余兵皆奋空拳巷战死。被围七十五日，军民死者五万余。”

有传说刘锐为南宋名将刘锜（秦州成纪人，即今甘肃天水人）的弟弟。苏州等地有“闹猛将”习俗，传说“猛将”就是南宋时“死元兵难”的文州知州刘锐，他死后被封为神，专司驱蝗。《姑苏志》记载：“猛将名锐，乃锜之弟，尝为先锋，陷敌前。”吴地《郡志》称：“锜弟刘锐为锜统制官，尝为先锋陷敌，退老平江，旱蝗为灾，攘除有效，歿为神。”战场上如此勇猛，能冲锋陷阵，当然无愧猛将之称。每到农历正月十三，苏州城里的“闹猛将”更是热闹非凡，官吏百姓都会聚集到城内宋仙洲巷的吉祥庵，燃起柱子般粗细的铜蜡烛，隆重祭祀猛将，祭祀猛将由苏州知县亲自主祭。本地最高行政长官苏州府率领部属向刘猛将行祭，而后抬像出游。人们抬出神像巡游大街小巷，老少男子充做隶卒，鸣金击鼓，列队张盖，遍走城市，巡游队伍长达数里，巡游活动从除夕开始一直要持续至正月十五方才罢休。“闹猛将”是苏州地区最隆重最热闹的民俗活动之一。

# 曹友闻

曹友闻（？—1236），字允叔，同庆府栗亭（今徽县栗川乡）人，北宋开国元勋武惠王曹彬十二世孙。宝庆二年（1226）进士，历官眉州防御使、沔州知府，蒙古灭宋时，组织军民英勇抗击，血战而死。

南宋宝庆二年（1226），曹友闻考中进士，被授为绵竹县尉，次年初，又升任天水军教授（绍兴初，金陷秦州，南宋移天水县治于今天水市秦州区天水镇。嘉定元年升天水县为天水军，十三年隶成州）。

宝庆二年（1226）蒙古发动灭西夏之战。宝庆三年 （1227）正月，成吉思汗在围攻西夏中兴府的同时，派人到南宋四川制置司，胁迫南宋臣服蒙古。同时，率主力南下，经积石州（今青海循化县）攻入金国控制下的临洮、洮州、河州；二月，又派出一支军队从临洮南下，由“生蕃路”进入南宋辖境。宋军在确认这支突如其来的军队确系蒙古军后，受制于不得擅启边衅的命令，不敢与战，坐视蒙古军攻占阶州，包围西和州。之后，蒙古军在进攻阶州将利县（今成县镡河乡将利村）时遇挫，前锋稍稍退却，驻守仙人关的南宋沔州都统程信误以为前方获胜，又急于解西和州之围，遂轻率出击，被蒙古军大败于兰皋（今康县大南峪乡），将领麻仲、马翼、王平战死，蒙古军至犀牛渡。南宋四川制置使郑损在得到败报后大惊，不顾利州戎帅赵彦呐的反对，轻率地作出了放弃关外五州即成州、凤州、天水军、阶州、西和州，退保三关（仙人关、七方关、武休关）的决定，匆忙带制置司官员及家眷沿嘉陵江南逃。实际上，当时五州之中只有阶州被蒙古军攻破，凤州尚未遭敌，西和州、成州、天水军都在坚守，只因郑损的错误命令，成州弃守，惨遭蹂躏，凤州因坚壁清野，遂委焚荡。唯独西和州在利州副都统何进率领下坚守。三月初，蒙古军五十余骑一度闯至文州的石靴关，文州军民惊慌，空城而出。至七月，因天气炎热，成吉思汗病逝，蒙古军才撤出宋境。敌兵之来，“皆本朝边人为之向导，”且得生蕃相助“陷阶州”。这一年为丁亥年，故称“丁亥之变”。

蒙古军在围攻西和州的同时，又分兵包围了天水军。此时，曹友闻正行进在上任途中，他是文官，完全可以返回四川避险，但他毅然单枪匹马突入天水军城，与守臣张维一起组织兵民布防，不久，蒙古军撤退，天水军城得以保全。事后，四川制置司为表彰曹友闻的功绩，特地绣了一面“满身胆”的大旗颁授给他。

1230 年 8 月，蒙古军再犯天水，曹友闻捐家财招募了五千忠义之士，制置使李埴（音 zhi）令他统帅所招忠义民兵扼守仙人关（在徽县东南虞关乡）。曹友闻且行且战，至峡口据险。前军统制屈信率军夺回了被蒙古军掠去的四州人畜，至秦镇（今陕西勉县秦家坝），又派左军统制杜午迎敌，力不能敌。曹友闻令诸军乘高据险，身冒矢石，为士卒先。屈信与统制张安国领兵出战。蒙古兵退后，李埴命令曹友闻部镇守七方关。

南宋理宗绍定四年（1231）五月，蒙古窝阔台分三路伐金。左军由斡陈那颜率领，从济南出发，南下至徐州，而后由西向东进军汴京。主力中军由窝阔台亲自率领，由孟津强渡黄河，从西向东攻击汴京。右军由拖雷率领，是假道伐金之旅。三路大军约定于下一年春会师汴京。八月，拖雷从凤翔出发，计划经宝鸡到汉中，而后东进至唐州、邓州，迂回汴京侧后。拖雷领军进驻宝鸡，派使者到南宋的兴元府，提出假道的要求。兴元府守将桂如渊按朝廷授意答应了假道要求，引导蒙军出武休关进入汉中，然后沿汉水东进。但因蒙古军强令兴元府为之供应粮草，桂如渊一怒之下杀死蒙古使者朔不罕，导致拖雷率三万大军渡过渭水，攻进汉中。拖雷在部署大军东进时，顾虑背后的安全，于是分出部分兵力西进，渡嘉陵江进入四川。宋军曹友闻部闻讯烧毁连云栈道。蒙古兵至大散关后南下受阻，遂挥师攻下天水军、成州和西和州，攻破七方关，陷沔州（今陕西略阳县）。十月，兵分两路，一路自嘉陵江木皮口（今徽县南）突出何进军后，何进战死，蒙古兵遂长驱南下抄掠金牛镇、大安军（今宁强县境），入剑门关，直到果州（今四川南充北）；另一路东攻兴元府，夺饶风关（在今陕西石泉西），连破四川北部城寨一百四十座，消除了后背的威胁。宋四川制置司被迫供应粮草，派出向导，引导蒙军沿汉水东下，出邓州，对汴京完全战略包围。

嘉陵江壮美的景色

为抗击蒙古军南下入川，曹友闻与弟曹友万率部下翻越毡帽山（略阳县西北九股树村南帽儿山），到达青蒿坝，与蒙古军交战于白水江中游（徽县大河店乡及略阳县一带）。蒙古军撤退后，制置使命曹友闻驻守阆州（今四川阆中市），叛将鲁珍为陈隆之所斩，鲁珍部曲大肆焚劫，友闻斩其将郭虎、蔺广、杨仲等，余党散去。制置使上其功，特授承务郎，令其知天水军。

1232 年 7 月，蒙古兵再次攻陷凤州，略河池，抵同庆府（今成县）。曹友闻密遣统制王汉臣、统领张祥，授以方略出战。蒙古兵攻到城下，他派众将各守一门，偃旗伏鼓，戒士卒，俟渐近，鸣鼓张旗，矢石并发。敌见城中有备而不敢靠近。又令王汉臣等从偏僻小路奇袭敌兵，自己亲率主力从后猛攻，大败蒙古兵，并收复了河池等失地。

宋理宗端平初（1234），蒙古兵又自西和州南下进攻阶州。曹友闻对大家说，阶州虽不是我们管辖的地域，但怎能坐视而不救呢？于是率部与其他各路援军会师。统制夏用出其左，张成出其右，命弟曹友万、曹友谅作前锋督战，从冷水口渡过嘉陵江，与元军数战皆胜。他命令部队人衔枚、马摘铃，深夜急行军直插徽县青野原，截敌退路，阶州得以解围。曹友闻因功升职武翼大夫、阁门宣赞舍人，差权利州驻扎御前诸军都统制，位居四川四大主力禁军（沔州、兴元、金州、利州）之一的统帅。

宋理宗端平二年（元太宗七年，1235 年）初，蒙古窝阔台汗集结蒙古、西夏、吐蕃及投降蒙古的汉军，号称五十万大军，大举南侵宋朝。蒙古大军兵分三路，西路由次子阔端率军进入陕西、四川；中路由三子阔出和诸王率领攻襄汉；东路由大将口温不花与史天泽率领进军江淮。阔端率领出大散关、凤州。十月，阔端进至巩昌（今陇西县），原金朝大将汪世昌投降，汪世昌的部队编入蒙古军。

阔端又率大军转攻攻陷沔州并直捣宁强大安军。曹友闻派遣摧锋军统制王资、踏白军统制白再兴急行军至鸡冠隘（今徽县嘉陵镇大滩村鸡冠山之南）埋伏防守，遣左军统制王进据阳平关（原阳平关在今黄家坝）。曹友闻登溪岭，手执五方旗，部署刚定，蒙古军数万已突至阳平关，即命令出击，遣游奕部将王刚出战，又亲帅帐兵（即亲兵）及背嵬军突出阵前，左右奔驰射退敌兵。阔端兵退，曹友闻谓忠义总管陈庚曰："敌人必回兵攻鸡冠隘，应加紧增援。"既而蒙古军果以步骑万余攻隘，陈庚以骑兵五百直冲前去决战，当可将步兵左右翼并进，王资、白再兴又自隘出战，蹀血十余里，蒙古军乃败退。朝廷特授友闻眉州防御使，依旧任左骁卫大将军、利州驻扎御前诸军统制兼沔州驻扎，兼管关外四州安抚、权知沔州、节制本府屯戍军马。弟友万差知同庆府、四川制置司帐前总管，仍旧总管忠义军马、节制屯戍军马，在黄仙（疑为今成县黄渚关）驻扎，与沔州、利州两司负责关外防御。

端平三年（1236）秋七月，阔端分兵两路攻四川，意欲合击成都。一路由宗王末哥率领攻宕昌、阶州，直趋成都。一路由阔端率领，自凤州出发，西捣河池。八月十五日，宋统制波庆战死于河池。八月下旬，阔端攻取武休关（在今陕西留坝东南武关河），击败都统李显忠军，攻陷兴元府，进至距沔州九十里的西池谷，关外四州安抚司公事兼知沔州高稼向赵彦呐建议坚守沔州，以防蒙古军深入蜀地。赵彦呐表面上应允，而只留高稼守沔州，自率军退出河池，坚守青野原。曹友闻戍守七方关，知沔州不可守，曾劝高稼移保山寨，而自将所部助之，高稼曰："七方要地，不可弃。吾郡将也，城亦不可弃。即事不济，有死而已。"以死守沔州相答。沔州陷落，众拥高稼出避，为蒙古骑兵四集围之，高稼殉难。蒙古军遂以一部兵猛攻大安军。四川制置使赵彦呐见状，急调戍守石门、七方关一带的曹友闻转防大安，以保蜀口。曹友闻驰书赵彦呐称："沔阳，蜀之险要，吾重兵在此，敌有后顾之忧，必不能逾越沔阳而入蜀，又有曹友万和王宣首尾呼应，可保必捷。大安地势平圹，无险可守，正敌骑所长，步兵所短，况众寡不敌，岂可在平地控御。"认为大安地势平坦，利骑兵攻战，不利步兵防守，建议仍扼仙人关险地，威胁蒙古军后方，使其不敢长驱入蜀。赵彦呐不以为然，一日连发七道令牌，迫使曹友闻转守大安。九月九日，曹友闻退至大安军。制置使赵彦呐率军屯守青野原后，被蒙古军先锋汪世显包围。曹友闻曰："青野为蜀咽喉，不可缓。"曹友闻先遣其弟曹友万领兵乘夜由冷水口渡嘉陵江至六股株，走小道直奔青野原增援，曹友闻引精兵随后赶到，同守军一起内外夹攻，击退蒙古军，乃解围。"制置使奇万之勇，令督诸军战守。兵退，友闻引精兵亦趋至原下，夜半截战，围遂得解"。特授曹友闻武德大夫、左骁骑大将军，依旧兼利州路御前诸军统制等职。

九月十六日，曹友闻与众商议，认为大安军无险可守，唯鸡冠山一堡可守，但无粮无水，如能坚持五日，乘夜出奇，内外夹击，尚可以寡击众，取得胜利。曹友闻对曹友万说："国家安危在此一举，众寡不敌，岂容浪战。惟当乘高据险，出奇兵，藏埋伏以待来犯，誓与阵地共存亡。”于是遂遣其弟、四川制置司帐前总管曹友万、曹友谅，率军一万上鸡冠隘守御，多张旗帜，向蒙古军显示宋军坚守的决心。曹友闻则选精兵万人，连夜自大安渡江逆上百里，至流溪、黑水一带谷地（在今宁强县曾家河乡北，嘉陵江东岸，阳平关北）设伏，准备向蒙古军发动突然袭击。事先相约，蒙古军若攻阳平关，先折其锋，佯败入堡，曹友闻则乘机捣其背，内以擂鼓举火为号，外呼杀声以响应，内外夹击蒙古军。此外，大开阳平关城门，内不立旗，炊烟不出，鸡犬不声。九月二十二日，蒙古兵果然来犯，敌将八都鲁拥有万余众，达海率千人，往来搏战。曹友万冲出阵前迎战，矢石如雨，身被数创，令诸军举烽，报告蒙古军已到。

九月二十七日，曹友闻探知蒙古军已掠大安，遂分三路攻击蒙古军：一路遣眉州防御使、选锋军统制杨大全、游奕军统制冯大用引本部出东菜园，击敌后队；一路遣敢勇军总管夏用、知西和州神劲军总管赵兴帅所部出水岭，击敌中队；一路遣知天水军、安边军总管吕嗣德、陈庚率所部出龙泉头，击敌前队。曹友闻亲帅精兵三千人，疾驰往阳平关鸡冠隘，行二十里后，不料天公不作美，暴雨如注，夜暗难行，道路泥泞，人马疲乏，部将吕嗣宗建议“雨不止，淖泞深没足，宜俟少霁。”友闻斥曰：“敌知我伏兵在此，缓必失机。鸡冠隘堡原定坚持五日，现已八日，如不马上进军，一旦城破，必然会失去战机。”遂令军队冒大雨继续前进，至水牛岭，转战至拂晓，破数十营，直插阳平关。先派保捷军统制刘虎率领敢死队五百人冲击敌前军，未能奏效。又将三百骑兵伏于道侧，令刘虎再次偷袭。鸡冠隘堡之曹友万等，闻鼓声率军出隘口夹击。内外两军皆殊死战斗，蒙古人的营寨被宋军连破数十个，尸体更是在阳平关外堆积如山。两军殊战，血流二十余里。二十八日，转战至回回寨，蒙古军素以绵裘代替铁甲，此时尽被雨湿透，不利徒步战斗，阔端欲退走，正在这时，汪世显率大批蒙古军自大安来会，蒙古军势力大增，蒙古军以铁骑四面包围宋军，阔端乃分骑兵为百十队，向宋军轮番驰突。曹友闻中流矢受伤，他杀掉战马，表示了与敌血战到底的决心。不久，曹友闻战死。 与此同时，曹友万、刘孝全等麾兵战于关外，自早晨战至日暮，曹友万身被数创，仅存五百人入鸡冠隘堡，蒙古军围堡数层。二十九日，曹友万、刘孝全等见城中无粮，乃率军突围，转战至龙门（今阳平关附近之龙门洞）遇蒙古军，全部战死。

朝廷追赠曹友闻为龙图阁学士、大中大夫，赐庙褒忠，加谥号为“节”。其二子授为承务郎，婿授迪功郎。曹友万特赠武翼大夫，授二子为成忠郎。

蒙古军大将汪世显素服曹友闻威望，尝以名马遗友闻。1237年夏，汪世显大军因军中流行痢疾，从四川北撤经过此地，感叹道：“蜀将军真男儿也！”盛礼以祭之。

曹友闻阵亡后，南宋丧失蜀口，制置使赵彦呐退守川东山区，蒙古军长驱入蜀，成都被迅速攻下。蒙古军残毁成都后，遂四出攻掠。四川大部分地方为蒙军所蹂躏，破坏十分惨酷。阔端屠杀四川之后，留下塔海、汪世显等部分蒙军在四川继续攻掠，而自率大军北返。

另据《徽郡志》载：“宋曹氏，河池人，父戍青野原，元人攻围，城陷父死。女徒步号泣潜入获其尸，恸毁而卒。敌怜之，并其父而瘗焉。乡人建祠祀之。”《宋诗纪事》有安如山诗云："将军精捍姿，齿齿碎金石"。安如山，字汝止，广汉人。善击剑，读经史百氏之书。端平甲午，安抚曹友闻辟掌书记，不起。友闻战死，如山往收其骨。明嘉靖年间，徽州知州高斗南、知县任旖、知州孟鹏年在文庙建乡贤祠，为曹友闻立忠义祠于其中。广元市朝天区朝天岭朝天关（峡）处，有明代为南宋利州路统制曹友闻修建的"褒忠"祠庙，遗址今尚存。

## 按竺迩

按竺迩（1194—1263），元开国功臣、曾任礼店文州蒙古汉军西番军民元帅府元帅，封秦国公。先祖为云中塞上（今山西大同）蒙古雍古氏，父黠公早逝，幼年寄养在外祖父术要甲家，"术要甲"转音为"赵家"，遂改姓为赵，后世均以赵为姓。1236年，按竺迩率军攻占陇南，在西汉阳天嘉川建"礼店文州蒙古汉军西番元帅府，"任元帅，卒后葬于礼店（今礼县城关），后代遂以该地为故里，建有家庙。

按竺迩十四岁时入宫，熟习智略，弓马绝世，常伴随皇子察合台外出狩猎。一次，突遇二虎奔出，按竺迩眼快手疾，连发两箭，将虎射倒，遂以善射闻名，并日益受到察合台的器重。1214年，按竺迩随元太祖西征，以功封千户，时年仅二十岁，自此以后，征积石，拔河州，破临洮，陷巩昌，攻城略地，战功卓著。太宗窝阔台即位，以按竺迩为元帅，继续率兵西进，驻军删丹（今甘肃山丹县），自敦煌至玉门关一路设置驿站、燧烽，直通西域。整个关陇地区为蒙古军所属。

太宗三年（1231）春，按竺迩又率军东进，围攻凤翔，战斗中，按竺迩选精兵组成"死士"（敢死队员），攻无不克。攻破凤翔后，又引军攻西和州，宋将强俊领众数万，坚壁清野，以逸待劳。按竺迩率"死士"进至城下，咒骂挑战。强俊大怒，悉众出阵，按竺迩佯败走之，强俊紧追不舍，按竺迩因以奇兵夺其城。并派伏兵截强俊退路，转战数十里，斩首数千级，生擒强俊。宋军余众退保仇池，按竺迩进击拔之。九月，蒙古军决议灭金，分左右二路南下，拖雷率右路军进入陕西后，以按竺迩为先锋出大散关，由两当县出鱼关抵沔州。宋制置使桂如渊守兴元（今陕西汉中），按竺迩准备借道攻金，就派人对桂如渊说："宋仇金久矣，何不从我兵锋，一洗国耻？今欲假道南郑，由金、洋达唐、邓，会大兵以灭金，岂独为吾之利，亦宋之利也。"桂如渊同意假道，并派人引导蒙古军沿汉水而下，由武休关东抵邓州（今河南郑县），直指汴京。金军背面受敌，急忙调集十多万军队西向，准备与蒙古军决战。按竺迩避其锋芒，直趋均州（今河南禹县）三峰山下，与左路军按赤台会合。时值隆冬，蒙古军乘大雪突袭金军，金兵大败，金主帅完颜合达败死，主将移剌蒲阿被擒。端平元年（1234），金哀宗在出奔蔡州（今河南汝南县）后，城破自杀，金朝遂正式灭亡。

金朝灭亡后，蒙古军又决定乘胜灭宋。端平二年（1235）窝阔台分兵南伐，一路由三子阔出和诸王忽都秃、口温不花等率领南攻襄、汉，一路由次子阔端率领攻入陕、川。阔端率军围攻巩昌不久，按竺迩奉命招降金守将汪世显，汪世显举城投降，蒙古军势力大增，按竺迩因功拜为征行大元帅。次年，皇子阔端率军出大散关入蜀，命宗王末哥（一作穆直）分兵向甘肃南部进军，以图由阴平南下，两军合围成都。末哥以按竺迩为先锋，破宕昌、陷阶州、攻文州，文州守将刘锐（一作刘禄）坚守城池，数月不下。南宋嘉熙元年（1237）初，按竺迩侦知城中无井，“乃夺其汲道，率勇士梯城先登，杀守城者数十人，遂拔其城。”刘锐战死，按竺迩招徕了吐番酋长勘拖孟迦等十族，“皆赐以银符”。蒙古军控制了定、会、阶、文、龙诸州。

按竺迩对宗王末哥说：“陇州县方平，人心犹贰，西汉阳当陇蜀之冲，宋及吐蕃利于入寇，宜得良将以镇之。”宗王末哥曰：“安反侧，制寇贼，此上策也，然无以易汝。”遂于西汉阳天嘉川置礼店文州蒙古汉军西番军民元帅府，以按竺迩为元帅，佩金符，分蒙古千户五人隶其麾下，住汉阳礼店，驻守西和、阶、文南界及西番边界。按竺迩命侯和尚南戍沔州（今陕西略阳县）之石门，术鲁西戍阶州之两水（今武都区两水镇），“谨斥堠，严巡逻，西南诸州不敢犯之。”陇南诸州县遂置于蒙古政权的统治之下。

南宋嘉熙二年（元太宗十年，1238年），按竺迩随元帅塔海再次伐蜀，克隆庆，攻重庆，图万州，连破四川二十余城。南宋淳祐十年（1250），宋制置使余玠攻兴元，文州降将王德新乘机反叛于阶州，执蒙军扈、牛二镇将，率军士千余人南下，欲占据江油。蒙古军震动。宪宗急令按竺迩回军讨伐，按竺迩迅速平定反叛，夺扈、牛二将以归，还镇礼店文州元帅府。

元世祖中统元年（1260），忽必烈称汗，其幼弟阿里布哥在漠北也称汗。在这场争夺汗位的斗争中，按竺迩站在忽必烈一边，协同宗王哈丹、哈必赤及汪良臣等，西讨阿里布哥的支持者阿兰答儿于删丹，经辉碑谷血战，阿兰答儿、浑都海被擒，按竺迩因功“赐玺书褒美，赐弓矢锦衣。”中统四年（1263）卒，终年六十九岁。延佑元年（1314）追赠为“推忠佐运定远功臣、太保、开府仪同三司、上柱国，封秦国公，谥武宣。”葬礼店西山。

按竺迩有子十人，以彻理、国宝、国安最知名，按竺迩病逝后，彻理、国宝相继袭职。国宝又名黑梓，据《元史·按竺迩传》：“少，击剑学书，倜傥好义，有谋略，父为元帅，军务悉以委之。”随父南征北战，攻重庆，陷删丹，屡立战功。

彻理因病不能视事时，国宝召集诸弟说：“昔我先人，辉兵西陲，大功既集，关陇虽宁而西戎未靖，此吾辈立功之秋也。”便派谢鼎和弟国能持金帛说降吐蕃酋长勘拖孟迦，随后又带勘拖孟迦入觐，上奏皇帝：“文州山川险扼，控庸蜀，拒吐蕃，宜城文州，屯兵镇之。”皇帝听从了他的建议，授予他三品印，为礼店蒙古汉军元帅兼文州吐蕃万户府达鲁花赤，并赐金符给他和勘拖孟迦。于是，扶州羌民酋长阿哩禅、波哩揭等人全部归附，也分别授予万户、千户。因其治理文州有善政，卒后被追赠为“推诚佐理宣力功臣、太尉、银青光禄大夫、平章政事、上柱国，封梁国公，谥忠定”。弟国安、子世荣也先后袭任其职，长期治理陇南一带。后世以礼店为故里。

国宝子赵世延于元惠宗至元三年（1337）启建《大元敕赐雍古氏家庙碑》，追述先祖事迹，该碑现存礼县城南。

# 马 暨

马暨（？—1276），南宋宕州（今宕昌县）人，进士出身。初知钦州（今广西钦州），后知邕州（今广西南宁），因守边有功，封为左武卫将军，后驻守静江府（今广西桂林），在抵抗元兵南侵斗争中被俘遇害。

元世祖忽必烈至元十二年（南宋恭帝德祐元年，1275 年）春，忽必烈命荆湖行省左丞相伯颜率元军主力自鄂州（今武汉武昌市）顺江东下，直取南宋都城临安（今浙江杭州市）；命右丞阿里海牙率军四万留戍鄂州，进取两湖。十一月，元军攻破了临安门户独松关，南宋恭帝献出玉玺和降表请降。

至元十三年（南宋端宗赵罡景炎元年，1276 年）三月，伯颜进入临安，宣布受降诏书，将宋恭帝等人押送到大都。阿里海牙也攻取了两湖。五月，南宋文天祥、张世杰、陆秀夫等在福州拥益王赵昰即位，成立了流亡政权，庙号端宗以图恢复南宋。忽必烈为迅速歼灭南宋流亡政权，于鄂州、临安建行尚书省，遣将入闽追击二王（赵昰、赵昺）；命湖广行省平章政事阿里海牙增兵三万，自湖南而下，进军广西，并诏谕广西静江府等大小官吏归降。景炎三年（1278）4 月 15 日赵昰病死，年仅十一岁，朝臣陆秀夫、江钲等人拥卫王赵昺继位。

静江守将马塈，原知邕州，因抚御边陲有功，以左武卫将军征入朝，宋恭帝投降后，马塈遂滞留静江府（今广西桂林市），总领屯戍诸军，执掌广西右经略司。阿里海牙初定湖南，派总管俞全前往静江府劝降，被马暨一箭射死。八月，忽必烈召南宋太皇太后谢道清北上大都。阿里海牙派人要求谢道清亲写手诏劝马暨投降。谢道清派湘山僧人宋勉持手诏前往静江府劝降，马暨当众焚烧了诏书，斩杀了宋勉，并把宋勉的头颅掷出城外。

至元十三年（1276）九月，元平章政事阿里海牙率军南进，前锋至严关（今广西兴安西南）。当时郴、全、道、桂阳、永、衡、武冈、宝庆、袁、韶、南雄诸郡守将全部投降，唯独马塈拒不投降。马塈深知严关为咽喉之地，严关失守，静江将不保。于是，立即组织所部及诸峒兵丁（少数民族武装）据守静江，自率三千兵守严关，他在关前凿马坑，断岭道，力阻元军南下。阿里海牙见严关两山壁立，中为通道，难以骤克，乃以偏师迂回至平乐，溯江而上，过临桂北进，与主力前后夹击严关。马塈孤军奋战，严关失守后退守静江。元军入严关后，又于小溶江（在严关西南）击败都统马应麒。阿里海牙遂率军围静江，遣人持忽必烈所赐诏书抄本送马塈，书以天命、地利、人心为由劝降，并许以广西大都督职位，被马暨严词拒绝，并焚其书，斩其使，以示决心。由于马暨赤心报国，衣不解甲，骁勇善战，深受将士们的拥护和爱戴，大家齐心协力，同仇敌忾，挫败了元兵多次猛烈攻击，坚守城池三个多月，大小战斗百余次。

至元十三年十一月，静江城已成孤城，外无援兵，内绝粮草，元军又在大阳、小溶两条江上筑堰断流，宋守军将士们无食无水，死伤相籍，形势日趋险恶。元军遣主力佯攻西门，以精兵攻其东门。部将史格以战车攻城，因炮石蔽地无法靠近，乃伺隙率众攀碟，蚁附而上，攻破外城，宋安抚使李梦龙降元，马塈率兵退守内城。元军以优势兵力又破内城。百姓纵火焚居室，多赴水死。马塈率死士进行巷战，在激战中，他左臂负伤被俘。总制黄文政（一作贺文振）、总管张虎欲率残兵突围，也兵败被俘。

元将阿里海牙对马暨宁死不屈、赤诚报国之举感叹不已，但又对其屡招不降、拼死抵抗极为愤恨，遂以静江与潭州城（今湖南长沙）不同，“民性骜嚣，易叛难服，不重典刑之，广西他州不可言以绥徕” 为由，下令屠城，并就地处死了马暨、黄文政、张虎等抵抗将领。据史书载：马暨“被执，杀之，断其首犹握拳奋起，立逾时始仆。”马暨死后，部将娄钤辖仍率余部二百五十人据守月城十余日，娄钤辖佯称饥饿不能出降，如送食物，即可听命。元军信以为真，送牛、米入内，月城将士饱食之后，聚围火炮引燃炸药，与月城同归于尽。

元军破静江后，阿里海牙分兵四出，攻取了广西诸郡，又遣人说降广西西部诸峒蛮。至此，广西诸郡皆降于元。

## 马堃

马堃（？—1276），宋宕州（今宕昌县）人。南宋名将马暨之兄，曾任六郡镇抚副使，政绩颇显。咸淳七年（1271）六月癸巳，任咸淳府（今四川忠县）知府，节制涪、万州，担负起了扼守长江，抵御元军南下的重任。

咸淳府是原南宋度宗皇帝受封忠王时期的潜邸。度宗咸淳元年（1265），将其所受封之地忠州改名咸淳府，辖临江县、垫江县、南宾县、龙渠县、丰都县五县。元兵入川，度宗令将咸淳府衙迁驻四川忠州（今四川忠县）和万州（今四川万县）之间的长江孤岛皇华城上。皇华城四面环江，悬崖如削，易守难攻，是扼守长江的军事要地。马堃一到任，便召集士民官吏，共议守城办法，固山为垒，依江为池，补修城墙，囤积粮草，训练士卒。

南宋恭帝德祐元年（元至正十二年，1275 年）十月，宋降将、元军金吾上将军、开达万忠梁山等处招讨使杨文安（天水军人，为宋眉州防御使、选锋军统制杨大全次子，杨大全战死后，杨文安降元。）和原达州知州鲜汝忠合兵攻破万州天生城后，以降兵为前锋，逆长江而上，直取咸淳府皇华城。马堃与军使包申坚守皇华城，与元军展开顽强而激烈的战斗，打退了元军的多次进攻。两个月后，长江水位下降，流速减缓，杨文安乘机猛攻，激战数日后，宋军退守内城，元军占领了城外的滩头，皇华城被元军四面围困。

咸淳府设在四川忠县与万县之间的长江孤岛皇华城

宋景炎元年（元至正十三年，1276 年）腊月下旬，元军再次发起进攻，杨文安向东、北门佯攻，鲜汝忠趁夜偷袭，用云梯登上城墙，杀死守门士兵，打开了城门，元军蜂拥而入。马堃调兵反击，在激战中，鲜汝忠被击毙，包申等众多将士战死。马堃伤重被俘，杨文安劝其投降，马堃大义凛然地说："忠州自古以来只有断头将军，没有投降将军。我生为大宋人，死为大宋鬼，赤胆忠心，保国保民，岂能苟且偷生！"最后同其他被俘将士一同就义。由于此战元军损失惨重，所以破城后下令屠城，皇华城毁于战火。

## 赵世延

赵世延（1260—1336），字子敬，元礼店文州蒙古汉军西番军民元帅府元帅、梁国公赵国宝之子，秦国公按竺迩之孙。

赵世延天资聪明，幼喜读书，弱冠即被招入枢密院御史台"肄习官政"。元世祖至元二十一年（1284）授承事郎、云南诸路提刑按察司判官，时年二十四岁。至元二十六年（1289）提升为监察御史，与同行联名弹劾丞相桑哥不法，不料奏章被桑哥同党、中丞赵国辅所压，并告知桑哥，桑哥锐意报复，同行均被排挤出朝，唯有赵世延得以幸免。至元二十九年（1292）任奉议大夫，出任江南湖北道肃政廉访司事，在任期间，敦儒事，立义仓，撤淫祠，修河堤，抑豪强，颇有善政。成宗大德三年（1299）移中台都事，不久，又任山东肃政廉访副使，1302年改任江南行台治书侍御史。1306年升任安西路总管，安西路乃故京兆省台所治，号称"会府"，前政壅滞，积案达三千牍，赵世延上任不到三月，便全部处理完毕。陕西省发生饥荒，省台商议拟上奏朝廷要求赈济，赵世延说："救荒如救火，愿先发禀以赈，朝廷设不允，世延当倾家财若身以偿。"遂发禀赈灾，救活者甚多。武宗至大元年（1308）改任四川肃政廉访司，任内清除积弊，整修都江堰，深受当地吏民称赞。

皇庆二年（1313）拜江浙行省参知政事，旋又奉召还，拜侍御史。当时，朝廷下诏，起用汉族名儒，有人把赵世延当成汉人，就向仁宗推荐："比奉诏，汉人参政用儒者，赵世延其人也。"仁宗说："世延诚可用，然雍古氏非汉人，其署居右。"遂拜为中书参知政事。不久，又迁为御史中丞。上任时，省臣自平章以下官吏都来相送，其声势场面前所未有，于是，为一些权臣所忌，便以皇太后名义，将赵世延贬出朝廷，出任云南行省右丞，在向皇帝辞行时，仁宗才知道此事，便下旨乃任赵世延为御史中丞。

仁宗延祐三年（1316），赵世延等劾奏权臣太师、中书右丞相贴木迭儿罪恶十三条，请将铁木迭尔斩首。铁木迭儿藏于太后兴圣宫近侍家，仁宗恐伤太后意，仅诏夺其职，并升赵世延为翰林学士承旨兼御史中丞，赵世延力辞不就。延祐五年（1318）进职光禄大夫、昭文馆学士、宋大都留守乞补、外拜四川行省平章政事。为解决四川等地军民饥荒问题，赵世延在重庆路立屯田，利用江津、巴县一带闲田七百八十三顷，召军士一千二百余人垦种，当年就获粟一万一千七百石。延祐七年（1320）仁宗驾崩，英宗即位，贴木迭儿复居中书右丞，决意报复赵世延，遂指使同党何志道给赵世延罗织罪名，诬告赵世延。至治二年（1323），何志道诱使赵世延从弟胥益儿哈呼诬告赵世延，将赵世延收狱等待对质。其从弟胥益儿哈呼逃走，英宗下诏赦免赵世延，并因此而定了一条律令："逃者百日不出，则释放等待对质者。"贴木迭儿不甘心，又罗织罪名，再次逮赵世延入狱，并逼迫赵世延自裁，赵世延拒不认罪。中书左丞拜住多次在英宗面前为世延辩冤，英宗对铁木迭儿专权也十分不满，有意回护赵世英，他对侍臣说："赵世延，先帝所尊礼，贴木迭儿妄入其罪，数请诛之，此殆报私怨耳，朕岂能从之。"赵世延再次获释，出居金陵（今江苏南京）。

同年秋，铁木迭儿同党铁失、锁南等人谋杀了英宗，晋王也孙铁木儿即位，捕杀参与政变的官员，起用曾受铁木迭儿迫害的官员。赵世延出为江南行台御史中丞。泰定四年（1327）入朝复为御史中丞，随后相继任中书右丞、翰林学士承旨、光禄大夫、同知枢密院事等职。

泰定五年（1328），泰定帝驾崩后，赵世延支持枢密院事燕铁木儿拥立怀王图贴睦尔为帝，是为文宗。赵世延因迎立有功，加授集贤大学士、奎章阁大学士、中书平章政事等职，因年高多疾，文宗还特许其可乘小车入朝。

至顺元年（1330）二月，文宗令赵世延与国史院编修官虞集等人仿唐宋会要体例纂修皇朝经世大典。赵世延以年高多疾为由，屡次上书，请求解除中书政务，专意纂修，文宗以其德高望重不允，说："老臣如卿者无几，求退之言后勿复陈。"《经世大典》于四月正式开局，次年五月修成，凡八百八十卷，略十二卷、公牍一卷，纂修通议一卷（原书今已失传，在残存的《永乐大典》等书中还有部分留存）。此后不久，赵世延再次上书请退。惠宗元统二年（1334）赐赵世延钱四万缗。至元二年（1336）五月去成都，同年十一月卒于成都，享年七十七岁。死后赠"世忠执法佐运翊亮功臣、太保、金紫光禄大夫、上柱国，追封鲁国公，谥文忠"。 归葬礼店西山祖茔。

后世对赵世延评价甚高，《元史·赵世延传》载："世延历事凡九朝，历省台五十余年，负经济之责，而将之以忠义，守之以清介，饰之以文学，凡军国利病，生民休戚，知无不言，而于儒者名教尤拳拳焉。"现陕西户县祖庵碑林藏有《大元敕藏御服之碑》，为赵世延撰，赵孟頫书，楷书三十三行，行六十七字。元延祐二年(1315)刻，立于户县祖庵镇重阳宫。碑记成宗感异梦而赐御服于孙真人事。此碑是赵孟頫青年时代的作品，笔法爽朗，秀媚。户县祖庵碑林中另有《皇元孙真人道行碑》，邓文原撰，赵孟頫书，赵世延篆额。元统三年(1335)刻。立于户县祖庵镇重阳宫。碑文楷书，三十九行，行八十字。碑记孙真人生平事迹甚详。它与延祐二年书写的"大元敕藏御服之碑"同为书法艺术中的珍品。

赵世延生子五人，尤以野峻台最为出名。

野峻台，曾仕任四川行省左右司郎中、西行台监察御史、河西廉访副使转黄州路总管。"朝廷察其材，升任四川行省参政，命与平章咬住讨贼。"至正十一年（1351）咬住令野峻台为前锋，攻打红巾军据守的巴东县城，攻陷后，又乘胜进拔技江、松滋两县，进而围攻江陵，双方鏖战于清水门，红巾军退入城内，野峻台逼进城下。天亮时红巾军出门突袭，野峻台不能支，而咬住军"止百步外不救"，野峻台被红巾军刺死。朝廷追赠其为"荣禄大夫、陕西行省平章政事、柱国，追封凉国公，谥忠壮。"

## 石吉连

石吉连（生卒年不详），蒙语称亦怜真乞刺思、又称亦辇真，蒙古人，礼店文州军民元帅府元帅。屯守边备，出师靖安，屡获奇功，“以功迁至行省右丞相。”

据《石氏族谱》载：石吉连“九岁读书，及十二岁在大通文学，性好武功，二十岁举武进士第，智谋过人，才德出众，授都司、司徒，至参将，至总兵，至都督，至元帅，至右丞相，封秦国公，谥忠穆。天子目为辅弼，黎庶亲如父母。官府兵丁及西夷番服，莫不仰德焉。出师边备，屡获奇功。故功封袭爵焉。”

南宋端平三年（1236），蒙古人夺取陇南地区后，设置“礼店文州蒙古汉军西番军民元师府”，治今礼县，统辖今甘肃陇南地区及陕西略阳地区（沔州）、川北的平武（龙州）、南坪（扶州）等地。蒙古雍古氏按竺迩首任元帅，按竺迩之后，其子孙袭任此职，历时六帝七十四年。从元武宗至大三年起（1310）至明洪武二年（1369）明军攻入陇右、元朝灭亡的后五十八年间，礼店文州军民元帅府元帅一职都是由石氏家族继任，连任三代。武宗至大三年（1310）石吉连奉命任礼店文州军民元帅府元帅，驻崖城镇。“西夷番服，莫不仰德焉，出师边备，屡获奇功，故功封袭爵焉。”据《元史·本纪第二十四仁宗一》载：“（武宗至大）四年闰七月丙午，命亦怜真乞刺思为司徒。己酉，吐番寇礼店文州，命总帅亦怜真讨之。”自巴蜀入侵秦陇之贼多畏惧，西边遂靖。礼店所城东凤凰山（现礼县燕河乡祁窑村水口桃花山）下有秦国公墓、纪功碑（1958 年被损坏），纪功碑有御史张口所题诗词：“身披虎符备边险，演武修文浩气严。弓马骑射时操练，屯田垦阏无事年。西番畏服不侵扰，农夫先畴歌尧天。上信始加为丞相，刺封秦公世袭官。”

石吉连（亦怜真）以功升迁行省右丞相后，其子石麟（礼县崖城乡东岳庙碑文中刻为翔鹗石麟）承袭礼店文州蒙古汉军西番军民元帅府元帅，授宣武将军。礼县崖城乡《大元崖石镇东岳庙之记》背面记载：“广威将军、前西番达鲁花赤、礼店文州蒙古汉军军民元帅亦辇真；宣武将军，礼店文州蒙古汉军西番军民元帅翔鹗石麟。”石麟继任后，“不改君臣父道，优礼以待接贤士，宽宏大度，恩以辅人民，敬信节俭。后又授怀远大将军。”至正十五年（乙未，1355 年）病故，葬于黑江崖（今礼县永兴乡友好村涝池湾），死后被封为雍国公，谥忠宣。赤土山长生观下曾有石麟纪功碑，“文化大革命”中被毁，残碑砌于赤土山护坡。石麟长子石斌袭父职，任礼店文州蒙古汉军西番军民元帅府元帅兼达鲁花赤，历十四年，洪武二年（1369），明朝大将徐达领兵克庆阳取秦陇，陕西悉平，石斌率众归附明朝，洪武四年（1371 年）十二月石斌改授礼店右所副千户，洪武十五年（1382）改调秦州卫左所副千户，洪武十八年（1385）患病去职，死后葬于秦州小石马坪。

在石氏三代在任元帅的数十年中，在军事上，驻守陇南、沔州（今陕西略阳县）和川北地区，完成了“西戎遂靖”的任务；政务上，使蜀道漕运流通，行人不苦，粮道不绝，保证了礼店文州军民元帅府辖区的安定，消除了战乱，为巩固元朝中央和地方政权建立了功勋。

石斌之后，石氏后裔虽然仍有功名，但早失去了元朝时的显赫。石斌长子石润，袭任千户所副千户职事，于洪武三十五年（1402）四月在灵州病故。石斌次子石温，接替本卫所土官副千户职事，亦病故灵州。石润长子石禹，袭任本所土官副千户职事，后调庄浪操备，明正统七年（1442）病故。石禹长子石靖，袭任本所土官副千户职事，调拨灵州备御，明景泰六年（1456）病故。

## 门克新

门克新（？—1396），明巩昌府秦州礼店所碑楼川（今礼县石桥镇瑶峪村）人。生年不详，卒于明洪武二十九年（1396）秋。官至礼部尚书。

洪武二十六年（1393），门克新以秦州教谕秩满入朝，朱元璋召问经史及政治得失，门克新直言无隐，对答如流，遂“迁左春坊赞善。”绍兴人王俊华同时也以善文辞而授此职，朱元璋对吏部尚书说：“左克新，右俊华，重直言也。”

明初，岢岚教谕吴从权、山阴教谕张恒等人进京述职，朱元璋向其询问民间疾苦，吴从权、张恒等“皆言臣职在训士，民事无所与。”避而不答。朱元璋大怒，训斥说：“宋胡瑗为苏、湖教授，其教兼经义诏事；汉贾谊、董仲舒皆起田里，傅陈时务；唐马周不得亲见太宗，且教武官言事。今既集朝堂，朕亲询问，俱无以对，出圣贤之道者固为斯乎？”将吴从权、张恒等人放逐于边远之地，并榜谕天下学校，使为鉴戒。门克新不怕得罪权贵，敢于直言上陈，遂深得太祖朱元璋器重。

门克新入朝前一直任州学训导、教谕等职，入朝后不数年，提任礼部尚书。洪武二十九年（1396）正月，因疾逝于任上。清乾隆《礼县志》载：门克新卒后，明太祖朱元璋十分惋惜，洪武二十九年（1396）岁次丙子九月丙辰初四日，朱元璋遣司礼监典簿杨马儿谕祭其葬，作《谕祭门尚书文》，对门克新“大丈夫之志，高年而得以荣身，深表庆幸”。并命有司护柩归葬于故里。

门克新画像

门克新曾奉命作《长江万里图记》，颇有文采，得到皇帝赏识。另有《长江万里图记序》《门氏族谱序》两篇文章。内江《门氏族谱》收录的《长江万里图记序》，记述了门公应皇帝诏命撰写《图记》的过程：“洪武二十八年冬十二月庚寅日，皇帝御奉天门，召儒臣左赞善门克新示以长江之图”，门克新“再拜稽首，览图而为《记》”。

明成化五年（己丑年，1469 年），右佥都御史秦紘来知秦州（礼店所时属秦州卫），秦紘率秦州僚属吏士建祠于州城学宫之前。数年后，知州傅鼐实又“崇饰垣宇”，秦州籍刑部主事张君瑞邀请翰林院侍讲兼修国史、华盖殿大学士、吏部尚书李东阳作《门尚书祠堂记》，文曰：“仰惟高皇帝之圣神睿哲，揽入天下才智豪杰之士，甄择而用之，虽寸长片善不得以遗于世，听其进退黜陟，尤有非庸人所能测识者。门公起儒学，登台辅，得千载一时之遇，非其材器足任其用，恶可以幸致哉？愚也！后生寡识，不能考见故老之德，然于谕祭之词，亦可以伏睹圣意于万一也。”明成化十五年（1479），秦州同知张琰、儒学学正陈睿、训导王宪宇、江胡灏等人将李东阳门尚书祠堂记勒碑立石于秦州门尚书祠堂前。

据《直隶秦州新志·古迹》记载“五代王仁裕故里，明门克新故里，皆在（礼县）南三十里碑楼川”。清乾隆《礼县志》记载：“尚书门公故里原在县南三十里汉阳西山之下，里前有一清河，土人至今名曰‘门公河’。”清光绪《重纂礼县新志》亦载，门公故里即今日之瑶峪里，里前原门公河地点在村东南方，村民现称谓“门家渠”。四川内江《门氏族谱》、河北沧州《门氏族谱》收录了门克新和孙子门泰分别于明洪武二十九年（1396）三月、永乐十四年（1416）三月补修《族谱》后所作的两篇《族谱序》。据《族谱序》记载：门氏祖籍陕西泾阳县窑谷里（今泾阳县龙泉乡门家村），先人在唐代到秦州做官，以功名德业显著于世，遂定居秦州礼店所碑楼川瑶峪里，瑶峪里即窑谷里，即今礼县石桥镇瑶峪村。

## 高斗南

高斗南（生卒年不详），字拱极，大约生于元代中期，卒于明永乐年间，具体时间不详。明陕西徽州（今徽县）人，其人相貌魁伟，声若洪钟。

高斗南才学广博，志向远大。洪武二十九年（1396）高斗南任职四川定远知县，惠政多方，百姓感颂。颂谣：“江上高楼鼓角鸣，至今吹出斗南声。自从来作公平吏，多少人传去后名。”三载考绩，因受他人诬陷，被捕押刑部狱中。定远县百姓闻讯，选举耆民刘兴等人相继赴京为其辩冤，历数高斗南任职时种种善政，要求撤消对高斗南的处罚。朱元璋听取了定远县百姓们的报告，认为高斗南做官公正，清廉仁慈，的确是个贤臣，不仅撤销了处罚，恢复其原职，还下诏嘉奖高斗南，赐以锦衣、纻丝、表里、靴帽、金银、筵宴等。同时，还下令有司给赴京上诉者赐以返家路费。高斗南任定远知县九载，政绩显著，百姓感颂。

不久，朝廷表彰天下廉吏，仅有数人，高斗南名列其中，入《彰善榜》《圣政记》，张榜公布，以为天下官吏之楷模。未几，被提拔为云南新兴州（今云南省玉溪市）知州，任职数年，惠养百姓，抚绥夷獠，百姓安居乐业，没有远徙他乡者，深受当地百姓爱戴。明成祖永乐年间，以年老体弱乞归，“上允之，厚遣以归”，不久病逝，享年七十。其事迹载入《明史·循吏传》。

高斗南乞归时，推荐时任礼科给事中的儿子高恂任新兴州知州，明成祖同意了他的请求。高恂字士信，博学多识，任礼科给事中时，不避权贵，奏章屡上，工诗善文。时黄河清，作诗十章以献，成祖览而嘉奖之。新兴州地近安南（今越南），永乐八年（1410），当时安南国王陈日煃被驸马黎季犛杀害，朝廷派成国公朱能讨伐黎季犛，任命高恂为行军司马，参与军机要务。朱能统领大军直插安南，到安南后，宣扬教化，扶持王室，铲除奸凶，并代表大明朝廷慰问安南王朝及百姓，转达了朝廷的关怀，黎姓部族表示服从朝廷。后大军凯旋，行至新兴州境时，高恂不幸染疾，卒于任上。明成祖闻讣悼之，赐其为“奉政大夫”，令礼部将他的灵柩运回徽县安葬。《明史》（卷 281）：“恂，字士信，博学能诗文。官新兴，从大军征交址，有协赞功。师旋，卒于官。”

高恂之子高儒，字崇文，贡生，授豹韬卫经历，后改任怀来卫。他办事公正，勤劳谨慎。后升任山西石州（今山西省吕梁市离石区）同知。当时石州田粮赋税多年拖欠收不上来，高儒上任后革除弊端，将拖欠全部收了上来，不久，石州被治理得秩序井然，封为奉直大夫。

## 汪宗贤

汪宗贤（1370—1422），字希颜，明陕西巩昌府成县人。元巩昌便宜都总帅汪世显七世孙。据今存世的明代《成县汪氏族谱》载：汪氏“四十五世达公，字德远，配左卫勋府。唐贞观十四年，因征讨贺鲁龟兹高昌有功，封上柱国越国公，留镇巩昌，宋追封应候，历封崇善衍佑公，娶葛氏，封协济夫人，家巩昌，西北汪氏由此起焉。又二十四传，江南行御史、光禄大夫晋昌之子有才携眷定居成县上店里，为成县汪氏之始祖。”

汪宗贤，明洪武年间举茂才，时年十三岁。永乐中，以书经选入国子监，后授江南松江府通判。往任之初，适值朝廷遣大臣筑宝山于海隅，承役之众，数以十万计，命选才能干济之官以重其事，宗贤首膺是选，于是率众赴事，昼夜不追，心力俱殚。事竟凯还，而府正、佐俱缺，汪宗贤独自主政，兴学校，劝农桑，招捕逃，恤刑狱，政通人和，百废俱兴，有司考其功曰：“以正直之资，往繁郡之佐，事集民安，实为课最。”督院复考曰：“公以处事勤，以干办专繁治剧佐，郡邑是称。故上官嘉其才，僚属服其能，两邑民庶安睹自若，莫不感其德泽之所及也。公之忠良正直出于天性，世系声名震于陕右。”卒，赠奉政大夫、户部郎中。

汪浒，字清夫，汪宗贤第四子。明宣德乙卯科（1435）举人，正统己未科进士及第，名列三甲第十一名。授户部江西清吏司郎中。景泰初，蒙古也先侵大同，汪浒募集陇右民兵御敌有功，升奉政大夫。后迁知苏州府，勤政爱民，以清廉著称，被百姓称为“汪苏州”。任三年，卒。自汪浒之后，其子孙读书明道，修德立行，诗礼相承。

汪莲洲，字淑仁，汪浒七世孙，秉承祖范，勤苦攻读。吴三桂反清，兵据成邑，时汪父已瘫痪危笃不能避，汪莲洲朝夕侍奉，不忍离去，吴兵亦为之感动，未加伤害。康熙丁丑科（1697）选入太学，每试冠军，国子师深为器重，后以孝养归籍，义授生徒，门下所出列贡、致仕、中乡榜者济济其人。所著《钟楼墨集》典雅有则，尤长于诗。子于雍亦选贡，于豫、于梁、于岱俱为庠生，以文学传家。

清顺治十六年（1659）冬月，赐进士出身、文林郎、知成县事江右刘公元，为成县《汪氏族谱》写序，盛赞其家族显著风烈品流：“窃见其家近来有蜚名雁塔、缤缓黄堂者；有秋膺鹗荐、利宾上国者；有翘楚廷锉、师表士林者；有食餼於庠、首推颖脱者。他如亭亭独秀，皎然玉树临风，翩翩临霜，不音天闲出选，又何多也。余心服其族之繁盛，真乔木巨室也哉！”

汪宗贤高祖汪世显（1195—1243），字仲明。巩昌盐川镇（今漳县城南小井沟西汪古山）人。系出汪古族，遂以汪为氏。原仕金，历同知平凉府事、陇州防御使、巩昌府治中、同知。金开兴元年（1232），代为巩昌府便宜总帅。天兴三年（1234），金亡，据地自守。次年，归降蒙古，率部随蒙古军侵宋，克开州，攻重庆。从阔端攻成都，破文州，杀宋将陈隆之、刘锐等。因开拓西蜀有功，升为元便宜都总帅，赠推忠协力佐运功臣、太师、开府仪同三司、上柱国，领秦、巩等二十余州事，元中统三年（1262），追封陇西公，延祐七年（1320），追封陇右王，为元代开国名将。子汪德臣、汪良臣，均以战功显陇右。元末，汪世显五世孙汪有才携眷定居成县上店里；子汪德忠，明洪武年间任赵州州判；汪德忠生子汪宗贤，为汪世显七世孙。

## 张锦

张锦（1411—1488），字尚炯，号松壑，岷州南宝盖山（今宕昌县阿坞乡麻界村）人，累官至都察院右副都御史。

张锦其祖先为河南太康人，曾祖张敬曾任元朝参知政事，明初为湖广岳州指挥使，后以元代旧臣为由，谪戍岷州以南定居。张锦幼时家贫，“岁输未毕不敢先谋衣食”，其父张善家教甚严，不置田产，却为子聘师，有人讥笑他迂腐，他说：“要使孩子成为国家的有用之材，就应当使其知书达礼，这难道不是最珍贵的财产吗？”张锦为官之后，首次拿到俸银三两，如数寄回家中，张善将三两俸银封包寄还张锦，又寄去三两银子，告诫说：人的才能高低由命里注定，不能改变，而作官或廉或贪则由自己决定。勉励儿子居官廉洁，努力图进，不求有恩家室，只图报效国家，“尔宜努力，毋负所学”。

明宪宗正统十年（1445），张锦考中进士，后一直供职刑部。宪宗成化七年（1471）授刑部主事，期间，北京等地发生灾荒，张锦奉命前往赈济，因廉洁奉公，办事公道，深受称赞。当时，朝廷亲王争权，相互倾轧，尤以方山、庆城二王为最，皇帝命张锦前去调处，张锦秉公而断，使双方心悦诚服，重归于好，随后，又妥善处理了岷、襄二王府之纠纷。成化十九年，升迁为大理寺丞。二十三年（1487）进封嘉议大夫、都察院右副都御史，巡抚直隶、保定等六府兼提督紫荆等关。安定侯柳景被劾，贪赃巨万，祈求宽免，张锦依法决处。后辞官。张锦为人耿直，为官清廉，办事公道，体察民情。病逝后的第二年，即弘治二年（1489）归葬岷州南宝盖山（即今麻界村张家坟葬地，20世纪70年代搞农田基建时，挖出其父张善墓志铭，现存宕昌县文化馆），孝宗皇帝特下诏为其立了墓志铭，由宰相刘健撰文，翰林修撰李书法家李东阳篆额，中书舍人柳楷书丹，以示表彰。

张锦一门显贵，长子张潜，字用昭，号东谷，自幼聪颖过人，文才出众，擅长吟诗作文，时人将他和庆阳的李献吉、洵阳的张光世并称“关中三才子”。明朝弘治年间，张潜考中进士，任为户、礼二部司员，后任广平府（今河北省永年县广府镇）知府。张潜在辖地轻徭薄赋，施行仁政，整治秩序，严办盗贼，使人民得以安居乐业。因政绩显著，后又升为山东布政司左参政。

## 孙巨鲸

孙巨鲸（生卒年不详），字子鱼，号雨溪，陕西徽州（今徽县）人。少时聪明过人，明嘉靖二年（1523）殿试金榜第三甲第四十九名同进士出身，被授山西洪洞县知县。为人正直，廉洁奉职，先后兴办、整修多所学校；率众开凿润源渠，水流灌溉数千亩田地，使许多村庄受益，这一惠民工程深受群众感激，百姓自发立碑颂扬他的政绩。

孙巨鲸后来调任南川县（今重庆市南川县）知县，适逢大灾，庄稼歉收，饥荒严重。孙巨鲸向上级请求赈济灾民，尚未得到批复，他就先用自己的俸禄买米熬粥，供应饥民，许多人因此得以活命。不久，又发生少数民族作乱，抢掠侵害百姓，孙巨鲸整顿训练地方武装，加强战备，严密防守，擒获了几个匪首，地方得到保全和安宁。

嘉靖十年（1531），孙巨鲸被提升为开州（今重庆市开县）知州。开州是一个重要州郡，军事地位十分重要，孙巨鲸将这里治理得非常安定，番人再也不敢骚扰百姓。大司马赵廷瑞称赞他为政简约、朴实。后升为户部郎中，管理太仓事务，在此任上，又得到大司徒梁材慎的赞赏，很受器重。

嘉靖十四年（1535），辽阳发生兵变，孙巨鲸奉旨总管平叛军队的粮食贮藏和调拨事务。孙巨鲸到任后，即召集财会人员，公布账目和任务，当众交与财会人员，然后招聘粮商屯守。下属巨挡、王永向孙巨鲸重金行贿，请求承揽此事，被他严词拒绝。辽阳防务戍守，多亏有足够的粮食，孙巨鲸功不可没。

孙巨鲸回户部后，他办事更加认真，凡上司公文未下达而一时急需的粮食，他都先行支取，公文下发后再补办手续，部下和同僚都十分尊重他。正当他施展才华担当重任时，却突然因病去世，人们都感到非常惋惜。

孙巨鲸任开州知州期间，主持编修了《开州志》十卷（王崇庆纂）。史载：“巨鲸，徽州人，嘉靖二年进士，十年任开州知州。崇庆字端溪，开州人，正德三年进士，官至南京吏部尚书。按此志先是知州，昆山张寰修纂勿果，及巨鲸任知州延崇庆编纂，久之乃成。崇庆为主纂，又有州学生刘绅、杨沉等，相协采辑。其书体例，分地理志、建置志、田赋志、祠祀志、官师志、人物志、选举志、祥异志、艺文志、杂志十类。此志搜故实于群籍，网罗巨细，微阐幽显。又纪述无遗，体正文雅，久为世所赞美也。”嘉靖十三年刻本（天一阁藏）。该年十月《开州志》修成，之后当又有增补，因文中有嘉靖十三年以后事。孙巨鲸跋曰：“嘉靖癸巳秋七月，故礼乡大夫端溪王公秉厥直笔，载加撰次，未几，会公读礼，重于夺情，迟甲午秋九月稿始脱焉。”

## 郭从道

郭从道（生卒年不详），字省亭，陕西省巩昌府徽州栗亭（今徽县栗川乡）人，生活于明弘治、正德、嘉靖间。天资聪颖，颇有才华。累官至贵州按察司兵备佥事。

明正德丙子年（1516），郭从道考中举人，授大名府（在今河北省大名县）通判。曾参与治理黄河水患，因功绩突出，右侍郎潘希曾向朝廷上《旌举贤劳官员疏》，予以表彰，并建议升擢。《旌举贤劳官员疏》曰："莅政精勤，饬躬端谨，皆分董大工，共致成效者也，如兖州府同知李仁、陈约，通判张儒，大名府通判郭从道，开封府同知阎祺、潘国臣。乞勑吏工二部查议，如果臣言不谬，将前项各官甄録，量为升擢，则贤劳有功矣。"（潘希曾《竹涧集》）。

随后，郭从道升迁为应州（今山西应县）知州，不久又转任潞安府（即今山西长治市）同知。在潞安府时，他母亲去世，即回家治丧，三年孝满，补为顺德府（今河北邢台市）同知。当时古北口一带常有战事，郭从道捐献出自己的俸禄，修补长城关口，使百姓安心劳作生活，民众将修复的这段长城称为"郭公关"，刻石立碑记述他的功德，碑文中有"宇宙不凋经国绩，姓名永勒郭公关"之句。后郭从道升任户部员外郎，又转任贵州按察司兵备佥事。

郭从道忠于国家，体恤百姓，孝顺父母。郭从道父亲早逝，他对母亲孝敬备至，母亲病了，他经常和衣卧在旁边服侍。年老辞官回家后，关心照顾附近的孤儿寡母，替缴不起税捐的人代缴税捐，出资维修了永昌寺，并经常做一些修桥补路的善事。一次，正值秋雨季节，他正吃饭时，突然放下筷子，家人问其缘故，他说在潞安州修筑的城墙，一些地方不十分坚固，现在下这么大的雨，会不会倒塌？说罢，闷闷不乐好长时间。

郭从道隐退返乡后，仍笔耕不辍。嘉靖四十二年（1563），他应知州孟鹏年之邀，与邑贡生张鹤年共同承担了编纂《徽郡志》重任，不到一年时间，便完成了《徽郡志》八卷的编纂，其学术价值很高，属徽县志书中的珍品。知州孟鹏年对郭从道的才学赞赏不已，说他"博闻强识，谙于往迹，不阅月而历脱毛稿"。

郭从道之孙郭庄，字还一，明隆庆二年（1568）进士，以庶吉士授任御史职。他在任内积极疏通蜀陇道，开凿了朝天驿大峡的道路。又整修了大河店白水峡至略阳的道路，后世称郭公神道。郭庄办事秉公，执法严谨，敢于犯颜直谏，深得穆宗皇帝器重。

## 王继礼

王继礼（？—1539），字行之，号节斋，陕西省巩昌府阶州文县（今文县铁楼藏族乡新寨村）人。幼年聪慧奇异，及长，文学过人，尤精经学。明正德丙子（1516）登乡荐，正德十六年（1521）辛巳科进士。

嘉靖初，王继礼任职直隶阜城县知县，值天灾频繁，民溃殆尽，邑里萧条。王继礼至任即抚绥疲民，招安流民，赈救外逃者返回故里，竭心殚力，以致废寝忘食。只数月，流移尽归。请奏上司，报朝廷允准，减免归民赋税，拨放赈粮，使其安居乐业。又兴学礼士，抚穷恤孤，抑豪右，清吏弊，处心积虑，颇得上司及百姓称颂，阜城民请留不可得，为立生祠。旋调常熟县知县，常熟乃富庶繁盛之地，“俗颇弊恶，又常赋累数百万”，百姓负担甚重，而豪胥富民，互相勾结，狼狈为奸，鱼肉百姓。王继礼执法严明，率先垂范，“清勤自誓，毫发不苟。民有犯者，惟知有法耳。”所积弊政，一一厘革，解除百姓枉加粮赋若干万石。县北白茅港，常遭海寇掠劫，王继礼夙夜经理，简选精锐，丰犒赏，相机宜，及时将海寇就擒。嘉靖四年（乙酉，1525 年）春，授南京户部主事，“部院诸老，谓公之正大刚方，而不获居台谏，以大行其志，共惜之”。嘉靖五年（1526）调兵部车驾司，赴任时，行李萧然。“至则清驿弊，督边乘，靡不周详慎悉。”

嘉靖六年（1527）调职方司，以公忠直，改四川道监察御史。王继礼以整顿营务为己任，调拨粮饷，整肃器械，凡有占役科刻及怙势骄恣者，据例参劾，不少避忌，威令大振，京师肃靖。嘉靖十年（1531）逢浙江乡试，以浙江多才之地，命其赴浙江督其试事。锁院之夕，焚香盟誓道：“天下唯此事最公，少徇私曲，即非以人事君之道矣。”由于剔除私弊，是榜得人，比昔日为盛。兵部尚书王海山、掌院王浚川，上奏表称赞其为“真御史”。

嘉靖十一年（1532）迁升徽州（宋徽宗宣和三年，改歙州为徽州，治所即今安徽省黄山市歙县）知府。适逢朝廷遣李大常率其徒百数十人，到徽州府的齐云岩做道场，假公扰民，凭宠横索，王继礼皆绳之以法，道士们“肃然祇畏，相戒不敢犯”。执法能决断。有汪元龙者，因罪而数十年不决，“公一言折之，两争遂息”。“各部属至钱粮，额外无加。”

嘉靖十四年（1535）擢升为浙江按察司副使，徽州百姓扳附车轮而挽留，几次未能启行，及行，又随车相送至武林而不忍去。到了浙江，正值海寇猖獗，前任处事稍不谨慎，即为地方造成祸患。王继礼历巡海隅，察访寇情，“严防御之规，厉番船之禁，海境咸为肃靖，寇不敢犯境，军民赖以宁谧。”

嘉靖十七年（1538）升浙江参政，分守杭州、嘉州、湖州诸路。后众书荐举，嘉靖十八年（1539）升湖广按察使。王继礼常以“吾享国厚禄，无以图报，维殚心竭力，清理刑狱。古人所谓无冤者，是吾职耳”自勉。倾心理政，孜孜不倦，废寝忘食，经常五更即起料理政事，以故精神消耗，渐成劳疾，同年八月，卒于任。

王继礼自幼与兄继学同居，以身孝敬长兄，从不稍事怠慢，以孝廉闻世。居家时乃至走上仕途，从为士、为尹、为御史，到身居知府、按御使之职，“凡议论功，张弛举措，俱浩然不与世沉浮。”当称一代循吏，别人莫能比之。少司空顾东桥闻知王继礼病逝，叹息道：“不意慷慨丈夫如王公而止于是，不重为斯世惜哉！”

王继礼传世诗文极少，现存《明故处士怡庵官公合葬墓志铭》一篇，明正德十六年（1521）王继礼撰文，吴光禄正书 。

## 朱衣

朱衣(生卒年不详),明巩昌府岷州卫(今宕昌县何家堡乡白杨村)人。明万历癸酉科(1573)中举，甲戌科（1594）中进士，授邢部广东司主事，转兵部职方司主事，历任职方司员外、郎中，升山西潞安府（今山西长治市）知府，又任蓟州（今天津市蓟州区）兵备副使。

朱衣平生诗文著述多佚,唯《岷州志》收录其《贺李将军平番》诗一首:“几向辕门看射雕，风流不数霍骠骁。才闻遗孽金戈横，旋见丰功铜柱标。部曲营连老鼠寨，凯歌声送野狐桥。宕渠多少行人过，鸡犬不惊归暮樵。”诗中“老鼠寨”即今宕昌县新城子乡老树川村，“宕渠”即宕昌。20世纪80年代初，宕昌县何家堡乡白杨村农田基建中，发现朱衣墓，出土墓志铭。

## 萧籍

萧籍(1568—1642),名凉,字文徵,号献伍,文县城关镇西园村人。曾任河南渑池县知县、山西泽州知州，授文林郎。

萧籍性聪好学,有过人之思。明神宗万历十二年(1583)补邑庠生,万历二十一年(1593)中举。万历三十四年（1606）萧籍北上谒选，受河南渑池（今河南宁洛县）知县，任内爱民悯众，宽严有度，渑池县民编《德政录》以载政绩，建“生祠”以为旌赞，颇得上官赞许，“迁开封别驾”。在河南开封府别驾（通判）任上，肖籍洁己爱民，办案有方，妇孺感涕。“各院司道诸当事者，无不见信。”每有建议，皆见采纳，比及渑池，“更得行其志而下其泽于民。”开封有一失火积案，“诬极刑者七人”，经勘察不下十余官，皆因案情复杂，十来年出入无定，始终未能结案。他详细调查案情，掌握了真情实据，“不数言而开释”。离职开封时，“孺妇皆为流涕，士民刻有德政录与颂集”，以颂扬他的功绩。遂又升山西泽州（今山西晋城县）知州，萧籍仍“不失爱民初心”，执法严明，不徇私情，颇得民心。主要政绩有四：一是衙署后堂有一书办，“权着隐蔽，人畏如虎，骗诈无不如意。”萧籍毅然将其裁革，人人称快；二是泽州多横行乡里的宗族大户，萧籍皆绳之以法，使其得以俯首帖耳；三是州邑孝廉中有不规者，萧籍不徇私情，均依法处罚，使其行迹收敛；四是“学宫倾圮，极力修葺，工费浩繁，不尝损民间一粟，劳民间一役。”

肖籍清正为官，不媚上司，不事逢迎，不畏权贵，不徇私情，政声卓著，民甚爱之，但终因刚正不阿，得罪权贵，累遭中伤。万历四十七年（1619）“己未大计，复为人中伤，以前任开封浮躁降职。”浮躁者，工作轻浮急躁也，处分为降职一级。肖籍一身正气，秉性刚直，遂拂袖辞官，绝意不进仕途。辞官后，游武当，寄情于山水。

光宗泰昌元年（1620）秋，肖籍返归文县故里西园。每以诗文自娱，纵情于陇南山水间，遗志于诗词之中，写诗作文以讽时政，其忧国忧民之情溢于字里行间。明崇祯十四年（1641），肖籍居“霞漪斋”，集册成书为《箫献伍诗文集》，散文主要有《谕鼠歌》《金累》《击木虎文》《鹦鹉猕猴梦记》《答客问》等。肖籍的诗以吟山水胜迹为主，用笔委婉，意象丛生，奇思新出，妙韵自裁，借景言情，直抒胸臆。

肖籍于崇祯壬午年（1642）十一月十七日申时告终，享年七十五岁。县人在旧城建“名魁坊”以旌表。

肖籍死后葬于西园村鸪依坝。1973年平田整地时，肖籍墓被发掘，并出土墓志铭九通。肖籍墓室外用三合土填实，四周有木炭层。外椁用柏木做成，松香密封。内棺用柏木做成，九层漆布包裹，松香密封。逝者戴丝织纶巾帽，身着官服，官服上的彩绣完好如初，尸体周围用白棉布包成的数十个木炭小包填塞，并浸置在棕色的棺液中，逝者皮肤尚有弹性。随葬品计有帽上金饰二件，玉笄一枚，兽面方形玉饰一件，锡灯一副，直口黑釉罐一只，内盛麦、谷等。墓主人口含金币一枚，上书“光前裕后”四字。

## 马明心

马明心（1718—1781），字复性，又名真卫，经名伊布拉欣，道号维尕耶欣·东拉（意为维护主道者），尊称是官川阿齐兹（意为尊贵的官川老人家），殁后追尊为东海达伊（意为为主道牺牲者）。祖籍甘肃阶州人，康熙八年（1669），阶州地震，其家庐舍全成废墟，其祖父举家迁徙陇西，继至金县（今榆中县）马坡。再徙河州（今临夏回族自治州）大西关。

马明心是甘肃伊斯兰教四大门宦之一哲赫忍耶门宦的创始人。哲赫忍耶是阿拉伯语的译音，意为“正大光明”“公开响亮”“高赞”，表示在念诵“则可若”（赞词，苏非派道乘修持的方式之一）时要声音高昂，故哲赫忍耶又称高念派。哲赫忍耶（简称哲派）形成于12世纪初，由伊朗的艾布·玉素甫·哈木丹首创，后传入伊拉克、中亚等地。18世纪时，在阿拉伯半岛广泛传播，并形成麦加和也门两个中心。经马明心传入中国后，先在甘肃传播，以后逐渐发展到西北乃至全国，成为中国伊斯兰教派中较有影响的一派。

马明心其父早逝，维生艰辛，很小年纪便随在河州西关寺中做“海推布”的叔父读经，因其天资聪颖，学习刻苦，学业优良，受到大家的称赞和资助。清雍正六年（1728），年仅九岁的他随叔父去麦加“朝觐”，当行至中亚卡拉库姆沙漠时，遇到狂风，马明心同叔父失散，多亏一老人相救，才得以身免。他在布哈拉城居住了四五年，在这里接受了乃格什班顶耶黑山派的教旨，并在也门随伊本·载尼道堂学习了沙孜林耶教旨。

马明心在国外留学十多年，继研道义，苦心钻研，学问品行，均臻上乘。乾隆九年（1744），从麦加朝觐回来的马明心返回祖国，经新疆喀什、叶尔羌等地到青海循化，继而在甘肃安定、河州、定西、榆中一带传播哲赫忍耶教义。在讲经论道期间，他提出了一系列改良主张，如认为教乘和道乘相互掺杂而平等，教乘比道乘甚至更为重要，是伊斯兰教的基础；聚礼日在礼拜寺礼十拜即算完成了拜功；提倡散财济贫，使“入其教者皆有周济”，反对多收布施，聚敛财富；主张教门传贤不传子，反对父传子受的世袭制；简化道乘修持功课，强调“舍希德”精神，提倡献身宗教等。不少群众接受了他的教义，纷纷改信哲赫忍耶，于是，新、老教之间摩擦时起，冲突不断，当地官府往往偏袒老教，先后将马明心逐出循化、河州地区，乾隆二十七年（1762）马明心从榆中的马坡迁居会宁县官川的马家堡，此后，官川马家堡便成为哲派的传教基地，其教徒分布甘、宁、青、新、滇、鲁、豫、陕等地。

马明心离开河湟地区后，其弟子贺麻路乎成为哲派的首领，他主持修建了清真寺，率领教徒自行礼拜，新、老教派矛盾激化。官府将贺麻路乎发配至乌鲁木齐充军，随后，苏四十三继任哲派首领，教争更为激烈。乾隆四十五年（1780）九月，循化打速古庄一位穆斯林老人去世，两个儿子一个是老教（华寺教派），一个是新教（哲赫忍耶教派），双方在丧礼问题上发生争执，引起新老教民聚众械斗。

乾隆四十六年（1781）三月十八日，兰州知府杨士玑、河州副将新柱奉陕甘总督勒尔谨之命查办。新柱进入循化后声称“新教若不遵法，我专为汝老教做主，尽洗之。”新教群众群情激愤，聚众杀了新柱和杨士玑，暴动正式开始，矛头直指清朝官府。三月二十一日，苏四十三率众乘胜攻占了河州。为镇压反清队伍，清兵抓捕了居住在定西官川的教主马明心，将其押到兰州。消息传至循化，苏四十三及明心义女赛里妹等率男女教徒几十人，携妻抱子，昼夜兼程赶赴兰州，以营救马明心。反清队伍经东乡抵达兰州，烧断黄河浮桥，很快攻占了西关和南关，直逼内城。

三月二十七日，困守兰州内城的甘肃布政使王廷赞让马明心登上西城城楼“劝谕”教众，反清队伍见马明心出现在城头，全部伏地跪拜，念诵伊教经典。马明心伏身向城下用撒拉语讲道：“你们不要这样做，你们退回去。这是真主的前定。”说完将自己的头巾掷到城下，乃以手杖掷城下，并谕使速归：“切勿使妇孺受累！”手杖掷下，教众腾挪而前，群起接杖，折为粉碎，宝藏而退。王廷赞见状，十分惊恐，以为一杖之微，尚且如此，如释归更难遏制。为拖延时间，等待援兵，他欺骗群众说要将马明心释放，但却在城下杀害了马明心。此时，清兵云集，反清队伍被迫退至华林山，拼死殊战三月余，至七月初六，反清队伍弹尽援绝，终以众寡悬殊而失败。被害群众数千人，马明心家属亲友二百余人也受到株连迫害。马明心被杀后尸体先埋在皋兰县府马厩之侧，后迁至兰州广武门先农坛，新关石乡老又偷埋于东川自己祖坟内。光绪末年，迁葬于东稍门外石家坟园，后再迁兰州东岗桃树坪。

马明心罹难后，其长子马顺清被发配到云南他郎。马顺清有五子，三子马世麟积极参加了云南杜文秀反清队伍，并派长子马元章潜回甘肃张家川，重掌教权。

## 马国栋

马国栋（1614—1684），宕昌县人，明末清初宕昌第十一代土司，第九代土司马国辅、第十代土司马国安胞弟。柯劭忞等《清史稿》列传三百四十土司六载：“马纪，自云伏波将军后裔。元至正间，因防守哈达川九族，授指挥使职，家岷州卫。子珍，明洪武间，以功授世袭土官百户。清顺治二年，马国栋归附，授原职。马氏世居宕昌城。”

明崇祯五年（1632），第十代土司马国安病故，无嗣，弟马国栋承袭。时马国栋年尚幼，母尚氏主持内外事务，会家人失所，尚氏倾家资周济，使各获保全，家事始安。马国栋理事后，统辖边务，包玉春、魏良友等起事反抗朝廷，马国栋随同官兵前往汤各川、山草坪镇压，杀魏良友，受朝廷嘉奖。崇祯十五年（1642）春，外黑峪寺（今属舟曲县）黄高僧率番众叛乱，出前山抢掠脚力铺、哈达川（今宕昌县脚力铺、哈达铺）等处地方，马国栋率部随同洮岷兵备道牛副总兵、阶文参将柳应时等征讨，至占藏里，斩俘数十。黄高僧叛兵大败，退回后山，不久，又纠合宕昌任藏等番族复出，在岗沟、巅角寨、师婆寨大肆劫掠。马国栋会同官兵再次征讨，于脚力铺御防，坚垒数月，以蓄精锐。黄高僧率众出寨，马国栋引兵迎战，直抵番营，斩杀番兵数百，大获全胜。自后黄高僧亦受安抚，各寨恢复。

清顺治二年（1645），马国栋归顺清朝，奉旨嘉奖，敕赐世袭土司原职。同年，明旧将蒋登雷部官兵从岷县起行，至宕昌时叛变，抢掠百姓财物，马国栋奉命率丁卒追至秦家峪（今宕昌县秦峪乡）击败叛兵，获嘉奖。翌年，文县白马峪（今文县铁楼乡）土民暴动，马国栋奉命率部至文县会同官兵镇压。顺治四年（1647）回民反清，攻陷岷州，马国栋奉命率部连夜赴岷参战，在梅川与回民武装交战，获胜立功。顺治九年（1652），良恭（今宕昌县南阳镇）边境高、石二族民众举事反抗地方政府，占据良恭，并翻越毛羽山攻击临江铺（今宕昌县临江乡）等地，马国栋奉命镇压。此时，磴子坝等地居民愿归土司统辖，获洮岷道准许，并委马国栋兼管临江、汤瓦二里百姓。五寨居民所完正赋，一时不足者，马国栋代输起解，令民秋冬还之，穷无所出者，皆豁免。

康熙十四年（1675），吴三桂叛兵陷洮、岷二州，靖逆侯张勇令洮、岷官兵及各土司会攻叛兵。洮、岷恢复后，经张勇呈报功绩，任马国栋为随征参将衔，授明威将军，委任其防守宕昌。马国栋捐助兵饷粮二千石，草五千束，康熙帝赐赠御笔“功高卜式”匾额，部给署都司佥书札付。康熙二十三年（1684）十月，马国栋病故。

马国栋长孙马天骥袭宕昌土司职，为宕昌第十二代土司。时，宕昌土司管辖番人一十六族，把守隘口一十六处。东至磴子坝与礼县交界八十里；南至西固交界六十里；西至柏杨林与多纳土司赵廷贤辖地交界四十里；北至麻音、闾井与头目赵之英、后君遴辖地交界九十里。其把守隘口有：磴子坝、老尖山、人树沟、土崖头、老鼠川、禄纳寨、宕昌大沟、甘沟坪、没遮拦、京沟、窍草坝、干江头、新城子寨、白水川、何家铺、屯寨。管辖番族有：即隆族、马安山族、乔家族（即关鹅族）、肖三牟族、土崖头族、禄仁族、铁力哈族、火坪族、野地喇哈族、瓦舍坪族、阴平族、水泉坪族、冉家山族（即挫藏族）、力则族、油房沟族、竹园族。

马任远，马国栋长子，少英武，美丰姿，喜读孙吴之书，有儒将之风。康熙丙午科（1666）中武举。康熙十三年（1674）赴京会试，考罢还归，从提督张勇军中效力，忠谋能断，镇静缜密，主持东门防务，治阵有方，屡建功绩。康熙十四年（1675）秋，驻防宕昌，堵御吴三桂叛兵。翌年，奉命驻防磴子坝、石门、鸾（音吊）草坝等要隘。同年七月，随同官兵进取阶州、文县，招获吴三桂部叛兵一百余名及所带马匹械，解交洮岷道吕副总兵。抵西固，招安吴三桂部所委任之伪守备、州同、守御所掌印等各官员，安抚地方士绅民人。进军阶州城，与叛军对垒四十余日，因粮草不给，奉令调回宕昌。康熙十七年（1678）春，叛兵攻掠郭家庄、绿的坝等地，马任远领兵追袭，斩敌守备一名。翌年二月，奉洮岷道岳副总兵令，谓兵马云集宕昌以备征剿叛兵，城内民房不足驻扎，需修造营房二百间。马任远鸠工修建营房，整修加固城垣、垛口，按期完工。八月，领兵随官军再度进攻阶州、文县。收复西固，招降伪游击、州同、守备、千总、把总等官数员，伪兵四百名。马任远复领兵由牛头关进剿，收复文县，叛兵逃往四川，投诚官员并乡绅士民迎拜，朝廷嘉奖。修建文县临江桥及营署，民众称颂。后迁任文县营守备。马任远长子马天骥承袭祖职，任土司。次子天驷，岷州增广生员，后随征口外，官至洮岷协左部千总。

宕昌县城关马土司衙门旧居

马土司府衙旧址位于宕昌县城关镇红河村衙门地，现存房屋4座，为二层歇山顶木楼。清康熙年间宰相张玉书撰写《马氏世谱序》，该序概括叙述了全国马氏由来及主要族系分布情况，其中曰："马氏望于扶风。扶风马氏至东汉新息侯（即马援）尤著。隶扶风而望者，曰茂陵，曰郿坪扶风，曰岷阳宕昌。宕昌自扶风传九世而至。"

## 吴山涛

吴山涛（(1609—1695)，字岱观，号塞翁、醉吟先生，清安徽歙县人，居浙江钱塘（今杭州市）。清初任成县知县，有政声。清代新安画派著名代表人物。

明崇祯十二年（1639）吴山涛考中举人。次年参加会试，中途遇兵乱返回。清初，曾任德清县教谕、甘肃巡抚府院（驻凉州，即今武威市）经师等职。

顺治十八年（1661），吴山涛任陕西巩昌府成县知县，慨然以兴利除弊为己任。初下车，即诛贯通窝，访办巨憝，一除陋习，狐鼠潜踪。时，军民之苦，莫甚驿递，请移平落僻驿（今康县平洛乡）于小川镇（今成县小川镇），民受其福，立生祠祀之。康熙三年（1664）以建"少陵七歌堂"事被诬罢官。罢官后，浮家泛宅，浪游苕霅。汪汝谦有《送吴岱观计偕北上》诗："东风吹送孝廉船，唱罢骊歌各黯然。汴水千帆杨柳岸，帝城三月杏花天。雄文自昔夸江彩，壮志于今著祖鞭。簪笔未停莲烛到，好将尺一故乡传。"

吴山涛博通经史，能文工诗，曾参编《康熙余杭县新志》。著有《塞翁集》。时人评论吴山涛善画山水，挥洒自然，不落蹊径，画格在程正揆、查士标之间。其细密之作，深入元人之堂奥；潇然淡远，堪与张风方驾。书画朝野知名，求索者甚众。传世作品有《虚亭纳秋图》轴，藏上海博物馆；《为林曙写梅图》轴，藏故宫博物院；《细笔写意山水》卷，藏安徽省博物馆；《松瀑图》轴，图录于《名人书画第二十九集》；《江天廖廓图》卷，藏香港刘均量。

吴山涛生于万历三十七年（1609），卒于康熙三十四年（1695），寿至八十有七。

## 何宗韩

何宗韩（1678—1748），字桐藩，又字对溪，清代文县（今文县上丹乡关爷楼村）人。自幼丧父，因聪慧好学，十二岁时“试辄冠童子科”，康熙四十七年（1708），以廪膳生参加乡试中举。雍正二年（1724）考中进士，被授礼部主事。此后历任仪制司主事、山西副考官、祠祭司员外郎、江南分巡凤庐道按察司佥事、少廷尉、刑部福建司郎中、大理寺左少卿等职。

何宗韩为人敦厚，办事公道。一次，祠祭司册库丢失了金册，朝廷不问青红皂白，就将主管的铸印局大使抓捕，准备处以死罪。何宗韩认为这样处理不合理，便直言上抗：“舍盗不问，即诛大使，何益？”后经派员调查，果然发现了盗贼，受牵连者无不感激仗义执言的何宗韩。上司从此也格外器重他，准备推荐他到地方上任县官，大宗伯蔚州李公不以为然，他说：“何宗韩是个很有本事的人，让他当个县官未免大材小用了。”少宗伯江都唐公听说后，亲自召见了他，认为他的确是个人才，便推荐他担任江南分巡凤庐道按察司佥事，主管今安徽东部一带的数十处关税，在当时，这是一个“肥缺”，但何宗韩任职多年，廉洁奉公，“处膏不润”，为同僚所称赞。

何宗韩不仅居官清廉，而且对同僚们贪赃枉法、鱼肉百姓的行为深恶痛绝，疾言相谏。在他任职凤庐道（辖凤阳府、庐州府）佥事期间，朱家口河水决堤进入安河，毁坏不少农舍和田地，百姓流离失所，苦不堪言。但州牧怕担负失察之罪，不但不据实上报，反而向朝廷报喜：“朱家河决堤后水位下降，故而新增农田七千四百顷。”治河官吏也报喜不报忧，声称：“新淤湖田九千三百顷。”何宗韩不怕得罪权贵，直言上奏，力陈河水决堤后百姓所受的苦难，并且还亲自带人到河两岸勘察，用确凿的事实和数据揭穿了州牧、河臣们的谎言。时任江苏巡抚的尹文端感叹地说：“何宗韩真是个贤臣啊！”遂上奏朝廷，不但免除了受灾地区百姓的赋税，而且还发仓粟，拨赈米，使百姓得到了赈济。因此，官吏们对他十分敬畏，“人有不善，惟恐闻于公，为相语曰：不畏王公怒，但畏何公知。”

凤阳府、庐州府地处淮河流城，淮河常常泛滥，百姓深受其害。何宗韩任职期间，对治理淮河提出了许多设想，采取了不少措施，效果很好。先是疏浚了庐县的金斗河，又将宿县城北的小河与浍、濉二水贯通，后又凿通了桃沟燕子口，以泄萧、徐、永城之水。同时，整顿了淮河上的营讯，裁减冗员，加强了水讯督察。因治水有功，雍正亲自召见了他，向他询问治理淮河的情况，称赞说：“陕甘竟无大僚，即何宗韩可用。”遂提升他为少廷尉、刑部福建司郎中，旋擢大理寺左少卿。雍正十二年（1734）钦点何宗韩从耕籍田九卿及谒陵扈从官，在陪同皇帝籍耕上陵时，他提出了不少利国利民的建议，如分州县僚佐驻要地、裁各关试用官以清榷政、罢六曹委署官以重职守等，都被雍正采纳，并诏行天下。次年又陪侍经筵，深受皇帝宠信，朝臣们当时都认为何宗韩将会受到重用。不料，却因足疾突发，难以行走，只得回归故里养疾。回乡后，置义田、焚贷券，倡修文庙及阴平桥、南崖寺，颇多善事。卒于乾隆九年（1744）五月初三，乾隆十三年（1748）初十日葬于文台西北阡（今文县城北）。

何宗韩好读书，学问渊博，“足未尝轻出城市，过其庐，渊然惟吟诵声。”任祭祠员外郎时，正值《清会典》编修之际，他负责了朝会、郊庙、乡会、科试等条文的增订工作。著作有《族谱》《敦仁堂集》等，现均散失。

何宗韩儿子何浑，是乾隆二十六年（1761）进士，乾隆三十七年（1772），赴广东从化县任县令，才学渊博，通古博经。

## 牛运震

牛运震（1706—1758），字阶平，号真谷，人称空山先生，清山东滋阳县马青（今兖州市新兖镇牛楼村）人，雍正年进士。乾隆初出任甘肃秦安县令，后又兼摄徽县、两当县县令，同时兼理三县县令。上官咸异其才，为忌者所中伤，被劾免官，“贫不能归”，遂在兰州皋兰书院讲学。

牛运震出身于名门望族，家族温柔敦厚，十岁能诵读四经、撰写文章，有“牛才子”之美誉。雍正元年（1723），牛运震补选为县禀生，以文章出众。雍正七年（1729），选为拔贡生。雍正十年（1732 年）应顺天乡试，中举人。雍正十一年（1733）中进士。

乾隆三年（1738），牛运震被授甘肃秦安县知县一职。牛运震处事果断，在职不到三个月就将多年的积案、系囚清理完毕。他不受财贿，不畏权势，处公断直，执法如山。为防胥吏假公济私，敲诈勒索，他对大小案件都亲自审理，平反了许多冤狱。前任误审马姓五兄弟为盗，不服上告，却将一人监毙狱中，牛氏审实，为之昭雪。牛运震还进行了整编保甲、清理田赋、废除苛捐杂税等重大施政。查出许多加重民众经济负担的沿袭已久的“陋规”，亲自撰写了一篇《禁陋规碑文》，勒石立于县署门前，永禁巧立名目向百姓要钱。

秦安农业操作方法十分落后，耕地以耒翻，播种用手撒，不仅费工费力，而且苗生杂乱，无法耘锄管理。牛运震将自己家乡的耧斗制作方法引进秦安，初造十具，亲自示范使用，劝谕四乡普遍仿造。又劝谕农民种棉，纺纱织布。并组织民众“开九渠，溉田万亩。县北玉锺峡山崩塞河，水溢为灾，运震率丁夫开浚，凡四日夜，水退。缘山步行，以钱、米给灾户。”

秦安当地文教落后，“故官（牛运震）宰秦安时，兵燹之余，人文弃陋。秦安又僻处万山中，士不知书，近二十年无登乡榜者”。乾隆四年（1739）春，牛运震捐出自己的俸银修建了一座学校，命名为“陇川书院”，挑选城乡聪慧子弟入学就读，并在公余之暇亲与讲课。在牛运震的积极倡导下，秦安士子逐渐形成了勤奋向学、乐于读书的风气。几年间该县人才辈出，不少登高第、掇巍科，被人誉为“陇右邹鲁”。秦安士子十分感激这位县尊加恩师的德泽，在书院院内立了一面石碑，上镌“真谷先生讲学处”七个大字，至今犹存。

由于牛运震治秦安县有方，政绩卓著，乾隆六年（1741），朝廷又令其兼任徽县知县，事务更加繁忙，“匹马双印，奔命不暇”。他治徽县仍采用治秦安县的方法，“欲兴利，先除弊”，首先查清了相沿已久的不合理赋税，革除了号称“徽县三蠹”的里书纸费、柜胥钞税、图差脚粮，减免了苛重繁杂的“僧税”，制订了《禁革徽县陋规》条文，不准胥役、地保人等任意摊派，假公济私，坑害百姓。

牛运震在徽县创立了社学和“徽山书院”，并捐俸购置了学田数十亩；在县西南诗圣杜甫居住过的栗亭川（今杜公村）修建了杜甫祠堂，又捐俸在县南四十里宋将吴玠、吴璘大败金兵的仙人关创建了吴将军庙。为了颂扬吴氏兄弟抗敌殉国的英雄业绩，牛运震亲自撰写《创建吴将军庙禀稿》，呈报上级备案入册，以垂久远。

牛运震清廉俭朴，勤政爱民，将秦、徽两县治理得井然有序。乾隆八年（1743），牛运震又兼摄两当县县令。一人兼理三县，事务繁忙，听断困难，牛运震特意在三县中心点的大门镇（在今天水市秦州区大门镇）设堂办公，听讼断案。

徽县地处陇南，崇山峻岭，地广人稀，自古为入蜀要道。这里怪石巉岩，洞穴幽邃，隐藏猛虎甚多，时常伤害人畜，有时黑夜入城，竟高卧于公堂之上；百姓人人提心吊胆，白昼不敢出门。牛运震在《徽县寄兖郡亲友书》中曾有记述："县之北界，旧虎是宅。有山焉，曰大小山；有峡焉，曰青羊峡，皆猛虎踞卧而哮舞处也。自秦趋徽，必由是乎取道焉。披草寻路，则虎迹如箕，往往与马蹄交错。风晨雨夕，闻其负隅而嗥，足下地为之殷殷雷鸣。白昼公行道上，黄尾闪飚，见人则磨牙而喜。陇人有事于徽，必且结徒伴，祷山神，持戒刃，然后得过，三者一不具，事虽急，犹将裹足而不敢动也。”牛运震招募精悍猎户，三年间共捕杀二十六只虎。此后，徽县道路畅通无阻。徽县民众为表感激之情，在其离任时特绘制了《驯虎图》赠送与他。

乾隆九年（1744），牛运震调任平番县（今永登县）知县。辞别时，士农工商送行者近万人，沿路设香案跪哭挽留，呼为“牛父”，有的随送三四百里才返回，牛运震写了《留赠秦安百姓书》以为答谢。后来每到他的生日或年节，还有很多人跋山涉水到平番探望、问候。他在秦安的许多兴革善政，如“禁陋规”“开渠道”“置学田”“创书院”“教耕作”等，民众都勒碑立石，以资纪念。直到他离开甘肃三十年后的乾隆四十年（1775），皇帝鉴于天下官吏为沽名而立的所谓“德政碑”“去思碑”太多，下令一律推倒。秦安百姓称“我们这碑是‘禁陋规’‘志良法’的，不是歌功颂德的”，竟得以保存下来。

乾隆十二年（1747），平番县城东南五道岘地方，因自然灾害，“民大饥”。牛运震捐粟二百石赈济，全活甚众。百姓十分感激，每人捐献一文钱，做了件“万民衣”，并把剩余的钱兑成银子，敬献给他，以表示谢意。牛运震再三推辞不下，只好收受了“万民衣”，将银子全部退还。

固原州（今属宁夏回族自治区）军队发生变乱，一举攻占了提督府，乘势抢掠烧杀，扰害居民。陕甘总督和甘肃巡抚都赶到平凉坐镇指挥，闻知牛运震才智过人，便急召牛运震来商讨平息变乱的妥善办法。牛运震建议改剿杀为安抚，把捕获的变兵数人放回游说。然后亲自入城，向变兵陈说大义，晓以利害。众皆悦服，自愿放下武器。只对为首者三人进行了处治，其余胁从者一律赦免，兵变很快平息。督、抚对牛运震非常赏识，任命他兼摄古浪县知县。

牛运震虽然赤心耿耿，勤政爱民，但性格刚正，疾恶如仇，不善逢迎，因而得罪了许多同僚权贵。乾隆十三年（1748）正当上宪列名疏荐，准备提拔他的时候，却有嫉妒者参劾他，说他曾受过“万民衣”，罪名是贪赃受贿，竟被罢免所有官职。平番县百姓闻此消息，数百人聚集在县衙内痛哭挽留，并要赴省城争辩，牛运震劝解说:“那样做就更加重我的罪名了！”

牛运震为宦十多年，不贪污、不受贿，所得俸禄都用作置学田、创书院、建修祠庙、赈济民众，以至于“贫不能归”，连返回家乡的路费都没有，只好在朋友的帮助下，留在兰州的皋兰书院讲学，筹足路费后才返回家乡。乾隆二十三年（1758）正月二十二日，牛运震因病于家乡兖州辞世，享年五十二岁。

牛运震学识渊博，博古通今，对天文、地理、兵法、金石等均有钻研，文学尤其优秀。著有《空山堂文集》十二卷，《史论》二十卷，《塞山堂易解》四卷，《春秋传》十二卷，《金石图》二卷，均载《清史列传》传于世。

慕寿祺《甘宁青史略正编》对牛运震事迹记述甚详，他感慨地说:“前清一代，甘肃州县以牛运震为第一。不闻旌异之典，反为宵小所排。古今政治之不同类如此！”

## 张 绶

张绶（1747—1801），字佩青，号南坡居士，清陕西巩昌府徽县（今徽县城关先农）人。自小聪悟，文思敏捷。八、九岁时，读《四书》《五经》，即通晓大意。十四岁参加童生考试，县令阅其卷后十分惊异，将张绶的名字排在前列，逢人便说“张授才学不凡，远远超过他人，将来是个了不起的人才”，遂将他递补入廪膳生中。从此，他的文章名气越来越大。

清乾隆四十五年（1780）乡试中举，第二年中进士，任翰林院庶吉士。乾隆四十九年（1784）授翰林院检讨，并任《四库全书》词垣分册校集编辑。

嘉庆二年（1797）春，张绶升任右春坊右赞善大夫。嘉庆命令大臣、翰林们赋姜慕铁笛诗，张绶作诗深合帝心，即任上书房行走，自此进入皇宫内廷值班，成为天子近臣。他办事谨慎，诚恳勤奋，无论严冬酷暑，每日征集经典，查考史籍，成绩卓著。嘉庆四年（1799）春，张绶与皇帝对诗联句，深得赏识，被任命为日讲起居注官。

嘉庆五年（1800），张绶任为国史纂修、文渊阁校理。九月，迁升翰林院侍读学士。次年，又任咸安宫总裁。咸安宫设在紫禁城西华门内，是清朝为教育满人官员子弟和景山官学中的优异者而设立的学堂。

嘉庆六年（1801）秋，张绶出任广西学政。辞朝之日，皇帝勉励他说：“我素来知道你的品行能够承当大任，你这次去好好干”。他到任后，立即革除了送礼拜见的规矩，每到一地课考生员，对考场各关节的防范十分严格，连广西巡抚也密奏朝廷称赞他。不久，张绶患病逝于广西学政任上，终年五十四岁。

张绶为人淡泊自安，不屑于奔走争逐。担任词垣校集二十余年，工作之余总是手拿词集朗读。著有《犁雨书屋古文集》《犁雨书屋今文集》以及古文、馆课、诗赋等。《应制铁笛诗》是张授奉嘉庆皇帝为姜慕所制铁笛赋诗诏令而作。铁笛是一种古乐器，老道人杨氏曾制铁笛，享誉一时，后来，铁笛失传，嘉庆令姜慕重制铁笛，并令诸翰林为其赋诗，张授作凉州曲，深得嘉庆赞赏。现北京故宫博物院图书馆内珍藏一手抄本孤本《徽县志》，约四万余字，无署名，史料收至乾隆四十六年（1781），字迹刚柔洒脱，疑为张绶所著。

## 任尚惠

任尚惠（1720—1803），字兰台，号震山，清巩昌府西和县青土坡（今西和县汉源镇任河村）人。乾隆五十二年（1787）中丁未科进士，授兵部武库清史司主事，后辞归，主讲兰州兰山书院，后又主讲秦州天水书院，桃李满天下。任尚惠出生于书香门第，祖父任辉先教私塾数十年，“操行纯洁，急公奉上”，在当地颇有名气。任尚惠幼年受祖父熏陶，笃志力学，读书不辍。于乾隆十四年（1749），考中秀才，乾隆三十九年（1774）前往西安参加乡试中举，此后几次赴京会试，均未考中。赶考期间，他漫游名山大川，“足迹几遍宇内”，目睹了民间疾苦。直到乾隆五十二年（1787）才考中进士，授任兵部武库清史主事职务。这时，他已是六十七岁的老人了。据传说，任尚惠在京城任职期间，曾被邀请到皇家宫廷授课，教学期间对皇家子弟管教十分严格，有时甚至动用戒尺，事情传到乾隆皇帝跟前，皇帝便对任尚惠说：“教育太子，不必过分责咎。”任尚惠随口答道：“打着教的尧舜帝，不打不教的桀纣帝。”皇帝听了默然无语。事后，任尚惠自知失口，深感懊悔，恐惧不安，恰在此时，传来家父病笃的消息，遂告假归里。归途中，任尚惠恐打扰地方官员，只带了一名随从，将御赐的职衔纱灯用布遮盖，晓行夜宿，落脚骡马店。人闻之，皆称其廉。

任尚惠曾应邀主讲兰州兰山书院，后又主讲秦州天水书院，桃李满天下。晚年还居故里，写诗作歌以自娱。一生著作大多散失，仅存乾隆三十九年（1774）参纂的《西和县志》及部分碑记。

## 邢 澍

邢澍（1759—1823），字雨民，一字自轩，号佺山，清甘肃阶州人。史学家、史志目录学家、藏书家、金石学家。《甘肃通志》中说：邢澍“精天文地舆之学，善治大狱，发奸擿伏，皆神效。而行政利人，所至有青天之称。”

邢澍幼年丧父，家境贫寒，全靠母亲给别人缝补衣服勉强维持生活，然学习刻苦，读书甚多。二十岁时，他到西安参加乡试，中了举人。乾隆五十五年（1790）中进士。乾隆五十八年，被派往浙江省永康县任知县。他抓获盗贼必用重典，横行社会的无赖流氓，一旦作奸犯科就坚决打击，短短一年时间，永康县的治安就到了“几于道不拾遗”的境地。

邢澍和夫人画像

嘉庆元年（1796），邢澍调任浙江长兴县知县。任职期间，他捐出自己的薪水，办了许多好事，如补修城垣，浚石塘港，重建平政桥、丰乐桥，兴建同善堂、育婴堂等。为官清正，案无留牍，百姓称之为“邢青天”。

嘉庆十一年（1806），邢澍由长兴知县迁署江西省饶州府（治所在今江西省波阳县）知府。不久，又调任江西省南安府（治所在今江西省大余县）知府。十三年（1808）因病辞职到秀水（今浙江省嘉兴县）休养。二十四年（1819），由秀水离任返回阶州。回归故里后沉静淡交，访古寺，拓碑碣，以读书自娱。道光三年八月初八（1823年9月8日）卒于阶州，享年六十五岁。

邢澍鸿才硕学，著述十分丰富，已知的有十五种，今确知已刊行的有《关右经籍考》《金石文字辨异》《两汉希姓录》《金石札记》《寰宇访碑录》等著作。清末张之洞在《书目答问》的附录中，将邢澍列为金石学家推荐。邢澍在史学考证方面功夫很深，治学方法科学。他在《武阶备志序》中说：“舆地之学，非多阅古今书不能也。阅书多矣，非身履其地，参互考验，仍不能也。”又说：“余尝谓学问之道，博与通相资，而固与陋相踵。”邢澍在这篇序文里指出，不仅要读书本，而且要读石刻；不仅要读文字记载，而且要亲自调查访问；不仅要知识丰富，而且要见识通达。邢澍和钱大昕等编纂的《长兴县志》，成为清代地方志中的善本之一。

邢澍还是诗人和诗评家。其诗收入《南旋诗草》，共有古今体诗七十首，为嘉庆二十三年秋从北京回秀水途中有感而作，诗句流畅，感情丰富。邢澎的诗评保存下来的不多，但都很有价值。主张诗要有“情韵”，也就是要有诗味，反对把诗写成宣传金石考据之学的押韵之文。

邢澍在从政、治学的同时，还注重对人才的培养。嘉庆三年（1798），他任浙江乡试同考官，他推荐的张廷济，考取了举人第一名，后来，张廷济成为全国闻名的金石学家。

邢澍藏书甚丰，有三万余卷，返归故里时因苦于道路艰辛，遂在西安将部分书籍赠与友人，据其后代所言，民国时尚有大量书籍留存，因当时军阀混战，兵匪横行，存书之舍屡遭毁坏，存书竟荡然不存，其中必有诸多书稿，一并毁弃，令人痛惜。

民国时，邵力子评价说：邢澍“在乾、嘉诸贤中不愧为卓然大家，岂仅为西北一隅之学者哉！”天水冯国瑞撰有《邢佺山先生事迹考》，对其生平多有研究。

## 吴作哲

吴作哲（1723—？），字旦庵，号川源先生，清阶州成县吴家斜坡（今康县寺台乡吴家斜坡）人，原籍阶州吴家道（今陇南市武都区汉王镇），其父吴徽于清雍正年间迁居今康县寺台乡剪子河坝庵房山，清乾隆初年于椒树坡修建新居，后改称吴家斜坡。

吴作哲父亲吴徽，“雅尚素风，长迎善气，弓冶克勤于庭，训箕表丕，裕夫家声”。吴作哲聪明善读，在家境贫苦的条件下，发奋苦读。在父母的精心培育下，吴作哲成为廉洁奉公、学识渊博的人才。乾隆六年（1741），吴作哲参加阶州州试，成绩优异。乾隆十八年（1753）再次上省城应试，考中举人。但中举后，接连几次上京会试都落第而归。后经州府推荐，吴作哲出任了狄道县（今临洮县）教谕。在任狄道教谕期间，他勤奋施教，选荐贤才，成绩卓著。1766年，被选任云南武定州禄劝县（今云南省禄劝彝族苗族自治县）知县。吴作哲到禄劝县时，正值大旱，灾荒所及，饿殍已时有目睹。吴作哲一面呈禀朝廷和上级官府，一面则果断地开仓赈济饥民，赢得了禄劝县民众的赞扬，被誉为“青天”。《吴文林寿帐序》云：“开仓赈济，先发后闻，此非俗吏之所能为，欲为之而亦不敢也。”吴作哲在禄劝县作官十二年，使禄劝县年年丰稔，人民安居乐业。乾隆四十三年（1778年），吴作哲因家父逝世，遂离职回家守孝。禄劝县许多百姓一听“吴青天”要走，痛哭流涕，齐集县衙相留。

吴作哲后代吴银贵家中收藏的乾隆年间颁布给吴作哲的圣旨

吴作哲守孝三年后，又逢大儿吴鹏翮病故，他料理好丧事后，又赴朝廷听候调用。乾隆四十六年（1781），吴作哲被派遣到广东镇平县（治今广东潮州市蕉岭县蕉城镇）任知县。镇平县小人多，加之捐税繁重，每年生产的粮食不足半年之需，其余所需粮食多仰赖浙、闽运来，故粮价高得出奇，人民极端困苦。吴作哲鼓励生产自救，采取一系列休养生息的措施，连年获得丰收，人民得以温饱。他又着手兴办书院，振兴教育，闲暇之机，他便去书院视察，亲自批阅生员文章，讲授经书典故，指导生员读书作文。《吴文林寿帐序》赞云：“公之莅镇也，才二年耳，而时和年丰，士民蒸蒸向化，如春之阳，如冬之日。”

镇平县前任知县潘承焯曾主持重修《镇平县志》，离任时尚未完成，吴作哲上任后继续主持编修，次年完成定稿，乾隆四十八年（1783）《镇平县志》六卷木刻本付梓。

## 吴鹏翱

吴鹏翱（1763—1826），字云逵，号仙陵山人，清阶州成县吴家斜坡（今康县寺台乡吴家斜坡）人。其父吴作哲在云南、广东等地任知县时，将吴鹏翱带在任上亲自教读。吴鹏翱幼时读书十分勤奋，广闻博览，对考据学尤感兴趣，乾隆五十四年（1789 年）中为己酉科举人。

中举后的吴鹏翱仍无意仕途，一心致力于考据之学。父亲遂令其远游浙江，求学于表兄邢澍（吴作哲是邢澍的舅舅）。吴鹏翱借此机会日夜研习邢澍藏书。他深感阶州旧志之简略偏颇，立志编写一部详述阶州历史之志书，于是着手编写提纲目录，开始著述。邢澍称："余戚选贡吴君云逵，客浙东西十余年，常与余相依。暇日无事，纵论古今，叹乡《州志》之不足据，发奋草创。就余家藏书三万余卷，朝夕披阅，手抄目营至夜，分不少休。体例门目则就余商酌之。"志书体例草创后，吴鹏翱又返回原籍，遍访陇南古迹民风，查勘山川地理，一一印证前人的著述，纠谬补漏，经过多年的艰辛努力，《武阶备志》终于完成，邢澍言其"历三年余，积稿纸若干束。追归故里，又登涉山川，博询故老；访钟炉于古寺；拓碑碣于荒祠。取旧所钞者，芟之，润之。议论之数年，稿成若干卷。一州二县之掌故秩然具备，名曰《武阶备志》"。吴日章在《武阶备志序》中写道："如章先伯云逵公之纂辑斯志也，自嘉庆八年（1803）以至十三年（1808），考古证今，去伪存真，凡附会传讹者汰之，的确精当者采之。若阶、文、成、西等处，亦几经身历，了然心目，然后笔之于书，未尝放以疑似误人也。"由此，足见当年吴鹏翱广涉遍访古迹、苦心著述《武阶备志》之艰辛。

《武阶备志》志稿历时六年编成后，邢澍赞扬说："州别部居，探源溯委，诸皆不苟，而考论地理尤有功。可以成一家之著作，备《四库》之采择矣。"《武阶备志》成书不易，刊印更难，因没有资金刊印，吴鹏翱就将志稿交给儿子，儿子过世后又传给孙子，六十多年后，被分州白马关州判罗映霄发现，呈送阶州知州洪惟善，清同治十二年（1873）在洪惟善的全力资助下刊印，成书二十一卷，始得流传于世。洪惟善在其《武阶备志序》中说："余于同治庚午，奉檄权守阶郡，取道白马关，日行山阪中，几于东西不辨。既视事，急索州志，则刻版已毁于兵，旋得印存旧本，亦复略于事实，访之土著，舛漏尤多。维时军事方殷，余乂学荒识浅，弗克以采辑自任良用歉然。越明年，分刺罗君星五至郡云：有嘉庆间吴云逵孝廉所纂武阶备志若干卷，比属物色到州读悉，原原本本，考究详明。视印本殆有天壤之别，惜是书得自抄存。若即一览置之，终不免于湮没。爰捐资募匠，付廪生吴日章于监修贡院之便，督同剞劂。数阅月工始告竣第。"这部书的刊印对于研究陇南地区历史地理人文情况提供了翔实资料。

吴鹏翱后出任陕西扶风县教谕，敕授修职郎。嘉庆二十三年（1818）扶风知县宋世荦邀请吴鹏翱、王树棠重修《扶风县志》，嘉庆二十四年（1819 年），《扶风县志》成书十八卷并付梓刻印。吴鹏翱晚年又出任陕西旬阳县教谕。任职期间，为人刚直不阿，处事公道，竭力培育桃李之才，深受当地父老生员的敬重。

道光六年（1826）冬月二十七日，吴鹏翱病逝于旬阳县教谕任上，终年七十一岁。陕西旬阳县知事王壬垣、兴安府知府龚定国作《生前德序》，对他的功绩品行给予高度赞扬，云："先生视功名为鸿毛，重子职若泰山。吾旬谆谆然，惟以振兴文教，作养人才为首务。常闻其训饬诸生曰：'士先品行而后文艺'。"

## 曹秀山

曹秀山（1823—1873），清咸丰年间文县白马河草河坝寨（今文县铁楼藏族乡草河坝村）白马人头人。

咸丰十年（1860）冬，四川南坪县（今四川九寨沟县）的白马人因为都司营征收赋税沉重，白马人首领欧利娃聚众反抗官府，攻打南坪县城，久攻不下，退回。十一年（1861）正月，复围南坪城。城里粮绝，派人潜出，求文县支援。文县送去支援的粮食又被欧利娃劫去，南坪城官民乘夜弃城逃奔文县，欧利娃等追至野猪关梁（在今九寨沟县永丰乡与文县中寨乡之间），杀掠甚多，余悉逃入文县境内。

欧利娃为壮大势力，派人赴文县铁楼白马河联络白马人头人班银鱼子。班银鱼子积极响应，以"杀官吏、除暴政" 为口号，在铁楼寨聚集几百名白马人，声言攻打文县县城。文县县令常毓坤闻讯后，准备去铁楼寨予以安抚，地方官绅纷纷劝阻，常毓坤说："我奉命守御这个地方，番民也是我的百姓，他们造反，是我教化不够。"常毓坤到达铁楼寨后，即被关押在一座庙里。班银鱼子提出了废除征粮赋和各种税款、惩治贪官污吏的条件，称如果常毓坤不答应就要将他杀掉，常毓坤拒不答应，班银鱼子决定三天后将他杀掉。

草坡山白马人头人曹秀山见情势危急，遂找强曲及寨科桥的白马人头人商议，认为常县令被杀，县衙肯定会报告上司，上司必定要调大军来报复，到那时将要大祸临头，白马河百姓都要遭殃。于是，曹秀山等人杀猪杀羊，大办酒席，请班银鱼子等人尽情吃喝，乘他们酩酊大醉之际，偷偷释放常毓坤，护送至旧寨子时，遇到县衙门派出的队伍，便将常县令交给他们带回县城。

班银鱼子等人酒醒后，发现常县令已逃走，勃然大怒，严令盘查是谁放走了常县令，但一直没有查出，就设香烛，喝血酒，发誓要攻打文县城，"提常毓坤的人头。"此时，四川平武知县徐万有率人查办欧利娃，对百姓骚扰颇多，欧利娃势益猖獗。班银鱼子遂邀南坪、平武白马路等地一千多白马人汇集一起攻打文县城。

新任文县县令淡树瑛一面召集乡勇数百人在县西西园一带堵截，并于县城南筑长墙防御；一面报请上司支援。省上令固原提督、洮岷副将李玉珍督官兵二千余人，赶赴文县围剿。双方在西园村展开激战，清军把总阎文科阵亡，平武白马路白马人也死两人。白马人寡不敌众，退回铁楼。平武白马路白马人要求班银鱼子抚恤死者、赔偿损失，双方争执不下，内讧一触即发。曹秀山挺身而出，杀鸡宰羊，慰劳平武白马路白马人，并将自己管辖的撇家岭以西草山林地割让一块，作为赔偿，制止了内讧的发生。

同治二年（1863），巩昌府因曹秀山深明大义，团结和民，营救常县令有功，表奏朝廷封曹秀山“六品军功”衔，并赐“强县和番”匾额。

## 叶恩沛

叶恩沛（生卒年不详），字幼芝，清安徽古歙（今江西婺源、安徽省歙县、黟县）人。在阶州知州任内，修补城垣，修筑江堤，重修西固邓邓桥，重修成县杜公草堂，主持修纂《阶州直隶州续志》等，建树颇多，民甚德之。

叶恩沛于清光绪九—十二年（1883—1886）知阶州。当时的阶州屡经兵燹，又遭地震之害，百废待兴。叶恩沛下车伊始，即大兴教育，因地震、水灾之故，原有十六所义学仅存四所，叶恩沛均筹资予以重修或补修。阶州城垣破损严重，叶恩沛又筹资予以补修，增高二尺余，并于北城楼增修楼台一座。光绪十一年（1885）夏，白龙江决堤，叶恩沛调集民众增筑石堤二百丈，宽丈余，堤内植树十万株。又筑北峪河堤四百四十余丈，宽丈余。并先后创建、重建了文昌宫、崇圣祠、奎星阁、吕祖阁、镇江王庙、昭忠祠、泰山庙、药王洞、犹龙观、真武殿、三官殿、课雨亭、吟绿馆等。在城北建修钟楼，在砖城东修十字街，并修书院讲堂、碑亭、厢房、二门、大门、内宅等数十间。在黄家坝设炭厂，开采石炭，解决百姓燃薪之需。

鉴于阶州三十年间无一人中举，人文萧瑟，科第寥落，叶恩沛便倡议在州衙后北城墙建修“来凤楼”一座，以“培植文风”，期科第之连绵，人才之奋起。该楼高二层，砖木结构，雕梁画栋，檐牙高啄，顶嵌镏金铜座一具，依北山而面龙江，凭栏送目，波光粼粼之龙江尽收眼底，炊烟袅袅之城郭历历在目。竣工当年（光绪十一年），王执中、朱耀山便双双考中文、武举人，叶恩沛喜作《闻秋闱报捷志喜》一首贺之。此后，吕笃、郭惟诚、黄居中、杨清藻、刘士猷连连中举，一时传为佳话。“来凤楼”历经风雨，日渐倾圮，1943年，县长吴松涛略加修葺，改名为“明教楼”，“文化大革命”期间被拆毁，遗址成为居民住房，1998年8月北山公路拓宽时拆除。

清光绪十一年（1885），甘肃学政陆渔笙、阶州知州知州叶恩沛、成县知县李焌等人发起修葺成县杜少陵祠，他们并以此为题迭相唱和。

光绪十二年（1836），由叶恩沛主持，吕震南编纂，修成《阶州直隶州续志》三十三卷。叶恩沛在《阶州直隶州续志序》中记述道：“犹记十八年前，以公赴文，道出于阶。维时甫经兵燹，睹其人民凋敝，城郭祠宇之倾圮，满目荒凉，恻然者久之。然亦徒为旁观之太息而已。癸未春，来刺斯州，地震之余，民艰尤甚。急索州志，考其舆地，以便设施。书吏呈《武阶备志》一部，系郡人吴鹏翱所撰。考据详矣，但迄明而止。窃不自揣有志续辑；奈百废未兴，无暇及此。”《阶州直隶州续志》修成后，叶恩沛和代理阶州直隶州州守张珩之又捐资募匠，剞劂成册。该志体例之完备，归属之合理，史料之翔实，考证之精当，均为方志界所称道，为清代地方志中之善本之一。

### 吴思孝

吴思孝（约 1830—1911），字日章，号斐然氏，清恩贡生，阶州太平里吴家营（今康县两河镇吴家营行政村）人。出生于农民家庭，食饩于痒，孜孜不倦，勤奋成才。

吴思孝兄弟四人，他排行第三。因家贫，父亲只能勉强供养一子上学，吴思孝 15 岁时才入学读书。入学后，节衣缩食，俭朴勤学，在《自叙修建义学碑记》碑文中写道："终日一饭者有之，枕石凳眠者有之。每夜先看讲书，诵诗文，读至半夜。思高堂之辛苦，念我命之维艰，洒泪书案，人不知也。"去阶州考试时，没有路费，父亲出卖耕牛和房上瓦片筹资，赴考两次，终于清咸丰五年（1855）考为廪生，后又恩赐为贡生。同治二年（1863）八月二十八日，因阶州试院（即贡院）毁坏，吴思孝奉知州洪惟善指示，督修贡院，至同治四年（1865）三月十二日完工。又受洪惟善委托，负责筹资刊印《武阶备志》和《正俗新旧格言》（已佚）。《武阶备志》稿为吴鹏翱所作，嘉庆八年（1803）动笔，嘉庆十三年（1809）完稿，共二十二卷，久未刊印，后经别人抄写，"亥豕鲁鱼，比比皆是"。吴思孝精心校正，写了序言，并请工木刻刊印，于同治十二年（1873）出版发行，使这部宝贵的地方文献免于失传。

康县两河镇

康县南部地区教育事业历来十分落后。吴思孝晚年大兴山乡教育，光绪五年（1879），筹资铜币一百七十七千文，购买了地基、木料和瓦片，带上儿子、侄子等十多人，在中营村修建义学，历时六年，备尝艰辛，建起了学校，对义学的任教者，他选择的标准是"或请乡里正绅，或聘远方举贡亦可。凡请先生务要择品行端正者为上，学问其后焉者也"。并说服周围村庄孩童全部入学，对家境困难不能读书者，吴思孝主动出资供养。吴思孝致力于山乡教育，成绩卓著，众所钦服。

## 第二节　中华民国人物

### 刘士猷

刘士猷（1865—1913），字允升，阶州后两水里高家村（今武都区蒲池乡高家村）人。光绪二十七年（1901）辛丑补行庚子恩正科乡试举人，敕授文林郎、截取知县衔。

刘士猷从小聪敏好学，深得其父刘校书的钟爱与教诲。后在正明书院山长、举人王执中门下受业，文思大进。光绪二十九年（1903），刘士猷赴开封“河南贡院”参加癸卯科会试（因当时北京贡院毁于战火，清政府决定癸卯会试，权移开封“河南贡院”举行），落第后仍归阶州。民国3年（1914），武都高等小学堂创办伊始，即任教习。因其才学超卓，循循善诱，教学有方，对学生学习、生活及行为都十分关心，每与学生谈话，即肯定表扬，同时指出失误，又提出要求；对后进学生，则善言规劝，勉励奋进，颇受学生欢迎。他对乡间里人，亦以诚恳待之，曾篆刻“凡事岂能尽如人意，但求无愧我心”以自勉。年未及半百而殁，学生、里人无不痛惜，归葬于武都区东江郭家坪祖茔。

从现存《刘士猷诗词手稿》《辛卯科乡试日记》《癸卯科会试日记》及王执中先生《德教碑》等知，先生工于诗文、善书法，尤长篆隶。诗歌以忧国忧民和热爱家乡为主要内容，光绪辛卯科举人郭维城称赞其诗：“沉雄悲壮，逼近少陵。吾郡诗人，当屈公为首指。”

## 梁士选

梁士选（1870—1915），字万青，初自号淡吾，后又号问心，秦州直隶州礼县（今礼县城关镇小南街）人。

梁士选出生于商户家庭，自幼聪明颖慧，好学喜文。清光绪八年（1882）应童子试，以冠军入泮宫。光绪十三年（1887）补博士弟子员，从任其昌门下学，轰动陇南城乡，被誉为青少年“学而有成”的典范。清光绪二十年（1894）参加乡试，得中举人。

光绪二十一年春（1895），梁士选赴北京参加乙未科殿试，殿试结束，等待发榜。适逢清直隶总督兼北洋大臣李鸿章与日总理大臣伊藤博文签订《马关条约》的消息突然传至，在北京应试的各省举人群情激愤。四月二十二日，广东举人康有为写成一万八千字的“上今上皇帝书”，痛陈“割地之事小，亡国之事大”，反对签订《马关条约》，提出“拒和、迁都、练兵、变法”等主张。十八省举人响应，一千二百多人连署，梁士选抱着一片爱国热忱签了名。上书被清政府拒绝，但在社会上产生了巨大影响，是为著名的“公车上书”。

乙未科殿试，梁士选登进士三甲一百四十一名。同年五月，授内阁中书，后请假归籍，主讲礼兴书院，主张“教以有耻，先志为本，学以立品，辨志为先”。清光绪二十三年（1897），遵例截取知县，签分山东，又因父母年老之故，改分陕西。清光绪二十六年（1900），任职省巡抚衙门文案，旋任大庆关税榷务，到职甫两月，因不愿经手财务而辞差，又被委为文案。

清光绪二十八年（1902），梁士选补紫阳县知县，到任之初，即接诉状七百余张，梁士选明察暗访，秉公执法，伸张正义，惩办邪恶，不逾月即清理一空。县内有仙峰、东莱两书院，年久失修，梁士选亲自主持维修并增修上、中两学舍，四乡增设蒙塾十余所，捐薪俸购书籍分赠书院，并于公暇亲临书院讲授经史。岁比不登，民有饥困，先请开仓平粜，并动员社会财力救济。民众因教案起事，省派大员平乱不果，梁士选骑驰入其地，遂平息事件。训导李莹病殁，家贫不能归葬，梁士选请示上司，身兼其职一年，将所得薪俸赠其家属，使其得以归葬。梁士选任职紫阳县三载，勤政爱民，政绩卓著，上司称赞其“安良除暴，仁断兼施，膺卓荐举”，拟提拔重用，然梁士选无意仕进，以请假就医为由，返归故里。清宣统元年(1909)梁士选任礼县劝学所长兼劝学总董。民国2年(1913)任礼县参议局议长。

梁士选归家十余年，常以孝友课子侄辈。闲暇之余，则潜心研读宋代学者邵雍《皇极经世》、朱熹《周易本义》等，颇有深得。对明万历首辅张居正景仰有加，称其为“救时之才”。著有《紫阳遗集》（已散佚）《守拙堂遗稿》等。

## 申庭顺

申庭顺（？—1916），西和县喜集乡申家洞村人。申庭顺自小喜读书习武，体格魁伟，为人正直豪爽，“至公无私，守正不阿，而常有济众之心”。在当地群众中很有威望。

清末，社会动荡，政治腐败，地方官员巧立名目，横征暴敛，群众困苦之极。光绪二十年（1894），清政府下令征收“烟亩税”，烟税陡增六倍，许多群众因缴不起税而被迫逃难他乡。申庭顺决定聚众对抗，首倡成立抗税团。在他的号召和组织下，西和县境南部地区各乡很快都建立了抗税团，拒绝缴税，坚持多年。光绪二十九年（1903）七月十三日，知县徐光兴亲自带领衙役到南部各地弹压。十五日，到达河口后，被抗税团群众包围，群众一拥而上，乱撕乱打，衙役们抱头鼠窜，徐光兴的轿子也被打碎，班头刘世将被乱棒打死。当地民谣：“七月十五起红煞，徐老爷出城冲团家。坟儿口子打一仗，乱棒处死了刘世将。”农民抗税团取得了胜利，自此以后，再无人敢来“弹压”。

中华民国政府成立后，地方官吏对群众的盘剥仍一如既往，有增无减。民国4年(1915)，西和县政府奉令加收“验契税”，税率翻番，搞得各乡鸡犬不宁，民怨沸腾。申庭顺决定再次聚众抗税。4月上旬，申庭顺同抗税团师爷王兆瑞、武师张占廷商议，决定于7月7日在申家洞起事。随后，他们分赴各乡，四处串联。不料，由于有人告密，知县孔庆荃一面派人监视申庭顺的行动，一面派人到渭川道（今天水市）报告。抗税团如期起义，在王兆瑞、张占廷的率领下，抗税团三千余人，从康家河取道河口，向何坝进发，在黄江丫壑一带同渭川道派来的骑兵团相遇，在洋枪洋炮的威胁下，抗税团头目马限富投降，王兆瑞、张占廷当场被捕，抗税团被瓦解。与此同时，申庭顺也受到追捕，在一个矿洞里被围困，申庭顺拒不投降，官兵无可奈何。最后，他们声称申庭顺如果不投降，就要血洗申家洞村的男女老少，申庭顺走出矿洞，束手被缚，被押往县城。押解途中，曾有多人冒死相救，均未成功。

申庭顺被带到县衙后，威武不屈，痛骂知县孔庆荃是贪官污吏，中饱私囊，鱼肉百姓，他慷慨激昂地说：“我聚众抗税，是官逼民反。此事为我一人所为，与他人无干。”

民国5年（1916）9月下旬，申庭顺被枪杀在西和县东河坝里。其弟申庭现将尸体运回洛峪，沿途百姓设案烧香，哭声震天。申庭顺虽然被杀，但县政府摄于群众的威力，也被迫减免了“验契税”，当地群众为此立碑以颂其德。

## 焦志贤

焦志贤（1860—1917），字少渊，曾用字绍颜，号汉溪，礼县城关镇潘家街人，自幼喜读书，触目能默诵。年未冠补弟子员，从秦州陇南书院山长任士言学习。清光绪十一年（1885）得选拔，清光绪十四年（1888）中试乡试解元，光绪十八年（1892）登进士，钦点主事签分户部。清光绪二十六年（1900）八国联军进攻北京，慈禧、光绪逃西安。焦志贤请假回家，适逢母亲有病，即告假在家奉侍母疾，奉视年余，母亲去世，在家丁忧，三年制满，赴北京复任。在户部任职勤于职守，加员外郎衔。1912 年回归故里，即被公推出任礼县参议局士绅，1914 年任礼县参议局长，1917 年病逝。

焦志贤曾主讲于礼兴书院、西和漾源书院，参阅秦州试卷，持论精严，堪资启发，成就后进者甚多。

## 花湛露

花湛露（1857—1925），字惠卿，回族，今武都区城关镇贡院巷人。花氏为世代书香之家，清光绪年间拔贡生。中华民国以前，曾先后任通渭县训导、秦安县教谕等职。

1912 年 2 月，黄钺在秦州（今天水市）宣布独立，成立了“甘肃临时军政府”，网罗人才，以便与清廷甘肃余孽长庚、升允相对抗。花湛露即刻从秦安赶到秦州，投奔黄钺，在其军政府总司令部任东路宣慰使，先后到清水、张家川一带招抚流亡，援陕联川，被黄钺倚为左右手。同年 6 月，兰州官绅通电甘肃承认共和后，秦州与兰州达成协议，取消独立，黄钺返回湖南，花湛露也即返回武都家乡，后任武都劝学所所长等职，改革教育，清理教产，查封私塾，改办义学，成绩卓著。武都县成立“回民教育促进会”，他兼任委员；清真小学成立，他亲自任教。并在调解回汉矛盾、增进民族感情方面出力尤多，在武都回汉民众中享有崇高声誉。

花湛露先生修面长髯，风度翩翩，一生薄俸，大半用于购书，华甲以后，仍读书习字不辍。曾翻译阿文典籍《天方道程启径浅说》，同赵真学阿訇一起为宗师王明道阿訇建造石碑。传说还引进了美国棉花新品种在两水镇种植、推广。民国 14 年（1925）1 月 29 日病逝于家，葬于城北旧城山。

## 花廷瓛

花廷瓛（1873—1926），字天一，花湛露之子，天资聪颖，胸有大志。光绪三十三年（1907），清政府在日本威胁下，拟将东北警备权转让日本，当时正在甘肃便高等学堂读书的花天一，联络同学王密、李洗等人，联名电请北京巡警部拒绝转让警备权。电报被时任陕甘总督升允发现扣留，勒令文高等学堂开除他们三人学籍。花廷黻又赴武汉，考入武昌陆军学堂，弃文学武，其间经同乡樊政介绍，参加同盟会。民国元年（1912）2月，得其父花湛露函召，急从武汉赶赴秦州，任甘肃临时军政府总务处总务员，父子同参黄钺幕府，效力于共和。秦州取消独立后，其父回乡，他又赴兰州在赵惟熙都督府干事。

民国5年（1916），袁世凯复辟称帝，甘肃都督兼民政长张广建上表"恭祝万寿"，他愤然弃职，乃将积存书籍选装三大箱驮运回家乡，在白龙江畔筑"桃坞"，自号"桃坞主人"，事亲教子，隐居读书。

民国8年（1919），于右任就任靖国军总司令之职，反对北洋军阀，他积极响应，便离乡赴陕，在靖国军杨虎城部任职。嗣后，靖国军溃败，他去西安易俗社编写秦腔新剧剧本。

民国15年（1926），冯玉祥在五原率众誓师，响应北伐，杨虎城任潼关行营主任，花廷黻又赶去参加，在军法处任军法官。冯阎反蒋失败后，杨虎城指派他为代表，前往郑州与冯军进行谈判。当时，冯军孙连仲部叛冯投蒋，花廷黻暗中有挑动冯军叛冯行为，事泄，被冯玉祥下令枪杀于郑州。

## 黄居中

黄居中（1866—1927），字裳吉，号芦溪，生于清同治五年，阶州安宁里磨坝（今康县寺台乡磨坝）人。

黄居中少时家境寒微，但聪明好学，攻读不厌。光绪九年（1883）参加州试，以文章书法俱佳而博得阶州学政的赏识，补为廪生。光绪二十年（1894）赴省城应试，中乡试第一名（解元），此后，乡人称其为黄解元。据说黄居中考中解元回来时，在远离老师家十里的地方就下马步行，以示对老师的尊敬。

光绪二十一年（1895），黄居中赴京会试未中。居京期间，正值李鸿章同日本签订了丧权辱国的《马关条约》，立即激起全国各界人民的愤慨和抗议。5月1日，赴京应试的18省1200名举人聚集北京松筠庵，通过了广东应试举人康有为起草的万言书《上清第二书》，803名举人在万言书上签了名（"公车上书"），黄居中是签名者之一。之后，黄居中又与其他76名甘肃举人联名写了《清废马关条约呈文》，此举，充分表达了黄居中的爱国热情。

光绪二十八年（1902），黄居中进京会试，中第三甲第一百四十三名进士。同年，赴贵州铜仁县任知县。由于黄居中居家清贫，无法赴任，在亲友们的资助下，才凑足了路费。光绪三十三年（1970）黄居中因为官清廉，政绩显著，被提升为铜仁府代理知府，任职后，惩恶扬善，抑强扶弱，果断处理了前几任知府都未能了结的积案，从而得罪了地方豪强，险遭杀害，最后被迫辞官回归故乡。

黄居中博学多识，才华出众，品德高尚，在乡里深孚众望。民国初年，一度担任白马关分州征信局局长和参事会长。民国4年（1915），主持了康县建县谋划会议，并委派其弟黄允中与崔峻、李丹亭三人赴省请示，为康县建县来往奔波。

黄居中晚年设馆教书。1927 年病逝于家，终年 62 岁。

## 黄得贵

黄得贵（？—1931），字玉三，徽县城关北街人。历任兰州镇守使、阴平镇守使、甘肃陆军第一师第一旅旅长、游击司令等职，授陆军中将军衔，是清末民初时期西北地区风云人物。

黄得贵出身贫寒，其父为小商贩，以经营小食品谋生。黄得贵少年入伍，由于吃苦耐劳，逐步得到升迁。光绪末年，黄得贵被选为甘肃常备军第一标标统陆洪涛马弁，成为陆洪涛亲信，旋任巡防营哨官。在任下层军官时，常在三九寒天带领士兵下水维修黄河河堤；无论打仗或执行其他任务，均能身先士卒，冲锋陷阵，颇得长官赏识。后被送至兰州军官学校受训。

辛亥革命爆发后，驻兰州的清陕甘总督长庚对甘肃驻军进行了大规模改组，陆洪涛部被编为振武军，由陕西巡抚升允率领进攻陕西革命军，在陕西长武县与革命军张云山部展开激战。1912 年 2 月，清帝溥仪退位，陆洪涛、黄得贵等人得知消息，拒不与革命军作战，遂罢兵回甘。

1915 年 3 月，陆洪涛被任命为陇东镇守使，出镇平凉，黄得贵任巡防营管带，驻防庆阳董志城。1924 年，陆洪涛升任甘肃督军后，将省直属部队编为甘肃陆军第一师，自兼师长，下辖两个旅，黄得贵为第一旅旅长（辖占福、汪恒泰两团），驻兰州；李长清为第二旅旅长。1925 年 8 月，李长清发动兵变，率兵入省督军府，逼督军兼第一师师长陆洪涛交出师长印信，李长清为师长，并袭击黄得贵部，黄得贵率残部退出兰州，盘踞兰州以南阿干镇、关山一带。

1925 年 10 月 23 日，国民军冯玉祥部第二师师长刘郁芬入甘，代理甘肃督办职务，并诱杀李长清，任命黄得贵为游击司令，驻守兰州阿干镇。

1926 年 4 月，吴佩孚联合张作霖组织“讨赤联军”，发动南口大战，进攻冯玉祥西北军，并任命刘镇华为“讨贼联军陕甘总司令”，令其率部与陕南护军使吴新田，会攻陕西国民军；命令甘肃张兆钾、孔繁锦、黄得贵等镇守使组织“甘肃讨逆联军”，会攻甘肃国民军。于是张兆钾、孔繁锦、宋有才、黄得贵等纷纷起兵反对冯玉祥西北国民军，导致国民军刘郁芬在兰州外围的各部处于被分割的境地。

陇东镇守使张兆钾首先发难，逾越六盘山，向西推进。为配合张兆钾，陇南镇守使孔繁锦率部从天水北上，直趋狄道（今临洮县）；黄得贵、宋有才分别从阿干镇、狄道向兰州进攻。刘郁芬急令梁冠英、孙良诚旅退守兰州以东的响水子、拱星墩，保卫兰州；调驻宁夏的丁振国和驻绥远的吉鸿昌两个旅火速赴兰支援。6 月中、下旬，丁振国、吉鸿昌部先后抵达兰州，刘郁芬下令全线反击，令孙良诚为东路司令，指挥吉鸿昌、梁冠英旅反击张兆钾、韩有禄部；任命张维玺为南路司令，指挥安树德、刘存简旅反击孔繁锦、黄得贵、宋有才部。张兆钾、孔繁锦、宋有才、黄得贵被西北国民军各个击破。失败后，张兆钾逃至大连；宋有才随吴新田退入湖北，被李宗仁缴械；黄得贵、韩有禄逃至静宁一带。1926年10月，甘军各残部依附吴新田部约15000人，打起“陕甘讨赤联军”的旗号，被宋哲元击败。黄得贵等收集残部，退入陕西，为国民军联军驻陕总司令部所辖的第十一路司令兼第一师师长田玉洁部张久才收编。

1927年夏，黄得贵联合田玉洁部攻占三原、泾阳。9月，宋哲元调集重兵进攻泾阳，韩有禄、黄得贵与田玉洁合守泾阳，战斗月余，势孤力单不敌，田玉洁通电下野，韩有禄战死，黄得贵退居三原，宋哲元又攻占三原，黄得贵残部被收编。至此，黄得贵部全军覆没，只身逃至大连，后去天津，与张兆钾同处闲居。

此时，曾在黄得贵部任副官的陈珪璋和赵文华在华池县南梁揭竿举事，号称“甘肃义军混成团”，他们捉官吏，打豪绅，出没于子午岭山区。1929年10月，陈珪璋请闲居天津的黄得贵出山，尊为司令，让黄得贵统军治众，自己甘当副手。黄得贵裁汰老弱，整肃军纪，杀违纪者数人，军纪初建，成为一支战斗力很强的地方武装。为筹集军需，该部除在宁县、正宁派粮款、抓富户外，还经常出击泾、长、彬、旬及三原诸县，截击西兰公路军商物资，一时成为西北国民军的心腹大患。1930年3月，冯玉祥调动西北国民军四个师南下会剿，并派人谈判收编，陈珪璋为保存实力，同意改编为“国民军第四路暂编第一旅”，陈珪璋任旅长，移驻西峰镇。但黄得贵原受挫于西北国民军，积怨甚深，拒绝改编，二人遂分道扬镳。黄得贵带一连骑兵赴固原，与李富清、陈懋堂等民团合作，并将宁夏、陕北来窜的苏雨生、石英秀部赶出陇东，自称“军长”，拥兵7000人，枪械5000余，称霸固原地区，曾在固原开“威虎山”堂口，欲借帮会势力东山再起。不久，西北国民军东调，留守力量薄弱，陇东重镇平凉陷入土匪王富德、吴发荣等部的包围之中。陇东行政长官兼绥靖司令杨承基向陈珪璋求援，陈珪璋于1930年5月进军平凉，解了平凉之围。嗣后，陈珪璋又借故杀了杨承基，收编了杨部所有武装，自称“陇东绥靖司令兼甘肃讨逆军第一路司令”，坐镇平凉，掌握陇东政权，委官理政。

1930年6月，蒋介石、冯玉祥、阎锡山中原大战局势渐显分晓，冯玉祥、阎锡山失利。7月初，陈珪璋、马廷贤、鲁大昌、黄得贵等在平凉召开会议，通电反冯，陈珪璋为陇东路联军总司令，马廷贤为陇南路联军总司令，鲁大昌为陇南路联军总司令，黄得贵为陇北路联军总司令，推马建谟为联军前敌总指挥，计划进攻兰州，消灭西北国民军冯玉祥在甘残余势力雷中田部。

1930年7月下旬，陈珪璋、马建谟率部向兰州进军，但鲁大昌在陇西、黄得贵在固原却按兵不动。7月30日，黄得贵联合惠彦清、吴发荣、王福德，趁陈珪璋出兵兰州之机，攻占隆德，进逼平凉城下，与陈珪璋部守军激战一夜，李富清战死，黄得贵攻城不克，败退固原。9月，陈珪璋放弃攻兰，率部反攻，先后夺取了黄得贵部占据的静宁、隆德、庄浪3县的地盘。从此，黄得贵势力大损，一蹶不振。

1931年7月下旬，陈珪璋为防备黄得贵，派参谋祁鼎丞到固原当联络员，祁鼎丞乘黄得贵主力李贵清、陈懋堂二旅移防庄浪、隆德，固原空虚之机，联络黄得贵部团长杨万青、张应坤等人，突然扣押了黄得贵，祁鼎丞、李盘城与黄得贵有夙愿，遂射杀黄得贵，一代枭雄黄得贵就这样死于非命。祁鼎丞、李盘城杀害黄得贵后，又嫁祸于杨万青，杨万青后逃陕西，被杨虎城收编。

## 樊 政

樊政（1886—1932），字农庵，武都区马街乡樊家山人。曾积极参加同盟会、武昌起义、护法运动等，后任职甘肃百货总局局长兼鲁大昌新编 14 师驻兰州办事处处长，是甘肃反对清政府、反对袁世凯的重要革命志士。

光绪三十一年（1905），樊政考入甘肃陆军学堂，1909 年后考入湖北陆军中学堂深造（由于西安陆军第二中学堂还没有建成，在湖北第三陆军中学堂中增招了陕甘两省陆军小学堂毕业生 100 多名），在校期间，受黄兴等革命志士影响，樊政积极加入同盟会，投身反清活动。后又考入保定军官学校学习。一次，在郑州乘火车南行，被清廷警察人员侦知，随车跟踪，樊政觉察后，跳窗脱逃，头部受重伤，幸遇甘肃籍人士柴若愚帮助就医，方幸免于难。宣统二年（1910）樊政又赴湖北，组织同志会机关部，参加同胞社，并参与创办同盟会甘肃支部。1911 年（农历辛亥年）10 月 10 日武昌起义时，樊政义无反顾，积极参加，任起义军司令部高等侦察员、军务调查员，并督战于汉口，几乎命丧敌手。

时因甘肃地处西陲，革命落后。1912 年 3 月，兰州官绅虽然通电甘肃承认共和，但原甘肃护理布政使赵惟熙被袁世凯任命为甘肃都督，顽固派仍然把持政权，反对孙中山颁布的《中华民国临时约法》，迫散刚刚成立的临时省议会，派军队进攻在秦州起义的同盟会会员黄钺。武汉军政府为了进行二次革命，遂于 1912 年 6 月，派樊政及焦桐琴、王法、胡登云等人携带手枪、炸弹，密藏于棉花包中，伪作客商，经西安返回兰州，开展甘肃的反袁工作。他们至兰后，动员同志，策划炸毁保皇倾向明显的甘肃督军赵惟熙及总督府，但由于有人告密，樊政、胡登云等人被赵维熙逮捕入狱。1914 年 4 月，袁世凯派亲信、顺天府府尹张广建任甘肃省民政长兼甘肃都督，主持甘肃（当时的甘肃包括现在的甘肃、宁夏、青海三省）政务。张广建入主甘肃以后，为了笼络人心，下令释放被捕革命党人，樊政、胡登云、焦桐琴和王法获释。樊政在张广建督署任参议兼陆军小学校长，后出任财政厅兰州造币厂厂长。终因与张广建政见不和，一度离兰去西安，任陕西定边县知事。张广建大权在握，袁世凯死后，他又投靠张勋，通电支持张勋复辟，反对《临时约法》，政风恶劣，民愤很大。

民国 6 年（1917），孙中山委派临洮人师世昌（又名师仲吾）回甘肃进行护法运动。师世昌到兰州后，即联合同盟会会员蔡大愚、樊政、郑瑞青、焦桐琴、胡登云等人密谋发动新建右军举行起义，用武力推翻张广建的反动统治。师世昌与蔡大愚、樊政、郑瑞青等商定，以临洮新建右军中保定军官生为发展对象，拟定建立“甘肃护法军”，谋划在临洮发动新建右军（张广建到甘后，将所率第一混成旅改编为新建左右两军，右军由吴桐仁统领驻临洮，左军由吴攀桂统领驻兰州拱星墩大教场）起义。商定在冬至节（12 月 22 日，农历十一月十七日）晚正式起义，届时通电全国，宣告甘肃独立，响应孙中山北伐。不料，起义前一天，因焦桐琴所部两个班长酒醉泄漏了消息，被人向统领吴桐仁告密。吴桐仁当即下紧急命令，收去各营士兵子弹，派亲信四路防守，洮河浮桥派重兵把守，邮电、交通完全断绝。赵学普、边永福被守军枪杀于洮河浮桥边。由于事发突然，12 月 21 日，焦桐琴在临洮城内仓促起事，击毙了团长刘忠荩，但因士兵一时难以集合，未能及时响应，再加之接应部队失约，临洮起义失败。樊政在兰州被捕，郑瑞青在武都被捕，均拘押于兰州模范监狱，蔡大愚、焦桐琴逃亡四川，胡登云逃往河州（今临夏）转赴陕西时，被张广建捕杀。

甘肃护法起义失败后，师世昌再赴广州汇报情况，孙中山先生得知临洮起义失败，赵学普、边永福、胡登云等人牺牲，深为惋惜，亲书"为国捐躯"白绫挽幛一幅，并拨给抚恤金五千元，由王德一带回交给牺牲者家属。

至民国 10 年（1921），陆洪涛任甘肃督军时，樊政、郑瑞青二人始获释放，由陆洪涛的参谋长魏绍武等欢迎出狱。嗣后，樊政历任清水、山丹等县知事，任内努力剪除积弊，减轻民负，政绩颇显。

民国 19 年（1930），冯玉祥甘肃国民军赴河南参加中原会战，甘肃各地军阀割据，政局十分混乱。樊政取道康县回家时遭遇土匪袭击，右臂受伤。时地方军阀马廷贤部占据武都，逼樊政出任参谋，樊政婉言谢绝，隐居于马街樊家山老家，闭门谢客。1931 年初，赴兰州任甘肃百货总局局长兼鲁大昌新编 14 师驻兰州办事处处长。因患腿疾，曾赴北京就医，返回兰州后不久，于 1932 年 3 月 16 日殁于兰州，终年 48 岁。授少将衔。生前两袖清风，阮囊羞涩，由省上派人护送灵柩回籍，葬于马街樊家山祖茔。

## 柴宗孔

柴宗孔（1902—1936），天水市秦州区人，曾任甘肃红军游击队第一支队司令员，甘肃抗日救国军第二路军司令员。1936 年在同国民党保安团作战时负伤牺牲。

柴宗孔出身于城市贫民家庭，父亲早逝，兄弟三人，他排行老二。年少时由于家里困难，只读了两年私塾，便去青海谋生，后投入军旅。1921 年，在国民联军第二军邓宝珊第七师供职，先后任副官、营长，参加过北伐战争。1926 年，由葛霁云介绍加入中国共产党。次年任邓宝珊部教导队分队长，驻防河南唐县。

1932 年初，柴宗孔随邓宝珊来到兰州，任甘肃行署参议，继续从事革命工作。7 月，奉中共甘宁青特委指示，与共产党员王儒林、孙作宾等人到靖远县组织了革命武装"西北人民抗日义勇军"，提出"打土豪、分田地、分粮食、反剥削、反压迫"的口号，动员贫苦农民团结起来进行革命。后被国民党军队包围，义勇军连战受挫，队伍很快被打散，柴宗孔突围脱险后潜往天水、甘谷一带继续进行革命，后去西安找到中共西北地区兵运工作负责人孙作宾，党组织又派其回甘肃开展武装斗争。柴宗孔随后又组建西北人民自卫军，任总指挥，开展武装斗争，曾攻占甘谷县城，打开监牢，释放了一批囚犯。

1934 年 8 月，柴宗孔等 20 多名中共党员在榆中县开会，策划在兰州西果园搞暴动，返回兰州时因事不秘，被国民党察觉后围捕，18 人遇难，柴宗孔幸免于难。柴宗孔逃出后毅然树起西北人民自卫军旗帜，把反蒋抗日布告贴到定西、榆中等县，以打倒土豪劣绅、贪官污吏、保护商人、农民为宗旨，深得人心，依附者日渐增多，自卫军很快发展到 1000 余人，声势浩大，威震陇右。

1935 年秋，红军长征到甘肃，柴宗孔率领部队配合红军作战，掩护红军过境，受到毛泽东召见，被任命为甘肃红军游击队第一支队司令员。红一方面军过境后，国民党西北“剿匪”军第一路第三纵队司令官毛炳文全力围剿柴宗孔自卫队，柴宗孔遂带领部队南下在西和、礼县、武山、天水等地活动。1936 年 9 月，红军四方面军长征到达甘肃，柴宗孔率领部队掩护红军过境，任命柴宗孔为甘肃抗日救国军第二路军司令员，继续在天水、陇南一带坚持武装斗争，以与礼县红河相邻的朝阳寺为据点，派人四处张贴布告，号召军民团结起来“反对国民党的黑暗统治”。协同“扇子会”攻打曹老六的清乡团据点南堡子，积极动员罗献璋率领“扇子会”开展联合行动，为“扇子会”训练军队，继而率“扇子会”一营人马驻防于盐官、红河之间的石家山。柴宗孔部队纪律严明，在群众家中吃住都要付钱，从国民党军手中缴获的钱物总是要分给群众一部分，深受贫苦百姓拥戴。

1936 年 10 月，柴宗孔带人抓获了礼县县长安荣堂，消灭了宽川民团，缴获枪 10 余支；处决了天水县一批乡绅。国民党孙蔚如的部队从兰州开往天水，在天水西五十里铺被柴宗孔游击队伏击，缴获轻重机枪若干支，国民政府贴出告示：“活捉柴宗孔者赏银 2000 圆，送来尸首者赏银 1500 圆。”当年冬，柴宗孔率游击队在杨家寺土盆子村与保安团遭遇，不幸腰部重伤，转移途中因伤过重，英勇牺牲，葬于礼县固城乡秀林村。

## 谭英玉

谭英玉（1905—1936），又名谭恩普，今宕昌县阿坞乡别竜村人，务农为生。1935年9月，中共中央率红一方面军长征途经哈达铺时，谭英玉加入中国共产党，是陇南地区最早的共产党员。

1936 年 8 月，红二、四方面军长征途经哈达铺整休时，建立苏维埃政府，谭英玉任别竜村苏维埃政府主席，积极带领群众斗恶霸、打土豪，宣传中国共产党抗日政策，筹粮办草，为支援红军北上抗日做了不少工作。

1936 年 10 月，红军北上后，鲁大昌军和民团以“清乡”“办善后”为名大肆围剿苏维埃干部，谭英玉躲在别竜扎角山上，后被恶霸地主徐连德等人骗下山用刀砍死在别竜村河滩。

## 朱进禄

朱进禄（1892—1936），今宕昌县哈达铺镇上街人。以做小生意谋生，为人正直，处事公道，深受乡邻尊敬。

1936 年 8 月，红二、四方面军长征到达哈达铺后，哈达铺地区成立了苏维埃政府和游击队，朱进禄任哈达铺、理川、宕昌游击队司令，游击队下辖两个营，随着游击队的发展和壮大，后扩为一个师，辖三个团，约 3000 多人。游击队成立后，在红军政治部的领导和帮助下，配合红军深入开展宣传活动，发动和领导群众在哈达铺、理川、宕昌等地区进行轰轰烈烈地“打土豪”的斗争，分了大恶霸刘继汉、赵旦旦、许志仁等人的粮食和财物。举行群众集会，宣传党的政治主张，积极为红军筹备粮草，支援红军北上。

红军出发北上时，游击队编入红军，随红四方面军北上，部队行至岷县闾井、锁龙一带时，与鲁大昌军队和民团相遇，激战后，游击队破冲散，和红军主力失去联系，一部分游击队员突围到武山鸳鸯镇等地继续随红军北上，一部分游击队员突围到岷县闾井后，由司令朱进禄、副司令张虎成、柳英带领返回哈达铺，行至金木，晚上在老爷庙休息。因当地民团告密，鲁大昌派重兵封锁了要道，包围了老爷庙，由于寡不敌众，朱进禄等被捕，被押送到岷县，于同年 10 月被杀害。

## 郭维城

郭维城（1852—1936），字环山、环珊。晚年自号更生子。原武都区安化镇郭家坪人，孩提时随父母移居武都城关竹集巷。

郭维城自幼勤学苦读。光绪十一年（1885）考选为拔贡生。因英年俊秀，才识超卓，同年冬十一月，州守叶恩沛在聘任吕震南纂修《阶州直隶州续志》时，请郭维城及苏蕴芬共相参订。光绪十七年（1891），郭维城中辛卯科举人。后去北京参加春闱两次，均落第。光绪二十五年（1895），郭维城去北京参加第二次会试期间，传来李鸿章签订丧权辱国的中日《马关条约》的消息，郭维城和各省在京的举子一起前往松筠庵集会，参加了著名的“公车上书”举子请愿运动。并在武威举人李于锴起草并领衔签名的甘肃举子《请废马关条约呈文》上签名（名列第 29 名），反对批准《马关条约》。罢试回省后，郭维城先后任伏羌县（今甘谷县）教谕、秦州学正、阶州正明书院山长、阶州中学堂讲师。民国 17 年（1928），武都师范传习所成立后，任国文教师。民国 25 年（1936）腊月初五日以疾终于家，归葬于安化镇郭家坪祖茔。

郭维城花甲以后，或啸傲泉林，或闭门著书，著有《尚书辩伪》《十五国风质疑》《离骚臆解》《更生诗文集》等。

郭维城存诗多首，其诗朴素流畅，清新明快。韩定山在《陇右近代诗选序》中罗列了清咸丰、同治年间甘肃名诗人三十一人，郭维城名列其中，称："程天锡凤翔于文县，田骏丰鹏骞于甘谷，李克明豹变于武山，郭维城猿吟于武都，类解阔步，不愧前修，只以生不标榜，所以殁少流传。"

## 赵真学

赵真学（1863—1937），回族，字正轩，武都区城关人。双亲早逝，随掌教阿訇习阿文，天资聪颖，成绩优异。约二十岁时赴临夏、积石山、大河家等地，每至一地，即被聘为掌学阿訇，学愈精而名亦显，先后被安康、汉中等地聘请讲学三十余载。曾三3次去麦加朝觐。后因年事渐高，受武都回民殷切邀请，1918年赵真学携眷从安康回乡，担任城区清真北寺教长多年。先生利用"主麻""尔德"节日等场合宣讲要和汉民和睦相处。武都回汉民族长期和睦相处，战乱年代能互相关照，患难相依，与赵真学言传身教不无关系。并与陈洪畴等人筹建武都回民教育促进会，建立清真小学，兼任校长，回汉学生兼收，学生以习汉文为主。赵真学生前不仅对阿文研究较深，对波斯文也有造诣。民国16 年，笺注《古兰经》前五卷，题名为《汉译宝命真经五卷》。又讲授《天方道程启径浅说》，花湛露译为汉文，并作一序，在上海鸿宝斋印刷成书。其他著、译，历遭兵燹，多已损失。

## 沈澍霖

沈澍霖（1867—1937），字雨山，今宕昌县官亭村人，清代贡生。光绪二十年在刘尔炘主讲的兰山书院学习，后因科举制度废除，考入兰州优级师范。毕业后任凉州（今武威市）高等小学校长。后为振兴桑梓教育事业，遂辞职回乡。民国6年（1927年），沈澍霖在官亭创办私塾学堂，无偿捐助校舍桌凳、活动场地。民国7年（1928年）任西固县高等小学校长。执教期间，针对民间缺医少药、疫病猖獗的实情，在校内增设医学课程，给学生传授医学知识，并在课余和节假日为学校附近群众看病，行医百家，不取分文，深得群众颂誉。民国17年（1928），年逾六旬的沈澍霖又被西固县政府聘请主编《西固县志》，辛勤笔耕三载，完成了草稿（后遗失）。民国18年（1929），西固大饥，民不聊生，沈澍霖不顾年迈，亲赶3头牛到水峪沟（今宕昌县沙湾乡境内）垦荒，安置此地灾民8户，并开办马场，养畜种田，自耕自食。

沈澍霖爱好诗文，在西街小学任职期间，和本县张万杰、杨培俊、杨秀章、张向仁等文坛诸人结成诗社，研究文章诗词。

沈澍霖事亲至孝，其母去世后，沈澍霖守灵百日，头枕青石，身卧草铺，服孝3年。沈澍霖一生爱国爱民，生活简朴，热爱劳动，不慕名利，博得了家乡人民的爱戴。

民国26年（1937），沈澍霖由官亭去马场，行到化马胡枣沟，在一石台上歇息时，无疾而终，死后6天才被人发现。官亭及周围群众听到噩耗，无不痛哭流涕。后人们在马场建祠供奉，以示对沈澍霖的敬仰之情。

## 陈洪畴

陈洪畴（1869—1938），字贡九，回族，贡生，武都县两水镇后村人。远祖由四川迁居两水，其祖父是清绿营书吏，因喜读阿文经典而皈依伊斯兰教。

陈洪畴自幼好学，熟读经书，早年攻科举，中附生，后被选为贡生。清末停止科举后，即弃学经商，在武都、碧口两地开设“兴顺成”商号，经营水烟、药材等，因经营有方，积资巨万。

陈洪畴热心地方教育事业，重视培养人才。1918年，与赵真学、高凤岗等创立武都“回民教育促进会”，被选为第一任会长，开武都回民教育之先声。后又创建私立城关清真小学（即葆真小学前身），亲任校董，筹集经费，不遗余力。民国16年（1927），城区女校初创时，群众囿于旧习，多持观望态度，陈洪畴率先送长女入学，开地方风气之先。县上成立自治讲习所，亲任教师授课。

陈洪畴乐善好施，热心助人。早年，其父亲开裘皮房，家境殷实，文县举人米秀实赴京会试，川资无着，陈洪畴动员父亲助赠300两白银，使之得以考取进士。外甥马渭滨家境贫寒，他常年资助，从小学一直供济到省立优级师范毕业。民国9年（1920）武都大旱，夏秋歉收，县长王伯范奉令从礼县调粮救灾，指派陈洪畴任转运局长，陈洪畴奔波于武都、礼县之间，历尽辛劳，解决了民夫与驮运困难，帮助武都老百姓渡过灾荒，地方群众甚为感激，省政府也给予其褒奖。

陈洪畴十分重视回汉民族的团结和睦，率先与汉族同胞亲密来往，相互庆吊，平时注重通财、通商、通婚，在兵匪混乱年间，亦互相掩护、帮助，使武都城乡群众能在兵连祸结中共渡难关、化险为夷。1938年因病谢世，葬于城西旧城山。

## 侯肇彬

侯肇彬（1906—1940），字应中，康县大堡镇侯家老庄人。民国23年（1934）中央政治学校毕业，留学日本明治大学。1937年7月全面抗战爆发后，离日回国。

侯肇彬在日本留学期间，与廖承志同学，曾受到廖母何香凝爱国精神的熏陶，对何香凝十分敬佩。侯肇彬返回家乡之后，就把主要精力倾注于办学上。侯肇彬说：“欲抗日救亡，必先从振兴教育入手。”1938年，侯肇彬从天水战时服务团聘请了李养才、张志实、聂光朴、马腾湖、韩佩芬（女）、张远哉、王登俊7名教师，在原大堡义学的基础上，创办了一所高级国民小学。并筹资给学校购置了《辞源》《辞海》《六法全书》等书籍数千册，办起了图书馆，又给学校购买了脚踏风琴、篮球、排球等文体器材。学校开办伊始，尚未得到上级的批准，侯肇彬自费给教职员工发放薪金和口粮。由于学校师资水平高，教学质量在全县领先，该校毕业生报考中等学校时，录取比例高，学生郭义臣报考武都师范时名列榜首。

1939 年，侯肇彬就任陆军新十二旅副旅长。1940 年春，侯肇彬与其兄赴省会兰州，在途经徽县江洛镇时，被仇家杀害。

## 刘元凯

刘元凯（1889—1940），字石余，号畏因居士，武都区蒲池乡高家村人。先后毕业于阶州中学堂和兰州陆军讲武堂，1915 年考入武昌陆军预备学校，后又考入保定陆军军官学校。1919 年毕业于保定军官学校步科六期。初任陇东镇守使署军事教导团教官，继任甘肃督军公署亲军统部教练，1923 年在甘肃陆军第一军第一师任营长。1924 年冯玉祥部刘郁芬督甘后，任国民军一二〇师团长，后调正宁、文县县长。1931 年任国民军新编十四师第三旅参谋长、旅长，后调任国民军一六五师参谋长。抗日战争爆发后，1937 年 11 月 15 日，随部赴中条山前线途中罹患重病，遂辞职返里。返乡后，创武都佛教协会，首任会长。于 1940 年 2 月辞世。一生清廉，恬静寡言。素习诗词，善书法，精鉴赏。集汉碑数十种，均有题跋。

## 苏　河

苏河（1911—1941），字昆源，两当县城关北街人。早年读私塾，后进两当县东街小学读书。他聪明活泼、笃实好学、胆识过人。1927 年 4 月，16 岁的苏河随两当县神团去徽县永宁镇剿匪，缴获战马 1 匹，人们对其大加称赞。

1929 年，苏河考入陕西省西安市民立中学。1934 年秋，考入北平民国大学，求学期间，他从中共地下党员、进步师生和进步书刊的宣传中，学习到了马列主义知识，开始积极投入反蒋抗日斗争。1935 年他积极参加了“一二·九”北平学生爱国抗日运动。1936 年 2 月，参加了中共党组织领导的“中华民族解放先锋队”，深入工农群众中进行抗日救亡宣传活动，不久，被国民党当局逮捕入狱，后由邓宝珊保释出狱。1936 年底，因父亲患病，回家探亲。1937 年 8 月，苏河被国民党县政府委任为两当县东街高等小学校长。他给师生讲述革命道理和抗日救亡的重大意义，在学校发动教师学生开展“一日一分救国金”的活动，带头捐献资金，支援抗战。组织“两当县抗日救亡剧团”，白天带领团员张贴宣传标语、宣传画，晚上演出抗日救亡戏曲，并到外地巡回演出。在两当县抗日救亡剧团的影响和带动下，成县、徽县也相继成立了抗日救亡剧团，推进了陇南的抗日救亡运动。

苏河在任东街小学校长期间，冲破封建守旧习惯，大胆改革教育，首先倡议将县城内男、女两个小学合并；提倡教育要“教、学、做”合一，德、智、体全面发展；反对体罚学生；反对读死书的教学方法；开展家访劝学活动，使许多适龄儿童入了学。

1938 年初，为了寻求真理，苏河在徽县进行抗日宣传演出时，和同学吴治国订下了共同寻找中共地下党组织的盟约。这年夏天，国民党甘肃省政府在兰州开办“西北军事训练团”，要各县党、政、教育界的负责人参加军事训练，苏河、吴治国利用这个机会，找到“八路军驻兰办事处”，与伍修权秘密会面，经其介绍找到中共甘工委，同年12月，苏河、吴治国在兰州经罗云鹏、万良才介绍加入中国共产党。回到两当后，苏河联合了几名朋友秘密学习《反杜林论》等马列著作，并开始物色对象，准备发展党员，建立党组织。

苏河的抗日救亡活动和进步言行，为国民党反动派所仇恨，一些地方反动分子多次向县政府告密，甘肃省政府令两当县政府逮捕苏河。1941年2月23日，国民党两当县长李秉璋将苏河骗到县政府监禁后，又押送到兰州，关在第八战区大沙坪监狱。苏河在狱中坚贞不屈，继续宣传抗日救国，敌入严刑拷打，百般折磨，同年4月20日惨死于狱中。

## 马尚智

马尚智（1885—1943），字达山，西和县大桥乡马集村人。马尚智小时上过私塾，其父早逝，十六七岁时，便离家外出扛长工，二十岁后返家，以去四川贩卖花椒为生。

民国15年（1926）4月，甘肃军阀宋有才等反对当时兼任甘肃督办的冯玉祥。宋有才被冯部吉鸿昌击败。宋部溃逃中，有一营长李进学拉出队伍，盘踞仇池山为匪。马尚智上山入伙，负责出面向群众征收粮食。不久，李进学为吉鸿昌部追剿，溃逃至徽县清泥河被歼，李进学自杀，马尚智潜逃回大桥，串联破产游民数十人，搞“绑票”活动，加紧发展势力，不到两月，在窑孔坝、上下洛峪、杨庄、黄江及礼县雷、王二坝设有垛口，每个垛口都有“垛把子”（青红帮头），每垛少则几十人，多则上百人。一时地方大受震动，富户逃走，穷人不安。马尚智遂令各垛把子多加劝阻，不管穷富，只要服从，绝不杀害，以稳定局势。马尚智的部下枪不离人，人不离地方，无事种田，有事上阵，省、地、县官兵多次围剿，都未奏效。

马尚智有“三好三不”的名声，好色、好烟、好滑竿；劫财不害命，打富不济贫，窝边不吃草，多在成、康、礼、宕等县横行。因马尚智谐音“马上治”，他出门只坐滑竿，绝不骑马，怕被人治死。

民国19年（1930），马廷贤攻陷天水，占据陇南十四县后，为拉拢地方势力，与马尚智以同姓认宗，委任其为混成旅旅长，驻防西和。民国20年（1931）8月，兰州发生“雷马事变”。10月，蛰伏四川的北洋军阀吴佩孚见甘肃政局不稳，便在邓锡侯的支持下，自称“兴国军总司令”，来甘活动。途经武都，委任当时割据陇南的马廷贤为“兴国军骑兵禁卫军总司令兼陇南护军使”，马尚智为“兴国军独立师师长”，隶属马廷贤。从此，马尚智便以“师长”名义行事，擅设公堂，勘问“官司”，借此敲勒钱财。

民国21年（1932年）西和县长石作柱委任马尚智为铁桥、庙山二保的联保主任。民国30年（1941），联保改为乡，马尚智任大桥乡长，筹资在大桥修建学校一所。民国31年（1942），天水专署专员兼第四区保安司令胡受谦委任马尚智为保安直属中队长。

民国 32 年（1943）冬，西和县县长王汉杰与陇南游击大队大队长张俊耀密谋，借视察大桥之机，密使马尚智义子张树德等人谋杀马尚智。12 月 18 日夜，张树德等人趁马尚智过足烟瘾之机，进屋击毙马尚智。

## 王士敏

王士敏（1891—1944），字克明，号德馨，贵州省黄平县老里坝人。少年读书，双亲早故，后离乡当兵，曾为中央军校第五期学员，毕业后，在胡宗南部任营参谋长，后转地方从政。1934 年与 1940 年先后两次就任康县县长，历时六年之久。

王士敏在康县从政期间，生活俭朴，经常赤脚穿草鞋，深入各乡、镇，走访农户，很少有侍从护随。由于接触群众，体察民情，故赢得群众赞誉，称其为“清官”。当时，康县山区普遍公开种植鸦片，百姓吸食者甚多。为了禁绝鸦片，王士敏除了自己坚决不吸食外，还曾枪毙过两个种烟贩子，对当时种植、贩卖鸦片起了一定的遏制作用。

王士敏很重视教育事业，首创康县第一所初级中学，并成立了民教馆和国训班，兴建了不少国民小学。民国 32 年（1943）3 月，他以“兴办教育功绩卓著”而受到甘肃省政府嘉奖，记功一次。王德馨特别重视地方史志的编纂工作，首次到康县任职不久，即主持编纂了康县历史上第一部县志《新纂康县县志》，共二十四卷，石印出版，保存至今。王士敏重视植树，在县城（今云台镇）西门外大路旁和城南河岸栽植了许多柳树，还规划修建了大堡街道，砌筑了何家沟口的几百米护街石堤以及水洞寺石拱桥，此桥至今完好。

1944 年，王士敏病逝于康县云台，终年 53 岁。

## 张俊耀

张俊耀（1903—1944），字光宗，康县贾安乡杨家河村张家山人。其父张彦福，系岸门口保卫团团总。1920 年，张彦福、张俊耀随陇南镇守使孔繁锦部队镇压了白杨滩朱衡山农民起义。张彦福在战斗中受伤亡故，张俊耀继任保卫团团总，收罗了一批散兵游勇和地方土匪，扩充了势力。1922 年，又镇压了吴家河口农民吴统中起义。1931 年前后，张俊耀多次镇压万家河农民武装“神团”，领导人万文斗惨遭杀害。1935 年，国民党中央第一师师长胡宗南收编了张俊耀，委任其为川北人民自卫军第二团上校团长。次年，甘肃省政府任命张俊耀为陇南游击大队大队长，率部进驻成县。期间，张俊耀先后收编了西和县大桥地区马尚智及牛升领导的两支武装力量，并诱杀了马尚智、牛升等人。1938 年，陇南游击大队改为国民军新编十二旅，张俊耀任旅长，率部开赴陕西关中一带。不久，胡宗南下令整编十二旅，张俊耀被提升为国民军三十四师副师长，进驻河南省灵宝一带。随后，张俊耀被调到中央军校高级教育班学习，毕业后参加了抗战。后来又被提升为三十八集团军总司令部少将高级参谋。1944 年病死于陕西省略阳县。

## 马呈瑞

马呈瑞（1874—？），女，字兰卿。原姓张。祖籍湖南长沙，父在漳县、宁远县为官，携子女寄居武山。19岁嫁宕昌正百户土司马承烈为继室。正室杨氏（系卓尼土司杨作霖之妹）为人忠厚老实，已逾古稀，家事由总管包、苗二人管理，费用颇巨，收不敷出，家业凋零，她目睹现状，极力振兴，开垦荒园，种菜植树，修理房舍及油房水磨，将数百亩祖业田地租给佃户，并减散杂役人十数名，三年后家境振兴。1905年马承烈逝世，其子马培德尚幼，继承土司后，由正室杨氏代理。1906年春，马呈瑞携子赴武山探亲时，族人马相贤勾结包总管及宕昌绅士数人合谋，以50两白银收买岷县政府稿房主办人冯统三，得到岷县政府批文，改由马相贤继承"土司"。同年8月，马呈瑞返宕昌后见马相贤已任"土司"职，便携子及亲役女仆二人赴兰州上告，住兰州九年，一面教子上学读书，一面打官司，至1916年才由省政府转呈北京获"夫丧妻继旧例"批文，批准其继承宕昌土司职务。适逢土司所辖山岗、武坪藏民种植鸦片，而马相贤从中收款以肥私囊。马呈瑞即从兰州出发，路经宕昌而未入家门，径直去山岗、武坪操办禁烟事务。大烟禁绝后，省政府授予其一等金狮、二等金色、三等嘉禾奖章各一枚，并由省督张广建亲题"惠敷粉社"匾额。马呈瑞是宕昌马家唯一女性土司，通文墨，善说理。在她任土司期内，改善藏汉关系，捐资办学，救济灾民，民国11年（1922）马氏合族亲属送"德仰慈伟"匾一面。1926年马呈瑞告退，由其子马培德继任土司。

## 赵钟灵

赵钟灵（1879—1945），字秀山、修三，徽县城关镇后西街人。幼年敏而好学，苦读诗书。清光绪十一年（1885）拔贡生，保送入京，入国子监，经朝考合格，授候选直隶州判。因其秉性刚直，深恶官场钻营拍马之习，无意为官，遂返回故乡，读书教学，致力于培育人才，被誉为"徽县名儒"。

清光绪三十一年（1905）二月，清政府通令废除科举制度，停止科考、岁考，各府、厅、州、县城乡设小学堂。徽县知县张若金奉令将徽县凤山书院改为徽县县立高等小学堂（现徽县实验小学），原凤山书院山长吴来被聘为高等小学堂总教习（校长）。学生分为初、中、高三级，课程设读经、国文、修身、文牍、习字、唱歌。赵钟灵、赵峻德、赵毓灵等人受聘为教师。1906年，设徽县教育会，赵钟灵因学识渊博，德高望重，热心地方教育事业，被徽县乡绅推举为教育会会长，理事均由地方宿儒名流担任。赵钟灵竭尽全力，四处奔波，筹集经费，创办义学多所，为培养徽县人才做出了显著成绩。

民国11年（1922），县知事董杏林谋划编修《徽县新志》，赵钟灵受聘担任总纂，随后，赵钟灵全身心地投入编写县志工作，与同行踏勘山岭河川，多方搜集史料，精心考证校对，经数年努力，终于完成了《徽县新志》的编撰工作，并付梓成书（民国13年石印本）。

民国初年，军阀割据，匪乱不止，徽县百姓备受其害。赵钟灵为了保存历史资料，写成《徽县二十年灾情记》，详细记录了民国元年（1912）至20年（1932）间徽县社会变革及百姓受难情况，后石印成书，保存了珍贵的历史资料。

赵钟灵晚年潜心研学中医，常为民众义务诊病。擅长书法、绘画、作诗赋词，其诗集、书画、文稿惜已佚之不存。

## 郑佐周

郑佐周（1880—1946），康县城关镇郑家沟人，民国时期康县民间著名的骨科医生。郑佐周家祖辈从医，因受其影响，从小就爱好中医。在本村私塾就读时，勤奋好学，白天读书，晚上跟伯父学医当助手，钻研《寿世宝元》等医学论著，边看边学，临床实习，医术不断提高。郑佐周进取心很强，30岁后仍四处投师，广求高医，集各家之所精，不仅有独特的骨科术，而且在内儿科、妇科等方面也很见长。

郑佐周对医治枪弹击伤更有一手绝技。一次，岸门口团总张俊耀的18名士兵中弹受伤，弹头藏于肌肉中，不取出弹头，伤部就会感染腐烂。张俊耀特派滑竿抬请郑佐周到岸门口，郑佐周给伤兵敷药仅两天后，弹头就陆续退出，然后外敷和内服中药，四五天后枪伤即愈。由于郑佐周医术高明，在治疗骨折和弹伤方面有奇技，因此，求医者络绎不绝，享誉成、康及陕西略阳等县。

郑佐周医术高明，医德高尚，且不保守，为了将医术传授于后人，使山区民众求医诊治方便，他广收学徒，仅在康县就收了侯绪功、李世春等学徒10多名，这些人后来都成为康县名医。

## 魏起元

魏起元（1908—1947），西和县人，自幼聪慧强记，过目成诵。随父跟班学艺，由于他勤学苦练，一经登台，就身手不凡，人称“魏起”，“起”者为方言，有出类拔萃之意。民国26年（1937），魏起元应秦州“鸿盛社”的特邀，赴秦州演出，适逢西安“新声秦剧社”在秦州演出，名演员刘毓中也随社来秦。魏起元演出《周仁回府》，其扮相、身架以及戏路与“鸿盛”“新声”诸班迥然不同，秦州观众为之倾倒。刘毓中也盛赞起元的表演艺术，在《舞台生活四十年》中，曾叙及他所演《悔路》主要是“揉合起元之《悔路》表演情节而成”。当时秦州文化名人汪剑平、天水师范校长李赞亭也很赞赏魏起元的戏，誉其为“戏状元”，并请魏起元主演《丹徒山》，这出戏是已故名角谢玉堂的看家戏，享有盛誉。“鸿盛社”挂出《丹徒山》戏报，魏起元主演小霸王孙策，场场满座。汪剑平特邀李赞亭并携眷属同看戏，“新声秦剧社”也为之停演。刘毓中协同该社演员莅临观摩，汪、李二人异口同声赞魏起元为“才子”，汪剑平当场奖赏魏起元白洋 10 块。

抗日战争期间，魏起元用各种形式，支援浴血疆场杀敌保国的将士。编演了连台本戏《兴汉图》。还利用演戏余暇，把历史上爱国志士的英雄业绩，编成评书，在街头巷尾说唱。抗战胜利后，魏起元又应“鸿盛社”邀请到天水演出，演出剧目《潞安州》，以陆登抵御外侮，为民族壮烈牺牲的凛然正气，悼念抗日阵亡将士。戏报一出，戏票抢购一空。魏起元对陆登形象的塑造，除继承传统演技外，从布景、道具、唱腔、道白、舞台调度等均有突破，台上绝技叠出，台下掌声不断。

## 赵光裕

赵光裕（1898—1948），字子厚，文县中庙乡人，粗识字，性刚直，青年时曾当红帮大爷，故人皆称赵大爷，不呼其名。民国 17—18 年，川匪白云盘据文县、碧口一带，抢劫财物，祸害人民。赵光裕与尚德张春廷、碧口张远村、洋汤河赵秀峰联络宁强县青木川的魏辅唐、康县阳坝的杨凯、青川县姚渡的杜理堂等地方武装头领，组建团务总局，张远村任局长，赵光裕、赵秀峰任副局长，共御匪患。团务总局在碧口富商谢吉安资助下，扩充实力，拥步枪 180 支，手枪 20 支，机枪 2 挺，拥有兵力 6 个分队，常驻中庙和碧口，多次袭剿土匪，维护地方治安。

民国 26 年（1937），赵光裕倡议邀请甘、川、陕三省边区文县、武都、康县、青川、宁强、昭化、广元、剑阁 8 个县地方武装头领，在中庙召开首次联防会议，共商联防事宜，会上推举赵光裕为联防办事处处长。民国 32 年（1943），在碧口召开第二次 8 县联防会议，武都专员公署正式委派赵光裕为文、武、康三县联防办事处主任。抗日战争期间，赵光裕当选为文县参议员，倡导家乡农民种蓝叶制土靛，增加农民收入，按售价收 5% 的税，补充学校教师费用，购置教学设备。民国 34 年（1945），赵光裕从各方筹资，于中庙上街兴建中庙乡中心国民学校一座，并捐资购置教学用具，自己兼任校长，对家庭困难的学生每天供给午饭，并从外地用高薪聘请教师，提高教学质量，并资助贫困学生 6 人赴外地升学。

赵光裕称霸一方期间，借其权势，暗搞武装贩卖大烟。民国 35 年（1946）秋，赵光裕派队长何秉乾从四川南坪烟区武装贩运烟土，返回途中，何秉乾、王世林等 17 人被县自卫队缉获，没收烟土 1000 余两，手枪 7 支，县政府将何秉乾等 6 人枪决。1948 年 8 月赵光裕病死。

## 程海寰

程海寰（1908—1949），名程步瀛，字海寰，化名程昌、张效剑。文县城关人。中国民主同盟盟员，革命烈士。

程海寰生于书香门第。父亲程晋三（又名程天赐），清末进士，旅居兰州长期执教，为甘肃近代著名诗人，中华人民共和国成立后曾任政协甘肃省第一届委员会委员。程海寰少承家训，天资聪颖，广览博学，勤奋上进，且胆略过人。民国15年(1926)，毕业于兰州第一师范学校，先后在甘肃、青海地方和省政府就职。

程海寰具有强烈的爱国思想。抗日战争全面爆发后，程海寰不顾安危，奔走呼号，宣传抗日，并赋诗作文，对达官贵人们坐视半壁河山沦入敌手，仍文恬武嬉、醉生梦死的丑恶行径予以揭露和抨击，被国民党特务列入暗杀名单。程海寰被迫离开兰州，回文县老家。当时的甘肃省政府主席谷正伦得知程海寰到文县后，密电文县县长将程海寰“就地逮捕并处决。”程海寰闻讯星夜离开文县，逃至西安。

1940年秋冬之交，程海寰以上海某报记者身份，去江南新四军根据地考察，受到陈毅等领导的热情接待。此后，程海寰在武都成立“昆仑山会”，利用红帮组织作掩护，往来于临洮、武都、岷县、西和、康县、文县等地，筹集资金，发展组织，联络民间武装，计划在川陕甘边境地区建立武装根据地，不料，事情泄露，受到国民党武都县长点名警告，令其解散，程海襄被迫离开武都。

1941年初，程海寰被聘为平凉专署文书，程海寰的政治态度和出众才华很快就得到了专员胡公冕（曾任浙南中国工农红军第十三军军长）的赏识，成为其随身秘书。不久，胡公冕调任岷县专署专员，程海寰跟随前往担任专署秘书。程海寰积极开展抗日救亡活动，深入藏区等地募集抗战资金，并参加了营救被捕共产党员张敏、胡必昌的活动。程海寰还与李廓城、李武丞等一起策动保二团、保补团等部，拟在岷县举行起义，因被人告密，起义失败。

“皖南事变”发生后，程海寰积极与任谦、杜斌丞、王菊人、杨干丞等联络，分析局势，一致认为，陇南有得天独厚的战略地位，是开辟抗日根据地的理想场所。为此，他们先后筹集了2000元经费，并派程海寰携款到陇南进行组织发动工作。1941年春至1942年秋，程海寰先后多次到武都、临潭、卓尼、岷县等地，向国民党地方武装和帮会组织介绍中国共产党的抗日主张，揭露国民党投降、分裂行径，并与他们一起研究发动甘肃军队和农民起义、建立川陕甘抗日根据地的计划，亲自起草了《西北各民族抗日义勇军宣言》及宣传口号。

1943年1月，在任谦、程海寰等人策动下，甘肃南部地区爆发了各族农民参加的大起义，程海寰促成了地方实力人物王德一及驻武都的骑兵营营长张英杰的起义，起义遭到国民党军队的残酷镇压。

1942年夏秋之间，程海寰经胡公冕引荐，与中共西安党的地下组织取得联系，并随胡公冕访问了延安，受到毛泽东、朱德、周恩来等中共领导人的接见。抗日战争胜利后，为制止国民党发动内战，程海寰前往西安，参与成立了“社会前进同盟”，提出了“社会民主化，经济社会化”“反独裁、反内战、反饥饿”的政治主张。程海寰还在文县发展了弟弟程景瀛及罗全璧为社会前进同盟盟员。

1946年6月，国民党撕毁停战协议，向解放区大举进攻，并血腥镇压民主党派，杀害李公朴、闻一多。1947年春，民盟中央常务委员、民盟西北主任委员杜斌丞、社会前进同盟李文轩被国民党逮捕，形势十分危急，为避免更大损失，组织决定程海寰由西安转移到上海。

程海寰到上海后，与上海各界进步人士取得了联系，经王菊人介绍，结识了民盟负责人黄炎培、张澜等人，“社会前进同盟”也以民主社团的身份集体加入中国民主同盟，此后，程海寰的革命活动进入了一个新的时期。程海寰在上海期间，中共山东军区情报局负责人曾广炎在上海工作时不幸落入敌手，上海党组织通过内线告诉民盟负责人，请求帮助营救，程海寰四处奔波，将曾广炎营救出狱，并资助路费送回山东解放区。应山东军区情报局邀请，程海寰亲赴山东解放区考察并商谈了工作问题，中共山东军区领导认为程海寰在西北工作已有一定基础，若能在西北继续开展工作，对整个革命事业更为有利，便将程海寰的关系通过中共华东局介绍到中共西北局，中共西北局又将其关系转到甘肃工委，自此与杨静仁等结识。1947 年冬，程海寰抵达兰州，化名张效剑，以工校历史教员为掩护开展革命活动。不久，由于其行踪被国民党特务侦知，程海寰离开兰州，先赴临洮，后潜往西安。

1948 年春，程海寰在西安秘密联络胡宗南部进步军官严子夏、王友仁等人，准备起义。6 月，为确保起义成功，程海寰携罗全璧秘密到达延安请示工作。西北局书记习仲勋向他介绍了全国解放战争的形势，希望程海寰积极努力，早日发动起义，配合西北野战军的战略反攻。

从延安返回后，程海寰决定加快起义步伐。1948 年 9 月，他经西安到达甘肃天水，在共产党员杜汉三、聂青田的协助下，成立了“西北前进同盟策动委员会”（简称西策会），推举民盟盟员汪剑平为策动委员会主席，程海寰担任书记，罗全壁负责与延安、中共西北局、甘肃工委的联络工作，委员有杜汉三、聂青田、金作鼎、杨丽渠、徐启东、严子夏、王友仁、常壮图、刘振汉、马雨农、蒋骧、杜子梁、卞超凡等，均为一些不满蒋介石反动统治的革命志士和国民党军政人员。严子夏为西安绥靖公署新编第一旅旅长兼第一团团长，王友仁为新编第二旅旅长兼第一团团长，控制兵力达一万多人。

1949 年 2 月，辽沈、淮海、平津三大战役胜利结束后，为迎接即将到来的胜利，“西策会”领导人在陕西省凤翔县召开会议，决定于 3 月中旬新一旅、新二旅等部队在陕西兴平、武功一带发动起义，起义部队定名为“川甘陕游击纵队”，严子夏任纵队司令员，程海襄任纵队政治部主任委员、杜汉三任纵队参谋副主任。计划起义后部队开往文、武、成、康等县，开辟川甘陕游击区，切断胡宗南部南下四川的退路，配合中国人民解放军解放西北。

就在起义即将爆发之际，凤翔会议讨论记录不慎落入国民党特务之手，起义计划为敌人侦知。3 月 8 日，胡宗南以召集开会为名，在西安将程海寰等“西策会”成员 20 余人扣捕入狱。由于“西策会”在兰州的祕密联络员乔涛被捕，正从兰州赶赴延安途中的程景瀛，在行至华家岭时被国民党特务逮捕。

1949 年 5 月 17 日，中国人民解放军第一野战军兵临西安，胡宗南部警备司令部在仓惶撤退之际，以“受命共匪，直承不讳”的罪名，将程海寰、严子夏等 13 人杀害于西安玉祥门外。

1949 年 8 月上旬，天水获得解放。经民盟西北总支部报请当地政府批准，程海寰等同志被追认为革命烈士。1949 年 10 月 30 日，天水市各界人士为程海寰、杜汉三、聂青田等烈士召开了隆重的追悼大会。1950 年 4 月 2 日，西北军政委员会在西安市甘宁青会馆为程海寰等烈士举行了追悼大会，次日又在南郊兴善寺新茔（今西安烈士陵园）举行了安葬典礼。程海寰的弟弟程景瀛于 1949 年 9 月，也被敌人杀害在张掖贺家庄，年仅 23 岁。1957 年，陕西民政厅、甘肃民政厅分别追认程海寰、程景瀛为革命烈士。

程海寰生前遗著，由其生前好友叶惟熙编成《革命烈士程海寰遗作》1 册，共收录其古今诗词 39 首，书简 17 篇。

## 茹　素

茹素（1924—1949），成县红川镇席家庄人，自幼勤奋好学，积极参加革命运动，学习革命理论，思想进步很快。1946 年 11 月在徽县伏镇由山炯堂介绍加入中国共产党。

1946 年 12 月，徽县工委在峡门召开了会议，决定派茹素回成县红川建立党组织，先后介绍杨栖翠、冯海、阎志德、郝万杰等人加入中国共产党，并安排他们深入山区，到南康、宋坪、大坪、迷坝一带，从贫苦农、长工、进步学生中发展党员。1948 年 3 月，建立成县红川支部，任支部书记。1948 年 5 月，成立成县临时工委，茹素任临时工委书记。1948 年 8 月，为了在知识分子中发展革命力量，茹素考入成县师范学习。1949 年 4 月，陇南工委第二次会议在徽县召开，会议传达了党的七届二中全会精神，强调建立人民武装。茹素在师范学校内秘密宣传解放军胜利进军的消息，揭露国民党假和谈的阴谋。

1949 年 5 月，茹素回红川组织群众抗丁抗粮，张贴宣传标语，开展迎接解放的工作。红川大街小巷贴满了“欢迎解放军”“打倒国民党”等标语，国民党红川镇公所大为惊慌，镇主任干事兼指导员佘耀川向县政府汇报，指控标语是茹素、李仁、张友直等人所为。9 月 4 日，国民党县政府派人追捕地下党负责人，张友直被捕。茹素、李仁即向红川南山转移，与徽县栗亭的地下党员侯致中、周生让、范志西等人取得联系，在密林葱茂、山势险峻的南山烂柴湾龙王洞一带开展武装游击活动。

驻防成县的国民党九十军为了摸清中共地下党武装在成县、徽县地区活动情况，派出别动队长贠益以拾柴为掩护去龙王洞一带进行侦探，侦知到茹素、侯致中等人情况。11 月 19 日晚，贠益带一个加强连的兵力赶到席家庄桥头，于第二天拂晓包围了陶瓷厂，抓捕地下党员和群众 52 人，随后，围剿烂柴湾山洞，茹素等 7 人被围困在洞中。茹素组织反击，打退了敌人多次进攻，打死敌连长 1 名，打伤敌士兵数人。在突围战斗中，申华冲出洞外跃入林中脱险，申茂林、赵文选中弹牺牲，张怀德身负重伤，茹素、范志西、李明德 3 人被困在洞中。贠益见强攻不下，便拉来辣椒、烟叶和柴草，点燃后从洞上方吊到洞口，致使茹素等 3 人被烟熏昏死。国民党军撤离后，侯致中即带范守基、王进才连夜去烂柴湾山洞救人，在洞中发现了昏迷的范志西、李明德、张怀德，经多方抢救脱险，唯独未见茹素。11 月底，侯致中又组织人在洞中细心寻找，始在洞内深处的一个侧洞中找见茹素遗体。茹素牺牲时，年仅 25 岁。

成县解放后，中共成县委于1949年12月24日为茹素举行了隆重的追悼大会，追认茹素为烈士。嗣后，县委和县人民政府在席家庄为茹素建立了烈士陵园，并镌刻了墓碑。

### 杨怀仁

杨怀仁（1917—1949），文县城关镇清水坪村人，革命烈士。杨怀仁聪颖好学，思想进步。1941年考入西北师范学院学习，后因病休学。在家养病期间，应聘担任文县初级中学教导主任。1946年秋，从西北师范学院转学北京师范大学，专攻化学，1948年夏毕业，应聘至兰州大学附中任教。此间结识了中共党员程万里，在学校开展革命宣传，给学生灌输革命思想，组织进步学生参加反蒋斗争，后被特务学生贾瑞生告密。1949年7月21日晚，杨怀仁、程万里和一些进步同学在兰州大学附中宿舍书写标语时，被国民党特务逮捕，兰州解放前夕，被杀害于沙沟李家湾。1949年10月16日兰州大学师生举行追悼大会，隆重悼念。后于校园内修建了烈士纪念亭，立碑纪念。

## 第三节　中华人民共和国人物

### 刘甫翼

刘甫翼（1887—1950），字卫石，徽县水阳乡刘家沟村人。出生于小康农家，自幼天资聪颖，寡言少语，幼时就读于徽县凤山书院，少年考入兰州法政学校（兰州大学前身）。在学校图书馆里广泛涉猎自然、物理方面书籍，对张衡、祖冲之、宋应星、马钧及爱迪生等科学家极为仰慕，在发明创造方面尤肯用功。民国11年（1922），刘甫翼自法政学校毕业，在老师举荐下到天水寻找工作，被陇南镇守使孔繁锦留用，并派去上海等地进行实业考察，购回造币机，改造了原天水造币厂的旧设备。不久，刘甫翼自天水回到家乡徽县。徽县盛产棉花，但棉农以手工脱棉籽，效率不高，他苦心钻研，多次试验，研制成了马拉式轧花机，结束了徽县棉农手工剥棉籽的历史。此后，又与能工巧匠王福荣合伙搞雕刻，以县南大河店的五花石为原料，雕刻出人物花卉、飞禽走兽、印章等多种工艺品，并配制出色泽厚重的印泥，产品运销西安等地，深受用户好评。后来刘甫翼在西安谋生时，曾改制了一盏座式汽灯，送给陕西绥靖公署主任杨虎城，深得称赞。

民国24年（1935）初，刘甫翼又赴南京谋生。临走时在成县购得一出土铜器，经考证为汉朝马援将军所用之酒爵，交与上海德克虏伯工厂，换得一部小型万能机床，运回南京。刘甫翼无钱租房，只得蜗居在甘肃会馆中，在会馆负责人陈树楷帮助下，他利用这台机床，开始研制环转三动式电风扇，经反复试验，于同年秋试制成功，1935年10月8日，该电风扇获中华民国实业部颁发的专利证（工字13584号），南京《拓荒》杂志刊登其设计原理及样机图片，上海华生电器公司购买了制造专利，一时轰动南京。不久，刘甫翼又试制成功羊毛旋剪机，专利权被俄商买去。上海《申报》《科学画刊》还发表了刘甫翼发明创造的其他一些成果。《拓荒》杂志刊载了赞誉文章，称刘甫翼是“中国之后补爱迪生”。

抗日战争爆发后，南京沦陷，刘甫翼回到兰州。当时，战略物资汽油奇缺，汽车多以酒精代替汽油使用。经苦心研制，试制成功了能制造酒精的酒精机，将图纸买给了徽县泥阳酒精厂。此后，又在兰州先后开办水泥厂、铁厂。抗战后期至解放前夕，刘甫翼与友人在酒泉开办造纸厂，其产品白纸和彩色纸深受用户欢迎。

刘甫翼崇奉科学救国，沉湎于发明创造，曾对人讲：“我们甘肃很穷，现在不是国人喊出‘振兴实业’和‘科学救国’口号吗？要想实行民主主义，还得学理工，有了科学头脑，可以发明机器，修建工厂，生产物品，与外国的舶来品抗衡……”认为“多虑不如少实，广种不如狭收。陈芳生的《楚书》里反映了求实精神，求学也得如此这般才对”。从1931—1947年十多年间，他在经济拮据、生活困顿的情况下，共创造发明民用生活、生产机械30余种，主要有环转三动式电风扇、屋顶吊式电风扇、斜皮马力联动式轧棉机、水动力轧棉机、马力联动式弹棉机、椿树脂印刷油墨、新式印墨机、简便摇种机、简便播种机、新式无气压瓦斯灯、锭子抽纺式纺纱机、河面水力发电机、速裁绒制毯机、手摇编毛机、赛跑终点自动报时机、汽车行程除尘机、联动水力面粉机、电动羊毛旋剪机等。其发表在《拓荒》杂志上所能查到的论文有《松在工业上之用途》《创造卫石环转三动式电风扇图说》《创造汽车行程除尘机图说》等多篇。

刘甫翼不仅在发明创造上成果丰硕，且多才多艺，擅长书法、雕刻、绘画、写作、考古、医学、弹琴等。曾给国民党监察院长于佑任刻赠了一枚铭章，深得于先生赞赏。尤擅长微雕，为国民党陕西省主席邵力子雕刻一枚三寸石印章，印章上微雕苏轼《赤壁赋》全文，并饰以梅花，邵力子视为珍品。后来还在一双象牙筷子上精刻诸葛亮前后《出师表》，以放大镜观看，字体娟秀，刀笔雄健，京沪雕刻家无不叫绝。

1950年秋，刘甫翼在甘肃酒泉家中去世，终年63岁。

## 朱绣梓

朱绣梓（1877—1951），字琴伯，西和县城关东后街人。22岁入庠，即设馆教学。光绪三十四年（1908），考为一等候补廪生。宣统三年（1911），在县办师范传习所毕业。民国2年（1913），任县参议员，次年又任禁烟会会员。民国5年，投考渭川道试，录取为第二名俊士。民国6年后，历任县议会议员、劝学所劝学员、教育局文牍兼会计、第一科科长、南坛初级小学校长、凤台女子小学教导主任等职。

民国25年（1936），西和县长马廷秀倡议重修《西和县志》，成立县志修纂局，聘朱绣梓担任总纂，至民国34年（1945），始完成《西和县志》初稿，共12卷，30余万言。该志吸取旧志之长，补充旧志之阙，语言流畅，结构严谨，在体例篇目安排上颇有创新。

惜因经费缺乏，未能付印。中华人民共和国成立后，该《西和县志》手抄本送交人民政府。

朱绣梓热心地方公益事业，于民国初年自制模型，选聘工匠，建成朝阳观凌霄阁。民国 26 年（1937），督工整修文庙大成殿。每年孔子诞辰纪念会上，朱绣梓必上台讲学，阐述儒家哲理，深得历任县长及地方人士之赞许，尊称其为“朱老夫子”。民国 29 年（1940），创修家谱一牒，晚年将生平文稿整理成《菊园集》一卷，达数万言。

## 魏成弟

魏成弟（1885—1951），原籍四川巴中县，其父早年迁来康县阳坝，定居二坪，从事染业。魏成弟自幼随父往来川陕经营生意，家业日盛。魏成弟家族崛起，对阳坝地区豪强石守德造成严重威胁。1918 年，石守德联络四川三堆坝黄团总攻打魏成弟，魏成弟兄弟被生擒，在交付续金后释放。魏成弟将老家巴中产业卖光，招兵买马，购置枪弹。1919 年，魏成弟从四川带领人马至二坪，正碰上石家来二坪抄家，双方展开枪战，互有伤亡。从此，两家积怨成仇，连年争斗，给阳坝地区人民造成巨大灾难。

1928 年 10 月，魏成弟调集千余民众围攻石家堡子，石家在寨墙垣四周布大炮数十门，储存粮草固守，双方相持月余，魏成弟伤数十人。魏成弟一面上书分州白马关警察所长王心永，请其上报省上派兵征剿，一面派李正清去陕川游说各路豪强协助攻打石守德。同年12月，省上派旅长李兆琨率1000多人到阳坝对石家堡子实行包围，围攻月余，堡子安然无恙。1929 年 2 月，李兆琨一面断绝石家水源，一面派石守德之舅赵文正进堡招抚，乘石守德送赵文正出栅门之机，门外伏兵突然拥上，捉拿石氏父子及部众 80 余人。经审问，石守德供称七年多约杀 400 余人、烧房 200 余所。在魏成弟指使下，除留下石家妻女孩婴外，将擒者一律处死。

此后，魏成弟先后任阳坝团总、镇长、青红帮大爷，对阳坝地区的控制非常严密，来往土匪不可轻举妄动。1937 年，他联合阳坝一带的红帮，于金子山建庙“开山”，四川广元，陕西汉中、略阳、宁强以及文县、武都等地的红帮、商会代表 300 多人云集阳坝祝贺，共推魏成弟为山主。1938 年，魏成弟以原石守德的土地所积租金，修建了阳坝第一所小学，并兼任校长，聘请教师，学生免收书款入学。并与唐明孝合伙在阳坝街上创办了“济生堂”中药铺，从成县请来医生李培喜施药主治。1940 年 2 月，魏成弟从陕西汉中带回棉籽，在上坝试种棉花，丰收后又从汉中买回轧花机一台。1943 年，发动农民开挖水渠，引水浇地，栽植水稻。1944 年，魏成弟筹集资金，由镇自卫队参加劳动，请石匠在阳坝下街头修建了一座石拱桥。1945 年，魏成弟捐助资金 15 万元在岸门口修建康县县立初级中学，被中央教育部授予一等奖。

魏成弟统治阳坝20多年，手下有数百名武装力量，故凡来往客商、各路土匪和上任官员，包括历任康县县长上任后，都得专程或派人前往阳坝拜谒魏成弟，求得庇护和支持。1950 年，美国发动侵朝战争，国内反动残余势力即遥相呼应，陕川边界一带帮会头目、反革命、土匪等密通魏成弟，建立了反革命组织“忠义军”，魏成弟任总部参议，妄图配合国际反动势力，颠覆人民政权，其子魏祥伦煽动群众反对人民政府，抗缴公粮。1950 年 2 月，康县人民政府县长李尚德亲赴阳坝找魏成弟，交代党的政策，争取其反正，但魏成弟假意应酬，阳奉阴违。1950 年 6 月，魏祥伦勾结陕西宁强县广平河匪首李树敏，偷袭了阳坝区公署，杀死区公署一名工作人员，抢走粮食财物。剿匪部队主要执行以政治瓦解为主的方针，积极争取魏成弟投诚。魏成弟迫于当时形势，收缴了部分土匪所持的劣质武器。1951 年，阳坝剿匪结束后，将魏成弟用滑竿抬到县城岸门口，专署要康县将魏成弟押送武都。魏成弟因有罪于人民，疑虑万端，以为到了武都必被镇压，故在押送其至武都甘泉时，乘押送人员不备吞金自杀。

## 孙振邦

孙振邦（生卒年不详），天津市北辰区双街镇柴楼村人，历任县长、专员，国民党南京中央政务院视察委员、国民党河北省民政厅厅长等职。

1940—1943 年，孙振邦任平凉县长，到任后，严禁烟毒，严令烟民交出烟具（烟枪、烟灯、烟盘子）集中销毁，强制烟民入戒烟所戒除烟瘾，并侦破了几起烟案。其时，抗日将领傅作义家属住平凉城内西大街，其母及兄均吸大烟，孙振邦派人将烟具没收，傅公馆上省告状，省政府电话要求其将烟具归还，但孙振邦置之不理。消息传出后，烟民们纷纷戒烟。

1942 年，甘肃省新增设第八行政区督察专员公署（即武都专区），孙振邦任公署专员。在任期间，建树颇多。上任伊始，在武都城区砖城开辟公园，从成县莲湖引来莲藕种殖，是为莲湖公园；同年，调集各县民团防守武都城，阻击了甘南农民起义军张英杰部对武都城的进攻。次年，颁布烟毒禁令，亲自带领保安队赴文县，枪毙了种卖烟毒的马连河乡长王忠华、碧口何炳忠和丁技师，逮捕了红帮大爷邓云武、周新民，没收了其枪支和财产；收缴了南坪县红帮大爷赵寿伯、袁成基与碧口黄水康合办的药店材，有力地打击了烟毒种植和烟贩的猖獗活动。

1945 年初，孙振邦去重庆受训，后调河北省，组织武装力量抗日。抗日战争胜利后，又出任河北省民政厅厅长，其间，面对抗战胜利后，各项事业百废待兴，孙振邦提出改良政治、发展文化教育与地方特色经济，进而实现战后河北地方政治革新的主张，虽然其建设目的是巩固国民党统治、抵制共产党，而且受战争环境的制约，建设新河北的预期设想没能实现，但是这些建设措施的提出显示了他改善地方政治、经济状况的决心，其中一些建设思想对当代具有一定的借鉴意义。

## 丁 玺

丁玺（1904—1951），字绶青，原秦安县魏店镇鸡川保丁家店子（今通渭县鸡川镇太平村白岔社）人，民国17年（1928）毕业于国立北平大学教育系。历任秦安县立初级中学教务主任、秦安县教育科科长、甘肃省教育厅督学、甘肃省防空司令部司令、陇西县长。1943年冬，调任武都县长。1946春，升任第八行政区督察专员公署（即武都专区）专员兼保安司令。

丁玺于1943年12月至1946年5月任职武都县长。上任伊始，即严厉惩治烟毒种植和贩卖。五库乡的靳录山，凭借山高路脸，离城偏远，利用帮会组织种植大烟，购买枪支，扩充势力，独霸一方。丁玺派人收缴靳录山枪支，靳录山阳奉阴违，故意拖延，遂令自卫大队长任廷杰赶至五库驻佛殿，将靳录山击毙。并责令一些做鸦片生意发财者出资建修县城，如新市街、卫生院、女子学校、专署遂园（招待所）、专署礼堂、西城门、看守所、莲湖戏台等。民谣“一个钉钉（丁）子，钉了四个亭亭子”，意为丁玺处罚了四个有钱的坤士，他们的名字中都有个“亭（廷）”字。

1945年，驻防武都的甘肃保安六团换防，该团董团长要求县政府调拨骡子六十头，丁玺以“现值农忙时期”为由予以拒绝。陇南师管区一个补充团到武都接收壮丁，接兵部队开走后，留下一名副营长继续清理账项，大肆侵吞钱财，并图谋逃走，丁玺派便衣警察跟踪，并将其抓捕入狱。县财政科长张某利用职权，贪污了不少钱财，离职办交代时，丁玺扣住不放，并派人在居住附近日夜监视，防其逃脱，历时数月。张某拖家带眷，坐吃山空，靠同乡接济生活，丁玺才对张某说：“我估计你在武都挣的钱该花光了，交代也算结束了，我就是要你把在武都刮老百姓的血汗，原吐在武都。”

1947年，丁玺升任武都专员不久，调查发现武都城防司令曹世五公开聚赌、霸奸妇女、贩卖鸦片、包庇土匪，作恶多端，丁玺将其逮捕管押，依法审讯，上报甘肃省政府核准，将其枪毙于南河堤。

丁玺博学多识，每天练习大字和小楷、看报、读书、写笔记。积极倡导读书活动，有时自己讲解辅导，要求员属熟读《论语》《孟子》《中庸》《曾文正公全集》等，名曰增广知识，提高工作能力。

丁玺刚愎自负，为人跋扈，作风粗暴，行事不计后果。其甫任武都县长，就将县政府科长、田粮处科长及职员多人抓进监狱，两三月间，监牢为之一满，被关之人既有公务员，亦有老百姓，原因竟是“和县长顶嘴”或“见县长不行礼”。属员工作稍有失误，轻者恶言辱骂，重则拳脚相击，任县长三年多时间，竟四易教育科长。

丁玺在武都推行“新生活运动”时，强令民众穿西式衬衫，要求衬衫下摆必须掖入裤内，纽扣必须扣整齐，否则为不合规，即剪其后摆。某次开会，见某保长纽扣未扣齐，即被撕去半面前襟。一次，举行升旗仪式，佛教会某居士由于天冷穿了一件棉大衣，丁玺令其脱去大衣罚跪。丁玺还亲自上街巡察，路人有在街边蹲坐者，必须起立，在马路中间的，必须避让两旁，否则轻则耳光伺候，重则当街罚跪。当时，武都有民谣曰：“县长专员上了街，坐的都要站起来。若是误记了，立刻罚跪在大街。”

1948年8月，时任甘肃省政府委员、财政厅厅长、三青团甘肃支团干事长的武都籍官员寇永吉，回乡为儿子主持婚事。因寇永吉曾对丁玺工作作风提出过批评，丁玺不但对其冷眼相对，而且派便衣警察监视寇永吉行动，尾随盯踪。寇永吉回兰州后，将自己的亲见亲闻详陈省政府主席郭寄峤，并印发传单，揭发丁玺专横跋扈言行。不久，丁玺被解除专员职务，调省检查。1951 年，因丁玺在任职期间横征暴敛，任意杀人，在镇压反革命运动中将其镇压。

## 王维教

王维教（1901—1951），字明伍，徽县大河店乡王家河人。幼年就读乡学，后由徽县北街小学考入兰州市省立第一中学，中学尚未毕业即投冯玉祥部队从军，先后晋阶为少校、中校。1930 年 10 月，冯玉祥军中原大战溃败后，王维教回乡任大河店团总。后历任陕西紫阳县县长、天水地区保安副司令，上校军衔，掌管天水地区地方武装。王维教还在天水地区发展洪帮组织，任兴华山山主。解放前夕，随国民党部队溃败到徽县，任新二师师长高增级部警卫团团长，后又任新二师副师长，授少将军衔。1949 年底，随国民党败军南逃入川，在四川茂县带领新二师起义投诚，参加了中国人民解放军。解放后，作为国民党起义投诚人员，在兰州军官学校受训。1951 年“镇反”运动中被处死于天水。1982 年，中共甘肃省委统战部协同省高级法院对王维教进行了平反。

## 程天赐

程天赐（1869—1951），字晋三，一字纯溪，号诗愚，文县城关所城人。清光绪三十年（1904）恩科进士，签分云南禄丰县知县，以耳疾未莅任。中华民国初被委任碾伯县（今青海省乐都县）知事，又调庆阳县知事，均未赴任。又改任高台县征收局长，兼高台、山丹等处盐务总局长。后寓居兰州二十余年，历任甘肃省法政专门学校、省立兰州师范学校、省立兰州中学、兰州女子师范学校、来复育英社国文教员，又任甘肃省政府顾问、甘肃省通志馆编纂。甘肃省政府主席刘郁芬慕其名，曾礼请讲授《易经》。1938 年返归故里，1951 年，经文县人民政府推荐，为甘肃省各界人民代表大会代表。其子程海寰、程景瀛均为革命烈士。

程天锡国学造诣甚深，所为诗词、古文，清新渊雅，迥绝尘俗，丽而不缛，简而有则，其书法，遒丽纯熟，闻名省内外。平生清白自守，归里后生活贫困，而恬淡闲适，不以稻粱扰其神明，尝辑其所作诗为《涤月轩集》六卷，《甲后吟草》《爨余集》《翠竹斋诗》各一卷，《楹联剩语》二卷。

## 韩进康

韩进康（1931—1951），文县城关镇人，高中文化程度。韩进康于 1949 年 12 月参加革命工作，后赴武都专区干校学习，结业后分配到康县，任共青团阳坝区委书记。阳坝地处陕、甘、川边境，社情复杂。韩进康不畏艰险，不顾个人安危，深入发动群众，发展生产，开展清匪、肃特斗争，多次配合武工队，率领民兵深入深山剿匪，战绩突出。1951 年 2 月 4 日（农历除夕），韩进康得悉土匪在铜钱村一带残害群众，他接受任务，带领民兵 30 余人前往进剿，在铜钱村尤家梁将土匪包围在一院民房内，韩进康身先士卒，封门堵击，土匪爬上房顶，居高临下顽抗，战斗中韩进康不幸中弹牺牲，年仅 19 岁。中共康县委员会根据韩进康生前志愿，报经中共武都地委批准，追认其为中国共产党党员，1951 年 3 月 6 日，中共文县委员会、文县人民政府举行了隆重的追悼大会。中华人民共和国中央人民政府于 1952 年给韩进康颁发了毛泽东主席签署的“革命牺牲工作人员家属光荣纪念证”。

## 寇永吉

寇永吉（1909—1951），字子元，武都区城关下中山街人。1932 年四川成都师范大学预科毕业后返乡，翌年任武都县教育局长。1934 年入北平朝阳大学读书。1935 年赴日本东京早稻田大学学习。1937 年 7 月抗日战争爆发后回国。1938—1949 年先后任三青团甘肃支团书记、干事长、重庆国民参政会参政员、甘肃省国大代表、三青团中央团部干事、甘肃政府委员、财政厅长兼甘肃造币厂厂长、国民党省党部副主任委员等职。1949 年 8 月 25 日，在人民解放军即将解放兰州的前夕，与省政府丁宜中等党政官员乘车西逃。9 月下旬逃到酒泉、哈密。解放大军迅速西进，丁宜中、马继周、寇永吉见逃跑无望，又从哈密启程返回酒泉投诚，向解放军军管会移交黄金 900 余两、银元 1000 余块、军车 16 辆及 70 多箱档案和省政府及各厅局印鉴 26 颗。1951 年 4 月，寇永吉被以反革命罪镇压于兰州。

## 马惠南

马惠南（1890—1952），原名马尚智，字惠南，武都区外纳乡岘家山人。1919 年与同乡刘石余、王咸一、潘法苏等毕业于子保定陆军军官学校第六期步科。初在平凉张兆钾部下任参谋，继在天水孔繁锦镇守使公署陇南军事学校任教官。1932 年投奔新编十四师师长鲁大昌，任上校参谋长，其间，曾奉命参与指挥阻击长征路过岷县的红军。1935 年鲁部新编十四师改编为一六五师，马惠南蝉任参谋处长职务。1937 年抗战爆发，一六五师奉命开赴庆阳西峰镇待命出征，部队受胡宗南整编，师长另委王治岐担任，参谋处长也更易他人，马惠南即解甲归里。返回故里后倡修外纳高级小学，为地方培育人才。1947 年被选为武都县参议会参议长。1952 年 2 月因病逝世。

## 马继周

马继周（1901—1952）字梓思，回族，徽县东关村人。早年在徽县北小毕业，考入省立兰州一中，后毕业于南京政法大学。1926 年秋，受国民党甘肃省党部委派，到徽县组建国民党徽县筹备委员会。1940 年前后，相继任甘肃省民政厅科长、武威县县长。1941 年调任平凉县县长，后升任平凉专区专员。1943 年后历任甘肃省财政委员、省民政厅厅长、国民党中央驻甘肃特派员。任职期间，思想进步，在平凉曾多次掩护去延安的中共地下党员。1952 年，病故于西安市其女家中。

## 蔡景忱

蔡景忱（1892—1955），字晓霞，武都区城关文庙巷人。1914 年赴兰州在甘肃省立优级师范读书。毕业后在张广建督军公署干事，后历任临夏、临潭、崇信等县知事。1932 年任甘肃省主席邵力子秘书。其后，又给兰州行辕主任贺耀祖当秘书。1936 年，蔡景忱以社会贤达之身份，当选为武都县出席国民大会的代表。1940 年省临时参议会成立，任武都籍省参议员。1942 年春，在甘肃省政府任省主席谷正伦秘书时，因草拟扩建监狱事，双方不睦，遂辞职赋闲。数月后，被私立四明银行兰州分行聘为文庶主任，直至解放初四明银行解散为止。其间，曾于 1946 年 11 月 15 日同张维、水梓、沈滋兰等赴重庆参加国民代表大会首次会议。1948 年省参议会讨论甘肃省政府发行建设公债一事，蔡景忱和另一议员许青琪（民盟甘肃组织负责人）联名提案反对，在公债案被强行通过后，他们又提出按公民财产多少分摊公债数额的议案，亦被否决，积极支持抗议发行公债的学潮。1949 年 8 月兰州临解放时，省参议会催其随丁宜中等人向河西逃撤，蔡景忱以夫人即将临产为由推拖，留在兰州等待解放。8 月下旬兰州解放后，便与兰州市军管会取得联系。1950 年初，当选为甘肃省各族各界人民代表会议代表。甘肃省政协成立后担任政法委员会委员，省文史馆成立后又被聘为文史馆员，1955 年病逝于兰州，葬于华林山公墓。先生有 4 子 2 女，长子蔡寅，次子蔡伟、蔡武等。

蔡景忱自幼聪敏，刻苦力学，工于书法，尤精于诗，至老不辍，20 世纪 40 年代与在兰诗人、墨友结“千龄诗社”，与于右任、高一涵、谢觉哉、张维、水梓、冯国瑞及邵力子、贺耀祖、朱绍良等都有酬唱。

## 左汉光

左汉光（1898—1955），字照青，成县城关镇北泉村人。早年就读于成县北街三官殿私塾和县办仓泉书院。青年时，赴甘肃省立第一师范求学，毕业后回乡，历任成县县立第一小学教员、县财政局局长、东街小学校长、教育科长、成县师范国文教员。1949 年新中国成立后，党和人民政府邀请其为民主人士，曾任成县民政科长、教育科副科长、县各族各界人民代表大会副主任，省人民代表大会代表。

左汉光一生勤奋好学，深明大义。1926—1929 年，冯玉祥国民联军一部驻守成县，旅长李兆琨等组织讲演所，左汉光应邀宣讲地方风土文物，激发民众爱乡爱国热忱。后又两次出任县赈济委员会副主任委员。1936 年，红军长征过成县后，反动政府欲对广化一带参加过农会之农民进行迫害，左汉光以其在地方上的声誉和影响，多方解释营救，使这些农民免遭迫害。

抗日战争时期，左汉光响应中国共产党团结抗日号召，宣传动员民众抗日救亡，热情支持战地教师服务团来成人员教唱抗日歌曲，绘制抗日漫画，上演抗日剧目。解放战争时期，不满于国民党反动派的倒行逆施，故摈弃政界职务，专任成县师范国文教员。1949 年新中国成立后，自觉服从党的领导，拥护党的各项方针政策，为党和人民政府顺利接收国民党留下的烂摊子和恢复发展各项工作出力献策。

左汉光终身从事教育事业，为革新和发展家乡教育，培养人才，尽职尽责，不遗余力，堪称成县新教育的先驱者和奠基人，最突出的是兴办东街小学，改革教学内容和方法；筹建成县师范，为陇南地区培育师资；发起设立奖学基金会，引进培植人才，有力地推动了陇南旧教育向新教育的过渡和演进，在社会上享有很高荣誉，对全县乃至陇南教育事业影响巨大。

成县原无中等学校，小学毕业之后，除少数富家子弟去兰州、天水、西安等地深造外，多数家境清寒的学生，虽天资聪颖亦常中途辍学。为了改变此种局面，左汉光联络当地一些热心教育的人士，发起筹办初级中学，于 1937 年春组成“成县县立初级中学筹备委员会”，由当时县长任主任委员，左汉光任副主任委员，主持向省政府呈报筹建计划，勘定城内北街“万寿寺”为校址。成县师范创办时，无学历合格、热心教育之人主持校务，左汉光将国立北平大学农学院农业经济系毕业生王乐恺、卜仲元（又名卜宪基，中共地下党员）请来，分别担任校长、教导主任，培养了邓品珊、折步洲（叶滨）等一大批追求进步、奋发有为的青年。省政府批示改建“成县简易乡村师范学校”，于 1938 年秋季开学招生，左汉光亲自担任历史、语文课教学。从此，师范学校连年招生，除本县学生外，武都、康县、西和、礼县、徽县等地学生亦来报考，不仅解决了本县师资问题，而且为陇南各县培养了大批师资，成县师范当之无愧地成为“陇南地区人才的摇篮”。

1934 年前后，为了鼓励成县青年学生外出求学，解决其生活困难问题，左汉光又联络地方人士，发起倡议，经县政府批准，由地方财政筹款，设立奖学基金，给天水上中学、师范的学生每人每年补助银币 50 元至 120 元，兰州、西安上中学、师范和大专院校的学生，每人每年补助银币 100 元至 180 元，要求毕业后回乡工作。成县办起师范和初中后，仍给天水、兰州就学的十余名高中、中师、大专学生发放奖学金（后改为奖学粮）。

左汉光敦厚淳朴，对后进极力奖励，每有求教，均耐心启导，诲人不倦，毕生从教，德高望重，桃李满天下。孜孜好学，博闻强记，学识渊博，对文史古籍，造诣颇深，尤工于撰写楹联、诗文。1955 年 8 月 29 日病逝。1985 年，列入《甘肃省教育名人录》。

## 刘文郁

刘文郁（1907—1960），礼县人。民国 19 年（1930）毕业于甘肃省立第二中学，毕业后即在礼县石桥教私塾。民国 26 年（1937 年）12 月出任礼县教育局长，民国 29 年（1940）创建礼到中学并兼任首任校长，民国 35 年（1946）出任礼县参议长，民国 37 年（1948）出任国民党礼县县党部书记长。中华人民共和国成立后，刘文郁任武都专署公安处诊疗所医生，后调礼县医院任医生。1958 年 12 月，西礼县法院以反革命罪判处其无期徒刑，服刑中死于天水监狱。1987 年 12 月礼县法院撤销原判决。

刘文郁在任礼县教育局长期间大力兴办教育。从他任职到民国 29 年（1940）的三年间，共新办中学一所、完小六所、初小简小八十一所，在校学生由八百多名增加到五千多名，全县兴起创办民办教育热潮。此外，还创建了礼县民众教育馆，设图书、陈列、阅报三部。刘文郁不仅重视学校教育，也重视社会宣传，指令各学校组织教员走向社会，进行抗战、禁烟、剪发、放足等宣传活动。为了解决办学经费，刘文郁慷慨解囊，带头捐款，并亲自出面劝募，加上抓烟毒罚款、集市筹助，共筹集国币二万九千余元，建起了礼县中学，并维修小学三十余所。

民国 27 年（1938），刘文郁去天水开会，适逢专门收容论陷区学生的国立五中师生数百人滞留天水，无处容身，刘文郁决定将国立五中接来礼县，安置在上下寺授课。此举既解决了流亡师生的危难，又推动了礼县的教育事业。民国 30 年（1941），甘肃省教育厅办的《甘肃教育》第三、四两期刊登了刘文郁撰写的《礼县教育实施概况》。刘文郁是民国时期礼县中学的创建者，也是礼县现代教育的开拓者。

## 王乐恺

王乐恺（1911—1960），字伯友，成县抛沙镇石咀头人。1934 年秋，考入北平大学农学院攻经济专业。1938 年毕业，获农业经济学士学位。王乐恺就读北平大学时，参加过中国共产党领导的“一二·九”学生爱国运动。毕业后，即返回家乡，时值地方人士正筹建成县师范学校，遂受聘出任成县师范首任校长。学校草创阶段，师资十分匮乏，办学举步维艰，王乐恺邀来北平大学同学、中共党员卜宪基共事。先后又从中原地区聘来田宝瑞、申稷平、郭如岚、张子敬、张达、周道等志士仁人任教。时属国难当头，民族危亡之秋，王乐恺等人一方面教书育人，一方面积极支持“战时教师服务团”及学生的抗日救亡活动。

王乐恺积极宣传和实践著名教育家陶行知的教育思想，强调实践，坚持科学实验，把“坚（坚志须坚）苦（力行以苦）奋（朝夕勤奋）达（兼善求达）”作为校训，鼓励学生树立“坚苦奋达”精神，把读书同实践结合起来，同农业生产结合起来。王乐恺既当校长，又当教师，除了在课堂上讲解农业知识外，还在校园里设置了百叶箱、水量器等，让学生实验记录，掌握气象知识。王乐恺十分重视学生的体育活动，筹集资金，购置体育器材，在学校里开展了篮球、排球、足球、垒球、铅球、铁饼、标枪、双杠、跳高、跳远等项活动，并组织学生走出校门去临近县进行体育比赛。王乐恺十分重视学校图书馆建设，在资金紧缺的情况下，购置了教育、文学、哲学、史学、艺术等门类齐全的大量书籍，丰富学生课外阅读，拓宽知识面。

王乐恺秉性刚直，为将附属小学从十里之外的抛沙镇迁入县城一事，与当权者发生冲突，并愤然离开学校。1949 年，又与县长吴伯琼有隙，离成赴兰，在兰州大学求一小职。

中华人民共和国成立后，王乐恺返回成县中学任教师，在极“左”路线时，多次蒙冤被斗，1960 年去世，1978 年中国共产党十一届三中全会以后平反昭雪。成县师范名满陇南，陇南地区公职及教职人员，多出自该校。

## 胡必昌

胡必昌（1918—1960），武都区城关人。幼年时，先后在武都城关、祖籍四川彰明县读小学，后在兰州乡村师范、四川成都大学附属协和高中读书。1941 年春回武都。同年 6 月，经高健君、王锐青介绍加入中国共产党。中共武都五凤支部成立后，高健君任支部书记，王锐青、胡必昌为委员，在支部领导下，开展党的工作，争取在武都两水开设医院的龙一飞建立秘密武装，并策动武都城关师生罢课索薪运动。7 月，中共甘工委派来武都工作的张一鸣（又名张敏）被第八战区政治部外遣队特务罗寄帆发现逮捕，胡必昌也受牵连被捕，经党组织积极营救，被保释出狱。1949 年，胡必昌打入陇南分署党务特派员办公处任干事，曾暗中保护了中共铁山支部书记苟复华等进步青年。

中华人民共和国成立后，胡必昌历任武都县政府政务秘书、文教科长，武都地委研究室副主任，甘肃省委党校教员、辅导员等职。1958 年 5 月 28 日，因以解放前“曾在陇南分署党务特派员办公处任干事”为由开除其党籍，并遣送酒泉夹边沟农场劳动教养，1960 年 11 月 27 日，死于该农场。1981 年 3 月 16 日，中共甘肃省委党校委员会决定给予胡必昌平反昭雪，恢复其政治名誉和党籍，发给安葬费、抚恤金。

## 罗全壁

罗全壁（1925—1960），文县碧口镇人，民国 30 年（1941），罗全壁在成都中学读书期间，接触进步人士，阅读进步书刊，曾参加中共地下党领导的反蒋抗日活动，被学校勒令退学。民国 32 年（1943），在碧口小学任教师，与该校中共地下党员马靖秘密接触，阅读了毛泽东著作，和马皓天、杨展平等进步青年组织“志同读书会”，开展革命活动。后被国民党武都专署专员孙振邦逮捕，出狱后，转赴西安，结识同乡程海寰，经程海寰介绍加入社会前进同盟，程海寰安排其担任与国民党上层人士蒋云台、韩练成、周祥初、鲁大昌等人的联络工作。后中共甘肃工委负责人孙作宾派罗全壁去延安学习，结业后，留在老区环县工作。

1948 年 8 月兰州解放后，罗全壁先后在中共甘肃省委、中共中央西北局统战部和中共青海省委等机关工作，并任青海省长孙作宾的秘书。1952 年经孙作宾介绍加入中国共产党。在青海工作期间，罗全壁因曾帮助民主人士陈炳元修改文章，1957 年陈炳元被定为“右派分子”，受其株连，罗全壁亦被错划成“右派”，遣送青海省八宝山农场劳动改造，1960 年因病逝世。中共十一届三中全会后，罗全壁冤案得到平反，恢复了党籍和名誉。

## 王咸一

王咸一（1892—1961），原名宗鳌，字咸一，武都区城关人。幼年在武都第一高等小学读书，后赴兰州武备学堂（陆军小学）学习，毕业后又入保定军官学校第六期炮科学习。返回甘肃后，在天水陇南镇守使署孔繁锦部任营长兼陇南军事学校教育长职务。1925 年，冯玉祥令所部国民军第 2 师师长刘郁芬入甘代行督办，原甘肃旧军人张兆钾、孔繁锦、宋有才等联合反冯，提出“甘人治甘”口号。刘郁芬派所部旅长张维玺等分路反攻，各路反冯军队纷纷溃窜。1926 年 8 月孔繁锦溃逃陕西，王咸一只身投奔湖南，在国民军任师长之职的同学王东原部任团长，1933 年为营救其兄王宗贺告假回武都。1934 年任新编十四师师长鲁大昌部特务团团长。1935 年 9 月任鲁大昌部第三旅旅长时，奉命在岷县二郎山指挥阻击长征路过岷县的红军。1937 年，抗战军兴，一六五师（由新编十四师改编）奉命开赴庆阳西峰整训。胡宗南派王治岐任一六五师师长，王咸一为副师长，王咸一遂辞职，去兰州任八战区参议，1941 年解甲归里。1942 年改组净业莲社为武都县佛教会，任副会长。1945 年武都县参议会成立，被选为副参议长。中华人民共和国成立后，以民主人士的身份被邀参与议政，当选为省人民代表，后任省参事室参事。1961 年患中风病被其子接至天水疗养。

王咸一性极豪爽，乡里中老弱病残饥困者，辄给予周济，颇受邻里尊重。1949 年 10 月，武都解放前夕，国民党陇南分署主任赵龙文驻防武都，到处搜捕共产党人，在两水抓捕 20 余人，王咸一深知这些人是农民、小贩和小学教师，便挺身而出，以身家性命担保被捕群众，除被捕的农民陈治邦受不了严刑拷打，已承认是共产党从礼县派来的侦探被处死外，其余均得到保释。

## 邓剑鸣

邓剑鸣（1890—1962），武都区透防乡白蜡坝人。民国初年毕业于北京北洋法政专科学校，曾任北京大学学监。1915 年，张广建督甘，邓剑鸣受邀回兰州被聘为幕宾，历任甘肃督军公署参议、秘书，省民政厅秘书长职务。1922 年任省参议会参议员、秘书长。1926 年后任安徽省政府秘书、安庆县县长等职。1939 年，携眷回武都，任武都县政府秘书，1941 年任武都县政府教育科长。1944 年，武都县临时参议会成立，被选为议长。1945 年武都第一届参议会成立，继续选为议长。1947 年，任甘肃省参议会参议员、省立武都中学国文教师。1950 年，与妻鞠文梅（北京人）携子去京探亲，1951 年邓剑鸣变卖武都城内下北街全部房产赴京。1953 年，因其子邓庆生从沈阳工学院毕业分配西安工作，一家三口遂移西安定居。1962 年 3 月因病逝世，葬于西安北郊公墓。

## 张海观

张海观（1887—1962），名笃烈，字祐周，号海观，文县城关镇人。清朝末年考中秀才，曾从事教育工作。1921 年，任文县商会会长，时值陇南镇守使孔繁锦令陇南各县种植大烟，后又巧立名目征收烟亩罚款，文县县长李香国召集地方士绅商谈摊派罚款，张海观严词申辩，即随驻防文县城的马绍武营长出走永登县，后任古浪县皮毛局长、警佐等职。1922 年，调任青海省政府科长、秘书，后任贵德、互助两县县长十余年。任职期间，勤政爱民，吏治清明。1936 年，马步芳主持青海省政，穷兵黩武，张海观不甘助纣为虐，辞职还乡。历任文县田赋粮食管理处长、临时参议会议长和参议会议长等取。1943 年，省政府令将文县征收的田赋粮全部运往武都入库，张海观以文县至武都途程遥远，道路崎岖，转运艰难，花费倍于粮价，如以现金代购入库，一举数得。据理呈请，省府允准，减轻了全县人民运粮之苦。并募集资金，重修行将圮塌的城南阴平桥，方便城乡行人往来。1949 年 12 月，张海观以地方绅士身份极力促成文县和平解放。解放后，积极投身支援解放军南下的工作。文县人民政府成立后，张海观被推荐为文县第一届各界人民代表大会代表。“土改”中，被定为开明地主。1962 年病故，中共文县委和文县人民政府为其举行了隆重的追悼大会。

## 马培德

马培德（1896—1963），字润轩，宕昌末代土司。1950 年 10 月 1 日被推选为甘肃省第一届各界人民代表会议及其协商会议代表。

1925 年马培德毕业于兰州讲习所。1926 年接替其母马呈瑞承袭宕昌土司，管理今宕昌县境内 20 余村寨藏族群众及今舟曲县三角坪、武坪、代坝、铁坝下三旗藏族村落（时俱属岷县）。1933 年秋季，奉令“改土归流”，土司制取消，原土司所辖藏族村落改为岷县西津乡，马培德任乡长。1934 年岷县政府成立第五区，管辖宕昌、汤瓦、良恭、西津四个乡镇，马培德任区长。1935 年由甘肃省主席朱绍良聘为省参议。

马培德在承袭土司期间，捐地、捐款、捐料，在石磊街修建了学校（校址在现城关供销社处），招收宕昌境内汉、回、藏族儿童入学读书，“废八股，开新学”，开设国文、算术、常识、体育等课程。其后，又投资在西津乡成立了“马氏私立小学”（地址在今县图书馆处），自兼校长，专收本乡藏族子弟入学读书，聘欧阳祯、赵乾、杨成章、王维新等教授“新学”。这两所学校于 1944 年合并成立“甘肃省立宕昌边疆小学”，即今宕昌县第一小学（即今旧城小学）。马培德兴办教育事业受到社会人士好评，时任国民党中央政府教育部长朱家骅亲自赠匾表扬。马培德又利用省政府参议的身份，呈请省政府批准减去西津乡藏族群众赋税额一半，减轻了藏族群众的过重负担。

1949年9月18日，马培德在中共代表任谦动员指导下，参加西固县党政人员和平起义。中华人民共和国成立后，担任过县人民代表和县人民委员会委员。1963年因病去世。其女马惠兰，曾任宕昌县政协副主席。

马培德幼聪慧好学，熟读“四书”“五经”，拜兰州名画师姚凤岐门下学习国画，擅长水墨淡彩，兼工写意画法，所画人物、山水、花鸟、草虫栩栩如生、神形兼备。

## 王爱廷

王爱廷（1890—1963），名亲仁，字爱廷。武都区城关西关街人。幼入私塾读书，后至天水“永锡号”习商。1921年在武都城关西门内同王伟臣合开“万成德”商号，1928年开设“广生祥”等店铺。1930年王爱廷弃商从政，赴岷县投为鲁大昌属下任咨议。年余返回，任武都县财政科长。1940年被选为县商会理事主席。1944年当选为县参议员。其人善于理财，对地方公益事业亦资助不懈。1944年，其子王祖谟任西关小学校长，王爱廷为校董，乐而捐输，扩大校舍。1943—1949年间，武都专、县长主持补城筑堤、建新市街、修建营房、修筑成武公路、修筑忠烈祠等，王爱廷积极参加，或为委员，或为财务管理人员，尽职司事。1949年11月，国民政府（广州）行政院任119军军长王治岐为甘肃省政府主席，王爱廷被王治岐任命为省财政厅长。中华人民共和国成立后，人民政府以其为民主人士对待，1950—1958年，补修南北河堤时仍请其督建，修建武都人民会堂时，聘其采购木材。王爱廷后因年迈，由其女接至兰州赡养。1963年以病卒于兰州。

## 韩定山

韩定山（1893—1965），名瑞麟，字定山，号苏民，文县城关所城人。幼年家贫，聪颖好学，16岁考入兰州存古学堂，结识天水学者周希武，接受革命思想，加入同盟会。清宣统三年（1911）秋，武昌起义后，韩定山与同学陈组章、田国锡等从兰州弃学归里，组织“英年社”，响应在秦州举行反清起义的黄钺。中华民国成立后，改“英年社”为“共和会”，后又改组为同盟会文县支部。1912年任碧口高等小学教员。1913年在县城主办初级小学。1918年主办文县高等小学堂，按学生程度编班级，购中华书局发行的《共和国教科书》进行单班级授课，为文县实行新学制奠定了基础。后随驻防文县的哲合忍耶教派创始人马明心的五世孙马绍武从军新疆喀什，充任中标团副。1928年任甘肃省财政厅秘书。1930年返回文县，任县教育局长，经与县政府多次磋商，将原来由乡豪把持的斗捐、牙佣、盐课定为全县教育常款，文县始有教育经费。1933年任碧口小学校长，在驻军国民党第一师独立旅长丁德隆支持下，将学校由闹市区移建于碧山公园内。1942年倡议创办文县初级中学，担任国文教师，将家藏《万有文库》第二集一套捐赠学校，并筹资辑印《肖献武文集》、何桐藩《北游日记》、《南游日记》、程晋三《甲后吟草》、《爨余集》等。1945 年当选为甘肃省参议会参议员，并应聘为兰州师范授国文课，后又担任兰州大学国文系讲师。在兰州任职期间，与邓宝珊、慕寿祺、张维、范振绪、水梓、蔡景忱、许青棋、李剑夫等结为至交。1949 年 12 月，与地方士绅一起促成文县和平解放。

1953 年初，韩定山受聘为甘肃省文史馆馆员。任职期间，撰写了大量文史资料，并将家藏图书近万册捐赠省图书馆。1965 年 7 月 30 日病逝于兰州，安葬于兰州华林山革命烈士公墓。韩定山著述甚丰，有《长春楼诗草》《长春楼文草》《长春楼读书录》《阴平国考》《文县耆旧传》《修志私议》《仿徨集》《更生集》《甘肃百家姓》等。

## 龙一飞

龙一飞（1915—1968），原名龙得海，康县平洛区龙坝乡（现该乡划归武都区）龙坝村人。幼年时，因父亲早逝，随母亲到武都城靠给人做针线谋生，就读于武都城关贡院小学。1933 年 9 月随武都藉军官孙铁峰去国民党驻岷县新编十四师教导团当兵，后在国民党第一师师长胡宗南创办的“天水西北军官学校”第二期训练班学习。1935 年 10 月至 1936 年 7 月，在国民党中央军校洛阳分校军官训练班学习，结业后，先后在新编十四师教导团及十四师改编的一六五师九八九团任排长、平凉甘肃省直属保安大队任上尉附员、天水团管区新兵中队长、四十六师二七六团连长，1938 年 6 月至 10 月参加了抗击日寇、保卫武汉的战斗。

1941 年 3 月，龙一飞弃职回家，在武都县两水镇与陶子杰、宗步先、刘希孔等人开设“兄弟医院”，作为甘南农民起义秘密联络机关，来往于临挑、武都之间，积极参加了“甘南民变”的策划和组织活动。起义爆发后，曾带人参与攻打西固县，并任西固县县长。起义失败后，改名龙一飞，潜至外地，后又设法担任了国民党武都县教训队中队长，后任洛塘区公署指导员、自卫队上尉中队长兼龙江镇镇长。1944 年秋，龙一飞得知盘踞洛塘区的武装豪强周富银私种私贩大烟，便带自卫队至洛塘、五马铲毁了大烟，并击毙了周富银。次年春，龙一飞担任洛塘区区长。在担任洛塘区区长时，因扣押为专署专员丁玺搜刮民财的前任区长包裕谷，被丁玺通缉。龙一飞被迫弃职逃至西安、兰州等地。

1947 年夏，武都地下党负责人王锐青在兰州先后与苏星、罗扬实接上关系，并介绍龙一飞正式加入中共党组织，此后，王锐青、龙一飞等按照中共甘肃省工委“重建党的组织，开展地下斗争”的指示返回武都，恢复重建了党组织。1948 年 11 月，成立“中共八区工作委员会”（后改为甘南工作委员会），王锐青担任工委书记，龙一飞任军事委员。按照党组织的安排，龙一飞返回后宋（今武都区隆兴乡、龙坝乡）为建立武装筹备军费卖掉田产，召回旧部和一些进步青年学生，在隆兴乡谈家坝村成立了游击大队，龙一飞任大队长，王景丞任副大队长，下辖警卫排和 3 个中队，3 个中队分驻龙坝、隆兴谈家坝和康县平洛。游击大队发展为拥有六百多人、四百多支枪的革命武装力量。此后，龙一飞率领这支革命武装，开展了消灭土匪、特务、镇压恶霸的打匪除恶斗争。

1949年8月，龙一飞在“西北人民民主同盟会”领导成员、一一九军二四四师参谋主任陆进贤和政工处长马锡玉帮助下，在后宋谈坝公开成立了一一九军二四四师直属游击大队，后改为二四四师补充二团，龙一飞任团长。为了加强中共地下党对这支武装力量的控制，龙一飞还在补充团建立了党支部（即北方第十一支部），龙一飞任支部书记，后改由王义担任。1949年11月下旬，龙一飞乘一一九军二四四师从安化镇驻武都城接管城防之机，留二营在隆兴，亲率警卫排和三营进驻安化镇。1949年12月7日，国民党成县县长兼一一九军二四四师补充三团团长陈秀，率成县自卫队中队、乡镇长、士绅等，携带大量枪支弹药和银元、烟土欲逃四川，途经安化。龙一飞认为陈秀系死心塌地的顽固分子，遂于半夜时分，向驻在槐树下村的陈秀团部和分驻在曾家街、河坎村等村人员发起进攻，至次日天亮战斗结束，共缴获400余长短枪支和大量的军需物资。1949年12月9日，补充二团随一一九军起义，编为西北人民解放军独立三军九师二十六团，龙一飞任团副政委。

1950年3月，龙一飞从部队转业到武都专署公安处，任三科（治安科）科长。1952年10月至1954年7月任中共西固县县委委员、西固县人民政府党组书记、西固县人民政府县长兼法院院长。1954—1956年任中共西和县委常务委员、西和县人民政府党组书记、西和县人民政府县长兼法院院长等职。1956年10月至1958年在天水专署粮食局任局长。1958年9月，因所谓“历史问题”受到开除党籍、撤职、降级处分。1968年6月22日因受迫害死于武都安化林场。1980年10月，经中共武都地委批准，恢复名誉，平反昭雪。

## 齐孔严

齐孔严（1899—1968），吉林省伊通人，1905年迁居北平，陆军军医学校毕业后，考入日本东京皇家医院专修眼科。1934年回国，在江苏省绥靖第十后方医院任少校医务主任。1939年7月第十后方医院迁两当县。1945年抗战胜利后该医院撤销，齐孔严即留两当县，在两当县、徽县、成县等地行医，1948年被两当县政府聘任为县卫生院院长。解放后，为县人民医院留用。严齐严为两当县首名西医大夫，医术精湛，尤精于外科和妇科疾病治疗。当时两当县群众眼病较多，经治疗后大多痊愈。注重医德，医病不分贫富一视同仁，用药不滥，花钱不多，疗效显著，因而慕名就医者络绎不绝，门庭若市。

## 高健君

高健君（1919—1969），榆中县小康营乡小康营村人，农民家庭，曾用名高尊翰、高剑君、方刚。1936年在兰州一中读书时，因从事革命活动被校方开除。1937年8月奔赴延安，在陕北公学学习，后又入延安抗日军政大学学习，同年11月加入中国共产党。1938年底毕业，被分配到中共甘肃工委（简称甘工委）工作。1939年春，受甘工委派遣到徽县开展党的地下工作。1939年4月，高健君组建了中共徽县县委，任县委委员。之后，又去清水、武都一带开展党的地下工作。1941 年 6 月，高健君与王锐青、胡必昌组建武都五凤支部，任支部书记。1942 年奉命回延安参加整风运动。1945 年底受西北局和甘工委派遣，来陇南传达党的第七次全国代表大会精神，落实甘工委关于整顿组织、加强党员教育、放手发动群众、发展党的组织、建立武装力量的指示，很快恢复了陇南党组织和甘工委的联系，随后往来奔波于陇南各县开展工作。

1947 年 8 月，甘工委决定成立中国共产党陇渭工作委员会，由高健君任工委书记，万良才任工委副书记，毛得功、郭化如、牙含章、杨友柏为委员。陇右党的武装斗争，在高健君的带领下，从与敌人战斗到锄奸、反霸斗争，各项工作都蓬勃开展。

1948 年 11 月，甘工委再次调高健君到陇南工作。高健君到陇南后，主持成立了中共陇南工委，任工委书记。1949 年 2 月，高健君主持召开陇南工委第一次会议，调整了徽县工委，组建了成县、两当县工委，并选送多名同志去延安学习。陇南地区的国民党反动派，对革命活动比较活跃的徽县伏家镇进行了两次围剿，高健君领导游击队与敌人周旋两个多月，粉碎了敌人对地下党和游击队根据地的围剿。1949 年 9 月 26 日，高健君领导游击队突破了敌人的封锁线，在天水县李子园与南下的中国人民解放军会师。从 1939 年到 1949 年整整十个年头，高健君在陇南山区进行了艰苦卓绝的地下斗争，为陇南中共地下党组织的建设和武装工作的创立作出了重大贡献。

解放初，高健君担任甘肃省委组织部副部长兼中共甘肃省委纪律检查委员会副书记。1954 年 6 月至“文化大革命”前相继担任省委副书记、省委第二书记、书记处书记。1961 年 12 月兼任中共甘肃省委党校校长。1965 年 4 月兼任中共甘肃省委保密委主任。其间，曾任中共中央西北局委员。1955 年 2 月、1959 年 12 月相继当选为政协甘肃省第一届、二届委员会副主席。1964 年 9 月当选为政协甘肃省第三届委员会主席。第二届、第三届全国人大代表。“文化大革命”期间，高健君多次被批斗和关押，1969 年 3 月 8 日被迫害致死。1979 年 5 月 3 日，党中央和甘肃省委为高健君平反昭雪，并在兰州隆重举行追悼大会，充分肯定了高健君一生为党为人民建立的不朽功绩。

## 邵　海

邵海（1917—1969），化名张占元，礼县罗坝乡大沟门村人，家庭贫寒。1936 年 8 月从岷县马坞参加中国工农红军，在红四方面军三十一军九十一师二七七团二营六连当战士。1937 年在陕西三原县加入中国共产党。1939 年 3 月调八路军总部迫击炮教导队学习，1940 年从迫击炮教导队毕业后，分配到晋察冀边区司令部任见习参谋，后调三分区团炮兵连一排代排长。1941 年春调抗大二分校军事队学习，分配河南区队廷县大队二分队工作。1943 年 3 月调回陕北绥德县抗大总校学习，后分配到陕北联防司令部后勤部任科员、管理员。1946 年 8 月调到甘肃省工委统战部工作，1947 年 2 月受甘工委派遣，以甘工委特派员身份回到家乡礼县开展党的地下工作。

邵海回到礼县罗坝大沟门村后，依靠贫苦农民，秘密串连，宣传党的主张和政策，积极发展党员，建立党的组织。1947 年 7 月，邵海主持成立了中共礼县地下党临时指导小组，被推举为指导小组总负责人。1947 年 11 月到庆阳向甘工委汇报请示工作。由于邵海对党忠诚，工作努力，密切联系群众，能把上级指示同本地实际很好地结合起来，使礼县地下党组织发展很快，两年半时间发展党员 173 名，建立支部 36 个，并积极领导地下党员同敌人进行了顽强的斗争，为礼县人民的解放事业做出了重要贡献。

中华人民共和国成立后，邵海先后担任先后担任县武装大队长、武装部长、代理组织部副部长。1953 年 3 月任武都地区工会副主任。1956 年 6 月调中共甘肃省委党校学习。1958 年 9 月任天水地区工会副主任。1963 年 4 月任中共礼县委副书记。1969 年在“文化大革命”中受迫害致死。中共十一届三中全会之后，平反昭雪，恢复名誉。

## 黄世武

黄世武（1923—1970），康县大堡区黄陈乡黄塄干村（今成县黄陈乡黄塄干村）人。1945 年秋加入中国共产党，1949 年 5 月毕业于兰州大学法律系。

黄世武幼年时父母双亡，由伯父扶养，先后在黄陈和成县莲湖小学就读。1940 年 8 月，考入国立酒泉河西中学。1942 年冬，黄世武准备跟随进步教师和学生密赴新疆时，被国民党军警逮捕，严刑拷打，后被同窗郭宝成的父亲保释，黄世武被校方给予记过、留校察看处分。1943 年 12 月，因校方克扣学生灯油费，黄世武组织学生同校方进行斗争，被开除学籍。随后，又考入武威中学。1945 年 8 月，黄世武以优异成绩考入兰州大学法律系。期间，先后参加了 1947 年秋兰州各界人士和进步学生“反饥饿、反内战”的示威游行活动，参与了“三・二九”事件，即兰州大学和西北师范学院联合各界人士反对国民党甘肃省长郭寄峤向全省人民摊派三百万银元券的斗争。1948 年秋，经兰州大学中共地下党党支部书记曹大武介绍加入了中国共产党。1949 年 5 月，地下党组织派黄世武回家乡组织农民武装，开展游击斗争，迎接陇南解放。

黄世武回到家乡后，广泛活动于基层农民群众和国民党县政府上层人物之间，一边调查了解国民党上层人物的状况和活动，积极做争取、瓦解工作，一边发动和组织群众，建立农民武装。为了筹集经费，黄世武将大部分祖业土地变卖。黄世武主动结识前来大堡、黄陈一带接收新兵的国民党一一九军下级军官张瑞鲁等人，向他们揭露国民党的腐败无能，宣传共产党的伟大正确，促使他们弃暗投明，发动起义。在黄世武的安排下，张瑞鲁等人于 1949 年 8 月在西和县发动起义，拉出部队 300 余人，起义部队突破围追堵截，到达黄陈时仅剩 36 人。在黄世武主持下，建立了游击队，成立了“陕甘川边区游击总部”，黄世武任副总指挥。由于总指挥留待地下党派人担任，黄世武是实际上的总负责人。进入康县迷坝对对山之后，黄世武领导游击队积极发动群众，扩大武装，打击敌人，先后捣毁周围敌人许多盘查哨和乡公所，袭击了国民党新六军军长兼天水专员高增基南下的家眷和护卫部队，缴获了大批物资、银元和枪弹，游击队迅速发展到百余人。1949年8月29日，国民党军围剿对对山，黄世武率游击队顽强抵抗，经激烈战斗，游击队被打散。对对山战斗失败后，黄世武扮作乞丐、小贩，辗转于武都、文县、广元、汉中等地，终于在西和县找到了已在西安宣布成立的中共康县县委。1949年12月7日康县解放，黄世武随县委一起返回康县，任县委宣传部部长。

1950年初，康县南部山区土匪猖獗，严重威胁新生的人民政权。同年5月，黄世武被任命为县武工队队长，随人民解放军进驻阳坝地区开展剿匪肃特工作。黄世武深入虎穴，宣传共产党的政策，向土匪及其家属亲人做工作，先后瓦解、争取和捉拿了数名匪首及其众多匪徒，对康南剿匪工作做出了贡献。

1952年2月，黄世武调任武都地委宣传部干部理论教育科科长。在此期间，曾到甘肃省委党校理论教员学习班学习两个月。1954年7月，调甘肃省委党校文教处教研室任教员。1957年6月，调西北兽医学院任党委秘书。次年9月，进中国人民大学党史系学习。1959年9月结业后，任甘肃农业大学马列主义教研室教员。黄世武在学习结业回家探亲时，因看到“大跃进”和“大炼钢铁”给农村、工厂造成的一些不良后果，提出了一些不同看法，被以“诬蔑人民公社的工资制和供给制相结合的分配制度”“攻击大炼钢铁”“反对全民大跃进”等罪名，定为“右倾机会主义分子”，受到党内严重警告和行政降一级的处分。1962年1月，甘肃农业大学党委对黄世武的所谓“右倾”错误进行了甄别，给予平反。

1962年9月，黄世武调回成县，任支旗公社党委书记。期间，黄世武积极想方设法解决群众生活困难。1963年1月，调任成县县委党校校长。“文化大革命”期间，黄世武被诬蔑为“假党员”，被揪出来批斗毒打，倍受凌辱，后下放至县“五·七干校”，边劳动改造，边“交代问题”。1970年7月12日病逝。1981年10月10日，中共成县县委为黄世武召开了隆重的追悼会。

## 王锐青

王锐青（1912—1976），原名王昪彬，武都县蒲池乡孟家庄村人。1929年考入四川岷江大学政治特科学习，读书期间深受革命思想的影响。由同学罗云凌介绍加入第三党（中国农工民主党前身），曾参加黄包车工人要求减车租的斗争和成都市反蒋大同盟的活动。1930年秋，因岷江大学被四川军阀以“共产党徒潜伏活动”为名查封，王锐青复考入成都大学。

1932年秋，王锐青因病退学回家，历任武都县实验小学教员、校长、《启明周报》社长、县教育局长、龙江镇镇长等职。1936年考入甘肃省农村合作委员会在兰州举办的训练班。其间，经同乡陈志恪介绍，与八路军驻兰办事处彭加伦、伍修权相识，受到中共党组织的帮助和教育。1937年底训练班学习结束后，被派往徽县担任农货处指导员，与进步青年山炯堂、吴治国等人相识。1938年12月，王锐青经吴治国介绍，加入中国共产党，并与吴治国、山炯堂等成立了徽县第一个党小组。1939 年 3 月，中共徽县县委成立，任县委委员。同年底，受中共徽县县委指派，返回武都开展建党工作。1940 年 8 月，创办了“武都教育用品合作社”，借销售中小学课本和教学用品，秘密销售进步书刊和马列著作。1941 年 3 月，联络武都进步青年秘密成立了党的外围组织“武都青年维梓团”。同年 6 月，王锐青与高健君一起介绍胡必昌入党，建立了武都县第一个党支部“五凤支部”，任支部委员。随后又创办了“武都县社联农业职业学校”，任校长，后任武都县中学教员。1942 年 8 月，武都地下党工作转入“精干隐蔽”后，王锐青到兰州志果中学、农业学校等学校任教。1947 年 8 月，王锐青受中共甘工委指派，回武都开展党组织的恢复、发展工作。同年 9 月，在武都城关组织成立了党的五人核心小组，任组长。同年 11 月支部恢复，任委员。1948 年 11 月，成立中共八区工作委员会，任书记。1949 年 8 月，中共八区工作委员会改为中共甘南地下工作委员会，任书记。1949 年 11 月赴宕昌迎接西固起义。王锐青在与上级党组织失去联系的情况下，积极主动地开展工作，建立了中共八区工作委员会，下辖两个总支、19 个支部（其中礼县两个支部，西固县一个支部），发展党员 540 多人，建立了由龙一飞、寇文选领导的两支武装力量；领导和促成了西固起义，并在政权接管、建政和支前等工作中做出了积极贡献。

中华人民共和国成立后，王锐青任武都专署文教科科长兼武都一中校长。1950 年 4 月至 1952 年在西北党校学习。1952 年夏任武都专县干部业余中学副校长。1958 年 5 月到 1962 年 9 月负责筹建天水农学院，1962 年 10 月任武都一中副校长，对武都教育事业贡献颇多。

## 山炯堂

山炯堂（1901—1979），字明轩，徽县伏家镇山家庄村人。早年在冯玉祥部任职，后在西安绥靖公署杨虎城部任少校参谋，深受中国共产党爱国宣传的影响，对国民党的腐败政治极为痛恨。1932 年弃职回乡，协同刘希祖在伏家镇募捐兴办徽县第二小学（即伏家镇小学，今徽县三中），1935 年任伏家镇小学校长。山炯堂与吴治国等人经常互谈政治见解，秘密商定寻找中共党组织。1938 年 12 月，经吴治国介绍加入中国共产党。1939 年 2 月，任伏家镇小学党支部书记。3 月，任中共徽县县委委员。1941 年 6 月，任中共徽县县委书记。1946 年 11 月，任中共徽县工委委员。按照徽县工委决定，积极进行党的组织发展工作，将组织发展工作推到成县、两当、凤县等地。1948 年 5 月，负责成立了中共成县临时工委，并协助领导工作。1948 年 6 月兼任伏镇区工委书记，1949 年 4 月任中共成县工委书记，兼管徽县西北片党的工作。

中华人民共和国成立后，山炯堂任成县县长兼任成县师范学校校长。1950 年 8 月调任甘肃省监委检查处处长。后历任徽县县委书记处书记、天水地区文卫局局长等职。1979 年 10 月 19 日病逝。

## 叶 滨

叶滨（1920—1979），原名折步洲，成县城关镇支旗村人，1938年，入成县师范简师班学习，1939年与同学邓述祖奔赴西安，化名叶滨，经西安八路军办事处介绍，于翌年二月至延安，入安吴青训班、延安泽东青年干校学习。1941年后，历任延长县青教会、陕甘宁边区青救会宣传科长、绥德县青救会干事等职。1943年在米脂县城小学教学。1943年11月至1944年5月在米脂县参加整风。1944年4月任《米脂报》编辑。1945年8月加入中国共产党。1946年1月始，先后任延安《解放日报》《边区群众报》《群众日报》编辑、记者，1948年初任新华社西北总分社编辑、记者。1948年冬兼任《陇东报》主编。1949年秋起历任《甘肃日报》社编辑室主任、副社长兼副总编辑、总编辑。1964年9月任中共渭源县委副书记。1965年9月任中共甘谷县委书记。“文化大革命”中受迫害。1969年12月始，先后任天水县二十里铺公社干部、革委会主任、党委书记。1972年夏任中共天水地委政治部副主任，后任地委宣传部副部长。1977年7月始，叶滨先后任甘肃省广播局副局长、副书记，局长、党组书记兼甘肃省人民广播电台副台长、台长等职。1979年3月25日，在北京参加全国新闻工作座谈会时因病逝世。中共甘肃省第三届委员会候补委员。

## 侯绪功

侯绪功（1907—1979），康县大堡镇人，幼年读私塾，因病休学，后随侯喜明去徽县等地学医，1925年又投郑家沟郑佐周老中医专学骨科。因其聪颖强记，克勤克俭，严遵师训，博得老师赏识，于是尽授其术。中华人民共和国成立后，在大堡卫生所工作。侯绪功职业道德高尚，不论何人请他治病，都给予精心治疗。病家给予报酬时，他取值甚微；遇到贫苦农民治病，则分文不收。有些重病患者不能亲来就医，侯绪功不辞劳苦，徒步至病家医治。侯绪功在长期的医疗实践中，注意观察，辨证施治，丰富了治疗经验，独创了一套治疗方法。以骨科著名，善治跌打损伤，疗效显著，声誉甚广，求医者络绎不绝。

## 杨希震

杨希震（1905—1980），字少西。武都区安化镇人。幼时进城入武都贡院小学就读，后考入天水三中。毕业后考入北京师范大学预科，继考入北京师范大学教育系深造。上学期间，曾参加1926年北平“三一八” 反帝爱国学生运动。毕业后返回故里，从事教育工作。先后两度出任武都县教育局局长。1939年，在民生凋蔽、财力维艰的情况下，杨希震吁请地方各界与民众的支持，聘请外地学有所长的教师和部分失学的大学生，首创武都县立初级中学，并任首届校长，开武都中等教育之先河，使武都学子免去北上兰州、肃州，南下四川绵阳、成都长途跋涉求学之苦。中华人民共和国成立后，杨希震一直在武都中学、康县长坝中学任教，尤精于地理课教，学生乐而学之。1980 年卒于长坝中学。

## 孙铁峰

孙铁峰（1904—1981），武都区池坝乡孙家磨村人，农民出身。1920 年考入天水陇南军事学校，毕业后以优等成绩被保送到南京“中央军事工高班”学习深造。先后在国民党军队中任教官、营长、副团长等职。

抗日战争中，孙铁峰率部在中条山同日军作战，英勇杀敌，身负重伤，因功晋升为国民革命军八十军一六五师四九五团上校团长。解放战争时期，率部驻陕西黄陵时期，因阅读进步书籍，接触进步人士，对国民党当局挑动内战不满；后驻防陕西洛川，八路军三五九旅王震部通过其防区时，未予阻截，被一六五旅（由一六五师整编）旅长李日基等人告发，胡宗南以“通匪、纵匪、指挥失机”罪名将孙铁峰撤职扣押，后被部下暗中疏通放走。1947 年春，孙铁峰辗转逃到兰州，被特务头子任冠军捕押，胡宗南派专机将其解往西安。1948 年春，经胡宗南随从副官、武都籍人士陈子平、寇子元等人营救，胡宗南即以“指挥失机”罪撤销孙铁峰职务，遣回原籍。孙铁峰回到兰州，经寇子元向甘肃省政府主席兼西北军政副长官郭寄峤力荐，被派任甘肃省第八行政督察专员兼保安司令公署上校副司令，返回武都供职。1949 年 7 月，解放军一野政治部甘泗琪、范明等派陈子平（化名陈达）潜回武都，争取孙铁峰等率部起义，孙铁峰表示弃暗投明，伺机起义。与此同时，中共甘南工委军事委员龙一飞策动孙铁峰和保二团三营长蒲郁连与警察局局长杜振钟等人率部武装暴动，扣留欲逃四川的国民党岷县专员孙阳升和保二团郑兆祺等人，因未与解放军联系，胡宗南的嫡系部队也从成县向武都开来，因而决定伺机行动。武都暴动未遂，专员孙宗濂等人怀疑孙铁峰，遂派孙铁峰去西固县（今舟曲县）代理县长。

1949 年 8 月 19 日，王锐青同意接收孙铁峰及西固上层人士尚佐周、尚维周、沈容海、王玺等人入党。随后成立中共西固支部，尚佐周任书记，孙铁峰任组织委员。10 月 7 日，陈子平至西固向孙铁峰通报了策动国民党军三三八师连长赵恩举起义一事，因事不机密，赵恩举被杀，孙铁峰掩护陈子平到已解放的礼县寻找党组织。11 月 1 日，孙铁峰率自卫队及警察 300 余人在西固县龙山寺武装起义，并率部英勇抗击国民党军反扑，后率起义部队到达宕昌，受到解放军六十二军部队和中共武都地委、军分区领导的欢迎，所部编入人民解放军。

中华人民共和国成立后，孙铁峰先后任武都专署建设科科长、交通科科长、民族事务委员会副主任等职。1957 年赴北京观礼，受到毛泽东、周恩来等中央领导的接见，多次受到省、地表彰奖励。1981 年 2 月 6 日因病逝世，葬于武都县池坝乡孙家磨祖茔。

## 刘持生

刘持生（1914—1984），字泽民，原名润贤，文县城关人。自幼聪慧异常，工于诗歌。1932 年，负笈兰州，修读高中学业，乡党程天锡为其师长。1935 年，以卓越之成绩，考入国立中央大学中文系研习中国语言文学，国学大师胡小石、汪辟疆为其业师。汪辟疆曾言："吾近日门下甘肃籍者三，曰刘持生、霍松林、马騄程，皆未易之才也。自宋以来，文学之士，东南多于西北。今群彦联翩而至，岂地气之钟毓，有所更替乎？"毕业后留校执教。抗日战争爆发后，随学校迁至重庆。1938 年 3 月，经校长罗家伦等举荐，刘持生赴武汉任蒋介石侍从室特别侍从，受衔陆军上校，辗转于武汉、重庆。次年年初，辞职返回重庆中央大学执教。1943—贵阳大夏大学任教。1944 年秋，日寇犯境，又返回重庆。抗战胜利后，入南京中央临时大学执教。1945 年抗战胜利后，刘持生以教授身份飞抵东北，任长春大学文学院院长。1948 年解放军围困长春，刘持生历经艰险逃出，又转徙北平、上海、南京，回归中央大学。中央大学拆分后，刘持生来到西安，参加农村土改工作，经张西堂先生举荐，任西北大学中文系教授，执教先秦两汉文学。1980 年，兼任陕西省学术委员会委员。

刘持生博闻强记，学植深厚，学富五车，素有"活字典"之誉，惜乎述而不作，逮其逝也，成果犹少，生前发表者仅有《陶渊明其人及其诗》《风雅颂分类之时代意义》两篇论文。《先秦两汉文学史讲义》乃其大作，某日，出版商登门造访，欲索之出版，刘持生先生婉拒曰："出书乃他人志趣，鄙人无此志趣，且出书当有定论，生前吾学术观点倘若有变，迨吾逝后，则不能改也，岂不为他人笑哉？"以诗词见长，其诗风清丽，意境深远，格调高致，著有《持盒诗钞》。

1984 年冬，刘持生病逝于西安，骨灰归葬于故里祖茔。遗稿《先秦两汉文学史稿》《持盦诗》《楚辞今论》《晋书讲义》《谢灵运的山水诗》《古体诗与今体诗》等由西北大学中文系整理，陕西人民出版社陆续出版。

## 刘宗向

刘宗向（1909—1984），字犁青，徽县水阳乡郝家沟人。1937 年毕业于江苏南通大学农学院，分配到甘肃省植棉指导所工作，为荐任技士。1942 年晋升为技正职称，负责该所技术管理工作。1943 年后历任甘肃省农科所第四区农场主任、棉业推广委员会总技师、西北训练团教官。1947 年任洮岷区农林实验场场长，后任甘肃省农业改进所技正兼副所长。1951 年，参加了中苏友好协会及米丘林生物学会。1953 年，任省农业厅甘谷试验站技师兼站长。1957 年被错划为右派，1960 年下放到徽县银杏树公社劳动。同年调天水地区农科所工作，主持推广了"晋中 200 号"等优良棉种。"文化大革命"中又被下放到徽县水阳乡郝家沟劳动。1979 年恢复公职，当选为政协委员。学术论文有《棉花栽培与选种》等。

## 孔宪印

孔宪印（1911 年—1984 年），成县化垭乡化垭村人，中共党员。年少时，尝为人作佣。20 世纪 50 年代初，历任合作社社长、生产队队长、化垭大队党支部书记。1969 年当选为中共成县第五次代表大会代表。孔宪印带领大队社员修水平梯田数百亩，1970 年，粮食总产 67 万公斤，全县震动，人称“孔百万”。并广开副业门路。1972 年当选为中共武都地区代表大会代表。1973 年当选为中国共产党第十次全国代表大会代表。1984 年 12 月 15 日逝世。

## 台中堂

台中堂（1920—1987），成县小川人，1936 年 9 月红二方面军长征路过时参加红军，10 月由连队党支部书记金绍武介绍加入中国共产主义青年团。1937 年 3 月在平凉转为中共党员。1937 年 7 月后，历任一二〇师三五九旅七一八团副班长、班长，延安留守兵团政治部，警卫排副排长、排长，政治部发行员、管理员，军事工业局炼铁厂工人班班长。1946 年 7 月，受中共甘肃工委委派，回到家乡成县开展党的地下工作，在成县小川、纸坊和西和县一带开展活动，发展了一批地下党员，并组建了中共小川支部，任支部书记。1948 年 5 月，参与组建了中共成县临时工作委员会，任组织委员。年底，在西和县主持建立了邵坪支部。1949 年 5 月，台中堂在成县小川主持召开了成县、康县、西和三县中共地下党负责人会议，讨论如何发展组织、壮大力量等问题。1949 丰 6 月在康县黄陈（现属成县）发展高升贵入党，并指派高升贵在康县开展党的工作。同年 7 月，台中堂前往西和县传达陇南工委第二次会议精神，讨论了准备迎接解放等工作，随后相继建立起西和县中共桦树、刘集、石峡三个支部。同年 8 月中共成县工委建立，任工委委员。

1949 年 12 月，成县解放后，台中堂任成县县大队指导员、警三营营党委委员。1951 年 1 月，任成县农会副主任。1952 年 8 月，任武都地区检察院检察长。1955 年 8 月入西北党校学习，1956 年 8 月毕业，任中共武都地委统战部代部长。同年 10 月，任中共文县委副书记、县长。1962 年 1 月，调任中共康县委书记。1966 年 7 月，因“文化大革命”开始受到迫害，停止工作。1970 年 10 月，任武都地区农业局革命领导小组组长。1972 年 4 月，任武都地区生产指挥部副主任。1973 年 6 月，任白龙江林业管理局党委书记。1979 年 4 月，任中共武都地委副书记。1983 年 5 月，任中共武都地委顾问。1984 年 12 月离休。1987 年 8 月因病逝世于成县。

## 王 义

王义（1922—1987），武都区隆兴乡人，1947 年在兰州大学读书，后辍学在家。1949

年 8 月，参加龙一飞领导的游击大队，并加入了中国共产党，担任北乡第十一党支部书记。1949 年 12 月 9 日参加国民党一一九军起义，随部队开赴西和县进行整训，后担任解放军七军九师二十六团政治部主任。1950 年 2 月转业，分配到武都中师联校担任第一任党支部书记。同年 3 月，中师联校合并为武都中学后，继续任党支部书记。后任教师。1958 年受聘到天水师专任教，历任讲师、副教授、教授。有多种著作与手稿留世。1987 年 12 月 26 日病逝于兰州。

## 侯小风

侯小风（1917—1988），原名侯锡丰，字竹农，武都区城关竹集巷人。1932 年四川绵阳中学毕业后回乡，在武都贡院小学任教。1933 年入上海大夏大学学习。1934 年投笔从戎，参加杨虎城部杨子恒师教导队，考入中央军校洛阳分校军官训练班学习。1935 年转入国民党中央军校军官训练班受训，集体加入国民党。毕业后在杨子恒师任参谋。1937 年任新编第三十五师王劲哉部任参谋。抗日战争开始后，随该师参加了对日鲁西、兰考、徐州战役和保卫武汉战役。后离开该师到西安。1938 年 10 月投身革命，经西安八路军办事处介绍到太行山八路军总部，转入抗日军政大学五期学习，后分配到刘伯承、邓小平领导的一二九师皮定均特务团任军事教员、参谋。1941 年 2 月加入中国共产党。历任一二九师参谋和太行军区分区参谋、干部轮训大队队长、磁武独立团参谋长等职，参加了百团大战、白晋铁路破袭战、磁武破袭战等战斗，负过重伤。1946 年初，侯小风受党的派遣，担任高树勋起义部队的作战科长、参谋处长，参与和领导了该部队的改造工作。解放战争中，担任晋冀鲁豫野战军十纵司令部侦察科长，参加了解放邓县、襄樊、花园等地的战斗。中华人民共和国成立以后，历任河南省军区司令部作战科长、办公室副主任、军训处副处长、编练司令部参谋长、中南军区司令部军务处处长、武汉军区司令部军务处长、军务部长、武汉军区炮兵副政委等职。任职期间曾到解放军军政大学、北京高等军事学院学习。1955 年授予大校军衔。1988 年元月 4 日因病逝世。夫人闫志广（河北邢台人），曾任武汉陆军总医院眼科主任。生有二子三女：长子汴生，次子珠江，长女光光，次女薇薇，三女终终。

## 马仕俊

马仕俊（1906—1988），字霄石，回族，徽县东关乡人。早年就读于甘肃省第一师范学校，后毕业于上海大厦大学教育系。1932 年任国民政府蒙藏委员会西北教育考察团成员考察青海省教育，1939 年，先后任青海回民教育促进会会长兼西宁回民中学校长、青海省印刷局局长。1940—1943 年，在国民党中央战时工作干部训练团任政治教官（少将军衔）。1943 年后，历任兰州中央银行专员、甘肃省回民教育促进会会长、兰州良声周报社社长等职。

1945年加入中国民主同盟。新中国成立后，马仕俊入华北人民革命大学政治系研究院学习，后任西北民族学院副教授、教授及研究室研究员。1980年后，先后担任甘肃省政协委员、甘肃省伊斯兰教协会常委、天水县政协副主席等职。一生致力于民族史的研究，著有《开发西北之先决问题》《西北回族革命简史》《回民来源与形成》等书，发表学术论文数十篇。

## 赵斌

赵斌（1901—1989），西和县苏合乡赵家庄人。其祖父精通武术。赵斌自幼受其熏陶，酷爱武术，武术基础坚实。年岁及长，武术渐精，擅长流星、长枪、行者棍、九节鞭等多种套路。中华人民共和国成立后，多次参加地、省及全国武术比赛，取得优异成绩。1956年，参加在北京举行的第一届全国体育运动会上，获得了武术比赛三等奖。1983年，参加在江西南昌举行的全国武术观摩交流大会，获得了老年组优秀奖。同年9月，赵斌随同甘肃省体育代表团赴上海参加全国第五届体育运动会，在会上做了“鹞子拳”表演，获得纪念奖。中央电视台作了实况转播。

## 赵怀玉

赵怀玉（1929—1991），字孟璞，宕昌县哈达铺人。1955年9月在兰州医学院毕业后，分配兰州医学院第二附属医院内科工作，先后任主治医师、内科主任。1980年5月晋升为消化科副主任医师，1981年11月晋升为内科副主任医师，后又晋升为内科主任医师。社会职务有《临床肝胆病及内窥镜》和《临床消化病杂志》编委，中华消化系学会甘肃分会副主任委员、内窥镜专业组组长，甘肃省医学科学委员会消化系疾病专题组组长，甘肃省放射病诊断小组成员等职。与王家传合编《胃及十二指肠溃疡》，与郭景岳合编《小肠疾病》。

## 周冠军

周冠军（1909—1992），字勇三，回族。徽县东关回族乡周家河坝村人。少年时在徽县私塾读书。1931—1935年先后在陇南绥靖指挥部骑兵团、陕西警备旅第二团、张家川骑兵第二团当兵，后任排长。1936年回徽县任回教公会主任委员，后相继任徽县义勇大队区队长、徽县保安大队军需区队长、徽县回教公会常务委员、徽县东关回民边疆小学（后改名东关回民小学）校长等。1939年夏，经吴治国介绍加入中国共产党。1939年年底建立县保安队中共党支部，任支部书记。1940年2月，任中共徽县县委军事委员。1942年以后，中共地下党组织实行“精干隐蔽”政策，经党组织同意，被选为国民党徽县政府参议会参议员、县党部监察委员、徽县政府行政指导员等，积极开展隐蔽斗争和统战工作。1946年11月，任中共徽县工委委员，并负责在两当、成县、康县、略阳县的回民中发展党员。1949 年 4 月，赴延安学习。同年 8 月，随解放军大军南下解放徽县汪川镇，担任徽县人民政府县长。

1949 年 12 月，调任中共甘肃省委统战部民族科长。1950 年 2 月，任中共武都地委统战部部长。1952 年 12 月，任甘肃省民族事务委员第一科科长。1960 年 1 月，任甘肃省伊斯兰教协会秘书长。1964 年 7 月至 1972 年，被无辜监禁，1972 年 4 月经中共甘肃省委批准平反，按离休对待。1980 年 2 月、1984 年 8 月连任甘肃省伊斯兰教协会第二届、第三届委员会副主任。1992 年 7 月 24 日病逝兰州。

## 葛维西

葛维西（1919—1993），徽县伏家镇人，少年时在家乡读私塾和小学，1934 年考入陕西省凤翔师范。学习期间接受进步思想，积极参加学生爱国运动。1937 年在凤翔师范加入中国共产党。1939 年夏毕业返回徽县，受聘任教于伏家镇小学，即积极投身于抗日救国宣传活动。1941 年春任中共徽县县委副书记。1942 年 7 月任徽县师范教师，1943 年 9 月任徽县师范附小校长，1944 年 12 月任徽县北街小学校校长，1946 年 9 月至 1948 年 3 月任徽县栗亭小学校长。1946 年 9 月任中共栗亭区工委书记，1946 年 11 月任中共徽县工委委员。1948 年 4 月，带领游击队在伏镇南山活动。1949 年 10 月至 12 月任中共徽县县委书记，为了配合解放，率领游击队在山区坚持武装斗争。

1950 年 1 月至同年 10 月任徽县县长。1950 年 11 月任甘肃省天水专署秘书主任，1952 年 12 月任甘肃省人事厅办公室主任，1955 年 1 月任中共甘肃省委办公厅主任、省委副秘书长兼任省委直属机关委员会书记。1963 年 2 月至 1966 年任靖远县县长。“文化大革命”中受到错误批判，被关押 7 年之久。1978 年 6 月任甘肃省政府副秘书长，1981 年 10 月任中共甘肃省委副秘书长，1983 年 9 月至 1985 年 5 月任中共甘肃省顾问委员会秘书长、省顾委委员。1983 年 11 月至 1990 年 6 月兼任中共甘肃省委党史资料征集研究委员会副主任。中共甘肃省第三届委员会候补委员。中共甘肃省第三届、第六届代表大会代表，甘肃省第一届、第四届人代会代表，政协甘肃省第四届、第五届委员、常委，中共甘肃省顾问委员会第一届、第二届委员。

## 王应国

王应国（1936—1994），又名者西，藏族，文县梨坪乡人，1953 年 3 月加入中国新民主主义青年团，1956 年 5 月加入中国共产党，1952 年 5 月参加工作。1952 年 5 月参加工作后在兰州西北土改大队学习、工作。1952 年 8 月至 1956 年 5 月先后在甘肃省定西中心支行、夏河中心支行、舟曲县支行工作。1956 年 6 月至 1958 年 10 月在中共甘肃省舟曲县委肃反办公室、舟曲县政府计委工作。1958 年 11 月至 1965 年 4 月先后任中共舟曲县委秘书室秘书、舟曲县农村工作部部长。1965 年 5 月至 1967 年任中共舟曲县委副书记。1970 年 10 月任夏河县革委会副主任。1973 年 4 月至 1980 年 5 月任甘南藏族自治州革委会政治部副主任。其间，先后兼任中共甘南藏族自治州委秘书长、中共碌曲县委书记、碌曲县县长、甘雨藏族自治州科委主任等职。1980 年 6 月任中共甘南藏族自治州委副书记。1983 年 4 月至 1985 年 7 月任中共甘南藏族自治州委书记兼甘南军分区党委第一书记。1985 年 7 月任西北民族学院党委书记。1990 年 9 月任甘肃省交通厅副厅长、党组副书记。1993 年 3 月任甘肃省人大常委会民族侨务委员会主任。1994 年 1 月 20 日逝世。中共甘肃省第六届委员会委员。发表有《甘南藏族自治州人口和经济状况的探讨》《发挥党的政治核心作用　努力办好西北民族学院—纪念西北民族学院建校四十周年》等论文。

## 焦世武

焦世武（1903—1994），字文琴，武都区柏林乡人。1926 年肄业于甘肃省立第一中学。1926 年任安化小学教员。1938 年 5 月代理武都县第三区（安化）区长，同年 9 月任安化小学校长，鉴于校舍破旧，遂捐银元 70 块和一年的薪俸 10 石 8 斗小麦及槐木大梁一根，拆除旧房，修建教室 6 座，办公、宿舍、灶房 7 间，扩建了操场，添置了课桌、教学用具与体育器材。动员农民送子女入学，学生人数由 130 人增至 270 人。并倡议兴建了小湾儿、滩坝、杜家楞、支家山 4 所保国民学校。1943 年秋调任武都县教育科长，将武都初级中学报批为省立武都中学，增设了高中部，并增建仓河、三河、寺背、枣川、陈家坝 5 所中心国民学校，在藏族聚居的赵家坪及县内其他各乡增设保国民小学。1944 年底辞却县教育科长之职，仍回安化小学任教，将全年应领的公教粮 10 石 8 斗小麦全部捐给安化小学作基金。1945 年秋任县参议员。曾参加过三青团、国民党，担任三青团分队长、国民党区党部书记等职务。1949 年秋，陇南绥署赵龙文搜捕共产党人，焦世武掩藏中共地下党员李忠孝在家月余，并帮助他们妥善处理从礼县带回马家沟的文件和宣传品。武都解放前夕，安化小学毕业的学生中有 40 多人加入了共产党。解放后，焦世武在安化小学历任教员、副校长、名誉校长。1950 年被邀请为武都县各界人民代表会议代表；1954—1966 年，连续当选为武都县一至六届人民代表大会代表、二至六届人民委员会委员；甘肃省第三届、第五届人代会代表；1980 年底当选为武都县第七届人大代表；1981—1989 年任武都县政协一至三届委员会委员。1984 年受省政府邀请参加国庆观礼。晚年积极撰写文史资料，为县志编写提供资料。

## 李剑夫

李剑夫（1910—1996），武都区汉林乡三家地人，原名李蔚春。1935 年毕业于北平大学法学院经济系。1935 年受聘于兰州乡村师范任教师，1936 年在兰州与沈滋兰女士结为伉俪，从此事业上相得益彰，声名渐隆。1938 年，甘肃省政府会计处成立时，被聘为二科科长。当时，甘肃省直单位及各专署、各县政府会计皆由省上委派，李剑夫等为培训行政专职会计人员、建立会计监督制度不遗余力，劳绩颇著。1941 年 6 月任甘肃省贸易总公司会计处长，继任协理。1947 年 5 月任省贸易总公司总经理，受聘兼任甘肃学院银行会计系讲师、副教授。1949 年 8 月 26 日兰州解放后，李剑夫负责将甘肃贸易公司总公司全部财产交还人民政府。1950 年后，调兰州大学任经济系教授。

李剑夫十分关注家乡文化教育事业建设。1937 年捐出 3000 块银元，委托地方耆老创建武都图书馆，在文庙后院建成长五间的双层木楼一座，后该楼为刚创建的武都师范接收。1948 年，李剑夫夫妇拿出 2000 石小麦的钱捐给家乡，建立“实斋奖学金”，用以奖励优秀清寒旅外学生求学读书。1984 年 11 月，再次将积蓄的 5600 元捐献给武都县兴办教育事业。1984 午 12 月 10 日，武都县以这笔捐款为基础，成立李剑夫教育基金会。1985—1988 年，李剑夫夫妇两次共给汉林乡三家地小学捐款 4500 元。武都县人民政府在莲湖公园修建“李剑夫捐资助学纪念碑”。生有李健、李笃、李实三子，都学有专长。

## 樊执敬

樊执敬（1908—1997），武都区马街镇樊家山人。武都师范讲习所毕业，后赴天水师范学校就读。肄业后返归故里，先后任武都贡院小学教员、实验小学校长、县教育局会计、武都县政府秘书、武都师范学校教员、甘肃省第八行政督察专员公署秘书、国民党武都县党部书记长、国民党川陕甘绥靖公署陇南分署少将参议、国民党陇南党务特派员办公处书记长等职。1980 年 12 月以后，历任人民政协武都县委员会一至五届委员、常委。樊执敬才华出众，长于书画，工于诗文，对于木工工艺、衣料裁剪亦擅其长。晚年撰写大量文史资料，钩沉索隐，文约事丰。作诗填词达千首。1997 年 10 月病逝于家，葬于樊家山祖茔。

## 罗 沛

罗沛（1923—1999），曾用名郑彦龙，山西隰县人，1938 年 5 月加入中国共产党，同年参加革命工作，先后任抗日动员委员会协理员、中共隰县一区工委书记、区委书记、四区区委书记、县青救会主席等职。1939 年山西“晋西事变”后，任中共交城县委组织部部长。1944—1949 年先后任中共交城县、隰县、大宁县县委书记兼县大队政委。1949 年 6 月任中共武都地委委员兼武都县委书记、县长。1950 年 6 月任甘肃省人民政府监察委员会秘书主任，后任甘肃省复员委员会秘书、主任。1951 年 6 月任甘肃省工业厅矿业管理处处长。1952—1954 年 3 月任甘肃省工业厅矿业管理局局长、工业厅副厅长。1954 年 4 月至 1958 年 6 月任西北煤矿管理局副局长兼甘肃矿务局局长、党委第一书记、党组书记。1958 年 7 月任甘肃省经济委员会副主任兼省煤炭工业局局长、局党组书记。1962 年 7 月任西北煤炭管理局副局长、机关党委书记。1965 年任西安矿业学院党委书记、院长。1999 年 7 月 2 日在西安逝世。中共甘肃省第三届委员会候补委员。

## 苏　星

苏星（1920—2002），又名苏慕秦、苏醒、张仲明，武都区城关镇人。少年时在武都城关小学学习，1935年考入兰州中学读书，1938年春转成都西北中学读书，期间，阅读了马列和毛泽东著作，思想追求进步。1941年6月西北中学毕业后回到武都，协助王锐青创办武都合作社联合社农职业学校，任教导主任兼任课教师。同年7月加入中国共产党。1942年9月农职业学校停办，同高健君去延安，先后在庆阳县委、甘肃工委工作。1945年7月，苏星受中共甘工委委派去兰州恢复党的组织，与王锐青在兰州接头，传达了中国共产党第七次全国代表大会精神。同年9月，又受甘工委指派到徽县，传达建立陇南游击队及根据地的指示，并留在徽县、礼县等地活动，开展统战工作。1949年春调往武山县，协助组建中共武山县工委，策划和组织了武山起义。1949年8月武山县解放后，任县委副书记兼组织部长。同年11月调往礼县工作，任中国新民主主义青年团武都地方委员会书记。1950年2月任中共武都县委副书记、县长。1950年5月任中共武都县委书记。1952年3月任中共武都地委常委、宣传部部长，1955年5月任中共武都地委常务副书记。1960年任甘肃省农垦局副局长。1962年12月“带职下放”到镇原县任县委书记。1964年10月参加张掖地区社会主义教育工作，任甘肃省委张掖社教总团委员。1965年夏任甘肃省委农村“四清”办公室副主任，“文化大革命”中被批斗，下放“五·七”干校劳动。1973年调中国科学院兰州冰川冻土沙漠研究所工作。1978 年负责甘肃省委文教政治部工作，并任省政府文教办公室副主任。1984 年任中共甘肃省顾问委员会委员。1992年3月离休于兰州。

## 谢成德

谢成德（1928—2002），武都区城关人。1935年9月至1942年8月在武都贡院小学、省立武都初级中学读书。1943年曾参加“甘南民变”，起义失败后，随王效忠、刘余生投奔延安向中共中央汇报“甘南民变”情况，后入延安西北党校学习。1945年5月加入中国共产党。1946年9月受组织委派和金少伯返回武都从事党的地下工作。1947年春又在任谦掩护下同陈超群、葛曼等在平凉从事党的地下工作。1947年10月，谢成德再返武都与王锐青接头，重建中共武都支部，并担任支部书记。1948年春，因支持武都中学学潮，被国民党地方当局抓捕，后被保释。1950年后，任武都县外纳区委书记、区长，后历任中共康县委副书记、武都县委副书记、文县县委副书记、武都地区卫校副校长、武都县政协主席等职。1985年7月离休，享受副地级干部待遇。

## 刘九畴

刘九畴（1919—2002），名洪范，字九畴，河南省温县人。少时随父读书习字，1936年，自河南省温县来成县定居，曾为店员、裁缝。1950年后在成县被服厂、县建筑公司工作。1973年调成县文化馆工作，1985年参与组建同谷书画院。刘九畴少时随父读书习字。自青年时即日间工作，夜晚临池，至数十载，未尝少辍。书法以欧体为基础，追踪二王，兼采诸家之长，娴于行草，清丽挺劲，蜚声于陇上，其作品辑成《墨华集》若干卷，并刊于《甘肃书法选》《甘肃书法专页》及《甘肃画报》《甘肃日报》等。历任甘肃省文史研究馆馆员、甘肃省书法家协会名誉理事、中国老年书画研究会会员、陇南地区书协副会长、同谷书画院名誉院长、政协成县委员会委员。

## 梁 骥

梁骥（1917—2003），原名梁仕骏，成县小川镇联合村人，1933年6月被国民党军队抓去当勤杂工，1934年在国民党十五路军军部无线电训练队学报务，1936年初，到盐池县无线电台当见习报务员。此间，受进步人士影响，阅读了进步书刊，受到了革命思想的启蒙。

1936年6月，中国工农红军一方面军攻占盐池县时，梁骥参加了红军，被选派到红军野战司令部直属电台十二队当报务员，随军西征，与红二、四方面军会师后参加了山城堡战斗。1937年3月加入中国共产党。1937年8月，调八路军总部电台一分队工作。1938年8月任八路军总部电台二分队队长。1940年初参加北方局高级党校学习，同年8月调任八路军冀热察挺进军无线电四中队中队长，1941年任晋察冀军区第一军分区无线电一区队队长。1942年任八路军野战司令部通信科电台中队副中队长、中队长。1945年11月任晋冀鲁豫军区通信学校副校长。1942年4月，调晋察冀军区，担任无线电一区队长和军区无线电干部轮训队队长等职。1943年8月，调回八路军总部无线电独立队任副中队长，参加了大生产运动，被授予劳动英雄称号。1945年9月任晋冀鲁通讯学校副校长。1946年6月任晋冀鲁豫野战军第14纵队司令部通信科科长。1947年7月任晋冀鲁豫军区冀南军区通信科科长。1948年5月任中原野战军通信分局政治处主任。1949年2月任第二野战军司令部通信处政治处主任，随军挺进大西南。

1950年2月，梁骥任西南军区司令部通信处副处长兼副政委。1950年4月，担任西南军区通信处副处长兼政治委员。1953年，任西南军区通信处处长兼政治委员。1954年2月任总参谋部通信部器材部部长。1955年9月，调任中央军委通信兵通信军官学校校长。国防部授予上校军衔，并授予八一奖章、独立自由勋章（二级）、解放勋章（二级），后晋升为大校军衔。1956年4月，调军委通信兵部器材部部长。1958年11月至1960年8月，在解放军政治学院学习。1960年8月，调国防部第五研究院二分院任器材部部长。1965

年5月，国防部第五研究院集体转业，改为国务院第七机械工业部，梁骧任第七机械工业部机动技安司司长。1979年1月，任国务院第七机械工业部副部长。1982年5月任国务院航天工业部副部长。1983年3月任顾问。2003年2月19日因病在北京逝世。

## 杨松林

杨松林（1918—2003），两当县兴化乡红庙村杨家咀人。1936年10月1日参加中国工农红军二方面军第六军团。1937年1月加入中国共产党。1938年9月后，在八路军一二零师三五九旅历任侦查员、副连长、连长。1946年5月后，在人民解放军四野十纵队二八师历任侦查参谋、连长、区队长。1948年10月起，在人民解放军四十七军一三九师四一六团历任连长、副营长。1950年12月起历任湖南湘西阮凌军分区司令部情报科副科长、溆浦县武装部部长、兵役局局长等职。1955年，获“八一奖章”“独立自由奖章”和“三级解放勋章”等荣誉。1956年转业至地方工作，历任广州海运局南海163轮政委、广东省航运厅革命委员会主任、广东省交通厅办公室主任、广东省交通厅公路处处长等职。1984年享受正厅级待遇离休。2003年12月16日因病在广州逝世。

## 司国权

司国权（1917—2004），化名李英泰，榆中县小康营乡徐家峡村人。1924年入榆中县文成小学读书，1936年8月考入兰州师范学校读书。1937年10月加入“甘肃青年抗战团”，同月，加入中国共产党，并任党支部组织委员。此后，在兰州师范、榆中从事党的地下工作，并以“抗战团”名义组织宣传队在城乡演出抗战话剧，编辑《抗战周报》，积极开展抗日救国宣传活动。1938年6月经八路军驻兰州办事处介绍，到中共中央青年工作委员会和西北青年救国联合会在陕西省泾阳县蒋路乡安吴村创办的“安吴青训班”学习一月，后赴延安抗日军政大学学习，担任班长、支部组织委员，参加了延安大生产运动。1939年6月抗日军政大学毕业后，分配到晋察冀军区抗大二分校任连队副指导员、组织干事。1940年8月任二分校三团留守处指导员、一大队一队指导员。1942年调冀中回民支队（即马本斋支队）任司令部政治协理员、三军分区政治部干部干事、回民支队二大队总支书记。1944年春，任回民支队后勤部政治委员。抗战胜利后，调教导旅参谋训练班学习。1946年春毕业后，调中共中央西北局，经中央党校第三训练班学习一月，即被派往徽县协助地下党工作。1946年冬，任中共徽县工委委员。1948年春派至两当县开展建党工作。1949年春任中共两当县工委书记。1949年8月兰州、榆中解放，被任命为榆中县长，因当时陇南尚未解放，本人未接到通知，故未到职。1949年12月两当县解放，被任命为中共两当县委书记。

1950年春，司国权调中共天水地委组织部任干部科长，同年10月任中共徽县委副书记、县长兼徽县人民政府土地改革委员会主任，1952年8月入中央马列学院（现中央党校前身）

学习。1955 年 8 月毕业，调中共甘肃省委党校任教育长，1956 年任甘肃省委党校政治经济学教研室主任。1957 年被错划为右派，受到开除党籍、降职降级的错误处理。1963 年平反，恢复党籍，任甘肃省委党校哲学教研室主任。1968 年 10 月在徽县红旗山“五七”干校劳动。1971 年 12 月调一机部兰州工程处任党委书记兼革委会主任。1976 年调兰州曙光机械厂任党委副书记。1978 年 11 月调甘肃省委党校任副校长，1983 年 5 月离职休养。2004 年在兰州逝世。撰写传记《风雨征程五十年》。

## 卜宪基

卜宪基（1915—2004），字仲元，山东省日照县人，1915 年生，中共党员。著名的农业经济学家、教育家，山东农业大学经济管理学科的主要奠基人。1938 年从国立北平大学农学院农业经济系毕业后，应同班同学王乐恺之邀到成县师范任教导主任。在成县师范工作期间，生活简朴、诲人不倦，博得了广大师生敬仰和赞扬，不少学生在他的教导下走上了革命道路，如 1940 年奔赴延安的叶滨、邓品珊等。1941 年去陕西省咸阳西北农业专科学校任教。中华人民共和国成立后，被选为甘肃省第一届人民代表大会代表。后至华东农科所、华东农林部供职。1955 年调山东农学院教授、农经教研室主任、农学系主任、教务长、校党委委员、顾问等。2012 年 8 月，山东农学院农经七八级全体校友共同提议出资于经管学院阅览室塑成卜宪基铜像。

## 吴治国

吴治国（1915—2006），字岱儒，徽县城关镇北街人。1932 年在西安职业中学读书时，受到革命进步思想的影响。1933 年考入西北军官学校，毕业后，分配到国民军胡宗南部任当骑兵排长。此间，由于对国民党的腐败政治深恶痛绝，遂于 1936 年弃职返回家乡，应伏镇小学校长山炯堂邀请到伏镇小学担任教师，吴治国与山炯堂、苏河、王锐青、周少珊等进步知识分子经常秘密聚会，谈论时局政治，商定共同寻找中共党组织。1933 年夏，吴治国与苏河到兰州西北训练团受训期间，找到了八路军办事处，受到伍修权的接见，并与中共甘工委的同志相识。同年 11 月，经中共甘工委罗云鹏、万良才介绍加入中国共产党。受训结束后，接受中共甘工委的指示，回到徽县开展建党工作。同年 12 月，吴治国介绍山炯堂、王锐青、周少珊入党，建立了陇南第一个中共党小组徽县北街小学党小组。1939 年初，北街小学党小组发展为支部，吴治国任支部书记。同年 3 月，中共徽县委员会成立，吴治国任书记，高健君、山炯堂、王锐青任委员。1941 年 11 月先后在西安八路军办事处、延安西北局民运部工作。1946 年 11 月，吴治国任中共徽县工作委员会书记。1948 年 11 月中共陇南工委成立，任工委委员。1949 年 9 月任武都专署副专员。

全国解放后，1951 年 6 月任天水专署副专员。1953 年 6 月任天水专署专员。1956 年当选中共第八届全国代表大会代表。1956 年秋任中共天水地委书记。1965 年 7 月任甘肃农业科学院党组成员、副院长。1978 年 2 月任天水地区革委会顾问组长。1978 年 4 月任甘肃农业大学党委书记。1979 年 12 月任甘肃省第五届人大常委会副主任兼秘书长。1983 年 3 月任甘肃省第六届人大常委会副主任、党组副书记，省人大政法委员会主任兼甘肃省地方史志编纂委员会副主任。1985 年 5 月离职休养。2006 年 1 月 31 日在兰州逝世，享年 91 岁。

1951 年 6 月，吴治国调任天水专署副专员，1953 年 6 月任天水专署专员，1956 年当选中共第八届全国代表大会代表，1956 年秋任中共天水地委书记，1965 年 7 月任甘肃农业大学党委书记，1979 年 12 月任甘肃省第五届人大常委会副主任、党组副书记，省人大政法委员会主任兼甘肃省地方史志委员会主任。1981 年 8 月兼任省五届人大常委会秘书长。1985 年 5 月离职休养。2006 年 1 月 31 日在兰州逝世。

## 马学海

马学海（1925—2007），回族，徽县东关乡东关村东柳沟人，1943 年 7 月在徽县中学读书时加入中国共产党。后任东关回民小学校长，领导学运工作。1949 年春经中共徽县党组织派遣奔赴延安，先编入陕北党校，后转入西北党校学习。1949 年 7 月组织派遣回甘肃，8 月任天水回民事务所主任，9 月调任甘肃省民委一科副科长。1953 年 8 月调任舟曲县委书记，1956 年 9 月任甘南州委宣传部长兼《甘南报》总编。1957 年 12 月被选任第一届甘肃省伊斯兰教协会副主任兼秘书长。1958 年后历任省民委民族宗教处处长、省委统战部民族宗教处处长；“文化大革命”中受到迫害，后任临夏铁厂书记。1978 年 7 月任西北民族学院政治部主任，1980 年 9 月任甘肃省委统战部副部长兼省宗教局局长。1987 年 4 月被选任第三届甘肃省伊斯兰教协会主任。1988 年 10 月被选任第四届甘肃省伊斯兰教协会会长，省政协民族宗教委员会副主任等职。1995 年 11 月离休后，仍被选任第五届甘肃省伊斯兰教协会名誉会长。曾任兰州伊斯兰教经学院院长，为我国阿文书法艺术作出突出贡献的书法家。中国伊斯兰教协会第六届委员会委员。政协甘肃省委员会四、五、六届委员、常委。2007 年 7 月 3 日逝世于兰州。

## 李文艺

李文艺（1922—2009），武都区城关人。1932 年在武都贡院小学上学，1938 年 9 月在省立兰州中学读书，毕业后在武都中学任教。1945 年 9 月考入成都华西大学农艺系学习。1949 年 7 月毕业回武都，同月加入中国共产党。1949 年 12 月 9 日武都县解放后，李文艺即与杜伯魁、胡必昌等接管武都中学和武都师范，并将两校合并为“甘肃省立中学师范联合学校”。1950 年 2 月至 1950 年 8 月到西北革命大学学习。1950 年年 10 月任武都中学副校长，主持工作。1954 年 2 月任武都中学校长，倡导“面向新中国，培养新人才”，加强教学管理，扩大校舍，扩建操场，教学质量在全省名列前茅。1958年9月被错划为右派，调武都专区业余中学任教。1959年3月先后调至武都三中、康县一中任教。1970年3月至1979年3月因妻子下放农村落户，故先后在康县大南峪乡窑坪小学、郑湾小学任教。“文化大革命”中遭受残酷迫害。1979年4月落实政策后，调任武都一中副校长，1986年底离休。

## 谢福禄

谢福禄（1945—2009），西和县姜席镇人，生于1945年9月，高中文化程度。中国共产党党员。

1962—1965年4月在西和县兴隆区工委工作；1965年5月至1966年9月在天水娘娘坝阳山公社、北道寨子公社张家村社教；1966年10月至1968年10月在城关区工委工作；1968年11月至1969年12月在西和县“五七”干校工作；1970年1月至2002年在西和县公安局工作，曾任政保股副股长，治安股股长，刑警队队长。1982年5月任西和县公安局副局长，1989年12月任局党委书记、局长。1992年12月任副县级侦察员。1994年任正县级侦察员。2002年7月任西和县政协副主席。2004年12月6日退休。2009年6月18日病逝。

1990年被公安部、人事部授予“全国公安系统英雄模范”称号，1993年12月被公安部授予“全国公安战线廉政爱民先进个人”称号，1995年5月被国务院授予“全国先进工作者”称号，2001年荣记个人二等功一次，1991—1996年，西和县公安局连续荣获“全国优秀公安局”六连冠殊荣，1996年被省公安厅授予“全省模范公安局”称号。1997年9月被选为中共十五大代表。

## 窦　昌

窦昌（1929—2011），徽县伏家镇窦坪村人，徽县简师毕业。1949年7月参加革命工作，同时加入中国共产党。1950年3月调中共天水地委组织部任干事、科长。1954年调甘肃省委组织部，历任干事、党员管理处副处长、组织处副处长、办公室副主任等。1957年在反“右倾”斗争中因反右不力受党内严重警告处分，1962年平反。1958年在榆中县搞农业试点，同时又赴平凉地区搞“大炼钢铁”运动。1959年赴河西山丹县调查党的基层组织建设，1959年初因反映农村实情而受批判，被停职处分一年。1960年7月去静宁县组织生产自救，1961年5月回省委组织部工作。1963年赴榆中县进行社会主义教育运动，1964年带职下放榆中县东滩公社任公社副主任。1969年11月曾下放徽县红旗山“五七”干校劳动锻炼。1973年在河口参与筹建兰州维尼纶厂工作，任维尼纶厂指挥部党的核心小组成员、办事组组长。1975年任甘肃省科技局农业处副处长，1978后历任甘肃省科委办公室主任、省科委副主任。1981年带领甘肃太阳能考察团赴美国、日本考察并得到联合国计划开发处的支援，建立起榆中太阳能研究示范基地。1981年调任中共甘肃省委纪律检查筹备委员会副书记，中共甘肃省纪律检查委员会副书记。编写《纪律检查工作概论》。1991年11月离休。2011年10月23日在兰州逝世。

## 宁世忠

宁世忠（1937—2012），西和县人，祖籍山西省运城市新绛县，无党派人士。1961年毕业于西北师范大学政教系，在西和一中任教30余年，中学高级教师。1993年10月，任西和县文联主席，县政协第二、三、四、五、六、七届常委。创办《仇池》杂志，担任主编。获陇南市和西和县“德艺双馨”文艺家称号。擅长书法、诗词、楹联等。中华诗词学会会员，甘肃省诗词学会理事，陇南市书法家协会副理事长。曾主持仇池诗社，编印《仇池诗草》和《仇池诗草》续集。著作有《西和秧歌》《西和快览》《话说仇池》《中国民间故事全书·甘肃·西和卷》《杂碎小集》《秋园拾叶》《宁世忠书法》等。

## 杨保华

杨保华（1910—？），礼县桥头乡杨坝村人，中国共产党党员。1936年8月，红一方面军十五军团骑兵团到靖远县斗城地区，在当地打短工的杨保华参加了红军。“西安事变”后，调红十五军团政治部警卫连当战士。1937年8月，红军改编为八路军，杨保华调三四四旅六八七团当班长，抗日战争时期随部队转战华北、华东地区，参加了“平型关大捷”。1941年“皖南事变”后，三四四旅改归新四军三师，任三师十旅二八团政治保卫干事。淮海军区成立后，曾任军区二支队特派员、营长、副团长等职。1945年8月，随部队开往东北，先后任东北民联军第三师独立旅作战参谋、东北军区骑兵团作战参谋、独立团团长等职，1948年5月，转业到黑龙江林甸县公安局工作。1950年后，先后在沈阳机床三厂、沈阳重型机器厂、沈阳矿机厂学校、宁夏工业学校工作，1963年调宁夏银川橡胶厂任党委书记。

## 苟崇文

苟崇文，武都区城关人，1925年10月生，中共党员。1950年华北大学农学院研究生毕业后一直从事教学工作，历任华北军政大学高级教员，北京农业大学艮治分校兽医专修科主任，内蒙古农牧学院教授，研究生班主任，动物解剖学、组织学与胚胎学硕士生指导教师，中国解剖学会、中国畜牧兽医学会内蒙古分会副理事，中国畜牧兽医学会华北分会常委。主讲中兽医学、解剖学、组织学与胚胎学、细胞免疫学、细胞生物学及医学电子显微镜技术。在学术上以畜禽免疫器官的细胞化学为研究方向，曾承担激光对家禽免疫力影响肌理的研究课题。主要研究成果有《元亨疗马集》重编校正和注释选释（合作），1986

年荣获部级科学技术进步二等奖；“蒙古绵羊胚胎发生”（主持），1986年获自治区科学技术成果奖，该研究成果填补了我国蒙古绵羊胚胎发生的空白，丰富了脊椎动物胚胎学内容；“中国主要地方猪种质特性的研究”（合作），1985年获部科学技术进步一等奖。主要著作有《兽医组织学》（合译）、《兽医组织学》（合编）、《家畜组织学及胚胎学》（合编，农业出版社1979年出版）、《彩色家畜组织学医谱》（合编，1982年获全国优秀图书奖）。主要论文有《蒙古绵羊胚胎的胚龄发牛》《蒙古绵羊胚胎学的原肠形成》《蒙古绵羊胚胎中轴形成》等。卒年不详。

## 冉明学

冉明学，宕昌县沙湾镇鹿川村人，1933年7月生。1949年7月参加中国人民解放军，在第六十一军一八三师政治部任公务员、警卫员。1950年朝鲜战争爆发后，随部队入朝参战，任志愿军第十二军后勤部警卫员；1952年调工兵营二连任班长，荣记三等功一次。1953年被选送到中国人民解放军第九步兵学校学习，被学校评为模范共青团员，先后三次荣记三等功，并被评为全大队优等生。同年10月，加入中国共产党。

1956年9月步兵学校毕业后分配到中国人民志愿军文化速成中学任军事教员。1958年调任解放军第二十三军六十七师二〇一团司令部任参谋。1963年任步兵第二〇一团五连连长，在1964年全军开展大练兵活动期间，被军、师评为训练标兵。1965年任步兵第二〇一团二营营长。1966年被解放军总参谋部选调到中国人民解放军驻坦桑尼亚军事专家组任军事教官。1968年回国后历任步兵第二〇一团副团长、团长，1969年3月参加了珍宝岛对苏自卫反击战，在战斗中冒着严寒和苏军炮火封锁，带领3个连队经过一个月的艰苦斗争，把被解放军击伤的一辆苏军T—62坦克从乌苏里江抢回，并送北京军事博物馆展览，团队受到上级表扬，三个连队均立了功。1974年任步兵第六十七师副师长。1979年选调到中国人民解放军总参谋部外语学院学习。1980年任步兵第六十七师师长。1983年任陆军第二十三集团军副军长、军长。少将军衔。1990年离休。1992年2月，中华人民共和国中央军事委员会授予胜利功勋荣誉章。

## 马永祥

马永祥，回族，成县人，1914年生。少时家贫，15岁至马廷贤部当兵，后流落兰州、东乡、广河诸地作苦工。1934年，至国民党部队当兵。1936年，于环县曲子镇参加红军，旋加入中国共产党。1937年10月，延安中央党校学习结业后分配至兰州八路军办事处工作。1938年2月，曾于榆中县内官营策动国民党部队兵变，失败后回延安。1946年2月，任中共甘肃工委交通员，与肖焕章开客栈于兰州之下沟沿，负责党的地下活动交通站工作。同年8月，至康乐县参与组建中共陇右游击队，并于广河县排子坪建回民支队，任副支队长。中华人民共和国成立后，历任临夏州检察院检察长、州纪律检查委员会书记、副州长、州人大常委会副主任、政协临夏州委副主席等职，1982 年离休。卒年不详。

## 郭效仪

郭效仪，山西省夏县人，1918 年生。少年时投河南陕州地方保安队当兵，旋离队务农兼开药铺。1938 年 3 月，任夏县抗日游击队十二中队班长，同年 9 月加入中国共产党。1939 年，任夏县二区牺牲救国联盟会武装干事、情报员。1949 年 8 月，随解放军西进甘肃，任天水县公安局长。其后，历任天水地区公安处长，中共天水地委常委、天水地区基本建设委员会主任，中共徽县县委书记，中共成县县委书记，武都黄鹿坝电站工程指挥部副主任、主任，武都地区林业办公室主任等职。1979 年，任武都地区纪律检查委员会书记。1981 年 10 月任武都地委顾问，1983 年 5 月离休。卒年不详。

## 李琦坊

李琦坊，安徽省阜阳人，1921 年 2 月生，西安医学院毕业，主治医师。中共党员。1952 年—1954 年任武都专区人民医院院长，也是现在陇南市第一人民医院的主要创始人之一。建院初期，基础设施差，专业技术人员极缺，李琦坊接收了由意大利、法国传教士办的“武都公教诊疗所”，在莲湖旁修建了 20 间平房，开设了门诊及住院病床，添置了 X 光机、简易手术床等小型设备，陆续引进了内、外、妇、中医、检验、放射、药剂等专业技术人员，为陇南地区医院的发展奠定了基础。卒年不详。

## 赵举贤

赵举贤，礼县永兴乡捷地村人，1922 年 8 月生，1949 年 7 月参加工作，中共党员。1941 年 9 月至 1947 年 7 月，先后在兰州中学、重庆国立边疆学校、浙江大学附属中学上初、高中。1947 年 9 月至 1949 年 6 月，在浙江大学、同济大学上学。1949 年 7 月在中央团校学习，1950 年 3 月毕业后分配在中国青年杂志社工作，1953 年加入中国共产党。1965 年 1 月至 1978 年 4 月，先后调国务院农办、农业出版社工作。1978 年 5 月调中国社会科学院哲学研究所工作，历任哲学研究所研究室副主任、副研究员。主要论文有《客观规律和主观能动性问题》《用事物相互联系观点指导经济建设问题》《建设有中国特色社会主义问题》《科学技术是第一生产力问题》等，1986 年 12 月离休。卒年不详。

## 邓品珊

邓品珊，原名邓述祖，1922 年 9 月生，成县东岳乡（今支旗乡）支旗村人。少时就读于私塾及东街小学，青年时考入成县师范，时值抗日之火正炽，乃于 1939 年 12 月与同学折步洲（即叶滨）密赴西安，与八路军办事处联系，于翌年 1 月进入延安，入安吴青训班学习。历任陕甘宁边区教师联合会宣传部长、边区教育厅宣传部长、边区办公厅俱乐部主任、西北野战军第二军骑兵团政治部主任兼总支书记等职。1950 年后，历任中共西和县委书记，中共武都地委副书记，中共甘肃省委文教部副部长、宣传部副部长，中共定西地委书记，甘肃省出版局局长、党组书记，甘肃省教育局局长、党组书记，甘肃省政协常委等职。主编《甘肃省志·教育志》《现代普通教育管理学》《甘肃教育大事记（1949—1983）》《甘肃教育年鉴（1949—1986）》等。

## 何 载

何载，原名容恭，1919 年 12 月 8 日生于成县红川镇一个贫困农民家庭。8 岁随父母回到祖籍陕西省宝鸡县。在省立西安第一中学上学时，积极参加了中共外围组织“抗日民族解放先锋队”，先后担任队长、区队长，参加了关中、陕南和甘肃陇南数十县的抗日救亡宣传工作。1936 年底，他受中共西安地下党组织委派去陕北送信，留在延安，先后在中共中央党校、马列学院、中央研究院以及抗日军政大学学习。1938 年 2 月 1 日加入中国共产党。为了表达他忠心报国，为中华民族勇挑重担的决心，改名“何载”。

抗战时期，何载主要在陕北、晋绥边区工作，曾先后担任中宣部延长地区访问团副团长、选举工作团团长、征粮扩兵团团长、志丹县代理县长、边区师范党委代书记等，积极参加建政、征粮、扩兵和游击战争。1943 年，调中共中央西北局工作，参加了党的基层组织建设和农村政权建设的调研工作。

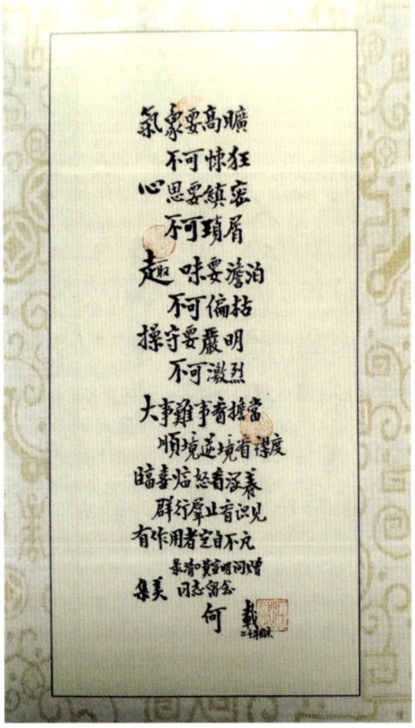

何载书法

解放战争时期，何载担任游击队指导员。1947 年，调到西北野战军司令部工作，随部队转战西北战场。1948 年，到陇东绥德县义合区黄家川参加土地改革，在土改中他提出“抽肥补瘦，填平补齐，调剂土地”的办法，毛泽东亲自作了批示，与另外两篇文章并称为土改“三大经验”，印发中央各局推广。

中华人民共和国成立后，何载受中共中央西北局委派，参加“中共组织工作代表团”赴苏联学习考察，受到斯大林接见。1950 年 5 月，何载被选调进入中南海工作，先后任中共中央书记处政治秘书室（主席秘书组）秘书、中共中央办公厅秘书室主任兼中南海党总支书记，专门负责联系统战和民族口的工作，并为毛主席处理人民来信。参与了《毛泽东选集》编校，编纂了“六大”以来中央重要文件汇编本。1958 年，何载因中南海“黑旗事件”而遭受诬陷，被戴上“反革命帽子”，受到开除党籍、开除公职处分，先后下放到河北唐山劳改农场和山西运城劳动改造长达20年之久，在逆境中，何载当过掏粪工、赶牛车、炊事员、农民、榨油工、车间主任、科长、副厂长、地区科委主任。

1978年后，何载被平反昭雪，调到中共中央组织部任干审局局长、秘书长，在胡耀邦直接领导下，主持中央组织部审改办公室工作，协助领导开展平反冤假错案工作。党的十一届三中全会后，何载受中央指派去青海、湖南、宁夏、福建和河北等省协助解决领导班子中的问题。后任全国政协法制委员会常务副主任。1990年，中央通知何载享受正部级待遇。

1989年3月13日，何载牵头筹备成立“中国扶贫基金会”，由李先念为名誉会长，项南为会长，127位老部长老将军为理事，何载任常务副会长，具体负责基金会日常工作。1992年，从中央组织部秘书长退离第一线后，又任全国政协常委兼财经组副组长。何载深入全国500多个贫困县，走访2000余个山村，推行了“东西部互助”“干部对口交流”“先富帮后富”“干部培训”“小额贷款”“万眼爱心水窖”等扶贫经验，帮助农民脱贫致富，累计为西部贫困地区免费培训乡镇干部48000人，县级干部1800人。

何载主要著作有《红旗漫卷西北高原：缅怀习仲勋在西北》《冤假错案是这样平反的》。

## 刘中仁

刘中仁，字蔼如，1911年3月生于山东省诸城县，民革党员。幼年时随父母闯关东落居吉林省通化县。1933年毕业于北京朝阳大学法律系，历任山东莘县、长山县、朝城县、邹县司法处审判官。1938年，考入武昌战时工作干部训练第一团受培训。同年秋毕业来甘肃工作，历任西北训练团中校大队指导员、天水专署科长、甘肃省财政厅科长、甘肃学院讲师。1941年调任两当县县长，1943年7月任调徽县县长。1948年底又调任甘肃省政府秘书处主任秘书。1949年8月26日兰州解放后，留任甘肃省人民政府办公厅秘书处副处长，“文化大革命”中受到迫害。1979年“平反”后任省人民政府参事室参事，甘肃省第五、六届政协委员。

刘中仁在徽县任县长时间较长，在位时为官清正廉洁，离任时所用办公品小至笔墨纸砚都一一开列清单移交。离徽赴省时因路费不足，宁肯将他人赠送于他的手枪卖掉，也不愿接受同乡和百姓的捐助。生平不沾烟酒，不赌博，不讲究吃穿。为避免保甲人员给百姓搞摊派，下乡常自带干粮或在集市吃小吃，不在保甲长家中吃饭。在徽县任职间严厉禁毒、禁赌、禁娼，并取缔一贯道活动。严惩恶霸劣绅，省上派驻徽县的人员冒领薪金也受到他的严厉处罚。当时乡镇公所摊派繁多，刘中仁制订了“乡镇临时费管理办法”，减轻了农民负担。重视教育，爱惜人才，就任不久，即创建了徽县中学。徽县城常常受到洪水的威胁，他发动群众每年植树节在西河岸广植柳树，形成了近两公里的防洪林带，确保了县城的安全。1944年秋，他带头将省政府奖给他的200多石粮食捐献给地方，在县城北仓增修了一座粮仓。百姓誉之为“乱世清官”。著有回忆录《我在徽县的回忆》等。

# 第二章　人物简介

**（以生年时间为序）**

## 第一节　在陇南任正地级职务人物

黄恩明（1909年11月20日—2001年12月23日），曾用名黄巨恩，陕西省清涧省石盘乡上坪村人，1934年7月加入中国共产党。1934年2月至1935年12月在陕西省清涧县石盘公社上坪村从事秘密活动和赤卫队工作。1935年12月至1936年7月在瓦窑堡中共中央党校学习，后随红十五军团做地方工作。1936年7月先后任中共环县、宁县县委组织部部长。1937年2月在中共陕北省委党校学习。1937年5月任陕北省互济会主任。1937年秋在陕甘宁边区党校学习。1938年2月任中共山西省保德县委书记。1939年7月任中共山西省河曲县委书记。1940年春任中共晋绥二地委组织部部长。1941年春任中共晋绥二地委书记兼军分区政委。1942年3月在延安中共中央党校一部学习。1944年8月任绥德专区沿黄工委书记兼支队政委。1945年冬任中共晋绥十地委组织部部长。1947年春任中共晋绥九地委组织部部长。1949年6月至1953年初任中共甘肃省武都地委副书记。1953年初至1954年12月任中共甘肃省委委员、武都地委书记兼武都军分区党委书记、政委。1954年12月在西安中共中央中级党校学习。1957年2月任中共甘肃省委农村工作部副部长。1962年冬任中共武都地委书记兼武都军分区党委第一书记、政委。1970年冬任甘肃省农宣队天水分队副指导员。1971年6月任甘肃省革委会农业组副组长。1972年冬任甘肃省物资局党的核心小组组长、局长。1978年7月任甘肃省农办（农委）副主任。1979年7月任中共甘肃省委纪律检查委员会筹备小组副组长、副书记。1981年9月任中共甘肃省委纪律检查委员会筹备委员会副书记。1982年12月离职休养，1984年经中组部批准享受副省级待遇。2001年12月23日在兰州逝世。中共甘肃省第一届、三届委员会候补委员，第一届（1955年5月中共甘肃省第三次代表会议增补）、四届省委委员。

王子厚（1911—1981），原名王崇德，镇原县新城镇阴坡沟人，农民家庭，中共党员。1936年12月，王子厚任南三镇抗日救国会生活部长。1937年4月任镇原县南三镇中心区委组织科长（期间参加延安抗大学习），1937年12月任中共庆阳县委武装部干事；1939年2月，调任庆环分区机关任管理员。1940年3月，任陕甘宁边区镇原县民主政府四科科长。1943年任镇原县政府保安科长。1946年2月当选为镇原县县长。1947年2月兼任大队长。

1948年2月，调任平东游击大队长。1949年8月任平凉分区专员公署副专员。1954年任武都地区专员公署专员（代理，1954年12月至1955年2月），期间曾在中央第二中级党校学习。1958年6月，兼任引洮工程局工务处处长。1959年在反右倾运动中受到批判，被降职下放劳动。1962年11月，王子厚任甘肃省民政厅副厅长，1964年任省民政厅党组成员、副厅长，“文化大革命”中又受审查批斗。1978年，再次担任甘肃省民政厅副厅长。1979年12月当选为省五届人大常委会委员。1981年1月18日，王子厚在兰州逝世。

杨福祥（1911—1996），陕西吴旗县人，1935年8月参加革命，同年加入中国共产党，历任陕西省赤安县（今志丹县）第五区第四乡主席，第五区政府经济委员兼秘书、特支书记，甘肃省华池县委宣传部长，中共庆阳县委统战部长，庆阳县政府财建科长、县长兼司法处长、武装大队长兼政委，中共平凉地委委员，中共泾川县委书记兼武装队政委。1953年1月任中共兰州市委常委、市纪律检查委员会书记、市政府监察委员会主任。1955年8月中共武威地委常委、专署党组书记兼专员。1955年11月至1957年12月任中共武都常委、专署党组书记兼专员，后任白龙江林业局党委书记兼局长，甘肃省水土保持局党组副书记、副局长，省林业局党组成员。离休后享受副省级待遇。1996年3月7日在兰州逝世。

赵希敏（1913—1984），山西省汾西县邢拔村人，中共党员。1937年参加山西牺牲救国同盟会，1941年5月任阳（曲）西县抗日民主政府县长。1946年6月，赵希敏先后担任晋绥边区第八专署民政科长、蒲县县长、隰县县长、第九专署副专员。1949年7月，为配合解放大军挺进西北，中共中央西北局开始从陕甘宁地区和山西两地抽调大批地方军政干部，组建西进干部工作团。1949年8月赵希敏任甘肃武都地区专员，于同年8月上旬到达武都地区，全面开展旧政权的接收接管和新政权的建立工作。1954年10月以后，相继担任白银市805厂筹建主任、四川泸州市255厂厂长和党委书记、辽阳375厂党委书记、陕西户县845厂党委书记和顾问等职。

王治邦（1913年11月—2005年2月7日），陕西靖边县镇靖镇人。1934年6月参加革命工作，同年加入中国共产党。1934年6月起历任靖边县赤卫军中队指导员、大队指导员，靖边县乡苏维埃政府文化委员、经济委员。1934年10月任靖边县党支部组织委员。1934年10月至1935年2月任陕西赤原县第六区办事处处长。1935年2月至1942年2月先后任中华苏维埃赤原县第六区政府主席、赤卫军第二十二支队政治委员、中华苏维埃靖边县政府主席、中华苏维埃靖横县政府主席、靖横县抗日民主政府县长。1942年3月至1945年2月先后在陕甘宁边区政府政权班、中共中央党校学习。1945年2月至1948年3月任陕甘宁边区政府卫生署副署长、署长、党总支书记兼边区政府民政厅第三科科长。1947年2月兼任西北局战争动员委员会副主任。1948年3月任陕甘宁边区政府陇东分区副专员。1949年8月任平凉分区专员兼法院院长。1952年2月任甘肃省财经委计划局局长。1952年12月任甘肃省财经委副主任兼省合作局局长。1954年8月当选甘肃省委委员，任中共甘肃省委财贸部部长兼省政府财贸办公室主任。1955年9月在中共中央高级党校学习。1956年10月任甘肃省计划委员会副主任。1960年11月任甘肃省经济委员会主任、党组书记。

1961 年 11 月任中共兰州市委书记处书记。1962 年 5 月任中共酒泉地委第一书记兼酒泉军分区党委第一书记、政委。1968 年 3 月任酒泉地区革委会副主任。1970 年 5 月至 1972 年 7 月任天水地区革委会副主任、中共天水地委副书记。1972 年 7 月至 1973 年 5 月任中共武都地委书记、武都地区革委会主任。1972 年 11 月任甘肃省革委会生产指挥部主任兼省革委会财贸办公室主任。1979 年 2 月任甘肃省革委会副主任，兼任甘肃省计划委员会主任。1979 年 7 月任甘肃省副省长，兼任甘肃省计划委员会主任（党组成员）。1980 年 12 月任甘肃省副省长，兼任甘肃省基本建设委员会主任。1983 年 12 月任甘肃省顾问委员会常委。1985 年 3 月离休。1985 年 11 月，任甘肃省延安精神研究会常务副会长、甘肃省关心下一代工作委员会主任。2005 年 2 月 7 日在兰州逝世。中共甘肃省第一届、三届、四届、五届委员会委员，第二届省委候补委员。

陈致中（1915 年 12 月—1989 年 12 月 18 日），陕西省清涧县人，1934 年 4 月参加中国共产党。1934—1935 年任中共清涧县中三区支书、区委科长、中共清涧县委干事。1935—1936 年 11 月任中共陕北省委巡视员、东北军工委委员、中共横山县委副书记等职，参加领导了当地的反“围剿”游击战。1936 年 11 月任中共靖边县委书记。1938 年 12 月在延安中共中央党校学习，任支部书记。1939 年 12 月至任中共镇原县委书记。1944 年 10 月任中共陇东地委组织部副部长、部长。1946 年 9 月任中共西海固工委书记。1947 年 2 月任中共环县县委书记。1948 年 5 月 11 日任中共甘肃工委派平东工委巡视员。1948 年 11 月任中共甘肃陇右工委书记、陇右游击队政治委员，在十分危险与困难的环境下，发展了党的地下基层组织，建立了地下革命武装，组织力量支援解放兰州战役。1949 年 9 月至 1952 年 10 月任中共武都地委书记兼武都军分区政委。1952 年 11 月任中央文化部干部司司长。1962 年 8 月任中共天水地委副书记。1963 年 5 月任中共临夏回族自治州委第一书记。1964 年 4 月至 1965 年 10 月任中共临夏回族自治州委书记。中共甘肃省第四届委员会委员。1965—1977 年任中国科学院半导体研究所党委书记，1977—1980 年任中国科学院古脊椎动物与古人类研究所党委书记。1980 年复任中国科学院半导体研究所党委书记，1982 年离休。因病于 1989 年 12 月 18 日 5 时 45 分在北京逝世。陈致中同志遗体告别仪式在八宝山革命公墓礼堂举行。

王菁华（1915 年 12 月 5 日—2002 年 10 月 18 日），陕西省韩城人，曾用名汪克明，中共党员，高师肄业。1937 年 3 月在西安师范学习，参加民族解放先锋队，开展抗日宣传工作。1938 年 2 月在延安抗日军政大学学习。1938 年 8 月在延安中共中央组织部党员学习班学习。1938 年 10 月任八路军西安办事处招待所主任。1941 年 2 月在中共中央北方局党校学习，任支部委员。1941 年 8 月在中共中央北方局党校干部科工作。1942 年 10 月在中共太岳区党委调查研究室工作。1943 年 3 月任中共太岳区党委直属工委书记。1945 年 10 月任山西稷鹿县农会副主席。1946 年 10 月任中共山西安夏工委组织部部长。1947 年 3 月任中共山西安邑县委组织部部长兼农会主席。1947 年 12 月任山西安邑县县长、中共安邑县委常委。1949 年 8 月任天水专区专署秘书长。1949 年 12 月任中共徽县县委书记。1952

年 11 月任中共天水地委秘书长。1954 年 10 月任天水专区专署专员、中共天水地委常委。1956 年 10 月任中共武都地委书记兼武都军分区党委第一书记、政委。1958 年 6 月任中共天水地委书记处书记、天水专区专署专员。1959 年 3 月任中共白银市委书记处第一书记。1963 年 12 月任中共平凉地委副书记。1965 年因白银“四清”被错误免职。1979 年 2 月至 1982 年 6 月任中共平凉地委副书记。1982 年 6 月至 1983 年 8 月任天水地委顾问。中共甘肃省第三届委员会候补委员。2002 年 10 月 18 日在天水逝世。

孙久德（1916—1976 年 4 月），曾名孙长贵，陕西省子长县栾家坪乡阎家河村人。1935 年 8 月参加革命，1936 年 12 月加入中国共产党。历任子长县政府经济员、总务科长，陕甘宁边区财政部巡视员。抗日战争时期，历任镇原县区委组织科长、区长、区委书记、县委常委、组织部长。解放战争时期，历任中共镇原县委副书记、县委书记，镇原县游击大队政委、陇东地委组织部副部长。1949 年 12 月后，历任中共岷县分区地委常委、组织部部长、武都地委常委、组织部长、武都地委副书记、代理武都专区专员（1954 年 10 月至 12 月），1955 年 2 月至 1956 年 7 月任中共武都地委书记。1956 年 5 月后历任中共甘肃省委财贸部副部长、中共兰州市委书记处书记、中共甘南藏族自治州委书记兼政协甘南州第三届委员会主席、甘肃省计划委员会副主任等职。1976 年 4 月 21 日在兰州因病逝世。

杨培发（1917 年 2 月—？），山西省沁县古城村人，高小毕业。1937 年 9 月任山西抗日新编十二团二营五连战士，后参加山西牺牲救国同盟会。1938 年 1 月加入中国共产党。曾任山西省中共沁源县三、四、七区区农会主席及区委书记、县农会副主席等，1948 年 3 月任荣河县县长。1949 年 8 月任解放后的秦安县第一任县长。1950 年 5 月调任中共清水县委书记。1954 年 7 月后历任卓尼藏族自治区工委书记、行署副主任、中共甘南州委委员，1956 年 10 月任中共甘南州委常委、甘南藏族自治州人民委员会副州长，1963 年任中共甘南州委副书记。1965 年 11 月任省建安装公司队委书记、副队长。1970 年调武都地区生产指挥部副主任，1974 年任中共武都地委统战部长，1977 年 12 月至 1978 年 12 月调任武都地区革命委员会副主任，1977 年 12 月至 1981 年 10 月任中共武都地委副书记、行政公署专员。1981 年 11 月任省政协专职常委。1982 年 12 月离休。

陈振国（1917—？），江西省永新县人，中共党员。1932 年参加红军，长征途中随红二方面军红六军团征战陇南。1965 年 4 月至 1966 年 5 月任中共武都地委副书记、武都地区专员公署专员，“文化大革命”开始后被夺权。1973 年 10 月至 1976 年 10 月任武都专区革命委员会副主任，1976 年 10 月至 1980 年 3 月任中共武都地委副书记，1980 年 3 月至 1983 年 4 月任甘肃省五届人大常委会常委，1983 年 4 月至 1988 年 1 月任政协甘肃省五届委员会常委。

向汉生（1917 年 10 月—1972 年 4 月），湖南省慈利县人，中共党员，大校军衔。1935 年 10 月参加红军，任红二方面军二军团第四师第十团战士、班长、排长。长征途中征战陇南。1939 年 1 月后历任八路军第一二 0 师第三五八旅第七一五团连长、参谋、副营长、营长。1945 年 8 月任吕梁军区七分区汾阳支队副支队长、支队长、八分团团长。1949

年1月任第七军第二十一师第五十三团团长，再次征战陇南。1952年2月任东北军区炮兵第二十二师第二0四团团长、师干部部部长，炮兵第三十一师副师长。1957年2月在高级炮兵学校学习。1958年9月任兰州军区炮兵第十五师副师长。1965年2月任平凉军分区司令员。1969年3月任武都军分区司令员、党委书记，中共武都地委书记；1971年4月兼任武都地区革委会主任（军代表）。1972年4月不幸因车祸牺牲。1955年被授予上校军衔。曾获三级八一勋章、三级独立自由勋章、三级解放勋章。1964年晋升为大校军衔。中共甘肃省第五届委员会委员。

钟永棠（1924年8月—2011年2月23日），山东省荣城人，中共党员。1939年9月入胶东抗日军政大学学习，后调任鲁南区党委青救会干事。1941年1月任鲁南干校干事、青救会干事、主任。1942—1945年5月在山东泽东干校、滨海区党委党校学习。抗日战争胜利后，任中共鲁南二地委青救会主任、鲁南区青救会农村工作部部长。1946年11月在中共鲁南区委党校学习。1948年3月任南下支队四大队大队党委组织干事。1948年10月任中共湖北省郧阳县委宣传部部长。1949年8月任中共湖北省竹溪县委副书记、书记（其间：1949年11月到中共中央华东局党校学习）。1953年9月任中共中央中南局组织部党管处科长、副处长。1955年 1月任中共中央组织部科长、中共中央组织部巡视员。1958年1月任中共甘肃省委组织部干部处处长。1959年秋被错误批判。1961年1月任中共甘肃省委办公厅副主任。1962年9月任中共灵台县委书记。1964年5月任中共平凉地委副书记、平凉专区专署专员、中共平凉地委代书记。“文化大革命”中受冲击。1971年3月任甘肃省山丹农宣队副队长。1971年6月至1974年5月任甘肃省水电四局工程局革委会副主任、党委常委。1974年5月至1975年2月任水电四局工程局革委会主任、党委书记。1975年5月任甘肃省水电局局长、党委书记。1975年12月至1981年10月任中共武都地委第一书记（1975年12月至1978年12月兼任武都地区革委会主任）。1979年2月兼任武都军分区第一政委、党委第一书记（1979年5月起）。1981年10月至1985年8月历任中共甘肃省委副秘书长及调查研究室、政策研究室、农村政策研究室主任等职。1985年8月至1994年6月任中共甘肃省委党校校长。中共甘肃省第六届委员会委员。2011年2月23日逝世。

张世清（1925年9月13日—），山西省临县刘家会乡碾则沟人，中共党员。1943年在乡农会工作，1948年7月军参加临县新兵团。1948年10月后历任解放军一军三团侦通连战士、班长，四军十师二十九团六连排长，十师政治部管理排长。1950年7月任岷县将台区公所副区长，1951年3月任岷县良恭区委书记。1952年11月任文县人民银行行长。1955年8月任武都专区百货公司经理，1956年3月任武都专区供销合作办事处副主任。1957年4月任中共武都地委财贸部副部长。1958年6月至1959年11月任中共天水地委财贸部副部长、商业局局长。1959年11月任天水地区戏剧学校杂务，1960年7月至1961年5月秦安县王家铺公社下乡。1961年5月任中共天水地委财贸部副部长，1962年1月调任中共武都地委财贸部副部长，1962年7月任武都专署计划委员会副主任。1964年9月任中共武都县委副书记，1968年8月任中共成县县委书记、县革委会主任。1973年5月至1978年7月任中共武都地委书记（1973年5月至1975年12月兼任武都地区革委会主任，1976年9月至1978年7月兼任白龙江林业管理局党委书记，主要负责白龙江林业管理局工作）。1978年7月至1983年5月任中共平凉地委副书记。1983年5月至1986年7月任平凉地委顾问。1986年7月离休。

郭一平（1926年6月—），陕西淳化县人。1939年在淳化县小学学习，1942年到耀县中学学习，1945年秋在三原工职水利科学习，1949年3月到6月在延安大学新三班学习，1949年7月西进甘肃武都工作。1949年8月至1950年在武都专署任伙食管理员，1950年秋至1951年春在专署建设科当科员，同年加入中国共产党。1951年秋在至专署办公室任机要秘书，1954年在专署统计科当副科长。1955年任武都专区计委任副主任，1956年秋在中共武都地委农林部任副部长。1958年武都专区并入天水专区后，任天水专署办公室副主任。1962年武都专区恢复后任中共武都地委农林部副部长，1968—1972年在五七干校劳动，1972年任武都专署农业局长。1978年秋任中共武都县委书记。1981年2月任中共武都地委副书记。1983年中共武都地委顾问，1991年1月离休。

张自强（1930年6月—），甘谷县人，曾用名张健吾，中共党员。1949年8月在中共甘谷县委干校学习。1949年11月任甘谷县东南区公所助理员。1950年1月10月任中共甘谷县委组织部干事。1951年11月至1954年11月任中共甘谷县第二区区委书记、中共甘谷县委委员。1954年12月任中共甘谷县委生产合作部副部长。1956年4月在农业部干部学校学习。1957年9月至1959年9月任天水专署农林水利组副组长、天水专署水利局副局长、党总支书记。1959年10月任中共武山县委书记处书记。1962年1月任甘谷县委副书记。1963年8月任中共甘肃省委农村工作部二处副处长。“文化大革命”初受冲击。1969年11月至1974年12月历任甘肃景泰川电灌工程指挥部党的核心小组成员、办事组长、保卫组长、政工组长、直属机关党委书记等职。1975年1月至任甘肃中部地区工作组成员。1976年1月至1977年4月任定西地区农办副主任。1977年4月任中共陇西县委书记、陇西县革委会主任、中共定西地委委员。1981年10月任中共武都地委代书记。1983年5月任中共武都地委书记兼武都军分区党委第一书记、第一政委（至1985年 11月）。1985年11月任中共甘肃省委农村工作部部长。1987年3月任中共甘肃省委政法委副书记。 1988年4月至1991年5月任甘肃省监察厅厅长、党组书记。中共甘肃省第六届委员会委员。

王凤鸣（1934年8月—），武都区汉林乡人，中共党员。1952年8月参加工作，历任武都县洛塘区副区长、武都县民政科副科长、交通局副局长、工业交通科副科长；张掖县上秦公社党委书记、革委会主任；中共民乐县委常委、革委会副主任；山丹县委副书记、书记、革委会副主任、主任，中共张掖地委委员；1982年6月至1983年5月任中共武都地委常委、组织部长；1983年5月至1985年6月任中共武都地委副书记、武都地区行署专员；1985年6月至1989年7月任中共武都陇南副书记、陇南地区行署专员；1989年7月至1991年6月任中共陇南地委书记、陇南军分区党委第一书记等职。1991年6月调任甘肃省民政厅厅长、党组书记。1993年1月任甘肃省八届人大常委会委员，1993年3月任省九届人大常委会副秘书长兼办公室主任（正厅级）。

李佐栋（1935年9月15月—），靖远县四龙乡李台村人，1951年毕业于靖远中学，1953年5月加入中国共产党，1952年6月后历任中共靖远县委宣传部干事，组织部干事、副部长、部长。1960年5月后历任靖中共远县委副书记，中共临泽县委副书记，中共民乐县委副书记、县革委会副主任，中共高台县委书记、县革委会主任，中共岷县县委书记、县革委会主任、县武装部政委。1980年8月任武都行署副专员。1981年9月至1983年5月任中共武都地委副书记、武都行署专员。1983年5月至1985年11月任中共武威地委副书记、武威行署专员。1982年7月至1983年7月在中共中央党校培训部学习。1985年11月后历任甘肃省水利厅党组书记、副厅长、厅长。1993年5月任甘肃省政协常委、农工委主任。

杨继雄（1935年11月—），临洮县人，中共党员，工程师。1955年9月至1958年11月在西北工学院、西安交通大学电力系学习。1958年11月至1963年3月任上海交通大学助教、上海机电设计院设计员。1963年3月至1970年10月在上海新华无线电厂、七机部二院二十四所工作。1970年10月至1981年6月任甘肃省定西地区工业局、农机局、计委、科技局、科委干事、科长。1981年6月至1983年5月任定西地区科委副主任。1983年5月任定西地区行署副专员。1989年7月任中共陇南地委副书记，1989年8月任陇南地区行署专员。1991年4月任中共陇南地委书记兼陇南军分区党委第一书记。1994年4月任甘肃省人大常委会农业工作委员会副主任。1998年4月至2003年1月任甘肃省人大常委会农业与农村工作委员会主任。中共十四大代表。中共甘肃省第八届委员会委员。

刘守业（1936年4月—），文县石坊乡人，1952年参加工作，先后在武都地委干校、党校、省委党校、西北农学院学习。1955年加入中国共产党。曾任文县堡子坪乡文书、乡长，文县临江区委书记，中共文县县委书记处书记，中共天水市委书记处书记，共青团武都地委书记。1977年任中共武都县委常委、县革命委员会副主任，1980年11月任中共康县县委副书记，1982年7月任中共康县县委书记，兼任中国人民解放军康县人民武装部党委书记、第一政委。1986年任陇南行政公署副专员。1992年2月任中共陇南地委副书记、行署专员。1993年4月，任省扶贫办副主任（正厅级）。1996年2月至2003年2月任第七、八届省政协常委。

赵麟祥（1942年10月—），庆阳市庆城区人，中共党员。1963年7月在甘肃农业大学农学系农学专业学习。1968年8月在部队农场工作。1970年4月在甘肃省农宣队成县分队工作。1971年9月任康县种子公司技术员。1981年1月任康县多种经营办公室副主任。1982年5月任康县副县长。1983年9月在中共中央党校社科党建专业干部研究生培训班学习，获研究生学历。1985年7月任中共文县县委书记。1988年12月任中共陇南地委委员、地委宣传部部长。1990年8月任中共陇南地委副书记。1993年5月任中共陇南地委副书记、陇南地区行署专员。1994年5月任中共陇南地委书记兼陇南军分区党委第一书记。1996年3月任甘肃省农业厅厅长、党组书记。1998年4月任甘肃省农业委员会主任、党组书记。2000年5月任甘肃省政府副秘书长、省政府办公厅党组成员、甘肃省农办主任。2001年6

月任政协甘肃省委员会农业和环境资源委员会副主任（正厅级）。2003 年 2 月至 2008 年 1 月任政协甘肃省委员会人口资源环境委员会主任。中共甘肃省第九届委员会委员。第八、九届省政协常委。

张学忠（1943 年 2 月—），生于兰州市，中共党员。1958 年 8 月在兰州师范学校学习。1961 年 7 月任兰州师范学校附属小学教员。1964 年 12 月 11 日任甘肃省人民委员会办公厅、甘肃省革委会生产指挥部、中共甘肃省委办公厅秘书（1964 年 9 月至 1966 年 6 月在兰州大学附设业余大学汉语言文学专业学习）。1977 年 11 月至 1978 年 5 月任中共甘肃省委办公厅、兰州军区司令部办公室秘书。1978 年 5 月任武威县法放公社党委书记。1979 年 12 月任中共甘肃省委办公厅秘书、兰州军区司令部办公室副团职秘书。1980 年 8 月任中共榆中县委书记。1983 年 5 月任中共兰州市委副书记。1985 年 11 月至 1989 年 5 月任中共陇南地委书记（1984 年 9 月至 1986 年 7 月在西北师范学院语言文学专业学习，大专学历）。1986 年 2 月至 1989 年 9 月兼任陇南军分区党委第一书记。1989 年 5 月任甘肃省副省长。1990 年 12 月任中共西藏自治区委副书记（其间：1992 年 9 月至同年 12 月在中共中央党校进修一班学习）。1994 年 7 月任人事部副部长、党组成员。1998 年 5 月任人事部副部长、党组副书记，中共中央大型企业工作委员会委员。1999 年 12 月任人事部副部长、党组副书记。2000 年 11 月任人事部部长、党组书记兼中共中央组织部副部长。2002 年 12 月任中共四川省委书记。2003 年 1 月任中共四川省委书记、四川省人大常委会主任。2006 年 12 月任第十届全国人大常委会内务司法委员会副主任。2008 年 3 月任第十一届全国人大常委会内务司法委员会副主任。中共第十六届中央委员。第十一届全国人大常委会委员。中共十三大、十六大代表。第十届、十一届全国人大代表。中共甘肃省第七届委员会委员、常委。

王建基（1939 年 11 月—），陇南市武都区城关人，1960 年 9 月兰州大学生物系放射生物学专业学习，1965 年 8 月毕业，在中共甘肃省委组织部工作，1966 年 5 月加入中国共产党。1968 年 1 月调武都地区革委会政治部工作，1973 年 2 月任共青团武都地区委员会副书记。1976 年 7 月任中共文县委常委、革委会副主任，1981 年 9 月任武都地区计划生育办公室副主任，1982 年 3 月任武都地区环境保护办公室副主任，1983 年 6 月任武都地区计划处副处长，1984 年 11 月任陇南地区科技处党组书记、处长，兼陇南地区科协主席。1992 年 11 月任中共陇南地委委员、陇南地区纪律检查委员会书记。1996 年 4 月至 2000 年 5 月任陇南地区人大工委党组书记、主任。省第九届人大代表。

贾宝忠（1942 年 10 月—），陇南市武都区汉王镇人，中共党员。1963 年 3 月在康县计划委员会工作。1966 年 10 月任康县平洛公社管理委员会副主任；1970 年 1 月任康县豆坪公社革委会副主任；1972 年 1 月至 1983 年 10 月，在武都地区革委会、地委组织部工作，任副科长、科长；1983 年 10 月任武都、陇南地区纪律检查委员会副书记（其间 1984 年 9 月至 1986 年 10 月曾离职赴中共甘肃省委党校汉语言文学专业学习两年），1986 年 12 月任中共礼县委员会书记。1988 年 1 月任地区纪律检查委员会书记。1990 年 11 月任中共陇南地委委员、地区纪律检查委员会书记，并被选为省纪律检查委员会委员。1992 年 7 月任陇南地区行政公署副专员。1995 年 1 月任中共陇南地委委员、常务副书记。1996 年 3 月任中共陇南地委副书记、行署专员。2000 年 7 月任甘肃省农牧厅副厅长、党组副书记。2003 年 1 月任政协甘肃省委员会经济委员会副主任（正厅级）。2006 年 11 月任政协甘肃省委员会农业和农村工作委员会主任。

王在鹏（1944 年 5 月—），陇南市武都区鱼龙镇秋林坪人，中共党员。大专学历，高级经济师。1961 年在天水师范专科学校学习；1963 年 9 月在成县人民银行工作，1973 年 9 月在成县革委会生产指挥部工作，1974 年在成县计划委员会工作，1974 年 9 月加入中国共产党。1976 年 11 月任成县商业局副局长，1981 年 7 月任成县财经办公室主任，1982 年 6 月任中共成县委副书记。1983 年 5 月任武都行署副专员，1985 年 5 月任陇南行署副专员，1993 年 6 月任中共陇南地委副书记，1993 年 7 月兼任陇南地区人大工委主任。1995 年 1 月调任甘肃省供销社副书记、副主任。2001 年 2 月调任中共甘肃省委党史研究室主任，2002 年 7 月调任甘肃省地方史志办公室主任。2004 年 4 月退休。

王廷钰（1946 年—），字谷瑜，号开云轩主，成县支旗乡庙湾村人，中共党员。1963 年 10 月参加工作，先后在成县人民银行、公安局、县委组织部、纸坊公社工作。1970 年 8 月任省委办公厅科长，1982 年 9 月任省纪委副处长，1987 年 7 月后历任省监察厅办公室主任、副厅长、省纪委常委、省纠风办主任。1996 年 4 月至 2004 年 2 月任中共陇南地委副书记，2000 年 9 月至 2004 年 7 月兼任陇南地区政协工委主任。2004 年 2 月至 2006 年 5 月任中共甘肃省委党史研究室主任，兼任甘肃省中共党史学会会长、甘肃省书法家协会名誉理事、中国书画印研究院书画家、甘肃省丝绸之路协会副会长、《华夏书画报》顾问。政协甘肃省第九届委员会委员。出版《王廷钰书法艺术》等四部。

严波（1948 年 10 月—），岷县人。1966 年 8 月成县师范中师班学习，1969 年 9 月留校待分配。1970 年 9 月武都地区革委会政治部、共青团武都地委干事，1975 年 11 月加入中国共产党。1976 年 8 月任共青团武都地委副书记、书记，中共武都地委委员。1983 年 10 月任中共宕昌县委副书记、政府县长。1984 年 8 月甘肃省委党校、西北师范学院语文专修科中文专业学习，获大专学历；1986 年 9 月任中共陇南地委组织部副部长（正县级）。1989 年 11 月任中共宕昌县委书记。1993 年 9 月任中共陇南地委副书记。2000 年 9 月任陇南地委副书记、兼地区人大工委主任（正厅级）。2004 年 9 月任陇南市委副书记兼地区人大工委主任，陇南市第一届人大常委会副主任候选人。2004 年 12 月任陇南市第一届人大常委会副主任、党组副书记（正厅级）。2007 年 1 月陇南市正地级干部。2008 年 10 月退休。省第十届人大代表。

朱志良（1948 年 12 月—），河南省孟津县人，中共党员。1967 年 12 月为航天部国营万里机电厂工人。1975 年 5 月起任中共甘肃省委办公厅、省政府办公厅秘书处干事。1983 年 10 月任中共甘肃省委办公厅副处级秘书。1984 年 9 月在西北师范学院中文系语文进修班汉语言文学专业学习。1986 年 9 月任中共甘肃省委组织部干部调配处处长。1990 年 4 月任甘肃省人事局（厅）副局（厅）长、党组成员。1995 年 7 月任甘肃省人事厅副厅长、党组副书记。1996 年 3 月任中共陇南地委书记兼陇南军分区党委第一书记（1994 年 8 月至 1996 年 12 月在中共中央党校领导干部函授班经济管理专业学习）。2000 年 4 月任甘肃省劳动厅厅长、党组书记。2000 年 5 月任甘肃省劳动和社会保障厅厅长、党组书记。2006 年 1 月任甘肃省人大常委会秘书长、甘肃省劳动和社会保障厅党组书记。2006 年 3 月任甘肃省人大常委会秘书长、党组成员。2008 年 1 月任甘肃省人大常委会副主任、党组副书记。2011 年 1 月任甘肃省人大常委会咨询员。第九届全国人大代表。中共甘肃省第九届、十届委员会委员。

邱正保（1952 年 7 月—），两当县城关人，中共党员。1971 年 2 月参加工作，1972 年 9 月任两当县革委会政治部干事。1974 年 1 月任两当县团委干事，1975 年元月任共青团两当县委书记（1978 年 7 月至 12 月在中央团校学习）。1982 年 2 月调任两当县站儿巷公社书记。1983 年 10 月任中共两当县委常委、县人民政府副县长，1985 年 2 月任中共两当县委副书记，1986 年 3 月当选两当县县长。1988 年 4 月任陇南行署财政处党组书记、处长。1992 年 5 月任中共陇南地委秘书长。1993 年 6 月任中共陇南地委委员、秘书长（期间：1992 年 9 月至 1994 年 7 月在中国逻辑与语函授大学档案专业学习）。1995 年 3 月任中共陇南地委副书记（期间：1995 年 8 月至 1997 年 12 月中共中央党校函授学院经济管理专业本科班学习，获大学学历）。2004 年 4 月任中共陇南市委副书记。2004 年 12 月至 2011 年 11 月任陇南市政协主席。2011 年 11 月改任正地级干部，2012 年 12 月退休。政协甘肃省第九届、十届委员会委员。

李峰（1953 年 4 月—），庆阳市庆城区人，中共党员。1972 年 9 月庆阳师范学习。1974 年 8 月共青团庆阳地委干事。1980 年 1 月任共青团庆阳地委秘书。1982 年 6 月任共青团庆阳地委副书记。1983 年 7 月任共青团庆阳地委书记。1984 年 8 月西北师范学院语文专修科中文专业学习，获大专学历。1986 年 7 月任中共宁县县委副书记。1991 年 1 月任中共镇原县委副书记、政府县长。1993 年 10 月任中共镇原县委书记。1996 年 6 月任中共西峰市委书记。1997 年 4 月任中共庆阳地委委员、西峰市委书记。2000 年 7 月任中共陇南地委副书记。2000 年 8 月任中共陇南地委副书记、行署专员。2004 年 4 月任中共陇南市委副书记、行署专员（2003 年 3 月至 2005 年 1 月在中共中央党校在职研究生班中共党史专业学习，获研究生学历）。2004 年 9 月任陇南市委副书记、行署专员，陇南市人民政府市长候选人。2004 年 12 月 28 日，当选为陇南市第一届人民政府市长。2006 年 3 月任甘肃省劳动和社会保障厅厅长、党组书记。2009 年 6 月任甘肃省人力资源和社会保障厅党组书记、副厅长。2012 年 1 月任甘肃省人民代表大会常务委员会代表工作委员会主任。中共甘肃省第十一届委员会委员。

王义（1953 年 10 月—），天水市秦城区人，1971 年 10 月在甘肃师范大学（现西北师范大学）中文系中文专业学习。1974 年 10 月任中共天水市委（县级）办公室干事。1974 年 11 月加入中国共产党。1983 年 3 月任天水市（县级）东关办事处副主任。1984 年 11 月至 1988 年 8 月任天水市政府办公室秘书科科长。1988 年 8 月任中共清水县委副书记。1991 年 2 月任中共清水县委书记。1995年8月任中共金昌市委常委、中共永昌县委书记。1996年8月任中共金昌市委副书记、中共永昌县委书记（1995年7月至1999年9月在中共中央党校党的学说与党建专业研究生班学习，获研究生学历）。1997年11月任中共金昌市委副书记。2000年9月任中共张掖地委副书记。2001年8月任中共庆阳地委副书记、庆阳地区行署专员。2002年11月任中共庆阳市委副书记、庆阳市市长。2006年3月任中共陇南市委书记、陇南市人大常委会主任（2006年7月起），兼任陇南军分区党委第一书记。2009年2月至同年5月任中共甘肃省委农村工作办公室筹备组负责人。2009年5月任中共甘肃省委农村工作办公室主任。第十一届全国人大代表。中共甘肃省第十一届委员会委员。

任跃章（1955年8月—），文县人，1972年12月参加解放军，历任基建工程兵405大队战士、文书、统计员，基建工程兵405团政治处保卫股干事、副股长。1974年6月加入中国共产党。1983年10月任中共文县委组织员，1985年9月在甘肃省委党校培训部党政管理专业学习。1987年9月任中共文县委办公室副主任，1990年4月任中共文县委办公室主任。1991年10月任中共陇南地委政法办副主任，1993年10月任陇南行署办公室副主任。1995年5月任中共陇南地委副秘书长兼地委行署信访室主任（期间：1996年8月至1998年12月在中央党校函授学院党政管理专业本科班学习）；2001年6月任中共康县委书记（期间：2002年10月至2004年10月在中国政法大学经济法专业研究生课程进修班学习）；2004年12月任中共陇南市委常委、秘书长；2009年7月任陇南市人大常委会党组副书记、主任候选人；2010年1月任陇南市第二届人大常委会副主任、党组副书记；2011年11月任陇南市第三届人大常委会副主任、党组副书记；2013年4月任政协陇南市委员会主席候选人、党组书记；2013年5月任政协陇南市委员会主席、党组书记。省第十届人大代表。

杨全社（1956年1月—），陇南市武都区龙凤乡人，1975年10月加入中国共产党。1976年11月武都县桔柑公社干事；1979年6月武都县革委会办公室干事；1983年8月甘肃省委党校党政管理专业学习；1985年10月武都县隆兴乡党委书记；1986年11月康县政府副县长；1992年11月文县委副书记（其间：1991年8月至1993年12月在中央党校函授学院经济管理专业学习，大学学历）；1995年4月文县委副书记、政府县长；1997年11月宕昌县委书记（其间：1998年9月至2001年7月在兰州大学历史系世界史专业研究生课程进修班学习）；2001年7月陇南地区行署副专员；2004年9月陇南地区行署副专员，市人民政府副市长候选人；2004年12月陇南市人民政府副市长；2007年1月市委常委、市人民政府常务副市长；2011年11月政协陇南市委员会主席、党组书记；2012年12月政协陇南市委员会主席、党组书记，市人大常委会主任候选人。省第十二届人大代表。

郭玉虎（1956年10月—），甘肃省永靖县人，中共党员。1971年12月至1974年9月在临夏师范学校学习。1974年9月至1984年5月先后在积石山县安集、红坪、关家川等小学任教。1984年5月任积石山县委办公室秘书、副主任。1988年3月任积石山县办公室主任兼机要室主任。1989年4月任积石山县吹麻滩镇党委书记（其间，1988年9月至1990年7月在中国逻辑与函授大学行政管理专业学习，大学学历）。1992年7月任临夏州委宣传部副部长（其间，1995 年 8 月至 1997 年 12 月在中央党校函授学院党政管理专业学习，大学学历）。1997 年 11 月任永靖县委副书记。1998 年 1 月任永靖县委副书记、县长。1998 年 12 月任永靖县委书记、县长。1999 年 3 月任永靖县委书记（其间，2001 年 9 月至 2002 年 1 月在中央党校进修部学习）。2002 年 5 月任省人大办公厅副主任（其间，2000 年 9 月至 2002 年 7 月在中央财大财政学研究生课程进修班学习，研究生结业）。2006 年 6 月任陇南市委副书记。2006 年 7 月任陇南市委副书记、市长。2009 年 5 月任甘肃省国土资源厅副厅长（正厅级）、党组副书记。2011 年 11 月兼任甘肃省地质矿产勘查开发局局长、党委副书记。

王玺玉（1957 年 3 月—），甘肃省秦安县人，中共党员。1976 年 11 月秦安县王尹公社办事员；1978 年 8 月秦安县委组织部干事；1980 年 11 月共青团秦安县委副书记、书记（其间：1983 年 9 月至 1985 年 7 月在甘肃省委党校培训部党政管理专业学习）；1985 年 7 月张家川县整党办联络员；1986 年 3 月秦安县西川乡乡长、党委书记；1989 年 2 月秦安县委宣传部部长；1989 年 9 月武山县政府副县长、县委副书记；1992 年 10 月武山县委副书记、政府县长；1995 年 4 月天水市北道区委副书记、代理区长；1995 年 12 月天水市北道区委书记；1997 年 10 月天水市委副书记（其间：1997 年 9 月至 1999 年 12 月在中央党校函授学院经济管理专业学习；2000 年 9 月至 2003 年 7 月在中央党校在职研究生班政治学专业学习）；2003 年 12 月省总工会常务副主席、党组书记；2006 年 3 月先后任中共临夏州委书记、州人大常委会主任；2009 年 2 月中共陇南市委书记、陇南市人大常委会主任候选人；2009 年 3 月中共陇南市委书记，陇南市人大常委会主任、党组书记；2013 年 1 月甘肃省副省长、陇南市委书记；2013 年 3 月甘肃省副省长。中共十八大代表，第十二届省委委员，省第十二届人大代表。

邵明（1957 年 4 月—），甘肃省秦安县人，中共党员。1974 年 10 月在秦安县郭家公社邵堡大队劳动，先后担任大队文书、武装基干民兵连连长。1978 年 3 月在西北师范学院中文系汉语言文学专业学习，文学学士。1982 年 1 月分配平凉师范学校任教师、校团委副书记。1983 年 9 月任共青团平凉地委副书记。1986 年 1 月任共青团平凉地委书记，兼任中共平凉地委机关党总支副书记。1987 年 9 月任共青团甘肃省委副书记（其间在中央党校中青班学习）。1993 年 10 月任共青团甘肃省委书记、省青联主席。1995 年 7 月任共青团甘肃省委书记。1998 年 5 月任中共武威地委副书记（正地级）（1996 年 9 月至 1999 年 7 月在中共中央党校在职研究生班经济管理专业学习，获研究生学历）。2000 年 2 月任中共陇南地委书记、兼任陇南军分区党委第一书记（至 2006 年 4 月）。2004 年 12 月至 2006 年 3 月任中共陇南市委书记、陇南市人大常委会主任）。2006 年 3 月任中共甘肃省委副秘书长（正厅级）。2008 年 4 月起任甘肃省文化厅厅长、党组书记。中共十三大、十六大代表。中共甘肃省第八届委员会候补委员，第八届、十届、十一届省委委员。

许文海（1965 年 10 月—），兰州市人，中共党员，工学博士。1983 年 9 月西安理工大学水力学及河流动力学专业学习。1987 年 8 月任甘肃省水利水电勘测设计研究院技术员、助理工程师、工程师（其间：1992年8月天津大学水利系国际工程管理专业学习，研究生学历）；1994年1月任甘肃省水利水电勘测设计研究院规划设计管理室副主任。1995年9月任甘肃省水利水电勘测设计研究院规划设计管理室主任。1995年12月任甘肃省水利水电勘测设计研究院院长助理兼规划设计管理室主任；1996年 5月任甘肃省水利水电勘测设计研究院副院长、党委委员、高级工程师；1999年2月任甘肃省水利水电勘测设计研究院副院长（主持行政工作）、党委委员、高级工程师；2000年8月任甘肃省水利水电勘测设计研究院院长（副厅长级）、党委委员、高级工程师；2004年4月任挂职国家水利部建设管理司副司长；2004年10任甘肃省水利水电勘测设计研究院院长、党委委员、正高级工程师；2005年4月任甘肃省水利厅党组书记、厅长、正高级工程师；2009年5月至2010年1月任中共陇南市委副书记、代市长；2010年1月任中共陇南市委副书记、市长；2011年8月任水利部水资源司副司长（正司长级）。第十一届全国人大代表。

黄泽元（1966年5月—），甘肃省民勤县人。1989年6月参加工作。1985年9月西北师范大学历史系历史专业学习；1988年6月加入中国共产党，1989年6月西北师大数学系团总支书记；1990年9月西北师范大学党办秘书；1995年5月西北师范大学团委副书记（其间：1997年9月至1999年9月在北京师范大学中国古代史专业研究生课程进修班学习，研究生学历）；1999年10月西北师范大学团委书记兼学生工作部副部长；2000年9月西北师范大学生命科学学院党总支书记兼西北师范大学团委书记；2001年2月共青团甘肃省委副书记；2002年4月共青团甘肃省委副书记、省青联副主席；2003年12月共青团甘肃省委副书记、省青联主席；2005年4月陇南市委副书记（其间：2005年9月至2008年12月在兰州大学管理学院公共管理专业学习，获硕士学位）；2011年11月陇南市委副书记、陇南市第三届人大常委会主任、党组书记；2012年9月调任张掖市委副书记、市人民政府市长。省第十一届人大代表。

孙雪涛（1966年10月—），安徽省太和县人，中共党员，工学博士，教授级高级工程师。1984年9月至1988年9月河海大学水工专业学习；1988年9月至1991年6月河海大学水工结构工程专业学习，获工学硕士学位；1991年6月水利部外事司干部（其间：1992年4月至1993年4月在水利水电第六工程局十三陵项目部锻炼）；1993年4月水利部办公厅干部；1994年3月水利部办公厅秘书（副处级）；1997年12月水利部办公厅秘书（正处级）；2000年5月水利部办公厅秘书（副局级）；2003年9月水利部水资源司副司长（其间：2000年9月至2004年6月在北京师范大学环境科学专业学习，获工学博士学位）；2006年2月水利部水资源管理司副司长；2008年7月水利部水资源司副司长；2009年6月水利部水资源司司长，全国节约用水办公室常务副主任；2011年7月中共陇南市委副书记、市人民政府市长候选人；2011年8月中共陇南市委副书记、市人民政府代理市长；2011年11月中共陇南市委副书记、市人民政府市长；第十届中华全国青年联合会委员，第十一届中华全国青年联合会常委，第三届中央国家机关青年联合会委员、常委，第四届中央国家机关青年联合会副主席；中共甘肃省第十二届委员，省第十二届人大代表。中国共产党甘肃省第十三届委员会委员。

## 第二节 教育科技卫生体育界人物

齐雪华（1906年7月—1988年），安徽省凤阳县人，高中文化。1949年9月参加革命工作，曾任礼县卫生院院长，1953年调武都专区人民医院工作，1980年晋升为武都地区人民医院中医内科主治医师。1985年5月离休，在中医内科、妇科、儿科等学科领域临床经验丰富。甘肃省第四届政协委员。

刘汉华（1914—2001），字晓农，祖籍武都县蒲池乡，世居武都城关。早年毕业于兰州乡村师范学校，回乡后倾力于乡村教育。1939年创建蒲池中心小学，任校长。并倡议其四邻乡村修建四所初小村学。1949年后，在武都中学、小学等多所学校任教，儒雅淡泊，滋兰树蕙，年逾古稀犹执教鞭。其兄刘肇华、弟刘耀华，皆一代乡贤，亦掬诚执教，乃武都教育世家，德高望重于闾里。刘汉华关心地方史志，搜罗乡邦文献甚丰。

鄢雨民（1923年12月8日—1997年9月16日），原名周五润，笔名烟波、陇衡，文县丹堡乡尹家坝人。中国民主同盟盟员。外祖父程晋三，学识渊博，能诗善文，鄢雨民自幼聆听教诲。1940年文县小学毕业后，于1941年考入武都初级师范求学，尚未毕业又于1943年秋转入四川梓橦中师。1946年毕业，回乡执教于文县初中。1947年考入国立吉林长白师院，后辗转于上海等地求学。1950年为文县中学副校长（校长由县长高思恭兼任）。1951年3月，调任西和县中学代理副校长。1952年2月赴西北民族大学政教部学习。1981年任西和县城关中学副教导主任。1982年12月，当选为西和县八届人大常委会专职委员。1983年3月，当选为省人大六届人民代表。1984年当选为政协西和县委员会副主席。任西和县书画研究会名誉会长。擅长诗、书，出版有《鄢雨民书法集》。1982年入选《甘肃省教育名人录》。

王礼贤（1926年3月—），陇南市武都区隆兴乡蛇崖寺人。1934—1941年在蛇崖小学、安化小学学习；1941年在武都中学学习，1947—1949年在西北师院读书。1949年加入中国共产党。1949年任教于武都中学，1950年任武都分署文教科科员。1952—1961 年历任岷县人民委员会文教科长、办公室主任、副县长。1961—1963年任宕昌县白龙区委书记、宕昌县人民委员会办公室主任。1963—1978年历任康县一中校长、县革委会生产指挥部主任、计委主任。1978年任成县师范校长，1984年任武都（陇南）地区教育委员会巡视员（副地级）。退休后任陇南地区老年大学副校长。长期从事教育管理工作，任甘肃省教育协会理事，曾负责撰写《陇南地区教育志》；书法作品多次获奖，出版有《王礼贤书法集》《王礼贤书法作品集》《书法漫谈》等。

包步洲（1928—2011），成县苏元乡包家寺人。中共党员。1949年汉中师范毕业。翌年，始其教席生涯，先后任小学教导主任、副校长、校长等职，1986年调同谷书画院，从事专业书法创作，历任同谷书画院副院长、同谷书画院名誉院长。为中国书法家协会会员、甘肃书法家协会会员。曾当选县第八届人民代表大会代表、常委会委员，县政协委员，甘肃省第六届人民代表大会代表。执教30余年，克尽职守，名列《1949—1983年甘肃省教育人名录》。教学之暇，浸淫于书法，临池未辍。

郝继荣（1928年7月—），陇南市武都区城关人。1956年任县药材公司五马药材收购组任组长。1959年承担药材引种试种任务，在陡沟建立了武都第一个药材试种场，引种成功四川黄连、东北人参、浙江元胡、河南山茱萸、云南三七、西洋参、西红花等54种，并开展了当地野生天麻、猪苓、羌活、百合、杜仲、黄柏、辛夷、牡丹等上百种药材家种研究工作，探索出天麻、猪苓无性繁殖的栽培技术。1982年11月被评为甘肃省劳动模范，1984年6月荣获甘肃省科技进步奖。1986年5由甘肃省人民政府授予双文明先进个人称号，同年10月被评为全国医药系统劳动模范，1987年由中华全国总工会授予全国优秀科技工作者称号和“五一”劳动奖章。1988年被选为甘肃省政协第六届委员会委员。1989年3月评聘为副主任中药师。《黄连疏根高产栽培技术》和《猪苓野生变家种栽培技术》获国家级成果奖；《羌活野生变家种采籽育苗繁殖技术》获1986年国家级重大成果奖。1991年7月享受国务院特殊津贴。

雍庆阜（1930年5月—2003年11月），礼县崖城乡何家庄人，1953年兰州医学院中专部医士班毕业，同年分配武都专区医院从事医疗工作，1963年任专区医院内科副主任，1983年任武都地区医院内科主任。1984年8月加入中国共产党。同年，晋升内科副主任医师。1986年调任天水市秦城区人民医院内科主任。为武都专区医院开展胃镜、A超检查疾病的创始人，对内科常见病、多发病和疑难杂症的治疗有丰富的临床经验。第五届甘肃省政协委员。

汪炳（1933年8月7月—），文县人，1955年8月甘肃省卫校医士班毕业，同年分配到武都专区医院工作，1958年加入中国共产党，1962年任武都专区医院门诊部副主任，1969年任地区医院革委会副主任。1971年9月调文县医院工作，1977年任武都地区医院内科主任，1980年晋升为地区医院小儿科主治医师，1983—1998年5月任陇南地区医院传染科主任。1987年晋升为传染科副主任医师。对内科、传染科、小儿科皮肤科常见病、多发病、疑难杂症的诊治有丰富的临床经验，1984—1998年任陇南地区医院党委委员。

王执中（1933年11月—），陇南市武都区人，1954年兰州卫生学校毕业，同年分配武都专区医院从事药械工作，1972年10月加入中国共产党，1963年任专区医院药房副主任。1977年任武都地区药剂科主任。1979年9月至1982年5月参加中国援马达加斯加医疗队工作。1982年6月任陇南地区医务科科长，1988年任药剂科副科长、副主任药师。甘肃省药学会第四届理事，陇南地区药学会第一届、第二届副理事长、理事长；第三届名誉理事长。

邓兆秦（1936年8月—），陕西省临潼人，1961年兰州医学院医疗系毕业，同年分配武都专区医院外科工作，1980年晋升外科主治医师，1984年加入中国共产党。1984年任地区医院骨科主任，1987年晋升为骨科副主任医师。1985年12月任陇南地区医院副院长。

1993年为骨科主任医师。1993年9月任地区医院党委书记兼副院长。任中华医学会甘肃分会理事，被兰州医学院聘为外科兼职教授。1994年元月经国务院批准享受政府特殊津贴。2001年退休后被陇南市医院返聘为医疗高级顾问。

杨万春（1937年6月—），河北省肃宁县人，1984年加入中国共产党，高级工程师。1959年7月在天水专署轻工局工作。1962年7月后相继在徽县侯家坝酒厂、徽县酒厂、陇南春酒厂工作，1983年8月任陇南春酒厂副厂长，1985年8月任陇南春酒厂厂长，1995年4月任陇南政协工委副主任、陇南春酒厂厂长兼党委书记；1997年3月至1999年6月任陇南政协工委副主任。甘肃省第八届人大代表，全国劳动模范，全国第三、四届国家级白酒评委，第五、六届国家级特邀白酒评委，经国务院批准享受政府特殊津贴。

张三元（1937年12月—），文县人。1958年考入兰州大学生物系。1963年毕业后曾任职于甘肃省林业科学研究所，后调武都地区农业处工作。1980年加入中国共产党。1987年被评聘为副研究员。历任武都地区农技站站长，陇南地区农科所副所长、所长。1987年被评聘为副研究员。1987年《人民日报》海外版以《冬虫夏草生长繁衍奥秘已被揭开》为题报道，称张三元等经过三年的实地观测、研究，基本揭开了其中的奥秘，为人工培育冬虫夏草提供了科学依据。1988年“冬虫夏草人工栽培技术研究”成果，获甘肃省科技进步三等奖，经国务院批准享受政府特殊津贴。

吴文豪（1938年7月—），辽宁省清源县人，中共党员，1964年兰州医学院医疗系毕业，同年分配到武都地区人民医院工作。1980年任内科副主任、主治医师。1983年任武都地区人民医院副院长、内科副主任医师。1985年11月任武都地区人民医院院长，1992年晋升为内科主任医师。1998年率先在全省地区级医院实行承包经营责任制。在血液病学方面有较深造诣，发表论文30余篇。甘肃省高级专家协会会员，兰州医学院内科兼职教授，中国管理科学研究院医院系统工程研究所兼职研究员等职。获“全省劳动模范”荣誉称号，经国务院批准享受政府特殊津贴。第七届甘肃省政协委员。

许胜（1940年4月—），江苏省宿迁市人，中共党员，大学文化程度，高级农艺师。1964年11月分配到康县蚕桑站工作，1982年任蚕桑工作指导站站长。1988年结业于浙江农业大学蚕桑系。1989年5月1日获甘肃省“劳动模范”称号。1991年任康县蚕桑中心主任。1992年4月获全国“五一劳动奖章”。康县蚕桑产业奠基人之一。

邱泽民（1940年6月—），岷县人，中共党员。1965年9月兰州医学院医疗系毕业，1966年11月由甘肃省慢性病防治所调入武都专区人民医院外科工作，1969—1976年任武都地区人民医院革委会副主任。1974年加入中国共产党，1977年任地区医院外科主任，1980年晋升为武都地区人民医院外科主治医师，1987年晋升为外科副主任医师，1995年晋升为外科主任医师。1984年任地区医院党委委员，退休后返聘任陇南市医院外科高级顾问。

罗开祥（1941年2月—），四川省南充人，1963年甘肃师范大学语外语系毕业分配武都一中任教，1979年加入中国共产党。1981年任武都一中教导主任，1983年2月任校长，后兼任党支部书记。坚持担任英语课的教学工作。1987年，学校被省委、省政府授予全省教育系统先进集体称号。1988 年评聘为中学高级教师，1989 年评为甘肃省中学特级教师。1990 年秋调任甘肃省财政学校校长。

李久龄（1942 年 3 月—），文县碧口镇人，毕业于兰州医学院，1972 年 6 月加入中国共产党。1968 年 5 月任白水江林业局卫生所医师。1978 年 12 月先后调碧口木材水运局卫生所、白林干校卫生所。后调白龙江林业管理局中心医院医师、儿科副主任、儿科主任。1993 年 11 月任白龙江林业管理局中心医院副院长，1995 年 6 月任晋升主任医师，1996 年 6 月任白龙江林业管理局中心医院院长，1998 年 10 月退休。

李永寿（1949 年 9 月—），陇南市武都区城关人，中共党员。1968 年兰州医学院医疗系毕业，同年分配到康县长坝中心卫生院工作。1981 年调武都地区医院工作，1983 年任地区医院内科副主任，晋升为中西医结合内科主治医师。1988 年任地区医院内科主任，晋升为中西医结合内科副主任医师。1995 年晋升为中西医结合内科主任医师，1996 年 2 月任陇南地区医院副院长，1999 年 9 月至 2005 年 6 月任陇南地区医院院长。合著出版《内科危重症治疗》《外科急症的危险及诊治错误》《中西医结合实用内科学》。荣获“甘肃省先进工作者”“甘肃省名中医”称号。1993 年被国务院批准为有突出贡献专家，享受政府特殊津贴。

赵文博（1953 年—），礼县红河镇人，中共党员，1973 年至 1977 年任红河小学、中学社请教师。1978 年至 1982 年在甘肃农业大学读书。1982 年至 1992 年先后在礼县盐官区农技站、礼县农牧局、县委农工部、礼县石桥乡、县委政策研究室、礼县燕河乡工作。1992 年至 2002 年 5 月历任文县副县长、康县阳坝区委书记天津大港开发区副总经理（挂职）、成县县委副书记、成县常务副县长。2002 年 5 月至 2007 年 5 月历任陇南地区农牧处处长，陇南地区农牧局党组书记、局长。2007 年 6 月至 2010 年 1 月任陇南市政府党组成员、秘书长，2010 年 1 月任陇南师范高等专科学校（副厅级单位）党委书记。现为甘肃省作协会员、省书协会员、省诗词学会会员，陇南市文艺评论家协会主席，甘肃秦文化研究会副会长。主编《陇南农业志》，出版《大地流泉》《红河情思》《恒水乱弹》等诗文集多部。

张进平（1954 年 4 月—），文县石坊乡东峪口村人，中共党员，1977 年 3 月兰州医学院临床医疗系毕业，分配到陇南市第一人民医院工作，先后创建内窥镜室、脑系科、胸外肿瘤科。1993 年晋升为普外科副主任医师，2000 年晋升为普外科主任医师，2004 年担任陇南市人民医院业务副院长，1998 年被省人民政府评为省级优秀专家，经国务院批准享受政府特殊津贴。2009 年陇南市第一层次科技领军人才。

刘燕（1954 年 11 月—），女，武都区鱼龙乡人，中共党员。1979 年 8 月甘肃农大农学系毕业。历任武都县黄连研究所任所长、武都县副县长，在武都县枫相乡下渭沟等地与张瑞鲁等创办黄连生产、科研基地，在农业科技推广工作中做出优异成绩，1988 年 6 月评聘为农艺师。1989 年 3 月 6 日由中华全国妇女联合会授予全国“三八”红旗手称号；同年 5 月 1 日由省人民政府授予甘肃省劳动模范荣誉称号；1990 年 5 月由中华全国总工会授予全国优秀科技工作者称号和五一劳动奖章。经国务院批准享受政府特殊津贴。撰有论文多篇。

田茂琳（1955 年—），文县人，大学毕业，中共党员，高级农艺师。历任武都地区园艺场书记、场长，陇南地区科技开发中心主任、地区食用菌产业开发办公室副主任、陇南行署科技处副处长，陇南市科协主席等职。中国食用菌协会理事，中国农业推广协会果树专业委员会委员。长期从事果树、中草药、食用菌的科技工作，其“柑橘良种区域化研究”、“杜仲间作黄连技术”、“甘肃陇南大型真菌资源开发研究”等 12 项课题项目获得地、省、部级奖。编著《甘肃蕈菌资源图鉴》《陇南特色农业标准》《家庭低碳蜜蜂饲养技术》《家庭绿色食用菌生产技术》《特色果树生产建设技术》等著作多部。发表科技论文 60 余篇，并发表散文多篇、摄影作品多幅。

司跃宁（1958 年 3 月—），出生于文县。中央党校毕业，研究生学历。中共党员。1990 年 9 月至 1992 年 11 月任中共陇南地委副秘书长，1992 年 11 月至 1996 年 12 月任中共徽县委副书记，1996 年 12 月至 2001 年 7 月任中共礼县委副书记、县长，2001 年 7 月至 2003 年 12 月任中共礼县委书记，2004 年 1 月至 2005 年 3 月任陇南行署办公室主任，2005 年 3 月至 2006 年 12 月任陇南市委宣传部部长。2006 年 12 至 2009 年 11 月任陇南师范高等专科学校（正处级单位）党委书记、校长，2009 年 11 月任陇南师范高等专科学校（副厅级单位）校长、党委副书记，兼任甘肃省《陇南师专报》编辑委员会主任，著有随笔《旅俄漫纪》《访美掠影》，诗集《风雨吟啸踏歌行》。

闫晓光（1960 年 12 月—），出生于成县，祖籍陕西宝鸡市。中共党员。1982 年毕业于兰州医学院医疗系，同年分配到武都（陇南）地区人民医院院骨科工作，历任骨科副主任、医务科副科长、科长、医院业务副院长，骨科住院医师、主治医师、副主任医师、主任医师。2005 年 6 月任陇南市第一人民医院院长、党委书记、兰大医学院骨科研究所陇南分所所长。兼任甘肃省医学会常务理事、甘肃省医院管理协会常务理事、甘肃省卫生厅中青年学术技术带头人、陇南市医学会副会长、陇南市计划生育技术专家委员会副主任、陇南市“2252”科技人才工程带头人评议委员会委员、陇南市劳动能力鉴定委员会委员。发表论文 20 篇，获陇南地区科技进步奖 9 项，其中二等奖 3 项，三等奖 6 项、获地区青年科技奖 1 项、1999 年被评为陇南地区首批“113”人才工程学术带头人、2003 年 3 月被确定为甘肃省医疗卫生中青年学术带头人。

## 第三节 文化艺术学术界人物

黄金鼎（1924 年—），别名禹九，西和县汉源镇中山村人，1924 年生。自幼酷爱篆刻艺术，多年来，自学为主，研临历代名家印谱，受浙派印人影响尤深。厚积薄发，功底渐深，为人治印数千方。作品多次入选省、地展出，并在一些报刊上发表。为苏通海印社理事、西和书画协会副理事长、西峰印社理事。1990 年收编于《当代书画篆刻家辞典》。

赵文华（1926 年 1 月—），回族，陇南市武都区城关人。武都师范毕业，1949 年 12 月，进入武都分区文工团工作，后任小学音美教员。1954年调县文化馆工作至退休。赵文华天姿聪颖，多才多艺，早年酷爱戏剧表演艺术，后专事群众文化工作三十余年，组织群众业余演出队，开展群众文艺辅导，培养了大批文艺人才。擅长绘画，尤以剪纸艺术造诣最高，博采南派和北派剪纸艺术之长。《凤凰戏牡丹》《秋菊》《月季和猫》等作品参加了省上举办的展览。1985年有100多件剪纸作品被选送参加了甘肃省在北京民族文化宫举办的民间花窗展览，其中40件被北京民族文化宫收藏、62件被中国民间美术博物馆收藏。

王天一（1926年—），成县城关镇人。1946年8月毕业于成县师范，1948年就读于四川省艺术专科学校。1949年6月，加入中国共产党，同年12月参加中国人民解放军，任中国人民解放军七军文艺工作团美术教员，1952年调任战士读物社任美术编辑、记者。1955年转业到地方工作，历任甘肃省美术工作室创作员、省陇剧团舞台美术设计师、省博物馆馆员、甘肃画院副院长。为中国美术家协会会员、中国国家画研究院院务委员，文化部中国画研究院院务委员、中央文史研究书画院研究员，石涛艺术学会理事、中国老年书画研究会甘肃分会顾问、炎黄艺术馆艺术委员、甘肃文史馆馆员、甘肃省政协委员，国家一级美术师。著有《花鸟画法浅说》《魏晋墓砖画》《写意花卉画法》《花鸟画的推陈出新》《王天一花鸟画集》。20世纪90年代，个人筹资在家乡成县建《天一艺术馆》，集展览、收藏、创作、园林观赏为一体。2008年，中共陇南市委、市政府授予王天一“文化陇南建设终身艺术成就奖”荣誉称号。

陆开华（1930年4月—），四川省雅安市人，1949年7月参加革命工作，先后在共青团甘肃省委、甘肃青年报社、引洮工程指挥部党委工作。1978年后，历任武都地区文教局文化科长，陇南地区文联副主席、名誉主席，甘肃省文联委员，中华诗词学会会员、甘肃省书法家协会会员、陇南书画院名誉院长、武都地区老年文物书画研究会主席。1951起先后在省内外报纸杂志上发表散文、小说、诗歌、书法等作品百余篇。2008年，中共陇南市委、市政府授予陆开华“文化陇南建设终身艺术成就奖”荣誉称号。

刘曦光（1936—2000），笔名旭东，成县人。中国共产党党员。1954年毕业于成县师范学校中师部，1990年结业于中国摄影函授学院。先后担任陇南地区文联副主席、成县文联主席、成县县委宣传部副部长，中国摄影家协会会员。摄影作品《云海浮仙山》1990年被收入画册向海外发行。书法作品《江山万里春》荣获1991年“武陵源碑林首届国际书法展”优胜奖；作品小陇剧《苹果熟的时候》，被省、地评为优秀剧目。发行《刘曦光（摄）影集》。

文丕谟（1937年1月—），宕昌县化马乡化马村人。1958年武都中学毕业后，在兰州大学中文系学习。1956年7月加入中国共产党。1963年9月分配在山西省太原市郊区参加社教，1965年8月起在山西省林校、关帝山森林管理局枝柯林场、山西省林业厅工作。1972年5月调武都县工作，历任武都中学教师、武都县县委新闻报道组长、县委办公室秘书、武都县副县长、康县县长、中共康县县委书记、成县县委书记等职。1991年任中共陇南地委宣传部长兼地区文联主席，1992年7月任中共陇南地委委员、宣传部长，1995年任陇南地区政协工委副主任。长期从事新闻报道工作，曾任新华社特约通讯员、《太原晚报》

记者、《山西日报》特约记者，发表新闻报道300余篇，通讯报告120余篇。出版著作《历代劳动人民斗争史话》《陇南名胜》《陇南五千年》《史说陇南》《石海觅踪—陇南访碑记》、散文集《绿色的梦》《岁月如歌》等，并发表小说、剧本、散文多篇。

杜析璞（1937年8月—），曾用名杜希甫，生于陇南市武都区城关，祖籍四川阆中市。中共党员。1958年，考入西北师大读书。1962年到康县县委工作。1978年后，在武都地委报道组工作。后历任甘肃省电台驻陇南记者站记者、陇南报社副总编辑，高级记者。先后荣获全国首届百佳新闻工作者提名奖和甘肃省首届十佳新闻作者。甘肃省作家协会会员、中国通俗文艺研究会会员、中国作家交流协会会员、西部散文学会会员。在省级以上报刊发表新闻作品300余万字，发表新闻学术论文、散文、游品、报告文学、剧本50余万字。出版的主要作品有报告文学专集《宝刀不老》、散文专集《本命年》《野人沟》。

黄英（1937年10月—），笔名篱野，西和县汉源镇黄磨村人，西北师范大学毕业。1979年5月加入中国共产党。中先后在天水师范、天水师专任教，后又在天水地区文化局、西和县文化馆工作。历任中共西和县委宣传部副部长，天水市文联副主席，西和县政协副主席、正县级调研员。中国作家协会会员、中国诗歌学会会员、甘肃省作协理事、省作协通俗文学创委会副主任、陇南市作协主席。主要作品有短篇小说《山乡渔歌》《大雁与白鹅》《九眼泉》，童话故事集《九眼泉》《杏花雨—陇南传奇》、故事集《绿色的传奇》、儿童文学集《黄河龙》、环画脚本《取宝记》、长篇小说《梦醒敦煌》传记文学《邓宝珊将军传奇》、诗集《龙之歌》《黄英诗词存稿》、散文集《心海帆影》、诗词集《篱野吟稿》等，主编《西和尖崖沟矿矿志》。1989年被甘肃省文联评为首届“德艺双馨”文艺家。2008年，中共陇南市委、市政府授予黄英“文化陇南建设终身艺术成就奖”荣誉称号。2012年12月，获甘肃省文艺终身成就奖。

祝中熹（1938年—），山东诸城人，1957年秋天，祝中熹以优异的成绩考入山东大学历史系。1961年毕业于山东大学历史系，后在礼县永兴中学等学校从教25年。上世纪八十年代中期调庆阳师范专科学校任教，九十年代初，从庆阳师范专科学校调入甘肃省博物馆工作。曾任甘肃省博物馆历史考古部主任、研究员，中国秦文化研究会特邀研究员，甘肃秦文化研究会会长。著名先秦史学者，主张“中国没有经历过奴隶社会”，负责《甘肃日报》社“甘肃文物精华”栏目撰稿。主要著作有《早期秦史》《青铜器》（与李永平合著）《物华史影》《甘肃通史·先秦卷》《秦西垂陵区》《嬴秦西垂文化》等，发表《秦人早期都邑考》等论文40余篇。

刘志清（1938年—），笔名冰泉，礼县城关镇磨石村人，放牛娃出身，1955年脱盲并开始业余文学创作，曾任农民业余学校教师、社队干部。1960年出席全国文教群英会，1965年出席全国青年业余文学创作积极分子代表大会。1972年调到礼县文化馆工作，任礼县作协主席、陇南地区作协副主席，甘肃省文联委员、甘肃省作协理事、甘肃省民俗文化研究会会员。发表诗歌400余首，代表作有长诗《枯树俊了》、叙事诗《红牧歌》和《炊烟》《山乡秋色》《山雾》等，出版诗集《红牧歌》《祁山的雾》。主编《礼县民间文学集》。

2008年，中共陇南市委、市政府授予刘志清“文化陇南建设终身艺术成就奖”荣誉称号。

陈素珍（1939年3月—），女，陇南市武都区城关人。1954—1983年先后在武都剧团、天水剧团及武都地区五一剧团任演员。1958年参演《朝阳沟》，获苏联专家团所赠列宁纪念章（金质）一枚。1959年甘肃省举行国庆10周年献礼演出，在《雌雄剑》剧饰莫邪，获天水片演员一等奖。1960年在《比翼齐飞》中演桂芝，获甘肃省第一届现代戏会演优秀演员奖。1981年，陈素珍主演的《认亲记》被甘肃省委、省政府推荐为赴京演出剧目。1984年调陕西省戏曲研究院任演员、教员。1989年由该院聘为二级演员。

曾礼（1940年6月—），陇南市武都区安化镇曾家街人，14日生。中共党员。1958年武都中学高中毕业后参加工作，1962年考入甘肃师大中文系。1966年大学毕业后分配武都县工作，先后任中共武都县委新闻干事专干、县委对台办副主任、县科协主席、县志办公室主任。1983年评为记者，1987年评聘为副编审。主编《武都县志》，编纂《武都县地名资料汇编》《阶州志集校笺注》，点校本《阶州直隶州续志》获甘肃省优秀地方志成果一等奖。

田雪（1941年6月—），重庆市铜梁县人。历任徽县文联主席、陇南市文联副主席、陇南市文联名誉主席。甘肃省作家协会会员，出版长篇小说《红尘轶事》《乱世风尘》《铁血金戈》三部；发表中篇小说《瑰宝》《魂断西凉》等10部；发表短篇小说、报告文学、散文、杂文百余篇；出版发行学术专著《明诗掬话》《徽县文史探秘》；编撰《文化馆史》《河池的传说》《徽县文苑》、中国民间文学三套集成《甘肃卷·徽县资料本》等文史资料180余万字。2012年被徽县县委、县政府授予“德艺双馨”艺术家称号。

雷雨田（1942年8月—），武都区城关人。中学文化程度，中共党员。1960年参加工作，先后任中、小学音乐、美术教师，陇南公路总段工会主席，中国摄影家协会会员、省交通系统书画摄影学会理事。在《人民日报》海外版、《光明日报》《中国摄影报》等报刊杂志发表摄影作品千余件，其中《金色的童年》获《生活之美》全国摄影赛优秀奖；《伙伴》获《沙棘杯》全国摄影大奖赛鼓励奖。2002年获评首批中国优秀摄影家，2004年获甘肃省敦煌文艺政府奖，2008年，中共陇南市委、市政府授予雷雨田“文化陇南建设终身艺术成就奖”荣誉称号。

高其曾（1942年10月—），甘肃临洮县人，1966年西北师范大学美术系毕业，历任武都县文化馆副馆长、阶州书画院院长、陇南地区美术家协会副主席、武都县政协常委等职。1983年参加中国民主同盟。1987年评聘为群众文化专业馆员。中国美协甘肃分会会员。20世纪80年代初，省政协授予其“甘肃省政协委员为四化做贡献先进个人”称号。代表作品《中华儿女》1982年5月发表于《甘肃日报》，后又被全国美展入选。90年代初，中共甘肃省委授予其“甘肃省各界人士为统一祖国振兴中华做贡献先进个人”称号；1996年在日本名古屋举办个人画展，1998年在美国纽约东方国际画展举办个人画展。2008年，中共陇南市委、市政府授予高其曾“文化陇南建设终身艺术成就奖”荣誉称号。

马光宇（1944年8月—），回族，陇南市武都区城关人。1952—1960年，先后在武都葆真小学、武都一中读书。1960 年 6 月在省商业学校学习，1962 年 7 月结业后先后在武都合作办事处、武都县服务公司照相馆、甘肃新闻图片社、县文化馆、陇南地区群艺馆工作。1988 年被评聘为副研究馆员。1981 年加入中国摄影家协会会员，任甘肃省摄影协会理事、陇南市文联副主席、摄影家协会主席。先后发表、参加各类影展作品千余件，代表作有《童年的梦幻》《山坳写生》《樱桃》等。

包连庄（1946 年 1 月—），西和县石堡乡包集村人，中共党员。初中毕业，曾任村学教师。1965 年在西和县电影队工作。1968 年调西和县革命委员会从事宣传工作。1996 年 1 月至 2006 年 8 月，历任西和县县委报道组组长、县委宣传部副部长等职务。在各级各类报刊杂志发表新闻报道、摄影作品 5000 多篇（幅），获得中央、省、市新闻类表彰 20 多次。2007 年，摄影作品《八峰联袂》获首届陇南市文艺奖摄影金奖。2008 年，中共陇南市委、市政府授予包连庄“文化陇南建设终身艺术成就奖”荣誉称号。

刘可通（1946 年—），武都区蒲池乡人，世居武都城关。中共党员。甘肃省人民政府文史研究馆研究员、甘肃省钱币学会理事、省历史学会会员、省诗词学会会员。曾从事中小学教学工作，后任职陇南地区教育局、地区人民银行，陇南市银监分局。长期倾力于地方文史以及钱币文化、金融经济研究，成果丰硕。主编《陇南金融志》，发表论文多篇，被聘为《陇南市志》特邀编辑。素习诗词，并有楹联、碑文多篇刊行。主要著作有《阶州刘氏祖孙诗集》等。

李百川（1947 年—），甘肃岷县人，中共党员。1970 年毕业于西北师范大学中文系。曾任武都县副县长。1985 年参与创办《陇南报》。1986—2001 年任陇南报社总编辑、主任编辑。2001 年 12 月至 2002 年 8 月任陇南地区文联主席。中国作家协会甘肃分会第一届理事，甘肃省作家协会第二届理事。短篇小说《冰桥》获建国 30 周年甘肃省文学评奖小说一等奖，《画毡》获甘肃省第二次文学评奖优秀奖。先后发表短篇小说《归来》《昨夜星辰》《金鼓》《鸭头绿洮砚》《春天的花》等 20 余篇。出版长篇小说《莲花千子》。

夏青（1947 年 4 月—），笔名梅逸，河北唐山市人。历任武都地区创作研究室创作员、陇南地区文联副主席、陇南市文联常务副主席、陇南市文联名誉主席。中国作家协会会员、中国社科院当代文艺研究会会员。著有长篇小说《年轻时不懂爱情》《中年时逃避爱情》《老年时追逐爱情》《夏青中短篇小说集》，散文随笔集《陇南追梦》《陇南情梦》，儿童文学集《清代故事》，文学评论《试论中国西部文学》《中国西部文学中的妇女形象争议》等。作品获甘肃省首届敦煌青年文学奖、甘肃省首届期刊报告文学创作奖。2008 年，中共陇南市委、市政府授予夏青“文化陇南建设终身艺术成就奖”荣誉称号。

杨立强（1947 年—），成县人，同谷书画院院长，中国美术家协会会员、甘肃省美术家协会名誉主席、甘肃省文史馆馆员。2005 年人民美术出版社出版艺术随笔集《彼岸无岸》，获得甘肃省敦煌文艺三等奖，同年获得陇南市首届文艺作品金奖。2008 年在荣宝斋举办“杨立强田园山水小品展”。出版《杨立强中国画选》《杨立强花鸟画集》《杨立强田园山水小品集》。2010 年荣宝斋出版社出版《荣宝斋画谱（杨立强·山水部分）》，同年人民美术出版社出版《中国美术家作品集·杨立强》。2012 年上海书画出版社出版《大家范本·杨立强山水卷》。2008 年，中共陇南市委、市政府授予杨立强“文化陇南建设终身艺术成就奖”荣誉称号。

寇莲英（1947 年 12 月—），女，陇南市武都区城关人。1995 年任陇南市群艺馆研究馆员（正高）、市文联副主席、舞蹈协会主席。中国舞蹈家协会会员，中国民族民间舞蹈研究会会员。代表作品有：女子群舞《达嘎河边》1992 年参加全国民族民间音乐舞蹈决赛获二等奖，1993 年再获甘肃省政府首届敦煌文艺奖；1994 年代表甘肃参加了第四届中国艺术节《群星荟萃》专场展演。广场舞《白马藏族火把面具舞》获第四届中国艺术节铜奖。少儿舞《翠竹青青》《童鼓乐》代表甘肃参加第四届中国艺术节《托起明天的太阳》专场展演，《翠竹青青》获 1994 年北京首届少儿国际艺术节的展演二等奖；少儿舞《竹林深处》获 1999 年文化部全国首届蒲公英铜奖、小河风彩铜奖。2001 年获甘肃省文化艺术人才银飞天奖。2002 年《太阳花》获全国推新人金奖、金园丁奖。主编《中国民族民间舞蹈集成》甘肃卷陇南舞蹈部分。2008 年，中共陇南市委、市政府授予寇莲英“文化陇南建设终身艺术成就奖”荣誉称号。

雷春（1948 年—），成县人。1968 年 9 月参加工作后，历任成县文化馆创作员、陇南地区群众艺术馆副馆长、成县政协副主席。陇南市文联副主席、市美协主席、甘肃省连环画研究会会员、甘肃省美术家协会理事、甘肃省中国画艺委会副主任、甘肃省书画研究院副院长。代表作品有《山村姐妹》《举杯邀明月》《驼铃》《九寨碧波锁嫩寒》等，《藏年之夜》入选 1984 年“第六届全国美术作品展览”，获甘肃省优秀美术作品奖，《采花图》入选西北五省区美术作品联展。出版《雷春画集》。2008 年，中共陇南市委、市政府授予雷春“文化陇南建设终身艺术成就奖”荣誉称号。

陈启生（1949 年 10 月—），宕昌县阿坞乡粗路村人。1972 年在宕昌县委报道组从事新闻报道工作。同年 8 月加入中国共产党。1974—1976 年在兰州大学历史系学习，毕业后在中共宕昌县委宣传部、县委秘书室担任秘书工作。1982 年先后调中共武都地委宣传部、秘书处工作，1983 年 10 月任武都地委秘书处秘书科长。1984 年 12 月任中共武都地委党史办公室副主任。1986 年评聘编辑职称。1991 年调甘肃省地方史志办公室，历任资料室副主任、地州市县志处处长、《甘肃省志·人物志》副主编兼编辑室主任，主编《甘肃史志》。2006 年 12 月任甘肃省地方史志办公室副主任。著作有《陇南地方史概论》《宕昌历史研究》，主编《陇南地下党》《红军长征在陇南》，与他人合著《陇南风物志》《甘肃历史人物》。发表论文 30 余篇。

刘启舒（1949 年—），原籍河南省扶沟县，1949 年出生于西安，中共党员。长期在文县从事新闻报道工作，历任中共文县县委报道组组长、县委宣传部副部长、陇南市作协副主席、文县作协主席。在报刊电台发表各类新闻作品 4600 余篇，其中 53 篇在全国省市获奖。出版有《文县漫记》丛书 10 卷，《梦萦藏乡》《文县白马人》《文县茶话》《陇上茶乡》《碧水青山·旅游文县》等。甘肃省先进新闻工作者。2008 年，中共陇南市委、市政府授予刘启舒“文化陇南建设终身艺术成就奖”荣誉称号。

李培源（1950年—），笔名山泉，礼县人。长期担任礼县文化馆馆长。中国美术协会会员、中国国画家协会理事、中国工艺美术学会会员、甘肃省美协理事、陇南市文联副主席、美协主席，甘肃画院特聘画师、祁山画院名誉院长、副研究馆员。作品多次入选全国美展、西北五省（区）联展、甘肃省美展，多次获奖，被全国人大、文化部、中国美协及多家博物馆收藏。出版有《李培源画集》。

张金生（1950年8月—），文县人，中共党员。自1970年9月先后在文县临江乡公社、文县法院、陇南地委政法办、地委组织部工作。1989年8月任陇南地区纪委教育研究室主任。1992年2月任陇南地区纪委副县级专职委员。1992年10月至1997年11月历任文县、成县县委副书记。1999年11月任陇南地区行署公安处处长、党委书记。2004年12月至2010年12月任陇南市政协副主席。中国陇南白马人民俗文化研究会副会长，致力于陇南白马人民俗文化研究多年，出版有《白马人民俗文化研究》丛书10卷（与邱雷生等合编，300余万字）；发表《陇南白马人对传统文化传承之探究》等论文多篇。

李秀苍（1955年12月—），笔名浩岭，两当县云屏乡人，中共党员，1972年参加工作，任两当县广金乡小学教师，1974年调两当县委报道组工作，同年任《甘肃日报》驻站记者，1981年调共青团甘肃省委工作。1981—1983年任《光明日报》特约记者，1982年10月担任《甘肃青年》杂志社副总编，1983年考入西北师范大学政治系学习，1988年6月调甘肃省文联任专职作家，1990—1994年任甘肃省青联五届常委、六届副主席（期间，1992—1994年由省委组织部派任康县副县长）。1994年加入中国作家协会，1995年晋升为国家二级作家，1997年获国务院颁发的政府特殊津贴，1998年入选甘肃省“跨世纪中青年人才库”。1999年11月调浙江省绍兴文理学院中文系任教授。出版有短篇小说集《蓝蝴蝶》《哈尔腾之神》，长篇小说《历险青藏高原》《血炕》《彷徨之城》等。其作品曾获甘肃省第一、二、三届优秀文艺创作奖，甘肃省第一、二届敦煌文艺奖等。

张董家（1956年1月—2011），武都区安化镇人，中共党员。1970年1月武都三中初中毕业。1972—1976年在康县邮电局当工人，1976—1984年在中共康县委报道组工作，1984年调陇南地区文化处创研室专职创作员，旋调武都县洛塘区委工作，后任武都县副县长，1990年调任陇南地区创研室副主任。后历任陇南地区文联专职副主席、陇南市司法局副局长。在《甘肃文艺》《飞天》《驼铃》《甘肃日报》等报刊发表小说、散文、报告文学40余篇，主要作品有《洁白的银耳花》《红森林》《深山绿玉红土河》等；《白滩》获百期优秀文学奖；作品集《红森林》获《飞天》优秀文学作品奖。

罗卫东（1960年2月—），出生于康县，祖籍甘肃灵台县。1977年12月考入兰州大学历史系，1982年1月毕业，获历史学学士。分配至中共武都（陇南）地委宣传部工作。1986年1月加入中国共产党。1993年3月获编辑职称。1995年后历任中共陇南地委党史办公室副主任、陇南市政协文史和学习委员会主任、中共陇南市委党史研究室主任兼市地方志办公室主任。甘肃省地方史志学会副会长、甘肃省党史学会理事、甘肃省延安精神研究会理事、陇南师专文史研究中心研究员。陇南市政协第一、二届常委。主要著作有《陇南市志》《陇南史话》《陇南文史》（1—4辑）《陇南古代诗词》《陇南古代碑铭》《陇南古代人物》《中国共产党陇南历史》《永远的丰碑》《铭记—陇南5·12抗震救灾纪实》《陇南年鉴》等，发表论文30余篇。

蒲向明（1963—），天水市麦积区渭南镇人，先后就读于天水师范学院、西北师范大学，毕业于中国社会科学院研究生院中国古代文学专业。曾在礼县师范学校、陇南师范学校任教，现任陇南师专中文系教授、科研外事处处长，兼任甘肃省古代文学学会常务理事、甘肃省唐代文学学会副会长、甘肃省高校科研管理研究会理事、陇南市民间文艺家协会副主席、陇南秦文化研究会副秘书长、《甘肃高师学报》副主编、《陇南师专学报》主编等。发表专著《玉堂闲话评注》、合著《甘肃傩文化研究》《陇南白马人民俗文化研究（故事卷）》等，主编出版《唐代文学与陇南文化研究》，发表论文80余篇，科研成果获甘肃省社科优秀成果奖2次和全省高校社科成果奖2次。

包红梅（1962年4月—），女，西和县人，1976年10月参加工作，先后在西和县剧团、县志办、县文联工作。1991年9月至1993年7月就读于中国戏曲学院戏剧文学系。1993年7月至2002年9月任西和县文联副主席、主席。2002年10月后历任西和县人民政府副县长、市文化出版局调研员、市文化广播影视新闻出版局调研员。国家二级编剧，甘肃省戏剧协会理事、陇南市戏剧协会主席、陇南市政协一、二届常委，县政协第四、五届委员。主要作品有《柳笛怨》《白花曲》《山妹子》《魏孝文帝》，其中《白花曲》获甘肃省剧本评选二等奖、全国梆子戏会演优秀剧本创作奖。《魏孝文帝》2003年获全国第三届戏剧文学奖。

张红霞（1964年5月—），女，成县人，中共党员。历任成县县委报道组组长、陇南地区行署研究室副县级研究员、陇南日报总编辑。中国摄影家协会会员、甘肃省摄影家协会理事、甘肃省现代摄影学会理事、陇南市摄影家协会副主席兼秘书长。代表作品有《康南黎家大院》《见证》《羌寨民居》。2010年被中国摄影家协会评为“全国抗灾救灾优秀摄影家”，荣获甘肃现代摄影学会成立三十周年优秀组织奖。

刘水（1964年8月—），原名刘生户，成县沙坝乡杨坝村人。现任甘肃省残联副主席、中残联评议委员会委员、中国作家协会会员。先后获得“全国十大残疾人优秀作家”“全国自强模范”“甘肃省首届敦煌文艺奖”“国际扶轮组织2000年亚太地区杰出残疾人士奖”等称号。自学成才，创作出版了中短篇小说集《野马河畔的风》《碰拜大》《野马河风情》《刘水作品精选》和长篇小说《野马河沧桑》《胡林树》《野马河苍生》等。

高天佑（1965年2月—），甘肃秦安县人，民盟盟员。1984年7月天水高等师范专科学校中文系毕业，分配至成县师范任教师（期间1996年9月在甘肃省教育学院中文系学习）。2001年6月任成县人民政府副县长。2007年9月任成县人民政府副县长兼任市民盟筹委会副主任。2009年12月任陇南市政协副秘书长、研究室主任，兼任市民盟副主委。2001年6月荣获民盟中央全国先进个人称号，2008年12月荣获全国抗震救灾先进个人称号。

专著有《西狭摩崖石刻群研究》《西狭摩崖石刻品鉴》《西狭颂研究在日本》《外交史话》《古币新论》等，发表学术论文 20 多篇。

赵晓霞（1965 年—）， 西和县人，1983 年毕业于天水师专中文系。中共党员，主任编辑。先后在西和县委宣传部、陇南报社、天水日报社从事新闻宣传与编采工作。1987 年短篇小说《归来时，春光正好》获中国“当代农民”短篇小说征文一等奖。出版专著《文明的节拍—二十年社会新闻写意》。1989 年获甘肃省首届“优秀青年记者”称号， 2004 年获天水市“优秀记者”荣誉称号。天水市领军人才，甘肃省宣传文化系统“四个一批”人才。

毛树林（1966 年 11 月—），文县人。中共党员。1988 年毕业于天水师范学院数学系。1988 年在文县二中任教。1993 年调成县文联工作，1998 年任县文联副主席。2000 年任陇南地区文联副主席，2006 年任陇南市文联主席、党组书记。历任中国作家协会会员、甘肃省作协副主席、甘肃省摄影家协会副主席。主编刊物《开拓文学》《中国乞巧》。主编各种文学选集十部。在《飞天》《诗刊》《中国作家》发表作品多篇，著有诗集《铜之歌》等。作品《巴颜喀拉山》获甘肃省文学期刊联合评奖优秀作品奖。2012 年 3 月被授予甘肃省第二届中青年“德艺双馨”文艺工作者称号。

## 第四节 陇南籍在外任职人物

全生祥（1923 年 12 月—），原名马全生祥，宕昌县将台乡下巴山村人。1936 年秋参加红军，任红二方面军新兵连战士。1938 年 8 月加入中国共产党。历任八路军一二零师三五九旅七一七团通讯班战士、班长、排长。1945 年任八路军一二零师第二野战医院管理员。1950 年后，历任解放军西南军区后勤部直属机关股长、第七军医大学科长。1957 年入重庆部队第七速成中学学习，后调任四川省西昌军分区后勤部科长；1961 年入北京后勤学院学习，1962 年调成都军区总医院任院务处处长。1964 年调任成都军区司令部管理局科长，；1969 年任四川省绵阳军分区后勤部长，1980 年任绵阳军分区顾问，1982 年离休（正师职）。从 1955 年起授予大尉、少校、中校军衔，荣获“八一”勋章、“独立自由”勋章、“解放”勋章。1977 年选为四川省五届人大代表。

蔡寅（1926 年—），陇南市武都区城关人。1951 年兰州大学俄语系毕业后留校任教，同年加入中国共产党。1952—1964 年在兰州大学马列主义教研室任教师、系副主任；1964—1966 年任中共兰州大学委员会宣传部副部长；1972—1975 年任兰州大学图书馆副馆长；1975—1980 年任兰州大学外语系副主任、主任，党总支书记；1980—1988 年任兰州大学哲学系副主任、主任，党总支书记。1983 年在兰州大学哲学系评定为副教授，后评为教授。

李建唐（1926 年 3 月—），陇南市武都区城关人。1947 年考入兰州国立兽医学院，1948 年 12 月 5 日加入中国共产党。1950 年休学，在武都中学任教一年，1951 年春复学。1953 年

8月毕业留校任病理学助教，后任甘肃农业大学兽医系讲师、副教授、教授、病理教研室主任等。从事兽医病理学教学和科研工作三十多年，参加编写了全国兽医专业通用教材《家畜病理学》和教学参考书《家畜系统病理解剖学》。独自或与他人合作发表兽医病理学方面论文10篇，主要有《猪结核病病理变化的观察》《天祝牦牛犊副伤寒病理研究》《天祝山羊肛门癌的病理研究》《一种临床症状不明显的成年猪沙门氏杆菌病》等。翻译并发表的学术论文10多篇。被选为中国兽医病理学研究会理事和中国病理生理学会理事。

雷培仁（1926年8月—），陇南市武都区城关人，1952年毕业于西安医科大学后留校任教。1959年在西安医学院任呼吸系主任。1962—1969年在西安医学院附属医院胸外科任主任、副院长。1969—1974年先后任陕西洋县、汉中地区卫校校长、校技术顾问、主任医师、教授。主编《肿瘤专刊》《震伤医学资料专辑》《汉中地区医学年会资料选编》《汉中医学会资料选编》等刊物。曾任陕西省政协委员、汉中市政协副主席、农工民主党汉中市委员、中华医学会陕西分会理事、汉中分会名誉会长、《陕西医学》编委。为西北地区从事胸外科专业最早的专家之一。

孔靖（1926年10月—），礼县湫山乡人，高级管理经济师，中共党员。1951年天水师范普师毕业后参加工作，先后在甘肃天水和新疆乌鲁木齐搞土改，担任土改工作组长、副队长、队长等职务。1954年调中苏石油公司搞青年团工作。1959年转搞党务工作，先后担任局党委办公室副主任，井下作业处党委书记，勘探开发研究院党委书记。1974年调任吉林石油会战指挥部政治部副主任，1978年任政治部第一副主任兼党委组织部长、核心组成员，副局级（地师级）。1983年任华北油田第二勘探公司党委书记。孔靖先后转战新疆、吉林、华北三个油田，在钻井、井下作业、采油、地质等单位担任领导工作。

李治武（1930年8月—），陇南市武都区汉林乡人，1954年西北大学地理系毕业后留校任地理系助教，1956年加入中国共产党。后入北京大学景观学研究班学习。1959年从研究班毕业后仍回西北大学任地理系讲师。1980年被陕西省聘为农业区划工作委员会顾问，后又聘为陕西省计划委员会国土规划顾问。1982年晋升为副教授，1984年任地理系主任。1987年评聘为教授。任西北大学学术委员、地理学科组组长、西安市《国土研究》组副组长等职。出版专著5部。

窦好义（1930年9月—），陇南市武都区汉林乡人，1959年兰州大学毕业后分配新疆八一农学院任教，后任教研室秘书、实验室主任；1973—1984年任教研室主任、副主任、基础部工会主席。1979年参加中国共产党。1981年晋升为副教授。从1982年起一直担任学院学术委员会委员。1985年任基础部学术委员、党总支委员。1989年评聘为教授，同年任图书馆顾问。长期从事教学与科研工作，1983年国家民委、劳动人事部、中国科协授予优秀科技工作者称号；1986年所参与完成的“六五”国家科技攻关课题，获农牧渔业部二等奖；参与编著或主编的《分析化学》《分析化学实验》《无机及分析化学》正式出版，发表独立或合写的论文20余篇。

曾锐（1930年12月—），陇南市武都区安化镇曾家街人，青少年时就读于安化小学、武都中学，后考入北京师范大学。中国共产党员，1949 年参加工作，先后任人民解放军第四野战军南下工作团学员、广西柳州市公安局户籍科长、广西医学院保卫科长、北京中央人民公安学院经济教研室教员、安徽省公安厅研究室科长、安徽省教育厅办公室主任和中共安徽省纪委研究室主任、办公厅主任、纪委专职委员（正厅级）等职。

杜定帮（1931 年 4 月—），礼县中坝乡瓦房村人，中共党员，1949 年 8 月参加工作，正师职副译审。1949 年 8 月至 1950 年 8 月在礼县青训班学习，任团县委组织干事，永兴区团委书记，被选为礼县第一届人大代表。1951 年 3 月至 12 月，步行进军西藏，任分队长、副政治指导员。1952 年 1 月至 1955 年 7 月在西藏区干校学习。1955 年 8 月至 1959 年 6 月，在西藏工委社会部任科员，参加了西藏平叛拉萨战役。1956 年 7 月至 1962 年 3 月在北京总参三部四局五处任助理研究员。1962 年 4 月至 1965 年 3 月，在西藏军区三处、一处工作，任研究员、副指导员、科长等职务，参加了中印边境自卫反击作战，荣立三等功两次。1970 年 10 月至 1977 年 6 月任成都军区三局一处副处长，1977 年 7 月至 1980 年 2 月任政治委员，1980 年 3 月至 1987 年 8 月在成都军区司令部第三部二处任政治委员。1988 年 6 月以后任正师职副译审，1988 年 9 月，授予专业技术大校军衔。

韩志德（1931 年 10 月—），陇南市武都区马营乡庞磨人，1949 年 9 月在礼县参加中国共产党。1950 年 1 月至 1955 年 2 月在武都专署文教科工作。1955 年 3 月至 1971 年 8 月在中共甘肃省委党校学习、工作（期间到中央党校、中国人民大学学习）。1962 年 8 月中国人民大学政治经济学专业研究生毕业。1971 年 9 月至 1981 年 6 月在甘肃省出版局、省人民出版社任总编室主任、副总编辑。1981 年 7 月至 1988 年 5 月任中共甘肃省委宣传部副部长。1988 年 6 月任甘肃省新闻出版局局长、党组书记、编审、甘肃省地方史志编纂委员会副主任兼主编等职。主编著作有《政治经济学概论》《蓬勃发展中的甘肃》《奔马社会科学理论丛书》等 20 种。发表论文有《正确认识和处理生产和消费的辩证关系》《建设有中国特色的社会主义的伟大纲领》《坚持出版上作的社会主义方向》等。

蒲泽（1933 年 2 月—），曾用名蒲毓库，礼县雷坝乡麒麟村人，中共党员。1951—1952 年 8 月，参加中共武都地委工作团，在康县、岷县参加土改。1952 年 8 月至 1956 年在文县税务局任人事股长、副局长、局长。1957 年任文县碧口区任区长。1958 年 10 月至 1960 年在兰州大学、甘肃工业大学学习。1961—1963 年任文县财政局局长、县政府办公室主任、县委委员、财贸总支书记，1964—1967 年初任文县县委委员、副县长。1967 年初在“文化大革命”中被夺权，1969 年 5 月任文县革委会常委。1969 年 12 月至 1974 年任成县革委会副主任、县委副书记。1976—1978 年任成县县委书记、县革委会主任。1978 年任成县县委书记、县政协主席、武装部第一政委、党委第一书记。1981 年任武都县委书记。1983—1993 年任甘肃省林业厅党组书记、厅长，省绿化委员会副主任兼绿化办公室主任，省野生动物保护协会会长，西北保护协会特别顾问，中国国营林场理事会常务理事。1993 年 4 月至 1997 年 12 月任甘肃省政协常委、民族宗教委员会主任。

刘郁采（1933 年—），文县舍书乡人，中共党员，1950 年参加工作，曾在康县任副区长、区长。1955 年调甘肃日报社，任编辑、记者、副主编、部主任、副编审。1980 年调中共甘肃省委组织部任办公室副主任、主任。1982 年调任中共甘肃省委《党的建设》编辑室主任、副总编辑。1990 年 6 月至 1994 年 4 月任甘肃省委党史资料征集委员会主任，甘肃新闻工作者协会常务理事、副主席，甘肃西北名人研究会会长。长期从事新闻出版工作，在各种报刊上发表有大量通讯、评论、学术性论文和其他文章，有长篇《看，阳山人怎样征山战水》。

杨建新（1934 年—），原籍徽县，生于新疆乌鲁木齐，中国共产党党员。1958 年兰州大学历史系毕业，1959—1963 年在中央民族学院进修。曾任兰州大学历史系主任、教育部高等院校历史学教学指导委员会委员，现任教育部人文社科百家重点研究基地兰州大学西北少数民族研究中心主任。教授，博士生导师，主要从事民族学、西北地方史、中外关系史等方面的研究和教学工作。甘肃省学位委员会委员、甘肃省丝绸之路研究会会长、甘肃省民族宗教学会副会长、中国民族学学会顾问、中国影视人类学学会副会长。1991 年享受国务院有突出贡献专家津贴。1995 年获省委省政府颁发的“甘肃省优秀专家”称号。出版学术丛书《各民族共创中华丛书》《西北少数民族学术研究文库》《民族学博士文库》《中国西北文献丛书 · 西北史地文献》《中国西北文献丛书续编》等 20 余种。《中国西北少数民族史》《西北民族关系史》《丝绸之路》等专著在学术界产生了重要影响。在国内外学术期刊上发表论文近 60 篇。

韩正卿（1934 年—），宕昌县韩院乡韩院村人，小学毕业，中共党员。1949 年 9 月在岷县良恭区为解放军 62 军骑兵营搞支前工作，后任良恭区青年干部、好梯乡副乡长。1952 年调武都地委干校学习，结业后留任中共武都地委组织部干事。1955 年调中共甘肃省委组织部任干事、专职党支部副书记。1965 年，下放武都县锻炼，任东江公社书记。为弘扬他带领干部群众治山治水的苦干精神，中央新闻纪录片厂摄制了《战天斗地绘新图》《红日照东江》两部专题纪录片。

1972 年 8 月，韩正卿调任中共民乐县委书记。1980 年 8 月，调任中共定西地委副书记、行署副专员。1981 年，兼任靖远县兴堡子川电灌工程指挥。1983 年，担任中共定西地委书记。1989 年，调任中共甘肃省委常委、“两西”（河西、定西）农业建设指挥部指挥，后兼任甘肃省扶贫开发办公室主任。1989 年，又兼任甘肃省“引大入秦”工程指挥部党委书记、指挥。1993 年 1 月，任甘肃省政协副主席，1995 年获全国十大“扶贫状元”荣誉称号。

王天台（1934 年 4 月—），礼县城关镇人，兰州为兴电子研究所所长，高级工程师，中共党员。1948 年初中毕业后，进入武都地委干校学习，后随军南下当干部，1952 年至 1953 年为电影队长、电影公司技术科长。1958 年在兰州市电影机械修配厂当厂长时，试验搞出 SB125 型示波器，参加了省文教系统群英会。1973 年，搞成高压静电除尘设备。次年，又为北京皮革厂研制出全国第一套用可控硅自动控制的 10 千瓦微波皮革烘干机。1978 年至 1979 年间，为石化工业研制出 KDT 石油电脱盐设备，获甘肃省科技成果二等奖。1980 年被评为工程师。1983 年 9 月，他负责的研制机组自行设计、试制成功了 K 波段卫星电视接收机，接收到日本 BS-2 百合花电视卫星播放的节目。1985 年，研制的 KCT-6 型分相控制电脱盐设备。1987 年成功地接收了国际五号通讯卫星转播的电视台节目。同年 5 月，他带领全所科研人员研制成功了我国第一台内窥电视屏幕显示系统，获得高级工程师职称，并被选为中国民办科技实业家甘肃省分会副理事长、中国电子电力学会会员、甘肃电子学会广播电视分会学术委员。

李亚哲（1935 年 1 月—），宕昌县哈达铺镇人。1957 年 9 月毕业于兰州高级农校植物保护专业，同年分配到武威地区从事农业技术试验研究和推广工作，先后担任武威地区农业技术推广站站长、武威地区农业技术服务中心主任（正县级）。1981 年获农艺师职称，1987 年获高级农艺师职称。1994 年 12 月获首批国家级农业技术推广研究员任职资格和“优秀专家”称号。1989 年 5 月甘肃省人民政府授予“甘肃省劳动模范”荣誉称号，1992 年 10 月享受国务院政府特殊津贴。主持和参加完成了多项成果，其中获省部级科技进步、星火计划、丰收计划等成果三等奖 6 项，在国家及省级学术刊物上发表有价值的学术论文 14 篇。为中国植物保护学会会员、中国昆虫学会会员、中国农技推广协会会员、甘肃省高级专家协会会员。

周肇西（1935 年 4 月—），康县豆坪乡周家坝人。1949 年 8 月初在成县中学读书时，加入中共陇南地下党组织，在家乡从事传递情报、鼓动群众抗粮抗丁等工作。1954 年 9 月于成县师范毕业后考入西北师范学院物理系。毕业后在甘肃教育学院物理系历任助教、讲师、理论物理教研室主任。1962 年 12 月破格晋升为讲师。1964 年入北京师范大学物理系学习，毕业后回原校继续任教。1970 年调甘肃师范大学物理系任讲师，兼物理系电磁学教研室主任、校物理学术委员会委员。1982—1995 年 6 月任甘肃师范大学函数部主任、副教授、教授，兼西北师大学位委员会委员、中国物理学会甘肃省分会理事长、甘肃省大学物理教学研究会主任委员、《甘肃物理》杂志副主编、甘肃省高校成人教育协会副理事长、全国高校电磁学研究会常务理事和国家教委理科《普通物理学课程建设》编写组成员。被聘为陇南行署科技顾问。曾获西北师大优秀教师和科研先进工作者。1989 年中共甘肃省委、甘肃省人民政府授予甘肃省园丁奖优秀教师称号。主要著作有《电磁学学习指导》、参编《普通物理学课程建设》等。

齐培礼（1937 年—），文县城关镇高崖村人，1955 年参加中国人民解放军，1956 年加入中国共产党，历任战士、干事、秘书等职。1970 年任甘肃省军区政治部保卫处长，1980 年任甘肃省军区纪委专职常委兼办公室主任，1984 年任定西军分区政委、党委书记、中共定西地委委员，1988 年中央军委授予大校军衔。编辑出版了《中国人民解放军之最》《现代名人楹联》《革命谚语》《办案札记》《政治指导员手册》等书，在报刊杂志上发表文章 420 余篇。《中国人民解放军之最》被解放军总政治部评选为全军“学雷锋精神，做四有军人”主题读书活动书目之一。中国楹联学会、甘肃诗词学会、甘肃民间文艺学会、甘肃黄河奇石委员会会员。

耿征（1937 年 12 月—），徽县伏镇人。1955 年 5 月加入中国共产党。1961 年毕业于陕西师范大学化学系，留校任教。1963 年入四川大学化学系进修 3 年，1965 年返校任教。

1986 年由讲师晋升为副教授，1994 年晋升为教授。中国化学学会会员、全国人体健康与微量元素研究会理事、陕西省环境学会理事。研究成果多次获奖。著（合著）有《化学分析》《分析化学实验》《分析化学习题解》《现代汉英化学化工词典》《农业化学分析》等，并发表论文 26 篇。

李思孝（1938 年 4 月—），礼县城关人，1953 年在兰州一中上高中。1956 年考入北京大学中文系新闻专业（1958 年并入中国人民大学新闻系），1960 年在中国人民大学文学研究班学习。1964 年在南开大学中文系任教。1978 年在北京大学中文系教文艺理论。1979 年 12 月加入中国共产党。教授、博士生导师。全国马列文论研究学会副会长、《马列文论研究》杂志编委、北京文艺学会副会长。编著《马克思恩格斯列宁斯大林文艺论著选编》《马克思恩格斯美学思想浅说》（国内第一部系统介绍马恩文艺思想的著作）；合著《马克思主义文艺理论发展史》。

年继荣（1938 年 7 月—），曾用名年本子，礼县崖城乡何家庄人，小学文化。1955 年 11 月加入中国新民主主义青年团，1956 年 1 月任礼县崖城公社何家庄大队团支部副书记。1957 年 1 月任礼县崖城公社何家庄大队第三生产队副队长、大队治安保卫委员。1958 年 8 月加入中国共产党（后被开除党籍）。1958 年 9 月任崖城公社何家庄大队党支部书记、民兵连指导员。1968 年 3 月至同年 9 月任礼县革命委员会副主任。1968 年 9 月至 1977 年 8 月任甘肃省革命委员会副主任。1968 年 9 月至 1971 年 2 月兼任甘肃省天水地区革委会常委。1972 年 1 月至同年 8 月兼任中共礼县县委副书记。1972 年 8 月至 1974 年 9 月兼任中共礼县县委书记、礼县革委会主任（县革委会主任之职一直兼至 1977 年 7 月）。1975 年 1 月至 1977 年 7 月任甘肃省委书记（当时设有第一书记），1982 年 2 月被撤职。1980 年 5 月为天水市秦城区汪川乡干部。1987 年 7 月至 1998 年 12 月为天水市秦城区乡镇企业管理局干部。中共甘肃省第五届委员会委员、常委。中共九大、十大代表。中共第九届、第十届中央委员。

蔡伟（1939 年 6 月—），陇南市武都区城关人，出生于兰州市。1956 年毕业于兰州师范学校，考入西北师范学院数学系。1959 年 6 月 10 日加入中国共产党。1960 年 7 月毕业后留校任教。1979 年调入甘肃教育学院，曾任讲师、副教授、教授，并担任数学系主任十余年。1989 年任甘肃教育学院副院长兼甘肃省数学会副理事长、省数学教学研究会理事长等职。曾参与创办《甘肃教育学院学报》并担任自然科学版主编。负责筹建了甘肃教育学院美术系。1988 年获甘肃省优秀教师“园丁”奖。主要著作有《常微分方程》《数学的足迹》。在国内外学术刊物上发表论文二十多篇。父亲蔡景忱，母亲李端淑，爱人冯振杰亦为西北师大数学系副教授。

郭正田（1939 年 6 月—），徽县县栗川乡人，1960 年 7 月加入中国共产党，大学学历。1961 年 10 月任成县师范教师、兼校团委书记（期间在省委党校学习一期）。1969 年 5 月在武都地区革委会政治部工作。1974 年任武都地委组织部秘书。1980 年 12 月任武都地区文教局副局长。1983 年 5 月后历任中共武都地委副书记、陇南地委副书记。1987 年 3 月任陇南地委副书记兼陇南地区人大联络处主任。1990 年 5 月调任兰州医学院党委书记。中共甘肃省第八次、第九次代表大会代表，政协甘肃省委员会第七届、第八届委员。后又兼任甘肃省海外联谊会理事、甘肃省高等学校思想政治工作研究会常务理事。主编《理论、实践、探索》，参编《大学生党课教程新编》。

卯晓岚（1939年—），陇南市武都区马街镇人。1964年毕业于兰州大学生物系植物专业，毕业后到中科院王云章的锈菌组工作，从事大型真菌分类及物种资源考察、地理分布及生态区系的研究。是中科院微生物研究所研究员，著名大型真菌分类学家，历任中国真菌学会秘书长，中国菌物学会秘书长、常务副理事长，中国食用菌协会副会长，中国食文化研究会常务理事等职。卯晓岚首先将中国大型真菌分为七个地理分布区，并获有关学者认同。两次荣获中科院野外工作先进个人奖和“竺可桢野外科学工作者奖”。主著、主编的著作有《中国经济真菌》《西藏大型经济真菌》《毒蘑菇识别》《秦岭真菌》《中国大型真菌》和《真菌王国奇趣游》等。发表研究文章80多篇。2000年，卯晓岚主编的《中国大型真菌》，记述菌物1700多种，填补了我国大型真菌彩色图谱的空白，该书2003年获中国图书奖，是菌物学首次获此大奖的著作。

郭永文（1940年10月—），陇南市武都区安化镇曾家街人。安化小学毕业后考入武都中学读书，1959年考入北京大学中文系，毕业后分配新华社总社工作，先后任记者、编辑、副主编等职。1978年9月加入中国共产党。1984年调中共中央组织部任副处长。1986年任《中国妇女报》副总编辑，1987年被评为主任编辑。1988年任中国工人运动研究所副所长，1989年任中华全国总工会政研室副主任。1990年起历任中国工人出版社总编辑、中央文献出版社总编辑、《党的文献》杂志主编，编审。主编有《毛泽东诗词故事》，合著《伟人毛泽东丛书·哲学大师毛泽东》《毛泽东诗词全编鉴赏》《青年马克思主义学习手册》《哲学简明答问》《中共党史简明问答》等。擅长水墨画，出版多种挂历、画册等。

张淑凤（1941年11月—），女，陇南市武都区城关镇人，1960年考入兰州铁道学院电机系，毕业后分配沈阳铁路局工作。1974年调西安卫星测控中心负责硬件技术总体工作。1984年加入中国共产党，1988年被评聘为高级工程师。中国西安卫星测控中心监控站总工程师，大校军衔。1986年国防科工委授予“十佳女军人”称号。1987年中国人民解放军总政治部授予全军妇女先进个人。1988年国防科工委授予一等功，并颁发给“献身国防科技事业”的荣誉证书。1990年中国人民解放军总政治部授予全军妇女先进个人。全国妇联授予“全国三八红旗手”称号。著有技术论文及技术报告36篇、大中型技术革新改造文论44篇，《331工程手册测控分册》内部刊行。

韦自强（1942年9月—），徽县城关镇人。1960年入兰州艺术学院美术系预科学习，1962年转入西北师院美术系国画专业本科学习，1966年毕业后在庆阳地区文化馆从事美术创作和宣传工作。1979年复入西北师大攻读中国画硕士研究生，1982年毕业后留校任教，教授。省美术家协会会员、省书法家协会会员、省国画家协会理事。

赵逵夫（1942年12月—），西和县人。1963年西和县一中毕业考入甘肃师大中文系，1967年毕业分配至武都县一中任高中语文教师。1975年调武都县七中任教。1979年考取西北师范学院中国古代文学硕士研究生，1982年毕业留校任教，历任讲师、副教授、教授、博士生导师。1993年4月创建了西北师范大学（原名西北师范学院）对外汉语教育中心。历任西北师大中文主任、古籍整理所名誉所长，西北师大对外汉语教育中心主任，校学术委员会委员、校学位委员会副主任、博士生导师，甘肃省先秦文学与文化研究中心主任、甘肃省文联副主席等职。曾先后担任甘肃省第八、九、十届人大常委会委员。

主要社会兼职有中国古代文学学会理事、中国诗经学会副会长、中国屈原学会名誉会长、中国辞赋学会顾问、甘肃省古代文学学会会长、甘肃省对外文化传播交流协会副理事长、甘肃省黄河文化经济发展研究会理事、甘肃省学术委员会委员、甘肃省诗词学会学术顾问。甘肃省第八届、第九届人大常委会委员，甘肃省学位委员会副主任，中国经济学会理事。

主要著作有《屈原与他的时代》《屈骚探幽》《张康侯诗草》等多部，主持编写《先秦文论全编要诠》《先秦文学编年史》《全先秦汉魏晋南北朝文》《历代赋评注》《古典文献论丛》等30余部，先后在《中国社会科学》《文学评论》《文学遗产》《文艺研究》《中华文史论丛》等刊物发表《屈氏先世与句亶王熊伯庸—兼论三闾大夫的职掌》《〈战国策·张仪相秦谓昭睢章〉发微》等学术论文300余篇。在甘肃省社会科学最高奖4次评奖中，两次获一等奖，两次获二等奖；在甘肃省高等学校哲学社会科学优秀成果4次评奖中，4次俱获一等奖。1991年5月被甘肃省教委授予“做出突出贡献的硕士学位获得者”称号，同年9月被甘肃省委省政府评为全省优秀教师，1992年被评为国家有突出贡献的中青年专家，经国务院批准享受政府特殊津贴；1993年获曾宪梓教育基金教师奖二等奖，2000年被评为全国先进工作者，2006年被教育部评为国家级教学名师。

郝洪涛（1945年11月—），成县小川镇人，1965年9月至1969年9月在甘肃教育学院、甘肃师范大学中文系汉语言文学专业学习。1969年9月至1970年8月留校待分配。1970年8月任省农宣队宕昌县分队队员。1975年2月加入中国共产党。1971年9月任中共武都地委秘书处秘书科干事、副科长、科长。1983年6月至同年10月任中共武都地委宣传部副部长。1983年10月任中共康县县委副书记、康县县长。1984年11月任中共陇南地委副书记（其间：1986年9月至1987年1月在中共中央党校进修部进修二班学习）。1987年7月兼任武都地区政协工委联络处主任。1990年9月任中共甘南藏族自治州委书记、甘南军分区党委第一书记。1995年1月任甘肃省公安厅厅长、党委书记，兼任武警甘肃总队党委第一书记、第一政委（1996年3月被授予一级警监警衔）。1998年4月任甘肃省政府秘书长、党组成员、办公厅党组书记（1997年8月至1998年7月在中共中央党校培训部中青年干部培训班学习；1997年9月至2000年7月在中共中央党校在职研究生班法学专业学习，中央党校研究生学历）；2003年2月至2008年1月任甘肃省高级人民法院院长、党组书记。现任最高人民法院咨询委员会委员。二级大法官。中共甘肃省第八届、九届、十届委员会委员。第八届全国人大代表。

李永昌（1945年12月—），徽县银杏树乡宏化寺人。中共党员。大专毕业。1964年9月参加工作。1965年6月至1982年3月任甘肃省天水地区行署公安处科员、科长。1982

年4月至1985年元月任礼县县委副书记、县长。1985年2月至1993年8月任天水市中级人民法院院长、党组书记，天水市第一、二届人大代表，中共天水市市委第一、二届委员。1993年9月至1998年12月，任甘肃省高级人民法院副院长、党组成员。1999年任甘肃省高级人民法院副院长、党组副书记（正地级），中共甘肃省委第九届纪律检查委员会委员。

贾定成（1946年8月—），康县岸门口镇贾家湾村人，中共党员，兰州铁道学院运输系毕业，高级工程师。1970年7月分配成都铁路局西昌铁路分局成昆线工作，1972年调西昌分局办公室秘书，1977年任分局办公室主任，1981年任西昌铁路分局峨眉车务段段长，1985年2月任西昌铁路分局政治部副主任，1987年任西昌铁路分局副局长，1993年12任西昌铁路分局局长。1998年任成都铁路分局局长，2002年1月任成都铁路分局党委书记，2006年退休。

刘义学（1947—2002），陇南市武都区池坝乡柏家庄人，中国共产党党员。1960年在池坝学校读书，毕业于成县师范。1969年参加中国人民解放军。1979年随部队参加对越自卫反击战，任解放军第13军37师作战参谋，1980年任37师109团副团长，1988年任109团团长，后任四川省宜宾军分区参谋长，四川省阿坝州军分区司令员，四川省宜宾市军分区司令、宜宾市委常委。2002年回家乡探亲时，在返回宜宾的途中不幸遇车祸去世。

郭志忠（1947年7月—），徽县栗川乡栗亭何家沟人，中共党员。1964年12月入伍，毕业于中国人民解放军成都陆军学校。先后在西藏武警部队、西藏军区陆军第53师、中国人民解放军8091工程指挥部、中国人民解放军总政治部办公厅、中央军委办公厅、成都军区等单位和地区服役。历任战士、副班长、班长、副排长、排长、副连长、连长、政治指导员、营政治教导员、团政治处主任、团政治委员、师政治部组织科长、成都军区秘书、中国人民解放军总政治部办公室厅秘书、中共中央军委办公厅秘书、中国人民解放军成都军区什邡基地政治委员。立三等功一次。

蔡武（1949年10月—），祖籍陇南市武都区城关，生于兰州市，为蔡景忱先生之四子。1956年，先后在兰州市上小学、中学；1968年11月，在高台县农村插队；1971年2月，在甘肃省山丹煤矿工作；1973年1月加入中国共产党。1976年10月，在甘肃省燃化局、煤炭局任政治部干事；1978年9月，在北京大学国际政治系学习；1982年7月，毕业后在北京大学国际政治系任教；1983年7月后，在共青团中央工作，历任团中央国际联络部部长、团中央委员、团中央常委，先后兼任全国青联委员、常委、副秘书长、全国青联负责人等职务；1995年2月，任中共中央对外联络部研究室主任；1995年7月，任中共中央对外联络部副秘书长兼研究室主任；1997年6月，任中共中央对外联络部副部长；2005年6月，任中共中央宣传部副部长、中共对外宣传办公室主任、国务院新闻办公室主任；2008年3月，任中共中央宣传部副部长，文化部部长、党组副书记；2008年9月，任中共中央宣传部副部长、文化部部长、党组书记，主持文化部全面工作。法学博士。兼任中国人民大学国际关系学院教授、博士生导师，北京大学国际关系学院学术委员会高级顾问。中共十五大、十七大代表。中共第十七届中央委员。第十届全国政协委员。

邓生来（1949年12月—），宕昌县官亭镇天池村人，1968年4月部队服役；1969年7月加入中国共产党，1979年9月转业至武都地区劳动人事处工作，历任干事、副科长、科长，1985年8月任陇南地区劳动人事处副处长（期间：1985年9月至1988年7月在甘肃广播电视大学汉语言文学专业学习，大专学历），1990年6月陇南地区劳动处副处长，1991年10月任陇南地区劳动处处长，1995年2月任徽县副书记、政府县长，1997年3月任中共徽县委书记，2000年8月任陇南地区行署副专员、徽县委书记，2001年1月任陇南地区行署副专员，2004年12月任陇南市人民政府副市长，2007年1月任陇南市二届人大常委会副主任、党组副书记，2009年1月至2010年3月任甘肃省人大农业与农村委员会副主任委员（正厅级）。省第九届、第十一届人大代表。

刘淑珍（1949年12月—），女，甘肃省岷县人，电大大专学历。1965年8月参加工作，在武都县马街、甘泉公社参加社教。1966年9月在岷县寺沟商店、岷县印刷厂工作。1970年1月加入中国共产党。1976年2月任岷县梅川公社妇联主任、革委会副主任，1977年1月历任岷县茶埠公社革委会副主任、党委副书记、党委书记。1983年7月任武都地区妇联主任，1996年5月任陇南地区政协工委副主任，2004年12月当选为政协陇南市第一届委员会副主席，任党组成员；2007年1月当选为政协陇南市第二届委员会副主席，同年2月任党组副书记。2009年1月任省政协提案委员会副主任（正厅级）。2010年7月退休。第五次全国妇女代表大会代表，省第八次党代会代表，政协甘肃省第七届委员会委员。1996年9月获全国妇联、国家教委授予的“全国家庭教育工作园丁奖”。

麻富省（1950年4月—），礼县永兴镇人，中共党员，1968年参加工作，大专文化程度。历任战士、文书、班长、排长、干事、副政治指导员、股长、学员、副科长、团政治处主任、师政治部副主任、阿里军分区政委、军分区党委书记等职。1985年任师政治部副主任。1992年，负责拍摄了步兵八师（原骑兵第一师）历史电视片，完成了32万字的史书《光辉的六十年》。1992年底，调任西藏阿里军分区副政委，1995年2月任阿里军分区政委、军分区党委书记。1999年10月调任新疆建设兵团军事部副政委，军事部纪委书记。2002年兼任兵团军事部政治部主任。

张代成（1950年10月—），文县丹堡镇天头坪村人，1971年7月参加工作，1974年11月加入中国共产党，1975年10月毕业于兰州大学医学院临床医学系。1975年11月在兰州大学第二医院普外科工作，任住院医师。1986年晋升主治医师。1989年3月在兰州大学第二医院急救中心外科主持工作，任主治医师。1996年晋升副主任医师。1992年后历任兰大医学院外科教研室副主任、主任。1998年任兰州大学第二医院急救医学硕士生导师。1998年7月至2000年8月参加中国援外医疗队在马达加斯加佳工作。2006年晋升为主任医师、教授。2010年12月1日退休。2012年9月被聘在文县第一人民医院外科工作。撰写医学论文二十余篇，独著及合著医学著作六部。

郭庆祥（1950年—），文县人，1975年毕业于兰州大学化学系，1982年兰州大学研究生毕业并留校任教；1986—1989年美国田纳西大学访问学者；1994年到中国科学技术大学工作，任教授、博士生导师。中国科学院纤维素化学实验室学委会主任。国际学术刊物《Journal of Inclusion Phenomena and Macrocyclic Chemistry》编委、亚洲—大洋洲环糊精科学学会副会长、IUPAC 东亚地区绿色化学网络中方联系人。主要从事有机化学和绿色化学研究，在化学中的分子识别、超分子结构化学、生物质的结构化学和绿色有机合成等领域取得一批重要成果，在国内外学术刊物上发表论文 200 多篇。

刘醒初（1951 年 4 月—），笔名正雨，文县城关镇人。中共党员。大学普通班学历。1974 年起历任文县广播站干事、中共文县委组织部干事、中共武都地委宣传部干事、中共文县委组织部副部长，文县县委常委、组织部长，中共武都县委副书记，中共成县县委书记，陇南地区行署副专员，中共陇南市委副书记。2006 年 11 月任甘肃省文史研究馆党组书记、馆长。中国作家协会会员。著有散文集《逝去的裕河》《怀念那棵树》《加美手记》《寻找麦子》等，作品曾获得《飞天》十年文学奖、《上海文学》第九届散文奖。甘肃省文史馆馆长等。中国作家协会会员。著有散文集《逝去的裕河》《怀念那棵树》《加美手记》《寻找麦子》等，作品曾获“飞天”十年文学作品奖、《上海文学》第九届散文奖。

蒲永东（1951 年 5 月—），原名蒲宝良，礼县盐官镇人，1969 年 2 月入伍，1970 年 3 月入党，技术三级，文职一级。享受军职待遇。任解放军第三 0 九医院普外中心主任，医院教研室主任，解放军总医院博士研究生导师，主任医师、教授。中央军委保健会诊专家。先后毕业于第七军医大学军医系（后改称第三军医大学）、第三军医大学首届青年医教干部师资培训班、重庆大学生物力学工程研究生院。先后任第三军医大学第一附属医院普外科医师、助教、主治医师、讲师、主任医师、教授、行政主任。1996 年 10 月调入解放军第三 0 九医院任普外科主任。兼任全国名医专家委员会普通外科专业副主任委员、全军普外专业委员会常委、全军外科手术学主任委员、胃肠外科学副主任委员、北京市普外专业委员会委员、多家杂志常务编委，合作主编专著 1 部，参编专著 1 部，发表各种论文译文 100 余篇。

王春明（1951 年 9 月—），徽县栗川乡王家沟村，曾先后在邢家庄小学、栗子小学读书。1965 年考入徽县第一中学，1969 年参加中国人民解放军陆军 37 师 111 团，曾担任警卫员、文书等职。1971 年 8 月加入中国共产党，1973 年 8 月入兰州大学化学系分析化学专业学习。1976 年 9 月毕业后留校。1979 年获助教职称。1979 至 1981 年在南京大学学习，1985 年晋升讲师职称，1992 年晋升副教授。历任兰州大学化学系办公室主任、化学系副主任、化学系总支书记，化学化工学院副院长。1998 年获理学博士学位。同年去以色列国特拉维夫大学化学院做博士后研究。2001 年 10 月晋升教授职称，2002 年 5 月被批准为博士研究生导师。

韩博文（1952 年 8 月—），文县人，中央党校本科毕业，中共党员，历任中共陇南地委秘书、副秘书长，中共陇南地委保密委员会副主任、保密办主任，甘肃省地方史志办副主任，甘肃省博物馆党委书记，研究馆员。甘肃省文化厅正厅级巡视员。主持完成国家文物局《全国馆藏文物腐蚀损失调查》重点调查项目《甘肃省博物馆馆藏文物腐蚀损失调查》。主持完成甘肃省博物馆基本陈列《甘肃古生物化石》《甘肃彩陶》《甘肃丝绸之路文明》，荣获“第七届（2005—2006 年度）全国博物馆十大陈列展览精品奖”。出版专著《甘肃历史人物》《陇南风物志》，主编《甘肃丝绸之路文明》《甘肃彩陶》《第四届中国艺术节文献选编》副主编，在国家级学术刊物发表论文多篇。

高攀（1952 年 9 月—），西和县洛峪镇新民村人，中共党员。1974 年 10 月参加工作，历任洛峪公社、卢河公社党委副书记、革委会副主任。1975 年 8 月在天水地委组织部干部科工作。1981 年 4 月至 1986 年 1 月，任西和县人事局副局长（期间在中共甘肃省委党校培训部学习，获大专学历）。1986 年 2 月，任中共陇南地委宣传部秘书科长。1986 年 11 月，任中共两当县委副书记。1992 年 12 月任中共陇南地委副秘书长，1993 年 9 月兼任信访办主任。1995 年 4 月任中共文县县委书记。1999 年 6 月后，历任中共陇南地委委员、地委秘书长，陇南市委常委、市委秘书长兼保密委员会副主任。2004 年 12 月任中共陇南市委副书记兼市纪委书记。2005 年 11 月任中共武威市委副书记兼市纪委书记。2008 年 5 月任甘肃省林业厅副厅长，2011 年 4 月任甘肃省林业厅正厅级巡视员。

陈琳（1953 年 11 月—），成县人，1973 年 8 月在武都地区师范学校学习。1975 年 9 月任中共武都地委秘书处秘书科干事。1979 年 3 月加入中国共产党。1982 年 2 月至 1985 年 6 月调任天水行署办公室秘书科干事、副科长。1985 年 6 月任天水市政府办公室副主任、副秘书长（其间：1983.09 月—1986.07 西北师范大学汉语言文学专业学习）。1989 年 12 月任天水市政府副秘书长兼研究室主任。1994 年 9 月任天水市政府秘书长。1997 年 10 月任中共天水市委组织部部长。1998 年 10 月任中共天水市委常委、组织部部长。2000 年 2 月调任中共定西地委委员、组织部部长。2001 年 5 月调任兰州市委常委、组织部部长。2002 年 6 月任中共兰州市委副书记、纪委书记。2005 年 11 月任兰州市委副书记。2008 年 5 月任甘肃省总工会党组书记、常务副主席。2013 年 01 月任甘肃省第十二届人大常委会委员、民族侨务委员会副主任（正厅级）。

乔世俊（1954 年 3 月—），宕昌县人，中共党员。1979 年 1 月北京大学化学系毕业，1979 年 1 月在甘肃省环境科学设计研究院工作。1987 年获工程师任职资格，1994 年破格取得高级工程师任职资格，2005 年取得正高级工程师（研究员）任职资格。1997 年被任命为研究院大气室主任，1998 年后历任副总工程师、总工程师、院党委书记兼副院长。2007 年任甘肃省固体废物管理中心主任。2001 年入选为甘肃省“333”第一、第二层人才；2006 年省委、省政府授予甘肃省优秀专家称号。共主持和作为主要完成人完成科研课题 11 项，发表论文 48 篇。获得技术专利 3 项。被聘为兰州大学兼职教授、西北师范大学硕士生导师、兰州交通大学硕士生导师、甘肃省环境科学学会常务理事、甘肃省化学会常务理事、色谱专业委员会副主任。

秦理斌（1955 年—），笔名文杉，别号陇南子，礼县马河乡八庙沟人。兰州大学档案馆馆长、教授。甘肃省书法家协会副主席、学术委员会主任，甘肃省文联委员，甘肃省文史馆研究员，中国书法家协会会员、中国书法家协会教育委员会委员，中国高教学会美育研究会副会长，甘肃省政协书画研究院顾问，第三届中国书法兰亭奖评审委员等。1998 年获甘肃省委、省政府颁发的甘肃省第二届“敦煌文艺奖”一等奖，2000年获甘肃省委、省政府颁发的甘肃省第三届“敦煌文艺奖”一等奖，2007年获第三届甘肃省“群星奖”一等奖，2009年获甘肃省中青年德艺双馨文艺工作者称号，2010年被中国书协评为年度“中国书法进万家”全国先进个人，出版有出版《秦理斌书法作品集》。

肖庆平（1956年3月—），文县城关镇人，1978年3月考入兰州大学中文系汉语言文学专业学习，1982年1月任武都地区行署办公室干事。1983年12月加入中国共产党，1984年4月任武都地区行署办公室秘书科副科长。1985年2月任陇南地区行署办公室副主任。1989年11月任中共武都县委副书记。1993年3月任中共武都县委副书记、县长。1994年2月任中共武都县委书记。1996年1月任中共陇南地委委员、武都县委书记。1997年11月任中共陇南地委委员、地委秘书长。1999年5月任陇南地区行署副专员（其间：2000年9月至2002年10月在中国人民大学科技哲学与现代管理专业研究生课程进修班学习）。2004年12月任中共陇南市委常委、陇南市副市长。2006年6月任中共武威市委副书记、市长（2006年7月起）。2008年5月任中共武威市委书记、市人大常委会主任（2008年6月起），兼任武威军分区党委第一书记。2010年1月，任中共甘肃省白银市委书记、白银市人大常委会主任，兼任白银军分区党委第一书记。2011年11月，任甘肃省商务厅厅长。2013年任甘肃省民政厅厅厅长。中共甘肃省第十一、十二届委员会委员。

李希（1956年10月—），两当县云屏乡人，1975年7月参加工作，1982年1月加入中国共产党，1975年7月任两当县云屏公社知青；1976年10月任两当县文教局、县委办公室干事；1978年3月任西北师范学院中文系汉语言文学专业学习；1982年1月任中共甘肃省委宣传部秘书处干事；1985年2月任省委办公厅书记办公室副处级秘书；1986年6月任省委组织部组织处副处级组织员；1987年1月任省委组织部干部调配处副处长；1990年6月任省委组织部正处级组织员、省委知识分子工作办公室副主任、省委组织部党政干部处处长；1995年12月任中共兰州市西固区委书记；1996年11月任中共兰州市委常委、组织部部长；1999年1月任兰州市委副书记、组织部部长；2001年6月任兰州市委副书记；2001年8月任中共张掖地委书记；2002年7月任张掖市委书记（其间2004年3月至2004年7月中央党校地厅级干部进修班学习）；2004年7月任甘肃省委秘书长，2004年10月任中共甘肃省委秘书长兼省直机关工委书记；2004年12月任中共陕西省委常委、秘书长；2006年5月任中共陕西省委常委、秘书长，中共延安市委书记；2006年10月任陕西省委常委、延安市委书记；2007年4月任陕西省委常委，延安市委书记、市人大常委会主任；2009年2月任陕西省委常委、中共延安市委书记（2008年9月清华大学经济管理学院高级管理人员工商管理专业学习，获工商管理硕士学位）；2011年 4月任中共上海市委常委、组织部部长。第十七届、十八届中央候补委员。

赵英（1956年10月—），礼县永兴乡永兴村人。大专文化程度，中共党员。1974年12月入伍到新疆空军马兰村场站服役，1978年6月航行任译报组长，1981年初调空九军后勤部战勤处任参谋，1981年9月至1983年8月在徐州空军勤务学校战勤参谋大专班学习。1983 年回部队，至 1988 年先后为正连职、副营职参谋、副处长、处长。1996 年晋升为空军上校军衔，1997 年 2 月任代理国防仓库主任，1988 年 2 月任新疆空军后勤部副部长兼战勤处长。2003 年 12 月任新疆空军乌鲁木齐指挥所副司令，空军大校军衔。2011 年 11 月退休。现为中国诗词学会会员，中国楹联学会常务理事，新疆楹联家协会执行主席兼秘书长。

王福祥（1957 年 1 月—），文县上丹乡天头坪村人，1973 年 8 月在成县师范学校学习。1975 年 7 月任中共武都地委宣传部干事；1980 年 4 月加入中国共产党。1980 年 8 月在甘肃教育学院中文系学习。1982 年 7 月任甘肃教育学院任团委书记。1992 年 9 月调任中国人民保险公司甘肃省分公司任办公室副主任（其间：在西北师范大学中文系参加函授本科学习）。1994 年获高级经济师职称；1996 年 7 月任中保人寿保险公司甘肃省分公司任办公室主任。2001 年 1 月任中国人寿保险股份有限公司甘肃省分公司党委委员、纪委书记、副总经理（副厅级）（其间：2000 年 7 月至 2003 年 9 月在中央党校经济管理硕士研究生班学习，获研究生学历）。2006 年 11 月任中国人寿保险股份有限公司甘肃省分公司党委书记、总经理（正厅级）。2012 年 12 月任中国人寿保险（集团）公司成都区域审计中心（业务辖四川、湖北、云南、贵州、重庆、西藏）党委书记、总经理（正厅级）。

甘晖（1957 年 1 月—），出生于陇南市武都区，祖籍甘肃省泾川县人，1977 年参加工作，1981 年加入中国共产党。1978 年 2 月至 1982 年 1 月在兰州大学中文系学习，获学士学位，毕业后留校工作，历任兰州大学校学生会专职秘书长、校团委副书记、数学力学系党总支副书记、校团委书记、人事处处长、研究生处常务副处长、“211 工程”办公室主任、研究生院副院长等职。2001 年 1 月任兰州大学党委副书记，2002 年 10 月兼任兰州大学副校长。2010 年 12 月任陕西师范大学党委书记。中国学位与研究生教育学会评估委员会委员，中国高等教育学会师资管理研究分会副理事长，中国高等教育学会薪酬管理研究分会副理事长，中国高等教育学会出国留学教育管理分会副会长，甘肃省高校思想政治工作研究会理事会副会长。在《高等教育研究》《中国高等教育》《思想教育研究》《兰州大学学报》等刊物上发表文章 20 余篇。

杨福林（1957 年 10 月—），回族，陇南市武都区人，1976 年 8 月为新疆建设农八师 150 团 18 连职工，1978 年 10 月后历任农八师 150 团一中教师、副校长、校长，1982 年 11 月加入中国共产党，1989 年 11 月任农八师 150 团教育中心主任兼一中校长，1990 年 7 月任农八师 150 团党委副书记、政委，1992 年 1 月任农八师 143 团党委副书记、党委书记、政委，1995 年 5 月任农八师石河子市政府办主任，1996 年 5 月任石河子市人民政府副市长、市委常委，2001 年 2 月任农六师党委常委、副师长，2002 年 3 月任农十四师党委书记、政委、师长，和田地委委员，2003 年 4 月任农十四师党委书记、政委，和田地委委员（其间 2001 年 9 月至 2004 年 7 月在兵团党委党校在职研究生班国民经济专业学习，获党校研究生学历），2006 年 1 月任农三师图木舒克市党委书记、农三师政委，2006 年 2 月任农三师图木舒克市党委书记、政委，图木舒克市人大常委会党组书记、主任，喀什地委委员；

2012 年 2 月后历任新疆生产建设兵团党委常委、图木舒克市党委书记、农三师政委，任新疆生产建设兵团党委常委、政法委书记。

曹锐（1958 年 9 月—），女，陇南市武都区城关人，上海戏剧学院戏剧文学系毕业，先后在武都地区文工团、武都（陇南）五一剧团工作。1987 年调甘肃省文化厅工作，历任副处长、秦安县副县长（挂职）、省文化厅正处级调研员、甘肃省文联副主席。国家一级编剧、甘肃省政协委员。2010 年荣获甘肃省委、省政府“甘肃省文艺突出贡献奖”。

代表作有电视剧《苦乐村官》《临界情感》《滩水湾》《焉支传奇》《那年那月》；舞台剧有《悠悠雪羽河》《苦乐村官》《官鹅情歌》《西狭长歌》《百合花开》《麦积圣歌》《大秦文公》《民乐情》等。作品陇剧《官鹅情歌》获中宣部全国第十届精神文明建设“五个一工程”优秀作品奖，入选 2007 年—2008 年国家舞台艺术精品工程十大精品剧目；秦剧《百合花开》获中宣部全国第十一届精神文明建设“五个一工程”优秀作品奖，入选 2010 年——2011 年国家舞台艺术精品工程资助剧目；陇剧《苦乐村官》获中宣部全国第十二届精神文明建设“五个一工程”优秀作品奖、第九届中国艺术节“文华大奖特别奖”文华编剧奖，入选 2009 年——2010 年国家舞台艺术精品工程十五大精品剧目；秦剧《麦积圣歌》荣获中国秦腔艺术节优秀作品奖、优秀编剧奖，文化部第十届中国艺术节“文华奖”；陇剧《西狭长歌》获全省创新剧目调演剧目大奖。

张建昌（1958 年 9 月—），文县人，1974 年 3 月参加工作。1974 年 3 月，宕昌县阿坞公社插队知青。1975 年 12 月加入中国共产党。1976 年 11 月，武都黄鹿坝电厂工人。1978 年 10 月在兰州大学历史系历史专业学习。1982 年 7 月任兰州大学历史系教员。1984 年 7 月在中国人民大学中共党史系研究生班党史党建专业学习，获硕士研究生。1987 年 10 月调任中共甘肃省委组织部组织处干事、主任科员。1990 年 9 月任中共甘肃省委组织部副处级组织员。1992 年 5 月任省委组织部组织处副处长。1995 年 11 月任省委组织部研究室主任。2001 年 7 月任中共甘肃省委组织部部务委员。2002 年 7 月任中共兰州市委常委、组织部部长。2005 年 6 月任中共兰州市委副书记、组织部部长。2005 年 11 月任中共兰州市委副书记、纪委书记。2008 年 3 月甘肃省委宣传部副部长兼省社科联党组书记。2012 年 9 月任中共甘肃省委宣传部常务副部长。

李永健（1960 年 7 月—），文县人。1977 年 4 月在文县桥头乡张家堡村插队。1978 年 8 在甘肃省农业机械化学校制造专业学习。1980 年 4 月任白龙江林业管理局迭部林业局电尕林场副段长、党总支秘书、政工干事、工会主席，1984 年 12 月加入中国共产党。1986 年 1 月后历任白龙江林管局纪委副科级纪检员、党办副主任兼机关党委副书记、书记。1997 年 3 月任白龙江林业管理局河西综合开发局局长；2002 年 9 月任白龙江林业管理局副局长、党委常委（期间：2001 年 8 月至 2003 年 12 月在中央党校函授学院法律专业学习；2004 年 9 月至 2007 年 7 月在中央党校函授学院经济管理专业研究生班学习，党校研究生学历）；2010 年 5 月任白龙江林业管理局局长、党委副书记。高级政工师。

张福基（1961 年 1 月—），徽县泥阳镇张湾村人。中共党员。先后在张湾小学、张垭小学、泥阳初中、徽县二中读书。1978年12月应征入伍，先后在西安陆军学院、西安政治学院、国防大学学习，历任解放军某部司务长、连政治指导员、营政治教导员、副处长、处长，兰州军区司令部办公室副主任，后在中央军委办公厅工作。2006年晋升少将军衔。2010年7月任新疆军区政治部主任，2012年任解放军47集团军政治委员。

高培兴（1962年2月—），文县范坝乡人，中共党员，1978年12月中国人民解放军87141部队军教连战士；1980年8月空军军医学校学员；1984年2月任空军军医学校第十二护训队助理员；1986年4月历任空军乌鲁木齐医院分别任医务处、政治处助理员、干事。1991年7月新疆经济管理干部学院政治工作大学毕业。1992年4月任空军乌鲁木齐指挥所政治部组织处、纪检处干事；1994年12月任空军马兰村场站政治处副主任。1966年1月中央党校经济管理专业大学毕业。1996年3月任中国人民解放军39089部队秘书处副处长；1998年4月任空军乌鲁木齐汽车修理厂政治处主任；1999年3月任北京军区空军通信总站副政委；2001年6月任北京军区空军北京劲松离职干部休养所政委；2003年3月任北京军区空军司令部直属政治部副主任、直属工作处副处长；2004年1月，中央党校国际政治专业在职研究生毕业；2005年5月任中国人民解放军95876部队政治部主任。2005年6月授空军大校军衔。2007年2月任空军军械通用装备军事代表局、驻北京地区军事代表局政治部主任；2011年8月任空军驻沈阳地区军事代表局政委。

莫超（1962年10月—），文县堡子坝乡人。1981年7月毕业于成县师范，分配到文县三中任教；1984年9月至1989年6月分别在兰州师专中文系、西北师大中文系读书，1989年9月进入兰州师专（后改为兰州城市学院）学报编辑部、中文系工作。2004年7月任兰州师专中文系主任、《甘肃高师学报》主编、甘肃方言研究所所长。2006年7月任兰州城市学院文学院院长。2011年5月任兰州城市学院党委常委、副校长。1993年9月至1996年6月在兰州大学中文系读现代汉语专业硕士研究生，获硕士学位；1999年破格晋升副教授。2001年9月至2004年6月在南京师范大学文学院汉语言文字学专业攻读博士，获文学博士学位；2004年6月至2006年12月从西北师大文史学院博士后流动站出站。其间于2004年7月晋升教授职称。兼任华东师大、西北师大、西北民大教授，硕士研究生导师，河西学院、甘肃民族师范学院、陇南师专特聘教授。为中国语言学会理事、全国汉语方言学会理事，国家语委中国语言资源保护工程核心专家组成员。出版《白龙江流域汉语方言语法研究》《兰州方言词典》《西北方言文献研究》《现代汉语教学指导书》等专著8部，发表学术论文70多篇。

李宁（1962年10月—），成县人，1982年7月参加工作，1986年1月加入中国共产党，北京交通大学道路与铁道工程专业毕业，研究生学历，工学博士学位，教授级高级工程师。1982年7月至2007年5月，历任铁道部第一勘察设计院工程经济设计处副处长、处长，院副总经济师兼工程经济处处长、工程承包部部长，副院长中铁第一勘察设计院集团有限公司党委常委、副院长；2007年5月至2011年3月，先后担任中铁二十一局集团有限公司董事、总经理、党委副书记，董事长、总经理、党委副书记。2011年3月，任中国铁建投资有限公司董事、党委书记、总经理。

蒲钢青（1963年2月—），礼县盐官镇王城人，1983年毕业于长安大学（原西北建筑工程学院）水暖系，工学学士。中共党员。1983年7月至1991年5月在中国市政工程西北设计研究院工作任助工工程师。1991年6月至2000年12月历任中国市政工程西北设计研究院设计三所副所长、院长助理、副院长、高级工程师，2001年1月至2012年12月任中国市政工程西北设计研究院院长、董事长、总裁。参与和主持设计了新疆泽普石化厂给水排水工程；上海径西雨水工程设计；西安黑河引水工程设计；山东省淄博市引黄供水工程设计；宁夏石嘴山市黄河水厂给水工程设计；新疆库尔勒市市政工程设计；新疆库尔勒市总体规划；孟加拉国达卡市大莱河泵站工程总承包；中外合作西安南郊水厂工程设计；陕西省杨凌示范区市政工程设计。其中西安黑河引水工程曲江水厂1993年获得全国第六届优秀设计银质奖、建设部优秀设计二等奖，1994年获建筑工程鲁班奖，1999年荣获首届中国土木工程（詹天佑）大奖唯一给排水奖。曾获建设部"有突出贡献的中青年专家"；甘肃省"劳动模范"等荣誉称号。发表数篇论文著作。曾现被聘为中国勘察设计协会理事、中国勘察设计协会市政分会常务理事、中国土木工程学会水工业分会理事、中国土木工程学会给水委员会高浊度水研究会主任委员、甘肃省建设科技专家委员会委员、甘肃省勘察设计协会常务理事、甘肃省给水排水学会副主任委员、甘肃省工程咨询协会副会长。

何军贤（1964年2月—），西和县洛峪镇何胡村人。兰州大学生物系毕业，博士学位。1993—1999年担任中山大学生物系博士后研究员、四川大学生命科学学院副教授、教授，中国植物生理学会代谢及贮藏专业委员会委员、四川省植物学会理事、中国国家自然科学基金委员会基金项目通信评审专家、中国植物学会植物生理及分子生物学专业委员会委员。1999年后，曾任美国俄亥俄州州立大学博士后研究员、美国斯坦福大学卡耐基植物研究所博士后研究员、美国植物学家协会（ASPB）会员、（美国）国际植物分子生物学学会（ISPMB）会员、美国孟山都生物技术公司（ Monsanto Company）资深研究员。2007年12月，聘为香港中文大学生物系（中国）农业生物技术国家重点实验室技术研究所研究助理教授。2008年起，任国际期刊《 Journal of IntegrZZtive Plant Biology》审稿人；2009年起，任《中国植物学报》责任编委。发表学术论文40余篇，其中国际刊物13篇。

郭义（1965年10月—），礼县盐官镇大河村人。现任天津中医药大学教授（二级），研究员、博士、博士生、博士后导师。天津中医药大学针灸学科学术带头人、天津市高校针灸学重点学科领军人物。天津中医药大学针灸推拿学院学院院长、中西医结合骨科学院执行院长、实验针灸学研究中心主任，针灸标准化研究所所长。多年来主持、承担和参加国家"八五"攀登计划课题、国家"八五"、"十五"攻关项目、国家"973"课题、国家自然科学基金重点基金、国家自然科学基金、教育部霍英东青年教师基金及部、市级课题80余项，获得科技成果30项，主编著作15部（日文版2部），副主编倍，参编5部。主编全国中医院校精编教材《实验针灸学》《实验针灸学验指导》。发表学术论文500余篇。

杨武（1966年2月—），西和县何坝镇杨窑村人。1987年7月毕业于西北师范大学化学系。西北师范大学分析化学专业硕士，中国科学院兰州化学物理研究所分析化学专业博士。2000年5月—2001年5月，在德国读博士后。毕业后，在西北师范大学工作，先后任助教、讲师、副教授、教授、化学学院院长。博士生导师，甘肃省化学学会常务理事，西北师范大学高级职称评委。研究成果多次获省部级奖励，著作有《溶液中悯系配合光谱化学X光度分析中的高灵敏反应及方法》等。

王和岩（1966年—），成县小川镇人。1986年考入天水师范专科学校中文系，1989年毕业先后在陇南地委党校、陇南地区林业处工作。1999年辞职进入《中国贫困地区》及《中国商报》杂志工作，任记者。2005年10月任《财经》杂志调查记者，2009年11月任财新传媒首席调查记者。代表作品有《邓玉娇案尘埃落定》《程伟案中案》《王亚丽官场现形记》《李庄案大转折》《调查刘志军》《武长顺起底》《西藏农行窝案》《警惕陇南泥石流灾害》及谷俊山系列报道等。2010年《三鹿奶粉大审判》报道，获得首届中国金融与财经媒体论坛“学院奖”优秀财经新闻作品奖。2011年4月，《舟曲警报》获得第二届最佳环境报道评选最佳深度报道奖。被搜狐传媒评为年度“中国十大风云记者”。

耿萨（1966年6月—），原名余恩慧，女，藏族，文县铁楼藏族乡强曲村人。中央电视台著名播音员。1982年考入甘南民族学校。1985年进入甘南广播电台工作，正式以藏语名字耿萨作为播音名走上了播音岗位，开始了播音生涯，不久，在全省播音评比中获得一等奖。1989年，以专业第一名的成绩考入甘肃电视台，主持《甘肃新闻》《新闻大观园》节目。期间获得兰州大学新闻系的大专文凭和甘肃省委党校的本科文凭。1993年10月，进入浙江电视台工作，后又回到甘肃电视台工作。2000年，耿萨完成中国传媒大学研修班学习，进入中央电视台实习，成为中央电视台新闻频道新闻中心的播音员、主持人，先后主持《朝闻天下》《新闻30分》《新闻直播间》《新闻社区》等。中国播音员主持人管理机构的播音主持委员会指导老师成员。

郭昭第（1966年11月—），西和县稍峪乡郭河村人，天水师范学院文史学院副院长，教授，天水师范学院学术带头人，甘肃省领军人才，文学理论省级精品课程负责人，甘肃省美学学会常务理事，中华美学学会会员。主持和参与完成《中国文学经典的生命智慧研究》等6个国家社科基金项目、省社科规划项目和省教育厅项目，著作有《审美形态学》《文学元素学：文学理论的超学科视域》《审美智慧论》《马克思主义美学》《中国生命智慧》等，发表论文60余篇。14项成果获甘肃省高校社会科学成果奖、甘肃省社会科学成果奖。先后获全国优秀教师、甘肃省“园丁奖”、曾宪梓教育基金二等奖和甘肃省高校青年教师成才奖。

赵锡英（1967年12月—），女，文县人，中共党员。1986年6月考入兰州大学数学系学习，1994年9月在兰州大学计算机系攻读硕士学位，2003年9月在兰州大学信息学院攻读博士研究生学位。2007年毕业，获博士学位。2008年9月任兰州工业学院教授。《兰州工业学院学报》编辑部主任。主持省教育厅科研项目2项，参与省科技厅自然基金项目3项。出版教材4部，发表学术论文近30篇，2009年获“甘肃省高校青年教师成才奖”。

尹元琴（1969年3月—），女，西和县汉源镇人，1989年7月毕业于兰州医学院，博士。1993—1998年，在中国医科大学第二附属医院感染科任主治医师、讲师。2001年8月，在中国医科大学基因工程研究中心工作，先后任副研究员、副教授和研究员。主持完成国家863重大科研课题“阿尔茨海默病”发病机理研究。发表论文数十篇，编著研究生教材《肿瘤分子生物学》。

韩建平（1970年12月—），宕昌县人，1989年9月至1993年甘肃工业大学工业与民用建筑工程专业学习，获工学学士学位；1993年6月任甘肃省第六建筑工程公司上海公司技术员；1994年6月任甘肃省引大入秦工程建设指挥部施工设计管理处，助理工程师；1996年12月调任甘肃工业大学建筑工程系历任助教、讲师（期间在兰州理工大学结构工程专业学习，获硕士学位）；2003年1月至2005年9月，兰州理工大学土木工程学院副院长、副教授，博士分管本科教学工作；2007年5月至2008年6月，美国UniversityofIllinoisatUrbana—Champaign土木工程系访问学者；2009年7月任兰州理工大学土木工程学院博士生导师教授、院长。教育部创新团队“西北恶劣环境下土木工程防灾减灾研究”学术带头人，主要研究方向包括工程结构抗震及减震控制、结构动力检测及损伤识别等，先后主持或主要参与省部级课题及横向课题30余项，在国内外期刊及重要学术会议发表论文70 余篇。甘肃省飞天学者特聘教授。

## 第五节 其他各界人物

赵经农（1909—2004），成县抛沙镇竹篮寨人，民国7年（1918），入徽县天主教学堂读书。幼沐教风，娴于经义。民国10年（1921），入天水神哲学院学习。民国21年（1932）冬，国民党军胡宗南部驻天水，神哲学院停办。赵经农等受教区之遣，入山东兖州神哲学院学习。民国24年（(1935)，返回天水。民国26年（1937），任天水甘泉教堂之副本堂神父。翌年，任秦安教堂神父。民国31年（1942），调天水教区司铎，兼育英小学讲席，旋任建国学校董事长。民国34—38年（1945—1949），调清水教堂神父，兼清水县中学英语讲席。1952年，天水教区德籍神父甘维德离境返国。1954年，赵经农代理天水教区第二任署理（代理）主教。1955年当选为政协甘肃省第一届委员会常委，1957年当选甘肃省天主教爱国会常委。文化大革命中，以“里通外国”之嫌疑收审，至1979年始释放出狱，同年，任政协天水市委员会副主席。1981年7月24日当选为秦州（天水）教区主教。1982年当选政协甘肃省第五届委员会常委。

折德全（1924—）。成县店村乡柏柳村人，1949年4月加入中国共产党。解放后曾任过互助组长、农会主任、农业社长、大队党支部书记，店村公社副主任、党委委员，1954年春季，领导群众植树造林，到1987年，柏柳大队共营造成片核桃、苹果、梨等经济林304亩，35万多株，同时营造了590亩用材林，1500亩薪炭林。累计新修梯田2750亩，基本实现梯田化。修通了三条公路约长40华里，队队通汽车。1975年，粮食总产221万斤，给国家贡献100万斤。曾多次出席县、地、省及西北局的代表会、劳模会、群英会，并多次受到奖励。1977年8月出席中国共产党第十一次全国代表大会。

刘凤清（1927年6月—），陇南市武都区安化镇马家沟人，1953年元月加入中国共产党。1954年1月参加工作至1958年元月先后在华池乡、黎坪乡工作。1958年2月申请要求到安化林场从事绿化荒山工作，与妻子李淑花一起在安化公社倒天坪植树造林。1958年2月至1990年，先后开挖平台490条，植树70余万株，造林1140亩，其中以油松为主的用材林近千亩、以刺槐为主的薪炭林140多亩。1983年10月在出席甘肃省群英会，获全省造林先进生产者称号。

朱惠卿（1936年2月—2005年7月），西和县苏合乡人，1962年毕业于甘肃省林业学校。1958年7月加入中国共产党。1972年参加工作，历任玉泉林场场长、县林业局局长、县政府调研员等职。在担任县林业局局长期间，西和县被评为“全国造林绿化百佳县”“甘肃省绿化造林先进县”“甘肃省飞播造林先进县”。1991年朱惠卿被评为“全国造林绿化先进个人”，事迹在中央电视台、甘肃电视台及《中国林业报》《甘肃日报》等新闻媒体报道。1993年12月，当选为中共甘肃省第八届党代会代表。

刘尚文（1937年3月—），陇南市武都区城关人，1958年8月兰州农校林果专业毕业后，分配到兰州市农科所工作。1959年3月加入中国共产党。1964年调武都专署工作。1964至1965年在甘肃师大中文系函授部学习。1966年6月调白龙江林业管理局工作。1973年在中共武都地委工作。1974年任武都县安化公社党委副书记，带领群众在米仓山地区造林3.2万亩。1982年调武都县北峪河治理管理局工作，主持治理泥石流严重的北峪河流域。1984年后历任武都地区水电处副处长、陇南地区林业处处长、陇南行署副巡视员。被授予甘肃省优秀共产党员，荣获全国林业劳动模范称号和全国绿化奖章。2002年9月，米仓山附近安化、马街、鱼龙等7个乡镇的百余名群众自发集资，在鱼龙镇焦家眼村为刘尚文树立功德碑。

魏玉英（1940年11月—），女，甘肃临洮县人。1965年，甘肃农业大学毕业后分配到徽县。从事农业科技30年，推广农业技术，指导农民科技致富，先后为徽县引进良种果树8类76个品种，良种蔬菜7类40多个品种。指导建立荒山果园示范点达300余亩，引进的蜜桃、草莓、梨、葡萄遍及全县，特别地膜良种西瓜的栽培使水阳嘉陵、水宁等乡镇成为西瓜基地。多次受到省、地、县的表彰，1985年省妇联评为“三八红旗手”，1988年当选为全国七届人大代表，同年5月获省委、省政府“开发山区荣誉奖”。

武成（1942年5月—），成县人，1960年1月参加工作，同年7月加入中国共产党，先后历任成县农电所主任、赵坝林场场长、矿业公司经理和党支部书记，原陇南地区有色金属工业公司副经理、小厂坝铅锌开发有限责任公司董事长，20世纪80年代末，主持组建成州矿冶集团公司，任党委书记、总经理和成县县委正县级干部。成州矿冶集团公司，跻身全省工业100强。甘肃省劳动模范，优秀企业家，全国五一劳动奖章获得者，甘肃省第十届和十一届人大代表。

石赵学(1945年—1968年)，礼县人，礼县中坝公社梁坪大队第三生产队社员、民兵班长。1968年进山烧炭，同年12月21日，在炭窑崩塌的危急关头，为了抢救阶级兄弟而牺牲。1969年2月15日，天水专区革委会作出《关于向无限忠于毛主席的好青年石赵学同志学习的决定》，4月15日，追授石赵学“忠于毛主席的好青年”称号。

焦正科（1945—1967），武都区柏林乡罗湾人，武都县第三中学毕业，1964年3月1日参军，同年 12月3日加入中国共产党。生前系中国人民解放军8098部队警通排班长。在部队努力学习，刻苦训练，在施工生产中表现积极，成绩突出，先后受奖励11次。1967年9月23日奉命执行追捕逃犯任务，在乘火车押送逃犯返回途中，逃犯利用上厕所机会开窗跳车逃跑，焦正科跳车捉拿时受伤牺牲。1967年12月16日，中国人民解放军总政治部于授予焦正科“革命烈士”称号，兰州军区追记一等功，并发出通知号召兰州军区所属部队广大战员向焦正科学习。

茅德贤（1946年—），成县人，中共党员，1964年在成县东河工程处工作；1971年在成县物资局工作；1976年，担任成县“五七”车队会计；1980年，先后在成县红川供销社、黄渚供销社工作。1991年，担任成县黄渚选矿厂厂长。1997年，创办甘肃锌宇矿业集团公司。现为甘肃锌宇矿业集团股份有限公司董事长兼总经理。曾当选为甘肃省九届人大代表。1995—2009年，先后被授予全国劳动模范，连续三届全国乡镇企业家、中国最具影响力企业家、全国诚信经营企业家；甘肃省二至七届乡镇企业家、全省优秀共产党员、全省乡镇企业十大明星企业家、全省优秀非公有制企业家、甘肃省优秀中国特色社会主义事业建设者；2009年12月，荣获甘肃省优秀中国特色社会主义建设者称号。2010年12月获甘肃十大慈善人物称号。

安福来(1950年2月—)，西和县人，1966年5月参加工作，1974年5月加入中国共产党，西和县恒安工矿贸易有限公司党委书记、董事长。省第十一次党代会代表，市一届、二届、三届人大代表，市一届、二届人大常委会委员。1992年，企业跃居“陇南地区十强企业”榜首，连续五年被评为“全区明星企业”。荣获“全国五一劳动奖章”“西北十佳优秀企业家”“甘肃省十佳环保功臣”等荣誉称号。

郭改改（1952—1970），武都区东江镇郭家坪人，1970 年任郭家坪大队基干民兵班长。1970 年10月，在大搞农田基建中，郭改改带领女民兵班承担了开凿盘山水渠山洞的艰巨任务。10月25日，突然洞顶裂缝，土石下落，郭改改立即大声叫喊，两个女民兵闻声跑出脱险，郭改改发现有一位女民兵还在洞里，立即冲进洞把这位女民兵推出洞外，就在这时山洞发生塌方，郭改改牺牲。中共武都地委追认其为中国共产党员，中共武都地委号召全区民兵向郭改改学习。兰州军区政治部宣传了郭改改的事迹。

刘建民(1953年6月—)，徽县人，1971年3月参加工作，大专学历，工程师，中共党员。1982年在徽县电器厂工作担任厂长，1992年创建甘肃建新实业集团前身徽县建新有限公司。现任甘肃建新实业集团董事长、总经理，甘肃省工商业联合会常委。先后被省、地、县及国家有关部门授予优秀企业家、优秀乡镇企业家、先进民营企业家、先进个体劳动者、中国经营模范等称号。

孟军辉（1962—1984），甘肃省武威县人。1962 年 11月出生于新疆伊宁市。1982年元月入伍，生前为解放军兰州部队二十一集团军六十一师84806部队四连班长，1984 年 6月随部队参加武都城防工程建设。6月22日在白龙江防洪抢险中，冒着大雨，连续奋战了20多个小时。由于过度劳累，在操作电闸时不幸触电殉职。武都人民在白龙江大堤旁为其立碑，以志纪念。二十一集团军六十一师党委给孟军辉追记二等功，追认他为中国共产党员，中共武都地委和六十一师党委联合发出通知，号召全区人民群众和广大指战员向孟军辉学习。

董永安（1964年7月—1986年），文县人，1984年1月入伍，1986年7月入党，董永安在老山战区对越自卫作战的3个月里，同前沿战士一起，打退越军多次偷袭，歼敌9人，摧毁敌工事两处，战果显著，受到连、营、团8次嘉奖。1987年1月7日，在老山那拉口战场，董永所在部队兰州军区“夜老虎团”四连组织了偷袭敌人167高地的战斗，在潜伏期间，遭越军冷炮袭击，董永安身负重伤，为了不暴露目标，董永安将随身携带的82—1式手榴弹塞到嘴里，忍痛坚持，光荣牺牲，被成都军区授予“钢铁战士”光荣称号，追记为“一等功臣”。

冯明芝（1965年11月—），康县阳坝镇宋沟村人。2001年2月，经商多年的冯茗芝被公选为宋沟村村主任。2003年6月加入中国共产党，2005年11月任宋沟村党支部书记。带领群众治穷治富，先后多次被市、县评为优秀党员和优秀村干部。2005年被中共甘肃省委、省政府授予“甘肃省劳动模范”称号；2006年被中共甘肃省委授予“全省优秀共产党员”；2007年当选为中国共产党甘肃省第十一次代表大会党代表；2009年由中国文化报社、中华全国工商联合会宣传部、人民政协报社、北京法制文学研究会联合举办的第八届“新世纪之声，和谐中国”征评活动中，被组委会授予“中国新农村建设影响力人物”称号，2010年5月荣获中华全国总工会授予的“全国劳动模范”荣誉称号。

# 第三章　人物表录

## 第一节　人物表

### 一、陇南籍国民党部队抗日阵亡将士表

表 36—3—1

| 姓　名 | 级　职 | 部队番号 | 籍　贯 | 阵亡地点 | 备　注 |
|---|---|---|---|---|---|
| 张兴才 | 上等兵 | 13师129团4连 | 甘肃武都 | 湖北鄂江 | 父文秀、母张氏 |
| 马凤山 | 上等兵 | 43师127团7连 | 甘肃武都 | 湖北鄂江 | 父成才 |
| 尹德贵 | 上等兵 | 127师758团通讯排 | 甘肃武都 | 山东 | 父万喜、母张氏 |
| 贾水全 | 中士 | 1师4团9连 | 甘肃武都 | 河南开封 | 母钱氏 |
| 赵连珍 | 中士 | 30师176团炮1连 | 甘肃武都 | 河南商城 | 父书荣、妻罗氏 |
| 李万才 | 下士 | 78师462团机2连 | 甘肃武都 | 河南信阳 | 父福君、妻邢氏 |
| 刘正财 | 下士 | 78师468团4连 | 甘肃武都 | 河南信阳 | 母周氏 |
| 费生荣 | 二等兵 | 78师468团1连 | 甘肃武都 | 河南信阳 | 妻刘氏 |
| 苟韶华 | 上尉 | 34师89团8连 | 甘肃武都 | 湖北随县 | 父钟卢、母龙氏 |
| 张天德 | 上等兵 | 110师328团3连 | 甘肃武都 | 湖北随县 | 父灶成 |
| 孙世宝 | 一等兵 | 17师98团9连 | 甘肃武都 | 山西太原 | 父文生、母张氏 |
| 李德洪 | 一等兵 | 17师补充团机1连 | 甘肃武都 | 河北井陉 | 妻陈氏 |
| 田永寿 | 一等兵 | 17师101团5连 | 甘肃武都 | 河北保定 | 母马氏、妻李氏 |
| 王德林 | 下士 | 17师102团3连 | 甘肃武都 | 河北满城 | 父海亭、妻陈氏 |
| 柴正兴 | 二等兵 | 26师151团机3连 | 甘肃武都 | 湖口 | 母尹氏、妻赵氏 |
| 闫几三 | 二等兵 | 25师146团1连 | 甘肃武都 | 湖北 | 父昌立 |
| 屈颜山 | 下士 | 35师206团2连 | 甘肃武都 | 绥远五原 | 父屈三、母王氏 |
| 翟有成 | 一等兵 | 12师34团6连 | 甘肃武都 | 山西闻喜 | 妻张氏、子双保 |
| 宋国英 | 上等兵 | 新31师93团5连 | 甘肃武都 | 绥远 | 父万全 |
| 杨林元 | 一等兵 | 17师98团4连 | 甘肃武都 | 山西平陆 | 父涵贵 |
| 田生才 | 一等兵 | 78师463团通信连 | 甘肃武都 | 上海 | 父润德、弟纪循 |

表36—3—1 续表1

| 姓名 | 级职 | 部队番号 | 籍贯 | 阵亡地点 | 备注 |
|---|---|---|---|---|---|
| 袁士民 | 一等兵 | 78师463团4连 | 甘肃武都 | 上海 | 母赵氏、弟根银 |
| 谢士良 | 三等司药 | 78师467团卫生队 | 甘肃武都 | 上南信阳 | 母王氏 |
| 邱世荣 | 一等兵 | 67师401团6连 | 甘肃武都 | 安徽青阳 | 父连城、母冉氏 |
| 贾福云 | 一等兵 | 16师835团5连 | 甘肃武都 | 王芽尖 | 父现生 |
| 赵忠杰 | 一等兵 | 17师98团4连 | 甘肃武都 | 河北井陉 | 父化南、母龙氏 |
| 王克成 | 上等兵 | 32师189团8连 | 甘肃武都 | 江苏宝山 | 父进才 |
| 徐元有 | 一等兵 | 134师400团1连 | 甘肃武都 | 湖北通山 | 述华刘氏 |
| 李元明 | 一等兵 | 43师254团9连 | 甘肃武都 | 湖北阳新 | 母张氏 |
| 陈有生 | 二等兵 | 43师254团7连 | 甘肃武都 | 湖北阳新 | 父友祯、母张氏 |
| 茂双全 | 一等兵 | 43师254团7连 | 甘肃武都 | 湖北阳新 | 父天和、母朱氏 |
| 梁继才 | 一等兵 | 7师42团7连 | 甘肃武都 | 山西新绛 | 母杜氏 |
| 王清良 | 上等兵 | 12师35团迫7连 | 甘肃武都 | 山西夏县 | 父治业、母陈氏 |
| 苟彦清 | 少尉 | 27师157团6连 | 甘肃武都 | 山西峰县 | 父正身、母李氏 |
| 赵世才 | 上等兵 | 27师157团4连 | 甘肃武都 | 山西平定 | 父和兴 |
| 杨朝义 | 二等兵 | 8师231团5连 | 甘肃武都 | 绥远 | 父有喜 |
| 纪纯德 | 上等兵 | 165师493团通信排 | 甘肃武都 | 山西平陆 | 父万生、母李氏 |
| 王有义 | 下士 | 165师493团2连 | 甘肃武都 | 山西平陆 | 母王氏 |
| 李世龙 | 上等兵 | 165师493团1连 | 甘肃武都 | 山西平陆 | 父子祥、母丁氏 |
| 赵世林 | 一等兵 | 12师34团8连 | 甘肃武都 | 山西闻喜 | 母尹氏、弟全义 |
| 金五可 | 上等兵 | 暂16师1团机2连 | 甘肃武都 | 枣阳 | 父顺义、母赵氏 |
| 杜义 | 上士 | 165师494团机3连 | 甘肃武都 | 山西平陆 | 父生元、母袁氏 |
| 贾佑倡 | 上等兵 | 165师494团7连 | 甘肃武都 | 中条山 | 母杨氏 |
| 赵国儒 | 中士 | 165师493团2连 | 甘肃武都 | 山西平陆 | 父进财 |
| 王占奎 | 一等兵 | 26师155团3连 | 甘肃武都 | 上海 | 父兴云 |
| 尹柱成 | 一等兵 | 24师130团2连 | 甘肃武都 | 河南 | 母杨氏 |
| 郭海生 | 一等兵 | 24师141团7连 | 甘肃武都 | 河南 | 母和氏 |
| 宋连云 | 一等兵 | 24师141团7连 | 甘肃武都 | 河南 | 父柴福 |
| 李希仁 | 一等兵 | 24师141团7连 | 甘肃武都 | 河南 | 父兴才、母马氏 |
| 郭世廷 | 二等兵 | 14师34团7连 | 甘肃武都 | 山西闻喜 | I母谭氏 |
| 贾连福 | 一等兵 | 24师139团7连 | 甘肃武都 | 河南 | 母姚氏、妻姚氏 |

表 36—3—1 续表 2

| 姓 名 | 级 职 | 部队番号 | 籍 贯 | 阵亡地点 | 备 注 |
| --- | --- | --- | --- | --- | --- |
| 李 钧 | 上士 | 59师353团6连 | 甘肃武都 | 江西南昌 | 父水信、母刘氏 |
| 龚少钧 | 二等兵 | 12师34团7连 | 甘肃武都 | 山西闻喜 | 父引福 |
| 宗正义 | 一等兵 | 17师98团4连 | 甘肃武都 | 河南广武 | 母杨氏 |
| 郭芝林 | 上等兵 | 167师501团机3连 | 甘肃武都 | 河南 | 母马氏 |
| 赵福德 | 上等兵 | 167师499团5连 | 甘肃武都 | 河南 | 父万才、母谢氏 |
| 马建章 | 中士 | 110师328团3连 | 甘肃武都 | 湖北随到 | 妻王氏 |
| 李朝存 | 二等兵 | 12师34团7连 | 甘肃武都 | 山西闻喜 | 母何氏 |
| 何守民 | 上士 | 58师174团8连 | 甘肃武都 | 湖南 | 父田权 |
| 巩韩娃 | 一等兵 | 167师499团8连 | 甘肃武都 | 河南 | 父茅睦、母石氏 |
| 李占标 | 二等兵 | 34师199团4连 | 甘肃武都 | 湖北 | 母李氏 |
| 陈丕显 | 上士 | 165师495团7连 | 甘肃武都 | 山西平陆 | 妻杜氏 |
| 王有成 | 中士 | 165师495团迫炮连 | 甘肃武都 | 山西平陆 | 父宗详、母杨氏 |
| 赵连捷 | 营长 |  | 甘肃文县 | 河南 |  |
| 董永玺 | 班长 |  | 甘肃文县 | 河南 |  |
| 董佩珍 | 班长 |  | 甘肃文县 | 河南 |  |
| 任清河 | 班长 |  | 甘肃文县 | 河南 |  |
| 韩国伦 | 班长 |  | 甘肃文县 | 河南 |  |
| 孙红安 | 班长 |  | 甘肃文县 | 山西 |  |
| 岳志学 | 上等兵 |  | 甘肃文县 | 山西 |  |
| 尤彩云 | 上等兵 |  | 甘肃文县 | 山西 |  |
| 张义德 | 上等兵 |  | 甘肃文县 | 河南 |  |
| 张照清 | 上等兵 |  | 甘肃文县 | 河南 |  |
| 陈元寿 | 上等兵 |  | 甘肃文县 | 河南 |  |
| 何清元 | 上等兵 |  | 甘肃文县 | 河南 |  |
| 李槐堂 | 上等兵 |  | 甘肃文县 | 河南 |  |
| 张启源 | 上等兵 |  | 甘肃文县 | 河南 |  |
| 张富保 | 上等兵 |  | 甘肃文县 | 河南 |  |
| 周应甲 | 上等兵 |  | 甘肃文县 | 河南 |  |
| 李生才 | 上等兵 |  | 甘肃文县 | 河南 |  |
| 张锡成 | 上等兵 |  | 甘肃文县 | 河南 |  |

表 36—3—1 续表 3

| 姓　名 | 级　职 | 部队番号 | 籍　贯 | 阵亡地点 | 备　注 |
| --- | --- | --- | --- | --- | --- |
| 马富荣 | 上等兵 | | 甘肃文县 | 河南 | |
| 张德全 | 上等兵 | | 甘肃文县 | 山西 | |
| 安兴连 | 上等兵 | | 甘肃文县 | 山西 | |
| 赵秉才 | 上等兵 | | 甘肃文县 | 山西 | |
| 崔炳瑞 | 上等兵 | | 甘肃文县 | 山西 | |
| 王风鸣 | 上等兵 | | 甘肃文县 | 山西 | |
| 张茂林 | 上等兵 | | 甘肃文县 | 山西 | |
| 赵克明 | 上等兵 | | 甘肃文县 | 山西 | |
| 刘永福 | 上等兵 | | 甘肃文县 | 山西 | |
| 王万其 | 上等兵 | | 甘肃文县 | 山西 | |
| 张志仁 | 上等兵 | | 甘肃文县 | 山西 | |
| 杨志民 | 上等兵 | | 甘肃文县 | 山西 | |
| 张东元 | 上等兵 | | 甘肃文县 | 山西 | |
| 郑发荣 | 上等兵 | | 甘肃文县 | 山西 | |
| 徐德义 | 上等兵 | | 甘肃文县 | 山西 | |
| 柏元林 | 上等兵 | | 甘肃文县 | 山西 | |
| 宋遂娃 | 上等兵 | | 甘肃文县 | 山西 | |
| 戴国柱 | 上等兵 | | 甘肃文县 | 山西 | |
| 刘启福 | 一等兵 | | 甘肃文县 | 山西 | |
| 谭全林 | 一等兵 | | 甘肃文县 | 河北 | |
| 张腾甲 | 一等兵 | | 甘肃文县 | 河南 | |
| 班正明 | 一等兵 | | 甘肃文县 | 河南 | |
| 张子荣 | 一等兵 | | 甘肃文县 | 河南 | |
| 赵光荣 | 一等兵 | | 甘肃文县 | 河南 | |
| 蒋登举 | 一等兵 | | 甘肃文县 | 河南 | |
| 范树娃 | 一等兵 | | 甘肃文县 | 河南 | |
| 张风林 | 一等兵 | | 甘肃文县 | 河南 | |
| 张小伙 | 一等兵 | | 甘肃文县 | 河南 | |
| 高成德 | 一等兵 | | 甘肃文县 | 河南 | |
| 王正富 | 一等兵 | | 甘肃文县 | 河南 | |

表 36—3—1 续表 4

| 姓　名 | 级　职 | 部队番号 | 籍　贯 | 阵亡地点 | 备　注 |
|---|---|---|---|---|---|
| 田正友 | 一等兵 | | 甘肃文县 | 河南 | |
| 陈富保 | 一等兵 | | 甘肃文县 | 河南 | |
| 苟进德 | 一等兵 | | 甘肃文县 | 山西 | |
| 陈进福 | 一等兵 | | 甘肃文县 | 山西 | |
| 尹兴堂 | 一等兵 | | 甘肃文县 | 山西 | |
| 张建槐 | 一等兵 | | 甘肃文县 | 山西 | |
| 马富隆 | 一等兵 | | 甘肃文县 | 山西 | |
| 刘玉成 | 一等兵 | | 甘肃文县 | 山西 | |
| 王维善 | 一等兵 | | 甘肃文县 | 山西 | |
| 马守英 | 一等兵 | | 甘肃文县 | 山西 | |
| 刘明德 | 一等兵 | | 甘肃文县 | 山西 | |
| 张明德 | 一等兵 | | 甘肃文县 | 山西 | |
| 马福才 | 一等兵 | | 甘肃文县 | 山西 | |
| 尚作林 | 一等兵 | | 甘肃文县 | 山西 | |
| 赵司成 | 一等兵 | | 甘肃文县 | 山西 | |
| 张福林 | 一等兵 | | 甘肃文县 | 山西 | |
| 张现举 | 二等兵 | | 甘肃文县 | 山西 | |
| 郭万福 | 二等兵 | | 甘肃文县 | 山西 | |
| 刘正甲 | 二等兵 | | 甘肃文县 | 山西 | |
| 朱德荣 | 二等兵 | | 甘肃文县 | 山西 | |
| 赵天福 | 二等兵 | | 甘肃文县 | 山西 | |
| 马景银 | 二等兵 | | 甘肃文县 | 山西 | |
| 刘光兴 | 上士 | | 甘肃文县 | 山西 | |
| 杜怀明 | 中士 | | 甘肃文县 | 山西 | |
| 王德福 | 中士 | | 甘肃文县 | 山西 | |
| 王文德 | 下士 | | 甘肃文县 | 河南 | |
| 赵炳昌 | 下士 | | 甘肃文县 | 河南 | |
| 孙红安 | 下士 | | 甘肃文县 | 河南 | |
| 杜银奎 | 下士 | | 甘肃文县 | 山西 | |
| 李正昌 | 下士 | | 甘肃文县 | 山西 | |

表36—3—1 续表5

| 姓名 | 级职 | 部队番号 | 籍贯 | 阵亡地点 | 备注 |
|---|---|---|---|---|---|
| 任鉴芳 | 下士 | | 甘肃文县 | 山西 | |
| 潘宗祥 | 下士 | | 甘肃文县 | 山西 | |
| 张佩英 | 一等兵 | | 甘肃文县 | 山西 | |
| 王俊忠 | 特务兵 | | 甘肃文县 | 山西 | |
| 李青山 | 一等兵 | | 甘肃文县 | 山西 | |
| 尹运祥 | 弹药兵 | | 甘肃文县 | 山西 | |
| 王民喜 | 中士 | | 甘肃文县 | 山西 | |
| 杨仲春 | 司书 | | 甘肃文县 | 山西 | |
| 刘遂科 | 士兵 | | 甘肃文县 | 山西 | |
| 刘志有 | 士兵 | | 甘肃文县 | 山西 | |
| 胡步林 | 士兵 | | 甘肃文县 | 山西 | |
| 张兴发 | 士兵 | | 甘肃文县 | 山西 | |
| 张建荣 | 士兵 | | 甘肃文县 | 山西 | |
| 岳志义 | 士兵 | | 甘肃文县 | 山西 | |
| 叶业才 | 士兵 | | 甘肃文县 | 山西 | |
| 张学孝 | 士兵 | | 甘肃文县 | 山西 | |
| 骆声远 | 士兵 | | 甘肃文县 | 山西 | |
| 王方海 | 士兵 | | 甘肃文县 | 山西 | |
| 赵文录 | 士兵 | | 甘肃文县 | 山西 | |
| 侯二旦 | 士兵 | | 甘肃文县 | 山西 | |
| 衡文录 | 士兵 | | 甘肃文县 | 山西 | |
| 李学凤 | 士兵 | | 甘肃文县 | 山西 | |
| 郑明帝 | 士兵 | | 甘肃文县 | 山西 | |
| 吴陈彦 | 士兵 | | 甘肃文县 | 山西 | |
| 刘恩茂 | 士兵 | | 甘肃文县 | 山西 | |
| 关如林 | 士兵 | | 甘肃文县 | 山西 | |
| 罗锦亮 | 士兵 | | 甘肃文县 | 山西 | |
| 刘清华 | 士兵 | | 甘肃文县 | 山西 | |
| 李德生 | 士兵 | | 甘肃文县 | 山西 | |
| 赵克学 | 士兵 | | 甘肃文县 | 山西 | |

表 36—3—1 续表 6

| 姓 名 | 级 职 | 部队番号 | 籍 贯 | 阵亡地点 | 备 注 |
|---|---|---|---|---|---|
| 布顺清 | | 14师79团2营8连 | 甘肃西和 | 江苏南翔 | |
| 张长来 | | 108师678团1营2连 | 甘肃西和 | 山东临沂 | |
| 刘树堂 | | 108师5团1营2连 | 甘肃西和 | 山东临沂 | |
| 刘成河 | | 陕警1旅1团2营3连 | 甘肃西和 | 山西永济 | |
| 高明国 | | 64师384团8连 | 甘肃西和 | 山西沂县 | |
| 白文秀 | | 17师独炮营2连 | 甘肃西和 | 河北保定 | |
| 苟成德 | | 30师78团2营2连 | 甘肃西和 | 河北房山 | |
| 卢风鸣 | | 13师78团2营3连 | 甘肃西和 | 江苏嘉定 | |
| 王贵忠 | | 6师36团机关枪2连 | 甘肃西和 | 江苏上海 | |
| 党清元 | | 13师78团1营3连 | 甘肃西和 | 柳林山麓 | |
| 姜复三 | | 65师193团3营9连 | 甘肃西和 | 山西绛县 | |
| 李根秀 | | 陆军第101师 | 甘肃西和 | 绥远五原 | |
| 周效贤 | | 64师382团3营9连 | 甘肃西和 | 山西垣曲 | |
| 马俊才 | | 陆军独立46旅 | 甘肃西和 | 山西平陆 | |
| 任永清 | | 陆军第24师 | 甘肃西和 | 晋南万城 | |
| 张玉林 | | | 甘肃西和 | | 资料不详 |
| 李根云 | | 32师188团1营机1连 | 甘肃西和 | | 阵亡地点不详 |
| 王世雄 | | 陆军第165师 | 甘肃西和 | | 阵亡地点不详 |
| 何体台 | | 陆军第167师 | 甘肃西和 | | 阵亡地点不详 |
| 张架友 | | 陆军暂编16师 | 甘肃西和 | | 阵亡地点不详 |
| 方生福 | | 陆军第167师 | 甘肃西和 | | 阵亡地点不详 |
| 马甲寅 | | 陆军101师 | 甘肃西和 | 绥远包头 | |
| 王发成 | | 陆军101师 | 甘肃西和 | 绥远包头 | |
| 王金龙 | | 133师798团1营 | 甘肃西和 | | 阵亡地点不详 |
| 赵怀德 | | | 甘肃西和 | 陕西武功 | 部队番号不详 |
| 杨中元 | | 陆军第43师 | 甘肃西和 | | 阵亡地点不详 |
| 杨明远 | | 陆军140师 | 甘肃西和 | | 阵亡地点不详 |
| 陈家荣 | | | 甘肃西和 | | 资料不详 |
| 石科举 | | 陆军第101师 | 甘肃西和 | 绥远五原 | |
| 独充中 | | 陆军第77师 | 甘肃西和 | 湖北无登 | |

表 36—3—1 续表 7

| 姓　名 | 级　职 | 部队番号 | 籍　贯 | 阵亡地点 | 备　注 |
|---|---|---|---|---|---|
| 任永清 | | 陆军第77师 | 甘肃西和 | 湖北元登 | |
| 任光明 | | 陆军第38师 | 甘肃西和 | | 阵亡地点不详 |
| 李进才 | | 陆军第36师 | 甘肃西和 | | 阵亡地点不详 |
| 刚进国 | | | 甘肃西和 | 桂南昆仑 | 部队番号不详 |
| 华生亭 | | | 甘肃西和 | 河北平山 | 部队番号不详 |
| 何子明 | | | 甘肃西和 | 河南遂平 | 部队番号不详 |
| 王生喜 | | | 甘肃西和 | 山西高平 | 部队番号不详 |
| 郑步云 | | | 甘肃西和 | 山西连城 | 部队番号不详 |
| 何怀有 | | | 甘肃西和 | | 资料不详 |
| 存盛元 | | 32师94旅1营 | 甘肃西和 | 江苏上海 | |
| 郭生杰 | | 21师94旅1营 | 甘肃西和 | 安徽广济 | |
| 李耕耘 | | 32师94旅1营 | 甘肃西和 | 浙江嘉定 | |
| 汪世雪 | | 陆军第101师 | 甘肃西和 | 绥远五原 | |
| 李野魁 | | | 甘肃西和 | 陕西潼关 | 部队番号不详 |
| 张广云 | 一等兵 | 37师220团9连 | 甘肃成县 | 喜峰口 | 父登和 |
| 张新存 | 一等兵 | 新编32师94团3连 | 甘肃成县 | 绥远 | 父玉堂、妻王氏 |
| 刘忠喜 | 一等兵 | 新编32师94团卫生队 | 甘肃成县 | 绥远 | 父占牛、母王氏 |
| 李　美 | 一等兵 | 新编32师94团5连 | 甘肃成县 | 绥远 | 父班才、母张氏 |
| 张鸿儿 | 二等兵 | 64师382团3连 | 甘肃成县 | 山西垣曲 | 父文兴、母张氏 |
| 石风奇 | 一等兵 | 64师382团3连 | 甘肃成县 | 山西垣曲 | 父三辉、母陈氏 |
| 李守田 | 一等兵 | 111师665团9连 | 甘肃成县 | 江苏江都 | 父玉桂、母王氏 |
| 杨发堂 | 二等兵 | 警备1旅1团机2连 | 甘肃成县 | 山西永济 | 父金全、母李氏 |
| 周保定 | 一等兵 | 177师1060团1连 | 甘肃成县 | 山西虞乡 | 母王氏、弟存定 |
| 李治国 | 二等兵 | 13师78团3连 | 甘肃成县 | 江苏嘉定 | 父常明、母刘氏 |
| 石成玉 | 中尉 | 17师49团1连 | 甘肃成县 | 广武 | 父德文、母王氏 |
| 杨锦春 | 中士 | 30师175团1连 | 甘肃成县 | 山东峰县 | 父转清、母王氏 |
| 李景魁 | 二等兵 | 64师382团7连 | 甘肃成县 | 山西垣曲 | 母朱氏 |
| 全秀结 | 一等兵 | 12师34团8连 | 甘肃成县 | 山西闻喜 | 母姜氏 |
| 张炳集 | 二等兵 | 13师73团5连 | 甘肃成县 | 江苏 | 父子俊、母王氏 |
| 钱永康 | 一等兵 | 17师98团机3连 | 甘肃成县 | 山西平定 | 父光荣、母张氏 |

表 36—3—1 续表 8

| 姓　名 | 级　职 | 部队番号 | 籍　贯 | 阵亡地点 | 备　注 |
|---|---|---|---|---|---|
| 张忠诚 | 二等兵 | 17师98团步炮连 | 甘肃成县 | 河北井陉 | 父战胜、子星泉 |
| 苏友仁 | 二等兵 | 17师98团1连 | 甘肃成县 | 河北井陉 | 父起金、子云儿 |
| 阎澄杰 | 下士 | 180师538团1连 | 甘肃成县 | 湖北钟祥 | 父金保、母杨氏 |
| 王占全 | 一等兵 | 17师101团5连 | 甘肃成县 | 河北保定 | 父生才、妻张氏 |
| 李德元 | 一等兵 | 17师101团6连 | 甘肃成县 | 河北保定 | 父恺娃、母尚氏 |
| 陈金虎 | 一等兵 | 17师101团8连 | 甘肃成县 | 河北保定 | 父福元、妻宋氏 |
| 李占祥 | 一等兵 | 17师97团9连 | 甘肃成县 | 河北井陉 | 父承周、女巧云 |
| 山致堂 | 中　尉 | 17师98团5连 | 甘肃成县 | 河北井陉 | 父文虎、母张氏 |
| 张来生 | 一等兵 | 17师98团3连 | 甘肃成县 | 河北井陉 | 父克己、弟有吉 |
| 周满勋 | 一等兵 | 64师工兵营2连 | 甘肃成县 | 山西绛县 | 父善德、母张氏 |
| 邓树林 | 一等兵 | 12师34团机2连 | 甘肃成县 | 山西闻喜 | 妻王氏 |
| 冯德定 | 上等兵 | 12师36团7连 | 甘肃成县 | 山西闻喜 | 父作洲、母贺氏 |
| 刘金福 | 下士 | 24师145团8连 | 甘肃成县 | 新墙 | 父青山 |
| 阎秉楠 | 一等兵 | 64师382团7连 | 甘肃成县 | 山西垣曲 | 父士林、妻刘氏 |
| 周棚厚 | 一等兵 | 32师187团4连 | 甘肃成县 | 江苏保山 | 父玉堂、母赵氏 |
| 杜宏声 | 一等兵 | 17师101团9连 | 甘肃成县 | 河北保定 | 父占林、母胡氏 |
| 陈怀忠 | 一等兵 | 17师97团1连 | 甘肃成县 | 河北保定 | 妻孔氏、儿润声 |
| 王生成 | 上等兵 | 17师97团2连 | 甘肃成县 | 河北保定 | 妻赵氏、儿招才 |
| 王治瑞 | 上尉 | 22师师部 | 甘肃成县 | 河南信阳 | 父星三、母于氏 |
| 姚自鸣 | 二等兵 | 12师36团4连 | 甘肃成县 | 山西闻喜 | 父富金、子攸任 |
| 刘克明 | 二等兵 | 12师34团7连 | 甘肃成县 | 山西闻喜 | 母周氏 |
| 苏焕章 | 下士 | 32师188团6连 | 甘肃成县 | 江苏宝山 | 父义和、母刘氏 |
| 王学礼 | 上等兵 | 167师司令部传达排 | 甘肃成县 | 河南 | 父勤俊、母李氏 |
| 李造弟 | 上等兵 | 167师499团4连 | 甘肃成县 | 河南 | 父志俊、母张氏 |
| 刘泡子 | 上等兵 | 167师499团5连 | 甘肃成县 | 河南 | 父根望 |
| 陈有吉 | 一等兵 | 167师499团机3连 | 甘肃成县 | 河南 | 父尚山、妻冯氏 |
| 陈万玉 | 二等兵 | 167师499团机3连 | 甘肃成县 | 河南 | 父岐山、妻冯氏 |
| 蔡山长 | 一等兵 | 12师34团8连 | 甘肃成县 | 山西闻喜 | 母唐氏 |
| 陈振清 | 上等兵 | 17师97团1连 | 甘肃成县 | 河南广武 | 母马氏 |
| 王得时 | 上等兵 | 167师501团机2连 | 甘肃成县 | 河南 | 弟旨礼 |

表 36—3—1 续表 9

| 姓　名 | 级　职 | 部队番号 | 籍　贯 | 阵亡地点 | 备　注 |
| --- | --- | --- | --- | --- | --- |
| 吴庆来 | 下士 | 34师204团2连 | 甘肃成县 | 湖北随县 | 父部曾、妻黄氏 |
| 刘震东 | 二等兵 | 34师199团1连 | 甘肃成县 | 湖北刘家岩 | 母陈氏 |
| 石进林 | 二等兵 | 12师34团7连 | 甘肃成县 | 山西闻喜 | 母钱氏、妻杨氏 |
| 张起明 | 一等兵 | 69师414团4连 | 甘肃成县 | 山西襄陵 | 父二小、弟四丑 |
| 李凯贤 | 上等兵 | 185师544团9连 | 甘肃成县 | 湖北 | 父大顺 |
| 汪桂心 | 下士 | 12师35团1连 | 甘肃成县 | 山西闻喜 | 母唐氏 |
| 梁俊秀 | 少尉 | 67师399团5连 | 甘肃成县 | 八字桥 | 妻饶氏 |
| 杜秀林 | 上等兵 | 暂16师1团6连 | 甘肃成县 | 枣阳 | 父全柏 |
| 范中华 | 二等兵 | 暂16师1团3连 | 甘肃成县 | 枣阳 | 母王氏 |
| 张子明 | 一等兵 | 73师219团8连 | 甘肃礼县 | 包头 | |
| 王秀葛 | 中士 | 73师219团8连 | 甘肃礼县 | 山西 | |
| 李金义 | 一等兵 | 132师217团迫炮连 | 甘肃礼县 | 喜峰口 | |
| 张主德 | 上等兵 | 新32师95团通讯连 | 甘肃礼县 | 绥远 | |
| 韩永居 | 下士 | 新32师94团1连 | 甘肃礼县 | 绥远 | |
| 刘何成 | 一等兵 | 64师382团1连 | 甘肃礼县 | 山西垣曲 | |
| 王兴武 | 二等兵 | 17师102团7连 | 甘肃礼县 | 山西夏县 | |
| 李招弟 | 一等兵 | 24师141团7连 | 甘肃礼县 | 山西芮城 | |
| 冯世荣 | 一等兵 | 24师141团7连 | 甘肃礼县 | 山西芮城 | |
| 韩　实 | 上等兵 | 中央军校教导队四连 | 甘肃礼县 | 南京 | |
| 王洪德 | 上等兵 | 17师98团1连 | 甘肃礼县 | 河北井陉 | |
| 马亲畿 | 下士 | 17师98团1连 | 甘肃礼县 | 河北井陉 | |
| 郭运泰 | 中士 | 17师97团步炮连 | 甘肃礼县 | 孟县 | |
| 郑保仓 | 一等兵 | 166师996团4连 | 甘肃礼县 | 河南信阳 | |
| 彭冬生 | 上等兵 | 78师466团7连 | 甘肃礼县 | 河南信阳 | |
| 乔东海 | 二等兵 | 78师463团5连 | 甘肃礼县 | 闻喜 | |
| 王兴元 | 二等兵 | 12师34团9连 | 甘肃礼县 | 山西祁县 | |
| 杨生吉 | 一等兵 | 109师1009团8连 | 甘肃礼县 | 河南 | |
| 陈清云 | 一等兵 | 167师501团3连 | 甘肃礼县 | 河南 | |
| 白进田 | 上等兵 | 167师499团8连 | 甘肃礼县 | 河南 | |
| 赵不直 | 二等兵 | 167师499团5连 | 甘肃礼县 | 河南 | |

表 36—3—1 续表 10

| 姓 名 | 级 职 | 部队番号 | 籍 贯 | 阵亡地点 | 备 注 |
|---|---|---|---|---|---|
| 卞德钧 | 二等兵 | 167师499团3连 | 甘肃礼县 | 湖北大冶 | |
| 桑丰登 | 中士 | 116师692团8连 | 甘肃礼县 | 湖北钟祥 | |
| 潘有告 | 一等兵 | 180师1070团8连 | 甘肃礼县 | 湖南 | |
| 杨朝来 | 上等兵 | 新23师69团团部 | 甘肃礼县 | 湖南 | |
| 王其发 | 二等兵 | 43师128团机2连 | 甘肃礼县 | 结山 | |
| 王有宗 | 二等兵 | 54师324团7连 | 甘肃礼县 | 凤陵渡 | |
| 李世清 | 二等兵 | 78师464团6连 | 甘肃礼县 | 凤陵渡 | |
| 徐镇海 | 二等兵 | 78师464团6连 | 甘肃礼县 | 凤陵渡 | |
| 马玉清 | 二等兵 | 78师464团8连 | 甘肃礼县 | 凤陵渡 | |
| 杨占明 | 一等兵 | 78师464团2连 | 甘肃礼县 | | 阵亡地点不详 |
| 左尧哥 | 一等兵 | 101师301团9连 | 甘肃礼县 | 绥远包头 | |
| 张德胜 | 上等兵 | 165师493团1连 | 甘肃礼县 | 山西平陆 | |
| 孙子荣 | 下士 | 165师493团3连 | 甘肃礼县 | 山西平陆 | |
| 高永喜 | 上士 | 12师36团9连 | 甘肃礼县 | 闻喜 | |
| 王松林 | 一等兵 | 40师118团4连 | 甘肃礼县 | 叶子山 | |
| 马鸿耀 | 二等兵 | 78师467团6连 | 甘肃徽县 | 河南信阳 | 母赵氏 |
| 马维忠 | 二等兵 | 24师141团7连 | 甘肃徽县 | 山西芮城 | 母玉林、母王氏 |
| 王正福 | 一等兵 | 17师98团步炮连 | 甘肃徽县 | 河南井陉 | 父贯底、母钱氏 |
| 王百顺 | 下士 | 警备17师1团3连 | 甘肃徽县 | 绥远 | 母田氏 |
| 王振鹏 | 上尉 | 156师932团机1连 | 甘肃徽县 | 江苏南京 | 母田氏 |
| 王 福 | 一等兵 | 64师382团1连 | 甘肃徽县 | 山西垣曲 | 父登荣、妻苟氏 |
| 石天才 | 一等兵 | 167师501团4连 | 甘肃徽县 | 河南 | 父玉田 |
| 田 章 | 一等兵 | 167师499团8连 | 甘肃徽县 | 河南 | 母纪国、母刘氏 |
| 刘根实 | 二等兵 | 65师193团5连 | 甘肃徽县 | 山西闻喜 | 母赵氏 |
| 刘得才 | 二等兵 | 65师193团5连 | 甘肃徽县 | 山西降县 | 父子高、母李氏 |
| 闫长胜 | 二等兵 | 133师397团5连 | 甘肃徽县 | 湖北崇阳 | 父闫品、妻马氏 |
| 李少俊 | 上等兵 | 17师102团机3连 | 甘肃徽县 | 河北井陉 | 父枝荣、母冯氏 |
| 李长丰 | 二等兵 | 78师464团1连 | 甘肃徽县 | 山西凤陵渡 | 父桂花、妻勒氏 |
| 李 成 | 一等兵 | 167师501团2连 | 甘肃徽县 | 河南 | 父成三、妻孙氏 |

表36—3—1 续表11

| 姓　名 | 级　职 | 部队番号 | 籍　贯 | 阵亡地点 | 备　注 |
|---|---|---|---|---|---|
| 杜成荣 | 一等兵 | 65师193团6连 | 甘肃徽县 | 山西降县 | 父三虎、妻王氏 |
| 杜如玉 | 上等兵 | 17师102团9连 | 甘肃徽县 | 河南井陉 | 父培正、母刘氏 |
| 杜松山 | 一等兵 | 17师102团6连 | 甘肃徽县 | 河北保定 | 父百安、子才姓 |
| 甫福海 | 二等兵 | 78师464团1连 | 甘肃徽县 | 山西风陵渡 | 父成明、妻彦氏 |
| 吴得胜 | 上士 | 警备17师1团2连 | 甘肃徽县 | 绥远 | 母张氏 |
| 余善禄 | 二等兵 | 24师141团7连 | 甘肃徽县 | 山西芮城 | 父得海、妻任氏 |
| 何应卫 | 一等兵 | 17师补充团6连 | 甘肃徽县 | 河北保定 | 妻祁氏 |
| 何秉聪 | 中士 | 88师262团4连 | 甘肃徽县 | 云南 | 妻达氏 |
| 陈玉春 | 上等兵 | 39军教导团8连 | 甘肃徽县 | 山西永济 | 父陈宇 |
| 陈丙章 | 下士 | 24师141团8连 | 甘肃徽县 | 湖南尉氏 | 母王氏 |
| 陈苟明 | 上等兵 | 警备17师1团1连 | 甘肃徽县 | 绥远 | 父书荣、母王氏 |
| 陈静轩 | 一等兵 | 78师464团7连 | 甘肃徽县 | 河南信阳 | 父凡民、母余氏 |
| 张大胜 | 下士 | 警备17师1团3连 | 甘肃徽县 | 绥远 | 父青儿、母李氏 |
| 张文德 | 中尉 | 119师357团9连 | 甘肃徽县 | 湖南桐柏 | 父德山、妻蒋氏 |
| 张世堂 | 中士 | 警备17师1团1连 | 甘肃徽县 | 绥远 | 父张玉、母王氏 |
| 张先成 | 一等兵 | 17师102团4连 | 甘肃徽县 | 河北保定 | 父宗仁、妻黄氏 |
| 张贵生 | 一等兵 | 65师193团6连 | 甘肃徽县 | 山西降县 | 母王氏、妻刘氏 |
| 张顺德 | 中士 | 17师79团1连 | 甘肃徽县 | 河北保定 | 父林瑞、子田生 |
| 杨天云 | 一等兵 | 警备旅1团8连 | 甘肃徽县 | 山西永济 | 母刘氏 |
| 杨洪发 | 下士 | 26师152团6连 | 甘肃徽县 | 河南湖口 | 父有意 |
| 杨福成 | 上等兵 | 30师175团2连 | 甘肃徽县 | 山东峰县 | 父有德、母赵氏 |
| 孟志义 | 一等兵 | 167师499团6连 | 甘肃徽县 | 河南 | 父勇福 |
| 赵乐儿 | 一等兵 | 24师141团7连 | 甘肃徽县 | 山西芮城 | 父永成、母陆氏 |
| 赵锦堂 | 二等兵 | 28师464团6连 | 甘肃徽县 | 山西凤陵渡 | 母杨氏 |
| 高双喜 | 一等兵 | 17师98团机3连 | 甘肃徽县 | 山西太原 | 父吉庆、母王氏 |
| 高俞健 | 上尉 | 51师302团3连 | 甘肃徽县 | 江西德安 | 母贾氏 |
| 郭书毛 | 一等兵 | 12师34团4连 | 甘肃徽县 | 山西闻喜 | 父起才、母郭氏 |
| 郭　相 | 一等兵 | 78师464团卫生队 | 甘肃徽县 | 河南信阳 | 父四锦、妻李氏 |

表 36—3—1 续表 12

| 姓 名 | 级 职 | 部队番号 | 籍 贯 | 阵亡地点 | 备 注 |
|---|---|---|---|---|---|
| 黄全成 | 中士 | 27师160团4连 | 甘肃徽县 | 房山 | 母周氏 |
| 黄金玉 | 二等兵 | 17师101团机2连 | 甘肃徽县 | 河北保定 | 父有勤、妻李氏 |
| 盛定成 | 二等兵 | 17师98团2连 | 甘肃徽县 | 河北井陉 | 父营久、妻宁氏 |
| 韩志杰 | 二等兵 | 43师254团4连 | 甘肃徽县 | 河北阳新 | 父有邦、母周氏 |
| 韩松鹤 | 一等兵 | 78团468团8连 | 甘肃徽县 | 河南信阳 | 父得云、母张氏 |
| 窦玉顺 | 二等兵 | 17师98团9连 | 甘肃徽县 | 河北保定 | 父海峰、母寇氏 |
| 窦俊明 | 一等兵 | 167师501团2连 | 甘肃徽县 | 河南 | 父生成 |
| 雷生才 | 二等兵 | 12师34团7连 | 甘肃徽县 | 山西闻喜 | 父先云、妻高氏 |
| 魏全德 | 一等兵 | 24师141团7连 | 甘肃徽县 | 山西芮城 | 父魏荣、妻王氏 |
| 李生治 | 上等兵 | 新骑4师3团1连 | 甘肃康县 | 松旗 | 父德山、母蒋氏 |
| 万岁秋 | 一等兵 | 167师炮兵营2连 | 甘肃康县 | 河南 | 父占钧、母黄氏 |
| 李万祥 | 一等兵 | 167师501团机2连 | 甘肃康县 | 河南 | 弟万才 |
| 邹治海 | 一等兵 | 24师139团7连 | 甘肃康县 | 河南火坑 | 父代恩、母周氏 |
| 杨林有 | 二等兵 | 24师139团2连 | 甘肃康县 | 河南火坑 | 父森标、母杨氏 |
| 司广德 | 上等兵 | 165师493团迫炮连 | 甘肃康县 | 山西平陆 | 父三元、母苟氏 |
| 李生其 | 一等兵 | 46师136团6连 | 甘肃康县 | 山西长子 | 父李恭 |
| 陈玉镜 | 上等兵 | 8师231团1连 | 甘肃康县 | 河南 | 父明忠、妻柏氏 |
| 蒋钱文 | 上等兵 | 8师231团4连 | 甘肃康县 | 绥远 | 父青善 |
| 肖生问 | 下士 | 新32师94团1连 | 甘肃康县 | 绥远 | 父化龙、母赵氏 |
| 林福忠 | 一等兵 | 12师34团3连 | 甘肃康县 | 闻喜 | 父林友、母侯氏 |
| 张克山 | 二等兵 | 30师177团2连 | 甘肃康县 | 山东峰县 | 父德清 |
| 王新贵 | 上尉 | 4师22团4连 | 甘肃康县 | 南品 | 父运昌、妻王氏 |
| 许永清 | 中士 | 65师389团4连 | 甘肃康县 | 山西 | 父连科、妻李氏 |
| 张信邦 | 一等兵 | 17师补充团6连 | 甘肃康县 | 河北井陉 | 妻马氏 |
| 田生才 | 一等兵 | 112师668团2连 | 甘肃康县 | 宁县 | 父王秀、母向氏 |
| 侯守林 | 二等兵 | 122师731团1营1连 | 甘肃康县 | 山东滕县 | 母杨氏、妻巩氏 |
| 刘富俭 | 上等兵 | 78师467团6连 | 甘肃康县 | 河南信阳 | 父臣山、母谢氏 |

表 36—3—1 续表 13

| 姓　名 | 级　职 | 部队番号 | 籍　贯 | 阵亡地点 | 备　注 |
|---|---|---|---|---|---|
| 贾宗儿 | 上等兵 | 8师242团3连 | 甘肃康县 | 绥远 | 父得胜、母刘氏 |
| 王宏恩 | 二等兵 | 17师98团3连 | 甘肃两当 | 保定 | 父智果、妻武氏 |
| 文成功 | 一等兵 | 17师98团3连 | 甘肃两当 | 保定 | 父志英、妻任氏 |
| 潘有顺 | 一等兵 | 110师328团3连 | 甘肃两当 | 随县 | 妻洪氏 |
| 王自福 | 一等兵 | 180师1070团机12连 | 甘肃两当 | 鄂钟祥 | 父文林、母刘氏 |
| 银　学 | 上等兵 | 36师106团卫生队 | 甘肃两当 | 惠通桥 | 母绪氏 |
| 张　德 | 一等兵 | 59师176团3连 | 甘肃两当 | 岳阳 | 父逸臣 |
| 张玉田 | 上等兵 | 23军野战医院 | 甘肃两当 | 湘南 | 妻王氏、儿碎娃 |

## 第二节　人物名录

在礼县工作的山西省永和县西进干部合影(1950 年)
前排左起：白志铨（公安局长）、冯昌龄（永坪区委书记）、慕生儒（盐官区委书记）、高文甫（城关区长）、郭峰（白关区委书记）、寇崇勋（组织部长）
中排左起：冯玉俊（永坪区长）、林柏青（县委宣传部长兼城关区委书记）、慕三雄（城关街长）、李嗣堂（县委书记）、郝国柱(县长)
后排左起：任志道（大潭区长）、李平（武都军分区干部）、李文安（县委宣传干事）、张孝奎（白河区长）

### 一、解放初期西进陇南干部工作团人员名录

1949 年春，随着辽沈、平津和淮海三大战役的胜利结束，中国人民解放军在西北战场也开始了全面出击。5 月 20 日西安解放。西府扶眉战役告捷后，解放军西进甘肃，紧逼宁夏、青海。中共中央西北局开始组建西进干部工作团，以便随解放大军到达新解放区接管地方政权。

6 月初，从陕西延安和山西省两地先后出发的干部相继到达西安。延安方面来的干部以延安西北党校和延安大学学员为主，并有西北军区和陕甘宁边区政府等单位的少数干部，由王耀华、贺子明领导；山西来的是由黄恩明、赵希敏领导的晋西南九分区的干部队伍。

这两支干部队伍到达西安后统一进行了整编，确定一个分区（后来称专区）建立一个大队，甘肃武都分区为一个大队，大队长为赵希敏、政委为黄恩明。一个县一个中队，因此大队下面又分了礼县、西和、成县、康县、武都、文县和西固县（即今舟曲县）等几个中队。同时宣布了各中队的人员名单，每个中队配备二三十名干部，另有几名后勤人员。中队长即是到达后的县长，政委即是县委书记。他们是（根据郭亚文《西进陇南记忆》文章整理，括号内为分配工作单位）：

武都分区机关：黄恩明、赵希敏、王奋山、刘殿英、李正廷、郭宜民、徐良谋、白明昌、李文辉、亚群、刘发祥、侯建文、杨增衍、李务茂、李春生、张润生、齐宗政、李兆林、郝春霖、刘子荣、王子俊、阎林夫、刘玉章、郭一平、杨浪、郑耀、韩东旭、郑风、郭文华、郭子高、李立、刘涛、王俊德、潘斌、刘绪麟、杨曙天、王明皋、赵志仁、赵嘉敏、朱秉元、铁斌。后岷县分区撤销后，转来的西进干部有孙久德、李登学、刘玉平、张立、张得万、高志文、刘毅、郭亚文。

武都县：罗沛（书记、县长）、樊力平（县长）、宋生昌（组织）、刘涛（县委）、杨建国（公安）、刘元勋（县委）、王佩真（一科）、张晋旺（二科）、李文辉（县委）、王中胜（税务）、秦玉（法院）、于耀（县大队）、郭得寿（法院）、贺兰生（公安）、冯重章（青年团）、刘文秀（城关区）、陈林志（汉王区）、马占山（透防区）、冯得祺（甘泉区）、魏继俊（两水区）、贺敬德（洛塘区）、房生兰（三河区）、韩林山（两水区）、乔得仁（安化区）。

礼县：李嗣堂（县委书记）、郝国柱（县长）、寇崇勋（组织）、林柏青（宣传）、闫宗仁（公安）、傅得胜（二科）、刘钊（二科）、白志宣（公安）、韦忠康（县委）、冯昌龄（县委）、刘玉祥（法院）、孟凌霄（共青团）、慕三雄（公安）、王天才（粮食）、田维民（联社）、张明（三科）、韦忠典（县政府）、高玉俊（永坪区）、高文甫（横河区）、杨登奉（盐关区）、任志道（白关区）、刘述发（白河区）、郭峰（中坝区）、张孝魁（大滩区）。

成县：薛秀川（县委书记）、郭青祥（组织）、张振川（县政府）、贾长茂（县委）、闫璞（公安）、白献国（公安）、马炎驹（公安）、周玉贵（公安）、许百顺（公安）、王文新（公安）、高玉杰（妇联）、郭俊秀（妇联）、庞一敏（县委）、武瑛（青年团）、郭俊生（二科）、张克普（二科）、师万杰（青年团）、高平（县委）、许宗英（县委）、王文奎（小川区）、张兆华（小川区）、王国兴（王磨区）、薛红范（红川区）、陈生财（小川区）、刘德山（红川区）。

西和县：白云亭（县委书记）、张汝陵（县委）、苗彪（宣传）、刘德（县委）、奕执信（二科）、梁廷栋（四科）、王树仁（一科）、宋克彦（县委）、李长福（县政府）、姚保祥（县大队）、肖林（妇联）、高守珍（妇联）、侯素贞（妇联）、李金保（县委）、何汉（法院）、张志清（税务）、李华（城关区）、魏正荣（纸坊区）、李秀新（长道区）、耿佐（鱼龙区）、王保全（琵琶区）、张自生（大桥区）。

康县：黄建邦（县委书记）、李尚德（县委）、丁子英（组织）、高怀俭（一科）、刘景清（二科）、魏尚武（县委）、曹廷福（县委）、郑玉鹏（税务）、冯文珍（县委）、郝建宁（平洛区）、张瑜（公安）、高万仁（城关区）、孙一（城关区）、郭占山（云台区）、曹登亮（城关区）、任登科（大堡区）、张万春（云台区）、苏存其（阳坝区）、刘三儿（平洛区）、张学功（邮政）、史武荣（县委）。

文县：杨森茂（县长）、高思恭（县长）、白守先（组织）、丁风（公安）、霍毓英（法院）、郭志天（法院）、武寿（一科）、畅文宣（二科）、刘芝如（宣传）、雷根旺（县大队）、赵胜兴（县委）、冯致彦（青年团）、王志信（公安）、孙沛林（县政府）、黄又新（县政府）、王孝义（玉垒区）、程宗铣（玉垒区）、秦义学（丹堡区）、赵云峰（丹堡区）、陈耀光（丹堡区）、党如荣（兴文区）、杨春旺（石坊区）、卓康民（石坊区）、吴介中（临江区）、吕富纯（临江区）、刘凯（石坊区）。

西固县（今舟曲县）：石峻（县委书记）、李广植（县长）、徐象龄（组织）、段耀（宣传）、薛玉龙（公安）、马进（县大队）、冯志坚（青年团）、卢泽民（一科）、要长久（法院）、白怀孝（县政府）、李德林（公安）、李玉玺（公安）、李虎生（公安）、樊进泰（公安）、张玉山（县大队）、黄巨福（城关区）、屈振得（城关区）、李文英（丰叠区）、刘国招（官亭区）、慕生应（沙湾区）、裴崇石（武坪区）、梁廷栋（联合区）。

## 二、历届全国人大代表名录

| | |
|---|---|
| 陇南地区第六届全国人民代表大会代表 | 张星衡 |
| 陇南地区第七届全国人民代表大会代表 | 魏玉英（女） |
| 陇南地区第八届全国人民代表大会代表 | 陶进美（女） |
| 陇南地区第九届全国人民代表大会代表 | 朱志良 |
| 陇南地区第十届全国人民代表大会代表 | 哈　琼（女，回族） |
| 陇南市第十一届全国人民代表大会代表 | 王　义　　王玺玉 |
| 陇南市第十二届全国人民代表大会代表 | 杨正平 |

## 三、各级劳动模范名录（不完全统计）

### （一）全国劳动模范（共计 11 名）

1989 年

秦德新　　陇南邮政局职工（退休）

1995 年

茅德贤　　甘肃锌宇集团公司董事长（去世）

杨万春　　陇南春酒厂职工（退休）

谢福禄　　西和县公安局职工（去世）

2000 年

张智慧　　陇南春酒业有限公司副总经理

2005 年

高明军　　武都区水泥厂工人

古荣芳　　两当县显老龙乡显龙村农民

**2008 年 全国抗震救灾模范**

徐思俊　　陇南市武都区三河镇柏林村党支部书记

许　伟　　陇南市文县范坝乡初级中学校长

2010 年

窦　平　　甘肃成州矿冶集团公司小厂坝铅锌矿采矿工

冯明芝　　康县阳坝镇宋家沟村党支部书记

**（二）甘肃省劳动模范（181 名）**

**1956 年 全国供销社合作系统劳动模范**

马淑娥　　礼县财政局

**1956 年 甘肃省先进生产者**

李希白

张玉声　　原文县一中老师

**1959 年 甘肃省先进生产者**

苗香智（女）

司尚文　　文县粮食局职工（去世）

何德辉（女）文县碧口供销社职工

赵犁花（女）礼县食品公司职工

**1960 年 甘肃省先进生产者**

杨守宽

**1962 年 甘肃省先进生产者**

王忠寿　龙贵才　雷志理　徐金铭　杨　忠　殷卖拉　汝荣华　何生禄　蒋友良

姜尚文　王成信　邵书贵　王嘉善　孙金寿　刘发荣　王炳昶　李凤莲　张义山

**1966年 甘肃省“五好”“六好”、先进个人**

董继德　　两当县人委干部
任金义　　徽县农机厂职工
杨忠秀　　礼县农机厂职工
郑殿文　　西和县铁器社职工
王永财　　武都县电厂职工
李富贵　　武都公路总段职工
李生权　　武都公路总段职工
李广瑞　　武都汽车运输公司职工（去世）
马永周　　武都汽车运输公司职工
韦永和　　武都汽车运输公司职工
王仲元　　宕昌县邮电局职工

**1977年 甘肃省工业学大庆先进人物**

马海芸（女）礼县邮电局职工
尹殿雄　　西和县邮电局职工
王申戎　　礼县工交局中坎养路段职工
耿增辉　　徽县综合机械厂职工
胡耀德　　两当县农机厂职工
袁玲霞（女）康县算盘厂职工
蒲有才　　武都邮电局职工
李毓华　　武都地区农机厂职工
宋金香（女）成县农机厂职工
王桂荣（女）武都县棉麻厂职工

**1978年 甘肃省工业学大庆先进人物**

郭从先　　两当县建筑队伍职工
张新用　　礼县木制厂职工
钱增冶　　西和县水泥厂职工
张庭广　　康县邮电局职工
张俊贵　　文县公路段职工
高金贵　　文县煤矿职工
张昌平　　岷江林业总场职工
郑家康　　成县农机厂职工
赵申有　　武都县手联社职工

| | |
|---|---|
| 马文太 | 武都区运输公司职工 |
| 王　杰 | 武都邮电局职工 |
| 杨自明 | 礼县城关公社职工 |
| 李生芳 | 康县农技总站职工 |
| 张志明 | 宕昌县理川公社农民 |
| 焦学文 | 武都地区农科所职工 |
| 张克生 | 成县农技站职工 |
| 陶顺德 | 文县中寨公社 |
| 张思文 | 成县良种场职工 |

**1982 年 甘肃省劳动模范**

| | |
|---|---|
| 石文春 | 徽县永宁公社 |
| 马建如 | 徽县永宁公社 |
| 姚长生 | 两当县左家公社 |
| 石养玺 | 西和长道公社 |
| 杨芝元 | 西和石峡公社 |
| 南培英 | 西和食品公司职工 |
| 侯川德 | 礼县宽川公社 |
| 田水子 | 礼县石桥公社 |
| 郝继荣 | 武都地区医药局职工 |
| 冯　益 | 武都县安化公社 |
| 李平银 | 武都县甘泉公社 |
| 赵宝儿 | 武都县东江公社 |
| 张星衡 | 武都县第四中学教师 |
| 杨才顺林 | 宕昌县新城子公社 |
| 刘兴奇 | 成县抛沙公社 |
| 任相贤 | 康县财政局 |
| 徐国权 | 文县城关公社 |
| 彭成俊 | 文县桥头公社 |

**1982 年 甘肃省先进生产者**

| | |
|---|---|
| 侯治文 | 康县公路段职工 |
| 柏荣瑞 | 两当县农技站职工 |
| 简逢春 | 两当县食用菌厂职工 |
| 胡　清 | 两当县兴化公司 |

陈　正　　徽县柳林公社
段玉琨　　徽县水电局职工
刘安怀　　徽县食品公司职工
赵志海　　徽县西街小学教师
卢清夫　　西和县中学教师
何全德　　西和县人民医院
高正明　　西和县苏合公社
强兴财　　西和县何坝公司
王　渭　　西和县石堡公社
王托儿（女）西和县城关公社
杜王海　　礼县白河公社
杨恒杰　　礼县王坝公社
杨志懦　　礼县石桥公社
刘彦超　　礼县石桥农技站
王自乾　　礼县祁山公社
蒲俊卿（女）礼县盐官百货站
王　钧　　礼县人民医院
李德生　　武都地区农科所
汪淑庄（女）武都建筑公司
赵宽代　　武都鱼龙公社
刘凤清　　武都安化林业站
怀向成　　武都县马街公社
邱富贵　　武都县洛塘公社
尹录发　　武都县三仓公社
张正宏　　武都县裕河公社
李晓岷　　宕昌县何家堡水电厂
欧阳植　　宕昌县宕昌公社
韩银海　　宕昌县甘江头公社
杨五元　　宕昌县南阳公社
韩发科　　宕昌县兴化供销社
马守仲　　康县铜钱兴
邹国孝（女）康县嘴台公社
郑子斌　　康县一中
杨　琳（女）成县人民医院
李维新　　成县税务局

黄国武　　成县支旗公社
张思文　　成县良种场
孙卫宾　　成县抛沙公社
黄才明　　文县农副公司
邓天才　　文县临江公社
李世跃　　文县屯寨公社
樊培德　　文县人民医院

**1989 年 甘肃省劳动模范**

杨万春　　甘肃陇南春酒厂
龙喜和　　两当县太阳乡
李兴栋　　宕昌县何家堡水电厂
许　胜　　康县农牧局
刘　燕　　武都县黄连开发公司
李荣德　　文县农业技术推广站
张克生　　成县农业技术推广站
马兰英（女）礼县北关小学
王旺民　　陇南地区汽车运输公司（去世）

**1994 年 甘肃省劳动模范**

冉干仁　　宕昌县建材厂
李耀富　　武都县黄鹿坝电厂
赵三元　　陇南地区西坡煤矿
吴建华　　成县师范学校校长
吴文豪　　陇南地区人民医院

**1999 年 甘肃省劳动模范**

邱应杰　　成县红酒厂
安自俊　　西和县尖崖沟
张国栋　　陇南洛坝铅锌矿
吴墨海　　康县王坝金矿
谢佛元　　宕昌县城关镇
李兵成　　武都县汉王镇
赵德九　　礼县永兴乡
杜宝兴　　文县城关镇

**2005 年 甘肃省劳动模范**

王新文　　　陇南市招考办副主任
贺晓红　　　陇南市电信公司总经理
杨启明　　　陇南市人民医院医师
路　云　　　西和县公安局
母桂珍（女）徽县农技中心职工
刘建民　　　甘肃宝徽集团董事长
王寅午　　　成县毕家山铅锌矿
任款局　　　西和县十里乡
杜德有　　　武都区马街镇
何奕呈　　　文县中寨乡
冯明芝　　　康县阳坝镇宋沟村主任
马玉前　　　宕昌县新志子乡
张根全　　　礼县永兴乡
张　明　　　两当县站儿巷镇

**2010 年 甘肃省劳动模范**

宋国平　　　两当县西坡镇内古村党支部书记
王早强　　　康县望关乡跃湾村党支部书记
马小伦　　　文县碧口镇李子坝村党支部书记
杨乾元　　　徽县伏家镇伏镇村党支部书记
崔义明　　　成县陈院镇大垭村党支部书记
汪商儿　　　礼县宽川乡燕家村农民
李守生　　　宕昌县阿坞乡各奄村党支部书记
刘　渊　　　西和县尖崖沟铅锌矿党委书记、矿长
宋　德　　　徽县鸿远矿业有限责任公司职工
周志刚　　　甘肃金徽酒业集团董事长、总经理
孙旭洲　　　成县毕家山矿业有限责任公司总经理
武　成　　　甘肃成州矿冶集团公司党委书记、总经理（去世）
牟建林　　　礼县交通局副局长（甘肃省先进工作者）
张培芳　　　陇南市蔬果总站站长（甘肃省先进工作者）
王海燕（女）武都区城关中学教师（甘肃省先进工作者）

**（三）陇南市劳动模范（20 名）**

**2007 年 陇南市首届劳动模范**

王正斌　　　西和县大桥中心卫生院院长
刘　渊　　　西和县尖崖沟铅锌矿党委书记、矿长
刘伯平　　　西和县地税局局长
后喜禄　　　宕昌县沙湾镇司法所副所长
孙旭洲　　　成县毕家山矿业有限责任公司总经理
朱秀强　　　康县邮政局乡邮员
吴丽雅（女）徽县雅龙银杏产业公司总经理
宋国平　　　两当县西坡镇内谷村党支部书记
张建辉　　　陇南师范高等专科学校教务处长
张献国　　　陇南市武都区环卫所所长
李武红（女）康县城关中学教师
杜文修　　　陇南市武都区柏林乡弯儿下村党支部书记
周建军　　　陇南电视台新闻综合频道节目总监
岳文斌　　　文县蔬菜中心主任
武志谦　　　成县成州锌业有限公司董事长
徐心浩　　　成县同谷实业有限公司总经理
郭　升　　　甘肃宝徽实业集团公司总经理
高新年　　　陇南供电公司农电管理部主任
靳生忠　　　陇南市长安集团总裁
薛永才　　　礼县雷王乡山坪村党支部书记

**（四）受到国家级表彰奖励的教师、校长（全国优秀教师、优秀班主任、优秀校长，全国教育系统劳动模范）**

舒昌龄、陈天柱、石克鸿、苟志刚、任文蔚、李彦荣、李士熙、武勤俭、李龙云、李德思、茹清桂、徐　通、刘惠华、李忠荣、展志英、郑时候、杨兰分、石　镜、袁学宗、李永年、李彦龙、唐自德、杨文瀚、严守诚、田兆丰、李俊仁、陈诗增、李全润、胡风英、梁新民、刘耀英、徐效贤、柳春才、王建礼、魏永平、王俊英、吕智全、雷海峰、郭实乐、刘育书、王仲伯、温明德、邵杰伟、罗克宏、李书荣、张宇洁、王和平、谢世平、苟昌盛、闫晓霞、王海智、张　丽、张志仁

# 附 录

## 文献选编

### 与隗嚣将杨广书

东汉末，上邽（今甘肃天水市）人杨广跟随隗嚣等一道起兵应汉，被封为右将军。建武八年（公元 32 年）光武帝刘秀御驾亲征，伐隗嚣，中郎将来歙攻占略阳城，隗嚣带领妻子奔西城杨广。刘秀使吴汉与征南大将军岑彭围西城，数月后，杨广去世。《与隗嚣将杨广书》是马援写给杨广的劝降信。

春卿无恙，前别冀南，寂无音驿。援间还长安。因留上林。窃见四海已定，兆民同情，而季孟闭拒背畔，为天下表的。常惧海内切齿，思相屠裂，故遗书恋恋，以致恻隐之计。乃闻季孟归罪于援，而纳王游翁谄邪之说，自谓函谷以西，举足可定，以今而观，竟何如邪？援间至河内，过存伯春，见其奴吉从西方还，说伯春小弟仲舒望见吉，欲问伯春无它否，竟不能言，晓夕号泣，婉转尘中。又说其家悲愁之状，不可言也。夫怨仇可刺不可毁，援闻之，不自知泣下也。援素知季孟孝爱，曾、闵不过。夫孝于其亲，岂不慈于其子？可有子抱三木，而跳梁妄作，自同分羹之事乎？季孟平生自言所以拥兵众者，欲以保全父母之国而完坟墓也，又言苟厚士大夫而已。而今所欲全者将破亡之，所欲完者，将毁伤之，所欲厚者将反薄之。季孟尝折愧子阳而不受其爵，今更共陆陆，欲往附之，将难为颜乎？若复责以重质，当安从得子主给是哉！往时子阳独欲以王相待，而春卿拒之；今者归老，更欲低头与小儿曹共槽枥而食，并肩侧身于怨家之朝乎？男儿溺死何伤而拘游哉！今国家待春卿意深，宜使牛孺卿与诸耆老大人共说季孟，若计画不从，真可引领去矣。前披舆地图，见天下郡国百有六所，奈何欲以区区二邦以当诸夏百有四乎？春卿事季孟，外有君臣之义，内有朋友之道。言君臣邪，固当谏争；语朋友邪，应有切磋。岂有知其无成，而但萎腰咋舌，叉手从族乎？及今成计，殊尚善也；过是，欲少味矣。且来君叔天下信士，朝廷重之，其意依依，常独为西州言。援商朝廷，尤欲立信于此，必不负约。援不得久留，愿急赐报。

## 东汉太中大夫来歙表

**南朝宋范晔撰《后汉书》卷十五：**（建武）十一年，歙与盖延、马成进攻公孙述将王元、环安于河池、下辨，陷之，乘胜遂进。蜀人大惧，使刺客刺歙，未殊，驰召盖延。延见歙，因伏悲哀，不能仰视。歙叱延曰："虎牙何敢然！今使者中刺客，无以报国，故呼巨卿，欲相属以军事，而反效儿女子涕泣乎！刃虽在身，不能勒兵斩公耶！"延收泪强起，受所诫。歙自书表曰："臣夜人定后，为何人所贼伤，中臣要害。臣不敢自惜，诚恨奉职不称，以为朝廷羞。夫理国以得贤为本，太中大夫段襄，骨鲠可任，愿陛下裁察。又臣兄弟不肖，终恐被罪，陛下哀怜，数赐教督。"投笔抽刃而绝。

帝闻大惊，省书揽涕，乃赐策曰："中郎将来歙，攻战连年，平定羌、陇，忧国忘家，忠孝彰著。遭命遇害，呜呼哀哉！"使太中大夫赠歙中郎将、征羌侯印绶，谥曰节侯，谒者护丧事。丧还洛阳，乘舆缟素临吊送葬。以歙有平羌、陇之功，故改汝南之当乡县为征羌国焉。子褒嗣。

## 北魏秦州刺史封敕文表

**北齐魏收撰《魏书》列传卷三十九：**安丰公闾根率军助敕文。敕文表曰："安定逆贼帅路那罗遣使赍书与逆帅梁会，会以那罗书射于城中，那罗称纂集众旅，克期助会。又仇池城民李洪，自称应王，天授玉玺，擅作符书，诳惑百姓。梁会遣使招引杨文德，而文德遣权寿胡将兵二十人来到会间，扇动州土，云李洪自称应王，两雄不并，若欲须我，先杀李洪，我当自往。梁会欲引致文德，诱说李洪来入东城，即斩洪首，送与文德。仇池镇将、淮阳公臣豹子遣使潜行，以今月二十四日来达臣镇，称杨文德受刘义隆职爵，领兵聚众，在仇池境中，沮动民人，规窃城镇。且梁会反逆以来，南勾文德，援势相连，武都氐羌尽相唇齿，为文德起军，所在屯结，兵众已集，克来不远。臣备边镇，与贼相持，贼在东城，隔墙而已。但以腹背有敌，攻城有疑，讨度文德，克来助会。若文德既至，百姓响应，贼党遂甚，用功益难。今文德未到，麦复未熟，事宜速击，于时为便。伏愿天鉴，时遣大军，助臣诛翦。"

表未及报，梁会谋欲逃遁。先是，敕文掘重堑于东城之外，断贼走路。夜中，会乃车陈飞梯，腾堑而走。敕文先严兵于堑外拒斗，从夜至旦。敕文谋于众曰："困兽犹斗，而况于人。贼众知无生路，人自致死，必伤士众，未易可平。若开其生路，贼必上下离心，克之易矣。"众咸以为然。初敕文以白虎幡宣告贼众曰："若能归降，原其生命。"应时降者六百余人。会知人心沮坏，于是分遁。敕文纵 骑蹑之，死者大半，俘获四千五百余口。

## 北魏征西将军皮豹子表

**北齐魏收撰《魏书》列传卷三十九**：兴安二年正月，义隆遣其将萧道成、王虬、马光等入汉中，别令杨文德、杨头等率诸氐羌围武都。城中拒之，杀贼二百余人。豹子分兵将救之，至女磊，闻贼停军，豹子遣人于祁山取马，欲往赴援。文德谓豹子欲断其粮运，回军还入覆津，据险自固。义隆恐其辄回，又增兵益将，令晋寿、白水送粮覆津，汉川、武兴运粟甘泉，皆置仓储。豹子表曰："义隆增兵运粮，克必送死。臣所领之众，本自不多，唯仰民兵，专恃防固。其统万、安定二镇之众，从戎以来，经三四岁，长安之兵，役过期月，未有代期，衣粮俱尽，形颜枯悴，窘切恋家，逃亡不已，既临寇难，不任攻战。士民奸通，知臣兵弱，南引文德，共为唇齿。计文德去年八月与义隆梁州 刺史刘秀之同征长安，闻台遣大军，势援云集。长安地平，用马为便，畏国骑军，不敢北出。但承仇池局人，称台军不多，戍兵鲜少，诸州杂人，各有还思，军势若及，必自奔逃，进军取城，有易返掌。承信其语，回趣长安之兵，遣文德、萧道成、王虬等将领，来攻武都、仇池，望连秦陇。进围武都，已经积日，畏臣截后，断其粮路，关镇少兵，未有大损。今外寇兵强，臣力寡弱，拒贼备敌，非兵不拟。乞选壮兵，增戍武都，牢城自守，可以无患。今事已切急，若不驰闻，损失城镇，恐招深责。愿遣高平突骑二千，赍粮一月，速赴仇池。且可抑折逆民，支对贼虏。须长阙、上邽、安定戍兵至，可得自全。粮者，民之命也；虽有金城汤池，无粮不守。仇池本无储积，今岁不收，苦高平骑至，不知云何以得供援。请遣秦州之民，送军祁山，臣随迎致。"诏高平镇将苟莫于率突骑二千以赴之，道成等乃退。征豹子为尚书，出为内都大官。

## 北魏孝文帝诏吕罗汉书

**北齐魏收撰《魏书·卷五十一·列传第三十九》**：北魏吕罗汉出任镇西将军，秦、益二州刺史。延兴三年（473），仇池氐羌反叛，攻逼骆谷，镇守将领吴保元逃登百顷山，请求吕罗汉援助。吕罗汉率领骑步兵随长孙观掩击氐羌氏，大破敌军，斩杀其主帅，敌人败退散去。北魏孝文帝诏吕罗汉曰："卿以劳勤获叙，才能致用，内总禁旅，外临方岳，褒宠之隆，可谓备矣。自非尽节竭诚，将何以垂名竹帛？仇池接近边境，兵革屡兴，既劳士卒，亦动民庶，皆由镇将不明，绥禁不理之所致也。卿应机赴击，殄此凶丑。陇右土险，民亦刚悍，若不导之以德，齐之以刑，寇贼莫由可息，百姓无以得静。朕垂心治道，欲使远近清穆。卿可召集豪右，择其事宜，以利民为先，益国为本，随其风俗，以施威惠。其有安土乐业、奉公勤私者，善加劝督，无夺时利。明相宣告，称朕意焉。"

## 北魏孝文帝诏仇池镇将皮欢喜速筑城骆谷

**北齐魏收撰《魏书》列传卷三十九**：太和元年（477），刘准葭芦戍主杨文度遣弟鼠窃据仇池，喜率众四万讨鼠。军到建安，鼠弃城南走。进次浊水，遣平西将军杨灵珍击文度所置仇池太守杨真，真众溃，仅而得免。喜遂军于覆津。文度将强大黑固守津道，悬崖险绝，偏阁单行。喜部分将士，攀崖涉水，冲击大黑，大黑溃走，追奔西入。攻葭芦城，拔之，斩文度，传首京师，杀一千余人。诏曰："夫忠臣生于德义之门，智勇出于将相之族。往年氐羌放命，侵窃边戍，都将皮欢喜、梁丑奴等，或资父旧勋，或身建殊效，威名著于庸汉，公义列于天府，故授以节钺，委阃外之任。并罄力尽锐，克荷所司，霜戈始动，蚁贼奔散，仇池旋复，民夷晏安。及讨葭芦，又枭凶丑。元恶俱歼，窥窬永息，朕甚嘉之。其所陈计略，商校利害，料其应否，宁边益国，专之可也。今军威既振，群愚慑服，革弊崇新，有易因之势，宽猛之宜，任其量处，应立郡县者，亦听铨置。其杨文度、杨鼠亲属家累，部送赴台。仇池，南秦之根本，守御资储，特须丰积；险阻之要，尤宜守防；令奸觊之徒，绝其侥幸。勉勤戎务，绥静新俗，怀民安土，称朕意焉。"

又诏喜等曰："卿受命专征，薄伐边寇，军威所及，即皆平荡。复仇池之旧镇，破葭芦之新邦；枭擒首逆，克剪凶党，勋庸之美，朕无间然。仇池国之要蕃，防守事宜，尤须完实。从前以来，骆谷置镇，是以奸贼息窥窬之心，边城无危败之祸，近由徙就建安，致有往年之役。前敕卿等，部率兵将，骆谷筑城，虽有一时之勤，终 致永延之固。而卿等不祗诏命，至于今日。徒使兵人稽顿，无事闲停，方复曲辞，表求罢下，岂是良将忘身、忧国尽忠之谓也？诸州之兵，已复一岁，宜暂戮力，成此要功。卿等表求来年筑城，岂不更劳兵将？孰若因今之势，即令就之，一劳永逸，事不再举也。今更给军粮一月，速于骆谷筑城，使四月尽，必令成就讫。若不时营筑，乃筑而不成，成而不固，以军法从事。"

南天水郡民柳旃据险不顺，喜率众讨灭之。转散骑常侍、安南将军、豫州刺史。诏让其在州宽怠，以饮酒废事，威不禁下，遣使者就州决以杖罚。七年卒，赠以本官，谥曰恭公。子承宗袭爵。

## 南朝荆州刺史王嶷与杨广香书

**南朝梁萧子显撰《南齐书》列传 卷五十九**：梁州刺史范柏年被诛，其亲将李乌奴惧奔叛，文弘纳之。乌奴率亡命千余人攻梁州，为刺史王玄邈所破，复走还氐中。荆州刺史豫章王嶷遣兵讨乌奴，檄梁州能斩送乌奴首，赏本郡，乌奴田宅事业悉赐之。与广香书曰：

"夫废兴无谬，逆顺有恒，古今共贯。贤愚同察。梁州刺史范柏年怀挟诡态，首鼠两端，既已被伐，盘桓稽命。遂潜遣李乌奴叛。杨文弘扇诱边疆荒杂。柏年今已枭禽，乌奴频被摧破，计其余烬，行自消夷。今遣参军行晋寿太守王道宝、参军事行北巴西新巴二郡太守任湜之、行宕渠太守王安会领锐卒三千，遄涂风迈，浮川电掩。又命辅国将军三巴校尉明惠照、巴郡太守鲁休烈、南巴西太守柳弘称、益州刺史傅琰，并简徒竞骛，选甲争驰。雍州水步，行次魏兴，并山东侨旧，会于南郑。或泛舟垫江，或飞旌剑道，腹背飚腾，表里震击。文弘容纳叛戾，专为渊薮，外侮皇威，内凌国族。君弈世忠款，深识理顺，想即起义，应接大军，共为掎角，讨灭乌奴，克建忠勤，茂立诚节。沈攸之资十年之积，权百旅之众，师出境而城溃，兵未战而自屠，朝廷无遗镞之费，士民靡伤痍之弊。况蕞尔小竖，方之蔑如，其取歼殄，岂延漏刻！忝以寡昧，分陕司蕃，清氛荡秽，谅惟任职。此府器械山积，戈旗林耸，士卒剽劲，蓄锐积威，除难剿寇，岂俟征集！但以剪伐萌菌，弗劳洪斧，扑彼蚊蚋，无假多力。皇上圣哲应期，恩泽广被，罪止首恶，余无所问。赏罚之科，具写如别。”

## 齐武帝诏宕昌王书

**《南齐书》卷五十九 列传第四十：**南朝齐武帝萧赜永明三年（485）正月，诏曰：“行宕昌王梁弥颉，忠款内附，著绩西服，宜加爵命，式隆蕃屏。可使持节、督河凉二州诸军事、安西将军、东羌校尉、河凉二州刺史、陇西公、宕昌王。”颉卒。六年，以行宕昌工梁弥承为使持节、督河凉二州诸军事、安西将军、东羌校尉、河凉二州刺史、宕昌王。使求军仪及伎杂书，诏报曰：“知须军仪等九种，并非所爱。但军器种甚多，致之未易。内伎不堪涉远。秘阁图书，例不外出。《五经集注》、《论语》今特敕赐王各一部。”俗重虎皮，以之送死，国中以为货。

## 后周世宗柴荣平秦成阶等州德音

**《全唐文》卷一百二十六：**“朕承宗社之灵，居亿兆之上，祇临大宝，於兹再周。每念晋汉以来，朝野多故，疆宇日削，生聚未堪，常怀拯救之心，冀答天人之意，至於夙夜，不敢荒宁。求安边拓境之谋，思济世息民之计。乃眷秦凤，地接巴邛，顷属乱离，因兹阻隔。千里之地，大朝之声教不通；十年之中，百姓之艰苦难状。临者兴发师旅，经略封陲，鼓鼙绝震於郊原，也豕难逃於锋刃，僵尸遍野，弃甲如山。秦成阶等州管内将校官吏军人百姓等，喜寇孽之逋逃，举城垒而归顺，飞章送款，协力同谋，父老相欢，山河如故。而伪署凤州节度使王环等，独迷去就，尚据城池，朕念彼孤危，继令招谕，惜一城之士庶，开三面之网罗。岂期拒辙之徒，不体好生之德。遂令攻击，立见荡平，渠帅就擒秦陇无梗。宜降惟新之泽，庶隆及物之恩。应秦凤阶等州管内，自显德二年十一月已前，有罪犯者，无问轻重，一切释放。应马步行营将士等，各与恩泽。其有殁於王事者，自副兵马使已上，并与赠官，仍赐赙赠物。城下攻殁百姓为矢石所害致死者，本户除二税外，放免三年差徭，仍赐本家孝服绢三匹。其倍署人夫州县官，并与加阶减选。秦成阶等州归明将士，自长行已上，等第支赐优给，其官吏将校职员等，并与加恩。其中有西川人员，除恩泽赏赐外，如愿驻留者，厚与请受，如愿归去者，并给盘缠，用慰众情，免违物性。应收捉到贼军将校，一切放罪，并令押送赴阙，各与恩泽。自何重建等归投西川已来，访闻管内州县，连岁饥荒，百姓军人，倍加劳役，科敛频并，法令滋章，既为吾民，宜革前弊。今後除秋夏两税徵科外，应伪蜀所立诸般科率名目。及非理徭役，一切停罢。德音未该者，宜令所司相次指挥。

## 金章宗劝吴曦投降诏书

**《金史》卷九十八 列传第三十六载**：初，吴玠、吴璘俱为宋大将，兄弟父子相继守西土，得梁、益间士众心。璘孙曦太尉、昭武军节度使、成都潼川府夔利等州路宣抚副使，泰和六年出兵兴元，有窥关、陇之志，诱募边民为盗，遣谍以利饵凤翔卒温昌，结三虞候军为内应。昌诣府上变。曦遣诸将出秦、陇间，与纲等诸军相拒。上闻韩侂胄忌曦威名，可以间诱致之，梁、益居宋上游，可以得志于宋，封曦蜀国王，铸印赐诏，诏纲经略之。其赐曦诏曰：

“宋自佶、桓失守，构窜江表，僭称位号，偷生吴会，时则乃祖武安公玠捍御两川。洎武顺王璘嗣有大勋，固宜世胙大帅，遂荒西土，长为藩辅，誓以河山，后裔纵有栾黡之汰，犹当十世宥之。然威略震主者身危，功盖天下者不赏，自古如此，非止于今。

卿家专制蜀汉，积有岁年，猜嫌既萌，进退维谷，代之而不受，召之而不赴，君臣之义已同路人，譬之破桐之叶不可以复合，骑虎之势不可以中下矣。此事流传，稔于朕听，每一思之未尝不当馈叹息，而卿犹偃然自安。且卿自视翼赞之功孰与岳飞？飞之威名战功暴于南北，一旦见忌，进遂被参夷之诛，可不畏哉。故智者顺时而动，明者因机而发，与其负高世之勋见疑于人，惴惴然常惧不得保其首领，曷若顺时因机，转祸为福，建万世不朽之业哉。

今赵扩昏孱，受制强臣，比年以来顿违誓约，增屯军马，招纳叛亡。朕以生灵之故，未欲遽行讨伐，姑遣有司移文，复因来使宣谕，而乃不顾道理，愈肆凭陵，虔刘我边陲，攻剽我城邑。是以忠臣扼腕，义士痛心，家与为仇，人百其勇，失道至此，虽欲不亡得乎？朕已分命虎臣，临江问罪，长驱并骛，飞渡有期，此正豪杰分功之秋也。

卿以英伟之硐，处危疑之地，必能深识天命，洞见事机，若按兵闭境不为异同，使我师并力巢穴而无西顾之虞，则全蜀之地卿所素有，当加封册，一依皇统册构故事。更能顺流东下，助为掎角，则旌麾所指尽盖以相付。天日在上，朕不食言。今送金宝一钮，至可领也。”

## 南宋安丙遗时相书

**《宋史》列传 卷一百六十一**：嘉定元年（1208），宋金议和，金应宋之请，重开边界秦、凤等州茶马场。是时，沿边关隘皆为金毁，安丙向宰相上书陈述陇南边境情形说：“西和一面，已修河池，聚粮积刍，使军民可守。若敌至，则坚壁不战，彼欲攻则不可，欲越则不敢。

若西和可守，成州之境自不敢犯。成州黑谷、南谷亦皆屯重兵。天水虽不可守，距天水十里所，见创白环堡，与西和相为犄角，又增堡鸡头山，咸以民卒守之。及修黄牛堡，筑兴赵原，屯千余人。凤州秋防原尤为险绝，绍兴初，州治于此，宣抚吴玠尝作家计砦，前即马岭堡，正扼凤州之后。凡此数堡既坚，金人决不敢近。而河池、杀金坪、鱼关皆大军屯聚。其他径路，虽关之里如大安，亦阴招民卒，授以器械，为掩击之备矣”。又云“见于关表广结义士，月给以粮，俾各保田庐坟墓，逮事定，则系之尺籍而劝之耕，庶可经久。以丙所见，直为守计，则精选五万人亦为有余。”

## 御制平西蜀文

（明）朱元璋 撰

明洪武四年，朱元璋令征虏前将军傅友德，与征西将军汤和分道伐蜀。廖永忠等以舟师攻瞿塘。傅友德帅顾时等以步骑出秦、陇。朱元璋谕傅友德曰：“蜀人闻我西伐，必悉精锐东守瞿塘，北阻金牛，以抗我师。若出不意，直捣阶、文，门户既隳，腹心自溃。兵贵神速，患不勇耳。”傅友德疾驰至陕，集诸军声言出金牛，而潜引兵直趋陈仓，选精兵五千爲前锋攀援岩谷，昼夜兼行，大军继之，直抵阶州，蜀平章丁世珍率众来拒。傅友德击败其众，生擒其双刀王等十八人，丁世珍遁走，遂克阶州。进抵文州，距城三十里，蜀人断白龙江桥，傅友德督兵修桥以渡，渡白龙江，丁世珍复集兵据五里关以阻，傅友德奋兵急攻破之，丁世珍仅以数骑遁去，遂拔文州。文州亦克，趋绵州。时汉江水涨，不得渡，伐木造战舰。欲以军声通瞿塘，乃削木为牌为千，书克阶、文、绵日期，投汉水，顺流下。蜀守者见之，皆解体。廖永忠既于江流得木牌，乃进师。而戴寿等撤其精兵西救汉州，留老弱守瞿塘，故永忠等得乘胜捣重庆，明升降。蜀地悉平。于是太祖制《平西蜀文》旌其功，称傅友德功为第一，廖永忠次之。师还，受上赏，褒赉甚厚。

洪武四年九月三十日，朕亲纪征蜀二道总兵官功之低昂，以旌忠勇有智之将，又张无谋钝兵之徒尔！基再作《平蜀颂》一章，为傅将军、廖将军千万年不朽之功。朕闻云从龙风、从虎，圣人作而万物覩，此葢上古圣君临御，恩及海内，故贤者赞扬。若非圣君，安敢受此美称善扬者也。朕本淮民，因元失政，豪杰忿争，吾承人后，偶获多兵训练，为我调用，有时命将四出，有时亲征一方，不五、六年间，羣雄斂迹，惟西蜀一隅，限山阻险，是有戴寿者假明之童孩，负固不伏，阴生诡计，说诱诸洞蛮夷，为我边民患，于是发兵二道，命将分行。

三年冬，平章杨璟、德庆侯廖永忠率舟师抵瞿塘，戴寿以合蜀军民与之决战。平章杨璟兵败收兵，仅能与之对垒。当年冬，颍川侯傅友德将兵，由西番道经阶、文，逾月而抵绵、汉，蜀兵莫敢当锋。其戴寿者恃瞿塘之险，选老弱守之，尽拔坚关之兵，西行与颍川侯战，道逢颍川侯，一战，戴寿披靡，再战，因逼成都。其攻衢关舟师总兵者尚未尽知将军，颍川侯木牌书其战胜次第，顺川江而放流，德庆侯获之，连垒而进，乘机破关捣虚而至伪京师，幼主明升衔璧率文臣请降，戴寿为傅将军生擒于成都，于是中国清宁。论将之功，傅一廖次，低昂是焉！

天佑我邦，师出一律，将忿扬扬。马嘶蹄踏，尽角声张。 惟我颍侯，智勇难量。羌人稽首，壶浆道傍。劳我军行，绵汉是降。蠢尔戴寿，率众来当。一战披靡，拒城且藏。旬日困逼，诣军请降。傅将功就，再歌瞿塘。天生廖将，与傅成双。江风浩浩，起我旌幢。泊舟连垒，直破衢关。生俘伪主，市肆无干。遣使飞捷，一刻数关。天产名将，兵出农间。非朕有能，实由天鉴。有臣在南，家居括苍。生而能文，举笔何难？谓我采择，黼之班班。

## 徽州知州徐起霖为民请免练饷揭

（清）徐起霖

徐起霖，江苏南通市人。明崇祯十二年（1639）考中副榜，清顺治十七年（1660）任徽州知州。适逢清军初定四川，徽州残破凋敝之际，地方官吏和军队大量圈占田地，迫使百姓外迁谋生。他向上级和朝廷陈述当地实情，申诉减免百姓苦累的七条理由：一残黎流散；二站马；三水夫；四造船；五过往兵马；六买运米豆；七公差横索。朝廷允许他将军队分为六所进行军屯，并让军队兼管地方治安。在徽州任职九年，兴利除弊，帮助流散百姓恢复生产。离任时，徽州百姓流泪挽留。康熙五十八年（1719），朝廷根据徽州百姓奏请列徐起霖入名宦祠，准许修祠纪念。

卑职到任，见徽民逃亡大半，前申七详。悉心招抚，逃亡复集，是以国赋无亏。兹现在之民，皆凋敝之余生也。今正粮不过五千，倏接上檄，派加练饷二万。离合存亡在此一举，卑职敢不设法督催，亦敢不细心核算，徒以身任参罚，存心委卸，又或一味敲扑，害民误国，皆所不敢出也。揆厥所由，其弊有三：东丁圈地，绳牵手拽，伸缩避就之间便差寻文，甚至阶、文、成县军屯之膏腴皆圈作徽土。况乎徽地之成熟者宁余尺寸，亩数已亏，谁为区别？其弊一也。原额地志书、碑记、觐册俱载三百五十余顷。盖折为铜地则薄土多不抵少，散为铁地则山坡少亦成多。兴屯严督开垦，懦弱者逢迎，惟谨一报开垦七千顷，而七千顷遂成原额矣。喜事者侈大邀功，一报开垦三千五百顷，一报开垦三千六百顷，而三千五、三千六又成原额矣。零新捏报者不下二三千顷，而二三千顷又成原额矣。首事者受上赏，邀功者僭黄。盖清夜思之，地安在哉？况乎成熟也？其弊二也。捏报地亩，小民不知，不知之未有不控诉者。而徽民性暗，又极胆小，告之以地亩虽多，粮石有限，且起科正三年以后，三年以前无加也。愚民无知，谓吾粮原不过如此，日复一日，年复一年，相安为固然，不复争辩。民愚至此，益为可悯。不为祸伏于十余年之前，害烈于十余年之后，其弊三也。

今照亩加银，明旨已下，始求更正，晚矣！其难有三：司、道、府、州官皆有督征之责，尅期解报，参罚随之。不闻督催之官应出一言为某州县求减免也，其难一也。即司、道、府请之，各上台如天好生，无一不以恤民为心，力为体报，能必部复之即从乎？即从之，而徽州减二万数，更于陕西何处拨补此数，抑从别省拨补此数乎？其难二也。即宪台题明，而从前捏报之官上下比比置足，何地不识？尽置之国法乎？抑置之不问乎？其难三也。

三难交困，遂有三害：徽民久逃，一旦归里，巢窟尚在。四方邻境，哀鸿方集，去至旋生，牵犬携儿，复遁他所，粉身碎骨，无裨重负，鞭扑枷扭，无人可施。捏垦之地未能成熟，原熟之地并反成荒，其害一也。巩属通计加饷不过六七万，徽当其三之一，前官累地方，累卑职，必至上累司、府、道，甚至累各上台，即他州县尽完，一郡尚欠二万，参罚难追，其害二也。向也催工，东丁或挑柴糊口，并完升合。正额练饷倍加，有何系恋，鸟惊兽散，遂至无民。既已无民，何有于正额。正额不完，事事有参，件件有罚，其害三也。

卑职泥首请命宪台，前者惟望于万难曲全之中，求一线可生之路。或因秦省边地寒苦，百亩所获，不及江南中土一亩所获。肥硗厚薄不同，仍遵照明季粮石起科，是于初旨无悖，造福全省，匪渺小也。即或难行，思徽州一照旧季旧例加银，亦照明季正额地亩派箕，亦于圣旨无为也。又恭绎部文查明季遗单，约派秦省饷银五十万五千零，则照旧例而行，五十余万之数自足。倘如捏报尽加则数必溢额，或恳行布政司细查，通省加派若干。如有溢数则不烦题请自有查豁，其余以恬万性。在宪台自有鉴裁，匪卑职所敢擅议也。事在迫切，为此冒死上陈。

## 清阶州直隶州右堂户籍稽查令

候补阶州直隶州右堂、候补按察司照厅顾　谕太平里乡约李选知悉：

案查嘉庆十一年九月初六日奉

本州正堂翟　转奉

总督陕甘部堂宪饬查保甲户口一案，为此仰捕衙官攒查照来檄奉院札内事理刻即束装起程，在于州属地方所管村庄，挨庄顺户，逐细编查男丁女口，作何事业，分别汉回、籍贯、住址，造具花名，细数清册，申赍本州，以凭核转等因，奉此，本厅正在发谕间，适逢督宪回甘过境，兼遇学宪按临考试，未能逐细编查，兹复奉本州转奉臬宪牌催查造前来，万难再缓，合行谕知，谕到，尔等即将所管牌甲内，挨庄顺户，逐细稽查，造具花户姓名、年貌、籍贯、作何生理、大口小口数目清册，毋得遗漏舛错，限三日内呈投本厅衙门，以凭亲赴该处，查点明确，分发门牌，注明悬挂，永杜奸匪藏匿，此系奉

上宪之案例限甚紧，毋得均为迟延，以致逾违，倘敢草率从事，遗漏户口，一经亲临查出，定将该乡约重究不贷，速速。特谕。

嘉庆十二年三月十八日谕

## 清阶州直隶州正堂购粮令

特授阶州直隶州正堂加四级随带军功甲二级纪录四次舒

谕太平里乡约李选知悉，照得现奉上宪饬派采买粮石，以支本年阶营兵糈合行谕知，谕到，尔即在于所管村庄内，逐细查明有粮之户，定限十日以内，开具花名粮数清单具禀，亲身投州，以便公平给价采买。尔等倘敢以有粮之户受贿隐匿，以无粮之户捏报搪塞，查出定行重究不贷。毋迟。速速。特谕。

嘉庆十三年三月二十二日谕

## 清光绪谕左宗棠甘肃东南地震情形之奏折

七月初六日，皇帝谕：左宗棠奏甘肃东南各州县地震情形现筹抚恤一折。甘肃阶州等州县于本年五月初十日地震，至二十二日始定，其间或隔日微震，或连日稍震即止。惟十二日，阶州、文县、西和等处大震有声，城堡、庙宇、官署、民房率多倾坏，伤毙多人。览奏实深矜悯。著左宗棠委员详加察勘，将被灾户口妥为抚恤，毋任失所。阶州教谕鲁尊孔、训导栗遇寅，合家眷属被灾陷没，著即查明请恤。左宗棠以奉职无状，请旨立赐罢斥，具见遇灾省过之意。该督唯当实深儆惕，尽心民事，俾地方又安，闾阎乐业，用副委任。所请立予罢斥之处，著无庸议。”（录自《光绪朝东华录》光绪五年七月）

## 清光绪谕左宗棠剿办番民暴动之奏折

（光绪六年）乙酉。谕：内阁、左宗棠、杨昌浚奏官军剿办番匪擒获首逆全境肃清一摺。甘肃阶州瓜子沟番匪古旦巴于上年五月间生子，适值地震之时，诡称伊子为活佛，煽惑番民，胁令各番族啸聚为乱。本年三月间，胆敢攻破西固州同所辖民堡，滋扰地方。经左宗棠等派总兵沈玉遂、道员刘璈等会同剿办，迭次击败，将瓜子沟逆巢攻克，阵斩匪类多名。旋获首犯古旦巴即勺羊任节等，讯明正法，并将逆子拏获，地方一律肃清。办理尚为妥速。仍著左宗棠、杨昌浚督饬文武将抚绥善后事宜，妥为经理，以靖边疆。所有在事出力各员弁，准其择优褒奖，毋许冒滥。阵亡弁勇，并著查明请恤。（录自清实录《光绪朝实录》卷之一百十三）

## 左宗棠札（节选）

左宗棠在批甘肃布政使崇保等详查前署徽县杨国光营私案中写道：“杨令国光前在署徽县任内，一意营私，声名狼藉。业经本爵大臣阁部堂札饬撤任查办。该司等会移巩秦阶道董文焕委查覆核，据情具详，尚无不合。兹据董道查覆，据委员留甘县丞陈炳基禀覆情形，节节代杨署令设词开脱。徽县云令亦代为弥缝。无非为贪猾之令曲意保全起见，殊出意料之外。除云令庆、陈县丞炳基先记大过，陈炳基并永停差遣外，巩秦阶董道向附清流，到任禀覆时，亦力以实事求是自任；乃到任以后，随俗波靡，于应办各事，并无整顿实效。此次委查杨令国光劣迹，又漫不加察，仅据委员一面之词，辄行转覆，不知是何意见。甘肃官场恶习，惟以徇庇弥缝，见好属吏为事，不复以国事民事为念，驯致上下相蒙，吏事废弛。若再事因循，不知伊于胡底。兴念及此，实深叹恨！惟巩秦阶董道已经径札，先记大过一次，勒令实查杨署令劣迹具覆，如有一字含糊，定惟该道是问！”（录自《批札》五卷二十四页）

左宗棠在给帮办甘肃新疆军务刘典和崇保等信中提出整顿吏治时写道：“白马关案，如实因劝捐肇衅，周捷平何所辞咎。弟濒行前，曾接周捷平到任后禀，中有修署一节，据称出其地绅之意，弟即批斥未允，盖已料其为藉端营私起见。不料其胆敢擅便，竟至如此，不能不据实参劾。阶州处陇蜀之交，地险民悍，恐长刁风，浜洪惟善以严治阶，一时称治。顾牧超以庸懦嗣任，诸务解弛，恐难久处岩邑，请留意焉。王得隆胆妄凶横，其为老冒无疑，自应参办。“阶州顾牧庸懦无能，一切均惟吏目之言是听。顾牧、周倅撤后，吏目段成璋未可从宽，当咨革之。”（录自《书牍》十六卷五十二页）

左宗棠在批阶州州判刘立城禀陈地方情形时写道：“官莫嫌小，由小可以至大；地方莫嫌瘠苦，惟瘠苦益足显其措施；民莫嫌刁顽，惟刁顽正赖官为训导。昔王文成曾为龙场驿丞，卒为有明一代名臣。良由动心忍性，增益其所不能，故后来成就大也。白马关虽陋，较龙场驿为胜。该倅果能实心实力，为民谋生全，为民广教化，安见瘠苦不可致富厚，刁顽不可迁善良哉？该倅自知忠信笃敬，生平所短，即宜切实体认此四字，念念不忘，自有进境。盖作事不可荒唐，语言不可荒唐，而念虑尤不可荒唐。心能主一无适，自然罄无不宜。该倅前在保甲局办事，便想做官。莅任不过数月，又想回省听差，希冀寸阶。此是志不专一，便是念虑荒唐也，能弗返己自省哉！（录自《批札》六卷四十页）

## 清阶州直隶州正堂禁免春台示

（清）叶恩沛

《阶州直隶州续志》：为出示勒石，永远示禁事：窃查阶州每年於迎春时，州城各行办高台社火七十二台，随官同赴东郊往迎，以壮观瞻，此向规也。迨后民力不逮，官索不已，各行仅办一二十台，余为折价，每台折钱一二数百文不等；而所折之价，事后於城乡居民，纷纷索派，动以千缗。名为交官，实为中饱，习俗已久。本州於癸未春来守是郡，询悉情伪。

查所谓高台者，以丈余木杆，缚小儿女於上，饰以彩衣，装演成剧。时值隆冬，小儿不堪其苦；且索取折价之辈，假公济私，每因此口角争嚷，滋生事端。噫！迎春何事？劳民伤财若此！为民上者，何为以有限之脂膏，饱无穷之欲壑，作无益而害有益耶？正深恻然，适戴吏目尚志称：据各行户以负累不支，纷纷祈求豁免斯役前来。夫阶州自兵燹凶荒而后，益以地震，民间异常瘠苦，正思补救无术，矧以区区有益民生之事，而不俯顺舆情，为之示远裁禁耶？除牌示立案外，合再勒石垂示。嗣后有人再於迎春时妄请演高台社火，滋累闾阎者，即照违律治罪。事虽细而所全者大。后来君子当与有同心也。特示！

清光绪十年（1884年）

## 中共中央关于红军二、四方面军迅速出甘南致朱德、张国焘、任弼时电

## （一九三六年七月二十二日）

朱、张、任同志：

（甲）目前陕甘宁为汤恩伯、杨虎城、高桂滋、高双城、张学良、何柱国、于学忠、马鸿逵各部共一百五十余团，在蒋介石命令压迫之下，向我进攻。毛炳文全部、马步芳一部亦被我吸引到甘北附近，正图先击破我再阻止你们北上。

（乙）我们正动员全部红军并苏区人民粉碎敌人之进攻，迎接你们北上。

（丙）二、四方面军以迅速出至甘南为有利。待你们进至甘南适当地点时，即令一方面军与你们配合，南北夹击，消灭何柱国、毛炳文等部，取得三方面军的完全会合，开展西北伟大的局面。

（丁）国际电台联络从六日起已畅通，望国焘兄将四方面军情形及意见见告，以便传达国际。

育英、洛甫、泽东、恩来、博古、德怀

七月二十二日

## 毛泽东等关于红军二、四方面军进军方向致朱德、张国焘、任弼时电

## （一九三六年八月一日）

朱、张、任同志：

（甲）接占包座捷电，无任欣慰。

（乙）王均正在陕南集中部队，两星期可达甘南，其布防配置：一部将向天水、秦安、甘谷，接毛炳文防；一部似将向文、武、成、康、西、礼、武、固各县。该部为第三军，

仍辖第七师、第十二师各六个团。毛炳文之第二十四师由秦安、天水、甘谷移陇西，第八师原在定西。该部两师共十团，任务为保卫兰州。鲁大昌似在岷州，该部虽有六团，但战力甚弱，其第一、第五、第六团曾被我消灭大半。王耀武在汉中，接王均防。

（丙）四方面军到包座略作休息，宜迅速北进；二方面军随后跟进到哈达铺后再大休息，以免敌人封锁岷西线，北出发生困难。望酌。

（丁）包座到哈达铺五百里，有险隘五、六处，主要是瓦藏寺、莫牙寺间二十五里路上之两座河桥及罗达西（北）边六十里之拉［腊］子口山隘。宜选精锐二千余人，以机敏坚毅之首长率领向前开路。最好除此路外，再在西边选一条直达岷州附近之路，分两路北进较为妥当。拉子口以北即脱离番区，地势宽敞，人烟稠密，便于部队之休息整理。

毛、周、彭

八月一日

## 红军二、四方面军岷、洮、西固战役计划

## （一九三六年八月五日）

（二、四方面军）

甲、情况判断

（一）敌企图将我主力红军二、四方面军封锁（于）甘、青、川、康边区，阻我与一方面军会合，防止我在西北地区发展，有如下之布置：

1. 甘南第一道封锁线，由南坪经西固、岷县、临潭（洮州）、临夏（河州）至贵德；第二道封锁线，由南郑和武都经天水、甘谷、陇西、兰州到贵德，并以各城市为防守重点，屯集相当兵力，实行坚壁清野办法。

2. 估计鲁大昌部约在岷县、西固之线；于学忠部在兰州、临洮、临潭之线；毛炳文部在定西、陇西一带；王均部在天水、武都一带；张学良部在平凉、固原、庆阳一带。

（二）我一方面军现在豫旺、洪德城、环县一带活动，敌汤恩伯纵队约二十个团，似已由陕向甘北推进，有协同马鸿逵、张学良、杨虎城等部向其进攻之模样。

（三）如敌察明我军行动企图时，蒋敌有南调胡宗南、薛岳、李抱冰等部迅速北来之可能。

（四）判断敌人因为封锁线过于伸长，兵力分散，处处薄弱，最近尚未部署就绪，被我与一方面军双方夹击，敌似已处于被动地位，难以应付。

（五）我一方面军，拟由北向南行动，首先消灭固原一带之何柱国部，以配合我军行动。

乙、战役纲领

（一）我军以迅雷手段在敌人主力尚未集中洮、岷之前，在运动战中大量的各个消灭

敌人，先机取得洮、岷、西固地区，主力向天水、兰州方面进展，策应一方面军一致（消）灭敌人为目的，其纲领如下：

1. 第三十军、九军、五军为第一纵队，主力由包座、俄界迅经哇［瓦］藏寺出哈达铺、岷县并攻击占领之，该纵队应以相当兵力组成右侧支队，取道白骨寺、瓜咱之线，相机夺取西固，以佯动姿势，威胁武都敌人为目的。

2. 第四军、第三十一军为第二纵队，以夺取洮州旧城消灭该地敌人为目的，成功后主力向临洮方面活动，并以一部向夏河、临夏发展，掩护我军左翼侧。

3. 第二方面军为第三纵队，有策应第一、第二两纵队之任务，待洮、岷、西固夺取后，该纵队任务另定。

（二）此次战役以形成创造西北抗日根据地为目的，密切联系着政治任务，必须随时注意下述事项：

1. 尽量争取抗日友军；

2. 努力争取少数民族（特别是回、番民众）；

3. 广泛的大胆的运用统一战线争取下层群众；

4. 开展和繁殖游击战争；

5. 筹集资材、夏衣、冬衣与扩大红军。

丙、军队区分及集中时间

（表略）

第一第二两纵队归四方面军首长徐、陈统一指挥，第三纵队归第二方面军首长贺、肖、关指挥，军委纵队跟第一纵队行进，骑兵师由徐、陈临时指定任务。

丁、电台联络

在此次战役中各兵团首长及其参谋长，必须负责督促各电台遵守总部时间通报，不得贻误军机，现将电台隶属关系及密本规定如下：（略）

戊、先头部队在救济寺、巴西、阿西筹粮食，除本身补足五斤外，其余应留给后续部队，不得浪费。

已、此战役计划如何执行，另有作战命令。

**附记**

1. 各纵队应配置工兵于先头梯队，随时修路架桥。

2. 沿途注意战斗的准备与轻装行进，保持有生力量。

朱 德

张国焘

八月五日

## 红军第二方面军基本命令

### （一九三六年九月八日于哈达铺）

1. 我方面军决乘甘陕敌人分兵据城的弱点，透过其封锁线打击成县、徽县、两当、凤县、略阳、康县之敌而袭取之。建立临时根据地意义在：

甲、准备制蒋贼援军于甘肃境以东地区，（以）便与一、四方面军会击之。

乙、在敌人封锁线后方资源地活动便利。

丙、呼应广西行动，号召组织群众抗日反蒋，开展游击战争（首先派一部队向宝鸡游击）。

丁、配合一、四方面军行动，求得三个方面军会合。

戊、扩大红军，征集资财。

2. 战役的军队的区分及其任务：

甲、第六师为右纵队，拟于九月十二日集中西固，十六日进据武都通成县公路上佛耳岩地段要点，向武都敌人佯动，并扼止其回援成县，候中纵队袭取成县时即北取康县、略阳。

乙、第二军主力及三十二军为中纵队，拟于十一日全部由荔川经闾井、洮坪西北附近石峡关进，期于十八日袭取成县、徽县。

丙、第六军为左纵队，拟于十一日全部由马乌［坞］镇经盐关镇北、天水镇（非城）、高桥，期于十八日袭取两当，跟袭凤县。该纵队开始行动时应伪装攻取天水城模样。

3. 各纵队在此战役应：

甲、采（取）袭击敌人方式，避免公开攻坚。

乙、便衣队在前侦察敌情，封锁消息，查明路线。

丙、拆毁预计战场的碉堡。

4. 预定徽县为全方面军临时后方地域。

5. 我们率同中央纵队行进。

6. 这（次）战役任务期于九月底完成。

7. 这是（个）计划，应参酌发展的情况而以命令实现之。

陈军长
第六军
王政委
总指挥　贺　龙
二方面军　政　委　任弼时
副指挥　肖　克
副政委　关向应
九月八日于哈达铺

## 红军第二方面军基本命令

### （一九三六年十月三日于徽县）

（一）情况估量：

1. 敌人胡宗南所属的第一师全部（于）二号前后到达秦安，其第七十八师同时可集结张家川、清水，其第二十五师、七十九师、四十三师、九十七师已进到宝鸡——岐山、扶风、咸阳之线，该敌靠近王均，似要想把我第一、四两方面军向陕甘大道以北地区压迫。同时，想隔断我方面军于渭水以南地区。

2. 王均所属的朱旅及补充团等进驻成县后，将续攻徽县，其三十七团、四十一团可能四号集结江洛镇协攻徽县。此外约一个团在西和、礼县，两个团在武山、甘谷，两个团在天水及其西南地区，似［以］防我北进和四方面军之东进。

3. 川军孙震所属的王铭章师正由武都去取康县，邓锡侯所属的庐、李两旅，已进到阳平关、宁羌。

4. 现沈久成师集略阳，其先头团似向白水江进；王耀武师集南郑、沔县，其先头以［似］在略阳；李及兰师部队似向留坝、凤县进；警三团在凤县、双石铺。

5. 我一方面军的独立支队，二号攻克会宁，其左支队在庄浪、秦安、华亭游击活动，我四方面军正由武山、陇西之间向通渭去会合第一方面军，其先头五号前可达到通渭，其后尾四号晚由岷县跟进，约在八号以前可通达陇、武之线。

（二）我方面军具有会合第一、四方面军协同作战之目的，由现地经天水、甘谷与麻沿河、永兴镇、武山的中间地带进到通渭地域，并相机消灭相遇的敌人单个兵团。

（三）军队的区分及其任务：

1. 第六军为右纵队，明四号进到麻家寨、鸾沟门之线，五号进到白纳峡，封锁消息，六号进到平南川东端，此后则取道盐关北端、甘谷西端的盘安镇及礼辛镇东端向通渭进。

2. 第二军及三十二军为左纵队，明四号傍晚前，三十二军军直、九十六师及九十四师主力由现地转移到颜家角，并由九十四师主力中派一部对牛笼川、江洛镇严封锁消息。九十四师另一营留横川镇及其以北路上，对郭家笼、下店子封锁消息，各伪装固守模样，以吸引敌人。五号拂晓前，除九十四师外，左纵队主力应开向高桥进，是夜在高桥以南宿营，至于九十四师在尽了迷惑吸引敌人之任务，则于五号半夜撤收跟进，此后左纵队全部则取道娘娘坝、天水镇、盐关镇西端、武山东端的乐善镇及礼辛镇，向通渭进。

（四）在遂行这一战役（时）应：

1. 严密防空，必要时用夜行军；

2. 派便衣队侦察敌情道路，并警戒自己侧背；

3. 随时准备袭击所遇敌人单个部队；

4．严防敌人伏击、侧击；

5．后卫尽量用运动防御及伏击；

6．封锁固守碉堡之敌，掩护本队通过；

7．后卫破坏敌人电话、桥梁，以阻进敌。

（五）我们随同左纵队行进，并直接指挥之。

（六）这（次）战役任务期于十月十三日以前完成。

（七）这是［个］计划，须参酌发展新的情况而以命令逐渐实现。

上令

总 指 挥　贺 龙<br>
总政治委员　任弼时<br>
副政治委员　关向应<br>
十月三日于徽县

两纵队行军计划表如次：

四日、右纵队（六军）到达麻家寨鸾沟门；

五日、左纵队（四师、军直、六师）到达高桥，其三十二军到达高桥南；右纵队到达百纳峡；

六日、左纵队到达娘娘坝；右纵队到达平南川；

七日、左纵队到达天水镇附近；右纵队到达刘家坝及其山东地区；

八日、左纵队到达盐关附近；右纵队到达横门［河］镇；

九日、左纵队到达达门镇附近；右纵队到达达门镇以东；

十日、左纵队到达乐善镇；右纵队到达盘安镇；

十一日、左纵队到达榆盘镇；右纵队到达礼辛镇；

十二日、左纵队到达通渭附近；右纵队到达通渭附近。

## 肖锋长征日记

### （1935年8月27—9月27日）

八月二十七日　晴　雨

晨出发，经过一个小岭，向东山细看，遍山是国民党修筑的堡垒，蒋介石竟然把碉堡修到草地边上来了！我红二师在班佑击垮了胡宗南的一个前卫营。沿途宣传棚（员）大声喊叫：同志们，党中央、毛主席已胜利过完了草地，我们跟着党中央、毛主席使劲地走啊！

草地难不倒铁的红军！红军万岁！

听说党中央在巴西召开政治局会议，批判了张国焘分裂党中央、分裂红军的罪，决定率一方面军一部迅速脱离危险区，向陕北［甘］前进。

八月二十九日 晴 雾

军团直属队进到阿桌，听说四方面军不北上了，留在原地休息。我们一方面军继续北上，经卓藏、甘沟，翻过大山高寨，走了七十五里，在那里的破房子里宿营。人十分疲劳，腿没有劲，直属队的人很多。藏民中的反动分子偷袭我们，红二团刘瑞龙团长打仗很勇敢，却被这些反动分子用石头砸死，真可惜！我同曹如学当收容队，招呼掉队的同志。十九分队武兴秋同志背着无线电走不动，掉了队，不幸牺牲了。

八月三十日 晴

晨七时出发，经勾结寺、扎阿喀到卡坝宿营，行程六十里。

这里有三百多户人家，由于反动派欺骗宣传，藏民都吓跑了。军团政治部通知，各单位要筹足七天粮食。筹粮时，要严格遵守三大纪律八项往意，群众不在时一定要打借条。筹到粮食后，我们拣最好的送给毛主席、周副主席。

卡坝有座大喇嘛寺，要住人的话，起码住一个营，如果挤一挤，可住一千人。但是，为了执行民族政策，我们宁可在外面淋雨，也不能进去住。

晚，参加军团政治部部务会议，朱主任较详细地传达了党中央在巴西召开的政治局会议精神。巴西会议进一步揭露和批判了张国焘分裂党和红军的罪行。中央决定脱离危险区域，继续率领中央红军向陕甘前进。张国焘继续坚持他的机会主义路线，给红军以极大的损害。为了等待张国焘北上，红军在藏区周旋了三个月。如果第一次过草地，一直走下去，不返回毛儿盖，就不会有第二次过草地时牺牲那么多阶级兄弟。

九月五日 晴

晨出发，经植核、莫车、客司格到牙户寺宿营，行程七十里。党中央、毛主席领导我们一军团迅速北上，可怜四方面军的战友被张国焘拖住，要第三次过草地。担心朱总司令和刘总长的安危！

沿途遇到一些反动武装向部队打石头，曾政指差点被打死。一路上，我们积极宣传党的民族政策。我们深信，暂时受反动派欺骗的少数民族，是一定会觉醒过来的。

九月十二日 晴

晨出发，经巴拉莫、岸哇、纳告到阿夏乡宿营，行程八十里。这一带青稞麦长得较好，筹粮比较方便些。三军团还在我们后面，要发扬友爱互助精神，筹的粮食，除一部分自己吃外，其余留给三军团用。

晚，朱瑞主任传达党中央九月十一日为贯彻军委战略方针，再致张国焘令其即行北上电。电报的主要内容是：中央再一次指令张总政委立刻要左路军向班佑、巴西开进，不得迟误。中央已决定右路军统一由军委副主席周恩来同志指挥，并已令一、三军团在罗达、俄界集中。

九月十三日 晴

晨出发，经大粒寺到墨边小河，据说这里是黄河的发源地之一。再到三尔卡、高龙工巴、沟甲寺宿营，行程七十里。这里的喇嘛寺很雄伟，但红军不能住。传刘湘军阀已向川北迂回。我们要抢在敌人前头，抓住机会狠打胡宗南、鲁大昌、刘湘军阀。

九月十四日 阴 雨

在阿夏乡就地筹粮食。这里也有大喇嘛寺，为尊重民族习惯，执行红军纪律，我们宁愿在外面露营，不能进去。因受反动派欺骗宣传，藏民们还在山上喊“呀罗！呀罗！”要杀红军。我们借粮食后，都留下条子。

这种借粮是没有办法的办法，我们一边吃，一边心里难过。朱瑞主任在军团政治部传达：最近，党中央在俄界召开了政治局会议，讨论了北上先遣支队的任务与到甘南后的方针，要求在政治上进行深入的动员，坚固地团结部队，爱惜干部，战略战术要倍加小心，行动要迅速，迎接左路军，继续北上。会议再次指出张国焘违抗中央命令的严重错误，并责令他立即改正。到会同志坚决拥护党中央、毛主席采取的果断措施。

九月十五日 阴 雨

晨出发，经乌山到阿湖担、大浪、旺藏，过白龙河，红二师在乌山以西朵庄击溃军阀鲁大昌一个多团的进攻，歼灭其一部，占领朵庄，俘敌百余人，缴获战马五十多匹。红一［二］师在前进，到长浪寺宿营，行程五十里。据说离甘南已经不远了，好高兴！

九月十六日 晴

前卫红一［二］师已打到腊子口。我们急起直赶，经麻牙寺、花园乡、水泊沟、代古寺、洛大乡，渡白龙河［江］支流，到云川里宿营，行程九十里。沿途消灭甘肃军阀鲁大昌两个营。过了这一带高山，就是平原区了，胜利在望。

九月十七日 阴 雨

腊子口，是藏、川、青、甘四省交界地，脊梁高峰海拔三千一百公尺，地形十分险要。白龙河、二兆河等三条河流在这里汇合，两边都是悬崖峭壁，只有一座小木桥，真是天险！甘肃军阀鲁大昌布置了三个团的兵力防守。前卫红二师四团正在组织突击队，准备攻打腊子口。

九月十八日 阴 雨

昨晚红二师攻下了腊子口。

晨，我随军团首长沿白龙河向腊子口前进，到漩窝宿营，行程九十里，通过腊子口时，还看到敌人几十具尸体丢在三角河滩上。

九月二十日 晴

晨出发，经岷山山脉，过干树沟、花北坡、晴条，在新寺沟、大场下山，看天地广阔，好大的世界！再经寺上、金布山到哈达铺，行程七十里。在山腰休息半小时，向松潘区告别了！草地呀草地，我们没有被你困死，我们胜利了！红军万岁！

晚上，打了几家土豪，改善生活。这里的老百姓家家都有土墙砌的炕床，小矮桌摆在上面，吃饭也在上面。我同罗荣桓、邓小平、谭政等首长坐在一起吃辣子炒鸡，怎么边吃边感到屁股上发热？老乡说，这是火炕啊！我这个南方佬第一次坐火炕，觉得很新奇。

九月二十一日 晴

遍地长着“长须草”，就象我们南方的稗草那样。后来问老乡们，才知道这就是北方的小米子。

中午在田边，忽然看到一条毛茸茸的大“狼”朝我窜来，我一急想拿手枪打。一个老乡急忙说，红军老总，打不得，打不得，这是驴子。他笑了，我也笑了。南方很少见毛驴，看样子真象大灰狼。毛驴会耕田，是农民的好牲口。

军团通告：部队在这里休息，收容掉队人员，筹备粮食，进行政治动员，总结过去松潘地区的经验。筹粮时，停止向群众打借条的办法，仍向地主要粮。军团再三要求，严格执行三大纪律八项注意，坚决执行党的政策，密切军民关系。

看到《战士报》登载红二师四团攻打腊子口的英雄事迹：十七日深夜，月色朦胧，除水声枪声外，一切都很静寂。四、五连夜摸敌人阵地。第一营的红色指战员们，夜半涉河攀登右边高山悬崖绝壁，奋不顾身(有的跌死，他们始终坚持)，特别是一连连长毛振华同志，只带两、三个人，绕至敌人后侧，胜利地打垮了固守第一线的敌人。接着，六连随着胜利的号音，猛追到敌人最后退守的据点。这时，二、五的同志们迅速抢上，爬上险峻的高峰，把一营敌人消灭在石壁下。就这样，腊子口被我军占领了。

九月二十二日 晴

方面军在哈达铺关帝庙召开团以上干部会议，毛主席作政治报告。他说，张国焘看不起我们，说我们是机会主义，我们要北上，他要南下，究竟哪个退却．哪个是机会主义？我们不怕骂，我们要抗日，首先要到陕北去，那里有刘志丹的红军。朱德、刘伯承等同志是支持北上方针的，四方面军的广大指战员也是赞成北上抗日的，我相信他们会回来的。我们目前人少一点，目标就小一点，我们组成了陕甘支队，由彭德怀同志当司令员，我来当政委。大家用不着悲观，我们现在比一九二九年初红四军下井冈山时的人数还多哩！胜利是属于我们的。

毛主席笑着说，现在要提醒大家一点，就是在松潘区找不到人，只好自己找粮食吃，在那种条件下，不这样做也不行哪！现在到白区行动，仍然以打土豪为主，吃地主的，不能侵占工农的利益。

毛主席还说，我们已经战胜了一个天然的敌人，雪山、草地的困难克服过来了。然而，在我们面前，还有更艰巨、更困难的任务。民族的危机在一天天加深，我们必须继续行动，完成我们北上抗日的原定计划。我们主张停止内战，但是国民党至今还不接受我们的倡议，仍在集中大军来压迫我们，我们一定要认真对付。

毛主席用洪亮的声音号召，经过两万多里长征，久经战斗、不畏艰苦的指战员们，你们一定能够以自己英勇、顽强、灵活的战略战术，和以往的战斗经验，来战胜一切困难！同志们，胜利前进吧，到陕北只有七百里了，那里就是我们的目的地，就是我们抗日的前进阵地！

毛主席的指示，使我们信心百倍。晚上会餐，吃了一顿红烧肉。

九月二十三日 晴

午前到南沟，打了两家土豪。他们把粮食和猪都藏在山洞里，农民带我们去，捉回四头猪，挑回七千多斤麦子，分给农民两千斤，发动农民组织起来，打土豪建政权，组织红色游击队同国民党干。

晚上到工兵连参加战士座谈会。严雄政委讲：我听了传达，毛主席的讲话总结了近一年来白区斗争的经验。打到陕北去，有个希望，对全连鼓舞很大。长征是大海游泳，不知翻了多少跟头，喝了多少口水。但我们跟着毛主席终于游过来了！战士胡卿汉说，如果张国焘不另搞一套，我们早到陕北了，该有多好！二排长崔洪才说，我看张国焘怕苦，总想打回四川老根据地去，哪能打回去？九班小刘说，我就是吃不惯这地方的小米，一顿饭把牙齿缝都塞满了。有白面也不会做，光吃糊糊疙瘩。炊事班长老罗说，前十一个月的白区行动，我们炊事员可急坏了，锅未架好，脚又要走；饭刚煮好，连队又要出发，战士们连吃顿饱饭的时间都没有。一班老崔说，这次大出征，从南到北，是次大野营，大翻地，大播种，把中国人民都翻醒了！途中，我们有许多阶级兄弟掉队牺牲了。我们连从江西出发时是一百五十人，现在只有七十多人了。连部小林最后发言，他说，不管东南西北，党中央、毛主席到哪，我们就跟到哪。吃小米、大米都是小理，能抗日救国，打出个新局面，这才是根本大理。我们要的是共产主义。

听了战士们的发言，我既感动，又高兴。我们战士的觉悟真高呀！

九月二十五日 晴

同民运部肖克（后改名肖望东）、朱尊彬等同志打了两家土豪，搞到些烟叶和香烟，送给军团的一些首长，这些同志过雪山草地连烟也抽不上。打土豪得来的五只鸡、四只猪，用来改善部队的生活，让大家吃饱，好继续北上。邓小平部长的公务员是四川人，会炒辣子鸡，大家吃了都称赞炒得好！

下午，各团传达哈达铺会议精神，要求大家鼓起劲来再走七百里，到陕北去。

九月二十六日 晴

晨出发，经赤门拉、旗堡寺、闾井到锁龙宿营，行程六十里。

我到警卫连检查执行纪律情况，该连纪律一直很好。但最近民运部门了解，该连比较散漫，到个地方不挖厕所，不扫地，应予纠正。

大家表示，要在七百里征途中，坚持党的政策，执行红军纪律，让沿途广大工农群众都知道红军是穷人的队伍。

九月二十七日 晴

我带工兵连、警卫连随聂政委、左参谋长行动，从锁龙出发，到安远、礼幸一带宿营，行程七十里。中途，看到毛主席、周副主席等首长风尘仆仆，和大家一起行军。

通过西兰公路时，遇敌机低飞俯冲，我们用步枪、机枪向敌机开火，把敌机吓跑了。红一团和军直侦察连、警卫连、工兵连急袭通渭城。这城三面环山，西靠渭河，约有万余人口。我军消灭鲁大昌军阀守兵和伪保安团三百多人，迅速占领该城。在城里没收了几家当铺，筹了不少粮食。

按今天行军速度，十天就可到陕北。蒋介石的动作也很快，已在甘谷峪、天水、宝鸡线调集二十万军队，组织新的防线。但我们红军的行动更迅速，早已通过通渭，向宁夏六盘山进军了。毛主席把蒋介石指挥得团团转。

（作者时任红一方面军第一师三团政委）

## 发展着的陕甘苏维埃革命运动

## （1935年9月22日）

洛 甫

天津反动的《大公报》曾经这样的讲到陕西苏维埃革命运动：

“徐向前、朱毛之趋向，尚不尽明，今姑暂不论甘，而专就陕事一言。第一，国人应注意者，现在不独陕北有匪，陕南亦然。徐海东一股，猖獗已久，迄未扑灭，故论陕乱，不能专看北部。第二，过去所谓陕北，系［指］归榆林、绥德、延安属，近则韩城一带亦睹匪踪，是由陕北而关中矣。第三，就陕北言，兵队确不为多，就全陕论，则目下集中之军队，殆不下十师以上，而匪方总数，通南北计之，有械者当不过万余。由第一、二［两］点，可知陕乱严重之轮廓，由第三点，可知迄今为止，军事效率之不良，证明此后应努力之点，不仅军事上的问题而已也。

陕北则有广大之区域，与较久之根据［地］故也。大体言之，陕北计三县［中］，近唯井岳秀师担之旧榆林府属五县及米脂县情形较安，绥德以南，迄延安、鄜州一带，七八百里间，路早不通，多不可问。近月陷城之县有六，即延长、延川、安塞、保安、安定、靖边。高桂滋师驻绥德，月下可维持两三县，余不可及。近时最危者，为延安城之运命，驻有井、高两师部队，已月余不通音耗，延安以南，情况更不可知。要之纵横数百里间，殆尽成赤化，较之赣事紧急时，其区域之广大相若。”（七月廿九日社论［评］《论陕乱》）

山西老军阀阎锡山于七月廿二日在绥靖公署及省府纪念周报告上也说：“陕北匪共甚为猖獗，全陕北二十三县几无一县不赤化，完全赤化者有八县，半赤化者十余县，现在共党力量已有不用武力即能扩大区域威势。”“全陕北赤化人民七十余万，编为赤卫队者二十余万，赤军者二万。”（见七月二十三日《大公报》）

八十四师师长高桂滋则说：“盘踞陕北者为红军廿六军，其确实人数究有若干，现无从统计，但知其枪有万余。匪军军长刘子丹辖三师，为匪主力部队，其下尚有十四个游击支队。此外各种小组及赤卫队等则甚多。匪军现完全占领者有五县城，为延安［川］、延长、保安、安塞、安定等。靖边一度陷落，顷已收复。本自去岁开到陕北接防担任剿匪后，与匪大小战不下百余次。其后因扰乱绥远之杨小猴匪部窜至陕境，本人抽兵前往堵剿，同时冯钦哉部又调至陕南镇摄，以防范徐海东匪部，官兵之力量薄弱，匪军之防地乃愈扩大。当时曾被占有十县之地，防线延长，交通不便，如是剿匪更为不易。现在陕北状况，正与民国廿年之江西情形相仿佛。”（见八月一日《大公报》）

关于红廿五军徐海东部，该报同日有这样的记载：

“徐海东于七月中旬率悍匪三千余众，由商县、雒南、镇安、柞水等县突围而出，是役追击徐匪之警备第一旅唐嗣桐旅有两团覆灭，唐旅长被俘，终以身殉。其后匪部即过兰［蓝］田，出洛南山口，窜长安县境之引驾回镇，另有一股由子午口窜出，两地距省城均四五十里之谱。”

据我们所知道的徐海东同志所领导的廿五军以前曾占领甘南之两当、徽县，逼近天水，陷秦安，渡渭水，而至陕甘之交，取得许多伟大胜利，现在想来已与陕北之廿六军取得了联系。

从反动报纸上看来，甘南之东部也有红军游击队的活动，尤其在庆阳“该地毗连陕西、宁夏边区，地面辽阔，人烟稀少，山脉起伏，槐林密茂，昔在升平之际，犹复跳梁出没，近年国家多故，共匪乃据险发展其意志。于是时而猖獗，时而敛迹，行动诡秘，声东击西，去冬攻曲子，陷长武，陇东震动。击此则被窜，击被则此逃。遇大军则化整为零，隐匿深山，遇小军则啸聚猛扑，施其淫威。”

从各种反动报纸上看来，红军与赤色游击队在陕甘两省内正在普遍的发［展］着。这种发展使所有反动统治的领袖张惶失措，拼着性命动员他们所有的力量来同苏维埃与红军做斗争。七月廿七日起在西安所召集的“西北剿匪会议”，就是为了达到这一目的。然而一切这些是徒然的，响应着陕甘红军与赤色游击队的活动，我们中国工农红军主力之一部，已经开始进入了甘南的重要地区。这“在政治上我们能够同廿五、廿六军及通南巴游击区区取得配合，协同动作及汇合，并给在这个地区中开展着的游击运动以帮助、组织、领导，联系存在于陕甘边之苏维埃游击区域成为一片的苏区。”（八月廿日中央《关于目前战略方针之补充决定》）这将大大的推动陕甘苏维埃革命运动前进，发动千百万西北劳苦群众为苏维埃革命而斗争。

反动统治消灭苏维埃革命运动的一切企图都是徒然的，陕甘苏维埃革命运动是建筑在深刻的社会的、经济的与政治的矛盾之上的。反动统治无法解决这些矛盾。因如［而］也无法消灭甚至防止苏维埃革命运动的发展。

普遍的水灾，国民经济的崩溃与破灭，帝国主义者、豪绅地主与官僚军阀的残酷剥削是造成陕甘以至［全］国的革命运动的基本原因。

据《大公报》的统计：“陕西全省九十二县，灾区的占三分之二，灾民约达二百余万，均辗转流离无法谋生，诚为空前浩劫。”（七月七日）今年陕省水灾的惨状是我们不能用言语所能形容的。

在邻近陕西省之山西省情形也不见佳，阎锡山在七月廿九日纪念周报告中曾叹息的说：

“山西自身，为国民经济崩溃之身。山西国民经济已成破产之势，十室九空、十村九困。在此情形下，邪说乱言最易煽惑，此尚为肤皮之病，非心腹之患。所谓心腹之患者为何，即土地私有是也。……土地制度给共党露下一个大空隙，故共党于国家独制枪炮军火之下，而犹能突占城镇，组织政府，抵抗国军。且各处与共党作战．无不是以十倍以上的兵力，数十倍以上的民力，数万倍以上的财力，数千倍以上的械弹补充，而每为匪军所困者，岂能不究其所以然乎。今日山西共祸业已临头，确非十六年之景象可比。”

“现社会对于共产党露有大空隙，正如上述，山西除露有此大空隙以外．而有十室九穷农村破产之坏现状，内加上左倾学说及失了统驭的教育。大家想想虽无外来之赤化势力，就是本省的赤化势力，是不是要一天大于一天，无论何人不敢说不是一天大于一天。既是一天大于一天，总有发生危险之一日，今更加以邻省既有赤化的武力，影响于共产党之气焰甚大，共产党之气馅愈高，而坏人之气焰亦愈高，若陕乱长久不平，山西自身之危险即不堪设想矣。”（七月卅一日《大公报》）

事实即是如此明显，就是反动统治中最顽固最封建的代表阎锡山也不能不有如此悲痛的自白。

反革命的头子蒋介石对于全中国革命运动也不能不有这样的估计，他在给各省军阀的电报中公开的说：“现在国步维艰，欲救危亡而剿匪实为当务之急。凡为军人均应激发天良迅完任务，乃查数月以来，各方剿匪成绩，不但毫无进展，反致贼势益张，零匪蜂起，潜滋极大，隐患堪虞。”（这是鲁大昌于七月廿八日转给他的部下的蒋介石的“删酉侍参蓉电”，这次我们在缴获敌人材料中检得的。）

这是反革命头子蒋介石的自白证明：不论敌人怎样拼命，然而他们无法消灭，甚至防止苏维埃革命运动的发展。西北各省的苏维埃革命运动更是在大踏步的前进中。

让那些没有气节的机会主义者去悲叹中国苏维埃革命运动的低落，去歌颂反动统治的日益巩固吧，能够解决产生中国革命基本矛盾的力量，只有中国共产党与他所领导的苏维埃政权。我们将踢掉这些障碍物，肃清自己前进的道路，为创造川陕甘新苏区而斗争！

（根据 1935 年 9 月 28 日前敌委员会陕甘支队政治部出版的《前进报》第三期刊印。）

## 陕西苏维埃运动的发展与我们支队的任务

博 古

（一）

依据最近国民党报纸的消息（参阅洛甫同志“发展着的陕甘苏维埃运动”一文），苏维埃运动——基本上是游击运动的方式——在陕甘——特别是陕北有着惊人的蓬勃的发展，无疑的，这个发展，其意义，其重要性，决不限于陕西，决不限于西北，而是全中国政治生活中的重大事件。他指明了：中国苏维埃运动的不可揭〔遏〕止的生长力与活动力；

不管国民党的“剿匪”，不管反动派的镇压进攻与诅咒，不管机会主义者的悲叹，中国苏维埃运动不但没有死亡、停顿，而且是蓬勃的生长着。第二，他指明着：由于中国经济发展之差异而产生的中国革命运动，在地区上发展的不平衡，这个中国革命的特点证实我们伟大领袖史达林的话：“革命运动不能看做一直上升的运动，对于革命的这种观点是书本的非实际的。革命行程，总是曲折的，在这些区域里向旧制度进攻，而在其他区域也许受局部失败，也许退守。”中国革命的实际正是这样，而陕甘苏维埃运动之发展，更进一步的证明了他。第三，不平衡发展着的革命运动是一般的整个地走向与提高到苏维埃革命的水平，只要回想到在一九二六年时陕西的伟大的农民运动，还是在一种散漫的骚动的方式之中，而一九三0——三一年时还大部分是简单的吃大户运动，而当时的廿六军还不过（是）汹涌着的狂涛骇浪之中的第一燕，而现在呢，发展到整个陕北二十几县的地区，而小小的几百人的游击队生长成为成万的红军！阶级斗争的规律，斗争的挫折，失败与胜利，推动千百万的群众走上苏维埃革命的道路，实际生活使他们了解：只有苏维埃才能救中国，救自己。第四，他证明苏维埃的种子在西北原野里已经确立了茁长怒放的根基，伟大的开端已经有了英勇的斗争与正确的领导，将能使现在的游击运动，游击区，发展团集，巩固起来，成为坚固的苏维埃根据地。陕甘苏维埃与游击运动之发展应该看做是赤化整个西北之开端与先声！

（二）

我们党已经不止一次的证明：中国的苏维埃运动有深痼的经济的政治的社会的根源，他是由于目前中国社会发展的剧烈的矛盾所生长起来的。反革命没有方法解决这一些矛盾的任何一个，因之他便没有方法，消灭甚至暂时阻止苏维埃运动之发展。苏维埃运动在陕西长足发展之根源与基因，亦正与其他地区一样。然而，陕西存在的局部的特殊的因素更加速了这种发展，这些特殊的因素是：

（一）长期的连续不断的灾荒，使农村经济完全破产：好几年来陕西是在连续不断的灾荒中。一九二八——三０年大旱，一九三二年被风、雷、霜、旱诸灾，一九三三年陕西被旱灾者十三县，一九三四年陕西依然受着水旱诸灾（见《东方》杂志二十一卷廿三号《灾荒打击下之中国农村》），至于今年则：“陕西全省九十二县，灾区约占三分之二，灾民约达二百余万，均展转流离无法谋生，成为空前浩劫”。（《大公报》七月七日）

（二）灾荒的结果，农民急剧的破产，与土地加速度的集中。据《东方》杂志同篇论文上说：“陕西一九二八——三０年大旱田地兼并结果，三千亩以上之地主占全农户百分之一，一百亩至三百亩之富农（？）地主，已成为很平常的户头，反之，雇农特别加多，约占农民总数百分之五十，自耕农则急激的减少”。这种趋向，近年来显然是继续发展着的。

（三）小军阀的统治与敌人武装力量比较的单薄。

（四）陕西党及其党员之英勇斗争。

所以这些，使着陕西的环境革命化，推动着陕西的农民革命斗争的紧张与尖锐，培殖着苏雄埃运动滋长与发育。中国的基本的社会矛盾是极度的紧张而且继续的尖锐着，这在陕西更加明显，这是陕西苏维埃运动以前加现在发展之基本原因，而且将是促进今后苏维埃运动在陕西更大更厉害的进展之动力。

（三）

陕西发展着的苏维埃运动，因为陕西所处的地位，在目前中国的特殊条件下，有他特别重大的军事战略的重要性。强盗侵略者——日本帝国主义正以全副力量完成与实现其奴役整个中国北部的计划。武力的占领外交手腕其收买政策之同时并进，已经不止使东北四省隶属于“满洲国”的版图之下。他经过自已的走狗——宋哲元、秦德纯、韩复渠〔榘〕、阎锡山之流，实际上，已经统治着河北、山西、山东、察哈尔。事实上，华北已经成为第二个傀儡统治地区，华北国的名义，只因为今天还与日本帝国主义者有妨碍，所以没有公开的树立起来。日本帝国主义的刀锋，现在正指着陕西、绥远。两个重要将校所率领的军官团，正仆仆于西安道上，忙于“考察”：这不多不少正是一种军官的阵地侦察。这个事实与日苏关系新的紧张化（日军屡次进攻苏联边境）、日本致外蒙人民共和国的哀的美敦书等事件同时拿来看的时候，那就可以知道，日本的野心与贪愁〔欲〕，决不止于华北；而在华北——特别陕绥之步骤，应当看做是更大的锁链中之一环，即进攻外蒙与苏联的准备步骤之一。这种情况，便将陕西苏区与苏维埃运动提高到反对日本侵略与保卫苏联及外蒙人民共和国的哨兵地位。正因为这样，国民党——这个日本侵略的忠实的清道夫，鉴于苏维埃运动在陕西的发展而大声疾呼，奔走骇告，阎锡山的痛哭流泪的报告，《大公报》之社论，西安的剿匪会议，蒋介石之自任西北“剿匪”总司令，说明中国统治者正在动员自己的力量，以供日本帝国主义之驱策。

陕甘在军事战略上的重要性之另一面，就是他是广大的西北少数民族与中国本部联络之桥梁，就是说陕甘苏维埃运动之发展，必然地将发动及西北的几千万回蒙番族，觉醒他们，吸引他们经过民族解放斗争而卷入于中国苏维埃革命的总的洪流之中。

因之，广大地发展着的陕甘苏维埃运动，虽然今天基本上还是在游击运动与游击区域的阶段上，但是由于所处战略地位之重要，在今天已经是苏维埃道路与殖民地道路斗争中之决定的地段之一。

（四）

经过国民党报纸及反动军阀口中所透露出来的一些零星消息，当然不能给我们对于陕甘苏维埃运动发展之全般［盘］的图画。但是初步的概念与轮廓是可以获得的。从一般的零星消息中，我们的影［印］象是：陕西的革命斗争发展的范围是很广大的；在陕北廿几县中，都多多少少的吸引入运动之中，而延长等五六个县域已经几个月保持在红廿六军的手中；陕南廿五军的活跃，陕中及甘东北一带的游击活动都说明运动是在很大的范围中发展着，其次，远动已经吸引了广大的群众参加，报纸的消息：“全陕北赤化人民七十余万，编为赤卫军者二十万，赤军者二万”，又说：“现在共党力量已有不用武力即能扩大区域之威势，其扩大区域，名曰开辟；扩大区域的，名曰开辟队，由匪区边界向前开辟，如前左右三方均能开辟时，即开辟三村，由三而九，由九而廿七，其扩大法甚速”。这都证明运动之很大的群众性。最后，则运动一般地基本的还是在游击战争与游击区域的阶段上，要求极大的努力与工作，将其团集、巩固、组织与发展，将他转变为巩固的苏区根据地与正规□□□□必要性，运动的现状，都在全党面前提出一个紧急的任务，就是：组织领导团集与加强陕甘的游击运动，将他继续的发展与深入到巩固的苏区根据地之建立。这是推动中国苏维埃运动继进发展的基本的一环。

正是这个光荣的历史任务，我们的支队，应该完全的负担起来，应该把完成这个任务当做我们支队的战略目标，一切我们的军事行动，政治工作，及地方的群众工作都应当服从于这个总的战略目标。因为在一方面，我们的支队有着充分的经验，干部力量可以迅速与有效的给陕西的运动组织上、人力上、经验上的助力，而使之迅速的团集与巩固，地区的接近更便利于达到这点。另一方面，对于我们的支队依据陕西现有的游击区域，而建立自己的根据地，将使我们更加迅速与顺利。

高举着苏维埃的旗帜，更团结的、更坚信的、更英勇地为着这个战略目标而奋斗，捍卫苏联外蒙的任务在我们肩上，反帝反日保卫中国之独立完整的任务在我们肩上，争取苏维埃中国的任务在我们肩上，不倦怠的工作，英勇牺牲与奋斗，西北广大而巩固的苏区根据地，将从我们努力的汗血中怒放鲜花！

（根据 1935 年 9 月 28 日前敌委员会陕甘支队政治部出版的《前进报》第三期刊印）

## 陕甘宁边区政府礼县人民政府布告

布字第一号

顷奉

陕甘宁边区政府令开：礼县已获解放，为保障全体人民生命财产，维护社会安宁，确立革命秩序，建立民主政权，兹决定成立礼县人民政府，任命郝国柱为县长，（缺）为副县长，并随令颁发印信。本县遵即于八月十九日宣布成立，本县长于同日到职视事，奉行中国共产党中央所制定城市政策及中国人民解放军总部颁布之约法八章，遵照陕甘宁边区政府颁布各项政策法令，领导我全体人民为共同建设新礼县而奋斗，并启用新颁印信，除呈报并令行外，特此布告周告。

此布！

县长：郝国柱

中华民国三十八年八月十九日

## 西固起义通电

1949年10月31日晚，孙铁峰在龙山寺召开起义动员大会，参加会议的有西固县党政军各界领导人孙铁峰、尚佐周、尚维周、沈容海、王玺、党部书记长李春森，伪国大代表刘东仁、房存义及自卫队、警察、县政府文职人员共300余人。会上，由孙铁峰宣读了起义电文，并派人将电文星夜呈送岷县62军军部。

电文曰：

“雄师西指，解民倒悬，云霓指望，遐尔同心。地处边陲西固之人民，三十年以来受尽国民党反动派之剥削压迫，人民负担奇重，实无喘息之余地。铁峰等不忍坐视民疾，遂率西固军民高举义旗，欢迎解放大军，并正式脱离国民党反动政府统治，在钧座领导下为人民服务。临电迫切，不胜待命之至。孙铁峰等十人谨叩”。（注：原载1949年11月13日《甘肃日报》）。

## 国民党代理甘肃省政府起义通电

1949年12月9日，国民党代理甘肃省政府主席兼一一九军军长王治岐、副军长蒋云台、国民党专员兼西和县长张孝友等联名向毛主席、朱总司令发出了通电，宣布率部8700余人起义。通电称：

我们为了良心血性的驱使，不愿再为蒋胡匪及大卖办地主、大官僚之残存特权而卖命，遂于十二月九日率部起义，坚决脱离蒋匪反动集团，全心全意归向人民，拥护人民政府，在毛主席、朱总司令、彭司令员及西北诸军政首长领导之下，服从人民政府一切制度与号令，为反帝国主义、反封建、反官僚资本主义，彻底消灭蒋胡匪帮的残余统治而奋斗，为实现新民主主义，建立独立民主自由富强的中华人民共和国而努力，虽鞠躬尽瘁，永誓不渝。（注：原载《人民日报》一九四九年十二月二十五日第一版）

## 武都军分区司令员司令员刘殿英劝降信

1949年12月9日，中国人民解放军武都军分区司令员刘殿英、政委陈致中和副政委李正廷率部从礼县进军武都途中，联名给驻守在武都和礼县边境地带的国民党地方自卫队负责人石福顺、赵生寿发出一封劝降信。劝降信全文如下：

石福顺、赵生寿二位先生：

我大军四月渡江以来，国民党反动派已宣告灭亡。以蒋介石为首之伪流亡中央一逃广州，再逃重庆，而重庆于前月三十号为我军解放。至此，反动派已完全成为无家可归之一小撮流亡之土匪。而西康、台湾乃至全国之完全解放正在结束中。在此全国胜利的形势下，新的中华人民共和国也已建立，新的中央人民政府也已组成，人民是新中国的主人，全国形势大致如此。反动区武都城匪在我大军震撼下，从汉中全部逃窜川境，此为死路之举。仅留王治岐及地方自卫队等寥寥残兵，焉能据守武都？现在我各路大军云集武都，解放是迟早的事情。现在摆在你们面前的道路只有两条，投降则是活路，抵抗则是死路。事已火烧眉梢，勿容踌躇，请速自决主意。

我党既定宽大政策，我军贯彻执行既有约法八条之布告，又有傅作义将军之处理前例，勿须再有任何怀疑。本部为了使你们避免无谓的牺牲，愿先函告知，望能立即派员前来接谈投降事宜，本部本着宽大政策之精神，从宽处理。如果这样，君等由此而走向光明之道路。否则，本部即派兵消灭。此事关你等之生死问题，良机勿失，限于连夜火速回复。

兹派汪海先生前来，请予面谈。

司令员 刘殿英

政治委员 陈致中

副政治委员李正廷

十二月九日

（注：该件现存陇南市档案馆）

## 甘肃省人民政府慰问信

1984年8月3日，武都发生了五十年不遇的特大洪灾。8月4日，省人民政府发出慰问信，亲切慰问武都抢险救灾军民和受灾群众。

武都地区行署、84806部队：

你区从八月一日起连降暴雨，北峪河、白龙江同时涨水，城区安全受到严重威胁。险情发生后，地、县和驻军领导亲临现场，动员全体军民开展抢险工作，及时组织城内人员安全转移，领导是得力的，措施是果断的。省人民政府对参加抢险救灾工作的全体军民和受灾群众表示亲切的慰问。

省委、省政府接到你们关于武都城区遇到洪水威胁的紧急报告后，召开紧急会议，研究了险情和救灾问题，决定由省上负责同志和有关部门负责同志组成工作组，乘直升飞机前往现场察看险情，到现场指挥救灾工作。希望你们进一步加强对抢险救灾工作的领导，严密监视险情，采取得力措施，动员、组织全体军民，积极投入抗洪斗争，千方百计保护人民生命安全，抢护北峪河堤，安排好灾民的食、宿等生活问题，安全转移国家机密材料和物资，尽可能把损失减少到最低限度。

甘肃省人民政府

一九八四年八月四日

甘肃省人民政府
甘政函〔2004〕9 号

## 甘肃省人民政府转发国务院关于同意甘肃省撤销陇南地区设立地级陇南市的批复的通知

陇南行署：

现将《国务院关于同意甘肃省撤销陇南地区设立地级陇南市的批复》(国函〔2004〕1 号)转发给你们，请根据国务院批复精神，按照精简、效能的原则和有关法定程序，抓紧做好撤地设市工作，并将工作情况及时报告省政府。

设立地级陇南市的所需工作经费由你地区自行解决。

甘肃省人民政府
二 00 四年二月十一日

中华人民共和国国务院
国函〔2004〕1 号

## 国务院关于同意甘肃省撤销陇南地区设立地级陇南市的批复

甘肃省人民政府：

你省《关于撤销陇南地区设立地级陇南市的请示》(甘政发〔2004〕91 号收悉)。现批复如下：

一、同意撤销陇南地区和武都县，设立地级陇南市。市人民政府驻新设立的武都区城关镇。

二、陇南市设立武都区，以原武都县的行政区域为武都区的行政区域。区人民政府驻城关镇。

三、陇南市辖原陇南地区的成县、文县、宕昌县、康县、西和县、礼县、徽县、两当县和新设的武都区。

陇南市的各类机构要按照“精简、统一、效能”的原则设置，所需人员编制和经费由你省自行解决。

中华人民共和国国务院
二00四年一月十一日

## 中共陇南市委 陇南市人民政府
## 关于认真做好抗震救灾工作的紧急通知

各县区委、政府，市直各部门，中央、省驻陇南各单位：

2008 年 5 月 12 日 14 时 28 分，四川省汶川县发生的 MS8.0 级地震波及我市各县区，震感十分强烈。据初步测定，武都区地震破坏烈度为 7.5 度。各县（区）受灾情况非常严重。地震发生后，市委、市政府在震后召开紧急会议，立即启动应急预案，紧急安排部署，迅速开展了抗震救灾的各项工作。省委、省政府对我市抗震救灾工作高度重视，省委书记陆浩立即作出重要批示，要求陇南全力以赴做好抗震救灾工作，并派副省长陆武成同志赶赴陇南指导抗震救灾工作。市委书记王义要求全力落实陆书记的重要批示，全力开展抗震救灾工作，把灾害造成的损失减少到最低程度。为了全面做好抗震救灾工作，现就有关事项通知如下。

一、统一思想，提高认识，切实增强做好抗震救灾工作的紧迫感和责任感。这次地震给国家和广大人民群众造成巨大损失。人民的利益高于一切、重于一切，抗震救灾责任重于泰山。

各县区、各部门、各单位和全市广大干部群众要认真落实省委陆浩书记和市委王义书记的重要批示精神，统一思想，充分认识这次地震的巨大危害，切实增强抗震救灾工作的紧迫感和责任感，尤其是各级领导干部要深入抗震救灾一线，现场指挥和调度，充分发挥模范带头作用，把抗震救灾作为当前全市工作的头等大事，作为当前最大的政治任务来抓，组织全市广大干部群众，全力以赴做好各项抗震救灾工作，力争把灾害损失降到最低程度。

二、加强领导，靠实责任，保证抗震救灾工作的顺利进行。市委、市政府决定，成立陇南市抗震救灾总指挥部，由市委书记王义同志任总指挥，市委副书记、市长郭玉虎，市政协主席邱正保，市委副书记、市纪委书记李学春，市人大常委会副主任邓生来任副总指挥。指挥部下设办公室，由李学春同志任办公室主任，杨全社、王学东、任跃章、刘应昌、刘淑珍、赵文博、焦拜成任副主任。总指挥部设在市委大院。总指挥部下设抢险救灾安置、医疗救治、交通抢险、通讯保障、水电抢险、宣传报道、震情测报、学校防震抢险救灾、安全保卫、纪律监督检查、灾情收集十一个工作组具体负责抗震救灾的相关工作。各县区也要成立相应的指挥机构，各县区、各部门党政主要领导要切实担负起抗震救灾第一责任人的责任，全力以赴组织开展抗震救灾工作。

三、精心组织，扎实开展抗震救灾工作。各县区、各部门、各单位要按照抗震救灾应急预案的要求和市委、市政府统一安排，抓主抓重，统筹兼顾，卓有成效地抓好各项抗震救灾工作。

1. 加强灾情排查工作。各县区要立即组织人员深入乡村，逐村逐户开展灾情排查工作。市直单位由财政局、发改委负责，做好灾情的调查了解工作，并将灾情及时向指挥部报告。

2. 全力以赴、及时有效地开展抢险救灾和医疗救治。要组织全市医疗机构争分夺秒开展受伤群众救治工作。乡镇卫生院技术力量不足的，市县区医疗机构要统筹安排技术力量给予支援。要组织工作组和抢险队深入乡镇、农村逐村逐户开展搜救工作，确保受伤人员和被掩埋人员及时得到抢救。

3. 加强对水库、矿山、河道等重点部位的监管，尤其是矿山企业要一律停产，并疏散人员，确保不发生次生灾害。

4. 高度重视学校、医院等公众聚集场所抗震防震工作。全市各级各类学校一律停课。在地震部门未发出安全通知前不得复课。确需上课的，可在操场等安全地带搭建临时设施组织上课。

5. 及时抢修和恢复通讯、交通、电力、供水等基础设施，确保通讯、交通畅通，确保群众用水、用电。

四、扎实安排好群众的生产生活。各县区和民政部门要组织人力、财力、物力，尤其是抗震救灾物资，搭建临时避难设施，竭尽全力安排好受灾群众的生活，确保受灾群众生活不出问题。商贸流通部门要积极组织好货源，做好市场供应尤其是群众生活必需品的供应。工商、物价、公安部门要严厉打击囤货居奇、哄抬物价，发灾害财的行为，确保市场物价不出大的波动。卫生部门要组织力量抓好公共卫生防疫工作，对人群聚集区的垃圾进行清理，进行消毒，确保不发生大的疫情。

五、认真做好宣传报道和舆论引导工作。由宣传部门牵头，广播电视部门、陇南报社和地震部门配合，及时向群众通报震情，稳定群众情绪。广泛宣传抗震防震和自救知识，提高群众防震避险能力。迅速组织报道人员深入抗震救灾一线，搜集拍摄抗震救灾资料，及时报道抗震救灾情况，宣传抗震救灾的先进事迹和先进典型，坚定广大干部群众战胜灾害决心和信心。要以正确的舆论引导干部群众，切实做好稳定人心的工作。

六、切实加强安全保卫工作，维护社会稳定大局。市县区各级公安部门要切实加强安全保卫工作，强化社会治安管理，确保国家和群众生命财产安全。要加强值班，组织治安巡逻队开展巡逻，加强日常管理，确保社会稳定。对抗震救灾期间发生偷盗、抢劫等严重刑事犯罪行为，要坚决从重从快打击。

七、坚守岗位，服从指挥，严明抗震救灾工作纪律。全市各级党政组织和广大党员干部要一切行动听指挥，以坚强的党性，严明的纪律，齐心协力做好抗震救灾工作，确保抗震救灾工作的顺利进行。市县区各级领导干部无特殊情况不在岗位的，一律就地免职；发生失职、渎职行为的，要依纪、依法予以惩处。各县区、各部门、各单位要建立24小时值班制度和重大事项请示报告制度，确定值班人员，确保联络畅通。各县区、各部门要将抗震救灾情况及时报告抗震救灾总指挥部办公室。

中共陇南市委

陇南市人民政府

2008年5月12日

# 史地考识

## 桓水考

邢澍

《禹贡》叙梁州入贡之道，而曰“西倾因桓是来，浮于潜，逾于沔，入于渭，乱于河。”按西倾及潜、沔，诸儒尚无异论，惟桓之名不见他经，而众说歧出，莫可折中。于是以桓为水名者，孔安国、马融也。以为水出蜀山入南海者，班固《地理志》及《水经》也。以为陇坂名者郑康成也。郑氏固非，乃唐初作《正义》，独取班氏之说，而不知其均不合也。且既知桓水之必入潜水矣，乃复索引班氏以自生纠葛殆不可解也。自是以后，志舆地者，亦知此水之宜出西倾，而不能因源以尽委。有宋诸儒多诂此经，要皆揣测之词繁，而证实之谈少，惟苏氏轼引《前汉书》证逾沔入渭之道，为世所称，而于浮潜以上仍略。黄氏度引《山海经注》《沙州记》，于上流详矣，而亦不能以宋时地理确指其曲折所经。然前人支离之说，遵者渐寡，而窥寻有绪矣。至南宋永嘉薛季宣，又生别解，以桓水北流入河而不至蜀汉。夫北流入河者，洮水也，出西倾山北；桓水出西倾山南。虽同出一山，风马牛不相及也。且《经》明言“浮潜、逾沔、入渭”，而薛氏顾云不至蜀汉，是非惟不知桓，并不知潜、沔矣，可谓大愚：而明代之浅学者，乃相率而从之，何哉？夫桓水非无征也，西倾因下，潜、沔而上，实有水焉，联络其间，载籍犹可稽也。本朝胡氏渭著《禹贡锥指》，谓此水当由洮州卫径达文县，以入蜀境。顾氏祖禹著《方舆记要》，谓此水当由洮州而径西和、成县、阶州、略阳、宁羌、文县界而后入蜀境。胡氏所本者《水经注》，顾氏所本者《魏书·吐谷浑传》，二君皆精于地学，皆有所据，固非后学所敢轻议。然予家阶州于此，询究有年，窃有所未安，而不敢妄为附和也。夫曾和之言之误，胡氏《锥指》辨之矣。《水经注》于白水所历，叙述凿凿，宜非臆撰。然据今日而论，实无一水出洮州境内，直入文县境，以达四川者也。若夫由洮州、西固、阶州、文县以入蜀境而合于嘉陵江，则有之矣，阶州之白龙江是也。古今水道迁移，或未可知，然求之目验而信，证之经文而合，则谈桓水者，舍白龙江奚属哉？伏读《钦定书经传说汇纂》引《地理今释》：“桓水一名白水，出今陕西岷州卫东南分水岭，至四川保宁府昭化县东入西汉水。”以此江为古桓水，而不从《水经注》，斯诚通变折中，千古不刊之至论矣！故敬述之，并博征诸家异同之说，以为后来者稽焉。

## 秦都邑考

王国维

秦之祖先，起于戎狄。当殷之末，有中潏者，已居西垂。大骆非子以后，始有世系可纪，事迹亦较有据。其历世所居之地，曰西垂、曰犬邱、曰秦、曰渭汧之会、曰平阳、曰雍、曰泾阳、曰栎阳、曰咸阳，此九地中，惟西垂一地，名义不定；犬邱、泾阳二地，有异实而同名者，后人误甲为乙，遂使一代崛起之地与其经略之迹，不能尽知。世亦无正其误者。案西垂之义，本谓西界。《史记·秦本纪》“中潏在西戎，保西垂。”又申侯谓孝王曰“昔我先郦山之女为戎胥轩妻，生中潏，以亲故归周，保西垂，西垂以其故和睦”。又云“庄公为西垂大夫”。以语意观之，西垂殆泛指西土，非一地之名。然《封禅书》言“秦襄公既侯，居西垂”，《本纪》亦云“文公元年居西垂宫”，则又似特有西垂一地。《水经·漾水注》，以汉陇西郡之西县当之，其地距秦亭不远。使西垂而系地名，则郦说无以易矣。唯犬邱一地，徐广曰“今槐里也”。案槐里之名犬邱，班固《汉书·地理志》、宋衷《世本注》均有此说。此乃周地之犬邱，非秦大骆非子所居之犬邱也。《本纪》云“非子居犬邱”，又云“大骆地犬邱”。夫槐里之犬邱，为懿王所都，而大骆与孝王同时，仅更一传，不容为大骆所有，此可疑者一也。又云，宣公子庄公以其先大骆地犬邱为西垂大夫。若西垂泛指西界，则槐里尚在雍岐之东，不得云西垂；若以西垂为汉之西县，则槐里与西县相距甚远。此可疑者二也。且秦自襄公后，始有岐西之地，厥后文公居汧渭之会，宁公居平阳，德公居雍，皆在槐里以西，无缘大骆庄公之时已居丑里。此可疑者三也。

案《本纪》又云，庄公居其故西犬邱，此西犬邱实对东犬邱之槐里言，史纪之文，本自明白。但其余犬邱字上均略去西字，余疑犬邱西垂本一地，自庄公居犬邱号西垂大夫，后人因名西犬邱为西垂耳。然则大骆之起，远在陇西，非子邑秦，已稍近中国，庄公复得大骆故地，则又西徙。逮襄公伐戎至岐，文公始逾陇而居汧渭之会，其未逾陇以前，殆与诸戎无异。自徐广以犬邱为槐里，《正义》仍之，遂若秦之初起已在周畿内者，殊失实也。（此稿既成，检杨氏守敬《春秋列国图图〔此字衍〕》，西犬邱于汉陇西郡西县地，其意正与余合）

《史记》于《始皇本纪论赞》后，复叙秦世系都邑陵墓所在，其言与《秦本纪》相出入；所纪秦先公谥号及在位年数，亦与《本纪》及《六国表》不同。盖太史公别记所闻见之异辞，未必后人羼入也。其中云肃灵公（即《秦本纪》之灵公）居泾阳，为《秦本纪》及《六国表》所未及。泾阳一地，注家无说，余曩作《严允考》，曾据此及泾阳、高陵君之封，以证《诗》六月之泾阳，非汉安定郡之泾阳县。今更证之。考春秋之季，秦晋不交兵者垂百年，两国间地在北方者，颇为诸戎蚕食。至秦厉共公十六年，始堑河旁，以兵二万伐大荔，取其五城，则今三陕西同州府大荔县也。二十一年始县频阳，则今之蒲城、同官二县间地也。

至灵公六年，晋城少梁，秦击之。《六国表》作七年，与魏战少梁）十三年城藉姑，皆今之韩城县地。然则厉共公以后，秦方东略，灵公之时，又拓地于东北，与三晋争霸，故自雍东徙泾阳。泾阳者，当在泾水之委（今之泾阳县也），决非汉安定郡之泾阳也。且此时义渠方强，緜诸未灭，安定之泾阳与秦，中隔诸戎，势不得为秦有。即令秦于西北有斗入之地，而东略之世，决无反徙西北之理。厥后灵公子献公徙治栎阳。栎阳在今高陵县境，西距泾水入渭之处不远，则泾阳自当在高陵之西，今泾阳之境矣。余说详《严允考》中。然则有周一代，秦之都邑分三处，与宗周春秋、战国三期相当，曰西垂、曰犬邱、曰秦。其地皆在陇坻以西，此宗周之世、秦之本国也；曰汧渭之会、曰平阳、曰雍，皆在汉右扶风境，此周室东迁、秦得岐西地后之都邑也；曰泾阳、曰栎阳、曰咸阳、皆在泾渭下游，此战国之后秦东略时之都邑也。观其都邑，而其国势从可知矣。

又案《秦本纪》，于献公即位前，说秦以往者数易君，君臣乖乱，故晋复强夺河西地。孝公元年，下令国中，亦曰"会往者厉躁简公出子不得宁，国家内忧，未遑外事。三晋攻夺我先君河西地，诸国卑秦，丑莫大焉。献公即位，镇抚边疆，徙治栎阳，且欲东伐"云云，似灵公之世，国势颇蹙，又未尝东徙。《秦始皇本纪》后虽云灵公居泾阳，然于其陵墓，则云葬悼公西，悼公葬雍，则灵公亦葬雍。厥后简公出子亦葬于雍。是灵公虽居泾阳，未尝定都也。然以其经营东北观之，则其居泾阳之事，殆无可疑。河西之失，亦非尽事实。《本纪》书简公六年，堑洛城重泉，而灵公之子献公未立时亦居河西，则河西仍为秦有。不过疆场〔埸〕之事，一彼一此，时有之耳。孝公下令，欲激发国人，故张大其辞。观《本纪》《六国表》所纪灵公时事可知矣。（录自王国维《观堂集林》卷十二）

## 形天葬首仇池山说

赵子贤

《山海经·海外西经》云："形天与帝至此争神，帝断其首，葬之常羊山。乃以乳为目，以脐为口，操干戚以舞。"常羊之山，即今西和县仇池山。《山海经》三言常羊之山，皆在西经，与仇池山方位相合。进而求之，又有证焉：

《易疏》引《帝王世纪》云："昔少典娶于有娇氏，名曰女登，感神龙于华阳之常羊，生神农烈山石室。"此所谓"神农"，乃指炎帝。常羊地处华阳，而仇池及古武都亦在华阳，于《禹贡》属梁而不属雍。盖上古地域划分，下视山脉水系，上以合于星野，与今陇蜀之分相异。故《华阳国志》载武都一丈夫化为女子，蜀王纳之以为妃，无几物故，王遣五丁之武都担土为冢。则女登感神龙于华阳之常羊，即感于仇池也。仇池为伏羲生处；而伏羲龙身，女娲蛇躯。所谓感神龙而生者，盖谓炎帝乃伏羲后身也。

《大荒西经》又云："有大巫山，有金之山，西南大荒之隅有偏句常羊之山。"今礼县有金之山，当仇池之西北。《经》所谓金之山西南有常羊之山者，由传闻成书，难免些许之差。

"常羊""仇池"，上古之音相同。仇池山古又作仇夷山、仇维山。常羊山《山海经》

又作“常羊之山”，任昉《述异记》又作“成阳之山”，盖“常”“成”“仇”均为禅母字，古音可以相通。“羊”“阳”“维”“夷”并喻母四等字，与澄母之“池”字可以通假。今音“羊”与“阳”“也”“夷”同声母，“肠”与“池”“驰”同声母，“汤”与“他”“荑”同声母。虽古音分化，而对应关系明白可见。则常羊山即仇池山，曷可疑焉！

《大荒西经》云：“有氐人之国。炎帝之孙名曰灵恝，灵恝生氐人。“氐”原误为‘互”，以“氐”字俗书如“互”也。氐人为炎帝之后。《国语·晋语》云：“黄帝以姬水成，炎帝以姜水成。成而异德，故黄帝为姬，炎帝为姜。”上古表姓之字“姞”“嬴”“姚”“姁”“妘”“ 姺”等并从“女”。“姓”从女生，以明血统，“女”旁为后加，至姓所从来之字，盖仅吉、嬴、兆、为、云、先等也，或本图腾之称，或本山川之名，或得之祥瑞，已不可知。以此推之，黄帝所赖之水本名“臣”，炎帝所赖之水本名“羊”。“常羊山”以“羊”名山，则与炎帝之族有关，又得一证，秦汉以还，氐人据仇池称雄者，并为杨姓，“杨”与“阳”“羊”同音，杨姓正明其为炎帝苗裔也。

《路史后纪》云：“炎帝乃命邢天作《扶犁》之乐，制《丰年》之咏，以荐釐来，是曰下谋。”是则形天为炎帝乐官。炎帝化生，形天葬首，俱在仇池，则其族盘桓仇池之迹可见。《山海经》所谓“与帝争神”者，与黄帝争宗教统领之权也。炎帝败绩于阪泉，形天抗颜不用命。且欲恢复宗神，因而颠陨厥首。

仇池古又曰“瞿堆”。堆者，丘坟之谓也。“瞿”许慎云：“鹰隼之视”。段注：“经传多假瞿为。”又云：“《诗经》或言‘瞿’或言‘瞿瞿’，盖皆‘目目’之假借，后来‘瞿’字行而‘目目’废矣。其义为惊惧之状”。然则，“瞿堆”正谓形天葬首之处。其身执兵而舞，其首则裂眥以视也。

史载秦汉时氐人已居仇池。则所谓炎帝之后氐人者，形天之后也。汉末杨驹之徙仇池，乃重返发祥圣地，再振族类之举，其后亦果有建国二百余年之事。形天神魄之化人，可谓邈远！

又《大荒西经》：“有赤兽，马状无首，名曰戎宣王尸。”所谓戎，即西戎氐羌；所谓宣王，乃氐人对形天之称。形天首葬之仇池，故其尸无首，《淮南子·地形篇》亦言“西方有形残之尸”；氐人有以白马为图腾者，后世谓之白马氐，故传言形天之尸马状。形天虽死，尊号宣王。瓜瓞绵绵，白马为最。其名亦不朽也。

制咏作乐，下施教化；执干舞戚，上抗强权。形天可谓开天辟地来第一全才，第一烈汉！巨首陨而目如电，伟臂舞兮躯如山，气冲霄汉，血染长天，首身三离，丘坟千丈。言其事，可使懦夫勇而匹夫有志也。

丙子仲夏廿三日

# 宕昌县藏民风俗调查

陈启生

1882年9月23日至26日，我和路鹏云走访了鹿仁大队“钹印”苗水含带（60多岁）、大队长苗国柱及其父苗怀样（70岁）、阴坪大队“师家”苗朱喜成（77岁）、支书苗任林带（60岁）、队长苗三斤半，以及其他藏民群众共十几人，对宕昌县官鹅沟藏民的风俗习惯作了初步调查。调查所得情况如下：

## 一、宕昌藏民的分布

宕昌藏民集中于岷江南岸，宕昌山（大石山）东麓之山林地带，即接近宕昌城之新城子、宕昌、临江、甘江头及南河几个公社的河南一线，仅贾河公社少数藏民居江北小片林区农耕、放牧、狩猎，聚居毗连一片之新城子公社大河坝沟及宕昌公社官鹅沟，大河坝之新坪、拉界、岳藏铺，宫鹅沟之阴坪、立节、鹿仁，临江之周家峪，纯为藏民，其余均与汉民杂处。

临江：共95户，500人。新城子：共295户，1427人。宕昌：共250户，1201人。南河：共73户，405人。甘江头（土崖头生产队）18户，73人。贾河：共32户，15 1人。

全县总计763户，3857人。

## 二、历史传说

远古，宕昌尽为羌人，无汉民。宕昌藏民之祖，乃宕昌羌人。

大河坝沟老人或言，其祖由西藏博巴沟迁来。官鹅沟无此说。

从前，鹿仁称木楞，鹿仁寺称木楞寺。木楞有一木楞大王，其三公主出嫁立节山，与夫离婚住娘家。新坪沟有一八大王，三人率羌人为叛，朝廷称“红蛮子”造反。朝廷派金连、银连、王玉连将兵平叛，王玉连兵败被俘，被三公主看中，逼迫招赘，乃为宕昌附马，与三公主同守宕昌城（今宕昌旧城）。一日，忽有一雁落于城外大槐树上（今宕昌石磊街有一大槐树，年代久远，旧传曾成仙行医）高叫“王玉连！王玉连！孤雁有信给你传！”守兵听见雁叫，射落，忽见雁翎下有一寄予王玉连之信，忙递与附马。王打开，乃原配夫人倾吐思夫之情，诉以家中困苦之状，字里行间声泪俱下，忠肝热肠历历在目。王玉连读毕，情涛汹涌，潸然泪下。三公主见丈夫眼睛红肿，惊问何故。答白日上城巡视，尘沙飞入眼中．三公主脉脉含情，劝其早息，自己上城巡防。趁三公主上城之际，王玉连即命人葬雁于岷江与官鹅河汇合处之山头下，从此，此山头被称为“修修格”，藏语“修修”为孤雁，“修修格”即孤雁坟。随之王密信于朝廷，请兵来攻，自作内应。朝廷接信，果派兵至，羌人败。王遂言于三公主曰：若能随其归朝，永作夫妻；否则立斩之。三公主无奈，与王同归中原。从此，宕昌羌人归属中央朝廷。

朝廷为整饬边防，历年派官视察。官之来，羌人头领须三跪九拜而迎。诸羌疏于礼，故屡受惩罚。因于官员视察一事，备极忧伤。某岁，临官视察之际，诸羌皆忧。此时，坡头（今宕昌公社坡头大队）住一马姓陕西货郎，劝慰且辅导之。官既来，马复佐而行礼。官喜问曰：何往岁殊无风礼，今则彬彬有礼焉？诸羌隐不吐实，伪言塘塞。如此三载，官终明究竟，遂授马为宕昌土司官，管地方事。

数年后，马上京谒帝，因奏明宕昌有通北口（在今甘江头公社）、七楞口（在今贾河公社）、都雁口（在今何家堡公社）、官鹅口（今宕昌公社）四口，地险势要．需兵马防守。帝准奏，允其向羌人收粮草马匹，练兵防守。马土司之征粮款从此始。

宕昌羌与山后（即宕昌山西麓之迭部、舟曲一带）原为同族，山后时煽惑为叛，屡为马土司阻遇未发。故朝廷加封其衙门为“世袭都督府”。后辈土司骑马插旗，划界占地，东至毛羽山（今南阳），北至山沟里（今宕昌与岷县闾井分界），西至分水岭（今岷县麻子川与宕昌分界），南至大石山（今宕、迭、舟三县界），四至之内为宕昌境，里国不准出，外国不准入。从此，宕昌与山后分离。

后辈土司中，一位与卓尼杨土司结亲，杨将三角坪、武坪（今舟曲三角坪、武坪公社）四个旗下（行政单位）为女儿陪嫁。故二坪亦属马土司管辖。

满清中，康熙访贤，曾宿马土司家数日，为马赐“九龙匾”一面。至新中国成立，马土司共传十八代。

初，宕昌羌人有3000余户，今之贾河、簸箕、将台、车拉诸地，均为羌人，藏语称之为“烧巴”，意为阳山里人。该处老年人至今会藏语，奉行“钹印”，风俗习惯多与藏民同。

### 三、语言

宕昌藏民讲藏语，用藏文。据言，宕昌藏语与舟曲、迭部、卓尼同，仅有地区方言之异。唯“钹印”念藏经，写藏文，一般藏民均不懂藏文。

宕昌藏语，各地差异悬殊，大河坝与官鹅沟，甚而相邻村庄之间亦有差别。如“鬼”，鹿仁称“巧”，立节、阴坪称“七老”，“七老”相切为“巧“，饶有趣味。“宕昌”，鹿仁读“也闹”，立节读“甲闹”，岳藏铺读“轧闹”。

藏民与汉民遇，讲汉语，互相间讲藏语，十岁内孩童，偶遇干部子女外，概不懂汉语，其状颇类南北朝之武都氐人。

宕昌藏语称“宕昌山”为“亚哥轧寨”（牦牛般的石山），“官鹅沟”为“哥爱炉巴”，“寺院”为“阿告”，“庙宇”为“劳告”，“神”为“勒来”，请喝酒叫“请巴请图”，骂狗为“达姆子哉”（意为豹子食）。

### 四、房屋建筑

藏民居地处深林，多为五檩四椽搭板楼房，林缘可见少量瓦房草房。无院，房周多树，以高一米一劈两瓣之木棒以为栅栏，或柳条笆篱。屋壁由板墙打成，内部木板装修，率为三开间，左间前窗后门，颇具夏河藏房特色，中间为门，右间窗户与门齐，窗前有上楼扶梯。檐前有一下垂之锯齿形横木条装饰，亦有夏河藏房色彩。

楼房上下均住人。楼下正庭无堂屋，正中有一火塘，四周放置低长凳供坐，火塘架铁三角架而炊，另无灶。左右两间为住屋，靠窗有火床。三间内壁靠墙放置大小柜子，以装粮食家什。右间与正庭用木板隔开，左间与正庭相通。楼上亦只隔右间，其余两间堆放粮食杂物。

牲畜函铡多靠正厉号后墙或边墙搭成，有柱，无墙，内空，上复搭车板。

牲畜圈棚多靠正房后墙或边墙搭成，有柱，无墙，内空，上覆搭板。

远前，藏民住“木垒“。“木垒”结构：圆木作铆，互相重迭而成大木笼，顶部成坡度，覆以搭板或树枝茅草，笼长三至八米，宽二至三米，门窗处锯断圆木使之成洞，做门窗安置其间。内用木板隔为二、三、四间或通为一大间不等。立节山现有“木垒”一座。《魏书》谓宕昌羌“居有栋宇，其屋织牦牛尾及羖毛覆之”者，或既此种房屋？

## 五、宗教信仰

宕昌藏民宗教信仰庞杂，交互影响，其大略为：

“钹印”：汉称“苯苯”，此为其正宗，相似于达斡尔之“萨满”。念藏经，其经曰“叶那“，活动广泛，祭山、送葬、驱邪、卜算等等无不涉及。活动时，点灯、烧香、煨桑、供茶、供酒。“钹印”身着长衫，口念“叶那”，手摇铜铃。如驱邪赶鬼，一手摇铃，一手朝天撒青稞。卜卦率由豹子爪、熊牙、野猪牙、獐牙等野兽牙齿和松、柏、桦、柳等各种木片做成，各有所示，卜算吉、凶、祸、福及鬼蜮山精之行祟。

“钹印”拜师授业，学成之日，由小钹印”家宰羊三只，鸡多只，煮青稞酒一缸，备足饭食费用，大庆之，名曰“陆定意姿格”，汉称“搭衣”。亲友送礼庆贺。“搭衣”之后，始可从事宗教活动。“陆定意姿格”为其最隆崇之宗教活动：始，于正庭点灯，煨桑，烧香，献炒面所做之人及动物状塑食，敬茶、敬酒于勒梅、吉苏及凤凰山神和五方土神，继之念“叶那”经文。念经一段，遂由“贡巴”（天官）在前：头戴熊皮大帽，帽沿左右方各插大雕翎一支，脖胫挂满素珠与圆形、半月形银板、铜板，手执银质降魔杵，身着长衫；“钹印”随后，头戴毡帽，前沿插老鹰翎一支，锦鸡头一个，身着长衫，手摇铜铃，小“钹印”同样装束跟在其后；再后为五名“喜哈偷尼”（戴木壳的人），头戴画人、神面目之大木壳，即“喜哈”，反穿长皮袄，胸前斜挂一串铜铃，首者头上插长短角各一支，分执手鼓、勒弥钹、铃、海螺、牛角喇叭、拨浪鼓等。“贡巴”、“钹印”口念“叶那”缓行，“喜哈”吹打乐器，节奏跳、跃、舞蹈，后跟围观群众亦各执大鼓、拨浪鼓、锣、喇叭、铜铃等各种乐器伴和随之，由家中舞至麦场，在麦场舞蹈多时。之后，各有疾病灾难或为求吉祥者，请其至家，为之念经、舞蹈，舞罢酒席款待，依次轮流，临末回归“钹印”之家，唱酒曲饮酒吃喝，连续三日夜。如请者众，则活动可持续十数日。

佛：官鹅有鹿仁小寺一座，正壁有如来、弥勒、释迦三佛画像，右壁有观音、护神像，左厢壁有文殊、药师佛像。寺为迭部黑峪寺之属寺。寺门上方有凤凰山神像。送葬时，有请黑峪寺和尚诵经者。

神：奉神驳乱，中以凤凰山神为主神，即天神，种种活动均祈祷之。传说勒弥（女）、吉苏（男）开天辟地，繁衍人类，创造万物。时洪水茫茫，有水怪兴风作浪，危害人类，勒弥、吉苏思拯救之。一日，东、西、南、北、中土神兄弟五人受召前来，勒弥、吉苏令其降妖灭灾。五土神虑己之神力不足，勒弥、吉苏指足前一青白石曰：“能搬此石者，可灭水怪。”五方兄弟之大哥搬之，石未动，脸挣黄；二哥继之，脸挣青；三哥又继之，脸挣红；四哥再继之，脸挣紫；五弟胆怯，未之搬石，故五方土神形象，脸各为黄、青、红、紫、白五色。凤凰见之大笑。勒弥、吉苏因问曰：“汝能搬石否？”凤凰即冲天而起，即而歙翼俯冲，其翅摇摇，狂风骤至，勒弥、吉苏急眨眼，此一瞬，凤凰一爪掀动青石，又煽数翅，风掣电掣，波涛汹涌，水怪藏身不住，出水而望，凤凰即爪抓口衔，从水肉提出水怪，乃一大蛇。于是，风平浪静，人间安宁。至此，凤凰乃为救灾除害，佑护人间之天神。故山神像，为凤凰两爪抓一蛇，口又衔一蛇。

山神外，有供家神者：或供常遇春，或供金龙大王，或供杨爷（庙在宕昌旧城北，由马土司从文县洋淌河请来，洋淌天池之洋淌爷）。家神画于布帛，挂正庭壁上，前布遮面护之，活动率由“师家”主持进行，其状与汉民无异。村庄有零星小神庙。

崇狗：不杀，不剥皮，不食肉，死后埋之。对藏民骂“狗西番”，伤情尤甚。

**六、婚姻**

宕昌藏民婚姻习惯异于汉民者众，撮其大要有四：

（一）突破血缘辈分约束。聚居区藏民，有杨、苗、齐三姓，同姓之内一般不通婚，但常有例外，且有伯叔兄弟姊妹通婚者，有甥舅、姑侄辈通婚者。如某大队长之家，其弟妻乃其叔伯姊妹，其女婿乃本家叔叔，其三叔母原为其嫂，是岂非宕昌羌“父子伯叔兄弟死者，即以其继母、世叔母及嫂、姊妹、弟妇等为妻”之遗风？

（二）离异无束。结合轻易，分离简略，时离时合，任意来去。青年相会，笑说间即成婚姻，略有抵牾，各为东西，唯壮年后为子女所累，始趋稳定。一婚而终老者罕见，数婚以上者多闻。某男子不过二十五六岁，已四婚。

（三）结婚多无仪式。女子十八九，与父母分居一处，即与男子交往。入夜，男子一人或多人，即去女家与之嬉戏，有交情者，可与之共宿，天亮后始回。女方父母待之以礼，视为正当。此举多于楼上或旁屋之麦草房进行，故俗称“钻草房”。“钻草房”历时较久而交情日深者，即成夫妻，女方可至男家生活，故子女已成匹配，父母尚不知者常有。再婚者亦然。托媒说亲，举办婚礼十不闻一，此与纳西族之“阿注”又何其相似。上述均为昔日情形，今则与汉民略同。

（四）亲属称谓单一。藏民杂居区已尽汉化，聚居区之亲属称谓极富特色：“父亲”、“母亲”称作“阿大”、“阿妈”；“伯父”、“叔父”称“阿伯”；其余“姑父”、“舅父”、“岳父”、“姨父”统称“阿舅”；“伯母”、“叔母”、“姑母”、“岳母”、“舅母”、“姨母”统称“阿妞”。长辈对下辈呼其名，亦无侄甥之称，此实属“普那路亚”之遗存！

**七、服饰**

男子与汉民同。

妇女头饰独具特色。头饰：梳发总为一支，垂于脑后，颈项以下用头绳缠之近尺，未婚者头绳红、绿色，已婚者黑色，尾端系入腰布头巾。头勒黑布头巾，两面各叠一角竖起，其状如兔之双耳高耸于头上。戴银、铜耳环，大者如铜钱，小者如豆。此饰于各地藏民及其中均为少见。衣饰：上身宽大，长至髋下，左开襟，不加边色条绒或他种布料。时有衣衫外套以黑坎肩者。系白腰带，宽尺许，长丈余。下身大裤腿。不裹足。穿绣花鞋或行时鞋。

据言，昔时服饰大异于今：男子衣褐子或麻布短袍，长至膝；足穿生皮腰子鞋或生皮窝子。妇女头饰：辫发三支垂脑后，左右二支相等，中支略细，尾端处合而为一，系“乃尕”（月形或方形银片）插入腰带；无头巾，头戴一由多枚银、铜质小园片串于毛线而成之圈。妇女衣着：亦为褐子或麻布短袍，系腰带，足穿生皮腰子鞋。

**八、葬式**

葬式有三：

火葬。40 岁以下死者，皆焚尸，然后拣骨灰埋之。

明葬。40 岁以上死者，装棺材寄放于路旁、地角、坟地，略无掩盖。此即地方志书中所谓“露棺于野”者，与当地汉族风俗同。

墓葬。凡明葬三年后不朽者，方掘墓埋入坟中，或靠崖挖洞曰“窜堂”，放入棺木而封洞口。

据传，古者纯为火葬，明葬、墓葬均为汉民影响所致。

**九、节令**

一年有五节日：春节、正月十五、二月二、五月五、九月十五。春节、正月十五、五月五同于汉民，二月二为春耕节，九月十五为收获节。节结束，答谢凤凰山神节，庆贺较隆：敬神、宰羊、饮酒。

**十、生产生活**

农耕为主，兼营林木山货，部分家庭又有季节性狩猎。山货以枋板、榻极、烧炭、农具为主，为经济收入之基础。狩猎以香獐之麝香、熊之熊胆为最佳目标，狐皮次之，鹿、野猪皮肉更次之。

饮食以包谷、洋芋为主，青稞、小麦较少。喜饮酒，户户均酿青稞酒。节庆及主要客人来，必以酒待之。饮酒唱酒曲助兴。

**十一、几点推断**

(1) 唐安史之乱后，吐蕃尽有秦陇之地，而据洮、岷、迭、宕 300 年始收复。此间，吐蕃与青甘川诸羌杂处因化，为藏族形成期，今之宕昌藏民羌与吐蕃融合而成，故其祖由西藏博巴沟迁来说，与史实颇合。

(2) 传说之木楞大王，疑与宋时岷宕地区羌之首领木征有关。王玉连招亲事，与宋将复熙、河、洮、岷、迭、宕六州之王韶相印。

(3) “钹印”疑为宕昌羌之原始宗教而杂以佛教（念“叶那”经）。凤凰山神即为天神，九月十五敬山神，疑为古宕昌羌“三年一相聚，牛羊以祭天”之变异。

(4) “木垒”疑为古宕昌羌林区居屋，即“居有栋宇，上织牦牛尾之”者。今宕昌之官亭、化马、秦峪、沙湾、新寨及舟曲以南，武都两水以北一带之木笼式楼房，乃宕昌羌人峡谷近农居屋，即《汉书》所谓之“石屋”之属。

(5) 婚姻习惯之“钻草房”，不计血缘辈分等，即古宕昌羌亲属相继之遗风。

(6) 服饰为古宕昌羌服之演变者，其旧式，乃宕昌羌之服饰，与四川羌人服饰大同小异，即《魏书》所谓“邓至”、“白兰”诸羌，与“宕昌同”者。

(7) 葬式乃为汉、藏影响而犹存本原，故独具特色。

1982 年 10 月 4 日

## “西县”考

罗卫东

西县，是我国秦汉时期一个具有相当重要地位的古地名。但是，西县的位置在何处，历来说法不一：有的说在陕西汉中，有的说在湖北宜城，有的则认为在甘肃天水，总之，众说纷纭，至今尚无定论。

那么，西县的确切位置究竟那里呢？根据《史记·秦本纪》正文及注释来看，秦汉时期的西县，就是先秦时期秦人为周王朝养马“蕃息”的西垂、西犬丘故地。公元前七七一年，秦襄公在此地建西垂宫。公元前二八〇年初置陇西郡，西县约在此时始建于西垂宫故地。

王莽篡汉后改西县为西治县。东汉永平十七年（74）汉明帝时又改西治县为西县。三国时，诸葛亮街亭兵败后，“拔西县千余家还于汉中”。自此以后，由于居民被迁一空，西县名存实亡，晋遂改西县为始昌县。

南北朝时，北魏太平真君五年（444）改始昌县为兰仓县，西魏时改兰仓为汉阳县。隋开皇十八年(598),改汉阳县长道县。北宋熙宁六年(1073)以秦州长道、大潭二县改隶岷州。绍兴十四年(1144)宋金和议,改岷州为西和州。元文宗至顺元年(1330)废长道县入西和州。

明宪宗成化九年（1473）降州为县，分西和州为礼县、西和二县。清因明制，几无变更。

从上述西和县历代的沿革来看，秦朝、汉初时的西县，就是先秦时期的西垂或西犬丘地，大致范围在今西汉水中、上游一带。汉武帝以后，历朝历代，分郡析县，西县以及后来的始始昌、兰仓、长道等县，范围逐步缩小，只限于西汉水中游一带. 即以今两和县长道镇为中心的礼县东北和西和县的北部。从地理环境上看，这一带水道纵横，土地肥沃，具备古人筑城建邑、居民繁衍生息的良好条件。从出土文物来看，早在七千年前，这里便是先民们定居和活动的中心区域。鉴于以上理由，可以推断，不论是先秦时期时期的西垂宫，还是秦汉以后的西县、始昌、兰仓、长道等县，尽管数千年闻屡有变更，但治所及其中心区域，仍然就在今西和县的长道镇一带。

该文原载《陇南报》1989 年 2 月 22 日. 第 4 版）

# 《西狭颂》摩崖审美价值八面观

高天佑

［内容提要］对于《西狭颂》摩崖作为古代特殊的艺术品，本文从审美角度的八个方面做了新的概括与阐释，比较全面地反映了《西狭颂》作为国家级历史文物所具有的钻石般的光芒与多层次的学术价值，对于人们比较全面而深入地了解其文化的艺术的和学术的价值具有多角度的认识和启迪意义。

［关键词］《西狭颂》摩崖　审美价值　文章之美　书法之美　儒家思想　辨证思想

《西狭颂》摩崖石刻，虽历经 1800 余年的风风雨雨，仍保存完好，风貌依然，历代评价很高，向来视为瑰宝。它不仅以“自具端丽”（佘雪曼语）的书法艺术为人们所赞誉，而且以丰富多彩的审美内涵越来越为人们所注目。本文今从审美角度试作分析、概括，以为《西狭颂》摩崖石刻的审美价值大致表现在以下八个方面：

（一）壁立原址、风貌依然的完整美

《西狭颂》与位于陕西汉中的《石门颂》、略阳的《郙阁颂》皆以地为名，并称为“汉隶摩崖三大颂”，“汉三颂”集中于秦巴山区狭谷地带，均就地选石、摩崖刻成；都记述、颂扬了开通道路、以利商旅的人和事，相距咫尺，艺术造诣虽各具情态而又呈现出近似的审美风格。与山东等地传世、出土的众多东汉碑碣相比，若要观赏“三颂”、槌制拓片，皆需跋山涉水、探险登临。因此，“三颂”作为奇特的艺术形式—摩崖，具有融历史人文景观和自然风光于一处的特点，有着非同于一般碑碣的审美魅力。

然而，令人无比遗憾的是，国内现存的三处东汉大型摩崖石刻—汉三颂，却有两处已惨遭自然与人为之毁损；或剥离于崖壁，置之于室内；或炸为碎片，仅存凤毛麟角；昔日置身于大自然怀抱之中，大气磅礴、巍然屹立的风姿，至今已是或面貌全非，或惨不忍睹。唯独《西狭颂》仍壁立于原址，风貌依然，显得弥足珍贵，堪称珍宝。

《石门颂》，原址在褒斜古栈道之南端，即今陕西省汉中市褒河乡境内褒谷之中。1967 年，因在石门要修建大型水库，遂将该摩崖从洞壁上凿出剥下。1971 年，始迁往汉中市博物馆陈列。虽然碑文保存尚完整，但因选石原本欠佳（此摩崖岩石为云母石英片岩，石质酥脆，抗蚀、抗震力很差），碑石已是裂缝纵横。其实，早在东汉时期崖壁就有裂缝。如其中著名的“命”字末笔拖垂长达两个字的位置，就是书丹者巧妙地利用了崖壁裂缝的结果。

《郙阁颂》，其原刻位于今陕西略阳西三十里的析里煸白崖。据陈显远《郙阁颂摩崖考》一文述记，南宋绍定三年，“沔州（今略阳）大守田克仁见原刻露处江边，受风雨浸蚀，剥落日甚，恐久绝迹，乃仿原刻形制大小，重刻于县南七里的灵崖寺。”明代万历年间，略阳知县申如埙对田氏仿刻右上角剥落的一大片加以补刻。1977 年 11 月，因修沿江公路，原刻被炸毁，后聚合而迁于灵崖寺内，与南宋仿刻、明代补刻同聚一处。《郙阁颂》原刻全文 472 字，至今清显者仅百余字。

与上述“二颂”命运不同，《西狭颂》摩崖因地处偏僻狭谷山势险峻，人迹罕至；加之选址选石俱佳（此摩崖石质坚硬细密，表面磨制后光滑坚致），其上又有天然石龛覆遮，所以至今仍壁立于原址，风貌依旧。成为中国书学史和碑版保护史上的一个奇迹，受到中外学者和艺术家的高度重视。《西狭颂》的 4 字篆额、385 字正文、文前《五瑞图》及其题榜 15 字、正文后题名 142 字和四周历代访古虽均清晰可观，保存十分完好。故清人杨守敬曾评其：“首尾无一字缺失，尤可宝重。”当代书法家佘雪曼评价道：“这块首尾完好的石刻，对于今天的我们，应是最佳的范本。”

（二）书法雕刻、文图并茂的形式美

《西狭颂》摩崖石刻，不仅以其气韵高古的书法艺术为人们所称道，而且以其书法与雕刻合璧、颂文与图画并茂的石刻艺术形式美，在“三颂”乃至现存众多历代摩崖中异彩独放、别具风采。《西狭颂》摩崖文层次清晰、文笔流畅、语言朴实、言简意赅，是一篇难得的东汉表体文章。正文前，以阴线浮雕手法刻制有“五瑞”图。图之上方：黄龙昂首腾飞，白鹿引颈长鸣；图之下方：甘露降洒，嘉禾茁壮，木连骈枝。每幅图像或旁侧、或上方均有隶书大字题榜。“五瑞图”象征着李翕主政期间，政通人和、风调雨顺、五谷丰登的太平景象。

“五瑞图”及手持托盘的“承露人”画像，刀法娴熟、线条流畅、古朴生动，为研究东汉时期的绘画、雕刻艺术及当地的农业生产、民俗服饰等，都提供了宝贵的实物资料。同时，就整个摩崖石刻艺术来看，“五瑞图”是其重要的有机组成部分之一，是正文内容形象直观的注解，是这块珍贵的石头书的最美妙的插图。

不仅如此，右面状似梯形的图像部分，与左面铲币状的正文形成了先图后文、图文相照、虚实相生的整体艺术形式美。综观摩崖整体，书法、雕刻、绘画与表颂文有机结合，四者融为一体，可以说是历代摩崖石刻艺术中罕见的图文并茂、珠联壁合的佳篇奇构。

（三）叙事颂人、着墨有度的内容美

《西狭颂》本名《惠安西表》，全文 527 字，可分为表文、颂辞和记年题名三部分。

表文部分 317 字，根据内容可分为四个层次：从开头至“致黄龙、嘉禾、木连、甘露之瑞”为第一层，主要介绍了李翕的身份籍贯、从小受到的良好教育及其家世情况，并概述其“德治精通”、屡致祥瑞的政绩。从“动顺经古”至“粟麦五钱”为第二层，主要叙述了李翕任武都太守之时施行德政的准则、方法及其所取得的显著成绩。从“郡西狭中道”至“惴惴其慄”为第三层，形象地描述了西狭栈道的险恶情状及其给行人商旅造成的危害。从“君践其险”至“乃刊斯石”为第四层，主要叙述了李翕亲自考察西狭栈道并派遣官员加固拓宽栈道的经过，以及过往商旅与当地居民额手称颂的欢悦情景。这一层是表文的中心层次和主体部分，也是《惠安西表》全文的中心所在和破题处，亦即重点突现了“惠安西”三字之内涵。

颂辞部分 56 字，这是表文部分优扬和谐的余音，《惠安西表》全文的诗歌化总结。

其中虽不乏溢美之辞，但以表文所述事实为基础，简要而比较真实地赞颂了李翕高贵的品德和显著的政绩，而不象西汉及后世的长赋大颂那样一连篇累牍的谄谀之言，叠句重章的虚夸之语。仇靖作为封建社会文人和李翕的随从官员（秘书），能做到这点，已属难能可贵。

记年题名部分共156字，其中包括14个大字和142个小字。大字标明了摩崖造碑的具体时间，小字注明了参与此项重大工程的郡、县官员的姓名及其官职、籍属。该部分也是《西狭颂》摩崖石刻艺术的有机组成部分之一，是对正文的说明和补充，是我们研究摩崖建造状况和东汉边疆少数民族地区地方官制的第一手资料，也是我们研究、临习《西狭颂》书法艺术不可多得的原始依据。

总观全文，着笔以叙事表功、说明情况为主，颂扬人物、抒发感情为次；叙事简明扼要而不铺张繁缛，颂人褒扬有余而略具阿谄之嫌。有关治路、摩崖造碑情况及参与郡县官员的述载都很清楚，较好地体现了“表”体文“标著事绪使之明白②”的特征。摩崖文不仅记述了李翕这个封建官吏的美德与善行，也为我们研究“表”这种古代实用文体提供了较好的范例。

（四）行文流畅、言简意赅的文笔美

明朝人吴讷《文章辨体序说·表》引“西山云：‘大抵表文以简洁精致为先，用事忌纤巧铺叙忌繁冗。”《西狭颂》无论从内容的表述，还是从表述方式、语言风格上都突出地体现了这些文体写作要求。

从其表述内容（见上节）看，《惠安西表》紧扣标题组织、安排内容，以叙事为主、颂人为次。叙述清晰练达，颂辞简短扼要，主次分明，详略得当。而全文仅有527 字，可谓“简洁精致”矣。

从表达方式来看，表文部分第一层介绍李翕简历及政绩，使用了说明的方式，语言平实，一目了然。第二层介绍李翕在武都郡为官牧民的方法和取得的成绩，采用了评论和叙述相结合的方式，先评后述，扼要简明。第三层则采取描写的方式，形象地再现了西狭道路的险恶。第四层以叙述的方式，比较详细地记载了李翕主持修治西狭栈道的经过。第二部分“颂辞”，则应用了诗歌的表现形式，语言典雅，音韵和谐。第三部分记年和题名，又使用了说明的方式。这样，叙述与说明、描写、评论、抒情相结合，散文韵文相比翼，通过多种表达方式，完美地表达了叙事颂人的内容与主题。

从语言风格上来看，表文通俗易懂，文风平实质朴。正文89句，行文以四言为主，间以参差不齐的杂言；长句短句相错，整句散句相间，读来语气自然平和，语调抑扬顿挫，文意明白流畅，文辞十分优美。其体式正合于《文体明辨·表》所言：“至记其体，则汉晋多用散文，唐宋多用四六”。同时，表文还运用了引用、比喻、对偶、排比、叠词、顶真等多种修辞方法，加强了表意，藻饰了文采，扩大了容量。

关于《西狭颂》的文笔，前人从文章学角度已有初步认识与评价。清人陈奕禧说：“汉德（仇靖之字）、子长（仇绋之字）奇思横出，制为雄文，运兹妙笔，君臣懿美，并传来。’清人王昶也说：“二仇盖深于文学者”。的确，武都郡太守李翕高尚的品德、良好的修养、卓著的政绩，若没有仇汉德凝练的文章与卓越的书法给予记录和表现的话，其人其碑恐怕将会要么湮没尘霾、默默无闻，要么沦为下品、为人不齿。反之，作为随从官的仇靖超人的书艺、练达的文笔，若没有郡太守李翕善美的德政为基础为表现内容，恐怕也很难产生出形式与内容、目的与手段结合得如此完美的艺术精品而流传千古。

（五）方整雄伟、气势博大的章法美

《西狭颂》书法艺术的美学特征，首先表现在整体布局的方整雄伟、气势博大方面。对此，古今书家、论者有口皆碑。

清人杨守敬评其“方整雄伟”，首次指出了《西狭颂》章法所具有的阳刚美特征。梁启超赞其“雄迈而静穆”，又指出了其雄强苍劲、平和神虚、亦刚亦柔的美学特色。也有人称其“书法精整宽博、气势宏大，在汉碑中实不多见。歐’简要地概括了其章法美的内容。佘雪曼先生曾说：“《西狭颂》的艺术特点，是庄严浑穆，天骨开张，有博大真人气象。”可谓惮悟之语、知音之言。

当地研究者中，张鹏飞先生认为：“在众多摩崖中，唯《西狭颂》结构布白十分匀整有致，全碑气韵贯通，又错落有致”；“方劲高古又稍见秀逸，气势雄浑中又渗入瑰丽，形成了自己的格局和风貌。’以感悟之语指出了其章法布白雄浑而又秀丽、刚中见柔的美学特征。王林宝先生则认为：“布白很宽松，在宽松的氛围中又有着一定的严密，显得胸开气阔、博大精深，有海纳百川之势，有满腹文韬武略的大将风度。”形象而生动地道出了自己对其布局的独到感受与发现。

综上所述，不难看出，自古至今论者对《西狭颂》书法艺术的美学判断，都不约而同的首先着眼于其章法的方整雄伟、气势博大方面。这是因为：“古人论书以章法为一大事”（董其昌语）；亦即康有为所解说的：“古人论书，以势为先”；“盖书，形学也。有形则有势。兵重势，拳法亦重扑势，义固相同。得势便则已稳操胜算。”这位博学君子的阐释，可谓形象简明而又通俗易懂。

与《石门颂》全文20行、每行30字或31字所构成的长方形布局不同（暂撇开题额不论），《西狭颂》全文纵横皆为20 行，这种极其方正的布局，在古代碑碣中确属罕见。而在我看来，它恰似一盘围棋，黑白双方势均力敌，拼杀得难解难分，各自正在奋三军之志去争夺最后的一个“金角”（其第 16、19、20 行三行空缺未满）；又如古代两军对垒时阵地前沿勒车立马的战阵，虽然呈现暂时的静止状态，却给人以气势咄咄、威不可犯、密不可人、牢不可破之感。即使是全文结尾处三行因缺字而形成的参差不齐的空档，也好象是这个方阵故意打开的袋口，令人望面生畏，不敢轻举妄动。似此章法，如布棋、如运兵，难怪古今人们异口同声：“气势真不凡啊！”

由此看来，书家姚孟起先生所言“作隶，须有万壑千岩奔赴腕下气象。”真可谓是深解隶法之三昧的经验之谈、真灼之见。

（六）势方意圆、雄强疏宕的书体美

关于《西狭颂》书体之美，清代方朔说：“字大纵横不下三寸，宽博道古。”康有为评道：

“疏宕则有《西狭颂》。”梁启超赞其“雄迈而静穆。”以上三家从各自不同的角度，指出了《西狭颂》书体宽绰古劲，于方正之中见沉静，于雄迈之中见虚和的美学特色。也有学者认为：“结构势方而意圆”，精确地指出了《西狭颂》书体外型美的特点。

如前节所述，虽然正方形的章法给人以气势磅礴、雄浑有力之感，但这种雄伟感不是从龙腾虎跃的动态或长枪大戟的威猛中表现出来的，而恰恰是通过书体所呈现的静态的庄严肃穆感得以充分体现的，是静极生动所产生的效果，是由 385 个正宗汉隶古朴平稳的结构、外密内疏的间架、方圆错综的笔划，经过有序排列、巧妙组合所生成的内在力量的外现。这才是《西狭颂》不同于其他摩崖和碑碣，从而拥有独特风貌和超凡脱俗神韵的秘密之所在。

所以，正是其书体造型势方意圆，刚中有柔；雄强疏宕，静中有动的特点，便为其章法的雄浑博大奠定了坚实的表现基础。由此可见，仇靖作为一位杰出的隶书大家，是深深懂得和善于应用书法就是一种造型艺术这一书学至理的。

如果说，从章法分析，布局方正严整、茂密雄强、气势夺人，显现了整体造型力量的宏大的话。那么，再从书体考察，其字型结构宽绰平稳，古拙而又柔婉，刚健而又潇洒，则又显示出每个字个体结构造型的力量。

透过《西狭颂》章法的茂密雄强、外密内疏，书体的敦厚稳重、外刚内柔，我们似乎都能从中感受并体会到雄伟而静穆、茂密而疏宕、古劲而虚和的阳刚之力与阴柔之气的和谐统一。这的确是一种非常高妙的艺术境界，是中国古典美学思想的完美体现。我想，如果理解了《西狭颂》章法与书体所呈现的疏密相间、虚实相生、刚柔相济、方圆相调的东方古典辩证思维特点，及其所生成的奇妙、魔幻之力；那么，书法、太极拳乃至气功为什么会使练习者延年益寿这一奥秘也就迎刃而解、豁然明了了。也许正是这个原因，清人徐树钧所言“疏散俊逸，如风吹仙袂，飘飘云中”，可谓妙悟之语。而有学者引清人杨岘题跋并分析说：“‘古而肆、虚而和’的特色，耐人寻味。它浑穆的气象、开张的架势、道劲的笔力，无不体现出汉人博大的胸襟。”则是从汉人思想与心理方面指出了《西狭颂》书体美的原因。

另外，《西狭颂》被日本人视为“隶书的典范”，“汉隶的正宗。”我以为：这是因为《西狭颂》一反当时通俗流行隶书的扁宽结体，而依然坚持和保留了作为汉人思想与审美偏好的方正古朴书体的缘故。我们看到，《西狭颂》虽为隶书，但其结体不仅保留性地融人了篆体圆通古劲的韵致，而且也已经显露出稳健方正的楷书造型。正是由于其书体隶中有篆、隶中见楷的特色，故而其书体便自然呈现出势方意圆、雄强疏宕的审美特征。

（七）方圆兼施、朴拙道劲的运笔美

《西狭颂》书法艺术的审美特征，还表现在运笔方法的方圆兼施和运笔风格的朴拙遒劲方面。

有学者指出：“《西狭颂》字画短，短则易见朴拙。象《乙瑛》《礼器》长，长则易出潇洒。”藉此就“三颂”来看，《石门颂》之所以奇纵恣肆、风神逸宕，就在于其运笔不仅瘦劲，而且笔法流畅，长画较多。例如著名的“命”、“升”、“诵”等字，而《西狭颂》《郙阁颂》

运笔沉着稳健，笔画较短且多粗笔，所以显得更为朴拙遒劲。

兴许如此，日本松井如流先生把《西狭颂》和《郙阁颂》同分类于第七一“点画有力富野性者。”不过，就二者之古拙而言，《郙阁颂》的朴拙是凝重而天真的，其稚拙多于精巧；而《西狭颂》的朴拙是优闲而洒脱的，其巧妙多于拙意。诚如有人所言：“虽形短而气势万丈，于空灵逸宕、变化多端之中蕴万千之境。”兴许这也是日本真田但马先生把《西狭颂》分类于“朴素有趣者—浪漫派”，而把《郙阁颂》分类于“朴素强劲者—古劲派”的理由所在吧。

关于《西狭颂》的运笔方法，今人亦多有论述。有人认为：“通碑虽全为隶书，但用篆法处颇多”，“运笔方圆兼施，溢史摺笔意”，“其笔画则方圆错综、粗细相济、轻重互用，欲方先圆，以显其高妙。”这里对《西狭颂》运笔的分析，侧重于篆法在隶体中的渗入、存留与运用；指出了《西狭颂》书法运笔的承继性特点。也有人认为：“多取方笔，不乏圆笔”，“方笔取险，圆笔对比，方圆相济，以方为主”；“圆笔藏锋，不失篆意；方笔出锋，向正书演变”，“许多字体点划已具正书面目”等等。这一分析，看重于篆法与隶法的相互作用，并密切注视着隶体中所显露出的楷意。

那么，为什么运用了方笔和圆笔，或者说因有了篆法的渗入和楷意的流露就产生了运笔朴拙道劲、书体平正稳健、疏宕虚和的美感呢？这是因为：“所有书画刻印艺术的手段都是线条一直线和曲线，或者两者的结合。直线能获得坚硬有力、质朴稳健的效果；曲线则给人以运动、轻快、文雅和优美的感觉。”这段话，乃是我们借以洞察《西狭颂》卓越的运笔美实质的一面镜子。

具体而言，正是由于其对篆法有一定程度的坚持与保留，那些圆融婉转的曲线在运笔、结体中的介人，才使我们感受到了“疏宕”、“虚和”、“瑰丽”、“秀逸”、“潇脱”、“典雅”、“优闲”等等柔美的品质。正是由于其对于隶法的波磔跌宕、简捷率直以及对于楷法的方笔出锋、刀头切入笔法的钟爱，那些粗壮、坚硬、甚至有些锋利的线条在运笔、结体中的出现，才使我们感受到了“雄迈”、“静穆”、“雄强”、“道劲”、“雄浑”、“方劲”等等阳刚之气的显露。

记得康有为曾说过：“余谓隶中有篆、楷、行三体。”他认为《石门颂》为“隶中之草”，《郙阁颂》为“隶中之篆”。若依此类推，则《西狭颂》当然就是“隶中之楷”了。众所周知。在我国汉字与书法发展的历史长河中，隶书为篆楷之间过渡的桥梁。如果说《郙阁颂》肥雍稚拙的运笔特点，保留了较多大篆意趣；属书风比较保守的一派；《石门颂》飘逸恣肆、出现了较多行草笔意，书风渐趋革新一派的话；那么，《西狭颂》就是承前启后，继往开来的汉代隶书杰作。它上承秦代小篆、下启晋唐楷书，桥梁作用表现得异常鲜明；它运笔方圆兼施，篆法隶型楷意相参并存、谐和相生，书体方正平稳、静穆虚和的特色，忠实地记录了汉字由篆经隶向楷嬗变发展的生动有趣的全过程。《西狭颂》在汉字演进史和书学史上的地位与价值，也正体现在这一点上。

（八）儒家审美观与辩证思想之美

为了便于论述，上面我们通过七个方面来论述了《西狭颂》摩崖石刻艺术的审美价值问题，尤其是将其文章之美与书法之美各分成两三个方面的特征加以分析。而事实上，《西狭颂》摩崖石刻艺术是一个有机的整体，它的总体美当然是通过各个有机的组成部分从不同的内容、角度与方式来给予共同表现的结果。例如其书法之美中章法美的“方整雄伟、气势博大”，乃是通过“势方意圆、雄强疏宕”的书体美和“方圆兼施、朴拙道劲”的运笔美具体加以体现的，在其实质意义上相互是根本不能分割的。

从上文各个侧面的论述中，我们还发现了两个秘密，这就是贯穿于《西狭颂》摩崖石刻艺术之中的两条红线：

一是无论从对李翕其人的颂扬、政绩的陈述上，还是文辞的写作、书与文的结合、书体的设计、“五瑞图”的配置、摩崖石刻整体结构的安排布置等方面，都严格遵循、体现着儒家学派的政治思想和审美规范。

例如：李翕政绩、五瑞图像，体现了孔子所倡导的政治理想—“仁政”“德治”，以及统治阶级一旦施行这一政治理想后所产生的强大神力和巨大的社会效益：“君昔在黾池，修崤嵚之道，德治精通，致黄龙、白鹿之瑞”，“是以三剖符守，致黄龙、嘉禾、木连、甘露之瑞”，“咏歌懿德、瑞降丰稔，民以货殖。”再如，表文中数处引用《诗经》诗句，且叙述李翕幼年生活也以“敦《诗》悦《礼》”来衡量来赞颂，充分体现了孔子“诗主教化”、“不学《诗》，无以言”的儒家文艺观。表颂以朴实简练的文笔来写贤人善行的内容，并以方正舒展、雄健秀逸的书法来给予表现，则体现了儒家代表人物孔子“文质兼美”，孟子“尽善尽美”，荀子“不全不粹不足以谓之美”和扬雄“文德兼美”的美学思想和审美追求。而其章法的方整雄伟，书体的静穆虚和，则又体现了孔子“威而不猛”、“文质彬彬，然后君子”的完美人格标准，如此等等。

二是《西狭颂》书法艺术所表现的诸多美学特征的背后，让人感觉到那里总是站立着一位鹤发童颜的老人，那位老人就是中国古代朴素的辩证思想。只要我们细加考察，就会发现：辩证思想的火花闪现于《西狭颂》书法艺术的各个角落。

例如：在章法布局上，密中有疏，疏密相映，实中见虚，虚实相生；在书体造型上，势方意圆，方圆相调；如“以、古、而、山”等字；以斜为正，斜正相照；如“姿、惴、歌、瑞”等字。在运笔方法上，以圆写方，方圆兼施；如“于、守、伯、宿”等字。拙中见巧，巧拙互用；如“督、继、幼、广”等字。在笔画处理上，粗细（轻重）相间，刚柔相济；如“嘉、阿、卫、朝”等字。增点减画，点画呼应；如“克、土、害、谷、寡”等字。诸如此类，不胜枚举。限于体例与篇幅，容当另文再论。

作者在此意欲指出的是：儒家思想及其审美观与古代朴素的辩证思想，乃是生成《西狭颂》书法艺术“自具端丽”审美风格的筋骨，是建构起《西狭颂》摩崖石刻艺术具有丰富多彩的古典艺术美审美内涵的梁柱。

1991年12月改定

# 甘肃省陇南境内石窟寺概述

史 轲

［摘要］甘肃是中国石窟艺术最为集中的地区之一，地处甘肃东南部的陇南地区由于地理位置偏僻，社会经济发展水平相对落后，石窟的开凿较省内其他地区偏晚，始于北魏末年，发展于隋唐阶段，兴盛于明清时期。其窟龛形制、造像题材受到了天水麦积山石窟等毗邻地区佛教艺术的影响，且区域内呈现出不平衡的地区分布特征，明清时期这种局面得以改变，并最终形成以儒、释、道三教为核心的多神信仰体系。

陇南市地处甘肃省南部，东南与陕西、四川相接，西邻甘南藏族自治州，北依定西市和天水市，总面积2.79万平方公里，辖武都、宕昌、文县、成县、康县、徽县、西和、礼县、两当9个县区，总人口258万。陇南地形地貌复杂，位于我国阶梯地形过渡带，东部与陕西秦岭和汉中盆地连接，南部向四川盆地过渡，西部向甘南高原过渡，北部向陇中黄土高原过渡。境内高山、深谷、丘陵、盆地依次分布，其中东部为呈丘陵宽谷地形的徽成盆地，西南部高峻山岭与深陷河谷错落相接。

自古以来陇南就是西北通往西南的交通孔道，素有“秦陇锁钥”、“巴蜀咽喉”之称。因此，地理位置和战略地位非常突出，历来是兵家必争之地。由于西秦岭横亘其间，重峦叠嶂，艰险异常，成为阻隔陇蜀交通的天然屏障。汉唐以来，古代先民在高山峡谷之间，依山傍水，修建栈道，以为通途。据考察，由陇南入川沟通陇蜀交通的山口和栈道主要有三条：一是由两当越故道山（今太阳山）经陕西勉县入川；二是经由徽县大河店乡至陕西略阳，沿嘉陵江谷地入川；三是由武都循白龙江谷地至文县碧口镇入川。

## 一、石窟寺的开凿时代与分布范围

陇南市境内的石窟寺集中分布在西汉水流域、嘉陵江流域和白龙江沿岸一带。其中西汉水流域主要有西和县境内的法镜寺、八峰崖石窟。嘉陵江流域主要有成县境内的大云寺、达摩洞、菩萨洞石窟，徽县境内的广佛寺、罗汉洞、真空寺、佛爷台石窟，两当县的西姑庵、千佛洞、土峰沟石窟。白龙江沿岸则主要有武都县境内的朝阳洞、水帘洞石窟。从开凿时代看，主要集中在三个时期：

### （一）北朝时期

陇南地区先后由氐、羌等民族建立的仇池、宕昌、武都、武兴和阴平五个割据政权统治，在与中原之朝频繁的战争、联姻、朝贡等活动中，汉族人口大量涌入陇南，使其原有的部落组织逐步解体，中原生产技术和礼仪文化等也开始传入，使这一区域内文明程度明显提高。同时，外来的佛教也被很快接受。据文献记载，氐族仇池杨氏政权就非常笃信佛教，杨宋奴的两个儿子就分别取名为杨佛奴、杨佛狗。麦积山北魏早期开凿的78窟内就有仇池镇供养人画像和榜书题记。也正是受以麦积山为中心的佛教石窟造像艺术影响，出现了陇南境内最早的石窟寺，目前也仅发现一处，系位于西和县石堡乡的法镜寺石窟。

（二）隋唐时期

经过“开皇之治”和“贞观之治”，中央集权得以强化，农耕屯田、矿产开发、城镇建设、商业贸易等成绩斐然，陇南社会经济也得到长足发展，在一定程度上也促进了石窟的开凿，先后出现了大云寺、佛爷台、八峰崖等石窟。“安史之乱”爆发后，吐蕃于公元762年乘机占据陇南，这一地区社会发展基本停滞。公元1073年，北宋收复陇南，但随之这一带又成为宋金对峙的前沿阵地，双方数十万大军长年屯扎于此，客观上也促进了当地的农业发展、水路漕运、陆路建设、茶马贸易等，除唐代开凿的大云寺、八峰崖仍在延续外，又新开凿了罗汉洞石窟。

（三）明清时期

除去零星的农民、白莲教和回民起义外，这一地区总体上处于安定状态，农业持续发展，水利建设、桥梁道路、商业贸易、文化教育等也有了长足进步。在区域内，白龙江流域长期落后于嘉陵江流域、西汉水流域的局面得以改观，对于当地佛教石窟的开凿起到了促进作用，其分布范围显着扩大，可以说遍布整个陇南境内，如西和县的八峰崖，徽县江洛镇的广佛寺、柳林镇磨沟村的真空寺、嘉陵镇的罗汉洞，成县红川镇北渠村的达摩洞、菩萨洞，两当县云坪乡的西姑庵、广金乡的千佛洞、杨坪乡的土峰沟以及武都县角弓乡的朝阳洞等。

**二、窟龛形制、造像题材及组合**

（一）北魏时期

位于西和县城北12公里的石堡乡石堡村五台山支脉崖壁上的法镜寺石窟，开凿于北魏时期。现存大小窟龛24个，造像11身。1962年改建西（和）徐（家店）公路时，将南侧山崖拦腰劈开，部分洞窟遭到破坏。

窟龛形制主要以平面呈横长方形或马蹄形、圆拱顶或平顶的摩崖浅龛为主，其次为平面方形窟和平面马蹄形穹窿顶窟。此外，还发现有中心柱窟和三壁三龛窟；文革中绝大部分窟龛内造像被摧毁，残损极为严重，仅存大致轮廓。主要分布在摩崖浅龛内，其组合形式多为单身立佛或一铺三身组合。

法镜寺石窟未见于史料记载，其窟龛形制主要受到了距此不远的麦积山石窟的影响，如平面方形平顶窟、三壁三龛窟、平面马蹄形穹窿顶窟等都是麦积山北朝后期常见的窟型。同时也呈现出一些自身特点，如法镜寺石窟以较大的摩崖浅龛为主，平面多呈横长方形，圆拱顶或平顶，这与麦积山同时期的摩崖浅龛有很大区别；后者一般较小，平面多呈方形或梯形，尖拱或圆拱顶。此外，法镜寺石窟为供奉立佛而凿建的长方形大龛也不见于麦积山石窟，而中心柱窟在天水和陇南一带的石窟群中也是首次发现，表明这类窟龛形制另有来源，有待于进一步探讨。法镜寺现存的三壁三龛窟位于整个窟区最西侧，而这一窟型也是麦积山北魏晚期和西魏阶段大量流行的窟形之一。因此，它可能标志着法镜寺石窟大规模的开凿活动基本结束。

从造像组合上看，法镜寺石窟以单身立佛和一铺三身的组合为主，现存的方形窟内造像已全部无存，推测组合方式应与同时期麦积山石窟相差无几，即为三壁三佛的样式。现存造像除13龛内的立佛外，已残毁或被重修得面目全非。佛像面部棱角分明，五官雕凿紧凑，神情庄严肃穆，体态敦厚矮壮，身穿交领袈裟，衣带自胸前打结后下垂，衣纹简洁流畅，极具地方特色，在佛像衣纹处理上，带有鲜明的北魏孝文帝改革后的服饰特点。

（二）唐宋时期

1. 佛爷台石龛

唐代开凿，位于徽县水阳乡姚坪村东约300米的佛爷山北侧断崖上，整个崖面被浮雕成一个大龛，高3.6米，面阔9.8米，进深0.2—2米。龛楣呈弧形，其下浮雕有多重式垂幔，龛两侧及下方残损较为严重，从两侧的桩眼分析，该龛外侧原有木质防护建筑。龛内正中并列开有4个圆拱形龛，在每个龛周围均开有数量不一的小龛。在大龛外两侧下方各开有一个小圆拱龛，各种小龛合计有14个。

大龛内造像以单体坐佛为主，小龛内造像多数为坐佛，兼有胁侍菩萨、力士等题材。在组合形式上以四个大龛为中心，构成了比较统一、完整的造像布局。

2. 大云寺石窟

唐代开凿，亦称凤凰寺或睡佛寺，位于成县城南约2公里处的凤凰山麓崖面上，现隐约可辨崖面上有两个尖拱形浅龛，龛内造像已残毁无存。在崖壁下殿宇中尚保存有一身高约4米的坐佛和一身高约3米的卧佛，可惜已被全部重新彩绘。

3. 八峰崖石窟

唐代开凿，又称八府崖或吉祥寺，位于西和县石峡镇南约3公里的群山之中，石窟开凿在一处崖面中部内凹的，长约40米、高约5米的岩隙中，开凿方式为天水、陇南一带唐宋时期常见的前殿后龛式结构，即窟龛前部为木构殿堂，后半部分依崖壁而建，远观极其宏伟壮观。

八峰崖现存各类大小殿堂14个，原作已全部无存。在八峰崖对面即为着名的仇池山遗址，山下坡地为明代寺院遗址，除一块残碑外已无其他遗物。

4. 罗汉洞石窟

宋代开凿，位于徽县虞关乡穆坪村宝成铁路旁的山中，是一处天然石洞。根据调查，解放前石洞中尚有数量众多的石雕罗汉造像，可能是五百罗汉群像，这一题材也是宋代陇东、陕北一带石窟中常见的造像内容之一。由此可以推定罗汉洞大致应开凿于宋代。遗憾的是，在20世纪50年代修建宝成铁路过程中，建设队伍将其作为宿营和生活场所，对窟龛内造像造成一定损害，后来在“文化大革命”中被彻底毁坏，现除一尊石质香炉外，石穴中造像均为现代重塑。

唐宋时期陇南的石窟艺术有所发展，但受政治中心东移、吐蕃入侵、宋金连年不断的战争、当地社会经济发展水平较低等因素影响，开凿范围主要集中在陇南境内经济水平较高的嘉陵江流域和西汉水流域，窟龛规模一般都很小。开凿于唐初的佛爷台石龛在形制上模拟北朝晚期的帐形龛，这种样式在麦积山石窟西魏至北周阶段的佛教造像中是一种常见的装饰题材，如127窟前壁《七佛变》中的坐佛，133窟11号造像碑中的释迦、多宝并坐说法像，4号窟后室大龛装饰等，均采用了帐形龛的装饰手法，显而易见，前者在很大程度上是受到了麦积山石窟的影响。此外，通过诗人杜甫当年由秦州（今甘肃天水）经西和、成县前往四川成都时沿途留下的《法镜寺》《石龛》等诗文中可知，法镜寺、八峰崖、大云寺等石窟在唐代以前已经形成了今天的规模。而目前能确认的唐代作品只有佛爷台摩崖浮雕造像，佛螺纹高髻，方圆脸，白毫相，弯眉细目，两耳紧贴后颊且外撇，高鼻小嘴，面形饱满圆润，身穿垂领式或圆领通肩式袈裟，结跏趺坐于三重式仰莲台上；菩萨束发戴高冠，面形圆润，上身袒露，斜披络腋，下着长裙；其他胁侍及天王形象已残损严重，细部无法辨识。

总的看来，佛爷台造像与麦积山5号窟两侧龛内的唐代造像以及庆阳北石窟等周边地区同时期的唐代造像非常相近，充分体现出其时代特征。根据调查情况看，开凿于宋代的罗汉洞石窟显然以罗汉群像为主，这一题材在当时的陕北、陇东一带非常盛行，如富县马渠寺、黄龙双陵万佛寺、合水莲花寺等石窟内，都有以罗汉群像为主的大型浮雕造像。根据有关学者研究，两宋时期各种形式的五百罗汉题材非常盛行，在四川地区也是一种常见的造像题材。由于罗汉洞处在嘉陵江水道旁，因此，极有可能是当时来往陇蜀之间的军人或商人开凿的。

（三）明清时期

1. 八峰崖石窟

现存14个殿堂中的造像均为清代或近现代重修或重塑，其中比较重要的有释迦、文殊、普贤三尊像，三霄娘娘，弥勒造像，地藏菩萨，天、地、水三官等。

2. 广佛寺石窟

明代开凿，又称三眼洞石窟，位于徽县江洛镇政府后面的半山坡上，现存三个窟龛，均系利用天然石穴略加修缮而成，平面方形，顶部不规则，窟内造像均系近现代重修，仅2号龛外两侧浮雕的青狮、白象为原作，具有明代造像的艺术特征；根据调查，在山坡下的平地上原有广佛寺，20世纪60年代被拆毁。

3. 真空寺石窟

明代开凿，位于徽县柳林镇磨沟村北300米的崖壁上，现存5个摩崖浅龛和1个平面方形平窟。龛内造像多已风化残损，窟内造像残毁无存。

4. 达摩洞石窟

清乾隆初年开凿，位于成县红川镇北渠村东约2公里的甸山风景区内，是一个平面纵长方形券拱顶石窟，窟内正壁凿一条形坛台，其上正中雕达摩像，高1.4米，左、右各雕一胁侍弟子像，高1米，均已重新彩绘。在其右侧亦有一清光绪三十四年（1908）开凿的平面方形平顶窟，俗称石佛洞或菩萨洞，窟内正壁坛台上现存4身穿花袍带念珠的石雕人物像。嘉庆和道光年间在达摩洞左侧的平地上又修建起献殿、观音楼、地藏殿等建筑，现均已无存。

5. 西姑庵石窟

又称佛爷洞，明代开凿，位于两当县云坪乡棉老村对面的西姑山上，系利用一天然石穴略加修筑而成。窟内正壁坛台上现存 3 身石雕坐佛，两侧各 1 身石雕弟子立像，均系它处移入，窟内原有造像现已无存，仅存石雕方形叠涩束腰双层仰莲台座，其中右侧台座下方尚存一石雕卧象，故推测窟内主尊原为释迦、文殊和普贤造像。

根据现场调查，西姑山脚下保留骑龙寺古建筑，但原作已全部无存。骑龙寺对面的塔院坪上，仍保存有两座明代石雕佛塔，其周边的沟壑中，还有部分塔基、塔身、塔刹等石雕构件。

6. 千佛洞石窟

清代开凿，位于两当县广金乡贺家坝村北 1.5 公里广金河两岸的崖壁上，分上、中、下三排，现已基本残毁无存，其中尚保存有一个平面长方形平顶窟，高 1.4 米、宽 1.5 米、进深 5 米。窟内的泥塑道教及彩绘壁画残损严重，无法辨识。

7. 土峰沟石窟

又称董真庵或黄华寺，清代开凿。位于两当县杨坪乡土峰沟村北侧约 1 公里处的半山腰上。系利用一天然内凹的崖壁开凿了三个窟，崖壁正中为现代重建的三清殿。

8. 朝阳洞石窟

又称仙洞崖，明代开凿。位于武都县角弓乡陈家坝村南 500 米的悬崖峭壁上，现存大小窟龛 22 个，所有窟龛均由崖壁内的暗道连通而成，呈斜向自下而上依次排开，窟龛形制不规则，在崖面宽敞的地方则采用建造殿宇或前殿后窟的方式修建。窟龛内的造像均系近现代重修或重塑。

明清时期的窟龛形制主要有三种类型：一是平面方形，平顶或拱形顶窟，正壁凿一坛基，左、右壁各凿或砌一低坛台，其形制一般较大，且多在窟前设有排水设施，如真空寺、土峰沟、达摩洞等。

二是利用天然崖壁采用前殿后龛方式修建，如八峰崖、朝阳洞；三是利用天然石洞略加修整而成，如西姑庵、广佛寺。

上述多数窟型在毗邻的天水明清时期的石窟中也广泛采用，如麦积区仙人崖石窟、武山县木梯寺石窟主要以殿堂式建筑为主。而甘谷县华盖寺石窟在窟区构造上与武都朝阳洞如出一辙，均系在崖壁内部依次开凿而成，窟龛本身不是很规则，完全由所供奉神像的内容而定。利用天然石穴略加修饰而开窟的做法在渭水上游一带也很常见，如麦积区碧莲洞、武山县光明寺、灵岩寺等，平面方形平顶窟在天水境内相对较少，仅渭河上游地区有零星发现，如武山县平凤山、九间洞石窟，但在陇东地区的关山以及泾河、蒲河流域一带则比较常见，如庄浪县云崖寺石窟、大寺石窟，泾川县罗汉洞石窟、丈八寺石窟，镇原县的玉山寺石窟、洛阳寺石窟等。

这一时期石窟中的造像题材发生了很大变化，明显承袭了宋代以来儒、释、道三教合一的特征，其中佛教以反映华严思想的释迦、文殊、普贤三尊式组合为主，如八峰崖大佛殿、广佛寺 2 号龛、西姑庵佛洞等。同时兼有弥勒佛、观音、地藏、罗汉等唐宋以后中国内地盛行的造像题材，如八峰崖地藏殿、观音殿、罗汉堂、弥勒龛，土峰沟地藏殿，朝阳洞地藏殿、观音殿等；道教造像以天尊、老君为主，如董真庵三清殿；儒家造像以孔子、关羽为主，如朝阳洞关公殿、孔子龛等。此外，还有一些反映中国传统神话人物的造像，如玉帝、送子娘娘、天地水三官、土地神等，目前能看到的有八峰崖三官殿、玉皇殿、娘娘殿、朝阳洞玉皇殿等。

总之，这一时期的造像神系呈现出复杂化和多元化，反映出当地人们信仰观念的多元化趋势。同时，在分布范围上也呈现出一个明显特征，即供奉神系复杂的石窟寺基本分布在西汉水和嘉陵江流域一带，最具代表性的是八峰崖和西姑庵。从地域上看，前者靠近社会经济相对发达、供奉神系非常丰富的天水地区，后者则靠近经济文化更为发达的陕西关中地区。相反，在白龙江流域，不仅开窟数量少，而且信仰观念也相对单一，反映出当地民众与外界交流比较滞后。从造像特征上看，几乎所有窟龛内的造像由于缺乏有效、科学的管理，重修重绘现象严重，或者已全部或大部分残毁。保存相对较好的仅有八峰崖、西姑庵和土峰沟几处石窟中的部分造像，人物表情呆板，装饰繁缛细琐，具有清代造像的共同特征，艺术水平普遍不高。其中比较杰出的代表作品有西姑庵的明代弟子像、八峰崖的佛、菩萨像等。

三、结语

陇南地区的佛教信仰始于南北朝时期氐族杨氏政权的上层贵族，大致在北朝末年开始盛行，受麦积山石窟的影响在西汉水流域出现了境内最早的石窟寺。唐代，随着当地社会经济的发展，佛教得到广泛传播，以徽成盆地为中心的嘉陵江流域开始出现小型石窟寺。宋代，随着两宋、西夏、金政权之间的争战，当地民众祈求平安的现实需要，使得当地佛教寺院十分兴盛，石窟寺的开凿相对较少。明清以后，随着当时社会经济的繁荣和稳定，石窟寺的开凿和佛教寺院的兴建一样，形成一个新的高潮，波及整个陇南境内。其信仰神系呈现出在儒、释、道三教合一基础上的多元化倾向，与毗邻地区在民间信仰观念趋于一致。

## 陇南茶马古道探析

罗卫东

茶马古道，是指唐宋以来至民国时期，汉、藏、西番之间以茶叶和马匹相互交换为主要内容的古代商贸通道。茶马古道是中国西部经济、文化、民族、宗教交流融汇的走廊，是一条人文历史最丰富、自然风光最壮观的旅游线路，它蕴藏着开发不尽的历史文化遗产，因而受到人们的高度重视。

**一、从历史文献资料来看，除了西南的滇藏道、川滇道、川藏道、岷山道外，从四川通往陕、甘地区也存在着一条极其重要的茶马古道，即秦蜀道。秦蜀道在宋、明、清时期**

**承担了四川、汉中及湖南等地同陕西、甘肃、宁夏、青海番地茶马交易的主要任务，是真正意义上的以茶易马的茶马古道**

茶马古道，顾名思义，就是古代汉地茶叶同番地马匹相互交易的商道。对于茶马古道的认识，有一个逐渐深化的过程。最初，研究者认为茶马古道“是指存在于中国西南地区，以马帮为主要交通工具的民间国际贸易通道，是中国西南民族经济文化交流的走廊。”通过多年研究，人们对于茶马古道有了进一步的认识，认为茶马古道除西南地区外，在陕西、甘肃及宁夏地区都分布有茶马古道，或者说在整个西部地区都分布有茶马古道。茶马古道的准确内涵应为：是古代中国西部地区以茶换马为主要内容的商贸通道。

从大量的历史文献资料来看，除了西南的滇藏道、川滇道、川藏道、岷山道外，从四川通往陕、甘的陇南地区境内也存在着一条极其重要的茶马古道，即秦蜀茶马古道，这条茶马古道始自今四川省成都市（古称蜀），终止今甘肃省天水市（古称秦州），也可称简其为陇蜀道或陕甘川道。茶叶收集后，从成都启运，经绵阳、昭化、广元，集中到汉中的南郑，在南郑加工后再经略阳、徽县运至秦州，以此为集散地，再分路运至陇右、青海、蒙古以及关中各地，这条茶马交易古道，是一条干线，属于西部茶马古道网线的东干线。现存有大量的历史文献资料和石碑、古道、古遗址充分证明了这一点，特别是徽县的《新修巡茶察院行台记》《重修庙学记》《徽州调停驿站碑记》，康县的《察院明文》等石碑对茶马交易有详细记载，在全国都是仅见的。

秦蜀茶马道在宋、明、清时期承担了四川、汉中及湖南等地同陕西、甘肃、宁夏、青海及蒙古番地茶马交易的主要任务，是真正意义上的官方监管的“以茶易马”的茶马古道，而不是一条普通的贸易商道，在茶马古道研究上，应当予以高度重视。

实际上，云南、四川的一部分“茶马古道”，虽然冠名为“茶马古道”，但并没有以茶易马、茶马交易的内容，而只仅仅是以马匹驮着茶叶向少数民族交换物品（或茶叶销售）的商道，因此，这些所谓的“茶马古道”，只是一些普通的商贸通道，并不是真正意义上的茶马古道。

**二、秦蜀茶马古道由主干线和若干条支线构成，官府在道路沿线设立有各类管理机构。巡视陕西茶马御史负责监管全国养马苑圄和茶马交易，陇南徽县火钻镇为陕西巡茶御史的官署之地，也就成为全国茶马交易的管理中心**

秦蜀茶马古道南起成都（今四川成都市），北至秦州（今甘肃省天水市），这条道路早在先秦时期，就是西南通往西北的主要交通道路。成都为买茶地，汉中为茶叶加工地，秦州为卖茶买马地。茶叶由成都运至汉中加工后，再集中运至略阳，经白水江镇、徽县榆树、高桥、娘娘坝，再至秦州（今天水市），然后运至陇右番地交易马匹。

秦蜀茶马古道由干线、支线和捷道组成。除成都至汉中、秦州这条干线外，还分出若干条支线，穿越陇南地区，进入陇右番区。支线主要有两条：一为散关道（或窑坪道），该道从陕西略阳出发，经置口、窑坪、大南峪、云台大山岔（古称散关、七防关）、唐房坝、关沟门（向北可进入成县小川境内），沿西汉水西上，经河口、李山、毛坝，至武都县田河，在此继续西行，可达南阳、宕昌、哈达铺、岷县、甘南地区；或北上经西和大桥、洛峪（西汉武都郡治）、何坝，可到达岷县、漳县一带；自毛坝转行平洛，经望关、甘泉、安化、马街、武都，可接入阴平道，再进至岷、洮地区，因平坦易行，在清代以前，这条道路是陇右通往川陕地区的主要商道。二是阴平道（或称甘川道），该道起自四川绵阳，经江油、青川，翻越悬马关至碧口、沿白龙江而上，经文县、武都、宕昌、岷县进入甘南、临夏、临洮、兰州，直抵青海番地及西藏地区。相对散关道而言，阴平道是陇右入川的一条捷道，但多高山深谷，悬崖峭壁，道路十分艰险。

除此之外，还存在着一些史书中没有记载的“捷路”，这些捷路，也就是明代文献中的“犯私茶者”走私茶叶的“通番”小道，为防止茶叶和食盐走私，官府在这些小道上常设关卡，称“盐茶关”。

陇南地区位于陇右番族地区和川蜀茶叶产区之间，是茶马交易必经之地，秦蜀茶马古道干线及支线所经路线主要在陇南境内，因此，陇南是茶马古道主要分布地区，在全国茶马交易格局中占有十分重要的位置。

两宋时期，出于抵御北方强敌辽、西夏和金人的军事需要，北宋朝廷在陇右、陇南地区设立了许多茶马场，由国家直接管理进行大规模的茶马交易。在陇南的阶州（今武都）、文州（今文县）、成州（今成县）、西和州（今西和县）、宕州（今宕昌县）均设有茶马场。

明初，中央政府为了保证榷茶的顺利进行，从都察院监察御史中派遣人员代表朝廷巡视茶法马政等事务，一般称巡视陕西茶马御史，简称巡茶御史，虽名陕西巡茶御史，但权力很大，负责监管全国养马苑囿和茶马交易。陕西巡茶御史以徽县火钻（今徽县高桥乡火钻峡）为巡茶察院行台办公之地，以火钻峡附近的木庐（今徽县高桥乡木庐村）为巡茶御史公馆之地。徽县火钻成为全国茶马交易的管理中心。

秦蜀茶马古道干线及支线上均设有茶马交易管理机构，如茶马司、巡检司、批验所等。在秦州设置了茶马司，并在秦州骆驼巷、稍子镇和徽州火钻等地设立了批验茶引所（批验所），专门负责秦蜀道茶马贸易及茶引检验等事务。除了在徽县火钻设有巡茶御史察院行台外，还在徽县城西街设立了批验所；在今康县云台镇东3公里处的大岔山设七防关巡检司（明代以前称散关）；在康县东接略阳处设有且口巡检司及阳平关巡检司；在今成县北设有黄渚关巡检司；在今徽县北设 有高桥巡检司，南面有虞关巡检司及白水镇巡检司；在今礼县西南设有漩水镇巡检司和板桥山巡检司。另外，还设有茶马场、卖茶场、马监多处，作为茶马交易场所。

**三、秦蜀道是西南茶叶输送至西北的最早的商道。秦蜀道在宋代茶马交易中发挥了重要作用。明代是我国历史上茶马互市的黄金时期，也是秦蜀道最兴盛、最繁荣的时期，秦蜀道承担了运送茶叶和输送马匹的主要任务，成为当时最重要的茶马商道**

秦蜀道是西南茶叶输送至西北的最早的商道。四川是我国最早种植茶叶和开展茶叶贸易的地区，西汉时蜀地普遍种植、销售茶叶，饮茶成为时尚。在隋唐以前，四川茶叶进入西北的主要通道就是沿嘉陵江而上，到汉中后再经青泥道、陈仓道、褒斜道、傥骆道等蜀道分路进入陇右、关中地区。因此，秦蜀道是西南茶叶输送至西北的最早的商道。

两宋时期，大规模的茶马交易主要发生在陕、甘地区。据史料载，宋、番茶马交易的茶叶主要来自四川和汉中地区，而所易之马主要为陕、甘番区的战马，承担运送茶叶和输送马匹主要任务的秦蜀道也就成为当时最重要的茶马商道。

明代是我国历史上茶马互市的黄金时期，也是秦蜀道茶马互市最兴盛、最繁荣的时期。明廷非常重视茶马互市，通过茶马互市，一方面可以交换到大批战马，另一方面朝廷也想“用茶易马，固番人心”，因此，明朝廷在陇右地区设立了三个茶马司，负责管理茶马交易事务。

明代茶马交易的茶叶主要来自四川，其次为陕西汉中。官府将所得茶叶储存在有关部门，主要用于与西北、西南地区少数民族进行茶马互市。据统计，四川保宁等府每年运送到西北西宁、河州、洮州 3 茶马司的茶叶多达 100 万斤之多（可交换战马 1 万余匹），这些茶叶都是通过秦蜀道运到番地，从而实现茶马交易的。由此可见，和两宋时期一样，秦蜀道承担了运送茶叶和输送马匹的主要任务，是当时最重要的茶马交易商道。

**四、明朝初年对茶马交易管理严格，处罚十分严厉。明代中后期，茶马交易日益废弛，西北地区首当其冲。朝廷也曾数次大力整顿，取得了一定成效，但茶马私贩问题一直没有杜绝，康县望关发现的《察院明文》碑就是这段历史的实物证明**

明朝初年对茶马交易管理严格，处罚十分严厉。明朝政府为了确保茶马交易正常进行，对茶业贸易有严密的管理制度，为防止在边境地区走私茶叶活动，分拨官兵在商道关卡把守巡视。商贩贩卖茶叶出境，须有“茶引”，若无“茶引”贩茶，或“茶引”不符者，即为私茶。“私茶出境，与关隘不讥者，并论死。”

明代中后期，茶马交易日益废弛，茶马贩为了牟利，携带私茶与西北番人交易，茶马之政渐渐废弛，军马供应不足，军队的战斗力也失去了保证。鉴于茶马交易的重要性，朝廷也曾数次大力整顿，取得了一定成效，但茶马私贩问题一直没有杜绝。嘉靖十五年（1536），巡茶御史刘良卿上奏朝廷严查茶商私贩猖厥、茶马之政严重废驰事宜。朝廷决定：一是量积边境之茶，以防私通；二是通行内郡之茶，以息私贩；三是严通番之刑，以杜轻玩；严禁边地茶贩私售。四是严贩马之禁，以便招易；五是公养茶马，以苏贫困。自此以后，茶马交易秩序始稍有好转。

近期在康县望关发现的记载有“茶马贩通番捷路”文字的《察院明文》（现存康县文化馆）石碑及古道遗迹应该就是这段历史的实物证明。从其内容来看，该碑立碑时间应为巡茶御史刘良卿上奏“严禁边地茶贩私售”之后，按照朝廷要求，“陕西巡茶御史督严各该边备、分巡、兵备等道，悉如本官所拟，申明律例，严加防守。仍书大字告示，翻刊印刷，发仰各该把截地方常川张挂，晓谕军民人等。”该碑便是巡茶御史刘良卿命令察院以石碑形式发布的告喻“经商人等”的“大字告示”。

清代西北地区的茶马互市，虽然已经没有明代那样辉煌，但就整体上看，西北地区的茶马互市依然比较活跃。茶马贸易运输路线也仍然是秦蜀道为主，其中散关道这条商道作用更大，成为一条主干线。

清康熙年间，清政府决定将“西宁等处所征茶蓖停止易马，将茶变价银元充饷。”这样，茶马贸易彻底停罢了。于是，自唐代以来实行了一千多年的官茶垄断贸易宣告终结。

秦蜀道虽然没有了官方茶马贸易的内容，但茶叶和其他物品的交易依然存在，南方的茶叶和丝绸、布匹、白酒、日用品经此源源北上，而北方的食盐、水烟、皮毛、药材等由此南下。康县窑坪作为陕甘川交界地带的货物重要集散地，历经数百年，直到解放前夕，仍十分繁荣。20世纪50年代后，随着宝成铁路、甘川公路和略武公路的修通，往来货运改走铁路和公路，这条千年古道才逐渐废弃、萧条，失去了往日光彩。

茶马古道是人类历史上极为重要的文化遗产，秦蜀古道及散关道、甘川道等茶马古道不仅在古代茶马交易活动中发挥了重要作用，而且还是数千年来联系西北地区和西南地区的经济纽带、文化纽带和民族、宗教交流纽带，具有申报世界文化遗产的价值。建议甘肃、陕西、四川沿线有关地区联合成立秦蜀古道保护协调机构，把保护这条茶马古道作为文化遗产保护的一项重大课题来认识，加大保护力度，除保护好现存的茶马古道道路、桥梁、驿站、茶号、石碑、寺庙、古庙等实体外，还应加大沿线风俗民情、故事传说等非物质文化遗产的保护。要把古道保护与旅游业发展结合起来，发展文化旅游产业，带动当地经济发展。

（原题为《秦蜀茶马古道考述》21000字，载《天水师范学院学报》2012.3）

## 兰州大学联合西南大学开展的一项科学考察得出结论<br>——嘉陵江正源就是白龙江

兰州大学资源环境学院联合西南大学地理科学学院展开的嘉陵江源科学考察结果显示，嘉陵江正源在甘南藏族自治州碌曲县郎木寺镇西约7.5公里的曲哈尔登泉水群，地理坐标为北纬34°06′33″、东经102°33′43″，海拔高度约3560米。根据遥感图像，从曲哈尔登泉水群算起，新的嘉陵江干流长度比汉唐之际以西汉水为主流的嘉陵江长度增加56公里，比宋代以来传统意义上的嘉陵江长度增加130公里，全河长度宜由一般地理文献所称的1120公里更正为1250公里。

### 一、嘉陵江发源的历史争议

关于嘉陵江的发源地，汉唐之际认为，嘉陵江以发源于省天水市秦城区齐寿山的西汉水为正源；宋代以来，嘉陵江又以流经陕西、甘肃两省交界处的故道水（两当水）为主流。20世纪40年代，在当时和经济条件极其艰苦的情况下，原地理研究所建成“嘉陵江流域地理考察队”。他们踏遍四川盆地、大巴山、嘉陵江流域等17个县，徒步4000多公里，撰写了《嘉陵江流域地理考察报告》。该报告详细记载了该地区的地形、农业、矿产、航运、人口和聚落，被誉为“抗战时期中国地理学的代表作”。1941年，中央大学李旭旦教授、赫景盛教授与浙江大学任美锷教授等4人，于7、8、9月间组成西北科学考察团，重点考察了碧口至两河口白龙江段及白龙江支流小岷江，并著有《白龙江中游人生地理观察》《西北科学考察纪略》等。特别是李旭旦教授在《白龙江中游人生地理观察》一文中明确提出：“白龙江应为嘉陵江之主流，而非支流”。但长期以来，白龙江主流的地位一直得不到确立，嘉陵江正源所在更是无从考定。

二、白龙江实为嘉陵江正源

为探寻嘉陵江源的确切地理位置，恢复再现嘉陵江正源在甘肃的历史地理事实，今年6月，兰渝两地两所高校联手，共同开展了嘉陵江源科学考察，并根据确定江源的主要依据，即河流长度、流量大小、流域面积、河流方向、源头形势等具体指标，确认白龙江在河长、流量、流域面积、源头海拔高度等多方面均优于汉唐之际的西汉水和宋代以来传统意义的古道水。也就是说，嘉陵江的主流应是源出青藏高原东缘西倾山东端的郭尔莽梁德合拉卜哉峰（海拔高度4190米）北麓的白龙江。

目前关于确定河源的依据，国内外尚没有统一的认识，此次科考主要根据以下原则进行嘉陵江正源的划分。

三、“河源唯远”原则

关于河流的正源，较多的学者赞成以上游源流各支中流程最远者为主流，也就是地理学界公认的“河源唯远”原则。因为与水量相比，河流的长度是一个稳定、可靠，而且是一个可以重复测算的指标。事实上，世界许多大河都是按照长度来排名的，也就是以距离河口最远的出水地为源头，而且这个源头一年四季都有水。要证明河流的源头一年四季都有水，需要在源头考察的实践上进行合理选择。一般来说，如果枯水季还有水流出，则可以说明这个源头一年四季都有流水。源头的具体位置则根据源头类型的不同而有不同的确定准则：对于地下水补给型的源头，出水处即可确定为源头的位置；对于湖水补给型的源头，应将湖口确定为源头；对于冰川补给型的源头，一般以冰川末端作为河流的源头。

实地考察发现，源出青藏高原东缘西倾山东端的郭尔莽梁德合拉卜哉峰（海拔高度4190米）北麓的白龙江，其源头为曲哈尔登泉水群，地理坐标为北纬34°06′33″、东经102°33′43″，海拔高度约3560米。根据遥感图像，由曲哈尔登泉水群起算，新的嘉陵江干流长度比汉唐之际以西汉水主流的嘉陵江长度增加56公里，比宋代以来传统意义上的嘉陵江长度增加130公里以上。根据“河源唯远”划分本流的第一准则，过去嘉陵江主、支流的颠倒是显而易见的。因此，从河流长度考虑，有必要把白龙江确定为嘉陵江主流。

四、“水量唯大”原则

以河流水量最大者为主流，对河流补水最多、贡献最大的出水地为源头，此即“流大为源”。因为河床有水才能称为“源”，所以对河流水量贡献最大的可以确定为正源。但由于河流的流量是变化的，在没有固定的水文观测站的各个支流上，目前考察所能够得到的都是瞬时流量，无法对源区所有支流的水量进行长期、连续和同步的观测。所以，“水量唯大”这一原则，在现有条件下较难行得通。

实地考察发现，白龙江源头曲哈尔登的泉眼达12个之多，其旺盛的泉水即使干旱年份也水流不断；而凤县代王山东峪河源头泉水流量相对较小，且具有较大的季节变化，枯水季水量明显较少或出现断流。已有资料表明，嘉陵江昭化旧城多年平均流量为634立方米/秒。其中故道水多年平均流量为245立方米/秒，占昭化旧城流量38.6%；而白龙江多年平均流量为389立方米/秒，占昭化旧城流量的61.4%。据此两点，无疑应以白龙江为嘉陵江正源。何况嘉陵江昭化旧城以上故道水集水面积为27257平方公里，占昭化旧城以上集水面积（59065平方公里）的46.1%；而白龙江集水面积为31808平方公里，占昭化旧城以上集水面积的53.9%。因此，即使按流域面积最广的支流为主流原则，亦应以白龙江为嘉陵江正源。

### 五、“河源唯直”原则

该原则主张河道上下游的一致性，以形似中下游干流方向上的自然延长者为正源，即河源与中下游干流流向较一致。在水系分布图上，一条顺直奔流的大河，往往会带给人更为顺畅和完美的心理感受。但实际上，这样的大河并不存在，世界上每条大河都是从它的发源地开始，经过千回百转才流入大海或湖盆的。

白龙江与嘉陵江交汇之处在四川省广元市昭化镇，即著名的桔柏古渡。在遥感影像图上分析，桔柏渡上下游河道的走向趋势，其结果为，白龙江下游河道与桔柏渡以下的中游河道几乎是一条直线，按“河源唯直”原则，理应以白龙江为嘉陵江主流；而桔柏渡以上的故道水河道，与昭化旧城上下游河道大约呈66°的交角，宜划为一级支流。

根据实地考察以及对精确的地图、遥感图像的判读和有关历史资料，可以确认白龙江在河长、流量、流域面积、源头海拔高度、泉水群数量和水量大小等指标上，均优于宋代以来传统意义的嘉陵江干流。不论是根据确定江源的“河源唯远”这一主要原则，还是根据各种指标的“多中择优”原则，均应确认嘉陵江正源应是源出青藏高原东缘西倾山东端的郭尔莽梁德合拉卜哉峰（海拔高度4190米）北麓的白龙江，其全河长度宜由一般地理文献所称的1120公里更正为1250公里。

### 六、嘉陵江源正名只是时间问题

由于古人活动范围和考察手段有限，其对河源的认定难免存在问题。但随着现代科技的发展和对实地考察的日益深入，使得不少典籍对江河源头的确定逐渐受到挑战，前人认定的江河源头需要进一步完善和修正。正如370多年前，人们一直认为岷江是长江的源流，即所谓“岷山导江，东别为沱”。徐霞客著《江源考》以后，能够突破儒家经典《禹贡》“岷山导江”的束缚，实事求是地把较岷江远为源远流长的金沙江通天河正名为江源。20世纪后期，经过数次江源查勘后，学者们才将长江源头更正为青藏高源唐古拉山脉的各拉丹冬雪山群。

“近30年来我国科学家查明了长江正源，更正了黄河源流，相信把白龙江确定为嘉陵江正源只是一个时间问题。”兰州大学资源环境学院院长王乃昂教授如是说。

（转自《兰州晨报》2010年07月01日记者武永明）

# 旧志述略

陇南修志历史悠长，大体与全国同步而行，并具明显的区域特色。自汉魏至民国末，今陇南境内可考的各类方志约有 30 多部，加上各类乡土志、调查记、采访录、要览等，总数在 40 部以上，其中约四分之一，特别是早期志书，基本佚失。

## 一、两晋至隋唐时期

两晋时期，陇南官、私修志书出现。东晋常璩《华阳国志》是中国地方志中的开山之作，其中卷二《汉中志》对武都郡、阴平郡有详细记载，对研究古代陇南人文历史的学者来说，是案头必备之著。其内容也涉及陇南地区的还有魏《秦记》（阮籍）、西凉《秦记》（姚和都）、南朝《秦州记》（郭仲产，已佚。1923 年陇南丛书编印出版社出版冯国瑞辑本）、南朝《仇池记》（郭仲产）、《秦州地记》、唐《成州图》（佚名）6 种，地记和传记被称为方志雏形，均已佚。唐代颜师古《汉书地理志注》多有征引，另有清代王谟《汉唐地理书钞》及《知服斋丛书》辑本。

北魏郦道元《水经注》卷二十《漾水》记述了古代陇南地区河流以及与这些河流相关的郡县、城市、物产、风俗、传说、历史等，弥足珍贵。

另外还有北魏阚骃编撰的《十三州志》，是一部早期的全国地理总志，该志以汉代版图内所设 13 个州为纲，分记各州自然地理、郡县沿革、社会风俗、河道流向等，北宋以后散佚，后清代陇人学者张澍从多种古籍中，辑录佚文，考证纠误，重新辑成。

## 二、宋元时期

地方修志出现第一个高潮期。方志名称，北宋时称“图”“图记”“图经”的有 7 种，南宋时则称为“志”“记”，到了元代，则大部分称为“志”。此外，还出现了“续志”。北宋时期，内容涉及今陇南市地域的方志有《秦州图经》（佚名）、《天水图经》（佚名）、《秦州志》（佚名）、《天水志》（佚名）。南宋时期，甘肃方志编修有 7 部（据《宋史》卷二百四志第一百五十七记载），陇南占 5 部，分别为《同谷志》十七卷（李修已）、《续同谷志》十卷（李锜）、《文州古今记》十二卷（章颖）、《文州续记》四卷（杜孝严）、《西和州志》十九卷（张士佺），另有《仇池记》（佚名）。以上方志惜已佚失无存，内容不详。

元代，甘肃方志编修有 6 部，陇南编修有《文州志》（佚名）1 部，惜已佚失无存，内容不详。另外，元代编修全国性的《大元大一统志》时，甘肃编撰了《甘肃图志》（大德二年，1298）。

这一时期陇南方志在内容上突破了仅记地理的限制，增加了人物、学校、风俗、碑碣、艺文等，同时在体例上有了细目或分纲立目，全面完成了从图经向定型方志的过渡。

### 三、明朝时期

地方修志出现第二个高潮期。陇南地区纂修的州志有嘉靖《徽郡志》、万历《阶州志》；县志有万历《礼县志》、嘉靖《西和县志》二卷（已佚）、《文县志》（已佚）、万历《成县志》（已佚）、崇祯《成县新志》。

**嘉靖《徽郡志》** 成书于嘉靖四十二年（1563）夏，徽州知州孟鹏年主修，贵州按察司兵备佥事、徽州进士郭从道主纂，太学生张绶辑略，“不阅月而脱稿”，同年付梓，该志全一册，约7万字，分舆地、建置、祀典、田赋、秩官、选举、人物、艺文8卷，每卷内又分设子目数项，有附录等。卷首有前监察御史刘应雄所撰《徽郡志序》，卷尾有徽州知州孟鹏年《刻徽郡志后序》，刻本存台北博物馆，甘肃省图书馆和徽县有复印本。该志多处提及“旧志云”等语，可见此前当地有更早的旧志，约为弘治年间所修，但已无从考证。徽县传有复印本和手抄本。《徽郡志》为陇南现存最早的一部志书。

**嘉靖《西和县志》** 二卷，《陕西通志》风俗引载有明嘉靖《西和县志》二卷，惜已佚失无存，内容不详。

**万历《礼县志》** 万历四十一年（1613），河南襄城人刘泽远知礼县事，在任期间修纂礼县县志，共二册，惜现已散佚，具体内容无考。仅存刘泽远自序《申修县志详文》，乾隆方嘉发在修纂《礼县志略》序中提及“簿书闲暇，取阅县志，吏以一帙进，为前署令董君所集，篇页寥寥，简略不详。继访之故家，又得前明所修旧志一部，其中亦简略不全，今昔互异，今因思举而重辑之”。由此可知，明万历《礼县志》在清乾隆时仍留存于世，乾隆以后失佚。

**万历《阶州志》** 明代阶州知州、湖广黄陂举人余新民主修，训导李存仁、马强，吏目乔琼清，贡生蹇逢泰编辑，成书于万历四十四年（1616），同年刊印。余新民自序，阶州西固监牧同知宋经邦、贡生蹇逢泰各作一跋。该志凡两卷，设有分野，疆域（沿革、山川、险隘），贡赋（户口、地粮、里甲、农菜、物产、军额、粮草、屯田、马政），建置（州治、学宫、公署、阴阳学、医学），祀典，官师，政事、科贡、名宦、乡贤、艺文、灾祥十二门目。内容简约，篇幅较少，然史料珍贵。文献出版社存。武都区县志办存复印本。曾礼编《阶州志集校笺注》收录，甘肃人民出版社2013年4月出版。

**崇祯《成县新志》** 成县知县、应天府上元人谢镛纂修。明思宗崇桢九年（1636）至十五年（1642）谢镛任成县知县，又兼摄徽县事，时正值李自成军征战陇南，成县“官无衙舍，民多流亡”，“民残地荒，城空半废”，谢镛“率儿辈家仆数十人处颓垣漏室中”，值此艰难之际，谢镛仍应阖学诸生之请，主持编修县志，博采群搜，取府志而考订之，不数月而告成，虽寥寥二三万言，实属不易，其存史之功不可泯没。谢镛离任成县两年后，明王朝被推翻。“幸有邑之绅衿各愿输资”，该志于崇桢十四年（1641）成书，凡十卷，一卷星野、形图、疆域，二卷形胜、总记、沿革，三卷风俗、物产，四卷建置，五卷古迹、官政，六卷礼仪，七卷官师表，八卷宦绩、流寓、选举，九卷人物，十卷艺文。翰林院检讨李景廉为之作叙，谢镛作跋。成县档案局存有崇祯十四年（1641）木刻本。另外，据李景廉叙中“成旧志为寇所焚，历今九载，邑人复采而辑之”可知，成县曾有旧志，约于崇祯五年（1632）焚毁于战火。

这一时期甘肃在行政上隶属陕西省，没有省志，相关记载都载录在陕西省志书中，如（明）嘉靖《陕西通志》，四十卷，赵廷瑞修，马理纂，嘉靖二十一年（1542）刊本。

**四、清朝时期**

地方修志出现第三个高潮期。康熙六年（1667）陕甘分治，甘肃正式建省，此后乾隆、宣统年间各修有1部省志。乾隆《甘肃通志》，甘肃历史上第一部通志，又称《敕修甘肃通志》。雍正六年（1728）甘肃巡抚许容主修，李迪、张能第、甄汝翼、郑铎、樊初荀、田吕叶、曹最等人先后参与编纂，历时8年，乾隆元年（1736）成书，共五十卷，约八十八万字，后收入《四库全书》；宣统《甘肃全省新通志》（一名《甘肃新通志》），甘肃省第二部通志，光绪三十三年（1907）升允、长庚主修，丁喜翰、安维峻先后任总纂，宣统元年（1909）成书，宣统三年（1911）刻印十余部，一百卷，卷首五卷，三百二十五万字。正文篇目有天文、舆地、建置、祠祀、学校、兵防、职官、人物、艺文。

（一）阶州（今武都区、康县）7次修志

**康熙《阶州志》** 康熙八年（1669），阶州营副将林忠主修，虽已刻期编次，惜毁于兵。后之修志者谓之《林志》，惜今已佚，未见其详。

**康熙《阶州志》** 康熙十五年（1676），阶州州守毛麒麟续林忠《阶州志》补辑而成，惜今已佚，未见其详。仅存毛琪麟《补辑阶州志序》（乾隆《直隶阶州志》收录）。

**康熙《阶州志》** 阶州州守祖肇庆修纂。康熙二十六年（1687）成书，是志设有星野、户口、徭役、城池、山水、公署、驿所、仓库、隘要、庙坛、名宦、乡贤、选举，官师、孝行、隐逸、流寓、覃恩、灾祥、赈恤、民堡、军塞、土产、风俗、艺文等目。该志所列之目录与正文目录有异，如有户口、流寓，但无内容。又，原列目录为阨要、设防，正文只有阨要，似将设防内容纳入阨要，原列孝行、节烈、忠义，正文中却按孝行、忠义、闺媛、贞烈记载。武都区县志办存胶卷手抄本复印本。曾礼编《阶州志集校笺注》收录，甘肃人民出版社2013年4月出版。

**康熙《阶州志》** 阶州知州陈勋修纂。为原毛麒麟《阶州志》重新修订而成。康熙三十四年（1695）陈勋（字莲峰），清代浙江海宁人，任内建义学，修学宫，备礼乐祭器，建三门城楼，筑河堤，政绩卓著。戊寅年（1698）长夏，细阅旧志，深感未能了然心目，因采之郡志，征之士贤，补阙正讹，于己卯（1699）仲春修峻《阶州志》一部，并捐俸剞劂行世，即后世所谓之《陈志》，惜今已佚，未见其详。仅存陈勋《重订阶州志跋》（乾隆《直隶阶州志》收录）。

**乾隆《直隶阶州志》** 阶州州守葛时政等修纂，体例已臻完备，记载已较详实。葛时政自序云“癸丑，公剧稍中，乃渐次检阅，或访诸耆英，或得诸成简，悉心援据，沿革增汰，均遵宪纲，因时通变，未敢稍参臆见也；值遇冢督梦龙，随任在署，俾会郡中之博士弟子，共相订字。志成，遂付剞劂，历三载而告竣”。雍正十一年（癸丑年，1733）始编，乾隆元年（1736）成书并刊印，是志凡两册，不分卷，后谓之《葛志》。计有星野考、形胜、疆域、城池、学宫、沿革考、地理考、山川考、陇要、治廨、户口、田亩、赋役、武功（附所弁）、人物（附选举）、孝行、节义、贞烈、隐逸、物产、寺观诸篇。嘉庆二年（1797）补刻本藏于日本东洋文库。武都区县志办存复印本。曾礼编《阶州志集校笺注》收录，甘肃人民出版社 2013 年 4 月出版。

**嘉庆《武阶备志》** 为阶州仙陵山举人吴鹏翱所私纂。该志始编于嘉庆八年（1803），成书于嘉庆十三年（1808），刻印于同治十二年（1873）。凡二十二卷，计有卷一山水；卷二建置；卷三郡县治城邑考（统属分合表）；卷四形势、阨塞、食货；卷五户口、风俗、学校、兵防、纪事；卷六职官表（上）；卷七职官表（下）；卷八封赠表（附遥领）；卷九名宦传（上）；卷十名宦传（下）；卷十一苻秦表；卷十二人物传（上）；卷十三人物传（下）；卷十四列女传；卷十五仇池杨氏传；卷十六祠祀、寺观、古迹；卷十七碑碣（上）；卷十八碑碣（下）；卷十九杂识、祥、恩、寓、墓、官人、琐；卷二十番夷；卷二十一历代疆域图；卷二十二杂录。史料翔实，考证精当，向为方家所推崇。洪惟善、吴日章各撰一序，罗映霄撰跋。该志成书不易，刊印更难。六十年后，在阶州知州洪惟善资助下，始得刊印，流传于世。邢澍亦为之撰《武阶备志序》，刊印时失载。同治十二年（1873）刻本藏于日本东洋文库、日本天理图书馆。武都区图书馆有存。曾礼编《阶州志集校笺注》收录，甘肃人民出版社 2013 年 4 月出版。

**光绪《阶州直隶州续志》** 阶州州守叶恩沛主修，吕震南参辑，苏履东、郭维城、苏蕴芬参订。该志始编于光绪十一年（1885）仲冬，成书于光绪十二年（1886）中秋。收录葛时政《直隶阶州志序》、陈勋《阶州志跋》，叶恩沛自序，吕震南自叙。计有图考、山川、建置、疆域（附形势）、城池、公署、学校、风俗、户口、田亩、赋役、关梁、祠祀、物产、古迹、兵防、驿铺、祥异、蠲恤、职官、封赠、名宦、群雄、选举、人物、忠孝、贞烈、隐逸、流寓、艺文、杂识、番夷等，凡三十三卷，四十余万言，木刻本。其体例之完善，归属之合理，考证之精当，史料之翔实，颇为方家所称道，为清代地方志中之善本。光绪十二年（1886）刻本，藏于日本东洋文库。武都区图书馆有存。曾礼编《阶州志集校笺注》收录，甘肃人民出版社 2013 年 4 月出版。

（二）徽县 3 次修志

**康熙《徽州志》** 徽州知州、辽阳举人邓天栋主纂，康熙二十五年（1686）成书。该志不分卷，共一册，分舆地、疆域、山川、里社、村镇、城池、州治、学校、风俗、公署、杂略、牌坊、恤政、地方要害、祀典、寺观、户口、田赋、均徭、杂支、徭役、灾祥、土产、官师、名宦、乡贤、人物、选举、荐辟、覃恩、贻恩、敕令、忠类、孝类、节类、烈类、流寓、徽苦记略、请免练饷揭、诗、歌等及自序，记述简略，共 7000 余字，卷前有州境图。刻本现存南京图书馆，徽县县志办抄回缮写复印，装订成册。该徽州位于甘陕蜀交界处，自西汉设河池县以来，历史上隶属关系多变。元至元六年（1264），由南凤州改名徽州，隶属陕西行省巩昌路。明清承袭元制，沿置徽州。雍正七年（1729），徽州降为徽县。另有徽州在皖南，境内有黄山，是徽商故里。历史上一度曾有陇右徽州与皖南徽州并存的情况。

**乾隆《徽县志》** 纂者不详，疑为徽县进士、侍读翰林张绶所作。该志断限于乾隆四十六年(1781),内容较少,近万字,为手抄孤本,存于北京故宫博物院图书馆内。

**嘉庆《徽县志》** 徽县知县张伯魁主笔纂修。成书于嘉庆十四年(1809),志首列自序、凡例、修志姓氏、目录,分疆域、沿革、建置、职官、选举、人物、食货、艺文8卷,10万余字,并附有舆地全图、村镇图、城池图、青泥山图4幅。该志体例完备,文笔流畅,学术价值较高。清嘉庆十四年(1809)刻本藏于日本东洋文库、静嘉堂文库、天理图书馆;甘肃省图书馆、徽县档案馆均有存。

(三)礼县4次修志

**康熙《礼县新志》** 礼县知县、山东费县人王榆善编修。成书于清康熙二十六年十月。该志为手抄本,共一册,约一万六千字,分为建置、沿革、疆域、分野、形胜、城池、公署、边防险要、户口、徭粮、驿站、杂税、方物土产、名山、江河、古迹、景览、庙坛寺观、祀典、流寓、名宦、乡贤、职司、官师、学校、科贡、节烈、孝行、灾异祯祥、覃恩赈恤、艺文三十一目。原件现存北京图书馆,礼县存有复印本。

**雍正《礼县志》** 礼县知县董兴国编修,成书于雍正六年,共一卷一册,七千余字。分为建置、疆域、分野、形胜、城池、公署、职官、俸薪、防御、里户、田赋、课税、伕马、土产、山川、古迹、景览、坛庙、寺观、名宦、乡贤、孝行、节烈、流寓、集录、灾祥、艺文、题咏二十八目。该志门目基本齐全,但文字较简略。

**乾隆《礼县志略》** 礼县知县、广东普宁人方嘉发编修。成书于乾隆十七年(1752),该志十九卷(首一卷),卷首为序、图、凡例,卷一建置,卷二星野,卷三疆域,卷四城池,卷五公署、义学,卷六庙祠,卷七山川,卷八赋役,卷九户口,卷十邮置,卷十一职官,卷十二科名,卷十三人物,卷十四节烈,卷十五寺观,卷十六物产,卷十七风俗,卷十八灾异,卷十九艺文。全志约四万九千余字。志首除方嘉发自序外,还收录了前志刘泽远、董兴国序文。乾隆二十一年(1756)刻本,藏于日本东洋文库,礼县有复印本。

**光绪《重纂礼县新志》** 光绪十四年(1888)春,秦州修纂州志,命属县广为采访,提供资料。礼县知县、四川绵竹举人雷文渊设局编修,前任知县雷文渊主修,训导雷鸣夏协修,邑恩贡生王思温主纂,蒙颁赐、沈一清、焦守贞、王英、赵举春、焦志贤、张锦华、梁成秀、梁慺鸾、刘重铎、郭时敦采访辑录。志首雷文渊、雷鸣夏作序,志末王思温、蒙颁赐、杨廷栋、沈应庠撰跋。光绪十六年(1890)《礼县新志》告成。四卷(首一卷),卷首为诸序、修志姓氏、凡例、目录;卷一为沿革、舆图、星野、地域、庙祀、寺观;卷二山河、赋税、风俗、物产、科目、兵防;卷三官职、名宦、人物、节烈;卷四艺文、诗部;卷末设附考。该志志门目齐全,内容翔实,文字简约流畅。共四册,计十万三千字。清光绪十六年刻本,藏于日本东洋文库。

(四)西和县2次修志

**康熙《西和县志》** 西和知县王殿元主笔纂修,康熙十六年(1677)成书,不分卷,手抄本,分沿革、疆域、形胜、八景、建置、城池、公署、庙坛、山川、风俗、户口、徭役、田赋、防汛、驿所、仓库、官师、名宦、选举、人物、忠节、孝子、义勇、节烈、灾祥、艺文二十四部分。此书篇幅不大，文字极为简略，除《艺文》部分之外，基本上是一部分一段文字，但其中也有些极为珍贵的史料，可补乾隆本《西和县志》、民国时两部《西和县志》及目下所掌握其他史料之阙。书前有王殿元识语。西和县档案局存有翻拍胶卷。2006年5月，西和县志办公室蒲公英等人校点，郑州方志印务有限公司付印出版。

**乾隆《西和县志》** （一名《西和县新志》），西和县知县邱大英纂修，西和县儒学训导陈其忠、海宁董保赤分订，邑甲午举人任尚蕙、邑禀生赵维元、邑原廪生蒲全节汇纂，西和县典史屠宗能、监生邱思永编次，邑廪生周煊、任良卿、何魁元、郝植英稽访，邑人任鹏飞缮对。成书于乾隆三十九年(1774)。该志共四卷，平列分目体，卷一为星野、舆图、建置沿革、疆域道里、山川、名胜、城池（附事迹）、衙署（附仓廒）、祀典（附民间私祀祈报）、古迹寺庙、里图村庄（附桥梁、市集）、汛防（附城守、隘、寨）；卷二丁徭、田赋（附起存、领支）、邮驿（附征领、支解）、学校（附义学租田）、物产、风俗（附岁时纪、方言）；卷三官师、名宦（附宦迹）、选举、乡贤（附孝义、文学、隐逸、耆民）、节孝、仙释、寓贤；卷四艺文（附记、传、序、墓、诗）、坟墓（附义冢地段）、祀异、拾遗。邱大英、陈其忠、董保赤各有一序。《凡例》中说："是志也，溺管发端于孟冬之望，脱稿于腊月之除"。卷首称"细心纂订，三月而稿成"，可知修志始于乾隆三十九年(1774)十月十五日，至腊月三十日完工。清乾隆三十九年(1774)刻本藏于日本东洋文库、静嘉堂文库；日本天理图书馆、甘肃省博物馆、南京图书馆和旅大图书馆各藏有抄本一部。西和县存影印本。2006年5月，西和县志办公室蒲公英等人校点，郑州方志印务有限公司付印出版。

（五）成县2次修志

**康熙《成县志》** 四川内江举人、成县知县杨注纂修，成书于康熙二十六年(1687)十月，未分卷，志首有杨注自叙，该志有疆域、形胜、沿革、风俗、山河、城池、古迹、设防、徭役、公署、行署、仓库、庙坛、名宦、乡贤、官师、选举、孝行、节烈、灾异、艺文等门目。手抄本，甘肃省图书馆、成县档案局存影印本。

**乾隆《成县新志》** 成县知县黄泳主修，其兄黄沛、弟黄瑞鹤主纂。黄泳四川射洪人，举人，乾隆四年知成县。该志首有黄泳自叙。首创者为雍正十一年(1733)成县知县、浙江钱塘人吴浩，黄泳叙中曰，"余奉简命来宰是邑，适调任霖苍吴公手志稿一编授余曰：此浩莅成数年中草创者，以山川、古迹、建置沿革未经核证，而艺文一帙散失遗亡罔或裒择，维公其续成之"。成书于乾隆六年(1741)。该志设四卷，卷一舆图、建置、星野、疆域、山川、城池、祀典、学校、公廨；卷二户口、田亩、赋役、村堡、风俗、官师、兵防、邮置；卷三人物、选举、孝义、贞烈、寓贤、隐逸、物产、寺观、陵墓；卷四艺文、纪异、后序。乾隆六年(1741)木刻本，成县档案局、日本东洋文库、日本京都大学人文科学研究所、日本天理图书馆均有存。

（六）文县3次修志

**康熙《文县县志》** 文县知县江景瑞修纂，儒学教谕陈协哲参纂。成书于康熙四十一年(1702)，江景瑞序曰"计阅月而成帙，捐俸授梓，用垂久远"，同年刻印，共八卷（卷首一卷），四册，卷一地理志，卷二建置志，卷三籍赋志，卷四职官志，卷五选举志，卷六人物志，卷七杂述志，卷八艺文志。志前有四境图、县城图、城隍庙图、学宫图、儒学图、捕衙图、县治图、营城图、营衙图、文王庙图。由江景瑞自序“爰是急问邑志，而审度地势、援证规模，佥以兵燹久缺为词。后觅得一抄本披卷细阅，悉皆借主重宾，铺陈阔杂，未免失文州之面目”可知原有旧志抄本，当为现已佚之明代《文县志》。

**乾隆《文县志》** 文县知县孙醽修纂。成书于乾隆二十七年（1762）夏月。抄本。孙醽自序曰“会檄下编纂，于是延二三文学之士，广询博采，阙者补之，遗者增之，不假借、不依违、不隐善、不溢美，两阅月续志成”。长赟《重修文县志序》称“赟同治甲戌冬，权篆阴平，下车后，即索县志阅之，寥寥数纸，板字漫漶，无从辨视。”当为其志。

**光绪《文县志》** 文县知县长赟主修，刘子健主纂，长赟《重修文县志序》称“爰于公余取江《志》及孙醽《续志》，与刘子健、王子润生辈，悉心纂订，十阅月而志成，厘为十卷，授诸梓氏”，成书于光绪二年（1876），共八卷，首一卷末一卷，计卷首（阴平图说、县境、县城、学宫、武庙、文昌庙、城隍庙、县治、儒学、捕衙、营城、营衙、文王庙）；卷一（舆地志、沿革表、沿革说、疆域、形胜、山水、白水考、里堡、屯田、草场、风俗、番地）；卷二营建志（城池、县治、都司衙、旧所衙、公署、学校、书籍、社学、祠祀，仓厫、驿铺、关梁、坊表、寺观、养济院。恤嫠局、漏泽园、古迹）；卷三上籍赋志（户口、田粮，丁徭、起运、课程、存留、盐课、磨课、茜草、屯粮、番粮、土产）；卷三下武卫志（营制、粮饷，营场、烽燧、塘汛、兵防、边绩）；卷四官师志（知县、教谕、训导、典史、守备、都司、千总、把总、所官、名宦、宦绩、名将）；卷五选举志（进士、举人、贡生、武科、荫袭、武途、保举、杂职、吏员）；卷六人物志（乡贤、忠义、孝友、笃行、乡饮、节烈）；卷七艺文志（制敕、记、序、铭、赞、祭文、墓道、行状）；卷八艺文志（诗），末卷（教民歌，禁约八条、义学章程、恤嫠局禀牍，木榜式）。清光绪二年（1876）刻本，藏于日本东洋文库、东京大学总合图书馆。

（七）两当县 3 次修志

康熙《两当县志》，两当县知县武国栋主笔纂修，儒学训导张元秀、典史周铉参纂，成书于康熙二十六年（1687），未分卷，志首有序，有星野、疆域、形胜、沿革考、山川考、八景、户口版籍、两当县无驿、城池、公署、乡贤、寺观庵、选举、皇清贡监、官师、节烈、灾异、隐逸等门目，五千余字，较为简约。此志无刻本，有胶卷存南京第二历史博物馆。两当县县志办公室存复印本。

**乾隆《两当县志》** 两当县知县秦武域主笔纂修，训导高仲、典史屠文焯参纂。成书于乾隆十二年（1767），该志分志地、志事、志人、志言四卷，志地设考名、疆域、城池、山川、形胜、名迹、八景、学校、衙署、坛庙、园墓；志事设建置、官师、户口、田赋、风俗、物产、灾祥；志人设职名、选举、列传、寓贤、乡宦、封赠、乡耆、烈女；志言设记、诗、赋、赞。共一万八千余字。故宫博物院藏清乾隆三十二年（1767）刻本（一册），兰州图书馆、两当县县志办存复印本。

**道光《两当县新志》** 两当县知县德俊主笔纂修，本邑贡生韩塘编次，前任两当知县莫启新补辑，两当县典史李维墉、训导李伟观、张炯稽访、增广生史法祖、官学生恒颐、国学生张位参编。成书于道光二十年 (1840)，全志共十二卷，四册，卷首德俊作序，并附录乾隆《两当县志》秦武域原序及高仲、屠文焯原跋三篇。卷首为县境、县城、文庙、武庙、文昌宫、城隍庙、县署、捕署、书院、常平仓等图，设沿革、山川、建置、食货、武备、风俗、官师、名宦、选举、人物、艺文（记、序、引、赋、文）、艺文（诗）十二卷。该志系在乾隆《两当县志》基础上增补而成，体例完备，内容丰富，学术价值较高。1968年学生书局出版（一册），两当县文化馆复印。

（八）相关州县方志

清代，岷州、西和县、成县隶属陕西巩昌府（明洪武二年置，治今陇西县，1913 年废）所辖，故康熙《巩昌府志》、光绪《巩昌府新志稿》等志书均载有岷州（今岷县，包括今宕昌县）、西和县、成县方面内容。

清世宗雍正七年 (1729)，秦州升为直隶州，州治秦州（今天水市秦州区），辖秦安、清水、两当、徽县、礼县五县，1913 年废除。故乾隆《直隶秦州新志》、光绪《重纂秦州直隶州新志》等均载有两当县、徽县、礼县方面内容。

康熙《巩昌府志》，明代杨恩原纂，巩昌知府纪元补订，于康熙二十六年 (1687) 冬成书，共二十八卷，分形图、疆域、形胜、总记、沿革、山川、古迹、风俗、物产、建置、官政、警备、边政、官师表、武胄表、宦迹、选举表、人物、艺文、杂识二十门，下设五十一目。康熙二十八年（1689）刊本，存刻本、抄本。

**乾隆《直隶秦州新志》** 秦州知州费廷珍主纂，胡釴编次，陶奕曾补辑。乾隆二十九年（1764）完稿。全志共十二卷，首一卷，末一卷，卷之首有直隶秦州州境图、州城图、伏羲庙图、文庙图、天水书院图、武庙图、城隍庙图、试院图等及所辖各县县境图、县城图和河图等，卷一为沿革（疆域、道里、城镇、形胜）；卷二为山川（景物、古迹、陵墓）；卷三为建置（寺观）；卷四食货（物产、食货）；卷五武备（兵事、戎事）；卷六风俗（灾祥）；卷七记官师（封爵、武职）；卷八选举（学校、武选）；卷九名宦（流寓）；卷十人物（列女）；卷十一艺文；卷十二杂记（假号、伪官、不臣、酷吏、佞幸、羌戎、仙释、幻异、丛谈），卷之末为补遗。有胡可泉序、宋琬序、钟兰枝序、费廷珍自序。各卷之前有小序，旨在说明本卷的主要内容，乾隆二十九年（1764 年）刊本，共十六册，线装。该志考证精当，门类齐全，文笔优美，不失为一部良志。

**光绪《重纂秦州直隶州新志》** 秦州知州余泽春主修，王权、任其昌主纂，全志共二十四卷，十六册，分类有沿革、山水、地域、食货、学校、选举、戎政、职官、名宦、人物、艺文、附考。此志对乾隆版州志史料进行了考证、增删，“阙者补之，误者正之，枝者剔之”，对兵戎、食货、官师、人物的记述尤其详尽。光绪十三年（1887）开始编修，于光绪十四年（1888）完成志稿，光绪十五年（1889）付梓印刷。

光绪《巩昌府新志稿》，由巩昌知府颜士璋聘请原浃续《巩昌府志》而成，光绪二十一年（1895）成书，后佚无存。宕昌县清代属岷州，故康熙《岷州志》、同治《岷州乡土志》等志书均载有宕昌县方面内容。

明清至民国时期，今宕昌县地域属岷州。明代政府在岷州设置卫、所，这种建置一直沿袭到清初。《岷州志》多次纂修。据载，明正德年间（1506—1521），洮岷道李璋曾纂修《岷州志》。明神宗万历三十至三十四年（1602—1606），岷州抚民同知赵恒，继李璋续修岷志，这两部志书至清康熙后失传。

**康熙《岷州卫志》** 岷州抚民同知余说纂辑，清康熙二十六年（1687）成书，抄本，全书总辑一册，分二十六篇，四万余字，存于北京图书馆。《岷州卫志》属边镇卫所志，从体例、内容上体现出不同于中原一般州郡方志的特色，其体例以记疆域城塞、兵马刍粮等军事内容为重，兼记戍地风俗、物产、古迹、祠庙、人物、艺文等，书首列戍地详细地图。1988 年，录入岷县志编纂委员会办公室编《岷州志校注》（铅印成册）。

**康熙《岷州志》** 岷州抚民同知汪元絅主修，岷学教授田而穟、训导宜君郭京范纂辑。康熙四十一年（1702）成书，共四册，二十卷，分列图考、舆地、建置、学校、典礼、秩祀、田赋、兵卫、风俗、职官、宦迹、选举、人物、艺文、杂俎门类，总计十五万余字，行文简练流畅，卷首均列小序。清康熙四十一年（1702）刻本，二十卷，藏于日本东洋文库、日本静嘉堂；抄本藏于日本东洋文库。1988 年，录入岷县志编纂委员会办公室编《岷州志校注》（铅印成册）。

**同治《岷州乡土志》** 该书记事最迟至清同治四年（1865），佚名。原书封面盖有岷州官府的满汉文官印，书中并有增删涂改处，可知为当时州府所藏的誉清稿本，1984 年 10 月上海书店根据杭州刘子亚先生提供的私人藏书影印出版。

**光绪《岷州续志采访录》** 岷州闾井里举人陈如平辑录。成书于清光绪三十三年（1907），主要记叙从康熙四十二年（1703）至光绪三十三年（1907）年间的岷州地方发展历史。全书共四册，七万余字，分建置、疆域、赋税、兵事、水利、实业、职官、人物、风俗、杂记、艺文等。1988 年，录入岷县志编纂委员会办公室编《岷州志校注》（铅印成册）。

**五、民国时期修志**

民国时期修志延续。虽国内战乱不断，但甘肃省相对战事较少，也是成就修志事业的一个原因，甘肃省共编修各种志书及类志书 116 部，还有若干未刊印的志稿，大多有存。1928 年 4 月成立甘肃通志局（1932 年改名甘肃通志馆）。甘肃省编修的志书主要有《甘肃通志稿》《甘肃省乡土志稿》《甘宁青史略》等。

（一）陇南各县方志

民国 6 年（1917），北洋政府内务部会同教育部颁令各地修志。1921 年，按甘肃省政府要求，陇南各县相继于成立县志局，相继开局修志。1931 年 10 月 9 日，国民政府行政院正式颁布了《修正市县文献委员会组织大纲》，以法律形式规定了地方文献工作的组织机构建设。各市县相继成立文献委员会。这一时期修志的特点：一是各级政府设立了专门的机构；二是对编修方法有了统一规定，如要求“特列大事记一门”；三是编修手段的创新，包括地图绘制、文物古迹照片、数据统计等；四是增加了新的内容，如电力、通讯、实业、党务等；五是甘肃与内地志书的交流互换增多。除省、市、县志外，另有人物志、镇志、山志、石窟志、采访录、乡土志等多种，一些诗体、赋体、韵文体等稀有体裁的志书也多见于此时期。

**民国《徽县新志》** 徽县县长董杏林主修，徽县议会议长赵钟灵（字秀山）主纂。民国11年（1923）创修，成书于民国12年（1923）。该志八卷，首一卷，附一卷，分卷首、卷一舆地、卷二建置、卷三食货、卷四官师、卷五兵防、卷六选举、卷七人物、卷八艺文，卷末附录，共十卷，十四万余字，分四册。卷首列星野、徽县全境图、地廓图、文庙图、武庙图、隍庙图、官署图、学署图、高小学校图、自治会暨劝学所图、吴王庙图十幅，志尾附载记、杂志、备考。民国13年（1924）石印本。该志体例新颖，记述详实，图表等项已采用了现代手段，学术价值较高。

**民国《礼县新志》** 民国12年（1923），礼县以孙文俊先生为主任，马兆蕃为协修，编修礼县志书。民国17年（1928），志稿告成，时逢县长邹光鲁升职进省，带志稿赴兰州印刷，然终无下落。

**民国《礼县新志》** 民国18年（1929），国民政府颁发《修志条例概要》，复令各县修志，因原稿无从查找，孙文俊等人遂重编志稿。越五月，再次修成，民国22年（1933）由西安正式印刷出版。主修为县长张津、王祯、许以栗，编次为孙文俊、马兆蕃；参订为安存义、刘宝钧、徐维纲、马子煜；校刊王希恕、李春芳、张宝贤、马廷选、林望南；采访张礼儒、王执中、乔树森、廖炯煜、苏济美、张登弟、赵肯堂、蹇锐南。该志共四卷四册，计十万二千字，志首列诸序、修志姓氏、凡例；卷一为全县图、县城图、八景图、星野表、沿革表、疆域表、城郭、庙祠、寺观；卷二为山水、赋税、风俗、物产、科目、兵防、保甲、邮政；卷三为官职表、名宦、人物、节孝；卷四为艺文、诗部。该志自民国12年始修，初稿遗失，复而再修，至22年告竣，历时十年之久。

**民国《西和县新志》** 西和县长何积祐主修，拔贡王访卿主纂。成书于民国10年（1921），朱绣梓《重修西和县志序》曰“民国十年，何县长积祐有志重修，而瓜期已届，乃命邑拔贡王访卿先生总其事。其编纂之体例，虽与今部颁修志标准未能胥合，然祠宇祭祀之典章，新旧官师之姓名，晚近艺文之搜求，今昔差徭之变更，暨教育实业之改进，孝友贞节之事略，均已博征旁采，集而成篇。惜乎一篑未成，而先生遽捐馆舍，以致斯举遂告中断。”书稿有八卷，未刻印，传闻由其后代保存，秘不示人。

**民国《西和县志》** 民国16年（1927）8月，西和县长刘克诚聘何其慧编修《西和县志》，“两载于兹，增续行将告成，不意18年以来，地方适遭匪患，续成志稿焚毁无余。此后，地万连年不靖，事又中止。”1940年，西和县长李桓委任朱绣梓（字琴伯）为总纂，再次续修志书，朱绣梓遵照内政部新颁修志体例，拟定大纲子目及编纂法例，并聘九人为分纂。“历时将近两载，收效尚在半途。无何而县长离职，分纂诸君联翩而捐馆者又达四人之多。既无局所，终鲜经费，名山事业，至此又无形而停顿矣”。1943年，县长王汉杰询知县志之编修经三度而未成，再聘朱绣梓为总纂，成立县志编纂局，组织编修县志，笔耕五年，于民国36年（1947）完稿。该志按国民党内政部所颁修志体例依次排纂。目次分卷首、主体、志余3部分。主体12卷，32万余字，分为卷一舆地志（上）、卷二舆地志（中）、卷三舆地志（下，附建置志）、卷四民族志（附民生志）、卷五民政志、卷六财赋志、卷七教育志、卷八军政志（附交通志、外交志）、卷九耆旧志（上）、卷十耆旧志（下）、卷十一艺文志（上）、卷十二艺文志（下）。适逢张孝友调任西和县长，复检志稿详加审核，因其成书时间已在西和解放前夕，未能付印。西和县档案局存有复印本。2006年5月，西和县志办公室蒲公英等人校点，郑州方志印务有限公司付印出版。

**《新纂康县县志》** 康县县长王士敏主修，皋兰人吕钟祥总纂，何丽生、黄汝宪、崔峻等参纂。始编于民国24年（1935 ）三月，同年六月完稿，民国25年冬月天水西关两仪书局石印出版。该志下限止于民国22年（1933），计有图考、山河、建置沿革、疆域（附形势、户口）、城池、公署、教育、田亩、坛遗、工商、风俗、关梁、道路（附镇集）、物产、古迹、兵防、邮政、祥异、蠲恤、职官表（附名宦传）、宗教、人物（附孝友、科第、隐逸、节烈、毕业、殉难）、艺文、消匪略记，凡四册，二十四卷，十余万言，为康县第一部县志。体例完善，归属合理，考证精当，史料翔实，为民国方志中之善本。王士敏、吕钟祥、黄汝宪、崔峻张劭谦各撰一序。

（二）陇南要览及乡土教材

民国时期陇南纂有多部要览及乡土教材，主要有《徽县略志》《武都要览》《康县要览》《文县要览》《成县要览》；乡土志及乡土教材有《徽县20年灾情记》《仇池国志》等。

**《徽县略志》** 系黄程九于民国2年（1913）在南京博物院摘录旧志所作笔记，手抄本，原稿存甘肃省图书馆，分沿革、兵事、人物、杂志等4项，共1万余字。

**民国《两当县乡土讲义》** 系民国16年（1927），两当县高等小学校长张存俭与其兄张存恭合纂，主要目的为向学生教授本县历史而编之讲义。全书共置2章，第1章设绪言、总说、两当命名之意义、沿革、境界、地势形胜、山川、名胜古迹、气候、物产等10节，第2章有戎事、民族、宗教、风俗、建设等5节，附录有二，一为人物小传、一为文艺。该书手抄本、铅印本均存甘肃省图书馆。

**《徽县二十年灾情记》** 民国21年（1932）徽县人赵钟灵撰写，但年久散没。全书分总论、人心、川军北伐、白匪之乱、陕匪之乱、叶军过境、县属地震、杨李两匪、孔军退却、王佑帮攻城、大刀会过境、张鸿德乱徽、连年旱灾、催款严酷、马匪之毒恶、刘匪之残忍、吴师游历、川军来甘、平乱、结束等20章计6000字，记述了民国前期20年间徽县的重大灾情。1998年徽县县志办从省图书馆抄回点校、加序后印发。

**《武都要览》** 由武都县文献委员会主修，民国36年（1947）文县县长李秉璋在《文县要览序》中载“旧志简陋，不足应时代之要求，然则涉足是邦，欲知风土人情。考政是邦，欲明革新进度，将何藉乎？上年夏间，本区专员丁公来文视察，提及此事，并将《武都要览》交下参考”。惜已佚之不存。

**《康县要览》** 康县县长孙述舜主修，县文献委员李达观、王泽夷参修，黄汝宪主笔。

武都专员丁玺核改目录，并作文字之润饰。始编于民国36年（1947），成书于民国37年（1948）元月。

**《文县要览》** 文县文献委员会主修，文县县长李秉璋编修，民国36年（1947）四月成书，县政府建设科长韩建笃分门编述，省参议员韩定山校辑，由科员陈子宁缮写上石，李秉璋作序。目次一为沿革；二为地理（经纬度、位置形势、全县面积、山脉河流、气候雨量、关隘津渡、重要市镇、名胜古迹）；三为政治（行政组织、县等、县治、户籍保甲、地政田赋、教育、财政、禁政、营建、卫生、兵役、警卫、司法）；四为交通（公路、县道、水运、邮电、交通工具）；五为经济（农业、工商业、物产、金融、市集）；六为社会（民族、生活状况、风俗习惯、社会团体、灾荒救济、民意机构）；七为史实（兵事、官师、名将、乡贤）；八为附录（全县略图、人口分布图、耕地分布图、学校分布图、主要农作物种收时期表、抗敌御侮及铲烟剿匪阵亡官兵忠烈表、五年来教育概况表、学龄儿童统计表、各项自治税捐历年预算及实收数额表、历年征收田军公粮一览表）。

**《成县要览》** 成县文献委员会纂修，成书于风雨飘摇之际的民国37年（1948），内容大抵为1948年前后之成县地方概况，虽仅数万言，内容简约，然继二百载之阙典，存史之功不可泯没，今有石印本存成县档案局。

**《仇池国志》** 西北方志学家、临洮人张维编撰，全书不分卷，分为八篇，缀附录一篇，第一篇为族系，述其族系之后，以图表列其族系并记其前后关系，再按前仇池国、后仇池国、武都国、武兴国、阴平国五个政权分列其统治者世次；第二考订疆域；第三篇系年，为一图表；第四至第八篇则为杨氏所建前仇池国、后仇池国、武都国、武兴国、阴平国诸政权分别作传，述其建立、发展、灭亡之始末，政治、军事、社会之状况，以及与中原诸政权之间的关系；第九篇则为杨安、杨赝、杨璧、赵温、吕训、杨大眼、杨华等仇池国不同时期的9位人物立传。1941年完成书稿，本书讫今有两种版本，第一种，1949年由甘肃省银行印刷厂印制的铅印本；第二种，上海图书馆1961年抄本。

**《阴平国考》** 文县教育局局长、县参议会会长韩瑞麟（字定山）撰，不分卷，分八篇：一考沿革（阴平道、阴平郡、南北阴平、阴平国）；二考疆域；三考种族；四考世系；五事记；六附录（阴平之名、阴平同名、阴平桥头、景谷、摩天岭、溼川、沓中、文献）。现存影印民国30年（1941）序本。

**《文县阴平耆旧传》**（一名文县耆旧传），韩瑞麟（字定山）撰，不分卷，现存影印民国36年（1947）本。

（三）相关州县方志

**民国《秦州直隶州新志续编》** 由天水知县熊子仪主修，任承允总编，姚展等人编纂。民国9年（1920）开始编纂，至民国23年（1934）完稿，全志共八卷，四册，分沿革、山水、建置、食货、礼俗、学校、戎政战防、职官、人物、艺文。其中沿革、山水均沿袭了《秦州直隶州新志》的沿革、山水部分。民国28年（1939）9月兰州国民印刷局印刷出版，铅印本。天水市秦州区档案馆存。

# 甘肃省地方史志编纂委员会文件

甘志委发〔2018〕26号

## 甘肃省地方史志编纂委员会关于《陇南市志（远古—2012）》出版的批复

陇南市人民政府:

你市《关于请求终审<陇南市志（远古—2012）>的报告》收悉。经省地方史志编纂委员会2018年11月1日主任会议终审，批准该志出版，公开发行。

此复

2018年11月16日

甘肃省地方史志编纂委员会　　2018年11月16日印

# 编后记

根据国务院《地方志工作条例》的要求和省政府的统一部署，《陇南市志》编纂工作于2013年初正式启动。五年多来，在市委、市政府的领导下，在省地方史志办公室的指导下，在有关部门和社会各界人士的大力支持下，经过广大修志人员的辛勤努力，现已完成终审稿。

在《陇南市志》编纂过程中，我们始终严格遵守《地方志工作条例》，坚持“观点正确，体例严谨，内容全面，特色鲜明，记述准确，资料翔实，表达通顺，文风端正，印制规范”的要求，积极采取措施，扎实推进编纂进程。

**一、市志编纂工作简要回顾**

《陇南市志》整个编纂过程大体上可以分为六个阶段。

第一阶段，1998—2004年初，《陇南地区志》编纂工作准备阶段。《陇南市志》原名《陇南地区志》，编纂工作始于1998年。根据省地方志编委会文件要求，地区一级也要编纂志书（因地区为省上派出机构，不属于一级政府，原来不要求地区编纂地区志）。为此，专署成立了以主管副专员为主任、有关单位负责人为委员的地区志编纂委员会，下设办公室，挂靠地委党史办公室，合署办公。但由于主编、编辑人员、工作经费和办公地点均未落实，编纂工作迟迟未能开展。

第二阶段，2004年4月至2011年底，为《陇南地区志》编纂启动阶段。2004年4月，地委、行署调整了地区志编委会，由行署专员李峰任编委会主任，常务副专员任常务副主任，主管副专员任副主任，地区有关单位领导和各县县长任编委会成员。并确定了主编，编纂工作再次启动。4月，李峰专员连续主持召开了编委会和编纂工作大会，对编志工作进行了安排和部署，对有关单位分配了编纂任务。在这段时间里，志书编修工作十分顺利，大部分单位都成立了领导小组，确定专人负责编写专业志资料。同年年底，因工作需要，《陇南地区志》主编调离。此后，志书编纂工作基本陷入停顿，大部分市直单位修志班子解散，仅农业、邮政、商务、乡镇企业和军分区等部分单位完成了上报资料。

第三阶段，2011年底至2013年，为《陇南市志》编纂工作准备阶段。2011年12月，鉴于《陇南地区志》编纂工作落后于全省的状况，市政府第十四次常务会议专题研究了志书编纂工作，决定《陇南地区志》更名为《陇南市志》，市地方志办公室与市委党史办公室仍然合署办公，为“一套人马两个牌子”，要求“必须尽快组织开展编纂工作，按期高质量完成任务”。2012 年 8 月，市政府成立了市委副书记、市长孙雪涛任主任，市委常委、常务副市长李旺泽任常务副主任，市政府副市长郭建博任副主任的《陇南市志》编纂委员会，增加了编辑人员，拨付了工作经费。市地方志办公室开始着手修志的各项前期准备工作，组织力量完成了《陇南市志编纂方案》《陇南市志篇目》和《陇南市志凡例》，并及时报送省地方史志办公室审定。省地方史志办公室同意《陇南市志》第一、二轮合并编纂。

第四阶段，2013 年初至 2014 年底，为《陇南市志》编纂工作启动阶段。2013 年 3 月 19 日，市政府召开了全市地方志工作会议，安排部署了《陇南市志》编纂和各县第二轮修志工作，印发了《陇南市志编纂方案》《陇南市志篇目》《陇南市志凡例》和《陇南市志编纂任务分解表》，并落实了人员编制和编纂工作所需经费，《陇南市志》编纂工作正式启动。市地方志办公室从社会上聘任了 5 名热心史志工作、有一定写作能力的老同志担任特约编辑，指导各承编单位开展资料收集和撰稿工作。至 2014 年底，承担专业志编纂任务的 90 多个部门和单位大都按要求成立了编纂班子、确定了分管领导、抽调了编纂人员和资料采集人员，编纂工作全面启动。

第五阶段，2014 年底至 2017 年 8 月，为初稿撰写及总纂阶段。各专业志承编单位根据《陇南市志编纂方案》《陇南市志篇目》《陇南市志凡例》要求和规定，开展收集资料、初稿编写。期间，市地方志办公室经常开展调研督查，通报各单位编纂工作进度，确保编纂工作进展顺利。至 2016 年底，绝大部分承编单位完成了专业志初稿上报。市地方志办公室按照省地方史志办公室要求集中力量攻关，在市委、市政府领导的支持下，对部分工作进展滞后的承编单位上门约谈，并多次发出督促令，效果比较明显。同时，市地方志办公室也全面完成自己承担的概述、大事记、建置沿革、非物质文化遗产、碑铭、人物、附录等内容的编写。

第六阶段，2017 年 8 月至 2018 年 8 月，为评审出版阶段。为了加快工作进度，市地方志办公室采取边编写、边总纂、边评审、边修改的办法，至 2017 年 7 月，已基本完成志书初稿编纂工作。

2017 年 8 月，《陇南市志》初稿完成后由地方志办公室开始了评审工作，各责任编辑对初稿进行了认真修改。至 10 月，修改完成，形成了评议稿，并及时将评议稿送交印刷厂排版。

2017 年 12 月，经请示省地方史志办公室及市政府领导同意后，市地方志编委会组织召开了《陇南市志》评议会议，邀请省地方史志办公室领导、专家和天水、甘南、定西市史志办同行及各县区史志办同志参加评议。会后，根据评议意见，经过 5 个多月的认真修改，复核资料，调整编章，续写补阙，剪蔓消肿，形成了志书复审稿，于 2018 年 6 月向省地方志办公室提交复审稿，经省地方志办公室复审，并根据复审意见再次修改完善，又形成终审稿。

2018年9月，将终审稿呈送省地方史志编委会。同年11月1日，省地方史志编委会严格审定后，批复同意正式出版，遂将终审稿送出版社出版。

二、对市志编纂工作中几个问题的说明

（一）关于志书的篇目设计

《陇南市志》是百科全书性质的资料性著述，其篇目的总体设计应以现代社会分工和科学分类出发，横分门类，纵写史实，以类系事，以横统纵，层层相辖。全志以事物或事业属性分类，分为编、章、节三个结构层次，按建置、地理、经济、政治、军事、文化、社会、人物等门类分编，全志共分36编、168章、673节。“编”是虚领类目，“章”“节”为实质部分。各“节”还根据实际需要，设置“目”或“子目”。分上、中、下三卷出版。

篇目设计是市志编纂的基础，按照要求，应依据科学分类原理和现代社会分工的现实进行设计，全面反映全市范围内各方面事物的历史和现状。鉴于上一轮志书中经济方面篇幅过重而社会及文化方面篇幅不足，且知识性、可读性不强的问题，我们在篇目设计时，适当压缩了经济方面内容篇幅，增大了社会及文化方面内容篇幅，据测算，在上一轮志书编纂中，经济方面篇幅一般都达到40%以上，甚至高达60%，而社会及文化方面内容篇幅却很少，不利于弘扬和保存日渐流失的社会人文和传统历史文化。为此，根据陇南实际，特别设置了《文物》《碑铭》和《非物质文化遗产》三编，突出了陇南悠久的历史和厚重的文化，以达到弘扬和保存陇南文化特色的目的。在经济方面，特别设置了《土特产》一编，突出了陇南地域经济特色和发展特点。通过这几编的设置，来体现《陇南市志》的地方特点和时代特点。

（二）关于志书的图照收录

图片是志书中不可缺少的组成部分，志书以文字为主，图片辅之。图片有着文字记述所不可替代的重要作用，具有很高的新闻价值、史料价值和审美价值，可进一步丰富志书的表现形式，增强志书的资料性、知识性和可读性。中国地方志指导小组印发的《中国地方志指导小组关于第二轮志书编纂的若干意见》对图照的运用作了明确的规定：图照的选用应当注重典型性、科学性和存史价值的统一，遵守国家的有关规定，严格把握选用尺度。图照与文字内容相配合，图照的说明文字要准确。除立传人物外，地方领导人和地方志书编纂人员的标准像不得入志。根据上述要求，我们在《陇南市志》志前附地图4幅，有陇南市政区图、地势图、影像图和陇南市城区图，其他各类图片300余张，一部分附于志前，大部分作为资料图片，附于各章节中，作为文字资料的补充。

（三）关于《人物志》编写问题

《陇南市志·人物志》采用人物传记、人物简介、人物表录三种体裁，分别记述。

《人物传记》主要收集2012年12月31日前逝世的符合入志标准的人物，收录人物从古代始至2012年12月31日止，排列次序按去世时间先后为序。入志人物一般为陇南市籍的各界知名人士，包括对陇南市历史发展有过重大影响的外籍人士。有突出贡献和影响的旅外陇南人士（含陇南籍、陇南出生，以及曾在陇南有重要经历的人士）也在收录范围。

文字资料要素包括：姓名（别名）、性别、生卒年月、籍贯、政治面貌、简历（含学历）、主要事迹、主要成果（包括重大改革、学术思想、重要著述的学术价值或经济效益、社会影响等）、曾获荣誉等。

《人物简介》文字资料要素略简。主要收集在世的符合入志标准的人物，收录人物从中华民国初年始至2012年12月31日止，排列次序按出生时间先后为序。入选人物主要标准：1. 正地级以上党政军领导（实职）以及同级别的企事业单位领导干部及其他当代重要人物。2. 在科技、教育、文化、医务等方面有突出贡献的专业技术人员（有专著、科研成果）、名医、名师、名作家、书画家、艺术家等。3. 对市域经济及公益事业作出重大贡献的企业家、实业家。4. 为发展生产、勤劳致富而闻名的专业技术能手和能工巧匠及非物质文化遗产继承人。5. 经审定适合入志的各类人物。凡在陇南市行政区域内有重大影响或重要经历，不论籍属何地，均在收录之列。

《人物表录》主要收集抗战时期为国牺牲的陇南籍英烈、解放初期西进干部，从及至2012年12月31日前受省委、省政府以上表彰的劳动模范、先进工作者。

《陇南市志》要求系统、全面地反映本地区自古至今各方面全貌及发展轨迹，是百科全书性质的资料性著述，上限追溯至事物在本地区的发端，下限断至2012年底，时间跨度数千年，是一项繁杂、庞大、长期的文化工程。盛世修志，《陇南市志》的编纂工作自始至终得到了各级领导的支持和社会各方面的关心和帮助。陇南市委历任主要领导高度重视，多次过问修志工作。市政府把修志工作摆上重要议事，主要领导担任编委会主任，分管领导担任副主任，多次召开协调会，帮助解决修志工作中的重要问题，特别在人力、物力、财力上给予大力支持。市直承担专业志编纂任务的部门和单位都十分重视和支持修志工作，均确定了负责领导、抽调了人员、成立了编写班子，积极为志书的编纂提供资料或编写初稿，确保了编纂工作的顺利进行。

在志书编纂过程中，省地方史志办公室张军利主任，郝宗维、车安宁、李振宇副主任，贺红梅、陈谦等处长多次亲临陇南指导修志工作，评议稿形成后又亲自修改把关，找出问题和不足，确保了志稿质量。兰州大学历史文化学院著名教授、《甘肃通史》主编刘光华为本志撰写了序言，并认真校阅了建置沿革部分，提出了宝贵的修改意见。在此，特别向省地方史志办公室各位领导、专家和刘光华教授表示深深的感谢。

志书中图片资料由雷雨田、马光宇、谈龙、祁波、刘浪、毛树林、张军民、冉明、王耀东、李伯祥、梁新勇、赵德祥、贾摄新、冉创昌、薛小平等人提供，部分图片由专业志撰稿单位提供，部分图片来自网络。印刷单位精心设计，认真负责，在书稿排版印刷方面给予了大力支持。一并表示感谢。

《陇南市志》付梓出版，填补了陇南一百二十多年来无地区一级志书的空白。《陇南市志》编纂工作，几经曲折，历尽艰辛。值此志书出版之际，谨向所有关心、支持《陇南市志》编纂、出版的各级领导、各界人士表示衷心的感谢。

由于《陇南市志》时间跨度大，涉及面广，编纂要求高，我们虽然作了很大努力，力求政治性、思想性、科学性、资料性的和谐统一，但由于志书断限时间长，内容庞杂，再加上时间紧迫，水平有限，谬误、疏漏和不尽人意之处在所难免，诚请方志界同仁、各界人士及广大读者不吝赐教，使其更加臻于完善。

编　者

2018 年 11 月